Le petit
LAROUSSE
de la
CUISINE

Le petit
LAROUSSE
de la
CUISINE

1 800 RECETTES

LAROUSSE

21 RUE DU MONTPARNASSE 75283 PARIS CEDEX 06

Pour la présente édition,

Direction de la publication
Isabelle Jeuge-Maynart et Ghislaine Stora

Direction éditoriale
Delphine Blétry

Édition
Ewa Lochet, avec la collaboration de Mathilde Piton

Direction artistique
Emmanuel Chaspoul

Mise en page
Anna Bardon

Informatique éditoriale
Marion Pépin

Illustrations
Sylvie Rochart

Photos
Studiaphot

Fabrication
Annie Botrel

Couverture
Véronique Laporte

Ont collaboré à cet ouvrage
Paule Neyrat, diététicienne, directrice des stages à la Fondation Escoffier
Georges Pouvel, professeur de cuisine et conseiller technique en gastronomie
Christophe Quantin, professeur de cuisine au lycée hôtelier de Blois, Meilleur
Ouvrier de France

Nous remercions également pour sa participation Michel Maincent,
chef des cuisines à l'école hôtelière Jean-Drouant à Paris.

ISBN 978-2-03-586946-3

Sommaire

Les connaissances de base

Diététique et alimentation

Les autorités officielles en matière de nutrition ont établi des règles simples de l'équilibre alimentaire : 15 % des calories quotidiennes doivent être apportées par les protéines, 30 à 35 % par les lipides, 50 à 55 % par les glucides. Pour respecter cet équilibre, le grand principe est de manger de tout, en trois repas :
• un petit déjeuner, comportant une boisson (thé ou café) ; un laitage (lait ou yaourt ou fromage blanc pour les protéines et le calcium) ; des céréales et/ou du pain (glucides) avec un peu de beurre et de confiture si l'on aime cela ; un fruit ou un jus de fruits (glucides et vitamines).
• un déjeuner et un dîner, avec une viande ou un poisson (protéines et fer), des légumes et des pommes de terre ou des pâtes ou du riz (glucides et vitamines), un fromage (protéines et calcium), des fruits (glucides et vitamines) ou un dessert, et du pain (glucides).
Les quantités varient selon chaque individu. En effet, la vraie faim ne se fait sentir que lorsque l'organisme a besoin de glucides, c'est-à-dire lorsque ceux du repas précédent ont été absorbés. Elle disparaît au fur et à mesure du repas, les glucides assimilés envoyant des signaux au système nerveux qui déclenche cette sensation.

DES BESOINS PERMANENTS EN ENERGIE

L'énergie, aussi bien celle contenue dans les aliments que celle nécessaire à l'organisme, est quantifiée en kilocalories (kcal) ou en kilojoules (kJ).
Pour que le bilan énergétique soit équilibré, il faut que les apports soient égaux aux dépenses. Un déséquilibre – trop d'apports et pas assez de dépenses, ou l'inverse – provoque un excédent de kilos ou, au contraire, une perte de poids. Pour comprendre les besoins en énergie, il faut d'abord savoir comment celle-ci est dépensée. Le premier poste des dépenses, le métabolisme de base, est ce que l'on dépense obligatoirement pour entretenir la vie au repos. Il dépend de la taille, du poids, du sexe et de l'âge, mais aussi de l'état physique et psychique. La thermorégulation, ou maintien de la température du corps à 37 °C, entraîne elle aussi des dépenses énergétiques. Enfin, le fait de se nourrir plusieurs fois par jour nécessite également de l'énergie, qui est dépensée au cours de la transformation et du stockage des nutriments.
Mais le poste le plus élevé est, en principe, celui des dépenses liées au travail musculaire. On dépense, par exemple, 250 à 300 kilocalories pour une heure de marche. L'équilibre alimentaire exige que les nutriments – protéines, lipides et glucides –, de même que les vitamines et sels minéraux soient apportés dans des proportions précises.

LES PROTEINES : NUTRIMENTS CONSTRUCTEURS

Les protéines composant toutes les cellules du corps sont elles-mêmes constituées de vingt-trois acides aminés dont huit indispensables, que l'organisme ne peut synthétiser. Le besoin quotidien en protéines est de 1 g par kilo de poids corporel ; cela correspond, en principe, aux 12 à 15 % des calories quotidiennes. C'est dans les fromages fermentés que l'on trouve le plus de protéines (18 à 25 % – au lieu de 8 à 10 % dans les fromages frais), suivis des viandes, poissons, coquillages et crustacés (15 à 25 %), des œufs (13 %) et des farines (10 %). Il y en a aussi dans les légumes secs (8 %) et dans le pain (7 %).

Les protéines alimentaires fournissent 4 kilocalories par gramme. Un tiers au minimum des protéines absorbées doivent être d'origine animale, parce qu'elles contiennent les huit acides aminés indispensables, alors que les protéines végétales en sont souvent dépourvues. Le régime végétarien, qui exclut simplement viandes et poissons, ne présente pas de danger, mais il n'en est pas de même pour le régime végétalien, qui bannit les aliments d'origine animale.

Cependant, cet équilibre théorique et conseillé (un tiers de protéines animales, deux tiers de protéines végétales) est rarement respecté par nos habitudes alimentaires actuelles, qui négligent les céréales. En fait, cette proportion est même très souvent inversée, ce qui n'est pas sans conséquences pour la santé, car la richesse en graisses des aliments d'origine animale installe un déséquilibre favorisant obésité et maladies cardio-vasculaires.

LES GLUCIDES : NUTRIMENTS ENERGETIQUES PAR EXCELLENCE

Les glucides s'appellent aussi « hydrates de carbone » à cause de leur composition chimique. On les nomme également « sucres », ce qui peut prêter à confusion. Le sucre et les bonbons de sucre sont des glucides purs (100 %). Biscuits et fruits secs en contiennent de 65 à 88 %. Le pain en a 55 % ; c'est lui qui doit en être le principal fournisseur. Pâtes et riz, une fois cuits, en renferment 20 %, comme les pommes de terre. Les laitages en apportent 3 à 6 %, les légumes 7 % en moyenne, ce qui est peu. Quant aux fruits, ils en comportent entre 5 et 20 %.

Le glucose, produit de tous les glucides alimentaires après qu'ils ont été dégradés dans le tube digestif, est l'aliment essentiel de toutes les cellules du corps, car il leur apporte l'énergie nécessaire pour fonctionner. Une simple baisse de la glycémie (taux du glucose dans le sang) a des effets immédiats qui se traduisent par de la fatigue, une désagréable impression d'esprit vide et une sensation de faim. Le glucose se trouve principalement dans notre foie et dans nos muscles, sous forme de glycogène, et s'élève aux alentours de 300 à 400 g au maximum, ce qui représente une réserve énergétique de 12 heures environ. C'est pourquoi il est absolument nécessaire d'absorber des glucides à chaque repas.

LES LIPIDES : ESTHETIQUE ET ENERGIE

Les graisses ont plusieurs fonctions dans l'organisme. Regroupées dans le tissu adipeux (les graisses corporelles) qui enrobe les muscles, elles donnent ses formes au corps. Les lipides sont aussi le réservoir le plus important d'énergie. La réserve moyenne d'une personne de 65 kg est de 9 à 10 kg de lipides, soit 81 000 à 90 000 calories, ce qui permet de survivre sans manger pendant quarante jours. Les huiles sont des lipides purs (100 %). On trouve aussi beaucoup de lipides dans les matières grasses (83 % dans le beurre et les margarines) et certaines charcuteries (60 %). Les viandes les plus grasses en apportent 30 %, les fromages fermentés de 15 à 30 % ; la crème en a de 15 à 35 %.

Les lipides alimentaires peuvent contenir trois sortes d'acides gras : les saturés, les mono-insaturés et les poly-insaturés. Ces acides sont connus en raison du rôle nocif ou bénéfique qu'ils jouent sur le système cardio-vasculaire. Les acides gras saturés se trouvent essentiellement dans les graisses d'origine animale (beurre, crème, fromages, viandes) et se décèlent facilement : plus une graisse devient dure à température ambiante (18 à 22 °C), plus elle est riche en acides gras saturés. Les huiles sont riches en acides gras mono-insaturés et poly-insaturés qui jouent un rôle positif et protecteur dans la maladie cardio-vasculaire. Les graisses animales contiennent du cholestérol, alors que les graisses végétales n'en ont pas.

Tous les lipides se stockent très facilement dans l'organisme lorsque leur proportion dans l'alimentation est trop importante. Le risque de prise de poids intervient alors surtout si l'on y est génétiquement prédisposé.

LES SELS MINERAUX, LES OLIGOELEMENTS ET LES VITAMINES ESSENTIELLES A LA VIE

Tous les minéraux existent dans le corps, et ils y jouent tous un rôle. Le terme d'oligoéléments désigne les minéraux contenus en très petites quantités autant dans l'organisme que dans l'alimentation. Les principaux sels minéraux sont le calcium, le chlore, le fer, le magnésium, le phosphore, le potassium et le sodium. **Calcium et phosphore** sont, quantitativement, les plus importants dans l'organisme car ils entrent dans la structure des os, d'où la nécessité d'un apport alimentaire important (800 à 1 000 mg par jour). Tous les aliments contiennent du phosphore. Il n'en est pas de même du calcium, essentiellement apporté par les produits laitiers. Le lait en contient 125 mg, un yaourt courant, 140 mg ; l'apport en calcium des fromages est variable (entre 50 mg pour 100 g dans les fromages à pâte molle et 950 mg pour ceux à pâte dure). Il est donc bon de boire du lait dans la journée, mais il faut absolument consommer un fromage ou un laitage à chaque repas.

Le **fer** est un des constituants des globules rouges du sang. Son rôle est très important dans tous les mécanismes de la respiration cellulaire ainsi que dans les défenses immunitaires. Les besoins (18 à 24 mg pour les femmes, 19 mg pour les hommes) ne sont pas toujours satisfaits, le fer étant très mal absorbé par l'organisme et assez rare dans l'alimentation. On en manque souvent du fait d'une consommation insuffisante de viande rouge. Beaucoup de légumes en contiennent, mais sous une forme mal utilisée par l'organisme.

Le **magnésium** intervient dans les cellules nerveuses et l'excitabilité neuromusculaire. Les besoins sont assez importants (300 à 500 mg par jour) et souvent insatisfaits, car, en dehors du chocolat (290 mg pour 100 g), des fruits secs (50 à 250 mg), des légumes secs (60 à 80 mg) et des céréales complètes, l'alimentation en est assez pauvre. Le manque de magnésium se traduit par de la fatigue, des troubles musculaires, parfois même de la spasmophilie.

Le **sodium** joue un rôle déterminant, car il gouverne tout l'équilibre hydrique de l'organisme. On n'en manque jamais, bien au contraire. Il est largement apporté, et même souvent trop, par le sel (chlorure de sodium). Il y en a également dans presque tous les aliments. Son excès peut favoriser l'hypertension chez ceux qui y sont génétiquement prédisposés.

Le **potassium** a un rôle métabolique capital. Tous les aliments en contiennent, surtout les fruits et les légumes. Le risque de carence n'existe pas.

Les **oligoéléments** sont le cuivre, le chrome, le fluor, l'iode, le manganèse, le molybdène, le sélénium et le zinc. Pour certains d'entre eux, les besoins sont encore mal connus.

Les **vitamines** sont indispensables à la croissance, à la reproduction et au bon fonctionnement de tous les organes. Seule l'alimentation en fournit, sauf une, la vitamine D, qui est essentiellement apportée par l'action des rayons ultraviolets du soleil. Tous les aliments, sauf le sucre pur, contiennent des vitamines, mais aucun ne les contient toutes, ce qui renforce la nécessité d'une alimentation variée. Les carences existent, surtout pour les vitamines du groupe B et pour la vitamine C dès que l'alimentation est déséquilibrée, trop riche en sucre et en graisses, et/ou trop pauvre en céréales, en fruits, en légumes. Une simple insuffisance suffit à créer des troubles qui se traduisent d'abord par de la fatigue. Pour conclure, il ne faut pas oublier que l'eau est le principal constituant de l'organisme et qu'elle se renouvelle sans cesse. Deux à trois litres d'eau sont éliminés chaque jour, remplacés par celle des boissons ainsi que par celle contenue dans les aliments : boire au moins un litre d'eau par jour est donc une nécessité absolue.

Matériel culinaire

Pour bien cuisiner, il faut connaître les règles de l'art culinaire mais aussi disposer du matériel nécessaire à la réalisation des recettes. Les ustensiles divers doivent tous être maniables, robustes et d'un entretien facile.

LA BATTERIE DE CUISINE

Bassine à frire. Elle est munie d'un panier dans lequel on place les aliments avant de les plonger dans le bain de friture.

Casserole et marmite. Les casseroles doivent être stables, munies d'un manche assez long (éventuellement amovible). Un rebord ourlé facilite le versement. Le faitout est une grande marmite à anses, plus haute que large, qui permet de cuire une certaine quantité de viandes osseuses. La poissonnière est une marmite très allongée pour la cuisson des poissons entiers. Choisir ces récipients de préférence en acier inoxydable, matériau résistant et ne gardant pas les odeurs, avec couvercle. Pour la cuisson des sauces et du sucre, utiliser une petite casserole à fond épais, si possible en cuivre étamé, très bon conducteur de chaleur.

Cocotte. En fonte, ou en fonte émaillée, elle est irremplaçable pour les cuissons lentes.

Gril à viande. Le plus souvent en fonte rainurée, il est très utile pour les grillades.

Plat. Ils remplissent différentes fonctions. Le plat à rôtir, pour la cuisson au four des grosses pièces de viande et des volailles, doit être assez grand pour recevoir la graisse et le jus de cuisson. Existe dans de nombreux matériaux. Le plat à gratin (de formes variées) sert à cuire toutes sortes de préparations salées ou sucrées.

Plat à œuf. Petit plat rond et évasé, à oreilles, le plus souvent en terre ou en porcelaine à feu.

Poêle. Il est bon d'en posséder plusieurs et d'en réserver (ou d'en avoir) une pour les poissons. Leur fond doit être assez épais pour que la chaleur se répartisse de façon homogène. Un revêtement antiadhésif (type Téflon) permet aux aliments de ne pas attacher.

Poêlon. En terre ou en fonte émaillée, sa contenance est assez limitée, mais il est très pratique, en particulier pour la fondue.

Sauteuse. Sorte de casserole large et basse pour « sauter » morceaux de viande, légumes, etc.

Terrine. Rectangulaire, rond ou ovale, c'est un plat en terre vernissée ou en porcelaine à feu, à bords droits assez hauts, muni d'oreilles ou de poignées, et fermé par un couvercle s'emboîtant dans un rebord intérieur.

LES USTENSILES DE BASE

Aiguille à brider. Pour brider les volailles et coudre les viandes farcies.

Bol mélangeur. Le choisir assez évasé et profond pour permettre de battre au fouet, de pétrir une pâte ou de la réserver pendant qu'elle lève.

Chinois. Passoire fine et conique qui retient les impuretés des sauces, coulis, sirops.

Cuillère et spatule en bois. L'une pour tourner et mélanger, l'autre pour démouler, retourner des aliments dans une poêle (sans abîmer le revêtement antiadhésif).

Écumoire. Large cuillère ronde percée de trous et à long manche, pour dégraisser les bouillons et séparer les aliments solides des liquides. Pour sortir des aliments d'un bain de friture, on utilise une écumoire en fil de fer étamé ou en fil inoxydable.

Fouet. Pour monter les blancs d'œufs en neige. À fils plus rigides, il sert à émulsionner les sauces et à mélanger les crèmes.

Louche. Grosse cuillère creuse à long manche, utilisée pour les liquides. Plus petite et à bec verseur, elle sert à dégraisser les jus et les sauces.

Moulin à légumes. Sert à réduire en purée. La plupart des modèles comportent trois disques aux perforations plus ou moins grandes.

Passoire. Ustensile rond et évasé servant à filtrer des liquides ou à égoutter des aliments, crus ou cuits, pour les séparer de leur liquide de rinçage, de trempage ou de cuisson.

Pinceau plat. On l'utilise pour badigeonner de beurre clarifié, de jaune d'œuf ou d'huile certaines préparations, pour graisser les moules et dorer le dessus d'apprêts en pâte avant la cuisson.

Spatule en caoutchouc. Elle sert à racler le fond des ustensiles.

Tamis. Pour passer la farine et éviter les grumeaux.

LES COUTEAUX ET AUTRES PETITS USTENSILES

Canneleur et zesteur. Instruments à lame courte, l'un pour décorer les agrumes et l'autre pour prélever de fines lanières de zeste.

Couteau de boucher. Pour découper les pièces de viande crues et les rôtis.

Couteau « chef » ou éminceur. Sa large lame permet de hacher ail, échalote, fines herbes, etc.

Couteau d'office. Petit couteau pointu pour préparer et trancher les légumes.

Couteau-scie. Pour couper les tomates, les oignons, etc.

Dénoyauteur. Sorte de tenaille pour ôter les noyaux des cerises, des olives, etc.

Éplucheur ou couteau « économe ». Sa lame est fendue. Il sert surtout à éplucher les pommes de terre.

Vide-pomme. Cylindre court à bord tranchant qui extrait le cœur des pommes en les laissant entières.

LES MOULES ET USTENSILES POUR PATISSERIE

Dariole. Petit moule rond, en forme de cône tronqué, pour portion individuelle (par exemple, babas).

Moule à biscuit. Rectangulaire, utilisé pour la cuisson des pâtes à biscuit qui seront ensuite fourrées et roulées.

Moule à brioche. Rond ou rectangulaire, ses parois sont cannelées et évasées. Il donne sa forme aux brioches mais aussi à certains entremets.

Moule à cake. Rectangulaire, de différentes tailles.

Moule à charlotte. En forme de seau, légèrement évasé, il est muni d'oreilles pour faciliter le démoulage. Pour charlottes, diplomates, etc. Sert aussi pour certains plats en gelée (aspic, par exemple).

Moule à glace. Les moules métalliques conviennent très bien. Ils sont munis d'un couvercle hermétique pour éviter la formation de cristaux.

Moule à kouglof. En forme de couronne, côtelé et en biais. Il est traditionnellement en terre vernissée mais il existe aujourd'hui avec un revêtement antiadhésif.

Moule à manqué. Généralement rond, il convient pour la pâte à génoise et la pâte à biscuit et pour la cuisson de nombreux gâteaux (quatre-quarts, gâteau au fromage blanc, bavarois, etc.).

Moule à pâté. Moule métallique à charnière et à fond démontable, ovale ou rectangulaire. La charnière permet de retirer les parois, ce qui est très pratique pour le démoulage.

Moule à savarin. Lisse ou cannelé, il possède un trou central, qui donne aux gâteaux la forme d'une couronne.

Moule à soufflé. Rond, de diverses contenances, il est le plus souvent en porcelaine ou verre à feu avec des bords plissés, droits et hauts.

Moules à tartelettes et à petits-fours. Ce sont des moules miniatures, de formes très variées, à fond parfois amovible.

Plaque de 6 à 24 empreintes. C'est une plaque alvéolée qui permet de cuire en même temps plusieurs petits gâteaux identiques. (Exemple : la plaque à madeleines.)

Ramequin. C'est un petit moule (en porcelaine ou en verre à feu) pour les portions individuelles (crème, soufflé, œuf).

Tourtière. C'est l'appellation du moule à tarte. À bord uni ou cannelé, on la trouve dans différents matériaux et de plusieurs diamètres. La tourtière à fond amovible est pratique pour les tartes aux fruits, car elle facilite le démoulage.

Cercles et cadres. Ce sont des formes sans fond (la plaque à pâtisserie sert de fond), qui suppriment l'opération de démoulage.

Gaufrier. Moule à deux plaques, articulé, le plus souvent en fonte, pour les gaufres et les gaufrettes. Il peut être électrique.

Poches et douilles. Elles permettent de fourrer les choux, décorer les gâteaux et dresser certaines pâtes sur la plaque à pâtisserie. Existent dans de nombreux calibres et de multiples formes.

Rouleau à pâtisserie. Traditionnellement en bois, il sert à étaler les pâtes.

Roulette cannelée. Elle permet de découper la pâte de façon régulière.

LES INSTRUMENTS DE MESURE

Balance. En général, on utilise une balance automatique (le poids est indiqué par l'aiguille sur le cadran). La balance électronique, à affichage digital, est encore plus précise.

Densimètre à sirop ou pèse-sirop. Sert à mesurer la concentration en sucre, notamment pour la fabrication des confiseries.

Minuteur. Très utile pour programmer la durée de cuisson des préparations.

Thermomètre. Le thermomètre de cuisson (corps en verre, liquide rouge), gradué de 0 à 120 °C, sert à contrôler la température d'un bain-marie. Le thermomètre à sucre est gradué de 80 à 200 °C.

Récipient gradué ou doseur. En plastique dur ou en verre, il sert à mesurer le volume des liquides ou à peser sans balance, grâce à la graduation, certains ingrédients fluides (farine, sucre en poudre, etc.). Il est parfois aussi pratique d'avoir recours à un ustensile courant (verre à moutarde, cuillère à soupe ou à café, etc., ➤ voir tableau p. 1062).

LES APPAREILS ELECTRIQUES

Batteur. À fils pour mélanger les sauces ou battre les blancs en neige ou la crème Chantilly. À spirales ou à crochets pour pétrir les pâtes ou malaxer le beurre en pommade. Convient pour de petites quantités.

Mixeur. Pour mixer les légumes et les fruits. Le modèle le plus simple peut être plongé dans une casserole, les autres comportent un récipient en verre dont le fond est muni de lames coupantes pour broyer et homogénéiser.

Robot multifonction. Il se compose d'un socle sur lequel on fixe un récipient. Proposé généralement avec trois outils de base : fouet pour émulsionner, crochet pour pétrir et batteur pour mélanger. Suivant les modèles, on peut y adapter de nombreux accessoires : hachoir, tranchoir, râpe, passoire, etc.

Sorbetière. Appareil pour confectionner les glaces et les sorbets. La cuve est équipée d'un malaxeur actionné par un moteur. Le froid est fourni par un produit réfrigérant contenu dans les parois de la cuve ou dans un disque (qui sont placés au préalable au congélateur une quinzaine d'heures).

Cuisson des aliments

La cuisson consiste à soumettre un aliment à l'action de la chaleur pour modifier sa texture physique, sa composition chimique et sa saveur, afin de le rendre comestible ou de faire ressortir ses qualités gustatives.

LES MODES DE CUISSON

Le pochage

• *Le pochage « départ liquide bouillant »* (cuisson à l'eau bouillante), consiste à cuire un aliment à température constante, dans un liquide en ébullition. Tous les aliments s'y prêtent mais la conduite de la cuisson doit être appropriée à chaque cas.

Légumes frais et viandes. Peu fragiles, on les fait cuire rapidement à gros bouillons, car il faut les saisir pour concentrer leurs saveurs tout en préservant leur aspect et leurs propriétés nutritives.

Œufs, poissons, fruits, quenelles, saucisses, etc. Ces aliments fragiles doivent cuire dans un liquide frémissant afin de préserver leur aspect mais aussi pour favoriser l'échange de saveurs entre l'aliment et le liquide de cuisson.

• *Le pochage « départ liquide froid »* permet de cuire (ou de précuire) un aliment dans un liquide porté progressivement à ébullition. Les échanges entre l'aliment et le liquide de cuisson sont favorisés. Cette technique s'applique à la cuisson et au blanchiment des pommes de terre et des légumes secs, à la cuisson des poissons pochés au court-bouillon, à la cuisson et au blanchiment des viandes (pot-au-feu, blanquette), des abats, des volailles (poule au pot), etc., ainsi qu'au mouillement des fonds, des fumets et des jus.

• *La cuisson à la vapeur,* variante de la cuisson à l'eau bouillante, consiste à verser dans un récipient le quart de son volume d'un liquide, à placer l'aliment dans un panier perforé, posé au-dessus du liquide en ébullition, qui laisse passer la vapeur, et à cuire doucement, en général à couvert (pour contrôler la cuisson). On utilise un couscoussier ou un « cuit-vapeur » ou encore un autocuiseur. Cuits ainsi, légumes et poissons, en particulier, conservent leurs propriétés nutritives et toute leur saveur.

Remarque : le bain-marie n'est pas considéré comme un mode de cuisson. On place le récipient, dans lequel se trouve la préparation, dans un autre récipient, plus grand, contenant de l'eau frémissante. Le bain-marie permet de maintenir au chaud un aliment ou de le faire fondre (chocolat, beurre) sans risque de le brûler au contact direct de la flamme, mais aussi de cuire doucement une sauce béarnaise ou une génoise sans que la température ne dépasse 65 °C. Flans, terrines, crème caramel cuisent dans un bain-marie placé dans le four.

La cuisson sous pression

Cette technique permet de cuire rapidement à l'eau ou au bouillon, à la vapeur ou « à l'étouffée » dans un autocuiseur – « Cocotte-Minute » – à une température voisine de 120 °C. Le temps de cuisson est calculé à partir de la mise en rotation de la soupape. Avant d'ouvrir l'autocuiseur, toujours faire retomber la pression en retirant la soupape ou en refroidissant l'autocuiseur sous l'eau froide.

Le braisage

C'est une cuisson à feu modéré et en vase clos. Le braisage s'applique aux pièces de viande assez volumineuses, plutôt dures et fibreuses, aux légumes aqueux (chou, salade, etc.), aux poissons à chair ferme (lotte, saumon, turbot) et à de grosses volailles. Les viandes, volailles et légumes sont immergés dans le liquide de mouillement. Les poissons, le plus souvent, ne sont mouillés qu'à mi-hauteur.

La cuisson en ragoût, dont la conduite est similaire, s'applique aux viandes et aux volailles détaillées en petites pièces.

Pour braiser ou cuire en ragoût une viande (ou une volaille), il faut agir en deux temps : on la fait d'abord colorer dans un corps gras pour la saisir, puis on ajoute une garniture aromatique et le liquide de mouillement, qui doit tout recouvrir. Exemples : bœuf en daube, aiguillette de bœuf braisée, navarin d'agneau, etc.

Le poêlage ou cuisson en cocotte

C'est une cuisson lente, dite « à l'étouffée », à feu doux et en vase clos, avec peu de liquide et une garniture aromatique. Elle convient aux grosses pièces de viande et de volaille qui risqueraient de se dessécher si elles étaient rôties au four. Le récipient couvert maintient une ambiance humide provenant de l'aliment préparé. On répand la garniture aromatique au fond de la cocotte, puis on pose dessus la pièce assaisonnée et l'on arrose le tout de matière grasse. La cocotte fermée est placée dans un four chaud. Il est conseillé d'arroser fréquemment. En fin de cuisson, on retire le couvercle pour favoriser la coloration de la pièce. Le fond de poêlage s'obtient en ajoutant dans la garniture du vin ou un alcool, puis un fond brun lié de même nature que l'aliment. On prépare ainsi épaule d'agneau, caneton, pintade.

La cuisson en papillote s'apparente à la cuisson en cocotte. Elle est réservée à des aliments présentés en portions individuelles : entiers, escalopés, en morceaux ou en filets (poissons, volailles, légumes, fruits). L'aliment est enfermé dans une feuille d'aluminium bien close avant d'être exposé à la chaleur, dans le four ou sur les braises. La papillote permet la cuisson sans matière grasse et évite toute déshydratation.

La cuisson à la poêle

L'aliment cuit à découvert. Il est « sauté » dans un corps gras (beurre ou huile). Dans le cas d'une pièce de viande, le jus obtenu est le mélange du corps gras de début de cuisson et des sucs qui se libèrent. Les poissons (entiers, en tranche, en filet), préalablement farinés, sont dits cuits « à la meunière ».

La grillade

Griller un aliment, c'est le cuire en l'exposant à l'action directe de la chaleur, par contact (gril en fonte), ou par rayonnement (barbecue). L'aliment est saisi et conserve ainsi toute sa saveur. Ce mode de cuisson est idéal pour les pièces de viande et les brochettes. Il est conseillé de nourrir l'aliment avec un pinceau imbibé d'huile pour éviter le dessèchement. Une grillade ne se retourne qu'une seule fois, à mi-cuisson (ne pas utiliser d'objet piquant).
Remarque : le « grilloir » d'un four, placé dans sa partie supérieure, s'emploie pour griller mais aussi pour gratiner une préparation.

Le rôtissage

Rôtir, au four ou à la broche, c'est cuire à chaleur vive et directe avec une matière grasse. Qu'il s'agisse de viande ou de volaille, il y a refoulement des sucs vers les parties centrales et il se forme une carapace bien rissolée.
Au cours du rôtissage au four, il est conseillé d'arroser fréquemment avec la graisse de cuisson. Préchauffer le four 10 minutes afin de saisir les viandes rouges (bœuf, cheval, mouton). Les saisir dans le plat à rôti au-dessus du brûleur à gaz est encore mieux. Ne pas les saler en cours de cuisson, ce qui aurait pour effet de faire s'écouler le sang. Retourner la pièce dans le plat en évitant de la piquer. Avant de servir, respecter un temps de repos égal à la moitié du temps de cuisson, en recouvrant la pièce d'une feuille d'aluminium, la porte du four légèrement entrouverte et le thermostat en position minimale.
Le rôtissage à la broche offre des avantages : la pièce à cuire ne baigne pas dans la matière grasse (graisse et jus sont recueillis dans la lèchefrite) et le saisissement, homogène, provoque rapidement l'évaporation de l'eau et la concentration des sucs.

La friture

L'aliment à frire est plongé dans un bain de matière grasse porté à haute température, ce qui lui donnera un aspect doré et croustillant. Ce mode de cuisson s'applique surtout à de petites pièces crues ou déjà cuites, soigneusement épongées. Pour obtenir la coloration souhaitée, les aliments humides superficiellement doivent être enrobés de farine, de mie de pain, de pâte à frire, etc. D'autres peuvent être plongés directement dans la friture : pommes de terre, œufs, diverses pâtes, etc.

Le corps gras utilisé doit supporter une température variant entre 140 et 180 °C. L'huile d'arachide ou la Végétaline répondent bien à ces conditions. La réglementation permet de savoir si la matière grasse choisie convient ou non à la friture : la mention sur l'emballage « huile végétale pour friture et assaisonnement » est une garantie.

On utilise une bassine à frire avec son panier ou une friteuse électrique. Volume de matière grasse et temps de cuisson dépendent de la quantité d'aliment à frire, la proportion idéale étant de 3 volumes d'huile pour 1 volume d'aliment. Il est conseillé de filtrer régulièrement le bain de friture (afin d'éliminer les débris qui brûlent et donnent un mauvais goût), d'en rajouter un peu à chaque usage (pour avoir toujours le même volume) et de le renouveler fréquemment.

LES APPAREILS DE CUISSON

Une table de cuisson suffit pour réaliser certaines préparations ; pour d'autres, un four est indispensable.

Les tables de cuisson

Les brûleurs à gaz permettent une montée et une baisse rapides de la température. Les plaques électriques ont une inertie plus importante. Le thermostat coupe le courant dès que la chaleur souhaitée est atteinte, et le rétablit quand celle-ci baisse. La table en vitrocéramique est une surface lisse, très résistante aux chocs, qui recouvre les foyers électriques. Elle est souvent munie de un ou deux foyers halogènes qui accélèrent la montée en température. Enfin, la table à induction fait appel à une technologie de cuisson électromagnétique. La montée en température est rapide et le réglage très précis, mais certains matériaux sont incompatibles (cuivre, aluminium, verre).

Les fours

À gaz ou électrique, un four est toujours muni d'un thermostat qui contrôle la température depuis 50 ou 100 °C et jusqu'à 300 °C. Le bouton de réglage est parfois gradué de 1 à 10 (voir tableau indicatif de cuisson p. 1063). Dans un four à gaz, la combustion entretient un flux d'air chaud qui se déplace de façon intense. Dans un four électrique, le déplacement d'air chaud, par convection naturelle, est moins important. Aussi de nombreux appareils sont-ils équipés de systèmes à convection forcée dits « à chaleur tournante », « à chaleur pulsée » ou « à chaleur brassée ». La circulation de l'air et les échanges thermiques y sont accélérés.

Le four à micro-ondes

Le « magnétron » émet des ondes à très haute fréquence qui pénètrent dans l'aliment et le « cuisent » par agitation des molécules d'eau. Le micro-ondes a l'avantage de réduire considérablement le temps de cuisson, mais ne peut en aucun cas remplacer un four classique : les viandes ne dorent pas, la pâte ne lève pas, etc., ce qui limite son utilisation. Il est en revanche très pratique pour décongeler, réchauffer, maintenir au chaud. Bien étudier le mode d'emploi du fabricant. Une règle absolue : ne jamais utiliser l'enceinte à vide.

Cet appareil est idéal pour ramollir du beurre, faire fondre du chocolat sans bain-marie, tiédir le lait sans qu'il n'attache ou ne déborde.

Achats et conservation

Faire son marché en pensant à son prochain menu fait déjà partie, pour certains, du plaisir de cuisiner. On peut trouver, au fil des saisons, les meilleurs produits de nos régions et profiter de leur fraîcheur, surtout si l'on souhaite les conserver.

LES ACHATS

Certains aliments, du fait de leur fragilité, exigent qu'on les consomme rapidement. C'est le cas en particulier du poisson, qui ne doit pas se conserver plus de 24 heures, a fortiori en période de chaleur. Même si l'on peut trouver la plupart des espèces toute l'année, la sole est plus abondante en hiver, la sardine et le rouget meilleurs en été, le lieu en hiver, le merlu à la fin du printemps, etc. Demander conseil à son poissonier.

Attention ! Certains poissons, comme le thon, s'oxydent facilement et ne doivent pas être coupés à l'avance.

On peut consommer sans crainte des coquillages toute l'année, car ils sont très contrôlés. Cependant, les moules, ainsi que les huîtres, sont moins appréciées en période de reproduction. Quant à la coquille Saint-Jacques, sa récolte, très réglementée, s'effectue d'octobre à avril.

La vente du gibier n'est autorisée qu'en période d'ouverture de la chasse – à l'exception de la caille –, mais la majorité du gibier vendu dans le commerce provient d'élevages. Chez le volailler, on trouve toute l'année poulets, pintades, canards et dindes, mais il faut attendre Noël pour y trouver les chapons, les oies et les grosses dindes fermières.

En ce qui concerne la boucherie, la crise récente a eu au moins pour effet de permettre au consommateur de pouvoir désormais connaître avec précision l'origine de la viande de bœuf et de veau qu'il achète. Rappelons que la viande de veau provient d'un animal âgé de quelques semaines à un an et plus. De même, l'appellation « agneau » ne s'applique qu'à des animaux âgés de moins de 300 jours.

L'achat des fruits et des légumes ne doit pas se faire à l'aveuglette. Il faut savoir que les produits proposés en vrac dans une grande surface sont plus manipulés que ceux vendus par un commerçant dans leur emballage d'origine. À défaut d'affichage précis, pourtant obligatoire, l'étiquette sur le cageot renseigne sur la catégorie (catégorie 2, 1, extra) et la provenance.

Avec le développement de la culture en serre, des techniques de conservation et des transports internationaux, on trouve aujourd'hui toute l'année sur le marché l'ensemble des fruits et des légumes. Mais, outre le prix plus avantageux, c'est en pleine saison qu'il est préférable de consommer les meilleures variétés de nos régions.

Ce conseil est valable, par exemple, en été pour le melon mais aussi pour les asperges ou la rhubarbe (d'avril à juin), pour les petits pois ou les haricots verts (de mai à septembre), pour les courgettes et les aubergines (de juin à septembre) ou les tomates de pleine terre (de juillet à octobre), etc. Cependant, il existe aussi diverses variétés de chou-fleur, de carottes ou de poireaux spécifiques à chaque saison.

Les fruits, dégustés au naturel ou entrant dans la composition d'un dessert ou d'une confiture, doivent être à maturité, surtout les fruits à noyau. Il vaut mieux privilégier la saveur plutôt que l'aspect uniforme et bien calibré imposé par certains producteurs. À côté des nombreuses variétés de pommes et de poires disponibles maintenant tout au long de l'année, on trouve en France la plupart des fruits entre juin et septembre : abricots, fraises, cerises, pêches, fruits rouges, prunes, etc. La figue (de juin à novembre), le raisin (d'août à novembre) et la noix fraîche (de septembre à novembre) sont un peu plus tardifs. En hiver, penser aux fruits exotiques et bien sûr aux agrumes. Choisir ces derniers non traités si l'on utilise le zeste, ou bien les laver soigneusement.

Les herbes aromatiques, qui relèvent merveilleusement les plats, sont largement représentées sur les marchés. Plus elles sont fraîches, plus elles sont parfumées.

LA CONSERVATION

La cuisine exige que l'on ait toujours sous la main un certain nombre de denrées alimentaires : riz, semoule, épices, fruits secs, gelée en sachets, etc. Il n'est pas question pour autant de les stocker trop longtemps. Tenir compte, avant tout, de la place dont on dispose, de la proximité des commerçants et de la fréquence des repas préparés à la maison. Vérifier toujours la date limite de consommation. La farine, une fois le paquet ouvert, se déshydrate et, au-delà d'un mois, il n'est pas conseillé de l'utiliser, surtout pour la pâtisserie.

Chacun connaît les avantages du réfrigérateur qui permet de conserver quelques jours les produits frais. Mais, pour conserver plusieurs mois des aliments, il faut disposer d'un congélateur. Cela permet de gagner du temps (on s'approvisionne moins souvent) et même de l'argent (on achète et on stocke au bon moment les produits de saison) tout en variant ses menus. La gamme de congélateurs proposée par les fabricants est vaste : depuis le compartiment intégré au réfrigérateur jusqu'au géant de 500 litres.

La congélation consiste à refroidir « à cœur » un aliment de façon à faire passer à l'état solide tout le liquide qu'il contient. Si cette opération est effectuée rapidement, elle permet aux aliments de conserver toutes leurs qualités (aspect, texture, saveur). Leur teneur en vitamines et en sels minéraux reste proche de celle des produits frais. La température nécessaire pour la congélation se situe en dessous de -25 °C. Cela suppose un congélateur quatre étoiles (****) alors qu'un appareil à trois étoiles (***), qui ne descend qu'à -18 °C, permet seulement la conservation des produits surgelés. Si la congélation est trop lente, les cristaux de glace obtenus sont trop gros et risquent de déchirer les fibres ; lors de la décongélation, l'aliment devient mou et décoloré.

Pour bien congeler, il faut respecter certaines règles. Sélectionner des produits au mieux de leur fraîcheur : le froid ne stérilise pas, les microbes se congèlent en même temps que les aliments. Régler l'appareil sur la position « congélation » longtemps à l'avance afin d'obtenir une réserve de froid. Au bout de 24 heures, ramener la température de stockage à -18 °C.

De nombreux aliments peuvent être congelés. Il faut les emballer en chassant l'air pour éviter l'oxydation. Une fois lavés et épluchés, les légumes doivent être blanchis, c'est-à-dire plongés quelques minutes dans l'eau bouillante. Les fruits sont congelés tels quels, en compote ou en coulis. Les fruits rouges se congèlent sur plateau, enrobés de sucre. Pour les autres (cerises, abricots, pêches, etc.), il faut, selon le cas, les équeuter, les éplucher, les dénoyauter ou les couper en morceaux.

La durée de conservation des aliments congelés est variable. Exemples : viandes : de 8 à 12 mois, mais porc : 5 mois. Volailles : 6 mois. Gibier : 3 mois. Poissons maigres : 5 mois. Poissons gras : 3 mois. Légumes : de 6 à 12 mois. Fruits : de 6 à 10 mois. Plats en sauce : 8 mois. Pâtes crues (pâtisserie) : 2 mois. Herbes : 6 mois.

La décongélation d'un aliment ou d'un plat cuisiné ne s'effectue jamais à l'air libre. On le place dans le réfrigérateur pendant 2 à 20 heures suivant sa nature et sa grosseur. On peut aussi utiliser le micro-ondes pour décongeler des grosses pièces très rapidement. Enfin, la cuisson d'un produit congelé dès sa sortie du congélateur ne convient qu'à des aliments peu volumineux.

Attention : un produit décongelé ne doit jamais être recongelé.

Vocabulaire culinaire

abaisser : étendre et aplatir de la pâte au rouleau à pâtisserie.

allonger : ajouter un liquide à une préparation trop liée ou trop réduite.

appareil : mélange d'éléments divers entrant dans la composition d'un dessert avant cuisson ou refroidissement.

aspic : mode de dressage de préparations cuites et refroidies prises dans une gelée moulée, aromatisée et décorée.

barde : mince bande de lard gras dont on enveloppe une pièce de viande, de gibier ou une volaille pour éviter le dessèchement à la cuisson.

battre : travailler énergiquement un élément ou une préparation pour en modifier la consistance, l'aspect ou la couleur. Pour donner du corps à une pâte levée, on la bat avec les mains sur un marbre à pâtisserie ; pour monter des œufs en neige, on les bat avec un fouet dans un bol, pour les mélanger dans une terrine, on les bat en omelette avec une fourchette.

blanc (de cuisson) : mélange d'eau et de farine, additionné de jus de citron (ou de vinaigre blanc lorsque les quantités sont importantes).

blanchir : soumettre des aliments crus à l'action de l'eau bouillante, nature, salée ou vinaigrée, puis les rafraîchir et les égoutter avant de les cuire vraiment. Ce blanchiment permet de raffermir, épurer, éliminer l'excès de sel, enlever de l'âcreté, faciliter l'épluchage, réduire le volume des légumes.

blondir : colorer légèrement une substance en la faisant rissoler doucement dans un corps gras. L'opération concerne surtout les oignons et les échalotes, mais on blondit également la farine dans du beurre fondu pour confectionner un roux blond.

bouquet garni : choix de plantes aromatiques, ficelées en petit fagot, qui donnent du goût aux préparations. Généralement, le bouquet garni se compose de 2 ou 3 tiges de persil, d'une brindille de thym et de une ou deux feuilles de laurier (séchées).

brider : passer, à l'aide d'une aiguille à brider, une ou deux brides de ficelle à rôti à travers le corps d'une volaille (ou d'un gibier à plume) pour maintenir les pattes et les ailes le long du corps pendant la cuisson.

brunoise : mode de découpe des légumes en dés minuscules, de 1 ou 2 mm de côté, et résultat de cette opération, que ce soit un mélange de légumes divers ou une certaine quantité d'un seul légume.

canneler : creuser des petits sillons en V, parallèles et peu profonds, à la surface d'un fruit à l'aide d'un couteau à canneler. On peut aussi canneler la surface d'une purée ou d'une mousse, à l'aide d'une spatule ou d'une fourchette. Les abaisses de pâte sont dites « cannelées » lorsqu'elles sont découpées avec une roulette conçue à cet effet. Une douille « cannelée » est une douille dentée.

caraméliser : transformer du sucre en caramel en le chauffant à feu doux. Enduire un moule de caramel. Parfumer un riz au lait avec du caramel. Glacer de caramel des fruits déguisés, des choux. Caraméliser veut dire aussi faire colorer sous le gril le dessus d'une pâtisserie

poudrée de sucre pour lui faire prendre couleur. En outre, certains légumes, dits « glacés », sont légèrement caramélisés dans une casserole avec du sucre et une petite quantité d'eau ou de beurre.

cheminée : petite ouverture ménagée dans le couvercle de pâte d'un pâté en croûte ou d'une tourte avant qu'ils soient mis au four, afin de faciliter l'évacuation de la vapeur. La cheminée est souvent garnie d'un tube de papier sulfurisé ou d'une petite douille métallique placés à la verticale, par lesquels on peut éventuellement, après cuisson, verser par exemple de la gelée liquide, et que l'on retire avant de servir.

chemiser : tapisser la paroi et/ou le fond d'un moule soit d'une couche épaisse d'une préparation permettant au mets de ne pas coller au récipient et de se démouler facilement, soit de divers ingrédients qui font partie intégrante du plat. Les moules sont parfois chemisés de papier sulfurisé beurré.

chiffonnade : préparation de feuilles d'oseille, d'endive ou de laitue, émincées en lanières plus ou moins larges. La taille « en chiffonnade » consiste à ciseler en julienne les feuilles de verdure superposées sur une planche à découper.

chiqueter : pratiquer, avec la pointe d'un couteau, de légères entailles régulières et obliques sur les bords d'une abaisse feuilletée pour en faciliter le gonflage à la cuisson et parfaire la présentation.

ciseler : pratiquer quelques incisions obliques peu profondes à la surface d'un poisson rond. L'opération accélère la cuisson et fait pénétrer l'assaisonnement. Les légumes et fines herbes « ciselés » sont taillés en menus morceaux, en fines lanières ou en dés minuscules.

clarifier : rendre clair et limpide un bouillon, un sirop, une gelée, par filtrage ou décantation. La clarification du beurre consiste à le faire fondre au bain-marie, sans remuer, afin d'en éliminer le petit-lait qui forme un dépôt blanchâtre.

colorer : rehausser ou changer la couleur d'une préparation (crème, appareil, sauce) à l'aide d'un colorant naturel (jus de betterave, concentré de tomate, caramel, etc.). Colorer une viande consiste à la caraméliser en surface en la saisissant à feu vif dans un corps gras ou en la soumettant à une chaleur rayonnante.

concasser : hacher ou écraser une substance plus ou moins grossièrement. On concasse en petits dés la chair de tomates préalablement mondées et épépinées ou le persil, le cerfeuil et l'estragon, sur une planche, de quelques coups de couteau rapides.

coucher : dresser une pâte sur une plaque à pâtisserie à l'aide d'une poche munie d'une douille.

crémer : ajouter de la crème fraîche à une préparation (potage, sauce) pour en parfaire la liaison et le velouté, lui donner de l'onctuosité, en adoucir le goût.

décanter : transvaser un liquide trouble après l'avoir laissé reposer le temps que les impuretés en suspension se déposent. On décante le beurre clarifié, un bouillon, un fond, un bain de friture après utilisation, du vin. Retirer de certaines préparations les éléments aromatiques qui ne doivent pas être servis.

décoction : extraction des principes d'une substance par ébullition. Le produit est plongé dans de l'eau qui bout plus ou moins longtemps : c'est ainsi que l'on obtient les bouillons de viande et de légumes, les courts-bouillons et les extraits aromatiques.

décuire : abaisser le degré de cuisson d'un sirop de sucre, d'une confiture ou d'un caramel en lui ajoutant peu à peu, et en tournant, la quantité d'eau froide nécessaire pour lui rendre une consistance moelleuse.

déglacer : faire dissoudre à l'aide d'un liquide correspondant à l'apprêt (vin, fond, crème fraîche, vinaigre, etc.) les sucs contenus dans un récipient ayant servi à un rissolage, à un sauté ou à une cuisson au four, afin de confectionner un jus ou une sauce.

dégorger : faire tremper plus ou moins longtemps, dans de l'eau froide (vinaigrée ou non), en la renouvelant plusieurs fois, une viande, une volaille ou un abat pour en éliminer les impuretés et le sang. On fait dégorger un poisson de rivière pour faire disparaître le goût de vase. On fait également dégorger en les saupoudrant de sel certains légumes (concombre, chou) à saveur marquée et à forte teneur en eau.

dégraisser : diminuer l'excès de graisse d'un produit, d'une préparation ou d'un récipient de cuisson.

dessaler : éliminer, en partie ou totalement, le sel contenu dans certains aliments conservés en saumure. Le dessalage s'effectue par immersion dans l'eau froide.

détrempe : mélange de farine et d'eau en proportions variables ; c'est le premier état d'une pâte avant que l'on y incorpore les autres éléments (beurre, œufs, lait, etc.). Détremper une pâte consiste à faire absorber à la farine toute l'eau nécessaire, en la malaxant du bout des doigts sans trop la travailler.

donner du corps : travailler une pâte en la pétrissant afin de lui donner une bonne qualité plastique.

dorer : badigeonner une pâte au pinceau avec de l'œuf battu, éventuellement délayé avec un peu d'eau ou de lait ; cette « dorure » permet d'obtenir, après cuisson, une croûte brillante et colorée.

ébarber : couper avec des ciseaux les nageoires d'un poisson cru.

écailler : débarrasser un poisson de ses écailles.

écumer : enlever l'écume qui se forme à la surface d'un liquide ou d'une préparation en train de cuire (bouillon, sauce, etc.) à l'aide d'une écumoire, d'une petite louche ou d'une cuillère.

effiler : éplucher des haricots verts en cassant les extrémités et en retirant les fils éventuels. Couper en fines lamelles dans le sens de la longueur les amandes, les pistaches, etc.

émincer : couper en tranches, en lamelles ou en rondelles plus ou moins fines, mais d'égale épaisseur, des légumes, des fruits ou de la viande.

émulsionner : provoquer la dispersion d'un liquide dans un autre liquide (ou dans une matière) avec lequel il n'est pas miscible. L'émulsifiant le plus utilisé en cuisine est le jaune d'œuf.

escaloper : détailler en tranches plus ou moins fines, taillées en biais, une pièce de viande, un gros filet de poisson, de la chair de homard ou certains légumes.

farcir : garnir l'intérieur de pièces de boucherie (épaule, poitrine, etc.), de volailles, de gibiers, de poissons, de coquillages, de légumes, d'œufs, de fruits d'une farce grasse ou maigre, d'un salpicon, d'une purée ou d'un appareil quelconque, le plus souvent avant cuisson, mais également pour des apprêts froids.

finir : terminer une préparation par une dernière mise au point de l'assaisonnement, de la consistance, de la décoration, etc.

flamber : arroser un apprêt salé en cours de cuisson (ou un dessert chaud) d'un alcool (ou d'une liqueur) préalablement chauffé et que l'on enflamme aussitôt.

foncer : garnir le fond et les parois d'une cocotte ou d'une terrine de lard, de couennes ou d'aromates. On fonce une abaisse de pâte en l'adaptant bien à la forme et à la taille du moule, soit en la découpant à l'aide d'un emporte-pièce, soit en passant le rouleau à pâtisserie sur les bords du moule après garnissage pour faire tomber l'excédent.

fondre : liquéfier par la chaleur un produit tel que le chocolat, un corps gras solide, etc. Pour éviter que le produit ne brûle, on a souvent recours au bain-marie. Fondre se dit aussi de la cuisson à couvert de certains légumes dans un corps gras, sans autre mouillement que leur eau de végétation.

fouetter : battre vivement une préparation, pour la rendre homogène, à l'aide d'un fouet, manuel ou électrique : par exemple des blancs pour les monter en neige, de la crème pour la rendre compacte et légère, etc. Voir aussi « battre ».

fourrer : garnir d'éléments cuits ou crus l'intérieur d'un mets salé ou sucré.

fraiser : pousser et écraser une pâte à foncer sur le marbre avec la paume de la main. Le fraisage a pour but d'obtenir un mélange intime des éléments et également de rendre la pâte homogène, mais non élastique.

frapper : refroidir rapidement une crème, une glace, une liqueur, un appareil, un champagne, un fruit.

frémir : être agité, quand il s'agit d'un liquide, du léger frémissement qui précède l'ébullition.

garnir : remplir d'une préparation un fond de tarte, un moule, une poche. Ajouter des éléments pour orner un plat de service.

glacer : obtenir à la surface d'un mets une couche brillante et lisse. Enduire régulièrement une pièce cuite au four de jus ou de fond, au cours ou en fin de cuisson, pour qu'une mince couche brillante se forme sur le dessus. Cuire des légumes (petits navets par exemple), avec de l'eau, du sel, du beurre et du sucre jusqu'à ce que le liquide de cuisson se transforme en sirop et les enrobe d'une pellicule brillante et caramélisée. Recouvrir les entremets, à chaud ou à froid, d'une fine couche de nappage de fruit ou de chocolat (appelé « miroir ») pour les rendre brillants et attrayants. Recouvrir le dessus d'un gâteau d'une couche de sucre glace, de sirop, etc. Poudrer de sucre glace, en fin de cuisson, un gâteau, un soufflé, etc., pour que le dessus caramélise et devienne brillant. Enfin, mettre à rafraîchir sur de la glace pilée une préparation à déguster très froide.

graisser : enduire d'un corps gras une plaque à pâtisserie, l'intérieur d'un moule pour éviter que les préparations n'attachent pendant la cuisson et pour faciliter le démoulage.

gratiner : cuire ou finir de cuire une préparation au four, afin qu'elle présente en surface une mince croûte dorée.

infuser : verser un liquide bouillant sur une substance aromatique et attendre qu'il se charge des arômes de celle-ci. On fait infuser la vanille dans le lait, par exemple.

jardinière : mélange de légumes à base de carottes et de navets (coupés en bâtonnets) et de haricots verts (coupés en tronçons), servi en garniture de viandes rôties ou sautées, de volailles poêlées, etc. Chaque élément est cuit séparément, puis ils sont mélangés avec des petits pois frais et liés au beurre.

julienne : préparation d'un ou de plusieurs légumes taillés en bâtonnets utilisée pour diverses garnitures, notamment des potages et des consommés.

larder : ajouter du lard à une pièce de viande ou à certains poissons pour leur donner du moelleux et du goût.

lever : prélever les morceaux d'une viande, d'une volaille, d'un poisson ou d'un légume. Se dit d'une pâte (à brioche, à baba, etc.) qui augmente de volume sous l'effet de la fermentation.

lier : donner une consistance supplémentaire à un mets en fin de préparation à l'aide de farine, de jaunes d'œufs, de crème fraîche, par exemple.

macédoine : mélange de légumes taillés en petits dés et de haricots verts en tronçons. Cuits séparément, ces légumes sont ensuite mélangés avec des petits pois et éventuellement d'autres légumes.

macérer : faire tremper des éléments crus, séchés ou confits, généralement des fruits, dans un liquide (alcool, sirop, vin, etc.), pour que celui-ci les imprègne de son parfum.

mariner : mettre à tremper dans un liquide aromatique un ingrédient pendant un temps déterminé, pour l'attendrir et le parfumer.

meringuer : recouvrir une pâtisserie de meringue. C'est aussi ajouter du sucre pour monter des blancs d'œufs en neige.

mijoter : faire cuire lentement des mets, généralement en sauce, ou terminer leur cuisson.

mirepoix : préparation culinaire qui associe des légumes, du jambon cru ou du lard maigre et une garniture aromatique. Fondue doucement au beurre, la mirepoix sert de garniture pour cuisiner des crustacés, des ragoûts de viandes ou de légumes, des sauces.

monder : retirer la peau d'un fruit (amande, pêche, pistache) que l'on a d'abord mis dans une passoire et plongé quelques secondes dans de l'eau en ébullition. Le mondage se fait avec la pointe d'un couteau, délicatement, sans entamer la pulpe.

monter : battre au fouet manuel ou électrique des blancs d'œufs, de la crème fraîche ou un appareil sucré, pour que la masse de l'apprêt emmagasine une certaine quantité d'air, ce qui fait augmenter le volume en donnant une consistance et une couleur spécifiques.

mouiller : ajouter un liquide dans une préparation pour la faire cuire ou pour confectionner la sauce. Le liquide, appelé « mouillement », peut être de l'eau, du bouillon, du vin.

nappage : gelée liquide à base de marmelade de fruit (abricot, fraise, framboise) tamisée, additionnée le plus souvent de gélifiant. Le nappage donne une finition brillante aux tartes aux fruits, ainsi qu'aux babas, aux savarins, et à divers entremets.

paner : enrober un mets de chapelure ou de panure avant de le faire frire, sauter ou griller.

parer : supprimer les parties non utilisables (parures) d'une viande, d'une volaille, d'un poisson ou d'un légume au moment de sa préparation. Égaliser les

extrémités ou le pourtour d'une tarte, d'un entremets, etc.

passer : mettre dans un chinois ou une étamine, pour les filtrer, un bouillon, un velouté, une sauce, une crème fine, un sirop ou une gelée qui demandent à être très lisses.

pétrir : malaxer avec les mains, ou à l'aide d'un mixeur ou d'un batteur, de la farine avec un ou plusieurs éléments afin de mélanger intimement les ingrédients et d'obtenir une pâte lisse et homogène.

pluches : extrémités feuillues des herbes aromatiques.

pommade : travailler du beurre en pommade, c'est malaxer du beurre ramolli pour lui donner la consistance d'une pommade.

rafraîchir : faire couler de l'eau froide sur un mets que l'on vient de blanchir ou de cuire à l'eau, pour le refroidir rapidement. C'est aussi mettre un entremets, une salade de fruits ou une crème dans le réfrigérateur pour les servir froids.

raidir : débuter la cuisson d'une viande, d'une volaille ou d'un gibier dans un plat à sauter avec un corps gras, à feu modéré, pour raffermir les chairs sans les faire colorer.

réduire : diminuer le volume d'un liquide (fond, sauce) par évaporation, en maintenant celui-ci à ébullition, ce qui augmente sa saveur par concentration des sucs et lui donne davantage d'onctuosité ou de consistance.

revenir (faire) : laisser colorer plus ou moins intensément une viande, une volaille, un poisson ou un légume dans un corps gras fortement chauffé. Cette opération s'effectue à feu vif.

rissoler : faire colorer jusqu'à une caramélisation superficielle une viande, une volaille ou un légume dans une sauteuse, une poêle ou une cocotte, en utilisant un corps gras fortement chauffé. Le rissolage d'une viande constitue un début de cuisson par concentration des sucs.

ruban : se dit d'un mélange de jaunes d'œufs et de sucre en poudre, travaillé à chaud ou à froid, dont la consistance est suffisamment lisse et homogène pour qu'il se déroule sans se casser quand on le laisse couler du haut de la spatule ou du fouet (exemple : la pâte à génoise fait le ruban).

saisir : commencer la cuisson d'un aliment en le mettant en contact avec une matière grasse très chaude ou un liquide bouillant, afin de provoquer la coagulation instantanée des parties superficielles.

salpicon : préparation composée d'éléments coupés en petits dés, liés d'une sauce s'il s'agit d'un salpicon de légumes, de viande, de volaille, de gibier, de crustacés, de poissons ou d'œufs, et d'un sirop ou d'une crème s'il s'agit d'un salpicon de fruits.

suer : cuire dans un corps gras, doucement, un ou plusieurs légumes, souvent taillés menu, pour leur faire perdre en partie ou complètement leur eau de végétation et concentrer leurs sucs dans la matière grasse. La modération de la chaleur permet d'éviter toute coloration, en particulier pour les oignons ou les échalotes.

vanner : remuer une crème, une sauce ou un appareil pendant qu'ils tiédissent, avec une spatule de bois ou un fouet, pour leur conserver leur homogénéité et surtout empêcher la formation d'une peau à la surface. Le vannage accélère le refroidissement.

Les préparations de base

Les sauces et les condiments

*Les **sauces** tiennent une place prépondérante dans la cuisine française. C'est à Antonin Carême (1784-1833) que revient le mérite d'avoir systématisé le chapitre des sauces (il en a dénombré plus de deux cents), en les divisant d'abord en sauces froides et chaudes et en introduisant dans celles-ci la notion de sauce « mère » dont découlent des variantes. Au cœur de ce système, on distingue d'abord les sauces blanches ou brunes faites à partir d'un roux (mélange à part égale de beurre et de farine) ; ensuite les émulsions, qu'elles soient obtenues à chaud avec du beurre, comme la hollandaise et la béarnaise, ou à froid avec de l'huile comme la mayonnaise. Au répertoire classique se sont peu à peu ajoutées des sauces étrangères ou régionales, caractérisées par un ingrédient principal : l'ail (aïoli), la crème fraîche (sauce normande), l'oignon (sauce lyonnaise), etc.*

*Les **condiments** sont des éléments ou des préparations capables de relever le goût des aliments et des mets cuisinés. Ce terme générique très vaste recouvre aussi bien les épices et les aromates que les sauces et diverses compositions plus ou moins cuisinées (chutneys, pickles, essences, etc.).*

*Les **beurres composés** sont des beurres assouplis auxquels on a ajouté divers éléments crus ou cuits, réduits en purée ou hachés très finement. Il s'agit également de beurre cuit ou simplement fondu, auquel on incorpore des assaisonnements et des condiments de toutes sortes. Les beurres composés accompagnent viandes et poissons grillés. Ils interviennent également dans la finition de certaines sauces.*

*Les **fonds** sont des bouillons aromatisés, gras ou maigres, à base de veau, de bœuf ou de volaille, voire de gibier ou de légumes. Ils sont destinés aux diverses sauces ; on les emploie pour mouiller des ragoûts ou des viandes braisées. Les fumets sont des fonds de poisson ou de crustacé.*

*Le **court-bouillon** est un mouillement plus ou moins aromatisé servant principalement à faire cuire les poissons et les crustacés, mais aussi à cuisiner les abats blancs. On trouve dans le commerce des courts-bouillons lyophilisés, faciles d'emploi pour les maîtresses de maison pressées (il suffit de les diluer dans de l'eau). En principe, on ne jette jamais un court-bouillon : filtré, il peut en effet servir pour un potage ou une sauce blanche.*

*La **marinade** est une préparation liquide aromatisée dans laquelle on fait baigner plus ou moins longtemps des substances alimentaires soit pour les attendrir, soit pour en modifier la saveur en les imprégnant du parfum de condiments.*

*Les **gelées** sont des préparations translucides qui, en refroidissant, se solidi-fient. Elles servent à enrober, à masquer, à coller les chauds-froids, à dresser les aspics. Elles se préparent avec des os et des viandes gélatineuses ou des têtes et débris de poisson que l'on fait cuire dans de l'eau avec des aromates. On peut augmenter le degré de solidification en ajoutant quelques feuilles de gélatine. Il existe dans le commerce des gelées en poudre très pratiques qu'il suffit de diluer dans de l'eau froide, puis d'amener à ébullition.*

Les panades, les panures et les farces

*Les **panades** sont des préparations à base de farine, utilisées pour lier les farces à quenelles, grasses ou maigres. Certains appareils à panade utilisent comme base, outre la farine, des jaunes d'œufs, du pain, de la pulpe de pomme de terre ou encore du riz.*

*Les **panures** se composent principalement de mie de pain fraîche finement émiettée, faite avec du pain de mie écroûté et passé au tamis. On les utilise seules ou mélangées avec du fromage ou de l'ail, ou avec de la farine et des œufs. On pane les mets avant de les frire, de les sauter ou de les faire griller, ou on les parsème de panure pour les gratiner.*

*Quant aux **farces**, ce sont des mélanges d'éléments crus ou cuits, hachés plus ou moins finement et assaisonnés, utilisés pour farcir gibiers, légumes, œufs, pâtes, poissons, viandes et volailles. Les farces constituent aussi la base de ballottines, friands, galantines, pâtés ou terrines. On distingue trois grandes familles de farces : les farces maigres à base de légumes ; les farces grasses à base de viandes et d'abats ; les farces de poisson. C'est en général la chair hachée (de viande ou de poisson) qui constitue la base d'une farce, et les ingrédients annexes lui donnent son caractère et sa consistance. L'assaisonnement est déterminant : épices, aromates, fines herbes, alcool, fumet, essence de truffe, sel et poivre, parfois aussi fruits secs.*

Les pâtes pour préparations salées

Les pâtes de cuisine (pour préparations salées) et de pâtisserie (pour pré-parations sucrées) sont des mélanges à base de farine et d'eau, enrichis d'un corps gras, d'œufs, de lait, parfois de sucre, et de divers ingrédients complémentaires. Une pâte peut constituer un fond, une croûte à garnir, un apprêt à farcir ou à garnir, etc. Pour toutes les pâtes, la cuisson a une importance capitale. Le four doit être chauffé à l'avance afin d'atteindre la température souhaitée au moment de l'enfournement.

LES SAUCES ET LES CONDIMENTS

Pour la commodité de la présentation ont été réunis dans cette partie les beurres composés, les fonds, les fumets, les gelées et les marinades, qui ne sont pas à proprement parler des sauces. Les quantités des sauces (de 2 à 3 dl) figurant dans les recettes ont été prévues pour 3 ou 4 personnes. Pour la sauce vinaigrette, ainsi que toutes celles dont elle fait partie, compter toujours 1 cuillerée à soupe d'huile par personne. Les sauces à base de fonds et de bouillons, qui sont généralement très longs à réaliser (et souvent onéreux), peuvent être préparées à partir de produits déshydratés. Ceux-ci sont commercialisés sous différentes formes (poudres, tablettes, cubes, etc.) ; il suffit de les délayer dans de l'eau. Une autre solution pour gagner du temps consiste à préparer ces fonds et bouillons en grande quantité pour les congeler.

Beurres composés

Beurre composé à froid : préparation

Quelle que soit la composition, il faut sortir le beurre du réfrigérateur à l'avance et le travailler, dans un saladier, à la spatule en bois ou à la fourchette, pour le ramollir et le mettre en pommade de façon qu'il absorbe facilement l'élément qui le parfumera.

Les beurres composés servent à garnir des canapés, à accompagner un poisson, une viande rôtie ou des légumes cuits à la vapeur.

Beurre d'ail

Pour 100 g de beurre

- 4 gousses d'ail
- sel, poivre

❶ Éplucher les gousses d'ail et les plonger 7 ou 8 min dans de l'eau bouillante.

❷ Les sortir de l'eau avec une écumoire, les éponger sur un papier absorbant et les passer au moulin à purée ou au mixeur.

❸ Dans un saladier, verser cette purée sur le beurre ramolli et bien mélanger avec une cuillère en bois ou une fourchette. Saler et poivrer.

beurre d'échalote :

on le prépare en employant 3 échalotes à la place des gousses d'ail.

Préparation : 15 min

Beurre d'anchois

Pour 100 g de beurre

- 6-8 filets d'anchois salés
- 1/2 citron

1. Dessaler les filets d'anchois en les faisant tremper 30 min dans un saladier d'eau froide.
2. Passer les anchois au mixeur ou les écraser à la fourchette pour obtenir une purée.
3. Ajouter le jus de citron en fonction du plat d'accompagnement, puis mélanger cette purée avec le beurre ramolli.

Préparation : 40 min

Beurre Bercy

Pour 100 g de beurre

- 200 g de moelle de bœuf
- 1 échalote
- 1/2 verre de vin blanc
- 1 c. à café de persil haché
- 1/2 citron
- sel, poivre

1. Faire bouillir de l'eau salée dans une casserole. Couper la moelle de bœuf en dés et la plonger dans de l'eau bouillante pendant 5 min. L'égoutter avec une écumoire.
2. Hacher finement l'échalote, la mettre dans une petite casserole, ajouter le vin blanc et faire cuire à découvert jusqu'à ce que le liquide soit réduit de moitié. Laisser tiédir.
3. Ajouter le beurre ramolli, puis la moelle, le persil, le jus de citron, le sel et un bon tour de poivre du moulin, en mélangeant bien à chaque fois.

Préparation : 20 min

Beurre à la broche

Pour 100 g de beurre

- 1/2 c. à soupe de cerfeuil haché
- 1/4 c. à café d'estragon haché
- 1/2 c. à soupe de ciboulette hachée
- 1/2 citron
- piques en bois
- 400 g de panure à l'anglaise (➤ voir p. 107)
- 50 g de beurre
- sel, poivre

1 Malaxer le beurre en pommade avec le cerfeuil, l'estragon, la ciboulette et 5 gouttes de jus de citron. Saler, poivrer. Façonner à la main de petits boudins (de 3 cm de long environ), les enfiler sur des piques en bois et les mettre au congélateur pendant 30 min.

2 Pendant ce temps, préparer la panure à l'anglaise.

3 Lorsque les petits boudins de beurre sont bien durs, les passer, en les tenant par leur pique, dans la panure à l'anglaise et les poser sur une grille. Recommencer cette opération 2 fois.

4 Les disposer dans un plat et les mettre sous le gril pendant 8 à 10 min en les arrosant de beurre fondu et en les tournant régulièrement jusqu'à ce que la croûte soit bien colorée. Servir aussitôt.

Le beurre à la broche, servi avec un poisson ou des légumes, remplace de façon originale le beurre fondu classique.

Préparation : 30 min ■ **Congélation :** 30 min
■ **Cuisson :** 8-10 min

Beurre Chivry

Pour 100 g de beurre

- 75 g d'un mélange de persil, d'estragon, de cerfeuil et de ciboulette
- 1 échalote
- sel, poivre

1 Faire bouillir de l'eau salée et y plonger les herbes et l'échalote pendant 3 min.

2 Les égoutter dans une passoire fine, passer aussitôt sous l'eau froide et les éponger avec soin sur un papier absorbant.

3 Les hacher très finement puis, dans un saladier, mélanger avec le beurre ramolli. Saler et poivrer.

Préparation : 15 min

Beurre de citron

Pour 100 g de beurre

- 1 ou 2 citrons non traités
- sel, poivre

① Prélever le zeste de la moitié d'un citron. Le hacher finement et le mettre dans une casserole.

② Recouvrir d'eau froide, faire bouillir, verser dans une passoire et passer celle-ci sous l'eau du robinet. Recommencer cette opération 2 fois.

③ Presser le ou les citrons de façon à obtenir 2 cuillerées à soupe de jus. Mélanger zeste et jus avec le beurre en pommade, saler et poivrer.

Préparation : 15 min

Beurre de crabe ou de crevette

Pour 100 g de beurre

- 100 g de crabe en boîte ou de crevettes cuites décortiquées
- sel, poivre

Piler finement au mortier, ou passer au mixeur, la chair de crabe ou les crevettes et bien mélanger au beurre ramolli. Saler, poivrer.

**beurre de crustacé
(écrevisse, homard ou langouste) :**
on le prépare de la même façon, avec les parties crémeuses contenues dans la tête, le corail et les œufs.

Préparation : 10 min

Beurre de cresson

Pour 100 g de beurre

- 1 botte de cresson
- sel, poivre

① Nettoyer le cresson. Peser 75 g de feuilles.

② Les plonger 1 min dans de l'eau bouillante salée. Les égoutter dans une passoire, les passer sous l'eau froide pour les rafraîchir, puis les éponger sur un papier absorbant.

③ Réduire finement en purée au moulin à légumes ou au mixeur et mélanger cette purée avec le beurre ramolli. Saler et poivrer. ➜

beurre d'estragon :

on prépare ce beurre de la même façon en remplaçant le cresson par une botte d'estragon.

Préparation : 15 min

Beurre d'escargot

Pour 100 g de beurre

- 3 échalotes
- 1 1/2 gousse d'ail
- 1 c. à soupe de persil haché
- sel, poivre

1 Éplucher et hacher les échalotes.

2 Éplucher l'ail et bien l'écraser jusqu'à ce qu'il soit en pâte.

3 Le mélanger avec les échalotes et le persil, puis ajouter cette préparation au beurre. Saler et poivrer généreusement.

Préparation : 15 min

Beurre hôtelier

Pour 100 g de beurre

- 100 g de champignons de Paris
- 1/2 échalote
- 10 g de beurre
- 1 c. à soupe de persil haché
- 1/2 citron
- sel, poivre

1 Préparer la duxelles : éplucher et hacher finement les champignons et l'échalote. Faire fondre le beurre dans une petite casserole, y jeter l'échalote et la faire revenir doucement, puis ajouter les champignons. Continuer la cuisson à feu doux jusqu'à évaporation de l'eau de végétation, en remuant souvent.

2 Transvaser dans un bol et faire refroidir au réfrigérateur.

3 Pendant ce temps, hacher le persil. Mélanger le beurre ramolli avec le persil, 4 ou 5 gouttes de jus de citron et la duxelles.

Préparation : 30 min ■ **Cuisson :** 10 min

Beurre maître d'hôtel

Pour 100 g de beurre

- 1 c. à soupe de persil ciselé
- sel, poivre

Ajouter un filet de jus de citron et le persil ciselé au beurre ramolli et bien mélanger en salant et poivrant généreusement.

Préparation : 5 min

Beurre manié

Pour 100 g de beurre manié

- 50 g de farine
- 50 g de beurre

Mélanger à la fourchette, sur une assiette plate, la farine avec le beurre jusqu'à ce que celui-ci l'ait toute absorbée et que le mélange soit homogène.

Le beurre manié, incorporé au fouet en petites noisettes à certaines préparations et sauces, permet de les lier et de les épaissir.

Préparation : 5 min

Beurre marchand de vin

Pour 100 g de beurre

- 2 dl de consommé de bœuf (➤ voir p. 48)
- 2 échalotes moyennes
- 2 dl de vin rouge
- 1 c. à soupe de persil haché
- 5-6 gouttes de jus de citron
- 3 pincées de sel
- poivre

❶ Préparer le consommé de bœuf (ou employer un consommé déshydraté).

❷ Hacher les échalotes. Les mettre dans une casserole avec le vin rouge et cuire à petit feu pour réduire le liquide de moitié.

❸ Ajouter le consommé et faire réduire de nouveau jusqu'à ce que le liquide soit bien sirupeux. Laisser refroidir.

❹ Ajouter cette préparation au beurre en pommade avec le persil et le jus de citron. Saler et poivrer. Mettre au réfrigérateur.

Préparation : 15 min

Beurre de Montpellier

Pour 100 g de beurre

- 1 échalote
- cerfeuil, cresson, épinard, estragon, persil plat : 5 feuilles de chaque
- 5 brins de ciboulette
- 1/2 cornichon
- 10 câpres
- 1/2 filet d'anchois dessalé
- 1 1/2 gousse d'ail
- 1/2 jaune d'œuf dur
- sel, poivre

1 Éplucher l'échalote.

2 Laver et plonger 1 min dans de l'eau bouillante salée toutes les herbes et l'échalote.

3 Égoutter dans une passoire, passer sous l'eau froide, puis éponger sur un papier absorbant.

4 Passer le tout au mixeur avec le cornichon, les câpres, l'anchois dessalé, l'ail et le jaune d'œuf. Ajouter au beurre ramolli et bien mélanger, saler et poivrer largement.

Pour rendre ce beurre plus souple, on peut lui ajouter un 1/2 jaune d'œuf cru très frais et 1 cuillerée à soupe d'huile d'olive.

Préparation : 15 min

Beurre noisette

Pour 4 personnes

- 100 g de beurre
- sel, poivre

Chauffer doucement le beurre dans une poêle jusqu'à ce qu'il soit doré et dégage une odeur de noisette, en veillant bien à ce qu'il ne noircisse pas. Saler et poivrer. Servir le beurre immédiatement, quand il est mousseux.

Ce beurre peut accompagner une cervelle d'agneau ou de veau, des légumes (cuits à l'eau et bien égouttés), ou un poisson poché au court-bouillon.

Préparation : 5 min

Beurre de poivron

Pour 100 g de beurre

- 1/2 poivron vert ou rouge
- 20 g de beurre
- piment de Cayenne
- sel, poivre

❶ Épépiner le poivron, le couper en dés et le faire cuire tout doucement dans le beurre, jusqu'à ce qu'il puisse s'écraser en purée sous la fourchette. Au besoin, ajouter un peu d'eau pour qu'il n'attache pas.

❷ Le laisser refroidir au réfrigérateur.

❸ Passer la purée au tamis ou dans une passoire fine.

❹ Incorporer la purée au beurre ramolli, saler, poivrer, ajouter une pointe de piment de Cayenne.

Préparation : 20 min

Beurre de roquefort

Pour 100 g de beurre

- 50 g de roquefort
- 1 c. à café de cognac ou de marc
- 1 c. à café rase de moutarde

❶ Écraser le roquefort avec le cognac (ou le marc) et la moutarde jusqu'à obtenir une pâte homogène.

❷ L'ajouter au beurre ramolli et bien mélanger.

Ce beurre sert à garnir des canapés, des bouchées ou à accompagner des légumes crus.

Préparation : 5 min

Condiments

Chutney à l'ananas

Pour 2 bocaux de 500 g

- 2,5 dl de vinaigre blanc
- 125 g de cassonade
- 1/2 c. à soupe de graines de moutarde
- 2 clous de girofle
- 1/4 de bâton de cannelle
- 2 pincées de gingembre en poudre
- 1/2 boîte d'ananas en morceaux
- 60 g de raisins secs

1 Mélanger dans une casserole le vinaigre blanc avec la cassonade, les graines de moutarde, les clous de girofle, la cannelle et le gingembre en poudre. Chauffer et faire bouillir tout doucement pendant une dizaine de minutes en remuant de temps en temps. Égoutter l'ananas et l'ajouter en même temps que les raisins secs.

2 Cuire à feu très doux, à découvert, jusqu'à ce que le mélange ait pris la consistance d'une marmelade.

3 Ébouillanter des bocaux, y verser le chutney chaud et les fermer immédiatement.

Servir avec les viandes froides.

Préparation : 30 min ■ **Cuisson :** 30-40 min

Chutney aux oignons d'Espagne

Pour 2 bocaux de 500 g

- 500 g d'oignons d'Espagne
- 75 g de gingembre confit
- 175 g de cassonade
- 100 g de raisins secs
- 1 verre de vin blanc sec
- 1 verre de vinaigre de vin blanc
- 1/2 gousse d'ail
- 1 pincée de curry
- 2 clous de girofle

1 Éplucher et couper en fines rondelles les oignons d'Espagne.

2 Détailler le gingembre confit en petits morceaux.

3 Mettre les oignons et le gingembre dans une cocotte avec la cassonade, les raisins secs, le vin blanc sec, le vinaigre de vin blanc, la demi-gousse d'ail, le curry en poudre et les clous de girofle. Porter à ébullition et cuire de 1 h 45 à 2 h. Laisser refroidir.

4 Verser le chutney froid dans les bocaux soigneusement ébouillantés et bien les fermer. Conserver au frais.

Préparation : 10 min ■ **Cuisson :** 1 h 45-2 h

Citrons confits

Pour 2 bocaux de 500 g

- 1 kg de citrons non traités
- 3 c. à soupe de sel
- huile d'olive

1 Laver les citrons, les éponger et les couper en rondelles épaisses ou en quatre s'ils sont petits.

2 Les mettre dans un saladier, les poudrer de sel fin, mélanger le tout à la main et laisser dégorger pendant 12 h environ.

3 Égoutter très soigneusement.

4 Ranger les citrons dans les bocaux et les recouvrir complètement d'huile d'olive.

5 Conserver ces bocaux dans un endroit sec et frais et à l'abri de la lumière pendant 1 mois au moins avant de déguster. Bien refermer le bocal entre deux emplois.

Préparation : 30 min ■ **Marinade :** 12 h

Essence de champignon

Pour 2,5 dl environ

- 50 g de champignons
- 40 g de beurre
- 0,5 l d'eau
- 1/2 citron
- sel

1 Nettoyer les champignons et les couper en morceaux.

2 Mettre le beurre dans une casserole, ajouter l'eau, le jus de citron et saler. Porter à ébullition, ajouter les champignons et cuire 10 min. Sortir les champignons avec une écumoire.

3 Faire réduire la cuisson de moitié et conserver l'essence au réfrigérateur.

Employer cette essence pour corser le goût d'une préparation culinaire (potage ou sauce) ou pour l'aromatiser.

Préparation : 15 min ■ **Cuisson :** 10 min

Huile d'ail

Pour 1 litre

- 8 gousses d'ail
- 1 l d'huile d'olive

1 Éplucher l'ail.

2 Faire bouillir de l'eau dans une petite casserole. Y jeter les gousses d'ail et cuire pendant 2 min, puis égoutter et éponger.

3 Mettre l'ail dans un bocal et verser l'huile par-dessus. On peut aussi introduire les gousses directement dans la bouteille d'huile.

4 Laisser mariner 15 jours à l'abri de la lumière.

Préparation : 5 min ■ **Marinade :** 15 jours

Huile au basilic

Pour 1 litre

- 5 branches de basilic frais
- 1 l d'huile d'olive
- 1/2 tête d'ail frais
- 1/2 échalote

1 Laver et éponger le basilic.

2 Le mettre dans un bocal et verser l'huile d'olive.

3 Ajouter l'ail frais, juste épluché pour faire apparaître les gousses, et l'échalote.

4 Boucher le récipient et laisser mariner 15 jours à l'abri de la lumière.

On aromatise de la même façon de l'huile d'olive avec de l'estragon, du fenouil, du romarin, de la sarriette, de la sauge, etc.

Préparation : 15 min ■ **Marinade :** 15 jours

Huile pimentée

Pour 1 litre

- 6 petits piments de Cayenne
- 1 l d'huile d'olive

① Faire bouillir de l'eau dans une petite casserole. Y jeter les piments et les retirer aussitôt.

② Écraser légèrement les piments avec une fourchette.

③ Les mettre dans un bocal et verser l'huile d'olive. Boucher, puis agiter. Laisser mariner 2 mois à l'abri de la lumière avant l'emploi.

Préparation : 10 min ■ **Marinade :** 2 mois

Pickles de chou-fleur et de tomate

Pour 3 bocaux de 500 g

- 1 petit chou-fleur
- 350 g de tomates
- 2 oignons
- 1/2 concombre
- 100 g de sel
- 1 c. à café de graines de moutarde
- 1 c. à café de gingembre en poudre
- 1 c. à café de poivre noir en grains
- 125 g de cassonade
- 1,5 l de vinaigre de vin blanc

① Laver et séparer le chou-fleur en petits bouquets, couper les tomates en quartiers. Hacher les oignons et le concombre.

② Mettre le tout dans un saladier par couches, en salant à chaque fois. Recouvrir d'eau froide. Couvrir le saladier avec du film alimentaire et laisser mariner au frais pendant 24 h.

③ Verser les légumes dans une passoire et bien les rincer sous le robinet pour retirer l'excès de sel.

④ Mettre le tout dans une casserole. Ajouter la moutarde, le gingembre, le poivre, la cassonade, 3,5 dl de vinaigre et bien mélanger. Faire bouillir à feu moyen en remuant souvent, puis laisser mijoter à feu doux pendant 15 à 20 min, toujours en remuant. Les légumes doivent être un peu tendres, mais fermes quand on y enfonce la pointe d'un couteau.

⑤ Répartir dans les bocaux en ajoutant du vinaigre pour les remplir complètement. Garder au frais et à l'abri de la lumière.

Préparation : 1 h ■ **Marinade :** 24 h

Pickles au vinaigre

Pour 3 bocaux de 500 g

- 2 l d'eau
- 225 g de gros sel
- 6 oignons
- 1 chou-fleur
- 1 concombre
- 5 tomates vertes
- 3 piments rouges
- 1 l de vinaigre de cidre
- 3 clous de girofle
- 1 c. à café de graines de moutarde
- 10 grains de poivre

1 Faire bouillir l'eau avec le sel.

2 Éplucher et hacher les oignons. Laver les autres légumes. Séparer le chou-fleur en bouquets, couper le concombre en cubes, les tomates en tranches. Mettre ces légumes dans un saladier. Verser l'eau salée et laisser mariner 24 h au frais.

3 Égoutter les légumes, les répartir dans les bocaux, ajouter 1 piment dans chacun.

4 Dans un saladier, mélanger le vinaigre avec toutes les épices et le verser dans chaque bocal pour le remplir. Fermer les bocaux, les garder au frais pendant 1 mois avant de consommer.

On sert les pickles en accompagnement de viandes froides, de ragoûts ou comme amuse-gueule.

Préparation : 40 min ■ **Marinade :** 24 h

Pesto

Pour 2 dl environ

- 6 pieds de basilic
- 2 gousses d'ail
- 3 c. à soupe de parmesan râpé
- 1,2 dl d'huile d'olive
- 1 c. à soupe de pignons de pin
- 2 branches de céleri
- sel, poivre

1 Laver puis effeuiller le basilic. Peler l'ail et le hacher très finement. Détailler le céleri en petits tronçons.

2 Mettre le basilic, le céleri et l'ail dans un mortier et les écraser en purée avec le pilon.

3 Ajouter le parmesan et bien mélanger.

4 Dorer les pignons quelques minutes dans le four chaud (200 °C), puis les piler à part.

5 Verser l'huile peu à peu dans la purée, tout en tournant. Saler, poivrer, ajouter les pignons et mélanger.

On peut préparer le pesto avec un mixeur ; dans ce cas, mixer les ingrédients avec la moitié de l'huile, puis incorporer le reste de l'huile et assaisonner.

Préparation : 20 min

Tapenade

Pour 300 g environ

- 20 filets d'anchois salés
- 250 g de grosses olives noires
- 50 g de câpres
- 1,5 dl d'huile d'olive
- 1/2 citron
- 1 boîte de miettes de thon à l'huile (facultatif)

1. Dessaler les filets d'anchois sous l'eau froide.
2. Dénoyauter les olives noires, les couper en quatre et les mixer, ou passer à la moulinette, avec les anchois et les câpres.
3. Ajouter l'huile d'olive et le jus de citron en mélangeant bien comme pour une mayonnaise.
4. On peut éventuellement ajouter une petite boîte de miettes de thon.

La tapenade peut se garder dans un petit bocal au frais. Elle accompagne les crudités ou se tartine sur le pain grillé.

Préparation : 15 min

Vinaigre à l'estragon

Pour 0,75 litre

- 2 branches d'estragon
- 0,75 l de vinaigre de vin blanc

1. Faire bouillir de l'eau dans une petite casserole. Arrêter l'ébullition et y plonger l'estragon pendant 1 h.
2. Le passer sous l'eau froide, l'éponger sur un papier absorbant et le glisser dans la bouteille de vinaigre.
3. Laisser mariner 1 mois avant l'emploi.

Préparation : 5 min ■ **Marinade :** 1 mois

Vinaigre aux herbes

Pour 0,75 litre

- 2 petits oignons
- 2 échalotes
- 5 brins de ciboulette
- 0,75 l de vinaigre de vin

1. Faire bouillir de l'eau dans une casserole.
2. Éplucher les oignons et les échalotes, les couper en fines tranches.
3. Plonger ces tranches et la ciboulette 30 s dans l'eau bouillante, puis les égoutter ➡

dans une passoire. Les rincer sous l'eau fraîche et les éponger sur un papier absorbant.

4 Mettre tous ces aromates dans le vinaigre de vin. Laisser mariner 1 mois avant l'emploi.

Il est préférable d'utiliser du vinaigre de vin vieux.

Préparation : 10 min ■ **Marinade :** 1 mois

Fonds, courts-bouillons et marinades

Blanc de champignon

Pour 1 dl environ

- 1 dl d'eau
- 40 g de beurre
- 1/2 citron
- 300 g de champignons de Paris
- sel

Faire bouillir l'eau salée avec le beurre et le jus de citron. Éplucher les champignons et les y plonger pendant 6 min, puis égoutter.

Le bouillon de cuisson permet de parfumer une sauce, un fumet de poisson ou une marinade. On peut le congeler en pots pour en avoir toujours à disposition. Les champignons serviront à une autre préparation.

Préparation : 10 min ■ **Cuisson :** 6 min

Bouillon de bœuf ou consommé de bœuf

Pour 1 litre

- 350 g de viande de bœuf maigre
- 150 g de viande de bœuf avec os
- 2 l d'eau
- 1 oignon
- 1 clou de girofle
- 1 poireau
- 1 brin de thym

1 Dégraisser, désosser et ficeler la viande de bœuf (macreuse, gîte-gîte, paleron, jumeau, plat de côtes, queue, etc.).

2 Envelopper les os dans un torchon et les concasser avec un marteau.

3 Mettre les viandes dans une marmite et verser l'eau (elle doit tout recouvrir). Saler. Porter à ébullition et écumer plusieurs fois.

4 Couper l'oignon en deux, le cuire dans une casserole à feu doux, et à sec, jusqu'à ce qu'il soit bien coloré. Le retirer et y piquer le clou de girofle.

- 1 branche de céleri
- 1/2 feuille de laurier
- 1 carotte
- 1 gousse d'ail
- sel

5 Éplucher le poireau et l'attacher avec le thym, le céleri et le laurier. Éplucher la carotte et l'ail.

6 Ajouter oignon, poireau, carotte et ail dans la marmite. Cuire doucement 3 h 30 à découvert en écumant régulièrement.

7 Passer le bouillon. Le laisser refroidir puis le mettre au réfrigérateur. Enlever ensuite la pellicule de gras de surface.

Ce bouillon peut être congelé.

Préparation : 15 min ■ **Cuisson :** 3 h 30

Bouillon de veau ou fond blanc de veau

Pour 1 litre

- 1 kg de viande de veau (jarret avec os et bas morceaux)
- 2 l d'eau
- 1 oignon
- 1 clou de girofle
- 1 carotte
- 2 poireaux
- 1 branche de céleri
- 1 brin de thym
- 1 feuille de laurier
- sel

1 Désosser et ficeler la viande de veau (jarret avec os et bas morceaux). Couvrir les os d'un torchon et les concasser avec un marteau.

2 Mettre la viande dans une marmite, verser l'eau froide, saler et porter à ébullition. Écumer régulièrement.

3 Couper l'oignon en deux et le faire dorer à sec dans une casserole, sur feu doux. Le piquer du clou de girofle.

4 Éplucher la carotte, attacher les poireaux avec le céleri, le thym et le laurier.

5 Mettre tous ces légumes dans la marmite. Cuire pendant 2 h 30 à feu doux, à découvert, en écumant régulièrement.

6 Passer le bouillon. Le laisser refroidir puis le mettre au réfrigérateur. Enlever ensuite la pellicule de gras de surface.

Ce fond blanc permet de réaliser du velouté de veau, des jus et des sauces, de braiser certains légumes et de mouiller des crèmes-potages de légumes. On peut le congeler en pots pour en avoir toujours sous la main.

Préparation : 15 min ■ **Cuisson :** 2 h 30

Clarification du bouillon de pot-au-feu

Pour 1 litre de bouillon clarifié

- 250 g de bœuf maigre
- 1/2 carotte
- 1 petit vert de poireau
- 1/4 de branche de céleri
- 1 tomate
- 1 blanc d'œuf
- 1,5 l de bouillon de bœuf (voir p. 48)
- 1/2 botte de cerfeuil
- 5 grains de poivre

1 Hacher la viande.

2 Éplucher et couper très fin tous les légumes.

3 Les mettre dans une terrine avec le blanc d'œuf, mélanger et laisser reposer au froid pendant 15 min.

4 Verser le bouillon dans une casserole. Y ajouter tous les ingrédients et bien mélanger au fouet. Chauffer doucement, en remuant sans arrêt avec une spatule jusqu'à l'ébullition. Cuire ensuite à petit feu, au frémissement, pendant 1 h 30.

5 Ajouter le cerfeuil haché et les grains de poivre écrasés, et laisser infuser pendant 30 min.

6 Tremper une mousseline ou un torchon très fin dans de l'eau glacée, bien l'essorer et en tapisser une passoire ou un chinois. Passer le bouillon.

Clarifié, le bouillon a encore plus de saveur. On peut le congeler facilement pour en avoir toujours à disposition.

Préparation : 20 min ■ **Cuisson :** 1 h 30
■ **Repos :** 15 + 30 min

Court-bouillon « eau de sel »

Pour 1 litre

- 15 g de sel
- 1 branche de thym (facultatif)
- 1 feuille de laurier (facultatif)

Faire bouillir l'eau avec le sel. L'eau de sel, le plus simple des courts-bouillons, n'est en général pas aromatisée, mais on peut lui ajouter, selon le goût, un peu de thym et de laurier. On peut tout y cuire, viandes, poissons, légumes.

Préparation : 5 min

Court-bouillon au lait

Pour 1 litre

- 1/2 citron
- 0,5 l de lait
- 0,5 l d'eau
- 15 g de sel

Peler le citron en enlevant la peau blanche et le couper en rondelles. Mélanger le lait et l'eau, saler. Verser sur l'aliment à cuire et ajouter les rondelles de citron.

Ce court-bouillon est surtout utilisé pour la cuisson des poissons plats, comme la barbue ou le turbot, ou encore des poissons fumés ou salés, comme le haddock ou la morue (dans ce cas, ne pas mettre de sel).

Préparation : 5 min

Court-bouillon pour poisson

Pour 1 litre

- 1 carotte
- 1 oignon
- 1 l d'eau
- 1 bouquet garni
- 1 c. à soupe de sel
- 5 grains de poivre
- 1 dl de vinaigre

1 Éplucher et couper la carotte et l'oignon en rondelles.

2 Les mettre dans l'eau avec le bouquet garni. Porter à ébullition et cuire 20 min. Ajouter alors sel, poivre et vinaigre.

3 Éteindre le feu et laisser infuser 10 min, puis passer au chinois ou dans une passoire tapissée de mousseline.

Une fois utilisé, le court-bouillon pour poisson peut servir pour un potage ou pour une sauce blanche. Il faut alors le garder dans un bocal stérilisé.

Préparation : 10 min ■ **Cuisson :** 20 min

Court-bouillon au vin

Pour 1 litre

- 1 carotte
- 1 oignon
- 7 dl d'eau
- 3 dl de vin blanc sec
- 1 bouquet garni
- 5 grains de poivre
- sel

1 Éplucher et couper en rondelles la carotte et l'oignon.

2 Mettre l'eau, le vin blanc sec, le bouquet garni et les légumes dans une casserole. Saler. Porter à ébullition et cuire 20 min.

3 Hors du feu, ajouter alors le poivre en grains (sinon le court-bouillon sera amer) et laisser infuser 10 min. Passer dans une passoire fine ou au chinois.

Ce court-bouillon sert à la cuisson des crustacés et des poissons.

Préparation : 5 min ■ **Cuisson :** 20 min

Demi-glace

Pour 4 dl environ

- 5 dl de fond brun de veau (➤ voir p. 54)
- 8 dl de fond brun clair (➤ voir p. 53)
- 5 cl de madère
- pieds de champignon (facultatif)

1 Mélanger les deux fonds et les mettre à bouillir à feu très doux jusqu'à ce que le liquide soit réduit des deux tiers.

2 Écumer constamment et soigneusement les impuretés à la surface. Éloigner du feu, ajouter le madère et verser dans une passoire tapissée d'une mousseline.

3 On peut, lors de la réduction des fonds, ajouter une poignée de pieds de champignon lavés et coupés en petits morceaux.

La demi-glace peut se conserver au réfrigérateur dans un bocal bien fermé.

sauce madère :
faire réduire des deux tiers 5 cl de madère. Ajouter 2,5 dl de demi-glace et laisser réduire quelques minutes. Hors du feu, rehausser le goût d'un trait de madère.

Préparation : 5 min ■ **Cuisson :** 35-45 min

Fond blanc de volaille

Pour 2 litres environ

- 1 poule
- 500 g d'abattis de volaille
- 3 ou 4 carcasses de volaille
- 2 carottes
- 2 oignons
- 1 gros blanc de poireau
- 1 branche de céleri
- 1 bouquet garni

Procéder comme pour le fond blanc de veau (➤ voir p. 54) en faisant une première cuisson des viandes pour les « blanchir », puis la cuisson longue avec les légumes, en écumant réguliè-rement. La poule étant bien plus grasse que le veau, le refroidissement final est important pour bien dégraisser le fond.

Une fois dégraissé, le fond de volaille peut être surgelé, comme le fond de veau. Ces fonds blancs sont la base de nombreuses sauces. Les viandes peuvent ensuite servir pour un hachis parmentier (➤ voir p. 456)

Préparation : 15 min ■ **Cuisson :** 4 h

Fond brun clair

Pour 1 litre environ

- 1 os de veau
- 60 g de couennes
- 50 g de talon de jambon
- 500 g de bœuf maigre (gîte ou paleron)
- 500 g de jarret de veau
- 1 carotte
- 1 oignon
- 1 bouquet garni
- 1 gousse d'ail
- 5 g de gros sel

1 Préchauffer le four à 250 °C. Casser l'os avec un marteau.

2 Plonger dans l'eau bouillante, pendant 4 ou 5 min, les couennes dégraissées et le jambon.

3 Désosser et couper en cubes le bœuf et le jarret de veau. Tailler en rondelles la carotte et l'oignon.

4 Disposer tous ces ingrédients dans un grand plat ou sur la plaque du four et les faire colorer jusqu'à ce qu'ils deviennent un peu dorés.

5 Les retirer du four et les verser dans une grande cocotte. Ajouter le bouquet garni, l'ail épluché et 0,5 litre d'eau.

6 Cuire doucement jusqu'à ce que le liquide soit réduit « à glace », c'est-à-dire qu'il prenne la couleur caramel et devienne sirupeux. Ajouter alors encore 0,5 litre d'eau et faire à nouveau réduire « à glace ». Ajouter enfin 1,5 litre d'eau et le gros sel, porter à ébullition et laisser frémir 8 h à couvert. ➔

7 Laisser refroidir le fond. Ôter la pellicule de gras avec une écumoire et passer le fond dans une passoire tapissée de mousseline.

Ce fond peut également être congelé.

Préparation : 30 min ■ **Cuisson :** 8 h 30

Fond brun de veau

Pour 1 litre environ

- 500 g d'épaule de veau
- 500 g de jarret de veau
- 1 os de veau
- 1 carotte
- 1 oignon
- 1 bouquet garni
- sel, poivre

1 Préchauffer le four à 250 °C. Désosser et ficeler l'épaule de veau et le jarret de veau. Concasser l'os très finement.

2 Faire dorer viandes et os au four (procéder comme pour le fond brun clair).

3 Éplucher et tailler en rondelles la carotte et l'oignon et mettre le tout dans la cocotte avec le bouquet garni, couvrir et faire cuire à feu doux pendant 15 min.

4 Ajouter 0,5 litre d'eau. Faire réduire à glace (➤ voir recette précédente) ; recommencer l'opération. Ajouter 1,5 litre d'eau ou de fond blanc et porter à ébullition. Écumer, saler légèrement et poivrer. Laisser frémir 6 h.

5 Dégraisser et filtrer comme pour la recette précédente.

Ce fond peut également être congelé.

Préparation : 15 min ■ **Cuisson :** 6 h 30

Fond de gibier

Pour 1 litre environ

- 1 kg de bas morceaux et d'os de gibier à poil ou de carcasses et abattis de gibier à plume
- 100 g de couennes

1 Préchauffer le four à 250 °C. Couper les viandes en morceaux, les mettre dans un plat et les faire dorer au four pendant 10 à 15 min.

2 Couper la couenne en morceaux.

3 Éplucher carotte et oignon et les couper en dés. Faire un bouquet garni avec le persil, le thym, le laurier, la sauge et le romarin.

- 1 carotte
- 1 gros oignon
- 6-8 tiges de persil
- 1 brin de thym
- 1 feuille de laurier
- 2-3 feuilles de sauge
- 1 brin de romarin
- 10 g de beurre
- 1 dl de vin blanc
- 1,5 l d'eau
- 5 baies de genièvre
- 5 grains de poivre

4 Dans une casserole, faire fondre le beurre, mettre la couenne, les dés de carotte et d'oignon et les faire revenir. Ajouter le gibier, verser le vin blanc et bien mélanger avec la cuillère en bois. Laisser réduire à glace, c'est-à-dire jusqu'à ce qu'il n'y ait presque plus de liquide.

5 Verser l'eau froide et ajouter le bouquet garni, les baies de genièvre et le poivre. Porter à ébullition et cuire pendant 3 h à tout petits bouillons en écumant régulièrement.

6 Laisser refroidir, mettre au réfrigérateur, bien dégraisser, puis passer au tamis fin ou, mieux, dans une passoire tapissée de mousseline.

Ce fond est précieux pour cuisiner les plats à base de gibier. Il est conseillé de le préparer en grandes quantités au moment de la chasse et de le congeler.

Préparation : 30 min ■ **Cuisson :** 3 h 30

Fumet de poisson

Pour 1,5 litre environ

- 2,5 kg d'arêtes et de parures de poisson
- 2 carottes
- 1 oignon
- 7 échalotes
- 150 g de champignons de Paris
- 25 brins de persil
- 1 c. à soupe d'huile
- 1 bouquet garni
- 1/2 citron
- gros sel

1 Nettoyer et casser les arêtes et les parures de poisson.

2 Éplucher et couper très finement carottes, oignon, échalotes et champignons ; attacher ensemble les queues de persil. Faire dorer le tout dans une cocotte avec l'huile, ajouter le bouquet garni et le jus de citron. Saler.

3 Recouvrir d'eau. Porter à ébullition, dégraisser et écumer, puis laisser cuire à feu doux et à découvert pendant 20 min.

4 Verser dans une passoire tapissée de mousseline en pressant les arêtes avec le dos d'une cuillère et laisser refroidir.

Ce fond peut facilement se congeler.

fumet au vin rouge :
remplacer l'eau par un vin rouge corsé.

Préparation : 15 min ■ **Cuisson :** 20 min

Glace de poisson

Pour 2 dl environ

- 1 l de fumet de poisson (➤ voir p. 55)

Verser le fumet de poisson dans une casserole et le faire bouillir très doucement jusqu'à ce qu'il prenne une consistance sirupeuse. Écumer régulièrement. Passer ensuite dans une passoire tapissée de mousseline.

Cette glace permet de rehausser la saveur d'une sauce ou de napper un poisson avant de le passer au four. Elle peut se conserver au réfrigérateur dans un bocal soigneusement lavé et fermé.

Préparation : 5 min ■ **Cuisson :** 1-2 h

Glace de viande

Pour 1,5-2 dl

- 1 l de fond brun clair (➤ voir p. 53)

❶ Dégraisser complètement le fond brun clair. Lorsqu'il est tout à fait limpide, le faire réduire de moitié en le faisant mijoter à feu moyen et à découvert.

❷ Le passer à travers une mousseline, puis le faire réduire à nouveau en écumant soigneusement, et le passer. Recommencer jusqu'à ce que le fond nappe le dos d'une cuillère, en baissant chaque fois un peu plus la température de réduction.

❸ Verser la glace de viande dans de petits pots en verre, recouvrir de film alimentaire et conserver au frais.

La glace de viande ou celles de volaille et de gibier donnent saveur et légèreté à de nombreuses préparations.

glace de volaille :
remplacer le fond brun par le fond de volaille (➤ voir p. 53).

glace de gibier :
remplacer le fond brun par le fond de gibier (➤ voir p. 54).

Préparation : 5 min ■ **Cuisson :** 2 h environ

Marinade crue pour pâtés et terrines

Pour 1 kg de viande

- 20 g de sel
- 3 g de poivre
- 2 g de quatre-épices
- 2 brins de thym
- 1 feuille de laurier
- 1 dl de cognac
  ou d'armagnac
- 1 dl de madère

1 Saler, poivrer et saupoudrer de quatre-épices tous les éléments à mariner, puis ajouter le thym et le laurier émiettés.

2 Arroser avec le cognac (ou l'armagnac) et le madère.

3 Laisser mariner 24 h à couvert et au frais, en retournant les pièces 2 ou 3 fois.

Préparation : 5 min ■ **Marinade :** 24 h

Marinade crue pour viande de boucherie et gibier

Pour 1-2 kg de viande

- quatre-épices
- 1 gros oignon
- 2 échalotes, 1 carotte
- 2 gousses d'ail
- 1 brin de thym
- 1/2 feuille de laurier
- 3 queues de persil
- 1 clou de girofle
- 1 ou 2 bouteilles de vin rouge ou blanc
- 2 c. à soupe de vinaigre
- 1 verre à liqueur de cognac
- 2 c. à soupe d'huile
- sel, poivre

1 Saler, poivrer et saupoudrer de quatre-épices la pièce à mariner. Mettre celle-ci dans une terrine juste assez grande pour la contenir.

2 Éplucher les légumes. Hacher l'oignon et les échalotes, couper la carotte en rondelles, écraser l'ail.

3 Mettre oignon, échalotes et carotte dans la terrine, ajouter le brin de thym et le laurier émiettés, les queues de persil et le clou de girofle. Recouvrir complètement de vin rouge ou blanc et de vinaigre, ajouter le cognac et l'huile.

4 Couvrir et laisser mariner au frais de 6 h à 2 jours en retournant la viande 2 ou 3 fois.

La marinade améliore la texture de la viande et la rend plus tendre et parfumée.

Préparation : 15 min ■ **Marinade :** de 6 h à 2 jours

Marinade cuite pour viande de boucherie et gibier

Pour 1-2 litres

- 4-5 c. à soupe d'huile d'olive
- 1 gros oignon
- 2 échalotes, 1 carotte
- 1 ou 2 bouteilles de vin rouge ou blanc
- 1 c. à soupe de vinaigre
- 2 queues de persil
- 1 brin de thym
- 1/2 feuille de laurier
- 1 branche de céleri
- 1 gousse d'ail
- 10 grains de poivre
- 1 clou de girofle
- 5 baies de genièvre
- 5 graines de coriandre
- 1 pincée de romarin

❶ Éplucher les légumes, hacher oignon et échalotes, couper la carotte en rondelles.

❷ Les faire revenir avec 1 cuillerée à soupe d'huile dans une cocotte. Ajouter le vin rouge ou blanc (selon la recette), le vinaigre et tous les aromates. Saler. Calculer la quantité de vin en fonction du poids de la viande à faire mariner : compter 1 litre de marinade pour 500 g de viande.

❸ Porter à ébullition et laisser cuire au frémissement (tout petits bouillons) pendant 30 min.

❹ Faire refroidir rapidement cette marinade en la mettant au réfrigérateur, puis la verser sur la viande.

❺ Ajouter le reste d'huile de façon à ce qu'une fine pellicule recouvre le tout.

❻ Couvrir avec un film alimentaire et conserver au frais.

Préparation : 5 min ◼ **Cuisson :** 30 min

Marinade instantanée

Pour 1 kg de poisson ou de viande

- 4 c. à soupe d'huile
- 1 citron
- 1 feuille de laurier
- 1 brin de thym
- sel, poivre

❶ Saler et poivrer toutes les pièces à mariner et les arroser d'huile.

❷ Peler le citron à vif (enlever le zeste et la peau blanche) et le couper en tranches fines ; les ajouter à la marinade.

❸ Émietter la feuille de laurier et le brin de thym au-dessus de chaque morceau. Laisser reposer 10 min environ.

Préparation : 5 min ◼ **Repos :** 10 min

Gelées

Gelée de poisson blanche

Pour 1 litre environ

- 1,5 l de fumet de poisson (➤ voir p. 55)
- 2 blancs de poireau
- 1 petit morceau de vert de poireau (40 g)
- 1 branche de céleri
- 3-4 champignons de Paris (50 g)
- 200 g de merlan
- 3 blancs d'œufs
- 1/2 de botte de cerfeuil
- 5 grains de poivre
- 15 g de gélatine (5 feuilles)
- sel

1. Préparer ou décongeler le fumet de poisson. Le laisser refroidir.
2. Éplucher et laver les poireaux, le céleri et les champignons ; les couper en tout petits dés.
3. Hacher le merlan et le mélanger, dans une casserole, avec les blancs d'œufs et les légumes coupés.
4. Verser le fumet refroidi. Saler. Porter doucement à ébullition en remuant constamment, puis laisser frémir 20 min.
5. Tremper les feuilles de gélatine dans un bol d'eau froide, les essorer et les ajouter juste avant la fin de la cuisson.
6. Placer une mousseline dans une passoire, y mettre les branches de cerfeuil et les grains de poivre écrasés et passer doucement la gelée sans la presser. La goûter et en rectifier l'assaisonnement.
7. La laisser refroidir, puis la mettre au réfrigérateur pour qu'elle prenne. S'en servir dans les heures qui suivent.

Préparation : 30 min ■ **Cuisson :** 20 min

Gelée de viande

Pour 1 litre environ

- 200 g de gîte de bœuf
- 100 g de jarret de veau
- 250 g d'os de veau
- 1/2 pied de veau
- 100 g de couennes
- 1/2 oignon
- 1 carotte
- 1/2 poireau
- 1 bouquet garni
- sel, poivre

1. Préchauffer le four à 200 °C. Couper les viandes en morceaux. Casser les os. Les mettre dans un plat avec le pied et les couennes dégraissées. Les faire dorer au four en les remuant régulièrement.
2. Éplucher et couper les légumes en rondelles. Mettre dans un faitout les légumes, les viandes, les os, les couennes dorées ; ajouter le bouquet garni, 1 cuillerée à café de sel et du poivre.
3. Mouiller avec 1 litre d'eau et porter à ébullition. Écumer, puis ajouter une louche d'eau très froide et cuire pendant 3 h, à petits frémissements. ➜

④ Garnir une passoire d'un linge fin et y verser doucement le liquide. Laisser reposer celui-ci et le mettre dans le réfrigérateur pour enlever facilement la graisse solidifiée en surface.

⑤ Clarifier le bouillon (➤ voir p. 50).

fond pour gelée blanche :
on le prépare de la même façon, mais sans laisser colorer les viandes et les os.

fond pour gelée de gibier :
ajouter à la viande 250 g de carcasses et de parures de gibier colorées au four, ainsi que des baies de genièvre.

gelée de volaille :
ajouter à la viande 300 g de carcasses et d'abattis de volaille, également colorés.

Préparation : 30 min ■ **Cuisson :** 3 h 15

Sauces blanches

Roux blanc

Pour 60 g de roux

- 30 g de beurre
- 30 g de farine

① Faire fondre le beurre, à feu moyen, dans une casserole à fond épais sans le laisser colorer.

② Ajouter petit à petit la farine, en remuant sans arrêt, et cuire jusqu'à ce que le goût de farine crue ait complètement disparu.

③ Retirer du feu pour que ce roux ne brunisse pas.

Le roux blanc s'emploie essentiellement pour la réalisation de la sauce blanche, aussi appelée velouté, de la béchamel ou de diverses autres sauces à raison de 60 g pour 0,5 litre d'eau, de fond de veau ou autre, ou encore de lait.

roux blond :
la méthode est la même, mais on le fait cuire un peu plus, toujours en remuant, jusqu'à ce qu'il prenne une couleur blonde.

Préparation : 2 min ■ **Cuisson :** 3-5 min

Sauce Albufera

Pour 2,5 dl environ

- 2,5 dl de sauce suprême (➤ voir p. 70)
- 20 g de beurre de poivron (➤ voir p. 41)
- 1 c. à café de glace de viande (➤ voir p. 56)

① Préparer la sauce suprême et le beurre de poivron, mais sans y mettre de piment de Cayenne.

② Ajouter la glace de viande et le beurre de poivron dans la sauce suprême et faire cuire à feu doux en mélangeant bien avec une cuillère en bois.

③ Passer la sauce dans une passoire tapissée de mousseline. Goûter et rectifier l'assaisonnement.

Préparation : 30 min ■ **Cuisson :** 10-15 min

Sauce allemande grasse

Pour 2,5-3 dl

- 1,5 dl de sauce blanche (➤ voir p. 63)
- 2 c. à soupe de blanc de champignon (➤ voir p. 48)
- 1 dl de fond blanc de veau (➤ voir p. 54) ou de volaille (➤ voir p. 53)
- 1/2 citron
- poivre en grains
- noix de muscade
- 1 jaune d'œuf
- 15 g de beurre

① Préparer la sauce blanche (en réserver 1 ou 2 cuillerées à soupe), le blanc de champignon et le fond.

② Verser le tout dans la même casserole (garder 1 ou 2 cuillerées de sauce blanche). Faire chauffer à feu doux.

③ Ajouter 1 filet de jus de citron, quelques grains de poivre concassés et 1 pointe de noix de muscade. Bien mélanger et cuire doucement pendant 10 à 15 min pour que la sauce se réduise et nappe le dos de la cuillère. Retirer du feu.

④ Mélanger le jaune d'œuf dans un bol avec le reste de la sauce blanche et l'incorporer à la préparation chaude.

⑤ Remettre sur le feu sans faire bouillir, ajouter encore 1 filet de citron et passer la sauce dans une passoire fine.

⑥ Ajouter le beurre coupé en petits morceaux, en mélangeant bien. Goûter et rectifier l'assaisonnement.

sauce allemande maigre :
remplacer le fond blanc par du fumet de poisson.

Préparation : 30 min ■ **Cuisson :** 15-20 min

Sauce aurore

Pour 2,5-3 dl

- 2 dl de sauce suprême (➤ voir p. 70)
- 2 c. à soupe de fondue de tomate (➤ voir p. 797)

Préparer la sauce suprême et la fondue de tomate (ou décongeler cette dernière). Les faire chauffer ensemble dans une casserole à feu très doux. Passer ensuite la sauce dans une passoire fine. Goûter et rectifier l'assaisonnement.

Préparation : 15-30 min ■ **Cuisson :** 10-15 min

Sauce Béchamel

Pour 2,5 dl environ

- 2,5 dl de lait frais ou UHT
- 15 g de beurre
- 15 g de farine
- sel, poivre, muscade

❶ Faire chauffer le lait. Préparer le roux (➤ voir p. 60) en faisant fondre le beurre avec la farine.

❷ Verser le lait bien chaud en fouettant sans arrêt pour bien mélanger et éviter la formation de grumeaux.

❸ Saler, poivrer et ajouter, selon le goût, un peu de muscade râpée.

❹ Passer la sauce dans une passoire fine. Si elle ne doit pas être servie immédiatement, la garder au chaud en la remuant régulièrement pour empêcher la formation d'une pellicule à sa surface.

Préparation : 5 min ■ **Cuisson :** 10-15 min

Sauce Bercy

Pour 2,5 dl environ

- 3 échalotes
- 55 g de beurre
- 1 dl de fumet de poisson (➤ voir p. 55)
- 1 dl de vin blanc
- 2 dl de velouté de poisson (➤ voir p. 142)

❶ Éplucher les échalotes, les couper finement et les faire cuire doucement dans 5 g de beurre pendant 4 à 5 min mais sans les laisser colorer.

❷ Ajouter le fumet de poisson (décongeler le fumet maison ou reconstituer un produit déshydraté) et verser le vin blanc. Laisser cuire à feu moyen, en remuant de temps en temps avec une cuillère en bois, jusqu'à ce que le liquide soit réduit de moitié.

- 1 c. à soupe de persil haché
- sel, poivre

3 Pendant ce temps, préparer le velouté de poisson puis l'incorporer aux échalotes en mélangeant bien. Faire bouillir la sauce quelques instants à feu vif.

4 Couper le reste du beurre en petits morceaux. Hors du feu, l'ajouter peu à peu en remuant avec un fouet.

5 Ajouter enfin le persil haché, saler et poivrer.

sauce marinière :
remplacer le fumet de poisson par le liquide de cuisson restant d'un plat de moules marinières.

Ces sauces accompagnent très bien un simple poisson rôti ou cuit au court-bouillon.

Préparation : 30 min ■ **Cuisson :** 25-30 min

Sauce blanche ou velouté

Pour 2,5 dl environ

- 2,5 dl de fond blanc de veau (➤ voir p. 49)
- 50 g de roux blanc (➤ voir p. 60)
- sel, poivre

1 Préparer le fond de veau (décongeler le fond maison ou reconstituer un fond déshydraté) et le faire chauffer doucement.

2 Pendant ce temps, préparer le roux.

3 Verser le fond chaud sur le roux et délayer en remuant vivement avec un fouet. Laisser cuire pendant 10 à 12 min à feu très doux, sans bouillir. Saler et poivrer.

Cette sauce peut se faire aussi avec de l'eau, mais elle aura moins de goût. Il faut alors ajouter de la muscade râpée ou un autre condiment selon l'aliment à accompagner.

velouté de volaille :
remplacer le fond blanc par le fond de volaille.

velouté de poisson :
remplacer le fond blanc par le fumet de poisson.

Préparation : 5 min ■ **Cuisson :** 10 min environ

Sauce Bontemps

Pour 2,5 dl environ

- 1/2 oignon
- 30 g de beurre
- 1 pincée de paprika
- 1 dl de cidre
- 1 dl de velouté
  (➤ voir p. 63)
- 1 c. à café de moutarde
- sel

1 Éplucher et hacher l'oignon.

2 Faire fondre 10 g de beurre dans une casserole, ajouter l'oignon et cuire tout doucement 3-4 min. Saler, ajouter 1 pincée de paprika et le cidre, bien mélanger. Cuire à feu très doux jusqu'à ce que le mélange ait réduit des deux tiers.

3 Pendant ce temps, préparer le velouté.

4 L'ajouter au mélange à l'oignon et porter le tout à ébullition. Retirer tout de suite du feu, ajouter le reste du beurre et la moutarde. Rectifier l'assaisonnement.

5 Passer dans une passoire fine.

Préparation : 15 min ■ **Cuisson :** 15-20 min

Sauce bretonne

Pour 2,5 dl environ

- 2 dl de velouté
  (➤ voir p. 63)
- 1 blanc de poireau
- 1 petite branche de céleri
- 1 oignon
- 75 g de beurre
- 50 g de champignons de Paris
- 1 verre de vin blanc sec
- 1 grosse c. à soupe de crème fraîche épaisse
- sel, poivre

1 Préparer le velouté et le garder au chaud.

2 Éplucher les légumes (sauf les champignons), tailler poireau et céleri en fines lanières, l'oignon en rondelles. Faire fondre 20 g de beurre dans une casserole, y mettre les légumes avec 1 pincée de sel et les cuire 15 min à feu doux et à couvert.

3 Pendant ce temps, laver les champignons et les couper en petits dés. Les ajouter dans la casserole avec le vin blanc. Cuire jusqu'à ce qu'il n'y ait presque plus de liquide (réduire à sec).

4 Ajouter le velouté, bien mélanger et faire bouillir vivement pendant 1 min. Saler et poivrer.

5 Passer la sauce, la remettre sur un feu très doux, ajouter la crème fraîche et le reste du beurre. Retirer tout de suite du feu.

Préparation : 20 min ■ **Cuisson :** 30 min

Sauce chaud-froid blanche

Pour 1 litre environ

- 4 dl de gelée de volaille
  (➤ voir p. 60)
- 4 dl de velouté
  (➤ voir p. 63)
- 0,5 dl d'essence
  de champignon
  (➤ voir p. 43)
- 2 dl de crème fraîche

1 Préparer la gelée (on peut reconstituer un produit déshydraté).

2 Préparer le velouté et l'essence de champignon, les mélanger dans une grande casserole et les chauffer à plein feu, en remuant à la spatule, pendant 10 min environ de façon à les faire réduire un peu.

3 Ajouter peu à peu la gelée et la crème fraîche. Continuer la cuisson jusqu'à ce que la sauce nappe bien la spatule.

4 Passer la sauce dans une passoire tapissée de mousseline, puis continuer de la remuer jusqu'à ce qu'elle refroidisse.

Cette sauce sert pour recouvrir des morceaux de poulet rôti et froid disposés dans un grand plat (➤ voir p. 569 chaud-froid de poulet). Elle peut être parfumée et décorée avec des truffes.

Préparation : 40 min ■ **Cuisson :** 30 min environ

Sauce crème

Pour 2,5 dl environ

- 15 g de farine
- 15 g de beurre
- 2 dl de lait
- 1 dl de crème liquide
- 1/2 citron
- 1 pointe de cayenne
- sel, poivre
- noix de muscade

1 Préparer une béchamel (➤ voir p. 62) avec la farine, le beurre, le lait et la moitié de la crème liquide. La cuire pendant 5 min environ en remuant vivement.

2 Ajouter le reste de la crème, verser du jus de citron, bien mélanger.

3 Saler et poivrer, mettre une pointe de piment de Cayenne, enfin râper un peu de muscade.

4 Passer la sauce.

Préparation : 5 min ■ **Cuisson :** 8-10 min

Sauce hongroise

Pour 2,5-3 dl

- 1 oignon
- 50 g de beurre
- 1 pincée de paprika
- 1,5 dl de vin blanc
- 1 petit bouquet garni
- 2,5 dl de velouté
  (➤ voir p. 63)
- sel, poivre

1 Éplucher et hacher l'oignon.

2 Faire fondre 20 g de beurre dans une casserole, ajouter l'oignon et le faire cuire doucement pendant 5-10 min sans le laisser colorer. Saler, poivrer, poudrer avec le paprika.

3 Ajouter le vin blanc et le bouquet garni. Cuire à feu doux jusqu'à ce que la préparation soit réduite des deux tiers.

4 Ajouter le velouté. Faire bouillir 5 min sur feu vif, passer dans une passoire tapissée de mousseline.

5 Remettre la sauce à chauffer puis, hors du feu, ajouter le reste du beurre coupé en petits morceaux. Goûter et rectifier l'assaisonnement.

Préparation : 20 min ■ **Cuisson :** 30 min environ

Sauce Mornay

Pour 2,5-3 dl

- 2,5 dl de sauce Béchamel
  (➤ voir p. 62)
- 1 jaune d'œuf
- 1 c. à soupe de crème fraîche
- 35 g de gruyère râpé
- sel, poivre

1 Préparer la sauce Béchamel.

2 Dans un bol, battre le jaune d'œuf avec la crème et, hors du feu, ajouter ce mélange à la sauce en fouettant vivement.

3 Remettre sur le feu quelques secondes en prenant soin de ne pas faire bouillir et ajouter le fromage râpé en mélangeant avec une cuillère en bois.

4 Saler, poivrer. Goûter et rectifier l'assaisonnement. Si la sauce doit attendre, piquer une noix de beurre au bout d'une fourchette et la passer à sa surface pour éviter qu'une pellicule ne se forme.

5 Réchauffer doucement, en remuant, avant de servir.

Préparation : 25 min ■ **Cuisson :** 15-20 min

Sauce moutarde

Pour 2,5-3 dl

- 30 g de roux
- 2,5 dl de lait
- 4 c. à soupe de crème fraîche
- 1 c. à café de vinaigre blanc
- 1 c. à café de graines de moutarde
- sel, poivre

1 Préparer la sauce Béchamel avec le roux (➤ voir p. 60) et le lait.

2 En fin de cuisson, ajouter la crème fraîche, le vinaigre blanc, les graines de moutarde (on peut les remplacer par 1 cuillerée à café de moutarde de Dijon), 1 pincée de sel et un peu de poivre. Goûter et rectifier l'assaisonnement.

Préparation : 15 min ■ **Cuisson :** 20 min

Sauce Nantua

Pour 2,5 dl environ

- 30 g de beurre d'écrevisse (➤ voir p. 37)
- 3 dl de sauce Béchamel (➤ voir p. 62)
- 0,25 dl de crème fraîche
- 1 c. à café de cognac
- 1 pointe de piment de Cayenne
- sel

1 Préparer le beurre d'écrevisse et la béchamel. Continuer de cuire la sauce jusqu'à la faire réduire d'un tiers et lui ajouter ensuite la crème fraîche.

2 Passer au tamis ou dans une passoire fine en appuyant bien avec le dos d'une cuillère.

3 Remettre la sauce à chauffer et, au moment de l'ébullition, ajouter en fouettant le beurre d'écrevisse, le cognac et un soupçon de piment de Cayenne. Goûter et rectifier l'assaisonnement.

sauce Nantua rapide :
utiliser la même quantité de béchamel dans laquelle on ajoute, après l'avoir fait réduire de la même façon, une 1/2 boîte (2 dl) de bisque de homard puis 20 g de beurre à la place du beurre d'écrevisse et la même quantité de cognac.

Préparation : 30 min ■ **Cuisson :** 10-15 min

Sauce normande

Pour 2,5 dl environ

- 2 dl de velouté de poisson (➤ voir p. 142)
- 1 dl de fumet de poisson (➤ voir p. 55)
- 1 dl de blanc de champignon (➤ voir p. 48)
- 1 jaune d'œuf
- 3 c. à soupe de crème fraîche
- 30 g de beurre
- sel, poivre

1 Préparer le velouté, le fumet de poisson et le blanc de champignon.

2 Les mettre dans la même casserole, faire réduire légèrement et les garder au chaud.

3 Délayer dans un bol le jaune d'œuf avec 1 cuillerée à soupe de crème, les ajouter dans la casserole et chauffer tout doucement, en mélangeant, jusqu'à ce que la préparation soit réduite d'un tiers.

4 Couper le beurre en morceaux et l'ajouter en une fois ainsi que les 2 cuillerées à soupe de crème qui restent. Goûter et rectifier l'assaisonnement.

On peut ajouter un peu de jus de cuisson de moules.

Préparation : 30 min ■ **Cuisson :** 10 min

Sauce piquante

Pour 2,5 dl environ

- 3 échalotes grises
- 1 dl de vin blanc sec
- 0,5 dl de vinaigre
- 1 petit bouquet garni
- poivre concassé
- 2 dl de bouillon de bœuf (➤ voir p. 48)
- 40 g de roux blond (➤ voir p. 60)
- 3 cornichons
- 2 c. à soupe de persil haché
- sel

1 Peler et hacher les échalotes.

2 Dans une casserole, verser le vin et le vinaigre, ajouter le bouquet garni, 4 ou 5 grains de poivre concassé et les échalotes. Porter à ébullition, puis à feu doux, faire réduire de moitié.

3 Faire chauffer le bouillon. Préparer le roux, le mouiller avec le bouillon et faire cuire à feu doux 15 min.

4 Hacher les cornichons.

5 Ôter le bouquet garni de la réduction au vin, verser celle-ci dans la sauce, ajouter les cornichons et le persil haché. Saler.

Cette sauce est l'accompagnement traditionnel de la langue de bœuf. On la sert aussi avec des côtes de porc ou un rôti de porc.

Préparation : 15 min ■ **Cuisson :** 25 min environ

Sauce royale

Pour 2,5 dl environ

- 1 dl de velouté de volaille (➤ voir p. 141)
- 0,5 dl de fond de volaille (➤ voir p. 53)
- 0,5 dl de crème fraîche
- 1 c. à soupe de truffe hachée
- 25 g de beurre
- 1 c. à dessert de xérès
- sel, poivre

1 Préparer le velouté et le fond de volaille (on peut reconstituer un fond déshydraté acheté dans le commerce, ou décongeler un fond maison).

2 Les mélanger dans une casserole et cuire à feu doux pour faire réduire le liquide de moitié en ajoutant la crème fraîche au cours de la cuisson.

3 Hors du feu, incorporer la truffe hachée, puis le beurre, en fouettant, et enfin le xérès. Goûter et rectifier l'assaisonnement.

Préparation : 15 min ■ **Cuisson :** 15 min environ

Sauce Soubise

Pour 2,5-3 dl

- 2 gros oignons blancs
- 50 g de beurre
- 1 pincée de sucre
- 1,5 dl de sauce Béchamel (➤ voir p. 62)
- 5 c. à soupe de crème fraîche
- sel, poivre

1 Peler et couper les oignons en rondelles et les plonger dans de l'eau bouillante salée.

2 Dès que l'ébullition est revenue, les égoutter et les mettre dans une casserole avec 20 g de beurre, du sel, du poivre et la pincée de sucre. Couvrir la casserole et faire cuire à feu très doux pendant 10 à 15 min. Les oignons ne doivent pas colorer.

3 Pendant ce temps, préparer la sauce Béchamel. L'ajouter aux oignons, mélanger et laisser cuire encore de 10 à 15 min.

4 Rectifier l'assaisonnement et passer au tamis ou dans une passoire fine en appuyant bien avec le dos d'une cuillère ou avec un pilon.

5 Réchauffer la sauce, mélanger avec le reste du beurre et la crème. Goûter et rectifier l'assaisonnement.

Préparation : 25 min ■ **Cuisson :** 30 min environ

Sauce suprême

Pour 2,5-3 dl

- 2,5 dl de velouté de volaille (➤ voir p. 141)
- 1 c. à café de fond de volaille déshydraté
- 1 dl de crème fraîche
- 10 g de beurre
- sel, poivre

1. Préparer le velouté de volaille en ajoutant une cuillerée à café de fond déshydraté en plus pour le rendre très parfumé.
2. Le faire réduire au moins de moitié, à feu doux. Ajouter la crème fraîche et cuire encore doucement jusqu'à ce que la sauce nappe le dos de la cuillère.
3. Hors du feu, ajouter le beurre en fouettant.
4. Passer la sauce au chinois ou dans une passoire fine. Saler et poivrer.

Préparation : 15 min ■ **Cuisson :** 15-20 min

Sauce Véron

Pour 2,5 dl environ

- 2 dl de sauce normande (➤ voir p. 68)
- 1 belle échalote
- 1 1/2 c. à soupe d'estragon ciselé
- 1/2 c. à soupe de cerfeuil haché
- 1 tomate moyenne
- 2 pincées de poivre
- 2 c. à soupe de vin blanc
- 2 c. à soupe de vinaigre d'alcool
- 2 c. à soupe de fond brun de veau (➤ voir p. 54)
- 7 filets d'anchois salés
- 1 pointe de cayenne

1. Préparer la sauce normande et la garder au chaud.
2. Hacher l'échalote, l'estragon et le cerfeuil.
3. Ébouillanter la tomate, l'épépiner et la couper en dés.
4. Préparer une réduction : mettre dans une casserole l'échalote, la tomate, 1 cuillerée à soupe d'estragon, le poivre, et verser le vin blanc et le vinaigre. Chauffer et faire réduire presque à sec.
5. Passer dans une passoire fine en appuyant bien pour extraire tous les sucs. Puis mélanger cette réduction avec la sauce normande.
6. Chauffer le fond brun et le faire réduire de moitié (ou utiliser 1 cuillerée à soupe de glace de poisson).
7. Dessaler les anchois dans l'eau puis les écraser avec une fourchette et les ajouter à la sauce avec le fond et une pointe de cayenne ; bien mélanger.
8. Passer la sauce dans une passoire très fine. Ajouter le cerfeuil et le reste d'estragon.

Préparation : 30 min ■ **Cuisson :** 15-20 min

Sauce Villeroi

Pour 2,5-3 dl

- 2 dl de sauce allemande grasse (➤ voir p.61)
- 0,5 dl de fond blanc de veau (➤ voir p. 49)
- 0,5 dl de blanc de champignon (➤ voir p. 48)
- sel, poivre

1 Préparer la sauce allemande, le fond blanc et le blanc de champignon. (Pour le fond et le blanc de champignon, décongeler des préparations maison ou reconstituer des produits déshydratés.)

2 Mélanger ces fonds dans la même casserole et faire réduire jusqu'à ce que la sauce nappe la spatule.

3 Passer la sauce et la fouetter jusqu'à ce qu'elle soit à peine tiède. Goûter et rectifier l'assaisonnement.

Cette sauce accompagne habituellement des brochettes de viande ou de poisson. On peut remplacer le fond blanc par le fumet de poisson.

Préparation : 15 min ■ **Cuisson :** 15 min environ

Sauce au vin blanc

Pour 2,5 dl environ

- 10 g de roux blanc
- 1,5 dl de fumet de poisson (➤ voir p. 55)
- 1,5 dl de vin blanc
- 0,5 dl de crème fleurette
- 30 g de beurre
- sel, poivre

1 Préparer le roux (➤ voir p. 60) et le fumet de poisson.

2 Verser le fumet et le vin blanc dans une casserole et faire réduire d'un tiers.

3 Verser cette réduction peu à peu sur le roux en mélangeant bien. Cuire la sauce à feu doux pendant 15 min.

4 Ajouter la crème fleurette et faire réduire légèrement.

5 Passer la sauce et ajouter le beurre en fouettant, saler, poivrer.

Cette sauce sert généralement à napper le poisson poché ou cuit à la vapeur. C'est aussi la base de plusieurs sauces de poisson.

Préparation : 15 min ■ **Cuisson :** 15 min

Sauces brunes

Roux brun

Pour 60 g de roux

- 30 g de beurre
- 30 g de farine

La méthode est la même que pour le roux blanc (➤ voir p. 60) : faire fondre le beurre dans une casserole et ajouter la farine en mélangeant. Laisser le roux cuire lentement sans cesser de remuer jusqu'à ce qu'il atteigne une couleur brun clair. Les proportions de liquide à ajouter ensuite pour faire une sauce sont les mêmes : 0,5 litre pour 60 g de roux.

Préparation : 5 min ■ **Cuisson :** 10-15 min

Sauce aigre-douce

Pour 2,5-3 dl

- 1 bonne c. à soupe de raisins secs
- 2 échalotes
- 2 morceaux de sucre
- 2 c. à soupe de vinaigre
- 1 dl de vin blanc sec
- 2 dl de demi-glace (➤ voir p. 52)
- 2 c. à café de câpres
- sel, poivre

❶ Faire tremper 2 h les raisins dans un bol d'eau.
❷ Éplucher et hacher les échalotes.
❸ Dans une petite casserole à fond épais, mettre le sucre et le vinaigre, chauffer doucement jusqu'à ce que le mélange se caramélise.
❹ Ajouter le vin blanc et les échalotes, et cuire jusqu'à ce qu'il n'y ait presque plus de liquide.
❺ Verser la demi-glace dans la casserole et laisser bouillir quelques instants.
❻ Passer la sauce dans une passoire fine, puis la remettre sur le feu et porter à ébullition.
❼ Égoutter les raisins et les ajouter à la sauce avec les câpres. Saler et poivrer. Goûter et rectifier l'assaisonnement.

Préparation : 10 min ■ **Trempage :** 2 h
■ **Cuisson :** 15 min environ

Sauce bigarade

Pour 2,5 dl environ

- 2 dl de fond de volaille (ou de jus de cuisson d'un canard)
- 1 c. à café de fécule de maïs
- 1 orange non traitée
- 1/4 de citron
- 1 c. à café de sucre
- 1 c. à dessert de vinaigre
- sel, poivre

1 Préparer le fond (ou dégraisser le jus de cuisson de canard). Le faire chauffer et y mélanger la fécule délayée.

2 Prélever les zestes de l'orange et du citron, les couper menu. Presser l'orange et le citron.

3 Dans une casserole, mélanger le sucre avec le vinaigre et chauffer jusqu'à ce que le mélange soit blond, un peu caramélisé.

4 Verser le fond et bien mélanger, puis ajouter les jus d'orange et de citron. Faire bouillir doucement 2 min en mélangeant bien. Goûter et rectifier l'assaisonnement.

Préparation : 15 min ■ **Cuisson :** 10 min

Sauce bolognaise

Pour 500 g environ

- 2 branches de céleri
- 3 oignons
- 1 bouquet garni
- 2 feuilles de sauge
- 1 branche de romarin
- 5 tomates ou 1/2 boîte de tomates concassées
- 250 g de viande de bœuf à braiser
- 2 gousses d'ail
- 2 c. à soupe d'huile d'olive
- 2 dl de fond brun de veau (➤ voir p. 54)
- 1 dl de vin blanc sec
- sel, poivre

1 Éplucher et hacher le céleri et les oignons.

2 Ajouter la sauge et le romarin au bouquet garni.

3 Ébouillanter les tomates, les peler et les couper en morceaux.

4 Hacher grossièrement la viande.

5 Verser l'huile dans une cocotte et la chauffer. Y faire dorer la viande, puis ajouter les oignons, le céleri et l'ail en remuant bien à chaque fois. Ajouter les tomates et continuer la cuisson pendant 10 min.

6 Préparer le fond brun de veau maison (ou reconstituer un fond déshydraté) et le verser dans la cocotte avec le bouquet garni et le vin blanc, du sel et du poivre.

7 Couvrir la cocotte et cuire la sauce pendant 1 h à feu très doux, en rajoutant un peu d'eau de temps en temps. Goûter et rectifier l'assaisonnement.

Préparation : 20 min ■ **Cuisson :** 1 h 15

Sauce bordelaise

Pour 2,5-3 dl

- 25 g de moelle
- 2 échalotes
- 2 dl de vin rouge
- 1 brin de thym
- 1 fragment de feuille de laurier
- 1,5 dl de demi-glace (➤ voir p. 52)
- 15 g de beurre
- 1 c. à café de persil haché
- sel, poivre

1 Couper la moelle en dés et la faire tremper pendant 1 h environ dans un bol d'eau.

2 La plonger dans l'eau bouillante salée pendant 1 min puis l'égoutter.

3 Éplucher et hacher les échalotes. Les mettre dans une casserole avec le vin rouge, le thym, le laurier et 1 pincée de sel. Faire cuire à feu doux jusqu'à réduire des deux tiers. Ajouter alors la demi-glace et continuer de cuire pour réduire d'un tiers.

4 Hors du feu, ajouter le beurre coupé en petits morceaux et bien mélanger.

5 Passer la sauce. La garder au chaud et, au dernier moment, ajouter la moelle et le persil haché. Goûter et rectifier l'assaisonnement.

Cette sauce accompagne des grillades ou des viandes poêlées (bifteck, entrecôte).

Préparation : 15 min ■ **Trempage :** 1 h
■ **Cuisson :** 30 min environ

Sauce bourguignonne pour viandes et volailles

Pour 2,5-3 dl

- 100 g de lard demi-sel ou de petits lardons prêts à l'emploi
- 1 oignon
- 1 petite carotte
- 100 g de champignons de Paris
- 75 g de beurre
- 5 dl de vin rouge

1 Préparer le fond (décongeler le fond maison ou reconstituer un fond déshydraté acheté dans le commerce).

2 Faire chauffer de l'eau dans une casserole. Couper le lard en dés et plonger ceux-ci 3 à 4 min dans l'eau bouillante. Les égoutter.

3 Éplucher les légumes et les couper en petits dés.

4 Faire fondre 25 g de beurre dans une casserole, y verser les légumes et cuire à couvert pendant 10 min.

5 Ajouter le lard en dés et mélanger. Verser alors

- 2 dl de fond brun
  (➤ voir p. 53 ou p. 54)
- 1 bouquet garni
- sel, poivre

le vin rouge, le faire réduire des trois quarts puis ajouter le fond brun et le bouquet garni.

6 Saler, poivrer et cuire à feu doux jusqu'à ce que la sauce ait réduit des deux tiers.

7 Passer cette sauce en appuyant avec le dos d'une cuillère ou avec un pilon.

8 Réchauffer la sauce puis, hors du feu et au moment de servir, ajouter le reste du beurre en fouettant vivement. Goûter et rectifier l'assaisonnement.

Préparation : 20 min ■ **Cuisson :** 30-40 min

Sauce chasseur

Pour 2,5-3 dl

- 100 g de champignons de Paris
- 1 grosse échalote
- 2 dl de fond brun de veau (➤ voir p. 54)
- 1 c. à café de fécule de maïs
- 1 c. à café de concentré de tomate
- 40 g de beurre
- 0,5 dl de vin blanc
- 1 verre à liqueur de cognac
- 1 c. à soupe de fines herbes hachées
- sel, poivre

1 Nettoyer les champignons et les couper en lamelles, éplucher et hacher l'échalote.

2 Préparer le fond (décongeler un fond maison ou reconstituer un produit déshydraté). Le faire chauffer en y ajoutant la fécule (la délayer auparavant dans un peu d'eau) et le concentré de tomate, et le garder au chaud.

3 Faire fondre 20 g de beurre dans une casserole et y faire dorer champignons et échalote. Ajouter le vin blanc, baisser le feu et laisser cuire pour réduire de moitié.

4 Faire chauffer le cognac dans une petite casserole, le verser sur la préparation et flamber. Verser alors le fond et continuer de cuire pendant une dizaine de minutes.

5 Hors du feu, ajouter le reste du beurre et les fines herbes (estragon, cerfeuil, persil). Goûter et rectifier l'assaisonnement.

Préparation : 20 min ■ **Cuisson :** 15-20 min

Sauce Chateaubriand

Pour 2,5-3 dl

- 2-3 échalotes
- 25 g de champignons de Paris
- 1 dl de vin blanc
- 1,5 dl de demi-glace (➤ voir p. 52)
- 3 brins de persil
- 2 brins d'estragon
- 80 g de beurre
- 1/2 citron
- piment de Cayenne
- sel

1 Éplucher et hacher les échalotes.

2 Éplucher, laver et couper en dés les champignons.

3 Mettre les échalotes et les champignons dans une casserole avec le vin blanc et cuire à feu doux jusqu'à ce que le liquide soit réduit des deux tiers. Ajouter la demi-glace et continuer la cuisson pour réduire encore de moitié.

4 Détacher les feuilles du persil et de l'estragon et les ciseler finement.

5 Hors du feu, ajouter le beurre et les herbes ciselées, puis un filet de citron et une pointe de piment de Cayenne, en mélangeant bien à la cuillère en bois. Saler. Goûter et rectifier l'assaisonnement.

Cette sauce accompagne aussi bien les viandes rouges que blanches, grillées ou poêlées.

Préparation : 15 min ■ **Cuisson :** 10-20 min

Sauce chevreuil pour gibier

Pour 2,5 dl environ

- 3 dl de fond brun de veau (➤ voir p. 54)
- 200 g de parures ou de bas morceaux de gibier à poil
- 20 g de carotte
- 20 g d'oignon
- 2-3 brins de persil
- 1 brin de thym
- 1/2 feuille de laurier
- 2 c. à café de vinaigre de vin
- 2 c. à café de cognac

1 Préparer le fond brun (décongeler un fond maison ou reconstituer un fond déshydraté).

2 Couper en morceaux les parures de gibier (ou les bas morceaux).

3 Préparer la mirepoix : hacher en petits dés carotte et oignon, ciseler le persil.

4 Mettre la mirepoix dans un saladier avec thym, laurier, cognac, 1 dl de vin rouge et le vinaigre, ajouter la viande et la laisser mariner pendant 12 h au froid en retournant les morceaux de temps en temps.

5 Égoutter, faire chauffer l'huile dans une poêle et y verser viandes et mirepoix. Faire rissoler pendant 4 à 5 min, puis verser la marinade et

- 1,5 dl de vin rouge
- 2 c. à café d'huile d'arachide
- 5 grains de poivre
- piment de Cayenne
- 1 pincée de sucre

bien mélanger. Continuer la cuisson pendant quelques minutes, puis ajouter le fond brun de veau, le poivre et laisser cuire doucement jusqu'à ce que le liquide ait réduit d'un tiers environ.

6 Ajouter le reste du vin rouge, 1 pincée de piment de Cayenne et du sucre. Bien mélanger, puis passer la sauce dans une passoire très fine.

Préparation : 30 min ■ **Marinade :** 12 h
■ **Cuisson :** 30 min

Sauce Colbert ou beurre Colbert

Pour 1,5-2 dl

- 125 g de beurre
- 2 c. à soupe de glace de viande (➤ voir p.56)
- 1 c. à soupe de fond blanc de volaille (➤ voir p. 53)
- piment de Cayenne
- 1/2 citron
- 1 c. à soupe de persil ciselé
- 1 c. à soupe de madère
- sel, poivre

1 Sortir le beurre du réfrigérateur et le couper en morceaux.

2 Faire chauffer la glace de viande (ou 1 verre de fond brun que l'on aura fait réduire) et le fond de volaille ensemble et les porter à ébullition.

3 Dans un saladier, ramollir le beurre avec une spatule de bois ou une fourchette.

4 Hors du feu, incorporer le beurre au mélange glace-fond en remuant vivement. Saler, poivrer, mettre une pointe de piment de Cayenne.

5 Ajouter, en fouettant doucement, le jus de citron, le persil ciselé et le madère. Goûter et rectifier l'assaisonnement.

Préparation : 15 min ■ **Cuisson :** 10 min

Sauce diable

Pour 2,5 dl environ

- 2 échalotes
- 1,5 dl de vin blanc sec
- 1 c. à soupe de vinaigre
- 1 brin de thym
- 1/2 de feuille de laurier
- poivre
- 1 c. à café de concentré de tomate
- 2 dl de demi-glace (➤ voir p. 52)
- 1 c. à café de persil haché

1 Éplucher et hacher les échalotes.

2 Dans une casserole, mélanger le vin blanc, le vinaigre, les échalotes, le thym, le laurier et 1 bonne pincée de poivre fraîchement moulu. Cuire à feu moyen jusqu'à ce que le liquide réduise des deux tiers.

3 Mélanger le concentré de tomate avec la demi-glace (ou 3 dl de fond brun réduit d'un tiers) et verser dans la casserole. Laisser bouillir 2 ou 3 min.

4 Passer la sauce.

5 Goûter et rectifier l'assaisonnement. Au moment de servir, ajouter le persil haché.

Préparation : 10 min ■ **Cuisson :** 15 min environ

Sauce à la duxelles

Pour 2,5 dl environ

- 250 g de champignons de Paris
- 1 oignon
- 1 échalote
- 20 g de beurre
- 1 dl de vin blanc
- 1,5 dl de demi-glace
- 1 dl de fondue de tomate (➤ voir p. 797) ou 1 c. à café de concentré de tomate
- 1 c. à café de persil haché
- sel, poivre

1 Préparer la duxelles : éplucher et hacher les champignons, l'oignon et l'échalote. Faire revenir oignon et échalote dans le beurre puis ajouter les champignons. Saler et poivrer. Cuire à feu vif pour évacuer le maximum d'eau de végétation des champignons.

2 Ajouter le vin blanc et continuer de cuire, à feu moyen, pour réduire presque à sec, c'est-à-dire jusqu'à ce qu'il ne reste presque plus de liquide.

3 Mélanger la demi-glace (ou 2 dl de fond brun réduit) avec la fondue ou le concentré de tomate et la verser dans la casserole. Faire bouillir encore 2 ou 3 min, et ajouter le persil haché. Rectifier l'assaisonnement.

Préparation : 15 min ■ **Cuisson :** 20 min environ

Sauce espagnole

Pour 1 litre environ

- 1 carotte
- 1 oignon
- 1 branche de céleri
- 10 g de beurre
- brindilles de thym et de laurier
- 50 g de champignons de Paris
- 500 g de tomates (ou 1 boîte de tomates concassées)
- 30 g de roux brun (➤ voir p. 72)
- 1,5 l de fond brun (➤ voir p. 54)

1 Préparer la mirepoix : éplucher et couper en dés carotte et oignon, tailler le céleri. Faire fondre le beurre dans une casserole, ajouter les légumes ainsi qu'un peu de thym et de laurier et cuire à feu doux pendant 15 min environ. La mirepoix est prête quand les légumes sont fondants.

2 Couper en morceaux les champignons, concasser les tomates.

3 Faire le roux brun, lui ajouter la mirepoix, les champignons et les tomates. Ajouter le fond brun et laisser cuire tout doucement de 3 à 4 h, en éliminant régulièrement tous les déchets montant à la surface à l'aide d'une écumoire.

4 Passer la sauce dans une passoire tapissée de mousseline.

Cette sauce est la base de plusieurs autres sauces. Il vaut mieux la préparer en quantité importante et la congeler dans des bocaux pour en avoir toujours sous la main.

Préparation : 30 min ■ **Cuisson :** 4 h environ

Sauce à l'estragon

Pour 2,5 dl environ

- 2 dl de fond brun de veau (➤ voir p. 54)
- 4-5 bouquets d'estragon (pour avoir 100 g de feuilles)
- 1 dl de vin blanc

1 Préparer le fond en décongelant un fond maison ou en reconstituant un produit déshydraté.

2 Hacher les feuilles d'estragon, en réserver une cuillerée.

3 Les mettre dans une casserole avec le vin blanc et les cuire jusqu'à ce que le liquide ait pratiquement disparu. Ajouter alors le fond. Laisser bouillir quelques instants, puis passer. Au moment du service, ajouter l'estragon haché restant.

Préparation : 15 min ■ **Cuisson :** 10 min

Sauce financière

Pour 2,5 dl environ

- 75 g de champignons de Paris
- 50 g de jambon maigre
- 40 g de beurre
- 20 g de farine
- 2 dl de fond blanc de volaille (➤ voir p. 54)
- 1/2 verre de vin blanc
- brindilles de thym et de laurier
- 1 petite boîte de pelures de truffe
- 0,5 dl de madère
- sel, poivre

1 Laver les champignons, les couper en petits dés ainsi que le jambon.

2 Faire fondre le beurre dans une casserole, y jeter le hachis et faire revenir rapidement à feu moyen. Ajouter la farine en mélangeant bien et cuire quelques minutes comme pour un roux brun.

3 Préparer le fond de volaille. Pour cela, décongeler un fond maison ou reconstituer un fond déshydraté. Le faire chauffer et le verser sur le hachis en même temps que le vin blanc. Bien mélanger, ajouter un soupçon de thym et de laurier, saler, poivrer et laisser cuire 20 min environ à feu doux. La sauce doit devenir onctueuse.

4 Ajouter les truffes en fin de cuisson, avec le madère.

Cette sauce sera encore meilleure avec de la truffe fraîche. On peut y ajouter également des crêtes et des rognons de coq cuits dans un peu de fond de volaille.

Préparation : 15 min ■ **Cuisson :** 25-30 min

Sauce grand veneur

Pour 2,5 dl environ

- 2 dl de sauce poivrade (➤ voir p. 84)
- 1 c. à soupe de gelée de groseilles
- 2 c. à soupe de crème fraîche
- sel, poivre

1 Préparer la sauce poivrade. La passer, puis y ajouter la gelée de groseilles et la crème fraîche.

2 Mettre à feu doux et fouetter. Goûter et rectifier l'assaisonnement.

Cette sauce accompagne le gibier à poil, en particulier le chevreuil.

Préparation : 10 min ■ **Cuisson :** 45 min

Sauce hachée

Pour 2,5 dl environ

- 1,5 dl de demi-glace
- 1 oignon
- 2 échalotes
- 30 g de champignons de Paris
- 20 g de beurre
- 1 dl de vinaigre
- 1 dl de fondue de tomate ou 1 petite boîte de tomates concassées
- 1 petite tranche de jambon de Paris
- 3 cornichons
- 1 c. à soupe de persil haché
- 1 c. à soupe de câpres

1. Préparer la sauce demi-glace (on peut la remplacer par 2 dl de fond brun réduit).
2. Éplucher et hacher l'oignon, les échalotes et les champignons.
3. Faire fondre le beurre dans une casserole, y verser l'oignon et le faire cuire doucement pendant 5 min. Ajouter les échalotes et les champignons et cuire encore 10 min, toujours à feu doux.
4. Verser le vinaigre et continuer la cuisson pour faire réduire des trois quarts.
5. Ajouter la demi-glace (ou le fond brun réduit) et la tomate (bien égoutter la boîte), et laisser bouillir pendant 5 min.
6. Pendant ce temps, hacher le jambon de Paris, les cornichons et le persil, les ajouter dans la sauce ainsi que les câpres au moment de servir. Goûter et rectifier l'assaisonnement.

Préparation : 30 min ■ **Cuisson :** 30 min environ

Sauce lyonnaise

Pour 2,5 dl environ

- 2 oignons
- 15 g de beurre
- 5 dl de vinaigre
- 5 dl de vin blanc
- 2 dl de demi-glace (➤ voir p. 52)
- sel, poivre

1. Éplucher et couper finement les oignons.
2. Faire fondre le beurre dans une casserole, mettre les oignons et les cuire tout doucement sans qu'ils se colorent. Ajouter le vinaigre et le vin blanc et continuer la cuisson jusqu'à ce que tout le liquide ait presque disparu.
3. Verser alors la demi-glace (ou 3 dl de fond brun réduit). Laisser bouillir 3 ou 4 min. Goûter et rectifier l'assaisonnement. Passer la sauce ou la servir telle quelle.

Préparation : 10 min ■ **Cuisson :** 15-20 min

Sauce matelote

Pour 2,5 dl environ

- 0,5 dl de fumet au vin rouge (➤ voir p. 55)
- 2 dl de sauce espagnole (➤ voir p. 79) ou de demi-glace (➤ voir p. 52)
- 10 g d'oignon
- 1 petite échalote
- 2 ou 3 champignons de Paris
- 40 g de beurre
- 0,5 dl de vin rouge
- poivre mignonnette
- thym, laurier
- 1 clou de girofle

1 Décongeler le fumet (ou reconstituer un produit déshydraté) et la sauce espagnole (ou la demi-glace).

2 Hacher l'oignon, l'échalote et les champignons.

3 Faire fondre 20 g de beurre dans une casserole, verser l'oignon et l'échalote, et les faire cuire doucement pendant 3-4 min. Puis ajouter le vin rouge, du poivre mignonnette, les champignons, 1 brin de thym, une 1/2 feuille de laurier et le clou de girofle. Réduire jusqu'à ce que le liquide soit sirupeux.

4 Ajouter le fumet, faire réduire de moitié, puis ajouter la sauce espagnole. Continuer la cuisson 10 min environ.

5 Passer la sauce. Ajouter le reste du beurre en mélangeant délicatement.

Préparation : 30 min ■ **Cuisson :** 20 min environ

Sauce à la moelle

Pour 2,5 dl environ

- 75 g de moelle
- 3 échalotes
- 2 dl de vin blanc
- 1/2 verre de fond blanc de veau
- 1 c. à café de fécule de maïs
- 100 g de beurre
- 1 c. à soupe de jus de citron
- persil
- sel

1 Mettre la moelle à tremper pendant 2 h. Changer l'eau de temps en temps.

2 Hacher les échalotes. Les mettre dans une casserole avec le vin blanc et faire réduire de moitié à feu doux.

3 Délayer le fond de veau avec la fécule de maïs et l'ajouter à la préparation au vin en mélangeant bien.

4 Faire pocher la moelle dans l'eau bouillante salée pendant 3 min, l'égoutter et la couper en petits dés.

5 Diviser le beurre en petits morceaux et, hors du feu, l'incorporer à la sauce en fouettant. Ajouter le jus de citron et la moelle. Parsemer de persil haché. Goûter et rectifier l'assaisonnement.

Préparation : 15 min ■ **Trempage :** 2 h
■ **Cuisson :** 15-20 min

Sauce Périgueux

Pour 2,5 dl environ

- 1 dl de demi-glace
  (➤ voir p. 52)
- 100 g de truffe hachée
- 1,5 dl d'essence de truffe
- sel, poivre

1 Faire chauffer la demi-glace ou 1,5 dl de fond brun de veau (➤ voir p. 54) et faire réduire à feu doux pour obtenir une consistance un peu sirupeuse.

2 Hacher la truffe et l'ajouter à la réduction ainsi que l'essence de truffe. Saler, poivrer. Goûter et rectifier l'assaisonnement.

3 Donner un bouillon et servir.

Préparation : 10 min ■ **Cuisson :** 10 min

Sauce pizzaiola

Pour 2,5 dl environ

- 1 oignon
- 1 1/2 gousse d'ail
- 2 tomates
- 3 c. à soupe d'huile d'olive
- 2 c. à soupe de concentré de tomate
- 1 feuille de laurier
- 1 c. à soupe de marjolaine en poudre
- 4 feuilles de basilic
- 1 pincée de sucre
- sel, poivre

1 Éplucher et hacher l'oignon et l'ail.

2 Plonger les tomates dans l'eau bouillante, les retirer aussitôt et les peler. Les couper en deux, retirer les pépins, puis les hacher dans une assiette pour garder tout leur jus.

3 Verser l'huile d'olive dans une casserole. Quand elle est chaude, ajouter l'oignon et le faire revenir sur feu doux pendant 6 min en remuant.

4 Ajouter l'ail, saler, poivrer et cuire encore 2 min en remuant.

5 Mettre les tomates et leur jus, le concentré de tomate, le laurier, la marjolaine et le basilic coupé fin avec une paire de ciseaux. Mélanger et cuire tout doucement pendant 30 min environ en remuant de temps en temps.

6 Ôter le laurier, ajouter le sucre. Goûter et rectifier l'assaisonnement.

Préparation : 15 min ■ **Cuisson :** 40 min

Sauce poivrade

Pour 2,5 dl environ

- 1 petite carotte
- 1/2 oignon
- 1 petit morceau de céleri branche
- 25 g de lard de poitrine frais
- 15 g de beurre
- 1 petit brin de thym
- 1/2 feuille de laurier
- 15 grains de poivre
- 0,8 dl de vinaigre
- 0,5 dl de marinade cuite (➤ voir p. 58)
- 2,5 dl de demi-glace ou de fond de gibier (➤ voir p. 52 ou p. 54)

❶ Éplucher et couper en petits dés la carotte, l'oignon et le céleri. Couper de même le lard de poitrine frais.

❷ Faire fondre le beurre dans une casserole, y mettre le hachis avec le thym, le laurier et 5 grains de poivre. Faire cuire à feu doux 10 min en remuant.

❸ Ajouter le vinaigre et la marinade, puis faire réduire de moitié. Verser la demi-glace ou le fond de gibier et cuire doucement pendant 30 min.

❹ Écraser 10 grains de poivre, les ajouter à la sauce et laisser infuser 5 min. Si la sauce est trop liquide, ajouter éventuellement 1 cuillerée à moka de fécule de maïs délayée dans un peu d'eau.

❺ Goûter et rectifier l'assaisonnement. Passer la sauce dans une passoire fine.

Préparation : 20 min ■ **Cuisson :** 30-35 min

Sauce Robert

Pour 2,5 dl environ

- 1 oignon
- 15 g de beurre
- 1 dl de vin blanc
- 0,5 dl de vinaigre
- 2,5 dl de sauce espagnole (➤ voir p. 79)
- 1 c. à soupe de moutarde
- sel, poivre

❶ Hacher finement l'oignon.

❷ Faire fondre le beurre dans une casserole et y faire revenir l'oignon. Ajouter le vin blanc et le vinaigre, bien mélanger et cuire à feu moyen jusqu'à ce qu'il ne reste presque plus de liquide.

❸ Ajouter la sauce espagnole (qui peut être remplacée par de la demi-glace ou 3,5 dl de fond brun réduit). Saler et poivrer. Goûter, rectifier l'assaisonnement.

❹ Dans un bol, délayer la moutarde avec un peu de sauce, puis, hors du feu, l'ajouter au reste de la sauce.

Préparation : 15 min ■ **Cuisson :** 15 min environ

Sauce rouennaise

Pour 2,5 dl environ

- 3 foies de canard
  ou de poulet
- 0,5 l de fond brun
  de veau ou de gibier
  (➤ voir p. 54)
- 2 échalotes
- 1/2 verre de vin rouge
- 50 g de beurre
- sel, poivre

① Dénerver les foies de volaille, les passer au mixeur puis au tamis fin.

② Préparer le fond : décongeler un fond maison ou reconstituer un produit déshydraté.

③ Hacher les échalotes, les mettre dans une casserole avec le vin et faire réduire de moitié à feu doux. Ajouter alors le fond et faire réduire encore de moitié.

④ Hors du feu, ajouter les foies, bien mélanger, remettre à chauffer mais sans laisser bouillir.

⑤ Passer la sauce. La chauffer à nouveau, mais toujours sans la faire bouillir, et ajouter le beurre petit à petit en fouettant vivement. Goûter et rectifier l'assaisonnement. Servir immédiatement.

Préparation : 15 min ■ **Cuisson :** 25-30 min

Sauce Sainte-Menehould

Pour 2,5 dl environ

- 1 oignon
- 20 g de beurre
- thym, laurier
- 1 dl de vin blanc
- 1 c. à soupe de vinaigre
- 2 cornichons
- persil, cerfeuil
- 2 dl de demi-glace
  (➤ voir p. 52)
- 1 pointe de cayenne
- 1 c. à soupe de moutarde
- sel, poivre

① Hacher l'oignon et le cuire dans le beurre pendant 10 min à feu doux. Saler, poivrer, ajouter 1 pincée de thym et de laurier, le vin blanc et le vinaigre, mélanger. Faire réduire à sec, c'est-à-dire jusqu'à ce qu'il ne reste presque plus de liquide.

② Pendant ce temps, hacher les cornichons, le persil et le cerfeuil.

③ Verser la demi-glace (ou 3 dl de fond brun réduit) dans la sauce. Laisser bouillir 1 min sur feu vif, puis ajouter une pointe de cayenne et, hors du feu, incorporer la moutarde, les cornichons, 1 cuillerée à soupe de persil et de cerfeuil. Goûter et rectifier l'assaisonnement.

Préparation : 20 min ■ **Cuisson :** 20 min

Sauce tomate

Pour 2 litres

- 2 kg de tomates
- 2 gousses d'ail
- 2 carottes
- 2 oignons
- 100 g de lard de poitrine
- 40 g de beurre
- 60 g de farine
- 1 bouquet garni
- 150 g de jambon
- 1 l de fond blanc de veau
  (➤ voir p. 54)
- 20 g de sucre
- sel, poivre

1 Plonger les tomates par 2 ou 3 dans l'eau bouillante, les retirer aussitôt et les peler. Les épépiner et les concasser. Écraser l'ail. Couper les carottes, les oignons et le lard en dés.

2 Plonger les lardons 1 min dans l'eau bouillante, les égoutter, puis les faire dorer dans le beurre. Les réserver, jeter le gras et les remettre dans la casserole.

3 Ajouter carottes et oignons, 1 cuillerée à soupe d'eau et cuire, à feu doux et à couvert, pendant 10 à 15 min, en laissant colorer légèrement. Poudrer de farine, bien mélanger et faire blondir.

4 Ajouter les tomates, l'ail, le bouquet garni et le jambon (ôter le gras). Verser le fond blanc, saler, poivrer, ajouter le sucre et porter à l'ébullition en remuant. Couvrir et laisser mijoter 2 h.

5 Retirer le bouquet garni et le jambon. Passer la sauce. Goûter et rectifier l'assaisonnement.

Il vaut mieux préparer cette sauce en grande quantité et la garder ensuite au congélateur dans des bocaux pour en avoir toujours sous la main.

Préparation : 30 min ■ **Cuisson :** 2 h

Sauces au beurre, au lait et à la crème

Sauce bourguignonne pour poisson

Pour 2,5 dl environ

- 1/2 oignon
- 2 champignons
- 2 dl de fumet de poisson
  (➤ voir p. 55)
- 2 dl de vin rouge

1 Éplucher et couper en petites rondelles oignon et champignons.

2 Les mettre dans une casserole avec le fumet de poisson (décongeler un fumet maison ou employer un produit déshydraté), le vin rouge, les arêtes et les parures du poisson en préparation, et les aromates. Saler, poivrer. Cuire à feu doux jusqu'à ce qu'il n'y ait presque plus de liquide,

- arêtes et parures de poisson
- 1 pincée de thym
- 1 pincée de laurier
- 2 dl de cuisson de poisson
- 50 g de beurre
- sel, poivre

puis ajouter le liquide de cuisson du poisson.

❸ Passer la sauce. Couper le beurre en petits morceaux et l'ajouter en fouettant.

Cette sauce se prépare pendant que le poisson qu'elle doit accompagner cuit au court-bouillon.

Préparation : 15 min ■ **Cuisson :** 20 min environ

Sauce au curry

Pour 2,5 dl environ

- 2 oignons
- 10 g de beurre
- 2 c. à soupe de curry en poudre
- 1,5 dl de vin blanc
- 0,5 dl de fumet de poisson (➤ voir p. 55) ou de blanc de champignon (➤ voir p. 48)
- 1,5 dl de crème liquide
- sel, poivre

❶ Éplucher et hacher les oignons.

❷ Faire fondre le beurre dans une casserole, y ajouter les oignons et les laisser cuire doucement et à couvert pendant 10 à 15 min sans qu'ils roussissent.

❸ Ajouter 1 cuillerée à soupe de curry, bien mélanger, puis verser le vin blanc et le fumet de poisson ou le blanc de champignon en mélangeant à nouveau. (Le fumet et le blanc de champignon peuvent être remplacés par des produits déshydratés.) Saler et poivrer. Cuire à feu doux pendant 20 min.

❹ Passer dans un tamis en appuyant bien avec le dos d'une cuillère.

❺ Remettre la casserole sur feu doux et ajouter 1 cuillerée à soupe de curry. Mélanger puis verser la crème et fouetter la sauce pendant 5 min sur feu vif jusqu'à ce qu'elle épaississe. Rectifier l'assaisonnement.

Préparation : 20 min ■ **Cuisson :** 45 min environ

Sauce genevoise

Pour 2,5 dl environ

- 200-300 g de parures de saumon
- 1 carotte, 1 oignon
- 5 brins de persil
- 10 g de beurre
- thym, laurier
- 0,4 dl de vin rouge
- 10 g de beurre manié (➤ voir p. 39)
- 10 g de beurre d'anchois (facultatif)
- sel, poivre

1. Couper en morceaux les parures de saumon. Couper la carotte et l'oignon en dés et le persil en petits tronçons.
2. Faire sauter ce hachis dans le beurre, à feu doux, pendant 5 min. Ajouter 1 brin de thym, 1 demi-feuille de laurier, du sel, du poivre et les parures de poisson et cuire 15 min à feu doux et à couvert. Verser le vin rouge et continuer de cuire pendant 30-40 min.
3. Passer la sauce.
4. Préparer le beurre manié et, éventuellement, celui d'anchois. Remettre la sauce à chauffer à feu doux et y délayer les beurres.

Préparation : 15 min ■ **Cuisson :** 50 min

Sauce indienne

Pour 2,5 dl environ

- 1 oignon
- 1 pomme acidulée
- 2 c. à soupe d'huile
- 1 c. à soupe de persil haché
- 1 c. à soupe de céleri branche haché
- thym, laurier
- 1 fragment de macis
- 1 c. à soupe de farine
- 1 c. à soupe de curry
- 0,5 dl de fond blanc de veau ou de volaille
- 1/2 citron
- 4 c. à soupe de crème
- 0,5 dl de lait de coco

1. Éplucher et hacher l'oignon et la pomme. Chauffer doucement l'huile dans une casserole et les y faire fondre pendant 15 min.
2. Ajouter le persil, le céleri, 1 brin de thym, 1 demi-feuille de laurier, le macis (ou muscade râpée si l'on n'en a pas), saler et poivrer. Bien mélanger.
3. Verser la farine, le curry, mélanger à nouveau, puis verser le fond blanc. Mélanger encore pour que tous les éléments s'imprègnent et cuire doucement et à couvert 30 min en remuant de temps en temps.
4. Ajouter un peu de fond si la sauce épaissit trop, la passer et la remettre dans une casserole à feu très doux.
5. Ajouter 1 cuillerée à café de jus de citron, la crème fraîche et, éventuellement, un peu de lait de coco. Goûter et rectifier l'assaisonnement.

Préparation : 20 min ■ **Cuisson :** 45 min

Sauce au pain

Pour 2,5 dl environ

- 1 petit oignon
- 1 clou de girofle
- 2 dl de lait
- 15 g de beurre
- 35 g de mie de pain
- 0,5 dl de crème liquide
- sel, poivre

1 Piquer l'oignon avec le clou de girofle et le mettre dans le lait avec le beurre. Saler et poivrer. Faire chauffer. Quand la sauce bout, y émietter la mie de pain et cuire 15 min à feu doux.

2 Retirer l'oignon, incorporer la crème et chauffer pendant 1 ou 2 min en fouettant.

Préparation : 10 min ■ **Cuisson :** 15-20 min

Sauce poulette

Pour 2,5 dl environ

- 40 g de beurre
- 2 jaunes d'œufs
- 2 dl de fond blanc de veau (➤ voir p. 54) ou de volaille (➤ voir p. 53)
- 1/2 citron

Couper le beurre en petits morceaux. Délayer les jaunes d'œufs avec le fond. Chauffer 10 min sur un feu très doux en fouettant sans arrêt. Ajouter le jus du demi-citron, puis le beurre. Retirer du feu lorsque la sauce nappe bien la cuillère. Saler et poivrer.

Préparation : 5 min ■ **Cuisson :** 10 min

Sauce au raifort chaude

Pour 2,5 dl environ

- 1,5 dl de velouté
- 1 dl de fond de veau
- 2 c. à soupe de raifort râpé
- 1 c. à soupe de moutarde
- 1 c. à soupe de vinaigre
- 1 jaune d'œuf
- sel, poivre

1 Préparer le velouté et le fond (➤ voir p. 63 et p. 49).

2 Faire cuire le raifort et le fond 15 min. Ajouter le velouté. Continuer la cuisson à feu doux 10 min en remuant.

3 Dans un bol, délayer la moutarde avec le vinaigre.

4 Passer la sauce et, hors du feu, ajouter le jaune d'œuf en fouettant.

5 Remettre sur feu doux pour la faire épaissir ; fouetter sans arrêt. Ajouter la moutarde délayée. Saler et poivrer.

Préparation : 15 min ■ **Cuisson :** 25 min

Sauces émulsionnées chaudes

Beurre blanc

Pour 2,5-3 dl

- 6 échalotes
- 2,5 dl de vinaigre de vin
- 3 dl de fumet de poisson (➤ voir p. 55)
- 250 g de beurre demi-sel
- poivre

1 Éplucher et hacher les échalotes.

2 Les mettre dans une casserole avec le vinaigre, le fumet de poisson et donner 2 ou 3 tours de moulin à poivre. Cuire à feu doux jusqu'à ce que le mélange soit réduit des deux tiers.

3 Sortir la plaquette de beurre du réfrigérateur et la couper en petits morceaux.

4 Enlever la casserole du feu et y jeter tous les morceaux de beurre d'un seul coup. Battre énergiquement avec un fouet à main jusqu'à obtenir une sorte de pommade lisse et non mousseuse. Goûter et rectifier l'assaisonnement.

Cette sauce peut être préparée avec du beurre doux : il faut alors la saler.

beurre nantais :
ajouter au beurre blanc 1 cuillerée à soupe de crème fraîche épaisse (ce qui permet de stabiliser l'émulsion).

Préparation : 20 min ■ **Cuisson :** 10-15 min

Sauce béarnaise

Pour 2,5 dl environ

- 3 échalotes
- 0,5 dl de vinaigre à l'estragon
- 0,3 dl de vin blanc
- 3 c. à soupe d'estragon haché
- 2 c. à soupe de cerfeuil haché
- 2 pincées de poivre mignonnette

1 Hacher les échalotes.

2 Les mettre dans une casserole avec le vinaigre à l'estragon, le vin blanc, 2 cuillerées à soupe d'estragon et 1 cuillerée à soupe de cerfeuil, le poivre mignonnette et le sel. Chauffer doucement pendant 10-12 min jusqu'à ce que le liquide soit réduit des deux tiers.

3 Retirer la casserole du feu et laisser refroidir.

4 Pendant ce temps, faire fondre doucement le beurre (au micro-ondes éventuellement) sans qu'il cuise. Dans la réduction, ajouter les jaunes

- 1 pincée de sel
- 125 g de beurre
- 3 jaunes d'œufs

d'œufs et un peu d'eau et mélanger énergiquement au fouet sur feu doux.

5 Hors du feu, incorporer le beurre fondu et chaud, toujours en fouettant.

6 Passer la sauce. Avant de servir, ajouter le reste de l'estragon et du cerfeuil. Rectifier l'assaisonnement.

Préparation : 15 min ■ **Cuisson :** 10-15 min

Sauce Choron

Pour 2,5 dl environ

- 2 dl de sauce béarnaise (➤ voir ci-dessus)
- 0,5 dl de fondue de tomate (➤ voir p. 797)
- sel, poivre

Préparer la sauce béarnaise et la fondue de tomate. Faire réduire celle-ci pour obtenir 2 cuillerées à soupe de purée. La passer au tamis et la mélanger avec la béarnaise. Goûter et rectifier l'assaisonnement.

On peut remplacer la fondue de tomate par 1 cuillerée à café de concentré de tomate.

sauce Foyot :
mélanger 2 cuillerées à soupe de glace de viande (➤ voir p. 56) avec 2 dl de béarnaise.

Préparation : 30 min ■ **Cuisson :** 10-15 min

Sauce hollandaise

Pour 2,5-3 dl

- 250 g de beurre
- 2 c. à soupe d'eau
- 1 c. à soupe de vinaigre
- 1 pincée de sel
- 1 pincée de poivre
- 4 jaunes d'œufs
- 1/2 citron

1 Couper le beurre en morceaux.

2 Chauffer de l'eau dans une casserole pour faire un bain-marie.

3 Dans une autre casserole, chauffer l'eau et le vinaigre avec le sel et le poivre. Faire bouillir un peu pour réduire et mettre la casserole sur le bain-marie.

4 Ajouter les jaunes d'œufs en fouettant doucement. Bien mélanger jusqu'à ce qu'ils moussent un peu.

5 Retirer la casserole du bain-marie ➜

et ajouter les morceaux de beurre, sans arrêter de fouetter, en faisant bien le tour de la casserole. Verser 1 ou 2 cuillerées d'eau, en même temps, pour alléger la sauce. Si elle refroidit trop pendant l'incorporation du beurre, la remettre sur le bain-marie quelques secondes. Vérifier l'assaisonnement, ajouter un filet de citron et servir aussitôt.

Préparation : 15 min ■ **Cuisson :** 10 min

Sauce mousseline

Pour 3 dl environ

- 2 dl de sauce hollandaise (➤ voir p. 91)
- 1 dl de crème fouettée (➤ voir p. 850)
- sel, poivre

❶ Préparer la sauce hollandaise.
❷ Fouetter la crème et, hors du feu, l'ajouter à la hollandaise, toujours en fouettant doucement. Goûter et rectifier l'assaisonnement. Servir tiède.

Préparation : 15 min ■ **Cuisson :** 10 min

Sauce à la truffe

Pour 2,5 dl environ

- 1/2 verre de madère
- 1/2 verre de jus de viande
- 1 pointe de concentré de tomate
- 1 truffe fraîche
- 200 g de beurre
- 2 jaunes d'œufs
- sel, poivre

❶ Verser dans une casserole le madère, le jus de viande (ou 1 cuillerée à café de glace de viande délayée avec de l'eau), le concentré de tomate et la truffe entière. Faire cuire 10 min, puis retirer la truffe et la couper en bâtonnets. La réserver. Couvrir la casserole et réduire le mélange madère-jus jusqu'à ce qu'il devienne très sirupeux.
❷ Couper le beurre en morceaux.
❸ Hors du feu, ajouter les jaunes d'œufs et la truffe et bien les mélanger.
❹ Remettre la casserole sur un feu très doux et ajouter le beurre en fouettant comme pour une béarnaise. Saler et poivrer.

Préparation : 10 min ■ **Cuisson :** 20 min

Sauces émulsionnées froides

Aïoli

Pour 2,5 dl environ

- 4 gousses d'ail
- 1 jaune d'œuf
- 2,5 dl d'huile
- sel, poivre

1 Éplucher les gousses d'ail, les fendre en deux et en retirer le germe s'il y en a un. Les écraser dans un mortier avec 1 pincée de sel.

2 Ajouter le jaune d'œuf et mélanger pendant 2 min. Laisser reposer 5 min.

3 Verser l'huile en un mince filet en tournant toujours dans le même sens. Saler, poivrer éventuellement.

Si, en cours de préparation, l'aïoli se liquéfie, recommencer avec un autre jaune d'œuf en ajoutant peu à peu l'aïoli liquéfié. À défaut de mortier, monter l'aïoli dans un bol, comme une mayonnaise.

Préparation : 15 min

Mayonnaise classique

Pour 2,5 dl environ

- 1 jaune d'œuf
- 1 c. à café de moutarde
- 2,5 dl d'huile
- 1/2 citron
- sel, poivre

1 Sortir l'œuf du réfrigérateur à l'avance pour qu'il soit à la même température que l'huile

2 Dans un grand bol, mélanger le jaune et la moutarde. Saler et poivrer.

3 Verser l'huile en un très mince filet, en tournant énergiquement et sans arrêt avec une cuillère en bois ou un fouet. Ajouter le jus de citron. Rectifier l'assaisonnement.

La mayonnaise se monte plus facilement au fouet électrique. On peut l'aromatiser avec des fines herbes hachées, une pointe de concentré de tomate, etc.

mayonnaise collée :

ajouter 1 dl de gelée de viande (➤ voir p. 59) à la mayonnaise. Cette sauce sert à décorer des plats froids.

Préparation : 15 min

Rouille

Pour 2,5 dl environ

- 3 gousses d'ail
- 1 pincée de gros sel
- 2 pincées de poivre blanc
- 1 pointe de safran
- 2 pointes de piment de Cayenne
- 2 jaunes d'œufs
- 2,5 dl d'huile d'olive

1 Cette sauce se prépare comme la mayonnaise. Il faut donc sortir les œufs du réfrigérateur à l'avance pour qu'ils soient à température ambiante.

2 Piler ou hacher l'ail. Dans un mortier ou un bol, le mélanger avec sel, poivre, safran, cayenne et jaunes d'œufs.

3 Verser l'huile peu à peu en fouettant.

La rouille est l'accompagnement traditionnel des soupes de poisson, en particulier de la bouillabaisse, mais aussi des poissons pochés, des légumes à la vapeur ou des crudités.

Préparation : 15 min

Sauce anchoïade

Pour 2 dl environ

- 3 gousses d'ail
- 6-8 tiges de persil
- 20 filets d'anchois
- 15 cl d'huile d'olive
- vinaigre
- poivre

1 Éplucher et hacher l'ail.

2 Détacher et hacher les feuilles de persil.

3 Dessaler les anchois en les passant sous l'eau du robinet et les hacher grossièrement.

4 Dans un bol, les mélanger avec l'ail et bien écraser le tout pour faire une sorte de pommade.

5 Verser l'huile petit à petit en remuant avec un fouet. Poivrer. Toujours en remuant, ajouter le persil haché et quelques gouttes de vinaigre.

Cette sauce épaisse accompagne des crudités ou se tartine sur du pain (➤ voir p. 208).

Préparation : 15 min

Sauce andalouse

Pour 2,5-3 dl

- 1 dl de coulis de tomates
  (➤ voir p. 796)
- 2,5 dl de mayonnaise
  (➤ voir p. 93)
- 25 g de poivron
- sel, poivre

① Faire réduire de moitié le coulis de tomates en le cuisant à feu doux pendant 10 à 15 min. Puis le laisser refroidir (au réfrigérateur éventuellement).
② Pendant ce temps, faire la mayonnaise et couper le poivron en tout petits dés.
③ Mélanger tous les éléments. Goûter et rectifier l'assaisonnement.

Préparation : 15 min ■ **Cuisson :** 15 min

Sauce Cambridge

Pour 2,5 dl environ

- 6 filets d'anchois salés
- 2 jaunes d'œufs durs
- 1 c. à café de câpres
- 4 brins d'estragon
- 4 brins de cerfeuil
- moutarde, poivre
- 2 dl d'huile d'olive
  ou de tournesol
- 1 filet de vinaigre

① Dessaler les anchois en les passant sous le robinet.
② Les passer à la moulinette avec les jaunes d'œufs durs, les câpres et la moitié de l'estragon et du cerfeuil. Ajouter 1 cuillerée de café de moutarde, mélanger bien. Poivrer.
③ Verser l'huile en fouettant sans arrêt comme pour une mayonnaise, puis ajouter un peu de vinaigre. Rectifier l'assaisonnement.
④ Hacher le reste des herbes et les ajouter.

Préparation : 15 min

Sauce dijonnaise

Pour 2,5 dl environ

- 2 jaunes d'œufs durs
- moutarde
- 2,5 dl d'huile d'olive
  ou de tournesol
- 1 citron

Écraser les jaunes d'œufs à la fourchette, puis les mélanger avec 2 cuillerées à soupe de moutarde pour faire une pommade. Saler et poivrer. Tout en remuant, ajouter l'huile en filet, puis le jus de citron.

Préparation : 15 min

Sauce gribiche

Pour 2,5-3 dl

- 1 œuf
- 1 bouquet de persil, cerfeuil, estragon
- 2,5 dl d'huile d'olive ou de tournesol
- 2 c. à soupe de vinaigre
- 1 c. à soupe de câpres
- sel, poivre

1 Faire cuire l'œuf pour qu'il soit à peine dur : 12 min en le sortant du réfrigérateur, 10 min s'il n'est pas froid.

2 Séparer le jaune et le blanc de l'œuf. Couper le blanc en petits dés.

3 Couper finement les herbes de façon à avoir une cuillerée à soupe de chaque sorte.

4 Dans un bol, écraser le jaune d'œuf en pâte très fine et verser l'huile petit à petit en fouettant comme pour une mayonnaise.

5 Ajouter vinaigre, sel, poivre, câpres (ou cornichons hachés), persil, cerfeuil, estragon et le blanc de l'œuf. Bien mélanger. Goûter et rectifier l'assaisonnement.

Préparation : 20 min ■ **Cuisson :** 10-12 min

Sauce ravigote

Pour 2-3 personnes

- 1/2 oignon
- 1 c. à soupe de vinaigre
- 3 c. à soupe d'huile d'olive ou de tournesol
- 1 c. à café de moutarde
- 2 c. à café de câpres
- fines herbes
- sel, poivre

1 Éplucher et hacher finement l'oignon.

2 Préparer une sauce vinaigrette en mélangeant dans un bol le vinaigre, l'huile, la moutarde, 1 pincée de sel et 1 tour de moulin à poivre.

3 Ajouter l'oignon haché et les câpres.

4 Hacher les fines herbes (persil, cerfeuil, ciboulette, estragon) de façon à avoir une bonne cuillerée à soupe en tout et les ajouter.

Cette sauce accompagne la tête et les pieds de veau ou de mouton.

Préparation : 5 min

Sauce rémoulade

Pour 2,5 dl environ

- 2,5 dl de mayonnaise
- 2 cornichons
- fines herbes (persil, ciboulette, cerfeuil, estragon)
- 1 c. à soupe de câpres
- essence d'anchois
- sel, poivre

1. Monter la sauce mayonnaise (➤ voir p. 93).
2. Tailler les cornichons en très petits dés et ciseler les fines herbes pour obtenir 2 cuillerées à soupe.
3. Les ajouter dans la mayonnaise avec les câpres égouttées et quelques gouttes d'essence d'anchois. Saler et poivrer. Goûter et rectifier l'assaisonnement.

Préparation : 15 min

Sauce russe froide

Pour 2,5 dl environ

- 2,5 dl de mayonnaise
- 25 g de parties crémeuses d'un homard
- 25 g de caviar
- 1 c. à café de moutarde

1. Préparer la mayonnaise (➤ voir p. 93).
2. Passer les parties crémeuses du homard cuit au tamis ou dans une passoire fine en appuyant bien avec le dos d'une cuillère. Les incorporer à la mayonnaise, ajouter le caviar et la moutarde.

Préparation : 15 min

Sauce sarladaise

Pour 2,5 dl environ

- 2 jaunes d'œufs durs
- 1 c. à soupe de crème fraîche épaisse
- 2 truffes
- 1,5 dl d'huile d'olive
- 1/2 citron
- 1 c. à soupe de cognac
- sel, poivre

1. Dans un bol, écraser les jaunes d'œufs durs avec une fourchette, puis les mélanger avec la crème.
2. Hacher finement les truffes et les incorporer au mélange.
3. Monter la sauce à l'huile d'olive comme pour une mayonnaise.
4. Ajouter le jus de citron et le cognac. Saler, poivrer.

Préparation : 15 min

Sauce tartare

Pour 2,5 dl environ

- 2 dl de mayonnaise
- 1 bouquet de ciboulette
- 1 petit oignon
- sel, poivre

1 Préparer la mayonnaise (➤ voir p. 93) en remplaçant le jaune d'œuf cru par du jaune d'œuf dur bien écrasé à la fourchette.

2 Ciseler la ciboulette de façon à en avoir 2 cuillerées à soupe et l'ajouter.

3 Hacher l'oignon et l'incorporer à la sauce. Saler et poivrer.

Préparation : 15 min

Sauce vinaigrette

Pour 2-3 personnes (4 cl environ)

- 1 c. à soupe de vinaigre ou de jus de citron
- 1 pincée de sel
- 3 c. à soupe d'huile
- poivre du moulin

Dans un bol, mélanger d'abord le vinaigre et le sel jusqu'à ce que le sel soit dissous. Ajouter l'huile et un tour de moulin à poivre.

On peut remplacer le vinaigre par du jus d'orange ou de pamplemousse et l'huile par de la crème fraîche.

vinaigrette à la moutarde :
mélanger le vinaigre avec 1 cuillerée à café rase de moutarde, puis procéder comme ci-dessus.

Préparation : 5 min

Sauces aux fruits et autres

Sauce aux airelles

Pour 2,5 dl environ (3-4 personnes)

- 250 g d'airelles
- 2-3 c. à soupe de sucre

1 Cuire les airelles dans l'eau 10 min à feu vif et à couvert.

2 Les égoutter et les mouliner.

3 Diluer la purée obtenue avec une partie de l'eau de cuisson pour en faire une sauce assez épaisse.

4 Sucrer selon le goût.

sauce aux groseilles :

remplacer les airelles par la même quantité de groseilles.

Préparation : 20 min ■ **Cuisson :** 10 min

Sauce Cumberland

Pour 2,5 dl environ

- 2 échalotes
- 1 orange non traitée
- 1 citron non traité
- 4 c. à soupe de gelée de groseilles
- 1 dl de porto
- 1 c. à soupe de moutarde
- 1 pointe de piment de Cayenne
- 1 pincée de gingembre en poudre
- sel

1. Faire bouillir de l'eau dans une petite casserole.
2. Hacher les échalotes pour obtenir 1 cuillerée à dessert.
3. Avec un couteau économe, prélever les zestes de l'orange et du citron, les blanchir en les plongeant 10 s dans l'eau bouillante, les retirer et les éponger sur un papier absorbant, puis les détailler en julienne (fines lamelles).
4. Dans une autre petite casserole, faire fondre la gelée de groseilles.
5. Mélanger le hachis d'échalote, 1 cuillerée à dessert de julienne de chaque zeste, la moutarde, la gelée de groseilles fondue et le porto.
6. Presser les jus de l'orange et du citron et les verser dans la sauce. Bien mélanger. Saler. Ajouter le cayenne et, éventuellement, la poudre de gingembre.

Préparation : 20 min

Sauce à la menthe

Pour 2,5 dl environ

- 1-2 bouquets de menthe
- 2 dl de vinaigre
- 5 c. à soupe d'eau
- 25 g de cassonade ou de sucre semoule
- sel, poivre

1. Détacher les feuilles de menthe pour en avoir 50 g environ.
2. Les couper en fines lanières ou les hacher.
3. Les mettre dans un bol avec le vinaigre, l'eau et la cassonade, 1 pincée de sel et 1 tour de moulin à poivre ; mélanger. Servir froid.

Préparation : 10 min

Yorkshire sauce

Pour 2,5 dl environ

- 1 orange non traitée
- 2,5 dl de porto
- 2 c. à soupe de gelée de groseilles
- 1 pincée de cannelle en poudre
- 1 pointe de piment de Cayenne
- sel

1 Prélever le zeste de l'orange et le tailler en lamelles. En mettre 1 bonne cuillerée à soupe dans une casserole avec le porto et faire cuire à feu très doux et à couvert pendant 20 min. Égoutter le zeste.

2 Recueillir le porto dans une petite casserole, y verser la gelée de groseilles et ajouter la poudre de cannelle et le cayenne. Mélanger, porter à ébullition.

3 Presser le jus de l'orange et l'ajouter, faire bouillir à nouveau puis passer la sauce.

4 Ajouter le zeste cuit. Goûter et rectifier l'assaisonnement.

Préparation : 20 min ■ **Cuisson :** 25 min

LES FARCES, PANADES ET PANURES

Voici quelques conseils. La farce d'un mets à bouillir sera toujours plus relevée, celle d'un mets à rôtir le sera un peu moins (elle doit aussi être suffisamment grasse pour que le mets ne se dessèche pas, surtout si c'est une volaille). Les panades entrant dans la préparation de certaines farces doivent être parfaitement refroidies avant d'être incorporées. Les panures utilisant un œuf ne peuvent pas être préparées en petite quantité, l'œuf n'étant pas divisible.

Farce américaine

Pour 250 g environ

- 1 petit oignon
- 100 g de lardons fumés tout prêts
- 100 g de mie de pain
- sauge en poudre
- thym
- sel, poivre

1 Hacher finement l'oignon.

2 Dans une poêle, faire revenir les lardons, puis ajouter l'oignon et cuire doucement sans coloration.

3 Hors du feu, incorporer la mie de pain fraîche émiettée jusqu'à l'absorption totale de la graisse.

4 Saler, poivrer et assaisonner, selon le goût, d'un peu de sauge en poudre et de thym.

Préparation : 30 min ■ **Cuisson :** 10 min

Farce aux champignons

Pour 500 g environ

- 3 échalotes
- 200 g de champignons de Paris
- 40 g de beurre
- noix de muscade
- 125 g de panade au pain (➤ voir p. 106)
- 4 jaunes d'œufs

1. Éplucher les échalotes, nettoyer les champignons de Paris (ou des champignons sauvages) et hacher le tout.
2. Faire fondre le beurre dans une petite poêle et y mettre à revenir ce hachis à feu vif jusqu'à ce que les champignons ne rendent plus d'eau. Râper par-dessus un peu de muscade et mélanger. Laisser refroidir.
3. Pendant ce temps, préparer la panade.
4. La passer au mixeur ou au moulin à légumes à grille fine avec le hachis de champignons et d'échalotes.
5. Ajouter un par un les jaunes d'œufs et bien mélanger.

Préparation : 20 min ■ **Cuisson :** 20 min environ

Farce de crevette

Pour 250 g environ

- 100 g de beurre
- 6 œufs
- 125 g de crevettes grises ou roses (fraîches ou surgelées)
- sel

1. Sortir le beurre du réfrigérateur et le couper en morceaux pour qu'il ramollisse.
2. Faire durcir les œufs. Les écaler et mettre les jaunes de côté.
3. Cuire les crevettes dans de l'eau salée si elles sont fraîches. Si elles sont surgelées, les décongeler au micro-ondes, puis les décortiquer soigneusement.
4. Piler crevettes et jaunes d'œufs durs dans un mortier ou les broyer au mixeur ou au moulin à légumes.
5. À l'aide d'une fourchette, mélanger cette « purée » avec le beurre de façon à obtenir une pommade.

**farce de crustacé
(crabe, écrevisse, langoustine) :**
remplacer les crevettes par la même quantité du crustacé choisi.

Préparation : 15 min ■ **Cuisson :** 10-12 min

Farce de foie

Pour 500 g environ

- 2-3 échalotes
- 4-5 champignons de Paris
- 250 g de lard de poitrine frais
- 300 g de foie de porc, de veau, de gibier ou de volaille
- 80 g de beurre
- 12 pincées de sel
- 2 pincées de poivre
- 2 pincées de quatre-épices
- 1 brin de thym
- 1/2 feuille de laurier
- 1,5 dl de vin blanc
- 3 jaunes d'œufs

1. Hacher les échalotes et les champignons.
2. Couper le lard en tout petits dés et le foie en cubes.
3. Dans une sauteuse ou une poêle, faire fondre 30 g de beurre et y dorer le lard, puis le retirer avec une écumoire et faire sauter le foie dans la même sauteuse pendant 5 ou 6 min environ.
4. Ajouter le lard et le hachis de champignons-échalotes avec sel, poivre, quatre-épices, thym et laurier. Chauffer 2 min à feu vif en remuant.
5. Retirer les cubes de foie avec une écumoire et les mettre dans le bol du mixeur. Retirer thym et laurier.
6. Verser le vin blanc dans la sauteuse et « dégla-cer », en grattant sur le fond et les côtés tous les sucs avec une spatule. Verser cette sauce sur les cubes de foie.
7. Ajouter 50 g de beurre et les jaunes d'œufs et mixer de façon à obtenir une purée très fine. La garder au réfrigérateur jusqu'à son utilisation.

À défaut de mixeur, il est possible d'utiliser de la même façon le moulin à légumes avec la grille fine. Pour rendre cette farce encore plus savou-reuse, on peut ajouter 1 verre à liqueur de cognac.

Préparation : 30 min ■ **Cuisson :** 15 min

Farce mousseline

Pour 500 g environ

- 250 g de veau (escalope) ou de poulet (aile)
- 1 blanc d'œuf
- 350 g de crème
- sel, poivre

1. Couper le veau ou le poulet en tout petits mor-ceaux et le réduire en purée dans le mixeur ou au moulin à légumes.
2. Battre légèrement le blanc d'œuf à la fourchette.
3. Mettre la chair mixée dans une terrine et y ajouter peu à peu le blanc d'œuf, le sel et le poivre en mélangeant bien avec une spatule de bois. Puis

laisser la terrine pendant 2 h dans le réfrigéra-teur pour que la farce ait la même température que la crème.

④ Placer la terrine dans une cuvette remplie de glaçons et incorporer peu à peu la crème fraîche en travaillant le mélange vigoureusement, tou-jours à la spatule.

⑤ Couvrir d'un film alimentaire et garder au réfri-gérateur jusqu'à l'utilisation.

farce mousseline de poisson :
remplacer la viande par la même quantité de chair de n'importe quel poisson.

Préparation : 30 min ■ **Repos :** 2 h

Farce pour poisson

Pour 500 g environ

- 250 g de mie de pain
- 1 verre de lait
- 1 bouquet de persil
- 1/2 oignon
- 3 échalotes
- 1/2 gousse d'ail
- 150 g de champignons de Paris
- 25 g de beurre
- 1/2 verre de vin blanc
- 2 jaunes d'œufs
- sel, poivre
- noix de muscade

① Émietter la mie de pain dans un bol et l'arroser de lait. La pétrir un peu avec les doigts pour qu'elle soit bien imbibée.

② Hacher la valeur d'une petite poignée de persil.

③ Éplucher et hacher séparément l'oignon, les échalotes, l'ail et les champignons.

④ Chauffer le beurre dans une cocotte. Ajouter le hachis de champignons, d'oignon et de persil, et cuire quelques minutes en remuant bien.

⑤ Mettre les échalotes et le vin blanc dans une petite casserole, faire chauffer, réduire de moitié puis verser cette réduction sur le hachis et mélanger.

⑥ Presser la mie de pain entre les doigts pour éva-cuer le lait et la mettre dans une terrine.

⑦ Ajouter le hachis de la cocotte et mélanger soi-gneusement le tout avec une cuillère en bois. Ajouter alors les jaunes d'œufs, l'ail haché, du sel, du poivre, râper une pointe de muscade et bien mélanger à nouveau.

Préparation : 30 min ■ **Cuisson :** 15 min environ

Farces pour raviolis

Pour 500 g environ de farce à la viande et aux légumes :

- 150 g d'épinards
- 150 g de restes de bœuf en daube ou braisé
- 1 échalote
- 1 gros oignon
- 50 g de cervelle de veau ou d'agneau
- 30 g de beurre
- 1 œuf
- 50 g de parmesan râpé

de farce à la viande et au fromage :

- 100 g de laitue
- 10 g de beurre
- 200 g de restes de veau ou de poulet
- 100 g de mortadelle
- 50 g de parmesan
- 1 œuf

de farce aux épinards :

- 350 g d'épinards
- 30 g de beurre
- 50 g de ricotta
- 50 g de parmesan
- 1 jaune d'œuf
- sel, poivre, muscade

À la viande et aux légumes

1 Faire bouillir de l'eau dans une casserole. Laver les épinards, les plonger dans l'eau bouillante pendant 5 min, les égoutter, bien les presser entre les mains et les hacher finement.

2 Hacher la viande, éplucher et hacher l'échalote et l'oignon. Les cuire dans la moitié du beurre pendant 15 min, à feu doux et à couvert. Cuire la cervelle de même dans le reste du beurre.

3 Battre l'œuf dans un bol.

4 Mélanger soigneusement tous ces ingrédients en ajoutant le parmesan, du sel, du poivre et de la muscade râpée.

À la viande et au fromage

1 Préparer la laitue comme ci-dessus les épinards, mais, avant de la hacher, la cuire 10 min dans le beurre.

2 Hacher finement la viande, la mortadelle et la laitue.

3 Ajouter le parmesan râpé, l'œuf entier battu, du sel, du poivre et un peu de muscade râpée. Bien mélanger.

Aux épinards

1 Laver les épinards et les hacher.

2 Faire fondre le beurre dans une grande casserole, y mettre les épinards crus et hachés et les cuire pendant 10 à 15 min. Saler, poivrer et mettre une pointe de muscade. Ajouter, en mélangeant bien, la ricotta, le parmesan râpé, puis le jaune d'œuf.

Préparation : 20 min ■ **Cuisson :** 15-20 min

Farce pour terrine de légumes

Pour 500 g environ

- 1/2 boule de céleri-rave
- 2 carottes
- 100 g de petits pois
- 100 g de haricots verts
- 2 œufs
- 100 g de crème fraîche
- sel, poivre
- noix de muscade

1 Préchauffer le four à 180 °C.

2 Éplucher et couper en quartiers le céleri-rave. Le cuire à la vapeur pendant 15 à 20 min.

3 Éplucher et cuire séparément les autres légumes de la même façon.

4 Passer le céleri-rave au mixeur (ou au moulin à légumes, grille fine).

5 Mettre cette purée dans un plat et la faire dessécher légèrement au four, sans coloration, pendant une dizaine de minutes, en la remuant de temps en temps.

6 Casser les œufs, séparer les blancs et les jaunes, monter les blancs en neige ferme avec 1 pincée de sel.

7 Dans le bol du mixeur muni du fouet, ou dans une terrine avec un fouet à main, mélanger la purée de céleri, les autres légumes cuits et coupés en morceaux avec les jaunes d'œufs, puis la crème fraîche, et enfin les blancs d'œufs battus en neige ferme. Saler, poivrer et râper de la muscade selon le goût.

8 Couvrir la terrine d'un film alimentaire et la garder au frais jusqu'à l'utilisation de la farce.

terrine de légumes :
confectionner la farce avec le céleri seulement ; couper les carottes et les haricots verts en menus morceaux. Disposer dans le moule une couche de farce de céleri, mettre ensuite les légumes, puis une autre couche de farce de céleri. Cuire au four et au bain-marie à 180 °C pendant 40 min.

Préparation : 40 min ■ **Cuisson :** 15-20 min

Farce de volaille

Pour 500 g environ

- 150 g de chair de poulet
- 50 g d'escalope de veau
- 225 g de lard
- 1 œuf
- 0,5 dl de cognac
- sel, poivre

1 Couper en dés le poulet, l'escalope et le lard puis les hacher au mixeur.

2 Ajouter l'œuf et le cognac, saler généreusement, poivrer et bien mélanger.

3 Couvrir la terrine d'un film alimentaire et la garder au réfrigérateur jusqu'à l'utilisation.

Préparation : 15 min

Panade à la farine

Pour 250 g environ

- 1,5 dl d'eau
- 25 g de beurre
- 1 pincée de sel
- 75 g de farine

1 Faire bouillir l'eau, ajouter le beurre et le sel.

2 Tamiser la farine et l'ajouter en pluie en mélangeant avec une cuillère en bois. Garder la casserole sur un feu doux et tourner sans arrêt pour faire dessécher la pâte.

3 Quand la pâte devient moelleuse et se détache de la casserole, la verser dans un plat beurré, lisser et laisser refroidir.

Préparation : 5 min ■ **Cuisson :** 15 min environ

Panade au pain

Pour 250 g environ

- 125 g de mie de pain
- 1,5 dl de lait

1 Couper la mie en petits morceaux.

2 Chauffer le lait et le verser sur la mie, mélanger.

3 Mettre cette préparation dans une casserole et la faire dessécher sur le feu, en remuant avec une cuillère en bois, jusqu'à ce qu'elle se détache des parois.

4 Verser dans un plat beurré et laisser refroidir.

Préparation : 15 min

Panade à la pomme de terre

Pour 250 g environ

- 150 g de pommes de terre
- 1,5 dl de lait
- 2 pincées de sel
- 1 pincée de poivre
- noix de muscade
- 20 g de beurre

1 Couper les pommes de terre en rondelles, les faire cuire à l'eau et les égoutter.

2 Faire bouillir le lait avec du sel, du poivre et 1 pincée de muscade râpée pendant 5 ou 6 min. Y mettre alors le beurre et les pommes de terre. Cuire doucement pendant 15 min. Bien mélanger pour obtenir une purée homogène.

Cette panade doit s'utiliser tiède.

Préparation : 15 min

Panure

Pour 100 g

- 100 g de mie de pain fraîche

Émietter très finement la mie entre les doigts.

La panure est employée, comme chapelure, pour paner une viande ou un poisson, recouvrir un gratin pour qu'il soit bien doré ensuite. Elle s'utilise seule ou mélangée avec du fromage râpé ou encore avec un hachis d'ail et de persil.

Préparation : 5 min

Panure à l'anglaise

Pour 400 g environ

- 1 œuf
- 1 c. à soupe d'huile
- 150 g de farine
- 150 g environ de panure ou de chapelure
- sel, poivre

Disposer dans trois assiettes creuses : l'œuf et l'huile battus ensemble avec un peu de sel et de poivre, la farine et la panure. Passer l'aliment à paner d'abord dans la farine, puis dans l'œuf battu et ensuite dans la chapelure.

Préparation : 5 min

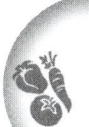

Panure à la milanaise

Pour 100 g de farine

- 1 œuf
- 100 g de panure
  (➤ voir p. 107)
- 30 g de parmesan râpé
- sel, poivre

1 Mettre la farine dans une assiette plate.

2 Battre l'œuf dans une assiette creuse.

3 Préparer la panure et, dans une autre assiette plate, la mélanger avec le parmesan.

4 Saler et poivrer l'aliment à paner.

5 Le passer d'abord dans la farine, puis dans l'œuf battu et enfin dans la panure au parmesan, chaque fois des deux côtés. Le déposer au fur et à mesure dans la poêle où il doit cuire.

Préparation : 5 min

LES PATES POUR PREPARATIONS SALEES

Certaines pâtes, par exemple les pâtes brisée, feuilletée ou la pâte à pizza, peuvent être congelées (déjà étalées), ce qui permet un gain de temps au moment de la réalisation des recettes. Elles doivent décongeler lentement dans le réfrigérateur. On pourra également, pour gagner du temps, les remplacer par des pâtes vendues dans le commerce (n'employer que celles qui portent la mention « pur beurre »).

Pâte à beignets

Pour 500 g environ

- 3 jaunes d'œufs
- 250 g de farine
- 5 g de sel fin
- 2,5 dl de bière ou de lait
- 1 c. à café d'huile

1 Casser les œufs en séparant les blancs des jaunes.

2 Tamiser la farine et la verser dans une terrine, y creuser une fontaine, y mettre les jaunes d'œufs, le sel, la bière (ou le lait) et l'huile.

3 Bien mélanger pour obtenir une pâte lisse. Laisser reposer 1 h au minimum.

On peut, au moment de l'emploi, incorporer à la spatule les blancs d'œufs battus en neige très ferme. La pâte sera plus légère.

Préparation : 5 min ■ **Repos :** 1 h

Pâte à brioche

Pour 500 g environ

- 200 g de beurre
- 7 g de levure de boulanger
- 4 c. à soupe de lait
- 250 g de farine
- 25 g de sucre
- 1 c. à café de sel
- 4 œufs

1 Sortir à l'avance le beurre du réfrigérateur et le couper en morceaux pour qu'il ramollisse.

2 Dans un bol, délayer la levure avec le lait.

3 Pétrir dans un robot (ou à la main dans un saladier) la farine, la levure délayée, le sucre, le sel et 2 œufs. Lorsque tout est amalgamé, ajouter les 2 autres œufs, un par un, et continuer le pétrissage. Quand la pâte se détache de la paroi, ajouter le beurre en morceaux et pétrir jusqu'à ce qu'elle ne colle plus.

4 Rassembler la pâte en boule dans une grande terrine, couvrir d'un film alimentaire ou d'un torchon propre et la laisser « pointer » (doubler de volume) 2 à 3 h dans un endroit chaud (22 °C).

5 La mettre sur le plan de travail et la « rabattre » en l'écrasant vigoureusement avec le poing pour lui redonner son volume initial. La reformer en boule sans la pétrir, la remettre dans la terrine, couvrir et laisser lever de nouveau 1 h 30 à 2 h (elle doit encore doubler de volume), puis la rabattre de nouveau.

6 Façonner la pâte selon l'utilisation prévue et la remettre à lever de nouveau et de la même façon.

Préparation : 6-7 h

Pâte brisée

Pour 500 g environ

- 150 g de beurre
- 1 œuf
- 300 g de farine
- 2 c. à soupe d'eau
- sel

1 Couper le beurre en morceaux pour qu'il ramollisse.

2 Battre l'œuf dans un bol.

3 Tamiser la farine dans une jatte ou sur le plan de travail, ajouter une bonne pincée de sel. Mettre au centre le beurre et l'œuf battu et verser l'eau très froide. Pétrir le tout le plus rapidement ➜

possible. Rassembler la pâte en boule, même s'il reste quelques parcelles de beurre mal incorporées.

④ Envelopper la pâte dans une feuille d'aluminium et la laisser reposer 1 h dans le réfrigérateur.

⑤ Remettre la pâte sur le plan de travail fariné et l'étaler avec la paume de la main pour écraser les morceaux de beurre qui restent. Abaisser la pâte selon l'épaisseur désirée.

pâte à foncer :
plus rustique et plus rapide à réaliser, elle est faite avec les mêmes proportions de farine et de beurre, mais sans œuf.

Préparation : 15 min ■ **Repos :** 1 h

Pâte à choux

Pour 500 g environ

- 2 dl d'eau
- 50 g de beurre
- 1 c. à café de sel
- 125 g de farine
- 3 œufs
- 1 pincée de muscade

① Verser l'eau dans une casserole, ajouter le beurre et le sel et faire bouillir en mélangeant avec une cuillère en bois jusqu'à ce que le beurre soit fondu.

② Baisser le feu et verser la farine d'un coup, en remuant. Puis tourner, toujours avec la spatule, en raclant les bords de la casserole jusqu'à ce que la pâte soit bien desséchée et se décolle toute seule des parois.

③ Transvaser dans une jatte et incorporer les œufs, un par un. La pâte est prête lorsqu'elle forme le ruban quand on soulève la cuillère. Pour des préparations salées, ajouter 1 pincée de muscade.

Préparation : 15 min

Pâte à crêpes salée

Pour 500 g environ

- 100 g de farine
- 2 œufs
- 3 dl de lait
- 1 bonne pincée de sel

1. Tamiser la farine.
2. Battre les œufs en omelette avec le sel et, avec une cuillère en bois, les mélanger à la farine.
3. Verser le lait peu à peu, toujours en remuant. Laisser reposer 2 h à température ambiante. Avant la cuisson des crêpes, allonger la pâte avec un peu d'eau. S'il y a des grumeaux, passer la pâte en l'écrasant avec le dos d'une cuillère.

On peut remplacer les 3 dl de lait par 2 dl de lait et 1 dl d'eau, ou bien par 2 dl de lait et 1 dl de bière. Le lait peut également être remplacé par du consommé blanc : ajouter alors 10 g de beurre fondu.

pâte à crêpes de sarrasin :
remplacer la farine de blé par celle de sarrasin. La pâte est un peu plus compacte. On lui ajoute 1 cuillerée à soupe d'huile.

Préparation : 10 min ■ **Repos :** 2 h

Pâte feuilletée

Pour 1 kg environ

- 500 g de farine
- 2,5 dl d'eau
- 10 g de sel
- 500 g de beurre

1. Préparer la détrempe : tamiser la farine, la mettre en fontaine sur le plan de travail ou dans une jatte. Verser l'eau froide et le sel et mélanger d'abord avec une cuillère en bois, ensuite avec la main, rapidement, jusqu'à ce que cette détrempe soit bien homogène. La rassembler en boule, l'envelopper d'une feuille d'aluminium et la laisser reposer 30 min dans un endroit frais.
2. Pendant ce temps, couper le beurre en petits morceaux dans une jatte et, avec la spatule, le travailler pour le ramollir jusqu'à ce qu'il ait la même consistance que la détrempe. →

3 Fariner le plan de travail et le rouleau à pâtisserie. Étaler la détrempe en un carré de 20 cm de côté environ. Poser le beurre en une seule masse au milieu du carré de pâte. Puis amener chaque coin de ce carré au centre, de façon à bien enfermer le beurre dans le pâton. Laisser reposer celui-ci 15 min sur place (ne pas le mettre au réfrigérateur pour ne pas durcir le beurre).

4 Fariner à nouveau le plan de travail et le rouleau, très légèrement. Étaler le pâton en un rectangle de 60 cm de long sur 20 cm de large environ, en lui donnant partout la même épaisseur et en travaillant avec précaution pour ne pas faire sortir le beurre.

5 Donner le premier « tour » : plier le rectangle en trois et le tapoter légèrement avec le rouleau pour égaliser les plis. Puis faire pivoter le pâton plié d'un quart de tour et l'étaler doucement, en un rectangle de la même taille que le précédent. Replier à nouveau la pâte en trois. Le « tour » est terminé. Enfoncer légèrement un doigt au centre pour marquer ce premier tour. Laisser reposer 15 min au minimum, au réfrigérateur cette fois.

6 Recommencer l'opération (étaler, tourner, plier) 4 fois encore, en laissant la pâte reposer 15 min au moins entre chaque « tour ». Marquer chaque fois la pâte du bout des doigts (2 doigts pour le 2e tour, etc.) pour indiquer le nombre d'opérations effectuées.

7 Au 6e tour, allonger la pâte dans les deux sens et la détailler selon l'utilisation. Ainsi faite, la pâte feuilletée est dite « à six tours ».

Préparation : 30 min ■ **Repos :** 2 h

Pâte à frire

Pour 500 g environ

- 225 g de farine
- 2 œufs
- 2 dl de bière
- 1 c. à café de sel

1 Tamiser la farine.

2 La verser dans une terrine, creuser une fontaine.

3 Ajouter les œufs, le sel et la bière et bien mélanger jusqu'à ce que la pâte soit homogène. Laisser reposer 1 h au frais.

Au moment de l'emploi, on peut ajouter 2 blancs battus en neige très ferme avec 1 pincée de sel pour rendre la pâte plus légère.

Préparation : 10 min ■ **Repos :** 1 h

Pâte à pain

Pour 500 g environ

- 10 g de levure de boulanger
- 3 dl d'eau
- 500 g de farine type 55
- 10 g de sel

1 Faire le levain : émietter la levure de boulanger dans une terrine, verser 1 dl d'eau par-dessus et remuer avec une cuillère pour faire fondre la levure. Puis ajouter 125 g de farine et mélanger à la main. La pâte doit être très molle. Couvrir la terrine d'un torchon propre et la placer 2 h dans un endroit chaud. Le levain doit doubler de volume.

2 Ajouter le reste de la farine, 2 dl d'eau, le sel et mélanger, toujours à la main, pour obtenir une boule de pâte assez consistante et collante.

3 Fariner légèrement le plan de travail, y poser la pâte et la pétrir de la façon suivante : détacher une moitié de la boule de pâte et la plaquer énergiquement contre la moitié restante. Recommencer cette opération 8 fois. Ensuite, aplatir la boule avec les mains et la plier en trois. Puis la tourner d'un quart de tour, et la taper sur la table. Recommencer 3 fois de suite. Laisser reposer la pâte pendant 5 min et renouveler cette opération (3 fois pliée, 3 fois tapée) encore 3 fois, à 5 min d'intervalle. ➜

[113]

4 Fariner la pâte, la mettre dans la terrine recouverte d'un linge et la laisser reposer 2 h dans un endroit tiède (22 °C). Elle doit doubler de volume.

5 Huiler un grand moule ovale. Poser la pâte sur la table farinée, lui donner la forme du moule mais en plus grand. Replier l'excédent par-dessous pour mettre ainsi la pâte à la taille du moule, la déposer de façon qu'elle ne remplisse celui-ci qu'aux trois quarts. La couvrir d'un linge et la laisser reposer encore 2 h au même endroit. La pâte doit doubler de volume et remplir alors le moule, le dessus doit être légèrement craquelé.

6 Cuire 45 min au four préchauffé à 220 °C.

Préparation : 1 h environ ■ **Repos :** 6 h
■ **Cuisson :** 45 min

Pâte à pâté

Pour 500 g environ

- 100 g de beurre
- 350 g de farine
- 2 œufs
- 4 c. à soupe d'eau
- 1 c. à soupe de sel

1 Couper le beurre en petits morceaux.

2 Tamiser la farine et la verser en fontaine sur le plan de travail. Mettre au milieu les œufs, le sel, le beurre et l'eau et mélanger le tout avec les doigts. Mettre la pâte en boule, l'étirer entre les doigts, puis reformer une boule. Recommencer une fois cette opération (fraisage).

3 Refaire une boule, la déposer dans une terrine, couvrir d'une feuille d'aluminium et la garder au frais pendant 2 h avant de s'en servir.

Préparation : 15 min ■ **Repos :** 2 h

Pâte à pâté au saindoux

Pour 500 g environ

- 100 g de saindoux
- 400 g de farine
- 1 œuf
- 1,5 dl d'eau
- 1 c. à soupe de sel

1 Faire fondre le saindoux.

2 Tamiser la farine sur le plan de travail et y creuser une fontaine. Verser au milieu le saindoux, ajouter l'œuf, l'eau et le sel. Mélanger avec les doigts et pétrir légèrement. Rassembler la pâte en boule et la garder au frais jusqu'à son utilisation.

Préparation : 15 min

Pâte à pizza

Pour 500 g environ

- 15 g de levure de boulanger
- 1 pincée de sucre
- 450 g de farine
- 1 c. à café de sel
- 4 c. à soupe d'huile d'olive

1 Préchauffer le four à 200 °C pendant 10 min.

2 Mettre la levure dans un bol avec le sucre, 4 cuillerées à soupe d'eau tiède et bien mélanger.

3 Éteindre le four, y déposer le bol pendant 5 min pour que ce levain double de volume. Les bulles qui se forment à la surface sont normales.

4 Verser la farine dans une terrine et faire une fontaine. Y ajouter le sel, 5 cuillerées à soupe d'eau, le levain et l'huile. Pétrir avec les doigts jusqu'à former une grosse boule ; la pâte doit être souple.

5 Fariner le plan de travail, y déposer la boule de pâte et la pétrir, pendant 10 min environ, en la poussant en avant à intervalles réguliers avec la main puis en la rassemblant jusqu'à ce qu'elle devienne bien lisse et élastique. La poudrer de farine, refaire une boule et la déposer dans une terrine. Couvrir d'un torchon propre et laisser lever dans un endroit chaud (22 °C environ) pendant 1 h 30. La pâte doit doubler de volume.

6 Remettre la pâte sur le plan de travail. L'aplatir avec le poing 1 ou 2 fois, puis la couper ➔

en 4 morceaux. En prendre un et le pétrir pendant 1 min, en ajoutant un peu de farine si la pâte colle. Puis l'aplatir de nouveau avec la paume de la main pour en faire une galette épaisse. Prendre cette galette à deux mains et l'étirer en la faisant tourner plusieurs fois sur elle-même et en la tenant en l'air, de façon à l'étendre. La poser sur le plan de travail fariné et la lisser : elle doit mesurer environ 25 cm de diamètre sur 3 mm d'épaisseur. Redresser légèrement le bord pour former un bourrelet. La laisser reposer sur un linge fariné. Façonner les 3 autres morceaux de la même façon.

La manière la plus simple de garnir la pâte consiste à y verser quelques cuillerées de fondue de tomate épaisse (➤ voir p. 797), bien relevée d'ail et d'origan (compter 5 dl de fondue pour 4 personnes). Poudrer de parmesan (80 g environ) et ajouter 100 g de mozzarella en fines lamelles. Arroser d'huile d'olive et faire cuire 10 min dans le four à 250 °C.

Préparation : 20 min ■ **Repos :** 1 h 30

Les bouillons, consommés, potages et soupes

Les potages

Les potages sont des mets très sains. C'est une excellente façon de consommer des légumes. On sert les potages le plus souvent au début du repas du soir. On distingue deux groupes de potages, selon leur composition : les potages clairs et les potages liés. Les potages clairs comprennent les bouillons et les consommés. Parmi les potages liés se trouvent les potages-purées, les bisques à base de crustacés, les crèmes et les veloutés, et les soupes.

*Les **bouillons** peuvent être utilisés comme fonds pour cuire certains mets et confectionner nombre de sauces. Ils constituent aussi la base des consommés, des soupes et des potages. Les bouillons dégraissés et passés peuvent être consommés tels quels.*

*Les **consommés** sont des bouillons de viande, de gibier, de volaille ou de poisson. La qualité d'un consommé se reconnaît à sa clarté et à sa transparence.*

*Les **crèmes-potages** sont faites à partir d'une béchamel. On les lie à la farine ou à la fécule de maïs et on termine par l'adjonction de crème fraîche, ce qui donne une consistance onctueuse. Si l'on rajoute des jaunes d'œufs, la crème devient un velouté (à ne pas confondre avec le velouté synonyme de sauce blanche). Les crèmes et les veloutés peuvent être réalisés à partir des légumes, du riz ou bien de la viande, du poisson ou d'un crustacé. Tous les éléments sont mixés, ce qui permet d'obtenir une texture très fine.*

*Riche et parfumée, la **bisque** est un potage lié issu de la cuisson de crustacés et de leur carapace, aromatisé de vin blanc et additionné de crème fraîche. L'ingrédient principal (homard, langouste, crabe, écrevisse) est souvent flambé au cognac, ce qui rehausse encore le goût de la bisque. La chair de crustacé est taillée en petits dés pour la garniture.*

La plupart des potages gagnent à être enrichis avec du beurre, de la crème fraîche mélangée ou non à du jaune d'œuf. Ces enrichissements sont incorporés au dernier moment, sur feu doux (ils ne doivent pas bouillir) ou hors du feu. Les potages doivent être servis très chauds, sauf les potages froids (gaspacho, vichyssoise), qui se servent glacés. Ils se conservent 1 ou 2 jours dans le réfrigérateur ; on peut également les congeler.

Les soupes

Souvent à caractère régional, ce sont des potages ni passés ni liés que l'on fait souvent épaissir avec du pain de mie, des pâtes ou du riz. Les différentes garnitures, viandes, poissons, légumes, y cuisent en morceaux. Certaines soupes constituent un plat unique.

Bouillons

Bouillon d'abattis

Pour 1 litre

- 2 carottes, 1 navet
- 1 blanc de poireau
- 1 branche de céleri
- 1 oignon
- 1 clou de girofle
- 2 l d'eau
- 1 bouquet garni
- 1 gousse d'ail
- 2 abattis de poulet
- 1/2 citron
- 1 c. à soupe de persil haché
- sel, poivre

① Éplucher et couper en petits dés tous les légumes sauf l'oignon et l'ail. Piquer l'oignon avec le clou de girofle. Écraser l'ail.

② Verser 2 litres d'eau dans une casserole et ajouter les abattis. Faire bouillir.

③ Écumer le bouillon puis ajouter tous les légumes ainsi que le bouquet garni. Saler et poivrer. Maintenir une ébullition douce pendant 1 h environ.

④ Passer le bouillon. Désosser les abattis et ajouter les chairs au bouillon, ainsi que le jus de citron et le persil ciselé. Goûter et rectifier l'assaisonnement.

Préparation : 20 min ■ **Cuisson :** 1 h environ

Bouillon gras

Pour 2 litres

- 200 g de plat de côte
- 150 g de pointe de culotte
- 2 l d'eau
- sel
- 2 os à moelle de bœuf
- 1 oignon
- 1 carotte
- 1 gousse d'ail
- 1 poireau
- 1 clou de girofle
- 1 brin de thym
- 1 branche de céleri
- 5-6 brins de persil
- 1 feuille de laurier

① Mettre les viandes et les os dans une marmite, verser 2 litres d'eau, saler et porter à ébullition. Écumer.

② Éplucher l'oignon, la carotte et l'ail, laver et nettoyer le poireau. Couper l'oignon en deux et le faire colorer dans une casserole. Le retirer et le piquer du clou de girofle.

③ Attacher le poireau, le thym, le céleri et le laurier. Ajouter le poireau avec les aromates, la carotte, l'ail et l'oignon dans la marmite. Cuire à feu doux pendant 3 h en écumant régulièrement. Passer le bouillon.

Préparation : 15 min ■ **Cuisson :** 3 h

Bouillon aux herbes

Pour 1 litre environ

- 1 bouquet de cerfeuil
- 40 g d'oseille
- 20 g de laitue
- 1 l d'eau
- 2 pincées de sel
- 5 g de beurre

1. Détacher les feuilles du cerfeuil de façon à en avoir 10 g. Laver l'oseille et la laitue et les mettre, avec le cerfeuil et l'eau, dans une casserole.
2. Porter à ébullition et cuire pendant 15-20 min.
3. Ajouter le sel et le beurre. Mélanger puis passer.

On peut ajouter à la cuisson des feuilles de bette ou d'épinard et, au moment de servir, du persil et du jus de citron.

Préparation : 15 min ■ **Cuisson :** 15-20 min

Bouillon de légumes

Pour 1 litre environ

- 3 carottes
- 3 tomates
- 3 branches de céleri
- 3 poireaux
- 1 navet
- 1 branche de persil
- 1 gousse d'ail (facultatif)
- 1 brin de thym
- 1/2 feuille de laurier
- 1/2 l d'eau
- gros sel

1. Éplucher et couper en morceaux tous les légumes. Les mettre dans une casserole avec le persil, le thym, le laurier et éventuellement l'ail et ajouter 1,2 litre d'eau froide et 1 cuillerée à soupe de gros sel. Porter à ébullition, écumer les impuretés de surface et cuire à feu doux pendant 40 min.
2. Passer sans écraser les légumes. Goûter et rectifier l'assaisonnement.

Préparation : 30 min ■ **Cuisson :** 50 min

Consommés

Consommé blanc simple

Pour 3 litres environ

- 1 gros os de bœuf
- 750 g de viande de bœuf (macreuse, paleron ou autre)
- 3,5 l d'eau
- 2 carottes
- 2 navets
- 1 gros poireau
- 1 bouquet garni
- 1 oignon
- 1 clou de girofle
- 1/2 gousse d'ail
- gros sel, poivre

❶ Casser l'os avec un marteau, le mettre dans une grande marmite avec la viande et verser 3,5 litres d'eau froide. Porter à ébullition, et écumer plusieurs fois les impuretés qui montent à la surface.

❷ Ajouter un peu de gros sel (il vaut mieux rectifier l'assaisonnement en fin de préparation que trop saler en début de cuisson).

❸ Pendant ce temps, éplucher les légumes et les couper en gros morceaux, piquer l'oignon avec le clou de girofle et les ajouter. Laisser cuire 4 h au moins à tout petits bouillons et à couvert.

❹ Retirer la viande et passer le bouillon.

❺ Mettre le bouillon à refroidir au réfrigérateur puis bien le dégraisser quand la graisse est solidifiée à la surface.

Congeler ce qui ne sera pas servi. On utilisera alors ce consommé pour « mouiller » certaines préparations à la place d'eau ou de fond blanc : riz pilaf (➤ voir p. 833), risotto (➤ voir p. 826) ou ragoûts. Il est également la base d'autres recettes de consommés qui se trouvent dans les pages suivantes.

Préparation : 15 min ■ **Cuisson :** 4 h

Consommé Florette

Pour 1 litre environ

- 100 g de poireau
- 10 g de beurre
- 1 l de consommé blanc (➤ voir ci-dessus)
- 1 c. à soupe de riz
- crème fraîche épaisse
- parmesan râpé

❶ Éplucher et couper le poireau en fine julienne (petits bâtonnets).

❷ Faire fondre le beurre dans une casserole, y faire revenir le poireau puis ajouter 2 ou 3 cuillerées à soupe de consommé blanc et faire réduire à sec, jusqu'à ce qu'il ne reste plus de liquide.

❸ Faire bouillir à part le reste du consommé, y jeter le riz et le laisser cuire 10-15 min. Goûter. ➡

④ Ajouter le poireau étuvé, mélanger. Goûter à nouveau et saler si besoin.

⑤ Servir avec la crème fraîche et le parmesan râpé à part. Chacun les ajoutera, selon son goût, dans la tasse ou dans l'assiette.

Préparation : 15 min ■ **Cuisson :** 15 min

Consommé de gibier

Pour 3 litres

- 1 kg de collier de chevreuil
- 500-700 g d'avant de lièvre
- 1 faisan
- 3 l d'eau
- 2 carottes
- 2 petits poireaux
- 1 gros oignon
- 1 branche de céleri
- 25 baies de genièvre
- 2 clous de girofle
- 1 bouquet de persil
- 1 gousse d'ail
- 1 brin de thym
- 1/2 feuille de laurier
- 1 bouquet garni
- sel

① Préchauffer le four à 250 °C. Découper tout le gibier en morceaux et mettre ceux-ci dans la lèchefrite du four pendant 15-20 min jusqu'à ce qu'ils soient bien colorés.

② Verser le contenu de la lèchefrite dans une grande marmite, ajouter 3 litres d'eau froide et porter à ébullition.

③ Pendant ce temps, éplucher et couper en morceaux les légumes et les faire colorer à leur tour au four dans la lèchefrite.

④ Nouer dans une mousseline les baies de genièvre et les clous de girofle.

⑤ Quand le bouillon atteint l'ébullition, ajouter les légumes, le persil, l'ail pelé, tous les aromates et le « nouet », saler, puis porter de nouveau à ébullition. Laisser ensuite cuire doucement et à couvert, pendant 3 h 30, en écumant régulièrement.

⑥ Laisser refroidir et mettre au réfrigérateur, puis dégraisser soigneusement et passer le bouillon : il est prêt à être servi comme potage.

Désossées, les viandes qui ont servi à sa préparation peuvent être utilisées pour confectionner diverses garnitures. Ce consommé est à faire au lendemain d'une chasse. Il peut se congeler pour être servi plus tard.

Préparation : 30 min ■ **Cuisson :** 4 h

Consommé Léopold

Pour 4-6 personnes

- 1,25 l de consommé blanc (➤ voir p. 121)
- 80 g d'oseille
- 20 g de beurre
- 2 c. à soupe de semoule
- 1/8 de botte de cerfeuil

① Préparer (ou décongeler) le consommé.

② Laver l'oseille et la couper en chiffonnade (rouler les feuilles sur elles-mêmes et couper).

③ Faire fondre le beurre dans une petite casserole, ajouter l'oseille et la faire fondre doucement jusqu'à ce qu'elle soit bien molle et réduite.

④ Faire bouillir le consommé, ajouter la semoule. Bien remuer et cuire une vingtaine de minutes.

⑤ Ajouter l'oseille en fin de cuisson. Verser dans la soupière et parsemer de pluches de cerfeuil.

Préparation : 10 min ■ **Cuisson :** 30 min

Consommé à la madrilène

Pour 4-6 personnes

- 1 l de consommé de volaille (➤ voir p. 124)
- 2 belles tomates
- 1 pointe de piment de Cayenne

① Faire bouillir de l'eau dans une casserole, y plonger les tomates 30 s, enlever la peau et les pépins.

② Couper la pulpe en petits dés et les passer en écrasant bien avec le dos d'une cuillère.

③ Ajouter cette pulpe dans le consommé de volaille avec le piment de Cayenne et bien mélanger.

④ Mettre le consommé au réfrigérateur pendant 1 h au moins pour le servir bien froid. Le verser alors dans des tasses.

On peut ajouter de tout petits dés de poivron rouge cuits au bouillon.

Préparation : 10 min ■ **Réfrigération :** 1 h au moins

Consommé de poisson

Pour 3 litres

- 750 g de cabillaud
- 300 g d'arêtes de poisson
- 500 g de têtes de poisson
- 1 gros oignon
- 1 gros poireau
- 1 petit bouquet de persil
- 1 petite branche de céleri
- 1 brin de thym
- 1/2 feuille de laurier
- 3 dl de vin blanc

1 Mettre le poisson, les arêtes et les têtes dans une grande marmite. Couvrir de 3 litres d'eau froide et porter à ébullition.

2 Pendant ce temps, éplucher et couper très finement l'oignon et le poireau. Les ajouter dans la marmite avec le persil, le céleri, le brin de thym, la 1/2 feuille de laurier et le vin blanc. Saler. Cuire de 45 à 50 min à petite ébullition.

3 Passer le bouillon.

Ce consommé peut être congelé et servir pour d'autres préparations s'il n'est pas utilisé tout de suite. On peut le préparer avec toutes sortes de poisson.

Préparation : 15 min ■ **Cuisson :** 1 h environ

Consommé de volaille

Pour 3 litres

- 1 poule ou 1 kg d'abattis de volaille
- 2 carottes
- 2 navets
- 1 gros poireau
- 1 bouquet garni
- 1 oignon
- 1 clou de girofle
- 1/2 gousse d'ail
- gros sel, poivre

1 Préchauffer le four à 250 °C. Couper la poule (plumée et flambée) en morceaux. La mettre (ou les abattis) à dorer dans la lèchefrite pendant 15 à 20 min.

2 Transvaser dans une grande marmite et ajouter 3,5 litres d'eau froide. Porter à ébullition, écumer régulièrement les impuretés qui montent à la surface. Saler.

3 Pendant ce temps, éplucher les légumes et les couper en gros morceaux, piquer l'oignon avec le clou de girofle. Ajouter les légumes et le bouquet garni dans la marmite. Laisser cuire 4 h au moins à tout petits bouillons et à couvert.

4 Retirer la poule (ou les abattis de volaille) et passer le bouillon. Le laisser refroidir et le mettre au réfrigérateur puis bien le dégraisser quand la graisse est solidifiée à la surface.

Congeler ce qui ne sera pas utilisé. On se servira alors de ce consommé pour « mouiller » certaines préparations à la place d'eau ou de fond blanc ou pour cuire une volaille.

Préparation : 15 min ■ **Cuisson :** 4 h

Crèmes, potages et veloutés

Bisque d'écrevisse

Pour 4-6 personnes

- 2 l de consommé blanc (➤ voir p. 121)
- 1 carotte
- 1 oignon
- 100 g de beurre
- 75 g de riz rond
- 18 écrevisses fraîches ou surgelées
- 1 petit bouquet garni
- 3 c. à soupe de cognac
- 4 dl de vin blanc
- 1 pointe de piment de Cayenne
- 1,5 dl de crème fraîche
- sel, poivre

1 Décongeler le consommé.

2 Préparer une mirepoix : éplucher la carotte et l'oignon, les couper en tout petits dés et les faire cuire, dans une casserole, avec 40 g de beurre jusqu'à ce qu'ils soient bien fondus.

3 Faire bouillir 0,5 litre de consommé blanc, y jeter le riz et le laisser cuire pendant 15-20 min (si l'on n'a pas assez de consommé, on peut le cuire dans de l'eau). Quand il est cuit, l'égoutter.

4 « Châtrer » les écrevisses si elles sont fraîches (➤ voir p. 291) ou les décongeler au micro-ondes. Les rincer sous le robinet et les ajouter à la mirepoix avec le bouquet garni. Saler et poivrer. Les faire sauter jusqu'à ce qu'elles rougissent.

5 Verser le cognac dans une petite louche, la tenir au-dessus de la flamme pour le chauffer (ou le chauffer, dans une tasse, au micro-ondes), le verser brûlant sur les écrevisses et flamber en remuant. Ajouter le vin blanc et cuire jusqu'à ce que le liquide soit réduit des deux tiers. Verser 2 verres de consommé environ (2 dl) et laisser cuire doucement pendant 10 min en remuant de temps en temps.

6 Laisser refroidir les écrevisses et les décortiquer ; réserver les carapaces. Couper la chair des queues en petits dés et les garder sur une assiette.

7 Piler au mortier (ou broyer dans un robot) les carapaces, le riz cuit et le fond de cuisson des écrevisses. ➔

8 Passer le tout au tamis ou dans une passoire très fine, en pressant bien.

9 Mettre cette purée dans une casserole avec le reste de consommé et faire bouillir en remuant pendant 5 ou 6 min.

10 Couper le reste du beurre en petits morceaux. Ajouter le piment de Cayenne, la crème fraîche, puis, en une seule fois, le beurre en morceaux en remuant bien avec un fouet. Goûter et rectifier l'assaisonnement. Ajouter la chair en dés et servir brûlant.

La bisque d'écrevisse peut être préparée à l'avance. On ajoute alors la crème et le beurre juste avant de servir.

Préparation : 30-45 min ■ **Cuisson :** 30 min environ

Crème-potage : méthode de base

Pour 4-6 personnes

- 500 g d'un légume ou d'un mélange de légumes
- 40 g de beurre
- 8 dl de béchamel (➤ voir p. 62)
- 0,5 dl de consommé blanc (➤ voir p. 121) ou de lait
- 2 dl de crème fraîche
- sel, poivre

1 Laver, éplucher et couper en fins morceaux le légume choisi : artichaut, asperges, céleri, champignons, chou-fleur, cresson, endives, laitue, poireau ou un mélange de légumes. Les cuire pendant une dizaine de minutes à l'eau bouillante salée, les égoutter.

2 Faire fondre le beurre dans une casserole, y ajouter les légumes, saler, poivrer et les cuire ainsi pendant encore 10 min.

3 Préparer la béchamel, l'ajouter aux légumes et cuire 10 min, à feu très doux, en remuant de temps en temps.

4 Passer ensuite le potage au mixeur (ou au moulin à légumes grille fine).

5 Ajouter le consommé blanc ou le lait. Remettre à chauffer, ajouter la crème et bien mélanger. Goûter et rectifier l'assaisonnement.

Préparation : 30 min ■ **Cuisson :** 30 min environ

Crème de crevette

Pour 4-6 personnes

- 8 dl de béchamel
  (➤ voir p. 62)
- 0,5 dl de consommé
  blanc (➤ voir p. 121)
- 1 carotte
- 1 oignon
- 30 g de beurre
- 350 g de queues de
  crevettes
- 0,5 dl de vin blanc
- 1 c. à soupe de cognac
- 2 dl de crème fraîche
- sel, poivre

① Préparer la béchamel et la garder au chaud. Décongeler le consommé.

② Préparer une mirepoix : couper la carotte et l'oignon en petits dés et les faire cuire à feu doux avec le beurre pendant 10 à 15 min jusqu'à ce qu'ils aient fondu.

③ Ajouter les queues de crevettes et les faire sauter. Saler et poivrer. Puis verser le vin blanc et le cognac. Bien mélanger et cuire pendant 5 min.

④ Prélever 12 queues de crevettes, les décortiquer et les réserver. Passer tout le reste au mixeur.

⑤ Ajouter la béchamel et bien mélanger en réchauffant. Verser le consommé puis la crème et mélanger.

⑥ Rectifier l'assaisonnement. Ajouter les queues réservées et en garnir la crème au moment de servir.

Préparation : 30 min ■ **Cuisson :** 20-30 min

Crème d'estragon

Pour 4-6 personnes

- 6 dl de béchamel
  (➤ voir p. 62)
- 4-5 bouquets d'estragon
- 2 dl de vin blanc
- 30 g de beurre
- sel, poivre

① Préparer la béchamel.

② Détacher les feuilles d'estragon. En garder quelques-unes pour la décoration. Hacher le reste grossièrement et le mettre dans une casserole avec le vin blanc. Faire bouillir doucement jusqu'à ce que le liquide soit réduit des deux tiers.

③ Ajouter la béchamel, saler et poivrer, porter à ébullition, puis passer dans une passoire très fine en appuyant bien avec le dos de la cuillère.

④ Réchauffer et, hors du feu, ajouter le beurre.

⑤ Mettre les feuilles réservées sur le dessus de la crème juste avant de servir.

Préparation : 30 min ■ **Cuisson :** 30 min environ

Crème d'orge

Pour 4-6 personnes

- 1,5 l de consommé blanc (➤ voir p. 121)
- 300 g d'orge perlé
- 1 branche de céleri
- 2 dl de crème fraîche
- sel, poivre

1 Décongeler le consommé.

2 Laver l'orge perlé et le faire tremper 1 h dans de l'eau tiède. Éplucher et couper le céleri en petits morceaux.

3 Dans une casserole, mélanger l'orge, le céleri et 1 litre de consommé blanc. Mettre à cuire pendant 2 h 30, à feu très doux et à petits frémissements.

4 Passer la crème dans une passoire très fine.

5 Ajouter 3 ou 4 cuillerées de consommé (ou de lait). Remettre à chauffer et ajouter la crème fraîche en mélangeant bien. Goûter et rectifier l'assaisonnement.

Préparation : 1 h ■ **Cuisson :** 2 h 30

Crème de riz au gras

Pour 4-6 personnes

- 1 l de consommé blanc (➤ voir p. 121)
- 175 g de riz
- 25 g de beurre
- 2 dl de crème fraîche
- sel, poivre

1 Décongeler le consommé blanc et le faire chauffer. En mettre 1 verre de côté.

2 Jeter le riz dans une casserole d'eau bouillante, l'y laisser 5 min puis l'égoutter.

3 Ajouter le beurre dans le consommé et, quand il bout, y verser le riz blanchi. Laisser cuire doucement pendant 45 min.

4 Passer au mixeur (ou au moulin à légumes) puis dans une passoire fine en appuyant bien avec le dos de la cuillère.

5 Ajouter le verre de consommé réservé. Remettre sur le feu et ajouter la crème fraîche en fouettant. Goûter et rectifier l'assaisonnement.

Préparation : 10 min ■ **Cuisson :** 50 min

Crème de volaille

Pour 4-6 personnes

- 1 poulet
  (ou 1 petite poule)
- 1 l de consommé blanc
  (➤ voir p. 121)
- 1 bouquet garni
- 2 blancs de poireau
- 1 branche de céleri
- 8 dl de béchamel
  (➤ voir p. 62)
- 1 dl de crème fraîche
- sel, poivre

❶ Décongeler le consommé blanc.

❷ Le mettre dans une grande casserole ou un faitout avec le poulet (ou la poule) et porter à ébullition. Écumer.

❸ Pendant ce temps, laver et éplucher les blancs de poireau et la branche de céleri, les attacher avec le bouquet garni et les ajouter dans le faitout. Faire cuire à couvert, à toute petite ébullition, pendant 1 h 30 à 2 h, jusqu'à ce que la chair se détache spontanément des os.

❹ Préparer la béchamel et la garder au chaud.

❺ Égoutter la volaille : enlever toute la peau et les os. Mettre les blancs de côté sur une assiette. Réduire tout le reste de la chair en purée en la passant au moulin à légumes.

❻ Mélanger cette chair avec la béchamel et porter à ébullition. Ajouter quelques cuillerées du bouillon de cuisson de la volaille en fouettant.

❼ Passer dans une passoire fine en appuyant bien avec le dos de la cuillère. Verser la crème fraîche et fouetter en chauffant doucement.

❽ Couper les blancs en petits morceaux et les ajouter au moment de servir.

Le bouillon de cuisson de la volaille peut être utilisé pour préparer un potage ou une sauce. Le mettre au réfrigérateur et le dégraisser ensuite.

Préparation : 30 min ■ **Cuisson :** 1 h 30-2 h

Gaspacho andalou

Pour 4 personnes

- 4 tomates
- 1 poivron rouge
- 1 poivron vert
- 150 g de concombre
- 1 oignon
- 2 gousses d'ail
- 1 c. à soupe de concentré de tomate
- 1 c. à soupe de câpres
- 1 brin de thym frais
- 2 c. à soupe de vinaigre
- 10 feuilles d'estragon
- 1 citron
- 3 c. à soupe d'huile d'olive

❶ Faire bouillir de l'eau dans une casserole, y plonger les tomates, les retirer aussitôt, les peler, les épépiner et les tailler en dés. Faire de même avec les poivrons.

❷ Éplucher le concombre et le tailler en cubes. Éplucher et hacher l'oignon et l'ail.

❸ Réunir ces légumes dans un saladier, ajouter le concentré de tomate, les câpres égouttées, le thym effeuillé et le vinaigre.

❹ Verser 1 litre d'eau froide dans le saladier et passer toute la préparation au mixeur ou au moulin à légumes grille fine.

❺ Ciseler l'estragon, presser le citron et les ajouter dans le saladier ainsi que l'huile d'olive. Mélanger.

❻ Mettre le gaspacho au réfrigérateur pendant au moins 2 h avant de le servir dans des assiettes creuses bien froides.

Préparation : 25 min ■ **Réfrigération :** 2 h

Potage à la citrouille de Saint-Jacques-de-Montcalm

Pour 4-6 personnes

- 1 kg de citrouille
- 80 g de bacon
- 1 branche de céleri
- 1 petit oignon
- 30 g de beurre
- 1 c. à soupe de farine
- 2 dl de bouillon de volaille déshydraté
- 2 dl de lait
- 1 pincée de paprika
- noix de muscade

❶ Préchauffer le four à 200 °C.

❷ Préparer une purée de citrouille : couper celle-ci en morceaux, les cuire à la vapeur 15 à 20 min et les passer au presse-purée. La garder au chaud.

❸ Mettre les tranches de bacon dans un plat et les laisser sécher ainsi au four.

❹ Tailler le céleri et l'oignon en petits dés. Faire fondre le beurre, y jeter les dés de légumes et les faire cuire à feu doux pendant 4 à 5 min. Saupoudrer de farine, cuire encore 5 min.

❺ Reconstituer le bouillon, le verser dans la casserole, ajouter le lait et mélanger. Saler, ajouter

- 80 g de croûtons de pain de mie
- 2 c. à soupe d'huile
- 2 dl de crème fraîche

le paprika et un peu de muscade râpée. Faire bouillir doucement 5 min.

6 Incorporer la purée de citrouille. Continuer de cuire mais sans bouillir pendant 10 min.

7 Tailler les croûtons et les faire frire rapidement dans l'huile. Les égoutter sur un papier absorbant.

8 Délayer la crème fraîche dans le potage. Ajouter le bacon en l'émiettant. Servir les croûtons à part.

Préparation : 40 min ■ **Cuisson :** 40-45 min

Potage Condé

Pour 4-6 personnes

- 300 g de haricots rouges
- 1 carotte
- 1 gros oignon
- 1 clou de girofle
- 1 bouquet garni
- 1,5 l d'eau
- gros sel
- 80 g de croûtons de pain de mie (➤ voir p. 822)
- 50 g de beurre

1 La veille, faire tremper les haricots rouges.

2 Éplucher et couper la carotte en cubes, piquer l'oignon avec le clou de girofle.

3 Mettre les haricots égouttés dans une marmite avec l'eau (elle doit bien les recouvrir). Porter à ébullition, écumer. Ajouter la carotte, l'oignon et le bouquet garni et cuire 1 h, jusqu'à ce que les haricots soient bien mous. Saler en fin de cuisson.

4 Avec une écumoire, retirer carotte, oignon et bouquet garni. Égoutter les haricots au-dessus d'un saladier pour recueillir le liquide de cuisson. Les passer au moulin à légumes grille moyenne.

5 Diluer la purée obtenue avec du liquide de cuisson pour avoir la consistance voulue. Puis passer le potage en appuyant avec le dos d'une cuillère.

6 Préparer les croûtons.

7 Remettre le potage à chauffer doucement, goûter et rectifier l'assaisonnement. Puis y délayer le beurre juste avant de servir.

Trempage : 12 h ■ **Préparation :** 30 min
■ **Cuisson :** 1 h 30 environ

Potage Crécy

Pour 4-6 personnes

- 1 l de bouillon de bœuf (➤ voir p. 48) ou de fond blanc de volaille (➤ voir p. 53)
- 500 g de carottes
- 1 gros oignon
- 80 g de beurre
- 1 pincée de sel
- 1/2 c. à café de sucre
- 100 g de riz

1 Décongeler le bouillon ou le fond ou le reconstituer.

2 Éplucher carottes et oignon et les couper en fines rondelles. Les mettre dans une casserole et les faire cuire très doucement, avec 50 g de beurre, sel et sucre.

3 Quand ils sont cuits, ajouter le consommé, porter à ébullition et y jeter le riz en pluie en mélangeant avec une cuillère en bois. Laisser mijoter, à feu très doux, pendant 20 min à couvert.

4 Passer le potage au moulin à légumes, puis dans une fine passoire.

5 Ajouter quelques cuillerées de bouillon pour le diluer. Le remettre sur le feu et ajouter le beurre restant.

Ce potage est souvent servi avec des croûtons frits au beurre.

Préparation : 15 min ■ **Cuisson :** 30 min

Potage Du Barry

Pour 4-6 personnes

- 1 chou-fleur
- 1 reste de purée de pomme de terre (150-200 g)
- 0,8 dl-1 l de consommé blanc (➤ voir p. 121) ou de lait
- 2 dl de crème fraîche
- persil
- sel, poivre

1 Faire bouillir de l'eau salée. Laver et détacher les bouquets de chou-fleur, les plonger dans cette eau bouillante et les cuire pendant 10 à 15 min.

2 Les passer au mixeur ou au moulin à légumes grille fine.

3 Réchauffer la purée et la mélanger avec celle de chou-fleur. Faire chauffer le lait ou le consommé et en ajouter dans cette purée jusqu'à obtenir une consistance liquide et onctueuse. Garder sur un feu très doux et ajouter la crème fraîche.

4 Goûter et rectifier l'assaisonnement et parsemer de persil ciselé.

Préparation : 15 min ■ **Cuisson :** 30 min environ

Potage froid de concombre

Pour 4-6 personnes

- 1 gros concombre
- 12 petits oignons nouveaux
- 1 pot de fromage blanc à 20 % de matière grasse
- ciboulette, persil
- sel, poivre

1 Peler le concombre, ôter les pépins et le détailler en dés. Éplucher les petits oignons et les couper en quatre. Hacher ces légumes et les mettre dans un bol.

2 Ajouter le même volume de fromage blanc, du sel et du poivre et mixer. Goûter et rectifier l'assaisonnement : cette purée doit être bien relevée.

3 Mettre au réfrigérateur pendant 2 h ou 10 min au congélateur pour bien la refroidir.

4 Au moment de servir, ajouter de l'eau glacée jusqu'à obtenir la consistance d'un potage un peu épais.

5 Parsemer de ciboulette ou de persil ciselé et servir immédiatement.

Préparation : 10 min ■ **Réfrigération :** 2 h

Potage Germiny ou à l'oseille

Pour 4-6 personnes

- 1 l de bouillon de bœuf (➤ voir p. 48) ou de consommé de volaille (➤ voir p. 124)
- 1/2 baguette de pain
- 300 g d'oseille
- 20 g de beurre
- 4 jaunes d'œufs
- 2 dl de crème fraîche
- cerfeuil

1 Décongeler le bouillon ou le consommé (ou employer un produit déshydraté).

2 Couper la baguette en rondelles, mettre celles-ci à sécher dans le four à 180 °C.

3 Laver l'oseille et ôter les queues. La couper en chiffonnade (pour cela rouler plusieurs feuilles ensemble, comme un cigare, et les tailler finement avec un couteau).

4 Faire fondre le beurre dans une casserole, y jeter l'oseille et la cuire à feu doux jusqu'à ce qu'elle soit très molle. Ajouter le consommé et porter à ébullition. Baisser le feu et laisser cuire doucement 5 min.

5 Dans un bol, délayer les jaunes avec la crème fraîche et verser ce mélange dans le consommé en fouettant très vigoureusement. Cuire à feu très doux, sans laisser bouillir ; le consommé doit napper la spatule. ➔

6 Ajouter 1 cuillerée à soupe de pluches de cerfeuil juste au moment de servir.

7 Présenter les rondelles de pain séchées à part. En mettre au fond de l'assiette et verser le potage par-dessus.

Ce potage peut également se servir glacé, enrichi de languettes de saumon fumé, de filets de sardines coupés en lanières ou de petites bouchées de thon à l'huile d'olive.

Préparation : 20 min ■ **Cuisson :** 15 min

Potage des Grisons

Pour 4-6 personnes

- 1 l de bouillon de bœuf (➤ voir p. 48)
- 50 g d'orge perlé
- 2 carottes
- 1/2 céleri-rave
- 1 poireau
- 30 g de beurre
- 1 oignon piqué d'un clou de girofle
- 1 feuille de laurier
- 100 g de carré de porc fumé
- 1 jaune d'œuf
- 1 dl de crème fraîche
- ciboulette
- sel, poivre

1 Décongeler le bouillon ou reconstituer un bouillon du commerce.

2 Mettre l'orge à tremper dans un bol d'eau.

3 Éplucher et couper en dés les carottes et le céleri-rave. Laver et couper en rondelles le poireau. Faire revenir ces légumes dans une cocotte avec le beurre.

4 Ajouter le bouillon et chauffer à feu plus vif. Dès que le liquide frémit, verser l'orge avec son eau de trempage ainsi que l'oignon piqué, le laurier et le porc fumé. Baisser le feu et cuire pendant 1 h 30 à feu doux.

5 Enlever le morceau de porc, le couper en petits cubes, et remettre ceux-ci dans le potage.

6 Au moment de servir, délayer dans un bol le jaune d'œuf et la crème, les verser dans le bouillon en fouettant sans arrêt et chauffer, doucement, sans bouillir, jusqu'à ce que le potage soit onctueux.

7 Parsemer de ciboulette ciselée.

potage au mouton :
procéder de la même façon, en remplaçant le carré de porc par 200 g de poitrine ou de collier de mouton.

Préparation : 15 min ■ **Cuisson :** 1 h 45

Potage aux huîtres

Pour 4-6 personnes

- 24 huîtres
- 3 dl de vin blanc
- 1 petit paquet de crackers
- 2 dl de crème fraîche
- 100 g de beurre
- 1 pointe de piment de Cayenne
- sel, poivre

1 Ouvrir les huîtres au-dessus d'un saladier de façon à recueillir toute leur eau. Les retirer de leur coquille et les mettre dans une casserole.

2 Filtrer l'eau dans une passoire tapissée d'une mousseline et la verser dans la casserole. Ajouter le vin blanc.

3 Chauffer et retirer du feu dès les premiers frémissements. Avec une écumoire, enlever les impuretés de surface.

4 Écraser finement entre les doigts la valeur de 3 cuillerées à soupe de crackers et les ajouter dans le potage ainsi que la crème.

5 Couper le beurre en petits morceaux.

6 Réchauffer le potage et y ajouter le beurre d'un seul coup en mélangeant avec une cuillère en bois. Saler et poivrer, relever avec le piment de Cayenne, mélanger à nouveau. Servir en soupière.

Préparation : 30 min ■ **Cuisson :** 15 min

Potage de légumes

Pour 4-6 personnes

- 2 carottes
- 1 petit navet
- 1 blanc de poireau
- 1 oignon
- 2 branches de céleri
- 60 g de beurre
- 1/8 de chou
- 1 pomme de terre
- 1 tasse de petits pois surgelés
- cerfeuil

1 Éplucher et couper en gros dés les carottes, le navet, le blanc de poireau, l'oignon et le céleri.

2 Faire fondre 30 g de beurre dans une casserole et y ajouter ces légumes. Les cuire 10 min à couvert et à feu doux. Ajouter 1,5 litre d'eau et porter à ébullition.

3 Pendant ce temps, faire bouillir de l'eau dans une autre casserole. Couper le chou en petits morceaux, l'ébouillanter pendant 3 à 4 min, puis l'égoutter dans une passoire et le rincer sous le robinet. Ajouter le chou dans la casserole et laisser mijoter 1 h. ➜

4 Éplucher et couper la pomme de terre en dés, la mettre dans le potage et cuire encore 25 min.

5 Ajouter les petits pois, 12 à 15 min avant la fin de la cuisson.

6 Au moment de servir, ajouter les 30 g de beurre qui restent, mélanger puis parsemer de pluches de cerfeuil.

Ce potage peut aussi être servi avec des croûtons de pain.

Préparation : 20 min ■ **Cuisson :** 1 h 30

Potage aux pois cassés

Pour 4-6 personnes

- 350 g de pois cassés
- 1 gousse d'ail
- 1 petit poireau
- 1 petite carotte
- 1 oignon moyen
- 80 g de beurre
- 50 g de lardons tout prêts
- 1 bouquet garni
- 1 tranche de pain de mie de 50 g environ
- 0,5 dl d'huile
- sel
- cerfeuil (facultatif)

1 Laver les pois cassés, les mettre dans une casserole et les recouvrir d'eau froide. Porter à ébullition, cuire pendant 1 ou 2 min et égoutter.

2 Éplucher la gousse d'ail. Éplucher et laver l'oignon, la carotte et le poireau, les couper en petits dés.

3 Faire fondre 30 g de beurre dans une casserole et faire revenir les dés de légumes avec les lardons 2 ou 3 min. Ajouter les pois cassés, 1,5 litre d'eau, le bouquet garni et l'ail. Saler. Couvrir la casserole et cuire doucement pendant 1 h.

4 Pendant ce temps, préparer les croûtons : écroûter la tranche de pain de mie et la couper en petits dés. Faire chauffer l'huile et y frire ces dés en les remuant constamment. Les retirer quand ils sont dorés, les égoutter sur un papier absorbant.

5 Quand le potage est cuit, retirer le bouquet garni, le mixer et le passer. Goûter et rectifier l'assaisonnement. S'il est trop épais, ajouter un peu d'eau. Le réchauffer, ajouter le reste du beurre, mélanger.

6 Parsemer de quelques pluches de cerfeuil. Servir en soupière avec les croûtons à part.

Préparation : 15 min ■ **Cuisson :** 1 h environ

Potage Saint-Germain

Pour 4-6 personnes

- 1 l de consommé blanc (➤ voir p. 121)
- 1 cœur de laitue
- 12 petits oignons nouveaux ou surgelés (ou 1 gros oignon blanc)
- 750 g de petits pois surgelés
- 1 bouquet garni
- 3 branches de cerfeuil
- 60 g de beurre
- 1 c. à soupe de sucre
- fines herbes
- sel

1. Décongeler ou reconstituer le consommé.
2. Laver et éplucher la laitue et les petits oignons s'ils sont frais. Les mettre dans une casserole avec les petits pois, le bouquet garni, le cerfeuil, 30 g de beurre, le sucre et du sel. Ajouter 1 tasse d'eau froide, porter à ébullition et laisser mijoter à feu doux 30 à 35 min.
3. Retirer le bouquet garni et passer au moulin à légumes grille fine, puis dans une passoire fine.
4. Ajouter le consommé en fonction de la consistance désirée (potage épais ou plus liquide) et remettre la casserole sur le feu.
5. Ajouter le beurre restant en fouettant bien et parsemer de fines herbes ciselées.

Préparation : 15 min ■ **Cuisson :** 35-40 min

Potage-purée de céleri

Pour 4-6 personnes

- 1,5 l de consommé de volaille (➤ voir p. 124)
- 250 g de pommes de terre
- 4-5 branches de céleri
- 70 g de beurre
- sel, poivre

1. Décongeler ou reconstituer le consommé.
2. Éplucher et couper les pommes de terre en cubes.
3. Couper finement le céleri et le faire cuire quelques minutes dans 30 g de beurre. Le passer ensuite au moulin à légumes pour en faire une purée.
4. Mettre cette purée dans une casserole, ajouter la moitié du consommé et les pommes de terre. Porter à ébullition et cuire 30 min.
5. Passer au moulin à légumes, puis ajouter le restant du consommé (moins si l'on souhaite un potage épais). Saler, poivrer.
6. Au moment de servir, ajouter le reste du beurre coupé en petits morceaux.

Préparation : 15 min ■ **Cuisson :** 40 min

Potage-purée soissonnais

Pour 4-6 personnes

- 350 g de haricots blancs secs
- 1 carotte
- 1,5 l d'eau
- 1 oignon piqué de 2 clous de girofle
- 1 bouquet garni
- 75 g de lardons tout prêts
- 40 g de beurre

1 Mettre les haricots à tremper dans de l'eau froide pendant 12 h.

2 Éplucher la carotte et la couper en dés.

3 Égoutter les haricots, les mettre dans une casserole avec 1,5 litre d'eau froide et porter à ébullition. Ajouter l'oignon piqué, les dés de carotte, le bouquet garni et les lardons (ou 75 g de poitrine de porc demi-sel plongée d'abord dans l'eau bouillante puis coupée en dés, rissolée au beurre et égouttée). Couvrir, porter à ébullition et cuire jusqu'à ce que les haricots s'écrasent facilement. Retirer le bouquet garni et l'oignon.

4 Passer les haricots au moulin à légumes, mettre la purée obtenue dans le liquide de cuisson.

5 Ajouter éventuellement un peu de bouillon ou de consommé, goûter et rectifier l'assaisonnement et porter à ébullition. Ajouter le beurre en fouettant.

Ce potage peut être servi avec des petits croûtons frits au beurre (➤ voir p. 822).

Trempage : 12 h ■ **Préparation :** 15 min
■ **Cuisson :** 1 h 30-2 h

Potage-purée de tomate

Pour 4-6 personnes

- 1,2 l de bouillon de bœuf (➤ voir p. 48) ou de consommé de volaille (➤ voir p. 124)
- 8 tomates
- 1/2 oignon
- 60 g de beurre
- 1 gousse d'ail
- 1 bouquet garni

1 Décongeler ou reconstituer le bouillon choisi et le faire chauffer.

2 Ébouillanter les tomates, les peler et les épépiner. Hacher l'oignon.

3 Faire fondre 20 g de beurre dans une casserole et y faire revenir le hachis d'oignons sans le colorer. Ajouter les tomates, la gousse d'ail écrasée, le bouquet garni, du sel et du poivre. Faire mijoter 20 min, puis ajouter le riz et bien remuer pendant 1 ou 2 min.

- 100 g de riz
- persil ou basilic
- sel, poivre

④ Verser le bouillon bien chaud, mélanger, couvrir et cuire pendant 20 min. Retirer le bouquet garni.

⑤ Réduire le tout en purée au mixeur ou au presse-purée grille fine, puis remettre dans la casserole et ajouter en fouettant le reste du beurre coupé en petits morceaux. Parsemer de persil ou de basilic ciselé.

On peut servir ce potage avec des petits croûtons frottés à l'ail et frits à l'huile d'olive.

Préparation : 15 min ■ **Cuisson :** 30 min environ

Velouté d'artichaut

Pour 4-6 personnes

- 2 dl de consommé de volaille (➤ voir p. 124)
- 8 dl de velouté (➤ voir p. 63)
- 8 fonds d'artichaut en boîte
- 3 jaunes d'œufs
- 1 dl de crème fraîche
- 30 g de beurre (facultatif)

① Décongeler le consommé (ou reconstituer un produit déshydraté).

② Préparer le velouté.

③ Égoutter les fonds d'artichaut, les couper en morceaux et les ajouter au velouté. Porter à ébullition et cuire ensuite à feu doux jusqu'à ce que les légumes se défassent.

④ Passer le tout au mixeur ou au moulin à légumes grille fine pour que le mélange soit parfaitement lisse. Ajouter un peu de consommé pour lui donner la consistance désirée.

⑤ Dans un bol, délayer les jaunes d'œufs avec la crème fraîche et, hors du feu, verser ce mélange dans le potage en fouettant énergiquement. Le refaire chauffer, sans bouillir, toujours en remuant jusqu'à ce qu'il nappe la cuillère en bois.

⑥ Ajouter, éventuellement, le beurre au moment de servir, toujours en fouettant bien.

velouté d'asperge :

remplacer les fonds d'artichaut par 400 g d'asperges (ou de queues d'asperge) cuites 5 min à l'eau bouillante.

Préparation : 15 min ■ **Cuisson :** 15-20 min environ

Velouté de crustacé

Pour 4-6 personnes

- 1 l de velouté de poisson (➤ voir p. 142)
- 80 g de beurre de crustacé (➤ voir p. 37)
- 1/2 carotte
- 1 petit oignon
- 2 échalotes
- 50 g de beurre
- 500 g de crustacés (homard, langoustines ou autres)
- 1 c. à soupe de cognac
- 1 dl de vin blanc
- paprika
- piment de Cayenne
- 1 c. à soupe de concentré de tomate
- 3 jaunes d'œufs
- 1 dl de crème fraîche épaisse
- pluches de cerfeuil
- sel, poivre

1 Préparer ou décongeler le velouté de poisson et le garder au chaud.

2 Préparer le beurre de crustacé et le mettre au réfrigérateur.

3 Éplucher et couper la carotte, l'oignon et les échalotes en petits dés.

4 Faire fondre le beurre dans une grande casserole, y mettre ces légumes, les faire rapidement dorer et ajouter les crustacés choisis. Retourner tous ces ingrédients plusieurs fois.

5 Chauffer le cognac au micro-ondes, le verser immédiatement et flamber. Ajouter le vin blanc. Assaisonner de sel, poivre, paprika et d'une pointe de cayenne. Ajouter le concentré de tomate. Bien mélanger et cuire 20 min.

6 Décortiquer les queues des crustacés ; les réserver sur une assiette. Piler au mortier ou au mixeur les crustacés avec leur liquide de cuisson. Ajouter cette purée au velouté de poisson et laisser mijoter quelques minutes.

7 Passer dans une passoire fine, porter de nouveau à légère ébullition.

8 Dans un bol, battre les jaunes d'œufs avec la crème fraîche et les ajouter en fouettant, hors du feu. Goûter et rectifier l'assaisonnement.

9 Réchauffer le velouté. Hors du feu, y délayer le beurre de crustacé et le garder au chaud.

10 Couper les queues réservées en dés, les ajouter dans le velouté, parsemer de pluches de cerfeuil.

Préparation : 1 h ■ **Cuisson :** 1 h environ

Velouté de gibier

Pour 6 personnes

- 1 l de consommé de gibier (➤ voir p. 122)
- 100 g de roux blanc (➤ voir p. 60)
- 350 g de gibier
- 100 g de beurre
- 3 jaunes d'œufs
- 1 dl de crème fraîche
- pluches de cerfeuil
- sel, poivre

1 Préparer 1 litre de consommé bien corsé avec le gibier choisi.

2 Faire le roux, y verser peu à peu le consommé, bien mélanger et laisser cuire ce velouté à feu doux.

3 Couper le gibier en morceaux. Faire dorer la viande pendant 4 ou 5 min dans une casserole avec 50 g de beurre, puis l'ajouter dans le velouté et cuire doucement pendant 30 à 40 min.

4 Retirer un ou deux morceaux, les couper en petits dés et les garder dans une assiette. Enlever éventuellement les os.

5 Mixer tout le reste (ou le passer au moulin à légumes à grille fine), puis passer dans une passoire très fine : la consistance doit être nappante.

6 Porter de nouveau à légère ébullition.

7 Dans un bol, mélanger les jaunes et la crème et, hors du feu, les ajouter au velouté en fouettant. Incorporer ensuite 50 g de beurre frais. Rectifier l'assaisonnement.

8 Au moment de servir, ajouter les dés de gibier, verser dans la soupière et parsemer de quelques pluches de cerfeuil.

velouté de bœuf :

on le prépare de la même façon avec 1 litre de consommé blanc (➤ voir p. 121) et 400 g de maigre de bœuf.

velouté de volaille :

on le prépare de la même façon avec le consommé de volaille (➤ voir p. 124) et un poulet de 1 kg. Après la cuisson, récupérer les blancs de poulet, les détailler en dés et les ajouter au moment de servir.

Préparation : 30 min ■ **Cuisson :** 1 h environ

Velouté de poisson

Pour 4-6 personnes

- 1 l de fumet de poisson
  (➤ voir p. 55)
- 100 g de roux blanc
  (➤ voir p. 60)
- 500 g de filets de
  cabillaud ou d'un autre
  poisson frais ou surgelé
- 3 jaunes d'œufs
- 1 dl de crème fraîche
- cerfeuil
- sel, poivre

1 Préparer le fumet de poisson.

2 Faire le roux blanc, verser le fumet peu à peu en mélangeant. Ajouter les filets de poisson et cuire doucement pendant 15 à 20 min.

3 Mixer le tout (ou passer au moulin à légumes) et passer ensuite dans une passoire fine. Porter de nouveau à légère ébullition.

4 Dans un bol, mélanger les jaunes d'œufs et la crème fraîche. Hors du feu, verser ce mélange dans le velouté, remettre sur feu doux et bien remuer sans laisser bouillir.

5 Rectifier l'assaisonnement. Parsemer de quelques pluches de cerfeuil au moment de servir.

Préparation : 15 min ■ **Cuisson :** 20 min environ

Vichyssoise

Pour 4-6 personnes

- 2 blancs de poireau
- 400 g de pommes
  de terre
- 40 g de beurre
- 1,5 l d'eau
- 1 bouquet garni
- 2 dl de crème fraîche
- ciboulette
- sel, poivre

1 Couper en rondelles les blancs de poireau et les pommes de terre. Faire fondre le beurre dans une casserole, y ajouter les poireaux et les cuire à couvert, sans coloration, pendant 10 min, puis ajouter les pommes de terre et remuer. Ajouter l'eau et le bouquet garni, saler, poivrer et porter à ébullition. Cuire de 30 à 40 min.

2 Mixer le tout et remettre à chauffer.

3 Ajouter la crème fraîche et porter de nouveau à ébullition en fouettant. Saler, poivrer.

4 Laisser refroidir le potage et le mettre 1 ou 2 h au réfrigérateur (ou 15 min dans le congélateur). Le servir bien froid, parsemé de ciboulette ciselée.

Préparation : 15 min ■ **Cuisson :** 40 min
■ **Réfrigération :** 2 h

Soupes

Aïgo boulido

Pour 4-6 personnes

- 18 gousses d'ail
- 1 l-1,5 l d'eau
- 1 c. à café de gros sel
- 1 branche de sauge (fraîche de préférence)
- 1/2 feuille de laurier
- 1 brin de thym
- 8-12 tranches de pain
- 30-40 g de fromage râpé
- 4-6 c. à soupe d'huile d'olive
- 1 jaune d'œuf (facultatif)

1. Éplucher les gousses d'ail et enlever les germes. Faire bouillir l'eau avec l'ail et le gros sel 15 min environ.
2. Éteindre le feu, ajouter la sauge, le laurier et le thym et laisser infuser 10 min.
3. Pendant ce temps, parsemer les tranches de pain de gruyère râpé et les passer 2 min sous le gril du four.
4. Passer l'aïgo boulido pour le débarrasser des herbes et le remettre à chauffer.
5. Poser 2 tranches de pain par assiette et y verser 1 cuillerée d'huile d'olive. Puis verser dessus le bouillon brûlant. Servir immédiatement.

On peut aussi lier l'aïgo boulido, hors du feu, avec un jaune d'œuf.

Préparation : 15 min ■ **Cuisson :** 15-20 min

Borchtch

Pour 4-6 personnes

- 1,5 l de bouillon de bœuf (➤ voir p. 48)
- 2 oignons
- 20 g de beurre
- 2 betteraves rouges
- 200 g de chou blanc
- 2 carottes
- 1/2 côte de céleri
- 1 brin de persil
- 1/2 boîte de tomates concassées
- 2 pommes de terre
- 20 g de beurre manié

1. Décongeler le bouillon ou reconstituer un bouillon du commerce.
2. Éplucher et hacher les oignons et les faire revenir dans une casserole avec 20 g de beurre. Ajouter les betteraves coupées en petits dés. Mélanger, éteindre le feu et garder au chaud.
3. Laver, éplucher et couper le chou en lanières, les carottes et le céleri en dés.
4. Faire chauffer le bouillon et, quand il bout, y mettre le chou, les carottes, le céleri, le persil et le mélange oignons-betteraves. Égoutter les tomates et les ajouter également. Laisser cuire 2 h à feu doux.
5. Éplucher et couper en dés les pommes de terre, les mettre dans la casserole et cuire pendant 15 à 20 min. ➔

6 Préparer le beurre manié (➤ voir p. 39), le délayer avec un peu de bouillon et l'ajouter dans le borchtch. Laisser bouillir encore 15 min et servir.

Le borchtch peut être servi tel quel ou accompagné de crème fraîche.

Préparation : 30 min ■ **Cuisson :** 2 h 30

Caldeirada

Pour 4-6 personnes

- 1 oignon
- 1/2 poivron
- 2 petites tomates
- 1 gousse d'ail
- 12 palourdes
- 400 g de poisson
- 300 g de calmars frais ou surgelés
- 8 c. à soupe d'huile d'olive
- 2 dl de vin blanc
- 4-6 tranches de pain de mie
- persil
- sel, poivre

1 Éplucher et hacher l'oignon et le poivron. Peler les tomates après les avoir ébouillantées, les épépiner et les couper en morceaux. Écraser l'ail. Saler et poivrer tous ces légumes et les mélanger.

2 Laver les palourdes. Couper s'il y a lieu le poisson en gros morceaux en enlevant la peau et le maximum d'arêtes (se servir d'une pince à épiler pour faciliter l'opération). Nettoyer et couper en lanières les calmars s'ils sont frais.

3 Verser 4 cuillerées à soupe d'huile dans une cocotte. Disposer les palourdes dans le fond, couvrir avec la moitié du mélange de légumes, puis disposer les morceaux de poisson et les calmars. Couvrir avec le reste des légumes. Arroser avec le vin blanc, porter à ébullition, couvrir, baisser le feu et laisser mijoter 20 min.

4 Verser le reste d'huile d'olive dans une poêle et y dorer les tranches de pain de mie, des deux côtés. Les égoutter sur du papier absorbant.

5 Poser dans chaque assiette creuse une tranche de pain. L'arroser d'une louche de bouillon, puis disposer dessus le poisson, les palourdes et les calmars. Parsemer généreusement de persil ciselé et servir aussitôt.

Préparation : 40 min ■ **Cuisson :** 40 min

Cock-a-leeckie

Pour 4-6 personnes

- 1 l de consommé de volaille (➤ voir p. 124)
- 2 blancs de poireau
- 20 g de beurre
- 200 g de restes de poulet
- sel, poivre

① Décongeler le consommé de volaille ou reconstituer un consommé déshydraté.

② Laver, éplucher et tailler en julienne (bâtonnets) les blancs de poireau.

③ Les mettre dans une casserole avec le beurre et les faire cuire doucement à couvert pendant 15 min. Ajouter le consommé et le réchauffer. Goûter et rectifier l'assaisonnement.

④ Couper le poulet en julienne. L'ajouter dans le consommé quelques minutes avant de servir.

Préparation : 10 min ■ **Cuisson :** 15 min

Cousinette

Pour 4-6 personnes

- 3 pommes de terre
- 150 g d'épinards (frais ou surgelés)
- 50 g d'oseille (fraîche ou surgelée)
- 150 g de laitue
- 1 petite poignée de mauve (sauvage de préférence ; à acheter chez les herboristes)
- 50 g de beurre ou de graisse d'oie
- 1,5 l d'eau ou de bouillon de volaille
- 30 g de beurre
- pain

① Éplucher, laver et couper les pommes de terre en tranches fines. Laver les épinards et l'oseille (s'ils sont frais), la laitue et la mauve et les tailler en chiffonnade très fine (lamelles).

② Faire fondre le beurre ou la graisse d'oie dans une casserole et y ajouter la chiffonnade. Remuer, couvrir et laisser étuver 10 min à feu doux. Ajouter l'eau ou le bouillon (on peut employer un bouillon du commerce) et les pommes de terre. Poursuivre la cuisson pendant 30 min.

③ Au moment de servir, goûter et rectifier l'assaisonnement, puis ajouter le beurre.

④ Verser la soupe sur de fines tranches de pain préalablement séchées au four.

Préparation : 15 min ■ **Cuisson :** 40 min

Minestrone florentin

Pour 4-6 personnes

- 300 g de petits haricots blancs
- 3 gousses d'ail
- 1 bouquet de sauge
- 1 dl d'huile d'olive
- 2 courgettes
- 2 poireaux
- 1 petit chou
- 500 g d'épinards (frais ou surgelés)
- 1 oignon
- 1 tranche de jambon cru
- 150 g de fondue de tomate (➤ voir p. 797) ou 1 petite boîte de concentré de tomate
- 1 branche de céleri
- 1 bouquet de persil
- 1 oignon
- 2 brins de thym
- 1 l de consommé de volaille (➤ voir p. 124)
- 2 brins de romarin
- sel, poivre

1 Mettre les haricots dans une grande casserole avec de l'eau, 1 gousse d'ail, la sauge et 1 cuillerée à soupe d'huile d'olive et les faire cuire à feu doux pendant 1 h environ. Les goûter pour vérifier la cuisson.

2 Pendant ce temps, préparer les légumes : laver et couper les courgettes et les poireaux en dés, le chou en fines lamelles et hacher grossièrement les épinards. Hacher l'oignon et le jambon.

3 Décongeler la fondue de tomate.

4 Égoutter les haricots quand ils sont cuits (garder l'eau de cuisson) et les séparer en deux parts. Passer une moitié au moulin à légumes, grille fine. Garder cette purée de côté.

5 Dans une grande casserole, faire chauffer 2 cuillerées à soupe d'huile d'olive, ajouter le jambon, le céleri, le persil, l'oignon haché et 1 brin de thym. Bien remuer. Ajouter ensuite les dés de poireau et de courgette, le chou et les épinards. Bien remuer de nouveau. Laisser cuire et, au bout de 10 min, verser la fondue de tomate. Laisser mijoter pendant 30 min au moins.

6 Pendant ce temps, décongeler le consommé ou en reconstituer un déshydraté. Puis ajouter dans la casserole les haricots entiers avec leur eau de cuisson et la purée. Allonger avec le consommé pour obtenir une consistance onctueuse. Cuire à petit feu pendant encore 1 h, poivrer et saler.

7 Mettre dans une petite poêle le reste de l'huile d'olive, 2 gousses d'ail écrasées, 1 brin de thym et le romarin. Faire chauffer puis, quand l'ail commence à blondir, verser cette huile aromatisée sur le minestrone à travers une passoire, de façon à retenir les aromates. Servir chaud ou froid.

Préparation : 40 min ■ **Cuisson :** 1 h 30-2 h

Sobronade

Pour 4-6 personnes

- 400 g de haricots blancs secs
- 1 boule de céleri-rave
- 50 g de lard
- 125 g de jambon de montagne
- 4 carottes
- 1 branche de céleri
- 2 gousses d'ail
- 350 g de porc frais
- 1 bouquet garni
- 1 oignon piqué d'un clou de girofle
- 1 bouquet de persil
- 250 g de pommes de terre
- pain rassis

1. Faire tremper 12 h à l'eau froide les haricots.
2. Éplucher le céleri et le couper en tranches épaisses.
3. Hacher le lard, le mettre dans une poêle, le chauffer et ajouter la moitié du céleri. Bien faire dorer.
4. Couper le jambon en cubes. Éplucher les carottes, tronçonner le céleri en branche, hacher l'ail.
5. Égoutter les haricots secs, les mettre dans une grande marmite, les recouvrir largement d'eau froide, ajouter le jambon, le lard et le morceau de porc. Porter à ébullition, écumer, ajouter toutes les tranches de céleri, le bouquet garni, l'oignon piqué, les carottes, le céleri en branche, le bouquet de persil et l'ail. Laisser mijoter de 20 à 30 min.
6. Éplucher les pommes de terre et les couper en tranches épaisses. Les ajouter et poursuivre la cuisson pendant 40 min.
7. Garnir une soupière de tranches de pain et verser la soupe par-dessus.

Trempage : 12 h ■ **Préparation :** 20 min
■ **Cuisson :** 1 h 15 environ

Soupe à la bière

Pour 4-6 personnes

- 1 l de consommé de volaille (➤ voir p. 124)
- 1,5 dl de bière blonde
- 125 g de mie de pain rassis
- 0,5 dl de crème fraîche
- sel, poivre, muscade

1. Décongeler ou reconstituer le consommé, le verser dans une casserole. Ajouter la bière et la mie de pain. Saler, poivrer et laisser mijoter 30 min, à couvert.
2. Passer au mixeur ou au moulin à légumes grille fine.
3. Ajouter un peu de muscade râpée et la crème fraîche. Rectifier l'assaisonnement et servir bouillant.

Préparation : 10 min ■ **Cuisson :** 30 min

Soupe aux boulettes de foie à la hongroise

Pour 4-6 personnes

- 150 g de foie de veau ou de foies de volaille
- 75 g de beurre
- 1/2 oignon
- 1 c. à soupe de persil haché
- 1 œuf
- 1 c. à café de paprika
- 0,5 l de bouillon de bœuf ou de veau (➤ voir p. 48 ou p. 49)
- 1,5 l de consommé de volaille (➤ voir p. 124)
- sel, poivre, muscade

1 Couper le foie en dés et, dans une poêle, le faire dorer rapidement avec 15 g de beurre. Saler, poivrer.

2 Couper finement l'oignon et le cuire doucement dans 10 g de beurre.

3 Rassembler foie et oignon et les passer au mixeur ou au moulin à légumes.

4 Ajouter le persil, l'œuf, 50 g de beurre, du sel, du poivre, le paprika et 1 grosse pincée de muscade râpée.

5 Faire chauffer le bouillon (on peut utiliser un bouillon déshydraté).

6 Façonner des boulettes de foie (de la taille d'une noix) et les cuire 15 min dans le bouillon frémissant.

7 Pendant ce temps, chauffer le consommé de volaille. Y mettre les boulettes avec le bouillon de cuisson et servir.

Préparation : 30 min ◼ **Cuisson :** 15 min

Soupe fassolada

Pour 4-6 personnes

- 500 g de haricots blancs
- 1 grosse tomate
- 1 branche de céleri
- 1 carotte
- 1 gros oignon
- 2 gousses d'ail
- 1/2 feuille de laurier
- 1 c. à soupe de concentré de tomate
- 2 c. à soupe d'huile d'olive

1 Mettre les haricots dans une marmite, les couvrir d'eau froide, porter à ébullition puis les passer.

2 Ébouillanter la tomate, la peler, l'épépiner et la tailler en dés. Éplucher et couper en dés les autres légumes, laisser l'ail entier.

3 Mettre les haricots et tous les légumes dans la marmite. Ajouter le laurier et le concentré de tomate. Verser 1,5 litre d'eau (ou de bouillon de bœuf ou de veau, ➤ voir p. 48, 49), l'huile d'olive et cuire à feu doux pendant 1 h 30 à 2 h. Saler en fin de cuisson.

Préparation : 30 min ◼ **Cuisson :** 2 h

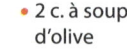

Soupe aux fèves

Pour 4-6 personnes

- 1/4 d'oignon
- 125 g de bœuf à bouillir (gîte ou paleron)
- 150 g de fèves fraîches
- 75 g de lardons
- 30 g d'orge perlé
- 2 pincées de marjolaine
- 2 carottes
- 1 navet
- 1/2 branche de céleri
- 1 pomme de terre
- 3 feuilles de laitue
- 1 c. à soupe de persil
- 1 échalote

1 Éplucher et hacher l'oignon. Couper le bœuf en dés. Peler les fèves.

2 Faire dorer les lardons dans une cocotte et, dès qu'ils fondent, ajouter l'oignon et bien remuer.

3 Ajouter le bœuf en dés, les fèves et l'orge perlé. Verser 1,5 litre d'eau dans la cocotte. Saler, poivrer et poudrer de 2 pincées de marjolaine. Cuire pendant 1 h à 1 h 30.

4 Éplucher et couper en dés les carottes, le navet, le céleri et la pomme de terre. Laver et ciseler la laitue. Ajouter les légumes dans la soupe et poursuivre la cuisson pendant 30 min encore.

5 Hacher le persil et l'échalote et les ajouter juste au moment de servir après avoir goûté et rectifié l'assaisonnement.

Préparation : 30 min ■ **Cuisson :** 2 h

Soupe aux haricots verts

Pour 4-6 personnes

- 1,5 l de bouillon de légumes (➤ voir p. 120)
- 500 g de haricots verts (frais ou surgelés)
- 5 brins de sarriette
- 60 g de roux brun
- 1 c. à soupe de vinaigre
- 400 g de pommes de terre

1 Décongeler le bouillon de légumes ou reconstituer un bouillon déshydraté. Le faire chauffer.

2 Laver et équeuter les haricots verts (ou les décongeler au micro-ondes). Les couper en biais en morceaux de 1,5 cm. Les jeter avec la sarriette dans le bouillon en ébullition et cuire pendant 25 min.

3 Préparer le roux, l'allonger avec du bouillon. Le passer et le verser dans la soupe. Ajouter le vinaigre et poursuivre la cuisson pendant 15 min.

4 Pendant ce temps, éplucher les pommes de terre et les détailler en cubes de 1 cm de côté environ. Les ajouter dans la soupe et cuire encore pendant 20 min. ➜

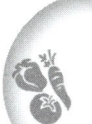

Cette soupe peut s'accompagner de lardons et de tranches de saucisson cuit. Les mettre dans le fond de l'assiette et verser la soupe dessus.

Préparation : 30 min ■ **Cuisson :** 1 h 15 environ

Soupe de légumes

Pour 4-6 personnes

- 1,5 l de consommé de volaille (➤ voir p. 124)
- 3 pommes de terre
- 3 carottes
- 4 navets
- 1 petit chou-fleur
- 1 poireau
- 2 oignons
- 80 g de beurre
- 1 bouquet de ciboulette
- 1 dl de crème liquide
- sel, poivre

1 Décongeler le consommé et le mettre à chauffer.

2 Éplucher les pommes de terre, carottes et navets et les couper en gros dés. Séparer les bouquets du chou-fleur et les laver. Couper le poireau et les oignons en rondelles fines.

3 Faire fondre le beurre dans une casserole. Ajouter tous les légumes, les uns après les autres, en mélangeant à chaque fois et les laisser cuire ainsi, à feu doux et à couvert, pendant 10 min.

4 Verser le bouillon chaud, saler et poivrer. Laisser cuire doucement pendant 40 min.

5 Ciseler la ciboulette dans une soupière, y verser ensuite la crème liquide et les mélanger. Verser doucement la soupe par-dessus en mélangeant avec une cuillère en bois. Goûter et rectifier l'assaisonnement. Servir aussitôt.

Préparation : 30 min ■ **Cuisson :** 50 min environ

Soupe à l'oignon

Pour 4-6 personnes

- 1,5 l de bouillon de bœuf (➤ voir p. 48) ou de consommé blanc (➤ voir p. 121)
- 3 oignons
- 30 g de beurre

1 Décongeler le bouillon (ou en reconstituer un du commerce) et le mettre à chauffer.

2 Éplucher les oignons et les couper en rondelles très fines. Faire fondre le beurre dans une casserole et y faire dorer les oignons, à feu moyen, sans qu'ils prennent trop de couleur. Lorsqu'ils sont presque cuits, encore « al dente », les poudrer de farine. Poursuivre la cuisson quelques instants en

- 1 bonne c. à soupe de farine
- 2 c. à soupe de porto ou de madère
- 4-6 tranches de pain
- gruyère râpé (facultatif)

remuant avec une cuillère de bois, puis verser le bouillon ou le consommé blanc et bien mélanger.

3 Ajouter le porto ou le madère et cuire à feu doux pendant 30 min.

4 Pendant ce temps, couper les tranches de pain et les faire un peu sécher au four (200 °C). Mettre ce pain au fond de la soupière, verser la soupe brûlante par-dessus.

soupe gratinée à l'oignon :
saupoudrer le dessus de la soupière (ou de chaque assiette) de gruyère râpé (10 ou 15 g par personne) et passer sous le gril pendant 5 à 10 min.

Préparation : 15 min ■ **Cuisson :** 40 min

· ·

Soupe panade au gras

Pour 4-6 personnes

- 1,5 l de bouillon de bœuf (➤ voir p. 48) ou de veau (➤ voir p. 49)
- 250 g de pain de mie rassis
- 5 tomates
- 1 gros oignon
- 2 c. à soupe d'huile de tournesol
- 1 pincée d'origan
- 2 c. à soupe de fines herbes
- sel, poivre

1 Décongeler le bouillon (ou reconstituer un bouillon déshydraté) et le mettre à chauffer.

2 Faire bouillir de l'eau dans une casserole.

3 Retirer la croûte du pain de mie rassis et émietter la mie dans un saladier. Plonger les tomates dans l'eau bouillante, les peler, les épépiner et couper la pulpe en morceaux.

4 Éplucher et hacher l'oignon.

5 Verser l'huile dans une casserole, y faire blondir l'oignon en le remuant, puis ajouter la tomate et cuire 5 min à feu moyen et à couvert. Verser 1 litre de bouillon, ajouter l'origan, saler, poivrer et poursuivre la cuisson pendant 30 min.

6 Verser le bouillon restant sur la mie de pain, la laisser détremper, puis ajouter ce mélange dans la casserole, remuer et cuire 10 min.

7 Tamiser (ou mixer) le tout. Remettre à chauffer.

8 Verser dans la soupière et saupoudrer de fines herbes. Cette soupe doit être servie brûlante.

Préparation : 15 min ■ **Cuisson :** 45 min

Soupe panade au lait

Pour 4-6 personnes

- 1 l de lait
- 250 g de pain de mie rassis
- noix de muscade
- sel

1 Faire chauffer le lait.

2 Retirer la croûte du pain de mie rassis, puis couper la mie en morceaux et la mettre dans une casserole. Arroser avec le lait bouillant et laisser la mie s'imprégner 2 ou 3 min. Puis faire cuire doucement 15 min.

3 Passer au mixeur (ou au moulin à légumes), saler et râper un peu de muscade, selon le goût. Réchauffer avant de servir.

On peut aussi sucrer cette panade ou l'enrichir d'un jaune d'œuf battu avec 0,5 à 1 dl de crème fraîche et mélangé hors du feu après le mixage.

Préparation : 5 min ■ **Cuisson :** 15 min

Soupe au pistou

Pour 4-6 personnes

- 300 g de haricots blancs avec leurs cosses
- 200 g de haricots rouges avec leurs cosses
- 250 g de gros haricots verts (plats de préférence)
- 2-3 petites courgettes
- 4 pommes de terre moyennes
- 5 gousses d'ail
- 3 tomates
- 2,5 l d'eau
- 1 gros bouquet de basilic
- 4-5 c. à soupe d'huile d'olive
- 75 g de parmesan jeune râpé

1 Faire bouillir de l'eau dans une petite casserole.

2 Écosser les haricots blancs et rouges. Effiler et équeuter les haricots verts et les couper en tronçons. Éplucher les courgettes, les pommes de terre et l'ail. Ébouillanter les tomates, les peler et les épépiner.

3 Faire bouillir 2,5 litres d'eau dans un faitout et y mettre tous les haricots, les courgettes et les pommes de terre et 1 tomate. Laisser cuire pendant 1 h. Saler.

4 Pendant ce temps, préparer le pistou : hacher les 2 tomates restantes et les réserver. Laver et sécher le basilic et le couper grossièrement. Dans un mortier, piler les gousses d'ail, saler, ajouter le basilic et continuer jusqu'à obtenir une pommade. Ajouter alors, en tournant, l'huile d'olive, les tomates hachées, du poivre et le parmesan.

5 Avec une écumoire, retirer du faitout pommes de terre et courgettes et les écraser à la fourchette.

- 150 g de spaghettis
- sel, poivre

6 Casser les spaghettis en morceaux de 2 cm environ. Les mettre dans la soupe. Cuire 20 min environ. Goûter. La soupe est prête quand ils sont cuits. Rectifier l'assaisonnement.

7 Verser le pistou dans la soupe bouillante, mais hors du feu (il ne doit pas bouillir), bien le mélanger et servir immédiatement.

On peut aussi faire **cette** soupe avec un jambonneau. Le mettre alors à cuire (à froid) pendant 40 min et ajouter les légumes ensuite.

Préparation : 1 h ■ **Cuisson :** 1 h 30

Soupe aux poireaux et aux pommes de terre

Pour 4-6 personnes

- 4 grosses pommes de terre
- 6 poireaux moyens
- 30 g de beurre
- 1,5 l d'eau
- sel, poivre
- persil

1 Éplucher et couper en morceaux les pommes de terre. Retirer les parties flétries des poireaux. Laver ceux-ci et les couper en fines rondelles. Faire chauffer l'eau.

2 Faire fondre le beurre dans la casserole, y faire revenir les poireaux puis verser l'eau bouillante et porter à ébullition. Ajouter les pommes de terre. Saler, poivrer et laisser cuire doucement, à couvert, 1 h environ.

3 Passer au moulin à légumes, verser dans la soupière, parsemer de persil ciselé.

Au moment de la cuisson, on peut ajouter à cette soupe une demi-cuillerée à café de graines de coríandre.

Préparation : 10 min ■ **Cuisson :** 1 h

Soupe de poissons

Pour 4-6 personnes

- 2 kg de poissons mélangés : rascasse, merlan, grondin, tronçon de congre
- 2 poireaux
- 2 oignons
- 4 tomates
- 4 gousses d'ail
- 0,5 dl d'huile d'olive
- 2 feuilles de laurier
- écorce de 1/4 d'orange
- 3 tiges de fenouil sec
- 4 tiges de persil
- 1 c. à café de concentré de tomate
- 2,5 l d'eau
- 80 g de spaghettis
- 0,5 g de safran
- sel, poivre

1 Écailler, vider et laver les poissons (ou le faire faire par le poissonnier) puis les couper en gros morceaux.

2 Éplucher et laver les poireaux et les oignons et les couper en rondelles.

3 Ébouillanter les tomates, les peler, les épépiner et les couper en morceaux.

4 Éplucher l'ail.

5 Faire chauffer l'huile d'olive dans une marmite et faire blondir oignons et poireaux pendant 2 à 3 min. Ajouter les poissons, les tomates, l'ail, le laurier, l'écorce d'orange, le fenouil, le persil et le concentré de tomate. Mélanger et cuire doucement jusqu'à ce que les poissons soient en charpie.

6 Pendant ce temps, faire bouillir 2,5 litres d'eau. La verser quand les poissons sont bien cuits et maintenir la cuisson pendant encore 20 min à feu doux. Saler, poivrer.

7 Retirer tous les aromates. Passer la soupe au mixeur ou au moulin à légumes grille fine et ensuite dans une passoire.

8 Remettre la soupe sur le feu et y jeter, l'ébullition revenue, les spaghettis coupés en morceaux de 2 cm. Faire cuire de 10 à 15 min. Goûter et rectifier l'assaisonnement.

9 Dans une louche, verser le safran, le délayer avec 1 cuillerée de soupe et reverser en mélangeant bien.

Cette soupe peut être servie avec des petits croûtons grillés. On peut aussi y ajouter du gruyère râpé (50-60 g).

Préparation : 1 h ■ **Cuisson :** 35 min environ

Soupe de potiron

Pour 4-6 personnes

- 0,5 l de bouillon de bœuf
  (➤ voir p. 48)
  ou de veau (➤ voir p. 49)
- 0,5 l de lait
- 1 kg de potiron
- 2 pommes de terre
- 2 poireaux moyens
- 15 g de beurre
- 3 c. à soupe de crème fraîche
- sel, poivre, muscade

① Décongeler le bouillon (ou reconstituer un bouillon du commerce). Le faire chauffer.

② Faire tiédir le lait.

③ Éplucher et couper en cubes le potiron et les pommes de terre. Nettoyer les poireaux et les couper en fines rondelles.

④ Dans une casserole, faire fondre le beurre et y ajouter les poireaux. Cuire à feu doux pendant 5 min. Puis ajouter le potiron, les pommes de terre, le bouillon et le lait. Saler et cuire 20 min à couvert.

⑤ Passer au mixeur. Poivrer, râper un peu de muscade.

⑥ Remettre sur le feu, donner un bouillon puis ajouter la crème fraîche et servir.

Cette soupe peut être réalisée rapidement en faisant cuire à la Cocotte-Minute la même quantité de potiron avec un verre d'eau. Mixer, ajouter 2 dl de lait concentré non sucré, saler, poivrer, râper de la muscade et allonger avec un peu d'eau jusqu'à la consistance désirée.

Préparation : 15 min ■ **Cuisson :** 30 min

Soupe de poulet à l'anglaise

Pour 4-6 personnes

- 1,75 l de bouillon de volaille déshydraté
- 1 petit poulet
- 1 oignon piqué d'un clou de girofle
- 1 bouquet garni
- 2 branches de céleri
- 100 g de riz
- 1 grosse carotte

① Reconstituer le bouillon.

② Mettre le poulet dans une marmite, verser le bouillon. Porter à ébullition, écumer, saler, puis ajouter l'oignon piqué, le bouquet garni, une branche de céleri et le riz. Cuire à feu très doux jusqu'à ce que la chair du poulet se détache des os.

③ Égoutter la volaille et découper la viande en petits morceaux. Ôter le bouquet garni et l'oignon. Remettre la chair de poulet dans la marmite. ➜

④ Éplucher et couper la carotte et l'autre branche de céleri en tout petits dés, les ajouter dans la marmite, porter à ébullition et cuire encore une dizaine de minutes. Servir brûlant.

Préparation : 10 min ■ **Cuisson :** 1 h-1 h 30

Tourin périgourdin

Pour 4-6 personnes

- 1,5 l de bouillon de bœuf (➤ voir p. 48) ou de veau (➤ voir p. 49)
- 150 g d'oignons
- 2 gousses d'ail
- 2 tomates
- 1 c. à soupe de graisse d'oie
- 1 c. à soupe de farine
- 2-3 c. à soupe d'eau
- 2 jaunes d'œufs
- 4-6 tranches de pain de campagne

① Décongeler ou reconstituer le bouillon et le faire chauffer.

② Éplucher les oignons et les couper en fines rondelles. Éplucher l'ail et l'écraser avec une fourchette.

③ Plonger les tomates quelques secondes dans l'eau bouillante, les peler et les épépiner.

④ Dans une poêle, faire fondre la graisse d'oie, y jeter les oignons et les faire blondir. Les poudrer avec la farine, ajouter l'ail, bien mélanger puis ajouter 2 ou 3 cuillerées à soupe d'eau bouillante et remuer à nouveau.

⑤ Mettre les tomates épépinées dans le bouillon en ébullition pendant 5 min. Puis les retirer avec une écumoire, les écraser dans une assiette et les remettre dans le bouillon. Ajouter alors le contenu de la poêle et cuire 45 min à bonne ébullition.

⑥ Dans un bol, délayer les jaunes avec un peu de bouillon.

⑦ Hors du feu, les verser dans le bouillon en fouettant vigoureusement. Remettre sur le feu pendant 3 min en tournant sans arrêt. Le tourin doit épaissir un peu.

⑧ Disposer les tranches de pain au fond de la soupière et verser le tourin dessus.

Préparation : 15 min ■ **Cuisson :** 1 h

Les hors-d'œuvre et les entrées

Les hors-d'œuvre et les entrées

Un repas classique s'articule autour d'un plat central, précédé d'un hors-d'œuvre (premier plat) ou d'un potage, parfois d'une entrée (qui dans la grande tradition vient en troisième position après le hors-d'œuvre), et suivi de la salade, du fromage et du dessert. Aujourd'hui, tout cela s'est beaucoup simplifié, le nombre de mets s'est considérablement réduit, et les termes hors-d'œuvre et entrée tendent à se confondre. Les hors-d'œuvre et entrées sont destinés à mettre en appétit, mais sans être trop riches.

*On peut encore les appeler **amuse-gueules**, mais il s'agit alors d'assortiments variés de petits mets salés, faciles à manger, que l'on sert habituellement avec l'apéritif.*

On distingue les entrées et hors-d'œuvre chauds des entrées et hors-d'œuvre froids. Ces derniers se composent de poissons ou de fruits de mer marinés, fumés, à l'huile, au vinaigre ; de charcuteries variées, de légumes à la grecque, d'œufs de poisson, de toutes sortes de crudités et de mets cuisinés (cocktails de crevettes, œufs farcis ou en gelée, légumes et fruits cuisinés, salades composées, etc.). Les hors-d'œuvre et entrées chauds regroupent aussi bien les beignets que les bouchées, cromesquis, croquettes, fritots, pâtés, quiches, tartes salées, rissoles, etc.

*Les **salades composées** sont souvent servies en hors-d'œuvre ou en entrée, alors que les salades simples vertes viennent plutôt après le plat principal. Décoratives et colorées, elles rassemblent diverses crudités et des aliments froids, toujours bien assortis, qui peuvent être des éléments simples ou très recherchés. La sauce d'accompagnement, en harmonie, ne doit pas masquer le goût des ingrédients. À base de légumes cuits ou crus, ces salades composées sont aussi servies avec des rôtis chauds ou froids. Lorsqu'elles comprennent des éléments tels que viandes, volailles, poissons, crustacés, jambon, etc., elles peuvent se suffire à elles-mêmes et constituer un plat principal.*

Amuse-gueules

· ·

Acras de morue

Pour 4-6 personnes

- 500 g de morue salée
- 250 g de pâte à beignets (➤ voir p. 108)
- 1 feuille de laurier
- 2 c. à soupe d'huile d'olive
- 2 échalotes
- 1 gousse d'ail
- 5 brins de ciboulette
- 1 pointe de piment de Cayenne
- huile de friture
- sel, poivre

1 La veille, mettre la morue à dessaler en la plaçant dans un faitout et en laissant couler dessus sans arrêt un filet d'eau froide ou en changeant l'eau plusieurs fois.

2 Préparer la pâte à beignets et la laisser reposer 1 h.

3 Mettre la morue dessalée avec le laurier dans une casserole d'eau froide et la faire cuire tout doucement pendant 10 min, puis l'égoutter.

4 L'effeuiller : la prendre entre les mains, enlever la peau et les arêtes et séparer les « feuilles », petits morceaux qui se forment spontanément sous les doigts. Les déposer dans un saladier puis bien les écraser avec une fourchette en y ajoutant l'huile d'olive en même temps.

5 Éplucher les échalotes et l'ail et les hacher ainsi que la ciboulette. Les ajouter à la morue écrasée, verser la pâte et bien mélanger. Ajouter une pointe de piment de Cayenne, mélanger. Goûter et rectifier l'assaisonnement.

6 Faire chauffer l'huile de friture. (Si l'on n'a pas de friteuse, verser 1 litre d'huile d'arachide dans une grande poêle et la chauffer jusqu'à ce qu'elle frémisse.)

7 Prendre la pâte, cuillerée à dessert par cuillerée à dessert, et la faire glisser dans la friture chaude. Laisser dorer les acras (3 ou 4 min) en les retournant avec une cuillère en bois, les sortir avec une écumoire, les déposer sur du papier absorbant. En frire 5 ou 6 à la fois. Les servir chauds ou tièdes.

Trempage : 12 h ■ **Repos :** 1 h
■ **Préparation :** 30 min
■ **Cuisson :** 20-30 min environ

Bâtonnets au cumin

Pour 20 bâtonnets

- 300 g de pâte sucrée (➤ voir p. 975)
- 20 g de graines de cumin
- 1 œuf

1. Préparer la pâte sucrée en y mélangeant les graines de cumin. La laisser reposer 2 h environ.
2. Préchauffer le four à 240 °C. Étaler la pâte au rouleau et la couper en petits bâtonnets de 8 cm de long environ.
3. Battre l'œuf dans un bol et, avec un pinceau, dorer tous les bâtonnets.
4. Mettre une feuille de papier sulfurisé sur la tôle du four, aligner les bâtonnets et les cuire pendant 10 min.

Préparation : 25 min ■ **Repos :** 2 h
■ **Cuisson :** 10 min

Boudin antillais

Pour 10-15 boudins

- 2 m environ de boyau
- 1 l de sang de porc
- 500 g de mie de pain
- 1 noix de muscade
- 2 clous de girofle
- 2 graines de bois d'Inde
- 6 piments
- 0,25 dl de lait
- 1 oignon
- 5 gousses d'ail
- 3 bouquets de ciboulette
- 100 g de saindoux
- 5 brins de thym
- sel, poivre

1. Commander le boyau propre et citronné chez un charcutier ainsi que le sang prêt à l'emploi.
2. Faire tremper la mie de pain dans de l'eau tiède.
3. Râper toute la noix de muscade, piler les clous de girofle et les graines de bois d'Inde.
4. Retirer le pédoncule des piments, les laver, les hacher et les mettre à tremper dans un bol avec le lait.
5. Éplucher l'oignon et l'ail et les hacher ainsi que la ciboulette. Faire fondre le saindoux dans une cocotte, y jeter oignon et ail et les faire blondir, puis ajouter le thym et la ciboulette. Laisser mijoter 5 min.
6. Essorer le pain, l'écraser à la fourchette, le verser dans la cocotte et mélanger. Passer le lait dans une fine passoire et l'ajouter également. Cuire encore 5 min.
7. Verser le sang dans la cocotte. Ajouter les épices, saler, poivrer et bien mélanger. Cuire encore

10 min Retirer le thym. Goûter et rectifier l'assaisonnement : la préparation doit être très relevée.

8 Couper le boyau en morceaux de 30 cm environ. Nouer une des extrémités d'un morceau et, avec une louche, verser la préparation dans l'entonnoir placé à l'autre extrémité. Tasser en pressant au-dessus de l'extrémité nouée. Quand 5 ou 10 cm sont remplis (selon la taille de boudin désirée), tourner plusieurs fois le boyau pour le fermer. Remplir ainsi tous les boyaux.

9 Faire chauffer de l'eau dans une grande marmite sans la faire bouillir. Y plonger les boudins et les laisser cuire pendant 30 min.

10 Égoutter les boudins et les déposer sur un torchon propre. Les réchauffer à la vapeur ou au micro-ondes au moment de servir.

Préparation : 1 h ■ **Cuisson :** 50 min environ

Canapés : préparation

1 Les canapés se préparent avec une seule tranche, rectangulaire, ronde ou triangulaire, de pain de mie, de campagne ou de seigle, ou encore complet. Il faut enlever la croûte. Pour cela, empiler 4 ou 5 tranches, bien les maintenir d'une main et couper chaque côté avec un couteau bien aiguisé. Couper ensuite la pile aux dimensions voulues.

2 Quand les canapés sont garnis (de beurres composés, mousses ou salpicon de poisson ou de volaille, fines tranches de viande, etc.), les disposer sur le plat de service, entourer celui-ci d'un film alimentaire pour les empêcher de se dessécher puis les entreposer au réfrigérateur.

On peut aussi enduire finement les canapés de gelée pour les protéger et les rendre plus brillants. Pour cela, reconstituer de la gelée déshydratée et la passer, tiède, avec un pinceau.

Canapés aux anchois

Pour 20 canapés

- 2 œufs
- 100 g de beurre de Montpellier (➤ voir p. 40)
- 5 tranches de pain de mie
- 10 filets d'anchois à l'huile
- persil haché

1 Faire durcir les œufs. Les refroidir et les écaler.

2 Hacher finement les blancs et les jaunes séparément.

3 Préparer le beurre de Montpellier.

4 Couper les tranches de pain de mie en quatre après les avoir écroûtées.

5 Éponger, dans un papier absorbant, les filets d'anchois et les couper en deux dans le sens de la longueur puis dans le sens de la largeur.

6 Avec un couteau, recouvrir les canapés de beurre de Montpellier, en lissant bien le dessus. Déposer 2 morceaux d'anchois en croix, de l'œuf haché de chaque côté et un peu de persil.

Préparation : 30 min

Canapés aux crevettes

Pour 20 canapés

- 100 g de beurre de crevette (➤ voir p. 37)
- 5 tranches de pain de mie
- 20 petites queues de crevette
- 2-3 c. à soupe de persil haché

1 Préparer le beurre de crevette.

2 Couper les tranches de pain de mie en quatre après les avoir écroûtées.

3 Avec un couteau, les recouvrir de beurre de crevette, bien lisser le dessus.

4 Déposer une queue de crevette par-dessus et saupoudrer d'une petite pincée de persil.

On peut faire de la même façon des canapés au homard ou à la langouste avec une rondelle de queue déposée sur le dessus.

Préparation : 30 min

Canapés à l'anguille fumée

Pour 20 canapés

- 2 œufs
- 80 g de beurre
- 1 c. à soupe de moutarde
- 5 tranches de pain de mie
- 100 g d'anguille fumée
- ciboulette hachée
- 1 citron

1. Faire durcir les œufs. Les refroidir, les écaler et hacher le jaune.
2. Ramollir le beurre et le malaxer avec la moutarde.
3. Recouvrir de beurre les canapés, avec un couteau, en lissant bien.
4. Couper l'anguille en très fines tranches et en disposer 2 ou 3 en rosace.
5. Parsemer de jaune d'œuf et de ciboulette.
6. Arroser d'un peu de jus de citron.

Préparation : 30 min

Canapés à la bayonnaise

Pour 20 canapés

- 100 g de beurre aux fines herbes (➤ voir beurre de cresson p. 37)
- 5 tranches de pain de mie
- 3-4 tranches de jambon de Bayonne

1. Préparer le beurre aux fines herbes de la même façon que le beurre de cresson en remplaçant celui-ci par les fines herbes de votre choix.
2. Couper les tranches de pain de mie en quatre après les avoir écroûtées.
3. Recouvrir les canapés de beurre aux fines herbes. Bien lisser au couteau.
4. Couper les tranches de jambon de Bayonne juste à la dimension des canapés. Poser un morceau sur chacun.

Préparation : 30 min

Canapés aux laitances

Pour 20 canapés

- 30 g de beurre
- 150 g de laitance
- 1 c. à soupe de crème fraîche (facultatif)
- 3-4 grandes tranches de pain complet
- 2-3 citrons

1 Dans une casserole, faire fondre le beurre, y ajouter les laitances et les cuire 4 ou 5 min, à feu très doux, en remuant. Si les laitances sont trop sèches, y ajouter un peu de crème fraîche.

2 Couper les tranches de pain complet au format des canapés, les griller légèrement et les recouvrir de laitance.

3 Arroser de quelques gouttes de jus de citron.

4 Avec un canneleur, pratiquer dans 1 ou 2 citrons des cannelures bien proches. Couper ensuite les citrons en fines rondelles. Recouper chaque rondelle en deux et en disposer une sur chaque canapé.

Préparation : 40 min

Canapés printaniers

Pour 20 canapés

- 2 œufs
- 1 botte de cresson
- 100 g de beurre de Montpellier (➤ voir p. 40)
- 5 tranches de pain de mie

1 Faire durcir les œufs. Les refroidir, les écaler et hacher le jaune.

2 Laver et sécher soigneusement, dans un papier absorbant, une cinquantaine de feuilles de cresson.

3 Préparer le beurre de Montpellier.

4 Couper les tranches de pain de mie en quatre après les avoir écroûtées. Avec un couteau, les recouvrir de beurre de Montpellier, bien lisser le dessus.

5 Disposer du jaune d'œuf haché sur les bords.

6 Poser 2 ou 3 feuilles de cresson sur chaque canapé.

Préparation : 30 min

Canapés au saumon fumé

Pour 20 canapés

- 5 tranches de pain de mie
- 60 g de beurre environ
- 2 ou 3 tranches de saumon fumé
- 2 citrons

❶ Couper les tranches de pain de mie en quatre après les avoir écroûtées.
❷ Beurrer les tranches.
❸ Couper le saumon aux mêmes dimensions que les canapés, et déposer un morceau sur chacun.
❹ Décorer d'une demi-rondelle de citron cannelé (➤ voir canapés aux laitances page précédente).

Préparation : 30 min

Diablotins au fromage

Pour 20 diablotins

- 1 ficelle de pain
- 40-50 g de beurre
- 80-100 g de beaufort, comté, emmental ou parmesan râpé ou 100-125 g de gruyère ou d'édam

❶ Couper la ficelle en rondelles de 5 ou 6 mm d'épaisseur.
❷ Beurrer les rondelles et les parsemer de fromage râpé, ou les recouvrir d'une fine tranche de gruyère ou d'édam.
❸ Les faire gratiner sous le gril du four jusqu'à ce qu'elles soient bien dorées et servir aussitôt.

Préparation : 30 min ■ **Cuisson :** 5 min environ

Diablotins aux noix et au roquefort

Pour 20 diablotins

- 1 ficelle de pain
- 100 g de beurre de roquefort (➤ voir p. 41)
- 1 c. à soupe de noix hachées

❶ Couper la ficelle en rondelles de 5 ou 6 mm d'épaisseur.
❷ Préchauffer le four à 250 °C.
❸ Préparer le beurre de roquefort, le mélanger avec les noix hachées, tartiner les rondelles de pain.
❹ Passer 5 min au four. Servir tout de suite.

Préparation : 30 min ■ **Cuisson :** 5 min

Gougères

Pour une trentaine de gougères (650 g de pâte à gougère)

- 150 g de gruyère
- 500 g de pâte à choux (➤ voir p. 110)
- 3 pincées de poivre
- 1 œuf

① Couper le gruyère en fines lamelles.

② Préparer la pâte en ajoutant, après les œufs, 100 g de gruyère et le poivre.

③ Préchauffer le four à 200 °C.

④ Tapisser la plaque du four avec du papier sulfurisé. Y disposer la pâte soit en petites boules façonnées avec deux cuillères, soit en couronne en la mettant alors dans une poche à douille.

⑤ Battre l'œuf dans un bol.

⑥ Dorer la pâte avec un pinceau et la parsemer avec le reste de gruyère en lamelles.

⑦ Cuire 20 min jusqu'à ce que les gougères soient bien dorées. Laisser tiédir dans le four éteint et entrouvert.

Préparation : 30 min ■ **Cuisson :** 30 min

Pruneaux au bacon

Pour 20 pruneaux

- 10 tranches fines de bacon
- 20 pruneaux d'Agen demi-secs
- 20 pistaches
- 20 pique-olives

① Préchauffer le four à 250 °C.

② Couper les tranches de bacon en deux dans le sens de la longueur. Dénoyauter les pruneaux en les fendant sur toute leur longueur.

③ Introduire une pistache mondée à la place du noyau puis enrouler chaque pruneau dans 1/2 tranche de bacon. Maintenir avec un pique-olive.

④ Ranger les pruneaux dans un plat et les passer au four pendant 8 ou 9 min. Servir bien chaud.

Préparation : 30 min ■ **Cuisson :** 8-9 min

Pruneaux au roquefort

Pour 20 pruneaux

- 20 pruneaux d'Agen demi-secs
- 80 g de roquefort
- 2 c. à soupe de noisettes hachées
- 1 grosse c. à soupe de crème fraîche
- 1 c. à dessert de porto
- poivre

❶ Dénoyauter les pruneaux et bien les aplatir avec le plat d'un large couteau.

❷ Avec une fourchette, émietter finement le roquefort.

❸ Dans un bol, mélanger roquefort, noisettes, crème fraîche et porto. Bien poivrer.

❹ Avec une petite cuillère, déposer une noix de ce mélange au centre de chaque pruneau. Reformer les pruneaux et mettre au froid pendant 2 h avant de servir à l'apéritif.

Préparation : 30 min ■ **Réfrigération :** 2 h

Purée d'anchois froide

Pour 200 g de purée

- 4 œufs
- 75 g de filets d'anchois salés
- 50 g de beurre
- fines herbes

❶ Faire durcir les œufs. Les refroidir, les écaler, séparer les jaunes des blancs.

❷ Dessaler les anchois, en les passant sous l'eau du robinet.

❸ Les réduire en purée dans un mortier ou au mixeur avec les jaunes d'œufs et le beurre.

❹ Ajouter 1 cuillerée à soupe de fines herbes et mélanger. Servir très frais avec des tranches de pain grillé.

Préparation : 20 min

Truites inuit séchées « Pissik »

Pour 4-6 personnes

- 3 ou 4 truites
- sel, poivre

❶ Ébarber, vider, laver les truites et les essuyer bien soigneusement.

❷ Couper les têtes. Fendre les poissons par l'intérieur, de façon à pouvoir enlever l'arête centrale, en ayant soin de laisser les 2 filets attachés ensemble par la peau. Enlever les arêtes restantes avec une pince à épiler. ➜

3 Pratiquer dans les chairs des incisions en forme de losange de 1 cm de côté en coupant jusqu'à la peau sans entailler celle-ci.

4 Assaisonner de sel et de poivre.

5 Sécher 30 min au four préchauffé à 150 °C.

6 Conserver à la température ambiante dans un sac de toile bien fermé et suspendu dans un endroit aéré. Servir en amuse-gueule.

Préparation : 15 min ■ **Cuisson :** 30 min

Hors-d'œuvre et entrées chaudes

Barquettes aux anchois et aux champignons

Pour 10 barquettes

- 250 g d'anchois salés
- 250 g de pâte brisée (➤ voir p. 109)
- 1 dl de sauce Béchamel (➤ voir p. 62)
- 250 g de champignons de Paris
- 1 gros oignon
- 30 g de beurre
- 100 g de mie de pain rassis

1 Mettre les anchois à dessaler dans un bol d'eau en changeant l'eau plusieurs fois.

2 Préchauffer le four à 180 °C.

3 Préparer la pâte brisée et la laisser reposer 1 h. L'étaler et la couper en 10 morceaux au format des moules à barquette. Garnir les moules. Piquer le fond de pâte avec une fourchette puis cuire 10 min.

4 Préparer la sauce Béchamel.

5 Éplucher et couper en dés les champignons et l'oignon. Les faire sauter avec 10 g de beurre, les égoutter puis les mélanger avec la béchamel.

6 Émietter la mie de pain et la passer à la poêle avec le reste du beurre.

7 Couper les filets d'anchois en dés et les ajouter à la béchamel garnie.

8 Remplir les barquettes avec ce mélange, parsemer de mie de pain et passer au four pendant 10 min.

Préparation : 1 h ■ **Cuisson :** 10 min environ

Barquettes aux champignons

Pour 10 barquettes

- 250 g de pâte brisée (➤ voir p. 109)
- 500 g de champignons de Paris
- 3 échalotes moyennes
- 125 g de beurre
- 1 c. à café de persil haché
- 5 œufs
- 50 g de mie de pain rassis
- sel, poivre

1 Préchauffer le four à 180 °C.

2 Préparer la pâte brisée et laisser reposer 1 h. Procéder comme pour la recette précédente.

3 Éplucher et hacher les champignons, ainsi que les échalotes et les cuire à la poêle, avec 50 g de beurre, en remuant souvent, jusqu'à ce que l'eau de végétation soit éliminée. Saler, poivrer. Ajouter le persil haché au mélange quand il est cuit.

4 Préparer les œufs brouillés (➤ voir p. 241).

5 Émietter la mie de pain et la cuire à la poêle dans 50 g de beurre.

6 Étaler une couche d'œufs brouillés, puis une couche de champignons dans chaque barquette. Parsemer de mie de pain.

7 Passer quelques minutes à four chaud.

Préparation : 40 min ■ **Cuisson :** 2 min environ

Barquettes au fromage

Pour 10 barquettes

- 250 g de pâte brisée (➤ voir p. 109)
- 350 g de champignons de Paris
- 80 g de beurre
- 1 dl de sauce Béchamel (➤ voir p. 62)
- 100 g de gruyère râpé
- 50 g de chapelure

1 Préchauffer le four à 180 °C.

2 Préparer la pâte brisée, la laisser reposer 1 h et procéder comme pour les deux recettes précédentes.

3 Éplucher et couper finement les champignons et les dorer dans 30 g de beurre.

4 Préparer la béchamel, y ajouter le gruyère, puis les champignons sautés.

5 Remplir les barquettes de ce mélange, parsemer de chapelure, arroser de 50 g de beurre fondu et faire gratiner à four chaud.

Préparation : 40 min ■ **Cuisson :** 30 min

Barquettes aux laitances

Pour 10 barquettes

- 250 g de pâte brisée (➤ voir p. 109)
- 10 laitances
- 1 dl de sauce Béchamel (➤ voir p. 62)
- 250 g de champignons de Paris
- 30 g de beurre
- 50 g de gruyère râpé
- sel, poivre

1 Préparer la pâte brisée, la laisser reposer 1 h et procéder comme pour les barquettes aux anchois et aux champignons.

2 Faire pocher les laitances pendant 5 min dans de l'eau frémissante salée.

3 Préparer la béchamel.

4 Nettoyer, émincer et faire sauter les champignons avec le beurre, saler, poivrer.

5 Emplir de champignons le fond des barquettes. Déposer une laitance dans chaque barquette. Napper de béchamel, parsemer de gruyère râpé et faire gratiner pendant 5 min.

Préparation : 40 min ■ **Cuisson :** 5 min

Beignets soufflés

Pour 20-25 beignets

- 250 g de pâte à choux (➤ voir p. 110)
- huile de friture
- sel, poivre

1 Préparer la pâte à choux.

2 Faire chauffer la friture.

3 Avec une cuillère, prendre un peu de pâte. Avec un doigt, lui redonner une forme de boule (elle doit être à peu près de la grosseur d'une noix). La faire tomber dans la friture chaude. Faire frire ainsi de 8 à 10 beignets à la fois jusqu'à ce qu'ils soient bien dorés.

4 Les retirer avec une écumoire, les déposer sur du papier absorbant, saler, poivrer.

Les beignets soufflés peuvent être aromatisés à l'anchois, au fromage, à l'oignon. Mélanger l'aromate dans la pâte à choux, selon le goût.

Préparation : 30 min ■ **Cuisson :** 15-20 min environ

Beignets soufflés à la toscane

Pour 25-30 beignets

- 50 g de jambon de Paris
- 1/4 de truffe
- 300 g de pâte à choux
  (➤ voir p. 110)
- noix de muscade
- 50 g de parmesan
- huile de friture

1 Couper le jambon en tout petits dés.

2 Hacher la truffe.

3 Préparer la pâte à choux en y ajoutant un peu de noix de muscade râpée, le parmesan, le jambon et la truffe hachée.

4 Façonner en boulettes. Puis procéder comme pour les beignets soufflés (➤ voir recette précédente).

Préparation : 30 min ■ **Cuisson :** 20 min

Blinis à la française

Pour une dizaine de blinis

- 10 g de levure de boulanger
- 25 g de farine de froment
- 4 dl de lait
- 2 œufs
- 0,5 dl de crème fraîche
- 125 g de farine
- 1 grosse pincée de sel
- beurre

1 Délayer, dans un saladier, la levure de boulanger et la farine de froment dans 2,5 dl de lait. Mélanger et laisser lever pendant 20 min dans un endroit tiède.

2 Pendant ce temps, casser les œufs en séparant les blancs et les jaunes. Monter les blancs en neige. Fouetter la crème.

3 Tamiser la farine dans le saladier, ajouter les jaunes d'œufs, le reste de lait tièdi et le sel. Mélanger sans trop lisser. Incorporer au dernier moment les blancs en neige ferme et la crème fouettée. Laisser reposer la pâte pendant 1 h environ.

4 Cuire les blinis au beurre, dans une petite poêle spéciale.

Servir avec du saumon fumé ou des œufs de saumon.

Préparation : 35 min ■ **Repos :** 1 h
■ **Cuisson :** 20-30 min

Bouchées salées : préparation

1 Préparer la pâte feuilletée et la laisser reposer 1 h.
2 Abaisser la pâte au rouleau sur 5 mm d'épaisseur environ. Avec un emporte-pièce rond et cannelé de 8 à 10 cm de diamètre, découper 20 cercles. Sur la plaque humidifiée, poser 10 cercles, en les retournant pour que les bords un peu obliques ne se rétractent pas à la cuisson.
3 Les dorer avec l'œuf battu.
4 Avec un emporte-pièce rond uni de 7 à 9 cm de diamètre, découper le centre des 10 autres cercles pour obtenir ainsi des couronnes. Placer ces 10 couronnes sur les 10 cercles, en superposant bien les bords extérieurs.
5 Mettre la plaque au réfrigérateur pendant 30 min.
6 Préchauffer le four à 180 °C, y glisser la plaque et cuire de 12 à 15 min.
7 Avec la pointe d'un couteau, détacher avec précaution le couvercle de chaque bouchée et retirer éventuellement l'excédent de pâte molle resté à l'intérieur.
8 Emplir les bouchées de la garniture choisie.

Préparation : 1 h ■ **Cuisson :** 15 min environ
■ **Repos de la pâte :** 2 h + 1 h 30

Bouchées à la bénédictine

Pour 10 bouchées

- 1 kg de pâte feuilletée (➤ voir p. 111)
- 1,8 kg de brandade de morue (➤ voir p. 367)
- 125 g de truffes

1 Préparer les bouchées (➤ voir recette précédente), puis la brandade. Préchauffer le four à 200 °C.
2 Couper 100 g de truffes en dés et les mélanger avec la brandade. Garnir les bouchées.
3 Couper le reste des truffes en 10 lamelles et en poser une sur chaque bouchée. Passer au four pendant 2 min.

Préparation : 1 h ■ **Cuisson :** 2 min
■ **Repos de la pâte :** 2 h + 1 h 30

Bouchées au foie gras et aux huîtres

Pour 10 bouchées

- 1 kg de pâte feuilletée (➤ voir p. 111)
- 10 huîtres
- 150 g de foie gras
- poivre

1 Préparer les bouchées (➤ voir recette ci-contre).

2 Ouvrir les huîtres et les retirer de leur coquille.

3 Préchauffer le four à 250 °C. Y mettre les bouchées pendant 5 min pour les chauffer.

4 Couper le foie gras en 10 carrés. Mettre un carré dans chaque bouchée, ensuite poser dessus 1 huître crue.

5 Poudrer de poivre blanc frais. Servir aussitôt.

Préparation : 1 h 15 ■ **Cuisson :** 5 min
■ **Repos de la pâte :** 2 h + 1 h 30

Bouchées aux laitances

Pour 10 bouchées

- 1 kg de pâte feuilletée (➤ voir p. 111)
- 2 l de court-bouillon pour poisson (➤ voir p. 51)
- 1,5 kg de laitances
- 2 dl de velouté (➤ voir p. 63) ou de crème fraîche
- 10 grosses crevettes
- sel, poivre

1 Préparer les bouchées (➤ voir page ci-contre).

2 Décongeler le court-bouillon, ou reconstituer un court-bouillon déshydraté, et y pocher doucement les laitances pendant 10 à 20 min.

3 Préparer le velouté.

4 Égoutter les laitances et les couper en dés.

5 Les mélanger avec le velouté (ou la crème fraîche). Saler, poivrer. Goûter et rectifier l'assaisonnement.

6 Garnir les bouchées et les décorer éventuellement de grosses crevettes roses.

Préparation : 1 h 15 ■ **Cuisson :** 10-20 min
■ **Repos de la pâte :** 2 h + 1 h 30

Bouchées à la reine

Pour 4 personnes

- 4 bouchées (➤ voir p. 172)
- 5 dl de bouillon de volaille déshydraté
- 300 g de blanc de volaille
- 5 dl de sauce allemande (➤ voir p. 61)
- 150 g de champignons de Paris
- 1/2 citron
- 10 g de beurre
- 40 g de truffe
- 2 c. à soupe de vin blanc
- 80 g de ris de veau braisé à blanc (facultatif)
- 80 g de farce mousseline (facultatif)
- sel, poivre

1 Préparer les bouchées.

2 Reconstituer le bouillon de volaille. Le faire chauffer, y mettre les blancs de volaille et les cuire à feu doux pendant 10 à 15 min.

3 Les retirer avec une écumoire et les couper en dés.

4 Préparer la sauce allemande avec ce bouillon et la garder au chaud. Préparer éventuellement la farce mousseline (➤ voir p. 102).

5 Nettoyer les champignons, en raccourcir les pieds, les arroser d'une cuillerée à café de jus de citron, les couper en quatre et les cuire doucement au beurre avec 1 cuillerée à soupe d'eau sans les faire colorer. Saler.

6 Quand ils sont cuits, les égoutter et ajouter leur jus de cuisson dans la sauce. Bien mélanger.

7 Couper la truffe en dés. Pocher les dés dans 2 cuillerées à soupe de vin blanc.

8 Préchauffer le four à 180 °C.

9 Mélanger les dés de volaille et de truffe et les quartiers de champignon avec la sauce (et éventuellement la garniture de ris de veau et de farce mousseline coupée en dés). Goûter et rectifier l'assaisonnement.

10 Réchauffer les croûtes au four. Les garnir avec la préparation bien chaude. Poser les couvercles.

Préparation : 2 h ■ **Cuisson :** 30 min environ
■ **Repos de la pâte :** 2 h + 1 h 30

Boudin blanc

Pour 30 boudins environ

- 2 m de boyau
- 150 g de mie de pain
- 0,5 dl de lait
- 400 g de champignons de Paris
- 4 échalotes
- 30 g de beurre
- 1/2 citron
- 1 poulet
- 250 g de jambon d'York
- 2 œufs
- 100 g de poudre d'amande
- 2 dl de crème fraîche
- 1 dl de madère ou de xérès
- 1 bonne pincée de paprika
- 1 pointe de cayenne
- 2 c. à soupe de persil haché
- 1 pincée de thym en poudre
- 1 petite boîte de pelures de truffe (facultatif)
- sel, poivre

① Commander le boyau nettoyé et citronné chez le charcutier.

② Préparer la panade : émietter la mie de pain dans une petite casserole, y ajouter juste assez de lait pour la détremper, et la travailler avec une cuillère en bois sur feu doux pour l'épaissir. Laisser refroidir.

③ Laver et couper en dés les champignons de Paris. Éplucher et hacher les échalotes. Faire fondre le beurre dans une poêle, y jeter les champignons et les échalotes, ajouter le jus de citron et cuire en remuant jusqu'à ce que toute l'eau des champignons soit évaporée. Laisser refroidir.

④ Pendant ce temps, couper le poulet en morceaux, enlever la peau et prélever, avec un petit couteau, toute la chair. Couper le jambon en morceaux et hacher le tout très finement.

⑤ Casser les œufs en séparant les blancs et les jaunes. Battre les blancs en neige.

⑥ Mélanger intimement la panade, le hachis de poulet et de jambon, les champignons, les jaunes d'œufs, la poudre d'amande, la crème fraîche, le madère ou le xérès, le paprika, du sel, du poivre, le piment de Cayenne, le persil haché, le thym et éventuellement le contenu d'une petite boîte de pelures de truffe.

⑦ Ajouter les blancs d'œufs en tournant toujours dans le même sens pour ne pas les casser.

⑧ Remplir les boyaux comme pour le boudin antillais (➤ voir p. 160).

⑨ Faire pocher de la même façon, puis laisser refroidir.

Préparation : 1 h ■ **Cuisson :** 20 min

Capucins

Pour 8 tartelettes

- 200 g de pâte brisée
  (➤ voir p. 109)
- 500 g de pâte à choux
  (➤ voir p. 110)
- 75 g de gruyère râpé

1 Préparer la pâte brisée.

2 En garnir les moules et laisser reposer au froid pendant 1 h.

3 Préchauffer le four à 190 °C. Préparer la pâte à choux en y ajoutant, à la fin, après les œufs, le gruyère râpé.

4 Mettre la pâte dans une poche à douille et couler une boule de pâte dans chaque tartelette (ou façonner une boule avec une cuillère trempée chaque fois dans l'eau froide).

5 Cuire au four pendant 20 min environ. Servir brûlant.

Préparation : 30 min ■ **Repos :** 1 h
■ **Cuisson :** 20 min

Choux au fromage

Pour 10 choux environ

- 500 g de pâte à choux
  (➤ voir p. 110)
- 3 dl de sauce Béchamel
  (➤ voir p. 62)
- 75 g de gruyère ou
  de chester ou 50 g de
  parmesan râpé
- sel, poivre

1 Préchauffer le four à 200 °C.

2 Préparer la pâte à choux.

3 Couvrir la plaque de papier sulfurisé, répartir la pâte en petits tas, soit avec une cuillère, soit à la poche à douille, et cuire les choux 25 min. Les laisser refroidir.

4 Préparer la béchamel et lui ajouter, en fin de cuisson, le fromage choisi et de la muscade râpée.

5 Mettre la béchamel dans une poche à douille avec une douille pointue et garnir les choux en piquant la douille en dessous.

6 Réchauffer les choux doucement au four à 160 °C, sous une feuille d'aluminium, pendant 10 min environ.

On peut réduire de moitié la quantité de fromage et ajouter 75 g de jambon coupé en petits dés.

Préparation : 30 min ■ **Cuisson :** 35 min environ

Choux vert-pré

Pour 4-6 personnes

- 300 g de pâte à choux
  (➤ voir p. 110)
- 400 g de petits pois
  surgelés
- 200 g de haricots
  surgelés
- 200 g de pointes
  d'asperges surgelées
- 1 dl de crème fraîche
- sel, poivre

1 Préchauffer le four à 200 °C. Préparer la pâte à choux.

2 Sur la plaque du four, répartir la pâte en petits tas, soit avec une cuillère, soit à la poche à douille, et cuire les choux 25 min. Les laisser refroidir.

3 Décongeler tous les légumes et les faire cuire séparément dans de l'eau bouillante salée.

4 Les passer les uns après les autres au mixeur ou au moulin à légumes.

5 Mélanger les purées dans une casserole puis, à feu doux, y ajouter la crème. Goûter et rectifier l'assaisonnement.

6 Mettre la purée dans une poche à douille pointue et garnir les choux en piquant la douille en dessous.

7 Les réchauffer doucement au four à 160 °C, sous une feuille d'aluminium, avant de les servir.

Préparation : 40 min ■ **Cuisson :** 35 min

Crêpes au jambon

Pour 8-10 crêpes

- 300 g de pâte à crêpes
  (➤ voir p. 111)
- 2,5 dl de sauce Béchamel
  (➤ voir p. 62)
- 150 g de jambon (de
  Paris ou d'York)
- 100 g de fromage râpé
- 40 g de beurre
- sel, poivre, muscade

1 Préparer les crêpes et les garder dans une assiette posée sur un bain-marie.

2 Préparer la béchamel, râper un peu de muscade.

3 Couper le jambon en petits dés et les ajouter, ainsi que 50 g de fromage râpé. Laisser tiédir.

4 Préchauffer le four à 280 °C. Beurrer un plat à rôtir.

5 Déposer une bonne cuillerée de béchamel sur chaque crêpe, l'étaler puis rouler la crêpe et la ranger dans le plat. Parsemer les crêpes du fromage râpé restant.

6 Arroser de beurre fondu et faire gratiner au four pendant 10 min.

Préparation : 45 min ■ **Cuisson :** 10 min environ

Crêpes à l'œuf et au fromage

Pour 4 personnes

- 500 g de pâte à crêpes (➤ voir p. 111)
- 20 g de beurre demi-sel
- 4 œufs
- 120 g de fromage râpé
- sel, poivre

1 Préparer la pâte à crêpes avec de la farine de sarrasin et la laisser reposer 2 h.

2 Faire fondre du beurre dans la poêle et y verser de la pâte. Les crêpes doivent être assez épaisses.

3 Après les avoir retournées pour cuire la seconde face, casser l'œuf au milieu. Dès que le blanc est pris, saler et poivrer légèrement, parsemer de fromage râpé et replier chaque crêpe en carré. Servir aussitôt.

Préparation : 15 min ■ **Repos :** 2 h
■ **Cuisson :** 15-20 min

Crêpes au roquefort

Pour 8-10 crêpes

- 300 g de pâte à crêpes (➤ voir p. 111)
- 2,5 dl de sauce Béchamel (➤ voir p. 62)
- 60-80 g de roquefort
- poivre, noix de muscade
- 15 g de beurre
- 30 g de fromage râpé

1 Préparer la pâte à crêpes. La laisser reposer 2 h.

2 Faire les crêpes. Les garder au chaud.

3 Préparer la béchamel.

4 Écraser le roquefort avec une fourchette jusqu'à ce qu'il soit en pâte et le mélanger avec la béchamel. Bien remuer, poivrer et ajouter une râpure de noix de muscade.

5 Préchauffer le four à 280 °C.

6 Garnir les crêpes avec une grosse cuillerée du mélange et les rouler.

7 Beurrer légèrement un plat à rôtir.

8 Poudrer les crêpes de fromage râpé et faire gratiner au four pendant 10 min.

Préparation : 45 min ■ **Repos :** 2 h
■ **Cuisson :** 10 min

Croissants au fromage

Pour 4 personnes

- 4 croissants
- 40 g de beurre
- 200 g de gruyère ou d'emmental
- poivre

1 Préchauffer le four à 275 °C. Fendre les croissants sur un côté et beurrer l'intérieur.

2 Couper le fromage en fines lamelles et les répartir à l'intérieur des croissants. Poivrer.

3 Mettre les croissants sur la plaque du four et les chauffer jusqu'à ce que le fromage soit fondu. Servir brûlant.

Préparation : 10 min ■ **Cuisson :** 10 min environ

Cromesquis à la bonne femme

Pour 4-6 personnes

- 500 g de bœuf
- 500 g de pâte à frire (➤ voir p. 113)
- 1 petit oignon
- 15 g de beurre
- 150 g de farine
- huile de friture
- sel

1 Faire chauffer de l'eau dans une grande casserole, y mettre le bœuf. Le cuire pendant 1 h à feu doux. Écumer.

2 Pendant ce temps, préparer la pâte à frire. La réserver 1 h au frais.

3 Sortir le bœuf de la casserole et faire réduire le bouillon de façon à en avoir 2 dl environ.

4 Éplucher et hacher l'oignon. Faire fondre le beurre dans une casserole, ajouter l'oignon et le laisser blondir.

5 Saupoudrer avec 1 cuillerée à soupe de farine et cuire 5 min en mélangeant.

6 Ajouter peu à peu le bouillon, bien remuer et cuire 15 min tout doucement.

7 Couper le bœuf en très petits dés et les incorporer à la sauce. Réchauffer, puis laisser refroidir complètement.

8 Diviser la préparation en portions de 60 à 70 g, les façonner en bouchons. Les rouler dans de la farine, puis dans de la pâte à frire. Les plonger au fur et à mesure dans l'huile à 170 °C. Quand ils sont bien dorés, les égoutter, les éponger et les saler.

Préparation : 15 min ■ **Cuisson :** 1 h 30 environ

Croque-monsieur

Pour 4 personnes

- 150 g de beurre
- 8 tranches de pain de mie de 10 à 12 cm de côté
- 4 tranches de gruyère à la taille du pain
- 2 tranches de jambon de Paris

① Sortir le beurre du réfrigérateur 1 h avant.

② Beurrer légèrement chaque tranche de pain.

③ Couper les tranches de jambon en deux.

④ Sur 4 tranches de pain, déposer une tranche de fromage, puis une tranche de jambon, puis une tranche de pain beurrée (beurre à l'intérieur).

⑤ Faire fondre un morceau de beurre dans une poêle, y cuire les croque-monsieur sur un côté à feu doux jusqu'à ce qu'ils soient dorés. Puis retourner les croque-monsieur à l'aide de deux spatules ou d'une fourchette. Remettre un peu de beurre dans la poêle et les faire dorer de l'autre côté. Les garder au four chaud s'ils ne sont pas servis tout de suite.

croque-madame :

ajouter sur chaque croque-monsieur un œuf sur le plat.

Préparation : 15 min ■ **Cuisson :** 20 min

Croquettes de bœuf

Pour 4-6 personnes

- 5 dl de sauce tomate (➤ voir p. 86)
- 250 g de bœuf bouilli
- 2 dl de sauce Béchamel (➤ voir p. 62)
- 1 jaune d'œuf
- 80 g de jambon
- huile de friture
- 400 g de panure à l'anglaise (➤ voir p. 107)
- 1 bouquet de persil

① Préparer la sauce tomate (ou la décongeler) et bien la poivrer. La garder au chaud.

② Utiliser un reste de bœuf bouilli ou faire cuire le morceau de bœuf pendant 15 à 20 min dans un bouillon.

③ Préparer la béchamel et lui ajouter, hors du feu, le jaune d'œuf puis la réchauffer doucement. Couper le bœuf en petits dés, ainsi que le jambon, et les mélanger avec la béchamel. Goûter et rectifier l'assaisonnement. Laisser refroidir.

④ Faire chauffer la friture.

⑤ Préparer la panure à l'anglaise.

⑥ Partager la préparation en boulettes de la taille d'un œuf (50-70 g). Les rouler entre les mains.

Passer chaque boulette dans la panure puis dans la friture à 180 °C. Les garder au chaud.

7 Faire frire le persil (➤ voir p. 764)

8 Dresser les croquettes dans le plat de service et les décorer de persil frit. Servir la sauce tomate en saucière.

Préparation : 1 h ■ **Cuisson :** 15-20 min

Croquettes de fromage

Pour 4-6 personnes

- 5 dl de béchamel (➤ voir p. 62)
- 0,5 dl de crème fraîche
- 125 g de fromage râpé
- 400 g de panure à l'anglaise (➤ voir p. 107)
- huile de friture
- sel, poivre
- noix de muscade

1 Préparer la béchamel en augmentant un peu les proportions de farine et de beurre (75 g de chaque pour 5 dl de lait). Y ajouter la crème puis le fromage et mélanger jusqu'à obtenir une pâte homogène.

2 Saler et poivrer, râper un peu de muscade. Laisser refroidir. Préparer la panure.

3 Diviser la béchamel au fromage en portions de la taille d'un petit œuf. Les rouler entre les mains et les passer dans la panure, puis les plonger dans la friture à 180 °C jusqu'à ce qu'elles soient dorées.

4 Les égoutter. Les servir très chaudes.

Préparation : 30 min ■ **Cuisson :** 15-20 min

Croquettes de morue

Pour 4-6 personnes

- 300 g de morue
- 5 dl de sauce tomate
- 250 g de purée de pomme de terre
- 1 dl de béchamel
- huile de friture

1 La veille, mettre la morue à dessaler.

2 Préparer la morue (➤ voir p. 366).

3 Confectionner la sauce tomate (➤ voir p. 86).

4 Préparer la purée de pomme de terre (➤ voir p. 788).

5 Faire la béchamel avec 15 g de farine, 15 g de beurre et 1 dl de lait pour qu'elle soit bien épaisse.

6 Ébouillanter 10 min la morue. ➜

7 Chauffer l'huile de friture.

8 Effeuiller très finement la morue en retirant toutes les arêtes. Puis la mélanger avec la purée de pomme de terre et la béchamel.

9 Façonner des boules de la taille d'un œuf et les faire frire à 180 °C. Les napper de sauce tomate et servir bien chaud.

Préparation : 1 h ■ **Cuisson :** 15 min environ

Croquettes Montrouge

Pour 4-6 personnes

- 600 g de champignons de Paris
- 30 g de beurre
- 80 g de mie de pain
- 1 dl de lait
- 150 g de jambon
- 2 c. à soupe de persil haché
- 400 g de panure à l'anglaise (➤ voir p. 107)
- 4 jaunes d'œufs
- sel, poivre
- huile de friture

1 Laver et couper les champignons en petits dés. Faire fondre le beurre dans une poêle et y cuire les champignons jusqu'à ce que l'eau de végétation soit entièrement évaporée.

2 Mettre la mie de pain à tremper avec le lait.

3 Hacher le jambon et le persil.

4 Préparer la panure à l'anglaise.

5 Mélanger les champignons, la mie de pain essorée (la presser entre les doigts), le jambon et le persil. Ajouter les jaunes d'œufs un par un en mélangeant à chaque fois. Goûter et rectifier l'assaisonnement.

6 Faire chauffer la friture.

7 Façonner l'appareil entre les mains en boules de la taille d'une mandarine environ. Les aplatir légèrement, les paner et les frire à 180 °C. Les égoutter, les éponger sur du papier absorbant et les poudrer de sel fin. Servir bien chaud.

Préparation : 30 min ■ **Cuisson :** 15-20 min environ

Croustades : préparation

1 Elles se font comme des tartes ou des tartelettes. Préparer 400 g de pâte à foncer ou de pâte brisée (➤ voir p. 109) pour un moule de 28 cm de diamètre (pour 8 personnes), 350 g de pâte pour un moule de 22 cm de diamètre (4-6 personnes) ou 250 g de pâte pour 4 croustades individuelles de 10 cm de diamètre (ou 1 croustade de 18 cm de diamètre) et l'étaler sur 3 mm d'épaisseur.

2 Préchauffer le four à 240 °C.

3 Beurrer et fariner le ou les moules, secouer très légèrement pour enlever l'excès de farine.

4 Les garnir avec la pâte ; la faire bien adhérer sur le fond et les bords en appuyant, la façonner pour qu'elle soit un peu plus épaisse en haut afin qu'elle ne se rétracte pas à la cuisson. Ensuite, ôter ce qui dépasse en passant le rouleau à pâtisserie sur le dessus du moule et en appuyant bien.

5 Piquer le fond avec une fourchette et tapisser la pâte (fond et bord) de papier sulfurisé légèrement beurré ou d'une feuille d'aluminium.

6 Cuire 10 min au four. Laisser refroidir puis sortir la croustade de son moule.

7 Battre un œuf dans un bol et, avec un pinceau, dorer toute la croustade.

8 La remettre 3 ou 4 min dans le four pour la faire sécher. Elle peut alors être garnie.

_____

Préparation : 20 min ■ **Cuisson :** 10 min

Croustades cardinal

Pour 4 personnes

- 4 croustades individuelles (➤ voir p. 183)
- 600 g de queue de homard surgelée ou 2 homards de 500-600 g
- 1,5 dl de béchamel (➤ voir p. 62)
- 50 g de beurre de homard (➤ voir p. 37)
- 70 g de truffe
- 100 g de mie de pain rassis
- sel, poivre

1 Préparer les croustades.

2 Si l'on emploie des homards frais, les faire cuire à la nage comme les écrevisses (➤ voir p. 292) puis les décortiquer. Sinon, les décongeler et les cuire aussi à la nage.

3 Préparer la béchamel et le beurre de homard.

4 Couper la chair de la queue et des pinces des homards en petits dés en réservant 4 fines rondelles. Couper de même la truffe.

5 Ajouter le beurre de homard à la béchamel puis mélanger avec les dés de homard et de truffe.

6 Préchauffer le four à 250 °C. Emplir les croustades de la garniture au homard.

7 Émietter la mie de pain, en parsemer les croustades et faire gratiner jusqu'à ce qu'elles soient dorées. Décorer de rondelles de homard et de truffe. Servir tout de suite.

Préparation : 1 h ■ **Cuisson :** 10 min

Croustades à la diable

Pour 4 personnes

- 4 croustades individuelles (➤ voir p. 183)
- 1,5 dl de demi-glace (➤ voir p. 52)
- 350 g de champignons de Paris
- 50 g de beurre
- 300 g de jambon d'York
- piment de Cayenne
- 100 g de mie de pain
- sel, poivre

1 Préparer les croustades.

2 Préparer ou décongeler la demi-glace.

3 Nettoyer les champignons et les couper en petits dés. Les faire cuire dans le beurre chaud très doucement. Couper le jambon en petits dés.

4 Préchauffer le four à 250 °C. Faire réduire d'un tiers environ la demi-glace et lui ajouter 1 pointe de cayenne.

5 Mélanger les dés de jambon et de champignon avec la demi-glace réduite et en remplir les croustades.

6 Émietter la mie de pain et en parsemer chaque croustade. Faire gratiner au four pendant 10 min environ.

Préparation : 30 min ■ **Cuisson :** 10 min

Croustades de foies de volaille

Pour 4 personnes

- 4 croustades individuelles (➤ voir p. 204)
- 1 dl de sauce madère (➤ voir p. 52)
- 350 g de foies de volaille
- 350 g de champignons
- 2 échalotes
- 100 g de beurre
- sel, poivre
- 1 truffe (facultatif)

1. Préparer les croustades et la sauce madère.
2. Nettoyer les foies de volaille en enlevant tous les filaments, séparer les lobes, les saler et les poivrer.
3. Couper les champignons finement. Hacher les échalotes.
4. Faire fondre 50 g de beurre dans une casserole et y faire revenir rapidement échalotes et champignons, saler. Les laisser cuire ensuite à feu doux pendant 10 min environ.
5. Dans une poêle, mettre à fondre le reste du beurre et, quand il est bien chaud, faire sauter les foies de volaille. Les égoutter (jeter le beurre de cuisson) puis les ajouter au mélange échalotes-champignons. Ajouter la sauce madère et bien mélanger.
6. Réchauffer les croustades, les garnir et les servir bien chaudes. On peut les décorer avec une rondelle de truffe ou un peu de truffe hachée.

Préparation : 30 min ■ **Cuisson :** 15 min environ

Croûtes de pain de mie : préparation

1. Dans un pain de mie rond ou carré et rassis, couper des tranches de 5 à 6 cm d'épaisseur environ en comptant 1 tranche par personne. Avec la pointe d'un couteau, pratiquer sur le dessus une incision circulaire profonde de 4 à 5 cm.
2. Frire les croûtes dans de l'huile très chaude (180 °C), puis les égoutter.
3. Retirer toute la mie délimitée par l'incision.
4. Placer les croûtes à l'entrée du four chaud jusqu'au moment de les remplir de leur garniture.

Préparation : 15 min ■ **Cuisson :** 5-10 min

Croûtes à la moelle

Pour 4 personnes

- 4 croûtes de pain de mie
  (➤ voir p. 209)
- 1 dl de fond de veau
- 500 g de moelle de bœuf
- 5-6 échalotes
- 0,5 dl de vin blanc
- sel, poivre

1. Préparer des croûtes de pain de mie carrées en les coupant sur 2 cm d'épaisseur et 4 cm de côté.
2. Préparer le fond de veau et le faire réduire de moitié.
3. Faire bouillir de l'eau salée dans une casserole, y plonger la moelle et la cuire 10 min environ à tout petit feu (l'eau doit seulement frémir).
4. Égoutter la moelle. Couper 4 rondelles et le reste en petits dés.
5. Éplucher et hacher les échalotes. Les mettre dans une casserole avec le vin blanc et les cuire doucement pendant 10 min environ.
6. Préchauffer le four à 250 °C. Mélanger les dés de moelle avec le fond de veau réduit, ajouter ensuite les échalotes au vin blanc et répartir cette préparation sur les croûtes. Disposer une rondelle de moelle sur chaque croûte. Émietter la mie de pain dessus.
7. Poivrer les croûtes et les faire gratiner pendant 10 min environ. Servir immédiatement.

Préparation : 30 min ■ **Cuisson :** 10 min environ

Dartois aux anchois

Pour 4-6 personnes

- 200 g de farce
  mousseline de poisson
  (➤ voir p. 103)
- 50 g de beurre d'anchois
  (➤ voir p. 35)
- 80 g de filets d'anchois
  à l'huile
- 500 g de pâte feuilletée
- 1 œuf

1. Préparer la farce de poisson et le beurre d'anchois. Ajouter celui-ci dans la farce et bien mélanger.
2. Éponger les anchois dans un papier absorbant.
3. Étaler la pâte feuilletée (utiliser une pâte toute prête) sur une épaisseur de 3 mm et la couper en deux bandes : l'une de 10 ° 24 cm, l'autre de 12 ° 26 cm.
4. Préchauffer le four à 240 °C. Placer la plus petite bande de pâte feuilletée sur une plaque revêtue de papier sulfurisé.

5 Étaler dessus, avec une cuillère, de la farce de poisson au beurre d'anchois sur 5 mm d'épaisseur environ sans aller jusqu'aux bords du rectangle. Laisser 1 cm de pâte non recouverte.

6 Répartir les filets d'anchois par-dessus. Puis les couvrir avec une deuxième couche de farce et bien lisser. Avec un pinceau trempé dans l'eau, humecter les bords libres.

7 Poser le second rectangle sur la farce et coller les bords en pressant bien avec les doigts. Dorer le dartois avec l'œuf battu à l'aide d'un pinceau.

8 Découper au couteau un petit cercle de pâte, y loger une carte de visite roulée pour faire une cheminée.

9 Enfourner pour 25 min et servir chaud.

Préparation : 1 h ■ **Cuisson :** 25 min

Dartois aux fruits de mer

Pour 4-6 personnes

- 400 g de pâte feuilletée
- 5 dl de court-bouillon pour poisson (➤ voir p. 51)
- 8 langoustines
- 1 échalote
- 1 dl de vin blanc
- 1,5 dl de crème fraîche
- 8 noix de saint-jacques
- 50 g de crevettes décortiquées
- 15 g de beurre
- 1 c. à soupe de calvados ou de marc

1 Préparer la pâte feuilletée (➤ voir p. 111) et la laisser reposer 2 h.

2 Chauffer le court-bouillon. Quand il bout, y plonger les langoustines pendant 5 min, puis les retirer, les décortiquer et couper les queues en tronçons.

3 Hacher l'échalote. La mettre dans une casserole avec le vin blanc, la crème fraîche, sel et poivre et chauffer. Y plonger les noix de saint-jacques pendant 5 min.

4 Retirer les saint-jacques avec une écumoire et les couper en dés.

5 Ajouter l'alcool dans la sauce puis la faire réduire pour qu'elle devienne bien onctueuse. Y verser alors les langoustines, les noix de saint-jacques et les crevettes décortiquées, bien mélanger et réchauffer doucement.

6 Procéder ensuite comme pour le dartois aux anchois.

Préparation : 15 min ■ **Cuisson :** 15 min environ

Feuilletés de foies de volaille

Pour 10 feuilletés

- 1 kg de pâte feuilletée
- 2,5 dl de sauce madère (➤ voir p. 52)
- 1 kg de foies de volaille
- 1 kg de champignons des bois (mousserons, chanterelles) ou de Paris
- 150 g d'échalotes
- 4 gousses d'ail
- 1/2 botte de persil
- 1/2 botte d'estragon
- 5 brins de ciboulette
- 200 g de beurre
- sel, poivre

1 Préparer 10 à 12 croustades en pâte feuilletée (➤ voir p. 183).

2 Préparer la sauce madère et la garder au chaud.

3 Nettoyer les foies de volaille (poulet ou canard), en éliminer soigneusement le fiel, séparer les lobes, les détailler en escalopes très fines. Les saler et les poivrer.

4 Laver et couper finement les champignons. Éplucher et hacher les échalotes et l'ail. Hacher toutes les herbes.

5 Faire fondre 100 g de beurre dans une sauteuse ou une poêle et y faire sauter vivement les foies de volaille pendant 5 à 10 min.

6 Dans une autre poêle, faire fondre le reste du beurre et y faire revenir les échalotes et l'ail. Ajouter les champignons et les fines herbes et faire sauter vivement. Saler, poivrer.

7 Faire chauffer au four les croustades vides.

8 Mélanger la sauce madère avec la préparation aux champignons, puis ajouter les foies. Garnir les croustades avec ce mélange bien chaud et les servir brûlantes.

Si l'on n'a pas de sauce madère, mélanger directement les champignons et les foies, verser 1 dl de madère, bien remuer en grattant le fond de la poêle avec une cuillère en bois, laisser réduire de 5 à 10 min à feu doux et garnir les croustades. On peut les décorer avec une lamelle de truffe.

Préparation : 15 min ■ **Cuisson :** 15 min environ

Figues au cabécou en coffret, salade de haricots verts aux raisins

Pour 4 personnes

- 250 g de pâte feuilletée (➤ voir p. 111)
- 60 g de raisins secs
- 1 dl de vinaigrette (➤ voir p. 98)
- 1 œuf
- 400 g de haricots verts fins
- 2 cabécous
- 8 figues
- 1/2 botte de ciboulette
- amandes effilées

1 Préparer la pâte feuilletée. Préchauffer le four à 210 °C. Étaler finement la pâte. Avec un emporte-pièce cannelé, y découper 8 ronds de 6 cm de diamètre, les dorer à l'œuf, les déposer sur une plaque recouverte de papier sulfurisé.

2 Préparer la vinaigrette et y mettre les raisins à macérer.

3 Trier, laver et cuire à l'eau salée les haricots verts pendant 10 à 15 min, en les gardant « al dente ».

4 Couper les cabécous en quatre. Couper les figues à 1,5 cm du haut, mettre les chapeaux de côté et les vider du tiers de leur pulpe. Hacher la ciboulette.

5 Farcir l'intérieur de chaque figue avec un quart de cabécou. Poser une figue farcie sur chaque rond de feuilletage et badigeonner d'œuf les bords et l'extérieur de celui-ci. Cuire 20 min au four. Au bout de 15 min, recouvrir les figues de leur chapeau.

6 Assaisonner les haricots verts de vinaigrette aux raisins et ajouter la ciboulette.

7 Dresser sur chaque assiette un lit de légumes, y déposer 2 figues en coffret et décorer d'amandes effilées.

Préparation : 1 h ■ **Cuisson :** 20 min

Flamiche aux poireaux

Pour 4-6 personnes

- 500 g de pâte brisée
- 1,5 kg de poireaux
- 50 g de beurre
- 3 jaunes d'œufs
- 1 œuf

1 Faire la pâte brisée (➤ voir p. 109).

2 Pendant qu'elle repose, laver les poireaux, supprimer le vert et tailler le blanc en fines rondelles.

3 Faire fondre 40 g de beurre dans une casserole et cuire doucement les poireaux pendant 25 à 30 min, saler et poivrer. ➜

④ Préchauffer le four à 230 °C. Pendant ce temps, partager la pâte en deux morceaux, l'un plus gros que l'autre. Les abaisser.

⑤ Beurrer une tourtière de 28 cm et y placer le plus grand morceau.

⑥ Battre les jaunes d'œufs dans un bol et, hors du feu, les mélanger avec les poireaux. Goûter, rectifier l'assaisonnement et verser les poireaux dans la tourtière en les étalant régulièrement.

⑦ Couvrir avec la deuxième abaisse de pâte, bien souder les bords. Avec un couteau, tracer des croisillons sur le dessus et couper un tout petit rond de pâte au centre pour placer la cheminée.

⑧ Battre l'œuf dans un bol et, au pinceau, dorer la flamiche.

⑨ Faire la cheminée avec un rectangle de papier (ou une carte de visite), l'installer et cuire pendant 30 à 40 min. Bien dorer le couvercle. Servir brûlant.

Préparation : 40 min ■ **Cuisson :** 1 h 10 environ

Flan à la bordelaise

Pour 4 personnes

- 1 croustade de 18 cm (➤ voir p. 183)
- 1 dl de sauce bordelaise (➤ voir p. 74)
- 0,5 l de bouillon de bœuf (➤ voir p. 48)
- 500 g de moelle
- 2-3 gros cèpes
- 2 c. à soupe d'huile
- 300 g de jambon cuit
- 100 g de mie de pain
- 20 g de beurre
- 1 c. à soupe de persil
- sel, poivre

① Préparer la croustade avec 250 g de pâte à foncer et la cuire.

② Faire la sauce bordelaise et la garder au chaud.

③ Mettre à chauffer le bouillon et y cuire la moelle de bœuf 10 à 15 min à tout petits frémissements.

④ Nettoyer les cèpes, couper les têtes en fines tranches.

⑤ Faire chauffer l'huile dans une poêle et y faire sauter les champignons ; saler et poivrer. Les égoutter ensuite sur un papier absorbant.

⑥ Couper le jambon en dés. Émietter la mie de pain.

⑦ Égoutter la moelle, en couper 6 à 8 tranches assez épaisses et détailler le reste en dés.

⑧ Préchauffer le four à 275 °C. Ajouter les dés de jambon et de moelle dans la sauce, mélanger et verser dans la croustade.

⑨ Répartir par-dessus, en les alternant, les rondelles de moelle et les cèpes. Faire fondre le beurre et en arroser le dessus du flan.

⑩ Gratiner au four pendant 10 à 12 min environ. Servir chaud, parsemé de persil ciselé.

Préparation : 40 min ■ **Cuisson :** 10-12 min

Goyère

Pour 4-6 personnes

- 130 g de fromage blanc en faisselle
- 300 g de pâte brisée (➤ voir p. 109) ou de pâte du commerce
- 1/3 de fromage de Maroilles
- 2 œufs
- 1 c. à soupe de crème fraîche
- 30 g de beurre
- sel, poivre

① Mettre le fromage blanc à égoutter. Préparer la pâte brisée et la laisser reposer 1 h.

② Préchauffer le four à 230 °C. Étaler la pâte sur 3 mm d'épaisseur et en garnir une tourtière de 22 cm de diamètre. Piquer le fond avec une fourchette, le tapisser de papier sulfurisé, y mettre des haricots secs et cuire pendant 10 à 12 min. La laisser refroidir.

③ Écroûter le maroilles, couper la pâte en cubes, la mélanger avec le fromage blanc et passer au tamis ou dans une passoire fine en appuyant bien avec le dos d'une cuillère ou un pilon.

④ Battre les œufs en omelette puis ajouter à celle-ci la crème fraîche et du sel, poivrer généreusement et malaxer avec les fromages.

⑤ Verser la garniture sur le fond de pâte, égaliser la surface et cuire 20 min au four.

⑥ Sortir la goyère et, avec la pointe d'un couteau, tracer sur le dessus des losanges. Parsemer de dés de beurre. Remettre au four 15 min. Servir très chaud.

Préparation : 30 min ■ **Cuisson :** 35 min environ

Mousse de poisson

Pour 4-6 personnes

- 500 g de filets de poisson
- 3 blancs d'œufs
- 6 dl de crème fraîche
- sel, poivre

1 Couper en morceaux les filets de poisson et les piler au mortier ou les passer au mixeur. Saler, poivrer.

2 Mélanger avec les blancs d'œufs en ajoutant ceux-ci un par un.

3 Tamiser cette farce, puis la mettre 2 h dans le réfrigérateur.

4 Préchauffer le four à 190 °C.

5 Remplir un grand saladier de glaçons, y poser le récipient contenant la farce et ajouter peu à peu, à la spatule, la crème fraîche épaisse. Rectifier l'assaisonnement.

6 Au pinceau, huiler légèrement un moule ; y verser la mousse. Cuire 20 min au bain-marie dans le four. Attendre une dizaine de minutes avant de démouler et servir tiède, nappé d'une sauce Nantua (➤ voir p. 67) ou normande (➤ voir p. 68) ou de toute autre sauce pour poisson.

Préparation : 30 min ■ **Réfrigération :** 2 h
■ **Cuisson :** 20 min

Pain de poisson

Pour 4-6 personnes

- 250 g de filets de poisson
- 125 g de panade à la farine (➤ voir p. 106)
- 125 g de beurre
- 1 petit œuf
- 2 jaunes d'œufs
- 10 g de beurre
- sel, poivre
- noix de muscade

1 Enlever les arêtes des filets puis couper ceux-ci en dés. Saler, poivrer et râper un peu de muscade.

2 Piler finement au mortier ou passer au mixeur.

3 Préchauffer le four à 200 °C.

4 Préparer la panade, y incorporer le beurre puis la mélanger avec la purée de poisson au mortier ou au mixeur. Ajouter alors, toujours en travaillant, l'œuf entier puis les jaunes un à un.

5 Piler ou mixer jusqu'à ce que la farce soit bien lisse. Beurrer un moule rond ou un moule à cake et y verser la farce.

6 Cuire de 45 à 50 min, au bain-marie, dans le four. Démouler sur un plat de service et présenter avec un beurre blanc (➤ voir p. 90) ou une autre sauce pour poisson.

Préparation : 40 min ■ **Cuisson :** 45-50 min environ

Pannequets aux anchois

Pour 4 personnes

- 1 boîte d'anchois salés
- 250 g de pâte à crêpes (➤ voir p. 111)
- 3,5 dl de sauce Béchamel (➤ voir p. 62)
- 1 petite boîte d'anchois à l'huile
- 10 g de beurre
- 30 g de chapelure

1 Mettre les anchois à dessaler dans un saladier, sous l'eau courante (compter 4 filets par personne).

2 Préparer la pâte à crêpes et la laisser reposer 2 h.

3 Faire 8 crêpes. Les garder au chaud dans une assiette posée sur un bain-marie.

4 Préparer la sauce Béchamel sans la saler et la faire réduire un peu pour qu'elle soit assez épaisse.

5 Piler les anchois au mortier ou les mixer pour les réduire en purée et les mélanger avec la béchamel. Couper en petits morceaux 8 filets d'anchois à l'huile. Avec une cuillère, répartir la béchamel à l'anchois sur chaque crêpe et parsemer de petits morceaux de filet d'anchois.

6 Beurrer un plat allant au four. Replier les crêpes en quatre et les ranger dans ce plat. Parsemer de chapelure et passer 3 ou 4 min sous le gril.

Préparation : 30 min ■ **Cuisson :** 3-4 min

Pannequets au fromage

Pour 4 personnes

- 8 crêpes
- 3,5 dl de sauce Béchamel
  (➤ voir p. 62)
- 130 g de gruyère
  ou de parmesan râpé

Procéder comme pour les pannequets aux anchois en remplaçant simplement les anchois par 100 g de gruyère ou de parmesan râpé dans la béchamel et en saupoudrant avec le reste du fromage avant de passer sous le gril.

Préparation : 20 min ■ **Cuisson :** 3-4 min

Pâté pantin de volaille

Pour 6-8 personnes

- 1 poulet en ballottine
  (➤ voir p. 581)
- 600 g de pâte à brioche
  (➤ voir p. 109)
- 1,5 l de fond blanc de
  volaille (➤ voir p. 53)
- 100 g de bardes de lard
  très fines
- 1 œuf

1 Préparer la ballottine chaude et sans gelée (cela peut se faire la veille : la garder alors au réfrigérateur). Préparer la pâte à brioche.

2 Décongeler le fond blanc de volaille (ou reconstituer un fond du commerce) et, quand il bout, y mettre la ballottine et la cuire à feu doux pendant 30 à 40 min. L'égoutter et la laisser refroidir.

3 Préchauffer le four à 190 °C.

4 Étendre la pâte à brioche sur le plan de travail et la diviser en deux parties égales. Recouvrir l'une des parties de bardes de lard, poser la ballottine au milieu et faire adhérer la pâte tapissée de bardes sur les côtés. Disposer également des bardes fines sur le dessus, puis recouvrir avec la seconde moitié de la pâte. Bien souder les bords.

5 Avec un couteau, strier le dessus de la pâte, le dorer à l'œuf et y ouvrir une cheminée.

6 Disposer le pâté dans un plat ou sur la plaque recouverte de papier sulfurisé et le cuire pendant 1 h 30. Servir chaud.

Préparation : 2 h ■ **Cuisson :** 1 h 30 environ

Pirojki caucasiens

Pour 4-6 personnes

- 500 g de pâte à choux
  (➤ voir p. 110)
- 100 g de fromage râpé
- 4 dl de béchamel
  (➤ voir p. 62)
- 150 g de champignons
  de Paris
- 15 g de beurre
- huile de friture
- 200 g de chapelure
- 400 g de panure à
  l'anglaise (➤ voir p. 107)
- sel, poivre

1 Préchauffer le four à 180 °C. Préparer la pâte à choux en y ajoutant 50 g de fromage râpé. Garnir une plaque de papier sulfurisé et étaler la pâte en une couche mince. Enfourner pour 25 min.

2 Préparer la béchamel et la laisser cuire doucement pour la faire bien épaissir. La tourner de temps en temps, puis ajouter le reste du fromage râpé.

3 Nettoyer et laver les champignons. Les couper finement.

4 Faire fondre le beurre dans une casserole et les cuire pendant 10 à 15 min. Saler, poivrer. Les mélanger ensuite avec 250 g (la moitié environ) de béchamel.

5 Faire chauffer la friture.

6 Retourner la pâte à choux cuite sur le plan de travail et la diviser en deux moitiés. Couvrir la première avec le mélange béchamel-champignons, sans toutefois aller jusqu'aux bords. Recouvrir avec l'autre moitié de pâte et souder fortement les deux parties sur les bords. Couper en rectangles de 6 cm de long sur 3 cm de large et recouvrir chacun de béchamel au fromage, puis les poudrer de chapelure et les paner.

7 Plonger les pirojki dans l'huile très chaude (180 °C), les égoutter sur un papier absorbant.

8 Disposer les pirojki sur un plat recouvert d'une serviette et les servir.

Préparation : 30 min ■ **Cuisson :** 15 min environ

Pirojki feuilletés

Pour 4-6 personnes

- 100 g de riz au gras (➤ voir p. 831)
- 2 œufs
- 80-100 g de reste de gibier ou de poisson
- 400 g de pâte feuilletée du commerce
- 1 œuf pour la dorure
- sel, poivre

❶ Préparer le riz au gras et le garder au chaud. Faire durcir les œufs. Hacher le gibier (ou le poisson). Écaler, hacher les œufs et les mélanger au hachis. Ajouter ensuite le riz. Saler, poivrer.

❷ Préchauffer le four à 220 °C. Étaler la pâte feuilletée sur 2 ou 3 mm d'épaisseur, puis y découper 12 disques de 7 cm de diamètre. Les étirer légèrement pour leur donner une forme ovale. Disposer sur la moitié gauche de chaque morceau, sans aller tout à fait jusqu'au bord, une petite portion de farce. Battre l'œuf dans un bol et, au pinceau, badigeonner la partie droite de pâte non garnie. La rabattre sur la moitié garnie et ourler le bord en appuyant bien avec les doigts. Avec la pointe d'un couteau, strier le dessus ; le dorer à l'œuf.

❸ Cuire 20 min au four. Servir brûlant.

Préparation : 40 min ■ **Cuisson :** 20 min

Pizza napolitaine

Pour 4 personnes

- 4 fonds de pizza
- 1 boîte de tomates concassées
- 400 g de mozzarella
- 50 g de filets d'anchois salés ou à l'huile
- 100 g d'olives noires
- 1 c. à café d'origan
- 1/2 verre d'huile d'olive

❶ Préparer les fonds de pizza (➤ voir p. 115). Préchauffer le four à 250 °C.

❷ Égoutter les tomates concassées et les répartir sur chaque fond. Couper la mozzarella en fines lamelles et les disposer dessus.

❸ Rincer les filets d'anchois salés sous le robinet ou éponger les filets à l'huile dans un papier absorbant et les répartir ainsi que les olives noires.

❹ Saupoudrer d'origan. Saler, poivrer et arroser avec l'huile d'olive. Cuire 30 min au four.

Préparation : 30 min ■ **Cuisson :** 30 min

Pizza des quatre saisons

Pour 4 personnes

- 4 fonds de pizza
- 2 gousses d'ail
- 800 g de tomates
- 2 c. à soupe d'huile d'olive
- 3 pincées d'origan
- 4 tranches de jambon cru
- 150 g de saucisson fumé
- 1 boîte de cœurs d'artichaut
- 1 petite boîte de filets d'anchois
- 100 g d'olives noires
- 150 g de champignons de Paris
- 80 g de parmesan
- sel, poivre

1. Préparer les fonds de pizza (➤ voir p. 115).
2. Hacher l'ail. Ébouillanter, peler, couper les tomates en morceaux. Faire chauffer 1 cuillerée à soupe d'huile dans une poêle et les cuire avec l'origan, l'ail, sel et poivre 15 à 30 min jusqu'à ce que le maximum d'eau ait été éliminé. Préchauffer le four à 250 °C.
3. Couper le jambon en lanières et le saucisson en quarts de rondelle.
4. Égoutter les artichauts et les couper en deux.
5. Éponger les filets d'anchois dans un papier absorbant.

6. Dénoyauter les olives et couper finement les champignons.
7. Étaler les tomates sur les pizzas, répartir les filets d'anchois. Disposer les autres ingrédients : artichauts, champignons, jambon et saucisson, en les regroupant par quartiers. Parsemer les olives sur toute la surface et poudrer de parmesan. Arroser d'un filet d'huile d'olive.

8. Faire cuire au four pendant 10 min environ. Servir chaud.

Préparation : 30 min ■ **Cuisson :** 10 min environ

Quiche lorraine

Pour 4-6 personnes

- 450 g de pâte brisée (➤ voir p. 109)
- 250 g de lardons ou de poitrine demi-sel
- 4 œufs
- 3 dl de crème fraîche
- sel, poivre
- noix de muscade

1. Préparer la pâte brisée et la laisser reposer.
2. Préchauffer le four à 200 °C. Étaler la pâte sur 4 mm.
3. Beurrer et fariner une tourtière de 26 cm de diamètre. Piquer le fond avec une fourchette, le tapisser de papier sulfurisé, y mettre des haricots secs et enfourner de 12 à 14 min. Laisser refroidir. ➔

4 Si l'on n'emploie pas des lardons tout prêts, faire bouillir de l'eau, couper en dés la poitrine demi-sel et la blanchir pendant 5 min. Égoutter les lardons, les éponger et les faire rissoler très légèrement dans une poêle antiadhésive. Les répartir sur le fond de pâte cuite.

5 Battre les œufs en omelette avec la crème fraîche. Saler et poivrer le mélange, râper un peu de muscade puis le verser sur les lardons.

6 Cuire 30 min au four. Servir chaud.

Accompagnée d'une salade verte, cette quiche peut aussi constituer un plat.

Préparation : 30 min ■ **Cuisson :** 30 min environ

Rillons

Pour 700 g environ de rillons

- 500 g de poitrine de porc
- 12 ou 13 pincées de sel
- 165 g de saindoux
- 1 c. à soupe de caramel tout prêt

1 Couper la poitrine de porc en cubes de 5 à 6 cm de côté, sans retirer la couenne. Ajouter le sel, bien mélanger et laisser reposer 12 h au frais.

2 Dans une cocotte, faire fondre le saindoux. Y faire rissoler les morceaux de porc, puis réduire le feu et laisser mijoter 2 h.

3 Ajouter alors le caramel, chauffer à nouveau et vivement, puis égoutter les rillons.

Les rillons se servent avec du pain de campagne, brûlants ou complètement refroidis.

Préparation : 30 min ■ **Repos :** 12 h ■ **Cuisson :** 2 h

Rissoles : préparation

Pour 4 personnes

- 500 g de pâte à brioche ou feuilletée ou à foncer
- huile de friture

1 Préparer la pâte (➤ voir p. 109, 110 ou 111) et l'étaler sur une épaisseur de 3 à 4 mm. Avec un emporte-pièce cannelé rond ou ovale de 6 cm de diamètre, découper 24 ronds de pâte.

2 Déposer une noix de farce (15 g environ) au centre de la moitié de ces ronds.

3 Avec un pinceau trempé dans l'eau, humecter le bord, recouvrir d'un second rond de pâte et presser pour bien coller les bords. (Dans le cas d'une pâte à brioche, quand les rissoles sont terminées, les laisser lever de 30 à 45 min dans un endroit tiède, à l'abri des courants d'air).

4 Dans tous les cas, frire les rissoles dans de l'huile très chaude (180 °C), les faire dorer sur les deux faces, puis les égoutter et les éponger sur du papier absorbant.

5 Dresser sur un plat garni d'une serviette.

Toutes les farces préparées pour les croquettes, cromesquis et croûtes peuvent être utilisées pour faire des rissoles. Compter 300 g de farce pour 500 g de pâte.

Préparation : 30 min environ

Rissoles à la fermière

Pour 4-6 personnes

- 500 g de pâte à foncer (➤ voir p. 110)
- 1 dl de sauce madère (➤ voir p. 52)
- 1 carotte
- 1 belle branche de céleri
- 100 g de champignons de Paris
- 3 échalotes
- 50 g de beurre
- 300 g de jambon
- sel, poivre

1 Préparer la pâte à foncer et la laisser reposer 1 h.

2 Découper les rissoles (➤ voir recette précédente).

3 Faire la sauce madère et la garder au chaud.

4 Éplucher tous les légumes, les couper en petits dés, hacher les échalotes. Les faire revenir dans le beurre et les cuire doucement jusqu'à ce qu'ils soient bien fondus.

5 Couper le jambon en petits dés.

6 Faire réduire la sauce madère de façon qu'il n'en reste que 3 ou 4 cuillerées à soupe. Mélanger les légumes, le jambon et la sauce et garnir la moitié des rissoles.

7 Achever la préparation et servir les rissoles bien chaudes.

Préparation : 45 min environ

■ **Cuisson :** 15 min environ

Salade tiède de lentilles

Pour 4-6 personnes

- 350 g de lentilles vertes
- 3 gousses d'ail
- 2 oignons
- 2 clous de girofle
- 15 g de beurre
- 1 brin de thym
- 1 feuille de laurier
- 7 dl de vin blanc
- 2 échalotes
- 6 c. à soupe d'huile d'olive
- 2 c. à soupe de vinaigre de vin rouge
- 250 g de lardons
- 2 c. à soupe de persil

1 Mettre les lentilles à tremper 1 h puis les laver. Couper les gousses d'ail en deux. Hacher un oignon. Faire fondre le beurre dans une cocotte et y faire revenir rapidement l'ail, l'oignon haché, le thym et le laurier.

2 Verser les lentilles dans la cocotte, ajouter le vin, le second oignon piqué des clous de girofle, saler, porter à ébullition puis réduire le feu et cuire pendant 40 min.

3 Hacher les échalotes. Préparer la vinaigrette et les y incorporer. Faire dorer les lardons à sec, puis les égoutter.

4 Retirer le thym et le laurier, égoutter les lentilles, les verser dans un plat creux chauffé. Ajouter les lardons, arroser de vinaigrette, mélanger et parsemer de persil ciselé.

Trempage : 1 h ■ **Préparation :** 1 h 30
■ **Cuisson :** 40 min

Soufflé salé : préparation

Pour 4-6 personnes

- 4 dl de sauce Béchamel (➤ voir p. 62)
- 4 œufs
- beurre
- sel, poivre
- noix de muscade

1 Préparer la béchamel, la saler, la poivrer et y râper un peu de muscade. Puis y mélanger la garniture choisie.

2 Préchauffer le four à 220 °C.

3 Battre les blancs en neige avec une pincée de sel. Dans la béchamel, ajouter d'abord les jaunes, un par un, en mélangeant bien à chaque fois, puis les blancs en neige, doucement, en tournant toujours dans le même sens, avec une cuillère en bois, pour ne pas les casser.

4 Beurrer un moule à soufflé de 20 cm de diamètre et y verser la préparation.

5 Cuire 30 min, sans ouvrir la porte du four. Servir immédiatement.

Préparation : 30 min ■ **Cuisson :** 30 min

Soufflé de cervelle à la chanoinesse

Pour 4-6 personnes

- 300 g de cervelle de veau
- 2 dl de béchamel
- noix de muscade
- 60 g de parmesan râpé
- 1 petite boîte de pelures de truffe
- 4 œufs

1 Préparer la cervelle et la faire cuire (➤ voir p. 423) puis la passer au moulin à légumes grille fine.

2 Préparer la béchamel (➤ voir p. 62) et y râper de la muscade.

3 La mélanger avec la purée de cervelle, le parmesan râpé et les pelures de truffe. Procéder ensuite comme dans la recette précédente.

4 Servir avec de la laitue ou avec une salade de mâche.

Préparation : 30 min ■ **Cuisson :** 30 min

Soufflé au crabe

Pour 4-6 personnes

- 1 dl de fond de crustacé du commerce
- 4 dl de sauce Béchamel (➤ voir p. 62)
- 1 boîte de crabe
- 6 œufs
- sel, poivre

1 Égoutter la chair de crabe. Réhydrater le fond de crustacé.

2 Préparer la sauce Béchamel avec 3 dl de lait et le fond de crustacé.

3 Passer le crabe à la moulinette et l'ajouter dans la béchamel.

4 Rectifier l'assaisonnement, puis terminer le soufflé (➤ voir soufflé salé page ci-contre).

soufflé aux crevettes :
remplacer le crabe par 200 g de queues de crevettes décortiquées.

soufflé au homard :
employer 200 g de queues de homard surgelées à la place du crabe.

Préparation : 30 min ■ **Cuisson :** 30 min

Soufflé aux foies de volaille

Pour 4-6 personnes

- 3 échalotes
- 1 petit bouquet de persil
- 250 g de foies de volaille
- 50 g de beurre
- 4 dl de sauce Béchamel
  (➤ voir p. 62)
- 4 œufs
- sel, poivre

1 Éplucher et hacher les échalotes. Hacher le persil. Couper en morceaux les foies de volaille. Faire fondre 20 g de beurre dans une poêle et y faire sauter les foies avec les échalotes et le persil. Saler, poivrer.

2 Passer le tout au mixeur ou au moulin à légumes avec le reste du beurre.

3 Préchauffer le four à 200 °C.

4 Préparer la sauce Béchamel, y incorporer la purée de foies de volaille et terminer le soufflé (➤ voir p. 200).

Préparation : 30 min ■ **Cuisson :** 30 min

Soufflé au fromage

Pour 4-6 personnes

- 150 g de comté ou de beaufort
- 4 dl de sauce Béchamel
  (➤ voir p. 62)
- 4 œufs
- sel, poivre
- noix de muscade

Procéder comme dans la recette du soufflé salé (➤ voir p. 200) en ajoutant, avant les œufs, le fromage râpé.

On peut faire un soufflé au fromage avec tout autre fromage à pâte cuite ou même avec un fromage persillé (roquefort ou bleu d'Auvergne).

Accompagné d'une salade verte, ce soufflé peut être servi comme plat principal.

Préparation : 20 min ■ **Cuisson :** 30 min environ

Soufflé au gibier sauce Périgueux

Pour 4-6 personnes

- 250 g de restes de gibier (faisan ou perdrix)
- 4 dl de fond de gibier
- 4 dl de sauce Béchamel
- 4 œufs
- sel, poivre

1. Piler ou passer au mixeur les restes de gibier.
2. Préparer la sauce Béchamel (➤ voir p. 62) avec le fond de gibier (➤ voir p. 54), y incorporer la viande en purée. Saler, poivrer.
3. Terminer le soufflé (➤ voir soufflé salé p. 200).
4. Le servir avec une sauce Périgueux (➤ voir p. 83).

Préparation : 30 min ■ **Cuisson :** 30 min environ

Soufflé à la pomme de terre

Pour 4-6 personnes

- 4 belles pommes de terre
- 4 c. à soupe de crème fraîche
- 4 œufs
- sel, poivre
- 75 g de fromage râpé (facultatif)

1. Éplucher, couper en morceaux les pommes de terre et les cuire dans un peu d'eau salée.
2. Les passer au moulin à légumes, ajouter la crème et bien mélanger. Saler, poivrer.
3. Ajouter ou non le fromage râpé. Terminer le soufflé (la purée remplace la béchamel habituelle) comme indiqué p. 200 (soufflé salé) et cuire de même.

soufflé au marron ou à la patate douce ou au topinambour :
procéder de la même façon en remplaçant les pommes de terre par la même quantité de marrons ou de patates douces ou de topinambours. Ajouter à volonté 75 g de gruyère râpé ou 50 g de parmesan.

Préparation : 40 min ■ **Cuisson :** 30 min environ

Soufflé au saumon fumé

Pour 4-6 personnes

- 400 g de saumon fumé
- 4 œufs entiers
- 2,5 dl de crème fraîche
- 4 blancs d'œufs
- 20 g de beurre
- sel, poivre

1 Remplir une grande jatte de glaçons. Hacher le saumon fumé en très petits morceaux et le mettre dans un saladier. Placer celui-ci sur les glaçons.

2 Préchauffer le four à 200 °C.

3 Battre les œufs avec la crème et verser peu à peu ce mélange sur le saumon en le travaillant bien à la spatule pendant 7 ou 8 min.

4 Battre les blancs en neige très ferme avec 1 pincée de sel.

5 Incorporer délicatement les blancs en neige à la mousse de saumon en les versant peu à peu et en tournant toujours dans le même sens.

6 Beurrer un moule à soufflé. Verser le tout dans le moule et faire cuire pendant 25 min environ sans ouvrir la porte du four.

Préparation : 20 min ■ **Cuisson :** 25 min environ

Soufflé à la volaille

Pour 4-6 personnes

- 250 g de restes de volaille (pigeon, poulet, dindonneau ou pintade)
- 30 g de beurre
- 4 dl de sauce Béchamel (➤ voir p. 62)
- 4 œufs
- sel, poivre

1 Hacher le reste de volaille cuite, le mélanger avec le beurre et le passer au mixeur ou au moulin à purée grille fine. Saler, poivrer.

2 Préparer la béchamel et terminer le soufflé (➤ voir soufflé salé p. 200). On peut répartir l'appareil dans des ramequins individuels et cuire alors entre 15 et 20 min.

soufflé à la reine :

ajouter 2 cuillerées à soupe de truffe hachée à la volaille mixée.

Préparation : 30 min ■ **Cuisson :** 30 min

Steak and kidney pie

Pour 4-6 personnes

- 400 g de pâte à foncer (➤ voir p. 110)
- 4 œufs
- 250 g d'aiguillette ou de macreuse
- 1 rognon de génisse
- 500 g de pommes de terre
- 2 oignons
- 1 petit bouquet de persil
- 20 g de beurre
- 1 petit verre de bouillon de bœuf (➤ voir p. 48)
- 1 œuf
- sel, poivre

1. Préparer la pâte à foncer et la laisser reposer 1 h.
2. Faire durcir les œufs. Couper la viande en fines languettes. Dégraisser et couper le rognon en petits morceaux. Mélanger les languettes de viande et les morceaux de rognon.
3. Éplucher les pommes de terre, les laver et les couper en fines tranches. Peler les oignons et les couper en rondelles. Hacher le persil.
4. Écaler les œufs et les couper en rondelles.
5. Préchauffer le four à 190 °C. Beurrer un plat à pie (ou un moule à soufflé). Y disposer la moitié de la viande mélangée avec le rognon. Saler et poivrer légèrement, puis parsemer d'un peu de persil haché. Recouvrir d'une couche de pommes de terre, puis d'œufs coupés en rondelles. Ajouter une couche d'oignon puis le reste de la viande. Verser le bouillon.

6. Étaler la pâte de façon que l'abaisse soit plus grande que le plat. La poser dessus. Elle doit retomber et couvrir les bords. Appuyer avec les doigts pour coller la pâte sur tout le bord extérieur du plat.
7. Dorer partout à l'œuf et strier le dessus avec la pointe d'un couteau.
8. Faire une cheminée avec un petit rouleau de papier et l'enfoncer au milieu du couvercle de pâte.
9. Mettre au four pendant 1 h 15. Servir brûlant dans le plat de cuisson.

Préparation : 1 h ■ **Cuisson :** 1 h 15

Tarte au fromage blanc

Pour 4-6 personnes

- 300 g de pâte brisée
  (➤ voir p. 109)
- 500 g de fromage blanc
  égoutté
- 5 c. à soupe de farine
- 5 c. à soupe de crème
  fraîche
- 2 œufs
- 25 g de beurre
- sel, poivre

1 Préparer la pâte brisée, la laisser reposer 1 h. L'abaisser et la placer dans un moule de 26 cm de diamètre.

2 Préchauffer le four à 200 °C.

3 Mélanger le fromage blanc avec la farine puis ajouter la crème fraîche, les œufs, du sel et très peu de poivre.

4 Verser cet appareil dans le moule, parsemer de noisettes de beurre et enfourner pendant 45 min. Servir tiède.

Préparation : 15 min ■ **Cuisson :** 45 min
■ **Repos :** 1 h

Welsh rarebit

Pour 4 personnes

- 250 g de fromage de
  Cheshire
- 2 dl de bière blonde
- 1 c. à dessert de
  moutarde anglaise
- 4 tranches de pain
  de mie
- 25 g de beurre
- poivre

1 Préchauffer le four à 260 °C.

2 Détailler le fromage en fines lamelles et les mettre dans une casserole. Ajouter la bière et la moutarde anglaise. Poivrer. Chauffer le mélange en remuant avec une cuillère en bois jusqu'à ce qu'il soit fluide et homogène.

3 Griller les tranches de pain de mie et les beurrer.

4 Beurrer 4 plats à œuf. Placer une tranche dans chaque plat et verser la préparation au fromage.

5 Passer 3 ou 4 min au four. Servir très chaud.

Préparation : 15 min ■ **Cuisson :** 5 min environ

Hors-d'œuvre et entrées froides

Ananas au jambon fumé

Pour 4 personnes

- 1 gros ananas
  ou 2 ananas moyens
- 300 g de pommes
  de terre fermes
- 200 g de céleri-rave
- 200 g de pommes
  goldens
- 1/2 citron
- 1 échalote
- quelques brins
  de ciboulette
- quelques brins
  de cerfeuil
- 4 tranches de jambon
  fumé
- 1,5 dl de mayonnaise
- 0,5 dl de crème fraîche
- sel, poivre

1 Couper le gros ananas en quatre (ou en deux pour les ananas moyens) dans le sens de la hauteur. Retirer la pulpe et la détailler en petits dés. Réserver les écorces vides.

2 Éplucher et laver les pommes de terre, puis les couper en petits dés. Les cuire à l'eau bouillante salée. Les rafraîchir et bien les égoutter.

3 Éplucher et citronner le céleri-rave et les goldens. Tailler les pommes en petits dés, râper le céleri en julienne. Hacher l'échalote. Ciseler la ciboulette et le cerfeuil de façon à obtenir 1 cuillerée à soupe de chaque herbe.

4 Détailler en lanières très régulières 3 tranches de jambon fumé.

5 Préparer la mayonnaise selon la recette (➤ voir p. 93) et l'allonger ensuite avec la crème fraîche. Goûter et rectifier l'assaisonnement.

6 Mélanger les dés d'ananas, de pomme de terre et de pomme golden, la julienne de céleri, puis ajouter les lanières de jambon, les herbes et la mayonnaise.

7 Mettre cette préparation dans les écorces d'ananas en formant un dôme.

8 Détailler des petits triangles dans la tranche de jambon restante et les rouler en cornets. En décorer le dessus des ananas garnis. Dresser sur le plat de service et servir bien frais.

Préparation : 40 min

Anchoïade

Pour 4-6 personnes

- 125 g d'anchois à l'huile
- 125 g d'anchois salés
- 3 gousses d'ail
- 1 figue sèche
- 1 petit zeste de citron non traité
- 1 c. à soupe d'huile d'olive
- 1 c. à café de vinaigre
- 4-6 tranches de pain de campagne assez épaisses

① Préchauffer le four à 250 °C.

② Éponger les anchois à l'huile dans un papier absorbant. Dessaler les autres anchois sous l'eau du robinet et les éponger. Les couper en petits morceaux.

③ Peler et hacher les gousses d'ail. Couper la figue en petits morceaux. Hacher le zeste de citron.

④ Piler les anchois, l'ail et la figue dans un mortier ou les mixer. Puis ajouter l'huile, le vinaigre et le zeste de citron.

⑤ Tartiner chaque tranche de pain de campagne en faisant bien pénétrer l'anchoïade dans la mie. Faire griller 5-7 min dans le four. Servir aussitôt.

Préparation : 15 min ■ **Cuisson :** 5-7 min

Aspic : préparation

① Mettre le moule choisi pendant 1 h dans le réfrigérateur (ou 10 min au congélateur) pour qu'il soit bien froid.

② Verser dans le moule de la gelée à aspic juste refroidie, mais non prise. Faire tourner rapidement le moule pour chemiser régulièrement le fond et les parois. Le remettre au froid pour faire prendre la gelée mais sans vraiment la laisser durcir.

③ Appliquer sur le fond et le tour les éléments du décor (lames de truffe, œuf dur en rondelles, maigre de jambon, langue écarlate, feuilles d'estragon, saumon fumé, etc.). Il faut également penser, lors de cette mise en place, à l'aspect extérieur de la préparation lorsqu'elle sera démoulée.

④ Mettre à nouveau le moule ainsi garni dans le réfrigérateur pendant 10 min.

⑤ Emplir le moule avec la préparation de base, tasser délicatement, puis couler par-dessus de la gelée. Mettre le moule dans le réfrigérateur jusqu'au moment de servir.

⑥ Le démoulage de l'aspic se fait en plongeant le moule pendant quelques secondes dans de l'eau bouillante ; on le retourne sur un plat froid, que l'on remet quelques instants dans le réfrigérateur avant de servir.

Préparation : 30 min environ ▪ **Réfrigération :** 1 h

Aspic d'asperge

Pour 4 personnes

- 3 dl de gelée
- 1 botte de petites asperges vertes (120-160 g de pointes)
- 160 g de foie gras en bloc
- sel, poivre

① Chemiser de gelée le fond et les parois des ramequins (➤ voir recette précédente).

② Éplucher et faire cuire les asperges dans de l'eau bouillante salée en les gardant un peu fermes (juger de la cuisson en piquant les pointes avec un couteau).

③ Égoutter les asperges et les couper à la hauteur des ramequins. Si elles sont trop grosses, les recouper en deux dans le sens de la longueur, puis les disposer sur le pourtour intérieur des ramequins, tête en bas en les serrant les unes contre les autres.

④ Dans une assiette, écraser le foie gras à la fourchette de façon à en faire une purée. En remplir les ramequins sans tasser.

⑤ Recouvrir de gelée et mettre les ramequins au réfrigérateur pendant 3 ou 4 h avant de les démouler et de les servir.

Préparation : 40 min ▪ **Réfrigération :** 3-4 h

Aspic de crabe, de crevette, de homard ou de langouste

Pour 4 personnes

- 100 g de farce de crevette (➤ voir p. 101)
- 1 œuf
- 3 dl de gelée de poisson déshydratée
- 1 petite tomate
- 4 feuilles d'estragon
- 100 g de crabe (en boîte ou surgelé) ou de petites crevettes décortiquées ou de chair de homard ou de langouste

1 Préparer la farce de crevette. Faire durcir l'œuf.

2 Préparer la gelée en délayant la poudre avec de l'eau.

3 Rafraîchir et écaler l'œuf et le couper en rondelles. Couper la tomate de la même façon.

4 Chemiser quatre moules (➤ voir préparation d'aspic p. 208) et placer une feuille d'estragon, une demi-rondelle d'œuf dur et des demi-rondelles de tomate dans le fond. Couler un peu de gelée sur ce décor.

5 Remplir à demi les moules de chair de crustacé, puis de farce de crevette et compléter avec de la gelée. Mettre au réfrigérateur pendant 5 ou 6 h.

Préparation : 40 min environ ■ **Réfrigération :** 5-6 h

Aspic de foie gras

Pour 4 personnes

- 1 œuf
- 3 dl de gelée au madère (ou au xérès)
- 200 g de foie gras
- 25 ou 45 g de truffe

1 Faire durcir l'œuf. Préparer la gelée (employer un produit déshydraté). Séparer le blanc et le jaune de l'œuf, hacher le blanc.

2 Chemiser quatre moules de gelée (➤ voir préparation d'aspic p. 208) en y ajoutant du blanc d'œuf haché et 25 g de truffe également hachée.

3 Couper le foie gras en lamelles et les disposer à l'intérieur des ramequins. Ajouter éventuellement 20 g de truffe également coupée en lamelles.

4 Finir de remplir les moules de gelée et mettre dans la partie la plus froide du réfrigérateur. Démouler au moment de servir.

Préparation : 30 min environ ■ **Réfrigération :** 5-6 h

Aspic de poisson

Pour 4 personnes

- 3 dl de gelée de poisson déshydratée
- 100 g de filets de poisson
- 100 g de mousse de poisson (➤ voir p. 192)
- 1 petite tomate
- 1 œuf
- 4 feuilles d'estragon

Procéder comme pour l'aspic de crabe (➤ voir recette page précédente) en remplaçant les crustacés par des filets de poisson (cabillaud, merlan, colin, saumon, truite rose, haddock, flétan ou tout autre poisson) cuits à l'eau ou à la vapeur, et la farce de crevette par la mousse de poisson.

On pourra mélanger à la mousse de poisson 1 cuillerée à soupe de persil finement haché.

Préparation : 40 min ■ **Réfrigération :** 5-6 h

Aspic de saumon fumé

Pour 4 personnes

- 3 dl de gelée de poisson
- 3 c. à soupe de xérès
- 100 g de farce de saumon (➤ voir farce mousseline p. 102)
- 100 g de salade russe (➤ voir p. 235)
- 100 g de saumon fumé

1. Préparer la gelée de poisson en lui ajoutant le xérès.
2. Préparer la farce de saumon et la salade russe.
3. Couper le saumon en lamelles.
4. Chemiser quatre moules (➤ voir préparation d'aspic p. 208).
5. Déposer de la salade russe sur les lamelles de saumon fumé et rouler celles-ci. Les ranger dans les moules en alternant une couche de saumon garni et une couche de farce de saumon. Compléter avec de la gelée.
6. Faire prendre dans le réfrigérateur et démouler au moment de servir.

La salade russe pourra se faire rapidement avec 100 g de macédoine de légumes en boîte mélangée avec 2 cuillerées à soupe de mayonnaise du commerce.

Préparation : 1 h ■ **Réfrigération :** 5-6 h

Avocats farcis à l'américaine

Pour 4 personnes

- 125 g de germes de soja
- 1,5 dl de mayonnaise
- piment de Cayenne
- 2 avocats
- 1/2 citron
- 250 g d'ananas frais ou en conserve au naturel
- 1 petite tomate
- 2 c. à soupe de persil ciselé
- sel, poivre

1 Faire bouillir de l'eau dans une casserole, y plonger les germes de soja, les retirer aussitôt et les égoutter.

2 Préparer la mayonnaise (➤ voir p. 93) avec 2 cuillerées à café de moutarde et 1 pointe de piment de Cayenne.

3 Ouvrir les avocats en deux et retirer la pulpe avec une cuillère parisienne (si l'on n'a pas cet instrument, couper la pulpe en cubes réguliers). Presser quelques gouttes de citron à l'intérieur des écorces et les répartir avec le doigt (pour empêcher le noircissement). Saler, poivrer et citronner aussi la pulpe en mélangeant bien.

4 Couper en petits cubes l'ananas frais ou en conserve. Mélanger ananas et soja avec la mayonnaise bien relevée, puis ajouter les dés d'avocat.

5 Remplir en dôme les demi-avocats évidés et les garnir d'une rondelle de tomate. Les parsemer de persil ciselé et les mettre dans le réfrigérateur jusqu'au moment de servir.

Préparation : 30 min

Avocats farcis au crabe

Pour 4 personnes

- 1,5 dl de mayonnaise
- piment de Cayenne
- 1 c. à soupe de ketchup
- 250 g de crabe en boîte ou surgelé
- 2 avocats
- 1/2 citron
- paprika
- sel, poivre

1 Préparer la mayonnaise (➤ voir p. 93) avec 2 cuillerées à café de moutarde et 1 pointe de piment de Cayenne (en réserver 2 cuillerées à soupe et les mélanger avec le ketchup).

2 Émietter la chair de crabe en éliminant les cartilages.

3 Ouvrir les avocats, retirer la pulpe avec une cuillère parisienne ou en la coupant en cubes réguliers. Saler, poivrer, citronner la pulpe et l'intérieur des écorces.

④ Mélanger la mayonnaise et la chair de crabe, puis ajouter délicatement la pulpe.

⑤ Remplir les avocats en dôme. Décorer de mayonnaise tomatée à la poche à douille cannelée. Poudrer de paprika.

Préparation : 30 min

Carolines à la hollandaise

Pour 12 carolines

- 4 œufs
- 200 g de pâte à choux (➤ voir p. 110)
- 4 filets de harengs salés
- 95 g de beurre
- 1 c. à soupe de ciboulette hachée
- 2 c. à soupe de persil haché
- poivre

① Faire durcir 3 œufs.

② Préchauffer le four à 190 °C. Préparer la pâte à choux et la mettre dans une poche à douille. Tapisser la plaque avec du papier sulfurisé et y déposer 12 bâtonnets de 4 cm de long environ.

③ Séparer le blanc et le jaune du dernier œuf, mettre le jaune dans un bol et, avec un pinceau, dorer chaque caroline. Enfourner pour 10 min et laisser refroidir.

④ Dessaler les filets de hareng sous l'eau du robinet, en retirer les arêtes avec une pince à épiler, les parer, les éponger.

⑤ Les piler ou les passer dans un mixeur avec les jaunes de 2 œufs durs et 80 g de beurre. Ajouter la ciboulette et 1 cuillerée de persil. Poivrer.

⑥ Mettre la farce dans une poche à douille. Fendre légèrement les éclairs sur le côté et, par cette ouverture, les emplir de farce.

⑦ Faire fondre le reste du beurre et en badigeonner les carolines. Bien écraser le dernier jaune d'œuf dur, puis le mélanger avec le reste de persil haché et en parsemer les carolines. Mettre au frais avant de servir.

Préparation : 30 min ■ **Cuisson :** 10 min

Choux à la mousse de foie gras

Pour 12 choux

- 200 g de pâte à choux (➤ voir p. 110)
- 200 g de crème fouettée
- 200 g de mousse de foie gras
- 1 œuf

1. Préparer la pâte à choux et procéder comme dans la recette précédente mais en déposant des choux sur la plaque.
2. Battre la crème. La mélanger avec la mousse de foie gras (achetée chez le charcutier).
3. Percer le fond des choux avec une pointe de couteau, puis les garnir avec une poche à douille.

Préparation : 30 min ■ **Cuisson :** 10 min

Citrons farcis

Pour 4-6 personnes

- 2 dl d'aïoli (➤ voir p. 93)
- 4 œufs
- 30 grosses olives noires
- 1 petit bouquet de persil
- 6 gros citrons
- 1 boîte de thon ou de saumon au naturel

1. Préparer l'aïoli.
2. Faire durcir les œufs.
3. Dénoyauter les olives noires, en mettre six de côté et hacher les autres ainsi que le persil.
4. Décalotter les citrons du côté de la queue. Avec un couteau ou une petite cuillère à bord tranchant, les évider complètement sans percer l'écorce.
5. Émietter le thon ou le saumon. Écaler les œufs, prélever les jaunes et les écraser avec une fourchette. Mélanger la pulpe et le jus de citron avec le poisson, ajouter le hachis d'olive et de persil, les jaunes et l'aïoli. Goûter et rectifier l'assaisonnement.
6. Garnir les écorces avec cette farce, décorer chaque citron d'une olive noire et mettre dans le réfrigérateur jusqu'au moment de servir.

On peut remplacer le mélange thon-aïoli ou saumon-aïoli par un mélange sardines à l'huile-beurre.

Préparation : 30 min

Cocktail de crabe

Pour 4-6 personnes

- 2,5 dl de mayonnaise
- 1 c. à soupe de ketchup
- 1 bouquet d'estragon
- 3 échalotes
- 1 verre de vin blanc
- 1 pointe de piment de Cayenne
- 1 verre à liqueur de cognac (facultatif)
- 1 ou 2 boîtes de crabe (400 g net)
- vinaigrette
- 1 petite laitue
- sel, poivre

① Préparer la mayonnaise (➤ voir p. 93), bien l'assaisonner, lui ajouter le ketchup et une cuillerée à soupe d'estragon haché. La réserver au frais.

② Éplucher et hacher les échalotes, les mettre dans une petite casserole avec le vin blanc et cuire doucement jusqu'à ce que le liquide soit résorbé. Laisser refroidir.

③ Ajouter échalotes et vin, en mélangeant bien, à la mayonnaise. Goûter et rectifier l'assaisonnement, ajouter le piment de Cayenne et, éventuellement, le cognac. Puis bien mélanger cette sauce avec la chair de crabe émiettée.

④ Préparer 2 ou 3 cuillerées de vinaigrette. Laver la laitue, la couper en chiffonnade (petites lanières) et l'assaisonner avec la vinaigrette.

⑤ Répartir cette laitue dans des coupes, puis y déposer le cocktail de crabe et réserver au frais.

⑥ Parsemer d'un peu d'estragon finement ciselé juste au moment de servir.

cocktail de crevettes :

remplacer la chair de crabe par la même quantité de crevettes décortiquées. On peut décorer chaque coupe avec des œufs durs et des tomates coupées en rondelles, en finissant par une crevette rose décortiquée.

Préparation : 30 min

Cœurs de palmier aux crevettes

Pour 4-6 personnes

- 1 boîte de cœurs
- de palmier
- 500 g de crevettes roses
- 150 g de germes de soja
- 2 dl de sauce mayonnaise (➤ voir p. 93)
- ketchup
- piment de Cayenne
- 1 petite laitue
- sel, poivre

1 Égoutter les cœurs de palmier, les rafraîchir sous l'eau froide, les éponger et les détailler en gros bâtonnets.

2 Décortiquer les queues de crevette. (Garder les têtes et les congeler pour une autre utilisation, fond ou sauce.)

3 Ébouillanter les germes de soja.

4 Préparer la mayonnaise en y ajoutant 1 pointe de piment de Cayenne et 1 bonne cuillerée à soupe de ketchup.

5 Mélanger bien tous les éléments, saler, poivrer puis réserver au frais.

6 Laver la laitue, choisir les plus belles feuilles, les sécher et les couper en chiffonnade (petites lanières). En tapisser des coupes individuelles, répartir le mélange dedans et réserver au réfrigérateur jusqu'au moment de servir.

Préparation : 30 min

Cornets de saumon fumé aux œufs de poisson

Pour 4 personnes

- 2 dl de crème liquide
- 1/2 citron
- 50 g de raifort râpé
- 4 tranches de saumon fumé de 40 g chacune
- 320 g d'œufs de poisson (caviar, saumon, lump)
- 1 petite laitue
- 2 c. à soupe de vinaigrette (➤ voir p. 98)

1 Fouetter la crème et lui ajouter quelques gouttes de jus de citron et le raifort râpé. Goûter et rectifier l'assaisonnement.

2 Rouler en cornets les tranches de saumon fumé. Déposer tout au fond une cuillerée à dessert de crème fouettée au raifort. Ajouter les œufs de poisson par-dessus.

3 Laver la laitue, l'éponger et couper ses plus jolies feuilles en chiffonnade (fines lanières). L'assaisonner avec la vinaigrette et la déposer dans le fond du plat de service. Disposer les

- 2 citrons
- sel, poivre

cornets par-dessus et décorer de citrons coupés en quartiers.

④ Servir le reste de la crème au raifort en saucière.

Préparation : 30 min

Feuilles de vigne farcies

Pour 15 feuilles de vigne

- 15 grandes feuilles de vigne
- 50 g de riz au gras (➤ voir p. 831)
- 100 g d'oignons
- 1 dl d'huile d'olive
- 60 g d'agneau
- 1 c. à café de menthe fraîche
- 1 c. à café de bouillon déshydraté
- 1 citron
- 1 c. à café de graines de coriandre

① Plonger les feuilles de vigne dans de l'eau bouillante pendant 2 min au maximum. Les rafraîchir sous l'eau froide, les étaler sur un torchon, les éponger.

② Cuire le riz en le laissant un peu ferme.

③ Éplucher et hacher grossièrement les oignons et les faire fondre sans les colorer, dans une casserole, avec 1 cuillerée d'huile d'olive.

④ Hacher l'agneau et le dorer à la poêle avec un peu d'huile.

⑤ Hacher la menthe fraîche.

⑥ Dans un saladier, bien mélanger tous ces éléments. Puis poser une boulette de cette farce au centre de chaque feuille. Rabattre dessus le côté pointu et le côté queue, puis rouler en cylindre et maintenir fermé. Ficeler avec du fil de cuisine.

⑦ Délayer le bouillon en poudre dans un 1/2 verre d'eau.

⑧ Huiler une sauteuse, y ranger les rouleaux bien serrés les uns contre les autres. Arroser d'une cuillerée d'huile d'olive, du jus du citron et du bouillon. Ajouter la coriandre. Couvrir et cuire pendant 20 min à petits frémissements.

⑨ Égoutter les feuilles de vigne et les laisser refroidir complètement avant de retirer les fils.

Préparation : 1 h ■ **Cuisson :** 20 min

Filets de maquereau au vin blanc

Pour 4 personnes

- 4 maquereaux de 200 g environ
- 1 grosse carotte
- 1 gros oignon
- 2 brins de thym
- 1 petite feuille de laurier
- 6 grains de poivre
- 1 clou de girofle
- 5 dl de vin blanc
- 1 citron non traité
- 1 c. à soupe de vinaigre de vin blanc

1 Faire lever les filets de maquereau par le poissonnier. Les ranger dans un plat creux allant au four, saupoudrer de sel fin et mettre 1 h au réfrigérateur.

2 Préchauffer le four à 180 °C.

3 Éplucher et couper en fines rondelles la carotte et l'oignon. Les mettre dans une casserole avec le thym, le laurier, le poivre, le clou de girofle et le vin blanc. Porter à ébullition, baisser le feu et cuire 10 min.

4 Couper le citron en fines rondelles et l'ajouter ainsi que le vinaigre. Cuire encore 2 min et verser le tout sur les maquereaux.

5 Enfourner pour 5 min. Laisser refroidir et mettre pour 24 h au réfrigérateur avant de servir.

Préparation : 15 min ■ **Repos :** 1 h + 24 h
■ **Cuisson :** 17 min

Galantine de volaille

Pour 8-10 personnes

- 1 très gros poulet
- 250 g d'échine de porc sans os
- 250 g d'épaule de veau
- 150 g de lard gras
- 150 g de jambon d'York ou de jambon blanc
- 150 g de langue écarlate ou de jambon
- 150 g de pistaches mondées
- 2 œufs
- sel, poivre
- 1 dl de cognac

1 Flamber et vider le poulet, couper les pattes et les ailerons. Fendre la volaille sur le dos jusqu'à la naissance du croupion et, à l'aide d'un petit couteau, la désosser complètement sans la déchirer. L'étaler sur la table, retirer toute la chair et la détailler en petits cubes réguliers.

2 Hacher finement dans un mixeur l'échine de porc et l'épaule de veau. Couper en petits dés le lard, le jambon et la langue écarlate.

3 Les mélanger avec les morceaux de poulet, les pistaches, le hachis de porc et de veau, les œufs battus en omelette, le cognac, sel, poivre et quatre-épices. Travailler ce mélange avec les mains humides pour le rendre plus homogène et le façonner en boule puis en rectangle.

- 1/2 c. à café de quatre-épices
- 5 l de gelée au madère du commerce

4 Disposer la farce à l'intérieur de la peau et rabattre celle-ci tout autour, en l'étirant bien sans la déchirer.

5 Mouiller un torchon fin, l'essorer et y rouler la galantine, en serrant. Avec de la ficelle de cuisine, bien enfermer la galantine, comme un paquet, aux deux extrémités et tout autour.

6 Reconstituer la gelée et la faire chauffer. Mettre la galantine dans la gelée bouillante, puis la laisser mijoter pendant 3 h.

7 L'égoutter en pressant le torchon, la placer sur le plan de travail, poser dessus une planche et un poids pour l'aplatir un peu. Dégraisser la cuisson, puis la laisser reposer jusqu'à complet refroidissement.

8 Déballer la galantine, l'essuyer complètement, la mettre sur une grille puis la recouvrir de plusieurs couches de gelée passées au pinceau toutes les 10 min.

Préparation : 1 h ■ **Cuisson :** 3 h

Gougères aux céleri-rave et céleri-branche, crème de caviar

Pour 4 personnes

- 250 g de pâte à gougère
- 1 salade frisée
- 1 citron
- 100 g de céleri-rave
- 100 g de céleri-branche
- 2 dl de crème liquide
- 30 g de caviar
- 100 g de mâche
- sel, poivre

1 Préchauffer le four à 240 °C. Préparer la pâte à gougère (➤ voir gougères p. 166) et la mettre dans une poche à grosse douille cannelée.

2 Sur la plaque beurrée, déposer 4 couronnes de 10 cm de diamètre et les cuire au four pendant 10 min environ.

3 Quand elles sont froides, les couper en deux horizontalement.

4 Trier, laver et ciseler grossièrement la salade frisée, l'assaisonner de sel, poivre et jus de citron.

5 Laver les céleris et les couper en très fins bâtonnets.

6 Battre la crème. ➜

7 Mélanger la salade et les céleris avec la crème fouettée et le caviar, en travaillant délicatement avec 2 fourchettes pour ne pas écraser les œufs de poisson. Garnir 4 demi-couronnes de ce mélange.

8 Dresser sur chaque assiette un tour de feuilles de mâche, déposer au centre une demi-couronne garnie et recouvrir avec l'autre moitié de la couronne.

On peut remplacer le caviar soit par des œufs de saumon, soit par des œufs de lump.

Préparation : 45 min ■ **Cuisson :** 10 min environ

Hors-d'œuvre mungo

Pour 4 personnes

- 500 g de germes de soja
- 4 c. à soupe d'huile d'olive
- 4 œufs
- 2 blancs de poulet cuit
- vinaigre de xérès
- piment de Cayenne
- 1 bouquet de cerfeuil frais
- 8 tomates cerises
- sel

1 Laver les germes de soja, les égoutter, puis les faire blanchir 1 min dans une casserole d'eau bouillante. Les égoutter.

2 Faire chauffer 2 cuillerées à soupe d'huile d'olive dans une grande poêle, y verser les germes de soja et les faire revenir rapidement en les retournant souvent pendant 2 min. Les égoutter et les laisser refroidir.

3 Faire durcir les œufs, les rafraîchir et les écaler.

4 Détailler les blancs de volaille en petites languettes.

5 Préparer une vinaigrette avec le reste d'huile d'olive, 1 cuillerée à soupe de vinaigre de xérès, 1 pincée de piment de Cayenne et le cerfeuil finement ciselé.

6 Laver et essuyer les tomates cerises.

7 Mettre les germes de soja dans un saladier, ajouter la vinaigrette et les lamelles de blanc de poulet. Mélanger le tout.

8 Verser cette salade au centre d'un plat rond. Couper les œufs durs en rondelles et les disposer sur la salade. Entourer de tomates cerises et servir en entrée froide.

Préparation : 20 min ■ **Cuisson :** 13 min

Œufs de poisson grillés

Pour 4 personnes

- 200-250 g d'œufs de poisson (mulet ou autre)
- 2 c. à soupe d'huile d'olive
- 1 citron
- 40 g de beurre
- sel, poivre

1 Mettre les œufs de poisson dans un saladier et les mélanger doucement avec l'huile, le jus de citron, sel et poivre. Les laisser reposer 30 min.

2 Faire fondre le beurre dans une poêle et cuire les œufs de poisson 10 min à feu doux.

Servir avec du pain de seigle, du beurre et du citron.

Préparation : 15 min ■ **Repos :** 30 min
■ **Cuisson :** 10 min

Pamplemousses aux crevettes

Pour 4 personnes

- 1 c. à soupe de vinaigre
- 3 c. à soupe d'huile d'olive
- 1/2 c. à café de sucre
- 1 c. à soupe de sauce soja
- 1 c. à café de gingembre en poudre
- 1 c. à soupe de ketchup
- 1 c. à café de miel
- 150 g de queues de crevettes roses
- 1 petit concombre
- 2 pamplemousses
- sel, poivre

1 Préparer la vinaigrette en mélangeant le vinaigre et une pincée de sel, puis l'huile d'olive, le sucre, la sauce soja, le gingembre en poudre, le ketchup, le miel et du poivre. Bien mélanger le tout.

2 Décortiquer les queues de crevette.

3 Éplucher le concombre, enlever les pépins et le couper en fines lamelles.

4 Peler à vif (en enlevant soigneusement la peau blanche) les pamplemousses et couper les quartiers en petits morceaux.

5 Mélanger les crevettes et le concombre avec la sauce. Goûter et rectifier l'assaisonnement puis ajouter les pamplemousses et remuer très délicatement.

6 Disposer dans des coupes et réserver au frais.

Préparation : 15 min

Pâté de foie maison

Pour 6 personnes

- 120 g de barde de lard
- 300 g de foie de génisse
- 300 g de foie de porc
- 1 œuf
- 1 c. à café de thym
- 1 c. à café de marjolaine
- 1 c. à café de sauge
- 1 c. à soupe de cognac
- 2 c. à soupe de madère
- 1 feuille de laurier
- sel, poivre

1 Faire couper la barde en fines languettes par le boucher.

2 Préchauffer le four à 200 °C. Couper les foies en petits morceaux, puis les hacher finement.

3 Ajouter l'œuf entier, les aromates, le cognac et le madère, l'un après l'autre. Saler, poivrer et bien mélanger à nouveau. Goûter et rectifier éventuellement l'assaisonnement.

4 Verser cette préparation dans une terrine. Disposer les languettes de barde par-dessus en croisillons. Ajouter au milieu la feuille de laurier.

5 Placer la terrine dans un grand plat à gratin empli d'eau bouillante à mi-hauteur. Mettre au four 45 min.

6 Laisser refroidir, couvrir et mettre au réfrigérateur pendant 24 h au moins.

Préparation : 30 min ■ **Cuisson :** 45 min
■ **Réfrigération :** 24 h

Pâté de lapin aux noisettes

Pour 6 personnes

- 1 lapin de 1,5 kg
- 150 g de barde de lard
- 500 g de foies de volaille
- 1 dl de porto
- 2 oignons
- 1 bouquet de cerfeuil
- 500 g de chair à saucisse
- 1 œuf
- 1 c. à café de thym
- 1/2 feuille de laurier
- 16 noisettes mondées
- sel, poivre

1 Faire désosser entièrement le lapin et couper la barde en fines languettes par le boucher.

2 Préchauffer le four à 190 °C. Couper les foies de volaille en dés, les mettre dans un saladier, verser le porto et laisser mariner 30 min.

3 Pendant ce temps, hacher les oignons, ciseler le cerfeuil et couper la viande de lapin en petits morceaux. Mettre les morceaux de lapin dans un saladier avec la chair à saucisse, ajouter l'œuf et mélanger. Saler, poivrer, ajouter l'oignon et le cerfeuil hachés, les aromates, les noisettes entières et la moitié du porto de marinade et mélanger. Goûter et rectifier l'assaisonnement.

④ Tapisser une terrine avec les 3/4 environ de la barde et y verser la moitié de la farce. Recouvrir avec les foies de volaille puis avec le reste de farce. Garnir le dessus avec la barde restante.

⑤ Faire cuire au four au bain-marie pendant 2 h.

⑥ Laisser refroidir, couvrir et mettre au réfrigérateur pendant 24 h au moins.

Préparation : 40 min ■ **Marinade :** 30 min
■ **Cuisson :** 2 h ■ **Réfrigération :** 24 h

Pâté de saumon

Pour 8-10 personnes

- 600 g de farce pour poisson (➤ voir p. 103)
- 1 truffe
- 500 g de pâte à foncer (➤ voir p. 110)
- 2 c. à soupe de fines herbes
- 500 g de filet de saumon
- 1 dl d'huile d'olive ou d'arachide
- sel, poivre

① Préparer la farce de poisson, hacher la truffe et l'ajouter à la farce.

② Préparer la pâte à foncer. Préchauffer le four à 190 °C.

③ Hacher les fines herbes.

④ Couper le saumon en escalopes de 5 à 6 cm environ et les mettre à macérer dans un saladier avec l'huile, du sel, du poivre et les fines herbes pendant 1 h.

⑤ Couper les 2/3 de la pâte environ, l'étaler sur une épaisseur de 4 mm, puis tapisser l'intérieur d'une terrine ronde ou ovale avec ce morceau. Couper ce qui dépasse.

⑥ Garnir le fond de la moitié de la farce de poisson, puis recouvrir avec les escalopes de saumon égouttées et le reste de la farce. Reformer une boule avec les chutes de pâte et le tiers restant, l'étaler et couvrir le dessus du pâté. Couper ce qui dépasse.

⑦ Creuser une cheminée au centre en y glissant un petit carton roulé.

⑧ Cuire 1 h 15 au four. Servir froid.

Préparation : 1 h 30 ■ **Cuisson :** 1 h 15

Pissaladière

Pour 4-6 personnes

- 500 g de pâte à pain (➤ voir p. 113)
- 1 dl d'huile d'olive
- 1 kg d'oignons
- 3 gousses d'ail
- 1 branche de thym
- 1/2 feuille de laurier
- 1 c. à soupe de câpres
- 1 petite boîte de filets d'anchois salés
- 20 olives noires de Nice
- sel, poivre

1. Préparer la pâte à pain, puis lui incorporer 4 cuillerées à soupe d'huile. La pétrir à la main, la rouler en boule et la laisser lever 1 h à température ambiante.

2. Hacher les oignons. Écraser l'ail. Dans une grande poêle, mettre 4 ou 5 cuillerées à soupe d'huile, ajouter les oignons et les faire fondre doucement à couvert, avec très peu de sel, un peu de poivre, l'ail écrasé, thym et laurier.

3. Avec une fourchette, piler les câpres en purée, les ajouter à la purée d'oignon et mélanger.

4. Préchauffer le four à 240 °C. Aplatir la pâte en un cercle et la déposer sur la plaque huilée. Y étaler la purée d'oignon, sans aller tout à fait jusqu'au bord.

5. Dessaler les filets d'anchois sous le robinet, les éponger et les répartir sur la purée en les enfonçant un peu. Disposer les olives en les enfonçant également.

6. Façonner tout le tour de la pâte pour former un rebord qui maintienne la garniture. Cuire pendant 20 min. Servir tiède ou froid.

Préparation : 1 h ■ **Cuisson :** 20 min

Poires Savarin

Pour 4 personnes

- 50 g de roquefort
- 25 g de beurre
- 4 poires
- 1/2 citron
- 4 c. à dessert de crème fraîche
- paprika

1. Malaxer le roquefort avec le beurre.

2. Peler les poires, les couper en deux et les citronner pour les empêcher de noircir. Avec une petite cuillère, enlever les pépins. Remplir la cavité de roquefort au beurre.

3. Dresser les poires dans un plat ou sur des assiettes individuelles et les napper de crème fraîche. Poudrer de paprika. Servir très frais.

Préparation : 15 min

Poissons marinés à la grecque

Pour 4-6 personnes

- 2 poivrons
- 1 gousse d'ail
- 100 g d'oignons
- 1,5 dl d'huile d'olive
- 1,5 dl de vin blanc
- 1,5 dl d'eau
- 1 citron
- 1 bouquet garni
- 4 pincées de sel
- poivre
- 500 g de rougets ou de sardines en filets

1 Couper les poivrons en petits bâtonnets. Écraser l'ail sans l'éplucher. Éplucher et couper finement les oignons.

2 Faire chauffer l'huile d'olive dans une casserole, y ajouter les oignons et les cuire à couvert pendant 10 min.

3 Ajouter le vin blanc, l'eau et le jus passé du citron puis les poivrons, l'ail, le bouquet garni, le sel et du poivre. Faire bouillir 15 min.

4 Pendant ce temps, désarêter les poissons avec une pince à épiler.

5 Verser la marinade chaude sur les poissons, laisser refroidir puis mettre au frais.

Préparation : 30 min ■ **Cuisson :** 25 min environ

Rillettes de Tours

Pour 500 g de rillettes

- 750 g de morceaux de porc gras et maigres avec et sans os (cou, échine, jambon, poitrine, etc.)
- 1 clou de girofle
- 3 grains de poivre noir
- 1 brin de thym
- 1 feuille de laurier
- 2 c. à café de sel

1 Avec un petit couteau, séparer le gras du maigre, puis désosser soigneusement tous les morceaux. Casser les os en gros morceaux (en les mettant dans un torchon et en tapant dessus avec un marteau). Couper le maigre en lanières, hacher grossièrement le gras.

2 Enfermer le clou de girofle, les grains de poivre, le thym et le laurier dans un petit morceau de mousseline.

3 Déposer le gras dans une grande cocotte de fonte, placer dessus les os concassés, puis les lanières de viande maigre. Ajouter le « nouet » de mousseline puis le sel. Couvrir la cocotte et laisser mijoter 4 h.

4 Ôter le couvercle, augmenter le feu et retirer les os. S'il y reste de la chair attachée, la récupérer et la remettre dans la cocotte. ➡

5 Remettre à cuire en remuant sans arrêt jusqu'à ce qu'il ne s'échappe plus du tout de vapeur du récipient ; c'est seulement alors que la cuisson est terminée.

6 Retirer le nouet. Verser les rillettes en les répartissant dans des pots de grès (ou des bocaux) et en mélangeant bien pour homogénéiser le gras et le maigre. Laisser refroidir ; la graisse monte normalement en surface.

7 Couvrir d'un film alimentaire et conserver dans un endroit sec et frais.

Préparation : 1 h ■ **Cuisson :** 4 h 30 environ

Salade Ali-Bab

Pour 4-6 personnes

- 1 petite courgette
- 4 petites pommes de terre
- 3 œufs durs
- 1,5 dl de mayonnaise (➤ voir p. 93)
- 4 petites tomates ou 10-12 tomates cerises
- 300 g de crevettes roses
- 1 c. à soupe de fines herbes hachées
- 1 dl de vinaigrette (➤ voir p. 98)
- sel, poivre

1 Faire cuire la courgette à l'eau salée en la gardant assez ferme, puis la couper en petits bâtonnets.

2 Faire cuire les pommes de terre à l'eau dans leur peau, les éplucher et les couper en rondelles.

3 Faire durcir les œufs, les refroidir, les écaler et les couper en quartiers.

4 Pendant les cuissons, préparer la mayonnaise.

5 Ébouillanter les tomates, les peler, les couper en quatre et les épépiner.

6 Décortiquer les crevettes et les mélanger avec la mayonnaise et les fines herbes.

7 Dans un saladier, disposer les crevettes en dôme. Entourer des bâtonnets de courgette, des rondelles de pommes de terre, des quartiers d'œuf dur et des tomates. Arroser de vinaigrette au moment de servir. Ne pas mélanger.

Des fleurs de capucine pourront décorer joliment cette salade.

Préparation : 30 min ■ **Cuisson :** 15 min

Salade américaine

Pour 4 personnes

- 4 œufs
- 1 ananas
- 1 grande boîte de maïs (300 g net)
- 1 reste de blanc de poulet
- 1 concombre
- 1/2 verre de vinaigrette (➤ voir p. 98)
- 2 c. à soupe de ketchup
- 1 laitue
- 4 tomates cerises

1 Faire durcir les œufs.

2 Couper de 4 à 6 tranches dans l'ananas, ôter l'écorce. Découper les tranches en dés pour en avoir 4 bonnes cuillerées à soupe.

3 Égoutter le maïs. Couper le reste de poulet en petits dés. Peler le concombre, l'épépiner et le couper de façon à en avoir aussi 4 cuillerées à soupe.

4 Préparer la vinaigrette, la mélanger avec le ketchup.

5 Refroidir et écaler les œufs, les couper en quatre. Puis mélanger tous les ingrédients avec la vinaigrette.

6 Garnir 4 coupes de belles feuilles de laitue. Disposer par-dessus un dôme de salade et le coiffer d'une tomate cerise.

Préparation : 30 min ■ **Cuisson :** 10 min

Salade aux anchois à la suédoise

Pour 4-6 personnes

- 2 œufs
- 1/2 verre de vinaigrette à la moutarde
- 1 ou 2 citrons
- 6 pommes granny-smith
- 2 betteraves rouges cuites
- 6-8 filets d'anchois salés ou à l'huile
- 4 belles têtes de champignons de Paris

1 Faire durcir les œufs. Préparer la vinaigrette. Presser le jus de citron et le verser dans un saladier. Couper en dés les pommes. Les rouler dans le jus de citron pour les empêcher de noircir, les égoutter et les mettre dans un autre saladier. Couper en dés les betteraves, les ajouter et mélanger.

2 Dessaler les anchois sous le robinet (ou éponger les anchois à l'huile dans un papier absorbant) et les disposer sur le dessus de la salade.

3 Refroidir et écaler les œufs durs. Hacher séparément le blanc et le jaune et les saupoudrer régulièrement. Laver et couper en fines lamelles les têtes de champignon, les passer dans le jus de citron et les disposer avec goût.

Préparation : 30 min ■ **Cuisson :** 10 min

Salade de betteraves à la scandinave

Pour 4-6 personnes

- 4 œufs
- 2 betteraves rouges cuites
- 1/2 verre de vinaigrette
- 1/2 bouquet de persil
- 2 oignons
- 4-6 filets de harengs à l'huile (➤ voir p. 357) ou de harengs sucrés scandinaves

1 Faire durcir les œufs. Préparer la vinaigrette.

2 Couper les betteraves en dés et les mélanger avec la vinaigrette.

3 Détacher les feuilles du persil et les ciseler au couteau ou avec des ciseaux. Éplucher les oignons, les couper en rondelles, défaire les anneaux et en parsemer les betteraves.

4 Détailler les harengs en petits tronçons et les ajouter.

5 Couper les œufs en quartiers et les répartir sur le dessus des betteraves. Parsemer de persil ciselé.

Préparation : 20 min ■ **Cuisson :** 10 min

Salade de bœuf

Pour 4-6 personnes

- 250 g de bœuf
- 6 petites pommes de terre
- 1,5 dl de vin blanc
- 1 c. à soupe d'huile d'olive
- 4 tomates
- 1 oignon
- 1/2 bouquet de cerfeuil
- 1/2 verre de vinaigrette à la moutarde
- sel, poivre

1 Faire cuire le bœuf pendant 30 min dans 0,5 litre de bouillon ou utiliser un reste.

2 Faire cuire les pommes de terre dans leur peau puis les éplucher chaudes et les couper en fines rondelles. Les saler, les poivrer, verser dessus le vin blanc et l'huile. Les retourner de temps en temps pour qu'elles s'imprègnent bien de cette sauce.

3 Tailler les tomates en rondelles minces. Éplucher et couper finement l'oignon en rondelles. Détacher les pluches de cerfeuil. Préparer la vinaigrette.

4 Tailler le bœuf en tranches de 5 mm d'épaisseur environ.

5 Dans un saladier, dresser les pommes de terre en dôme, disposer tout autour les tranches de bœuf. Entourer avec les rondelles de tomate. Verser la vinaigrette. Décorer avec les anneaux d'oignon et les pluches de cerfeuil.

Préparation : 40 min ■ **Cuisson :** 30 min

Salade californienne

Pour 4 personnes

- 4 grenades
- 1 boîte de maïs doux
- 1 citron
- 4 tomates
- 200 g de thon au naturel
- 2 dl de fromage blanc maigre
- 1 c. à café de paprika
- 1 c. à café de curry
- tabasco
- Worcestershire sauce
- 12 filets d'anchois
- 1 cœur de laitue
- sel, poivre

1 Éplucher les grenades, retirer les graines ; les mettre au frais.

2 Égoutter le maïs et l'arroser de jus de citron. Ébouillanter et peler les tomates, les couper en rondelles.

3 Émietter le thon.

4 Dans un saladier, réunir le maïs, les tomates et le thon. Ajouter le fromage blanc, le paprika, le curry et quelques gouttes de tabasco et de sauce anglaise, saler et poivrer. Mélanger délicatement.

5 Disposer par-dessus des filets d'anchois en croisillons. Glisser des feuilles de laitue sur le bord du saladier.

6 Au moment de servir, garnir la salade des graines de grenade.

Préparation : 25 min

Salade de carottes à l'orange

Pour 4-6 personnes

- 500 g de carottes
- 4 oranges
- 2 gros oignons blancs
- 1/2 verre de vinaigrette à l'huile d'olive et au citron

1 Râper les carottes.

2 Peler à vif (en enlevant la peau blanche) les oranges et couper la pulpe en petits dés.

3 Couper les oignons en fines rondelles, défaire celles-ci en anneaux.

4 Préparer la vinaigrette.

5 Dresser les carottes râpées en dôme dans un saladier, les arroser de la vinaigrette et ajouter les dés d'orange. Mélanger et décorer avec les anneaux d'oignon. Servir très frais.

Préparation : 15 min

Salade César

Pour 4-6 personnes

- 3 œufs
- 2 cœurs de romaine
- 5 tranches de pain de mie épaisses
- 2 gousses d'ail
- 4 c. à soupe d'huile d'olive
- 6 filets d'anchois à l'huile
- 1 citron
- 50 g de parmesan râpé
- sel, poivre

1 Faire durcir les œufs. Effeuiller et laver la romaine.

2 Écroûter les tranches de pain et les couper en petits carrés. Peler et hacher les gousses d'ail. Faire chauffer 2 cuillerées à soupe d'huile dans une poêle, y mettre l'ail et mélanger. Ajouter les croûtons et les faire dorer 5 min. Les égoutter sur un papier absorbant.

3 Rafraîchir les œufs durs, les écaler et les couper en quartiers. Tailler les anchois en languettes.

4 Faire la vinaigrette dans un saladier avec le jus de citron, le reste de l'huile, sel et poivre ; ajouter les feuilles de romaine et remuer. Incorporer les œufs durs, les croûtons à l'ail et les anchois. Poudrer de parmesan et servir.

Préparation : 25 min ■ **Cuisson :** 10 min

Salade de crudités

Pour 4-6 personnes

- 1 betterave rouge cuite
- 2 poivrons
- 1 bulbe de fenouil
- 3 branches de céleri
- 4 tomates moyennes
- 1 petit bouquet de persil
- 1/2 verre de vinaigrette
- 1 laitue
- 10-12 olives vertes et noires

1 Nettoyer et laver tous les légumes. Éplucher la betterave et la couper en petits dés. Couper les poivrons en deux, retirer les pépins et couper la pulpe en lamelles fines. Couper de même le fenouil et les branches de céleri. Couper les tomates en rondelles. Laver et hacher le persil.

2 Préparer la vinaigrette (➤ voir p. 98).

3 Tapisser le fond d'un plat avec les feuilles de laitue et y déposer, en les alternant, le fenouil, la betterave, le céleri et les poivrons. Mettre les olives au centre. Entourer de rondelles de tomate. Arroser avec la vinaigrette et parsemer de persil.

Préparation : 15 min

Salade demi-deuil

Pour 4-6 personnes

- 700 g de petites pommes de terre
- 1 dl de crème fraîche
- 2 c. à café de moutarde
- 1 cœur de laitue
- 100 g de truffe
- sel, poivre

1 Cuire à l'eau les pommes de terre, les laisser tiédir, les peler et les couper en rondelles.

2 Battre légèrement la crème fraîche avec la moutarde, saler, poivrer et bien mélanger avec les pommes de terre tièdes en faisant attention de ne pas casser les rondelles.

3 Laver la laitue et bien sécher les feuilles.

4 Couper la truffe en bâtonnets très fins.

5 Étaler les feuilles de laitue dans le saladier. Disposer, au centre et en dôme, les pommes de terre et parsemer de la julienne de truffe.

Préparation : 20 min ■ **Cuisson :** 20 min environ

Salade Du Barry

Pour 4-6 personnes

- 1 beau chou-fleur
- 1 botte de radis
- 1 botte de cresson
- 1/2 verre de vinaigrette au citron
- 1 c. à soupe de fines herbes ciselées

1 Détacher les bouquets de chou-fleur, les laver et les cuire 12 min à la vapeur.

2 Nettoyer et laver les radis, laver le cresson, couper les plus grosses branches.

3 Préparer la vinaigrette (➤ voir p. 98).

4 Dans un saladier, disposer en dôme le chou-fleur froid. Garnir avec les radis roses et des bouquets de feuilles de cresson. Arroser avec la vinaigrette.

5 Parsemer de fines herbes.

Préparation : 20 min ■ **Cuisson :** 12 min

Salade d'épinards au poisson fumé

Pour 4-6 personnes

- 500-600 g d'épinards
- 4 c. à soupe d'huile d'arachide
- 1 c. à soupe d'huile de noisette
- 1 c. à soupe de vinaigre de vin blanc
- 1 c. à soupe de vinaigre de xérès
- moutarde
- 200 g de poisson fumé (saumon, flétan, truite)
- sel, poivre

1 Trier les épinards, les laver, les plonger 3 min dans l'eau bouillante, les rafraîchir, les égoutter et les éponger dans un torchon.

2 Préparer une vinaigrette avec 3 cuillerées à soupe d'huile d'arachide, l'huile de noisette, les vinaigres, 1 cuillerée à café de moutarde, du sel et du poivre.

3 Verser les épinards et la vinaigrette dans un saladier. Remuer cette salade.

4 Tailler les filets de poisson en petits morceaux. Faire chauffer 1 cuillerée à soupe d'huile d'arachide dans une poêle et y faire revenir 2 min les morceaux de poisson. Répartir sur le dessus de la salade les bouchées de poisson toutes chaudes. Servir.

Préparation : 15 min ■ **Cuisson :** 5 min

Salade Montfermeil

Pour 4-6 personnes

- 2 œufs
- 250 g de pommes de terre
- 1 petit bouquet de persil
- 5 ou 6 branches d'estragon
- 1/2 boîte de fonds d'artichaut
- 1 grande boîte de salsifis
- 1/2 verre de vinaigrette à la moutarde

1 Faire durcir les œufs. Cuire les pommes de terre à l'eau.

2 Laver et ciseler le persil et les feuilles d'estragon.

3 Égoutter les fonds d'artichaut et les salsifis, bien les rincer sous le robinet. Couper les fonds d'artichaut en petits dés et les salsifis en petits tronçons.

4 Éplucher les pommes de terre et les couper en dés.

5 Préparer la vinaigrette. Écaler et hacher les œufs durs et les mélanger avec le persil et l'estragon.

6 Dans un saladier, rassembler les dés de pommes de terre et d'artichauts, les tronçons de salsifis et la vinaigrette. Bien mélanger et parsemer du hachis d'œufs durs et de fines herbes.

Préparation : 30 min ■ **Cuisson :** 15-20 min

Salade niçoise

Pour 4-6 personnes

- 5 œufs
- 1 petite laitue
- 6-8 tomates
- 1 botte d'oignons nouveaux
- 12-18 filets d'anchois salés
- 1 poivron
- 3 branches de céleri
- 3 ou 4 fonds d'artichauts violets
- 1 citron
- 1 boîte de thon à l'huile ou au naturel
- 1/2 verre de vinaigrette à l'huile d'olive
- 100 g de petites olives noires de Nice

❶ Faire durcir les œufs.

❷ Laver la laitue, éponger les feuilles. Couper les tomates en quartiers. Éplucher les oignons et hacher un peu de vert de la queue (la partie proche de l'oignon).

❸ Dessaler les anchois sous le robinet.

❹ Rincer le poivron, l'épépiner et le couper en fines lanières. Laver les branches de céleri et les couper en tout petits dés. Citronner les fonds des artichauts et les couper en lamelles. Rafraîchir, écaler les œufs et les couper en quartiers.

❺ Dans un grand plat creux, disposer quelques feuilles de salade, puis un peu de tomates, des tranches d'artichaut, des lanières de poivron, des miettes de thon, quelques oignons, 2 ou 3 pincées de céleri et de queue d'oignon hachée. Continuer ainsi jusqu'à épuisement des ingrédients.

❻ Verser la vinaigrette sur la salade et la remuer. Disposer les quartiers d'œuf et les anchois par-dessus. Décorer avec les olives.

Préparation : 40 min ■ **Cuisson :** 10 min

Salade de pissenlits au lard

Pour 4-6 personnes

- 300 g de pissenlits
- 1/2 verre de vinaigrette (➤ voir p. 98)
- 150 g de lardons fumés tout prêts
- 1 c. à soupe de vinaigre

❶ Laver les feuilles de pissenlit et les essorer. Préparer la vinaigrette et la mélanger avec les pissenlits.

❷ Faire dorer les lardons dans une poêle.

❸ Verser le vinaigre dessus, remuer avec une cuillère en bois en grattant le fond de la poêle et verser ce lard fumant sur les pissenlits. Remuer et servir tout de suite.

Préparation : 15 min ■ **Cuisson :** 10 min environ

Salade de pois gourmands

Pour 4-6 personnes

- 500 g de pois gourmands
- 1 boîte de crabe
- 1 citron non traité
- 1 dl de crème liquide
- 2 c. à soupe d'huile d'olive
- 1 c. à soupe de persil ou d'estragon ciselé
- sel, poivre

1 Retirer les fils des pois gourmands. Les faire cuire 10 min à l'eau bouillante salée ou à la vapeur.

2 Ouvrir la boîte de crabe et égoutter le contenu. Retirer soigneusement le cartilage.

3 Râper le zeste du citron, en presser le jus et en arroser le crabe.

4 Dans un bol, mélanger en fouettant la crème liquide, l'huile, le zeste de citron, du sel et du poivre.

5 Dans le saladier de service, mélanger les pois gourmands, la chair de crabe et le jus de citron. Ajouter la sauce, remuer délicatement, parsemer de persil ou d'estragon et servir.

Préparation : 10 min ■ **Cuisson :** 10 min

Salade Rachel

Pour 4-6 personnes

- 5 pommes de terre moyennes
- 1 botte de petites asperges vertes (ou 1 boîte de petites asperges)
- 2 dl de mayonnaise (➤ voir p. 93)
- 1 c. à dessert de moutarde
- 1 boîte de fonds d'artichaut
- 3 branches de céleri
- sel, poivre

1 Faire cuire les pommes de terre à l'eau. Les laisser refroidir, les éplucher et les couper en dés.

2 Nettoyer et cuire les asperges dans de l'eau salée. Les garder un peu croquantes. Si on emploie des asperges en conserve, les égoutter. Couper les queues.

3 Préparer la mayonnaise avec 2 cuillerées à café de moutarde. Égoutter les fonds d'artichaut et les couper en dés. Éplucher et couper en petits tronçons le céleri-branche.

4 Mélanger les légumes, sauf les asperges, avec la mayonnaise relevée. Les dresser en dôme dans un saladier et garnir avec les pointes d'asperge.

Préparation : 30 min ■ **Cuisson :** 15-20 min

Salade reine Pédauque

Pour 4-6 personnes

- 6 petites laitues
- 2 oranges
- 300 g de cerises
- 4 c. à soupe de vinaigrette (➤ voir p. 98)
- 1 dl de crème fraîche
- 1 c. à soupe d'huile d'olive
- 1/2 c. à café de moutarde
- 1 citron
- 1/2 c. à café de paprika
- sel, poivre

1 Laver les laitues. Couper les cœurs en quartiers. Couper une dizaine de belles feuilles en chiffonnade (lanières). Peler les oranges à vif (en enlevant la peau blanche) et les couper en rondelles. Laver et dénoyauter les cerises. Préparer la vinaigrette.

2 Mélanger la crème, l'huile, la moutarde, le jus de citron, le paprika, sel, poivre et fouetter un peu.

3 Dans un plat, disposer les quartiers de cœurs de laitue en couronne, les ouvrir et les napper de la sauce à la crème. Mélanger la chiffonnade de laitue avec la vinaigrette et la déposer au centre. Parsemer de cerises. Placer au milieu de chaque cœur de laitue ouvert 1 tranche d'orange.

Préparation : 15 min

Salade russe

Pour 4-6 personnes

- 250 g de petits pois
- 1 pomme de terre
- 2 carottes
- 1 navet (nouveau de préférence)
- 150 g de haricots verts
- 2,5 dl de mayonnaise (➤ voir p. 93)
- 1 queue de homard ou de langouste surgelée
- 1 truffe (facultatif)

1 Écosser les petits pois (ou les décongeler) et les cuire à l'eau bouillante salée 15 ou 20 min.

2 Éplucher les autres légumes et les cuire séparément de la même façon.

3 Préparer la mayonnaise. Décongeler la queue de crustacé et la couper en petits dés. Détailler la pomme de terre, les carottes et le navet en très petits dés, les haricots verts en très petits tronçons. Les mélanger avec les petits pois et la mayonnaise, puis dresser en couronne dans un saladier. Ajouter au centre les dés de chair de crustacé.

4 Parsemer soit d'une julienne de truffe, soit de pluches de cerfeuil ou de persil haché.

Préparation : 40 min ■ **Cuisson :** 15-20 min environ

Salade de soja au crabe

Pour 4 personnes

- 500 g de germes de soja
- 8 bâtonnets au crabe
- 200 g de petites crevettes décortiquées
- 2 petits oignons blancs
- sauce soja
- moutarde douce
- 1 pincée de sucre
- 1 c. à soupe de xérès
- 1 c. à soupe de vinaigre
- 3 c. à soupe d'huile de soja
- piment de Cayenne
- coriandre fraîche

❶ Laver les germes de soja, puis les plonger 1 min dans de l'eau bouillante salée. Les rafraîchir dans une passoire, puis les égoutter. Les sécher dans un papier absorbant.

❷ Couper les bâtonnets au crabe en tronçons. Les disposer avec les crevettes et les germes de soja dans un saladier.

❸ Peler et couper finement les oignons. Les mettre dans une jatte.

❹ Ajouter 1 cuillerée à soupe de sauce soja, 1 cuillerée à café de moutarde, le sucre, le xérès, le vinaigre, l'huile et 2 pincées de piment de Cayenne.

❺ Battre énergiquement avec un fouet pour émulsionner cette sauce puis la verser sur la salade. Bien mélanger. Décorer avec les pluches de coriandre.

Préparation : 20 min ■ **Cuisson :** 1 min

Salade de topinambours aux noisettes

Pour 4-6 personnes

- 600-700 g de topinambours
- 0,5 l de vin blanc
- 1/2 verre de vinaigrette au citron
- 1/2 paquet de noisettes hachées
- sel

❶ Peler les topinambours, les mettre dans une casserole, verser le vin blanc, saler et porter à ébullition. Les cuire pendant 10 à 15 min. Vérifier la cuisson.

❷ Les égoutter et les couper en tranches.

❸ Préparer la vinaigrette. Mettre les topinambours dans un saladier et bien les mélanger avec la vinaigrette. Éparpiller les noisettes par-dessus.

Préparation : 15 min ■ **Cuisson :** 10-15 min

Terrine de caneton

Pour 1 terrine de 26 cm

- 1 canard de 1,250 kg environ
- 300 g de lard gras
- sel, poivre
- 1/2 c. à café de quatre-épices
- 4 c. à soupe de cognac
- 2 feuilles de laurier
- 3 petites branches de thym
- 1 crépine de porc
- 1 zeste d'orange non traitée
- 250 g de champignons de Paris
- 3 échalotes
- 20 g de beurre
- 350 g de poitrine fraîche de porc
- 1 oignon
- 2 œufs

1 La veille, faire désosser le canard par le boucher en lui faisant prélever les filets. Détailler ceux-ci et le lard en bandelettes. Les mettre dans un plat creux avec sel, poivre, quatre-épices, cognac, 1 feuille de laurier émiettée et 1 branche de thym effeuillée. Laisser mariner 24 h au frais.

2 Prélever le reste de la chair du canard et la mettre dans le réfrigérateur. Faire tremper à l'eau froide une crépine de porc, puis l'essorer. Plonger le zeste d'orange dans de l'eau bouillante et l'éponger.

3 Couper en petits dés les champignons et les échalotes et les faire cuire 15 min dans le beurre avec sel et poivre.

4 Hacher la poitrine de porc, l'oignon, le reste de chair du canard et le zeste d'orange. Mélanger ce hachis dans un saladier avec les champignons puis ajouter les œufs, du sel et du poivre. Préchauffer le four à 180 °C.

5 Égoutter le canard et le lard et passer la marinade ; l'ajouter à la farce et bien travailler celle-ci jusqu'à ce qu'elle soit homogène.

6 Tapisser une terrine avec la crépine. Verser la moitié de la farce et l'aplanir en une couche régulière. Recouvrir avec les bandelettes de canard et de lard, en les alternant. Ajouter le reste de la farce et aplanir. Rabattre la crépine sur le contenu de la terrine et couper l'excédent. Déposer sur le dessus 1 feuille de laurier et 2 petites branches de thym frais, puis mettre le couvercle en place.

7 Placer la terrine dans un bain-marie. Porter à ébullition sur le feu, puis cuire 1 h 30 au four.

8 Laisser tiédir. Ôter le couvercle et mettre à la place une planchette surmontée d'un poids. Laisser refroidir et mettre au réfrigérateur.

Marinade : 24 h ■ **Préparation :** 2 h
■ **Cuisson :** 1 h 30

Terrine de veau en gelée aux petits légumes printaniers

Pour 1 terrine de 26 cm

- 1 l de fond brun de veau (➤ voir p. 54)
- 500 g de noix de veau
- 40 g de petits pois frais ou surgelés
- 250 g de carottes (nouvelles de préférence)
- 4 petites courgettes
- 4 feuilles de gélatine
- 2 bouquets d'aneth
- sel, poivre

1 Préparer le fond et y cuire la noix de veau 1 h environ, jusqu'à ce qu'elle soit très tendre. Laisser refroidir.

2 Pendant ce temps, écosser les petits pois et les cuire dans de l'eau salée. Les égoutter et les passer immédiatement sous l'eau froide pour leur garder leur couleur. Gratter les carottes, les couper en rondelles et les cuire à l'eau salée. Laver mais ne pas éplucher les courgettes, les couper en rondelles et les cuire à l'eau salée. Goûter chaque légume au bout de 5 à 10 min pour juger de la cuisson. Ils doivent être cuits mais un peu fermes. Quand ils le sont, les égoutter et les mélanger tous les trois.

3 Sortir le veau et en couper une moitié en bandelettes régulières et un peu épaisses et l'autre moitié en cubes ou en rectangles. Mélanger les deux coupes.

4 Passer le liquide de cuisson du veau. Faire tremper les feuilles de gélatine dans de l'eau froide, les essorer et les délayer dans un bol avec un peu de cuisson du veau puis reverser le tout dans la casserole et porter à ébullition. Éteindre au bout de 2 min. Laisser refroidir.

5 Tapisser abondamment de feuilles d'aneth le fond d'une terrine rectangulaire ou d'un moule à cake, étaler au-dessus une couche de légumes, puis une couche de veau, une de légumes et ainsi de suite jusqu'à ce que la terrine soit presque pleine. Poivrer au fur et à mesure. Parsemer de quelques feuilles d'aneth. Bien tasser le tout. Couler la gelée jusqu'à ce qu'elle recouvre le dessus.

6 Laisser quelques heures au réfrigérateur, démouler et servir très frais.

Préparation : 1 h ■ **Cuisson :** 1 h 30
■ **Réfrigération :** 3-4 h

Les œufs et le fromage

Les œufs

Grâce à ses qualités nutritives et à la diversité de ses emplois, l'œuf a toujours joué un rôle important dans l'alimentation. C'est une bonne source de protéines, de vitamines (A, B, D, E) et de fer. Les œufs s'emploient aussi bien en cuisine qu'en pâtisserie. Mais on les cuisine également pour eux-mêmes. Ainsi, de nombreuses méthodes de cuisson – en omelette, pochés, frits, mollets, etc. – assurent une variété de plats et permettent de créer toutes sortes de variantes.

Les œufs que l'on trouve dans le commerce sont calibrés et datés, et classés selon des catégories de fraîcheur. Seule la catégorie A (« œuf extrafrais » et « frais ») est commercialisée. La mention « extra » (en blanc sur une bande rouge scellant l'emballage) garantit que les œufs ont moins de 11 jours : au 7e jour du séjour en magasin, la bande « extra » doit être retirée, et l'œuf passe en catégorie « frais ». Remarque : les appellations « œuf du jour » ou « œuf fermier » n'ont aucune valeur légale.

On stocke les œufs sans les laver (afin de ne pas les rendre perméables aux odeurs ni accélérer leur déshydratation). Un œuf extrafrais se conserve 3 semaines dans la partie la moins froide du réfrigérateur. Un œuf dur se conserve 4 jours non écalé, 2 jours écalé ; un jaune d'œuf cru se conserve 24 heures alors qu'un blanc se garde jusqu'à 3 jours. Toutes les préparations à base d'œufs crus ou semi-cuits (mayonnaise, crèmes pour la pâtisserie) doivent être conservées 2 jours au maximum dans le réfrigérateur.

Il faut toujours casser les œufs séparément ; en effet, un œuf impropre à la consommation (on le reconnaît à sa liquidité et à son odeur forte) rendrait inutilisable l'ensemble des œufs déjà cassés. Pour écaler plus facilement des œufs durs ou mollets, il suffit de les passer sous un filet d'eau.

Les quantités d'œufs à prévoir par personne dépendent du type de plat ainsi que de son importance dans le repas. Généralement, on compte 1 œuf par personne pour une entrée, 2 pour un plat principal ; pour une omelette prévoir de 2 à 3 œufs par personne, suivant le type de garniture.

Le fromage

Le fromage est un aliment riche en protéines et en calcium, et énergétique. Dans la cuisine, il sert comme ingrédient de base ou comme condiment. On l'emploie cru (canapés, pâtes, salades composées, tartines) ou cuit (crêpes, gratins, pizzas, soufflés, etc.). Il existe une grande variété de plats typiques à base de fromage, par exemple aligot, croque-monsieur, flamiche, fondue… Les plats à base de fromage présentés dans cette partie sont tous des plats uniques.

Œufs brouillés

Œufs brouillés : cuisson

1 Faire fondre une noix de beurre dans une casserole à fond épais, de préférence antiadhésive.

2 Retirer la casserole du feu et ajouter les œufs cassés, simplement mélangés, et non battus. Saler, poivrer. Puis les cuire sur feu très doux ou au bain-marie en remuant constamment à l'aide d'une spatule de bois et en raclant toujours bien les bords.

3 Dès que les œufs ont atteint une consistance crémeuse, les retirer du feu, ajouter une noix de beurre frais et mélanger.

Barquettes aux œufs brouillés et aux asperges

Pour 10 barquettes

- 250 g de pâte à foncer (➤ voir p. 110)
- 10-15 petites asperges (ou 1 boîte d'asperges de 250 g)
- 10 œufs
- 50 g de beurre
- sel, poivre

1 Préchauffer le four à 200 °C. Préparer la pâte à foncer et la laisser reposer 1 h. L'étaler sur 3 mm d'épaisseur environ. La couper en 10 morceaux et en garnir les moules beurrés. Cuire les barquettes pendant une dizaine de minutes.

2 Éplucher les asperges et les cuire à l'eau bouillante salée pendant 15 à 20 min.

3 Couper les têtes et une partie des tiges de façon à avoir de 30 à 50 morceaux (selon leur taille) et les garder au chaud dans le four éteint.

4 Préparer les œufs brouillés (➤ voir recette précédente) et en emplir les barquettes démoulées.

5 Répartir les asperges sur chaque barquette. Servir aussitôt.

Préparation : 30 min ■ **Repos :** 1 h
■ **Cuisson :** 30 min environ

Brouillade de truffe

Pour 4 personnes

- 1 truffe
- 12 œufs
- sel, poivre

① Couper la moitié de la truffe en fines rondelles et l'autre en dés.

② Préparer les œufs brouillés (➤ voir p. 241). En fin de cuisson, y ajouter les dés de truffe.

③ Verser dans un légumier et recouvrir avec les lamelles de truffe.

On peut servir cette brouillade avec des croûtons de pain de mie frits au beurre.

Préparation : 5 min ■ **Cuisson :** 15 min environ

Gratin d'œufs brouillés à l'antiboise

Pour 4 personnes

- 400 g de fondue de tomate (➤ voir p. 797)
- 400 g de courgettes
- 0,5 dl d'huile d'olive
- 12 œufs
- 80 g de beurre
- 40 g de parmesan râpé

① Préparer (ou décongeler) la fondue de tomate.

② Éplucher et couper les courgettes en rondelles. Les faire sauter à la poêle dans l'huile d'olive pendant 15 min. Saler, poivrer. Vérifier la cuisson : elles doivent être bien moelleuses.

③ Cuire les œufs brouillés (avec 40 g de beurre).

④ Beurrer un plat à gratin et y étaler une première couche d'œufs brouillés. Puis disposer une couche de courgettes et une autre de fondue de tomate. Terminer par une couche d'œufs.

⑤ Poudrer de parmesan râpé, faire fondre le reste du beurre et arroser le dessus.

⑥ Faire gratiner au four.

Préparation : 30 min ■ **Cuisson :** 20 min environ

Œufs brouillés Argenteuil

Pour 4 personnes

- 1 botte d'asperges
- 60 g de beurre
- 12 œufs
- sel, poivre

1. Éplucher les asperges et les faire cuire à l'eau bouillante salée pendant 10 min.
2. Couper les pointes (garder les queues pour une autre préparation).
3. Faire fondre 20 g de beurre dans une casserole, y mettre ces pointes et achever de les cuire ainsi tout doucement pendant 5 à 10 min.
4. Cuire les œufs brouillés (➤ voir p. 241) avec le reste du beurre. Les mélanger avec les pointes d'asperge, verser dans le plat de service et servir tout de suite.

Préparation : 15 min ■ **Cuisson :** 25 min environ

Œufs brouillés aux crevettes

Pour 4 personnes

- 1,5 dl de sauce crème (➤ voir p. 65)
- 50 g de beurre de crevette (➤ voir p. 37)
- 300 g de crevettes roses
- 4 tranches de pain de mie
- 12 œufs
- 40 g de beurre
- sel, poivre

1. Préparer la sauce crème et lui ajouter, en fouettant bien, le beurre de crevette. La garder au chaud.
2. Décortiquer les crevettes (garder les têtes pour une autre utilisation). Ajouter les queues à la sauce crème.
3. Griller les tranches de pain de mie (mais en les laissant quand même moelleuses) et les couper en quatre ou en triangles.
4. Préparer les œufs brouillés (➤ voir p. 241) et les verser dans le plat de service (creux de préférence). Disposer au milieu les queues de crevette à la crème puis les croûtons tout autour. Servir le reste de la sauce en saucière.

On peut procéder de même avec des queues d'écrevisse et de la sauce Nantua (➤ voir p. 67).

Préparation : 30 min ■ **Cuisson :** 10-15 min

Œufs brouillés Massenet

Pour 4 personnes

- 1/2 botte d'asperges ou 1 boîte d'asperges de 250 g
- 2 fonds d'artichaut surgelés
- 30 g de beurre
- 200 g de foie de canard gras
- 12 œufs
- 1 petite truffe
- sel, poivre

1 Préparer les asperges comme pour les œufs Argenteuil (➤ voir p. 243).

2 Couper les fonds d'artichaut en dés et les dorer dans une poêle avec 10 g de beurre.

3 Détailler le foie gras en petites escalopes et, dans une poêle antiadhésive bien lisse, les faire sauter rapidement (1 ou 2 min de chaque côté selon l'épaisseur). Les égoutter sur un papier absorbant et les garder au chaud.

4 Préparer les œufs brouillés (➤ voir p. 241) et les mélanger avec les dés d'artichaut.

5 Verser dans le plat de service, décorer avec les pointes d'asperge, les escalopes de foie gras et la truffe en lamelles ou hachée.

Préparation : 30 min ■ **Cuisson :** 15-20 min

Œufs brouillés à la romaine

Pour 4-6 personnes

- 750 g d'épinards f rais ou surgelés
- 40 g de beurre
- 8 œufs
- 80 g de parmesan râpé
- 8 filets d'anchois à l'huile

1 Nettoyer les épinards ou les décongeler. Faire fondre 30 g de beurre dans une casserole et y faire cuire doucement les épinards pendant 15 min en remuant de temps en temps.

2 Préparer les œufs brouillés (➤ voir p. 241) et y ajouter 50 g de parmesan. Beurrer un plat à gratin avec le reste du beurre.

3 Éponger dans un papier absorbant et couper en petits morceaux les filets d'anchois et les mélanger aux épinards. Les verser dans le plat.

4 Ajouter les œufs brouillés par-dessus et poudrer avec le reste de parmesan râpé. Faire gratiner 5 min. Servir dès que le dessus est blond.

Préparation : 20 min ■ **Cuisson :** 20 min

Œufs en cocotte

Œufs en cocotte : cuisson

❶ Beurrer l'intérieur de ramequins individuels avec du beurre en pommade, puis assaisonner de sel fin et de poivre du moulin (mis directement sur les jaunes, ceux-ci y feraient apparaître des points blancs).

❷ Casser un œuf dans chaque ramequin.

❸ Cuire au bain-marie de 6 à 8 min soit sur la plaque de la cuisinière, soit au four préchauffé à 150 °C, à découvert. L'opacité du blanc indique le niveau de cuisson.

Œufs en cocotte à la crème

Pour 4 personnes

- 30 g de beurre
- 4 c. à soupe de crème fraîche
- 4 œufs
- sel, poivre

❶ Préchauffer le four à 220 °C. Beurrer 4 ramequins et y répartir 2 cuillerées à café de crème.

❷ Casser 1 œuf dans chaque ramequin. Saler et poivrer. Verser le reste de crème. Cuire au bain-marie (➤ voir ci-dessus la cuisson des œufs en cocotte).

On peut ajouter à la crème 2 cuillerées à soupe de fromage râpé, de sauce tomate ou de jambon haché.

Préparation : 5 min ■ **Cuisson :** 6-8 min

Œufs en cocotte à la rouennaise

Pour 4 personnes

- 100 g de reste de farce de foie
- 4 œufs
- 10-15 g de beurre

❶ Enduire les parois de ramequins individuels ou de petites cocottes en porcelaine avec la farce.

❷ Casser 1 œuf dans chaque récipient, ajouter une noisette de beurre dessus et cuire au bain-marie (➤ voir ci-dessus la cuisson des œufs en cocotte).

Préparation : 5 min ■ **Cuisson :** 6-8 min

Œufs à la coque

Œufs à la coque : cuisson

On peut procéder de trois façons : plonger les œufs dans l'eau bouillante et les y laisser 3 min ; les plonger dans l'eau bouillante et les faire bouillir 1 min, puis retirer la casserole du feu et attendre 3 min avant de les sortir de l'eau ; les mettre dans une casserole d'eau froide, faire chauffer et les retirer lorsque l'eau bout.

Tout cela est valable pour des œufs qui sont à température ambiante lorsqu'on les plonge dans l'eau. Si on les fait cuire en les sortant directement du réfrigérateur, rallonger tous ces temps de cuisson de 1,5 min.

Pour éviter qu'un œuf n'éclate lorsqu'on le met dans l'eau bouillante, percer avec une aiguille l'extrémité la plus plate de la coquille.

Œufs à la coque aux œufs de saumon

Pour 4 personnes

- 1 ou 2 œufs par personne
- 1 petit bocal d'œufs de saumon

❶ Faire cuire les œufs à la coque. Les décalotter.

❷ Mélanger 1 cuillerée à café environ d'œufs de saumon avec le jaune. Placer 5 ou 6 œufs de saumon sur le dessus et reposer les chapeaux. Servir tout de suite.

œufs à la coque aux fines herbes :
remplacer les œufs de saumon par des fines herbes hachées (persil, cerfeuil, estragon, ciboulette, oseille…). Compter 1 cuillerée à café d'herbes par œuf.

Préparation : 5 min ▪ **Cuisson :** 3 min

Œufs à la coque à la truffe

Pour 4 personnes

- 1 ou 2 œufs par personne
- 1 petite boîte de pelures de truffe

1. Hacher finement les pelures de truffe.
2. Faire cuire les œufs à la coque.
3. Les décalotter, remuer le jaune avec une cuillère à moka, saler. Verser un peu du jus de la boîte, ajouter 1 pincée de truffe hachée et remettre les chapeaux. Servir tout de suite.

Préparation : 5 min ■ **Cuisson :** 3 min

Œufs durs

Œufs durs : cuisson

Cuire les œufs une dizaine de minutes lorsqu'ils sont à température ambiante, 2 ou 3 min de plus s'ils sortent du réfrigérateur. Puis les plonger 7 ou 8 min dans l'eau froide pour les rafraîchir et les écaler. Il ne faut jamais les laisser bouillir plus longtemps, car le blanc devient alors caoutchouteux, et le jaune, friable.

Œufs durs à la Chimay

Pour 4 personnes

- 5 dl de sauce Mornay (➤ voir p. 66)
- 6 œufs
- 1 échalote
- 200 g de champignons
- 30 g de beurre
- 1/2 citron
- 2 c. à soupe de persil
- 40 g de gruyère râpé

1. Préparer la sauce Mornay et la garder au chaud.
2. Faire durcir les œufs, les rafraîchir et les écaler.
3. Éplucher et hacher l'échalote et les champignons. Faire revenir l'échalote dans une petite casserole, avec 20 g de beurre, puis ajouter les champignons et faire cuire jusqu'à ce que l'eau de végétation soit bien évaporée. Ajouter quelques gouttes de jus de citron et le persil haché.
4. Préchauffer le four à 250 °C.
5. Couper les œufs en deux dans le sens de la longueur et retirer les jaunes. Piler ces jaunes avec la duxelles de champignon. ➡

Garnir les blancs avec cette farce.

6 Beurrer un plat à four et les y ranger. Napper de sauce Mornay et parsemer de gruyère râpé. Passer 3 ou 4 min au four et servir tout de suite.

Préparation : 30 min ■ **Cuisson :** 3-4 min

Œufs mimosa

Pour 4 personnes

- 4 œufs
- 4 c. à soupe de mayonnaise (➤ voir p. 93)
- 1 c. à soupe de persil haché

1 Faire durcir les œufs, les rafraîchir et les écaler.

2 Les couper en deux dans le sens de la longueur. Enlever les jaunes et les hacher. Faire la mayonnaise.

3 Dresser les blancs sur le plat, les remplir de mayonnaise, disposer le hachis de jaunes par-dessus.

4 Garnir de persil haché et servir tout de suite.

Préparation : 10 min ■ **Cuisson :** 10 min environ

Œufs à la tripe

Pour 4 personnes

- 8 œufs
- 100 g d'oignons
- 40 g de beurre
- 40 g de farine
- 0,5 l de lait froid
- sel, poivre, muscade

1 Faire durcir les œufs, les rafraîchir, les écaler.

2 Les couper en rondelles assez épaisses, les disposer dans un plat creux et les tenir au chaud.

3 Couper les oignons en fines rondelles. Faire fondre le beurre, y mettre les oignons et les cuire 5-10 min dans le beurre, sans les faire colorer.

4 Poudrer de farine, bien remuer et cuire encore 5 min.

5 Verser le lait froid en remuant sans arrêt et continuer la cuisson pendant 10 min. Râper un peu de muscade, saler et poivrer. Napper les œufs de cette sauce très chaude et servir aussitôt.

Préparation : 15 min ■ **Cuisson :** 25 min environ

Œufs frits : cuisson

1 Casser séparément les œufs dans des tasses.

2 Chauffer vivement de l'huile dans une petite poêle et y faire glisser délicatement chaque œuf.

3 Le laisser frire quelques secondes puis, à l'aide d'une spatule en bois, enrober le jaune avec le blanc en ramenant l'œuf contre le rebord de la poêle et le rouler contre le fond pour lui redonner sa forme naturelle.

4 Après 1 min de cuisson, le retirer et l'égoutter sur un linge ou du papier absorbant. Assaisonner de sel fin.

Brik à l'œuf

Pour 4 personnes

- 4 feuilles de brik
- 4 œufs
- 4 pincées de persil haché
- 4 pincées de coriandre hachée
- sel, poivre
- huile de friture

1 Casser un œuf sur une feuille de brik, saler, poivrer. Ajouter 1 pincée de persil et de coriandre.

2 Plier la feuille en deux suivant la diagonale, puis les deux côtés et enfin rabattre la pointe pour enfermer l'œuf. Faire de même pour les autres œufs.

3 Plonger aussitôt les paquets dans la friture à 170 °C et les retourner au bout de 1 ou 2 min pour qu'ils soient bien dorés.

4 Les déposer sur du papier absorbant et les servir brûlants.

Préparation : 15 min ■ **Cuisson :** 3-5 min

Œufs frits à l'américaine

Pour 4 personnes

- 8 tranches de bacon
- 4 tomates
- 1 c. à soupe d'huile de tournesol
- persil frisé
- 4 tranches de pain de mie
- 4 œufs
- 2 dl d'huile de friture
- sel
- piment de Cayenne

1 Faire chauffer, sans matière grasse, les tranches de bacon dans une poêle antiadhésive. Les retirer quand elles sont bien croustillantes et les garder au chaud.

2 Laver et essuyer les tomates, les couper en deux, enlever les pépins. Verser l'huile de tournesol dans la poêle chaude et faire rissoler les tomates. Saler et poivrer. Les égoutter.

3 Préparer du persil frit (➤ voir p. 764).

4 Faire griller les tranches de pain de mie. Frire les œufs (➤ voir page précédente), les égoutter et en poser un sur chaque toast.

5 Ajouter 1 pincée de piment de Cayenne. Ajouter le bacon rissolé et les tomates en garniture avec des bouquets de persil frisé frit. Servir aussitôt.

Préparation : 10 min ■ **Cuisson :** 20 min

Œufs frits en bamboche

Pour 4 personnes

- huile de friture
- 500 g de macédoine de légumes surgelée ou en boîte
- 1 dl de crème fraîche
- 200 g de petites langues de morue
- 8 œufs
- sel, poivre

1 Chauffer la friture.

2 Réchauffer la macédoine de légumes, la mélanger avec la crème fraîche. Saler, poivrer. La garder au chaud.

3 Laver, éponger les langues de morue et les frire à 180 °C. Les éponger sur un papier absorbant.

4 Disposer dans un plat la macédoine de légumes en couronne. Mettre au centre les langues de morue.

5 Frire les œufs (➤ voir page précédente) et les disposer au fur et à mesure sur la couronne de macédoine. Servir immédiatement.

Préparation : 30 min ■ **Cuisson :** 15 min

Œufs mollets

Œufs mollets : cuisson

Procéder comme pour les œufs à la coque (➤ voir p. 246) mais en prolongeant la cuisson. Compter 5 min pour des œufs à température ambiante et plongés dans l'eau bouillante et 7 min s'ils sortent directement du réfrigérateur. Les rafraîchir tout de suite sous l'eau courante puis les écaler avec précaution. Le blanc doit être coagulé, et le jaune rester crémeux.

Œufs en gelée

Pour 6 personnes

- 2,5 dl de gelée
- 2 c. à soupe de madère
- 6 œufs
- 2 tranches de jambon blanc
- persil
- 2 cornichons
- sel, poivre

❶ Préparer la gelée et lui ajouter le madère.

❷ Faire cuire les œufs mollets (➤ voir recette précédente).

❸ Verser une couche de gelée de 3 mm d'épaisseur environ dans 6 ramequins ; incliner les récipients pour bien tapisser aussi les parois et mettre immédiatement au réfrigérateur pour 15 min.

❹ Pendant ce temps, découper dans les tranches de jambon 6 morceaux de la taille du fond des ramequins choisis. Hacher le persil. Découper les cornichons en fines rondelles.

❺ Placer dans chaque ramequin quelques rondelles de cornichon, 1 rondelle de jambon et 1 œuf mollet. Puis remplir de gelée (si celle-ci a durci, la faire chauffer à nouveau pour la liquéfier). Mettre les récipients au réfrigérateur jusqu'au moment de servir (2 h au moins).

❻ Pour démouler les œufs en gelée : plonger chaque ramequin pendant 5 s dans une casserole d'eau tiède, puis passer la lame d'un couteau entre la gelée et la paroi. Retourner le moule sur un plateau et le retirer doucement à la verticale. ➡

On peut ajouter une 1/2 cuillerée à soupe de macédoine de légumes sur le jambon. On peut également remplacer le jambon par du saumon fumé et décorer avec des feuilles d'estragon posées en croisillon dans le fond du moule.

Préparation : 30 min ■ **Repos :** 2 h
■ **Cuisson :** 6 min

Œufs mollets Amélie

Pour 4 personnes

- 4 croustades en pâte feuilletée (➤ voir p. 183)
- 120 g de morilles fraîches ou 20 g de morilles séchées
- 2,5 dl de sauce crème (➤ voir p. 65)
- 1 carotte
- 100 g de blanc de poireau
- 1 petite branche de céleri
- 100 g de champignons de Paris
- 75 g de beurre
- 5 c. à soupe de madère
- 1 échalote
- 2 dl de crème liquide
- 4 œufs
- sel, poivre

❶ Préparer les croustades.

❷ Laver soigneusement et plusieurs fois les morilles ou les réhydrater. Puis les égoutter.

❸ Préparer la sauce crème et la garder au chaud.

❹ Éplucher tous les légumes et les couper en petits dés. Les faire cuire doucement dans 50 g de beurre fondu, jusqu'à ce qu'ils soient bien moelleux. Saler, poivrer.

❺ Verser le madère et le mélanger en grattant bien le fond et les parois de la casserole avec une cuillère en bois.

❻ Éplucher et hacher l'échalote, la faire revenir dans le beurre restant, fondu dans une casserole. Ajouter les morilles, baisser le feu, ajouter les 3/4 de la crème liquide, saler, poivrer et laisser cuire jusqu'à réduction presque totale. Ajouter alors le reste de la crème. Goûter et rectifier l'assaisonnement.

❼ Réchauffer les croustades.

❽ Faire cuire les œufs mollets (➤ voir page précédente).

❾ Répartir la mirepoix de légumes dans les croustades. Écaler les œufs mollets et les y ajouter.

❿ Napper de sauce crème, ajouter 1 ou 2 morilles par-dessus et servir le reste à part.

Préparation : 40 min ■ **Cuisson :** 30 min environ

Œufs mollets Brillat-Savarin

Pour 4 personnes

- 1 croustade de 22 cm en pâte à foncer (➤ voir p. 183)
- 2,5 dl de sauce madère (➤ voir p. 52)
- 120 g de morilles fraîches ou 20 g de morilles séchées
- 1 botte d'asperges (ou 1 boîte de 250 g)
- 50 g de beurre
- 8 œufs

1 Préparer la croustade et la sauce madère. Garder celle-ci au chaud.

2 Laver soigneusement et plusieurs fois les morilles ou réhydrater les morilles séchées. Bien les éponger.

3 Préparer les pointes d'asperge (➤ voir p. 243). Faire sauter les morilles pendant 5 à 8 min environ dans le beurre fondu, puis ajouter les pointes d'asperge. Garder au chaud.

4 Faire cuire les œufs mollets (➤ voir p. 251). Les écaler.

5 Garnir la croûte avec les morilles et les asperges. Ajouter tout autour les œufs mollets. Napper de sauce madère.

Préparation : 30 min ◼ **Cuisson :** 15 min

Œufs mollets à l'écossaise

Pour 4 personnes

- 4 croustades en pâte feuilletée (➤ voir p. 183)
- 1,5 dl de sauce crème (➤ voir p. 65)
- 1 c. à café de concentré de tomate
- 2,5 dl de béchamel (➤ voir p. 62)
- 2,5 dl de court-bouillon pour poisson (➤ voir p. 51)
- 200 g de saumon
- 50 g de beurre de crevette (➤ voir p. 37)
- 4 œufs

1 Préparer les croustades, puis la sauce crème, ajouter à celle-ci le concentré de tomate et la garder au chaud.

2 Faire la béchamel et la laisser réduire un peu.

3 Chauffer le court-bouillon et y mettre à cuire le saumon pendant 10 min à petits frémissements ; l'émietter et l'ajouter à la béchamel. Bien mélanger pour avoir une purée homogène.

4 Réchauffer les croustades. Cuire les œufs mollets (➤ voir p. 251).

5 Ajouter le beurre de crevette dans la sauce crème en fouettant bien.

6 Garnir les croustades de purée de saumon.

7 Écaler les œufs mollets et les déposer par-dessus. Napper de sauce crevette et servir tout de suite.

Préparation : 40 min ◼ **Cuisson :** 20 min environ

Œufs mollets à la florentine

Pour 4 personnes

- 5 dl de sauce Mornay (➤ voir p. 66)
- piment de Cayenne
- 500 g d'épinards surgelés
- 50 g de beurre
- 8 œufs
- 40 g de gruyère râpé
- sel, poivre

1 Préparer la sauce Mornay en y ajoutant une pointe de cayenne et la garder au chaud.

2 Décongeler les épinards et les cuire dans une casserole avec 40 g de beurre pendant 10 à 15 min. Les saler et les poivrer, puis bien les égoutter.

3 Faire cuire les œufs mollets (➤ voir p. 251). Beurrer des petits plats à œuf et en recouvrir le fond d'épinards en ménageant deux alvéoles. Y déposer les œufs mollets.

4 Napper de sauce Mornay et parsemer de fromage râpé. Faire gratiner sous le gril.

Préparation : 40 min ■ **Cuisson :** 20 min

Œufs mollets à la provençale

Pour 4 personnes

- 3 dl de fondue de tomate (➤ voir p. 797)
- 4 grosses tomates
- 1,5 dl d'huile d'olive
- 1 aubergine
- 1 courgette
- 50 g de mie de pain
- 2 gousses d'ail
- 1/2 bouquet de persil
- 8 œufs
- 40 g de beurre
- 2 c. à soupe de fines herbes hachées
- sel, poivre

1 Préparer ou décongeler la fondue de tomate. La diluer avec 2 ou 3 cuillerées d'eau.

2 Préchauffer le four à 200 °C. Couper les tomates en deux. Enlever les pépins avec une petite cuillère. Verser 2 cuillerées à soupe d'huile environ dans un plat. Y mettre les demi-tomates et les retourner une ou deux fois pour qu'elles s'imprègnent d'huile. Les laisser cuire ainsi au four pendant 8 à 10 min.

3 Bien laver et couper en rondelles l'aubergine et la courgette sans les éplucher. Faire chauffer le reste d'huile d'olive et y laisser cuire doucement les légumes, en remuant de temps en temps jusqu'à ce qu'ils soient bien moelleux. Saler, poivrer.

4 Émietter la mie de pain. Hacher l'ail et le persil finement et les mélanger.

5 Préparer les œufs mollets (➤ voir p. 251) ou pochés (➤ voir p. 258).

6 Faire fondre le beurre. Rafraîchir et écaler les œufs mollets, les rouler d'abord dans le beurre

fondu, ensuite dans la persillade et les placer dans les demi-tomates.

7 Ranger les tomates en couronne dans un plat de service rond et chauffé. Disposer les rondelles de légumes au centre et parsemer de fines herbes ciselées. Napper de fondue de tomate.

Préparation : 20 min ■ **Cuisson :** 30 min environ

Œufs sur le plat et œufs poêlés

Œufs au miroir : cuisson

1 Préchauffer le four à 180 °C. Étaler une noix de beurre ramolli dans le fond d'un plat à œuf, saler et poivrer. Y casser 1 ou 2 œufs (selon la taille du plat).

2 Faire fondre 5 g de beurre (une petite noix) et en arroser les jaunes.

3 Cuire les œufs au four, plus ou moins longtemps selon le degré de coagulation désiré. Le blanc doit rester très brillant et une sorte de vernis translucide doit apparaître sur le jaune.

Œufs sur le plat : cuisson

1 Préparer chaque plat à œuf comme pour les œufs au miroir.

2 Faire chauffer un peu chaque plat sur la plaque puis y casser les œufs.

3 Cuire doucement pour que le blanc coagule sans « cloquer » et que le jaune ne cuise pas. Servir dans le plat de cuisson.

Œufs poêlés : cuisson

❶ Faire fondre une noix de beurre dans une poêle antiadhésive. Dès que le beurre commence à grésiller, y casser les œufs.

❷ Cuire jusqu'à ce que le blanc soit plus ou moins coagulé selon le goût. Saler et donner un tour de moulin à poivre.

Œufs au bacon

Pour 4 personnes

- 20 g de beurre
- 4 tranches de bacon
- 8 œufs
- sel, poivre

❶ Faire fondre le beurre et y cuire les tranches de bacon jusqu'à ce qu'elles soient translucides.

❷ Casser les œufs dans la poêle et continuer la cuisson jusqu'à ce que le blanc soit coagulé. Saler légèrement et donner un tour de moulin à poivre.

Préparation : 5 min ■ **Cuisson :** 10 min

Œufs à la lorraine

Pour 4 personnes

- 12 fines tranches de poitrine fumée
- 20 g de beurre
- 12 fines tranches de gruyère
- 8 œufs
- 2 c. à soupe de crème fraîche
- sel, poivre

❶ Mettre les tranches de poitrine fumée dans une poêle antiadhésive chaude et les griller jusqu'à ce qu'elles soient translucides.

❷ Beurrer 4 plats à œuf et y placer le lard, ainsi que les lamelles de gruyère.

❸ Casser 2 œufs dans chaque plat, disposer un cordon de crème fraîche autour des jaunes, saler et poivrer, et cuire au four comme les œufs au miroir (➤ voir page précédente).

Préparation : 15 min ■ **Cuisson :** 5-10 min

Œufs à la maraîchère

Pour 4 personnes

- 250 g de feuilles de laitue
- 100 g d'oseille
- 40 g de beurre
- 1 c. à soupe de cerfeuil haché
- 4 petites tranches de poitrine fumée
- 8 œufs
- sel, poivre

1 Laver les feuilles de laitue et d'oseille, les couper en fines lanières après en avoir ôté les côtes. Faire fondre 30 g de beurre dans une casserole et cuire doucement la chiffonnade avec le cerfeuil haché pendant 10 à 15 min.

2 Pendant ce temps, faire fondre le beurre restant dans une autre poêle et y faire dorer la poitrine fumée.

3 Disposer la laitue et l'oseille cuites en couronne dans un grand plat à œuf. Casser les œufs au centre, saler, poivrer et mettre au four (➤ voir les œufs au miroir p. 255). Garnir avec la poitrine fumée.

Préparation : 10 min ■ **Cuisson :** 15-20 min

Œufs poêlés à la catalane

Pour 4 personnes

- 1 petite aubergine
- 3 c. à soupe d'huile d'olive
- 4 tomates
- 1/2 gousse d'ail
- 1 c. à café de persil haché
- 8 œufs
- sel, poivre

1 Couper l'aubergine en fines rondelles, saler et poivrer. Faire chauffer 2 cuillerées à soupe d'huile d'olive dans une poêle et y mettre l'aubergine pendant 15-20 min environ.

2 Couper les tomates en deux, les épépiner et les cuire, dans une autre poêle, avec le reste d'huile d'olive, jusqu'à ce que l'eau soit éliminée. Saler et poivrer.

3 Hacher l'ail et le persil. Réunir tomates et aubergine dans la même poêle, ajouter ail et persil et cuire encore 2 ou 3 min.

4 Verser ces légumes dans le plat de service et garder au chaud.

5 Cuire les œufs à la poêle (➤ voir page précédente) et les faire glisser sur les légumes. Servir aussitôt.

Préparation : 10 min ■ **Cuisson :** 30 min environ

Œufs pochés

Œufs pochés : cuisson

❶ Porter à ébullition 2 litres d'eau non salée (le sel liquéfie l'albumine du blanc) et ajouter 1 dl de vinaigre blanc.

❷ Casser chaque œuf dans une louche et plonger celle-ci au fond de la casserole d'eau. Retourner la louche délicatement en laissant l'œuf dans l'eau frémissante. Faire de même avec les autres œufs. Le blanc enveloppe le jaune en se coagulant.

❸ Laisser les œufs pocher 3 min, sans bouillir. Quand le blanc est coagulé, les retirer avec une écumoire et les déposer dans un saladier contenant de l'eau froide.

❹ Avec une paire de ciseaux, éliminer les petits filaments qui se sont formés autour des œufs pour leur donner une forme régulière.

Œufs en meurette

Pour 4 personnes

- 4 dl de sauce bourguignonne (➤ voir p. 74)
- 20 g de beurre
- 100 g de petits lardons tout prêts
- 160 g de pain de campagne rassis
- 1 gousse d'ail
- 2,5 dl de vin rouge
- 0,5 dl de vinaigre
- 8 œufs
- sel, poivre

❶ Préparer la sauce bourguignonne et la garder bien au chaud.

❷ Faire fondre le beurre dans une poêle, y faire revenir les lardons pendant 5-10 min, puis les égoutter sur un papier absorbant et les ajouter dans la sauce bourguignonne.

❸ Couper le pain en tranches fines, les frotter avec la gousse d'ail, puis les passer au toaster.

❹ Faire chauffer le vin, le vinaigre et 1 litre d'eau, poivrer, porter à frémissement pendant 5 min et y faire pocher les œufs (➤ voir recette précédente). Les égoutter sur un papier absorbant.

❺ Verser la sauce dans le plat de service, y ajouter avec précaution les œufs pochés. Garnir avec les croûtons.

Préparation : 40 min ■ **Cuisson :** 15 min environ

Œufs pochés à la Mornay

Pour 4 personnes

- 5 dl de sauce Mornay (➤ voir p. 66)
- 8 tranches de pain de mie
- 50 g de beurre
- 8 œufs
- 40 g de gruyère râpé
- 20 g de parmesan râpé
- 20 g de chapelure
- sel

❶ Préparer la sauce Mornay et la garder au chaud.

❷ Couper les tranches de pain de mie et les beurrer (40 g de beurre). Tapisser la grille du four d'une feuille d'aluminium, y disposer ces tranches et les griller légèrement.

❸ Préparer les œufs pochés (➤ voir page précédente).

❹ Disposer les croûtons dans un plat, mettre les œufs pochés par-dessus puis les recouvrir avec la sauce Mornay.

❺ Mélanger les deux fromages râpés avec la chapelure. Saupoudrer toute la surface du plat avec ce mélange.

❻ Faire fondre les 10 g de beurre restant et arroser. Mettre le plat sous le gril du four pendant 5 min.

Préparation : 20 min ■ **Cuisson :** 15 min

Œufs pochés Rachel

Pour 4 personnes

- 5 dl de sauce à la moelle (➤ voir p. 82)
- 100 g de moelle de bœuf
- 200 g de pain de mie rond
- 8 œufs
- sel, poivre

❶ Préparer la sauce à la moelle et la garder au chaud. Faire cuire, à petits frémissements, la moelle de bœuf pendant 10-12 min. La laisser dans sa cuisson au chaud. Couper le pain de mie en 8 tranches et les passer au toaster. Les garder au chaud dans une serviette.

❷ Faire pocher les œufs (➤ voir page précédente). Disposer les toasts dans le plat de service. Poser un œuf sur chaque toast. Napper de sauce à la moelle.

❸ Égoutter la moelle et la couper en rondelles ; répartir celles-ci sur chaque œuf.

On peut remplacer les œufs pochés par des œufs mollets.

Préparation : 40 min ■ **Cuisson :** 15-20 min

Œufs pochés sauce crevette

Pour 6 personnes

- 3 dl de béchamel
- 1 c. à soupe de curry
- 2 c. à soupe de crème
- 100 g de crevettes décortiquées
- 6 œufs très frais
- 6 toasts de pain de mie
- sel, poivre, muscade

1 Préparer la béchamel (➤ voir p. 62) en y mettant le curry, la crème fraîche et les crevettes coupées en petits tronçons. Poivrer et râper de la muscade. Garder la sauce au chaud.

2 Pocher les œufs (➤ voir p. 258).

3 Faire griller légèrement les toasts et les ranger dans un plat. Poser 1 œuf poché sur chaque toast et napper de sauce. Servir aussitôt.

Préparation : 10 min ■ **Cuisson :** 20 min

Omelettes

Omelette nature : cuisson

1 Casser les œufs dans un petit saladier et les battre à la fourchette, mais sans excès. Saler, poivrer.

2 Faire fondre le beurre dans une poêle antiadhésive et, dès qu'il mousse, verser les œufs et augmenter le feu. Avec une spatule de bois, ramener les œufs du bord vers le centre quand ils commencent à prendre. En même temps, incliner de temps en temps la poêle pour répartir les œufs encore liquides. L'omelette est cuite lorsque tout est coagulé. Si l'on veut une omelette « baveuse », arrêter la cuisson lorsqu'il y a encore un peu d'œuf liquide au centre de la poêle.

3 Quand l'omelette est cuite, la faire glisser dans le plat de service chauffé, en la repliant en trois pour la rouler. Passer éventuellement, à sa surface, un morceau de beurre pour la rendre brillante.

On peut ajouter aux œufs battus 2 ou 3 cuillerées à soupe de lait ou 1 cuillerée de crème liquide.

Préparation : 5 min ■ **Cuisson :** 8-10 min

Omelette basquaise

Pour 4 personnes

- 1 poivron rouge
- 1 poivron vert
- 1 gousse d'ail
- 2 c. à soupe d'huile d'olive
- 8 œufs
- piment de Cayenne
- 30 g de beurre
- sel

1 Laver les poivrons et les couper en deux. Éliminer pépins et pédoncule, puis tailler chaque poivron en petits bâtonnets. Peler et hacher l'ail.

2 Faire chauffer l'huile dans une poêle. Ajouter les poivrons et l'ail, et les cuire doucement en remuant à la spatule pendant 10 min.

3 Casser et battre les œufs dans une terrine. Saler, ajouter 1 ou 2 pincées de piment de Cayenne.

4 Faire chauffer le beurre dans une poêle. Verser les œufs et les laisser prendre en remuant en surface avec le dos d'une cuillère. Ajouter les poivrons en les répartissant régulièrement. Poursuivre la cuisson 2 min, puis rouler l'omelette et servir aussitôt.

Préparation : 15 min ■ **Cuisson :** 12 min

Omelette brayaude

Pour 4 personnes

- 2 pommes de terre
- 1 tranche épaisse de jambon cru d'Auvergne
- 40 g de beurre
- 8 œufs
- 30 g de tomme fraîche
- 1 c. à soupe de crème fraîche
- sel, poivre

1 Éplucher et couper les pommes de terre en dés.

2 Couper également le jambon en dés.

3 Dans une poêle, faire fondre 10 g de beurre et y mettre à dorer les dés de jambon puis les égoutter.

4 Ajouter le reste du beurre et y faire rissoler les pommes de terre. Remettre le jambon, puis verser les œufs battus en omelette et assaisonner de sel et de poivre.

5 Cuire l'omelette sur une face, puis sur l'autre. Couper la tomme en tout petits dés et les répartir sur le dessus de l'omelette. Verser ensuite la crème fraîche et servir aussitôt.

Préparation : 30 min ■ **Cuisson :** 20 min environ

Omelette aux champignons

Pour 4 personnes

- 150 g de champignons de Paris
- 70 g de beurre
- 8 œufs
- sel, poivre

1 Couper les champignons en fines lamelles.

2 Les faire sauter à la poêle dans 20 g de beurre fondu pendant 10 min environ, puis les mélanger avec les œufs battus, salés et poivrés.

3 Faire fondre le reste du beurre dans la poêle et cuire l'omelette (➤ voir p. 260). La replier et la glisser sur le plat de service.

Préparation : 15 min ■ **Cuisson :** 15 min environ

Omelette Du Barry

Pour 4 personnes

- 1 petit chou-fleur
- 50 g de beurre
- 1/2 botte de cerfeuil
- 8 œufs
- sel, poivre

1 Détacher les bouquets de chou-fleur et les cuire à la vapeur (les garder un peu fermes).

2 Les dorer dans le beurre à la poêle.

3 Battre les œufs, saler et poivrer, y ajouter le cerfeuil ciselé et les verser sur le chou-fleur. Cuire comme une grosse crêpe.

Préparation : 15 min ■ **Cuisson :** 15-20 min

Omelette aux fines herbes

Pour 4 personnes

- 1/2 bouquet de cerfeuil
- 1/2 bouquet d'estragon
- 1/2 bouquet de persil
- 1/2 bouquet de ciboulette
- 12 œufs
- 20 g de beurre

1 Détacher les feuilles de l'estragon, du persil et du cerfeuil. Puis couper grossièrement toutes les fines herbes avec une paire de ciseaux.

2 Battre les œufs, y mélanger les fines herbes, saler et poivrer et cuire l'omelette (➤ voir p. 260).

Préparation : 15 min ■ **Cuisson :** 8-10 min

Omelette au fromage

Pour 4 personnes

- 8 œufs
- 40 g de beurre
- 150 g de fromage râpé
- sel, poivre

Préparer l'omelette (➤ voir p. 260) et y verser, à la fin de sa cuisson, juste avant de la rouler, le fromage râpé.

Préparation : 5 min ■ **Cuisson :** 15 min

Omelette au lard ou au jambon

Pour 4 personnes

- 125 g de jambon ou de lardons tout prêts
- 40 g de beurre
- 8 œufs
- sel, poivre

❶ Pour une omelette au jambon, couper le jambon en petits dés. Pour une omelette au lard, faire dorer les lardons dans une poêle, les égoutter sur du papier absorbant. Jeter le gras de cuisson de la poêle.

❷ Faire fondre le beurre dans la poêle. Battre les œufs, saler, poivrer et y ajouter les dés de jambon ou les lardons. Cuire l'omelette (➤ voir p. 260), la rouler et la glisser sur le plat de service.

Préparation : 15 min ■ **Cuisson :** 15 min environ

Omelette mousseline

Pour 4 personnes

- 12 œufs
- 3 c. à soupe de crème fraîche
- 20 g de beurre
- sel, poivre

❶ Casser les œufs et séparer les blancs et les jaunes. Battre les jaunes avec la crème, saler et poivrer.

❷ Monter les blancs en neige avec 1 pincée de sel et les incorporer délicatement aux jaunes.

❸ Faire fondre le beurre dans une poêle et cuire cette préparation en grosse crêpe 2 ou 3 min de chaque côté.

Préparation : 10 min ■ **Cuisson :** 6 min environ

Omelette à l'oseille

Pour 4 personnes

- 200 g d'oseille
- 1/4 de bouquet
  de cerfeuil
- 1/4 de bouquet de persil
- 1/4 de bouquet
  d'estragon
- 40 g de beurre
- 8 œufs
- sel, poivre

1. Laver et équeuter les feuilles d'oseille et les éponger. Les ciseler grossièrement. Couper les fines herbes aux ciseaux.
2. Faire fondre 20 g de beurre dans une casserole. Ajouter l'oseille et la cuire en remuant pendant 3 min. Retirer du feu.
3. Casser et battre les œufs dans une terrine. Saler et poivrer. Ajouter l'oseille fondue au beurre et les fines herbes. Battre encore une fois.
4. Faire fondre le reste de beurre dans une poêle antiadhésive et y verser les œufs battus. Cuire comme une crêpe, 2 ou 3 min de chaque côté.

On peut ajouter dans la garniture 120 g de jambon cru en lamelles, revenu dans 15 g de beurre, ou bien 2 pommes de terre cuites coupées en fines rondelles.

Préparation : 15 min ■ **Cuisson :** 5 min

Omelette plate à la lorraine

Pour 4 personnes

- 150 g de lard de poitrine
  ou de lardons tout prêts
- 80 g de gruyère
- 1/4 de bouquet de
  ciboulette
- 8 œufs
- 15 g de beurre
- poivre

1. Couper le lard en dés. Faire dorer ceux-ci dans une poêle antiadhésive puis les égoutter et jeter le gras.
2. Tailler le gruyère en copeaux. Hacher la ciboulette.
3. Battre les œufs avec tous ces éléments et poivrer.
4. Chauffer le beurre dans la poêle, y verser la préparation et cuire comme une crêpe pendant 2 ou 3 min sur chaque face.

Préparation : 15 min ■ **Cuisson :** 6 min environ

Omelette aux pommes de terre

Pour 4 personnes

- 150 g de pommes de terre
- 60 g de beurre
- 8 œufs
- sel, poivre

① Cuire les pommes de terre dans leur peau et dans de l'eau salée. Les éplucher et les couper en dés.
② Faire sauter les dés de pomme de terre à la poêle avec 20 g de beurre. Les garder au chaud.
③ Préparer l'omelette (➤ voir p. 260).
④ Ajouter les pommes de terre à la fin de la cuisson et avant de la rouler.

Préparation : 30 min ■ **Cuisson :** 15 min environ

Omelette à la tomate

Pour 4 personnes

- 4 tomates
- 1 échalote
- 1 gousse d'ail
- 1 c. à soupe d'huile
- 1 brin de thym
- 1/4 de feuille de laurier
- 8 œufs
- 40 g de beurre
- sel, poivre

① Ébouillanter, peler et couper en morceaux les tomates.
② Éplucher et hacher l'échalote et l'ail. Les faire revenir doucement dans l'huile chaude, ajouter les tomates, le thym et le laurier, saler, poivrer et cuire jusqu'à ce que le liquide soit évaporé.
③ Battre les œufs, saler, poivrer et ajouter la moitié des tomates. Garder le reste au chaud. Mélanger.
④ Cuire l'omelette (➤ voir p. 260). À la fin de la cuisson, et avant de la rouler, verser le reste des tomates.

Préparation : 30 min environ
■ **Cuisson :** 15 min environ

Plats uniques à base de fromage

Fondues belges au fromage

Pour 4-6 personnes

- 4 œufs
- 0,5 l de béchamel
  (➤ voir p. 62)
- noix de muscade
- 125 g de cheddar
  ou de gouda vieux
- 25 g de beurre
- 150 g de chapelure
- huile de friture

1 Casser les œufs, séparer les blancs (les mettre dans une grande assiette creuse) et les jaunes.

2 Tapisser une plaque avec du papier sulfurisé.

3 Préparer la béchamel, la saler, la poivrer et y ajouter de la muscade râpée.

4 Couper le fromage en petits morceaux et le mélanger à la sauce, sur feu moyen, en tournant sans arrêt puis, un à un, ajouter les jaunes. Continuer de tourner jusqu'à obtenir une pâte qui se détache des bords. La verser alors sur la plaque en une couche de 1 cm d'épaisseur.

5 Faire fondre le beurre au micro-ondes et, avec un pinceau, beurrer la surface de la pâte et laisser refroidir.

6 Faire chauffer la friture.

7 Fariner le plan de travail et retourner la pâte dessus. La détailler en carrés de 5 cm de côté.

8 Passer chaque carré dans le blanc d'œuf, puis dans la chapelure.

9 Frire les fondues à l'huile à 180 °C jusqu'à ce qu'elles soient bien colorées. Procéder par petites quantités. Servir chaud.

Préparation : 30 min ■ **Cuisson :** 10 min environ

Fondue à la piémontaise

Pour 4-6 personnes

- 600 g de fontina
- 0,75 l de lait
- 8-12 tranches de pain
  de mie
- 6 jaunes d'œufs
- 120 g de beurre

1 Couper la fontina en dés, mettre ceux-ci dans un récipient assez étroit et y verser le lait froid. Laisser reposer 2 h au moins.

2 Couper les tranches de pain de mie, les faire griller et les garder au chaud dans les plis d'une serviette.

3 Mettre le fromage et le lait dans une casserole, y ajouter les jaunes d'œufs et le beurre.

④ Cuire au bain-marie sur feu modéré, en fouettant sans cesse, jusqu'à ce que le mélange fonde puis prenne un aspect crémeux. Le point idéal de cuisson correspond aux premiers bouillons de l'eau du bain-marie.

⑤ Servir dans une soupière, en garnissant les assiettes de triangles de pain de mie grillés.

Préparation : 15 min ■ **Repos :** 2 h
■ **Cuisson :** 15 min environ

Fondue valaisane

Pour 4-6 personnes

- 2-3 baguettes de pain
- 2 gousses d'ail
- 600-800 g de gruyère ou d'un mélange de beaufort, d'emmental et de comté
- 1 bouteille de vin blanc
- 1 c. à dessert de fécule de maïs
- 1 verre à liqueur de kirsch
- poivre

① Couper le pain en gros dés, les mettre dans une corbeille et recouvrir celle-ci d'une serviette.

② Éplucher les gousses d'ail et en frotter le fond et les parois d'un caquelon en terre.

③ Couper en lamelles très minces tout le fromage ; le mettre dans le caquelon et le recouvrir tout juste de vin blanc sec.

④ Mettre le caquelon sur le feu et, avec une cuillère en bois, tourner jusqu'à ce que le fromage soit fondu. Ajouter alors 3 ou 4 bons tours de poivre du moulin.

⑤ Délayer la fécule avec le kirsch et la verser dans le caquelon. Bien mélanger et mettre sur la table, sur un réchaud.

Préparation : 30 min ■ **Cuisson :** 10-15 min

Keshy yena

Pour 4-6 personnes

- 700 g de gîte à la noix de bœuf ou d'épaule de porc
- 0,5 dl d'huile
- 1 gros oignon
- 0,5 dl de vin blanc
- 2 c. à soupe de farine
- 2 c. à soupe de concentré de tomate
- 2 gousses d'ail
- 50 g de beurre
- 1 bouquet garni
- 100 g d'olives vertes
- 100 g de fondue de tomate (➤ voir p. 797)
- 1 édam « jeune » entier

1 Préparer un sauté Marengo avec le gîte à la noix ou l'épaule de porc (➤ voir p. 504), découpés au préalable en dés.

2 Dénoyauter les olives. Préparer la fondue de tomate.

3 Préchauffer le four à 160 °C. Découper une calotte sur le dessus de l'édam et évider le fromage au couteau, en laissant des parois de 1,5 cm d'épaisseur.

4 Couper en dés le fromage retiré et le mélanger avec la viande en dés, les olives et la fondue de tomate.

5 Garnir la boule d'édam avec ce mélange, replacer la calotte et la maintenir avec des bâtonnets. La mettre dans un plat et cuire 1 h au four. Servir dès la sortie du four.

Préparation : 1 h ■ **Cuisson :** 1 h

Tarte au gruyère

Pour 4-6 personnes

- 250 g de pâte brisée
- 2 œufs
- 2,5 dl de lait
- 1,5 dl de crème fraîche
- 125 g de gruyère
- sel, poivre, muscade

1 Préparer la pâte brisée (➤ voir p. 109) et la laisser reposer 1 h ou employer une pâte toute prête.

2 Préchauffer le four à 220 °C. Battre ensemble les œufs, le lait et la crème, saler, poivrer, râper un peu de muscade. Ajouter le fromage râpé.

3 Abaisser la pâte et en garnir un moule beurré de 26 cm de diamètre. Verser la préparation au fromage et enfourner pour 30 min.

Une salade verte pourra accompagner cette tarte.

Préparation : 30 min ■ **Cuisson :** 30 min

Les poissons, coquillages, crustacés, grenouilles et mollusques

Les poissons

Le poisson est un aliment particulièrement bien adapté à l'homme. Il est riche en protéines, contient de nombreux oligoéléments et des vitamines B. Sa teneur en lipides est faible, ce qui en fait un aliment diététique. La plupart des poissons vivent dans les mers et les océans ; les poissons d'eau douce sont moins nombreux. On les classe en 3 catégories : maigres (brochet, dorade), demi-gras (sardine, hareng, truite) et gras (alose, anguille, thon). Le poisson peut s'apprêter de multiples façons. Comme c'est un produit fragile, sa première qualité est la fraîcheur. Celle-ci se reconnaît à l'odeur légèrement iodée et sans relents, à la brillance des écailles ; le poisson doit avoir des branchies rouge vif, l'œil brillant et saillant, et la chair ferme ; la chair des filets ou des tranches ne doit pas être décolorée ni baigner dans un liquide. Ces caractéristiques doivent toujours guider le consommateur.

Le poisson se conserve dans le froid. La durée de conservation dépend de plusieurs facteurs : le poisson en tranches ou en filets se garde moins long-temps qu'un poisson entier ; ce dernier doit impérativement être habillé, c'est-à-dire ébarbé, vidé et lavé (toute trace de sang doit disparaître, celui-ci conférant un goût amer à la chair), puis emballé dans un film alimentaire avant d'être mis au froid.

Les prix des poissons varient selon l'espèce, la provenance, la saison, mais aussi suivant la façon dont ils sont présentés. En effet, la présentation déter-mine le pourcentage des déchets : un poisson acheté entier donne de 30 à 60 % de déchets ; un poisson étêté et en tronçons, de 15 à 20 % ; un poisson en tranches, 10 % ; un poisson en filets ne donne aucun déchet, d'où son prix plus élevé.

Préparation du poisson. *Le poisson entier doit d'abord être paré : à l'aide de ciseaux, on coupe les nageoires latérales, ventrale et dorsale ; puis on l'écaille avec un couteau. Ensuite, il doit être vidé ; pour cela, on pratique, en partant de la base de la tête, une incision de quelques centimètres sur la peau du ventre, on retire les viscères, puis on lave la cavité ventrale. On peut aussi vider le poisson par les ouïes (surtout s'il doit être farci) et terminer par une petite incision dans l'orifice anal, près de la queue. Le poisson doit parfois être dépouillé (c'est-à-dire qu'on retire sa peau) pour une cuisson à la vapeur, dans la friture et en sauce. On incise alors la queue, on décolle légèrement la peau, puis on l'arrache en tirant jusqu'à la tête (exemple : côté peau gris sombre de la sole). On peut demander au poissonnier de le faire.*

Quelques conseils pour la cuisson des poissons. *Pour griller des poissons entiers, pratiquer des entailles obliques dans la chair afin que la chaleur pénètre uniformément.*

Pour cuire le poisson à la poêle, employer du beurre mélangé à de l'huile ou seulement de l'huile.

Pour pocher le poisson dans un court-bouillon : toujours démarrer la cuisson à froid ; observer strictement les temps indiqués.

Pour la cuisson en papillote (petit poisson, tranches ou filets) : utiliser le four classique, le panier vapeur ou le four à micro-ondes (dans ce dernier cas, les papillotes seront confectionnées avec du papier sulfurisé).

Pour la friture : n'employer que du poisson à chair ferme.

Les fruits de mer, les mollusques et les grenouilles

Tout comme les poissons, les crustacés, les coquillages et les mollusques sont des aliments sains, riches en protéines et en sels minéraux. On les apprécie pour leur chair fine et savoureuse.

*Les plus recherchés parmi les **crustacés** sont le homard et la langouste. On les réserve pour des repas festifs en raison de leur coût assez élevé. De moindre taille, les crabes, les crevettes et les langoustines possèdent des qualités gustatives tout aussi intéressantes. Les crustacés sont habituellement cuits dans un court-bouillon aromatisé (homard, langouste) ; on peut aussi les faire griller – entiers ou en brochettes – ou les poêler. On les mange chauds ou froids. Ils servent également à la préparation des bisques.*

*Les **coquillages** – huîtres, coquilles Saint-Jacques, moules, coques, pétoncles, entre autres – se mangent cuits et, parfois, crus. La plupart doivent être cuisinés dans les 3 jours qui suivent l'expédition depuis le lieu de production. À moins de les consommer crus, il est plus facile d'ouvrir certains coquillages (par exemple, la coquille Saint-Jacques) en les plaçant sur une plaque dans un four très chaud. Les coquillages restés fermés après une cuisson (moules, coques) ne doivent pas être consommés.*

Pour manger des coquillages crus (huître, clam, coquille Saint-Jacques), il faut absolument s'assurer de leur fraîcheur.

*Les **mollusques** regroupent plusieurs espèces vivant dans les mers, sauf les escargots, mollusques terrestres. On les cuisine au court-bouillon (poulpe), à la poêle (calmar), au four ou en cocotte (escargots farcis au beurre).*

*Les **grenouilles** font partie de la famille des batraciens. On ne consomme que leurs cuisses à la chair fine et dont la saveur légère a besoin d'être relevée.*

Coquillages

Brochettes de fruits de mer

Pour 4 personnes

- 8 huîtres n° 2
- 4 noix de saint-jacques
- 400 g de moules de bouchot
- 4 langoustines ou 4 gambas
- 160 g de petits champignons de Paris
- marinade instantanée (➤ voir p. 58)

1 Ouvrir les huîtres au-dessus d'un saladier, filtrer leur eau et la mettre à chauffer. Pocher les huîtres dans cette eau frémissante pendant 1 min.

2 Faire ouvrir les moules en les plaçant 2-3 min dans le four chaud et les décoquiller.

3 Ôter la carapace des langoustines (ou des gambas).

4 Nettoyer et laver les champignons, ne garder que les têtes.

5 Mettre tous les fruits de mer dans une grande terrine, les enduire de marinade instantanée et mélanger.

6 Les enfiler sur des brochettes sans les égoutter, en alternant avec les champignons.

7 Griller sous le gril du four ou sur un barbecue.

Préparation : 30 min ■ **Cuisson :** 5 min environ

Bulots et bigorneaux : cuisson

1 Laver les coquillages à l'eau courante.

2 Faire bouillir de l'eau salée dans une grande casserole (1 grosse cuillerée à soupe de sel par litre environ) avec une feuille de laurier et une branche de thym.

3 Plonger les coquillages dans l'eau bouillante et les égoutter au bout de 8 à 10 min. Au-delà de ce temps, ils deviennent cassants et l'on ne peut plus les retirer facilement de leur coquille.

Bulots mayonnaise

Pour 4-6 personnes

- 2 dl de mayonnaise
- 1 kg de bulots

1 Préparer la mayonnaise (➤ voir p. 93).
2 Cuire les bulots (➤ voir page précédente). Les servir tièdes accompagnés de la mayonnaise, servie à part dans une saucière, et de pain de campagne.

Préparation : 25 min ■ **Cuisson :** 15 min

Salade de coques

Pour 4-6 personnes

- 500 g de fèves ou de petits pois
- 1 dl de vinaigrette (➤ voir p. 98)
- 2 c. à soupe de fines herbes
- 2 kg de coques
- sel

1 Écosser les fèves ou les petits pois et les faire cuire pendant 10 à 15 min dans de l'eau salée.
2 Préparer la vinaigrette en y ajoutant les fines herbes.
3 Bien laver les coques à l'eau courante puis les faire dégorger 1 ou 2 h dans de l'eau bien salée.
4 Les mettre dans un faitout et les faire ouvrir à feu vif en les remuant plusieurs fois.
5 Les retirer de leur coquille et les mélanger avec les fèves et la vinaigrette. Servir tiède.

Préparation : 20 min + 1 h ■ **Cuisson :** 15-20 min

Coquilles Saint-Jacques crues

Pour 4-6 personnes

- 8-12 coquilles Saint-Jacques
- 1 dl d'huile d'olive
- 1 citron vert
- pluches de cerfeuil
- 4 brins d'aneth
- poivre

1 Enlever les noix des coquilles, les ébarber (couper tout ce qui dépasse pour ne garder que la noix elle-même), les laver sous le robinet et les sécher sur un papier absorbant.
2 Avec un pinceau, huiler légèrement le fond de chaque assiette, puis ajouter quelques gouttes de citron vert.
3 Avec un couteau bien aiguisé, couper ➜

les noix en tranches très minces et les disposer en rosace dans le fond de chaque assiette. Toujours au pinceau, les napper d'huile d'olive, donner 1 tour du moulin à poivre. Ne pas saler.

④ Décorer avec les pluches de cerfeuil, de l'aneth ciselé et des demi-tranches de citron vert.

Préparation : 15 min

Coquilles Saint-Jacques et huîtres en brochettes à la Villeroi

Pour 4-6 personnes

- 8-12 coquilles Saint-Jacques
- 8-12 huîtres
- 2,5 dl de sauce Villeroi (➤ voir p. 71)
- 400 g de panure à l'anglaise (➤ voir p. 107)
- sel
- huile de friture

① Enlever les noix et les coraux des coquilles Saint-Jacques, les ébarber (couper ce qui dépasse pour ne garder que la noix elle-même) et bien les laver. Décoquiller également les huîtres.

② Faire bouillir de l'eau salée dans une casserole et y pocher d'abord les noix et les coraux pendant 1 min, puis les égoutter aussitôt.

③ Dans la même eau, pocher les huîtres 1 min également.

④ Les disposer sur les piques en les alternant. Les enrober de sauce Villeroi, les paner, les frire à 180 °C pendant 2 min et servir aussitôt.

Préparation : 45 min ■ **Cuisson :** 2 min

Coquilles Saint-Jacques à la nage

Pour 4-6 personnes

- 1 carotte
- 1 oignon
- 4 échalotes
- 1 gousse d'ail
- 1 brin de thym

① Éplucher la carotte et l'oignon et les couper en fines rondelles. Hacher les échalotes. Écraser l'ail.

② Mettre ces légumes dans une casserole avec le thym, le laurier, le persil. Verser le vin blanc et l'eau, saler, poivrer. Cuire doucement 20 min, laisser refroidir.

③ Préchauffer le four à 180 °C. Laver et brosser les

- 1/2 feuille de laurier
- 1/2 bouquet de persil
- 1 verre de vin blanc
- 2 verres d'eau
- 12-18 coquilles Saint-Jacques
- 1-2 c. à soupe de crème fraîche (facultatif)
- sel, poivre

coquilles Saint-Jacques, les mettre dans un plat ou sur la plaque et les faire juste ouvrir dans le four, partie bombée en dessous.

4 Détacher la chair, séparer la noix et le corail des barbes grisâtres, bien laver le tout pour en retirer le sable.

5 Mettre noix, coraux et barbes dans la nage froide, porter à ébullition et pocher 5 min à feu très doux (petits frémissements). Avec une écumoire, égoutter les noix et les coraux et les garder au chaud.

6 Laisser bouillir doucement le reste pendant 15 min, puis passer la nage.

7 Remettre celle-ci sur le feu et y ajouter éventuellement 1 ou 2 cuillerées à soupe de crème fraîche.

8 Faire réduire la nage d'un tiers puis en napper les noix et les coraux.

Préparation : 40 min ■ **Cuisson :** 1 h environ

Coquilles Saint-Jacques aux poireaux

Pour 4-6 personnes

- 12-18 noix de saint-jacques fraîches ou surgelées
- 2,5 dl de lait
- 800 g à 1 kg de blancs de poireau
- 100 g de beurre
- 30 g d'échalotes
- 1 citron
- 1,5 dl de vin blanc
- 4 c. à soupe de crème fraîche
- sel, poivre

1 Si les coquilles Saint-Jacques sont fraîches, les laver et les brosser, puis les mettre dans un plat (ou sur la plaque du four) partie bombée en dessous. Les passer rapidement au four chaud pour les faire ouvrir. Enlever les noix avec le corail et les ébarber. Si les saint-jacques sont surgelées, les faire décongeler pendant 30 min dans du lait.

2 Nettoyer les poireaux et les couper en fines rondelles. Faire fondre 80 g de beurre dans une casserole, ajouter les poireaux, saler et laisser cuire à découvert pendant 20-25 min de façon à évacuer le maximum d'eau de végétation.

3 Faire fondre le reste du beurre dans une poêle. Hacher les échalotes, les ajouter, saler et les faire cuire doucement. Mouiller avec 1 cuillerée à soupe de jus de citron et 5 ou 6 cuillerées ➜

à soupe de vin blanc et poivrer.

④ Éponger les noix de saint-jacques. Les mettre dans la poêle et les laisser étuver 1 min de chaque côté puis les retirer. Verser alors la crème et la faire fondre en remuant, rajouter les noix de saint-jacques et cuire pendant 2 min.

⑤ Égoutter les noix et les répartir sur des assiettes chaudes avec le poireau en garniture.

⑥ Passer le jus de cuisson au chinois ou dans une passoire fine, le remettre dans une casserole et ajouter le reste de vin. Faire réduire légèrement en fouettant vivement et en napper les noix de saint-jacques.

Préparation : 30 min ■ **Cuisson :** 30 min environ

Coquilles Saint-Jacques à la provençale

Pour 4-6 personnes

- 12-18 noix de saint-jacques
- 1 oignon
- 3 dl de vin blanc sec
- 1 bouquet garni
- 1 gousse d'ail
- 2 c. à soupe d'huile d'olive
- 2 c. à soupe de beurre
- 2 c. à soupe de persil plat haché
- 2 c. à soupe de chapelure
- sel, poivre

① Nettoyer et ébarber ou faire décongeler les noix de saint-jacques (➤ voir recette précédente).

② Éplucher et hacher l'oignon et le mettre dans une casserole avec les noix de saint-jacques, le vin blanc, le bouquet garni, du sel et du poivre. Porter lentement à ébullition, réduire le feu et laisser frémir 5 min.

③ Retirer les noix, les égoutter puis les couper en deux.

④ Hacher l'ail. Préchauffer le gril du four.

⑤ Faire chauffer l'huile et le beurre dans un plat creux allant au four, y mettre les noix de saint-jacques, saupoudrer d'ail, de persil et de chapelure.

⑥ Glisser le plat dans le four et faire dorer. Servir aussitôt.

Préparation : 20 min ■ **Cuisson :** 8-10 min

Coquilles Saint-Jacques à la vapeur d'algues

Pour 4-6 personnes

- 2 ou 3 poignées d'algues (varech) à demander au poissonnier
- 12-18 noix de saint-jacques fraîches
- 200 g de beurre
- poivre blanc du moulin

1 Préchauffer le four à 220 °C. Laver les algues très soigneusement et bien les égoutter.

2 Découper 4 ou 6 carrés de feuille d'aluminium. Répartir les algues sur chaque carré et poser dessus les noix de saint-jacques. Poivrer légèrement.

3 Couper le beurre en parcelles et les répartir sur les noix avant de refermer les papillotes. Enfourner 10 min.

4 Sortir les papillotes du four. Les ouvrir, disposer les noix dans des assiettes chaudes et les arroser avec le jus des papillotes. Poivrer et servir.

Préparation : 20 min ■ **Cuisson :** 10 min

Salade de coquilles Saint-Jacques

Pour 4-6 personnes

- 200 g de courgettes
- 12-18 noix de saint-jacques fraîches
- 2 c. à soupe de jus de citron
- 3 c. à soupe d'huile d'olive
- 1 c. à soupe de persil haché
- 1 c. à soupe de vinaigre
- 2 cœurs de laitue
- sel, poivre

1 Préchauffer le four à 200 °C. Couper les courgettes en très fines rondelles et les noix de saint-jacques en deux ou trois selon leur épaisseur. Les mettre dans un plat creux avec les courgettes. Saler, poivrer, arroser de jus de citron et bien mélanger. Laisser mariner 10-15 min.

2 Mettre le plat au four pendant 3 min puis le sortir, remuer le mélange et le remettre au four 2 ou 3 min.

3 Verser le jus de cuisson dans un bol, ajouter l'huile, le persil et le vinaigre. Saler et poivrer. Fouetter pour émulsionner.

4 Effeuiller les cœurs de laitue dans un plat. Disposer dessus les noix de saint-jacques et les courgettes refroidies. Napper de vinaigrette.

Préparation : 20 min ■ **Cuisson :** 6 min

Huîtres en attereaux

Pour 4 personnes

- 2,5 dl de sauce Villeroi (➤ voir p. 71)
- 12 huîtres creuses
- 150 g de champignons de Paris
- 2 1/2 citrons
- 25 g de beurre
- huile de friture
- 400 g de panure à l'anglaise (➤ voir p. 107)
- 1/2 bouquet de persil
- sel, poivre
- brochettes en bois

① Préparer la sauce Villeroi avec un fumet de poisson.
② Ouvrir les huîtres au-dessus d'un saladier.
③ Filtrer l'eau recueillie, la faire bouillir et y plonger les huîtres pendant 2 min. Les égoutter et les ébarber (couper ce qui dépasse avec une paire de ciseaux).
④ Nettoyer les champignons, les citronner, les couper en lamelles épaisses et les cuire doucement avec le beurre.
⑤ Faire chauffer la friture. Préparer la panure à l'anglaise.
⑥ Faire frire le persil (➤ voir p. 764).
⑦ Composer les brochettes en alternant huîtres et champignons. Les tremper dans la sauce, les paner et les plonger 3 ou 4 min dans la friture à 180 °C.
⑧ Servir avec du persil frit et des demi-citrons.

Préparation : 40 min ■ **Cuisson :** 10-15 min

Huîtres en beignets

Pour 4 personnes

- 250 g de pâte à beignets (➤ voir p. 108)
- 12 huîtres creuses
- marinade instantanée (➤ voir p. 58)
- huile de friture
- 1/2 bouquet de persil
- sel
- 2 citrons

① Préparer la pâte à beignets.
② Pocher les huîtres dans leur eau comme dans la recette précédente.
③ Les laisser refroidir dans leur cuisson, puis les égoutter et les éponger. Les faire mariner 30 min au frais.
④ Faire chauffer la friture. Préparer le persil frit (➤ voir p. 764).
⑤ Tremper les huîtres dans la pâte, puis les plonger (3 ou 4 à la fois) dans la friture à 180 °C jusqu'à ce qu'elles soient bien gonflées. Les égoutter, les éponger.
⑥ Les disposer sur le plat de service, poudrer de sel fin et servir avec les quartiers de citron et le persil frit.

Préparation : 1 h ■ **Marinade :** 30 min
■ **Cuisson :** 20 min environ

Huîtres à la Boston

Pour 4-6 personnes

- 12-18 huîtres plates
- poivre blanc du moulin
- 50 g de chapelure
- 50 g de gruyère râpé
- 50 g de beurre

1 Préchauffer le four à 230 °C. Ouvrir les huîtres. Retirer délicatement la chair et l'égoutter dans une passoire.

2 Laver soigneusement toutes les coquilles. Dans le fond de chacune d'elles, donner un tour de moulin à poivre blanc et mettre une bonne pincée de chapelure.

3 Remettre les huîtres dans les coquilles : les saupoudrer de gruyère râpé et de chapelure et ajouter une parcelle de beurre.

4 Les disposer dans un plat et les faire gratiner pendant 6 ou 7 min.

On peut mettre une bonne couche de gros sel ou d'algues dans le fond du plat pour y caler les huîtres.

Préparation : 20-30 min ■ **Cuisson :** 6-7 min

Huîtres en brochettes à l'anglaise

Pour 4-6 personnes

- 12-18 huîtres
- poivre blanc du moulin
- 12-18 tranches de bacon

1 Allumer le gril du four. Décoquiller les huîtres.

2 Étaler les huîtres dans un plat ou sur une feuille de papier sulfurisé et les poudrer avec un peu de poivre blanc.

3 Les envelopper une par une dans les tranches de bacon et les embrocher sur des brochettes en bois.

4 Les griller 2 min sous le gril du four.

On peut servir ces brochettes avec des toasts de pain de mie chauds.

Préparation : 20-30 min ■ **Cuisson :** 2 min

Huîtres à la diable

Pour 4 personnes

- 12 huîtres creuses
- 25 g de beurre
- 1 c. à soupe de farine
- 2 c. à soupe de crème fraîche
- noix de muscade
- sel, poivre blanc
- mie de pain blanc rassis
- paprika

1. Ouvrir les huîtres au-dessus d'un saladier et les retirer de leur coquille.
2. Filtrer l'eau dans une passoire tapissée de papier absorbant et la verser dans une casserole sur feu moyen. Y faire pocher les huîtres doucement pendant 3 min. Retirer du feu et les égoutter avec une écumoire.
3. Préparer une sauce Béchamel (➤ voir p. 62) avec 10 g de beurre, la farine, l'eau de cuisson des huîtres et la crème fraîche. Saler, poivrer et râper un peu de muscade.
4. Faire fondre le reste de beurre dans une poêle et y faire rissoler la mie de pain émiettée.
5. Mélanger les huîtres pochées avec la sauce Béchamel.
6. Garnir les coquilles avec les huîtres en sauce, parsemer de mie de pain et poudrer de paprika. Ajouter une parcelle de beurre.
7. Ranger les coquilles sur la plaque du four en les calant avec des feuilles d'aluminium froissées. Passer dans le four à 200 °C pendant 3 ou 4 min. Servir aussitôt.

Préparation : 1 h ■ **Cuisson :** 6 min

Attereaux de moules

Pour 4 personnes

- 2 l de moules à la marinière
- 300 g de petits champignons de Paris
- 2 1/2 citrons
- 25 g de beurre

1. Préparer les moules à la marinière (➤ voir p. 283), les décoquiller et bien les égoutter.
2. Nettoyer les champignons, ne garder que les têtes et les passer dans le jus d'un demi-citron. Faire fondre le beurre dans une casserole et les cuire doucement de 10 à 15 min. Chauffer l'huile de friture.
3. Préparer le persil frit (➤ voir p. 764).

- huile de friture
- 1/2 bouquet de persil
- 2 c. à soupe de moutarde
- 400 g de panure à l'anglaise (➤ voir p. 107)
- brochettes en bois

④ Rouler les moules dans la moutarde. Les enfiler sur des brochettes en les alternant avec les champignons.

⑤ Les paner à l'anglaise et les cuire dans la friture à 180 °C pendant 5 min.

⑥ Les servir avec le persil frit et les citrons en quartiers.

Préparation : 40 min ■ **Cuisson :** 15-20 min

Mouclade aux pistils de safran

Pour 4-6 personnes

- 3-4 l de moules
- 2 verres de vin blanc
- 8 gousses d'ail
- 150 g de beurre
- 2 c. à soupe de persil haché
- quelques pistils de safran ou 1 pincée de safran en poudre
- 2 dl de crème fraîche
- 1 c. à café de fécule de maïs

① Nettoyer et laver soigneusement les moules. Les mettre dans un grand faitout, ajouter le vin blanc et les faire ouvrir à feu vif, pendant 5 à 10 min en remuant souvent ou en secouant le faitout. Puis enlever la demi-coquille vide et mettre chaque moule à demi décoquillée dans le plat de service. Garder au chaud.

② Éplucher et hacher l'ail. Couper le beurre en petits morceaux.

③ Filtrer le jus de cuisson dans une passoire tapissée de papier absorbant.

④ Faire chauffer ce jus sans le laisser bouillir, y ajouter l'ail et le persil puis le beurre, en remuant bien avec une cuillère en bois, et enfin le safran. Quand le beurre est fondu, ajouter la crème fraîche. Augmenter le feu et porter à légère ébullition. Délayer la fécule de maïs dans un peu d'eau, la verser dans la sauce en remuant.

⑤ Verser sur les moules, mélanger et servir tout de suite.

On peut remplacer le safran par 1 cuillerée à café de curry et la liaison à la fécule par un jaune d'œuf délayé avec un peu de crème et ajouté hors du feu.

Préparation : 1 h ■ **Cuisson :** 20 min environ

Moules à la crème

Pour 4-6 personnes

- 3-4 l de moules
  à la marinière
- 3 dl de crème fraîche
- 1/2 bouquet de persil
- sel, poivre

1 Préparer les moules à la marinière (➤ voir page ci-contre).

2 Les égoutter ensuite avec une écumoire et les mettre dans le plat de service. Les garder au chaud.

3 Faire réduire le liquide de cuisson d'un tiers, à gros bouillons. Baisser le feu et verser la crème fraîche. Mélanger.

4 Faire réduire à nouveau, mais à feu plus doux, d'un tiers environ. Goûter et rectifier l'assaisonnement. Verser la sauce sur les moules et parsemer de persil haché.

Préparation : 30 min ■ **Cuisson :** 15 min environ

Moules frites

Pour 4-6 personnes

- 3-4 l de moules à la
  marinière
- 3 c. à soupe de persil
- 1 verre d'huile d'olive
- 2 citrons
- poivre
- 500 g de pâte à frire
  (➤ voir p. 113)
- huile de friture

1 Préparer les moules à la marinière (➤ voir recette suivante). Retirer ensuite les coquilles, les mettre dans un saladier et les laisser ainsi refroidir.

2 Ciseler le persil. Faire une marinade avec l'huile d'olive, le jus des citrons, le persil et du poivre, la verser sur les moules, bien mélanger et laisser reposer 30 min.

3 Pendant ce temps, préparer la pâte à frire et la laisser reposer 1 h. Faire chauffer la friture.

4 Tremper les moules dans la pâte, puis les retirer par petites quantités avec une écumoire et les plonger immédiatement dans la friture chauffée à 180 °C pendant 2 ou 3 min.

5 Égoutter, éponger sur du papier absorbant.

Servir en hors-d'œuvre, avec des quartiers de citron, ou à l'apéritif, piquées sur des bâtonnets.

Préparation : 40 min ■ **Cuisson :** 15-20 min

Moules à la marinière

Pour 4-6 personnes

- 3-4 l de moules
- 1 gros oignon
- 1 échalote
- 1 bouquet de persil
- 30 g de beurre
- 2-3 dl de vin blanc sec
- 1 brin de thym
- 1/2 feuille de laurier
- sel, poivre

1. Nettoyer soigneusement les moules.
2. Peler et hacher l'oignon et l'échalote. Hacher le persil.
3. Faire fondre le beurre dans une casserole, ajouter l'oignon et l'échalote et les laisser cuire très doucement 1 ou 2 min.
4. Ajouter les moules puis le vin blanc. Saler et poivrer, ajouter persil, thym et laurier. Faire cuire 6 min sur feu vif en remuant souvent et en secouant quelquefois la casserole.
5. Lorsque les moules sont ouvertes, les retirer de la casserole et les mettre dans un saladier chaud. Retirer le thym et le laurier ainsi que les moules restées fermées. Verser le liquide de cuisson sur les moules. Mélanger et servir.

On peut filtrer le jus avant d'en arroser les moules et lui ajouter 3 cuillerées à soupe de crème fraîche.

Préparation : 20 min ■ **Cuisson :** 7-8 min

Moules à la poulette

Pour 4-6 personnes

- 3 dl de sauce poulette (➤ voir p. 89)
- 3-4 l de moules à la marinière
- 1 citron
- 2 c. à soupe de persil ciselé

1. Préparer la sauce poulette et la garder au chaud.
2. Préparer les moules à la marinière (➤ voir recette précédente).
3. Éliminer la coquille libre des moules. Mettre les coquilles pleines dans un légumier et les garder au chaud.
4. Passer la cuisson dans une passoire fine et la faire réduire de moitié à feu vif. Ajouter la sauce poulette et du jus de citron.
5. Verser sur les moules et parsemer de persil ciselé.

Préparation : 30 min ■ **Cuisson :** 30 min environ

Moules à la provençale

Pour 4-6 personnes

- 3-4 l de moules
- 6 grosses tomates
- 4 gousses d'ail
- 3 c. à soupe d'huile d'olive
- 1 bouquet garni
- 1/2 bouquet de basilic
- sel, poivre

1 Nettoyer soigneusement les moules.

2 Plonger rapidement les tomates dans de l'eau bouillante, les peler, les épépiner et hacher grossièrement la pulpe.

3 Éplucher et hacher les gousses d'ail.

4 Faire chauffer l'huile dans une cocotte. Ajouter les tomates, l'ail et le bouquet garni. Poivrer et faire mijoter 10 min à découvert en remuant.

5 Ajouter les moules et les cuire 10 min sur feu vif en secouant la cocotte et en les retournant plusieurs fois avec une cuillère en bois. Les retirer quand elles sont ouvertes et éliminer les coquilles vides.

6 Mettre les coquilles pleines dans un grand plat et le garder au chaud.

7 Faire réduire d'un tiers environ le liquide de cuisson sur feu vif, ajouter les feuilles de basilic ciselées, goûter et rectifier l'assaisonnement et verser cette cuisson sur les moules en mélangeant. Servir aussitôt.

Préparation : 30 min ■ **Cuisson** : 20 min

Salade de moules

Pour 4-6 personnes

- 6 pommes de terre moyennes
- 3-4 l de moules ou 500 g de moules décortiquées surgelées
- 1 citron
- 2 échalotes
- 1 gousse d'ail
- 1 branche de céleri
- 1 bouquet de cerfeuil

1 Laver les pommes de terre et les faire cuire de 15 à 20 min à l'eau bouillante.

2 Faire ouvrir les moules dans un faitout, à feu vif, pendant 10 min environ, les retourner plusieurs fois. Les égoutter et les décoquiller entièrement. Les mettre dans un saladier et les arroser de jus de citron.

3 Peler et hacher finement les échalotes et l'ail. Émincer le céleri. Hacher le cerfeuil.

4 Égoutter les pommes de terre et les peler. Les couper en rondelles et les mettre dans le saladier avec les moules.

- 2 c. à soupe de vin blanc
- 3 c. à soupe d'huile

⑤ Dans un bol, mélanger l'ail, l'échalote, le céleri, le vin et l'huile, saler, poivrer et verser dans le saladier. Remuer délicatement. Parsemer de cerfeuil et servir tiède.

Préparation : 20 min ■ **Cuisson :** 20 min

Pétoncles grillés et huîtres sautées au whisky canadien

Pour 4-6 personnes

- 2 échalotes
- 24 huîtres
- 12-18 pétoncles
- 100 g de beurre
- 2,5 dl de whisky canadien (ou autre)
- 2 dl de vin blanc
- 2 dl de fumet de poisson (➤ voir p. 55)
- 2 dl de crème fraîche
- 100 g de maïs en boîte
- sel, poivre

① Éplucher et hacher les échalotes.

② Décoquiller les huîtres et les pétoncles. Saler et poivrer ceux-ci et bien les dorer des deux côtés dans une poêle anti-adhésive avec 20 g de beurre, sur feu vif. Les mettre de côté au chaud.

③ Jeter le gras de cuisson, essuyer la poêle, la remettre sur le feu et y faire fondre 40 g de beurre. Faire cuire doucement les échalotes hachées, pendant 5 min.

④ Quand elles sont fondues, augmenter le feu, verser les huîtres, les retourner aussitôt et retirer la poêle du feu.

⑤ Chauffer le whisky dans une petite casserole. Ajouter les pétoncles dans la poêle et verser le whisky. Flamber aussitôt.

⑥ À l'aide d'une écumoire, sortir les pétoncles et les huîtres, et les garder au chaud.

⑦ Verser le vin blanc et le fumet de poisson dans la poêle, porter à ébullition et faire réduire de moitié.

⑧ Ajouter la crème fraîche et réduire encore de moitié. Incorporer le reste de beurre, puis le maïs égoutté. Saler, poivrer et réchauffer sans bouillir.

⑨ Verser la sauce sur les coquillages gardés au chaud.

Ces coquillages peuvent se servir sur un lit de risotto avec une garniture de dés de tomates crues et de ciboulette hachée.

Préparation : 30 min ■ **Cuisson :** 15 min environ

Salade de pétoncles

Pour 4-6 personnes

- 2 échalotes
- 1 citron
- 12 brins de ciboulette
- 4 c. à soupe d'huile de noisette
- 300 g de laitue ou de feuille de chêne
- 2-2,5 kg de pétoncles
- 2 dl de vin blanc
- sel, poivre

❶ Éplucher et hacher très finement les échalotes. Presser le citron. Ciseler la ciboulette.

❷ Mélanger dans une jatte l'échalote, le jus de citron, la ciboulette et l'huile. Saler et poivrer.

❸ Laver la salade, l'éponger et la réserver dans un torchon.

❹ Laver les pétoncles dans plusieurs bains d'eau froide en les remuant bien pour enlever tout le sable. Les ouvrir au-dessus d'un saladier. Pour le faire plus facilement, on peut auparavant les mettre dans un plat et placer celui-ci pendant 2 ou 3 min dans le four chaud : elles vont s'entrouvrir. Puis détacher les noix et le corail s'il y en a.

❺ Filtrer l'eau des coquillages dans une passoire fine tapissée de papier absorbant et la verser dans une casserole, ajouter le vin et porter à ébullition. Mettre alors les pétoncles et laisser frémir à peine 2 min. Les égoutter aussitôt. Les verser dans la jatte et les mélanger avec la sauce.

❻ Disposer les feuilles de salade verte sur les assiettes. Ajouter les pétoncles avec leur sauce par-dessus et servir aussitôt.

Préparation : 20 min ■ **Cuisson :** 2 min

Vernis à la crème

Pour 4-6 personnes

- 12-18 vernis
- 3 échalotes
- 2 gousses d'ail
- 2 c. à soupe de persil haché
- 30 g de beurre

❶ Laver soigneusement les vernis et les faire ouvrir dans le four (➤ voir recette précédente). En détacher les noix et les couper en dés. Bien laver la moitié des coquilles et les laisser sécher.

❷ Hacher finement les échalotes, l'ail et le persil. Faire fondre le beurre dans une poêle, ajouter le hachis d'échalote et la mie de pain émiettée et cuire à feu vif pendant 3 ou 4 min.

- 100 g de mie de pain
- 4 c. à soupe de crème fraîche

③ Ajouter les dés de vernis et le hachis d'ail, bien mélanger et cuire 1 ou 2 min.

④ Verser la crème fraîche, mélanger à nouveau et cuire à feu doux encore 1 ou 2 min. Mettre le persil et mélanger.

⑤ Verser cette préparation dans les coquilles sèches. Passer 2 min au gril pour les dorer et servir aussitôt.

Préparation : 15 min ■ **Cuisson :** 10-15 min environ

Crustacés

Cigales de mer au safran en brochettes

Pour 4-6 personnes

- 12-18 cigales de mer (ou plus, selon la taille)
- 2 gousses d'ail
- 2 citrons
- 2 pincées de safran
- 1 verre d'huile d'olive
- 2 c. à soupe de persil
- 1 brin de thym
- sel, poivre

① Laver et éponger les cigales de mer.

② Hacher l'ail, presser les citrons.

③ Mélanger le safran, l'huile d'olive, le jus de citron, l'ail et le persil hachés, le thym émietté, du sel et du poivre dans un saladier et y mettre les cigales à mariner pendant 30 min.

④ Enfiler les crustacés sur des brochettes et les faire griller sous le gril du four ou au barbecue, en les retournant.

Préparation : 10 min ■ **Marinade :** 30 min ■ **Cuisson :** 5 min

Crabes : cuisson

Les crabes se font simplement cuire dans une grande quantité d'eau salée et bouillante ou dans un court-bouillon pour poisson (➤ voir p. 51). Compter 18 à 20 min pour un crabe de 800 g à 1 kg.

Crabes en bouillon

Pour 4-6 personnes

- 1 gros oignon
- 4 tomates
- 2 gousses d'ail
- 4-6 crabes (selon la taille)
- 4 c. à soupe d'huile d'olive
- 1 grosse pincée de gingembre en poudre
- 1 mesure de safran
- 1 pointe de piment de Cayenne
- 1 branche de thym
- 1,5 l de bouillon de poisson, de viande ou de volaille (➤ voir p. 48, 51, 53)
- sel, poivre

❶ Hacher l'oignon. Ébouillanter, peler et concasser les tomates. Écraser l'ail.

❷ Faire bouillir de l'eau salée dans un faitout et y plonger les crabes pendant 3 min.

❸ Les égoutter puis détacher pinces et pattes. Retirer le contenu de la carapace et le mettre de côté.

❹ Concasser (avec un marteau ou un gros hachoir) la carapace vide et les pattes pleines.

❺ Les faire revenir avec l'oignon dans 2 cuillerées à soupe d'huile.

❻ Ajouter les tomates, le gingembre, le safran, le piment de Cayenne, l'ail et le thym. Mouiller largement de bouillon, puis couvrir et laisser mijoter tout doucement 2 h environ.

❼ Retirer les morceaux de carapace et les pinces. Passer la cuisson au tamis ou dans une passoire fine en appuyant bien avec un pilon pour obtenir une sauce un peu consistante. Goûter et rectifier l'assaisonnement.

❽ Vider les pinces, couper en quatre la chair retirée de la carapace, et faire revenir le tout avec le reste de l'huile, dans une sauteuse. Verser la sauce dessus, porter de nouveau à ébullition et cuire 5 ou 6 min.

❾ Servir dans une soupière avec, à part, du riz à la créole (➤ voir p. 830).

Préparation : 20 min ■ **Cuisson :** 2 h environ

Crabes à la bretonne

Pour 4-6 personnes

- 2 l de court-bouillon pour poisson (➤ voir p. 51)
- 4-6 crabes (selon la taille)

❶ Faire bouillir le court-bouillon. Y plonger 8-10 min les crabes vivants, les égoutter et les laisser refroidir.

❷ Détacher pattes et pinces, et retirer l'intérieur des carapaces. Nettoyer celles-ci sous l'eau courante.

- 3 dl de mayonnaise (➤ voir p. 93)
- feuilles de laitue ou de persil

③ Préparer la mayonnaise.

④ Couper en morceaux la chair des crabes, puis la remettre dans les carapaces nettoyées et les disposer sur le plat de service. Entourer de pattes et de pinces. Garnir de persil ou de feuilles de laitue.

⑤ Servir la mayonnaise à part, dans une saucière.

Préparation : 30 min ■ **Cuisson :** 8-10 min

Crabes farcis à la martiniquaise

Pour 4-6 personnes

- 4-6 tourteaux
- 2 l de court-bouillon
- 1 tasse de lait
- 1 bol de mie de pain rassis
- 4 tranches de jambon
- 6 échalotes
- 1 petit bouquet de persil
- 4 gousses d'ail
- 2 c. à soupe d'huile d'olive
- 1 pointe de piment de Cayenne
- 2-3 jaunes d'œufs
- 2-3 c. à soupe de rhum blanc
- 2-3 c. à soupe de chapelure
- 30 g de beurre

① Bien nettoyer les tourteaux. Les cuire au court-bouillon pour poisson (➤ voir p. 51).

② Décortiquer entièrement les tourteaux, en préservant les carapaces puisqu'on les servira à table. Émietter la chair.

③ Préchauffer le four à 180 °C.

④ Mélanger le lait et la mie de pain.

⑤ Éplucher et hacher finement, et séparément, le jambon, les échalotes, le persil et l'ail.

⑥ Faire chauffer l'huile dans une poêle et y dorer les échalotes, puis ajouter persil et ail et remuer. Saler.

⑦ Ajouter la chair de crabe émiettée, le piment de Cayenne, la mie de pain pressée et le hachis de jambon. Bien mélanger et réchauffer. Goûter et rectifier l'assaisonnement : la farce doit être bien pimentée.

⑧ Délayer les jaunes d'œufs avec le rhum blanc et, hors du feu, les incorporer à la farce chaude.

⑨ Réchauffer la farce encore un peu puis la répartir dans les carapaces.

⑩ Parsemer de chapelure blonde, arroser de beurre fondu et faire gratiner doucement dans le four pendant 10 à 15 min.

Préparation : 1 h ■ **Cuisson :** 15 min environ

Crevettes sautées

Pour 4-6 personnes

- 800 g de crevettes grises vivantes
- 30 g de beurre
- 1 c. à soupe d'huile d'arachide
- 1 verre de cidre brut
- 1 c. à soupe de gros sel de mer
- poivre

1 Laver rapidement les crevettes et les éponger dans un torchon.

2 Chauffer le beurre et l'huile d'arachide dans une grande poêle. Y jeter les crevettes, bien les remuer, couvrir et cuire 3 min.

3 Verser le cidre et cuire encore 2 min.

4 Égoutter les crevettes et les mettre dans un plat. Ajouter le gros sel, donner 4 ou 5 tours de moulin à poivre et bien remuer. Servir tiède.

On peut aussi faire sauter les crevettes sans y ajouter le cidre.

Préparation : 10 min ■ **Cuisson :** 5 min environ

Crevettes sautées au whisky

Pour 4-6 personnes

- 800 g de crevettes grises vivantes
- 30 g de beurre
- 1 c. à soupe d'huile d'olive
- 1/2 verre de whisky
- piment de Cayenne
- 1 c. à soupe de gros sel de mer, poivre du moulin

1 Laver et éponger les crevettes.

2 Les faire sauter dans l'huile d'olive (➤ voir recette précédente).

3 Faire chauffer le whisky (on peut également employer du cognac ou du marc) avec 1 pointe de piment de Cayenne et verser sur les crevettes.

4 Flamber en faisant sauter les crevettes dans la poêle. Ajouter le gros sel et donner 4 ou 5 tours de moulin à poivre. Bien mélanger et servir aussitôt.

Préparation : 10 min ■ **Cuisson :** 5 min environ

Écrevisses : préparation

Les écrevisses doivent toujours être « châtrées ». Cela consiste à enlever, en tirant doucement dessus, le boyau intestinal dont le bout noir émerge juste sous la queue. On peut aussi laisser mariner les crustacés dans du lait pendant 2 h pour éviter cette opération. Les écrevisses doivent cuire ensuite dans un court-bouillon ou en ragoût. Seule la queue se consomme. On peut utiliser les têtes et les pattes des écrevisses pour préparer une bisque ou un beurre composé.

Écrevisses à la bordelaise

Pour 4-6 personnes

- 2-3 kg d'écrevisses (6-8 par personne)
- 1 carotte
- 1 oignon
- 1/2 branche de céleri
- 100 g de beurre
- 1 pointe de piment de Cayenne
- 1/2 verre de cognac
- 1 bouteille de vin blanc
- 3 jaunes d'œufs
- sel, poivre

1 « Châtrer » les écrevisses (➤ voir ci-dessus).
2 Éplucher les légumes et les couper en tout petits dés.
3 Les faire cuire dans une poêle avec 10 g de beurre.
4 Mettre à fondre 30 g de beurre dans une grande casserole et y faire sauter rapidement les écrevisses, saler, poivrer, ajouter le cayenne. Quand elles sont bien rouges, faire chauffer le cognac et les flamber.
5 Mouiller juste à hauteur avec le vin blanc. Ajouter les légumes et poursuivre la cuisson 10 min au plus.
6 Égoutter les écrevisses (recueillir le jus), les dresser dans le plat de service et le garder au chaud.
7 Battre les jaunes dans un bol, les délayer avec un peu de jus de cuisson et les verser dans la casserole.
8 Remettre celle-ci sur un feu très doux, et ajouter le reste du beurre, par petits morceaux, en fouettant. Goûter et rectifier l'assaisonnement, qui doit être relevé.
9 Napper les écrevisses de cette sauce brûlante et servir.

Préparation : 1 h ■ **Cuisson :** 15 min environ

Écrevisses à la nage

Pour 4-6 personnes

- 2-3 kg d'écrevisses
  (6-8 par personne)
- 1 carotte
- 1 oignon
- 4 échalotes
- 1 gousse d'ail
- 1 brin de thym
- 1/2 feuille de laurier
- 1/2 bouquet de persil
- 1/2 bouteille de vin blanc
- 1 l d'eau
- 10 grains de poivre
- 1 pointe de piment
  de Cayenne
- sel, poivre

❶ Éplucher et couper en fines rondelles la carotte, l'oignon et les échalotes.

❷ Les mettre dans une grande casserole avec l'ail épluché, le thym, le laurier, le persil, du sel et du poivre. Verser le vin blanc et l'eau et porter à ébullition. Laisser cuire de 15 à 20 min à feu doux.

❸ Pendant ce temps, « châtrer » les écrevisses (➤ voir page précédente).

❹ Les plonger dans la nage bouillante et les cuire 8 min, en remuant de temps en temps.

❺ Ajouter le piment de Cayenne, mélanger et laisser les écrevisses refroidir dans la nage. Les verser dans un saladier avec leur cuisson.

On cuit les homards à la nage de la même façon (compter 18 à 20 min pour une pièce de 800 g à 1 kg).

Préparation : 10 min ■ **Cuisson :** 30 min environ

Gambas grillées

Pour 4 personnes

- 12 gambas
- marinade instantanée
  (➤ voir p. 58)

❶ Enlever la carapace des gambas entre la tête et la queue.

❷ Piquer horizontalement chaque gamba sur une brochette (piquer d'abord dans le thorax, ou coffre, et traverser toute la queue jusqu'en bas).

❸ Préparer la marinade et y mettre les brochettes pendant 1 h environ.

❹ Égoutter l'excédent d'huile et griller celles-ci 2 min de chaque côté en les badigeonnant de marinade avec un pinceau. Servir immédiatement.

Préparation : 30 min ■ **Marinade :** 1 h
■ **Cuisson :** 4 min

Gambas en salade

Pour 4-6 personnes

- 12-18 gambas
- 2 courgettes à peau fine
- 5 c. à soupe d'huile d'olive
- 50 g de trévise
- 24 olives noires
- 2 citrons
- 1 petit bouquet de cerfeuil
- sel, poivre

❶ Faire bouillir de l'eau salée dans une grande casserole et y plonger les gambas pendant 2 min. Les égoutter et les décortiquer. Les garder dans un saladier.

❷ Tailler les courgettes, sans les éplucher, en fines rondelles. Faire chauffer 1 cuillerée à soupe d'huile dans une poêle et y faire revenir vivement les courgettes pendant 3 min, saler, poivrer. Les égoutter et les éponger sur un papier absorbant.

❸ Laver la salade et l'essorer. Dénoyauter les olives.

❹ Fouetter 4 cuillerées à soupe d'huile d'olive ainsi que 3 cuillerées à soupe de jus de citron, saler et poivrer. Verser la moitié de cette vinaigrette sur les gambas et bien mélanger. Assaisonner la salade avec l'autre moitié.

❺ Ciseler finement le cerfeuil. Répartir les courgettes dans les assiettes de service. Ajouter gambas, salade et olives noires. Parsemer de cerfeuil.

Préparation : 25 min ■ **Cuisson :** 5 min

Homard ou langouste : préparation

Le homard ou la langouste doivent toujours être vivants, battre fortement de la queue quand on les saisit et ne pas porter de trace de combat. Ils doivent avoir toutes leurs pattes et leurs pinces (pour le homard) et n'avoir aucun trou dans leur carcasse. Seules les antennes de la langouste, très fragiles, peuvent parfois être brisées.

On découpe ces crustacés vivants, quand cela est nécessaire, en les maintenant fermement.

Pour les cuire au court-bouillon (porté à ébullition), il faut les attacher avec de gros élastiques, pinces et queue repliées, pour qu'ils ne se débattent pas. ➜

Avant toute cuisson du homard découpé vivant, il faut vider la poche à graviers située sous la tête et enlever les intestins sous la queue. Le homard et la langouste s'apprêtent de la même façon. La chair de la langouste est plus fine mais moins parfumée que celle du homard.

Un homard pèse de 450 g à 1 kg, une langouste, de 800 g à 1 kg. Les femelles sont toujours plus lourdes que les mâles et portent parfois des œufs.

Coquilles froides de homard

Pour 4 personnes

- 1 homard de 1 kg
  ou 2 homards de 500 g
  ou 2 queues de homard
  ou de langouste cuites
  surgelées
- 2 œufs
- 1 dl de mayonnaise
  (➤ voir p. 93)
- 1 dl de vinaigrette
  (➤ voir p. 98)
- 1 petite laitue
- 4 coquilles Saint-Jacques
  vides
- 1 c. à soupe de cerfeuil
  haché
- 1 c. à soupe de persil
  haché

❶ Faire cuire le homard au court-bouillon (➤ voir homard mayonnaise p. 297) ou le décongeler.

❷ Le décortiquer (garder la tête pour une autre utilisation). Couper 8 tranches dans la queue.

❸ Préparer un salpicon : couper le reste de la chair et l'intérieur des pinces en petits dés.

❹ Faire durcir les œufs.

❺ Préparer la mayonnaise et la vinaigrette.

❻ Laver la laitue. Prélever le cœur et le diviser en quatre. Couper les plus belles feuilles en chiffonnade (petites lanières). Assaisonner la laitue avec un peu de vinaigrette ; verser le reste sur les dés de homard. Écaler et couper en quartiers les œufs durs.

❼ Disposer la chiffonnade de laitue dans les coquilles. Recouvrir de salpicon de homard. Parsemer de persil et de cerfeuil. Placer sur chaque coquille deux tranches de homard. Napper de mayonnaise. Garnir avec les quartiers de laitue et d'œufs durs. Mettre au frais jusqu'au moment de servir.

Préparation : 1 h ■ **Cuisson :** 8-10 min

Homard à l'américaine

Pour 4-6 personnes

- 2 homards de 800 g à 1 kg
- 100 g de beurre
- 1 dl d'huile d'olive
- 2 tomates
- 1 carotte
- 1 oignon
- 2 échalotes
- 1 gousse d'ail
- 2 dl de vin blanc
- 4 c. à soupe de cognac
- 2 c. à soupe de concentré de tomate
- 1 feuille de laurier
- 1,5 dl de fumet de poisson (➤ voir p. 55)
- 20 g de beurre manié (➤ voir p. 39)
- 1 citron
- piment de Cayenne
- 1 c. à soupe de persil
- 1 c. à soupe d'estragon

1 Faire bouillir de l'eau salée dans une grande marmite. Y plonger les homards et les cuire 1 min après le retour de l'ébullition. Les égoutter.

2 Casser les pinces et les réserver. Couper les queues en gros tronçons. Enlever les intestins, détacher le corail et le mettre dans un bol avec le jus qui en coule.

3 Faire chauffer 40 g de beurre et 2 cuillerées à soupe d'huile d'olive dans une grande casserole et y faire sauter les tronçons de homard pendant 3 ou 4 min, en remuant. Puis les déposer dans un plat.

4 Ébouillanter et peler les tomates, les épépiner, les concasser et mettre de côté.

5 Hacher finement la carotte, l'oignon, les échalotes et l'ail. Faire chauffer 60 g de beurre et 1 cuillerée d'huile d'olive dans une cocotte et les y faire revenir, à feu doux.

6 Ajouter le homard, mélanger, puis verser le vin blanc. Couvrir la cocotte et laisser mijoter pendant 6 ou 7 min.

7 Chauffer le cognac, le verser dans la cocotte et flamber. Ajouter les tomates, le concentré, le laurier, le jus du homard recueilli et le fumet de poisson. Saler, poivrer, mélanger et cuire à découvert pendant 15 min environ.

8 Retirer les morceaux de homard avec une écumoire et les déposer dans le plat de service. Garder au chaud.

9 Faire réduire la sauce d'un tiers environ.

10 Préparer le beurre manié, lui ajouter le corail réservé et l'incorporer à la sauce, par petits morceaux et à feu doux, en fouettant vivement. Verser le jus de citron, saler, poivrer, puis ajouter 1 pincée de piment de Cayenne. La sauce doit être bien relevée.

11 Fouetter encore la sauce pour qu'elle devienne bien onctueuse puis la verser sur le homard. ➜

Parsemer de persil et d'estragon hachés. Servir très chaud.

Le homard à l'américaine, mets d'exception, s'accompagne traditionnellement de riz nature comme le riz à la créole (➤ voir p. 830).

Préparation : 45 min ■ **Cuisson :** 25 min

Homard grillé

Pour 4-6 personnes

- 2 ou 3 homards de 400-500 g
- 2 ou 3 c. à soupe de crème fraîche
- 1 jaune d'œuf
- paprika
- 1 c. à café de xérès
- basilic
- sel, poivre

1 Préchauffer le four à 225 °C.

2 Plonger les homards pendant 1 min dans de l'eau bouillante.

3 Les sortir et les couper en deux dans le sens de la longueur. Retirer la poche à graviers de la tête et les intestins de la queue.

4 Retirer le corail (la partie crémeuse contenue dans le thorax) et le mélanger avec la crème, le jaune d'œuf, 1 bonne pincée de paprika, du sel, du poivre, le xérès et 1 feuille de basilic frais hachée. Mixer légèrement le tout. Goûter et rectifier l'assaisonnement.

5 Saler et poivrer les demi-homards et les disposer dans un plat à rôtir, carapace vers le fond. Les napper, avec une petite cuillère, d'un peu de la préparation au corail et les enfourner 1 min.

6 Renouveler l'opération deux ou trois fois : les homards doivent cuire 8 min en tout. Servir tout de suite.

Préparation : 30 min ■ **Cuisson :** 8 min environ

Homard ou langouste mayonnaise

Pour 4-6 personnes

- 2 l de court-bouillon au vin (➤ voir p. 52)
- 3 homards de 400 g environ ou 2 langoustes de 800 g à 1 kg environ
- 2,5 dl de mayonnaise (➤ voir p. 93)

1 Préparer le court-bouillon, le porter à ébullition. Y plonger les crustacés et les cuire à petite ébullition (8 min pour un homard de 400 g, 10 min pour une langouste de 1 kg). Les égoutter.

2 Ficeler les crustacés à plat sur une planchette pour leur conserver une forme régulière et les laisser complètement refroidir.

3 Préparer la sauce mayonnaise.

4 Si les crustacés sont petits, les fendre en deux. S'ils sont plus gros, détacher la queue, en retirer la chair et la couper en médaillons, fendre le coffre en deux, détacher et casser les pinces.

5 Présenter les médaillons sur la carapace de la queue et placer les deux moitiés de coffre pour reconstituer l'animal. Garnir avec les pinces.

6 Servir la mayonnaise en saucière à part.

Préparation : 30 min ■ **Cuisson :** 8-10 min

Salade de homard ou de langouste

Pour 4-6 personnes

- 2 homards de 400-500 g ou 1 langouste de 1 kg
- 2 dl de sauce mayonnaise (➤ voir p. 93)
- 2 citrons
- 1 boîte de fonds d'artichaut
- 2 cœurs de laitue
- paprika
- cognac

1 Cuire les homards ou la langouste à l'eau salée ou dans un court-bouillon, pendant 10 min pour les homards, 15 min pour une langouste. Les laisser refroidir dans le liquide de cuisson.

2 Pendant ce temps, faire la mayonnaise.

3 Décortiquer entièrement les crustacés, couper les queues en tranches régulières et émietter la chair des pinces.

4 Presser un citron, mettre le jus dans un saladier.

5 Égoutter les fonds d'artichaut, les couper en tranches fines et les mettre au fur et à mesure dans le saladier en les mélangeant avec le jus de citron. ➜

6 Laver et éponger la laitue. Enlever les côtes des feuilles et couper celles-ci grossièrement. Dans un bol, mélanger la moitié de la mayonnaise avec la chair de crustacé émiettée, le jus de l'autre citron, sel et poivre. Verser sur les feuilles de laitue et mélanger.

7 Déposer cette salade dans chaque coupe ou assiette de service. Répartir par-dessus les tranches de crustacés et de fonds d'artichaut.

8 Ajouter une bonne pincée de paprika et le cognac dans le reste de la mayonnaise. Goûter et rectifier l'assaisonnement. Napper de sauce le dessus de chaque coupe ou assiette. Garder au frais jusqu'au moment de servir.

Préparation : 30 min ■ **Cuisson :** 10-15 min

Langouste grillée au xérès

Pour 4-6 personnes

- 2 langoustes vivantes de 700 g chacune
- 100 g de beurre
- 4 c. à soupe de xérès sec
- paprika
- piment de Cayenne
- huile d'olive
- sel
- poivre du moulin

1 Faire bouillir de l'eau salée et poivrée dans un faitout et y plonger les langoustes pendant 2 min.

2 Égoutter les langoustes. Quand elles sont tièdes, les couper en deux dans le sens de la longueur.

3 Préchauffer le gril du four. Faire fondre doucement le beurre dans une petite casserole, ajouter le xérès, une bonne pincée de paprika et une autre de piment de Cayenne. Mélanger et tenir au chaud.

4 Huiler la grille du four et y placer les langoustes, carapace dessus. Faire griller pendant 8 à 10 min.

5 Retourner les langoustes et les arroser de beurre au xérès, poivrer et faire griller encore 10 min. Servir aussitôt.

Préparation : 10 min ■ **Cuisson :** 20 min environ

Langouste à la nage

Pour 4-6 personnes

- 2 l de court-bouillon au vin (➤ voir p. 52)
- 2 langoustes de 700 g environ

❶ Préparer le court-bouillon, y plonger les langoustes et les cuire 15 min à petite ébullition. Les laisser refroidir dans la cuisson.

❷ Les égoutter et les couper en deux dans le sens de la longueur ou les décortiquer et tronçonner les queues.

❸ Servir avec un jus de citron ou une vinaigrette.

langouste à la parisienne :
Préparer la langouste à la nage, la dresser sur des feuilles de laitue et l'accompagner d'une mayonnaise.

Préparation : 20 min ■ **Cuisson :** 15 min

Beignets de langoustines

Pour 4-6 personnes

- 500 g de pâte à beignets (➤ voir p. 108)
- 16 ou 24 langoustines
- 2 gros oignons
- huile de friture
- 1 blanc d'œuf
- 2 ou 3 citrons
- sel, poivre

❶ Préparer la pâte à beignets et la laisser reposer 1 h.

❷ Plonger les langoustines 2 ou 3 min dans de l'eau bouillante salée. Les égoutter, les laisser refroidir, les décortiquer. Couper les queues en deux. Garder les têtes pour une autre utilisation (on peut les congeler).

❸ Pendant que les queues refroidissent, couper en rondelles les oignons et défaire les anneaux. Faire chauffer la friture.

❹ Fouetter le blanc d'œuf en neige ferme et l'incorporer à la pâte à beignets.

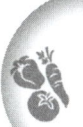

❺ Tremper les rondelles d'oignon et les demi-queues de langoustine dans la pâte à beignets. Les faire frire à 180 °C pendant quelques secondes. Procéder par petites quantités pour que les beignets aient la place de gonfler en dorant.

❻ Égoutter sur un papier absorbant et servir aussitôt avec des quartiers de citron.

Préparation : 20 min ■ **Cuisson :** 5 min

Langoustines frites

Pour 4-6 personnes

- 16 ou 24 langoustines
- 2-3 citrons
- 400 g de panure à l'anglaise (➤ voir p. 107)
- bain de friture
- sel, poivre

1 Décortiquer les queues de langoustine à cru. Les saler et les poivrer. Les arroser de jus de citron et les laisser reposer au frais pendant 30 min.

2 Pendant ce temps, préparer la panure à l'anglaise et faire chauffer le bain de friture à 180 °C.

3 Égoutter les queues de langoustine et les paner, puis les plonger dans la friture pendant 3 ou 4 min en les retournant avec une cuillère en bois. Procéder par petites quantités.

4 Égoutter sur un papier absorbant et servir brûlant.

Les langoustines frites s'accompagnent tradition-nellement d'une sauce gribiche ou d'un aïoli.

Préparation : 30 min ■ **Repos :** 30 min ■ **Cuisson :** 20 min

Langoustines Ninon

Pour 4-6 personnes

- 4 blancs de poireau
- 24 langoustines
- 1 c. à soupe d'huile d'olive
- 2 oranges non traitées
- 125 g de beurre
- sel, poivre

1 Fendre et bien laver les blancs de poireau puis les couper en lanières.

2 Décortiquer les queues de langoustine. Écraser grossièrement les têtes.

3 Faire chauffer l'huile d'olive dans une sauteuse et y faire revenir rapidement les têtes.

4 Saler et recouvrir d'eau froide. Porter à ébullition, couvrir et cuire 15 min.

5 Pendant ce temps, prélever le zeste d'une orange et le couper en fines lanières. Presser le jus des deux oranges et le mettre dans un verre.

6 Chauffer 30 g de beurre dans une sauteuse, y ajouter le poireau et le recouvrir d'eau froide. Cuire à découvert sur feu vif jusqu'à évapora-tion complète.

7 Égoutter les têtes de langoustines et filtrer le liquide de cuisson dans une passoire fine. En

verser 2 verres dans une casserole, ajouter le jus d'orange et le zeste.

8 Porter à ébullition et faire réduire de moitié. Incorporer en fouettant 50 g de beurre en parcelles. Retirer du feu, saler et poivrer.

9 Poêler 2 ou 3 min les queues de langoustine dans le reste de beurre. Les disposer entourées des poireaux sur le plat de service chaud. Napper délicatement de sauce à l'orange.

Préparation : 40 min ■ **Cuisson :** 30 min environ

Ragoût de crustacés

Pour 4-6 personnes

- 4 dl de sauce crème (➤ voir p. 65)
- 1 homard de 1 kg ou 2 homards de 500 g ou 1 kg de langoustines ou 800 g de grosses crevettes
- 200 g de riz
- 3 ou 4 échalotes
- 50 g de beurre
- 50 g de beurre de crustacé (➤ voir p. 37)
- 1 c. à soupe de fines herbes
- sel, poivre

1 Préparer la sauce crème.

2 Plonger les crustacés dans de l'eau bouillante et les cuire : 8 ou 10 min pour le homard de 1 kg, 6 min pour les homards de 500 g, 4 ou 5 min pour les langoustines et 1 ou 2 min pour les crevettes.

3 Égoutter et décortiquer les crustacés.

4 Préparer le riz à la créole (➤ voir p. 830) et le garder au chaud.

5 Éplucher et hacher les échalotes.

6 Détailler les queues de homard en tronçons, mais laisser entières crevettes ou langoustines.

7 Faire fondre le beurre, y faire revenir les échalotes, ajouter les crustacés, saler, poivrer, couvrir et laisser étuver de 8 à 10 min. Ajouter la sauce crème, mélanger et cuire encore 5 min.

8 Au moment de servir, ajouter du beurre de crustacé (fait avec le crustacé utilisé). Parsemer de fines herbes ciselées. Servir avec le riz.

Préparation : 40 min ■ **Cuisson :** 20-25 min

Tourteau en feuilleté

Pour 4-6 personnes

- 500 g de pâte feuilletée (➤ voir p. 111)
- 2 gros tourteaux
- 1 carotte
- 1 oignon
- 1 échalote
- 1/2 blanc de poireau
- 1 branche de céleri
- 40 g de beurre
- 0,5 dl de cognac
- 3 dl de vin blanc
- 1 c. à soupe de concentré de tomate
- 1 morceau d'écorce d'orange séchée
- 1 pointe de piment de Cayenne
- 1 gousse d'ail
- 1 petit bouquet de persil
- 1 œuf
- sel, poivre

1. Préparer la pâte feuilletée (ou employer une pâte du commerce) et la laisser reposer 2 h.
2. Laver et brosser les tourteaux, les plonger 8 min dans l'eau bouillante et les égoutter.
3. Détacher les pinces et les pattes et les briser, couper les corps en deux.
4. Éplucher et hacher finement carotte, oignon, échalote, blanc de poireau et céleri. Chauffer le beurre dans une sauteuse. Y mettre les crabes, puis le hachis de légumes, et remuer jusqu'à ce que les morceaux soient bien rouges.
5. Chauffer le cognac, le verser et flamber. Ajouter alors le vin blanc, le concentré de tomate, l'écorce d'orange séchée, du sel, du poivre, le cayenne, la gousse d'ail écrasée et le persil. Bien mélanger, couvrir et cuire ainsi 10 min.
6. Retirer les morceaux de crustacé et poursuivre la cuisson pendant encore 10 min.
7. Extraire toute la chair des tourteaux (coffre et pinces).
8. Passer la sauce au chinois ou dans une passoire fine. En mélanger la moitié avec la chair et laisser refroidir complètement.
9. Préchauffer le four à 230 °C. Étaler la pâte feuilletée sur 6 mm d'épaisseur. La détailler en rectangles de 13 cm sur 8 cm, y tracer des croisillons avec la pointe d'un couteau, les dorer à l'œuf battu, les déposer sur la plaque humidifiée et les cuire 20 min au four.
10. Quand les feuilletés sont cuits, les fendre dans l'épaisseur et les farcir avec le crabe en sauce.
11. Réchauffer le reste de la sauce et la servir à part.

Préparation : 45 min ■ **Cuisson :** 50 min

Grenouilles

Grenouilles : préparation

❶ Écorcher les grenouilles en fendant la peau du cou et en tirant vers l'arrière.
❷ Trancher la colonne vertébrale de façon à ne pas séparer les cuisses. Ôter les pattes.
❸ Mettre les cuisses 12 h dans de l'eau très froide, que l'on changera plusieurs fois, pour faire gonfler et blanchir les chairs. Les essuyer.

Cuisses de grenouille en brochettes

Pour 4-6 personnes

- 1 gousse d'ail
- 2 c. à soupe de persil haché
- 1 verre d'huile d'olive
- 4-5 citrons
- 1 pointe de piment de Cayenne
- 1 feuille de laurier
- 4-5 douzaines de cuisses de grenouille
- sel
- poivre du moulin

❶ Éplucher et hacher l'ail et le persil.
❷ Mélanger l'huile et le jus de 2 citrons. Ajouter l'ail, le persil, le piment de Cayenne, le laurier émietté, du sel et du poivre.
❸ Mettre les cuisses de grenouille dans un grand plat creux et y verser cette marinade, mélanger et laisser reposer pendant 1 h.
❹ Préchauffer le gril du four ou préparer le barbecue.
❺ Égoutter les cuisses de grenouille et les éponger sur du papier absorbant.
❻ Les enfiler sur des brochettes, dans le sens perpendiculaire.
❼ Faire griller doucement les cuisses de grenouilles au four ou sur les braises pendant 5 min environ, en les retournant plusieurs fois.
❽ Les servir aussitôt avec des quartiers de citron.

Préparation : 5 min ■ **Marinade :** 1 h
■ **Cuisson :** 5 min environ

Cuisses de grenouille aux fines herbes

Pour 4-6 personnes

- 400 g de panure à l'anglaise (➤ voir p. 107)
- 4-5 douzaines de cuisses de grenouille
- 3 c. à soupe d'huile d'olive
- 3 c. à soupe de persil ciselé
- 2-3 citrons
- sel, poivre

1 Préparer la panure à l'anglaise. Saler et poivrer les cuisses de grenouille et les paner.

2 Chauffer l'huile dans une poêle et y faire sauter les cuisses, à feu vif, pendant 7 ou 8 min.

3 Les égoutter et les disposer dans le plat de service chauffé. Parsemer de persil ciselé et arroser de jus de citron.

On peut aussi faire dorer les cuisses de grenouille dans 30 g de beurre et les arroser alors du jus de leur cuisson ou bien les égoutter et les parsemer de beurre maître d'hôtel (➤ voir p. 39). On peut également les servir avec des pommes de terre à l'anglaise (➤ voir p. 782) accompagnées de beurre frais.

Préparation : 15 min ■ **Cuisson :** 7-8 min

Cuisses de grenouille frites

Pour 4 personnes

- 250 g de pâte à frire (➤ voir p. 113)
- 2 blancs d'œufs
- 2,5 dl de sauce gribiche (➤ voir p. 96)
- marinade instantanée (➤ voir p. 58)
- 4 douzaines de cuisses de grenouille
- huile de friture
- 1/2 bouquet de persil
- 2 citrons

1 Préparer la pâte à frire en lui ajoutant 2 blancs d'œufs montés en neige.

2 Préparer la sauce gribiche et la marinade. Faire mariner les cuisses de grenouille pendant 30 min.

3 Faire chauffer l'huile de friture et préparer le persil frit (➤ voir p. 764).

4 Tremper les cuisses de grenouille dans la pâte à frire et les plonger dans la friture à 180 °C. Procéder par petites quantités.

5 Les égoutter, les éponger sur du papier absorbant et les servir avec le persil frit, des quartiers de citron et la sauce gribiche, présentée en saucière.

Préparation : 30 min ■ **Marinade :** 30 min
■ **Cuisson :** 15-20 min

Mollusques de mer

Calmars, chipirons, encornets ou supions :
préparation

Les calmars, qui se nomment aussi, et selon les régions, chipirons, encornets ou supions, sont en général vendus entiers et nettoyés. Il faut néanmoins bien les rincer avant de les cuisiner en vérifiant que leur poche à encre, située dans la tête, est bien vidée. Quel que soit leur nom, ils s'apprêtent de la même façon. On trouve également des calmars surgelés et souvent déjà coupés en lanières.

Calmars à l'andalouse

Pour 4-6 personnes

- 1 kg de blancs de calmar frais ou surgelés
- 1 dl environ d'huile d'olive
- 4 poivrons
- 3 oignons
- 5 tomates
- 100 g de pain de campagne
- 1 verre de vin blanc
- 4 gousses d'ail
- 1 petit bouquet de persil
- 1 mesure de safran
- 75 g de poudre d'amande
- sel, poivre

1 Laver, éponger et tailler en lanières les blancs de calmar frais ou les décongeler au micro-ondes s'ils sont surgelés.

2 Faire chauffer 4 cuillerées à soupe d'huile d'olive et y mettre à cuire les calmars pendant 2 ou 3 min. Les égoutter et les réserver sur un papier absorbant.

3 Disposer les poivrons dans un plat et les passer sous le gril du four 15 min environ. Puis ôter la peau noircie, les épépiner et les tailler en lanières.

4 Couper les oignons en rondelles.

5 Ébouillanter les tomates et les concasser.

6 Couper le pain de campagne en dés et les faire dorer dans 2 cuillerées à soupe d'huile d'olive très chaude. Les mettre de côté sur un papier absorbant.

7 Dans une grande poêle, faire chauffer 2 cuillerées à soupe d'huile d'olive, verser les calmars, les lanières de poivron, les oignons et les tomates, en mélangeant chaque fois, et faire revenir le tout. Arroser de vin blanc et cuire doucement et à couvert de 35 à 45 min. ➜

8 Hacher ensemble les dés de pain, le persil et l'ail ; ajouter le safran, la poudre d'amande et 2 cuillerées à soupe d'huile, et mélanger. Verser cette préparation sur les calmars quand ils sont cuits et rectifier l'assaisonnement. Servir brûlant avec du riz.

Préparation : 30 min ■ **Cuisson :** 35-45 min

Calmars farcis à la provençale

Pour 4 personnes

- 3 gros oignons
- 4 gros calmars nettoyés, avec les tentacules
- 100 g de mie de pain rassis
- 1 verre de lait
- 4 gousses d'ail
- 1 bouquet de persil
- 4 c. à soupe d'huile d'olive
- 2 tomates
- 2 jaunes d'œufs
- 1 verre de vin blanc sec
- 2 ou 3 c. à soupe de chapelure
- sel, poivre

1 Hacher 2 oignons avec les tentacules de calmars.

2 Faire tremper le pain dans un peu de lait, l'essorer et l'ajouter au hachis précédent.

3 Hacher 3 gousses d'ail et la moitié du persil. Faire revenir dans un poêlon avec 2 cuillerées à soupe d'huile le hachis de calmars et d'oignons. Ajouter l'ail, le persil et les tomates coupées en morceaux.

4 Hors du feu, incorporer les jaunes d'œufs au hachis et bien mélanger.

5 Préchauffer le four à 180 °C. Hacher le reste d'ail, d'oignon et de persil, saler et poivrer. Bien mélanger. Avec une cuillère, remplir les calmars de cette farce. Fermer la poche en la cousant avec une aiguille et du fil ou une ficelle de cuisine très fine.

6 Huiler un plat et disposer les calmars les uns contre les autres. Saupoudrer du hachis, saler et poivrer. Verser le vin blanc et 1,5 dl d'eau.

7 Huiler une feuille d'aluminium et en couvrir le plat. Faire démarrer la cuisson sur le feu pendant 5 min, puis enfourner et laisser cuire 30 min.

8 Enlever l'aluminium, remettre le plat sur un feu vif et faire réduire la cuisson pendant 5 min. Arroser les calmars d'un filet d'huile d'olive, poudrer de chapelure et faire gratiner 3 min sous le gril du four.

Préparation : 40 min ■ **Cuisson :** 40 min

Calmars sautés

Pour 4-6 personnes

- 1 kg de petits calmars nettoyés
- 1,2 dl d'huile d'olive
- 4 gousses d'ail
- persil plat haché
- sel, poivre

1 Laver et bien éponger les calmars. Les mettre dans une poêle, verser l'huile par-dessus et mélanger.

2 Faire chauffer sur feu vif et laisser cuire 10 min en remuant. Saler et poivrer. Couvrir et laisser cuire encore 15 min à feu très doux.

3 Éplucher et hacher finement les gousses d'ail.

4 Ajouter l'ail et le persil hachés dans la poêle et remuer pour enrober les calmars, en augmentant un peu le feu. Servir aussitôt, très chaud.

Préparation : 10 min ■ **Cuisson :** 25 min

Calmars sautés à la basquaise

Pour 4-6 personnes

- 1 kg de blancs de calmar
- 1 kg de tomates
- 8 poivrons rouges ou verts
- 4 oignons
- 4 gousses d'ail
- 0,5 dl d'huile d'olive
- 1 bouquet garni
- 3 c. à soupe de persil ciselé
- sel, poivre

1 Laver les blancs de calmar, les éponger et les couper en lanières. Ébouillanter rapidement les tomates, les éplucher et les couper en gros morceaux.

2 Épépiner les poivrons et les tailler en languettes. Couper les oignons en fines rondelles.

3 Écraser les gousses d'ail.

4 Chauffer l'huile d'olive dans une grande poêle. Verser les poivrons, les faire revenir 3 min environ, puis ajouter les oignons, les calmars et l'ail. Bien mélanger et laisser cuire 15 min à feu moyen.

5 Ajouter les tomates et le bouquet garni. Saler et poivrer. Laisser mijoter de 10 à 15 min en couvrant à moitié le récipient.

6 Le découvrir en fin de cuisson et augmenter le feu si la sauce semble trop liquide. Servir parsemé de persil ciselé.

Préparation : 30 min ■ **Cuisson :** 30 min environ

Poulpe : préparation

Le poulpe, ou pieuvre, possède 8 tentacules portant des ventouses et peut mesurer jusqu'à 80 cm.

On le trouve tout préparé chez les poissonniers. Si l'on a à cuisiner un poulpe fraîchement pêché, il faut nettoyer soigneusement la poche à encre, sous l'eau du robinet, en la retournant, et arracher le bec et les yeux.

Le poulpe a une chair très ferme et il faut le battre longuement pour l'attendrir. Pour cela, le prendre dans une main et le frapper sur le plan de travail ou le bord de l'évier. Les petits poulpes (10-15 cm) n'ont pas besoin d'être ainsi battus.

Daube de poulpe

Pour 4-6 personnes

- 1 kg de petits poulpes
- 1 poivron
- 2 oignons
- 100 g de jambon cru
- 2 c. à soupe d'huile d'olive
- 1/2 bouquet de persil
- 1 brin de thym
- 1 feuille de laurier
- 3 dl de vin rouge
- sel, poivre

❶ Bien laver les poulpes, les couper en tronçons de 3 ou 4 cm et les mettre dans une casserole, sur feu doux et à découvert, pendant 15 min, en les retournant de temps en temps, pour leur faire rendre leur eau.

❷ Préchauffer le four à 180 °C.

❸ Épépiner et couper le poivron en très fines lanières. Peler et hacher les oignons. Tailler le jambon en languettes. Faire revenir 5 min ce hachis dans une cocotte avec l'huile d'olive.

❹ Hacher grossièrement le persil.

❺ Égoutter les poulpes et les ajouter dans la cocotte avec le thym, le laurier et le persil. Saler et poivrer. Verser le vin rouge, remuer et couvrir hermétiquement.

❻ Enfourner la cocotte pour 2 h environ. Goûter et rectifier l'assaisonnement et servir dans un plat creux bien chaud.

Préparation : 30 min ■ **Cuisson :** 2 h 30 environ

Poulpe à la provençale

Pour 4-6 personnes

- 1 poulpe de 1-1,2 kg
- 2 l de court-bouillon pour poisson (➤ voir p. 51)
- 2 oignons
- 6 tomates
- 2 gousses d'ail
- 4 c. à soupe d'huile d'olive
- 1/2 bouteille de vin blanc sec
- 1 bouquet garni
- 2 c. à soupe de persil ciselé
- sel, poivre

1 Préparer le poulpe (➤ voir page précédente), puis faire chauffer le court-bouillon.

2 Couper les tentacules et le corps en tronçons de 2 ou 3 cm. Les plonger dans le court-bouillon pendant 10 min, les égoutter et bien les éponger.

3 Éplucher et hacher les oignons. Ébouillanter les tomates, les peler et les couper en gros morceaux. Peler les gousses d'ail et les écraser.

4 Faire chauffer l'huile dans une cocotte et y mettre à revenir le poulpe avec l'oignon haché pendant 5 min. Saler et poivrer.

5 Ajouter les tomates. Faire mijoter 10 min.

6 Verser le vin blanc et autant d'eau froide. Ajouter le bouquet garni et l'ail. Cuire à couvert pendant 1 h au moins.

7 Goûter et rectifier l'assaisonnement. Verser dans le plat de service et parsemer de persil ciselé.

Préparation : 20 min ■ **Cuisson :** 1 h 30

Mollusques de terre

Escargots : préparation

1 Les escargots vivants doivent d'abord jeûner une dizaine de jours.

2 Ensuite, pour les faire dégorger, il faut les enfermer dans un récipient avec une petite poignée de gros sel (pour 4 douzaines), un demi-verre de vinaigre et une pincée de farine. Couvrir le récipient, poser un poids dessus et les laisser ainsi pendant 3 h, en les remuant de temps en temps.

3 Puis les laver dans plusieurs eaux pour éliminer toutes les mucosités et les blanchir 5 min dans de l'eau bouillante.

4 Les égoutter, les passer à l'eau fraîche. ➡

⑤ Les décoquiller et supprimer l'extrémité noire (le « cloaque »). En revanche, il ne faut pas ôter le « tortillon », qui, formé du foie et des glandes, représente le quart du poids total de l'animal (c'est la partie la plus savoureuse, où se concentrent les substances nutritives).

On trouve partout des escargots en boîte prêts à l'emploi.

Cagouilles à la saintongeaise

Pour 4 personnes

- 6 douzaines de petits gris
- 200g de gros sel
- 1 c. à soupe de farine
- 1 c. à soupe de vinaigre
- 2 carottes
- 1 oignon piqué de clou de girofle
- 1 c. à soupe de gros sel marin
- 1 bouquet garni
- 6 gousses d'ail pelées
- 1 c. à soupe de poivre noir en grains
- 200 g d'échalotes
- 4 brins de persil plat
- 50 g de beurre
- 250 g de chair à saucisse
- 7,5 dl de vin rouge corsé
- sel, poivre

① Mettre les petits-gris dans une passoire à gros trous et les mélanger avec le gros sel, la farine et le vinaigre. Les faire dégorger 2 h. Les rincer à l'eau froide.

② Couper les carottes et l'oignon en quatre. Les mettre dans une marmite remplie d'eau salée à mi-hauteur, avec le bouquet garni, 2 gousses d'ail et les grains de poivre. Porter à ébullition et y jeter les escargots. Laisser cuire 1 h à partir de la reprise de l'ébullition. Les égoutter et réserver le bouillon de cuisson.

③ Hacher les échalotes, puis le reste d'ail avec le persil. Dans une cocotte, faire blondir les échalotes avec le beurre. Ajouter le hachis d'ail et de persil et la chair à saucisse émiettée. Faire revenir 10 minutes environ en écrasant le tout à la fourchette.

④ Ajouter les escargots et le vin. Compléter à hauteur avec le bouillon de cuisson. Saler et poivrer. Couvrir et laisser frémir 2 h. Servir bien chaud.

Préparation : 1 h ■ Dégorgement : 2 h
■ **Cuisson :** 3 h 15

Cassolettes d'escargots

Pour 6 personnes

- 6 douzaines d'escargots de Bourgogne en conserve
- 1 gousse d'ail
- 2 échalotes
- 1 bouquet de persil plat
- 100 g de beurre
- noix de muscade
- 500 g de petits champignons de Paris
- 2,5 dl de vin blanc sec
- 2 dl de crème fraîche
- 6 tranches rondes de pain de mie
- sel, poivre

❶ Égoutter les escargots.

❷ Peler et hacher menu l'ail, les échalotes et le persil, et bien mélanger. Couper 80 g de beurre en petits morceaux et, avec une fourchette, l'incorporer à ce hachis. Saler, poivrer et râper un peu de muscade.

❸ Nettoyer les champignons, ôter leurs pieds terreux (les garder pour une autre utilisation) et les émincer.

❹ Faire fondre le beurre aromatisé dans une sauteuse et y faire cuire les champignons pendant 4 ou 5 min.

❺ Ajouter les escargots et mélanger. Verser le vin blanc, remuer et faire mijoter à découvert pendant 8-10 min.

❻ Incorporer la crème fraîche et faire réduire sur feu assez vif pendant 8 min.

❼ Pendant ce temps, faire dorer le pain dans le reste du beurre. Les égoutter et en placer une au fond de chaque cassolette. Répartir le ragoût d'escargots aux champignons par-dessus et servir très chaud.

Préparation : 15 min ■ **Cuisson :** 20 min

Escargots à la bourguignonne

Pour 6 personnes

- 400 g de beurre d'escargot (➤ voir p. 38)
- 6 douzaines d'escargots de Bourgogne en boîte, avec les coquilles

❶ Préparer le beurre d'escargot et le mettre au réfrigérateur.

❷ Égoutter les escargots dans une passoire, les rincer sous le robinet et les éponger.

❸ Remplir à demi chaque coquille de beurre composé. Enfoncer ensuite un escargot et recouvrir complètement l'escargot de beurre. Lisser avec un couteau.

❹ Placer les coquilles remplies dans les alvéoles des plats à escargots, ouverture vers le haut. Faire cuire 10 min sous le gril du four. Lorsque le beurre grésille, servir.

Préparation : 45 min ■ **Cuisson :** 10 min

Poissons d'eau douce

Anguille : préparation

❶ Saisir l'anguille fraîche pêchée avec un torchon et l'assommer sur une surface dure.

❷ Passer un nœud coulant à la base de la tête et la suspendre.

❸ Fendre la peau tout autour, sous la corde. La décoller et, à l'aide d'un torchon, la tirer vivement vers le bas.

❹ Vider le poisson par une petite incision sur le ventre et couper la tête et l'extrémité de la queue. Laver et éponger.

❺ On peut aussi détailler l'anguille en tronçons et faire rapidement griller ceux-ci ; la peau se boursoufle alors et se retire facilement, et le poisson perd son excédent de graisse.

Anguille à l'anglaise en brochettes

Pour 4-6 personnes

- 4 dl de sauce tartare (➤ voir p. 98)
- 1 anguille de 1,5 kg environ
- marinade instantanée (➤ voir p. 58)
- 150 g de farine
- 400 g de panure à l'anglaise (➤ voir p. 107)
- 10-12 tranches de bacon
- 1/2 bouquet de persil
- 3 citrons

❶ Faire désosser l'anguille par le poissonnier. La couper en 10 à 12 tronçons.

❷ Préparer la marinade instantanée et y mettre les tronçons pendant 1 h.

❸ Faire la sauce tartare.

❹ Égoutter les tronçons, les rouler dans de la farine et les paner.

❺ Les embrocher en les séparant par des tranches de bacon.

❻ Les griller pendant 10 à 12 min en les retournant sous le gril du four ou sur un barbecue.

❼ Les disposer sur un plat long avec des bouquets de persil frais et des quartiers de citron. Servir la sauce tartare à part.

Préparation : 15 min ■ **Marinade :** 1 h
■ **Cuisson :** 10-12 min environ

Anguille pochée du Québec

Pour 4-6 personnes

- 800 g de tronçons d'anguille désossés
- 1,5 dl de vinaigre
- 1 oignon
- 50 g de beurre
- 1 c. à soupe de persil haché
- 2 échalotes
- 60 g de beurre manié (➤ voir p. 39)
- 2 ou 3 citrons
- Worcestershire sauce
- 1,5 dl de crème fraîche

1 Mettre les tronçons d'anguille dans une casserole avec 0,5 litre d'eau, le vinaigre et l'oignon haché et les cuire pendant 10 min. Les égoutter et les rincer à l'eau chaude. Jeter le liquide de cuisson.

2 Remettre l'anguille dans la casserole avec 5 dl d'eau, du sel, le beurre, le persil et les échalotes hachés, et cuire pendant 15 min.

3 Préparer le beurre manié. Sortir le poisson. Ajouter le beurre manié dans le court-bouillon en fouettant vivement. Presser les citrons de façon à obtenir 1 dl de jus et l'ajouter ainsi que quelques gouttes de Worcestershire sauce et la crème. Bien mélanger.

4 Dresser l'anguille sur un plat et la napper de sauce.

Préparation : 15 min ◼ **Cuisson :** 30 min environ

Anguille à la provençale

Pour 4-6 personnes

- 4 tomates
- 1 gousse d'ail
- 1 oignon
- 1 c. à soupe d'huile d'olive
- 800 g-1 kg de tronçons d'anguille désossés
- 1 bouquet garni
- 1 dl de vin blanc
- 12 olives noires
- 2 c. à soupe de persil haché
- sel, poivre

1 Ébouillanter, peler et couper en morceaux les tomates. Éplucher et écraser l'ail. Éplucher et hacher l'oignon, le faire revenir dans l'huile chaude puis le laisser cuire doucement jusqu'à ce qu'il soit fondu.

2 Augmenter un peu le feu et y mettre les tronçons d'anguille. Les faire revenir en les retournant plusieurs fois. Saler, poivrer, ajouter les tomates concassées, le bouquet garni et l'ail. Mélanger. Verser le vin blanc. Cuire doucement, à couvert, de 25 à 30 min.

3 10 min avant de servir, ajouter les olives noires dénoyautées. Disposer dans un plat creux et parsemer de persil ciselé.

Préparation : 15 min ◼ **Cuisson :** 30 min

Anguille au vert

Pour 4-6 personnes

- 100 g d'épinards
- 100 g d'oseille
- 100 g de beurre
- 800 g-1 kg de tronçons d'anguille désossés
- 3 dl de vin blanc
- 1 bouquet garni
- 2 c. à soupe de persil haché
- 1 c. à soupe d'estragon haché
- 1 c. à soupe de sauge
- 6 tranches de pain de mie
- 3 jaunes d'œufs
- 2 citrons

❶ Laver et hacher les épinards et l'oseille.

❷ Faire fondre le beurre dans une sauteuse et y mettre à revenir les tronçons d'anguille. Ajouter les épinards et l'oseille et les faire fondre à feu doux.

❸ Ajouter le vin, le bouquet garni, le persil, l'estragon et la sauge. Saler, poivrer et laisser mijoter 10 min.

❹ Griller les tranches de pain de mie au toasteur.

❺ Dans un bol, délayer les jaunes d'œufs avec 2 cuillerées à soupe de jus de citron, verser dans la sauteuse et bien mélanger sans laisser bouillir. Mettre les tranches de pain de mie sur le plat. Disposer les tronçons d'anguille dessus et napper de la sauce.

On peut aussi servir les anguilles au vert froides, sans les dresser sur canapés.

Préparation : 15 min ■ **Cuisson :** 15 min environ

Ballottine chaude d'anguille à la bourguignonne

Pour 4-6 personnes

- 1 anguille de 1 kg
- 2,5 dl de sauce bourguignonne pour poisson (➤ voir p. 86)
- 400 g de farce mousseline de poisson
- 2 c. à soupe de persil
- 1 l de fumet de poisson au vin rouge (➤ voir p. 55)

❶ Faire vider l'anguille par le poissonnier.

❷ Préparer la sauce bourguignonne. Confectionner la farce mousseline avec du merlan (➤ voir p. 103). Y ajouter le persil haché.

❸ Farcir l'anguille et coudre l'ouverture avec du fil ordinaire ou l'enfermer serrée dans une mousseline.

❹ Faire chauffer le fumet de poisson au vin rouge, y plonger l'anguille et cuire doucement de 25 à 30 min.

❺ L'égoutter, la disposer dans le plat de service et la napper de sauce.

Préparation : 1 h ■ **Cuisson :** 25-30 min

Matelote d'anguille à la meunière

Pour 4-6 personnes

- 2 oignons
- 1 branche de céleri
- 1 carotte
- 1 gousse d'ail
- 120 g de beurre
- 800 g-1 kg de tronçons d'anguille désossés
- 1 verre à liqueur de marc
- 1 l de vin rouge
- 1 bouquet garni
- 1 clou de girofle
- 5 grains de poivre
- 24 petits oignons glacés (➤ voir p. 759)
- 250 g de champignons de Paris
- 10 g de beurre manié (➤ voir p. 39)
- 6 petites tranches de baguette de pain
- sel

1 Éplucher et couper finement les oignons, le céleri et la carotte. Éplucher et écraser la gousse d'ail.

2 Faire fondre 60 g de beurre et y mettre à revenir les tronçons d'anguille.

3 Chauffer le marc, le verser sur les anguilles et flamber. Ajouter les oignons, le céleri et la carotte. Bien mélanger et verser le vin rouge.

4 Ajouter le bouquet garni, l'ail, le clou de girofle, les grains de poivre, du sel. Porter à ébullition et maintenir celle-ci très doucement pendant 20 min.

5 Préparer les petits oignons glacés et les tenir au chaud.

6 Nettoyer et couper finement les champignons. Les faire dorer dans 30 g de beurre fondu.

7 Quand les tronçons d'anguille sont cuits, les égoutter et les tenir au chaud.

8 Préparer le beurre manié.

9 Passer le liquide de cuisson au mixeur, le remettre à chauffer et ajouter le beurre manié en fouettant vivement.

10 Remettre le poisson dans la sauce, ajouter les champignons et laisser mijoter 5 min.

11 Faire frire les tranches de pain dans le reste du beurre.

12 Verser la matelote dans un plat creux, ajouter les oignons glacés et garnir avec les croûtons.

On peut ajouter au moment de servir une vingtaine de petits lardons blanchis et dorés au beurre.

Préparation : 1 h ■ **Cuisson :** 30 min environ

Filets de bondelle à la neuchâteloise

Pour 4-6 personnes

- 800 g de filets de bondelle
- 1 citron
- 10 g de beurre
- 4 dl de vin rosé de Neuchâtel
- 2 jaunes d'œufs
- 1 dl de crème fraîche
- 2 c. à soupe de ciboulette ciselée
- sel, poivre

1 Retirer la peau des filets de bondelle, les rincer, les éponger. Les citronner (passer un demi-citron sur les filets), les saler et les poivrer sur les deux faces.

2 Rouler les filets en paupiettes et disposer celles-ci dans un plat beurré. Ajouter le vin. Couvrir avec un papier sulfurisé beurré et faire cuire doucement pendant 10 à 12 min.

3 Retirer les filets et les garder au chaud dans le plat de service.

4 Faire réduire le fond de cuisson d'un tiers environ. Hors du feu, ajouter les jaunes d'œufs puis la crème. Bien mélanger et réchauffer très doucement sans laisser bouillir.

5 Ajouter le jus d'un 1/2 citron et incorporer la ciboulette ciselée. Saler, poivrer et napper les filets de cette sauce. Servir tout de suite.

Préparation : 15 min ■ **Cuisson :** 15 min environ

Brochet au beurre blanc

Pour 4-6 personnes

- 1 brochet de 2 kg environ
- 2 l de court-bouillon pour poisson (➤ voir p. 51)
- 5 dl de beurre blanc (➤ voir p. 90)
- quelques brins de persil ou de cerfeuil

1 Préparer le court-bouillon pour poisson et le faire cuire (de préférence dans une poissonnière). Laisser refroidir.

2 Vider le brochet, le nettoyer, couper les nageoires et la queue. Le mettre dans le court-bouillon froid ou à peine tiède et le faire cuire pendant 15 min environ à partir de l'ébullition, à feu doux, puis retirer la poissonnière du feu.

3 Préparer le beurre blanc.

4 Égoutter le brochet et retirer la peau.

5 Le disposer sur un plat long et le napper de beurre blanc, ou présenter celui-ci en saucière. Parsemer de pluches de persil ou de cerfeuil frais.

Préparation : 30 min ■ **Cuisson :** 15-20 min

Quenelles de brochet : préparation

Pour 25 quenelles environ

- 1 brochet de 1,2 à 1,5 kg
- 280 g de beurre
- 125 g de farine
- 3 jaunes d'œufs
- 6 œufs
- sel, poivre
- noix de muscade

1 Faire lever les filets de brochet par le poissonnier.

2 Retirer la peau et les arêtes. On doit obtenir 400 g de chair. Hacher celle-ci très finement au mixeur, puis la mettre dans le réfrigérateur.

3 Porter à ébullition 2,5 dl d'eau avec 80 g de beurre, du sel, du poivre et de la muscade.

4 Tamiser la farine. Hors du feu, la verser d'un coup et mélanger énergiquement à la spatule pour bien lisser. Remettre cette pâte sur le feu en remuant jusqu'à ce qu'elle se détache des parois.

5 Hors du feu, ajouter les jaunes d'œufs, un par un. Verser cette panade sur une plaque ou dans un plat, la recouvrir d'un film alimentaire pour qu'elle ne se dessèche pas et la laisser refroidir au réfrigérateur. Quand elle est bien froide, la passer au mixeur avec la chair de brochet.

6 Dans une terrine, travailler le reste du beurre en pommade avec une cuillère en bois.

7 Mettre la panade dans une terrine placée dans une bassine remplie de glaçons. Saler et poivrer.

8 Incorporer les œufs entiers, un par un, et enfin le beurre : la préparation doit être très homogène. Mettre le mélange 30 min dans le réfrigérateur.

9 Faire chauffer 4 litres d'eau salée dans une grande casserole.

10 Mouler les quenelles en trempant deux cuillères à soupe dans de l'eau chaude et en prélevant la farce entre ces deux cuillères (faire passer la farce de l'une à l'autre cuillère jusqu'à ce qu'elle ait la forme d'une quenelle). Laisser glisser les quenelles au fur et à mesure dans l'eau salée frémissante et les faire pocher 15 min. Elles doivent gonfler.

11 Les sortir délicatement avec une écumoire, les égoutter sur du papier absorbant et les laisser refroidir.

Préparation : 1 h ■ **Cuisson :** 15 min environ

Quenelles de brochet à la béchamel

Pour 4-6 personnes

- 10-12 quenelles
  (➤ voir p. 317)
- 7,5 dl de sauce Béchamel
  (➤ voir p. 62)
- 50 g de beurre
- noix de muscade

1 Préparer les quenelles mais ne pas les pocher à l'eau.

2 Préparer la sauce Béchamel en remplaçant la moitié du lait par de la crème liquide et râper quelques pincées de muscade.

3 Préchauffer le four à 190 °C.

4 Beurrer un plat à gratin et y verser le quart de la béchamel. Disposer les quenelles dessus, les recouvrir du reste de la sauce et parsemer de petites noisettes de beurre.

5 Cuire 15 min : les quenelles vont beaucoup gonfler. Servir aussitôt.

Préparation : 1 h ■ **Cuisson :** 15 min

Quenelles de brochet mousseline

Pour 25 quenelles environ

- 500 g de chair de brochet désarêtée
- 5 pincées de sel
- 1 pincée de poivre blanc
- 1 pincée de muscade râpée
- 3 blancs d'œufs
- 6,5 dl de crème fraîche

1 Mixer la chair de brochet avec du sel, du poivre blanc et de la muscade râpée.

2 Ajouter les blancs d'œufs, un par un. Quand le mélange est lisse et homogène, le verser dans une jatte. Mettre celle-ci dans le réfrigérateur en même temps que la crème fraîche et le bol du mixeur.

3 Une fois le mélange refroidi, le verser dans le bol du mixeur. Ajouter 2,5 dl de crème refroidie et faire tourner l'appareil quelques secondes pour que la farce soit parfaitement homogène.

4 Recommencer la même opération avec 2 dl de la crème, puis avec le reste.

5 Mouler et pocher ces quenelles comme les quenelles de brochet (➤ voir p. 317).

Préparation : 30 min ■ **Cuisson :** 15 min environ

Quenelles Nantua

Pour 4-6 personnes

- 10-12 écrevisses
- 5 dl de sauce Nantua (➤ voir p. 67)
- 12 quenelles de brochet (➤ voir p. 317)
- 350 g de champignons de Paris
- 1/2 citron
- 80 g de beurre
- 30 g de chapelure (facultatif)

1 Cuire les écrevisses à la nage (➤ voir p. 292). Les égoutter et les garder au chaud.

2 Passer la nage, la faire réduire de moitié et préparer la sauce Nantua. La garder au chaud.

3 Préparer les quenelles de brochet et les pocher.

4 Nettoyer, laver les champignons et les couper en quartiers. Les cuire dans un peu d'eau citronnée et salée, avec 20 g de beurre, pendant 4 ou 5 min.

5 Décortiquer les écrevisses.

6 Préchauffer le four à 180 °C.

7 Faire fondre 50 g de beurre.

8 Disposer dans un plat à rôtir beurré les quenelles et les écrevisses décortiquées. Napper de sauce. Saupoudrer éventuellement de chapelure et arroser de beurre fondu. Cuire 15 min au four.

9 Servir les quenelles aussitôt avec les champignons dans un petit plat à part.

Préparation : 1 h ■ **Cuisson :** 15 min

Carpe à la bière

Pour 4-6 personnes

- 1 carpe de 1,5 kg environ
- 1 gros oignon
- 1 petit morceau de branche de céleri
- 70 g de beurre
- 30 g de pain d'épice
- 1 bouquet garni
- 0,5 l de bière blonde
- sel, poivre

1 Faire préparer la carpe par le poissonnier en conservant, à part, les laitances.

2 Saler et poivrer le poisson intérieurement et extérieurement.

3 Éplucher et couper finement l'oignon et le céleri et les faire fondre pendant 5 à 10 min dans 20 g de beurre, à couvert et sans les laisser colorer.

4 Couper le pain d'épice en dés.

5 Préchauffer le four à 170 °C. Beurrer un plat à four, le garnir avec l'oignon, le céleri et le pain d'épice. Y disposer la carpe, ajouter le bouquet garni et verser la bière. Cuire 30 min.

6 Prélever un peu du liquide de cuisson, le mettre dans une casserole et y faire cuire doucement les laitances pendant 5 à 10 min. Puis les égoutter et les couper en petites tranches.

7 Sortir le poisson, le disposer dans un plat de service avec les laitances, tenir au chaud.

8 Faire réduire d'un tiers le fond de cuisson et le passer.

9 Le remettre dans une casserole, l'amener à ébullition. Hors du feu, ajouter 40 g de beurre en fouettant et servir cette sauce en saucière avec la carpe.

Préparation : 15 min ■ **Cuisson :** 35 min environ

Carpe à la chinoise

Pour 4-6 personnes

- 1 carpe de 1,5 kg
- 2 gros oignons
- 0,5 dl d'huile
- 2 c. à soupe de vinaigre
- 1 c. à soupe rase de sucre

1 Faire préparer la carpe par le poissonnier et la couper en tronçons.

2 Éplucher et hacher finement les oignons, les faire blondir dans 2 cuillerées à soupe d'huile bien chaude.

3 Ajouter le vinaigre, le sucre en poudre, le gingembre, l'alcool de riz (ou le xérès), du sel, du

en poudre
- 1 c. à dessert de gingembre frais râpé
- 2 c. à soupe d'alcool de riz ou de xérès
- sel, poivre

poivre et un verre d'eau. Bien mélanger, couvrir et laisser mijoter 10 min.

④ Cuire les tronçons de carpe 10 min à la poêle, avec le reste de l'huile, puis les déposer dans la sauce et poursuivre la cuisson 4 ou 5 min. Servir bien chaud.

Préparation : 15 min ■ **Cuisson :** 20 min environ

Carpe à la juive

Pour 4-6 personnes

- 1 carpe de 1,5 kg environ
- gros sel
- 1 bouquet de persil
- 3 gousses d'ail
- 4 c. à soupe d'huile d'arachide
- 2 c. à soupe de farine
- sel, poivre

① Faire préparer la carpe par le poissonnier en réservant soigneusement les œufs.

② Détailler le poisson en tronçons, étaler ceux-ci dans un plat et les recouvrir de gros sel. Laisser ainsi pendant 20 à 30 min.

③ Hacher le persil et l'ail, les mettre dans un bol et mélanger.

④ Égoutter les morceaux de carpe, les rincer rapidement et les éponger dans un torchon.

⑤ Dans une cocotte, les faire revenir avec les œufs de carpe dans l'huile, puis les ôter de la cocotte et les mettre dans un plat au chaud.

⑥ Délayer la farine dans la graisse de la cocotte, puis ajouter de l'eau jusqu'à ce que la cocotte soit remplie aux deux tiers. Saler, poivrer, ajouter le persil et l'ail, puis les morceaux de poisson et les œufs. Cuire 20 min à petits bouillons.

⑦ Retirer les morceaux de poisson et les laitances et les dresser dans un plat creux.

⑧ Faire doucement réduire la sauce d'un tiers. Verser sur le poisson et laisser prendre en gelée, dans le réfrigérateur pendant 1 ou 2 h.

Préparation : 15 min ■ **Repos :** 30 min
■ **Cuisson :** 45 min environ ■ **Réfrigération :** 1-2 h

Lamproie à la bordelaise

Pour 4-6 personnes

- 1 lamproie de 1,5 kg environ
- 2 oignons
- 1 grosse carotte
- 1 gousse d'ail
- 70 g de beurre
- 1 bouquet garni
- 6 dl de vin rouge de Bordeaux
- 4 blancs de poireau
- 2 tranches de jambon fumé
- 2 c. à soupe de farine
- sel, poivre

❶ Faire préparer la lamproie par le poissonnier (en faisant réserver le sang pour lier la sauce) de façon à ce qu'elle soit sans peau et sans arête dorsale.

❷ Détailler le poisson en tronçons de 6 cm.

❸ Éplucher oignons et carotte et les couper en fines rondelles. Éplucher et écraser la gousse d'ail.

❹ Beurrer (avec 10 g de beurre) un plat à sauter, y déposer les rondelles d'oignon et de carotte, le bouquet garni et l'ail.

❺ Ajouter les morceaux de lamproie par-dessus, saler et poivrer, puis verser le vin. Cuire 10 min à bonne ébullition, puis égoutter les tronçons de poisson et les garder au chaud.

❻ Passer le liquide de cuisson et le garder au chaud.

❼ Pendant ce temps, nettoyer les blancs de poireau et les couper en trois, couper le jambon en petits dés.

❽ Faire fondre 40 g de beurre dans une casserole et cuire poireaux et jambon doucement et à couvert jusqu'à ce que les poireaux soient bien moelleux. Ajouter la lamproie et laisser mitonner au chaud.

❾ Préparer un roux avec 20 g de beurre et la farine, le délayer avec le liquide de cuisson et cuire doucement, en remuant souvent, pendant 15 min.

❿ Passer la sauce, y ajouter le sang, bien mélanger et cuire doucement pendant 5 min.

⓫ Verser la sauce sur la lamproie et mélanger. Puis transvaser dans le plat de service chaud et servir.

Préparation : 30 min ■ **Cuisson :** 40 min environ

Matelote de poissons à la canotière

Pour 4-6 personnes

- 1,5 kg de poissons d'eau douce (carpe, anguille, etc.)
- 125 g de petits oignons glacés (➤ voir p. 759)
- 2 gros oignons
- 4 gousses d'ail
- 190 g de beurre
- 1 bouquet garni
- 0,5 dl de cognac
- 0,5 l de vin blanc
- 0,5 l de fumet de poisson (➤ voir p. 55)
- 125 g de petits champignons
- 80 g de beurre manié (➤ voir p. 39)
- sel, poivre

① Préparer les poissons et les couper en gros morceaux.

② Préparer les petits oignons glacés.

③ Éplucher les oignons et les couper en fines rondelles. Éplucher et écraser l'ail.

④ Beurrer (avec 20 g de beurre) un plat à sauter (ou une grande poêle), y déposer les oignons émincés et l'ail puis les morceaux de poisson par-dessus. Ajouter le bouquet garni. Saler, poivrer.

⑤ Faire chauffer le cognac, le verser dans le plat et flamber puis ajouter le vin blanc sec et le fumet de poisson. Porter à ébullition. Couvrir et laisser cuire pendant 25 min à feu doux.

⑥ Pendant ce temps, nettoyer les champignons. Les saler, poivrer et les cuire entiers dans 20 g de beurre pendant 15 min environ et à couvert.

⑦ Égoutter les morceaux de poisson, les mettre dans une sauteuse (ou une casserole). Garder au chaud.

⑧ Faire réduire des deux tiers le bouillon de cuisson des poissons.

⑨ Pendant qu'il réduit, préparer le beurre manié et l'ajouter dans ce bouillon. Couper le beurre restant (150 g) en petits morceaux et ensuite, hors du feu, l'incorporer. Bien mélanger.

⑩ Mettre les petits champignons et les petits oignons glacés dans la casserole du poisson. Verser la sauce par-dessus et faire mijoter doucement pendant 5 à 10 min.

⑪ Verser la matelote dans un grand plat rond et creux.

On peut garnir la matelote d'une douzaine d'écrevisses cuites au court-bouillon et servir avec du riz à la créole (➤ voir p. 830).

Préparation : 1 h ■ **Cuisson :** 30 min environ

Meurette de poissons

Pour 4-6 personnes

- 1,5 kg de poissons d'eau douce (barbeau, brocheton, carpillon, petite anguille, tanche, etc.)
- 1 carotte
- 1 oignon
- 1 échalote
- 1 gousse d'ail
- 50 g de beurre
- 1 verre à liqueur de marc de Bourgogne
- 0,5 l de vin rouge de Bourgogne
- 1 bouquet garni
- 100 g de croûtons à l'ail (➤ voir p. 822)
- 50 g de beurre manié (➤ voir p. 39)
- sel, poivre

1 Nettoyer les poissons (ou demander au poissonnier de le faire) et les couper en tronçons.

2 Éplucher et couper en fines rondelles la carotte, l'oignon et l'échalote. Éplucher et écraser la gousse d'ail. Faire fondre 50 g de beurre dans une cocotte et y faire revenir les morceaux de poisson en remuant bien.

3 Chauffer le marc de Bourgogne, le verser dans la cocotte et flamber. Ajouter la carotte, l'oignon, l'échalote, l'ail écrasé, le bouquet garni, saler et poivrer et bien mélanger. Verser le vin. Couvrir et cuire 20 min à tout petits frémissements.

4 Pendant ce temps, préparer les croûtons à l'ail.

5 Préparer le beurre manié. L'ajouter dans la cocotte, bien mélanger et cuire encore de 5 à 10 min jusqu'à ce que la sauce épaississe.

6 Goûter et rectifier l'assaisonnement et verser dans un plat creux chauffé. Garnir avec les croûtons.

Préparation : 30 min ■ **Cuisson :** 30 min environ

Filets de perche à la milanaise

Pour 4-6 personnes

- 150 g de chou vert
- 250 g de risotto (➤ voir p. 826)
- 4 belles perches
- 400 g de panure à l'anglaise (➤ voir p. 107)
- 50 g de beurre
- 2 citrons

1 Enlever les côtes des feuilles de chou. Les plonger dans une casserole d'eau salée, les y laisser 5 min. Les égoutter, les presser et les hacher.

2 Préparer le risotto en ajoutant ce hachis de chou au riz, dès le début de la cuisson.

3 Préparer la panure.

4 Lever les filets de perche, les laver, les éponger dans du papier absorbant et les paner à l'anglaise.

5 Faire fondre 40 g de beurre dans une poêle et les cuire doucement 3 ou 4 min de chaque côté.

6 Beurrer un plat long, y mettre le risotto et dresser les filets par-dessus. Décorer de quartiers de citron.

Préparation : 40 min ■ **Cuisson :** 8-10 min environ

Pochouse

Pour 4-6 personnes

- 1,5 kg de poissons d'eau douce (anguille et lotte de rivière, tanche, brochet, carpillon, etc.)
- 10 petits oignons glacés (➤ voir p. 759)
- 2 oignons
- 1 carotte
- 2 gousses d'ail
- 40 g de beurre
- 1 bouquet garni
- 0,5 l de vin blanc
- 250 g de champignons de Paris
- 100 g de petits lardons tout prêts
- 1/2 citron
- 40 g de beurre manié
- 1,5 dl de crème fraîche
- 100 g de croûtons à l'ail (➤ voir p. 822)
- sel, poivre

1 Nettoyer et couper les poissons en tronçons moyens.

2 Préparer les petits oignons glacés. Éplucher et couper en fines rondelles les oignons, la carotte. Éplucher et écraser les gousses d'ail.

3 Faire fondre 20 g de beurre dans une cocotte. Y verser les oignons, la carotte. Ajouter les morceaux de poisson. Ne pas remuer. Placer au milieu le bouquet garni.

4 Verser le vin et ajouter les gousses d'ail. Saler et poivrer. Couvrir et porter à ébullition, puis cuire 20 min à petits frémissements.

5 Pendant ce temps, nettoyer, couper en lamelles les champignons de Paris et les citronner.

6 Faire fondre dans une sauteuse 20 g de beurre et y mettre à dorer lardons et champignons pendant 10 à 12 min.

7 Préparer le beurre manié (➤ voir p. 39).

8 Sortir les morceaux de poisson de la cocotte et les mettre dans la sauteuse. Ajouter également les petits oignons glacés.

9 Incorporer le beurre manié dans la cocotte et mélanger jusqu'à ce que la sauce épaississe. La passer et la verser dans la sauteuse.

10 Réchauffer le tout, puis ajouter la crème fraîche et faire réduire 5 min à découvert.

11 Verser la pochouse dans un plat de service creux chauffé et garnir de croûtons.

Préparation : 30 min ■ **Cuisson :** 30 min environ

Sandre grillé aux cardons

Pour 4-6 personnes

- 5 gousses d'ail
- 1/2 bouquet de persil plat
- 2 brins de thym
- 3 citrons
- 2 dl d'huile d'olive
- 4-6 tranches de sandre (de 150 g environ chacune)
- 300 g de petits oignons
- 2-2,5 kg de cardons
- 40 g de beurre
- sel

❶ Hacher l'ail et le persil, émietter le thym. Presser le jus de 2 citrons. Mélanger le tout avec l'huile d'olive et y mettre les tranches de sandre à mariner 2 ou 3 h.

❷ Éplucher les petits oignons, les faire glacer (➤ voir p. 759) et les réserver au chaud.

❸ Faire chauffer de l'eau salée dans un faitout et y ajouter le jus du dernier citron.

❹ Éplucher les cardons, puis les couper en morceaux de 3 ou 4 cm de côté. Les cuire 1 h à l'eau bouillante. Les égoutter. Faire fondre le beurre dans une poêle ou une sauteuse et y mettre à revenir les cardons sans les laisser colorer. Les réserver au chaud.

❺ Retirer le poisson de la marinade. Faire chauffer celle-ci tout doucement, éteindre le feu et laisser infuser 15 min environ.

❻ Mettre à griller au four les tranches de sandre, 3 ou 4 min de chaque côté.

❼ Garnir les assiettes de cardons, disposer par-dessus les tranches de sandre, ajouter les oignons glacés.

❽ Passer la marinade en appuyant bien sur les gousses d'ail et napper le tout de cette sauce.

Marinade : 2-3 h ■ **Préparation :** 30 min ■ **Cuisson :** 1 h 15 environ

Truites aux amandes

Pour 4 personnes

- 75 g d'amandes effilées
- 4 truites de 250 g
- 200 g de farine

❶ Préchauffer le four à 200 °C. Mettre les amandes effilées sur la plaque recouverte de papier sulfurisé. Quand le four est chaud, y glisser cette plaque. La retirer quand les amandes sont dorées.

- 70 g de beurre
- 1 ou 2 citrons
- 1 c. à soupe de persil ciselé
- 1 c. à soupe de vinaigre
- sel, poivre

2 Nettoyer les truites, les éponger et les poser sur un papier absorbant. Les saupoudrer, sur chaque face, de sel et de poivre. Verser la farine dans une assiette, y rouler chaque truite et bien la secouer ensuite.

3 Chauffer 50 g de beurre dans une grande poêle (ovale si possible) et y dorer les truites sur les deux faces, puis baisser le feu et laisser la cuisson se poursuivre de 5 à 7 min (10 min si les truites sont très grosses), en les retournant une fois. Ajouter les amandes au cours de cette cuisson.

4 Sortir les truites de la poêle et les disposer sur le plat de service. Les arroser de 2 cuillerées à soupe de jus de citron et les parsemer de persil ciselé. Garder le plat au chaud.

5 Ajouter 20 g de beurre et le vinaigre dans la poêle, chauffer et verser sur les truites, avec les amandes.

Préparation : 15 min ■ **Cuisson :** 15 min environ

Truites au bleu

Pour 4 personnes

- 1,5 l de court-bouillon pour poisson (➤ voir p. 51) ou de fumet de poisson (➤ voir p. 55)
- 200 g de beurre ou 2,5 dl de sauce hollandaise (➤ voir p. 91)
- 4 truites vivantes
- 1 verre de vinaigre de vin
- 1/2 bouquet de persil

1 Préparer le court-bouillon en doublant la dose de vinaigre. Préparer la sauce hollandaise ou mettre le beurre à fondre dans une casserole au bain-marie.

2 Assommer les truites, les vider et les nettoyer rapidement sans les essuyer. Les déposer dans un plat et les arroser de vinaigre, puis les plonger dans le court-bouillon tout juste frissonnant. Les cuire 6 ou 7 min à petits bouillonnements.

3 Les égoutter et les dresser sur un plat tapissé d'une serviette. Les garnir de pluches de persil.

4 Servir à part le beurre fondu ou la sauce hollandaise dans une saucière.

Préparation : 30 min ■ **Cuisson :** 6-7 min

Truites à la bourguignonne

Pour 4 personnes

- 4 truites
- 12 petits oignons glacés (➤ voir p. 759)
- 250 g de champignons de Paris
- 1 carotte
- 1 oignon
- 50 g de beurre
- 1 bouquet garni
- 2 verres de bourgogne rouge
- 20 g de beurre manié (➤ voir p. 39)
- sel, poivre

1 Nettoyer les truites, les saler et les poivrer à l'intérieur et à l'extérieur.

2 Préparer les oignons glacés. Préchauffer le four à 240 °C. Couper en fines lamelles les champignons, la carotte et l'oignon.

3 Beurrer un plat à four et tapisser le fond avec ces légumes. Disposer les truites dans le plat, ajouter le bouquet garni et verser le vin au ras des truites. Porter à ébullition, puis couvrir et enfourner 10 min.

4 Préparer le beurre manié.

5 Égoutter les truites et les disposer dans le plat de service chauffé avec les oignons glacés.

6 Passer le fond de cuisson, y ajouter le beurre manié en fouettant et remettre sur le feu 2-3 min pour épaissir la sauce. Ajouter alors 20 g de beurre toujours en fouettant et en napper les truites.

Préparation : 30 min ■ **Cuisson :** 15 min environ

Truite à la bretonne

Pour 4 personnes

- 2 l de court-bouillon pour poisson (➤ voir p. 51) ou de fumet de poisson (➤ voir p. 55)
- 1 truite de mer de 1 kg
- 800 g de pommes de terre
- 60 g de beurre
- 2 c. à soupe d'huile d'olive
- 200 g de lard fumé ou de lardons tout prêts

1 Préparer le court-bouillon et le mettre à chauffer.

2 Laver la truite. Dès que le court-bouillon commence à bouillir, y plonger le poisson et le cuire de 25 à 30 min à petits frémissements.

3 Pendant ce temps, peler les pommes de terre et les couper en cubes. Faire chauffer 20 g de beurre avec l'huile dans une poêle et les y faire sauter.

4 Tailler le lard en dés et les faire rissoler sans graisse dans une poêle.

5 Hacher les échalotes. Émincer les champignons finement. Faire fondre le reste du beurre dans une poêle et y cuire les échalotes pendant 5 min.

- 3 échalotes
- 250 g de champignons de Paris
- 3 dl de vin blanc
- 1 dl de crème fraîche
- sel, poivre

Ajouter les champignons et faire cuire encore 5 min.

6 Verser le vin blanc et cuire à petits bouillons pendant 10 min. Ajouter la crème et donner encore un bouillon. Saler et poivrer.

7 Égoutter la truite et lever les filets.

8 Répartir les lardons et les pommes de terre rissolés sur des assiettes. Placer les filets dessus. Vérifier l'assaisonnement et en napper les filets. Servir aussitôt.

Préparation : 20 min ■ **Cuisson :** 55 min environ

Truites aux épinards

Pour 4 personnes

- 4 truites de 200 g environ
- 800 g d'épinards frais ou surgelés
- 2 gousses d'ail
- 60 g de beurre
- 1 œuf
- 4 biscottes ou 50 g de chapelure
- 1 ou 2 citrons
- sel, poivre
- 4 pique-olives en bois

1 Vider, laver et essuyer les truites.

2 Trier les épinards, couper les queues, laver, essorer et hacher les feuilles s'ils sont frais, sinon les décongeler au micro-ondes et les hacher ensuite. Peler et hacher les gousses d'ail.

3 Mettre 20 g de beurre dans un bol et le passer 30 s au micro-ondes à pleine puissance ou le faire fondre au bain-marie. Ajouter l'ail et continuer de le faire chauffer (ou bien 1 min dans le four).

4 Battre l'œuf à la fourchette dans un bol, saler et poivrer.

5 Réduire les biscottes en chapelure. Mélanger les épinards hachés, la chapelure et l'œuf battu. Ajouter le beurre à l'ail, saler, poivrer et bien mélanger pour obtenir une farce homogène.

6 Farcir les truites. Refermer l'ouverture avec un pique-olive. Ranger les truites dans un plat.

7 Pour une cuisson au micro-ondes, couvrir le plat de film alimentaire et le piquer 3 ou 4 fois. Faire cuire à pleine puissance 7 ou 8 min en faisant pivoter le plat à mi-cuisson. Dans un four traditionnel, mettre le plat 20 min dans le four préchauffé à 200 °C. ➜

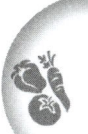

❽ Mettre le reste de beurre dans un bol, le passer 30 s dans le four, ou le faire fondre dans une petite casserole, le saler et le poivrer. Lui ajouter 2 cuillerées à soupe de jus de citron. Arroser les truites de ce mélange et servir bien chaud.

Préparation : 15 min ■ **Cuisson :** 7-8 min au micro-ondes – 20 min au four traditionnel

Truites en papillote

Pour 6 personnes

- 6 truites de 200 g
- 1/2 bouquet de persil plat
- 1 brin de thym
- 1/2 c. à café de graines de coriandre
- 1 citron
- 3 branches de céleri
- 3 échalotes
- huile
- sel, poivre

❶ Nettoyer les truites. Les saler et les poivrer à l'intérieur et à l'extérieur. Hacher le persil. Mettre les poissons dans un plat creux. Ajouter le thym émietté, 3 cuillerées à soupe de persil haché et la coriandre. Arroser de jus de citron et laisser mariner 1 h.

❷ Préchauffer le four à 200 °C.

❸ Hacher le céleri. Couper finement les échalotes et les mélanger avec le céleri, saler, poivrer.

❹ Découper et huiler 6 rectangles de papier sulfurisé. Y répartir le hachis de céleri à l'échalote, puis y déposer les truites. Fermer les papillotes, les placer dans un plat et enfourner pour 15 min. Servir immédiatement.

Marinade : 1 h ■ **Préparation :** 20 min
■ **Cuisson :** 15 min

Truite saumonée farcie

Pour 4-6 personnes

- 1 truite saumonée de 1 à 1,2 kg
- 300 g de farce mousseline pour poisson

❶ Faire préparer et désarêter la truite. Préparer la farce mousseline avec du merlan (➤ voir p. 103).

❷ Couper en tout petits dés la carotte et l'oignon et les faire fondre dans une casserole avec 20 g de beurre. Les laisser refroidir puis mélanger à la farce.

- 1 carotte
- 1 oignon
- 100 g de beurre
- 2,5 dl de fumet de poisson (➤ voir p. 55)
- 2,5 dl de vin blanc
- 500 g de pommes noisettes surgelées
- sel, poivre

3 Préparer le fumet de poisson avec le vin blanc.

4 Préchauffer le four à 230 °C.

5 Farcir la truite et la placer dans une cocotte (ou une poissonnière), le ventre contre le fond. Verser le fumet de poisson au vin blanc et glisser la cocotte au four pendant 20 min.

6 Pendant ce temps, faire cuire les pommes noisettes à la poêle dans 30 g de beurre.

7 Égoutter la truite, la dresser dans un plat de service et la garder au chaud.

8 Passer le fond de cuisson, le faire réduire d'un tiers environ et ajouter 50 g de beurre en fouettant bien. En napper la truite et la servir avec les pommes noisettes.

Préparation : 30 min ■ **Cuisson :** 30 min environ

Poissons de mer

Alose : préparation

Écailler soigneusement l'alose, puis la vider en conservant la laitance ou les œufs. Bien laver le poisson à l'eau froide, à l'extérieur pour enlever le reste des écailles, à l'intérieur pour éliminer le sang. L'essuyer avec du papier absorbant.

Alose grillée à l'oseille

Pour 4-6 personnes

- 1 alose de 1,5 kg
- marinade instantanée (➤ voir p. 58)
- 150 g de beurre maître d'hôtel (➤ voir p. 39)
- 2 citrons

1 Préparer l'alose (➤ voir ci-dessus).

2 Avec la pointe d'un couteau, la ciseler régulièrement sur la partie charnue du dos, des deux côtés. La saler, la poivrer et la faire mariner 1 h.

3 Préchauffer le gril du four ou préparer le barbecue. Sortir l'alose de la marinade, la déposer dans un plat si elle doit cuire au four. Griller à feu moyen 30 min. ➔

④ Préparer le beurre maître d'hôtel.

⑤ Dresser le poisson sur un plat long, entouré de quartiers de citron. Déposer le beurre maître d'hôtel en coquilles sur le dos du poisson.

Une purée d'oseille (➤ voir p. 762) accompagnera fort bien ce plat.

Marinade : 1 h ■ **Préparation :** 10 min
■ **Cuisson :** 30 min environ

Alose au plat

Pour 4-6 personnes

- 1 alose de 1,2 kg environ
- 100 g de beurre
- 2 c. à soupe de persil haché
- 2 échalotes
- 1,5 dl de vin blanc
- sel, poivre

① Vider, écailler, laver et essuyer l'alose.

② Avec une cuillère en bois, travailler 50 g de beurre pour le ramollir. Hacher le persil et les échalotes et les mélanger avec ce beurre, du sel et du poivre en une pâte bien homogène ; en garnir l'intérieur du poisson.

③ Préchauffer le four à 200 °C. Beurrer un plat long allant au four et y disposer l'alose. Saler et poivrer, arroser de vin blanc sec.

④ Parsemer avec le reste du beurre partagé en petits morceaux et cuire au four 15 à 20 min. Arroser souvent en cours de cuisson. Si le mouillement réduit trop vite, ajouter un peu d'eau. Servir tout de suite.

Préparation : 15 min ■ **Cuisson :** 15-20 min

Anchois : préparation

La chair des anchois est très fragile. Il ne faut donc pas les laver ni les écailler. La tête doit d'abord être détachée, puis les intestins enlevés en pressant sur le poisson avec le pouce. Sécher ensuite les anchois dans un papier absorbant.

Anchois frits

Pour 4-6 personnes

- 600 g d'anchois
- 0,5 l de lait
- 1 gros bouquet de persil
- 250 g de farine
- huile de friture
- 3 citrons
- sel

1 Nettoyer les poissons (➤ voir préparation page précédente) et les mettre dans le lait.

2 Couper la plus grande partie des queues de persil. Faire chauffer la friture et frire le persil (➤ voir p. 764).

3 Égoutter les anchois dans une passoire. Étaler la farine dans un torchon et y rouler les anchois. Chacun doit être bien enrobé. Les plonger dans la friture à 180 °C, les frire pendant 2 min en les retournant et les égoutter avec une écumoire sur un papier absorbant. Procéder par petites quantités.

4 Les poudrer de sel fin et les dresser en pyramide sur une serviette. Les servir garnis de persil frit et de quartiers de citron.

Préparation : 15 min ■ **Cuisson :** 15-20 min

Anchois marinés

Pour 500 g d'anchois

- 1 oignon
- 1 carotte
- 1 c. à café de grains de poivre
- 2,5 dl d'huile d'arachide
- 3 gousses d'ail
- 1 dl de vinaigre
- 1 brin de thym
- 1/2 feuille de laurier
- 5 brins de persil
- sel

1 Préparer les anchois (➤ voir page précédente). Les étaler dans un plat, les poudrer de sel et les laisser macérer pendant 2 h.

2 Éplucher l'oignon et la carotte et les couper en fines rondelles. Écraser les grains de poivre.

3 Faire chauffer 2 dl d'huile dans une poêle. Lorsqu'elle est bien chaude, y verser les anchois. Les remuer avec précaution, à feu vif. Quand ils sont tous saisis, les égoutter avec une écumoire et les ranger, bien alignés, dans une terrine.

4 Ajouter 5 cuillerées à soupe d'huile dans la poêle et y verser l'oignon et la carotte et les faire frire pendant 5 min. Ajouter les gousses d'ail non épluchées, le vinaigre et 1 dl d'eau. Saler. ➡

5 Ajouter le thym, le laurier, le persil et le poivre écrasé. Faire bouillir 10 min et verser bouillant dans la terrine, sur les anchois. Laisser mariner pendant 24 h.

Servier en ravier avec des rondelles de citron.

éperlans marinés :
la procédure est identique.

Préparation : 30 min ■ **Marinade :** 2 h + 24 h ■ **Cuisson :** 15 min environ

Filets d'anchois à la silésienne

Pour 4-6 personnes

- 300 g de laitances fraîches de hareng
- 2,5 dl de court-bouillon pour poisson (➤ voir p. 51)
- 3 échalotes
- 5 brins de persil
- 300 g de pommes de terre
- 2 pommes reinettes
- 1/2 betterave rouge
- 1 dl de vinaigrette (➤ voir p. 98)
- 10-12 anchois marinés
- 1 c. à soupe de persil

1 Réserver les laitances chez le poissonnier.

2 Les cuire 5 min au court-bouillon à petits frémissements. Les passer au mixeur. Hacher échalotes et persil et les mélanger avec la purée de laitance ; étaler celle-ci dans un ravier. Mettre au réfrigérateur.

3 Cuire les pommes de terre à l'eau dans leur peau, les éplucher, les couper en tranches et les mettre dans un saladier. Couper les pommes et la betterave en dés et les y ajouter. Préparer la vinaigrette et la mélanger avec la salade de pomme de terre.

4 Sur le ravier de laitances, disposer en grille les filets d'anchois marinés (➤ voir p. 333). Parsemer de persil ciselé. Servir avec la salade à part.

Préparation : 30 min ■ **Cuisson :** 15 min environ

Filets d'anchois à la suédoise

Pour 4 personnes

- 2 œufs

1 Faire durcir les œufs.

2 Bien dessaler les anchois en les faisant tremper dans plusieurs eaux puis les couper en fines lanières.

- 400 g de filets d'anchois salés
- 1,5 dl de vinaigrette
- 300 g de pommes reinettes
- 300 g de betteraves cuites
- 1/2 botte de persil frisé

③ Éplucher et couper les pommes et les betteraves en petits dés et les mélanger avec une partie de la vinaigrette (➤ voir p. 98).

④ Écaler les œufs et hacher les blancs et les jaunes séparément.

⑤ Disposer, dans le plat de service, les pommes et les betteraves. Ajouter par-dessus les filets d'anchois puis répartir les blancs et les jaunes. Arroser avec le reste de vinaigrette. Décorer avec des bouquets de persil.

Préparation : 30 min

Bar : préparation

Vider le poisson par les ouïes et par une petite incision à la base du ventre. L'écailler en remontant de la queue vers la tête, sauf s'il doit être cuit à l'eau, car les écailles maintiendront la chair, très fragile.
Le laver et l'essuyer soigneusement avec un papier absorbant.
Pour le griller, ciseler la partie charnue du dos.

Bar grillé

Pour 4 personnes

- 1 bar de 1 kg
- 2 c. à soupe d'huile d'olive
- 100 g de beurre d'anchois (➤ voir p. 35) ou de beurre maître d'hôtel (➤ voir p. 39)
- sel, poivre

① Faire préparer le bar.

② Saler et poivrer l'huile et, avec un pinceau, en badigeonner le bar.

③ Mettre le bar dans un gril double et le disposer sous le gril du four ou sur le barbecue. Le griller 10-12 min de chaque côté.

④ Pendant la cuisson, préparer le beurre parfumé. Le servir à part, ou ouvrir le bar, enlever l'arête centrale et y répartir ce beurre.

Préparation : 15 min ■ **Cuisson :** 20-25 min

Bar à la provençale

Pour 4 personnes

- 4 dl de fondue de tomate
  (➤ voir p. 797)
- 2 bars de 500 g
- 80 g de farine
- 6 c. à soupe d'huile
  d'olive
- 100 g de mie de pain
  fraîche
- 1 c. à soupe de persil
  ciselé
- sel, poivre

❶ Préparer la fondue de tomate.

❷ Préparer les bars, les saler, poivrer, fariner et les dorer dans une poêle avec 5 cuillerées d'huile d'olive. Préchauffer le four à 275 °C.

❸ Mettre un peu de fondue de tomate dans le fond d'un plat. Y ranger les bars et les napper avec le reste de la fondue.

❹ Poudrer de mie de pain émiettée, arroser avec le reste de l'huile et faire gratiner 10 min dans le four. Parsemer de persil et servir brûlant dans le plat de cuisson.

Préparation : 20 min ■ **Cuisson :** 15 min environ

Barbue : préparation

❶ Inciser la barbue du côté foncé, à partir du dessous de la tête, et la vider.

❷ L'écailler et, avec des ciseaux, l'ébarber en raccourcissant la queue ; la laver à l'eau courante et la sécher dans un papier absorbant.

❸ Si le poisson doit être cuit entier, braisé ou poché, l'inciser en longueur le long de l'arête centrale du côté foncé avec la pointe d'un couteau. Décoller ensuite légèrement les filets et briser l'arête en deux ou trois endroits pour que la chair ne se déforme pas à la cuisson.

❹ Pour lever des filets à cru, placer la barbue vidée, écaillée et lavée sur la table, côté foncé dessous. Faire une longue incision au milieu : y glisser la lame du couteau à plat et la passer sous les filets en les soulevant puis les détacher au niveau de la tête (contourner celle-ci) et de la queue. Retourner le poisson et faire de même pour l'autre face. Ôter la peau des filets à l'aide d'un couteau à filets de sole.

Barbue à la bonne femme

Pour 4-6 personnes

- 1 barbue de 1,2-1,5 kg
- 4 échalotes
- 1/2 bouquet de persil
- 250 g de champignons de Paris
- 50 g de beurre
- 1 dl de vin blanc
- 1 dl de fumet de poisson (➤ voir p. 55)
- sel, poivre

1. Faire préparer la barbue par le poissonnier.
2. Éplucher et hacher les échalotes. Équeuter et hacher le persil. Nettoyer les champignons et les couper en fines lamelles.
3. Préchauffer le four à 220 °C. Beurrer un plat à feu, y parsemer les échalotes, le persil haché et les champignons de Paris. Poser la barbue par-dessus. Verser le vin blanc sec et le fumet de poisson. Parsemer de toutes petites noisettes de beurre.
4. Faire partir l'ébullition sur le feu, puis mettre au four 15 à 20 min, en arrosant le poisson deux ou trois fois. Couvrir d'une feuille d'aluminium en fin de cuisson pour l'empêcher de sécher. Servir dans le plat.

On peut préparer de même une dorade ou tout autre gros poisson.

Préparation : 15 min ■ **Cuisson :** 20 min environ

Barbue braisée

Pour 4-6 personnes

- 1 barbue de 1,2-1,5 kg
- 2 carottes
- 2 oignons
- 1 branche de céleri
- 80 g de beurre
- 5-6 branches de persil
- 1 brin de thym
- 1 feuille de laurier
- 0,75 l de fumet de poisson (➤ voir p. 55)

1. Faire préparer la barbue par le poissonnier.
2. Éplucher les carottes, les oignons et le céleri et les couper en dés. Les faire dorer dans une poêle avec 20 g de beurre. Ajouter le persil, le thym et le laurier.
3. Préparer le fumet. Préchauffer le four à 220 °C.
4. Beurrer une turbotière et recouvrir le fond avec les légumes. Poser la barbue sur la grille et verser le fumet de poisson. Si l'on n'a pas de turbotière, prendre une grande cocotte et, par-dessus les légumes, poser une grille à pâtisserie.
5. Faire partir l'ébullition sur le feu, puis mettre au four 15 à 20 min, en arrosant plusieurs fois. ➡

⑥ Égoutter le poisson (en soulevant la grille avec les mains gantées), retirer sa peau. Écarter les filets, ôter l'arête centrale et le maximum de grosses arêtes visibles. Refermer les filets. Retourner la barbue désossée sur le plat de service pour qu'elle présente son côté blanc.

⑦ Passer le liquide de cuisson et le faire réduire d'un tiers environ. Ajouter 50 g de beurre en fouettant et en napper le poisson. Servir bien chaud.

Préparation : 15 min ■ **Cuisson :** 30 min environ

Barbue chérubin

Pour 4-6 personnes

- 400 g de fondue de tomate (➤ voir p. 797)
- 1 barbue de 1,2-1,5 kg
- 4 dl de court-bouillon pour poisson (➤ voir p. 51)
- 80 g de poivron
- 20 g de beurre
- 2,5 dl de sauce hollandaise (➤ voir p. 91)
- 1 belle truffe

① Préparer ou décongeler la fondue de tomate.

② Préchauffer le four à 160 °C. Mettre la barbue dans un plat, côté ouvert dessous. Verser le court-bouillon, qui doit à peine la recouvrir. Faire chauffer sur le feu.

③ Dès le premier frémissement, mettre un papier sulfurisé et beurré sur le poisson pour le protéger. Glisser le plat au four pour 18-20 min.

④ Laver les poivrons, les couper en petits dés. Les faire cuire doucement dans le beurre.

⑤ Quand la barbue est cuite, l'égoutter, la débarrasser de sa peau noire et la tenir au chaud. Passer le liquide de cuisson. Le faire réduire jusqu'à ce qu'il devienne sirupeux et y ajouter les poivrons. Garder au chaud.

⑥ Préparer la sauce hollandaise et y ajouter le fumet de cuisson avec les poivrons. Couper la truffe en dés.

⑦ Dresser le poisson sur le plat de service. L'entourer de petits tas de fondue de tomate, alternée avec des bouquets de dés de truffe.

⑧ Napper la barbue de sauce et passer 3 min sous le gril du four. Servir tout de suite.

Préparation : 30 min ■ **Cuisson :** 20-30 min

Barbue à la dieppoise

Pour 4-6 personnes

- 1 barbue de 1,2-1,5 kg
- 0,5 l de fumet de poisson
  (➤ voir p. 55)
- 1 kg de moules
- 50 g de champignons
  de Paris (ou de pieds
  de champignons)
- 45 g de beurre
- 25 g de farine
- 1 bouquet garni
- 2 dl de vin blanc
- 2 jaunes d'œufs
- 100 g de petites
  crevettes décortiquées
- sel, poivre

1 Faire préparer la barbue par le poissonnier.

2 Préparer le fumet de poisson.

3 Nettoyer les moules et les cuire à la marinière (➤ voir p. 283). Nettoyer et hacher les champignons.

4 Prélever un demi-verre du liquide de cuisson des moules et le filtrer dans une passoire tapissée de papier absorbant.

5 Faire un roux blanc (➤ voir p. 60) avec 25 g de beurre et la farine, le mouiller du fumet de poisson et du liquide de cuisson des moules. Ajouter les champignons et le bouquet garni. Goûter et rectifier l'assaisonnement et faire mijoter à couvert de 20 à 25 min.

6 Décortiquer les moules et les tenir au chaud sans ébullition dans le reste de leur cuisson.

7 Préchauffer le four à 220 °C. Saler la barbue. Beurrer un plat, y mettre le poisson et l'arroser de vin blanc (il ne doit pas être recouvert). Faire partir l'ébullition sur le feu, puis mettre au four de 15 à 18 min, en arrosant trois ou quatre fois.

8 Quand il est cuit, le déposer dans le plat de service et le garder au chaud, couvert d'une feuille d'aluminium.

9 Dans un bol, délayer les jaunes d'œufs avec un peu de sauce aux champignons. Reverser le contenu du bol dans la casserole. Y ajouter les crevettes.

10 Passer le liquide de cuisson du poisson et l'ajouter. Bien mélanger sur un feu très doux. Laisser éventuellement épaissir un peu. Ajouter enfin les moules chaudes égouttées.

11 Napper le poisson de cette sauce et servir très chaud.

Préparation : 40 min ■ **Cuisson :** 30 min environ

Filets de barbue à la créole

Pour 4-6 personnes

- 1 barbue de 1,2-1,5 kg
- 100 g de riz pilaf
  (➤ voir p. 833)
- 4 tomates
- 0,5 dl d'huile d'olive
- 50 g de poivron rouge
- 50 g de poivron vert
- 80 g de farine
- 120 g de beurre
- 1 gousse d'ail hachée
- 1 c. à soupe de persil haché
- 1/2 citron
- huile pimentée
  (➤ voir p. 45)
- 1 pointe de piment de Cayenne
- sel, poivre

1 Lever les filets de la barbue (ou le faire faire), les assaisonner de sel, de poivre et d'un peu de cayenne.

2 Préparer le riz pilaf.

3 Couper les tomates en deux, les épépiner et les cuire dans une poêle avec 1 cuillerée à café d'huile d'olive. Saler, poivrer. Les garnir de riz pilaf puis les garder au chaud.

4 Laver, couper en petits dés les poivrons et les faire revenir à la poêle avec 1 cuillerée d'huile d'olive. Les laisser cuire jusqu'à ce qu'ils soient bien moelleux. Puis les égoutter et les disposer sur les tomates garnies de riz.

5 Fariner les filets et les cuire 10-12 min à la poêle, dans 2 cuillerées à soupe d'huile et 40 g de beurre. Les égoutter et les disposer sur le plat de service chauffé.

6 Vider le contenu gras de la poêle. Puis la remettre à chauffer et y ajouter 80 g de beurre, puis le hachis d'ail et de persil, le jus de citron et quelques gouttes d'huile au piment.

7 En napper les filets de barbue. Garnir le plat avec les demi-tomates au riz et servir tout de suite.

Préparation : 45 min ■ **Cuisson :** 15 min environ

Filets de barbue Véron

Pour 4-6 personnes

- 5 dl de sauce Véron
  (➤ voir p. 70)
- 1 barbue de 1,2-1,5 kg
- 125 g de beurre
- 150 g de mie de pain

1 Préparer la sauce Véron et la garder au chaud. Préparer le poisson et prélever les filets ou le faire faire par le poissonnier. Les partager en deux dans le sens de la longueur. Les saler, les poivrer.

2 Émietter la mie de pain dans une assiette. Faire fondre le beurre et le mettre dans une assiette creuse. Paner les filets au beurre et à la mie de

pain. Les arroser avec le reste du beurre fondu et les faire griller 10 min à feu doux sous le gril du four en les retournant.

3 Napper le plat de service avec la sauce Véron et disposer harmonieusement les filets de barbue dessus.

Préparation : 15 min ■ **Cuisson :** 10-15 min

Bouillabaisse de Marseille

Pour 4-6 personnes

- 2 kg de poissons variés (congre, dorade, grondin, lotte, merlan, rascasse, saint-pierre)
- 10 étrilles (petits crabes)
- 2 oignons
- 3 gousses d'ail
- 2 blancs de poireau
- 3 branches de céleri
- 1,5 dl d'huile d'olive
- 3 tomates
- 1 bulbe de fenouil
- 2,5 dl de rouille (➤ voir p. 94)
- 1 bouquet garni
- 2 mesures de safran
- 1 baguette de pain
- sel, poivre

1 Écailler, vider et étêter les poissons variés entiers. Les couper en gros morceaux. Brosser les étrilles.

2 Hacher 1 oignon, 1 gousse d'ail, les poireaux et le céleri. Les faire dorer dans 1 dl d'huile. Saler et poivrer. Ajouter les têtes et les parures des poissons. Couvrir d'eau, porter à ébullition et laisser mijoter 20 min. Passer et recueillir le jus de cuisson.

3 Pendant cette cuisson, ébouillanter et peler les tomates et les couper en morceaux. Éplucher et hacher le deuxième oignon, les gousses d'ail restantes et le bulbe de fenouil.

4 Préparer la rouille.

5 Faire revenir les légumes hachés dans l'huile restante. Verser le bouillon, les tomates et le bouquet garni. Ajouter la rascasse, puis le grondin, la lotte, le congre, la dorade, les étrilles et le safran. Cuire 8 min sur feu vif. Mettre alors le saint-pierre et le merlan. Cuire 5 ou 6 min. Puis garder la bouillabaisse au chaud sans continuer de la cuire.

6 Couper la baguette en rondelles et les griller au four.

7 Égoutter avec une écumoire les poissons et les étrilles et les disposer dans un grand plat.

8 Verser, sans le passer, le bouillon dans une soupière, et servir accompagné de la rouille et des croûtons.

Préparation : 45 min ■ **Cuisson :** 15 min environ

Bourride sétoise

Pour 4-6 personnes

- 1,2 à 1,5 kg de queue de lotte
- 1 blanc de poireau
- 2 oignons
- 2 carottes
- 2 gousses d'ail
- 1 l de vin blanc
- 0,5 l d'eau
- 1 bouquet garni
- 1 morceau d'écorce d'orange séchée
- 4 ou 6 tranches de pain rassis
- 1 mesure de safran
- 2,5 dl d'aïoli (➤ voir p. 93)
- sel, poivre

❶ Enlever la peau de la lotte. La couper en tronçons.

❷ Éplucher et couper en rondelles le blanc de poireau, les oignons et les carottes. Peler et hacher les gousses d'ail.

❸ Mettre le poisson et les légumes dans une cocotte avec le bouquet garni, un peu d'écorce d'orange séchée, du sel et du poivre, verser le vin et 2 verres d'eau. Cuire 20 min à feu vif.

❹ Pendant ce temps, préparer l'aïoli et disposer les tranches de pain dans les assiettes.

❺ Égoutter les morceaux de poisson et les répartir dans les assiettes ; garder au chaud.

❻ Passer le court-bouillon au tamis ou dans une passoire tapissée de papier absorbant, le remettre sur feu, ajouter le safran et faire réduire d'un tiers environ.

❼ Retirer du feu et ajouter l'aïoli en fouettant vivement. Napper le poisson de cette sauce.

Préparation : 30 min ■ **Cuisson :** 30 min environ

Cabillaud : préparation

Les petits cabillauds (de 1 à 3 kg), appelés aussi « moruettes », sont toujours vendus vidés. Il faut simplement les écailler, si on ne le fait pas faire par le poissonnier, bien les laver et les sécher.

Les filets et les tranches de gros cabillaud seront toujours rincés sous le robinet et séchés dans un papier absorbant avant leur utilisation.

Quelle que soit la taille du poisson, la chair de cabillaud est assez fragile, c'est pourquoi on ne peut pas la faire griller.

Cabillaud braisé à la flamande

Pour 4 personnes

- 2 échalotes
- 4 filets de cabillaud de 150 g chacun
- 1 citron
- 20 g de beurre
- 3 c. à soupe de persil haché
- 2 dl de vin blanc
- 2 biscottes
- sel, poivre

1. Préchauffer le four à 220 °C. Hacher les échalotes.
2. Saler et poivrer les filets de cabillaud. Peler le citron à vif et le couper en rondelles.
3. Beurrer un plat allant au four, le parsemer d'échalotes et de 2 cuillerées à soupe de persil haché. Y disposer les filets et les couvrir à peine de vin blanc. Poser sur chaque filet une rondelle de citron. Faire partir l'ébullition sur le feu, puis mettre le plat au four et cuire pendant 15 min.
4. Égoutter les filets, les dresser sur le plat de service et les garder au chaud.
5. Émietter très finement les biscottes. Verser le contenu du plat dans une casserole. Faire bouillir doucement le fond de cuisson pour le faire réduire un peu puis ajouter, en remuant sans arrêt, les biscottes émiettées et le reste du beurre.
6. Bien mélanger et verser sur le cabillaud. Parsemer avec le reste de persil haché.

Préparation : 15 min ■ **Cuisson :** 15-20 min

Cabillaud étuvé à la crème

Pour 4-6 personnes

- 800 g de filets de cabillaud
- 2 oignons
- 30 g de beurre
- 2 dl de vin blanc
- 2 dl de crème fraîche
- sel, poivre

1. Couper les filets de cabillaud en carrés de 5 cm de côté. Les poser sur un papier absorbant, les saler et poivrer.
2. Hacher les oignons. Faire fondre le beurre dans une cocotte et les y verser. Les laisser cuire en les remuant de temps en temps 10 à 15 min.
3. Quand ils sont fondus, ajouter les carrés de poisson et les saisir à feu vif, puis, avec une écumoire, les retirer et les déposer dans un plat.
4. Verser le vin blanc et faire réduire des trois quarts. Ajouter la crème fraîche, bien mélanger et cuire à feu vif pendant 5 min pour la faire réduire. ➜

⑤ Remettre les carrés de poisson dans la cocotte et cuire encore 5 min.

Préparation : 15 min ■ **Cuisson :** 20-25 min

Cabillaud à l'indienne

Pour 4-6 personnes

- 2 filets de cabillaud de 400 à 500 g
- 3 gros oignons
- 5 tomates
- 2 gousses d'ail
- 1 petit bouquet de persil
- 6 c. à soupe d'huile d'arachide
- 1 grosse c. à soupe de curry
- 2 dl de vin blanc
- sel, poivre

① Saler et poivrer les filets de cabillaud.

② Hacher les oignons. Ébouillanter, peler et couper les tomates. Hacher l'ail et le persil. Faire chauffer 4 cuillerées à soupe d'huile dans une cocotte, y faire revenir les oignons et les tomates, puis couvrir et laisser fondre pendant environ 20 min.

③ Saler, poivrer, ajouter ail et persil hachés, et cuire encore 10 min.

④ Préchauffer le four à 220 °C. Poser le cabillaud dans la cocotte, sur les tomates, le poudrer de curry, arroser de 2 cuillerées à soupe d'huile et du vin blanc sec. Faire partir l'ébullition sur le feu, puis mettre 15 min au four, en arrosant le poisson trois ou quatre fois avec le jus de cuisson.

Servir bien chaud avec du riz à l'indienne.

Préparation : 15 min ■ **Cuisson :** 45 min

Cabillaud rôti

Pour 4-6 personnes

- 1 cabillaud de 1,5 kg
- 3 c. à soupe d'huile
- 2 citrons
- 100 g de beurre
- 1,5 dl de vin blanc
- sel, poivre

① Préparer le cabillaud. Le saler, le poivrer, l'arroser d'huile et de jus de citron, et le laisser macérer 30 min.

② Faire fondre le beurre. Égoutter le poisson, l'embrocher, le badigeonner au pinceau de beurre fondu. Faire tourner la broche et le rôtir 15-20 min en le badigeonnant plusieurs fois de beurre fondu.

③ Le dresser sur le plat de service et le tenir au chaud.

4 Mettre la lèchefrite sur le feu. Y verser le vin blanc et chauffer en grattant avec une cuillère en bois. Faire un peu réduire ce jus et en arroser le poisson.

On peut aussi cuire le cabillaud au four (220 °C), à condition de le placer sur une grille pour qu'il ne baigne pas dans le jus de cuisson.

Préparation : 10 min ■ **Marinade :** 30 min
■ **Cuisson :** 20 min environ

Cabillaud sauté à la crème

Pour 4 personnes

- 4 tranches de cabillaud de 150 g environ
- 50 g de beurre
- 1,5 dl de crème fraîche
- sel, poivre

1 Saler et poivrer les tranches de cabillaud.

2 Faire fondre 30 g de beurre dans une poêle et y dorer vivement le poisson en retournant les tranches. Ajouter la crème fraîche, couvrir et cuire 7-10 min.

3 Égoutter le poisson, le disposer sur un plat de service et le garder au chaud.

4 Faire bouillir la crème pour la réduire de moitié environ. Saler et poivrer.

5 Hors du feu, ajouter 20 g de beurre, verser sur le cabillaud et servir tout de suite.

Préparation : 5 min ■ **Cuisson :** 15 min environ

Capitaine : préparation

Poisson pêché sur les côtes de l'Afrique occidentale, le capitaine a une chair très ferme. Il est le plus souvent vendu en filets ou en tranches chez les poissonniers.

Laver filets ou tranches sous le robinet et bien les éponger dans un papier absorbant avant de les cuisiner.

Capitaine en feuille de bananier

Pour 4 personnes

- 4 feuilles de bananier
- 4 filets de capitaine de 150 à 180 g
- 2 tomates
- 1 oignon
- sel, poivre
- 4 pique-olives

❶ Faire bouillir de l'eau dans un faitout. Laver les feuilles de bananier, enlever la nervure centrale, puis les ébouillanter rapidement pour les assouplir. Les étaler et déposer sur chacune d'elles 1 filet de capitaine.

❷ Ébouillanter les tomates, les peler et les couper en petits morceaux. Hacher grossièrement l'oignon. Saler et poivrer les filets. Répartir les tomates et l'oignon dessus.

❸ Replier les feuilles de bananier pour former des papillotes et les fermer à l'aide de pique-olives. Les cuire 30 min à la vapeur dans un couscoussier ou dans le panier de la Cocotte-Minute.

On peut utiliser également pour cette recette du papier sulfurisé.

Préparation : 15 min ■ **Cuisson :** 30 min

Capitaine grillé

Pour 4 personnes

- 4 tranches de capitaine de 150 à 180 g
- 1/2 verre d'huile d'olive
- 3 citrons
- 1 brin de thym
- 1/2 feuille de laurier
- 1 c. à soupe de persil
- gros sel
- sel fin, poivre

❶ Laver et éponger les tranches de capitaine et les mettre dans un plat. Les saler et les poivrer des deux côtés. Mélanger l'huile et le jus d'un citron, le thym et le laurier et verser cette marinade sur les tranches de poisson. Laisser au frais 1 h environ en les retournant de temps en temps.

❷ Hacher le persil. Chauffer le gril.

❸ Sortir les tranches de la marinade, les égoutter et les poser sur le gril chaud 2 min sur chaque face.

❹ Les mettre sur le plat de service. Les poudrer légèrement de gros sel et de persil haché. Servir avec les citrons coupés en quartiers.

Préparation : 5 min ■ **Repos :** 1 h
■ **Cuisson :** 4 min

Chaudrée saintongeaise

Pour 4-6 personnes

- 200 g d'anguilles de mer
- 200 g de petits raiteaux
- 200 g de sole
  ou de céteaux
- 200 g de barbue
  ou de plie
- 200 g de petites seiches
- 200 g de langoustines
  vivantes
- 100 g d'ail
- 2 échalotes
- 1/2 bouquet de persil
- 1/2 bouquet d'estragon
- 250 g de beurre
- 0,5 l de vin blanc
- 0,5 l de fumet de poisson
  (➤ voir p. 55)
- 1 bouquet garni
- 0,8 dl d'huile d'arachide

1 Préparer (ou faire préparer) tous les poissons.

2 Hacher l'ail, les échalotes, le persil et l'estragon. Faire fondre 50 g de beurre, y mettre ce hachis et le faire cuire 10 min à feu doux.

3 Verser le vin blanc et le fumet de poisson, et ajouter le bouquet garni. Cuire pendant 30 min à couvert.

4 Préchauffer le four à 160 °C. Dans une grande sauteuse (ou cocotte), faire chauffer l'huile d'arachide et mettre les poissons les uns après les autres, en fonction de leur fermeté : l'anguille de mer en morceaux, puis les petits raiteaux, les céteaux, la barbue ou la plie en morceaux, les petites seiches coupées en deux et enfin les langoustines. Remuer et cuire 3-4 min après avoir ajouté chaque poisson et avant d'ajouter le suivant.

5 Verser le fumet au vin et cuire 4 min. Terminer la cuisson au four pendant 10 min.

6 Égoutter tous les poissons. Couper 200 g de beurre en petits morceaux et les ajouter dans le jus de cuisson, à feu très doux, en fouettant vivement.

Ce plat peut s'accompagner de petits croûtons rôtis au four et légèrement beurrés et aillés.

Préparation : 20 min ■ **Cuisson :** 1 h 15 environ

Colin : préparation

Le colin, ou merlu, a une chair fragile et très fine. Chez le poissonnier, les petits colins sont la plupart du temps déjà vidés. Ils doivent être soigneusement écaillés, lavés et séchés dans un papier absorbant. Les tranches ou les filets nécessitent aussi un rinçage sous le robinet avant leur préparation.

Colin à la boulangère

Pour 4-6 personnes

- 1 morceau de colin de 1 kg
- 700 g de pommes de terre
- 3 oignons moyens
- 80 g de beurre
- 1 brin de thym
- 1 feuille de laurier
- 2 c. à soupe de persil haché
- sel, poivre

1. Faire préparer un morceau de colin prélevé au milieu du poisson. Le saler et le poivrer.
2. Éplucher et couper en très fines rondelles les pommes de terre et les oignons. Les mélanger, les saler et les poivrer.
3. Préchauffer le four à 220 °C. Faire fondre le beurre.
4. Au pinceau, beurrer un plat à gratin, y placer le colin. Disposer les rondelles de pommes de terre et d'oignons autour. Arroser le tout de beurre fondu. Saler, poivrer, parsemer de thym et émietter le laurier.
5. Cuire de 30 à 35 min au four, en arrosant souvent. Parsemer de persil haché et servir dans le plat de cuisson.

Préparation : 20 min ■ **Cuisson :** 35 min environ

Colin froid mayonnaise

Pour 6 personnes

- 1 colin de 2 kg environ
- 2 l de court-bouillon pour poisson
- 2 c. à soupe de gelée en poudre
- 3 dl de mayonnaise
- 1 petite boîte de macédoine de légumes
- 6 petites tomates rondes
- quelques feuilles de laitue
- 2 citrons
- sel, poivre

1. Préparer le colin et le court-bouillon pour poisson (➤ voir p. 51).
2. Emballer le poisson dans une mousseline et le placer dans une poissonnière ou une grande cocotte ovale. Verser le court-bouillon froid ou tiède et porter lentement à ébullition, puis baisser le feu et laisser frémir environ 25 min.
3. Sortir le colin, le déballer et le poser sur une grille. Retirer toute la peau.
4. Filtrer le court-bouillon. Délayer la gelée en poudre avec 3 dl de ce court-bouillon. Pendant que la gelée refroidit, préparer la mayonnaise (➤ voir p. 93).
5. Napper le colin 3 fois de suite au moins avec la gelée liquide pour bien l'enrober. Le poser sur un plat long.

6 Rincer la macédoine à l'eau froide et bien l'égoutter. La mélanger avec 2 cuillerées à soupe de mayonnaise.

7 Couper le haut des tomates et les évider avec une petite cuillère. Les remplir de macédoine, les disposer autour du colin sur des feuilles de laitue, en intercalant des quartiers de citron.

8 Servir le reste de mayonnaise en saucière. Garder le colin au réfrigérateur jusqu'au moment de servir.

Préparation : 40 min (2 h à l'avance) ■ **Cuisson :** 25 min

Tranches de colin à la duxelles

Pour 4 personnes

- 500 g de champignons de Paris
- 1 citron
- 2 échalotes
- 1 verre de court-bouillon pour poisson (➤ voir p. 51)
- 60 g de beurre
- 4 tranches épaisses de colin
- 1 verre de vin blanc
- 1 bouquet garni
- 1 dl de crème fraîche
- sel, poivre

1 Nettoyer et hacher les champignons de Paris et leur ajouter tout de suite 1 cuillerée à soupe de jus de citron. Éplucher et hacher les échalotes et les mélanger avec les champignons.

2 Préparer le court-bouillon.

3 Préchauffer le four à 230 °C.

4 Chauffer 20 g de beurre dans une poêle, ajouter le hachis et le cuire 5 min à feu vif.

5 Beurrer un plat à gratin, étaler le hachis de champignons-échalotes sur le fond et disposer par-dessus les tranches de colin. Verser le vin blanc et le court-bouillon. Ajouter 30 g de beurre en parcelles, du sel, du poivre et le bouquet garni.

6 Mettre le plat pendant 20 min au four. Arroser 2 ou 3 fois avec une ou deux cuillerées à soupe d'eau.

7 Égoutter les tranches de colin et les tenir au chaud.

8 Dans le four ou sur le feu, faire réduire le jus de cuisson d'un tiers, puis remettre les tranches de colin dans le plat, les napper de crème et remettre au four pour 5 min. Servir aussitôt.

Préparation : 15 min ■ **Cuisson :** 30 min environ

Coquilles chaudes de poisson à la Mornay

Pour 4 personnes

- 3 dl de sauce Mornay (➤ voir p. 66)
- 400 g de poisson (filets de cabillaud ou autre)
- 1 bouquet de persil
- 40 g de gruyère râpé
- 20 g de beurre
- 4 coquilles Saint-Jacques vides

1. Préparer la sauce Mornay.
2. Cuire le poisson dans l'eau salée ou dans un court-bouillon pendant 10 min, ou utiliser un reste de poisson.
3. Préchauffer le four à 260 °C. Hacher le persil.
4. Effeuiller le poisson et le mélanger avec la sauce Mornay et le persil haché. Rectifier l'assaisonnement.
5. Garnir les coquilles avec cette préparation. Parsemer de gruyère râpé et de noisettes de beurre, et faire gratiner dans le four pendant 5 à 10 min.

Préparation : 15 min ■ **Cuisson :** 10 min environ

Cotriade

Pour 4-6 personnes

- 1,5-2 kg de poissons (sardine, maquereau, daurade, baudroie, merlu, congre, grondin, surmulet et chinchard)
- 1-2 têtes de gros poissons
- 3 gros oignons
- 6 pommes de terre
- 25 g de beurre
- 1 bouquet garni
- 1/2 bouquet de persil
- 4-6 tranches de pain de campagne
- 2 dl de vinaigrette (➤ voir p. 98)

1. Faire préparer les poissons par le poissonnier. Les couper en morceaux de 5 cm et ajouter les têtes.
2. Éplucher les oignons et les pommes de terre et les couper en quartiers. Faire fondre le beurre dans une grande marmite et y mettre à revenir les oignons. Ajouter 3 litres d'eau, puis les pommes de terre, le bouquet garni et le persil. Porter à ébullition et cuire 15 min.
3. Ajouter les poissons et les têtes de gros poissons. Poursuivre la cuisson 10 min environ.
4. Préparer la vinaigrette. Retirer les poissons et les pommes de terre avec une écumoire. Jeter les têtes.
5. Mettre les tranches de pain au fond d'une soupière et y verser le bouillon. Servir à part le poisson et les pommes de terre, et la vinaigrette en saucière.

Préparation : 30 min ■ **Cuisson :** 25-30 min

Daurade et dorade : préparation

La daurade royale a une chair très fine, elle pèse jusqu'à 3 kg, se pêche en Méditerranée, mais elle est aussi élevée en aquaculture.

La dorade rose, qui pèse jusqu'à 3 kg, provient surtout de l'Atlantique. Sa chair est moins serrée et plus sèche.

La dorade grise pèse de 300 g à 2 kg. C'est la plus répandue. Elle est pêchée aussi bien dans l'Atlantique qu'en Méditerranée.

Tous ces poissons, vendus entiers et vidés, doivent être soigneusement écaillés, lavés et séchés. Ils supportent d'être grillés. On trouve dans le commerce des filets surgelés.

Daurade royale au citron confit

Pour 4-6 personnes

- 1 daurade de 1,6 kg environ
- 1 c. à soupe de graines de coriandre
- 15 tranches de citron confit (➤ voir p. 43)
- 1 ou 2 citrons
- 5 c. à soupe d'huile d'olive
- sel, poivre

1 Écailler et vider la daurade et, avec un couteau, pratiquer sur son dos de légères entailles en croix.

2 Préchauffer le four à 230 °C. Huiler un plat à gratin et garnir le fond de 9 tranches de citron confit. Y poser la daurade, saler et poivrer. Parsemer les graines de coriandre.

3 Déposer 6 tranches de citron confit sur le dos du poisson et arroser de 2 cuillerées à soupe de jus de citron et 4 cuillerées d'huile d'olive.

4 Glisser le plat au four pour 30 min en arrosant plusieurs fois.

Préparation : 5 min ■ **Cuisson :** 30 min

Dorade farcie au fenouil

Pour 4-6 personnes

- 1 dorade de 1,6 kg
- 250 g de mie de pain rassis
- 1 verre de lait
- 1 bulbe de fenouil
- 2 échalotes
- 2 c. à soupe de pastis
- 1 citron
- 1 feuille de laurier
- 1 brin de thym
- 30 g de beurre
- 2 dl de vin blanc
- 2 c. à soupe d'huile d'olive
- sel, poivre

1 Écailler la dorade, la vider par les ouïes, la laver, l'éponger (ou le faire faire par le poissonnier). La saler et la poivrer. L'ouvrir par le dos, de part et d'autre de l'arête centrale, sectionner celle-ci au niveau de la tête et de la queue et la retirer.

2 Dans un bol, mettre la mie de pain et le lait. Éplucher et hacher finement le bulbe de fenouil et les échalotes. Presser la mie de pain et la mélanger avec le fenouil haché. Ajouter le pastis, 1 cuillerée à soupe de jus de citron, le laurier et le thym émiettés et bien mélanger.

3 Préchauffer le four à 250 °C. Garnir le poisson de la farce au fenouil et le ficeler comme une ballottine, mais pas trop étroitement.

4 Beurrer un plat à gratin, parsemer le fond des échalotes hachées. Poser la dorade dessus.

5 Verser le vin blanc jusqu'au tiers de la hauteur, arroser avec l'huile d'olive.

6 Cuire 30 min au four en arrosant de temps en temps. Protéger le poisson en le recouvrant d'une feuille d'aluminium en fin de cuisson, pour qu'il ne se dessèche pas. Servir dans le plat.

Préparation : 30 min ■ **Cuisson :** 30 min environ

Dorade à la meunière

Pour 4-6 personnes

- 2 dorades de 600 g ou 3 de 400 g environ
- 100 g de farine
- 80 g de beurre
- 2 citrons

1 Préparer les dorades et les poser sur un grand papier absorbant. Avec la pointe d'un couteau, faire de petites entailles sur leur dos. Les saler, les poivrer des deux côtés.

2 Verser la farine dans un plat, les y rouler et les secouer légèrement pour en faire tomber l'excédent.

- 2 c. à soupe de persil ciselé
- sel, poivre

3 Faire chauffer 40 g de beurre dans une grande poêle et y cuire les poissons sur les deux faces pendant 10 min environ de chaque côté.

4 Les égoutter, les disposer sur un plat long, les parsemer de persil ciselé, les arroser de jus de citron et les tenir au chaud.

5 Mettre le reste du beurre dans la poêle de cuisson, le faire blondir (beurre noisette) et le verser mousseux sur les poissons. Servir aussitôt.

Préparation : 15 min ■ **Cuisson :** 20 min

Dorade au vin blanc

Pour 6 personnes

- 1 dorade de 1,2 kg
- 2 carottes
- 2 oignons
- 1 gousse d'ail
- 2 échalotes
- 2 branches de céleri
- 150 g de champignons de Paris
- 60 g de beurre
- 1 brin de thym
- 1 feuille de laurier
- 4 dl de muscadet
- 1 citron
- sel, poivre

1 Préparer la dorade, la saler et la poivrer à l'intérieur et à l'extérieur.

2 Peler les carottes, les oignons, l'ail et les échalotes. Éplucher le céleri et nettoyer les champignons.

3 Préchauffer le four à 230 °C. Hacher finement tous les légumes. Faire fondre le beurre dans une casserole. Ajouter ce hachis et faire cuire pendant 15 min avec le thym et le laurier sur feu modéré, en remuant de temps en temps.

4 Étaler cette préparation dans le fond d'un plat à four et poser la dorade par-dessus. Verser le vin blanc et un peu d'eau pour que le poisson baigne à demi dans le liquide. Couper le citron en rondelles, les poser sur la dorade.

5 Faire cuire 30 min au four en arrosant fréquemment.

6 Environ 10 min avant de servir, éteindre le four et recouvrir le plat d'une feuille d'aluminium. Servir dans le plat, très chaud.

Préparation : 30 min ■ **Cuisson :** 30 min

Filets de dorade à la julienne de légumes

Pour 4-6 personnes

- 2 blancs de poireau
- 4 branches de céleri
- 1/2 bulbe de fenouil
- 2 petits navets (nouveaux de préférence)
- 50 g de beurre
- 800 g de filets de dorade
- 1 ou 2 citrons
- 2 dl de crème fraîche
- sel, poivre

1 Éplucher, laver et couper tous les légumes en fins bâtonnets. Faire fondre 40 g de beurre dans une poêle ou une casserole et les y mettre à cuire doucement jusqu'à ce qu'ils soient fondus. Les saler et les poivrer.

2 Préchauffer le four à 220 °C. Beurrer un plat à gratin et y étaler la julienne de légumes. Saler, poivrer les filets et les disposer dans le plat.

3 Presser les citrons de façon à avoir 2 cuillerées à soupe de jus. Mélanger dans un bol le jus de citron et la crème fraîche et verser ce mélange sur les filets de poisson.

4 Couvrir le plat d'une feuille d'aluminium et glisser au four pour 15 à 20 min. Servir dans le plat.

On peut, de la même façon, préparer des filets de cabillaud ou de tout autre poisson.

Préparation : 30 min ■ **Cuisson :** 15-20 min

Éperlan : préparation

Petits poissons de 20 cm au maximum, les éperlans doivent être toujours vidés, lavés et essuyés mais pas écaillés. L'apprêt le plus fréquent est la friture. Ils se consomment aussi marinés, cuits au vin blanc, à la meunière ou en gratin. Frais, ils se congèlent très bien.

Grondin : préparation

Les différents grondins doivent toujours être vidés, écaillés, lavés et séchés. Ils s'accommodent pochés, en soupe ou en bouillabaisse. Mais ils se cuisent aussi grillés ou au four. Dans ce cas, il faut protéger leur peau qui est très fragile.

Grondins au four

Pour 4 personnes

- 2 grondins de 400 g chacun
- 2 citrons
- 2 oignons
- 2 échalotes
- 1 gousse d'ail
- 1/2 bouquet de persil
- 60 g de beurre
- 2 dl de vin blanc
- 1 brin de thym
- 1 feuille de laurier
- 4 c. à soupe de pastis
- sel, poivre

1 Préparer les grondins. Avec la pointe d'un couteau, faire trois incisions en biais sur leur dos en partant de l'arête centrale et y verser quelques gouttes de jus de citron.

2 Éplucher et hacher les oignons, les échalotes, l'ail et le persil et les mélanger.

3 Préchauffer le four à 240 °C. Beurrer un plat à gratin et étaler le hachis.

4 Faire fondre 50 g de beurre au micro-ondes ou dans une petite casserole. Disposer les poissons dans le plat et les arroser de vin blanc et de beurre fondu, saler et poivrer, parsemer de thym et de laurier émietté. Couper suffisamment de rondelles de citron pour en garnir le dos des grondins.

5 Cuire 20 min au four, en arrosant les poissons plusieurs fois avec le liquide de cuisson.

6 Au moment de servir, faire chauffer le pastis, le verser dans le plat et flamber.

Préparation : 30 min ■ **Cuisson :** 20 min

Haddock à l'indienne

Pour 4-6 personnes

- 800 g de haddock
- 1 l de lait
- 5 dl de sauce indienne
  (➤ voir p. 88)
- 2 gros oignons
- 30 g de beurre

1. Faire tremper 2 ou 3 h le haddock dans le lait froid.
2. Préparer la sauce indienne.
3. Éplucher et couper finement les oignons et les faire fondre au beurre. Les laisser tiédir.
4. Éponger le poisson, le détailler en petits morceaux carrés, retirer les arêtes.
5. Ajouter les morceaux de haddock aux oignons puis verser la sauce indienne et bien mélanger. Cuire pendant 10 min, à feu doux et à couvert.

Servir avec du riz à l'indienne (➤ voir p. 832).

Trempage : 2-3 h ■ **Préparation** : 5 min
■ **Cuisson** : 10 min

Haddock poché à l'œuf

Pour 4-6 personnes

- 800 g de filets
  de haddock
- 1 l de lait
- 1 feuille de laurier
- 4 ou 6 œufs
- 120 g de beurre
- 1 citron
- pluches de persil frisé
- poivre

1. Dans un saladier, faire tremper le haddock dans le lait froid pendant 30 min environ.
2. Le retirer du lait et verser celui-ci dans une casserole, avec le laurier, et porter à ébullition. Ajouter le haddock et réduire le feu au minimum. Laisser pocher très doucement 10 min au plus.
3. Pendant ce temps, faire pocher les œufs (➤ voir p. 258).
4. Couper le beurre en morceaux et le faire fondre sans le cuire. Presser le jus de citron et l'ajouter dans le beurre fondu en mélangeant.
5. Égoutter le haddock et placer un filet dans chaque assiette, poser un œuf poché dessus et arroser de beurre au citron. Poivrer et garnir de persil frisé.

Servir avec des pommes de terre à l'eau ou à la vapeur.

Trempage : 30 min ■ **Préparation** : 15 min
■ **Cuisson** : 8-10 min

Hareng : préparation

Si les poissons sont frais, les écailler sans les fendre sur le ventre. Les vider par les ouïes sans trop les écarter, en laissant laitance ou œufs, les laver et les essuyer.

Pour les cuire entiers, les ciseler légèrement sur le dos, des deux côtés.

Pour les préparer en filets, lever ceux-ci avec une lame de couteau bien tranchante en partant de la queue, puis les parer, les laver et les éponger. Si les poissons sont saurs ou fumés, lever les filets, retirer la peau, les parer. Les faire dessaler dans du lait.

S'ils sont salés, lever les filets, les faire dessaler ensuite dans du lait ou dans un mélange d'eau et de lait. Les égoutter, les parer, les éponger soigneusement.

Filets de hareng marinés à l'huile

Pour une petite terrine

- 800 g de filets de harengs doux fumés
- 1 l de lait
- 4 oignons
- 3 carottes
- 2 c. à soupe de graines de coriandre
- 1 feuille de laurier
- 2 branches de thym
- 1 l d'huile d'arachide

1 Mettre les filets de hareng dans un saladier et les recouvrir de lait. Recouvrir la terrine d'un film alimentaire et laisser tremper 24 h au frais.

2 Égoutter et éponger les filets. Éplucher et couper les oignons et les carottes en fines rondelles.

3 Mettre la moitié des oignons au fond de la terrine. Poser les filets dessus, ajouter le reste des oignons, les rondelles de carotte, les graines de coriandre et la feuille de laurier coupée en fragments. Émietter le thym. Recouvrir d'huile d'arachide.

4 Couvrir et laisser mariner de 8 à 10 jours dans le bas du réfrigérateur avant de consommer.

Préparation : 15 min ■ **Repos :** 24 h
■ **Marinade :** 8-10 jours

Harengs à la diable

Pour 4-6 personnes

- 1,4 kg de harengs
- 1 pot de moutarde
- 300 g de chapelure ou de mie de pain rassis
- 1,5 dl d'huile

1 Préparer les harengs (➤ voir p. 357) ou le faire faire par le poissonnier.

2 Avec la pointe d'un couteau, pratiquer 3 entailles très peu profondes sur leur dos.

3 Avec une petite cuillère, les enduire des deux côtés de moutarde puis les passer dans la chapelure.

4 Les arroser d'huile et les passer 10 min environ sous le gril du four.

Servir à part une sauce diable (➤ voir p. 78), moutarde (➤ voir p. 67) ou ravigote (➤ voir p. 96).

Préparation : 20 min ■ **Cuisson :** 10 min environ

Harengs marinés

Pour une petite terrine

- 10-15 tout petits harengs
- 3 oignons
- 3 carottes
- 2 c. à soupe de persil ciselé
- 10 grains de poivre
- 2 clous de girofle
- 1 feuille de laurier
- 1 brin de thym
- 3 dl de vin blanc
- 1 dl de vinaigre
- sel

1 Préparer les harengs et les aligner dans un grand plat. Les poudrer de sel fin de chaque côté et les laisser mariner 6 h. Préchauffer le four à 225 °C.

2 Éplucher et couper en rondelles les oignons et les carottes. Au fond d'une terrine de 22 cm, étaler la moitié des légumes, ajouter un peu de persil, les grains de poivre, les clous de girofle, et le laurier et le thym émiettés. Mettre les harengs par-dessus.

3 Mélanger le vin blanc et le vinaigre et verser sur les poissons. Le liquide doit arriver juste à leur hauteur. Puis les recouvrir avec le reste des légumes. Fermer la terrine avec une feuille d'aluminium.

4 Porter à ébullition sur le feu, puis cuire 20 min au four.

5 Laisser les harengs refroidir dans leur cuisson, puis mettre la terrine dans le réfrigérateur.

Marinade : 6 h ■ **Préparation :** 15 min
■ **Cuisson :** 20 min

Harengs en papillote

Pour 4 personnes

- 4 harengs frais de 200 g
- 2 œufs
- 100 g de champignons de Paris
- 4 échalotes
- 2 c. à soupe de persil plat haché
- 40 g de beurre
- 2 c. à café de raifort râpé en flacon
- sel, poivre

1. Préparer et désarêter les harengs.
2. Faire durcir les œufs, puis les hacher.
3. Préchauffer le four à 200 °C.
4. Hacher les champignons et les échalotes. Les mélanger avec les œufs, du sel, du poivre et le persil. Farcir les harengs avec cette préparation.
5. Malaxer le beurre avec le raifort. Étaler ce mélange sur 4 feuilles d'aluminium ou de papier sulfurisé. Poser les poissons farcis dessus. Fermer les papillotes.
6. Faire cuire dans le four 25 min. Servir les papillotes dans l'assiette pour ne pas perdre le jus de cuisson.

Préparation : 20 min ■ **Cuisson :** 25 min

Harengs pommes à l'huile

Pour 4-6 personnes

- 1 kg de pommes de terre
- 1/2 verre de vin blanc
- 2 oignons
- 1 botte de ciboulette
- 8-12 filets de hareng marinés à l'huile (➤ voir p. 358)
- 6 c. à soupe d'huile
- 3 c. à soupe de vinaigre de vin blanc
- sel, poivre noir

1. Faire cuire les pommes de terre non pelées à l'eau salée pendant 20 à 25 min. Les peler et les couper en rondelles épaisses. Les arroser aussitôt de vin blanc, saler et poivrer puis bien mélanger.
2. Couper les oignons en tranches fines et les défaire en anneaux. Hacher la ciboulette. Égoutter les filets de hareng.
3. Préparer une vinaigrette avec l'huile, le vinaigre, du sel et du poivre. La verser sur les pommes de terre, mélanger et répartir celles-ci dans les assiettes. Ajouter 2 filets de hareng par assiette et parsemer de ciboulette. Servir aussitôt.

La salade est meilleure si les pommes de terre sont tièdes : les garder au chaud après les avoir assaisonnées, si l'on ne peut servir tout de suite.

Préparation : 20 min ■ **Cuisson :** 25 min

Lotte : préparation

La lotte, ou baudroie, est un très gros poisson au corps brunâtre et sans écailles qui peut atteindre 1 m de long. Il est commercialisé étêté sous le nom de « queue de lotte ». Celle-ci est sans arêtes avec un gros cartilage central que l'on doit retirer, ainsi que la peau. Sa chair est très dense, fine mais ferme et elle se cuit comme une viande.

Cari de lotte à la créole

Pour 4-6 personnes

- 1,4 kg de lotte (poids brut)
- 3 oignons
- 3 tomates
- 2 gousses d'ail
- 1 orange non traitée
- 1 dl d'huile
- 1 mesure de safran
- 1 c. à soupe de gingembre frais râpé ou 1 c. à café de gingembre en poudre
- 1 bouquet garni
- 1 c. à café de curry
- piment de Cayenne
- sel, poivre

1. Préparer la lotte (➤ voir recette précédente) et la couper en morceaux. Éplucher et hacher finement les oignons.
2. Ébouillanter, peler, épépiner les tomates et les couper en morceaux. Éplucher les gousses d'ail et les hacher finement. Prélever le zeste d'orange.
3. Mettre l'huile dans une cocotte et y faire dorer les morceaux de lotte, puis les retirer avec une écumoire.
4. Dans la même huile, faire revenir les oignons pendant 5 min, puis ajouter les tomates et mélanger.
5. Ajouter le safran, le gingembre, l'ail, le bouquet garni, le zeste d'orange et le curry. Cuire sur feu moyen pendant 5 ou 6 min en remuant sans arrêt.
6. Ajouter 0,25 litre d'eau chaude, 1 pointe de piment de Cayenne, du sel et du poivre. Couvrir et laisser mijoter 20 min.
7. Remettre la lotte dans la cocotte, couvrir et cuire doucement 30 min.
8. Retirer le bouquet garni et l'écorce d'orange.

Servir avec du riz à la créole (➤ voir p. 830).

Préparation : 15 min ■ **Cuisson :** 1 h environ

Lotte à l'américaine

Pour 4-6 personnes

- 1,8 kg de lotte
- 500 g de têtes et de carapaces de langoustine
- 500 g de tomates
- 4 échalotes
- 1 gousse d'ail
- 1 petit bouquet de persil
- 1/2 bouquet d'estragon
- 1 dl d'huile d'olive
- 1 verre à liqueur de cognac
- 1 morceau d'écorce d'orange séchée
- 1 bouquet garni
- 1 c. à soupe de concentré de tomate
- 1/2 bouteille de vin blanc
- 0,5 dl de crème fraîche
- sel
- piment de Cayenne

① Préparer la lotte mais en laissant le cartilage central. La couper en gros morceaux.

② Laver rapidement et éponger les têtes et les carapaces de langoustine.

③ Ébouillanter, peler, épépiner et couper en morceaux les tomates. Éplucher et hacher les échalotes. Peler et écraser la gousse d'ail. Hacher le persil et les feuilles d'estragon.

④ Faire chauffer l'huile d'olive dans une cocotte, y mettre à revenir les têtes et les carapaces des crustacés avec les tranches de lotte. Dès que le poisson commence à dorer, ajouter le hachis d'échalote et laisser blondir.

⑤ Chauffer le cognac, le verser dans la cocotte et faire flamber. Ajouter la gousse d'ail écrasée, l'écorce d'orange séchée, l'estragon et le persil, les tomates, le bouquet garni et mélanger.

⑥ Délayer le concentré de tomate avec le vin blanc et le verser dans la cocotte. Saler et poivrer, ajouter le cayenne et mélanger.

⑦ Couvrir la cocotte et cuire pendant 15 min : le poisson doit rester un peu ferme. L'égoutter et le tenir au chaud.

⑧ Retirer le bouquet garni, les têtes et les carapaces de langoustine, passer la sauce, la remettre dans la cocotte et ajouter la crème. Mélanger et cuire pendant 3 ou 4 min.

⑨ Disposer la lotte dans un plat, la napper de sauce.

Du riz basmati cuit à la créole (➤ voir p. 830) accompagnera parfaitement ce plat.

Préparation : 30 min ■ **Cuisson :** 25-30 min

Loup de mer et noix de saint-jacques marinés au gingembre

Pour 4-6 personnes

- 1 citron vert
- 50 g de gingembre frais
- 1 dl d'huile d'olive
- 450 g de filet de loup
- 4 noix de saint-jacques avec corail
- sel de mer (ou fleur de sel)
- 1/2 botte d'aneth
- poivre du moulin

① Prélever le zeste du citron, le hacher finement, puis le faire bouillir 5 min. Le rafraîchir et l'égoutter. Peler et râper le gingembre. Dans un bocal, mélanger l'huile, le gingembre et le zeste. Laisser mariner 24 h.

② Avec un couteau bien aiguisé, couper en très fines tranches le filet de loup et les saint-jacques. Les disposer en rosace dans les assiettes.

③ Badigeonner d'huile parfumée, assaisonner de sel de mer et de poivre, parsemer d'aneth ciselé. Couvrir les assiettes de film alimentaire et placer 1 h au frais.

④ Presser le jus du citron, en arroser les poissons. Servir aussitôt.

Préparation : 15 min ■ **Repos :** 24 h + 1 h

Maquereau : préparation

Pêché toute l'année, abondant et bon marché, le maquereau se prête à toutes les cuissons. Sa peau grise n'a pas d'écailles. Il doit être vidé, et soigneusement lavé puis séché dans un papier absorbant.

Filets de maquereau à la dijonnaise

Pour 4 personnes

- 4 gros maquereaux
- 1 petit pot de moutarde

① Lever les filets des maquereaux. Beurrer un plat à gratin. Saler, poivrer les filets et, avec un pinceau, les enduire de moutarde. Les déposer dans le plat.

② Préparer le fumet de poisson.

blanche
- 20 g de beurre
- 1 verre de fumet de poisson (➤ voir p. 55)
- 2 oignons
- 2 c. à soupe d'huile
- 1 c. à soupe de farine
- 1 verre de vin blanc sec
- 1 bouquet garni
- 1 citron
- 1/4 de bouquet de persil
- sel, poivre

③ Éplucher et couper finement les oignons. Mettre l'huile dans une casserole et les y faire dorer. Ajouter la farine et mélanger. Verser le fumet de poisson et le vin blanc sec et bien remuer. Ajouter le bouquet garni et cuire de 8 à 10 min.

④ Préchauffer le four à 200 °C. Verser la sauce sur les maquereaux. Porter à ébullition sur le feu, puis cuire 10 min au four.

⑤ Égoutter les filets de maquereau et les disposer dans le plat de service.

⑥ Retirer le bouquet garni du plat, ajouter 1 cuillerée à soupe de moutarde et bien mélanger. Rectifier l'assaisonnement et verser la sauce sur les filets.

⑦ Garnir de rondelles ou de quartiers de citron et de petits bouquets de feuilles de persil.

Préparation : 15 min ■ **Cuisson :** 15 min environ

Maquereaux à la boulonnaise

Pour 4-6 personnes

- 1 kg de moules de bouchot
- 2 dl de vinaigre
- 2 l de court-bouillon pour poisson (➤ voir p. 51)
- 3 maquereaux de 500 g environ
- 40 g de farine
- 140 g de beurre
- 3 jaunes d'œufs
- 1 c. à soupe de crème fraîche
- 1 citron
- sel, poivre

① Nettoyer les moules et les faire ouvrir, dans un faitout, avec 1 dl de vinaigre sur feu vif. Puis les décoquiller, les garder au chaud et filtrer le liquide de cuisson dans une passoire tapissée de papier absorbant.

② Chauffer le court-bouillon en y ajoutant 1 dl de vinaigre. Préparer les maquereaux, les détailler en gros tronçons et les cuire 10 min dans ce court-bouillon à petits frémissements.

③ Prélever 4 dl environ du court-bouillon, le filtrer, le faire bouillir de 5 à 10 min pour le réduire un peu.

④ Préparer une sauce blanche (➤ voir p. 63) avec 40 g de beurre, la farine et le court-bouillon réduit, en y ajoutant le jus passé des moules.

⑤ Dans un bol, battre les jaunes et la crème et, hors du feu, incorporer ce mélange à la sauce en fouettant. Chauffer doucement pour faire épaissir jusqu'à ce que la sauce nappe bien la cuillère. Poivrer. ➔

6 Égoutter les morceaux de poisson, enlever toute la peau, les disposer dans le plat de service et les entourer de moules. Mettre le plat au chaud.

7 Couper le reste du beurre en petits morceaux et l'ajouter dans la sauce avec le jus de citron, en fouettant sans arrêt, sur feu doux. Goûter et rectifier l'assaisonnement. Verser la sauce sur les maquereaux et servir tout de suite.

Préparation : 40 min ■ **Cuisson :** 25 min environ

Maquereaux à la normande

Pour 4 personnes

- 4 maquereaux de 300 g environ
- 2 oignons
- 5 grosses pommes
- 2,5 dl de cidre
- 0,5 dl de vinaigre de cidre
- 30 g de beurre
- 1/2 botte de ciboulette
- sel, poivre

1 Préparer les maquereaux ou le faire faire par le poissonnier. Les saler et bien les poivrer à l'intérieur et à l'extérieur.

2 Éplucher les oignons et 1 pomme et les couper en rondelles. Les disposer au fond d'une cocotte. Poser les maquereaux par-dessus. Verser le cidre et le vinaigre. Porter à ébullition et continuer la cuisson à petits frémissements pendant 5 min. Laisser refroidir dans la cocotte.

3 Éplucher les autres pommes, les couper en quartiers. Faire fondre le beurre dans une poêle et y mettre à dorer ces quartiers, rapidement afin qu'ils ne se transforment pas en compote.

4 Lever les filets de poisson, les dresser sur le plat de service et les garder au chaud. Les entourer des quartiers de pomme.

5 Faire réduire d'un tiers environ le jus de cuisson et en arroser les filets. Donner un bon tour de moulin à poivre et parsemer de ciboulette ciselée.

Préparation : 15 min ■ **Cuisson :** 15 min environ
■ **Repos :** 20 min environ

Merlan : préparation

Abondant et disponible toute l'année, le merlan a une chair très fine et très fragile. Il doit être écaillé et vidé avec précaution, ses nageoires coupées avec une paire de ciseaux, puis bien lavé et séché.

Merlans frits Colbert

Pour 4 personnes

- 4 merlans de 300 g environ
- 100 g de beurre maître d'hôtel (➤ voir p. 39)
- 400 g de panure à l'anglaise (➤ voir p. 107)
- 0,5 l de lait
- huile de friture
- 1 citron
- 1/4 de bouquet de persil
- sel, poivre

❶ Préparer les merlans (➤ voir ci-dessus), les fendre sur le dos et retirer l'arête centrale ou le faire faire par le poissonnier. Les saler et les poivrer et les laisser dans un plat. Préparer le beurre maître d'hôtel.

❷ Préparer la panure à l'anglaise. Mettre le lait dans un plat creux et y faire baigner les poissons pendant 2 ou 3 min. Faire chauffer la friture.

❸ Égoutter les merlans et les paner. Les plonger immédiatement dans la friture à 100 °C pendant 5 min environ.

❹ Égoutter les merlans sur un papier absorbant et les mettre sur le plat de service chauffé. Avec une petite cuillère, déposer 25 g environ de beurre maître d'hôtel dans la fente sur le dos de chaque poisson.

❺ Servir les merlans entourés de quartiers de citron et de bouquets de persil.

Préparation : 30 min ■ **Cuisson :** 5 min environ

Merlans au vin blanc

Pour 4 personnes

- 4 merlans
- 2 oignons
- 2 échalotes
- 40 g de beurre
- 2 dl de fumet de poisson
  (➤ voir p. 55)
- 2 dl de vin blanc
- 3 dl de crème
- sel, poivre

❶ Vider les merlans, les saler et les poivrer.

❷ Éplucher et hacher finement les oignons et les échalotes et les faire fondre, dans une casserole, avec 30 g de beurre. Préchauffer le four à 220 °C.

❸ Préparer le fumet de poisson.

❹ Beurrer un plat à gratin avec le reste du beurre. Tapisser le fond avec le hachis d'oignon et d'échalote, et placer dessus les merlans.

❺ Verser le fumet et le vin : le liquide doit arriver à mi-hauteur des poissons. Mettre le plat sur le feu, amener à ébullition. Puis le couvrir d'une feuille d'aluminium et le glisser au four pour 10 min.

❻ Égoutter les merlans, les disposer dans le plat de service et les garder au chaud.

❼ Remettre le plat sur le feu et faire réduire le liquide de cuisson de moitié. Ajouter la crème et bien mélanger en grattant, avec une cuillère en bois, le fond et les parois du plat. Faire réduire encore et, quand la sauce est bien onctueuse, en napper les poissons.

Préparation : 15 min ■ **Cuisson :** 10 min environ

Morue : préparation

La morue doit toujours être longuement dessalée avant son emploi. Déposer les filets dans une passoire et placer celle-ci dans une bassine remplie d'eau froide. Laisser dessaler pendant 12 h en changeant l'eau 3 ou 4 fois.

Le stockfish est de la morue séchée et demande un dessalage plus long, entre 24 et 48 h.

Brandade de morue nîmoise

Pour 4-6 personnes

- 1 kg de morue
- 8 dl d'huile d'olive
- 2,5 dl de lait
- 5-6 tranches de pain de mie rassis (ou toasté)
- 2 gousses d'ail
- sel, poivre blanc

1 Faire dessaler la morue (➤ voir p. 366).

2 Faire bouillir de l'eau dans un faitout ou une grande casserole et y mettre les filets de morue. Baisser le feu et cuire les filets 8 min à tout petits frémissements.

3 Les égoutter, retirer la peau et les arêtes, et les effeuiller avec les doigts.

4 Dans une casserole, faire chauffer 2 dl d'huile d'olive. Quand l'huile est bien chaude, ajouter la morue, baisser tout de suite le feu et la travailler, à chaleur douce, avec une cuillère de bois, en tournant jusqu'à ce qu'elle devienne de plus en plus pâteuse.

5 Faire chauffer le lait. Quand la pâte est bien fine, retirer la casserole du feu et continuer à mélanger en ajoutant petit à petit, sans cesser de tourner (comme pour une mayonnaise), 4 à 5 dl d'huile d'olive, en alternant avec le lait bien chaud. Assaisonner de sel et de poivre blanc. La pâte blanche homogène doit avoir la consistance d'une purée de pomme de terre. La garder au chaud.

6 Frotter les tranches de pain de mie avec les gousses d'ail épluchées. Les couper en quatre ou en triangles et les frire dans le reste de l'huile d'olive.

7 Verser la brandade dans un plat creux, en la montant en dôme. La garnir des croûtons aillés et la servir bien chaude.

Un reste de brandade de morue peut se réchauffer facilement soit au micro-ondes soit dans une casserole, sur un feu doux, en la tournant sans arrêt pour qu'elle n'attache pas.

Dessalage : 12 h environ ■ **Préparation :** 30 min ■ **Cuisson :** 15-20 min

Morue à la bénédictine

Pour 4-6 personnes

- 800 g de morue
- 400 g de pommes de terre (bintje ou autre)
- 4 dl de lait
- 2 dl d'huile d'olive
- 30 g de beurre
- sel, poivre

1 Faire dessaler la morue (➤ voir p. 366). La mettre dans une casserole, la recouvrir d'eau froide et porter à température de frémissement pendant 8 à 10 min.

2 Éplucher les pommes de terre, les couper en morceaux. Les cuire à l'eau salée et les égoutter.

3 Préchauffer le four à 200 °C. Après avoir effeuillé la morue, la mettre dans un plat et la faire sécher 2 ou 3 min au four.

4 Faire chauffer le lait.

5 Avec un pilon, broyer dans un mortier (ou dans un saladier) le poisson et les pommes de terre. Incorporer l'huile d'olive, toujours au pilon, en alternant avec le lait chaud jusqu'à ce que la pâte ait la consistance d'une purée. Saler et poivrer.

6 Laisser le four à 200 °C. Beurrer un plat à gratin et y dresser cette purée en lissant la surface.

7 Arroser de beurre fondu et faire colorer au four pendant 5 à 7 min. Servir bien chaud.

Dessalage : 12 h environ ■ **Préparation :** 30 min
■ **Cuisson :** 5-7 min

Morue à la créole

Pour 4-6 personnes

- 750 g de morue
- 1,5 kg de tomates
- 2 oignons
- 4 gousses d'ail
- 2 dl d'huile d'olive environ
- 1 pointe de piment de Cayenne

1 Faire dessaler la morue (➤ voir p. 366). La plonger dans l'eau froide, porter à ébullition et cuire à petits frémissements pendant 5 à 7 min. L'égoutter, l'effeuiller et enlever les arêtes.

2 Ébouillanter les tomates et les peler. En mettre 6 de côté puis épépiner et couper en morceaux le reste. Éplucher les oignons et l'ail et les hacher.

3 Dans une cocotte, verser 3 cuillerées à soupe d'huile d'olive et y faire revenir les oignons. Quand ils sont dorés, ajouter les tomates et

- 2 poivrons verts
- 1 ou 2 citrons verts
- sel, poivre

l'ail, 1 pointe de cayenne, saler, poivrer et cuire jusqu'à ce que la plus grande partie du liquide soit évaporée.

4️⃣ Préchauffer le four à 230 °C.

5️⃣ Couper en deux et épépiner les 6 tomates. Ouvrir et nettoyer intérieurement les poivrons verts et les détailler en languettes.

6️⃣ Dans une poêle, verser 2 cuillerées d'huile et faire dorer tomates et poivrons, saler, poivrer (retourner les tomates pour les dorer des deux côtés).

7️⃣ Huiler un plat à gratin et y étaler la fondue de tomate. Disposer dessus la morue effeuillée. La recouvrir avec les demi-tomates et les languettes de poivron.

8️⃣ Verser 2 cuillerées à soupe d'huile et cuire 10 min au four en arrosant avec un peu de jus de citron vert.

Servir brûlant avec un riz à la créole (➤ voir p. 830).

Dessalage : 12 h ■ **Préparation :** 40 min
■ **Cuisson :** 10 min

• •

Morue à la provençale

Pour 4-6 personnes

- 800 g de morue
- 5 dl de fondue de tomate (➤ voir p. 797)
- 2 gousses d'ail
- 2 c. à soupe de persil haché
- sel, poivre

1️⃣ Faire dessaler la morue (➤ voir p. 366).

2️⃣ Préparer ou décongeler la fondue de tomate.

3️⃣ Cuire à l'eau la morue et l'effeuiller comme pour une brandade (➤ voir p. 367).

4️⃣ Éplucher et hacher les gousses d'ail. Verser la fondue de tomate dans une sauteuse (ou une grande poêle), y ajouter l'ail et la morue et mélanger. Faire mijoter 10 min, à feu doux, sans laisser bouillir.

5️⃣ Goûter et rectifier l'assaisonnement, puis verser dans le plat de service et parsemer de persil ciselé.

Dessalage : 12 h ■ **Préparation :** 30 min
■ **Cuisson :** 10 min

Filets de morue maître d'hôtel

Pour 4-6 personnes

- 600-800 g de filets de morue
- 1 kg de petites pommes de terre
- 100 g de beurre maître d'hôtel (➤ voir p. 39)
- 400 g de panure à l'anglaise (➤ voir p. 107)
- 20 g de beurre
- 4 c. à soupe d'huile d'arachide

1. Faire dessaler les filets de morue entiers (➤ voir p. 366).
2. Éplucher et cuire les pommes de terre à l'eau salée.
3. Préparer le beurre maître d'hôtel et la panure à l'anglaise.
4. Couper les filets de morue dessalés en languettes de 3 à 4 cm, les aplatir légèrement et les paner.
5. Faire chauffer le beurre et l'huile dans une poêle et cuire les morceaux de morue de 3 à 5 min en les retournant.
6. Faire fondre le beurre maître d'hôtel pendant 1 min au micro-ondes et en napper les filets. Servir les pommes de terre à part.

Dessalage : 12 h ■ **Préparation :** 15 min
■ **Cuisson :** 5 min environ

Raie : préparation

La peau sans écailles de la raie est recouverte d'un enduit visqueux qui se reforme pendant une dizaine d'heures après sa mort et qui donne cette odeur caractéristique d'ammoniaque, ce qui permet de juger de sa fraîcheur.

La raie n'a pas d'arêtes. Elle est généralement vendue en tronçons et déjà dépouillée, débarrassée de sa peau épaisse ; les ailerons sont souvent laissés entiers. Néanmoins, elle doit toujours être lavée plusieurs fois avant son emploi.

Raie au beurre noisette

Pour 4-6 personnes

- 800 g d'ailerons de raie
- 2 l de court-bouillon pour poisson (➤ voir p. 51)
- 80 g de beurre noisette (➤ voir p. 40)
- 1 citron
- 3 c. à soupe de câpres
- 6-8 brins de persil plat

① Bien laver les ailerons de raie.

② Préparer le court-bouillon (ou 2 litres d'eau salée additionnée de 1 dl de vinaigre) et le laisser refroidir. Y plonger les ailerons. Quand l'ébullition est revenue, écumer la surface puis baisser le feu et laisser frémir de 5 à 7 min.

③ Pendant ce temps, préparer le beurre noisette.

④ Égoutter la raie et la dresser sur un plat chaud. Égoutter les câpres. Presser le citron. Couper les queues du persil. Arroser la raie de jus de citron, la parsemer de câpres et de persil. Napper de beurre noisette et servir tout de suite.

Préparation : 10 min ■ **Cuisson :** 5-7 min

Salade de raie

Pour 4-6 personnes

- 800 g d'ailerons de raie
- 1 dl de vinaigre
- 1 brin de thym
- 1 tomate
- 1 c. à soupe de fines herbes
- 1 laitue ou 1 salade frisée
- 1 citron
- 3 c. à soupe d'huile d'olive
- sel, poivre

① Laver les ailerons. Faire bouillir 2 litres d'eau avec le vinaigre et le thym.

② Ébouillanter la tomate et la couper en dés. Hacher les fines herbes.

③ Plonger la raie dans l'eau vinaigrée refroidie et la cuire 5-7 min à petits frémissements, écumer. Allumer le four.

④ Laver la salade, sélectionner les feuilles blanches de l'intérieur. Enlever les côtes et couper les feuilles en deux. Préparer une vinaigrette avec le jus de citron, l'huile, les fines herbes hachées, du sel, du poivre et la verser sur la salade. Placer le saladier sur la porte ouverte du four chaud pour faire tiédir la salade.

⑤ Éplucher la raie, la détailler en filaments, l'ajouter à la salade avec les dés de tomate, mélanger et servir.

Préparation : 15 min ■ **Cuisson :** 5-7 min

Rouget : préparation

Les rougets proviennent le plus souvent du Sénégal. D'une taille de 20 à 30 cm, ils doivent être écaillés, vidés et soigneusement lavés et séchés avant leur utilisation.

Les rougets-barbets, pêchés au large des côtes françaises, sont devenus assez rares. Quand ils sont « de roche », petits et très frais, ils s'écaillent sous le robinet mais n'ont pas besoin d'être vidés. Plus gros, il faut les débarrasser de leurs intestins, mais on garde toujours le foie.

Les filets de rougets seront toujours désarêtés, avant leur préparation, avec une pince à épiler.

Rougets au four au fenouil

Pour 4-6 personnes

- 2 rougets de 500 g
- 1 gros oignon
- 1/2 bulbe de fenouil
- 3 c. à soupe d'huile d'olive
- chapelure
- 1 c. à soupe de persil
- 1 citron
- sel, poivre

❶ Préparer les rougets (➤ voir ci-dessus). Avec un petit couteau, faire deux ou trois petites entailles sur le dos. Les saler et les poivrer.

❷ Éplucher et hacher l'oignon et le fenouil. Faire chauffer 1 cuillerée à soupe d'huile dans une casserole, y faire revenir l'oignon, le laisser cuire 10 min à feu doux puis ajouter le fenouil et cuire encore 10 min.

❸ Préchauffer le four à 210 °C. Avec un pinceau, huiler un plat à gratin. Y verser le hachis de fenouil et d'oignon et le répartir sur le fond. Poser les rougets par-dessus.

❹ Poudrer les rougets de chapelure et les arroser de 2 cuillerées à soupe d'huile d'olive, puis enfourner pendant 15 à 20 min.

❺ Les parsemer de persil ciselé et les arroser d'un filet de citron au moment de servir.

Préparation : 25 min ■ **Cuisson :** 15-20 min

Rougets grillés

Pour 4 personnes

- 800 g de petits rougets
- 1 dl d'huile d'olive
- 1 branche de romarin
- 2 citrons
- sel, poivre

1 La veille, mettre le romarin et l'huile dans un bol. Recouvrir d'un film alimentaire et laisser mariner.

2 Ne pas vider les rougets. Les ciseler légèrement. Avec un pinceau, les badigeonner d'huile au romarin.

3 Tapisser la grille du four d'une feuille d'aluminium de double épaisseur. Ranger les rougets dessus et les faire griller 3 ou 4 min. Les retourner, les badigeonner à nouveau d'huile et faire griller encore 3 min.

4 Saler, poivrer et servir aussitôt avec les citrons coupés en quartiers.

Marinade : 12 h ■ **Préparation :** 10 min
■ **Cuisson :** 6-7 min

Rougets en papillote

Pour 4 personnes

- 40 g de beurre d'anchois (➤ voir p. 35)
- 8 petits rougets de 150 à 200 g chacun
- 5 tranches de pain de mie
- 1 verre de lait
- 2 c. à soupe de persil
- 0,5 dl d'huile d'olive
- 2 citrons
- sel, poivre

1 Préparer le beurre d'anchois. Préparer les rougets (➤ voir p. 372).

2 Émietter le pain de mie dans un bol, y verser le lait et mélanger. Hacher le persil. Presser la mie de pain et l'amalgamer avec le beurre d'anchois et le persil.

3 Saler et poivrer les poissons des deux côtés. Avec une petite cuillère, les farcir de ce mélange. Les mettre dans un plat, les badigeonner d'huile et laisser reposer 1 h au frais.

4 Préchauffer le four à 240 °C. Huiler 4 feuilles d'aluminium rectangulaires, y placer 2 rougets par feuille et fermer les papillotes. Les enfourner pour 15-20 min environ.

5 Servir dans les papillotes en présentant les quartiers de citron à part.

Repos : 1 h ■ **Préparation :** 15 min
■ **Cuisson :** 15-20 min environ

Rougets poêlés à la concassée de tomate

Pour 4 personnes

- 8 rougets de 150 à 200 g chacun
- 200 g de fondue de tomate (➤ voir p. 797)
- 4 échalotes
- 70 g de beurre
- 2,5 dl de vin blanc
- 5 brins d'estragon frais
- sel, poivre

1 Préparer les rougets (➤ voir p. 372).

2 Confectionner une fondue de tomate.

3 Peler et hacher finement les échalotes. Faire fondre 40 g de beurre dans une poêle, y mettre les rougets et les faire cuire 2 min de chaque côté.

4 Ajouter les échalotes et verser le vin blanc. Porter à la limite de l'ébullition, puis baisser le feu, couvrir et laisser cuire doucement pendant 10 min. Retirer les rougets de la poêle et les tenir au chaud dans le plat de service.

5 Verser la fondue de tomate dans la poêle de cuisson des rougets, mélanger avec le jus de cuisson des rougets au vin et à l'échalote et faire chauffer. Saler et poivrer.

6 Détacher les feuilles d'estragon et les hacher. Verser la sauce sur les rougets et ajouter quelques pincées d'estragon haché.

Préparation : 50 min ■ **Cuisson :** 18 min

Saint-pierre : préparation

Le saint-pierre est l'un des meilleurs poissons de mer. Sa chair est blanche et ferme. Il se cuisine soit entier, quand il est petit (25-30 cm), soit en filets prélevés sur un plus gros spécimen (40-50 cm). Il doit être écaillé, vidé et soigneusement lavé, sa tête, très laide, coupée, ainsi que les nageoires.

Filets de saint-pierre au citron

Pour 4 personnes

- 800 g de filets de saint-pierre
- 2 citrons non traités
- 1 c. à soupe d'huile d'olive
- 300 g de haricots mange-tout
- 30 g de beurre
- 5 brins de ciboulette
- sel, poivre

1. Couper les filets de saint-pierre en gros dés de 5 cm de côté environ.
2. Prélever les zestes des citrons et les tailler en bâtonnets. Faire chauffer l'huile dans une poêle, y mettre les zestes. Laisser cuire 2 min en les remuant. Finir de peler à vif les citrons (en éliminant la peau blanche) et couper la pulpe en petits dés.
3. Préchauffer le four à 240 °C.
4. Effiler et laver les pois mange-tout.
5. Faire ramollir le beurre. Découper 4 grands morceaux de papier sulfurisé. Les beurrer au pinceau. Répartir par-dessus les mange-tout et les dés de citron, puis les dés de saint-pierre et les zestes. Saler et poivrer. Fermer les papillotes. Les glisser au four pour 10 min environ.
6. Sortir les papillotes, les ouvrir et les parsemer de quelques pincées de ciboulette hachée. Servir aussitôt.

Préparation : 20 min ■ **Cuisson :** 10 min environ

Filets de saint-pierre aux courgettes

Pour 4 personnes

- 800 g de filets de saint-pierre
- 1 citron non traité
- 500 g de courgettes à peau fine
- 100-120 g de beurre
- 5 brins de ciboulette
- sel, poivre

1. Couper les filets de saint-pierre en morceaux de 3 à 4 cm de côté.
2. Râper le zeste du citron et presser son jus.
3. Laver les courgettes, ne pas les peler, les couper en très fines rondelles.
4. Préchauffer le four à 240 °C. Découper et beurrer légèrement 4 grands carrés de papier sulfurisé. Répartir les courgettes en une couche épaisse sur chacun. Poser par-dessus les dés de saint-pierre. Parsemer de zeste de citron et arroser de jus. Ajouter 20 g de beurre en petits morceaux →

par papillote. Saler et poivrer. Fermer les papillotes hermétiquement et faire cuire dans le four pendant 8 ou 9 min.

⑤ Ouvrir les papillotes et parsemer de ciboulette hachée.

Préparation : 20 min ■ **Cuisson :** 8-9 min environ

Filets de saint-pierre à la rhubarbe

Pour 4-6 personnes

- 300 g de rhubarbe
- 800 g de filets de saint-pierre
- 30 g de beurre
- 1 c. à soupe d'huile
- 1 pincée de sucre semoule
- 2 dl de crème fraîche
- sel, poivre

① Éplucher et couper la rhubarbe le plus finement possible. Faire chauffer le beurre et l'huile dans une poêle, y mettre les filets de saint-pierre et les faire cuire 4 min de chaque côté. Saler et poivrer. Avec une écumoire, les retirer de la poêle et les réserver au chaud.

② Mettre la rhubarbe dans la poêle et la laisser cuire doucement de 10 à 15 min dans le jus de cuisson du poisson.

③ Ajouter une pincée de sucre et la crème fraîche et bien mélanger. Augmenter le feu pour faire juste bouillir la crème et la laisser épaissir 5 min, en remuant.

④ Remettre les filets de saint-pierre dans cette sauce. Goûter, rectifier l'assaisonnement et servir.

Préparation : 20 min ■ **Cuisson :** 25 min environ

Sardine : préparation

Quelle que soit la façon dont elles seront apprêtées, les sardines doivent toujours être écaillées, vidées, lavées et séchées sur un papier absorbant. Les têtes sont ensuite coupées, sauf pour les faire griller. Les toutes petites sardines très fraîches sont simplement essuyées.

Dartois aux sardines

Pour 4-6 personnes

- 500 g de pâte feuilletée (➤ voir p. 111)
- 800 g d'épinards surgelés
- 1 gousse d'ail
- 300 g d'oseille
- 60 g de beurre
- 24 sardines à l'huile
- 1 jaune d'œuf
- sel, poivre

1 Préparer la pâte feuilletée (ou bien employer une pâte du commerce) et la laisser reposer 2 h.

2 Décongeler les épinards. Éplucher l'ail et le hacher. Laver et couper les queues de l'oseille et éponger les feuilles. Faire fondre le beurre dans une casserole, y verser l'oseille ainsi que les épinards et les cuire pendant 5 min en les remuant plusieurs fois.

3 Ajouter l'ail. Saler et poivrer, bien mélanger et retirer du feu au bout de 10 min. Presser les feuilles dans une passoire pour éliminer l'excès de liquide.

4 Préchauffer le four à 220 °C. Étaler la pâte feuilletée sur 5 mm d'épaisseur et découper deux bandes de 30 cm de long sur 12 cm de large. Garnir la plaque du four de papier sulfurisé et poser une bande dessus.

5 Égoutter les sardines et les éponger dans un papier absorbant. Retirer l'arête centrale.

6 Étaler les légumes sur la bande de pâte posée sur la plaque du four en une couche régulière mais sans aller jusqu'au bord. Ranger par-dessus les sardines dans le sens de la largeur, côte à côte et tête-bêche.

7 Avec un pinceau, mouiller légèrement d'eau les bords non garnis de la pâte. Poser par-dessus la seconde bande de feuilletage et bien souder les bords en les pinçant entre le pouce et l'index.

8 Délayer le jaune d'œuf, dans un bol, avec 1 cuillerée à café d'eau et, avec un pinceau, dorer le dessus du dartois. Glisser la plaque au four pour 1 h.

9 Servir chaud ou froid, en coupant le feuilleté avec un couteau-scie.

Préparation : 1 h ■ **Cuisson :** 1 h 30

Sardines crues à la bretonne

Pour 4 personnes

- 2 douzaines de sardines
- 1 grosse c. à soupe de gros sel de mer
- 1/2 bouquet de persil
- pain de campagne
- beurre demi-sel

1 Préparer les sardines (➤ voir p. 376). Les mettre dans un grand plat, les poudrer de sel et les retourner pour bien répartir le sel. Laisser reposer 8 h au frais.

2 Essuyer chaque sardine avec du papier absorbant : la salaison décolle la peau qui part toute seule. Avec un petit couteau, séparer les 2 filets et retirer l'arête centrale. Ranger les filets dans le plat de service.

3 Hacher le persil et en parsemer les filets. Servir avec des tranches de pain de campagne grillé et du beurre demi-sel.

Préparation : 8 h ■ **Cuisson :** 20 min

Sardines en escabèche

Pour 4 personnes

- 2 douzaines de sardines
- 1 c. à soupe de persil
- 40 g de farine
- 1 dl d'huile d'olive
- 3 c. à soupe de vinaigre de vin vieux
- 3 gousses d'ail
- 1 brin de thym
- 2 brins de romarin
- 2 feuilles de laurier
- 1 pointe de piment de Cayenne
- sel, poivre

1 Préparer les sardines (➤ voir p. 376). Hacher le persil.

2 Rouler les sardines dans la farine. Faire chauffer la moitié de l'huile dans une poêle, y mettre les sardines et les cuire de 2 à 3 min de chaque côté. Les retirer avec une écumoire et les disposer dans un plat creux.

3 Ajouter à l'huile de cuisson, dans la poêle, le reste d'huile et refaire chauffer. Ajouter le vinaigre, 2 cuillerées à soupe d'eau, l'ail, le thym, le romarin, le laurier, le persil, le cayenne, du sel et du poivre et cuire 15 min à feu doux et à couvert. Retirer la poêle du feu et laisser refroidir.

4 Verser cette huile aromatisée sur les sardines. Laisser mariner pendant 24 h au moins avant de les servir.

Préparation : 30 min ■ **Cuisson :** 15 min
■ **Marinade :** 24 h

Sardines grillées

Pour 4 personnes

- 2 douzaines de sardines
- huile d'arachide
- 2 citrons
- huile d'olive
- sel

1 Préparer les sardines (➤ voir p. 376).

2 Huiler légèrement un gril en fonte ou la grille du barbecue. Si on dispose d'un gril double spécial pour les petits poissons, on peut les retourner plus facilement en une seule manœuvre.

3 Poser les sardines sur le gril et les faire cuire 5 min à chaleur moyenne. Les retourner. Les faire cuire encore de 3 à 5 min : la peau doit commencer à se fendiller.

4 Saler et servir avec les quartiers de citron et un flacon d'huile d'olive.

Des pommes de terre en papillote et du beurre frais accompagnent très bien les sardines grillées.

Préparation : 15 min ■ **Cuisson :** 8-10 min

Sardines au plat

Pour 4 personnes

- 2 douzaines de sardines
- 4 échalotes
- 1 citron
- 1/2 verre de vin blanc
- 40 g de beurre
- 2 c. à soupe de persil
- sel, poivre

1 Nettoyer et vider les sardines. Les saler et les poivrer.

2 Préchauffer le four à 250 °C.

3 Éplucher et hacher les échalotes.

4 Beurrer un plat allant au four et étaler au fond les échalotes hachées, saler. Disposer les sardines dans le plat, les arroser d'un filet de jus de citron, verser le vin blanc et ajouter le reste de beurre en petits morceaux. Glisser le plat au four pour 10 à 12 min.

5 Parsemer les sardines de persil ciselé à la sortie du four et servir aussitôt.

Préparation : 20 min ■ **Cuisson :** 10-12 min environ

Saumon : préparation

Le saumon doit être soigneusement écaillé, vidé et lavé ensuite sous le robinet pour éliminer toutes les écailles, qui sont assez collantes. Laver également, pour la même raison, les tranches de saumon achetées chez le poissonnier. Enlever, ensuite, avec une pince à épiler, toutes les arêtes apparentes.

Chaud-froid de saumon

Pour 4 personnes

- 4 tranches de saumon de 150 g
- 1,5 l de fumet de poisson
- 5 dl de sauce chaud-froid (➤ voir p. 65)
- 10 g de truffe (ou 4 olives noires)
- 40 g de poivron vert (ou 1 bouquet d'estragon)
- 2 dl de gelée de poisson (➤ voir p. 59)

1 Laver et sécher les tranches de saumon (➤ voir ci-dessus).

2 Préparer le fumet de poisson. Quand il bout, y mettre les tranches de saumon, puis baisser le feu immédiatement et les cuire, à petits frémissements, 7 à 8 min. Elles doivent rester un peu fermes. Les laisser refroidir dans le fumet, puis les égoutter sur une grille.

3 Passer le fumet dans une passoire tapissée de papier absorbant puis l'utiliser pour préparer la sauce chaud-froid. Napper les tranches de saumon de trois couches successives de sauce, en la laissant prendre à chaque fois au réfrigérateur pendant 15 à 20 min.

4 Après la dernière application, décorer de rondelles de truffe (ou d'olives noires) et de petits carrés taillés dans du poivron vert ou de feuilles d'estragon.

5 Reconstituer la gelée et, avec un pinceau, la passer sur chaque tranche. Mettre alors les tranches de saumon en chaud-froid dans le plat de service. Garder au frais jusqu'au moment de servir.

Préparation : 2 h environ ■ **Cuisson :** 7-8 min

Côtelettes de saumon glacées au bourgogne

Pour 4 personnes

- 4 darnes de saumon de 180 g
- 1 paquet de gelée instantanée
- 1 l de vin rouge de Bourgogne
- 20 g de beurre
- 1/2 bouquet d'estragon
- sel, poivre

1 Beurrer un plat. Parer en forme de côtelettes les darnes de saumon ; les saler, les poivrer et les y déposer.

2 Préparer la gelée avec le vin et, quand elle est bien chaude, la verser sur le saumon. Mettre le plat sur le feu, porter à ébullition puis baisser le feu et cuire à petits frémissements pendant 6 à 8 min.

3 Égoutter les côtelettes sur une grille posée sur un plat et les éponger avec un papier absorbant. Les laisser refroidir complètement.

4 Clarifier éventuellement le fond de gelée (procéder comme pour la clarification du bouillon, ➤ voir p. 50). Attendre qu'il soit à peine tiède, mais sans le laisser prendre.

5 Napper les côtelettes de saumon de 4 ou 5 couches de gelée successives, en les passant au pinceau.

6 Mettre la grille avec le plat dans le réfrigérateur entre chaque application. Déposer 2 feuilles d'estragon sur chaque côtelette avant la dernière application.

7 Verser une mince couche de gelée dans le plat de service, y emprisonner quelques feuilles d'estragon.

8 Faire prendre au réfrigérateur et poser les côtelettes de saumon dessus.

Préparation : 2 h ■ **Cuisson :** 6-8 min

Côtelettes de saumon Pojarski

Pour 4 personnes

- 400 g de chair de saumon
- 100 g de mie de pain rassis
- 1 verre de lait
- 400 g de panure à l'anglaise (➤ voir p. 107)
- 70 g de beurre
- 1 c. à soupe d'huile d'arachide
- 1 citron
- sel, poivre
- noix de muscade

1. Enlever soigneusement les arêtes du saumon.
2. Mettre la mie de pain à tremper dans le lait puis l'essorer.
3. Préparer la panure à l'anglaise.
4. Hacher le saumon et la mie de pain en y ajoutant 60 g de beurre. Saler, poivrer et ajouter une pointe de noix de muscade râpée. Diviser cet appareil en 4 portions égales et les façonner en leur donnant la forme d'une côtelette d'une épaisseur de 3 cm environ puis les paner.
5. Dans une poêle, faire fondre le reste du beurre avec l'huile et dorer les côtelettes de chaque côté.
6. Les dresser dans un plat de service, les arroser de leur beurre de cuisson et les décorer de rondelles de citron.

Préparation : 20 min ■ **Cuisson :** 10 min environ

Darnes de saumon à la florentine

Pour 4 personnes

- 5 dl de sauce Mornay (➤ voir p. 66)
- 1 kg d'épinards surgelés
- 40 g de beurre
- noix de muscade
- 1 l de fumet de poisson (➤ voir p. 55)
- 4 darnes de saumon de 180 g
- 40 g de fromage râpé
- 10 g de beurre
- sel, poivre

1. Préparer la sauce Mornay.
2. Décongeler les épinards et les hacher grossièrement. Faire fondre le beurre dans une poêle et les y faire cuire doucement 15 min environ. Saler, poivrer et râper de la noix de muscade.
3. Pendant ce temps, préparer le fumet puis le faire refroidir, y mettre les darnes de saumon et les cuire 7-8 min à petits frémissements, puis égoutter.
4. Mettre les épinards dans le fond d'un plat allant au four et poser les darnes de saumon par-dessus.
5. Napper de sauce Mornay. Poudrer de fromage râpé, arroser de beurre fondu et gratiner 5 min sous le gril.

Préparation : 30 min ■ **Cuisson :** 20 min

Darnes de saumon Nantua

Pour 4 personnes

- 1 l de fumet de poisson
  (➤ voir p. 55)
- 4 tranches de saumon
  de 150-160 g
- 5 dl de sauce Nantua
  (➤ voir p. 67)
- 12 queues d' écrevisse
  ou 12 grosses crevettes
  roses
- sel, poivre

❶ Préparer le fumet de poisson. Y déposer les darnes de saumon, baisser le feu et les cuire pendant 6 à 7 min à petits frémissements.

❷ Les égoutter et les disposer dans le plat de service. Garder au chaud. Préparer la sauce Nantua.

❸ Décortiquer les queues d'écrevisse et les mettre dans le fumet frémissant pour les réchauffer. Prélever une louche de fumet et le faire réduire des deux tiers. L'ajouter à la sauce Nantua en mélangeant bien. Goûter et rectifier l'assaisonnement.

❹ Napper les darnes de saumon de cette sauce et disposer les queues de crevette tout autour.

Préparation : 40 min ■ **Cuisson :** 8 min environ

Escalopes de saumon à l'oseille Troisgros

Pour 4 personnes

- 100 g d'oseille
- 2 échalotes
- 4 escalopes de saumon
  de 120 g prises dans la
  partie la plus charnue
- 8 cl de vin « sauvignon »
  blanc
- 8 cl de fumet de poisson
  (➤ voir p. 55)
- 3 cl de vermouth
- 3 dl de crème fraîche très
  épaisse
- 1/4 de citron
- sel, poivre

❶ Laver rapidement l'oseille et l'équeuter. Éplucher et hacher les échalotes.

❷ Aplatir délicatement les escalopes de saumon entre 2 feuilles de papier sulfurisé huilé. Les saler et les poivrer d'un seul côté.

❸ Verser le sauvignon, le fumet de poisson et le vermouth dans une casserole, ajouter les échalotes. Faire réduire presque à glace, c'est-à-dire jusqu'à ce qu'il ne reste presque plus de liquide.

❹ Ajouter la crème, laisser bouillir jusqu'à consistance onctueuse et jeter l'oseille dans la sauce. Retirer la casserole du feu au bout de 2 min. Saler, poivrer et ajouter le jus de citron.

❺ Pendant que la sauce réduit, faire chauffer une poêle antiadhésive. Y déposer les escalopes de saumon sur la partie non assaisonnée. Cuire 30 s sur cette face et 20 s sur l'autre. ➡

[383]

6 Répartir la sauce dans 4 assiettes chaudes et disposer dessus les escalopes de saumon. Servir aussitôt.

Préparation : 15 min ■ **Cuisson :** 10 min environ

Koulibiac de saumon

Pour 6 personnes

- 500 g de pâte feuilletée (➤ voir p. 111)
- 4 œufs
- 100 g de riz
- 3 c. à soupe de semoule fine
- 600 g de saumon
- 1 verre de vin blanc
- 1 bouquet garni
- 1 c. à soupe de paprika
- 3 échalotes
- 350 g de champignons de Paris
- 165 g de beurre

1 Préparer la pâte feuilletée (ou employer une pâte du commerce) et la laisser reposer 2 h.

2 Faire durcir 3 œufs. Cuire le riz à la créole (➤ voir p. 830).

3 Étaler la semoule sur une assiette et l'asperger d'eau bouillante salée (1 fois et demie le volume de la semoule).

4 Préparer le morceau de saumon (➤ voir p. 380).

5 Faire bouillir 1,5 litre d'eau salée avec le vin blanc, le bouquet garni et le paprika, y mettre le saumon, baisser le feu et cuire 10 min à petits frémissements. Puis laisser le saumon refroidir dans sa cuisson.

6 Hacher les échalotes et les champignons. Les faire dorer dans une casserole avec 15 g de beurre. Saler et poivrer.

7 Écaler les œufs et les couper en quatre.

8 Tapisser la plaque du four avec un papier sulfurisé. Fariner le plan de travail et étaler les deux tiers de la pâte feuilletée. Couper un rectangle sur 3 mm d'épaisseur. Mettre ce rectangle sur la plaque tapissée.

9 Étaler, en couches, sans aller jusqu'aux bords, le riz, le saumon émietté, les champignons, la semoule et les quartiers d'œufs durs. Relever les bords du rectangle et les replier sur la garniture. Abaisser le reste de la pâte et en recouvrir le pâté. Pincer les bords pour les souder.

10 Décorer avec des bandes de pâte, puis dorer à l'œuf battu. Glisser la plaque au four pour 30 min à 230 °C.

11 Servir très chaud, avec le beurre fondu en saucière.

Préparation : 1 h 30 ■ **Cuisson :** 30 min

Saumon en croûte

Pour 6 à 8 personnes

- 400 g de pâte feuilletée
  (➤ voir p. 111)
- 1 saumon entier de
  900 g à 1 kg
- 2 œufs
- sel, poivre

1 Préparer la pâte feuilletée (ou employer une pâte du commerce) et la laisser reposer 2 h.

2 Écailler et vider le saumon (ne pas lui couper la tête). Le laver soigneusement à l'intérieur.

3 Faire bouillir 2 litres d'eau. Poser le saumon sur une grille et mettre celle-ci sur un plat creux. Verser de l'eau bouillante sur tout le corps du saumon (sauf la tête) et enlever ensuite la peau. Retourner le saumon et recommencer l'opération. L'éponger avec du papier absorbant. Saler et poivrer l'intérieur.

4 Tapisser la plaque du four de papier sulfurisé.

5 Fariner le plan de travail.

6 Battre les œufs dans un bol. Couper les deux tiers de la pâte et l'étaler en un rectangle de 36 x 14 cm, sur 3 mm d'épaisseur environ. Déposer ce rectangle sur la tôle. Poser le saumon sur la pâte, la tête à gauche. Saler et poivrer. Replier chaque côté de pâte sur lui-même sur quelques centimètres et, avec un pinceau, passer de l'œuf dessus.

7 Étaler le deuxième morceau de pâte en un rectangle de 30 x 10 cm sur 4 mm d'épaisseur. Le poser sur le poisson et bien souder les bords sur la partie dorée à l'œuf. Découper l'excédent de pâte en suivant la forme du saumon. Avec la pointe d'un couteau, dessiner légèrement la tête, la queue et des écailles. Puis bien dorer la pâte à l'œuf battu.

8 Mettre la plaque au réfrigérateur pendant 30 min.

9 Préchauffer le four à 180 °C. Dorer une nouvelle fois et enfourner pour 45 min.

10 Sortir la plaque et laisser le saumon reposer 10 min. Le glisser sur le plat de service et servir bien chaud.

Préparation : 30 min ■ **Réfrigération :** 30 min
■ **Cuisson :** 45 min

Saumon mariné en salade

Pour 4-6 personnes

- 600 g de saumon
- 1 paquet de gros sel
- 5 échalotes
- 1/2 paquet de persil
- 2 dl d'huile d'olive
- 2 dl d'huile d'arachide
- 1 brin de thym
- 1 feuille de laurier
- 1 c. à café de grains de poivre blanc
- 1 c. à café de grains de poivre noir
- 500 g de pommes de terre
- 1 botte de ciboulette
- 1/2 botte de cerfeuil
- sel

1 Mettre le filet de saumon dans une terrine et le recouvrir de gros sel. Le laisser mariner 3 h et bien le rincer.

2 Éplucher et hacher finement les échalotes. Ôter les queues du persil. Dans un plat creux, mélanger l'huile d'olive, l'huile d'arachide, les échalotes et le persil. Émietter le thym et le laurier. Casser grossièrement les grains de poivre et les ajouter. Saler.

3 Couper horizontalement le filet de saumon en deux et le mettre dans cette marinade pendant 24 h.

4 Cuire les pommes de terre dans leur peau à l'eau salée.

5 Couper finement la ciboulette et le cerfeuil. Égoutter les filets de saumon et les couper en tranches de 1/2 cm environ.

6 Éplucher les pommes de terre et les couper en tranches. Les mettre dans un saladier et les mélanger avec 4 cuillerées à soupe de la marinade. Les poudrer légèrement de gros sel et d'herbes ciselées (en garder 1 cuillerée).

7 Mélanger à nouveau et les disposer dans le plat. Ajouter par-dessus les tranches de saumon et les parsemer d'herbes ciselées.

Marinade : 3 h + 24 h ■ **Préparation :** 30-40 min

Tartare de saumon

Pour 4 personnes

- 400 g de saumon frais
- 10 brins de persil
- 200 g de grosses crevettes

1 Retirer la peau et les arêtes du saumon.

2 Détacher les pluches de persil.

3 Décortiquer les crevettes. Bien éponger les filets d'anchois.

4 Hacher au couteau le saumon, les crevettes et les filets d'anchois ainsi que les cornichons, les

- 2 cornichons
- 4 filets d'anchois à l'huile
- 8 câpres
- 2 jaunes d'œufs
- 1 c. à soupe de poivre vert
- 4 c. à soupe d'huile d'olive
- 1 c. à café de Worcestershire sauce
- 3 gouttes de tabasco
- 1 c. à soupe de vinaigre de xérès
- 1 c. à café de cognac ou de vodka
- 1 petit concombre
- cerfeuil frais

câpres et le persil. Mélanger ces ingrédients dans une terrine. Ajouter les jaunes d'œufs et le poivre vert et bien mélanger avec une spatule.

5 Ajouter l'huile, la Worcestershire sauce, le tabasco, 1 cuillerée à soupe de vinaigre et le cognac ou la vodka, en mélangeant à chaque fois. Façonner ce mélange en quatre portions soit à la main, soit en les moulant dans un ramequin. Mettre au frais.

6 Peler le concombre, le tailler en fines rondelles et en tapisser les assiettes de service. Poser les tartares de saumon par-dessus et décorer avec des pluches de cerfeuil.

Le tartare de saumon peut être servi en entrée ou comme plat principal. Dans ce dernier cas, doubler les proportions.

Préparation : 20 min ■ **Repos :** 1 h

Waterzoï de saumon et de cabillaud

Pour 4-6 personnes

- 500 g de saumon
- 500 g de cabillaud
- 1,5 l de fumet de poisson (➤ voir p. 55)
- 4 branches de céleri
- 1 bouquet garni
- 4 feuilles de sauge
- 150 g de beurre
- 3 biscottes
- 1 baguette de pain
- sel, poivre

1 Faire écailler les poissons par le poissonnier. Bien les laver pour éliminer toutes les écailles.

2 Préparer le fumet (on peut employer un fumet du commerce).

3 Tailler le céleri-branche en bâtonnets.

4 Beurrer le fond d'une cocotte et y étaler le céleri. Saler, poivrer et ajouter le bouquet garni et la sauge. Poser par-dessus les deux morceaux de poisson. Verser 1 litre de fumet (jusqu'à la hauteur des poissons) et ajouter 80 g de beurre en parcelles. Couvrir, cuire doucement 15 min et laisser refroidir.

5 Enlever la peau des poissons et couper ceux-ci en tronçons.

6 Passer le jus de cuisson, le remettre dans la cocotte avec les morceaux de saumon et de cabillaud.

➡

7 Rajouter éventuellement le reste de fumet. Couvrir à moitié, porter à ébullition, puis baisser le feu et cuire doucement pendant 15 min.

8 Égoutter les poissons. Écraser les biscottes et les ajouter dans la cocotte. Bien mélanger. Faire réduire cette sauce d'un tiers environ, puis y réchauffer les poissons.

9 Couper des tartines, les faire griller et les beurrer. Servir le waterzoï dans la cocotte et les tartines à part.

Préparation : 40 min ■ **Cuisson :** 30 min environ

Sole : préparation

Les soles doivent toujours être dépouillées. Pour cela : tenir la queue du poisson avec un torchon ou un morceau de papier absorbant et couper la peau noire au niveau de la queue et légèrement en biais. Avec le pouce, décoller doucement la peau, puis, avec un torchon ou un autre morceau de papier absorbant, saisir ce morceau de peau et tirer d'un coup sec vers la tête et l'arracher. Dégager la tête. Retourner la sole et, pour la face blanche, tirer la peau de la tête vers la queue. Avec des ciseaux, couper les nageoires latérales au ras des filets.

Pour lever les filets, entailler la chair jusqu'aux arêtes, de part et d'autre de l'arête centrale, avec un couteau « filet de sole ». Détacher ensuite la chair des 4 filets avec le couteau, très franchement, en allant de l'arête centrale vers les bords. Débarrasser enfin ces filets des débris qui pourraient encore y adhérer et les aplatir légèrement. Laver les filets à l'eau courante.

Filets de sole au basilic

Pour 4-6 personnes

- 2 grosses soles de 750 g environ
- 4 échalotes
- 2 c. à soupe de basilic haché
- 1 c. à soupe d'huile d'olive
- 1/2 verre de fumet de poisson (➤ voir p. 55)
- 1/2 verre de vin blanc
- 1 tomate
- 120 g de beurre
- 1/2 citron
- sel, poivre

1 Prélever les filets de sole (➤ voir p. 388). Préchauffer le four à 250 °C.

2 Couper finement les échalotes. Hacher le basilic. Mélanger les échalotes et 1 cuillerée de basilic avec l'huile et en garnir le fond d'un plat allant au four. Saler et poivrer les filets de sole et les disposer dans le plat. Mélanger le fumet de poisson et le vin blanc et verser par-dessus.

3 Mettre le plat sur le feu et porter à ébullition. Puis le recouvrir d'une feuille d'aluminium et enfourner 5 min.

4 Égoutter les filets et les tenir au chaud. Remettre le plat sur le feu et faire réduire la cuisson d'un tiers.

5 Ébouillanter la tomate et la couper en petits dés.

6 Couper le beurre en petits morceaux et l'incorporer dans la sauce réduite, en fouettant. Saler, poivrer et ajouter le jus de citron.

7 Répartir les dés de tomate sur les filets, napper de la sauce, parsemer du reste de basilic ciselé.

Préparation : 15 min ■ **Cuisson :** 15 min environ

Filets de sole à la cancalaise

Pour 4-6 personnes

- 2,5 dl de sauce au vin blanc (➤ voir p. 71)
- 12 huîtres
- 6 beaux filets de sole
- 2,5 dl de fumet de poisson (➤ voir p. 55)
- 200 g de petites crevettes décortiquées
- 1 citron

1 Préparer la sauce au vin blanc.

2 Ouvrir les huîtres au-dessus d'un saladier. Récupérer et filtrer leur eau dans une passoire tapissée d'un papier absorbant. La faire chauffer et y plonger les huîtres pendant 3 min à feu doux. Les égoutter et les garder au chaud.

3 Rouler les filets de sole sur eux-mêmes et les ficeler (comme un paquet).

4 Mélanger le fumet de poisson avec l'eau de cuisson des huîtres, le faire bouillir jusqu'à ce qu'il réduise de moitié, puis le faire refroidir. ➜

5 Y plonger les filets de sole et les cuire 10 min à feu doux. Puis les égoutter et les disposer en rond sur un plat. Mettre au chaud.

6 Chauffer 1 min les crevettes dans ce fumet, puis les égoutter avec une écumoire et les mettre au chaud.

7 Faire réduire de moitié et à feu vif ce liquide de cuisson et le mélanger avec la sauce au vin blanc. Ajouter un filet de citron. Goûter et rectifier l'assaisonnement.

8 Garnir le centre du plat avec les queues de crevette. Disposer 2 huîtres sur chaque filet. Napper de la sauce et servir tout de suite.

Préparation : 20 min ■ **Cuisson :** 15 min environ

Filets de sole frits en goujon

Pour 4-6 personnes

- 1 grosse sole de 800 g à 1 kg
- huile de friture
- 0,5 l de lait
- 250 g de farine
- persil frit (➤ voir p. 764)
- 2 citrons
- sel

1 Lever ou faire lever par le poissonnier les filets de sole. Les couper en biais, en lanières de 2 cm de large environ.

2 Chauffer la friture. Saler le lait.

3 Plonger les morceaux de sole dans le lait salé, les égoutter puis les rouler dans la farine. Secouer pour enlever l'excédent.

4 Plonger les filets dans l'huile à 180 °C jusqu'à ce qu'ils soient dorés. Les égoutter et les éponger sur un papier absorbant. Procéder en plusieurs fois pour que les « goujons » de sole dorent bien.

5 Les poudrer de sel fin et les dresser dans un plat en buisson, sur une serviette.

6 Frire le persil et en décorer le plat. Couper les citrons en quartiers et les disposer autour.

Préparation : 10 min ■ **Cuisson :** 20 min environ

Filets de sole Mornay

Pour 4-6 personnes

- 1 grosse sole de 1 kg environ
- 4 dl de sauce Mornay (➤ voir p. 66)
- 1/2 verre de fumet de poisson (➤ voir p. 55)
- 30 g de parmesan râpé
- 30 g de beurre
- sel, poivre

1. Lever ou faire lever par le poissonnier les filets de sole.
2. Préparer la sauce Mornay. Préparer le fumet.
3. Préchauffer le four à 200 °C. Saler et poivrer les filets. Beurrer un plat à gratin, y disposer les filets et verser le fumet de poisson. Glisser le plat au four pendant 7 ou 8 min.
4. Retirer le plat du four et égoutter les filets. Verser le liquide de cuisson dans un bol (il peut servir pour une autre utilisation).
5. Remettre les filets dans le plat et les recouvrir de sauce Mornay. Poudrer de parmesan râpé. Faire fondre le reste de beurre et en arroser les filets. Mettre à gratiner au four pendant 2 ou 3 min.

Préparation : 30 min ■ **Cuisson :** 10 min environ

Sole Dugléré

Pour 4 personnes

- 1 grosse sole de 1 kg environ
- 1 gros oignon
- 2 échalotes
- 1 petit bouquet de persil
- 1 gousse d'ail
- 4 tomates
- 80 g de beurre
- 1 brin de thym
- 1/2 feuille de laurier
- 2 dl de vin blanc
- sel, poivre

1. Préparer la sole (➤ voir p. 388) ou demander au poissonnier de le faire. La couper en 4 morceaux.
2. Éplucher et hacher l'oignon, les échalotes, le persil et l'ail (garder à part 1 cuillerée à soupe de persil). Ébouillanter les tomates, les peler, les épépiner et les couper en morceaux. Faire fondre 20 g de beurre dans une poêle et y faire cuire ce mélange doucement, pendant 10 à 15 min, avec le thym et le laurier.
3. Préchauffer le four à 220 °C. Beurrer un plat à gratin. Y verser le contenu de la poêle. Disposer par-dessus les morceaux de sole. Saler et poivrer. Parsemer de 30 g de beurre en petits morceaux, verser le vin blanc et couvrir d'une feuille d'aluminium. Porter à ébullition sur le feu, puis cuire 10 min au four. ➡

④ Égoutter les morceaux de sole et les disposer dans un plat long en la reconstituant. Remettre le plat sur le feu. Enlever le thym et le laurier. Laisser réduire d'un tiers et incorporer 30 g de beurre frais en fouettant.

⑤ Verser tout de suite la sauce sur le poisson et parsemer de persil ciselé.

Préparation : 30 min ■ **Cuisson :** 15 min environ

Soles à la meunière

① Préparer les soles. Verser la farine sur un papier absorbant, y passer les soles de chaque côté et bien secouer pour enlever l'excédent. Les poivrer.

② Chauffer dans une poêle (ovale si possible) 75 g de beurre et l'huile. Y faire dorer les soles assez vivement 6 ou 7 min sur chaque face.

③ Les égoutter et les disposer dans un plat chaud. Faire fondre le reste du beurre dans une petite casserole avec le jus de citron et en arroser les soles. Parsemer de persil haché.

merlans à la meunière :
procéder de la même façon.

Préparation : 5 min ■ **Cuisson :** 15 min environ

Soles sur le plat

Pour 4 personnes

- 2 soles de 300-400 g
- 100 g de beurre
- 1 verre de fumet de poisson (➤ voir p. 55)
- 1/2 citron, sel, poivre

① Préparer les soles (➤ voir p. 388) ou demander au poissonnier de le faire.

② Malaxer, avec une fourchette, 40 g de beurre avec 4 bonnes pincées de sel et 4 bons tours de moulin à poivre. Glisser ce beurre dans le ventre de chaque sole. Préchauffer le four à 250 °C.

③ Préparer le fumet et lui ajouter le jus de citron.

④ Beurrer un plat à gratin. Y mettre les poissons. Y verser le fumet de poisson : il doit arriver juste à la hauteur des soles.

⑤ Couper le reste du beurre en parcelles et les répartir sur les poissons. Saler, poivrer. Enfourner et laisser cuire 15 min environ, en arrosant le poisson quatre ou cinq fois : la cuisson devient sirupeuse et finit par dorer en surface. Servir dans le plat de cuisson.

Préparation : 10 min ■ **Cuisson :** 15 min environ

Stoficado niçois

Pour 4-6 personnes

- 1 kg de stockfisch (morue séchée)
- 1 kg de tomates très mûres
- 2 gousses d'ail
- 3 c. à soupe d'huile d'olive
- 1 bouquet garni
- 400 g de pommes de terre
- 250 g d'olives noires de Nice
- 8 feuilles de basilic
- sel, poivre

① Faire dessaler le stockfisch à l'eau froide pendant 48 h, en renouvelant l'eau plusieurs fois.

② Couper les tomates en quartiers. Peler et hacher l'ail. Faire chauffer l'huile dans une casserole, y mettre l'ail et faire cuire 2 min. Ajouter les tomates et le bouquet garni. Saler et poivrer. Régler le feu sur chaleur douce et laisser cuire 20 min à découvert.

③ Retirer le bouquet garni et passer cette fondue de tomate dans une passoire fine en pressant bien.

④ Couper le stockfisch en gros morceaux et en enlevant toutes les arêtes apparentes. Mettre ces morceaux dans une cocotte et verser la fondue de tomate. Faire cuire 50 min à couvert en remuant de temps en temps.

⑤ Éplucher les pommes de terre et les couper en rondelles épaisses. Les ajouter, ainsi que les olives, dans la cocotte et poursuivre la cuisson encore 25 min. Si le liquide de cuisson diminue trop, ajouter un peu d'eau.

⑥ Répartir le stoficado dans des assiettes creuses très chaudes, ajouter le basilic ciselé et servir aussitôt.

Préparation : 25 min (48 h à l'avance)
■ **Cuisson :** 1 h 35 environ

Thon : préparation

Le thon est un très gros poisson. Aussi est-il toujours vendu en tranches dans les poissonneries. Il faut néanmoins passer ces tranches sous le robinet et les sécher dans un papier absorbant avant de les cuisiner.

Darne de thon à la basquaise

Pour 4-6 personnes

- 2 poivrons rouges
- 1 aubergine
- 4 tomates
- 2 oignons
- 1 gousse d'ail
- 2 c. à soupe de farine
- 1 darne de thon rouge de 800 g à 1 kg environ
- 2 c. à soupe d'huile d'olive
- 1 brin de thym
- 1 feuille de laurier
- 1 pointe de piment de Cayenne
- sel

1. Couper les poivrons en deux, retirer les graines et tailler la pulpe en lanières. Sans éplucher l'aubergine, la couper en petits dés. Ébouillanter les tomates, les peler et les couper en morceaux. Éplucher et hacher les oignons et l'ail.
2. Fariner la darne de thon. Chauffer l'huile dans une cocotte, y mettre le thon et le faire dorer sur les 2 faces pendant 5 min. Le retirer.
3. Mettre les poivrons dans la cocotte et les faire cuire 3 min en les remuant bien.
4. Ajouter ensuite l'aubergine, l'ail et les oignons et bien mélanger. Ajouter enfin la concassée de tomate, le thym, le laurier, du sel et le cayenne. Mélanger et laisser cuire jusqu'à l'ébullition.
5. Remettre alors le thon dans la cocotte, couvrir et baisser le feu. Faire mijoter pendant 45 min environ.

Servir très chaud avec des courgettes à la vapeur ou avec des pommes vapeur.

Préparation : 30 min ■ **Cuisson :** 1 h environ

Darne de thon au curry

Pour 4-6 personnes

- 10 filets d'anchois salés
- 1 darne de thon de 800 g à 1 kg
- 2 brins de thym
- 1 feuille de laurier
- 3,5 dl de vin blanc sec
- 3 c. à soupe d'huile d'olive
- 4 branches de céleri
- 3 oignons
- 3 grosses tomates
- 1 c. à soupe de curry
- 1 mesure de safran
- 1 citron
- sel, poivre

1 Dessaler les filets d'anchois sous le robinet et les couper en deux. Faire des incisions régulières dans la darne de thon et, dans chacune d'elles, glisser un demi-filet d'anchois. Mettre la darne dans un plat creux.

2 Émietter le thym et le laurier dessus, verser le vin blanc et 1 cuillerée à soupe d'huile d'olive. Laisser mariner la darne 1 h au frais en la retournant 2 ou 3 fois.

3 Pendant ce temps, éplucher le céleri et le couper en petits morceaux. Peler et hacher les oignons. Ébouillanter les tomates, les peler, les épépiner et les couper en morceaux.

4 Faire chauffer 1 cuillerée à soupe d'huile dans une cocotte. Ajouter le céleri et les oignons, cuire sur feu moyen pendant 3 min, en remuant. Ajouter les tomates, le curry et le safran, du sel et du poivre. Laisser mijoter sur feu doux à couvert pendant 30 min, en remuant de temps en temps.

5 Égoutter la darne de thon et l'éponger avec un papier absorbant. Faire chauffer 1 cuillerée à soupe d'huile dans une poêle et faire dorer la darne des 2 côtés pendant 3 min.

6 Mettre la darne dans la cocotte, passer la marinade et l'ajouter dans la cocotte. Mélanger. Couvrir et faire cuire doucement pendant 1 h.

7 Ajouter le jus du citron, mélanger. Goûter et rectifier l'assaisonnement. Servir très chaud.

Ce plat se sert avec du riz à la créole (➤ voir p. 830).

Préparation : 30 min ■ **Marinade :** 1 h
■ **Cuisson :** 1 h 40

Mousse de thon

Pour 4-6 personnes

- 1,5 dl de mayonnaise
  (➤ voir p. 93)
- 0,5 dl de crème fraîche
- 450 g de thon à l'huile
- 400 g de haricots verts
  extrafins
- 1 c. à soupe de vinaigre
  ou de jus de citron
- 3 c. à soupe d'huile
  d'olive
- 1 citron
- sel

1. Préparer la mayonnaise. Fouetter la crème fraîche.
2. Égoutter le thon, le passer au mixeur. Mélanger la mayonnaise, la crème fouettée et la purée de thon. En remplir un moule à manqué à revêtement anti-adhésif. Lisser le dessus et mettre le moule au réfrigérateur pendant 6 h.
3. Effiler les haricots verts et les faire cuire 8 min à l'eau bouillante légèrement salée. Les égoutter dans une passoire, les passer sous le robinet en les remuant bien pour les rafraîchir et préserver leur couleur. Les laisser refroidir.
4. Faire la vinaigrette avec le vinaigre ou le citron, sel et huile d'olive et y mélanger les haricots verts.
5. Démouler la mousse de thon sur un plat de service. Disposer les haricots verts sur le dessus et ajouter le reste en garniture autour. Décorer avec des demi-rondelles de citron cannelées. Servir frais.

Préparation : 15 min (6 h à l'avance)
■ **Cuisson :** 8 min

Attereaux à la niçoise

Pour 12 brochettes

- 500 g de thon
- 1 dl d'huile d'olive
- 1 citron
- 2,5 dl de sauce Villeroi
  (➤ voir p. 71)
- 1 c. à soupe de concentré
  de tomate
- 1/2 botte d'estragon
- 400 g de panure à
  l'anglaise (➤ voir p. 107)

1. Couper le thon en petits carrés et le mettre à mariner 1 ou 2 h dans l'huile d'olive mélangée avec le jus de citron, du sel et du poivre.
2. Pendant ce temps, préparer la sauce Villeroi. Lui ajouter le concentré de tomate et les feuilles d'estragon hachées et la garder au chaud.
3. Préparer la panure. Dénoyauter les olives. Laver et sécher les champignons.
4. Éponger les filets d'anchois. Faire chauffer l'huile de friture.
5. Monter les brochettes en alternant une olive, un morceau de thon, une tête de champignon

- 24 grosses olives noires
- 24 petits champignons de Paris
- 12 filets d'anchois à l'huile
- huile de friture
- brochettes en bois
- sel, poivre

(garder les pieds pour une autre utilisation), un filet d'anchois roulé sur lui-même.

6 Tremper les brochettes une par une dans la sauce Villeroi, puis les paner et les plonger dans la friture à 180 °C pendant 5 min environ. Les égoutter sur un papier absorbant.

Préparation : 30 min ■ **Marinade :** 1-2 h
■ **Cuisson :** 5 min

Thon au cresson

Pour 4-6 personnes

- 400 g de cresson
- 4 échalotes
- 1 gousse d'ail
- 50 g de beurre
- 4 jaunes d'œufs
- 2,5 dl de crème fraîche
- 1 c. à soupe d'huile d'arachide
- 5 tranches de thon de 150 g environ
- sel, poivre

1 Équeuter le cresson, le laver et le hacher. Peler et hacher les échalotes et l'ail.

2 Faire fondre le beurre dans une casserole, ajouter les échalotes et l'ail, les faire un peu dorer, puis ajouter le cresson. Cuire pendant 5 min en remuant, saler et poivrer.

3 Dans un bol, mélanger les jaunes d'œufs et la crème, puis ajouter 2 cuillerées environ de la fondue de cresson bien chaude et mélanger vivement.

4 Reverser le contenu du bol dans la casserole, mettre à feu doux, toujours en mélangeant. Goûter et rectifier l'assaisonnement. Au bout de 2 min, retirer du feu. Verser la sauce dans un bol et la garder au chaud.

5 Huiler les tranches de thon. Faire chauffer une poêle antiadhésive et y cuire les darnes 7 ou 8 min de chaque côté.

6 Les égoutter, les disposer sur le plat de service, les napper de sauce et servir.

Préparation : 15 min ■ **Cuisson :** 15 min environ

Thon en daube à la provençale

Pour 4-6 personnes

- 6 filets d'anchois à l'huile
- 2 tranches de thon de 300 à 350 g
- 1,5 dl d'huile d'olive
- 1 citron
- 2 oignons
- 4 grosses tomates
- 2 gousses d'ail
- 1 bouquet garni
- 3 dl de vin blanc
- sel, poivre

1. Éponger les filets d'anchois. Avec un petit couteau, faire 6 incisions dans chaque tranche de thon et y loger la moitié d'un filet.
2. Mettre le thon dans un plat, l'arroser de 1 dl d'huile d'olive et du jus de citron, saler, poivrer et laisser mariner pendant 1 h.
3. Éplucher et hacher les oignons. Ébouillanter les tomates, les peler, les épépiner et les couper en morceaux. Éplucher et écraser les gousses d'ail.
4. Dans une cocotte, verser le reste d'huile d'olive et y faire revenir les oignons. Quand ceux-ci sont dorés, les retirer avec une écumoire, les mettre sur une petite assiette.
5. Égoutter les tranches de thon, les déposer dans la cocotte et les faire dorer des deux côtés.
6. Remettre les oignons dans la cocotte, ajouter les tomates, les gousses d'ail et le bouquet garni. Couvrir et cuire à feu doux pendant 15 min.
7. Préchauffer le four à 220 °C.
8. Ajouter le vin blanc dans la cocotte, bien mélanger, refermer la cocotte et poursuivre la cuisson au four pendant 45 min. Arroser souvent les tranches de thon avec le liquide de cuisson.
9. Les retirer, les disposer dans le plat de service et garder au chaud.
10. Retirer le bouquet garni. Mettre la cocotte sur le feu et faire réduire le liquide de cuisson de moitié environ. Goûter et rectifier l'assaisonnement et le verser sur le thon. Servir bien chaud.

Préparation : 30 min ■ **Marinade :** 1 h
■ **Cuisson :** 1 h environ

Les viandes de boucherie et les abats

Les viandes de boucherie

Elles comprennent les viandes rouges (agneau, bœuf, cheval, mouton) et les viandes blanches (porc, veau). Aussitôt après l'abattage, la viande encore chaude n'est pas consommable : elle est soumise à maturation ; une fois « rassise », elle devient propre à la consommation. On juge une viande selon sa couleur, sa tendreté, sa jutosité, sa saveur.

La couleur dépend de la race, de l'âge de l'animal et de son alimentation : bœuf rouge vif foncé et brillant, graisse jaune en réseau fin ; veau légèrement rosé et graisse blanche ; agneau rose vif et graisse blanche ; mouton plus foncé ; porc rosé.

La tendreté dépend de l'animal lui-même (âge, race et alimentation), du degré de maturation, du type de muscle et de conditions de cuisson : le bouilli et le braisage améliorent la tendreté.

La succulence ou jutosité désigne l'aptitude de la viande à rendre son jus lors de la mastication : la succulence est souvent liée à la présence de gras visible entre les muscles (viande persillée) ; toutefois, certaines viandes jeunes (veau élevé au pis, notamment), riches en eau, peuvent aussi paraître succulentes si l'eau reste dans les muscles à la cuisson.

Quant à la saveur, elle provient essentiellement du gras, elle est donc liée à l'alimentation de l'animal. Il ne faut pas confondre la qualité et le type de morceau. Un gîte-gîte de bonne qualité fait un pot-au-feu délectable, alors qu'un bifteck dans le romsteck est décevant s'il provient d'un animal de qualité médiocre.

Les modes de cuisson de la viande. Ils se divisent de nos jours en deux grands procédés : cuisson rapide (poêlage, grillage, rôtissage avec arrosage fréquent de la pièce) et cuisson lente ; celle-ci regroupe trois sortes d'opérations : le braisage, le mijotage dans du bouillon ou du vin et la cuisson proprement dite dans un liquide plus abondant avec des légumes et des aromates.

La viande se consomme parfois crue (carpaccio, steak tartare) ; elle est dès lors condimentée, ce qui en relève le goût. Attention, la viande hachée doit être hachée devant le consommateur, à sa demande. On la trouve aussi surgelée. L'appellation « tartare » est réservée aux viandes hachées constituées uniquement de muscles complètement parés.

Les abats

Ce sont les organes internes des animaux de boucherie. Les plus appréciés sont le foie, la langue, la cervelle, les rognons, les ris de veau et le cœur. On réserve l'estomac et les intestins à la préparation du gras-double et des tripes.

AGNEAU ET MOUTON

La viande de mouton est celle de l'ovin mâle castré de plus d'un an, engraissé pour la boucherie. On appelle également « mouton » la viande du bélier, moins savoureuse, et celle de la brebis, plus grasse et moins bonne. De nos jours, le goût du public tend à se diriger vers l'agneau, le petit de la brebis âgé de moins de 300 jours, pour sa viande délicate, très tendre et parfumée.

Agneau et mouton se découpent de la même façon et les emplois varient en fonction des différents morceaux. Les pièces à rôtir sont fournies par le gigot (qui peut aussi se faire pocher), la selle, le carré et l'épaule, désossée ou non (les deux gigots et la selle réunis portent le nom de « baron ») ; les morceaux à griller sont essentiellement les côtelettes ; les morceaux pour brochettes se détaillent en général dans la poitrine, l'épaule ou le collier, mais ils sont moins tendres dans le mouton que dans l'agneau ; les morceaux à braiser, à sauter ou à bouillir sont fournis par le collier, la poitrine, l'épaule, ce qui donne les ragoût, navarin, tajine, halicot de mouton…

Les ragoûts, sautés et braisés, qui constituent les apprêts les plus nombreux, apportent l'onctuosité nécessaire aux viandes fermes. Pour les rôtis et les grillades, on choisira plutôt un animal le plus jeune possible.

Agneau et mouton : cuisson à l'eau

Gigot bouilli à l'anglaise

Pour 6-8 personnes

- 1 gigot de 1,6-1,8 kg
- 2 carottes
- 2 oignons
- 1 clou de girofle
- 1 gousse d'ail
- 100 g de beurre
- 3 c. à soupe de farine
- 1 bouquet garni
- 5 dl de sauce à la menthe (➤ voir p. 99)
- sel, poivre

1 Saler et poivrer le gigot.

2 Éplucher les carottes et les couper en morceaux. Éplucher les oignons et en piquer un d'un clou de girofle. Éplucher la gousse d'ail. Faire bouillir de l'eau bien salée (8 g par litre) dans un faitout.

3 Étaler une serviette propre sur le plan de travail et la beurrer. Puis la fariner. Y déposer le gigot, faire un paquet et le ficeler. Le plonger dans l'eau bouillante avec les légumes et le bouquet garni. Cuire le gigot à pleine ébullition pendant 50 min environ (30 min par kg).

4 Préparer la sauce à la menthe.

5 Égoutter le gigot, le déballer, le dresser sur un plat long. Servir la sauce à part. ➔

On peut accompagner ce gigot d'une purée de pomme de terre (➤ voir p. 788). On peut également le servir avec une sauce aux câpres : 5 dl de sauce Béchamel (➤ voir p. 62) mélangée avec 125 g de câpres.

Préparation : 10 min ■ **Cuisson :** 50 min environ

Agneau et mouton : rôtissage, grillade, cuisson à la poêle

Chiche-kebab

Pour 4-6 personnes

- 2 gousses d'ail
- 2 échalotes
- 1/2 bouquet de persil plat
- 6 c. à soupe d'huile d'olive
- 4 c. à soupe de xérès
- 1 c. à café d'origan séché
- 1-1,2 kg de viande d'agneau sans os (gigot)
- 2 poivrons verts
- 10 petits oignons grelots
- 4-6 tomates cerises
- 10-12 petits champignons de Paris
- sel, poivre noir

1 Éplucher et hacher l'ail, les échalotes et le persil. Les mélanger dans une terrine avec l'huile, le xérès et l'origan, du sel et du poivre.

2 Couper la viande en cubes de 2,5 cm de côté. Les ajouter à la marinade et mélanger. Mettre un film alimentaire sur la terrine et faire mariner au réfrigérateur pendant au moins 12 h (24 h si possible). Retourner la viande plusieurs fois.

3 Préchauffer le four ou préparer le barbecue.

4 Laver les poivrons, les couper en quartiers et les épépiner. Peler les oignons. Laver les tomates et nettoyer les champignons.

5 Égoutter les morceaux de viande en gardant la marinade.

6 Répartir les éléments sur les brochettes en les alternant. Badigeonner d'huile le gril ou la grille du barbecue. Tremper les brochettes dans la marinade, une à une, et les griller pendant 10 à 12 min en les retournant et en les arrosant plusieurs fois de marinade. Servir très chaud.

Le chiche-kebab peut être servi avec du riz pilaf (➤ voir p. 833) et une salade de laitue.

Préparation : 25 min ■ **Marinade :** 12-24 h
■ **Cuisson :** 10-12 min

Carré d'agneau à la bordelaise

Pour 4 personnes

- 1 carré d'agneau de 1,2 kg environ
- 400 g de petites pommes de terre (charlotte de préférence)
- 400 g de cèpes
- 1,5 dl d'huile d'olive
- 40 g de beurre
- 0,5 dl de fond brun de veau (➤ voir p. 54)
- 1 c. à café de concentré de tomate
- 1 gousse d'ail
- sel, poivre

① Faire préparer le carré d'agneau paré et raccourci par le boucher. Éplucher les pommes de terre, les cuire 10 min à l'eau salée, puis les égoutter.

② Préchauffer le four à 180 °C. Nettoyer les cèpes, les mettre à dorer dans 1 dl d'huile bien chaude.

③ Dans une cocotte, faire fondre le beurre avec le reste d'huile et dorer le carré sur toutes ses faces. Ajouter les cèpes égouttés ainsi que les pommes de terre. Saler et poivrer. Couvrir la cocotte et l'enfourner pour 25 min.

④ Préparer le fond brun de veau et y incorporer le concentré de tomate.

⑤ Quelques minutes avant de servir, éplucher et écraser la gousse d'ail et l'ajouter dans la cocotte avec le fond. Mélanger et servir bien chaud.

Préparation : 15 min ■ **Cuisson :** 25 min

Carré d'agneau à la languedocienne

Pour 4 personnes

- 1 carré d'agneau de 1,2 kg environ
- 12 petits oignons glacés (➤ voir p. 759)
- 100 g de jambon cru
- 6 gousses d'ail
- 300 g de petits cèpes
- 0,5 dl d'huile d'olive
- 3 c. à soupe de graisse d'oie
- 1 c. à soupe de persil
- sel, poivre

① Faire préparer par le boucher le carré d'agneau paré et raccourci.

② Préparer les petits oignons glacés. Couper en dés le jambon.

③ Éplucher les gousses d'ail et les plonger pendant 2 min dans de l'eau bouillante. Nettoyer les cèpes et les faire sauter, dans une poêle, avec l'huile d'olive.

④ À la fin de la cuisson des petits oignons, ajouter les dés de jambon, l'ail et les cèpes.

⑤ Préchauffer le four à 210 °C. Dans une cocotte, faire fondre la graisse d'oie et dorer le carré d'agneau sur toutes ses faces. Le saler et le poivrer. L'égoutter et le mettre dans un plat à feu en terre. ➜

6 Ajouter la garniture et cuire au four 15-20 min en arrosant souvent. Parsemer de persil ciselé. Servir dans le plat.

Préparation : 30 min ◼ **Cuisson :** 15-20 min

Carré d'agneau à la niçoise

Pour 4 personnes

- 1 carré d'agneau de 1,2 kg environ
- 3 courgettes
- 3 tomates
- 400 g de petites pommes de terre nouvelles
- 1,5 dl d'huile d'olive
- 1 brin de thym
- 2 c. à soupe de petites olives noires de Nice
- 1 c. à soupe de persil ciselé
- sel, poivre

1 Faire préparer par le boucher le carré d'agneau paré et raccourci.
2 Éplucher et détailler en gros dés les courgettes. Ébouillanter les tomates, les peler, les épépiner et les couper en morceaux. Éplucher les pommes de terre.
3 Mettre à dorer chacun de ces légumes séparément à l'huile d'olive, dans une poêle, et les égoutter.
4 Préchauffer le four à 210 °C.
5 Dans une cocotte en terre, faire dorer le carré d'agneau sur toutes ses faces.
6 Jeter le gras de la cocotte, y remettre le carré d'agneau avec tous les légumes. Saler et poivrer, ajouter la branche de thym et enfourner pour 15-20 min. Ajouter les olives 5 min avant la fin de la cuisson. Parsemer de persil. Servir dans la cocotte.

Préparation : 30 min ◼ **Cuisson :** 15-20 min

Côtelettes d'agneau à l'anversoise

Pour 4 personnes

- 2 dl de sauce crème (➤ voir p. 65)
- 50 g de beurre

1 Faire bouillir de l'eau salée dans une grande casserole.
2 Beurrer légèrement les tranches de pain de mie avec 10 g de beurre et les dorer à la poêle. Les garder au chaud dans une serviette.

- 4 tranches de pain de mie
- 400 g de bourgeons de houblon (« jets de houblon »)
- 12 petites côtelettes d'agneau
- 1 c. à soupe d'huile d'arachide
- 2,5 dl de crème liquide
- sel, poivre

3 Nettoyer, laver les jets de houblon et les plonger pendant 5 ou 6 min dans de l'eau bouillante. Les égoutter, les rafraîchir sous l'eau du robinet et les mélanger avec la sauce crème. Les garder au chaud.

4 Chauffer le plat de service.

5 Cuire les côtelettes d'agneau à la poêle avec le reste du beurre et l'huile 3 min d'un côté, 2 min de l'autre. Retirer les côtelettes de la poêle, jeter le gras de cuisson, verser la crème liquide et bien gratter les sucs avec une cuillère en bois. Saler, poivrer.

6 Couper les toasts en triangles.

7 Disposer les côtes d'agneau dans le plat de service en les alternant avec les croûtons et les arroser avec le contenu de la poêle. Verser au centre les jets de houblon. Servir immédiatement.

Préparation : 20 min ■ **Cuisson :** 5 min

Côtelettes d'agneau au thym

Pour 4 personnes

- 2 dl d'huile d'olive
- 1 c. à soupe de thym séché
- 12 petites côtelettes d'agneau
- sel, poivre

1 Verser l'huile dans un bol avec le thym, remuer et laisser reposer à température ambiante pendant 1 h.

2 Badigeonner chaque côtelette d'agneau avec cette huile, sur les 2 faces.

3 Juste avant de servir, faire griller les côtelettes pendant 3 ou 4 min de chaque côté. Saler et poivrer.

On peut aussi badigeonner les côtelettes avec une huile au basilic ou au romarin (➤ voir p. 44).

Marinade : 1 h ■ **Préparation :** 5 min
■ **Cuisson :** 7-8 min

Côtelettes d'agneau vert-pré

Pour 4 personnes

- 40 g de beurre
- 1 c. à soupe de persil haché
- 1 botte de cresson
- 8 belles côtelettes d'agneau
- sel, poivre

1 Couper le beurre en petits morceaux dans un saladier. Le travailler en pommade avec une spatule. Ajouter 1 pincée de sel, du poivre du moulin et le persil haché. Malaxer et réserver ce beurre au réfrigérateur.

2 Laver et égoutter le cresson. Le séparer en bouquets.

3 Saler et poivrer les côtelettes. Les faire griller pendant 3 ou 4 min de chaque côté. Les disposer sur un plat bien chaud et ajouter sur chacune le quart du beurre composé très froid.

4 Entourer de bouquets de cresson et servir aussitôt.

Préparation : 10 min ■ **Cuisson :** 8 min

Épaule d'agneau farcie à l'albigeoise

Pour 4-6 personnes

- 1,2 kg d'épaule d'agneau
- 15 gousses d'ail
- 1/2 bouquet de persil
- 150 g de foie de porc
- 800 g de pommes de terre
- 200 g de chair à saucisse
- 30 g de graisse d'oie
- sel, poivre

1 Faire désosser entièrement l'épaule d'agneau par le boucher.

2 Éplucher toutes les gousses d'ail et en hacher 3. Plonger les 12 autres pendant 2 min dans de l'eau bouillante. Équeuter le persil et le ciseler. Hacher le foie de porc.

3 Éplucher les pommes de terre, les couper en quartiers, les mettre dans une casserole d'eau froide salée, porter à ébullition et les cuire 5 min.

4 Étaler l'épaule. La saler et la poivrer.

5 Dans une terrine, mélanger la chair à saucisse avec le foie de porc haché, l'ail et le persil hachés, du sel et du poivre. Étaler régulièrement cette farce sur l'épaule, puis rouler celle-ci sur elle-même et la ficeler en ballottine.

6 Préchauffer le four à 230 °C. Dans une cocotte, chauffer la graisse d'oie. Y dorer la ballottine

sur toutes ses faces, puis ajouter les pommes de terre et les gousses d'ail en les roulant dans la graisse. Saler et poivrer. Enfourner la cocotte pour 50 min au moins.

7 Parsemer l'épaule de persil ciselé et la servir dans son récipient de cuisson.

Préparation : 30 min ■ **Cuisson :** 50 min

• •

Épaule d'agneau au four

Pour 4 personnes

- 1,2 kg d'épaule d'agneau
- 1 c. à soupe d'huile d'arachide
- 2 gousses d'ail
- 2 brins de thym
- 1/2 feuille de laurier
- sel, poivre

1 Faire désosser l'épaule et concasser les os par le boucher. Préchauffer le four à 220 °C.

2 Saler et poivrer l'épaule et la ficeler. La mettre dans un plat avec les os et l'huile et l'enfourner pour 30-35 min. La retourner et l'arroser avec de l'eau plusieurs fois au cours de la cuisson.

3 Disposer ensuite l'épaule dans le plat de service, la recouvrir d'une feuille d'aluminium et laisser reposer au chaud pendant 15 min environ.

4 Éplucher les gousses d'ail.

5 Jeter le gras de cuisson du plat, y mettre thym, laurier et ail, verser 4 dl d'eau, bien décoller les sucs de cuisson et faire réduire de moitié. Saler et poivrer, ajouter éventuellement le jus rendu par l'épaule puis le passer en le versant dans une saucière bien chaude.

6 Déficeler l'épaule et la servir.

Préparation : 10 min ■ **Cuisson :** 45 min environ

Gigot d'agneau aux flageolets

Pour 6-8 personnes

- 750 g de flageolets secs
- 1 carotte
- 3 oignons
- 5 gousses d'ail
- 1 clou de girofle
- 1 bouquet garni
- 1 gigot paré de 2 kg environ
- 5 ou 6 tomates mûres
- 80 g de beurre
- 1 brin de thym
- sel, poivre

1 Mettre les flageolets à tremper dans de l'eau froide pendant 2 h. Éplucher la carotte, les oignons et l'ail.

2 Égoutter les flageolets, les mettre dans une casserole et les recouvrir d'eau. Ajouter la carotte, 1 oignon piqué d'un clou de girofle, 1 gousse d'ail et le bouquet garni. Porter à ébullition et laisser cuire, à petits frémissements, de 1 h à 1 h 30. Les écumer, les saler à mi-cuisson.

3 Préchauffer le four à 240 °C. Couper 2 gousses d'ail en quatre morceaux. Piquer le gigot avec la pointe d'un couteau et glisser un morceau d'ail dans chaque fente, puis mettre la viande à rôtir (➤ voir gigot rôti p. 410).

4 Pendant la cuisson, émincer les 2 oignons restants. Ébouillanter, peler, épépiner et couper les tomates. Hacher le reste d'ail.

5 Faire fondre 30 g de beurre dans une cocotte et y mettre à blondir les oignons, ajouter l'ail, le thym puis les tomates. Laisser mijoter doucement 15 min.

6 Égoutter les flageolets (retirer la garniture aromatique), les ajouter dans la cocotte et les laisser mijoter jusqu'au moment de servir. Incorporer alors 20 g de beurre et mélanger. Verser les flageolets dans un légumier et garder au chaud.

7 Sortir le gigot du four. Tenir les assiettes et la saucière au chaud dans le four éteint. Verser le jus de cuisson dans une casserole. Découper le gigot et ajouter, dans la casserole, le jus qui s'en est écoulé. Faire chauffer.

8 Hors du feu, incorporer le reste de beurre en fouettant vivement. Goûter, rectifier l'assaisonnement et verser dans la saucière bien chaude.

On peut employer des flageolets en boîte. Bien les égoutter et les faire mijoter avec la fondue d'oignon et de tomate.

Trempage : 2 h ■ **Préparation :** 15 min
■ **Cuisson :** 1 h 30

Gigot à la boulangère

Pour 4-6 personnes

- 600 g de pommes de terre
- 2 ou 3 gros oignons
- 1 c. à soupe d'huile d'arachide
- 2 gousses d'ail
- 1 dl de fond blanc de veau (➤ voir p. 49)
- 1 gigot raccourci de 1,5-1,6 kg
- sel, poivre

1. Éplucher les pommes de terre et les cuire 10 min à l'eau salée, puis les couper en rondelles ainsi que les oignons. Faire revenir ceux-ci sans les colorer dans une poêle avec 1 cuillerée à soupe d'huile et les égoutter. Éplucher les gousses d'ail.
2. Préparer le fond de veau (décongeler un fond maison ou employer un produit déshydraté).
3. Préchauffer le four à 275 °C. Saler et poivrer le gigot et le frotter avec les gousses d'ail.

4. Mélanger les rondelles de pommes de terre et les oignons, saler et poivrer, et en tapisser le fond d'un plat allant au four. Mettre le gigot par-dessus et enfourner. Au bout de 10 min, baisser la température à 250 °C et cuire encore de 20 à 25 min environ.
5. Au cours de la cuisson, arroser avec une ou deux cuillerées de fond de veau.

6. Vérifier la cuisson des pommes de terre. Poser une feuille d'aluminium sur le plat et laisser reposer un bon quart d'heure à l'entrée du four avant de servir.

Préparation : 20 min ■ **Cuisson :** 30-35 min

Gigot à la broche

Pour 6-8 personnes

- 1 gigot de 1,8-2 kg désossé
- 2 gousses d'ail
- sel, poivre

1. Saler et poivrer le gigot.
2. Éplucher et couper les gousses d'ail en 3 ou 4 morceaux. Avec la pointe d'un couteau, faire de petites entailles dans le gigot et y loger les éclats d'ail.
3. Embrocher le gigot et le cuire pendant 1 h environ en l'arrosant régulièrement de son jus.

Préparation : 10 min ■ **Cuisson :** 1 h

Gigot rôti

Pour 6 personnes

- 1 gigot raccourci de 1,6 kg environ
- 1 gousse d'ail
- sel, poivre

1 Faire préparer le gigot raccourci par le boucher.

2 Préchauffer le four à 240 °C.

3 Si le gigot est très gras, enlever une partie de la couche de graisse avec un petit couteau.

4 Éplucher la gousse d'ail et l'introduire à la naissance du manche (souris).

5 Mettre le gigot dans un plat et l'enfourner pour 15 min. Le saler et le poivrer, puis poursuivre la cuisson pendant 25 min à 200 °C. Le laisser reposer, couvert d'une feuille d'aluminium, 10-15 min dans le four avec la porte entrouverte.

6 Compter 10 min par livre pour un gigot très saignant et 15 min pour un gigot rosé.

Préparation : 5 min ■ **Cuisson :** 45 min environ

Gigot rôti en chevreuil

Pour 6 personnes

- 2 l de marinade cuite pour viande de boucherie et gibier (➤ voir p. 58)
- 1 gigot de 1,6-1,8 kg
- 8-10 lardons tout prêts
- 1 c. à soupe d'huile
- 8 dl de sauce poivrade (➤ voir p. 84)
- sel, poivre

1 Préparer la marinade, puis la laisser refroidir.

2 Dégraisser le dessus du gigot. Avec la pointe d'un couteau, faire quelques entailles et, dans chacune d'elles, insérer un lardon. Mettre le gigot à mariner pendant 2 jours au réfrigérateur.

3 Préchauffer le four à 240 °C.

4 Sortir le gigot de la marinade, l'éponger avec du papier absorbant. Le mettre dans un plat, l'huiler avec un pinceau, l'enfourner et le cuire (➤ voir ci-dessus).

5 Pendant la cuisson du gigot, préparer la sauce poivrade en utilisant la marinade et sa garniture aromatique.

Marinade : 2 jours (au réfrigérateur)
■ **Préparation :** 1 h ■ **Cuisson :** 45 min environ

Gigot rôti aux gousses d'ail en chemise

Pour 4 personnes

- 0,5 dl d'huile d'olive
- 2 brins de thym
- 1 c. à café de romarin en poudre
- 3-4 filets d'anchois salés
- 3 têtes d'ail
- 1 gigot raccourci de 1,5 kg environ
- sel, poivre

1. Mélanger l'huile d'olive, le thym émietté et le romarin et donner deux tours de moulin à poivre.
2. Dessaler les filets d'anchois. Les couper en deux. Éplucher 5 gousses d'ail. En couper 2 en plusieurs morceaux. Préchauffer le four à 240 °C.
3. Mettre le gigot dans un plat. Avec un petit couteau, faire des entailles dans la viande et y introduire les morceaux d'anchois et d'ail.
4. Badigeonner le gigot d'huile aromatisée, ajouter les 3 autres gousses épluchées et enfourner pendant 35 à 45 min (➤ voir gigot rôti p. 410). Arroser régulièrement avec le reste de l'huile aromatisée.

5. Pendant ce temps, préparer l'ail en chemise (➤ voir p. 643). L'ajouter dans le plat 5 min avant la fin de la cuisson avec son jus. Arroser encore le gigot. Servir très chaud dans le plat de cuisson.

Préparation : 20 min ■ **Cuisson :** 35-40 min

Gigot rôti persillé

Pour 6 personnes

- 1 gigot raccourci de 1,6 kg
- 4 gousses d'ail
- 1 botte de persil
- 100 g de mie de pain fraîche
- 2 brins de thym
- 1 c. à café de laurier en poudre
- sel, poivre

1. Préparer le gigot sans ail. Le mettre à rôtir (➤ voir gigot rôti p. 410).
2. Éplucher et hacher l'ail, laver, équeuter et hacher le persil, émietter le pain. Bien mélanger ces ingrédients avec le thym émietté, le laurier, du sel et du poivre.
3. Au bout des 15 premières minutes de cuisson, sortir le gigot et l'enduire de cette préparation. Puis le remettre à cuire pour 30 min environ.

Préparation : 10 min ■ **Cuisson :** 45 min environ

Noisettes d'agneau à la turque

Pour 4 personnes

- 8 noisettes d'agneau de 70 g chacune
- 300 g de riz pilaf (➤ voir p. 833)
- 2,5 dl de fond blanc de veau (➤ voir p. 49)
- 1 c. à soupe de concentré de tomate
- 4 aubergines
- 2 dl d'huile d'olive
- 65 g de beurre
- 1 c. à soupe d'huile d'olive
- sel, poivre

❶ Faire préparer les noisettes d'agneau par le boucher.

❷ Cuire le riz pilaf et le garder au chaud.

❸ Préparer le fond de veau (employer un fond du commerce) et le mélanger avec le concentré de tomate.

❹ Laver et couper en dés les aubergines, les saler et les faire sauter à l'huile. Vérifier la cuisson avec la pointe d'un couteau.

❺ Mettre à chauffer 40 g de beurre et 1 cuillerée à soupe d'huile et y cuire les noisettes d'agneau 2 ou 3 min sur chaque face. Saler, poivrer. Chauffer le plat de service.

❻ Égoutter les dés d'aubergine sur un papier absorbant. Disposer les noisettes dans le plat de service, garnir avec les dés d'aubergine et le riz pilaf et garder au chaud.

❼ Jeter le gras de cuisson des noisettes et verser le fond de veau dans la poêle. Augmenter le feu. Bien gratter avec une cuillère en bois pour déglacer. Ajouter 25 g de beurre en mélangeant bien. Verser la sauce sur les noisettes et servir.

Préparation : 40 min ■ **Cuisson :** 6 min environ

Agneau et mouton : braisage

Cari d'agneau

Pour 4-6 personnes

- 1 c. à soupe de gingembre frais râpé
- 1 mesure de safran
- 5 c. à soupe d'huile d'arachide
- piment de Cayenne

❶ Mélanger le gingembre, le safran, 2 cuillerées à soupe d'huile, 1 bonne pincée de piment de Cayenne, du sel et du poivre. Rouler dans ce mélange les morceaux d'agneau et les laisser macérer 1 h.

❷ Ébouillanter, peler et couper les tomates en morceaux. Éplucher et couper les oignons en rondelles, éplucher et hacher l'ail.

- 1,5 kg de collier ou d'épaule d'agneau en morceaux
- 3 grosses tomates
- 4 gros oignons
- 3 gousses d'ail
- 1 c. à soupe de curry
- 1 bouquet garni
- 1 pomme granny-smith
- 1,5 dl de lait de coco
- 400-500 g de riz à l'indienne
- 2 ou 3 tranches d'ananas frais (ou en boîte)
- 1 banane
- 1/2 citron
- 50 g de noix de cajou
- 30 g de raisins secs
- sel, poivre

③ Dans une cocotte, faire chauffer 3 cuillerées d'huile, y dorer les morceaux de viande puis les retirer. Verser les oignons et les faire revenir 5 min puis ajouter les tomates, le curry, l'ail et le bouquet garni.

④ Éplucher et râper la pomme, l'ajouter dans la cocotte et remuer pendant 2 ou 3 min. Remettre la viande dans la cocotte, bien mélanger, ajouter le lait de coco ou, à défaut, du lait demi-écrémé. Couvrir et laisser mijoter 40 min. Goûter et rectifier l'assaisonnement avant de servir.

⑤ Pendant la cuisson, préparer le riz à l'indienne (➤ voir p. 832).

⑥ Couper les tranches d'ananas en dés. Couper la banane en rondelles et la mélanger avec le jus du citron. Les disposer dans des raviers séparés ainsi que les noix de cajou et les raisins secs. Chacun ajoutera ce qu'il veut dans son assiette.

Macération : 1 h ■ **Préparation :** 40 min
■ **Cuisson :** 40 min

Épaule d'agneau braisée

Pour 4 personnes

- 1,2 kg d'épaule d'agneau désossée
- 2 c. à soupe d'huile d'arachide
- 1 petit oignon
- 1 carotte
- 20 g de beurre
- 2,5 dl de fond de veau
- 1 dl de fondue de tomate (➤ voir p. 797)
- 100 g de couenne
- 1 bouquet garni

① Faire désosser l'épaule d'agneau par le boucher et garder les os et les parures à part. La saler et la poivrer puis la rouler et la ficeler comme un rôti.

② Faire chauffer l'huile dans une cocotte, y dorer l'épaule. La retirer, jeter l'huile.

③ Éplucher et couper en petits dés l'oignon et la carotte. Les faire revenir dans une poêle avec le beurre. Les égoutter.

④ Préparer le fond de veau (➤ voir p. 49, mais on peut employer celui du commerce) et lui ajouter la fondue de tomate ou 1 cuillerée à café de concentré de tomate.

⑤ Préchauffer le four à 220 °C. Tapisser le fond de la cocotte avec la couenne. Ajouter oignon et carotte. Cuire doucement pendant 10 min. ➡

Poser l'épaule par-dessus, saler, poivrer. Ajouter le fond de veau à la tomate, le bouquet garni, les os et parures de l'épaule. Glisser la cocotte couverte au four pendant 35 à 40 min.

6 Égoutter l'épaule et la disposer sur le plat de service chauffé.

7 Passer le contenu de la cocotte en écrasant les légumes avec le dos d'une cuillère et mettre ce jus dans une saucière.

Préparation : 25 min ■ **Cuisson :** 45-50 min

Épaule de mouton en pistache

Pour 4-6 personnes

- 4 têtes d'ail
- 1,2 kg d'épaule de mouton désossée
- 50 g de graisse d'oie
- 1 carotte
- 1 oignon
- 1 tranche épaisse de jambon de montagne
- 4 dl de bouillon ou de fond de veau déshydraté
- 2 c. à soupe de farine
- 2 dl de vin blanc
- 1 bouquet garni
- 1 zeste d'orange non traitée
- sel, poivre

1 Éplucher toutes les gousses d'ail et les plonger 2 min dans de l'eau bouillante.

2 Saler et poivrer l'épaule. La rouler et la ficeler. Faire fondre 1 bonne cuillerée à soupe de graisse d'oie dans une cocotte et y mettre à dorer l'épaule sur toutes ses faces. L'égoutter. Jeter la graisse.

3 Éplucher et couper finement la carotte et l'oignon.

4 Tapisser le fond de la cocotte avec la tranche de jambon, la carotte et l'oignon. Poser l'épaule par-dessus. Ajouter le reste de graisse d'oie et cuire doucement pendant 10 à 15 min.

5 Préparer le bouillon ou le fond de veau. Prélever le zeste d'orange.

6 Préchauffer le four à 220 °C.

7 Retirer l'épaule et le jambon et verser la farine dans la cocotte. Mélanger et cuire 5 min, puis verser le vin blanc et le bouillon. Cuire encore 5 min puis passer ce fond de cuisson et le garder au chaud.

8 Couper le jambon en dés. Remettre l'épaule dans la cocotte avec le jambon, les gousses d'ail, le bouquet garni et le zeste d'orange. Verser le fond de cuisson, couvrir et glisser la cocotte fermée au four pendant 20 min environ.

9 Égoutter l'épaule, la déficeler et la dresser dans un plat chaud. Napper de la sauce et servir les gousses d'ail en garniture.

10 Pour ne pas avoir à éplucher l'ail, on peut le préparer en chemise (➤ voir p. 643). Dans ce cas, mettre 3 gousses d'ail épluchées et hachées dans la cocotte au moment de la première cuisson.

Préparation : 1 h ■ **Cuisson :** 35-40 min

Fricassée d'agneau

Pour 4-6 personnes

- 1,2 kg d'épaule d'agneau désossée
- 2 c. à soupe d'huile
- 1 c. à soupe de farine
- 3 dl de fond de veau du commerce
- 1 bouquet garni
- 15-20 petits oignons glacés (➤ voir p. 759)
- 300 g de champignons de Paris
- 25 g de beurre
- 1 jaune d'œuf
- 1 c. à soupe de persil haché
- sel, poivre

1 Faire couper l'épaule en morceaux par le boucher.

2 Mettre les morceaux à revenir dans l'huile bien chaude, dans une cocotte, sans les laisser dorer. Les égoutter, jeter l'huile et les remettre dans la cocotte. Saler et poivrer. Les poudrer de farine, les remuer pendant 3 ou 4 min. Verser le fond, ajouter le bouquet garni et porter à ébullition. Cuire ensuite 30 min environ à couvert et à petits bouillons.

3 Pendant ce temps, préparer les petits oignons glacés.

4 Nettoyer les champignons, les couper en morceaux et les faire sauter, dans une poêle, avec le beurre.

5 Retirer les morceaux d'agneau de la cocotte et les mettre dans le plat de service chaud.

6 Passer le fond de cuisson et le reverser dans la cocotte. Ajouter les petits oignons et les champignons et mélanger.

7 Dans un bol, délayer le jaune d'œuf avec 3 ou 4 cuillerées de fond de cuisson puis verser dans la cocotte et bien mélanger. Verser la sauce sur l'agneau et parsemer de persil.

Préparation : 30 min ■ **Cuisson :** 30 min environ

Poitrine d'agneau farcie

Pour 6-8 personnes

- 2 kg de poitrine d'agneau ou de mouton
- 150 g de champignons des bois ou de Paris
- 2 oignons
- 2 carottes
- 150 g de jambon
- 4 gousses d'ail
- 1/2 bouquet de persil
- 1 dl de fondue de tomate
- 2 dl de bouillon de bœuf (➤ voir p. 48)
- 300 g de mie de pain rassis
- 2 verres de lait
- 2 œufs
- 30 g de beurre
- 200 g de couennes
- 1 bouquet garni
- 2 dl de vin blanc sec
- sel, poivre

1 Faire préparer la poitrine d'agneau (ou de mouton) par le boucher : toutes les côtes doivent être retirées sans que la peau soit percée.

2 Éplucher et couper en fines lamelles les champignons, les oignons et les carottes.

3 Couper le jambon en petits dés. Éplucher l'ail et en hacher 2 gousses.

4 Laver, équeuter et hacher le persil. Préparer la fondue de tomate et le bouillon.

5 Mélanger la mie de pain rassis dans un bol avec le lait. Puis la presser entre les doigts. Ajouter les œufs battus, le jambon, les champignons, le persil et l'ail hachés, du sel et du poivre.

6 Frotter l'intérieur de la poitrine avec les gousses d'ail, la saler et la poivrer. La garnir de la farce et la coudre avec de la ficelle de cuisine de façon à faire une poche.

7 Beurrer une cocotte, tapisser le fond avec les couennes et parsemer les oignons et les carottes. Placer la poitrine dans la cocotte, ajouter le bouquet garni, puis couvrir et cuire doucement pendant 20 min environ en la retournant.

8 Préchauffer le four à 220 °C. Verser le vin blanc sec dans la cocotte et faire réduire de moitié. Délayer la fondue de tomate avec le bouillon et l'ajouter aussi. Couvrir et enfourner pour 45 min environ.

9 Disposer la poitrine dans le plat de service, après avoir ôté les fils, et la servir brûlante.

La poitrine s'accompagne généralement de pommes de terre sautées (➤ voir p. 787) à la graisse d'oie et de paupiettes de chou (➤ voir p. 704). Le reste peut se manger froid, avec des cornichons.

Préparation : 30 min ■ **Cuisson :** 1 h-1 h 05

Sauté d'agneau ou de veau aux aubergines

Pour 4 personnes

- 1,2 kg de collier d'agneau ou d'épaule de veau
- 3 aubergines
- 1 gousse d'ail
- 1/4 de bouquet de persil
- 20 g de beurre
- 2 dl d'huile d'arachide
- 3 dl de fond blanc de veau (➤ voir p. 49)
- 1,5 dl de vin blanc
- 1 dl de fondue de tomate (➤ voir p. 797)
- sel, poivre

1. Faire désosser le collier (ou l'épaule) par le boucher puis le couper en morceaux réguliers et, avec un petit couteau, enlever le maximum de graisse. Les saler et les poivrer.

2. Éplucher et couper les aubergines en petits morceaux carrés. Éplucher la gousse d'ail et équeuter le persil, et les hacher.

3. Dans une cocotte, chauffer le beurre et 3 cuillerées à soupe d'huile. Faire dorer les morceaux de viande en les retournant plusieurs fois, les retirer, jeter la graisse.

4. Remettre les morceaux dans la cocotte, verser le fond de veau, saler, poivrer et cuire 15 min à couvert (25 min si c'est du veau).

5. Pendant ce temps, chauffer 1,5 dl d'huile et y faire sauter les aubergines. Saler. Quand elles sont cuites, les égoutter sur un papier absorbant.

6. Retirer la viande de la cocotte, verser le vin blanc et la fondue de tomate et bien les mélanger avec le liquide de cuisson.

7. Remettre la viande et les aubergines dans la cocotte, ajouter l'ail et la moitié du persil, mélanger encore et continuer la cuisson pendant 5 à 10 min. Goûter et rectifier l'assaisonnement.

8. Verser dans le plat de service bien chaud et parsemer de persil haché.

Préparation : 15 min ■ **Cuisson :** 25-35 min environ

Sauté d'agneau ou de veau chasseur

Pour 4 personnes

- 1,2 kg d'épaule
- 2 échalotes
- 20 g de beurre
- 4 c. à soupe d'huile d'arachide
- 3 dl de bouillon
- 2 c. à soupe de sauce tomate (➤ voir p. 86)
- 1 bouquet garni
- 250 g de champignons de Paris
- 1/4 de botte d'estragon
- 1/4 de botte de cerfeuil
- sel, poivre

❶ Couper l'épaule en morceaux et les dégraisser. Les saler et les poivrer.

❷ Éplucher et hacher les échalotes.

❸ Faire chauffer le beurre et 2 cuillerées à soupe d'huile dans une sauteuse et y mettre à dorer les morceaux de viande. Ajouter les échalotes et bien mélanger. Verser le bouillon et la sauce tomate, saler, poivrer, ajouter le bouquet garni, mélanger, couvrir et laisser mijoter 30 min (35 min pour le veau).

❹ Pendant ce temps, nettoyer et couper finement les champignons et, dans une poêle, les faire sauter avec le reste de l'huile. Saler, poivrer. Les verser dans la sauteuse et cuire encore 15 min (20 min pour le veau). Hacher les fines herbes.

❺ Verser le sauté dans le plat de service et le parsemer de fines herbes.

Préparation : 10 min ■ **Cuisson :** 45 min environ

Sauté d'agneau à la poulette

Pour 4 personnes

- 1,2 kg d'épaule d'agneau
- 2 oignons
- 3 blancs de poireau
- 30 g de beurre
- 1 c. à soupe de farine
- 2 dl de vin blanc sec
- 1 bouquet garni
- 300 g de champignons de Paris
- 2 jaunes d'œufs
- 1 dl de crème fraîche

❶ Couper l'épaule en morceaux, les dégraisser et les faire revenir sans gras dans une poêle antiadhésive. Les retirer quand ils sont bien dorés.

❷ Couper en fines rondelles les oignons et les poireaux.

❸ Faire fondre le beurre dans une cocotte, y verser oignons et poireaux et les laisser fondre pendant 5 à 10 min, puis ajouter la viande et la faire revenir. Bien mélanger, poudrer de farine et mélanger à nouveau pour enrober les morceaux.

❹ Verser le vin blanc et 2 dl d'eau, ajouter le bouquet garni, saler et poivrer. Laisser mijoter, à feu doux et à couvert, pendant 30 min.

- 1 citron
- sel, poivre
- 1 dl de crème fraîche
- 1 citron
- sel, poivre

5 Nettoyer, laver et couper finement les champignons et les ajouter dans la cocotte. Mélanger et cuire encore 10 min très doucement.

6 Pendant ce temps, battre dans un bol les jaunes d'œufs, la crème, 1 cuillerée à café de jus de citron et un peu de sauce chaude.

7 Retirer le bouquet garni et, hors du feu, verser le contenu du bol dans la cocotte.

8 Remettre la cocotte sur le feu, cuire 2 ou 3 min en remuant, sans faire bouillir, et servir.

Préparation : 15 min ■ **Cuisson :** 50 min environ

Agneau et mouton : ragoûts

Agneau aux pruneaux et aux amandes

Pour 4 personnes

- 1,2 kg d'épaule d'agneau
- 20 g de beurre
- 2 c. à soupe d'huile d'arachide
- 1 bâton de cannelle
- 50 g d'amandes mondées
- 70 g de sucre
- 1/2 c. à café de fleur d'oranger
- 200 g de pruneaux dénoyautés
- 1 bol de thé vert
- sel, poivre

1 Dégraisser l'épaule et la couper en gros dés. Les saler.

2 Dans une cocotte, faire chauffer le beurre et l'huile d'arachide et bien dorer la viande. Égoutter puis jeter le gras de cuisson.

3 Verser 2,5 dl d'eau dans la cocotte, ajouter le bâton de cannelle en morceaux, les amandes, le sucre et l'eau de fleur d'oranger. Amener ce mélange à ébullition sur feu vif, en remuant, puis remettre les dés de viande, couvrir et laisser mijoter 30 min.

4 Pendant ce temps, préparer le thé vert bien fort et y mettre les pruneaux à tremper.

5 Ajouter les pruneaux non égouttés dans la cocotte et cuire encore 10 min. Servir bien chaud.

Préparation : 10 min ■ **Cuisson :** 40 min environ

Halicot de mouton

Pour 4-6 personnes

- 1,2 kg de collier et de poitrine de mouton
- 2 oignons
- 1 gousse d'ail
- 5 dl de bouillon de bœuf (➤ voir p. 48)
- 3 c. à soupe d'huile d'arachide
- 2 c. à café de sucre
- 3 c. à soupe de farine
- 1 c. à soupe de concentré de tomate
- 1 bouquet garni
- 600 g de pommes de terre à chair ferme
- 300 g de petits navets
- 200 g de petits oignons
- sel, poivre

❶ Couper toute la viande en morceaux, les saler et les poivrer. Hacher les oignons, écraser l'ail. Préparer le bouillon de bœuf.

❷ Chauffer l'huile dans une cocotte et y faire rissoler les morceaux de mouton. Ajouter l'oignon, mélanger, puis mettre le sucre et la farine. Mélanger de nouveau.

❸ Délayer le concentré de tomate avec un peu de bouillon et le verser dans la cocotte. Ajouter le reste du bouillon, puis l'ail et le bouquet garni. Remuer, couvrir la cocotte et cuire 30 à 35 min à feu doux.

❹ Pendant ce temps, éplucher tous les légumes. Couper les pommes de terre en quartiers. Avec une écumoire, dégraisser la sauce.

❺ Ajouter les légumes dans la cocotte. Compléter éventuellement avec un peu de bouillon pour que les légumes baignent dans la sauce. Poursuivre la cuisson pendant 30 à 40 min jusqu'à ce que les légumes soient fondants.

❻ Retirer le bouquet garni et servir dans la cocotte.

Préparation : 15 min ■ **Cuisson :** 1 h-1 h 10

Navarin d'agneau

Pour 4-6 personnes

- 600 g d'épaule d'agneau
- 600 g de collier d'agneau
- 2 tomates
- 2 gousses d'ail
- 2 c. à soupe d'huile d'arachide
- 1 c. à soupe de farine

❶ Couper l'épaule d'agneau en gros morceaux, et le collier en tranches.

❷ Ébouillanter, peler, épépiner et couper les tomates. Hacher l'ail.

❸ Faire chauffer l'huile dans une grande cocotte et y dorer les morceaux d'agneau. Les égoutter sur un papier absorbant et jeter la graisse.

❹ Remettre la viande dans le récipient, poudrer de farine et cuire 3 min en remuant. Saler, poivrer

- 1 bouquet garni
- 2 bottes de carottes nouvelles
- 200 g de navets nouveaux
- 1 botte de petits oignons blancs
- 300 g de haricots verts
- 300 g de petits pois frais
- 25 g de beurre
- sel, poivre, noix de muscade

et râper de la muscade. Ajouter tomates, ail et bouquet garni dans la cocotte ainsi qu'un peu d'eau pour que la viande soit mouillée jusqu'à sa hauteur. Dès l'ébullition, couvrir et laisser mijoter 35 min.

5 Gratter les carottes et les navets, éplucher les oignons, effiler les haricots verts, écosser les petits pois. Faire fondre le beurre dans une sauteuse et y faire juste dorer carottes, oignons et navets.

6 Cuire les haricots verts à la vapeur pendant 7 ou 8 min.

7 Mettre dans la cocotte les carottes, les navets, les oignons et les petits pois, mélanger et couvrir de nouveau. Poursuivre doucement la cuisson pendant 20 à 25 min.

8 Ajouter les haricots verts 5 min avant de servir et mêler délicatement. Servir très chaud, dans la cocotte.

Préparation : 25 min ■ **Cuisson :** 1 h environ

Ragoût des loyalistes

Pour 4-6 personnes

- 1,2 kg d'épaule d'agneau
- 2 oignons
- 1 l de bouillon de bœuf (➤ voir p. 48)
- 3 c. à soupe d'huile d'arachide
- 1 c. à soupe de farine
- 400 g de carottes
- 400 g de navets
- 400 g de pommes de terre
- 1/4 de bouquet de persil
- sel, poivre

1 Couper l'agneau en cubes de 2 cm de côté, les saler et les poivrer.

2 Éplucher et couper les oignons en fines rondelles. Préparer le bouillon.

3 Dans une cocotte, faire chauffer l'huile. Y faire revenir les cubes de viande avec les oignons et poudrer de farine. Mélanger avec une cuillère en bois puis verser le bouillon et couvrir. Cuire 30 min à feu doux.

4 Pendant ce temps, éplucher les légumes et les couper en dés. Ajouter les carottes, les navets et les pommes de terre dans la cocotte. Cuire 20-25 min. Goûter et rectifier l'assaisonnement.

5 Quand les pommes de terre sont bien cuites, retirer du feu. Parsemer de persil ciselé.

Préparation : 15 min ■ **Cuisson :** 55 min environ

Tajine d'agneau de printemps

Pour 4-6 personnes

- 1,2 kg d'épaule d'agneau sans os
- 3 oignons
- 3 gousses d'ail
- 4 tomates
- 6 pommes de terre moyennes
- 6 c. à soupe d'huile d'olive
- 1 c. à café de cannelle
- 1 c. à café de cumin
- 250 g de fèves
- 4 citrons confits (➤ voir p. 43)
- 4 petits artichauts
- 1 bouquet de coriandre
- sel, poivre

❶ Couper l'épaule en morceaux.

❷ Peler et hacher les oignons et l'ail. Ébouillanter, peler, épépiner et couper les tomates en quartiers. Éplucher et couper en gros dés les pommes de terre.

❸ Faire chauffer l'huile d'olive dans un tajine (ou dans une cocotte). Y dorer les morceaux de viande avec les oignons et l'ail. Puis ajouter les tomates, les pommes de terre, la cannelle et le cumin. Bien mélanger après l'ajout de chaque ingrédient. Saler, poivrer et arroser de 2 dl d'eau. Couvrir et laisser mijoter 1 h.

❹ Pendant ce temps, éplucher et égrener les fèves, couper les citrons confits en quatre, effeuiller les artichauts et couper leurs cœurs en deux. Les ajouter dans le tajine. Cuire encore 30 min. Goûter et rectifier l'assaisonnement.

❺ Laver, équeuter et ciseler la coriandre. En parsemer le tajine au moment de servir.

Préparation : 20 min ■ **Cuisson :** 1 h 30

Agneau et mouton : abats

Animelles : préparation

❶ Mettre les animelles dans un saladier avec de l'eau et les faire dégorger 1 ou 2 h. Les égoutter, les mettre dans une casserole, couvrir d'eau et porter à ébullition pendant 2 min. Égoutter et rafraîchir sous l'eau froide. Enlever toutes les peaux.

❷ Déposer les animelles sur une assiette, poser une autre assiette par-dessus avec un poids. Les laisser ainsi 3 ou 4 h au réfrigérateur.

Animelles à la crème

Pour 4 personnes

- 500 g d'animelles
- 4 dl de sauce crème
  (➤ voir p. 65)
- 400 g de champignons
  de Paris
- 100 g de beurre
- sel, poivre

❶ La veille, préparer les animelles (➤ voir page précédente).

❷ Préparer la sauce crème. Nettoyer les champignons et les couper finement. Les cuire, dans une poêle, avec 40 g de beurre. Saler et poivrer.

❸ Couper les animelles en tranches de 1 cm d'épaisseur, les saler et les poivrer. Faire fondre 40 g de beurre dans une poêle et les cuire pendant 6 ou 7 min en les retournant. Verser la sauce crème et terminer doucement la cuisson pendant 10 min.

❹ Incorporer 20 g de beurre au moment de servir et rectifier l'assaisonnement.

Préparation : 6-7 h + 30 min ■ **Cuisson :** 15-20 min

Cervelle : préparation

❶ Laver la cervelle à l'eau courante froide, puis la débarrasser de tous les vaisseaux sanguins et membranes qui l'entourent.

❷ La mettre pendant 1 h dans un saladier rempli d'eau vinaigrée et la laver de nouveau.

❸ La cervelle peut alors être blanchie à l'eau salée, cuite tout doucement au court-bouillon ou coupée en tranches et cuite directement dans du beurre ou de l'huile. On prépare de la même façon la cervelle de veau.

Attereaux de cervelles d'agneau à la Villeroi

Pour 4 personnes

- 2,5 dl de sauce Villeroi (➤ voir p. 71)
- 4 cervelles d'agneau
- 1 dl d'huile d'olive
- 1/2 citron
- 1 c. à soupe de persil haché
- huile de friture
- 400 g de panure à l'anglaise (➤ voir p. 107)
- sel, poivre

1 Préparer la sauce Villeroi.

2 Préparer les cervelles d'agneau (➤ voir p. 423). Les cuire dans de l'eau salée pendant 3 min. Puis les faire macérer 30 min dans l'huile mélangée avec quelques gouttes de jus de citron, persil haché, sel et poivre. Faire chauffer la friture. Préparer la panure à l'anglaise.

3 Couper les cervelles en morceaux et les enfiler sur des brochettes. Puis les enrober de sauce Villeroi, les paner et les frire à 180 °C. Servir les brochettes bien chaudes.

Préparation : 30 min ■ **Cuisson :** 5-10 min

Beignets de cervelle

Pour 4-6 personnes

- 600 g de cervelle d'agneau (ou de veau)
- 0,5 dl de vinaigre d'alcool blanc
- 0,5 dl d'huile d'arachide
- 1/2 citron
- 2 c. à soupe de persil haché
- 150 g de pâte à frire (➤ voir p. 113)
- huile de friture
- sel, poivre

1 Préparer les cervelles (➤ voir p. 423) puis les cuire dans 1 litre d'eau salée additionnée de vinaigre, à tout petits frémissements. Les égoutter et les laisser refroidir. Les couper en tranches et faire mariner 30 min avec l'huile, le jus du citron, du sel, du poivre et 1 cuillerée à soupe de persil haché.

2 Préparer la pâte à frire. Préchauffer la friture.

3 Tremper les tranches de cervelle dans la pâte à frire et les plonger dans la friture à 180 °C. Quand elles sont bien dorées, les sortir avec une écumoire. Procéder par petites quantités.

4 Saupoudrer les beignets de persil haché. Les servir bien chauds.

Préparation : 20 min ■ **Cuisson :** 10-15 min

Brochettes de rognons à l'anglaise

Pour 4-6 personnes

- 80 g de beurre maître d'hôtel (➤ voir p. 39)
- 600 g de pommes de terre nouvelles
- 1/2 botte de cresson
- 8-12 rognons d'agneau
- 50 g de beurre
- 120 g de mie de pain fraîche
- 4-6 tranches de bacon
- sel, poivre

❶ Préparer le beurre maître d'hôtel et le mettre au réfrigérateur.

❷ Éplucher ou gratter les pommes de terre nouvelles et les cuire à l'eau salée. Vérifier la cuisson avec un couteau.

❸ Laver et équeuter le cresson.

❹ Retirer la membrane des rognons d'agneau, puis les ouvrir en deux et, avec un petit couteau, retirer la graisse du centre. Les saler et les poivrer. Enfiler les demi-rognons sur des brochettes.

❺ Faire fondre le beurre. Émietter la mie de pain.

❻ Tremper les brochettes dans le beurre puis les rouler dans la mie de pain. Les griller 3 min sur chaque face. Griller en même temps les tranches de bacon.

❼ Disposer les rognons sur les tranches de bacon, déposer une noix de beurre maître d'hôtel sur chacun. Entourer de pommes de terre et de bouquets de cresson. Servir bien chaud.

Préparation : 20 min ■ **Cuisson :** 6 min

Cervelles à la meunière

Pour 4 personnes

- 600 g de cervelles d'agneau ou de veau
- 40 g de farine
- 120 g de beurre
- 1/2 citron
- 2 c. à soupe de persil haché
- sel, poivre

❶ Préparer les cervelles (➤ voir p. 423). (Laisser entières les cervelles d'agneau, détailler en tranches la cervelle de veau.) Les saler et les poivrer puis les rouler dans la farine.

❷ Chauffer 40 g de beurre dans une poêle et y dorer les cervelles 5 min de chaque côté pour les cervelles d'agneau, 3 min de chaque côté pour les tranches de cervelle de veau. Les retirer de la poêle et les déposer dans le plat de service. ➜

❸ Faire fondre le reste du beurre, saler, le laisser juste blondir (beurre noisette) et le verser sur les cervelles. Arroser d'un filet de citron. Parsemer de persil haché et servir tout de suite.

Préparation : 5 min ■ **Cuisson :** 6-10 min

Cœurs d'agneau à l'anglaise

Pour 4 personnes

- 500 g de cœurs d'agneau
- 40 g de beurre
- 4 c. à soupe d'huile d'arachide
- 1 dl de madère
- Worcestershire sauce (facultatif)
- 2 c. à soupe de persil haché
- sel, poivre

❶ Nettoyer les cœurs d'agneau et les couper en tranches épaisses. Les saler et les poivrer. Faire fondre le beurre avec l'huile dans une poêle et les cuire vivement 1 min de chaque côté, puis baisser le feu et cuire encore 3 min. Les disposer dans le plat de service chaud.

❷ Jeter le gras de cuisson. Verser le madère dans la poêle et bien gratter les sucs avec une cuillère en bois. Goûter et rectifier l'assaisonnement. Ajouter éventuellement quelques gouttes de Worcestershire sauce. Verser sur les cœurs. Parsemer de persil haché.

Préparation : 5 min ■ **Cuisson :** 5 min environ

Foie d'agneau à l'ail

Pour 4 personnes

- 6 gousses d'ail
- 2 c. à soupe de persil
- 40 g de beurre
- 4 tranches de foie d'agneau de 150 g
- 4 c. à soupe de vinaigre de vin
- sel, poivre

❶ Éplucher et hacher très finement les gousses d'ail. Hacher le persil.

❷ Chauffer le beurre dans une poêle et y cuire les tranches de foie, à feu vif, pendant 2 à 5 min de chaque côté selon l'épaisseur des tranches et selon qu'on l'aime bien cuit ou rosé. Saler et poivrer au cours de la cuisson.

❸ Égoutter les tranches et les disposer dans le plat de service chaud.

④ Mettre dans la poêle le hachis d'ail, en remuant vivement pour qu'il ne brunisse pas. Verser le vinaigre, bien mélanger et le laisser réduire de moitié.

⑤ Napper le foie de cette sauce et parsemer de persil.

Préparation : 10 min ■ **Cuisson :** 4-10 min

Pieds de mouton à la poulette

Pour 4-6 personnes

- 6-8 pieds de mouton
- 2 c. à soupe de farine
- 1 1/2 citron
- 3 dl de velouté
  (➤ voir p. 63)
- 0,5 dl de fond de volaille
- 250 g de champignons de Paris
- 50 g de beurre
- 1 pot de crème fraîche de 40 cl
- 3 jaunes d'œufs
- 1 c. à soupe de persil haché

① Faire préparer les pieds de mouton par le boucher.

② Mélanger 3 litres d'eau avec la farine et le jus d'un demi-citron dans un faitout, ajouter les pieds et les cuire pendant 2 h.

③ Les égoutter, passer sous le robinet, désosser entièrement et trancher en deux.

④ Préparer le velouté et le fond de volaille. Éplucher les champignons, les couper s'ils sont gros et les cuire à feu très doux avec 30 g de beurre.

⑤ Mettre les pieds de mouton et les champignons avec leur jus de cuisson dans une sauteuse. Verser le fond de volaille. Cuire jusqu'à ce que le liquide ait presque disparu. Ajouter le velouté, 3 cuillerées à soupe de crème fraîche et cuire 5 min, sans ébullition.

⑥ Battre les jaunes d'œufs et le reste de la crème dans un bol puis les mélanger avec 2 ou 3 cuillerées de sauce chaude.

⑦ Reverser le contenu du bol dans la sauteuse et bien mélanger. Laisser mijoter 5 min, toujours sans bouillir. Ajouter le beurre restant (20 g), le jus du citron entier et le persil. Mélanger et dresser en timbale.

Préparation : 40 min ■ **Cuisson :** 2 h 20

Pieds et paquets à la marseillaise

Pour 8 personnes

- 6 panses de mouton
- 16 pieds de mouton
- 1 pied de veau
- 1 tête de veau
- 500 g de petit salé
- 3 têtes d'ail
- 1 petit bouquet de persil
- noix de muscade
- 6 oignons
- 2 blancs de poireau
- 10 tomates ou 1 grande boîte de tomates concassées
- 1 orange non traitée
- 20 g de beurre
- 3 feuilles de laurier
- 12 clous de girofle
- 1 dl d'eau-de-vie
- 0,25 l de vermouth
- 2 bouteilles de vin blanc
- 3 piments oiseau
- gros sel, poivre en grains

❶ Faire préparer les panses et les pieds de mouton, le pied et la tête de veau par le boucher.

❷ Couper le petit salé en dés. Éplucher l'ail, le hacher avec le persil et l'ajouter au petit salé. Poivrer, râper un peu de noix de muscade et bien mélanger.

❸ Couper les panses en triangles de 15 cm de côté environ. Prendre l'un des triangles, le placer la pointe vers le haut sur le plan de travail et pratiquer une incision dans cette pointe. Placer un morceau de petit salé persillé au milieu, rouler le « paquet » et passer les extrémités dans l'incision. Puis ficeler le paquet avec une ficelle de boucher.

❹ Confectionner d'autres paquets jusqu'à épuisement des morceaux de panse et du petit salé.

❺ Hacher les oignons, nettoyer et laver les blancs de poireau et les hacher finement. Ébouillanter, peler et concasser les tomates (ou ouvrir la boîte). Prélever le zeste de l'orange.

❻ Beurrer l'intérieur d'un grand faitout. Y placer d'abord les pieds de mouton, puis les paquets, la tête de veau, le pied de veau, les oignons, les poireaux, 1 cuillerée à soupe bombée de gros sel, une autre de poivre, le laurier, les clous de girofle et le zeste d'orange. Verser l'eau-de-vie, le vermouth et le vin blanc. Ajouter les piments.

❼ Faire cuire 7 h à feu très doux et à couvert, puis encore 1 h à découvert. Laisser refroidir et mettre au réfrigérateur pendant 2 à 3 h, ou plus, puis dégraisser.

❽ Réchauffer l'ensemble. Goûter et rectifier l'assaisonnement. Servir très chaud.

Ce plat peut s'accompagner de pommes de terre vapeur ou sautées (➤ voir p. 782 ou 787).

Préparation : 1 h 30 ■ **Cuisson :** 10 h

BŒUF

En boucherie, le terme « bœuf » s'applique à la viande de tous les gros bovins : génisse, vache, bœuf et bouvillon, taureau et taurillon. On distingue les races de bœuf dites « à viande » de celles que l'on élève pour le lait. Parmi les races « à viande », les plus connues (et réputées) sont la charolaise, la limousine et la blonde d'Aquitaine.

On classe les différents morceaux en fonction du mode de cuisson auquel ils sont destinés : cuisson rapide (poêlage, grillage, rôtissage) et cuisson lente (viandes à braiser ou à bouillir).

La plupart des pièces « nobles », à cuisson rapide, sont fournies par le quartier arrière de la carcasse, c'est-à-dire (en ordre décroissant de finesse) : le filet, le faux-filet, le romsteck, puis l'entrecôte, la tranche grasse, la bavette à bifteck, l'onglet, et enfin les jumeaux à bifteck et le gîte à la noix.

Pour la cuisson lente, on trouvera des morceaux sans os comme le milieu de train de côtes, le tende-de-tranche, le collier, la bavette, la macreuse, le gros bout de poitrine, et des morceaux avec os comme les plats de côtes, le gîte, le flanchet, le milieu de poitrine, et le tendron. Le chateaubriand est une tranche de viande de bœuf très tendre, épaisse de 3 cm environ, taillée dans le filet. Le tournedos est une tranche de filet de bœuf de 2 cm d'épaisseur, entourée d'une fine barde de lard et ficelée.

Attention, la viande hachée ne se conserve pas et doit être consommée dans les 24 heures.

Bœuf cru

Carpaccio

Pour 4 personnes

- 200 g de filet de bœuf
- 4 c. à soupe d'huile d'olive
- 2 citrons
- 50 g de vieux parmesan
- 1/4 de bouquet de persil
- sel, poivre

① Envelopper le filet dans un film alimentaire et le mettre pendant 4 h au congélateur. Avec un pinceau, badigeonner d'huile les assiettes.

② Couper le filet en tranches aussi fines qu'une feuille de papier avec un couteau très bien aiguisé ou à la machine à trancher. Les disposer au fur et à mesure, en rosace, sur les assiettes.

③ Presser les citrons de façon à obtenir 4 cuillerées à soupe de jus. Arroser le carpaccio avec le reste d'huile d'olive et le jus de citron, saler et poivrer. ➜

④ Couper le parmesan en fins copeaux, ciseler le persil et les répartir. Mettre sur la table une bouteille d'huile d'olive, le sel et le poivre pour que chacun rectifie l'assaisonnement à son goût.

Congélation : 4 h ■ **Préparation :** 20 min

Steak tartare

Pour 4 personnes

- 2 oignons
- 2 échalotes
- 700 g de tranche grasse ou de contre-filet ou de romsteck
- piment de Cayenne
- Worcestershire sauce et tabasco
- 4 jaunes d'œufs
- 4 c. à café de câpres
- quelques brins de persil
- sel, poivre

① Éplucher et hacher les oignons et les échalotes.

② Hacher la viande de bœuf, saler, poivrer, ajouter 1 pointe de piment de Cayenne et quelques gouttes de Worcestershire sauce. Façonner la viande en 4 boules, en disposer une sur chaque assiette, creuser le centre et y déposer 1 jaune d'œuf cru.

③ Disposer autour de la viande 1 cuillerée à dessert rase d'oignon haché, 1 cuillerée à café de câpres égouttées, une grosse pincée de persil ciselé et de l'échalote hachée.

④ Servir avec du ketchup, de l'huile d'olive, de la moutarde, de la Worcestershire sauce et le tabasco afin que chacun puisse terminer l'accommodement à son goût.

Préparation : 15 min

Bœuf : cuisson à l'eau

Bœuf gros sel ou bœuf bouilli

Pour 4-6 personnes

- 700-800 g d'os de bœuf ou de veau
- 6 carottes
- 3 navets

① Mettre les os dans un faitout avec 2,5 litres d'eau et porter à ébullition. Écumer plusieurs fois la surface du bouillon et les parois du récipient, et laisser bouillir pendant 1 h.

② Pendant ce temps, laver et éplucher tous les légumes, lier les poireaux en botte ainsi que

- 6 petits poireaux
- 2 branches de céleri
- 2 gousses d'ail
- 2 oignons
- 1 clou de girofle
- 1,2 kg de gîte, de macreuse ou de paleron ou 2 kg de plat de côtes ou de queue
- 1 morceau de panais
- 1 bouquet garni
- sel, poivre

les branches de céleri. Piquer 1 oignon du clou de girofle.

3 Ajouter la viande dans le faitout, porter de nouveau à ébullition et écumer. Ajouter alors les légumes et le bouquet garni. Saler, poivrer, couvrir et cuire 3 h à petit feu.

4 Égoutter la viande (jeter les os), la découper en morceaux réguliers et la servir entourée des légumes.

Ce plat se sert accompagné de gros sel, d'oignons et de cornichons au vinaigre, et de moutarde.

Préparation : 40 min ■ **Cuisson :** 4 h

Bœuf salé

Pour 4 personnes

- 1 kg de sel
- 100 g de salpêtre
- 50 g de cassonade
- 1 kg de poitrine de bœuf ou de pointe de culotte ou de paleron

1 Préparer la saumure : dans un faitout, verser 2 litres d'eau et ajouter le sel, le salpêtre et la cassonade. Porter à ébullition en mélangeant, faire bouillir 5 min, puis laisser refroidir.

2 Bien dégraisser le morceau de viande et le plonger dans cette saumure, qui doit le recouvrir. Laisser mariner à température ambiante de 6 à 8 jours en été, de 8 à 10 jours en hiver.

3 Avant son utilisation, mettre la viande à dessaler pendant 12 h en changeant l'eau plusieurs fois. La cuire à l'eau (non assaisonnée) pendant 1 h (30 min par kilo). La servir chaude, coupée en tranches, avec des légumes divers (chou rouge ou vert braisé, choucroute et, en général, tous les légumes accompagnant le bœuf bouilli).

Le bœuf salé s'emploie aussi comme élément de potée. On peut également le servir froid : le faire alors refroidir sous presse, dans un plat recouvert d'une assiette avec un poids dessus.

Préparation : 5 min ■ **Marinade :** 6-10 jours
■ **Dessalage :** 12 h ■ **Cuisson :** 1 h

Fondue chinoise

Pour 4-6 personnes

- 150 g de crevettes roses
- 500 g de faux-filet
- 3 blancs de poulet
- 100 g de lard de poitrine
- 10-12 noix de coquilles Saint-Jacques
- 1 cœur de romaine
- 150 g de champignons de Paris
- 1 botte de cresson
- 100 g de pousses de bambou
- 1 citron
- 3 gousses d'ail
- 4 ciboules ou un bouquet de ciboulette
- 50 g de gingembre frais
- sauce soja
- sauce aux huîtres
- 1 l de bouillon de volaille
- 4-6 œufs frais

1 Décortiquer les crevettes.

2 Couper le faux-filet, le poulet et le lard en très fines lamelles, les saint-jacques en tranches, les crevettes en tronçons. Les disposer dans des coupelles.

3 Effeuiller la romaine, la laver et la ciseler. Nettoyer et émincer les champignons. Laver le cresson et le mettre dans un saladier.

4 Répartir dans des coupes la romaine, les pousses de bambou égouttées, les champignons citronnés. Prévoir aussi des récipients pour les condiments : ail et ciboules hachés, gingembre râpé, sauces.

5 Faire chauffer le bouillon. Le verser dans un poêlon tenu chaud sur un réchaud de table.

6 Chacun trempe la viande, les crevettes ou les noix de saint-jacques dans le bouillon avec une cuillère, puis les assaisonne avec l'un des condiments et les déguste avec les crudités.

7 En fin de repas, verser dans le poêlon le reste des ingrédients pour les faire saisir rapidement. Chaque convive casse 1 œuf dans son bol avant d'y verser une louche de bouillon brûlant.

On peut enrichir le bouillon avec du vermicelle. Accompagner de thé ou de bière chinoise.

Préparation : 30 min ■ **Cuisson :** quelques secondes

Hochepot de queue de bœuf

Pour 4-6 personnes

- 800 g de queue de bœuf
- 2 pieds de porc
- 2 oreilles de porc
- gros sel

1 Faire préparer la queue écorchée et détaillée en morceaux, les pieds coupés et les oreilles entières par le boucher. Les cuire 15 min dans de l'eau salée.

2 Égoutter les viandes, les rafraîchir, les mettre dans une marmite de terre vernissée (ou une cocotte) et recouvrir d'eau froide. Porter à ébul-

- poivre en grains
- 1 chou vert bien pommé
- 3 poireaux
- 2 branches de céleri
- 1 oignon
- 1 clou de girofle
- 4 gousses d'ail
- 4 carottes
- 4 navets
- 1/2 boule de céleri-rave
- 1 c. à soupe de baies de genièvre

lition, écumer plusieurs fois. Ajouter 2 cuillerées à soupe de gros sel et du poivre en grains. Cuire 2 h à feu doux.

3 Pendant ce temps, laver et éplucher tous les légumes. Couper le chou en quartiers et le cuire à l'eau pendant 10 min. Piquer l'oignon du clou de girofle, couper le céleri-rave en morceaux. Ajouter les légumes dans la marmite et cuire encore 2 h. Égoutter.

4 Disposer la queue et les pieds sur le plat et les entourer des légumes avec les oreilles de porc coupées en lanières.

5 Servir le bouillon à part avec du pain grillé.

Préparation : 15 min ■ **Cuisson :** 4 h 15

· ·

Petite marmite à la parisienne

Pour 4-6 personnes

- 2 carottes
- 3 petits navets
- 1/4 de boule de céleri-rave
- 2 blancs de poireau
- 2 petits oignons
- 1/2 chou
- 2,5 l de consommé (➤ voir p. 48)
- 800 g de gîte de bœuf
- 400 g de plat de côtes
- 15 g de beurre
- 2 cuisses de poulet
- 1 ficelle de pain
- 1 gros os à moelle
- sel, poivre

1 Éplucher tous les légumes. Couper carottes, navets, céleri-rave et poireaux en morceaux. Couper les oignons en deux et les faire dorer, sans gras, dans une poêle antiadhésive (ils vont colorer le bouillon). Cuire 10 min le chou à l'eau salée.

2 Verser 2 litres de consommé dans une marmite et ajouter les viandes. Porter à ébullition, écumer plusieurs fois, puis ajouter tous les légumes et cuire 3 h à légers frémissements, en versant de temps en temps un peu de consommé.

3 Dans une poêle, faire fondre le beurre et dorer légèrement les cuisses de poulet, les égoutter, les ajouter dans la marmite et poursuivre la cuisson 50 min.

4 Couper le pain en rondelles et les passer dans le grille-pain. Les garder au chaud dans une serviette.

5 Envelopper l'os à moelle dans une mousseline et l'ajouter à la marmite. Faire mijoter 10 min. Avec une écumoire, enlever la graisse de surface. ➡

6 Déballer l'os à moelle. Sortir la moelle de l'os, en tartiner quelques croûtons et poivrer ; arroser les autres avec un peu de graisse du bouillon, les poivrer également.

7 Verser la marmite dans une grande soupière et la servir bien chaude avec les croûtons à part.

Préparation : 30 min ■ **Cuisson :** 4 h 15 environ

Pot-au-feu

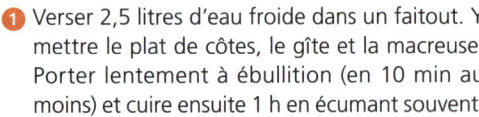

Pour 6 personnes

- 500 g de plat de côtes
- 500 g de gîte
- 500 g de macreuse
- 1 oignon
- 4 clous de girofle
- 4 gousses d'ail
- 1 bouquet garni
- 6-8 grains de poivre
- 1 c. à soupe de gros sel
- 5 carottes
- 5 navets
- 3 panais
- 4 blancs de poireau
- 2 branches de céleri
- 4 os à moelle

1 Verser 2,5 litres d'eau froide dans un faitout. Y mettre le plat de côtes, le gîte et la macreuse. Porter lentement à ébullition (en 10 min au moins) et cuire ensuite 1 h en écumant souvent.

2 Éplucher l'oignon et le piquer des clous de girofle. Éplucher et écraser l'ail. L'ajouter dans la marmite avec le bouquet garni, les grains de poivre et le gros sel. Porter de nouveau à ébullition, écumer, puis baisser le feu et laisser mijoter 2 h. Écumer de temps en temps.

3 Pendant ce temps, éplucher, laver tous les légumes et les couper en gros morceaux ; les ajouter dans le faitout. Poursuivre la cuisson pendant 30 min.

4 Envelopper les os à moelle de mousseline, les ajouter et cuire encore 30 min. Passer régulièrement un papier absorbant à la surface du pot-au-feu pour le dégraisser.

5 Égoutter les viandes, les légumes et les os à moelle et les disposer dans un grand plat creux chauffé.

6 Passer le bouillon dans une soupière. Arroser le plat de 2 ou 3 cuillerées à soupe de ce liquide.

7 Servir avec gros sel, cornichons, moutarde et pain grillé pour la moelle.

Préparation : 30 min ■ **Cuisson :** 4 h

Bœuf : rôtissage, grillade, cuisson à la poêle

Bavette à l'échalote

Pour 4 personnes

- 100 g d'échalotes grises
- 40 g de beurre
- 4 morceaux de bavette de 120-150 g
- 2 c. à soupe de vinaigre de vin rouge
- 1 c. à soupe de persil haché
- sel, poivre

1. Éplucher et hacher les échalotes.
2. Faire fondre le beurre dans une poêle et y saisir les tranches de bavette de chaque côté. Ajouter les échalotes et les faire revenir. Saler et poivrer.
3. Sortir les biftecks et les disposer sur le plat de service.
4. Verser le vinaigre dans la poêle et bien le mélanger en grattant avec une cuillère en bois. Puis baisser le feu et faire réduire d'un tiers. Verser sur la viande, parsemer de persil haché et servir tout de suite.

Si l'on souhaite une bavette très saignante, sortir les tranches de la poêle au moment d'y mettre les échalotes.

Préparation : 15 min ■ **Cuisson :** 10-15 min

Bifteck à cheval

Pour 4 personnes

- 60 g de beurre
- 400 g de bifteck haché reconstitué
- 4 œufs
- sel
- poivre du moulin

1. Faire chauffer 20 g de beurre dans une poêle antiadhésive, puis mettre les biftecks. Laisser cuire 2 min, retourner à la spatule et faire cuire 2 min de l'autre côté. Saler et poivrer.
2. Disposer les biftecks dans le plat de service chauffé et garder au chaud.
3. Dans une petite poêle, faire fondre une noisette de beurre. Casser un œuf et le cuire rapidement, puis saler. Le faire glisser sur un des biftecks hachés. Faire de même avec les 3 autres œufs. Donner un tour de moulin sur chaque œuf. Servir aussitôt, avec du ketchup ou de la moutarde.

Préparation : 2 min ■ **Cuisson :** 15 min

Brochettes de filet de bœuf mariné

Pour 4-6 personnes

- cerfeuil, ciboulette, estragon, persil : 5 brins de chaque
- 2 dl d'huile d'olive
- 800 g de filet de bœuf
- 200 g de poitrine fumée
- 1 poivron vert
- 8 gros champignons de Paris
- 1/2 citron
- 12 petits oignons
- 12 tomates cerises
- sel, poivre

① Effeuiller et hacher les fines herbes. Les mélanger avec 1,5 dl d'huile d'olive, saler et poivrer.

② Couper le filet et la poitrine en cubes de 3 cm de côté environ. Les faire mariner dans l'huile 30 min.

③ Épépiner et couper le poivron en carrés de 3 cm de côté.

④ Trancher les champignons de Paris au ras du chapeau et les citronner. Les faire sauter à l'huile avec les morceaux de poivron. Les sortir et les égoutter sur un papier absorbant dès que le poivron est assoupli.

⑤ Monter les brochettes en alternant tous les ingrédients et les faire griller 7 ou 8 min.

Marinade : 30 min ■ **Préparation :** 20 min
■ **Cuisson :** 7-8 min

Chateaubriand maître d'hôtel

Pour 4 personnes

- 40 g de beurre maître d'hôtel (➤ voir p. 39)
- 800 g de toutes petites pommes de terre nouvelles
- 50 g de beurre
- 1 c. à soupe d'huile d'arachide
- 4 chateaubriands de 150-200 g chacun
- sel, poivre

① Préparer le beurre maître d'hôtel et le garder au frais.

② Brosser les pommes de terre, les laver et les éponger. Faire chauffer 25 g de beurre et l'huile dans une poêle. Ajouter les pommes de terre et les faire cuire doucement à couvert pendant 20 min en les remuant souvent. Saler, poivrer.

③ Faire fondre le reste de beurre dans une poêle. Quand il est bien chaud, cuire les chateaubriands pendant 4 min sur chaque face. Les égoutter et les disposer sur le plat de service chaud.

④ Entourer de pommes de terre et ajouter un morceau de beurre maître d'hôtel sur chaque chateaubriand.

Préparation : 15 min ■ **Cuisson :** 30 min

Côte de bœuf rôtie à la bouquetière

Pour 4 personnes

- 2 bottes de petites carottes
- 3 petits navets
- 100 g de haricots verts
- 4 fonds d'artichaut
- 200 g de chou-fleur
- 140 g de beurre
- 100 g de petits pois
- 400 g de petites pommes de terre nouvelles
- 1 côte de bœuf avec os de 1,4 kg
- 1/2 verre de bouillon de bœuf
- sel, poivre

❶ Préparer la garniture à la bouquetière : nettoyer tous les légumes et cuire séparément et à l'eau salée les carottes et les petits navets coupés en morceaux, les haricots verts, les fonds d'artichaut entiers et les bouquets de chou-fleur. Les égoutter et les passer rapidement à la poêle avec 50 g de beurre.

❷ Cuire les petits pois à la française (➤ voir p. 769) et en garnir les fonds d'artichaut. Cuire les pommes de terre à la poêle dans 50 g de beurre. Tenir au chaud tous les légumes.

❸ Préchauffer le four à 250 °C. Saler et poivrer la côte de bœuf, l'arroser de 40 g de beurre fondu et la cuire au four (18 min environ par kilo). L'égoutter, la recouvrir d'une feuille d'aluminium et la garder 30 min dans le four éteint pour que la chaleur se répartisse uniformément à l'intérieur.

❹ Dresser la côte sur le plat de service.

❺ Faire chauffer le bouillon et le verser dans le plat de cuisson de la viande, sur feu moyen ; bien gratter les sucs avec une cuillère en bois. Faire réduire pour rendre le jus onctueux.

❻ Entourer la côte de tous les légumes en bouquets et la napper du jus réduit.

Préparation : 1 h ■ **Cuisson :** 30 min environ ■ **Repos :** 30 min

Entrecôte bordelaise

Pour 4 personnes

- 2 entrecôtes de 400 g environ chacune
- 4-5 échalotes grises
- 125 g de beurre
- 1 c. à soupe d'huile d'arachide
- 1 brin de thym
- 1 c. à soupe de persil plat haché
- 0,5 l de bordeaux rouge
- sel, poivre concassé

1. Sortir la viande du réfrigérateur 1 h avant la cuisson.
2. Hacher finement les échalotes.
3. Faire chauffer 25 g de beurre et l'huile dans une grande poêle. Faire cuire les entrecôtes 4 ou 5 min sur feu moyen, les retourner et poursuivre la cuisson pendant 3 ou 4 min. Les retirer et mettre dans le plat de service au chaud. Verser le jus rendu dans un bol.
4. Jeter la graisse de cuisson de la poêle et remettre celle-ci sur le feu avec 20 g de beurre. Ajouter les échalotes et les faire fondre 2 ou 3 min en remuant sans arrêt sur feu moyen. Saler, ajouter 1 cuillerée à café de poivre concassé, le thym émietté et le persil. Remuer, puis verser le vin rouge.
5. Faire réduire cette sauce sur feu vif pendant 5 min, ajouter le jus des entrecôtes et mélanger. Incorporer le reste de beurre en parcelles en fouettant.
6. Quand la sauce est onctueuse, la passer, en napper les entrecôtes et servir aussitôt.

On peut aussi ne pas passer la sauce si on aime le goût de l'échalote confite dans le vin rouge. Ces entrecôtes bordelaises peuvent s'accompagner de pommes noisettes (➤ voir p. 781).

Préparation : 10 min (1 h à l'avance)

■ **Cuisson :** 15 min environ

Entrecôte grand-mère

Pour 4 personnes

- 12 petits oignons glacés (➤ voir p. 759)
- 1 citron

1. Préparer les petits oignons glacés. Laver les têtes de champignon et les cuire à l'eau bouillante salée et citronnée.
2. Plonger les petits lardons dans de l'eau froide, les porter à ébullition et les égoutter.

- 12 têtes de champignons de Paris
- 100 g de petits lardons tout prêts
- 1 entrecôte de 600 g
- 30 g de beurre
- 1 dl de bouillon
- 1 c. à soupe de persil haché
- sel, poivre

3 Cuire l'entrecôte à la poêle avec le beurre 3 ou 4 min d'un côté. La retourner, la cuire 1 min et ajouter oignons, champignons et lardons. Bien mélanger. Continuer la cuisson 2 ou 3 min (ou plus si on veut une viande cuite à point).

4 Disposer l'entrecôte dans le plat de service chaud avec ses garnitures et tenir au chaud.

5 Verser le bouillon dans la poêle, bien gratter, mélanger et faire réduire du tiers environ. Verser ce jus sur l'entrecôte. Parsemer de persil.

Cette entrecôte peut s'accompagner de pommes de terre sautées (➤ voir p. 787).

Préparation : 20 min ■ **Cuisson :** 10 min environ

Entrecôte Mirabeau

Pour 4 personnes

- 15 olives vertes
- 40 g de beurre d'anchois (➤ voir p. 35)
- 1/2 bouquet d'estragon
- 8 filets d'anchois à l'huile
- 2 entrecôtes de 250-300 g
- 1 c. à soupe d'huile
- poivre

1 Dénoyauter les olives, les plonger dans de l'eau bouillante et les égoutter au bout de 2 min. Préparer le beurre d'anchois.

2 Détacher les feuilles d'estragon, les plonger dans de l'eau bouillante et les retirer aussitôt.

3 Éponger les filets d'anchois et les couper en lanières.

4 Huiler au pinceau les entrecôtes, les poivrer. Les faire griller 2 min de chaque côté environ (ou plus si l'on veut une viande cuite à point). Disposer par-dessus les lanières de filets d'anchois.

5 Garnir avec les feuilles d'estragon blanchies, les olives et des parcelles de beurre d'anchois.

Préparation : 15 min ■ **Cuisson :** 5 min environ

Entrecôte poêlée à la bourguignonne

Pour 4 personnes

- 1 dl de sauce demi-glace
  (➤ voir p. 52)
- 2 entrecôtes
  de 300-400 g
- 30 g de beurre
- 1 dl de vin rouge
- sel, poivre

1 Décongeler la sauce demi-glace.

2 Saler et poivrer les entrecôtes. Faire fondre le beurre dans une poêle. Cuire les entrecôtes 2 ou 3 min de chaque côté (plus pour une viande à point). Les retirer et les mettre au chaud sur le plat de service.

3 Verser le vin rouge et la sauce demi-glace dans la poêle, bien mélanger et gratter, faire réduire jusqu'à ce que le jus soit onctueux et napper les entrecôtes.

Préparation : 30 min ■ **Cuisson :** 15 min environ

Entrecôte poêlée à la lyonnaise

Pour 4 personnes

- 1 dl de sauce demi-glace
  (➤ voir p. 52)
- 2 gros oignons
- 50 g de beurre
- 2 entrecôtes de 300-
  400 g
- 2 c. à soupe de vinaigre
- 1 c. à dessert de persil
  haché
- sel, poivre

1 Décongeler la demi-glace.

2 Éplucher les oignons, les couper finement et les faire fondre dans 30 g de beurre.

3 Dans une poêle, faire fondre le reste du beurre. Saler et poivrer les entrecôtes et les saisir 1 min de chaque côté. Ajouter les oignons et continuer la cuisson de la viande 2 ou 3 min de chaque côté.

4 Verser le tout dans le plat de service et garder au chaud.

5 Verser le vinaigre dans la poêle et « déglacer » (bien gratter avec une cuillère en bois). Ajouter la demi-glace, mélanger et faire réduire jusqu'à ce que la sauce soit bien onctueuse. Ajouter le persil haché, mélanger et verser sur l'entrecôte.

Préparation : 30 min ■ **Cuisson :** 15 min environ

Entrecôte vert-pré

Pour 4 personnes

- 80 g de beurre maître d'hôtel (➤ voir p. 39)
- 1/2 botte de cresson
- 300 g de pommes paille (➤ voir p. 785)
- 2 entrecôtes de 300 g environ
- sel, poivre

1 Préparer le beurre maître d'hôtel, le façonner en boudin, le rouler dans une feuille d'aluminium ou un film alimentaire et le mettre au réfrigérateur pendant 1 h au moins.

2 Préparer le cresson en bouquets. Faire les pommes paille.

3 Saler et poivrer les entrecôtes et les griller pendant 2 ou 3 min de chaque côté ; les disposer sur le plat de service chaud.

4 Couper le beurre maître d'hôtel en rondelles et les poser sur les entrecôtes. Garnir de bouquets de cresson et de pommes paille.

Repos : 1 h ■ **Préparation :** 30 min
■ **Cuisson :** 10 min environ

Filet de bœuf en brioche

Pour 4-6 personnes

- 500 g de pâte à brioche (➤ voir p. 109)
- 3 dl de sauce Périgueux (➤ voir p. 83)
- 25 g de beurre
- 3 c. à soupe d'huile d'arachide
- 1 kg de filet de bœuf (ficelé sans bardes)
- 1 œuf
- sel, poivre

1 Préparer la pâte à brioche et la sauce Périgueux.

2 Préchauffer le four à 260 °C. Dans une cocotte, faire fondre le beurre et l'huile, et y dorer, à feu vif, le filet sur toutes ses faces. Verser le contenu de la cocotte dans un plat et cuire au four 10 min. Arroser la viande 2 ou 3 fois.

3 Égoutter la viande, la saler, poivrer et laisser refroidir.

4 Régler le four à 220 °C. Abaisser la pâte en formant un rectangle assez grand pour envelopper le filet.

5 Battre l'œuf dans un bol.

6 Déficeler le filet et le poser au centre de la pâte, dans le sens de la longueur. Badigeonner d'œuf battu toute la pâte autour du filet. Replier un côté puis rouler le filet sur l'autre pour l'enfermer. Bien appuyer. Trancher les deux extrémités de la pâte un peu au-delà de la viande et bien les fermer. Badigeonner tout le dessus d'œuf battu. ➔

7 On peut tailler, avec un emporte-pièce, des motifs dans le reste de la pâte, et les poser sur le dessus de la croûte pour la décorer. Les dorer aussi à l'œuf.

8 Déposer le filet en brioche sur une plaque allant au four, légèrement beurrée et farinée, et faire cuire 30 min. Servir avec la sauce Périgueux en saucière.

Préparation : 3 h environ ■ **Cuisson :** 30 min

Filet de bœuf à la Frascati

Pour 4 personnes

- 4 dl de sauce demi-glace (➤ voir p. 52)
- 1 dl de porto
- 1 botte d'asperges
- 50 g de beurre
- 8 gros champignons de Paris
- 1 petite truffe
- 0,5 dl de madère
- 500 g de filet de bœuf non bardé
- 1 c. à soupe d'huile d'arachide
- 160 g de foie gras cru de canard
- sel, poivre

1 Préparer la demi-glace, lui ajouter le porto et la garder au chaud.

2 Éplucher les asperges, les cuire à l'eau bouillante salée. Garder les pointes un peu fermes. Égoutter et couper les asperges au ras des pointes (les queues serviront pour un potage). Les réchauffer doucement avec 20 g de beurre. Les tenir au chaud.

3 Préchauffer le four à 240 °C. Nettoyer les têtes de champignon (garder les queues pour une autre utilisation) et les cuire doucement dans 20 g de beurre avec du sel et du poivre. Les garder au chaud.

4 Couper la truffe en petits bâtonnets et la chauffer très doucement dans le madère.

5 Huiler le filet, l'assaisonner et le rôtir 15 min au four.

6 Couper le foie gras frais en 4 tranches et les cuire avec le reste de beurre 1 min de chaque côté dans une poêle antiadhésive bien chaude.

7 Garnir 5 ou 6 têtes de champignon avec les asperges, et les autres avec la truffe.

8 Mettre le rôti dans le plat de service et disposer autour les champignons et les escalopes de foie gras. Napper légèrement de la demi-glace au porto.

Préparation : 45 min ■ **Cuisson :** 15 min

Hamburgers à la tomate

Pour 4 personnes

- 1 oignon
- 1 échalote
- 70 g de beurre
- 2 grosses tomates
- 1 c. à soupe d'huile
- 500 g de bifteck haché
- 1 œuf
- 1 c. à soupe de concentré de tomate
- 3 c. à soupe de persil haché
- 6 c. à soupe de ketchup
- tabasco
- sel, poivre

❶ Hacher finement l'oignon et l'échalote. Faire fondre 15 g de beurre dans une petite casserole et faire revenir ce hachis pendant 3 ou 4 min. Retirer du feu.

❷ Couper horizontalement les tomates en deux, les badigeonner d'huile, les faire griller, saler et poivrer.

❸ Mettre la viande dans une terrine, ajouter le hachis, l'œuf, le concentré de tomate, le persil, du sel et du poivre et mélanger. Partager en 4 portions. Avec les mains mouillées, façonner 4 boulettes, les aplatir en palets bien compacts.

❹ Faire chauffer le reste de beurre dans une poêle, y cuire les hamburgers de chaque côté 4 min environ.

❺ Mélanger le ketchup avec quelques gouttes de tabasco, du sel et du poivre.

❻ Disposer les tomates dans un plat rond. Poser les hamburgers par-dessus, napper du ketchup et servir.

Préparation : 15 min ■ **Cuisson :** 10 min environ

Onglet poêlé à l'échalote

Pour 4 personnes

- 2 tranches d'onglet de 200 à 250 g
- 40 g de beurre
- 8-10 échalotes hachées
- 3 c. à soupe de vinaigre
- sel, poivre

❶ Inciser très légèrement en croisillons les 2 faces de chaque tranche d'onglet. Chauffer le beurre dans une poêle et y dorer vivement la viande, 3 ou 4 min de chaque côté. Saler et poivrer largement. Égoutter et mettre au chaud.

❷ Verser les échalotes hachées dans la poêle et les faire doucement blondir. Ajouter le vinaigre, décoller les sucs de cuisson à l'aide d'une cuillère en bois, et faire réduire le jus de moitié.

❸ Verser ce jus sur l'onglet. Servir tout de suite.

Préparation : 15 min ■ **Cuisson :** 6-8 min

Rosbif : cuisson

1. Sortir le rosbif du réfrigérateur au moins 1 h avant la cuisson. Prévoir un temps de cuisson de 10 à 15 min pour 500 g selon l'épaisseur du rôti.

2. Préchauffer le four à 250 °C. Mettre le rosbif directement dans un plat s'il est bardé, sinon l'huiler au pinceau. Le cuire de 8 à 10 min puis baisser la température du four à 200 °C, le saler et le poivrer à ce moment et continuer la cuisson selon le poids.

3. Lorsque le temps de cuisson est terminé, couvrir le rosbif d'une feuille d'aluminium et le laisser 5 min dans le four éteint, porte ouverte, puis sortir le plat et attendre encore quelques minutes : les sucs se répartiront mieux dans la chair uniformément rose et chaude à cœur, qui sera plus facile à découper. Le mettre dans le plat de service.

4. Si le rosbif est cuit sans barde, faire chauffer le plat sur le feu pour colorer légèrement les sucs, puis verser quelques cuillerées de fond de veau (➤ voir p. 49) ou d'eau et décoller les sucs avec une cuillère en bois. On obtient un jus onctueux. Le passer et le verser dans une saucière chaude.

5. Si le rosbif est cuit entouré de bardes, il faut alors jeter cette graisse puis « déglacer » de la même façon.

Steaks hachés au roquefort

Pour 4 personnes

- 60 g de beurre de roquefort (➤ voir p. 41)
- 1 c. à soupe de poivre vert
- 8 baies de genièvre

1. Préparer le beurre de roquefort.

2. Écraser légèrement le poivre vert et les baies de genièvre et les mélanger au bifteck haché. Façonner la viande avec les mains en 4 boulettes et les aplatir.

3. Faire fondre le beurre dans une poêle et y cuire les steaks hachés 3 min environ de chaque côté.

- 500 g de bifteck haché
- 20 g de beurre

④ Retirer les steaks de la poêle et les mettre dans un plat de service allant au four. Les tartiner de beurre de roquefort et passer sous le gril pendant 1 min. Servir aussitôt.

Une purée de pomme de terre (➤ voir p. 788) ou de céleri-rave (➤ voir p. 676) accompagne très bien ces steaks.

Préparation : 10 min ■ **Cuisson :** 7 min

Steaks au poivre

Pour 4 personnes

- 4 c. à soupe de cognac
- 4 tranches de filet de bœuf de 180 g et de 3 cm d'épaisseur
- 4 c. à soupe de poivre noir concassé
- 30 g de beurre
- 1,5 dl de crème fraîche
- sel

① Verser le cognac dans un plat creux, y déposer les steaks et les y laisser 1 min environ de chaque côté.

② Mettre le poivre concassé dans une autre assiette et y passer chaque steak une face après l'autre en appuyant pour que les grains adhèrent à la viande. Laisser reposer 15 min.

③ Faire fondre le beurre dans une poêle et y dorer les steaks 2 ou 3 min de chaque côté sur feu vif. Les retirer, jeter le beurre de cuisson.

④ Verser le cognac resté dans le plat creux dans une petite casserole et le chauffer (ou le chauffer dans un bol au micro-ondes).

⑤ Remettre les steaks dans la poêle, verser le cognac et flamber. Retirer les steaks de la poêle et les mettre au chaud sur le plat de service.

⑥ Ajouter la crème dans la poêle, mélanger à la spatule en grattant bien les sucs de cuisson et porter à ébullition. Retirer du feu. Ajouter dans cette sauce le jus des steaks écoulé dans le plat de service. Mélanger et napper les steaks de sauce.

Repos : 15 min ■ **Préparation :** 5 min
■ **Cuisson :** 4-6 min

Tournedos chasseur

Pour 4-6 personnes

- 2-3 dl de sauce chasseur (➤ voir p. 75)
- 4 ou 6 tournedos de 120 g environ
- 20 g de beurre
- 1 c. à soupe de persil
- sel, poivre

1 Préparer la sauce chasseur et la garder au chaud.

2 Saler et poivrer les tournedos. Faire fondre le beurre dans une poêle et les y cuire pendant 2 ou 3 min de chaque côté. Les égoutter et les placer sur le plat chaud.

3 Napper de la sauce, saupoudrer de persil haché et servir aussitôt.

Préparation : 30 min ■ **Cuisson :** 4-6 min

Tournedos Choron

Pour 4-6 personnes

- 2-3 dl de sauce Choron (➤ voir p. 91)
- 4 ou 6 tournedos de 120 g environ
- sel
- poivre concassé

1 Préparer la sauce Choron et la garder au tiède en saucière.

2 Saler et poivrer les tournedos. Les faire griller 2 ou 3 min de chaque côté. Servir aussitôt avec la sauce.

Des pommes paille (➤ voir p. 785) ou pont-neuf (➤ voir p. 784) accompagnent très bien ces tournedos.

Préparation : 25 min ■ **Cuisson :** 6 min environ

Tournedos Rossini

Pour 4 personnes

- 4 tranches de pain de mie rond
- 150 g de foie gras cru de canard
- 1 truffe
- 4 tournedos de 130 g

1 Écroûter les tranches de pain de mie.

2 Couper le foie gras en 4 tranches. Détailler la truffe en lamelles. Saler et poivrer les tournedos.

3 Dans une poêle, faire frire les tranches de pain de mie dans 30 g de beurre. Les égoutter et les garder au chaud sur le plat de service.

4 Dans une poêle antiadhésive, cuire les tranches de foie gras pendant 1 min de chaque côté.

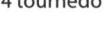

- 60 g de beurre
- 0,5 dl de madère
- sel, poivre

Les retirer avec une écumoire et les laisser au chaud sur du papier absorbant.

⑤ Mettre les lamelles de truffe dans la poêle avec 10 g de beurre, les retourner et les égoutter aussi sur du papier absorbant.

⑥ Cuire les tournedos (sans barde), dans une autre poêle avec 20 g de beurre, 2 ou 3 min de chaque côté. Les sortir et les déposer sur chaque croûton. Disposer dessus l'escalope de foie gras, puis les lamelles de truffe.

⑦ Verser le madère dans la poêle, décoller les sucs de cuisson avec une cuillère en bois, napper les tournedos et servir immédiatement.

Préparation : 20 min ■ **Cuisson :** 6-8 min

Bœuf : friture

Fondue bourguignonne

Pour 4-6 personnes

- sauces et condiments différents
- 800 g à 1 kg de romsteck
- 1 l d'huile d'arachide
- 1 gousse d'ail
- sel
- poivre du moulin

❶ Préparer d'abord un assortiment de sauces : béarnaise (➤ voir p. 90) relevée d'un peu de concentré de tomate, mayonnaise (➤ voir p. 93) relevée au whisky ou au cognac, tapenade (➤ voir p. 47), rouille (➤ voir p. 94), et de condiments : moutardes différentes, beurre d'anchois (➤ voir p. 35), cornichons, petits oignons au vinaigre, chutneys.

❷ Tailler la viande en cubes de 2 cm de côté.

❸ Peler la gousse d'ail, en frotter l'intérieur du poêlon (de préférence en fonte).

❹ Faire chauffer l'huile avec 1 pincée de sel dans une casserole, la verser dans le poêlon. Poser le poêlon sur un réchaud de table allumé pour maintenir l'huile frémissante.

❺ Chacun pique un cube de viande au bout d'une fourchette et le trempe dans l'huile, juste le temps de le saisir.

Préparation : 10 min (sans les sauces)

Bœuf : braisage

Bœuf bourguignon

Pour 4-6 personnes

- 1,2 kg de bœuf à braiser
- 2 carottes
- 2 gros oignons
- 3 gousses d'ail
- 5 dl de fond de veau (➤ voir p. 49)
- 2 c. à soupe d'huile
- 150 g de lardons tout prêts
- 2 c. à soupe de farine
- 6 dl de vin de Bourgogne
- 1 bouquet garni
- 12 petits oignons glacés (➤ voir p. 759)
- 200 g de champignons de Paris
- 20 g de beurre
- 200 g de croûtons à l'ail (➤ voir p. 822)
- sel, poivre

1. Couper le bœuf en morceaux de 5 cm de côté environ.
2. Éplucher les carottes, les oignons et l'ail. Couper les carottes et les oignons en rondelles. Écraser 1 gousse d'ail. Préparer le fond de veau (décongeler un fond maison ou employer un fond du commerce).
3. Préchauffer le four à 250 °C.
4. Faire chauffer l'huile dans une cocotte, y faire revenir les lardons puis les retirer.
5. Mettre les morceaux de bœuf dans la cocotte et les dorer sur toutes les faces. Ajouter les carottes et les oignons, les faire revenir doucement, saler et poivrer. Égoutter tout, jeter le gras de la cocotte et remettre la viande, les carottes et les oignons. Saupoudrer de farine, bien mélanger, laisser encore dorer un peu.
6. Verser le fond de veau ainsi que le vin dans la cocotte. Ajouter l'ail écrasé, le bouquet garni, bien mélanger et cuire à couvert, tout doucement, de 2 h 15 à 2 h 30.
7. Pendant ce temps, préparer les oignons glacés. Nettoyer les champignons, les couper en morceaux et les cuire pendant 10 min dans 20 g de beurre.
8. Préparer les croûtons avec du pain de campagne.
9. Sortir les morceaux de bœuf, les mettre dans un plat de service creux.
10. Dégraisser et faire éventuellement réduire le liquide de cuisson, puis le passer. Le remettre dans une casserole, y ajouter les lardons, les petits oignons glacés et les champignons poêlés. Goûter et rectifier l'assaisonnement.
11. Réchauffer et verser sur le bœuf. Servir, comme en Bourgogne, avec les croûtons.

Préparation : 45 min ■ **Cuisson :** 2 h 30 environ

Bœuf braisé à la gardiane

Pour 4-6 personnes

- 1,2 kg d'aiguillette
- 30 g de lardons
- 3 gros oignons
- 6 gousses d'ail
- 2 c. à soupe d'huile
- 2 clous de girofle
- basilic, laurier, romarin, sarriette, thym en poudre (1 pincée de chaque)
- 2 dl de vin blanc
- 1,5 l de fond brun clair

1 Avec la pointe d'un couteau, faire de petites entailles dans l'aiguillette, y introduire les lardons, puis la ficeler.

2 Couper les oignons en rondelles. Éplucher l'ail.

3 Chauffer l'huile dans une cocotte et y faire dorer la viande de tous les côtés. Ajouter les oignons, l'ail, les clous de girofle et tous les aromates, verser le vin, réduire et ajouter le fond de veau (➤ voir p. 53). Couvrir et laisser mijoter à feu très doux 2 h 30 au moins.

4 Surveiller la cuisson et ajouter 1 cuillerée d'eau de temps en temps.

5 Servir l'aiguillette coupée en tranches et nappée de sa cuisson réduite de moitié.

Préparation : 15 min ■ **Cuisson :** 2 h 30

Bœuf braisé porte-maillot

Pour 4-6 personnes

- 80 g de lard gras
- 1 dl d'huile
- 3 c. à soupe de cognac
- 1 c. à soupe de fines herbes, 1 gousse d'ail
- 1,2 kg d'aiguillette
- 1,5 l de bouillon de bœuf (➤ voir p. 48)
- 2 dl de vin blanc
- 20 petits oignons glacés (➤ voir p. 759)
- 3 bottes de carottes nouvelles
- 5 navets
- 150 g de haricots verts
- 2 c. à soupe de persil

1 Couper le lard en bâtonnets fins.

2 Dans un petit saladier, mélanger 0,5 dl d'huile, le cognac, les fines herbes et l'ail hachés, saler et poivrer. Ajouter les lardons et laisser mariner 12 h.

3 Égoutter les lardons. Faire des entailles dans l'aiguillette, y introduire les lardons.

4 Verser le reste d'huile dans une cocotte. Faire revenir l'aiguillette sur toutes ses faces. L'égoutter et jeter l'huile. Remettre la viande aussitôt dans la cocotte.

5 Préparer le bouillon (ou bien reconstituer un bouillon déshydraté) et l'ajouter, ainsi que le vin blanc et la marinade. Cuire à feu doux pendant 2 h 30.

6 Pendant ce temps, préparer les petits oignons glacés.

7 Éplucher les carottes et les petits navets, les couper en morceaux et les glacer également (➤ voir carottes glacées p. 670). ➤

8 Effiler et cuire les haricots verts à la vapeur en les gardant un peu fermes, puis les égoutter et réserver au chaud. Ajouter les légumes glacés dans la cocotte et cuire encore 2 min.

9 Égoutter et disposer la viande dans un plat long chauffé, avec les légumes autour, en bouquets. Tenir au chaud.

10 Dégraisser le fond de cuisson, le passer et le faire réduire pour qu'il soit bien onctueux. Goûter et rectifier l'assaisonnement.

11 Parsemer la garniture de persil ciselé et présenter la sauce à part, en saucière.

Préparation : 20 min ■ **Marinade :** 12 h
■ **Cuisson :** 2 h 45 environ

Bœuf du Brandebourg

Pour 4-6 personnes

- 1,2 kg de plat de côtes découvert désossé
- 800 g d'oignons
- 3 c. à soupe d'huile d'arachide
- 1 feuille de laurier
- 2 clous de girofle
- 2 tranches de pain d'épice
- 1 citron non traité
- 1 c. à soupe de câpres
- sel, poivre

1 Couper la viande en gros dés, la saler et la poivrer.

2 Éplucher les oignons et les couper en lamelles.

3 Faire chauffer l'huile dans une cocotte et y dorer la viande sur toutes ses faces, puis la retirer.

4 Verser les oignons et les faire fondre à feu doux, sans les laisser colorer. Ajouter le laurier, les clous de girofle écrasés et 4 verres d'eau froide. Dès l'ébullition, remettre la viande dans la cocotte et laisser mijoter 1 h 30 à couvert.

5 Pendant ce temps, faire dessécher au four ou au grille-pain les tranches de pain d'épice et les émietter.

6 Râper le zeste de citron, presser le jus.

7 Égoutter la viande et la disposer dans le plat de service. Couvrir et garder au chaud.

8 Ajouter dans la cocotte le pain d'épice émietté, les câpres égouttées, le jus et le zeste du citron, du poivre du moulin. Faire réduire 5 min. Arroser la viande de la sauce et servir.

Préparation : 30 min ■ **Cuisson :** 1 h 30

Bœuf en gelée

Pour 8 personnes

- 1 kg de joues de bœuf
- 2 carottes
- 1 oignon
- 2 navets
- 2 poireaux
- 1 branche de céleri
- 1 gousse d'ail
- 3 branches de persil
- thym, laurier
- clou de girofle
- 1 sachet de gelée
- gros sel, poivre

1 Mettre les joues de bœuf dans un faitout et les couvrir largement d'eau froide. Porter à ébullition et laisser cuire 20 min en écumant régulièrement.

2 Éplucher et laver les carottes, l'oignon, les navets, les poireaux et le céleri. Peler la gousse d'ail.

3 Préparer un bouquet garni en ficelant ensemble les poireaux, le céleri, le persil, 1 branche de thym et 1 feuille de laurier. Piquer l'oignon d'un clou de girofle. Mettre les carottes, les navets, le bouquet garni, l'ail et l'oignon dans le faitout, saler et poivrer. Cuire à petite ébullition 1 h 40 en écumant souvent.

4 Retirer la viande puis les légumes et laisser refroidir. Filtrer et mesurer la quantité de bouillon nécessaire et verser dedans la gelée en poudre. Rectifier l'assaisonnement et faire refroidir.

5 Verser une mince couche de gelée dans le fond d'un moule à cake (assez grand pour contenir la viande et les légumes) et placer celui-ci au froid.

6 Découper la viande en tranches régulières.

7 Détailler les carottes et les navets en rondelles. Fendre en deux, dans la longueur, les poireaux et le céleri.

8 Disposer une couche de viande dans le moule, ajouter les carottes et les navets. Continuer à remplir le moule en couches alternées, en plaçant le poireau et le céleri au centre. Verser doucement toute la gelée dessus et laisser pénétrer jusqu'au fond du moule. Mettre au froid pendant 10 h, au minimum.

9 Démouler le bœuf en gelée, le couper en tranches et le servir avec des cornichons.

Ce plat s'accompagne aussi d'une salade verte ou d'une salade de tomates et de haricots verts.

Préparation : 1 h 15 environ (24 h à l'avance)

■ **Cuisson :** 2 h

Bœuf mode

Pour 6 personnes

- 125 g de lard gras
- 1 dl de cognac
- 1 brin de thym
- 1 feuille de laurier
- 3 oignons
- 1 kg de carottes
- 3 gousses d'ail
- 1,5 kg de culotte de bœuf
- 1 l de vin rouge
- 1,5 dl d'huile d'olive
- 1 bouquet garni
- 1 pied de veau désossé
- 150 g de couenne
- 5 dl de bouillon de bœuf (➤ voir p. 48)
- sel, poivre

1 Couper le lard en gros bâtonnets et les faire mariner 1 h dans le cognac avec le thym et le laurier émiettés.

2 Éplucher oignons, carottes et ail. Les couper en rondelles.

3 Égoutter et larder la viande (➤ voir bœuf porte-maillot p. 449), la saler et poivrer généreusement et la mettre dans un grand saladier. Ajouter le cognac de la marinade, le vin rouge, 1 dl d'huile d'olive, les oignons, les carottes, l'ail, le bouquet garni, quelques grains de poivre et laisser mariner 5 ou 6 h. Retourner plusieurs fois la viande pendant ce temps pour qu'elle s'imprègne bien des différents parfums.

4 Dans une casserole, mettre le pied de veau et la couenne, recouvrir d'eau froide et porter à ébullition pendant 5 min.

5 Préchauffer le four à 200 °C.

6 Sortir la viande de sa marinade et l'éponger soigneusement. Égoutter les éléments de la marinade.

7 Faire dorer la viande de tous les côtés dans une cocotte à fond épais avec le reste d'huile d'olive. La retirer, jeter l'huile, remettre la viande dans la cocotte et y ajouter les éléments de la marinade, puis la couenne et le pied de veau égouttés. Mouiller avec la marinade et le bouillon. Saler, couvrir, porter à ébullition, puis mettre dans le four pendant 2 h 30 environ.

8 Couper le bœuf en tranches régulières et le pied de veau en dés. Répartir ces dés avec les carottes autour des tranches de bœuf. Passer le fond de braisage au-dessus de la viande et servir bien chaud.

Préparation : 30 min ■ **Marinade :** 7 h environ
■ **Cuisson :** 2 h 30

Bœuf Stroganov

Pour 4-6 personnes

- 800 g de filet de bœuf
- 4 oignons
- 3 échalotes
- 1 grosse carotte
- 1 feuille de laurier
- 1 brin de thym
- 1 bouteille de vin blanc
- 200 g de champignons de Paris
- 80 g de beurre
- 1 verre à liqueur de cognac
- 1,5 dl de crème fraîche épaisse
- 2 c. à soupe de persil haché
- sel, poivre

1. Couper le filet de bœuf en lamelles de 2,5 cm de longueur. Saler et poivrer.

2. Éplucher et hacher les oignons et les échalotes, peler et couper la carotte. Mettre ces légumes dans une terrine. Ajouter les lamelles de filet, le laurier et le thym émiettés et verser le vin blanc. Laisser mariner au moins 12 h au frais, à couvert, en remuant la viande de temps en temps. Éplucher et couper en lamelles les champignons.

3. Égoutter et éponger la viande. Faire réduire la marinade de moitié et la passer.

4. Faire dorer les champignons dans 30 g de beurre, puis les égoutter et les garder au chaud.

5. Jeter le gras, essuyer la sauteuse, y chauffer les 50 g de beurre restants, ajouter la viande et la faire sauter 5 min à feu vif, en la retournant sans arrêt pour qu'elle ne brûle pas. Chauffer le cognac, le verser dans la sauteuse et flamber. Mélanger puis, avec une écumoire, sortir la viande et la disposer dans le plat de service. Garder au chaud.

6. Mettre les champignons dans la sauteuse, ajouter la marinade et la crème fraîche. Remuer sur feu vif pour faire épaissir la sauce, rectifier l'assaisonnement et napper la viande.

7. Parsemer de persil et servir très chaud.

Préparation : 15 min ■ **Marinade :** 12 h
■ **Cuisson :** 15 min environ

Broufado

Pour 6 personnes

- 1,2 kg de culotte de bœuf
- 2 gros oignons
- 1/2 verre de vinaigre de vin rouge
- 5 c. à soupe d'huile d'olive
- 1 verre à liqueur d'eau-de-vie
- 1 bouquet garni
- 12 filets d'anchois salés
- 1 verre de vin blanc ou rouge
- 4 cornichons
- 10 oignons au vinaigre
- 15 g de beurre manié (➤ voir p. 39)
- poivre

1 Couper la culotte de bœuf en cubes de 5 cm. Éplucher et couper en rondelles 1 oignon. Dans un grand saladier, mélanger le vinaigre, 3 cuillerées à soupe d'huile d'olive, l'eau-de-vie, le bouquet garni, l'oignon et du poivre. Ajouter les cubes de viande et les laisser mariner 24 h au frais, en les retournant plusieurs fois.

2 Préchauffer le four à 200 °C.

3 Dessaler les anchois sous l'eau du robinet. Peler et hacher le deuxième oignon.

4 Égoutter la viande et la dorer dans une cocotte avec 2 cuillerées à soupe d'huile d'olive. Ajouter l'oignon, puis la marinade et le vin. Porter à ébullition, puis couvrir et cuire 2 h au four.

5 Couper les cornichons en rondelles. Les mettre dans la cocotte ainsi que les oignons au vinaigre, et cuire encore 15 min.

6 Couper les filets d'anchois en petits morceaux, préparer le beurre manié et les mélanger. Ajouter dans la cocotte et bien remuer pendant 5 minutes. Servir brûlant.

Ce plat peut s'accompagner de pommes de terre en robe des champs.

Préparation : 15 min ■ **Marinade :** 24 h
■ **Cuisson :** 2 h 20 environ

Daube de bœuf

Pour 6 personnes

- 3 oignons, 3 carottes
- 5 gousses d'ail
- 200 g de lard maigre
- 1,5 kg de gîte ou de joues de bœuf

1 Éplucher les légumes. Hacher les oignons, couper l'ail en rondelles et les carottes en tronçons. Couper la viande en morceaux et la saler. Couper le lard et la couenne en lanières.

2 Dans une cocotte, faire chauffer l'huile d'olive et y faire rissoler la viande, le lard et la couenne. Les retirer, jeter l'huile et les remettre dans la cocotte.

- 50 g de couenne
- 5 c. à soupe d'huile d'olive
- 7,5 dl de vin rouge
- 2 tiges de persil
- 1 c. à soupe de poivre en grains
- 4 baies de genièvre
- 4 clous de girofle
- 1 petite branche de céleri, 1 brin de thym
- 2 feuilles de laurier
- 1/2 orange non traitée
- gros sel

3 Ajouter l'ail, les oignons et les carottes et les faire revenir 2 min.

4 Verser le vin, ajouter tous les aromates et un bon zeste d'orange. Compléter avec de l'eau si le vin ne recouvre pas entièrement la viande. Saler avec 2 pincées de gros sel. Couvrir la cocotte et cuire à feu très doux pendant 3 h (gîte) ou 2 h (joues).

5 Retirer le thym et le laurier. Goûter et rectifier l'assaisonnement et servir.

La daube est traditionnellement servie avec des pâtes fraîches.

Préparation : 25 min ■ **Cuisson :** 2 ou 3 h

Hachis de bœuf en gratin aux aubergines

Pour 4 personnes

- 300-400 g de restes de bœuf bouilli
- 2 c. à soupe de persil
- 1 oignon
- 1,5 dl d'huile d'olive
- 1 c. à soupe de farine
- 3 dl de bouillon de bœuf (➤ voir p. 48)
- 2 c. à soupe de concentré de tomate
- 1 bouquet garni
- 1 gousse d'ail
- 2 aubergines
- 40 g de parmesan râpé
- 30 g de chapelure
- sel, poivre

1 Hacher le bœuf et le mélanger avec le persil ciselé.

2 Hacher l'oignon, le faire blondir avec 1 cuillerée d'huile dans une cocotte. Poudrer de farine, mélanger et verser 2 dl de bouillon. Délayer le concentré de tomate avec le reste de bouillon et l'ajouter dans la cocotte avec le bouquet garni et l'ail écrasé. Laisser mijoter 20 min.

3 Pendant la cuisson de la sauce, couper les aubergines en rondelles. Les faire cuire, dans une poêle, avec le reste de l'huile d'olive, les égoutter sur un papier absorbant.

4 Préchauffer le four à 230 °C.

5 Retirer le bouquet garni de la sauce. Mélanger la sauce avec le hachis de bœuf. Tapisser un plat à gratin avec les aubergines. Recouvrir celles-ci de hachis, bien égaliser la surface, poudrer de parmesan et de chapelure, arroser d'un filet d'huile d'olive et gratiner au four.

Préparation : 15 min ■ **Cuisson :** 30 min environ

Hachis de bœuf à l'italienne

Pour 4 personnes

- 2,5 dl de sauce tomate (➤ voir p. 86)
- 300-400 g de restes de bœuf bouilli
- 1 oignon
- 1 gousse d'ail
- 3 dl de bouillon de bœuf (➤ voir p. 48)
- 1 c. à soupe d'huile d'olive
- 1 c. à soupe de farine
- 2 c. à soupe de concentré de tomate
- 1 bouquet garni

❶ Préparer la sauce tomate et la garder au chaud.

❷ Hacher la viande. Éplucher l'oignon et l'ail. Hacher l'oignon. Écraser l'ail. Préparer le bouillon (on peut employer un bouillon du commerce).

❸ Chauffer l'huile dans une cocotte, y faire fondre l'oignon et le laisser à peine blondir. Poudrer de farine et bien remuer. Verser 2 dl de bouillon. Mélanger.

❹ Délayer le concentré de tomate dans le reste du bouillon et l'ajouter avec le bouquet garni et l'ail. Laisser mijoter 20 min.

❺ Hors du feu, retirer le bouquet garni, laisser tiédir, puis ajouter le bœuf haché et réchauffer. Servir la sauce tomate à part.

Ce plat peut s'accompagner de pâtes.

Préparation : 15 min ■ **Cuisson :** 20 min

Hachis parmentier

Pour 4-6 personnes

- 1 kg de purée de pomme de terre (➤ voir p. 788)
- 2 c. à soupe de crème fraîche
- 600 g environ de bœuf bouilli ou braisé
- 2 dl de bouillon de bœuf ou de pot-au-feu (➤ voir p. 48)
- 2 oignons
- 3 échalotes
- 60 g de beurre
- chapelure
- sel, poivre

❶ Préparer la purée de pomme de terre et lui ajouter la crème fraîche.

❷ Hacher le bœuf. Préparer le bouillon.

❸ Éplucher et hacher les oignons et les échalotes. Faire fondre 20 g de beurre dans une casserole et les y faire revenir. Saler, poivrer, verser le bouillon, mélanger et cuire 15 min à feu doux. Laisser refroidir, puis ajouter le bœuf et bien mélanger.

❹ Préchauffer le four à 275 °C. Beurrer un plat à gratin. Étaler le hachis, recouvrir avec la purée de pomme de terre, la parsemer de chapelure et l'arroser de beurre fondu. Gratiner 15 min au four.

Préparation : 30 min ■ **Cuisson :** 15 min

Bœuf : ragoûts

Baekenofe

Pour 6-8 personnes

- 500 g d'épaule
  de mouton
- 500 g d'épaule de porc
- 500 g de bœuf à braiser
  (gîte ou paleron)
- 5 gros oignons
- 3 clous de girofle
- 2 gousses d'ail
- 0,5 l de vin blanc
  d'Alsace
- 1 bouquet garni
- 200 g de farine
- 1 l d'eau
- 1 kg de pommes de terre
- 30 g de saindoux
- sel, poivre

La veille

1 Couper les viandes en gros cubes. Éplucher 2 oignons, en piquer un avec des clous de girofle et couper l'autre en fines rondelles. Éplucher et écraser l'ail. Mettre tous ces ingrédients à mariner dans un plat creux avec le vin, le bouquet garni, un peu de sel et du poivre.

Le jour même

2 Verser la farine dans un bol, ajouter l'eau et mélanger pour obtenir une pâte lisse.

3 Préchauffer le four à 160 °C.

4 Éplucher et couper en rondelles les pommes de terre et 3 oignons.

5 Graisser une cocotte avec le saindoux, puis y disposer une couche de pommes de terre, une couche de viandes mélangées, une couche d'oignons et recommencer jusqu'à épuisement des ingrédients. Terminer par une couche de pommes de terre. Retirer le bouquet garni et l'oignon piqué de girofle de la marinade, puis verser celle-ci dans la cocotte. Le liquide doit affleurer la dernière couche ; sinon, ajouter un peu d'eau.

6 Rouler la pâte à la farine en un boudin. Poser le couvercle sur la cocotte et le souder avec le ruban de pâte (il s'agit d'empêcher la vapeur de s'échapper pendant la cuisson).

7 Cuire 4 h au four et servir le baekenofe tel quel.

Marinade : 12 h ■ **Préparation :** 20 min
■ **Cuisson :** 4 h

Bœuf miroton

Pour 4-6 personnes

- 800 g de bœuf bouilli
- 6 gros oignons
- 140 g de beurre
- 1 c. à soupe de farine
- 2 c. à soupe de vinaigre
- 2 c. à soupe de vin blanc
- 50 g de chapelure
- 2 c. à soupe de persil haché
- sel, poivre

1 Couper le bœuf bouilli en tranches minces. Éplucher les oignons, les couper en fines rondelles et les faire fondre doucement dans 120 g de beurre. Les poudrer de farine et les faire blondir en remuant sans arrêt. Ajouter le vinaigre et le vin blanc, saler et poivrer. Porter à ébullition, puis retirer du feu.

2 Préchauffer le four à 230 °C. Verser la moitié de la sauce dans un plat à gratin. Disposer par-dessus les tranches de bœuf bouilli en les faisant légèrement se chevaucher. Napper du reste de la sauce. Poudrer de chapelure, arroser du reste de beurre fondu.

3 Mettre au four et faire gratiner de 15 à 20 min, sans laisser bouillir.

4 Parsemer de persil haché et servir brûlant.

Préparation : 30 min ■ **Cuisson :** 15-20 min

Carbonade à la flamande

Pour 4-6 personnes

- 3 oignons
- 800 g de hampe ou de paleron
- 1 dl de bouillon de bœuf
- 40 g de saindoux
- 1 bouquet garni
- 6 dl de bière blonde
- 25 g de beurre
- 25 g de farine
- 1/2 c. à café de cassonade
- sel, poivre

1 Éplucher les oignons et les couper en fines rondelles.

2 Détailler la viande en morceaux ou en tranches minces. Préparer le bouillon de bœuf (➤ voir p. 48).

3 Faire fondre le saindoux dans une poêle et y mettre à revenir la viande, puis l'égoutter. Dorer les oignons dans la même graisse, puis les égoutter.

4 Dans une cocotte, disposer une couche de viande, saler et poivrer, ajouter une couche d'oignons, saler et poivrer, et continuer ainsi jusqu'à épuisement des ingrédients. Ajouter le bouquet garni.

5 Verser la bière et le bouillon de bœuf dans la poêle et les chauffer.

6 Préparer un roux brun (➤ voir p. 72) avec le beurre et la farine, le délayer avec le mélange à la bière, ajouter la cassonade. Goûter et rectifier l'assaisonnement.

7 Verser cette préparation dans la cocotte, couvrir et laisser mijoter 2 h 30 à feu très doux. Servir dans la cocotte de cuisson.

Préparation : 30 min ■ **Cuisson :** 2 h 30

Chili con carne

Pour 6-8 personnes

- 4 gros oignons
- 3 gousses d'ail
- 1,5 kg de gîte à la noix ou de tranche
- 5 dl de bouillon de bœuf (➤ voir p. 48)
- 4 c. à soupe d'huile de maïs ou d'arachide
- 3 c. à café de chili en poudre
- 1 c. à café de graines de cumin
- 1 c. à café d'origan séché, tabasco
- 1 grande boîte de tomates pelées
- 2 boîtes de haricots rouges au naturel (800 g environ)
- 100 g de cheddar
- sel, poivre

1 Éplucher et hacher 2 oignons et l'ail.

2 Couper la viande en très petits dés ou la hacher grossièrement. Préparer le bouillon (ou reconstituer un produit déshydraté).

3 Chauffer l'huile dans une grande cocotte et y faire revenir l'oignon et l'ail. Au bout de 10 min, ajouter la viande. Faire cuire en remuant à découvert pendant 5 à 6 min. Ajouter le chili, le cumin, l'origan, du sel et du poivre, quelques gouttes de tabasco. Remuer et régler sur feu doux. Verser le bouillon.

4 Égoutter les tomates et les ajouter. Bien mélanger et faire mijoter à couvert entre 1 h et 1 h 10.

5 Ajouter les haricots rouges égouttés et poursuivre la cuisson pendant encore 1 h.

6 Éplucher et hacher les 2 oignons restants, les mettre dans une coupelle. Râper le cheddar dans une autre coupelle.

7 Servir le chili brûlant avec ces deux condiments.

Préparation : 15 min ■ **Cuisson :** 2 h 30 environ

Goulache

Pour 4-6 personnes

- 3 oignons
- 500 g de tomates
- 1 gousse d'ail
- 5 dl de bouillon de bœuf
  (➤ voir p. 48)
- 1,2 kg de paleron
- 60 g de saindoux
- 1 bouquet garni
- 1 c. à dessert de paprika
- 750 g de pommes de
  terre
- sel, poivre

❶ Éplucher les oignons et les couper en rondelles. Ébouillanter, peler, épépiner et couper en morceaux les tomates. Éplucher l'ail et l'écraser.

❷ Préparer le bouillon (décongeler un bouillon maison ou employer un produit déshydraté).

❸ Couper le paleron en très gros morceaux.

❹ Chauffer le saindoux dans une cocotte. Y mettre la viande et les oignons, les dorer, puis ajouter les tomates, l'ail écrasé, le bouquet garni, du sel, du poivre et le paprika. Bien mélanger. Verser le bouillon à hauteur de la viande, porter à ébullition, puis réduire le feu et cuire 2 h tout doucement, à couvert.

❺ Éplucher les pommes de terre et les couper en quartiers. Les ajouter dans la cocotte avec 2 dl d'eau bouillante. Porter de nouveau à ébullition et maintenir celle-ci jusqu'à ce que les légumes soient cuits.

❻ Goûter et rectifier l'assaisonnement. Verser dans un plat et servir très chaud.

Préparation : 20 min ■ **Cuisson :** 2 h 45 environ

Tajine de bœuf aux cardons

Pour 4-6 personnes

- 1 kg de paleron
  ou de gîte
- 2 oignons
- 2 gousses d'ail
- 4 c. à soupe d'huile d'olive
- 1/2 c. à café de cumin
- 2 pincées de safran
- 1/2 c. à café de
  gingembre

❶ Couper le bœuf en morceaux moyens. Éplucher et hacher les oignons et l'ail.

❷ Dans un tajine (ou une cocotte), faire chauffer l'huile d'olive et y mettre à dorer les morceaux de bœuf avec les oignons et l'ail hachés.

❸ Ajouter le cumin, le safran, le gingembre, le poivre gris et le sel. Verser de l'eau chaude jusqu'à la hauteur de la viande et cuire doucement 30 min.

❹ Pendant ce temps, éplucher les cardons, les couper en bâtonnets et les mettre à tremper dans de

- 1/2 c. à café de poivre gris
- 1 c. à café de sel
- 1,5 kg de cardons
- 2 citrons

l'eau citronnée pour éviter qu'ils ne noircissent. Les égoutter et les ajouter dans le tajine.

5 Laisser mijoter encore 30 min, puis verser le jus d'un citron et poursuivre la cuisson 10 min.

Préparation : 15 min ■ **Cuisson :** 1 h 15 environ

Bœuf : abats

Gras-double de bœuf à la bourgeoise

Pour 4-6 personnes

- 800 g de gras-double
- 400 g de jeunes carottes
- 36 petits oignons blancs
- 6 dl de bouillon de bœuf (➤ voir p. 48)
- 50 g de beurre
- 1 c. à soupe de farine
- 1 bouquet garni
- piment de Cayenne
- 2 c. à soupe de persil ciselé
- sel, poivre

1 Couper le gras-double blanchi en petits carrés.

2 Gratter les carottes et peler les petits oignons. Faire chauffer de l'eau. Quand elle bout, y jeter les carottes. Les cuire 10 min, puis les égoutter.

3 Faire chauffer le bouillon (employer un bouillon maison ou un produit déshydraté), y cuire les deux tiers des oignons pendant 5 min. Les égoutter.

4 Faire fondre le beurre dans une cocotte et y mettre à revenir les autres oignons, les poudrer de farine, les dorer légèrement, verser le bouillon de cuisson des oignons, remuer et laisser bouillir 6 min. Ajouter le gras-double, du sel, du poivre, le bouquet garni, une pointe de piment de Cayenne et cuire sur feu vif pendant 1 h 30. Ajouter les carottes et le reste des oignons, couvrir et cuire à feu doux pendant 10 min.

5 Dresser dans un plat creux et parsemer de persil ciselé.

Préparation : 10 min ■ **Cuisson :** 2 h environ

Gras-double de bœuf à la lyonnaise

Pour 4-6 personnes

- 3 oignons
- 50 g de beurre
- 2 c. à soupe d'huile d'arachide
- 800 g de gras-double cuit
- 2 c. à soupe de vinaigre
- 2 c. à soupe de persil haché
- sel, poivre

1 Éplucher et couper les oignons en fines rondelles. Faire fondre 25 g de beurre avec 1 cuillerée d'huile dans une poêle et dorer les oignons. Saler et poivrer.

2 Détailler le gras-double en minces lanières. Faire sauter celles-ci à la poêle avec le reste du beurre et de l'huile bien chauds, saler et poivrer. Verser les oignons par-dessus, mélanger et faire rissoler en remuant souvent.

3 Égoutter et mettre dans un plat creux. Verser le vinaigre dans la poêle, mélanger et décoller les sucs de cuisson, puis verser dans le plat. Parsemer de persil haché et servir bien chaud.

Préparation : 15 min ■ **Cuisson :** 15 min environ

Joues de bœuf en daube

Pour 6 personnes

- 1,2 kg de joues de bœuf
- 1 dl d'huile d'olive
- 1 l de vin blanc
- 1 brin de thym
- 1 feuille de laurier
- 4 carottes
- 300 g de lard de poitrine
- 300 g d'olives vertes
- 6 petits oignons
- 4 gousses d'ail
- sel, poivre

1 La veille, nettoyer les joues de bœuf en éliminant les déchets et la graisse. Les tailler en gros morceaux, saler et poivrer. Les mettre dans une terrine, avec la moitié de l'huile d'olive, 2 verres de vin blanc, le thym et le laurier. Recouvrir la terrine d'un film alimentaire et laisser mariner au frais pendant 12 h.

2 Éplucher et couper les carottes en petits cubes.

3 Couper le lard en dés, recouvrir d'eau froide et porter à ébullition pendant 1 min, puis les rafraîchir sous le robinet.

4 Dénoyauter les olives vertes et les blanchir également.

5 Éplucher les oignons et l'ail. Couper les oignons en morceaux, écraser l'ail.

6 Chauffer le reste de l'huile dans une daubière (ou une cocotte). Égoutter et éponger la viande et la faire dorer avec les carottes et les lardons.

7️⃣ Faire tiédir la marinade et la verser dans la daubière, avec le reste du vin blanc. Ajouter l'ail et les oignons. Porter à ébullition et maintenir celle-ci 15 min, puis couvrir et laisser cuire 3 h au moins à feu très doux.

8️⃣ Au moment de servir, ajouter les olives.

Préparation : 15 min ■ **Marinade :** 12 h ■ **Cuisson :** 3 h 30 environ

Langue de bœuf à l'alsacienne

Pour 8 personnes

- 1,4 kg de langue
- 3 ou 4 l de bouillon de bœuf (➤ voir p. 48)
- 1 bouquet garni
- 2,4 kg de choucroute (➤ voir p. 706)
- 250 g de lard de poitrine
- 500 g de couennes de lard
- 8 saucisses de Strasbourg
- 1 kg de pommes de terre
- sel, poivre

1️⃣ Laver puis éponger la langue. Verser le bouillon de bœuf dans un faitout, ajouter le bouquet garni et y déposer la langue. Porter à ébullition et cuire ensuite 2 h 30 à petits frémissements.

2️⃣ Pendant ce temps, préparer et réchauffer la choucroute.

3️⃣ Mettre le lard de poitrine dans une casserole, recouvrir d'eau froide et porter à ébullition. Laisser frémir pendant 10 min en écumant régulièrement.

4️⃣ Retirer la langue du bouillon, ôter la partie grasse et le cartilage. Enlever la peau en l'incisant, avec un couteau bien aiguisé, à la base et sur le dessus, et en la tirant vers la pointe.

5️⃣ Préchauffer le four à 180 °C. Placer la langue au milieu de la choucroute. Recouvrir le tout avec les couennes de lard et poser le couvercle de la cocotte. Enfourner et cuire encore 30 min.

6️⃣ Pendant ce temps, cuire les pommes de terre à l'eau.

7️⃣ Plonger les saucisses de Strasbourg dans l'eau frémissante pendant 5 min.

8️⃣ Dresser la choucroute sur un plat. Détailler la langue et le lard en tranches, les disposer sur la choucroute avec les pommes de terre et les saucisses.

Préparation : 20 min ■ **Cuisson :** 3 h

Langue de bœuf braisée

Pour 6 personnes

- 1 langue de bœuf de 2 kg environ
- 200 g de couennes
- 4 oignons
- 3 carottes
- 1 bouquet garni
- 2 dl de vin blanc sec
- 2 l de bouillon de bœuf (➤ voir p. 48)
- 5 ou 6 cornichons
- 25 g de beurre
- 2 c. à soupe de farine
- 2 c. à soupe de câpres
- 1 c. à café de moutarde à l'estragon
- sel, poivre

1 Mettre la langue dans une casserole, couvrir d'eau froide et porter à ébullition. Maintenir celle-ci pendant 15 min en écumant régulièrement.

2 Tapisser le fond d'une cocotte avec les couennes, côté peau vers le fond.

3 Peler et couper finement les oignons et les carottes, les ajouter dans la cocotte avec le bouquet garni. Poser la langue par-dessus, couvrir et faire chauffer doucement pendant 10 min.

4 Préchauffer le four à 175 °C. Verser le vin dans la cocotte, faire bouillir à découvert pour le faire réduire, puis verser le bouillon et porter de nouveau à ébullition, saler, poivrer. Couvrir la cocotte, l'enfourner et faire cuire pendant 2 h. Retourner la langue plusieurs fois au cours de la cuisson.

5 Égoutter la langue et la tailler en tranches régulières. En disposer une partie sur le plat de service chaud. Passer le fond de cuisson.

6 Hacher les cornichons.

7 Faire un roux blanc avec le beurre et la farine (➤ voir p. 60), le délayer avec 6 dl de jus de cuisson, faire bouillir, puis incorporer les cornichons, les câpres égouttées et la moutarde. Goûter et rectifier l'assaisonnement. Servir cette sauce à part.

Préparation : 35 min ■ **Cuisson :** 2 h 40 environ

Queue de bœuf braisée

Pour 4-6 personnes

- 1,6 kg de queue de bœuf
- 2 carottes
- 2 oignons
- 1 bouquet garni
- 1,5 l de vin rouge
- 2 c. à soupe d'huile d'olive
- 300 g d'oignons glacés (➤ voir p. 759)
- 1 kg de haricots verts
- 1 c. à soupe de moutarde
- sel, poivre

❶ Couper la queue de bœuf en tronçons de 5 cm de long, les saler et poivrer. Peler et couper finement les carottes et les oignons. Mettre le tout dans une terrine avec le bouquet garni, ajouter le vin rouge et laisser mariner 24 h au frais.

❷ Égoutter les morceaux de viande. Filtrer la marinade en mettant les légumes de côté et la faire bouillir pendant 10 min.

❸ Pendant ce temps, chauffer l'huile dans une poêle et y dorer les morceaux de queue en les retournant plusieurs fois. Les égoutter. Les mettre dans une cocotte, ajouter les légumes et verser la marinade. Porter lentement à ébullition, couvrir, baisser le feu et laisser mijoter doucement pendant 1 h 30, en écumant régulièrement.

❹ Préparer les oignons glacés.

❺ Effiler les haricots verts et les cuire 10 min à l'eau bouillante salée.

❻ Délayer la moutarde avec un peu de jus de cuisson et verser dans la cocotte, bien mélanger. Ajouter les haricots verts et les oignons glacés dans la cocotte et servir.

Marinade : 24 h ■ **Préparation :** 30 min
■ **Cuisson :** 1 h 30 environ

Queue de bœuf grillée à la Sainte-Menehould

Pour 4 personnes

- 1 kg de purée de pomme de terre (➤ voir p. 788)
- sauce au choix : 4 dl
- 1,2 kg de queue de bœuf
- 4 c. à soupe de moutarde
- 400 g de mie de pain fraîche

1 Préparer la purée de pomme de terre et la sauce choisie.

2 Détailler la queue de bœuf en tronçons réguliers de 6 ou 7 cm de long. Faire cuire comme pour le bouillon de bœuf (➤ voir p. 48).

3 Désosser les tronçons, les reconstituer, les éponger et les badigeonner de moutarde. Les rouler dans la mie de pain émiettée.

4 Griller les morceaux et les servir avec une sauce diable, piquante, à la moutarde, ou poivrade, bordelaise, Robert, accompagnée de la purée de pomme de terre.

Préparation : 3 h 30 + 30 min ■ **Cuisson :** 10 min

CHEVAL

La viande de cheval se vend uniquement en boucherie chevaline et c'est surtout du poulain que l'on consomme. La chair, plus ou moins colorée, est moins ferme que celle du bœuf mais se découpe pratiquement de la même façon. En revanche, elle s'oxyde plus facilement à l'air : sa présentation et sa conservation sont donc plus délicates. Sa tendreté lui permet d'être consommée fraîche (dans les 2 à 4 jours qui suivent l'abattage), sans maturation, et même crue (tel l'authentique steak tartare), l'animal n'étant jamais atteint par la tuberculose ni par le ténia. La plupart des morceaux sont cependant destinés aux cuissons rapides (bifteck ou rôti).

Biftecks de cheval sautés au céleri

Pour 4 personnes

- 1 petit oignon
- 1 citron non traité
- 100 g de beurre

1 Peler et hacher l'oignon. Râper le zeste du citron et presser le jus. Faire fondre 20 g de beurre dans une poêle et y mettre l'oignon à revenir ; le retirer quand il est doré.

2 Chauffer 20 g de beurre dans la même poêle puis cuire les biftecks 2 ou 3 min de chaque côté et

- 4 biftecks de cheval de 150 à 160 g chacun
- Worcestershire sauce
- sel au céleri
- 2 c. à soupe de cognac
- sel, poivre

les retirer. Remettre alors l'oignon dans la poêle, ajouter le zeste et le jus de citron et quelques gouttes de sauce anglaise. Saler, poivrer, ajouter 2 ou 3 pincées de sel au céleri et bien remuer pendant 5 min.

3 Remettre les biftecks dans la poêle avec leur jus. Faire chauffer le cognac et le verser sur la viande. Flamber. Mettre les biftecks sur le plat de service chaud et les napper de la sauce à l'oignon.

Préparation : 15 min ■ **Cuisson :** 25 min environ

Rôti de cheval en chevreuil

Pour 6 personnes

- 1 kg de romsteck de cheval
- 2 l de marinade cuite pour viande de boucherie et gibier (➤ voir p. 58)
- 50 g de beurre
- 1 c. à soupe d'huile d'arachide
- 6 dl de fond brun de veau (➤ voir p. 54)
- 1 c. à café de grains de poivre écrasés
- sel fin, poivre

1 Faire préparer le romsteck ficelé en rôti par le boucher.

2 Confectionner la marinade et la laisser refroidir. Y mettre la viande à mariner pendant 24 h à 48 h. Préchauffer le four à 240 °C.

3 Sortir le rôti de la marinade, l'éponger, le mettre dans un plat, le badigeonner de 30 g de beurre fondu. L'assaisonner, l'enfourner et le faire cuire pendant 25 min.

4 Passer la marinade puis faire colorer sa garniture aromatique dans l'huile d'arachide. Verser le liquide recueilli et le faire réduire de moitié. Ajouter le fond brun de veau, les grains de poivre écrasés et laisser réduire doucement pendant 10 min.

5 Passer la sauce à la passoire fine, vérifier l'assaisonnement et ajouter une noix de beurre.

6 Dans un plat de service, dresser le rôti et servir la sauce à part en saucière.

Préparation : 15 min ■ **Marinade :** 24 h-48 h
■ **Cuisson :** 25 min

PORC

« Tout se mange » dans le porc. Une fois l'animal abattu, la découpe du porc est débarrassée de son intérieur (abats) et séparée de la tête, puis coupée en deux : sur chaque demi-carcasse, on retire alors la poitrine-hachage et, au niveau du jarret (jambonneau), la cuisse arrière (jambon) et l'épaule, que l'on traite séparément. C'est surtout le dos (rein ou longe) qui est vendu comme viande fraîche. Un porc de qualité se reconnaît à sa chair rose, assez ferme et sans excès d'humidité. La viande se consomme fraîche, demi-sel, salée ou fumée. Les côtelettes premières, les côtelettes dans le filet et dans l'échine peuvent être grillées. Quant aux autres morceaux comme l'échine, le carré, le filet, la pointe, la poitrine, le plat de côtes, le travers, la palette, ils peuvent être rôtis ou braisés.

Le jambon est parfois commercialisé frais : on peut y tailler des tranches épaisses, à griller ; on le cuit aussi dans du bouillon, au four, ou bien encore on le fait braiser.

C'est sur le dessus de l'animal que l'on prélève la bardière (peau et lard) pour faire des bardes et des lardons après avoir retiré la couenne.

À l'inverse de la viande de bœuf, le porc doit être servi très cuit. Il s'accommode volontiers avec des fruits ou une purée de légumes. On le relève souvent de poivre vert, de moutarde, d'oignons rissolés, de sauce poivrade, d'ail.

Porc : cuisson à l'eau

Gelée luxembourgeoise de porcelet

Pour 8-10 personnes

- 2 poireaux
- 3 carottes
- 1/2 branche de céleri
- 1 kg de tête de porc
- 1 kg de jarret de bœuf
- 600 g de jarret de porc
- 3 pieds de porc
- 300 g d'oreilles de porc
- quelques brins de persil
- 4 clous de girofle
- 1 c. à café de graines de moutarde

La veille

1 Éplucher et laver les poireaux, les carottes et le céleri, les couper en gros morceaux et les mettre dans un faitout.

2 Diviser la tête de porc en gros morceaux, ficeler les jarrets et les ajouter dans le faitout avec les pieds et les oreilles, le persil, les clous de girofle, les graines de moutarde. Saler. Délayer dans un peu d'eau la tablette de bouillon concentré et l'ajouter. Verser le vin et cuire 3 h environ, en écumant régulièrement.

3 Sortir les viandes du faitout, les laisser refroidir, les détailler en petits morceaux et les mettre dans une terrine. Couvrir celle-ci et la garder

- 1 tablette de bouillon instantané
- 4 l de vin blanc
- sel
- 1 tablette de bouillon instantané
- 4 l de vin blanc
- sel

au réfrigérateur. Passer le bouillon et le laisser toute une nuit au réfrigérateur.

Le jour même

4️⃣ Enlever la graisse de surface et la jeter. Réchauffer le bouillon et le passer dans une passoire tapissée d'une mousseline. Le remettre dans un faitout avec les viandes, chauffer et laisser bouillir 15 min.

5️⃣ Verser dans une terrine et mettre au réfrigérateur 3 ou 4 h jusqu'à ce que la gelée soit prise. Servir très frais avec une salade.

Préparation : 3 h 30 ■ **Repos :** 12 h
■ **Cuisson :** 15 min

Palette de porc aux haricots blancs

Pour 4-6 personnes

- 400-500 g de haricots blancs secs
- 1 kg environ de palette demi-sel
- 1 gousse d'ail
- 1 oignon
- 2 bouquets garnis
- sel

1️⃣ Mettre les haricots à tremper pendant 2 ou 3 h.

2️⃣ Dessaler la palette en la faisant aussi tremper 1 h dans de l'eau froide et en changeant l'eau une fois.

3️⃣ Éplucher l'ail et l'oignon. Couper la gousse d'ail en quatre.

4️⃣ Égoutter la palette, y faire 4 incisions et y glisser les morceaux d'ail. La mettre dans un faitout, recouvrir largement d'eau froide, ajouter 1 bouquet garni et laisser mijoter 2 h.

5️⃣ Égoutter les haricots et les verser dans une casserole avec l'oignon et le second bouquet garni. Les recouvrir largement d'eau et cuire doucement pendant 2 h environ. Ils doivent être encore un peu fermes.

6️⃣ Égoutter alors la viande et l'ajouter aux haricots. Rectifier l'assaisonnement et poursuivre la cuisson, doucement et à couvert, jusqu'à ce que les haricots soient bien moelleux. Enlever l'oignon et le bouquet garni avant de servir.

Préparation : 5 min ■ **Trempage et dessalage :** 2-3 h ■ **Cuisson :** 2 h 30-3 h

Potée auvergnate

Pour 8 personnes

- 1/2 tête de porc
- 500 g de lard demi-sel
- 1 palette de porc demi-sel
- 1 oignon
- 2 clous de girofle
- 1 bouquet garni
- 800 g de carottes
- 1 chou vert pommé
- 800 g de pommes de terre
- 2 saucissons à cuire
- sel, poivre

1. Mettre dans un faitout la tête de porc, le lard et la palette. Couvrir d'eau. Faire cuire 15 min à petits frémissements.
2. Égoutter les viandes, les mettre dans une marmite avec 3 litres d'eau chaude, l'oignon piqué de clous de girofle et le bouquet garni et faire cuire 2 h à petits frémissements. Prélever alors 3 dl du bouillon de cuisson.
3. Peler les carottes, les ajouter dans la marmite et cuire encore 30 min.
4. Pendant ce temps, faire bouillir de l'eau dans une casserole et saler. Éplucher le chou, le couper en quartiers, les plonger 2 min dans l'eau bouillante, les égoutter, les passer sous le robinet et les mettre de côté.
5. Éplucher les pommes de terre et les mettre à cuire dans le bouillon réservé. Vérifier la cuisson.
6. Ajouter enfin les saucissons et le chou blanchi dans la marmite. Poursuivre la cuisson 30 min.
7. Servir les viandes et tous les légumes égouttés, disposés dans un grand plat creux.

Préparation : 30 min ■ **Cuisson :** 3 h environ

Potée au jambonneau

Pour 6 personnes

- 1 jambonneau demi-sel
- 300 g d'échine de porc demi-sel
- 300 g de palette demi-sel
- 1 oignon
- 2 gousses d'ail
- 2 clous de girofle

1. Faire dessaler le jambonneau, l'échine et la palette pendant 2 h à l'eau froide.
2. Peler l'oignon et l'ail, piquer l'oignon des clous de girofle.
3. Rincer les viandes, les mettre dans une marmite d'eau, faire bouillir 10 min et les égoutter. Jeter l'eau.
4. Remettre les viandes dans la marmite. Ajouter l'oignon et l'ail, le bouquet garni et le poivre, couvrir d'eau et faire cuire pendant 1 h 30.

- 1 bouquet garni
- 6 grains de poivre
- 3 grosses pommes de terre
- 3 carottes
- 2 poireaux
- 2 bulbes de fenouil
- 100 g de céleri-rave
- 150 g de crème fraîche
- 1 c. à soupe de moutarde douce
- safran
- 1 citron
- sel, poivre

5 Éplucher et laver les pommes de terre, les carottes, les poireaux, les bulbes de fenouil et le céleri-rave. Les ajouter entiers dans la marmite et poursuivre la cuisson pendant 30 min.

6 Verser la crème fraîche dans une casserole, ajouter la moutarde, 1 pincée de safran et le jus de citron, saler et poivrer. Faire chauffer en remuant pendant 3 min.

7 Égoutter les viandes, les couper en morceaux réguliers et les disposer sur un plat. Égoutter les légumes et les mettre autour. Servir la sauce à part.

Le bouillon pourra être réservé pour un potage.

Trempage : 2 h ■ **Préparation :** 15 min ■ **Cuisson :** 2 h

Potée lorraine

Pour 8 personnes

- 1,2 kg de palette de porc demi-sel
- 1 chou vert moyen
- 6 carottes
- 6 navets
- 3 poireaux
- 1 branche de céleri
- 300 g de couennes
- 400 g de lard de poitrine frais
- 1 queue de cochon
- 1 bouquet garni
- 400 g de pommes de terre bintje
- 1 saucisson à cuire
- sel, poivre

1 Faire dessaler la palette de porc à l'eau froide pendant 1 h, en changeant l'eau.

2 Nettoyer le chou, le plonger 3 min dans de l'eau bouillante et le rafraîchir. Éplucher et laver les autres légumes. Attacher les poireaux ensemble.

3 Tapisser le fond d'une marmite avec les couennes. Y ajouter la palette de porc, le lard de poitrine frais, la queue de cochon, le chou entier, tous les légumes, sauf les pommes de terre, et le bouquet garni. Recouvrir d'eau, porter à ébullition, puis laisser mijoter 2 h 15 environ.

4 Éplucher les pommes de terre. Les ajouter avec le saucisson et cuire encore 45 min. Rectifier l'assaisonnement.

5 Sortir les viandes et les découper dans le plat de service chaud. Les entourer des légumes.

6 Passer le bouillon et le servir à part.

Dessalage : 1 h ■ **Préparation :** 30 min
■ **Cuisson :** 3 h environ

Carré de porc à l'alsacienne

Pour 8 personnes

- 1,6 kg de carré de porc
- 1,5 kg de choucroute (➤ voir p. 706)
- 1 verre de vin blanc
- sel, poivre

❶ Préchauffer le four à 210 °C. Mettre la viande dans un plat allant au four, saler et poivrer. La cuire 45 min environ en la retournant à mi-cuisson.

❷ Retirer la viande, verser 1 verre de vin blanc dans le plat et gratter les sucs et mettre dans une cocotte.

❸ Placer le carré de porc dans la cocotte au milieu de la choucroute. Faire cuire de 20 à 30 min. Mettre la viande sur le plat de service et disposer la choucroute dessus.

Préparation : 2 h ■ **Cuisson :** 1 h 15

Carré de porc rôti

Pour 4-6 personnes

- 800 g à 1 kg de carré de porc ou de longe désossée
- 3 c. à soupe d'huile d'arachide
- 1 gousse d'ail
- 1/2 botte de cresson
- 3 feuilles de sauge
- 3 branches de persil
- 1 brin de thym
- 1/2 feuille de laurier
- sel, poivre

❶ Faire préparer le rôti par le boucher.

❷ Préchauffer le four à 220 °C. Saler et poivrer la viande, la mettre dans le plat de cuisson avec l'huile, les os et les parures et la faire dorer à feu vif en la retournant plusieurs fois pendant 2 ou 3 min. Puis l'enfourner.

❸ Au bout de 15 min, baisser le four à 180 °C et continuer la cuisson pendant 40-45 min (1 h pour un rôti désossé de 1 kg).

❹ Éplucher et hacher l'ail. Préparer le cresson.

❺ Sortir le plat, retirer le rôti, l'envelopper dans une feuille d'aluminium et le garder au chaud.

❻ Jeter le gras du plat de cuisson, verser 0,5 dl d'eau et bien gratter les sucs, ajouter les aromates, saler, poivrer et laisser réduire de moitié environ, puis passer et verser dans une saucière bien chaude.

❼ Mettre le rôti de porc sur le plat de service et l'entourer de bouquets de cresson.

Préparation : 25 min ■ **Cuisson :** 1 h environ

Côtes de porc à la charcutière

Pour 4 personnes

- 1 oignon
- 2,5 dl de fond brun de veau (➤ voir p. 54)
- 8 cornichons
- 40 g de beurre
- 1 c. à soupe d'huile d'arachide
- 4 côtes de porc de 200 g
- 1 dl de vin blanc
- 1 c. à soupe de moutarde
- sel, poivre

1 Peler et hacher finement l'oignon.

2 Faire chauffer le fond de veau ou reconstituer un produit déshydraté. Couper les cornichons en fines rondelles.

3 Faire chauffer l'huile et 20 g de beurre dans une poêle. Saler et poivrer les côtes de porc. Les faire cuire 6 à 8 min de chaque côté.

4 Égoutter les côtes et les dresser sur un plat, les tenir au chaud.

5 Retirer la graisse de la poêle, ajouter l'oignon haché et le faire blondir. Verser le vin blanc et faire réduire de moitié.

6 Ajouter le fond de veau, porter à ébullition.

7 Hors du feu, incorporer la moutarde et le beurre restant, puis les cornichons. Vérifier l'assaisonnement. Verser la sauce sur les côtes de porc. Servir très chaud.

Des choux de Bruxelles à l'anglaise (➤ voir p. 692) ou une purée de pomme de terre (➤ voir p. 788) peuvent accompagner ce plat.

Préparation : 30 min ■ **Cuisson :** 15 min

Côtes de porc grillées

Pour 4 personnes

- 4 côtes de porc de 200 g
- 2 c. à soupe d'huile
- 1/2 botte de cresson
- sel, poivre

1 Faire préparer les côtes par le boucher. Les huiler, les saler et les poivrer de chaque côté. Les griller pendant 15 à 20 min en les retournant plusieurs fois.

2 Éplucher le cresson.

3 Mettre les côtes sur le plat de service chaud, entourées de bouquets de cresson.

On peut servir ces côtes de porc avec une sauce Soubise (➤ voir p. 69).

Préparation : 5 min ■ **Cuisson :** 20 min environ

Côtes de porc au gruyère

Pour 4 personnes

- 4 côtes de porc
- 20 g de beurre
- 1 c. à soupe d'huile
- 100 g de gruyère râpé
- 2 c. à soupe de moutarde forte
- 1 dl de crème fraîche épaisse
- sel, poivre

1 Dégraisser légèrement les côtes de porc, les saler et les poivrer.

2 Faire chauffer le beurre et l'huile dans une poêle. Saisir les côtes de porc 3 min de chaque côté puis poursuivre la cuisson à feu très doux pendant 5 ou 6 min, également de chaque côté.

3 Pendant ce temps, préchauffer le gril du four.

4 Mélanger dans un bol le fromage râpé, la moutarde et la crème fraîche.

5 Égoutter les côtes de porc et les mettre dans un plat à gratin. Les enrober du mélange au fromage. Les passer sous le gril pendant 5 min pour les faire gratiner et servir aussitôt.

Préparation : 5 min ■ **Cuisson :** 25 min environ

Côtes de porc au sirop d'érable

Pour 4 personnes

- 2 pommes reinettes
- 1/2 citron
- 20 g de beurre
- 1 c. à soupe d'huile
- 4 côtes de porc
- 2 c. à soupe de sirop d'érable
- 2 c. à soupe de crème fraîche épaisse
- sel, poivre

1 Préchauffer le four à 200 °C.

2 Éplucher les pommes, les couper en deux, les évider, les couper en fines tranches et les citronner.

3 Faire chauffer le beurre et l'huile dans une poêle. Saler et poivrer les côtes de porc, les saisir pendant 2 min sur chaque face.

4 Égoutter les côtes de porc et les mettre dans un plat allant au four. Ranger les pommes par-dessus les côtes, saler et poivrer.

5 Napper de sirop d'érable et de crème fraîche et faire cuire pendant 20 min. Servir très chaud.

Préparation : 10 min ■ **Cuisson :** 25 min

Échine de porc à la sauge

Pour 8 personnes

- 3 gousses d'ail
- 1 rôti de porc dans l'échine de 2 kg
- 2 douzaines de feuilles de sauge fraîches
- 1 c. à soupe d'huile de maïs ou d'arachide
- 1,5 dl de vin blanc sec
- sel, poivre

1. Préchauffer le four à 230 °C.
2. Couper les gousses d'ail en 4 morceaux. Inciser le dessus du rôti de porc, y glisser les éclats d'ail. Faire des entailles un peu plus grandes et y introduire les feuilles de sauge en tassant bien.
3. Huiler un plat à gratin, y placer le rôti, partie grasse dessus, saler, poivrer et mettre au four pendant 30 min.
4. Baisser à 180 °C, ajouter 2-3 cuillerées de vin blanc et bien arroser le rôti. Poursuivre la cuisson pendant 50 min. Puis enfoncer une aiguille à brider dans la viande : le jus qui perle doit être limpide.
5. Mettre le rôti dans le plat de service et le laisser 10 min dans le four éteint, porte fermée.
6. Pendant ce temps, jeter le gras du plat de cuisson, verser le reste de vin et, sur le feu, bien décoller les sucs.
7. Verser ce jus dans une saucière et le servir à part.

Préparation : 20 min ■ **Cuisson :** 1 h 20 environ

Épaule de porc au cinq-épices

Pour 4-6 personnes

- 3 gousses d'ail
- 4 échalotes
- 1 c. à soupe de sucre
- 1 c. à soupe de nuoc-mâm
- 1 c. à soupe de sauce soja
- 1 c. à soupe de cinq-épices, poivre
- 2 dl de fond blanc
- 1 rôti de 1 kg d'épaule de porc

1. Hacher l'ail et les échalotes, les écraser dans un mortier (ou au mixeur) avec le sucre, le nuoc-mâm, la sauce soja, le cinq-épices et 3 tours de moulin à poivre.
2. Dans une cocotte, dorer l'épaule de porc avec sa couenne 10 min, puis ajouter le mélange d'épices.
3. Verser le fond blanc, couvrir et cuire 50 min à feu doux, en retournant la viande à mi-cuisson.
4. Rouler l'épaule dans son jus de cuisson avant de la retirer. La détailler en tranches, disposer sur un plat et arroser du jus de cuisson.

Préparation : 5 min ■ **Cuisson :** 1 h environ

Filet mignon de porc poêlé

Pour 4 personnes

- 2 filets mignons de 250 g chacun
- 2 oignons
- 1 gousse d'ail
- 4 tranches de bacon
- 20 g de beurre
- 1 c. à soupe d'huile
- 3,5 dl de vin blanc sec
- sel, poivre

1. Détailler les filets en tranches de 2 cm d'épaisseur environ, les saler et les poivrer.
2. Peler et hacher les oignons et l'ail. Tailler le bacon en languettes.
3. Dans une poêle, faire chauffer 10 g de beurre et l'huile, y mettre les médaillons de porc, les cuire d'abord à feu vif 1 min de chaque côté, puis à feu doux et en les retournant plusieurs fois pendant 8 ou 10 min. Les égoutter dans le plat de service et les tenir au chaud.
4. Jeter le gras de cuisson, mettre le beurre restant dans la poêle, le faire fondre puis ajouter les oignons, l'ail et le bacon. Bien mélanger, augmenter un peu le feu pour les dorer, puis verser le vin. Faire réduire en remuant pendant 10 à 15 min.
5. Napper la viande avec cette sauce sans la passer. Servir avec de la moutarde douce à l'ancienne.

Ce plat peut s'accompagner de choucroute bien croquante (➤ voir p. 706).

Préparation : 15 min ■ **Cuisson :** 30-35 min

Rôti de porc à la dijonnaise

Pour 6 personnes

- 1 rôti de 1,5 kg de filet de porc
- 6 c. à soupe de moutarde forte
- 50 g de crépine
- 2 dl de vin blanc sec
- 1 c. à soupe de crème fraîche

1. Ficeler le filet ou demander au boucher de le faire.
2. Préchauffer le four à 220 °C. Mettre le rôti sur une grille ou dans un plat et, avec un pinceau, l'enduire de moutarde (en réserver 1 cuillerée) de tous les côtés. Le rouler et l'emballer ensuite dans la crépine.
3. Mettre le rôti au four dans un plat creux pour 55 min environ. Arroser régulièrement avec le vin. En garder un 1/2 verre.
4. Laisser le rôti dans le four éteint pendant 5 min, porte fermée. Puis le disposer sur le plat de service.

⑤ Verser le vin blanc restant et bien mélanger pour décoller les sucs de cuisson. Faire réduire de moitié, ajouter la crème fraîche et réduire de nouveau. La sauce doit être onctueuse et nappante.

Préparation : 10 min ■ **Cuisson :** 1 h environ

Porc : braisage
• •

Côtes de porc Pilleverjus

Pour 4 personnes

- 1 petit chou vert nouveau
- 3 c. à soupe de crème fraîche
- 2 oignons
- 50 g de beurre
- 4 côtes de porc
- 1 c. à soupe d'huile d'arachide
- 1 bouquet garni
- 1 c. à soupe de vinaigre
- sel, poivre

① Nettoyer le chou, le laver et le cuire à l'eau bouillante salée pendant 10 min. L'égoutter et couper les feuilles en fines lanières. Mettre celles-ci dans une casserole, ajouter la crème, saler, poivrer et les laisser mijoter doucement pendant 15 min.

② Éplucher et hacher finement les oignons. Les faire fondre à la poêle dans 20 g de beurre, pendant 10 min environ. Les retirer, les réserver dans un bol.

③ Saler et poivrer les côtes de porc, chauffer l'huile dans la poêle et les faire dorer des deux côtés.

④ Retirer les côtes, jeter le gras de la poêle, y remettre 20 g de beurre, les oignons et la viande, le bouquet garni, couvrir et laisser mijoter 30 min.

⑤ Disposer le chou dans un plat creux.

⑥ Égoutter les côtes, les poser par-dessus et garder au chaud.

⑦ Verser le vinaigre dans la poêle, le mélanger avec le fond de cuisson aux oignons, bien gratter les sucs et verser sur les côtes de porc. Servir bien chaud.

Préparation : 40 min ■ **Cuisson :** 35 min

Farci

Pour 4 personnes

- 300 g de mie de pain rassis
- 1,5 dl de lait
- 2 gousses d'ail
- 2 échalotes
- 1 bouquet de persil
- 1/2 bouquet d'estragon
- 400 g d'échine de porc hachée
- 3 jaunes d'œufs
- 1 c. à café de quatre-épices
- 1 gros chou
- 2 l de bouillon de légumes (➤ voir p. 120) ou de bœuf (➤ voir p. 48)
- sel, poivre

❶ Émietter la mie de pain dans un saladier et l'arroser de lait. Hacher l'ail, les échalotes, le persil, l'estragon et les mélanger avec le porc.

❷ Presser la mie de pain et l'ajouter à ce hachis avec les jaunes d'œufs, le quatre-épices, sel et poivre. Bien mélanger la farce jusqu'à ce qu'elle soit homogène, puis la mettre au réfrigérateur.

❸ Faire bouillir de l'eau salée dans un faitout. Détacher les feuilles du chou, éliminer les grosses feuilles vertes extérieures et plonger les autres 5 min dans l'eau bouillante (garder le cœur pour une autre utilisation). Les égoutter, les rafraîchir à l'eau, les éponger et les disposer en rosace.

❹ Façonner la farce en boule, la poser sur les feuilles de chou et rabattre celles-ci tout autour. Ficeler le farci ou l'enfermer dans une mousseline. Faire chauffer le bouillon et y cuire le chou à petits frémissements pendant 1 h 45.

❺ Retirer la mousseline ou la ficelle. Découper le farci en tranches et le servir brûlant.

Préparation : 40 min ■ **Cuisson :** 1 h 45

Rôti de porc au lait

Pour 6 personnes

- 1,5 kg d'échine de porc
- 12 gousses d'ail
- 1 l de lait entier
- 50 g de mie de pain fraîche
- noix de muscade
- sel, poivre

❶ Désosser l'échine et la ficeler en rôti (ou demander au boucher de le faire).

❷ Préchauffer le four à 160 °C. Dans une cocotte, mettre les gousses d'ail non pelées, le rôti et le lait.

❸ Saler, poivrer et râper un peu de muscade. Faire chauffer doucement jusqu'à la limite de l'ébullition, puis couvrir et enfourner pour 1 h 10. Veiller à ce que le lait ne déborde pas.

4 Retourner le rôti 3 ou 4 fois au cours de la cuisson. L'égoutter sur le plat de service chaud et le couvrir d'une feuille d'aluminium.

5 Passer le liquide de cuisson dans une passoire en pressant les gousses d'ail, avec le dos d'une cuillère, pour en extraire la pulpe. Ajouter la mie de pain fraîche et faire bouillir.

6 Mixer cette sauce, rectifier son assaisonnement et la servir à part dans une saucière.

Préparation : 15 min ■ **Cuisson :** 1 h 20 environ

Rouelle de porc fraîche aux pistaches

Pour 4-6 personnes

- 1,5 l de marinade crue pour viande de boucherie et gibier (➤ voir p. 57)
- 1 kg de jambon de porc frais
- 1 bouteille de vin blanc
- 400 g de pruneaux dénoyautés
- 3 gousses d'ail
- 1 c. à soupe de pistaches décortiquées
- 2 c. à soupe d'huile d'arachide
- sel, poivre

1 La veille, préparer la marinade avec du vin blanc et y mettre le porc. Laisser mariner 24 h au réfrigérateur.

2 Faire tiédir le vin blanc et y mettre les pruneaux à tremper.

3 Éplucher les gousses d'ail et les couper en quatre. Avec la pointe d'un couteau, faire de petites entailles dans tout le morceau de porc et y introduire les gousses coupées et les pistaches.

4 Faire chauffer l'huile dans une cocotte, y dorer le porc sur toutes ses faces, le retirer, jeter l'huile, le remettre dans la cocotte.

5 Verser 3 verres de marinade, couvrir et cuire 3 h sur feu modéré. Rajouter éventuellement un peu de marinade au cours de la cuisson.

6 Égoutter les pruneaux et les mettre dans la cocotte, puis prolonger la cuisson 45 min.

7 Servir très chaud.

Marinade : 24 h ■ **Préparation :** 30 min
■ **Cuisson :** 3 h 45

Porc : ragoût

Civet de porc au vin rouge

Pour 6 personnes

- 1 dl de sang de porc (commandé chez le charcutier)
- 1 c. à soupe de vinaigre
- 150 g de lard salé
- 6 oignons
- 600 g d'échine de porc
- 600 g d'épaule de porc
- 1 c. à soupe de farine
- 1 l de vin rouge
- 1 bouquet garni
- sel, poivre

❶ Verser le sang de porc dans un bol, ajouter le vinaigre, mélanger et réserver au frais.

❷ Couper le lard en dés. Peler et couper finement les oignons. Mettre les lardons dans une cocotte, les laisser fondre sur feu modéré et les égoutter.

❸ Couper les viandes en morceaux et les mettre dans la cocotte. Les faire dorer en les retournant plusieurs fois. Poudrer de farine, mélanger et cuire 3 min environ. Ajouter le vin, les oignons, les lardons et le bouquet garni, saler, poivrer. Porter à ébullition puis baisser le feu et laisser cuire doucement pendant 1 h.

❹ Prélever alors une louche de jus de cuisson, le verser dans un bol et y ajouter le sang en fouettant. Verser le contenu du bol dans la cocotte en mélangeant vigoureusement et poursuivre la cuisson doucement, sans faire bouillir, pendant 10 min. Goûter et rectifier l'assaisonnement, servir très chaud.

Le civet s'accompagne traditionnellement de pâtes ou d'une purée de pomme de terre au céleri.

Préparation : 20 min ■ **Cuisson :** 1 h 15 environ

Porc : abats

Andouillettes grillées

Pour 4 personnes

- 4 andouillettes

❶ Avec la pointe d'un couteau, faire quelques petites entailles dans les andouillettes.

❷ Griller les andouillettes de préférence sur des braises, doucement, pour qu'elles soient chaudes jusqu'au centre, pendant une vingtaine de minutes en les retournant souvent.

Préparation : 5 min ■ **Cuisson :** 20 min environ

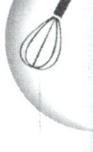

Andouillettes à la lyonnaise

Pour 4 personnes

- 4 andouillettes
- 3 oignons
- 20 g de beurre
- 1 c. à soupe d'huile d'arachide
- 2 c. à soupe de vinaigre de vin
- 1 c. à soupe de persil haché
- sel, poivre

1. Avec une fourchette, piquer légèrement les andouillettes.
2. Éplucher les oignons, les couper en fines rondelles et les faire fondre dans le beurre pendant 10 à 15 min sans les laisser colorer. Les retirer de la poêle et les garder au chaud.
3. Mettre l'huile dans cette poêle, la chauffer et y dorer les andouillettes pendant 15 min environ, en les retournant souvent. Ajouter l'oignon fondu 5 min avant la fin de la cuisson. Retirer les andouillettes et les oignons de la poêle. Verser le vinaigre dans la poêle et bien décoller les sucs.
4. Remettre andouillettes et oignons dans la sauce et cuire encore 5 min doucement. Verser dans le plat de service chaud et parsemer de persil.

Préparation : 15 min ■ **Cuisson :** 20 min environ

Boudin noir à la normande

Pour 4-6 personnes

- 500 g de pommes
- 1 citron
- 60 g de beurre
- 700 g de boudin
- sel, poivre

1. Éplucher les pommes, les couper en fines tranches et les mélanger avec le jus de citron.
2. Dans une poêle, faire fondre 40 g de beurre et y dorer les pommes pendant 15 min environ.
3. Couper le boudin en tronçons de 10 cm environ. Les piquer avec la pointe d'une fourchette.
4. Dans une autre poêle, faire chauffer le reste du beurre et y faire rissoler le boudin en le retournant pendant 10 à 12 min environ. Saler et poivrer.
5. Égoutter le boudin, le disposer dans le plat de service chaud et entourer de pommes.

Préparation : 15 min ■ **Cuisson :** 15 min environ

Caillettes ardéchoises

Pour 4 personnes

- 250 g de feuilles de bettes
- 250 g d'épinards surgelés
- 100 g de pissenlits
- 1 gousse d'ail
- 1 oignon
- 250 g de foie de porc
- 250 g de mou de porc
- 150 g de lard gras
- 20 g de saindoux
- 150 g de crépine de porc
- sel, poivre

1 Nettoyer et éplucher tous les légumes. Dans un faitout, faire bouillir de l'eau et y plonger les bettes, les épinards et les pissenlits pendant 10 min. Les égoutter et les hacher.

2 Hacher l'ail, l'oignon, le foie, le mou de porc et 50 ou 60 g de lard gras.

3 Faire fondre le saindoux dans une poêle et y dorer l'oignon. Ajouter la viande, les herbes et l'ail, saler et poivrer généreusement. Cuire 5 min en remuant.

4 Préchauffer le four à 275 °C.

5 Mettre la crépine dans un grand saladier avec de l'eau. Avec les mains, façonner 8 boulettes de farce, à peu près de la taille d'une mandarine.

6 Égoutter la crépine, la couper en 8 morceaux et envelopper une boulette dans chacun d'eux. Disposer ces caillettes, serrées, dans un plat en terre. Couper le reste du lard en tranches et en poser une sur chaque boulette.

7 Enfourner pour 15 min. Servir bien chaud.

On peut aussi servir les caillettes froides, avec une salade de pissenlits.

Préparation : 30 min ■ **Cuisson :** 15 min

Oreilles de porc braisées

Pour 4-6 personnes

- 6 oreilles de porc
- 1 carotte
- 1 oignon
- 20 g de beurre
- 250 g de couenne
- 1 bouquet garni
- 2 dl de vin blanc

1 Faire nettoyer et flamber les oreilles par le boucher.

2 Mettre à bouillir de l'eau dans un faitout et y plonger les oreilles pendant 5 min. Éplucher l'oignon et la carotte et les couper en rondelles.

3 Égoutter les oreilles et les partager en deux dans la longueur.

4 Préchauffer le four à 180 °C. Beurrer une cocotte et la tapisser avec la couenne. Ajouter oignon et

- 4 dl de fond de veau
- sel, poivre

carotte émincés et y disposer les moitiés d'oreille bien à plat, puis le bouquet garni. Commencer la cuisson à feu doux et à couvert, puis verser le vin blanc et cuire jusqu'à ce qu'il soit complètement réduit.

5 Ajouter alors le fond de veau, couvrir la cocotte et la glisser pour 50 min au four.

6 Égoutter les oreilles et les dresser dans le plat de service. Les garder au chaud dans le four éteint.

7 Passer le liquide de cuisson, le faire réduire légèrement et en arroser les oreilles.

Préparation : 15 min ■ **Cuisson :** 1 h 15 environ

Oreilles de porc braisées au gratin

Pour 4 personnes

- 8 oreilles de porc braisées
  (➤ voir ci-dessus)
- 1 échalote hachée
- 50 g de beurre
- 300 g de champignons de Paris
- 40 g de chapelure
- 2 c. à soupe de persil haché
- 1/2 citron
- sel, poivre

1 Préparer les oreilles braisées.

2 Confectionner une duxelles : faire revenir l'échalote dans 10 g de beurre, ajouter 100 g de champignons finement hachés, saler, poivrer et cuire jusqu'à l'évaporation de l'eau de végétation.

3 Éplucher et couper en lamelles le reste des champignons. Faire fondre 20 g de beurre dans une poêle et les cuire 10 à 15 min. Saler et poivrer.

4 Égoutter les oreilles. Passer le liquide de cuisson.

5 Préchauffer le four à 220 °C. Beurrer un plat à gratin. Ranger les oreilles dans le plat et les entourer des champignons. Les napper d'un bon verre de fond de cuisson mélangé à la duxelles et poudrer de chapelure.

6 Faire fondre le reste du beurre et le verser par-dessus. Mettre à gratiner doucement de 10 à 15 min. Parsemer de persil et presser le jus de citron dessus, au dernier moment. Servir bien chaud.

Préparation : 1 h ■ **Cuisson :** 10-15 min

Pieds de porc : cuisson

❶ Nettoyer les pieds de porc et les blanchir en les plongeant 10 min dans de l'eau bouillante. Les attacher deux par deux et les mettre dans une marmite d'eau froide.

❷ Porter à ébullition, puis ajouter une garniture aromatique faite de carotte, céleri, navet, oignon piqué d'un clou de girofle, poireau et bouquet garni.

❸ Cuire 4 h à toute petite ébullition, puis égoutter.

Pieds de porc à la Sainte-Menehould

Pour 4 personnes

- 400 g de panure à l'anglaise (➤ voir p. 107)
- 2 pieds de porc cuits (➤ voir ci-dessus)
- 30 g de beurre
- sel, poivre

❶ Préparer la panure à l'anglaise.

❷ Couper les pieds de porc en deux dans la longueur et paner chacun d'eux en l'enrobant d'une épaisse couche de chapelure.

❸ Faire fondre le beurre et en badigeonner les pieds avec un pinceau. Les griller doucement 8 à 10 min en les retournant et en les arrosant plusieurs fois.

❹ Servir brûlant, avec de la moutarde.

Préparation : 15 min ■ **Cuisson :** 8-10 min

Ragoût québécois de pattes

Pour 4-6 personnes

- 3 kg de pieds de porc
- 3 oignons
- 1 clou de girofle
- 1 pincée de cannelle en poudre
- 3 c. à soupe de farine

❶ Faire bouillir de l'eau dans un faitout. Couper les pieds de porc en gros morceaux et les y plonger 10 min. Les égoutter.

❷ Éplucher les oignons et les couper en gros morceaux. Les mettre dans le faitout avec les pieds, le clou de girofle, la cannelle en poudre, du sel, du poivre et recouvrir d'eau. Cuire 3 h à petits frémissements.

- 500 g de pommes de terre moyennes
- 30 g de beurre
- sel, poivre

③ Éplucher les pommes de terre et les ajouter 20 min avant la fin de la cuisson.

④ Sortir les pieds de porc et les pommes de terre. Désosser les pieds et les garder au chaud. Passer le bouillon.

⑤ Faire un roux blanc avec le beurre et la farine (➤ voir p. 60), le délayer avec le bouillon et cuire 30 min environ.

⑥ Remettre les morceaux de pied et les pommes de terre dans la sauce. Porter à ébullition et servir aussitôt.

Préparation : 15 min ■ **Cuisson :** 3 h 30 environ

Porc : jambon et saucisse

Cake au jambon

Pour 6 personnes

- 2 tranches de jambon épaisses (200 g chacune)
- 3 œufs
- 100 g de farine
- 1 dl de lait
- 3 c. à soupe d'huile de maïs ou d'arachide
- 1 sachet de levure
- 150 g de gruyère râpé
- 1 c. à soupe de grains de poivre vert
- 2 c. à soupe de ciboulette hachée
- 30 g de beurre
- sel, poivre noir du moulin

① Préchauffer le four à 180 °C. Dégraisser le jambon et le couper en petits cubes.

② Avec une fourchette, battre les œufs dans une terrine. Ajouter la farine et mélanger. Incorporer le lait, l'huile, 1 pincée de sel, la levure, donner 2 tours de moulin à poivre en mélangeant bien après l'ajout de chaque ingrédient. Travailler la pâte jusqu'à ce qu'elle soit bien homogène.

③ Ajouter alors le gruyère râpé, le poivre vert et la ciboulette, puis les dés de jambon.

④ Beurrer un moule à cake, y verser la préparation et lisser le dessus. Enfourner pour 40 min.

⑤ Sortir le cake du four et le laisser tiédir. Le démouler et le couper en tranches épaisses. Les présenter ainsi avec une salade.

Ce cake peut aussi être proposé froid, en amuse-gueule.

Préparation : 20 min ■ **Cuisson :** 40 min environ

Chipolatas au risotto piémontais

Pour 4-6 personnes

- 250 g de chou vert
- 500 g de risotto
  à la piémontaise
  (➤ voir p. 828)
- 4-6 chipolatas
- 20 g de beurre
- 2 dl de vin blanc
- 2 dl de bouillon de bœuf
  (➤ voir p. 48)
- sel

1 Choisir les feuilles les plus claires du chou, en enlever les côtes et les plonger 5 min dans de l'eau bouillante. Les égoutter et les hacher au couteau.

2 Préparer le risotto, en y mettant le chou haché en même temps que le riz. Répartir ce risotto dans un moule à savarin, en le tassant bien, puis le démouler sur le plat de service et le tenir au chaud.

3 Piquer légèrement les chipolatas, puis les dorer rapidement au beurre à la poêle en les retournant. Ajouter le vin blanc et cuire 5 min encore.

4 Égoutter les chipolatas et les disposer dans la couronne de risotto.

5 Ajouter le bouillon dans la poêle, faire réduire de moitié et verser sur les saucisses.

Préparation : 40 min ◾ **Cuisson :** 10 min environ

Crépinettes de porc

Pour 4 personnes

- 100 g de crépine de porc
- 400 g de chair à saucisse
- 2 c. à soupe de persil haché
- 1 feuille de sauge
- 0,5 dl de cognac
- 20 g de beurre
- sel, poivre

1 Mettre la crépine dans un saladier avec de l'eau.

2 Dans une terrine, mélanger la chair à saucisse, le persil et la feuille de sauge hachés et le cognac. Saler généreusement (8 pincées) et donner 3 ou 4 tours de moulin à poivre. Façonner cette farce en 4 saucisses de 100 g, les aplatir.

3 Éponger la crépine et la couper en quatre. Envelopper chacune des saucisses dans l'un des morceaux.

4 Faire fondre le beurre et en badigeonner les crépinettes, puis les griller doucement en les retournant. Servir bien chaud.

Une purée de pomme de terre peut accompagner ce plat.

Préparation : 15 min ◾ **Cuisson :** 15 min environ

Jambon braisé au madère

Pour 4-6 personnes

- 2 brins de thym
- 2 feuilles de laurier
- 2 c. à soupe de gros sel
- 1 grosse tranche de jambon frais de 800 g à 1 kg
- 2 carottes
- 1 branche de céleri
- 1 petit oignon
- 110 g de beurre
- 1 pincée de sucre
- 3 dl de madère
- 2 dl de bouillon de bœuf (➤ voir p. 48)
- sel, poivre

1 Émietter 1 brin de thym et 1 feuille de laurier et les mélanger avec le gros sel. Bien frotter le jambon avec ce mélange. Le laisser s'aromatiser ainsi 4 ou 5 h.

2 Éplucher et couper en petits dés les carottes et le céleri, hacher l'oignon.

3 Faire fondre 30 g de beurre dans une casserole et y étuver doucement ces légumes avec le thym et le laurier restants, du sel, du poivre et le sucre pendant 20 min à couvert mais en remuant souvent. Verser 2 dl de madère, mélanger et laisser réduire de moitié à découvert.

4 Préchauffer le four à 200 °C.

5 Essuyer le jambon. Faire fondre 50 g de beurre dans une cocotte et dorer légèrement le jambon de chaque côté.

6 Déposer le jambon dans un plat, le recouvrir des légumes étuvés au madère. Faire fondre le beurre restant et le verser par-dessus. Couvrir le jambon d'un papier sulfurisé beurré. Le cuire au four pendant 45 à 50 min en l'arrosant souvent de son jus de cuisson.

7 Retirer le papier sulfurisé et les légumes, puis dresser le jambon dans un plat de service chaud.

8 Mélanger le reste du madère et le bouillon, verser dans le plat et faire chauffer en décollant bien les sucs de cuisson, puis laisser réduire de moitié.

9 Passer ensemble au mixeur les légumes et le fond de cuisson, et en napper le jambon.

On peut servir ce plat avec des épinards étuvés au beurre (➤ voir p. 721).

Préparation : 20 min ■ **Repos :** 4 ou 5 h
■ **Cuisson :** 1 h environ

Jambon en papillote

Pour 4 personnes

- 2 échalotes
- 1 bouquet de ciboulette
- 400 g de champignons de Paris ou de girolles
- 30 g de beurre
- 4 fines tranches de jambon (blanc ou d'York)
- 4 c. à soupe de crème fraîche
- sel, poivre

1 Hacher les échalotes et la ciboulette. Émincer les champignons.

2 Chauffer le beurre dans une casserole et y faire revenir les échalotes, ajouter les champignons et la ciboulette. Cuire 7-8 min sur feu assez vif en remuant.

3 Enlever le gras des tranches de jambon et couper celles-ci en deux.

4 Préparer 4 feuilles d'aluminium rectangulaires. Sur chaque rectangle, étaler 1 cuillerée à soupe de hachis de champignons. Poser une 1/2 tranche de jambon par-dessus, puis encore du hachis et terminer par la seconde 1/2 tranche. Arroser de crème fraîche et poivrer.

5 Fermer les papillotes et les cuire au four 8 à 10 min à 200 °C. Les fendre d'un coup de couteau et servir.

Préparation : 25 min ■ **Cuisson :** 20 min

Jambon poêlé au vin blanc

Pour 4 personnes

- 5 échalotes
- 1/2 bouquet d'estragon
- 1,5 dl de vin blanc (chablis de préférence)
- 1,5 dl de bouillon de bœuf (➤ voir p. 48)
- 5 c. à soupe de concentré de tomate
- 2 dl de crème fraîche
- 25 g de beurre
- 4 tranches de jambon blanc ou d'York (200 g chacune)
- sel, poivre blanc

1 Hacher les échalotes et l'estragon. Mettre les échalotes dans une casserole avec le vin blanc, porter à ébullition, puis faire réduire 10 min sur feu doux.

2 Ajouter l'estragon, le bouillon et le concentré de tomate. Mélanger, couvrir et laisser mijoter 10 min environ. Verser la crème, mélanger et poursuivre la cuisson 10 min sur feu doux.

3 Enlever le bord gras du jambon. Faire fondre le beurre dans une poêle, y chauffer doucement les tranches en les retournant une fois et sans les faire dorer.

4 Rouler les tranches, les mettre dans un plat, les napper de sauce et servir aussitôt.

Préparation : 15 min ■ **Cuisson :** 30 min environ

Saucisses à la catalane

Pour 4-6 personnes

- 20 gousses d'ail
- 3 c. à soupe d'huile d'olive
- 800 g à 1 kg de saucisses
- 2 c. à soupe de farine
- 1 c. à soupe de concentré de tomate
- 2 dl de vin blanc
- 2 dl de bouillon
- 1 bouquet garni
- 1 morceau d'écorce d'orange séchée
- sel, poivre

1 Éplucher les gousses d'ail et les plonger 5 min dans de l'eau bouillante. Les égoutter.

2 Faire chauffer l'huile dans une grande poêle et y dorer les saucisses, puis les retirer.

3 Verser la farine dans la poêle en remuant pour la faire blondir, puis ajouter le concentré de tomate, le vin blanc, le bouillon et bien mélanger. Cuire 10 min.

4 Passer la sauce. Remettre les saucisses dans la poêle, ajouter l'ail, le bouquet garni, l'écorce d'orange séchée et la sauce. Couvrir et cuire doucement 30 min.

5 Retirer le bouquet garni et l'écorce d'orange. Verser dans le plat de service chaud et servir.

Préparation : 30 min ■ **Cuisson :** 40 min environ

Saucisses grillées

Pour 4-6 personnes

- 1 kg de purée de pomme de terre (➤ voir p. 788)
- 1 kg de chipolatas, de crépinettes ou de saucisse de Toulouse

1 Commencer à préparer la purée de pomme de terre.

2 Piquer les saucisses à la fourchette. Les disposer côte à côte (ou rouler en spirale la saucisse de Toulouse) sur la grille du barbecue, ou dans le porte-aliments d'un gril vertical. Les faire griller doucement (pour que le centre cuise et que l'extérieur ne brûle pas) pendant 15 min environ, en les retournant si le gril est horizontal.

3 Terminer la préparation de la purée de pomme de terre pendant la cuisson.

4 Disposer les saucisses sur la purée et servir.

Préparation : 30 min ■ **Cuisson :** 15 min environ

Saucisse à la languedocienne

Pour 4-6 personnes

- 1 kg de saucisse de Toulouse
- 4 gousses d'ail
- 3 c. à soupe de graisse d'oie
- 1 bouquet garni
- 2 c. à soupe de vinaigre
- 3 dl de bouillon de bœuf (➤ voir p. 48)
- 1 dl de fondue de tomate (➤ voir p. 797)
- 3 c. à soupe de câpres au vinaigre
- 1 c. à soupe de persil haché

1 Rouler la saucisse en spirale et la piquer avec 2 brochettes croisées pour qu'elle garde cette forme.

2 Éplucher et hacher les gousses d'ail.

3 Dans une sauteuse, faire fondre la graisse d'oie et y mettre la saucisse. Ajouter l'ail éminé et le bouquet garni. Couvrir et cuire 18 min à feu doux en retournant la saucisse à mi-cuisson.

4 Égoutter la saucisse, la débrocher, la dresser dans un plat rond et la tenir au chaud.

5 Retirer la graisse. Verser le vinaigre dans la sauteuse et décoller les sucs avec une cuillère en bois.

6 Ajouter le bouillon et la fondue de tomate et faire réduire d'un tiers environ.

7 Mettre les câpres et le persil haché. Mélanger et napper la saucisse de cette sauce.

Préparation : 30 min ■ **Cuisson :** 25 min environ

VEAU

Les différentes qualités du veau sont définies par l'alimentation de l'animal. Le veau de lait, élevé « sous la mère », est nourri avec le lait de la mère, complété si besoin par le lait d'autres vaches ; il fournit une viande de qualité exceptionnelle, dite « blanche », tendre, au gras non huileux, qui est la meilleure entre 3 et 5 mois.

Les veaux de Saint-Étienne et de Lyon correspondent à des productions traditionnelles, leur viande très colorée ressemble à celle du bœuf et nécessite des apprêts particuliers. Ne pas négliger le broutard, veau âgé qui a mangé de l'herbe, et les veaux de la Corrèze et du Lot-et-Garonne, élevés « au pis », qui donnent une viande légèrement rosée. Le veau de boucherie, élevé en « batterie », est nourri de lait écrémé en poudre et de divers compléments ; sa viande est un peu moins claire et moins goûteuse.

On différencie les morceaux à rôtir ou à poêler, avec le quasi, la noix, la sous-noix et la noix pâtissière, la longe et le filet, ainsi que les côtes. Les autres morceaux sont l'épaule, la poitrine, le tendron, le flanchet, le haut de côtes, le collier et les jarrets. Les apprêts les plus classiques sont l'escalope

poêlée (tranche prise dans la noix, la sous-noix ou la noix pâtissière), le rôti (morceau de noix, sous-noix, noix pâtissière, quasi, longe), le grenadin et la côte poêlés ou en casserole, la paupiette farcie, la blanquette et le sauté.

Veau : cuisson à l'eau

Blanquette de veau

Pour 4-6 personnes

- 800 g à 1 kg d'épaule, de collier ou de tendron de veau ou encore d'un mélange des 3 morceaux
- 1 carotte
- 1 petite branche de céleri
- 1 blanc de poireau
- 1 oignon
- 1 clou de girofle
- 1 bouquet garni
- 2 l de fond blanc de veau (➤ voir p. 49) ou d'eau
- 30 g de beurre
- 30 g de farine
- 1 jaune d'œuf
- 1 dl de crème fraîche
- 1/2 citron
- sel, poivre

❶ Couper le veau en gros morceaux.

❷ Éplucher tous les légumes. Couper carotte, céleri et poireau en gros morceaux, piquer l'oignon avec le clou de girofle. Les mettre dans une grande cocotte avec la viande et le bouquet garni. Verser le fond ou l'eau, saler et faire cuire à feu doux pendant 1 h. Écumer souvent.

❸ Égoutter les morceaux de viande et les garder au chaud. Passer le liquide de cuisson.

❹ Préparer le roux (➤ voir p. 60) et le délayer avec ce liquide en fouettant bien. Porter à ébullition, cuire 10 min.

❺ Dans un bol, mélanger le jaune d'œuf et la crème avec quelques cuillerées de sauce. Hors du feu, verser le contenu du bol dans la cocotte et bien mélanger. Vérifier l'assaisonnement et ajouter le jus du 1/2 citron.

❻ Remettre la viande dans la sauce. Garder au chaud sans bouillir jusqu'au moment de servir.

La blanquette est habituellement servie avec un riz à la créole (➤ voir p. 830).

Préparation : 20 min ■ **Cuisson :** 1 h 10 environ

Veau : rôtissage, grillade, cuisson à la poêle

Côtes de veau à la normande

Pour 4 personnes

- 4 côtes de veau
- 80 g de beurre
- 0,5 dl de calvados
- 2,5 dl de crème fraîche
- 4 pommes
- sel
- poivre blanc du moulin

❶ Saler et poivrer les côtes de veau et faire de petites entailles sur les bords pour qu'elles ne se déforment pas à la cuisson.

❷ Mettre à fondre 40 g de beurre dans une grande poêle et dorer les côtes de veau pendant 2 min de chaque côté. Baisser le feu, couvrir et laisser cuire doucement pendant 10 min.

❸ Chauffer le calvados, le verser dans la poêle et flamber. Retirer les côtes et les tenir au chaud.

❹ Verser la crème dans la poêle et cuire en remuant pendant 3 ou 4 min jusqu'à ce qu'elle épaississe. Goûter et rectifier l'assaisonnement.

❺ Remettre les côtes de veau dans la sauce et garder la poêle au chaud mais sans cuire.

❻ Peler, épépiner les pommes et les couper en lamelles. Dans une autre poêle, les faire sauter vivement dans le reste de beurre.

❼ Disposer les côtes de veau et leur sauce dans un plat chaud. Entourer de lamelles de pommes et servir.

Préparation : 25 min ▪ **Cuisson :** 20 min

Escalopes Casimir

Pour 4 personnes

- 2 petites carottes
- 1 petit oignon
- 4 fonds d'artichaut
- 80 g de beurre
- 4 escalopes de veau de 120-150 g
- 1 c. à soupe de paprika

❶ Couper les carottes en petits bâtonnets, hacher l'oignon, égoutter les fonds d'artichaut en boîte.

❷ Mettre les carottes dans une casserole avec 30 g de beurre et les faire cuire doucement 10 à 12 min, saler, poivrer. Puis ajouter les fonds d'artichaut et cuire encore 10 min.

❸ Pendant ce temps, saler et poivrer les escalopes et les poudrer de paprika. Faire fondre 30 g de beurre dans une poêle, y saisir les escalopes de chaque

- 4 c. à soupe de crème fraîche
- 1 petite boîte de pelures de truffe (facultatif)
- sel, poivre

côté puis baisser le feu, ajouter l'oignon et cuire encore 10 min environ en retournant la viande.

④ Disposer les fonds d'artichaut dans le plat de service, les couronner d'une escalope et garnir avec les carottes.

⑤ Verser la crème dans la poêle, bien mélanger et faire réduire de moitié. Napper les escalopes de cette sauce. Décorer éventuellement avec les pelures de truffe.

Préparation : 15 min ■ **Cuisson :** 15 min environ

Escalopes à la milanaise

Pour 4 personnes

- 2 dl de fondue de tomate (➤ voir p. 797)
- 200 g de spaghettis ou de macaronis
- 300 g de panure à la milanaise (➤ voir p. 108)
- 2 champignons de Paris
- 1 tranche de jambon de 80 g environ
- 4 escalopes de veau de 150 g environ
- 80 g de beurre
- 2 c. à soupe d'huile d'arachide
- 3 c. à soupe de madère
- 2 dl de fond brun de veau (➤ voir p. 54)
- 20 g de parmesan
- sel, poivre

① Préparer (ou décongeler) la fondue de tomate.

② Faire chauffer de l'eau salée dans une grande casserole, et, quand elle bout, y mettre les pâtes.

③ Préparer la panure à la milanaise.

④ Nettoyer et couper en petits bâtonnets les champignons ainsi que le jambon.

⑤ Saler et poivrer les escalopes et les paner. Dans une poêle, faire fondre 20 g de beurre avec l'huile, y cuire les escalopes de 8 à 10 min, en les retournant.

⑥ Dans une petite casserole, mettre à fondre 20 g de beurre, y cuire 2 min les champignons, ajouter le jambon et cuire encore 2 min. Verser le madère, laisser réduire pendant 1 min, puis ajouter le fond de veau et faire réduire pendant 2 ou 3 min.

⑦ Incorporer 20 g de beurre. Rectifier l'assaisonnement et garder la sauce au chaud.

⑧ Égoutter les pâtes, les mélanger avec 20 g de beurre et les mettre dans un plat chaud.

⑨ Servir les escalopes dans un plat chaud ; présenter le parmesan, la fondue de tomate et la sauce à part.

Les côtes de veau à la milanaise se préparent de la même façon.

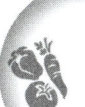

Préparation : 20 min ■ **Cuisson :** 15-20 min

Escalopes panées

Pour 4 personnes

- 4 escalopes de veau de 150 g environ
- 400 g de panure à l'anglaise (➤ voir p. 107)
- 20 g de beurre
- 2 c. à soupe d'huile
- 1 citron
- sel, poivre

1. Saler les escalopes de chaque côté.
2. Préparer la panure à l'anglaise, y rouler les escalopes.
3. Faire chauffer le beurre et l'huile dans une poêle et cuire les escalopes environ 8 min en les retournant de façon qu'elles soient bien dorées. Les égoutter et les mettre dans le plat de service chaud.
4. Servir avec des quartiers de citron.

Préparation : 5 min ■ **Cuisson :** 8-10 min

Grenadins de veau braisés

Pour 6 personnes

- 6 tranches de filet de veau de 150-200 g
- 30 g de lard gras
- 1 carotte
- 1 oignon
- 40 g de beurre
- 200 g de couenne
- 2 dl de vin blanc
- 3-4 c. à soupe de fond brun de veau (➤ voir p. 54)
- sel, poivre

1. Faire préparer les grenadins par le boucher.
2. Couper le lard en bâtonnets et en piquer les grenadins. Pour cela, pratiquer une petite entaille avec la pointe d'un couteau pour y introduire le lard.
3. Éplucher carotte et oignon, les couper en fines rondelles et les faire revenir rapidement dans 20 g de beurre. Les égoutter.
4. Remettre 10 g de beurre dans la poêle et y faire dorer les grenadins 1 min de chaque côté.
5. Beurrer une cocotte et tapisser le fond avec la couenne. Étaler par-dessus le mélange de carotte et d'oignon, puis disposer les grenadins par-dessus, couvrir et cuire 10 min à feu doux. Verser le vin blanc, augmenter le feu et cuire jusqu'à ce qu'il n'y ait presque plus de liquide.
6. Ajouter alors le fond brun, au tiers de l'épaisseur des grenadins, porter à ébullition, puis couvrir et cuire encore 20 min, en arrosant trois ou quatre fois la viande.
7. Dresser les grenadins sur le plat de service chaud.

8 Passer le fond de cuisson. Le mettre dans une casserole et le faire réduire d'un tiers environ. Goûter et rectifier l'assaisonnement et en napper les grenadins.

Préparation : 15 min ■ **Cuisson :** 30 min environ

Longe de veau rôtie en rognonnade

Pour 8 personnes

- 1 longe de veau de 2 kg avec son rognon
- 1 c. à soupe d'huile d'arachide
- 40 g de beurre
- 2 carottes
- 2 gros oignons
- 2 grosses tomates
- 1 bouquet garni
- 1 dl de vin blanc
- 250 g de petits oignons glacés (➤ voir p. 759)
- 1 l de fond de veau
- sel, poivre

1 Faire préparer la longe par le boucher avec une bavette assez longue pour qu'elle puisse envelopper le filet et le rognon à part, débarrassé de sa graisse.

2 Préchauffer le four à 200 °C.

3 Couper le rognon en deux dans le sens de la longueur, enlever les nerfs.

4 Dans une cocotte, chauffer l'huile et le beurre, y faire revenir rapidement les deux morceaux de rognon. Les égoutter.

5 Saler et poivrer la longe à l'intérieur, placer au milieu les deux demi-rognons. Puis la rouler, la ficeler, la saler et la poivrer.

6 Éplucher et couper en dés les carottes, les oignons et les tomates. Les mettre au fond de la cocotte avec le bouquet garni.

7 Poser la longe par-dessus, couvrir et enfourner pour 30 min. Verser alors le vin blanc et prolonger la cuisson pendant encore 30 min en arrosant fréquemment la viande de son jus.

8 Pendant ce temps, préparer les petits oignons glacés.

9 Égoutter la longe, la déficeler et la tenir au chaud avec les oignons dans le plat de service.

10 Ajouter le fond de veau dans la cocotte et, à feu vif, le faire réduire de moitié. Napper la longe de quelques cuillerées de cette réduction et servir le reste en saucière.

Préparation : 20 min ■ **Cuisson :** 1 h

Rôti de veau

Pour 4 personnes

- 1 rôti de veau de 700-800 g (longe, carré désossé, sous-noix ou épaule avec os et parures)
- 3 c. à soupe d'huile d'arachide
- 1/2 botte de cresson
- 3 branches de persil
- 1 brin de thym
- 1/2 feuille de laurier
- sel, poivre

1 Faire préparer le rôti par le boucher.

2 Préchauffer le four à 220 °C.

3 Saler et poivrer le rôti. Chauffer l'huile dans le plat de cuisson, ajouter les os et les parures, faire dorer le rôti sur toutes ses faces.

4 Enfourner le rôti pour 15 min, baisser la température à 200 °C et continuer la cuisson, en l'arrosant souvent, pendant 25 min.

5 Préparer le cresson.

6 Égoutter le rôti et le garder au chaud sur le plat de service. Dégraisser le plat de cuisson. Verser 5 dl d'eau, ajouter persil, thym, laurier, bien décoller les sucs et faire réduire de moitié à feu vif. Goûter et rectifier l'assaisonnement.

7 Passer la sauce, en verser 2 ou 3 cuillerées sur le rôti et servir le reste en saucière. Décorer avec le cresson.

Préparation : 5 min ■ **Cuisson :** 40 min

Veau : braisage

Côtes de veau à la paysanne

Pour 4 personnes

- 4 carottes
- 2 oignons
- 2 blancs de poireau
- 1 navet
- 4 branches de céleri
- 100 g de beurre
- 2 grosses pommes de terre
- 2 c. à soupe d'huile
- 200 g de lardons

1 Couper en fins bâtonnets carottes, oignons, blancs de poireau, navet et branches de céleri. Les cuire avec 30 g de beurre, dans une cocotte, saler et poivrer. Goûter pour vérifier la cuisson.

2 Éplucher les pommes de terre, les couper en petits dés, les saler et les faire sauter, dans une poêle, avec 20 g de beurre et l'huile.

3 Faire revenir les lardons dans 20 g de beurre.

4 Entailler légèrement les bords des côtes de veau. Dans une cocotte, faire fondre 30 g de beurre et dorer les côtes 1 ou 2 min de chaque côté, saler et poivrer, puis baisser le feu et les cuire 10-12 min.

- 4 côtes de veau de 160-180 g
- 1 c. à soupe de persil haché
- sel, poivre

5 Égoutter les légumes et les pommes de terre ainsi que les lardons. Ajouter le tout dans la cocotte et cuire encore 5 min.

6 Disposer les côtes dans un plat de service chaud entourées de leur garniture. Parsemer de persil.

Préparation : 25 min ■ **Cuisson :** 20 min environ

Côtes de veau Foyot

Pour 2 personnes

- 100 g de beurre
- 140 g de chapelure
- 40 g de gruyère râpé
- 4 c. à soupe de persil haché
- 4 tomates moyennes et bien rondes
- 2 côtes de veau de 250 g
- 1 c. à soupe de farine
- 2 échalotes
- 1,5 dl de vin blanc
- 0,5 dl de bouillon de veau (➤ voir p. 49) ou d'eau
- sel, poivre

1 Dans une assiette, préparer une pâte épaisse en travaillant à la fourchette 30 g de beurre, 60 g de chapelure et le gruyère râpé.

2 Dans une autre assiette, travailler de même 30 g de beurre avec 80 g de chapelure, le persil haché, du sel et du poivre.

3 Préchauffer le four à 180 °C.

4 Couper les tomates en deux, horizontalement, vider l'intérieur et les farcir de la farce au persil. Saler et poivrer les côtes, les fariner légèrement, les mettre dans un plat avec 20 g de beurre et les enfourner.

5 Au bout de 15 min, retourner les côtes, les enduire de la pâte au fromage et disposer les tomates farcies au persil dans le plat. Cuire encore 15-20 min en arrosant régulièrement.

6 Hacher les échalotes. Égoutter les côtes et les tomates et les mettre dans le plat de service chaud. Ajouter les échalotes dans le plat de cuisson, remuer sur feu vif. Verser le vin blanc et le bouillon, bien décoller les sucs avec une cuillère en bois et faire réduire de moitié.

7 Ajouter 20 g de beurre en fouettant, rectifier l'assaisonnement et napper les côtes de veau avec cette sauce.

Préparation : 20 min ■ **Cuisson :** 30 min environ

Côtes de veau à la piémontaise

Pour 4 personnes

- 300 g de risotto
  à la piémontaise
  (➤ voir p. 828)
- 2 dl de fondue de tomate
  (➤ voir p. 797)
- 300 g de panure à la
  milanaise (➤ voir p. 108)
- 4 côtes de veau
  de 160-180 g
- 20 g de beurre
- 1 c. à soupe d'huile
  d'arachide
- sel, poivre

1 Préparer le risotto à la piémontaise, préparer ou décongeler la fondue de tomate, préparer la panure à la milanaise.

2 Saler, poivrer et paner les côtes de veau. Dans une poêle, faire chauffer le beurre avec l'huile et cuire doucement les côtes pendant 10 à 15 min en les retournant.

3 Égoutter les côtes de veau, les disposer dans le plat de service et les napper avec la fondue de tomate. Servir le risotto à part.

_____

Préparation : 30 min ■ **Cuisson :** 15 min environ

Côtes de veau Pojarski

Pour 2 personnes

- 2 côtes de veau de 200 g
- 200 g de mie de pain
- 0,5 dl de lait
- 100 g de beurre
- 1 c. à soupe de persil
  haché
- noix de muscade
- 1 c. à soupe de farine
- 1 c. à soupe d'huile
- 1/2 citron
- sel, poivre

1 Désosser les côtes de veau avec un petit couteau bien aiguisé. Bien gratter les os, les plonger 5 min dans de l'eau bouillante, les passer sous l'eau froide et les éponger.

2 Dans un bol, émietter la mie de pain, verser le lait par-dessus et laisser tremper.

3 Faire ramollir 60 g de beurre.

4 Hacher finement la viande.

5 Essorer la mie de pain. Mélanger la viande, la mie de pain, le beurre, le persil, du sel, du poivre et de la muscade râpée et bien travailler cette farce jusqu'à ce qu'elle soit homogène. L'étaler contre chaque os en pressant pour reconstituer la forme de la côte et laisser sécher 30 min au réfrigérateur.

6 Saupoudrer de farine chaque face des côtes reconstituées. Chauffer 20 g de beurre et l'huile dans une poêle et cuire les côtes pendant 15 min environ en les retournant.

7 Dresser les côtes sur un plat, les garnir d'une rondelle de citron cannelée.

8 Préparer un beurre noisette (➤ voir p. 40) avec le reste du beurre, ajouter quelques gouttes de jus de citron et en arroser les côtes.

Préparation : 20 min ■ **Repos :** 30 min ■ **Cuisson :** 15-20 min

Émincé de veau à la zurichoise

Pour 4-6 personnes

- 2 échalotes
- 50 g de beurre
- 150 g de champignons de Paris
- 400 g de noix de veau
- 1 rognon de veau
- 1 dl de vin blanc
- 2 dl de crème fraîche
- 1 dl de demi-glace (➤ voir p. 52)
- 1 c. à soupe de persil haché
- sel, poivre

1 Éplucher et hacher les échalotes et les faire cuire doucement dans une casserole avec 10 g de beurre.

2 Éplucher et couper finement les champignons, les ajouter et continuer la cuisson à feu doux.

3 Pendant ce temps, couper la noix et le rognon en lamelles. Les faire sauter dans une poêle avec 40 g de beurre, pendant 15 min environ, en les retournant plusieurs fois. Saler, poivrer et les garder au chaud.

4 Saler et poivrer les champignons, verser le vin blanc dans la casserole et cuire 5 min à feu vif. Égoutter les champignons.

5 Verser la crème fraîche et la demi-glace, bien mélanger et laisser réduire la sauce de moitié.

6 Remettre la viande et les champignons dans la casserole et réchauffer rapidement, puis verser dans le plat de service. Parsemer de persil haché.

Préparation : 15 min ■ **Cuisson :** 25 min environ

Fricandeau de veau à l'oseille

Pour 6 personnes

- 1/2 pied de veau
- 50 g de lard gras
- marinade instantanée
  (➤ voir p. 58)
- 1,2 kg de noix de veau
- 2 carottes
- 2 oignons
- 50 g de beurre
- 1 os de veau
- 1 c. à soupe d'huile
- 1 bouquet garni
- 3 dl de vin blanc
- 6 dl de bouillon de veau
  (➤ voir p. 49)
- 1 c. à soupe de concentré
  de tomate
- 400 g de purée d'oseille
  (➤ voir p. 762)
- sel, poivre

1 Mettre le pied de veau dans de l'eau froide, porter à ébullition et laisser cuire pendant 10 min.

2 Égoutter le pied de veau, le rafraîchir puis le désosser et le couper en petits morceaux. Préparer la marinade.

3 Couper le lard en petits bâtonnets et mettre ceux-ci à mariner pendant 30 min. Les piquer dans la noix de veau en pratiquant de petites entailles avec la pointe d'un couteau.

4 Éplucher et couper en dés carottes et oignons, les faire revenir dans 20 g de beurre puis les mettre dans le fond d'une cocotte.

5 Préchauffer le four à 220 °C.

6 Casser l'os en petits morceaux. Couper la noix en tranches de 3 ou 4 cm d'épaisseur.

7 Chauffer 30 g de beurre avec l'huile dans une poêle et y faire dorer les tranches de noix ainsi que les morceaux d'os.

8 Égoutter la noix et les os et les mettre dans la cocotte avec le bouquet garni, le pied de veau, le vin blanc, du sel et du poivre. Couvrir et porter à ébullition sur le feu.

9 Enlever le couvercle et glisser la cocotte au four pendant 30 min.

10 Pendant ce temps, faire réduire le bouillon de veau de moitié. Le remettre sur le feu.

11 Délayer le concentré de tomate dans le bouillon réduit et verser sur le fricandeau. Porter de nouveau à ébullition et cuire au four encore 30 min.

12 Égoutter le fricandeau et le dresser dans le plat de service.

13 Passer le jus, le goûter, en rectifier l'assaisonnement et en arroser la viande de quelques cuillerées. Servir la purée d'oseille à part et le reste du jus en saucière.

Préparation : 30 min ■ **Marinade :** 30 min
■ **Cuisson :** 1 h

Fricassée de veau

Pour 4 personnes

- 800 g d'épaule
  ou de collier
  ou de tendron de veau
- 1 gros oignon
- 40 g de beurre
- 40 g de farine
- 1 l de fond de veau
  (➤ voir p. 49) ou d'eau
- 1 bouquet garni
- 2 c. à soupe de crème
  fraîche
- sel, poivre

1 Couper la viande de veau en morceaux moyens (de 50 g environ). Éplucher et hacher l'oignon.

2 Faire revenir le veau dans le beurre chaud mais sans le laisser colorer. Ajouter l'oignon et le cuire doucement pendant 5 min. Poudrer de farine et cuire encore 5 min en remuant.

3 Verser le fond ou l'eau, ajouter le bouquet garni, saler. Porter à ébullition et cuire pendant 45 min à couvert.

4 Égoutter les morceaux de viande et les disposer au chaud sur le plat de service.

5 Faire réduire le liquide de cuisson d'un tiers (si besoin est), ajouter la crème, bien mélanger et porter à ébullition en remuant. Goûter et rectifier l'assaisonnement. Passer la sauce et en napper le veau.

Préparation : 15 min ■ **Cuisson :** 45 min

Jarret de veau à la provençale

Pour 4-6 personnes

- 4-6 tranches de jarret de
  180 g
- 2 oignons
- 6-8 tomates
- 2 gousses d'ail
- 3 c. à soupe d'huile
  d'olive
- 2 dl de vin blanc
- 1 bouquet garni
- 1,5 dl de bouillon de
  veau (➤ voir p. 49)
- sel, poivre

1 Saler et poivrer le jarret.

2 Éplucher les oignons et les hacher. Ébouillanter, peler et épépiner les tomates et les couper en morceaux. Éplucher et écraser les gousses d'ail.

3 Faire chauffer l'huile dans une sauteuse et y mettre à dorer, de chaque côté, les tranches de jarret. Ajouter l'oignon et le faire blondir. Puis ajouter les tomates, le vin blanc et le bouquet garni. Bien remuer et cuire 5 min.

4 Ajouter le bouillon et l'ail. Couvrir et cuire 1 h 20 à feu doux, puis laisser réduire 10 min à découvert. Servir bien chaud.

Préparation : 15 min ■ **Cuisson :** 1 h 30 environ

Osso-buco à la milanaise

Pour 4-6 personnes

- 500 g de tomates
- 2 oignons
- 1 branche de céleri
- 1 gousse d'ail
- 5 c. à soupe d'huile d'olive
- 2 c. à soupe de farine
- 4 ou 6 tranches de jarret de veau de 200 g (avec l'os)
- 1 feuille de laurier
- 2 dl de vin blanc sec
- 1,5 l de bouillon de légumes ou de viande
- 1/2 bouquet de persil plat
- 1 brin de romarin

1 Ébouillanter, peler et épépiner les tomates. Les couper en morceaux.

2 Préchauffer le four à 200 °C.

3 Éplucher et hacher les oignons, le céleri et l'ail. Mettre à chauffer l'huile dans une cocotte et les y faire bien dorer.

4 Fariner légèrement les tranches de jarret et les dorer aussi, de chaque côté. Ajouter le laurier et le vin blanc. Laisser réduire d'un tiers environ, puis ajouter les tomates. Cuire pendant quelques minutes et verser le bouillon. Quand celui-ci bout, glisser la cocotte au four pour 1 h.

5 Hacher les feuilles de persil et les mélanger avec le romarin émietté.

6 Disposer les tranches d'osso-buco sur un plat.

7 Passer le fond de cuisson, ajouter le hachis d'herbes et faire réduire de moitié.

On peut servir l'osso-buco avec un risotto à la milanaise (➤ voir p. 827).

Préparation : 15 min ■ **Cuisson :** 1 h

Poitrine de veau farcie braisée

Pour 6 personnes

- 1,6 kg de poitrine de veau
- 1/2 pied de veau
- 250 g de champignons
- 85 g de beurre
- 2 oignons
- 2 échalotes
- 300 g de mie de pain
- 1 verre de lait

1 Faire préparer la poitrine de veau par le boucher. La saler et la poivrer.

2 Mettre le pied de veau dans de l'eau froide, porter à ébullition et laisser cuire 10 min. L'égoutter, le rafraîchir, puis le désosser et le couper en petits morceaux.

3 Éplucher et couper en petits dés les champignons et les cuire avec 10 g de beurre jusqu'à ce que l'eau de végétation se soit évaporée.

4 Éplucher, hacher 1 oignon et les échalotes. Les cuire dans 20 g de beurre.

- 3 gousses d'ail
- 1 bouquet de persil
- 2 jaunes d'œufs
- 1 pointe de piment de Cayenne
- 1 carotte
- 1 blanc de poireau
- 1 branche de céleri
- 150 g de couennes
- 2 c. à soupe de concentré de tomate
- 2,5 dl de vin blanc
- 2,5 dl de bouillon de veau (➤ voir p. 49)
- sel, poivre

5 Faire tremper la mie de pain dans le lait.

6 Hacher les gousses d'ail et le persil.

7 Presser la mie de pain et la mettre dans un saladier. Y ajouter l'ail et le persil hachés, les champignons égouttés, les jaunes d'œufs, l'oignon et les échalotes, du sel, du poivre et le piment de Cayenne. En garnir la poitrine et coudre l'ouverture avec de la ficelle de cuisine.

8 Préchauffer le four à 200 °C.

9 Éplucher et couper en petits dés la carotte, le blanc de poireau, le céleri et l'autre oignon. Les mettre dans une casserole et les cuire 10 min dans 25 g de beurre.

10 Dans une poêle, dorer la poitrine farcie dans 30 g de beurre.

11 Beurrer une cocotte et en garnir le fond et le bord jusqu'à mi-hauteur avec les couennes. Verser les légumes étuvés et les étaler par-dessus. Ajouter la poitrine et le pied de veau désossé.

12 Délayer le concentré de tomate avec le vin blanc et le verser ainsi que le bouillon. Couvrir et porter à ébullition sur le feu, puis glisser la cocotte au four pour 1 h 40 environ.

13 Égoutter la poitrine.

14 Dégraisser le fond de cuisson, le passer, le faire réduire d'un tiers et en napper la viande. Servir bien chaud.

Les restes de poitrine farcie peuvent se manger froids avec des cornichons, de la moutarde et une salade verte.

Préparation : 1 h ■ **Cuisson :** 1 h 40

Sauté de veau Marengo

Pour 6 personnes

- 5 grosses tomates
- 2 oignons
- 1 gousse d'ail
- 1,5 kg d'épaule de veau
- 50 g de beurre
- 2 c. à soupe d'huile
- 1 c. à soupe de farine
- 2 dl de vin blanc
- 1 bouquet garni
- 24 petits oignons glacés
  (➤ voir p. 759)
- 150 g de champignons
  de Paris
- 150 g de croûtons
  (➤ voir p. 822)
- 1 c. à soupe de persil
  ciselé
- sel, poivre

❶ Ébouillanter, peler, épépiner, couper les tomates. Hacher les oignons, écraser l'ail. Couper l'épaule de veau en morceaux de 80 g environ, les saler et les poivrer.

❷ Dans une cocotte, faire chauffer 30 g de beurre, l'huile et y mettre à dorer la viande. Ajouter les oignons et les faire aussi rissoler. Saupoudrer de farine, mélanger et cuire 3 min.

❸ Verser le vin blanc en grattant le fond de la cocotte avec une cuillère en bois. Puis ajouter les tomates, le bouquet garni et l'ail, saler et poivrer. Verser 3 dl d'eau chaude environ (elle ne doit pas recouvrir la viande), porter à ébullition, puis laisser mijoter 45 min à couvert.

❹ Pendant ce temps, préparer les oignons glacés.

❺ Couper les champignons en lamelles et les faire sauter dans 20 g de beurre. Préparer les croûtons.

❻ Cinq minutes avant la fin de la cuisson, ajouter les champignons dans la cocotte.

❼ Mettre le sauté de veau dans un plat creux chauffé et parsemer de persil. Décorer avec les oignons glacés et les petits croûtons.

Préparation : 30 min ■ **Cuisson :** 45 min

Sauté de veau au vin rouge

Pour 6 personnes

- 1 gros oignon
- 1 gousse d'ail
- 1,2 kg d'épaule de veau
- 50 g de beurre
- 1,5 dl de bouillon
  de veau (➤ voir p. 49)

❶ Éplucher l'oignon et l'ail. Couper finement l'oignon, écraser l'ail. Couper l'épaule en morceaux de 80 g environ, les saler et les poivrer.

❷ Faire dorer dans une sauteuse les morceaux de veau avec 30 g de beurre. Ajouter l'oignon émincé, et le faire dorer aussi. Verser le vin rouge et le bouillon de veau, ajouter le bouquet garni et l'ail. Couvrir et laisser mijoter 45 min.

- 3 dl de vin rouge
- 1 bouquet garni
- 20 petits oignons glacés
  (➤ voir p. 759)
- 150 g de champignons
- 10 g de beurre manié
  (➤ voir p. 39)

3 Pendant ce temps, préparer les oignons glacés.

4 Éplucher et couper finement les champignons et les dorer dans 20 g de beurre.

5 Préparer le beurre manié.

6 Égoutter la viande. Passer la sauce et la lier avec le beurre manié en fouettant.

7 Remettre les morceaux de veau dans la sauteuse, ajouter les oignons, les champignons et la sauce. Réchauffer le tout à feu doux.

Préparation : 15 min ■ **Cuisson :** 45 min

Tendrons de veau chasseur

Pour 4 personnes

- 1 gros oignon
- 1 carotte
- 1 gousse d'ail
- 1 dl de sauce tomate
- 2 c. à soupe d'huile d'arachide
- 4 tendrons de veau de 160-200 g
- 1 bouquet garni
- 1 dl de vin blanc
- 1 l de bouillon de veau (➤ voir p. 49)
- 200 g de champignons de Paris
- 2 échalotes
- 30 g de beurre
- 1 c. à soupe de persil
- sel, poivre

1 Éplucher, laver et tailler en petits cubes l'oignon et la carotte. Éplucher l'ail.

2 Préparer ou décongeler la sauce tomate (➤ voir p. 86).

3 Dans une cocotte, faire chauffer l'huile d'arachide et y colorer les tendrons sur chaque face. Les retirer, ajouter l'oignon, la carotte, l'ail et le bouquet garni. Faire revenir ces légumes pendant quelques minutes, puis disposer dessus les tendrons.

4 Ajouter le vin blanc, laisser réduire et verser le bouillon de veau et la sauce tomate. Faire cuire sur feu doux et à couvert pendant 1 h.

5 Éplucher et couper finement les champignons et les échalotes. Les faire revenir avec le beurre.

6 Égoutter les tendrons sur le plat de service, les tenir au chaud.

7 Passer la sauce au-dessus du récipient contenant les champignons et laisser mijoter pendant 2 min.

8 Rectifier l'assaisonnement et verser la sauce sur les tendrons. Parsemer de persil haché.

Préparation : 20 min ■ **Cuisson :** 1 h

Veau : abats

Amourettes en fritots

Pour 4-6 personnes

- 600-800 g d'amourettes
- 2,5 dl de sauce tomate (➤ voir p. 86)
- marinade instantanée (➤ voir p. 58)
- 250 g de pâte à frire (➤ voir p. 113)
- huile de friture
- 1/2 bouquet de persil
- sel

1 Faire tremper les amourettes pendant 1 h dans de l'eau froide. Les débarrasser de leurs membranes, les laver. Les faire cuire 10 min dans de l'eau ou du bouillon, puis les égoutter et les laisser refroidir.

2 Préparer la sauce tomate.

3 Mettre les amourettes dans la marinade instantanée et les y laisser 30 min.

4 Préparer la pâte à frire. Faire chauffer la friture. Faire frire le persil (➤ voir p. 764).

5 Égoutter les amourettes, les tremper dans la pâte à frire et les plonger dans la friture à 160 °C jusqu'à ce qu'elles soient bien dorées. Les égoutter sur un papier absorbant, poudrer de sel fin.

6 Disposer les amourettes avec le persil frit dans un plat recouvert d'une serviette. Servir la sauce tomate à part.

Trempage : 1 h ■ **Préparation :** 30 min ■ **Cuisson :** 20-30 min

Cervelle de veau à l'anglaise

Pour 2 personnes

- 1 cervelle
- marinade instantanée (➤ voir p. 58)
- 400 g de panure à l'anglaise (➤ voir p. 107)
- 50 g de beurre
- 2 citrons
- sel, poivre

1 Préparer la cervelle (➤ voir p. 423) et la marinade. Couper la cervelle en tranches de 1 cm environ et les mettre à mariner 30 min.

2 Préparer la panure à l'anglaise.

3 Paner les tranches de cervelle et les faire cuire dans le beurre chaud pendant 2 ou 3 min de chaque côté. Les égoutter et les servir avec du jus de citron.

Préparation : 15 min ■ **Marinade :** 30 min ■ **Cuisson :** 10 min environ

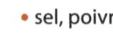

Cervelle de veau en meurette

Pour 2 personnes

- 1 cervelle de veau
- 1 carotte
- 1 gros oignon
- 1 gousse d'ail
- 1 bouquet garni
- 3 dl de vin rouge (bourgogne de préférence)
- 1 c. à soupe de marc de Bourgogne
- 100 g de croûtons (➤ voir p. 822)
- 30 g de beurre manié (➤ voir p. 39)
- sel, poivre

1. Nettoyer et préparer la cervelle (➤ voir p. 423).
2. Éplucher et couper finement la carotte et l'oignon, peler et écraser l'ail. Les mettre dans une sauteuse, avec le bouquet garni, du sel et du poivre. Verser le vin rouge et le marc et cuire 30 min à petit feu.
3. Pendant ce temps, préparer les croûtons.
4. Plonger la cervelle dans la sauce au vin, la cuire pendant 15 à 20 min à petits frémissements.
5. Préparer le beurre manié. Égoutter la cervelle, la mettre dans le plat de service et garder au chaud.
6. Retirer le bouquet garni de la sauce. Ajouter le beurre manié en fouettant bien, sur feu moyen, et verser la sauce sur la cervelle. Décorer avec les croûtons.

Préparation : 35-40 min ■ **Cuisson :** 45-50 min

Salade de cervelle de veau

Pour 2 personnes

- 1 cervelle de veau
- 2 œufs
- 1 laitue
- 1 dl de sauce vinaigrette (➤ voir p. 98)
- 12 filets d'anchois à l'huile
- 2 dl de sauce ravigote (➤ voir p. 96)

1. Préparer la cervelle (➤ voir p. 423).
2. Mettre à durcir les œufs. Éplucher et laver la laitue. Faire la vinaigrette. Éponger les filets d'anchois. Préparer la sauce ravigote.
3. Couper les plus belles feuilles de la laitue en enlevant les côtes, les assaisonner avec la vinaigrette et en garnir un plat.
4. Couper la cervelle en tranches épaisses et les déposer sur la laitue. Écaler les œufs, les couper en quartiers et les disposer autour ainsi que les filets d'anchois.
5. Napper la cervelle de sauce ravigote. Garder au frais jusqu'au moment de servir.

Préparation : 40 min

Cœurs de veau en brochettes

Pour 4 personnes

- 2 cœurs de veau
- marinade instantanée
  (➤ voir p. 58)
- 100 g de petits
  champignons de Paris
- 4 tomates cerises
  ou olivettes

1 Faire préparer les cœurs par le boucher. Les couper en gros cubes.

2 Nettoyer les petits champignons de Paris.

3 Préparer la marinade et y mettre cœurs et champignons pendant 30 min.

4 Garnir des brochettes avec les cubes de cœur et les champignons alternés. Terminer chaque brochette par une petite tomate cerise ou une olivette.

5 Griller les brochettes en les retournant plusieurs fois. Servir aussitôt.

Préparation : 15 min ■ **Marinade :** 30 min ■ **Cuisson :** 10-12 min

Cœurs de veau en casserole à la bonne femme

Pour 4-6 personnes

- 2 cœurs de veau
- 150 g de petits oignons
- 1 kg de petites pommes
  de terre
- 150 g de lard
  ou de lardons
- 40 g de beurre
- sel, poivre

1 Faire préparer les cœurs par le boucher.

2 Éplucher les oignons et les pommes de terre.

3 Couper le lard en petits dés et les plonger 5 min dans de l'eau bouillante.

4 Mettre à fondre le beurre dans une cocotte et y faire revenir les cœurs de tous les côtés. Les retirer.

5 Mettre les lardons dans la cocotte et les faire revenir aussi. Ajouter les oignons et les mélanger.

6 Remettre les cœurs dans la cocotte. Disposer les pommes de terre autour. Couvrir et laisser cuire 30 min à petit feu en remuant de temps en temps.

7 Goûter et rectifier l'assaisonnement. Servir.

Préparation : 30 min ■ **Cuisson :** 30 min

Cœurs de veau farcis

Pour 4-6 personnes

- 2 cœurs de veau
- 200 g de farce aux champignons (➤ voir p. 101) ou de farce mousseline (➤ voir p. 102)
- 1 grosse tomate
- 1 carotte
- 1 gros oignon
- 80 g de crépine
- 1 bouquet garni
- 40 g de beurre
- 0,5 dl de vin blanc
- 0,5 l de fond de veau (➤ voir p. 49)
- sel, poivre

1. Faire préparer les cœurs par le boucher.
2. Préparer la farce choisie.
3. Ébouillanter la tomate, la peler, l'épépiner et la couper en petits dés. Éplucher carotte et oignon et les couper de la même façon.
4. Préchauffer le four à 150 °C.
5. Saler et poivrer l'intérieur des cœurs. Les remplir de farce, les envelopper dans un morceau de crépine de porc et les ficeler.
6. Mettre tous les légumes et le bouquet garni dans le fond d'une cocotte et disposer les cœurs par-dessus avec le beurre en parcelles. Couvrir la cocotte et l'enfourner pour 30 min environ.
7. Ajouter le vin blanc et poursuivre la cuisson pendant 30 min encore en arrosant souvent.
8. Égoutter les cœurs sur le plat de service.
9. Verser le fond de veau dans la cocotte et faire réduire d'un tiers à feu vif.
10. Passer la sauce, goûter et rectifier l'assaisonnement et en napper les cœurs. Servir très chaud.

Préparation : 45 min ■ **Cuisson :** 1 h

Cœurs de veau sautés

Pour 4 personnes

- 2 cœurs de veau
- 200 g de gros champignons de Paris
- 70 g de beurre
- 1 dl de madère
- sel, poivre

1. Faire préparer les cœurs par le boucher et les couper en tranches fines. Les saler et les poivrer.
2. Nettoyer les champignons et les couper également en tranches.
3. Mettre à fondre 40 g de beurre dans une poêle et y faire sauter vivement les tranches de cœur pendant 3 ou 4 min. Les égoutter et les garder au chaud.
4. Verser les champignons dans la poêle et les faire dorer à leur tour, les saler et les poivrer. Les ajouter aux tranches de cœur. ➡

5 Verser le madère dans la poêle, bien décoller les sucs de cuisson avec une cuillère en bois, laisser réduire de moitié.

6 Hors du feu, ajouter le reste du beurre en fouettant et napper le plat de cette sauce.

Préparation : 15 min ■ **Cuisson :** 20 min environ

Foie de veau à l'anglaise

Pour 4 personnes

- 20 g de beurre
- 1 c. à soupe d'huile d'arachide
- 4 tranches de foie de veau de 125 g environ
- 4 tranches de bacon
- 1 c. à soupe de persil ciselé
- 1/2 citron
- sel, poivre

1 Faire chauffer le beurre et l'huile dans une poêle. Saler et poivrer les tranches de foie de veau, les cuire entre 2 et 5 min sur chaque face, suivant leur épaisseur et selon la cuisson désirée.

2 Égoutter les tranches et les réserver au chaud, sur le plat de service.

3 Faire sauter 4 tranches de bacon dans la même poêle. Les poser sur les tranches de foie. Parsemer de persil ciselé.

4 Presser le citron dans le beurre de cuisson, mélanger, décoller les sucs et verser sur le foie. Servir aussitôt.

Préparation : 5 min ■ **Cuisson :** 5-10 min

Foie de veau à la créole

Pour 6 personnes

- 6 tranches de foie de veau de 150 g
- marinade instantanée (➤ voir p. 58)
- 60 g de lard gras
- 1 oignon
- 1 c. à soupe de persil haché

1 Faire préparer par le boucher des tranches de foie petites et très épaisses de 150 g chacune.

2 Préparer la marinade avec du citron vert.

3 Tailler le lard gras en tout petits dés et les laisser mariner pendant 15 min. Pratiquer de petites entailles dans les tranches de foie et y glisser les lardons. Mettre à mariner le tout pendant 20 min dans la même marinade.

4 Hacher l'oignon et le persil.

- 2 c. à soupe de farine
- 2 c. à soupe d'huile d'olive
- 1 c. à soupe de chapelure
- 1 c. à dessert de concentré de tomate
- 0,5 dl de vin blanc
- sel, poivre

5 Chauffer l'huile dans une poêle et les cuire 2 min sur chaque face à feu assez vif puis de 6 à 8 minutes sur feu doux. Les égoutter dans le plat de service chaud.

6 Verser l'oignon dans la poêle et le faire revenir avec le persil, ajouter la chapelure, saler et poivrer.

7 Délayer le concentré de tomate dans le vin blanc, verser dans la poêle et bien mélanger. Chauffer en remuant pendant 5 min. Napper de sauce les tranches de foie.

Préparation : 1 h ■ **Marinade :** 35 min ■ **Cuisson :** 15-20 min

Foie de veau à la lyonnaise

Pour 4 personnes

- 3 gros oignons
- 80 g de beurre
- 4 tranches de 125 g de foie de veau
- 2 c. à soupe de farine
- 2 c. à soupe de glace de viande (➤ voir p. 56)
- 0,5 dl de vinaigre
- 1 c. à soupe de persil haché
- sel, poivre

1 Éplucher et couper finement les oignons. Les faire fondre dans une casserole avec 40 g de beurre chaud pendant 20 min environ, à feu doux.

2 Saler et poivrer les tranches de foie, les fariner et les dorer vivement dans 40 g de beurre.

3 Égoutter les tranches de foie et les garder au chaud dans le plat de service.

4 Ajouter la glace de viande dans les oignons, la faire fondre, bien mélanger et en napper le foie.

5 Mettre le vinaigre dans la poêle, le chauffer et verser sur le foie. Parsemer de persil haché.

Préparation : 30 min ■ **Cuisson :** 10 min environ

Foie de veau rôti

Pour 12-15 personnes

- 1 foie de veau de 2,5 kg
- 250 g de crépine
- 250 g de lard gras
- 1 dl de cognac
- 1 pincée de quatre-épices
- 1/2 botte de persil
- 2 dl de vin blanc
- 1 l de bouillon de veau (➤ voir p. 49)
- sel, poivre

❶ Faire préparer le foie par le boucher.
❷ Mettre la crépine à tremper dans de l'eau puis l'éponger et bien l'étirer.
❸ Couper le lard en gros dés et piquer ceux-ci dans le foie de veau en pratiquant de petites entailles.
❹ Préchauffer le four à 200 °C.
❺ Arroser le foie de cognac, le saler, le poivrer, le poudrer de quatre-épices et de persil haché, puis l'envelopper dans la crépine et le ficeler. Le mettre dans un plat et l'enfourner pour 1 h 30 environ.
❻ Égoutter le foie sur le plat de service chaud.
❼ Jeter le gras de cuisson, verser le vin blanc et le bouillon, bien décoller les sucs et faire réduire le tout d'un tiers environ à feu vif. Servir cette sauce à part.

Des carottes glacées (➤ voir p. 670) accompagneront très bien ce foie.

Préparation : 15 min ■ **Cuisson :** 1 h 30 environ

Foie de veau sauté à la florentine

Pour 4 personnes

- 1 kg d'épinards surgelés
- 150 g de pâte à frire (➤ voir p. 113)
- 1 gros oignon
- huile de friture
- 100 g de beurre
- noix de muscade
- 4 tranches de foie de veau de 125 g
- 1 dl de vin blanc
- sel, poivre

❶ Décongeler les épinards. Préparer la pâte à frire.
❷ Éplucher et couper l'oignon en rondelles, les détacher les unes des autres.
❸ Faire chauffer la friture.
❹ Bien presser les épinards pour en extraire l'eau et les cuire doucement avec 50 g de beurre. Saler, poivrer et râper un peu de muscade.
❺ Passer les rondelles d'oignon dans la pâte à frire et les plonger dans l'huile à 180 °C. Les retirer quand elles sont dorées et les égoutter sur un papier absorbant.
❻ Verser les épinards dans le plat de service légèrement beurré et tenir au chaud.

7 Chauffer le reste du beurre dans une poêle et y dorer les tranches de foie de veau 2 ou 3 min de chaque côté. Les disposer sur les épinards.

8 Verser le vin blanc dans la poêle, gratter les sucs, faire réduire de moitié et verser ce jus sur le foie. Garnir des rondelles d'oignon frites et servir.

Préparation : 30 min ■ **Cuisson :** 10 min environ

· ·

Fraise de veau au blanc : préparation

La fraise de veau doit toujours être longuement cuite à l'eau avant d'être cuisinée. Pour cela, délayer 1 cuillerée à soupe de farine par litre d'eau employé et verser dans une marmite.

Ajouter 6 g de sel et 1 cuillerée à soupe de vinaigre par litre, 1 oignon piqué de 2 clous de girofle, 1 bouquet garni. Porter à ébullition, y plonger la fraise et la cuire 1 h 30 au moins.

Elle peut s'accommoder ensuite en blanquette ou être accompagnée d'une sauce ravigote ou poulette.

· ·

Fraise de veau frite

Pour 4-6 personnes

- 2,5 dl de sauce diable ou de sauce piquante
- 400 g de panure à l'anglaise
- 1/2 bouquet de persil
- 600-800 g de fraise de veau cuite
- 2 citrons
- huile de friture
- sel, poivre

1 Préparer d'abord la sauce (➤ voir p. 68 ou p. 78), puis la panure à l'anglaise (➤ voir p. 107).

2 Faire chauffer la friture. Frire le persil (➤ voir p. 764).

3 Couper la fraise en morceaux carrés de 3 ou 4 cm de côté. Saler ceux-ci, les poivrer et les paner. Les frire à 180 °C jusqu'à ce qu'ils soient bien dorés.

4 Disposer les morceaux sur une serviette et les garnir de persil frit et de quartiers de citron. Servir la sauce choisie à part.

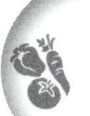

Préparation : 30 min ■ **Cuisson :** 15 min environ

Oreilles de veau braisées à la mirepoix

Pour 4 personnes

- 4 dl de fond brun de veau (➤ voir p. 54)
- 4 oreilles de veau
- 2 carottes
- 2 gros oignons
- 1 bouquet garni
- 2 dl de vin blanc
- sel, poivre

1 Préparer ou décongeler le fond (ou utiliser un fond déshydraté du commerce).

2 Plonger les oreilles dans de l'eau froide, porter à ébullition pendant 8 min. Les rafraîchir, les égoutter, les nettoyer, les éponger.

3 Préchauffer le four à 180 °C.

4 Éplucher et couper en dés les carottes et les oignons. Mettre les oreilles dans une cocotte et les recouvrir de dés de légumes. Ajouter le bouquet garni, du sel, du poivre et le vin blanc.

5 Faire réduire complètement sur feu vif, puis verser le fond brun de veau et cuire 1 h 30, à couvert.

6 Égoutter les oreilles, puis les couper en morceaux moyens, après avoir retiré la peau qui recouvre l'intérieur et l'extérieur de la partie mince.

7 Passer le liquide de cuisson, le dégraisser, le faire réduire d'un tiers environ et y remettre les morceaux d'oreille pour les réchauffer puis verser dans le plat de service chaud.

Préparation : 30 min ■ **Cuisson :** 1 h 30

Oreilles de veau grillées à la diable

Pour 4 personnes

- 4 oreilles de veau braisées
- 2,5 dl de sauce diable
- 20 g de beurre
- 4 c. à soupe de moutarde
- 150 g de chapelure

1 Préparer les oreilles comme dans la recette précédente. Les égoutter, les diviser en deux dans la longueur et les laisser refroidir entre deux assiettes, avec un poids dessus (la deuxième assiette étant posée à l'envers), pendant 30 min.

2 Pendant la cuisson, préparer la sauce diable (➤ voir p. 78).

3 Faire fondre le beurre. Avec une cuillère ou un pinceau, enduire largement les oreilles de moutarde puis les rouler dans la chapelure et les arroser de beurre fondu. Les faire griller doucement pendant 10 à 15 min. Servir la sauce diable à part.

Préparation : 40 min ■ **Cuisson :** 10-15 min

Pieds de veau : cuisson

1. Les pieds de veau sont généralement nettoyés, sinon demander au boucher de le faire. Les mettre dans une marmite ou un faitout ; les recouvrir d'eau froide et les porter à ébullition pendant 10 min.
2. Égoutter, rafraîchir et citronner les pieds.
3. Délayer de la farine dans de l'eau froide (1 cuillerée à soupe par litre d'eau), saler (6 g par litre) et ajouter le jus de citron (1 cuillerée à soupe par litre).
4. Ajouter les pieds, un oignon piqué d'un clou de girofle et un bouquet garni. Laisser frémir de 1 h 30 à 2 h.

Pieds de veau à la tartare

Pour 4 personnes

- 4 pieds de veau cuits
- 2,5 dl de sauce tartare (➤ voir p. 98)
- 400 g de panure à l'anglaise (➤ voir p. 107)
- huile de friture

1. Préparer et cuire les pieds de veau (➤ voir recette précédente).
2. Faire la sauce tartare pendant leur cuisson.
3. Égoutter les pieds et les désosser quand ils sont encore chauds. Couper la chair en gros dés et éponger ceux-ci sur un papier absorbant.
4. Préparer la panure. Chauffer la friture. Passer les dés de viande dans la panure puis les plonger dans la friture à 180 °C, les retirer quand ils sont dorés, les égoutter, puis les éponger sur du papier absorbant.
5. Servir brûlant avec la sauce tartare.

Préparation : 2 h 30 ■ **Cuisson :** 10-15 min

Ris de veau ou d'agneau : préparation

❶ Faire tremper les ris 5 h au moins dans de l'eau froide, en renouvelant celle-ci jusqu'à ce qu'elle soit claire.

❷ Mettre les ris dans une casserole, les recouvrir d'eau froide salée, porter à ébullition, puis les égoutter, les rafraîchir sous l'eau froide et les éponger.

❸ Retirer tous les filaments, puis mettre les ris 1 h entre deux linges avec un poids dessus. Les apprêter ensuite suivant la recette.

Beignets de ris de veau

Pour 4-6 personnes

- 500 g de ris de veau préparés (➤ voir recette précédente)
- 150 g de pâte à frire (➤ voir p. 113)
- huile de friture
- 40 g de farine
- 2 citrons
- sel, poivre

❶ Préparer les ris de veau (cela peut se faire la veille).

❷ Préparer la pâte à frire. Faire chauffer la friture.

❸ Couper les ris de veau en tranches moyennes, les saler et les poivrer, les fariner, les tremper dans la pâte à frire et les plonger dans la friture à 180 °C. Les dorer sur les deux faces, les égoutter et les éponger.

❹ Servir les beignets avec des quartiers de citron.

Une fondue de tomate (➤ voir p. 797) ou une mayonnaise (➤ voir p. 93) mélangée avec 2 cuillerées à soupe de fines herbes pourront accompagner ces beignets.

Préparation : 6 h 15 + 30 min ■ **Cuisson :** 10-15 min

Ris de veau braisés à blanc

Pour 4-6 personnes

- 600 g de ris de veau préparés (➤ voir page précédente)
- 1 carotte
- 1 gros oignon
- 30 g de beurre
- 100 g de couennes
- 1 bouquet garni
- 2 dl de fond blanc de veau (➤ voir p. 49)
- sel, poivre

1 Préparer les ris de veau. Préchauffer le four à 220 °C.
2 Éplucher et couper finement la carotte et l'oignon.
3 Beurrer une cocotte, tapisser le fond avec les couennes et les légumes. Ajouter les ris et le bouquet garni. Saler, poivrer.
4 Commencer la cuisson sur un feu doux et à couvert, puis verser le fond blanc. Mettre au four pendant 25 à 35 min, en arrosant souvent avec le jus de cuisson.
5 Servir dans la cocotte ou verser dans un plat bien chaud.

ris de veau braisés à brun :
au début de la cuisson, mouiller les ris d'abord avec 0,5 dl de vin blanc, faire réduire à sec puis arroser avec 2 dl de fond brun.

Préparation : 6 h 15 + 15 min ■ **Cuisson :** 25-35 min

Ris de veau financière

Pour 4-6 personnes

- 600 g de ris de veau braisés à brun (➤ voir recette précédente)
- 4 dl de sauce financière (➤ voir p. 80)
- 150 g de champignons de Paris
- 10 g de beurre
- 1/2 citron
- 10-12 olives vertes dénoyautées
- 1 petite boîte de pelures de truffe
- sel, poivre

1 Préparer les ris de veau et la sauce financière.
2 Éplucher et couper en dés les champignons et les cuire dans le beurre chaud, avec quelques gouttes de jus de citron, pendant 10 à 15 min.
3 Plonger les olives dans de l'eau bouillante pendant 3 min et les égoutter.
4 Couper les ris de veau en morceaux moyens, les mélanger avec les champignons, les olives, les pelures de truffe et la sauce financière, saler et poivrer.
5 Réchauffer doucement le tout pendant 2 ou 3 min et verser dans le plat de service chaud.

On peut présenter ces ris de veau dans des croustades en pâte brisée (➤ voir p. 183).

Préparation : 1 h ■ **Cuisson :** 5 min environ

Rognon : préparation

Le rognon doit d'abord être extrait de la gangue de graisse qui l'entoure. En général, cette préparation est faite par le boucher.

Ouvrir en deux le rognon, éliminer en tirant dessus la membrane qui le recouvre.

Avec un petit couteau, retirer les parties nerveuses et blanchâtres. Il est alors prêt à être cuisiné.

Rognons de veau en cocotte

Pour 4 personnes

- 2 rognons de veau
- 40 g de beurre
- 1 dl de calvados ou de cognac
- 2,5 dl de crème fraîche
- 1 c. à café de moutarde
- sel, poivre

1 Préparer les rognons (➤ voir ci-dessus). Les couper en deux dans la longueur.

2 Faire fondre le beurre dans une cocotte sans le laisser colorer, y mettre les rognons et les cuire à feu doux pendant 5 ou 6 min en les retournant plusieurs fois.

3 Verser l'alcool, couvrir et retirer la cocotte du feu. Laisser macérer pendant 10 min.

4 Retirer les rognons et les mettre dans un plat creux, couvert d'une feuille d'aluminium.

5 Faire réduire la sauce de moitié. Saler et poivrer.

6 Verser la crème dans la cocotte et la laisser bouillir en remuant pour la faire épaissir.

7 Dans un bol, délayer la moutarde avec 1 cuillerée de sauce et reverser dans la cocotte.

8 Bien mélanger cette sauce et en napper les rognons. Servir aussitôt.

Préparation : 15 min ■ **Cuisson :** 15 min environ

Rognons de veau aux graines de moutarde

Pour 4 personnes

- 2 rognons de veau
- 3 dl de fond brun de veau (➤ voir p. 54)
- 2 échalotes
- 2 dl de vin blanc sec
- 1 feuille de laurier
- 1 brin de thym
- 2 dl de crème liquide
- 2 c. à soupe de moutarde de Meaux
- 2 c. à soupe d'huile d'arachide
- 1 c. à soupe de ciboulette ciselée
- sel, poivre

1 Préparer les rognons (➤ voir page précédente) et le fond.

2 Éplucher et hacher finement les échalotes et les mettre dans une sauteuse avec le vin blanc sec, le laurier et le thym.

3 Faire réduire doucement de moitié puis verser le fond et la crème liquide. Cuire à feu doux jusqu'à ce que la sauce nappe bien la cuillère.

4 Mettre la moutarde dans un grand bol et passer la sauce dessus en remuant avec une cuillère pour la délayer. Vérifier l'assaisonnement, couvrir d'une feuille d'aluminium et garder cette sauce au chaud.

5 Couper les rognons transversalement en lamelles épaisses et les dorer à l'huile 2 min de chaque côté, les saler et les poivrer. Les mettre dans une passoire et les laisser s'égoutter pendant 10 min.

6 Remettre la sauce dans une casserole, la réchauffer et y plonger les rognons. Ne pas faire bouillir.

7 Verser dans le plat de service et parsemer de ciboulette.

Préparation : 30 min ■ **Cuisson :** 4-5 min

Rognons de veau grillés

Pour 4 personnes

- 2 rognons de veau
- 1 échalote
- 4 c. à soupe d'huile d'olive
- 1 brin de thym
- 2 grosses tomates
- 1 botte de cresson
- sel, poivre

1 Préparer les rognons (➤ voir page précédente). Couper chaque moitié en deux.

2 Peler et hacher finement l'échalote.

3 Dans un saladier, mélanger 2 cuillerées à soupe d'huile, le thym émietté, l'échalote, du sel et du poivre et y mettre les rognons à mariner pendant 20 min.

4 Préchauffer le gril du four.

5 Laver les tomates, les couper en deux et extraire les pépins. Trier, laver et éponger le cresson. ➤

6 Égoutter et éponger les rognons. Les enfiler sur les brochettes et les placer sous le gril à mi-hauteur. Les griller de 5 à 7 min en les retournant plusieurs fois.

7 Éteindre le four et laisser les rognons 5 min au chaud.

8 Pendant ce temps, faire sauter les demi-tomates dans une poêle avec l'huile restante. Saler et poivrer.

9 Servir les rognons grillés avec les demi-tomates et des bouquets de cresson.

Préparation : 10 min ■ **Marinade :** 20 min ■ **Cuisson :** 12 min environ

Rognons de veau sautés à la bordelaise

Pour 4 personnes

- 50 g de moelle de bœuf
- 2 échalotes
- 2 rognons de veau
- 40 g de beurre
- 2 dl de vin blanc
- 4 dl de fond blanc de veau (➤ voir p. 49)
- 1 c. à soupe de persil haché
- sel, poivre

1 Plonger la moelle dans de l'eau bouillante salée et la cuire 2 min. L'égoutter et la garder au chaud.

2 Éplucher et hacher les échalotes.

3 Préparer les rognons (➤ voir p. 518) et les couper en tranches moyennes, les saler et les poivrer.

4 Faire fondre le beurre dans une poêle et cuire les rognons pendant 3 ou 4 min en les retournant. Les égoutter et les garder au chaud.

5 Verser le vin blanc et bien décoller les sucs, ajouter l'échalote et cuire jusqu'à ce qu'il ne reste presque plus de liquide.

6 Ajouter le fond de veau et le jus rendu par les rognons et faire réduire de moitié. Goûter et rectifier l'assaisonnement.

7 Remettre les rognons dans la sauce, sans laisser bouillir, couper la moelle en dés et l'ajouter puis mélanger.

8 Verser dans le plat de service et parsemer de persil.

Préparation : 15 min ■ **Cuisson :** 10 min environ

Tête de veau : cuisson

Mettre les morceaux de tête de veau dans un faitout. Les recouvrir d'eau froide et porter à ébullition pendant 10 min en écumant très souvent. Les égoutter et les rafraîchir sous le robinet. Préparer un blanc : délayer de la farine dans de l'eau froide (1 cuillerée à soupe par litre), ajouter le sel et le jus de citron (1 cuillerée à soupe de l'un et de l'autre par litre) et porter à ébullition. Y mettre les morceaux de tête de veau avec un bouquet garni et un oignon piqué d'un clou de girofle.

Cuire à petits frémissements pendant 1 h 30 à 2 h.

Tête de veau à l'occitane

Pour 6-8 personnes

- 1,4 kg de tête de veau en morceaux désossés
- 1 langue de veau prête à cuire
- 100 g de farine
- 2 citrons
- 1/2 cervelle de veau
- 2 œufs
- 2 oignons
- 1 gousse d'ail
- 0,5 dl d'huile d'olive
- 2 tomates
- 150 g d'olives noires de Nice
- 2 c. à soupe de persil haché
- sel

1 Faire couper la tête en morceaux par le boucher. La cuire (➤ voir ci-dessus) en y ajoutant la langue. (Pour le blanc, prévoir 100 g de farine, 3 cuillerées à soupe de jus de citron et de sel, et 3 litres d'eau.)

2 Préparer la cervelle (➤ voir p. 423) et la cuire 15 min à l'eau salée.

3 Faire durcir les œufs.

4 Éplucher et hacher les oignons et la gousse d'ail et les cuire dans 1 cuillerée d'huile jusqu'à ce qu'ils soient bien fondants.

5 Ébouillanter, peler, épépiner et couper en petits dés les tomates et les faire fondre dans 1 cuillerée d'huile d'olive.

6 Égoutter la tête et la langue. Enlever la peau de la langue. Couper celle-ci et la cervelle en tranches moyennes.

7 Dans un plat creux, étaler les oignons et disposer dessus les morceaux de tête de veau, les tranches de langue et de cervelle. ➜

8 Ajouter les olives, les tomates et les œufs durs coupés en rondelles épaisses.

9 Verser sur la tête de veau 6 cuillerées d'huile d'olive et le jus d'un citron, parsemer de persil. Couvrir le plat d'une feuille d'aluminium et le mettre au bain-marie pendant 15 à 20 min pour tout réchauffer.

10 Au moment de servir, arroser le dessus avec le jus qui s'est écoulé dans le plat.

Préparation : 2 h ■ **Cuisson :** 15-20 min

Tête de veau sauce gribiche

Pour 4 personnes

- 800 g de tête de veau en morceaux désossés
- 4 dl de sauce gribiche (➤ voir p. 96)
- 1/2 bouquet de persil
- sel, poivre

1 Préparer et cuire la tête de veau (➤ voir page précédente).
2 Faire la sauce gribiche.
3 Équeuter, laver et sécher le persil.
4 Égoutter les morceaux de tête de veau et les mettre dans un plat creux. Les garnir de bouquets de persil et servir la sauce gribiche à part.

Préparation : 20 min ■ **Cuisson :** 1 h 30

Les volailles,
le lapin et le gibier

La volaille

Le terme volaille désigne l'ensemble des oiseaux élevés pour leur chair ou leurs œufs, ou les deux (canard, coquelet, dinde, oie, pigeon, pintade, poule, poulet), auxquels on ajoute le lapin domestique. Les recettes de « volaille » sont le plus souvent à base de poulet. Dans les autres cas, on précise le nom de l'animal.

La viande de ces animaux, riche en protéines et en vitamines B et PP, est à l'origine de plats simples et économiques, de grands classiques régionaux et des préparations les plus raffinées.

La volaille la plus consommée en France est le poulet, suivi de la dinde, souvent vendue en morceaux. Les oies sont aujourd'hui surtout engraissées pour la production de foie gras. L'élevage du canard, lui, s'est développé sous la double impulsion de la vogue du foie gras de canard et des magrets. Une volaille conditionnée pour la vente doit porter un chiffre de 1 à 4, indiquant le « calibre » de l'animal (poids, compte tenu de sa préparation : éviscéré, vidé, etc.) ; le 1 correspondant à un volatile jeune, pesant au maximum 850 g, prêt à cuire. En outre, une lettre, A, B ou C, indique la « classe » de la volaille (degré d'engraissement, développement des muscles, conformation). Enfin, l'animal peut porter une étiquette ou un label, qui précise son origine.

La cuisson des volailles. *Les procédés classiques de cuisson de la volaille sont le rôti, le plus courant, le bouilli, le braisé (surtout pour les volatiles un peu vieux ou de grande taille, ainsi que les abattis), le sauté, et parfois la vapeur ou la grillade, ainsi que la cuisson en cocotte et en fricassée. La volaille farcie est une préparation qui se raréfie. Foies de volaille, gésiers et, plus rarement, crêtes et rognons de coq connaissent aussi divers emplois en cuisine. Les volailles entrent également dans la préparation des ballottines, des chauds-froids, des bouchées, des vol-au-vent, etc. Elles se consomment chaudes ou froides.*

Le gibier à plume et le gibier à poil

On rassemble sous le terme gibier tous les animaux sauvages dont on pratique la chasse. On distingue deux catégories de gibier : le gibier à poil et le gibier à plume.

Dans le premier groupe, le gros gibier comprend : le bouquetin, le cerf, le chamois, le chevreuil, le daim, l'isard, le marcassin, le mouflon et le sanglier, tandis que le petit gibier comprend le lièvre et le lapin de garenne.

Le gibier à plume englobe les oiseaux qui se chassent en montagne ou en plaine (bartavelle, bécasse, coq de bruyère, faisan gelinotte, grouse,

lagopède, perdrix, râle, ramier) ; on classe dans une catégorie spécifique le « menu » gibier *(alouette, becfigue, grive, merle, ortolan)*, et dans une autre catégorie le gibier d'eau *(barge, canard sauvage, courlis, oie sauvage, poule d'eau, sarcelle, vanneau)*.

La viande du gibier. Le mode de vie et d'alimentation de l'animal déterminent la texture et la saveur de sa chair, en lui donnant un arôme parfumé et puissant qui s'accentue avec l'âge.

La chair est plus compacte, plus colorée que la viande de boucherie, moins riche en graisse et plus riche en protéines : elle est considérée comme difficile à digérer et doit être consommée avec modération.

Il faut toujours laisser reposer la viande de gibier avant de la cuisiner ; elle atteint ainsi un certain degré de maturation qui la rend plus tendre et plus savoureuse.

Si on ne le fait pas faisander, le gibier est très vite vidé, puis pendu dans un endroit frais et sombre – par les pattes postérieures pour le gibier à poil, par la tête pour le gibier à plume – ou placé en chambre froide. Il ne sera dépouillé ou plumé qu'au moment de l'utilisation.

Le gibier vendu dans le commerce est déjà maturé ; à l'achat, il convient de choisir un animal « frais » (non faisandé) et jeune (le bec d'un oiseau doit être flexible).

La cuisine du gibier. La découpe et les modes de préparation du gros gibier sont les mêmes que ceux des animaux de boucherie, toutefois le gibier est souvent mariné, ce qui lui donne plus de tendreté.

Carrés, cuissots et selles sont rôtis ; colliers, épaules et poitrine se préparent en ragoût et en civet ; côtelettes et noisettes se font sauter et griller. Le gibier à plume se traite comme la volaille. Terrines et pâtés complètent la cuisine du gibier.

CANARD

C'est aujourd'hui une volaille d'élevage dont les deux races les plus courantes en France sont le canard nantais et le canard de Barbarie. Le mulard, issu d'un croisement entre ces deux derniers, est surtout élevé dans le Sud-Ouest, et il est engraissé pour la production du foie gras. L'excellent canard de Rouen, et en particulier le duclair, est plutôt commercialisé localement. Le canard tué doit être consommé dans les 3 jours. Il est préférable de prendre une volaille assez jeune, mais pas trop, car, dans ce cas, la chair n'est pas faite. La jeunesse du canard se reconnaît à la souplesse de la chair des ailerons et à la flexibilité du bec, qui doit plier sous la pression du doigt. En restauration, la tendance actuelle est de s'en tenir au caneton ou à la canette, les petits du canard appelés ainsi lorsqu'ils ont moins de 2 mois, mais dont la chair reste tendre jusqu'à 4 mois.

On destine la viande très tendre à un rôti à la broche, la viande tendre à un rôti au four en prenant soin de tenir la chair rosée ; quant à la viande moins tendre, elle sera plutôt braisée et garnie d'oignons, de navets, d'olives, de fruits acides. Les très gros canards sont idéaux pour la confection des pâtés et ballottines, et du cassoulet. Les morceaux de canard cuits dans leur graisse constituent le confit, qui est l'une des formes de conserve les plus anciennes.

Canard : préparation

❶ Flamber le canard plumé, l'essuyer soigneusement et retirer éventuellement les petits tubes restants.

❷ Couper les pattes à la base des palmes, les ailes au niveau de l'articulation et le cou juste en dessous de la tête.

❸ Couper la peau du cou à mi-longueur et tirer dessus pour la décoller. Enlever les tubes et la graisse qui sont sur cette peau et, avec l'index, racler l'intérieur du thorax pour décoller cœur et poumons. Les arracher.

❹ Découper et retirer l'orifice anal et enlever tous les viscères. Nettoyer le cœur, le foie (enlever le fiel sans le percer) et le gésier (le couper en deux, le vider et le laver).

❺ Passer un doigt sous la peau du cou et la soulever pour dégager les clavicules sans abîmer les suprêmes.

6 Inciser le dessus du croupion et retirer les deux glandes graisseuses avec la pointe du couteau. Replier le croupion à l'intérieur.

7 Pratiquer une petite incision dans la peau de chaque côté du bréchet et y glisser les pattes.

8 Ficeler le canard.

Canard : rôtissage, cuisson à la poêle

Canard à la bigarade

Pour 4 personnes

- 1 canard de 1,5-1,8 kg
- 2 c. à soupe d'huile
- 3 dl de sauce bigarade (➤ voir p. 73)
- sel, poivre

1 Préparer le canard (➤ voir page précédente).

2 Préchauffer le four à 230 °C. Mettre le canard dans un plat, le saler et le poivrer, l'enduire d'huile et le rôtir de 40 à 45 min en l'arrosant souvent.

3 Préparer la sauce bigarade.

4 Découper le canard, disposer les morceaux dans le plat de service et les napper de sauce.

Préparation : 15 min ■ **Cuisson :** 40-45 min

Canard en gelée

Pour 4 personnes

- 1 canard de 2 kg
- 0,5 dl d'huile d'arachide
- 3 échalotes
- 1 petite carotte
- 40 g de beurre
- 1 dl de vin blanc
- 1 l de fond de volaille
- 0,5 dl de gelée du commerce
- 1 petite truffe

1 Préparer le canard (➤ voir page précédente).

2 Préchauffer le four à 230 °C. Mettre le canard dans un plat avec 2 cuillerées à soupe d'huile et le faire rôtir pendant 40 min en l'arrosant souvent.

3 Retirer le canard, le laisser refroidir puis le découper. Enlever la peau des filets et placer ceux-ci au réfrigérateur (réserver les cuisses pour une autre utilisation). Couper la carcasse et la peau en petits morceaux.

4 Hacher les échalotes, couper la carotte en petits dés. Mettre à fondre le beurre dans une casserole et faire revenir la carcasse, la peau, les échalotes et la carotte. ➜

Verser le vin blanc, bien mélanger et laisser réduire de moitié.

5 Ajouter le fond de volaille (➤ voir p. 53) et cuire doucement 20 min en écumant régulièrement.

6 Passer la sauce en appuyant bien avec une cuillère. La reverser dans la casserole et la cuire jusqu'à réduction d'un tiers. La laisser tiédir et la mettre au réfrigérateur, puis la dégraisser.

7 Préparer la gelée et la mélanger avec la sauce. Mettre une couche de cette sauce dans un saladier ou une terrine. Placer au réfrigérateur.

8 Quand cette sauce est prise, disposer dessus une rangée de filets de canard coupés en fines tranches. Les napper de la même sauce, en les alternant avec de fines tranches de truffe. Achever de remplir le récipient en nappant chaque rangée d'un peu de gelée à demi prise. Terminer par une couche de gelée.

9 Mettre la terrine dans le réfrigérateur. La démouler et la servir très fraîche.

Préparation : 1 h 20 ■ **Cuisson :** 1 h 10 environ

Canard laqué

Pour 4-6 personnes

- 1 gousse d'ail
- 20 g de gingembre
- 1 pincée de glutamate
- 4 c. à soupe de sauce soja
- 1/2 c. à café de cinq-épices
- 4 c. à soupe de miel
- 0,5 dl de vinaigre
- 2 c. à soupe de fécule de maïs
- 2-3 gouttes de colorant rouge

1 Hacher l'ail et le gingembre frais.

2 Dans un grand saladier, préparer la « sauce à laquer » en mélangeant dans l'ordre tous les ingrédients.

3 Préparer le canard (➤ voir p. 526) et le piquer en plusieurs endroits avec une aiguille. Le mettre à mariner pendant une nuit dans la sauce, puis le suspendre en mettant un saladier dessous.

4 Avec un pinceau, badigeonner le canard de sauce 6 à 8 fois de suite, en le laissant sécher entre chaque opération.

5 Le rôtir à la broche pendant 1 h 15, en l'arrosant très régulièrement, toutes les 5 min, avec son jus et la sauce à laquer. Le succès de la cuisson

- 2 c. à soupe d'alcool de riz
- 1 c. à café de sauce Hoisin
- 1/2 étoile de badiane
- 15 g de cannelle
- 20 grains de poivre du Sichuan écrasés
- 1 canard de 2 kg

dépend du degré d'absorption de la sauce par le canard.

6 Découper le canard en fines lamelles, perpendiculairement au sens des fibres.

On peut servir le canard laqué avec des feuilles de laitue bien croquantes et des blancs de poireau à l'aigre-doux ou des cornichons.

***

Préparation : 30 min ■ **Marinade :** 12 h ■ **Cuisson :** 1 h 15

• •

Dodine de canard

Pour 6-8 personnes

- 1 canard de 2 kg
- 2 c. à soupe de cognac
- 1 pincée de quatre-épices
- 100 g de crépine
- 250 g de champignons de Paris
- 200 g de lard gras
- 250 g de viande maigre de porc et 250 g de viande maigre de veau
- 1 bouquet de persil
- 50 g de poudre d'amande
- 1 petite boîte de pelures de truffe
- 1 œuf
- 2 dl de vin blanc
- 2 c. à soupe de porto
- sel, poivre

1 Faire désosser entièrement le canard par le boucher sans entailler les filets de la poitrine. Détacher toute la chair de la peau. Couper les filets en lanières et les faire mariner 24 h au réfrigérateur avec le cognac, le quatre-épices, du sel et du poivre.

2 Tremper la crépine dans de l'eau froide.

3 Nettoyer les champignons.

4 Hacher la chair du canard, le lard gras, les viandes de porc et de veau, les champignons de Paris, le persil et les mélanger. Ajouter la poudre d'amande, les pelures de truffe, l'œuf, du sel et du poivre et bien travailler la farce.

5 Faire sauter à la poêle une noisette de ce mélange pour goûter et, au besoin, rectifier l'assaisonnement.

6 Préchauffer le four à 200 °C.

7 Étendre la peau du canard sur un plan de travail, y étaler la moitié de la farce, y disposer régulièrement les morceaux de canard marinés et couvrir avec le reste de la farce. Rabattre la peau, côté cou et côté croupion, vers le milieu, et rouler la dodine.

8 Égoutter et éponger la crépine et l'étendre sur le plan de travail. En envelopper la dodine, couper l'excédent. Ficeler le tout bien serré. ➡

9 Mettre la dodine dans un plat creux, l'enfourner pendant 1 h 30-1 h 45 et l'arroser plusieurs fois avec un peu de vin blanc. Lorsqu'en piquant la dodine un jus limpide s'en écoule, la cuisson est terminée.

10 Retirer les fils et les éléments de la crépine qui n'ont pas fondu. Dégraisser le fond de cuisson et y ajouter 2 cuillerées à soupe de porto, le reste du vin blanc puis faire réduire de moitié.

11 Couper la dodine en tranches et la présenter entourée de cresson et accompagnée de la sauce.

On peut aussi servir la dodine froide, avec une salade verte ou composée.

Marinade : 24 h ■ **Préparation :** 45 min
■ **Cuisson :** 1 h 30-1 h 45 environ

Magrets de canard aux oignons et aux petits pois

Pour 4 personnes

- 2 magrets de canard
- 800 g d'oignons
- 60 g de beurre
- 500 g de petits pois surgelés ou 1 grande boîte de petits pois
- 1 verre à liqueur de cognac ou d'armagnac
- 3 c. à soupe de crème fraîche
- 1 c. à soupe d'estragon haché
- sel, poivre

1 Faire quelques incisions sur la peau des magrets avec la pointe d'un couteau, saler et poivrer.

2 Éplucher les oignons, les couper en fines rondelles. Faire fondre 40 g de beurre dans une cocotte, mélanger les oignons avec le beurre, saler, poivrer, ajouter un demi-verre d'eau, couvrir et cuire à feu doux pendant 15 à 20 min jusqu'à ce que les oignons soient bien fondus et moelleux.

3 Faire chauffer une poêle et y mettre les magrets côté peau, les cuire 10 min sans les retourner. Les égoutter et les enfermer dans une feuille d'aluminium pour qu'ils rendent leur jus. Jeter le gras de la poêle.

4 Cuire les petits pois surgelés dans 2 verres d'eau puis les égoutter, les mélanger avec le reste du beurre et les garder au chaud (ou réchauffer le contenu de la boîte de petits pois, ajouter le beurre et garder au chaud).

5 Disposer les oignons sur le plat de service. Enlever la peau des magrets, couper ceux-ci en tranches de 2 cm d'épaisseur et les disposer à côté des oignons. Garder au chaud.

6 Verser dans la poêle le jus rendu par les magrets ainsi que l'alcool, chauffer et ajouter la crème. Faire bouillir jusqu'à ce que la sauce épaississe un peu et devienne bien onctueuse, goûter, rectifier l'assaisonnement et napper les magrets.

7 Mettre les petits pois dans un autre plat et ajouter l'estragon. Servir le tout bien chaud.

On peut utiliser la peau en la coupant en dés et en la grillant dans une poêle à feu vif, sans matière grasse, puis on peut l'égoutter et l'ajouter dans une salade verte, par exemple.

Préparation : 20 min ■ **Cuisson :** 30 min environ

Magrets de canard aux pêches

Pour 4 personnes

- 2 magrets de canard
- 4 grosses pêches blanches
- 80 g de beurre
- 1 c. à moka de fond de volaille en poudre
- 0,5 dl de vin blanc
- sel, poivre

1 Inciser légèrement la peau des magrets avec un petit couteau.

2 Plonger les pêches 2 min dans de l'eau bouillante, les rafraîchir sous le robinet, les éplucher, les couper en deux, retirer le noyau et recouper chaque moitié en deux.

3 Faire chauffer 20 g de beurre dans une poêle et y cuire les magrets côté peau pendant 5 min, à feu très vif. Les égoutter, jeter le gras, les remettre dans la poêle, saler et poivrer et les cuire à feu moyen 5 min de chaque côté.

4 Retirer les magrets de la poêle, les couper en tranches et les disposer dans un plat de service chaud.

5 Faire fondre 20 g de beurre dans la poêle et y cuire les quartiers de pêche pendant 5 à 7 min en les retournant. Les ajouter dans le plat de service en les disposant autour des magrets. ➜

6 Délayer le fond de volaille dans le vin blanc, verser ce mélange dans la poêle, bien gratter les sucs de cuisson et faire réduire d'un tiers environ.

7 Hors du feu, ajouter le reste de beurre et verser cette sauce sur les magrets. Servir bien chaud.

Préparation : 15 min ■ **Cuisson :** 20 min environ

Rôti de canard au sirop d'érable

Pour 4 personnes

- 1 canard de 2 kg
- 1 poire williams
- 25 g de sucre
- 1 citron
- 1 orange
- 2 dl de vin blanc
- 1,5 dl de sirop d'érable
- 1 pincée de poivre
- 1 carotte
- 1 oignon
- 1 branche de céleri
- 1 salsifis
- 1 gousse d'ail
- 1 clou de girofle
- 1 feuille de laurier
- 5 brins de thym
- 1 c. à soupe d'huile d'arachide
- 5 dl de fond de volaille (➤ voir p. 53)
- 1 c. à café de concentré de tomate
- sel, poivre

1 Préparer le canard (➤ voir p. 526) ou demander au boucher de le faire.

2 Éplucher la poire, la couper en deux et enlever le cœur.

3 Dans un poêlon, mélanger le sucre, le jus du citron et de l'orange et le vin blanc. Porter à ébullition. Ajouter la poire, le sirop d'érable et le poivre et laisser mijoter. Lorsque les moitiés de poire ramollissent, les retirer du jus et réserver au chaud.

4 Préchauffer le four à 200 °C.

5 Éplucher et hacher la carotte, l'oignon, le céleri, le salsifis et l'ail. Les mélanger avec le clou de girofle et le laurier et le thym émiettés.

6 Piquer la peau de la poitrine du canard à la fourchette, saler et poivrer toute la volaille, la badigeonner d'huile, la placer dans un plat à rôtir et l'entourer du hachis de légumes et d'aromates.

7 Mettre au four. Au bout de 15 min, baisser le thermostat à 150 °C. Arroser le canard toutes les 10 min avec 1 cuillerée de jus de sirop d'érable. Dès que les légumes commencent à roussir, verser la moitié du fond de volaille. Poursuivre la cuisson pendant 1 h 15 environ en continuant d'arroser.

8 Retirer le canard du plat et le garder au chaud. Enlever du plat un maximum de graisse.

9 Mettre les légumes et le jus dans un poêlon plus petit et les chauffer. Ajouter le concentré

de tomate, et faire sauter pendant 2 ou 3 min. Verser le reste du fond de volaille. Laisser mijoter 15 min et égoutter.

❿ Découper le canard et disposer les morceaux sur le plat de service. Couper la poire en tranches et disposer celles-ci en éventail. Arroser avec la sauce.

Préparation : 30 min ■ **Cuisson :** 1 h 30 environ

Canard : braisage

Canard à l'ananas

Pour 4 personnes

- 1 canard de 2 kg
- 60 g de beurre
- 1 verre à liqueur de rhum
- 1 grande boîte d'ananas au sirop
- 1 citron
- 1 c. à soupe de poivre vert
- sel, poivre

❶ Préparer le canard (➤ voir p. 526), le saler et le poivrer. Saler également le foie et le mettre à l'intérieur du canard avant de le ficeler.

❷ Faire fondre 30 g de beurre dans une cocotte, dorer le canard pendant 20 min de tous les côtés. Chauffer le rhum, le verser dans la cocotte et flamber.

❸ Ajouter 3 ou 4 cuillerées de sirop d'ananas, le jus de citron et le poivre vert. Mélanger, couvrir et prolonger la cuisson pendant 1 h environ.

❹ Égoutter les tranches d'ananas, faire fondre le reste du beurre dans une poêle, les dorer de chaque côté puis les ajouter dans la cocotte et laisser mijoter encore 5 min. Rectifier l'assaisonnement.

❺ Découper le canard, disposer les morceaux dans un plat chaud, garnir avec l'ananas et arroser avec le jus de cuisson.

Préparation : 15 min ■ **Cuisson :** 1 h 30 environ

Canard braisé au vin rouge

Pour 4-6 personnes

- 1 canard de 2 kg
- 5 dl de marinade crue au vin rouge (➤ voir p. 57)
- 250 g de champignons de Paris
- 1 gousse d'ail
- 100 g de lardons
- 1 c. à soupe d'huile d'olive ou d'arachide
- 1 bouquet garni
- sel, poivre

1. Préparer le canard (➤ voir p. 526) ou le faire faire.
2. Préparer la marinade, couper le canard en morceaux et les mettre à mariner 2 h au frais dans un grand plat creux.
3. Éplucher les champignons et les couper en morceaux s'ils sont très gros. Éplucher l'ail.
4. Égoutter les morceaux de canard et les éponger.
5. Chauffer l'huile dans une cocotte et faire rissoler les lardons puis les champignons ; les égoutter. Dorer les morceaux de canard ; les égoutter.
6. Jeter le gras de la cocotte, y remettre les lardons et le canard, ajouter la marinade, les champignons, l'ail et le bouquet garni, saler et poivrer. Cuire 40 min sur feu doux.
7. Retirer le bouquet garni, dégraisser la cuisson et servir très chaud.

Préparation : 15 min ■ **Marinade :** 2 h ■ **Cuisson :** 40 min environ

Canard à l'orange

Pour 4-6 personnes

- 6 oranges
- 70 g de beurre
- 1 canard de 2 kg
- 1,5 dl de Grand Marnier
- 1 c. à soupe de vinaigre
- 1,5 dl de fond brun (➤ voir p. 54)
- 10 g de farine
- sel, poivre

1. Prélever le zeste de 2 oranges et le tailler en fins bâtonnets. Plonger ceux-ci 5 min dans de l'eau bouillante, puis égoutter. Les garder de côté.
2. Peler les 4 autres oranges à vif (en enlevant bien la peau blanche), les couper en tranches et les réserver.
3. Faire fondre 60 g de beurre dans une cocotte, y dorer le canard sur feu modéré, le saler et le poivrer. Couvrir, baisser le feu et laisser mijoter 1 h en retournant le canard plusieurs fois.
4. Verser 1 dl de Grand Marnier et cuire encore 5 min.
5. Égoutter le canard, l'envelopper dans une feuille d'aluminium et le tenir au chaud.

6 Presser le jus des oranges zestées et l'ajouter dans la cocotte avec le vinaigre, le reste du Grand Marnier et le fond. Faire mijoter 10 min. Passer et dégraisser cette sauce.

7 Préparer un beurre manié (➤ voir p. 39) avec la farine et 10 g de beurre et l'incorporer à la sauce.

8 Mettre les tranches d'orange dans une petite casserole, ajouter 4 cuillerées de sauce, chauffer et retirer les tranches à la première ébullition. Verser le contenu de la casserole dans la cocotte.

9 Découper le canard et le disposer sur un plat chaud. Récupérer le jus écoulé dans la feuille d'aluminium, le mettre dans la cocotte, réchauffer, puis passer la sauce. Verser quelques cuillerées de sauce sur le canard.

10 Parsemer de zeste, entourer de tranches d'orange. Servir le reste de la sauce à part.

Préparation : 45 min ■ **Cuisson :** 1 h 15 environ

Canard aux petits navets

Pour 4-6 personnes

- 1 canard de 2 kg
- 80 g de beurre
- 1 c. à soupe d'huile
- 2 dl de vin blanc sec
- 1 kg de petits navets nouveaux
- 1 botte de petits oignons nouveaux
- sel, poivre

1 Préparer le canard (➤ voir p. 526). Le saler et le poivrer. Faire chauffer 25 g de beurre avec l'huile dans une cocotte et y dorer le canard.

2 Égoutter, jeter le gras, remettre dans la cocotte et arroser de vin blanc. Couvrir et cuire 30 min à feu doux.

3 Peler les navets et les petits oignons et les faire blanchir séparément, les navets 10 min, les oignons 2 min. Ajouter ces légumes autour du canard. Saler et poivrer. Poursuivre la cuisson pendant 25 à 30 min.

4 Disposer canard et garniture sur un plat de service.

5 Faire réduire le jus de cuisson sur feu vif et ajouter le reste de beurre en fouettant. Arroser le canard de cette sauce et servir aussitôt.

Préparation : 15 min ■ **Cuisson :** 1 h 15 environ

Canard aux petits pois

Pour 4-6 personnes

- 1 canard de 2 kg
- 12 petits oignons
- 1 kg de petits pois frais ou 500 g de petits pois surgelés
- 40 g de beurre
- 200 g de lardons
- 2,5 dl de fond de volaille (➤ voir p. 53)
- 1 bouquet d'estragon
- 1 c. à café de sucre semoule
- sel, poivre

1 Préparer le canard (➤ voir p. 526).

2 Éplucher les oignons. Écosser les petits pois. Mettre à fondre le beurre dans une cocotte et faire revenir pendant 8 à 10 min les oignons, les petits pois ainsi que les lardons, puis les égoutter.

3 Dans la cocotte, faire colorer le canard de tous les côtés. Le retirer, jeter le gras et verser le fond de volaille en grattant les sucs de cuisson.

4 Remettre le canard 30 min dans la cocotte, puis ajouter les petits pois, les oignons, les lardons et le bouquet d'estragon. Saler, poivrer et poudrer avec le sucre. Couvrir et faire cuire encore pendant 35 min.

5 Enlever le bouquet d'estragon, égoutter le canard, le découper en morceaux et le disposer sur un plat de service.

6 Servir à part les petits pois aux oignons dans un légumier et le jus de cuisson en saucière.

Préparation : 20 min ■ **Cuisson :** 1 h 20 environ

Canard aux pruneaux

Pour 4-6 personnes

- 1 canard de 2 kg environ
- 30 pruneaux à l'armagnac dénoyautés
- 25 g de beurre
- 1 verre à liqueur d'armagnac
- 1/2 orange non traitée
- 1/2 bouteille de vin rouge de Bordeaux
- 2 clous de girofle

1 Préparer le canard (➤ voir p. 526). Saler et poivrer l'intérieur, y glisser 10 pruneaux à l'armagnac et refermer en cousant.

2 Faire fondre le beurre dans une cocotte et y dorer le canard. Chauffer la moitié de l'armagnac, verser dans la cocotte et flamber. Couvrir et poursuivre la cuisson à feu doux pendant 1 heure au maximum.

3 Pendant ce temps, râper le zeste de l'orange. Le mettre dans une casserole avec le vin, les clous de girofle, un peu de muscade râpée, les grains

- noix de muscade
- 6 grains de poivre
- 1 brin de thym
- 1 feuille de laurier
- 1 carotte
- 1/4 de branche de céleri
- 1 gros oignon
- 100 g de lardons fumés
- 1 c. à dessert de farine
- sel, poivre

de poivre écrasés, le thym et le laurier et faire bouillir doucement pendant 10 min.

4 Éplucher la carotte, le céleri et les couper en très petits dés. Éplucher et hacher l'oignon.

5 Dans une poêle, faire rissoler les lardons puis ajouter les dés de carotte et de céleri, et l'oignon haché. Bien mélanger, poudrer de farine, puis verser dessus le vin aromatisé passé. Saler, poivrer, bien remuer et cuire doucement 20 min.

6 Sortir le canard, l'égoutter et le tenir au chaud.

7 Verser la sauce au vin dans la cocotte et bien gratter les sucs de cuisson. Ajouter le reste d'armagnac et des pruneaux. Réchauffer le tout.

8 Entourer le canard des pruneaux et le napper de sauce.

Préparation : 15 min ■ **Cuisson :** 1 h 15 environ

Confit sarladais

Pour 4 personnes

- 4 portions de confit de canard
- 800 g de pommes de terre
- 4 gousses d'ail
- 1 bouquet de persil plat
- 4 c. à soupe de graisse d'oie
- sel, poivre

1 Ouvrir un bocal de confit et le placer au bain-marie dans une casserole. Le laisser jusqu'à ce que la graisse soit fondue.

2 Éplucher, laver et couper en dés les pommes de terre. Peler et hacher les gousses d'ail. Hacher le persil. Mélanger l'ail avec la moitié du persil.

3 Lorsque la graisse du confit est fondue, sortir les portions du bocal et les égoutter dans une passoire au-dessus d'une assiette.

4 Chauffer la graisse d'oie dans une cocotte, y verser les pommes de terre et les faire revenir à feu vif 10 min. Saler et poivrer. Couvrir et laisser cuire 10 min.

5 Ajouter la persillade et poursuivre la cuisson à découvert encore 10 min.

6 Pendant ce temps, mettre à chauffer une poêle et y déposer les portions de confit. Les faire revenir doucement jusqu'à ce qu'elles ➜

soient dorées, en les retournant. Les égoutter et les couper en deux.

7 Disposer les pommes de terre dans un plat, le confit par-dessus et parsemer du persil restant.

Préparation : 20 min ■ **Cuisson :** 30 min

Foie gras de canard ou d'oie

Foie gras cru : préparation

Séparer les lobes du foie. Avec un petit couteau, ouvrir l'un d'eux en partant de la partie la plus épaisse et bien l'écarter. Saisir la veine principale et, en s'aidant avec la pointe du couteau, tirer légèrement pour la décoller. Enlever le plus possible de vaisseaux. Répéter la même opération sur l'autre lobe.

Saupoudrer les lobes de 5 bonnes pincées de sel fin et donner 1 tour de moulin à poivre de chaque côté. Refermer les lobes, les envelopper dans un film alimentaire et les laisser reposer une nuit dans le réfrigérateur.

Foie gras en brioche

Pour 4-6 personnes

- 1 foie d'oie de 700 g environ ou 2 foies de canard de 350 g environ
- 800 g de pâte à brioche (➤ voir p. 109)
- 1 grosse truffe
- 1 dl de cognac
- 80 g de crépine
- 3 dl de sauce Périgueux (➤ voir p. 83)
- sel, poivre

1 Préparer le foie (➤ voir ci-dessus).

2 Préparer la pâte à brioche.

3 Couper la truffe en bâtonnets, saler, poivrer et faire macérer dans le cognac pendant 30 min.

4 Enfoncer les bâtonnets de truffe dans le foie. Saler et poivrer le foie et le mettre à macérer 2 h dans le cognac en le retournant plusieurs fois.

5 Mettre la crépine à tremper. Préchauffer le four à 200 °C.

6 Presser la crépine, l'éponger et en envelopper le foie. Déposer celui-ci et sa macération dans une cocotte, couvrir et enfourner pendant 15 min.

Puis laisser refroidir.

7 Étaler la pâte à brioche et la couper en 2 abaisses. Beurrer une terrine et y disposer la première abaisse en l'appliquant bien contre les bords. Mettre le foie et recouvrir avec la seconde abaisse. Bien souder les bords.

8 Mettre le moule dans un endroit tiède pendant 2 h et laisser la pâte lever. Préchauffer le four à 200 °C. Cuire pendant 1 h environ.

9 Préparer la sauce Périgueux. Démouler et servir avec la sauce en saucière.

Préparation : 3 h ■ **Macération :** 2 h 30
■ **Repos :** 2 h ■ **Cuisson :** 15 min + 1 h environ

· ·

Mousse de foie gras de canard ou d'oie

- 1 foie gras de canard
- 1 l de fond de volaille (➤ voir p. 53)
- 1 œuf
- 4 dl de gelée du commerce
- 4 dl de velouté de volaille (➤ voir p. 63)
- 4 dl de crème fraîche
- 1 petite truffe
- 1/2 bouquet d'estragon
- sel, poivre

1 Préparer le foie gras (➤ voir page précédente).

2 Confectionner le fond de volaille. Faire durcir l'œuf. Préparer la gelée.

3 Envelopper le foie dans une mousseline, le plonger dans le fond bien chaud et le cuire 20 min à tout petits frémissements. Le passer au tamis ou dans une passoire en appuyant bien avec un pilon.

4 Remplir une bassine de glaçons. Mettre la purée de foie gras dans une terrine et la mélanger avec 2,5 dl de gelée fondue et le velouté de volaille. Poser la terrine sur la glace et travailler délicatement le tout.

5 Saler, poivrer, fouetter légèrement la crème et l'ajouter en mélangeant.

6 Chemiser de gelée un moule rond (➤ voir aspic : préparation p. 208).

7 Écaler l'œuf, couper le blanc et la truffe en fines rondelles. Disposer toutes ces rondelles sur la gelée en les alternant avec des feuilles d'estragon et mettre au réfrigérateur.

8 Remplir le moule de mousse et couvrir la ➜

préparation de gelée. Laisser refroidir et mettre dans le réfrigérateur.

9 Démouler sur le plat de service, éventuellement sur un croûton beurré. Entourer de gelée hachée.

Préparation : 2 h 30 ■ **Cuisson :** 20 min

Terrine de foie gras mi-cuit

Pour 1 terrine de 1 kg

- 1 kg de foie gras de canard ou d'oie
- 18 g de sel
- 5 g de poivre blanc
- 2 g de quatre-épices
- 1 dl de porto blanc

1 Dénerver les lobes de foie (➤ voir foie gras cru p. 538). Les mettre dans un plat, les saler, les poivrer, les saupoudrer de quatre-épices des deux côtés et arroser de porto. Les laisser mariner 12 h au réfrigérateur en les retournant de temps en temps.

2 Préchauffer le four à 100 °C. Déposer les lobes de foie dans une terrine en tassant bien, de façon qu'il ne reste aucune poche d'air. Mettre la terrine dans un bain-marie et démarrer la cuisson sur le feu jusqu'à ce que l'eau frémisse. Glisser alors au four pendant 40 min.

3 Sortir la terrine. Poser dessus une planchette et un poids de 250 g et laisser refroidir. La mettre au réfrigérateur.

4 Retirer la planchette lorsque la graisse est figée. Mettre cette graisse dans une casserole ou dans le four chaud pour la faire fondre, puis la couler sur le dessus de la terrine.

5 Démouler la terrine avant de la servir et la couper en tranches.

Cette terrine peut aussi se garder 15 jours environ au réfrigérateur. Recouvrir d'un film alimentaire ou lisser la graisse sur la partie au contact de l'air, pour éviter l'oxydation.

Préparation : 15 min ■ **Marinade :** 12 h
■ **Cuisson :** 40 min

Canard : conserve

Confit de canard

Pour 4 personnes

- 1 canard gras
- 3 gousses d'ail
- 2 brins de thym
- 1 feuille de laurier
- 1 clou de girofle
- 8 c. à soupe de gros sel gris

La veille

1. Découper le canard en morceaux en gardant cuisses et hauts de cuisses ensemble. Réserver la peau du cou pour la farcir éventuellement.

2. Avec un petit couteau, prélever toute la graisse et la couper en petits dés. Mettre ceux-ci dans une cocotte avec 1 dl d'eau froide, les gousses d'ail pelées, le thym et le laurier, le clou de girofle écrasé, et les faire fondre à feu doux en remuant de temps en temps. Laisser refroidir.

3. Étaler les morceaux de canard dans un plat, les saupoudrer de gros sel de chaque côté et mettre au réfrigérateur pendant 12 h.

Le jour même

4. Essuyer les morceaux de canard pour retirer l'excédent de sel.

5. Faire fondre la graisse et y plonger les morceaux de canard. Ils doivent en être recouverts : ajouter éventuellement de la graisse d'oie s'il n'y en a pas assez. Augmenter la température à 80 °C (très petits frémissements) et laisser confire 2 h.

6. Égoutter les morceaux avec une écumoire et les placer dans un bocal.

7. Passer la graisse au-dessus du bocal pour en recouvrir les morceaux. Laisser figer. Fermer le bocal et garder au frais.

On pourra récupérer les petits morceaux de viande et de peau dans la passoire pour les faire griller ensuite : ils accompagneront très bien une salade.

Préparation : 1 h ■ **Repos :** 12 h ■ **Cuisson :** 2 h

DINDE

En cuisine, on appelle indifféremment « dinde » le mâle et la femelle, mais la chair du mâle – le dindon – est plus sèche. On parle de dindonneau ou de dindette quand l'animal a été élevé jusqu'à 25 semaines : sa chair est plus fine que celle de la dinde. Il ne faut pas juger les dindes et dindonneaux à leur taille, car celle-ci varie considérablement selon la variété de l'animal. Quelques élevages sont cependant spécialisés dans la production de grosses dindes, destinées à la découpe en escalopes ou en rôtis et à la vente au détail des cuisses. Une bonne dinde doit être jeune, grasse et courte de cou, avec une trachée souple.

Dinde : rôtissage, cuisson à la poêle

Blancs de dinde à la crème

Pour 4 personnes

- 50 g de beurre
- 4 escalopes de dinde
- 100 g de champignons de Paris
- 1,5 dl de vin blanc sec
- 1 c. à dessert de moutarde à l'estragon
- 2 dl de crème fraîche épaisse
- 1/2 citron
- sel, poivre

1 Faire fondre 30 g de beurre dans une poêle, y saisir les escalopes sur les 2 faces, puis baisser le feu et les cuire pendant 10 min environ, saler et poivrer.

2 Nettoyer les champignons et les couper en fines rondelles, puis les cuire dans du beurre à la poêle.

3 Égoutter les escalopes, les disposer sur le plat de service et les garder au chaud.

4 Jeter le gras de la poêle et y verser le vin blanc, gratter les sucs de cuisson et cuire 2 ou 3 min.

5 Avec 2 cuillerées de ce liquide, délayer la moutarde puis reverser dans la poêle. Ajouter les champignons et la crème fraîche et faire réduire d'un tiers environ.

6 Verser le jus rendu par les escalopes. Goûter et rectifier l'assaisonnement, ajouter le jus de citron et cuire encore 2 ou 3 min. La sauce doit être bien onctueuse. En napper les escalopes et servir.

Préparation : 15 min ■ **Cuisson :** 25 min environ

Blancs de dinde panés aux amandes

Pour 4 personnes

- 2 œufs
- 100 g d'amandes effilées
- 4 escalopes de dinde de 150 g environ
- 2 c. à soupe de farine
- 40 g de beurre
- sel
- poivre blanc du moulin

1 Casser les œufs dans une assiette creuse, les battre et y mélanger les amandes.

2 Saler et poivrer les escalopes. Les passer une par une dans la farine, puis dans le mélange d'œufs et d'amandes, de chaque côté.

3 Faire fondre le beurre dans une poêle, à feu doux, y cuire les escalopes 5 min de chaque côté. Servir aussitôt.

Ce plat s'accompagne bien d'une purée de pomme de terre (➤ voir p. 788) ou de céleri (➤ voir p. 676).

Préparation : 5 min ■ **Cuisson :** 10 min environ

Dinde truffée rôtie

Pour 6-8 personnes

- 1 dinde de 2,5-3 kg
- 1 grosse truffe
- 0,5 dl de cognac
- 250 g de panne de porc
- 250 g de foie gras cru
- 1 c. à moka de quatre-épices
- 1 c. à moka de thym en poudre
- 1 c. à moka de laurier en poudre
- 100 g de barde
- 1 dl de porto ou de madère
- 1,5 dl de fond de volaille (➤ voir p. 53)
- sel, poivre

1 Préparer la dinde (➤ voir poulet : préparation p. 569) en laissant un long morceau de la peau du cou.

2 Peler légèrement la truffe, pour lui donner une forme régulière, et la couper en fines rondelles. La saler, la poivrer et la mettre à tremper dans le cognac. Garder les pelures.

3 Couper en gros dés la panne de porc et le foie gras cru et les réduire en purée au moulin à légumes.

4 Ajouter les pelures de truffe, du sel, du poivre et le quatre-épices. Mettre cette farce dans une casserole et la faire fondre à feu très doux en ajoutant le thym et le laurier en poudre, et la cuire 10 min toujours doucement.

5 Égoutter les rondelles de truffe et ajouter le cognac dans la casserole, bien mélanger puis laisser refroidir complètement.

6 Glisser les rondelles de truffe sous la peau de la volaille en les poussant avec le doigt, ➜

puis garnir celle-ci de farce, la ficeler, l'envelopper dans un film alimentaire et la garder 24 h au réfrigérateur.

7 Préchauffer le four à 210 °C. Barder la dinde et la mettre dans une grande cocotte. Enfourner sans couvrir et la rôtir (➤ voir dindonneau rôti ci-dessous) de 20 à 25 min par livre.

8 Dresser la dinde sur le plat de service et tenir celui-ci au chaud.

9 Verser le porto ou le madère et bien gratter les sucs. Réduire jusqu'à ce qu'il ne reste presque plus de liquide.

10 Verser le fond de volaille, bien mélanger et faire réduire de moitié.

11 Passer la sauce et la servir dans une saucière chaude.

Préparation : 40 min ■ **Repos :** 24 h
■ **Cuisson :** 2 h 15 environ

Dindonneau rôti

Pour 6 personnes

- 1 dindonneau de 2,5 kg environ
- 60 g de barde
- sel, poivre

1 Préparer le dindonneau (➤ voir poulet : préparation p. 569), saler et poivrer l'intérieur, placer un morceau de barde sur son ventre et sur son dos et le ficeler, ou demander au boucher de le faire.

2 Préchauffer le four à 200 °C. Mettre le dindonneau dans un plat avec 2 ou 3 cuillerées d'eau. L'enfourner pendant 50 à 55 min environ (20 min par livre pour une cuisson au four, 15 min pour une cuisson à la broche).

3 Environ 15 min avant la fin de la cuisson, enlever la barde pour que la volaille soit dorée de tous les côtés, saler. Arroser souvent au cours de la cuisson.

4 Passer le jus de cuisson et le servir en saucière à part.

Préparation : 10 min ■ **Cuisson :** 1 h 40 environ

Dindonneau rôti farci aux marrons

Pour 6 personnes

- 1 dindonneau de 2,5 kg
- 1 kg de châtaignes ou 600 g de châtaignes en conserve au naturel ou surgelées
- 0,6 dl de fond de volaille du commerce
- 80 g de crépine
- 80 g de barde
- sel, poivre

1. Préparer le dindonneau sans le ficeler ou demander au boucher de le faire.
2. Préparer les châtaignes (➤ voir marrons p. 753) si elles sont fraîches. Faire chauffer le fond et les y plonger. Les cuire 15 min environ si elles sont crues, 5 min pour des châtaignes en conserve.
3. Préchauffer le four à 200 °C. Tremper la crépine dans l'eau froide, l'égoutter et l'éponger.
4. Égoutter les châtaignes, les mettre sur la crépine et rouler en boudin. Introduire ce cylindre à l'intérieur de la volaille et coudre l'ouverture.
5. Barder le dindonneau et le ficeler, saler et poivrer. Puis le rôtir (➤ voir recette précédente).
6. Servir le jus de cuisson passé et dégraissé en saucière, accompagné de châtaignes.

Préparation : 30 min ■ **Cuisson :** 1 h 40

Escalopes de dinde au curry

Pour 4 personnes

- 4 escalopes de dinde
- 4 échalotes
- 50 g de beurre
- 2,5 dl de crème fleurette
- 1 c. à soupe de curry doux
- piment de Cayenne
- sel, poivre

1. Saler et poivrer les escalopes.
2. Éplucher et hacher les échalotes.
3. Faire chauffer le beurre dans une poêle et y cuire les escalopes 5 min de chaque côté. Les égoutter sur le plat de service, les recouvrir d'une feuille d'aluminium et les garder au chaud.
4. Cuire doucement les échalotes dans la même poêle. Quand elles sont bien fondues, verser la crème et mélanger en grattant avec une spatule.
5. Ajouter le curry, 1 pointe de piment de Cayenne, saler, poivrer et cuire en remuant pendant 4 ou 5 min jusqu'à ce que la sauce soit bien onctueuse.
6. Ajouter le jus rendu par les escalopes. Goûter et rectifier l'assaisonnement. Napper les escalopes de la sauce et servir. ➡

La garniture classique des plats au curry est le riz à la créole : on peut lui ajouter des raisins secs ou des noix de cajou.

Préparation : 8 min ■ **Cuisson :** 15 min environ

Rôti de dinde à la landaise

Pour 4-6 personnes

- 2 poivrons rouges
- 4 tomates
- 12 petits oignons blancs
- 2 c. à soupe d'huile d'olive
- 1 rôti de dinde de 1,2 kg
- 1 bouquet garni
- sel, poivre

1 Laver et essuyer les poivrons. Les passer sous le gril du four en les retournant jusqu'à ce que la peau soit presque noire. Les peler, les ouvrir en deux, les couper en lanières après avoir retiré les graines.

2 Ébouillanter, peler, couper en deux les tomates et les épépiner. Peler les petits oignons.

3 Faire chauffer 1 cuillerée à soupe d'huile dans une cocotte, y faire dorer le rôti sur toutes les faces, puis le retirer.

4 Jeter le gras, verser l'autre cuillerée d'huile. Quand celle-ci est chaude, ajouter les oignons et les faire blondir, puis mettre le poivron. Remuer 2 ou 3 min, puis ajouter les tomates, saler et poivrer.

5 Remettre le rôti dans la cocotte au milieu des légumes. Ajouter le bouquet garni et 2 ou 3 cuillerées à soupe d'eau chaude. Couvrir et laisser mijoter doucement pendant 1 h en retournant le rôti plusieurs fois.

6 Égoutter le rôti et le couper en tranches épaisses. Les disposer sur le plat de service et mettre sur chaque tranche des légumes de cuisson.

Préparation : 30 min ■ **Cuisson :** 1 h 15 environ

Dinde : braisage

Ailerons de dindonneau Sainte-Menehould

Pour 4-6 personnes

- 1 carotte
- 1 oignon
- 1 tomate
- 100 g de beurre
- 12-18 ailerons
  de dindonneau
- 1 bouquet garni
- 1 dl de vin blanc
- 4 dl de fond de volaille
  du commerce
- 150 g de chapelure
- sel, poivre

1. Éplucher la carotte et l'oignon et les couper en petits dés. Ébouillanter, peler et épépiner la tomate et la couper aussi en dés.
2. Dans une cocotte, faire fondre 40 g de beurre, y dorer les ailerons puis ajouter les légumes et le bouquet garni, bien mélanger, cuire 5 min.
3. Verser le vin blanc et le faire réduire à sec.
4. Ajouter le fond et cuire 50 min à feu doux et à couvert.
5. Égoutter les ailerons et les laisser refroidir dans un saladier. Faire fondre 40 g de beurre, le verser sur les ailerons et bien mélanger.
6. Rouler les ailerons dans la chapelure et les mettre, dans un plat, 1 h au réfrigérateur.
7. Préchauffer le four à 220 °C. Faire fondre le beurre restant, en arroser les ailerons et enfourner 15 min jusqu'à ce qu'ils soient bien dorés.

Préparation : 10 min ■ **Repos :** 1 h
■ **Cuisson :** 1 h 15

Cuisse de dinde braisée

Pour 4 personnes

- 200 g de farce de volaille
- 1 grosse cuisse de dinde
- 100 g de crépine
- 1 carotte, 1 oignon
- 1 tomate
- 40 g de beurre
- 1 dl de vin blanc
- 4 dl de fond de volaille
  (➤ voir p. 53)
- sel, poivre

1. Préparer la farce de volaille (➤ voir p. 106). Désosser la cuisse et la garnir avec la farce, saler et poivrer.
2. Tremper la crépine dans de l'eau, l'égoutter, l'éponger et y rouler la cuisse farcie.
3. Éplucher la carotte et l'oignon et les couper en petits dés. Ébouillanter, peler et épépiner la tomate et la couper aussi en dés.
4. Dans une cocotte, faire fondre 40 g de beurre, y mettre à dorer la cuisse puis ajouter les légumes, bien mélanger, cuire 5 min environ. ➤

⑤ Verser le vin blanc et le faire réduire presque à sec. Ajouter le fond et cuire, à feu doux et à couvert, pendant 50 min environ.

⑥ Disposer la cuisse sur le plat de service, passer le jus de cuisson et en napper la volaille.

Ce plat peut s'accompagner d'une purée de légumes ou d'un légume braisé (carotte, céleri, etc.), ou de riz.

Préparation : 30 min ■ **Cuisson :** 1 h

Dinde braisée à la bourgeoise

Pour 6-8 personnes

- 1 dinde de 3 kg environ
- 2 carottes
- 2 oignons
- 2 tomates
- 40 g de beurre
- 1 bouquet garni
- 1 dl de vin blanc
- 2 dl de fond de volaille (➤ voir p. 53)
- 1,2 kg de petites carottes nouvelles
- 600 g de petits oignons glacés (➤ voir p. 759)
- 240 g de lardons
- sel, poivre

① Préparer la dinde (➤ voir poulet : préparation p. 569) ou demander au boucher de le faire. La saler et la poivrer.

② Éplucher et couper en dés les carottes et les oignons. Ébouillanter, peler, épépiner et couper en dés les tomates.

③ Préchauffer le four à 180 °C. Faire fondre le beurre dans une cocotte, y dorer la dinde sur toutes les faces, ajouter les dés de légumes, le bouquet garni et cuire 5 min en remuant. Saler et poivrer.

④ Verser le vin blanc et le fond de volaille (on peut employer un fond du commerce), couvrir et enfourner pendant 1 h 30.

⑤ Éplucher les carottes, les couper en trois tronçons et les cuire 10 min dans de l'eau bouillante.

⑥ Préparer les petits oignons glacés.

⑦ Plonger les lardons 5 min dans de l'eau bouillante et les faire rissoler dans une poêle.

⑧ Ajouter carottes, oignons et lardons dans la cocotte, couvrir celle-ci et cuire encore pendant 30 min en arrosant avec le jus de cuisson.

⑨ Disposer la dinde sur un plat, passer le fond de cuisson et servir celui-ci en saucière, à part.

Préparation : 15 min ■ **Cuisson :** 2 h

LAPIN

Les lapins domestiques – notamment fauve de Bourgogne, argenté des champs et géant du Bouscat –, élevés pour leur chair, mais aussi pour leur fourrure, se différencient par la taille, la couleur et la texture du pelage, ainsi que par la qualité de la chair. Les sujets exceptionnels atteignent 10 kg, mais les lapins couramment commercialisés, âgés de moins de 12 semaines, pèsent de 1,2 à 1,4 kg, en carcasse, sans les pattes. Toujours tendres, parce que tués jeunes, ils doivent avoir le cou peu allongé, les pattes antérieures flexibles et les griffes courtes, le foie pâle et sans tache, une chair rose, du gras bien blanc autour des reins et le rognon bien visible.

Le lapin angevin, qui bénéficie du label rouge, est nettement plus savoureux, car il est mieux nourri, mais il est parfois difficile de le trouver sur le marché, tout comme le lapin de garenne, devenu plus rare depuis les ravages de la myxomatose, dans les années 1950. Le lapin fermier, plus gros que le lapin d'élevage intensif, est excellent s'il a été nourri d'herbes et de céréales.

La chair du lapin d'élevage, rose pâle avec une graisse blanche, a besoin d'être relevée par une marinade au vin, condimentée d'échalotes, de carottes, de persil, d'ail et de thym pour en faire une terrine ou un civet. La cuisson du lapin doit surtout éviter un dessèchement de la viande.

• •

Lapin : préparation et découpage

❶ Couper les extrémités des pattes et la tête.

❷ Retirer le foie et les poumons.

❸ Séparer les pattes de devant en glissant le couteau dans l'articulation de l'épaule et du thorax.

❹ Séparer les cuisses du râble : déboîter l'articulation et couper en longeant la colonne vertébrale jusqu'à la queue. Selon la grosseur des cuisses, les partager en deux d'un coup net et précis à l'aide d'un gros couteau ou d'un hachoir.

❺ Séparer de même la partie thoracique du râble à la hauteur de la première côte. Selon la grosseur du râble, le couper en 2 ou 3 morceaux égaux.

❻ Séparer le thorax en deux en coupant de chaque côté de la colonne vertébrale.

Civet de lapin

Pour 4 personnes

- 1 lapin fraîchement tué et non dépouillé de 1,4 kg environ
- 1 dl de sang du lapin
- 1/2 c. à soupe de vinaigre de vin
- 1 petite carotte
- 1 oignon moyen
- 40 g de beurre
- 1 c. à soupe d'huile d'arachide
- 2 c. à soupe de farine
- 2 c. à soupe de cognac
- 1 l de vin rouge
- 1 bouquet garni
- 60 g de croûtons (➤ voir p. 822)
- 2 c. à soupe de persil haché
- sel, poivre

1. Faire dépouiller et vider le lapin. Recueillir le sang et lui ajouter le vinaigre. Mettre au réfrigérateur avec le foie et le cœur. Découper le lapin en 8 morceaux, les saler et les poivrer.
2. Couper carotte et oignon en petits dés.
3. Dans une cocotte, saisir vivement les morceaux de lapin dans l'huile et le beurre, puis les retirer.
4. Jeter le gras de la cocotte et y faire revenir doucement les dés de légumes.
5. Remettre le lapin dans la cocotte, poudrer de farine, bien mélanger. Chauffer le cognac, le verser et flamber.
6. Verser le vin, ajouter le bouquet garni, couvrir et cuire 45 min à petits frémissements.
7. Préparer les croûtons.
8. Égoutter les morceaux de lapin et les garder dans le plat de service sous une feuille d'aluminium.
9. Passer la sauce et en verser une petite louche dans le sang, délayer. Hors du feu, verser le sang dans la sauce et bien remuer.
10. Rectifier l'assaisonnement, réchauffer la sauce sans la faire bouillir et en napper le lapin.
11. Parsemer de persil et entourer de croûtons.

Préparation : 30 min ■ **Cuisson :** 50 min environ

Crépinettes de lapin

Pour 4 personnes

- 1 lapin de 1,5 kg
- 150 g de crépine
- 2 échalotes
- 250 g de champignons de Paris

1. Couper le lapin (➤ voir page précédente) et désosser le râble et les cuisses. Garder l'avant pour une autre utilisation. Saler et poivrer. Couper le râble en 3 morceaux.
2. Mettre la crépine à tremper.
3. Éplucher les échalotes, nettoyer les champignons. Les hacher avec le persil et la poitrine

- 1 bouquet de persil
- 200 g de lard de poitrine fumée
- 1 c. à moka de thym en poudre
- 1 c. à moka de laurier en poudre
- 0,5 dl de cognac ou de marc
- 100 g de beurre
- sel, poivre

fumée. Poivrer, ajouter thym, laurier et cognac ou marc. Bien travailler le tout. Faire fondre 30 g de beurre dans une poêle et y cuire cette farce pendant 10 min.

4 Préchauffer le four à 250 °C. Étaler les morceaux de lapin désossés, les garnir de farce et les refermer.

5 Éponger la crépine, l'étirer doucement sur le plan de travail et la couper en cinq. Y enrouler les morceaux de lapin.

6 Beurrer un plat à rôtir, y disposer les crépinettes, arroser du reste de beurre fondu et enfourner. Dès qu'elles sont dorées d'un côté, les retourner. Baisser le thermostat à 200 °C et cuire encore 30 min.

7 Servir bien chaud dans le plat de cuisson.

Préparation : 45 min ■ **Cuisson :** 45 min environ

Gibelotte de lapin

Pour 4-6 personnes

- 1 lapin de 1,5 kg
- 250 g de petits oignons blancs
- 1 gousse d'ail
- 60 g de beurre
- 1 c. à soupe d'huile
- 100 g de lardons
- 1 c. à soupe de farine
- 5 dl de vin rouge
- 1 bouquet garni
- 2 dl de fond de volaille (➤ voir p. 53)
- 300 g de champignons
- 300 g de petites pommes de terre
- 2 c. à soupe de persil
- sel, poivre

1 Préparer et découper en morceaux le lapin (➤ voir p. 549).

2 Préchauffer le four à 150 °C.

3 Peler les petits oignons et l'ail. Faire chauffer 25 g de beurre et l'huile dans une cocotte et y mettre oignons et lardons à rissoler. Les retirer quand ils sont bien dorés. Les remplacer par le lapin, faire colorer les morceaux, saler et poivrer. Les retirer.

4 Ajouter la farine dans la cocotte et remuer 2 min à la spatule, verser le vin et porter à ébullition.

5 Remettre les morceaux de lapin dans la cocotte avec le bouquet garni, l'ail, puis verser le fond. Couvrir et enfourner pendant 30 min.

6 Nettoyer les champignons et peler les pommes de terre. Les faire colorer rapidement à la poêle dans le reste de beurre. Les ajouter dans la cocotte, remuer et poursuivre la cuisson 30 min dans le four.

7 Égoutter le lapin. ➡

8️⃣ Vérifier la cuisson des pommes de terre et la prolonger, éventuellement, sur le feu.

9️⃣ Faire réduire la sauce si elle est trop liquide.

🔟 Servir la gibelotte parsemée de persil haché.

Préparation : 20 min ■ **Cuisson :** 1 h 10 environ

Lapin chasseur

Pour 4-6 personnes

- 1 lapin de 1,5 kg
- 80 g de beurre
- 3 c. à soupe d'huile
- 2 échalotes
- 1 dl de vin blanc
- 2,5 dl de sauce tomate (➤ voir p. 86)
- 5 dl de demi-glace (➤ voir p. 52)
- 1 bouquet garni
- 300 g de champignons de Paris
- 5 brins d'estragon
- 5 brins de cerfeuil
- sel, poivre

1️⃣ Découper le lapin (➤ voir p. 549), le saler et le poivrer.

2️⃣ Le faire revenir dans 40 g de beurre et l'huile, dans une cocotte. L'égoutter, jeter le gras, mettre les échalotes hachées et les faire cuire doucement 2 ou 3 min. Remettre le lapin.

3️⃣ Verser le vin blanc et le laisser réduire de moitié. Ajouter la sauce tomate, la demi-glace et le bouquet garni, couvrir et cuire 45 min à petit feu.

4️⃣ Nettoyer les champignons, les couper en lamelles et les faire sauter dans 20 g de beurre, saler, poivrer. Les égoutter, les ajouter dans la cocotte et cuire 5 min.

5️⃣ Hacher les fines herbes. Rectifier l'assaisonnement, incorporer le beurre restant et mélanger.

6️⃣ Verser dans un plat et parsemer de fines herbes.

Préparation : 15 min ■ **Cuisson :** 50 min environ

Lapin au chou

Pour 4-6 personnes

- 200 g de lard demi-sel
- 1 chou vert nouveau
- 1 carotte
- 1 navet

1️⃣ Couper le lard en dés et le plonger dans de l'eau froide. Porter à ébullition et cuire 2 min. Égoutter les lardons et conserver l'eau.

2️⃣ Retirer le trognon du chou, puis détacher les feuilles, les laver, ôter les grosses côtes et les plonger 3 min dans l'eau réservée puis les égoutter.

- 3 oignons
- 30 g de beurre
- 1 lapin de 1,6 kg découpé en morceaux
- 1,5 dl de vin blanc sec
- sel, poivre

③ Couper en morceaux carotte, navet et oignons.

④ Faire fondre le beurre dans une grande poêle, y mettre à dorer les morceaux de lapin, puis les égoutter.

⑤ Remplacer le lapin par les lardons, puis par les légumes, sauf le chou, les faire dorer, les égoutter.

⑥ Tapisser le fond d'une cocotte avec du chou, ajouter par-dessus une couche de morceaux de lapin, des lardons et des légumes, remettre du chou et continuer ainsi en salant un peu et en poivrant entre chaque couche. Arroser de vin blanc. Couvrir et faire cuire pendant 45 à 50 min à feu doux. Servir dans la cocotte.

Préparation : 30 min ■ **Cuisson :** 1 h environ

Lapin coquibus

Pour 4-6 personnes

- 1 lapin de 1,5 kg
- 1 l de marinade crue au vin blanc (➤ voir p. 57)
- 250 g de lardons
- 30 g de beurre
- 1 c. à soupe d'huile
- 24 petits oignons
- 1 c. à soupe de farine
- 2 dl de vin blanc
- 2 dl de fond de volaille (➤ voir p. 53)
- 1 bouquet garni
- 1 branche de sarriette
- 750 g de pommes de terre nouvelles
- 2 c. à soupe de persil haché

① Préparer et couper le lapin (➤ voir p. 549), préparer la marinade. Faire mariner les morceaux de lapin pendant 12 h au réfrigérateur.

② Plonger les lardons dans de l'eau froide, porter à ébullition et cuire 2 min, puis les égoutter.

③ Égoutter et éponger soigneusement le lapin. Chauffer le beurre et l'huile dans une sauteuse, y dorer tous les morceaux, puis les égoutter.

④ Faire dorer les oignons et les lardons, les égoutter. Jeter le gras, remettre lapin, oignons et lardons, poudrer de farine, mélanger et faire blondir.

⑤ Passer la marinade et en verser 3 ou 4 cuillerées dans la cocotte, ajouter le vin blanc, le fond, le bouquet garni et la sarriette. Cuire 15 min à feu moyen.

⑥ Éplucher les pommes de terre, les mettre dans la cocotte, couvrir et poursuivre la cuisson 45 min.

⑦ Parsemer de persil haché et servir dans la cocotte.

Préparation : 30 min ■ **Marinade :** 12 h
■ **Cuisson :** 1 h environ

Lapin en gelée

Pour 4-6 personnes

- 1 lapin de 1,5 kg
- 1 bouteille de vin blanc (riesling de préférence)
- 2 oignons
- 2 carottes
- 2 gousses d'ail
- 3 feuilles de gélatine
- 1 bouquet de ciboulette
- 1 bouquet de persil plat
- 1 bouquet de cerfeuil
- sel, poivre

1 Préparer et découper le lapin (➤ voir p. 549), le mettre dans une terrine avec le vin, saler et poivrer et laisser reposer 15 min au réfrigérateur.

2 Couper en rondelles les oignons et les carottes, hacher l'ail.

3 Mettre le lapin avec le vin dans une cocotte, ajouter les légumes, mélanger et cuire 2 h à feu doux.

4 Égoutter le lapin, passer le liquide de cuisson. Goûter et rectifier l'assaisonnement.

5 Faire tremper les feuilles de gélatine dans un bol, les égoutter et les presser entre les doigts, les dissoudre dans le bol avec 3 cuillerées de liquide de cuisson chaud puis mélanger au reste de ce liquide. Laisser refroidir.

6 Pendant ce temps, désosser tous les morceaux.

7 Hacher finement les herbes, les mélanger avec le lapin puis disposer le tout dans un moule à cake.

8 Verser peu à peu la gelée dans le moule en la faisant pénétrer jusqu'au fond. Mettre au réfrigérateur pendant 3 h au moins.

Préparation : 30 min ■ **Cuisson :** 2 h ■ **Réfrigération :** 3 h

Lapin à la moutarde

Pour 4-6 personnes

- 1 lapin de 1,5 kg
- 50 g de beurre
- 2 branches de sarriette ou de thym
- 3-4 c. à soupe de moutarde

1 Préparer et découper le lapin (➤ voir p. 549).

2 Préchauffer le four à 210 °C. Beurrer un plat à four et y émietter la sarriette.

3 À l'aide d'une cuillère, enduire copieusement tous les morceaux de lapin, à l'intérieur et à l'extérieur, d'une couche de moutarde et les disposer dans le plat. Mettre au four pendant 50 min environ. Retourner les morceaux de lapin à mi-cuisson.

- 3 échalotes
- 2 dl de vin blanc
- 3 dl de crème fraîche
- sel, poivre

④ Hacher les échalotes, les mettre dans une casserole avec le vin, chauffer et faire réduire doucement de moitié. Passer en appuyant avec le dos d'une cuillère.

⑤ Sortir les morceaux de lapin et les disposer sur le plat de service, les garder au chaud.

⑥ Verser le liquide de cuisson dans la réduction échalotes-vin, ajouter 2,5 dl de crème et faire réduire d'un tiers environ.

⑦ Mélanger 1 cuillerée à soupe de moutarde avec le reste de crème et l'ajouter. Bien mélanger en cuisant 2 ou 3 min, goûter, rectifier l'assaisonnement et napper le lapin de cette sauce.

Préparation : 20 min ■ **Cuisson :** 1 h environ

Lapin aux oignons

Pour 4-6 personnes

- 1 lapin de 1,5 kg
- 4 gros oignons
- 1 tranche épaisse de jambon cru
- 3 c. à soupe d'huile d'olive
- 1 brin de thym
- 1 verre à liqueur d'armagnac
- 2 dl de vin blanc sec
- 500 g de pommes de terre
- 30 g de beurre
- 1 c. à soupe de ciboulette hachée
- sel, poivre

① Préparer et découper le lapin (➤ voir p. 549).

② Éplucher et couper en fines rondelles les oignons. Couper le jambon en bâtonnets.

③ Faire chauffer 2 cuillerées d'huile dans une cocotte, y dorer les morceaux de lapin. Saler et poivrer, émietter le thym. Ajouter les oignons et le jambon. Mélanger, ajouter l'armagnac et cuire 5 min sur feu assez vif pour le faire réduire.

④ Verser le vin blanc, bien mélanger, couvrir et laisser mijoter doucement pendant 45 min.

⑤ Pendant ce temps, éplucher les pommes de terre, les couper en dés et les faire sauter (➤ voir p. 787) dans le reste de l'huile et le beurre, saler, poivrer.

⑥ Égoutter les morceaux de lapin et les mettre dans le plat de service. Les napper de sauce, parsemer de ciboulette hachée.

⑦ Servir les pommes de terre à part.

Préparation : 15 min ■ **Cuisson :** 1 h environ

Lapin aux pruneaux

Pour 4-6 personnes

- 1 grand bol de thé assez fort
- 350 g de pruneaux
- 1 lapin de 1,5 kg environ
- 2 échalotes
- 20 g de beurre
- 2 c. à soupe d'huile
- 1 brin de thym
- 2 dl de vin blanc
- 1 c. à soupe de vinaigre
- sel, poivre

❶ Faire le thé et y faire tremper les pruneaux 2 h.

❷ Préparer et découper le lapin (➤ voir p. 549), saler et poivrer les morceaux. Dénoyauter les pruneaux. Éplucher et hacher les échalotes.

❸ Faire chauffer le beurre et l'huile dans une cocotte, y mettre à revenir les morceaux de lapin sur feu assez vif ; dorer sur toutes les faces. Ajouter les échalotes, le thym et le vin blanc. Couvrir et laisser mijoter 30 min.

❹ Passer le foie du lapin au mixeur avec le vinaigre et l'ajouter dans la cocotte avec les pruneaux égouttés. Cuire encore 20 min.

❺ Servir très chaud dans la cocotte.

Préparation : 20 min ■ **Trempage :** 2 h ■ **Cuisson :** 50 min

Lapin rôti

Pour 4 personnes

- 80 g de lard gras
- 800 g de lapin (râble et pattes)
- 1 c. à soupe d'huile d'arachide
- 20 g de beurre
- 2 branches de persil
- 1 brin de thym
- 1 brin de sarriette
- 1/2 feuille de laurier
- sel, poivre

❶ Préchauffer le four à 200 °C.

❷ Couper le lard gras en bâtonnets. Pratiquer de petites incisions sur toute la surface du lapin, y introduire les bâtonnets de lard en les laissant dépasser un peu. Saler, poivrer et enduire le lapin d'huile et de beurre.

❸ Embrocher le lapin ou le mettre dans un plat et le cuire 30 min en l'arrosant fréquemment.

❹ Le découper, le mettre dans le plat de service. Dégraisser le plat ou la lèchefrite, y verser 2,5 dl d'eau, gratter les sucs de cuisson, ajouter les herbes, du sel, du poivre et faire réduire d'un tiers environ.

❺ Passer ce jus et le servir en saucière à part.

Préparation : 15 min ■ **Cuisson :** 35 min environ

Lapin sauté

Pour 4-6 personnes

- 1 lapin de 1,5 kg environ
- 2 échalotes
- 0,5 dl d'huile
- 40 g de beurre
- 1 dl de vin blanc
- 1 l de fond brun de volaille
- 1 bouquet garni
- 1 c. à soupe de persil haché
- sel, poivre

1. Préparer et découper le lapin (➤ voir p. 549), le saler et le poivrer.
2. Éplucher et hacher les échalotes.
3. Faire fondre le beurre et l'huile dans une cocotte, y dorer les morceaux de lapin, les égoutter. Jeter le gras.
4. Mettre les échalotes dans la cocotte et les cuire doucement 3 min.
5. Verser le vin blanc et faire réduire de moitié.
6. Remettre les morceaux de lapin dans la cocotte, mélanger et verser le fond de volaille, ajouter le bouquet garni. Couvrir et cuire doucement pendant 45 min.
7. Retirer le bouquet garni. Goûter et rectifier l'assaisonnement et servir dans la cocotte ou dans un plat en saupoudrant de persil.

Préparation : 15 min ■ **Cuisson :** 50 min environ

OIE

L'oie grise, la plus répandue en France, peut peser jusqu'à 12 kg après engraissement : c'est elle qui donne les meilleurs foies gras. Selon la région, elle est dite « de Toulouse », « des Landes », « d'Alsace », etc. Les oies au plumage blanc (du Bourbonnais ou du Poitou) sont plus légères (de 5 à 6 kg). Les oies sont souvent sacrifiées vers 3 mois pour être cuisinées : les filets sont bien développés et la chair est délicate.

Oie : conserve

Rillettes d'oie

Pour 1 terrine

- 1 oie grasse
- 500 g environ de graisse d'oie

Les préparer de la même façon que les rillettes de Tours (➤ voir p. 225) et avec la même garniture aromatique. Les mettre en pots, en complétant avec de la graisse d'oie.

Oie à l'alsacienne

Pour 8-10 personnes

- 1 oie de 3 kg
- 600 g de lard de poitrine demi-sel
- 1 gros oignon
- 50 g de persil
- 100 g de graisse d'oie
- 1,2 kg de chair à saucisse
- 1 c. à soupe d'huile d'arachide
- 2,4 kg de choucroute
- 12 saucisses de Strasbourg
- 1 dl de vin blanc
- 1 dl de bouillon
- sel, poivre
- quatre-épices

1 Faire préparer l'oie par le boucher.

2 Mettre le lard à dessaler.

3 Hacher l'oignon. Hacher le persil.

4 Faire fondre la graisse d'oie dans une poêle, y mettre à revenir l'oignon, puis la chair à saucisse et le persil, mélanger et cuire 10-15 min. Saler, poivrer et poudrer d'une bonne pincée de quatre-épices.

5 Préchauffer le four à 240 °C. Farcir l'oie, la ficeler, la glisser au four dans un plat huilé. Au bout de 20 min, baisser la température à 180 °C et continuer la cuisson encore pendant 2 h.

6 Laver puis essorer la choucroute et la mettre à cuire avec le lard de poitrine. Au bout de 30 min, ajouter 2 ou 3 cuillerées de graisse de cuisson de l'oie. Continuer la cuisson pendant encore 30 min.

7 Cuire les saucisses 15 min à tout petits frémissements.

8 Étaler la choucroute dans un plat. Poser l'oie dessus. L'entourer du lard en morceaux et des saucisses. Garder le plat au chaud dans le four éteint, recouvert d'une feuille d'aluminium.

9 Dégraisser le plat de cuisson de l'oie. Sur le feu, y verser le vin blanc et le bouillon (ou de l'eau), bien gratter les sucs, faire réduire d'un tiers et servir le jus en saucière.

Préparation : 30 min ■ **Cuisson :** 2 h 30 environ

Oie farcie aux pommes

Pour 6-8 personnes

- 1 oie de 3 kg environ
- 1 kg de pommes reinettes

1 Faire préparer l'oie non bardée par le boucher.

2 Éplucher les pommes, les couper en quartiers, enlever les pépins. Les mettre dans un saladier avec le calvados, bien les mélanger et laisser macérer 15 min.

- 2 c. à soupe de calvados
- 1 oignon
- 3 échalotes
- 2 feuilles de sauge
- 50 g de beurre
- 1 c. à soupe d'huile
- sel, poivre

❸ Préchauffer le four à 180 °C.

❹ Peler et hacher finement l'oignon et les échalotes, hacher la sauge et les mélanger avec les pommes, saler et poivrer. Avec une cuillère, glisser ce mélange à l'intérieur de l'oie et coudre l'ouverture.

❺ Enduire la volaille de beurre. Verser l'huile dans un plat à rôtir, y déposer l'oie et enfourner. Cuire pendant 2 h en arrosant très fréquemment. Au besoin, ajouter quelques cuillerées d'eau dans le plat.

On peut servir cette oie avec des pommes de terre sautées (➤ voir p. 787) ou des salsifis au jus (➤ voir p. 794).

Préparation : 20 min ■ **Cuisson :** 2 h

Oie aux marrons

Pour 8-10 personnes

- 1 oie de 2,5-3 kg
- 400 g de marrons crus ou surgelés décortiqués ou cuits sous vide
- 5 dl de fond blanc de volaille (➤ voir p. 53)
- 1 petite branche de céleri
- 600 g de chair à saucisse fine
- 3 c. à soupe d'huile
- 40 g de beurre
- 3 branches de persil
- sel, poivre

❶ Faire préparer l'oie par le boucher, la saler et la poivrer à l'intérieur.

❷ Cuire les marrons crus ou surgelés dans le fond blanc avec le céleri (inutile de cuire les marrons sous vide). Les garder croquants, les égoutter.

❸ Préchauffer le four à 220 °C. Mélanger les marrons avec la chair à saucisse et en farcir l'oie.

❹ Ficeler l'oie, la saler et la poivrer. La mettre dans le plat de cuisson avec l'huile et le beurre et la faire dorer à feu vif.

❺ Enfourner 15 min, puis baisser la température à 180 °C et cuire de 1 h 30 à 1 h 45 environ. Égoutter l'oie sur le plat de cuisson et la garder au chaud.

❻ Dégraisser ce plat de cuisson, y verser 6 dl d'eau, gratter les sucs avec une cuillère en bois, ajouter le persil et faire réduire d'un tiers.

❼ Passer le jus au chinois, rectifier l'assaisonnement et servir en saucière à part.

Préparation : 30 min ■ **Cuisson :** 2 h environ

7 Placer les cous dans des bocaux et les recouvrir de graisse d'oie fondue. Boucher et conserver au frais.

Les cous d'oie farcis se consomment froids ou chauds, accommodés comme le confit.

Préparation : 30 min ■ **Macération :** 12 h
■ **Cuisson :** 1 h

- -

Oyonnade

Pour 8-10 personnes

- 1 oie de 3 kg environ
- le sang de l'oie ou 0,5 dl de sang de porc
- 2 c. à soupe de vinaigre
- 100 g de lard gras
- 24 petits oignons
- 2 gousses d'ail
- 1 bouquet garni
- 0,5 l de vin rouge
- 150 g de croûtons (➤ voir p. 822)
- 2 dl de crème fraîche
- 1 verre à liqueur d'eau-de-vie ou de cognac
- sel, poivre

1 Faire préparer l'oie par le boucher. Ajouter le vinaigre dans le sang pour l'empêcher de cailler.

2 Couper la volaille en morceaux, couper le lard en dés.

3 Éplucher les oignons. Éplucher l'ail et l'écraser.

4 Préchauffer le four à 180 °C.

5 Mettre le lard dans une cocotte, le faire fondre, ajouter les morceaux d'oie et les rissoler sur feu doux. Dorer ensuite les petits oignons légèrement.

6 Ajouter l'ail, le bouquet garni, le vin rouge et 0,25 litre d'eau chaude, saler et poivrer. Porter à ébullition, puis couvrir et glisser la cocotte au four pendant 2 h.

7 Faire frire les croûtons avec de la graisse de cuisson de l'oie.

8 Passer le foie à la moulinette et, dans un bol, y ajouter le sang, la crème fraîche et l'eau-de-vie ou le cognac, bien mélanger.

9 Égoutter les morceaux d'oie et les tenir au chaud dans le plat de service.

10 Verser le contenu du bol dans la cocotte en fouettant vivement, réchauffer sans laisser bouillir et napper les morceaux d'oie de cette sauce.

11 Garnir le plat de croûtons frits.

Préparation : 15 min ■ **Cuisson :** 2 h 10 environ

Ragoût d'oie

Pour 8-10 personnes

- 1 oie de 3 kg
- 3 oignons
- 80 g de graisse d'oie
- 2 c. à soupe de farine
- 7,5 dl de fond de volaille du commerce
- 2 c. à soupe de concentré de tomate
- 1 bouquet garni
- sel, poivre

1 Faire découper l'oie en morceaux par le boucher.

2 Peler et couper finement les oignons.

3 Mettre à fondre la graisse d'oie dans une cocotte et y dorer les morceaux d'oie. Ajouter les oignons et les laisser également dorer pendant 5 min.

4 Poudrer de farine et la faire blondir en remuant.

5 Délayer le concentré de tomate avec le fond et verser sur les morceaux d'oie, saler et poivrer, bien mélanger.

6 Ajouter le bouquet garni et laisser mijoter 1 h 30.

7 Retirer du feu, dégraisser la cuisson et jeter le bouquet garni. Égoutter les morceaux et les disposer dans le plat de service.

8 Faire réduire le jus d'un tiers environ et le verser sur l'oie.

Préparation : 20 min ■ **Cuisson :** 1 h 45

PIGEON

Le pigeon, domestique ou sauvage, sera choisi très jeune et charnu : sa chair a alors une couleur rosée et contient très peu de graisse. Le pigeonneau, âgé d'environ 1 mois, est particulièrement tendre et se mange le plus souvent rôti. Le pigeon sauvage le plus répandu en France est le ramier, ou palombe, dont la chair est plus dense et plus parfumée que celle du pigeon domestique.

Pigeons en compote

Pour 4 personnes

- 4 pigeons
- 1 c. à soupe de baies de genièvre
- 4 c. à soupe de marc
- 100 g de barde de lard très fine

1 Préparer les pigeons (➤ voir poulet : préparation p. 569).

2 Saler et poivrer à l'intérieur et à l'extérieur, puis introduire dans chaque oiseau 3 ou 4 baies de genièvre et 1 cuillerée de marc. Les tourner, cou en bas, pour bien les enrober d'alcool.

3 Poser une barde de lard très fine sur le dos et la poitrine et brider les pigeons.

- 2 bottes d'oignons nouveaux
- 150 g de champignons de Paris
- 30 g de beurre
- 1 c. à soupe d'huile
- 100 g de lardons fumés
- 1 bouquet garni
- 2 dl de vin blanc
- 2 dl de bouillon de volaille du commerce
- sel, poivre

④ Éplucher les oignons et les champignons et couper ceux-ci finement. Préchauffer le four à 200 °C.

⑤ Faire fondre le beurre avec l'huile dans une cocotte et y dorer les pigeons. Les retirer.

⑥ Mettre les oignons, les lardons et les champignons et les dorer également. Ajouter le bouquet garni, le vin blanc et le bouillon et faire réduire des deux tiers.

⑦ Remettre les oiseaux dans la cocotte, couvrir et porter à ébullition, puis glisser la cocotte au four de 30 à 35 min.

⑧ Retirer le bouquet garni, débrider les pigeons, les disposer dans le plat de service chauffé et les napper du jus de cuisson passé.

Préparation : 30 min ■ **Cuisson :** 40 min environ

- -

Pigeons à la niçoise

Pour 6 personnes

- 6 pigeons
- 20 petits oignons glacés (➤ voir p. 759)
- 1 kg de pois gourmands
- 20 g de beurre
- 1 c. à soupe d'huile
- 1 feuille de laurier
- 1 branche de sarriette
- 1 dl de vin blanc
- 200 g d'olives noires de Nice
- sel, poivre

① Préparer les pigeons (➤ voir poulet : préparation p. 569).

② Préparer les oignons glacés. Effiler les pois gourmands.

③ Faire fondre le beurre avec l'huile dans une cocotte et y dorer les pigeons, en les retournant. Parsemer de laurier et de sarriette émiettés, mélanger.

④ Verser le vin blanc et ajouter les oignons glacés. Laisser mijoter 15 min.

⑤ Pendant ce temps, cuire les pois gourmands à la vapeur dans un couscoussier ou une grande passoire placée sur un faitout rempli d'eau bouillante.

⑥ Ajouter les olives dans la cocotte et cuire encore les pigeons pendant 10 à 15 min. Rectifier l'assaisonnement.

⑦ Verser les pois dans le plat de service et disposer par-dessus les pigeons avec les olives et les oignons en garniture.

Préparation : 40 min ■ **Cuisson :** 30 min environ

Pigeons aux petits pois

Pour 4 personnes

- 4 pigeons
- 1,5 kg de petits pois frais
- 1 cœur de laitue
- 20 petits oignons grelots
- 1 échalote
- 50 g de beurre
- 1 c. à soupe d'huile d'arachide
- 2 dl de vin blanc
- 60 g de lardons
- 1 pincée de sucre
- sel, poivre

1 Préparer les pigeons (➤ voir poulet : préparation p. 569) ou demander au boucher de le faire.

2 Écosser les petits pois. Laver et éponger le cœur de laitue. Peler les petits oignons. Éplucher et couper finement l'échalote.

3 Chauffer 25 g de beurre dans une cocotte avec l'huile et y mettre à fondre l'échalote en remuant. Ajouter les pigeons et les faire dorer en les retournant plusieurs fois, saler et poivrer. Verser le vin blanc, couvrir et laisser cuire 20 min.

4 Pendant ce temps, faire fondre le reste de beurre dans une casserole et y rissoler les lardons. Ajouter les petits pois, la laitue et les petits oignons. Saler, ajouter le sucre et 2 verres d'eau. Couvrir et faire cuire 15 min sur feu moyen.

5 Égoutter les pigeons et les mettre dans la casserole avec les petits pois. Les enfouir légèrement sous la garniture et poursuivre la cuisson doucement pendant 5 min. Servir très chaud.

Préparation : 30 min ■ **Cuisson :** 40 min environ

Pigeons rôtis

Pour 4 personnes

- 4 pigeons
- 200 g de barde de lard
- 3 branches de persil
- 1 brin de thym
- sel, poivre

1 Préparer les pigeons (➤ voir poulet : préparation p. 569) ou demander au boucher de le faire. Les saler et les poivrer à l'intérieur et à l'extérieur. Placer une barde sur la poitrine avant de les ficeler.

2 Préchauffer le four à 200 °C. Mettre les pigeons à rôtir 20 min, ou les cuire à la broche 30 min.

3 Retirer les pigeons et les garder au chaud sur le plat de service. Verser 2,5 dl d'eau dans le plat de cuisson ou la lèchefrite, gratter les sucs, ajouter persil et thym et faire réduire d'un tiers.

④ Passer le jus et en arroser les pigeons ou le servir en saucière.

Préparation : 15 min ■ **Cuisson :** 20-30 min

PINTADE

La pintade est maintenant disponible toute l'année. Les pintades et pintadeaux bénéficient dans certains cas d'un label rouge garantissant notamment l'origine, l'alimentation et la durée de l'élevage ; le terme « fermier » est réservé aux pintades élevées en plein air.

La pintade est une volaille de taille modeste, celle d'un petit poulet. Elle a une chair très fine mais un peu sèche, qui demande donc un apport de matières grasses plus important que pour les autres volailles. Quand on la consomme jeune – elle porte alors le son nom de « pintadeau » –, sa chair est tendre et savoureuse, et on peut la rôtir ou l'apprêter comme le jeune faisan et le perdreau. On cuisine la pintade adulte surtout en fricassée ou comme la poularde.

• •

Pintade au chou

Pour 4 personnes

- 1 pintade de 1-1,2 kg
- 1 petit chou vert frisé
- 250 g de lard fumé
- 1 c. à soupe d'huile d'arachide
- 30 g de beurre
- sel, poivre

① Préparer ou faire préparer la pintade (➤ voir poulet : préparation p. 569) sans la barder.

② Couper le chou en quatre en retirant les grosses feuilles de l'extérieur. Le plonger 5 ou 6 min dans de l'eau salée bouillante et l'égoutter.

③ Couper le lard en gros morceaux. Mettre ceux-ci dans une cocotte et les faire chauffer en les remuant, sur feu moyen, puis les égoutter.

④ Ajouter l'huile dans la cocotte, et y faire dorer la pintade en la retournant plusieurs fois.

⑤ Remettre les lardons, ajouter les quartiers de chou, poivrer. Couvrir et poursuivre la cuisson doucement pendant 45 à 50 min.

⑥ Retirer la pintade, la débrider et la découper.

⑦ Égoutter le chou et les lardons, les mettre dans le plat de service, poser les morceaux de pintade dessus et garder au chaud. ➜

8 Passer le fond de cuisson, le verser dans la cocotte sur feu vif et le laisser réduire d'un tiers environ.

9 Hors du feu, ajouter le beurre en fouettant, goûter et rectifier l'assaisonnement et servir ce jus en saucière.

Préparation : 30 min ■ **Cuisson :** 1 h environ

Pintade à la normande

Pour 4 personnes

- 1 pintade de 1-1,2 kg
- 6 pommes
- 1/2 citron
- 40 g de beurre
- 1 c. à soupe d'huile d'arachide
- 1 dl de cidre (ou d'eau)
- 1 verre à liqueur de calvados
- 1,5 dl de crème fraîche
- sel, poivre

1 Préparer la pintade (➤ voir poulet : préparation p. 569) ou la faire préparer par le volailler. La couper en quatre. Saler et poivrer les morceaux.

2 Éplucher les pommes, les couper en deux, retirer le cœur et les pépins et les citronner.

3 Faire fondre 20 g de beurre avec l'huile dans une cocotte et y mettre à dorer les morceaux de pintade.

4 Verser le cidre ou l'eau, couvrir et cuire pendant 15 min à feu doux. Ajouter ensuite le calvados, couvrir et poursuivre la cuisson encore 15 min.

5 Pendant ce temps, faire fondre 20 g de beurre dans une poêle et y dorer les demi-pommes de chaque côté pendant 3 ou 4 min.

6 Égoutter la pintade et disposer les morceaux dans un plat chaud. Ajouter la crème dans le jus de cuisson et faire bouillir pendant 3 ou 4 min jusqu'à ce que la sauce devienne onctueuse. Goûter et rectifier l'assaisonnement.

7 Napper la pintade de cette sauce, entourer avec les demi-pommes et servir aussitôt.

Préparation : 20 min ■ **Cuisson :** 45 min environ

Pintade rôtie

Pour 4 personnes

- 1 pintade de 1-1,2 kg
- 200 g de barde de lard
- 20 g de beurre
- 3 branches de persil
- 1 brin de thym
- 1/2 botte de cresson
- sel, poivre

1. Préparer la pintade (➤ voir poulet : préparation p. 569) ou la faire préparer par le boucher. La saler et la poivrer à l'intérieur et à l'extérieur, protéger la poitrine avec la barde de lard. La ficeler. L'enduire de beurre.

2. Mettre la pintade dans un plat et la rôtir pendant 30-40 min à 200 °C (35 min si la cuisson se fait à la broche). La retirer et la garder au chaud.

3. Verser 2,5 dl d'eau dans le plat ou la lèchefrite, gratter les sucs, ajouter persil et thym et faire réduire d'un tiers.

4. Passer le jus et en arroser la pintade ou le servir en saucière. Décorer avec les bouquets de cresson.

Préparation : 10 min ■ **Cuisson :** 45 min environ

Pintade sautée

Pour 4 personnes

- 1 pintade de 1-1,2 kg
- 1 c. à soupe d'huile
- 60 g de beurre
- 1 échalote
- 1 dl de vin blanc ou de cidre ou de bière
- 5 dl de fond de volaille (➤ voir p. 53)
- 1 bouquet garni
- sel, poivre

1. Préparer la pintade (➤ voir poulet : préparation p. 569) et la couper en quatre morceaux, saler et poivrer.

2. Faire fondre 40 g de beurre avec l'huile dans une cocotte et y mettre à dorer les morceaux de pintade. Couvrir, baisser le feu et cuire pendant 20-25 min.

3. Éplucher et hacher l'échalote.

4. Retirer la pintade, jeter le gras de la cocotte, y mettre l'échalote hachée et la cuire doucement en la remuant pendant 2 min. Verser le vin ; laisser réduire de moitié.

5. Ajouter le fond de volaille, puis le bouquet garni et réduire jusqu'à ce que la sauce soit bien onctueuse. Goûter et vérifier l'assaisonnement.

6. Hors du feu, incorporer le reste du beurre et napper les morceaux de pintade.

Préparation : 10 min ■ **Cuisson :** 25-30 min environ

POULARDE, POULE, POULET

La **poule** est la femelle du coq ou du faisan (poule faisane). Abattue entre 18 mois et 2 ans, elle pèse alors de 2 à 3 kg. Sa chair assez ferme, un peu grasse, s'accommode le plus souvent d'un pochage dans un fond blanc de volaille, qui l'attendrit et la parfume.

La **poularde** est une jeune poule engraissée en cage pour obtenir une chair tendre et bien blanche, de goût très fin, avec une couverture de graisse. La « vraie » poularde est aussi rare que le chapon. On appelle souvent poularde un petit poulet de 1,8 kg. Les meilleures poulardes proviennent de Houdan, de Loué, de Bresse et des Landes. En cuisine, la poularde est généralement rôtie, braisée, poêlée ou pochée, et non sautée ou grillée, ce qui ferait fondre toute sa graisse. Elle s'apprête souvent avec de la truffe et du foie gras ; on la sert chaude ou froide.

Les **poulets** proviennent tous d'élevages artisanaux ou industriels ; mâles ou femelles, leur chair est tendre, blanche ou légèrement jaune selon l'alimentation. On distingue plusieurs qualités :

– les poulets quatre quarts, à croissance très rapide, abattus très jeunes (à 45 jours environ) ; ils pèsent 1 kg, leur chair est molle ;
– les poulets de grain, dits « de marque », abattus entre 50 et 70 jours ; ils ont une chair plus ferme et pèsent de 1,2 à 1,8 kg ;
– les poulets d'appellation et comportant un label, élevés en semi-liberté, abattus entre 110 et 120 jours ; ils sont bien formés, avec une chair tendre, ferme et savoureuse, et peuvent atteindre 2 kg. L'appellation la plus réputée est celle des « poulets de Bresse ».

On trouve aujourd'hui de plus en plus souvent des poulets « effilés » (débarrassés des intestins, mais ayant conservé foie, gésier, cœur et poumons), ou « éviscérés » (sans les abats), ou « prêts à cuire » (totalement vidés, avec le cou tranché et les pattes coupées à l'articulation).

Les principaux modes de cuisson du poulet. Ce sont, avant tout, le rôtissage et le sauté, puis la grillade, la friture (morceaux panés), le poêlage ainsi que le pochage.

Pour un rôtissage, il vaut mieux que le poulet ait un peu de graisse. S'il est cuit au four, on peut l'agrémenter de thym ou d'estragon, ou le farcir. Pour savoir s'il est à point, on le soulève : le jus qui s'écoule doit être incolore. S'il est servi froid, on l'enveloppe, encore chaud, d'une feuille d'aluminium, pour qu'il conserve moelleux et saveur.

Pour une cuisson en cocotte, le poulet doit être dodu et bien ferme, mais pas trop gras. Pour une fricassée ou un sauté, deux poulets assez petits donnent davantage de morceaux « nobles ».

Poularde, poule, poulet : préparation

1. Fendre la peau du cou de l'animal sur toute la longueur, retirer la trachée et l'œsophage, en entraînant aussi le jabot.
2. Laisser le cou ou, avec un petit couteau, le sectionner à la base sans couper la peau.
3. Inciser le croupion et retirer l'intestin, le gésier, le foie, le cœur et les poumons.
4. Enlever tout de suite le fiel du foie en faisant bien attention à ne pas le rompre.
5. Fendre le gésier du côté bombé et retirer la poche à grains. Le rincer sous le robinet et le sécher.
6. Passer le poulet sur une flamme pour éliminer tous les duvets et les picots restants. Remettre ou non, selon le goût, les abats nettoyés à l'intérieur.
7. Trancher l'extrémité des ailerons et replier à l'envers sous chaque aile le reste de l'aileron.
8. Couper les pattes à la jointure du pilon. Rabattre le cou (s'il est entier) sous une aile ou rabattre la peau du cou sur la poitrine.
9. Ficeler le poulet.

La poularde, la poule, le chapon, la dinde, le pigeon et la pintade se préparent de la même façon.

Poularde, poule, poulet : cuisson à l'eau

Chaud-froid de poulet

Pour 6 personnes

- 1 poulet de 1,8-2 kg
- 3 l de fond de volaille
- 1 l de sauce chaud-froid
- 1 bouquet d'estragon

1. Préparer le poulet (➤ voir ci-dessus) ou demander au boucher de le faire.
2. Confectionner le fond de volaille (➤ voir p. 53) et y mettre le poulet à cuire, à petits frémissements, pendant 1 h.
3. Retirer alors toute la peau de la volaille, filtrer le bouillon de cuisson, remettre la peau dans ce bouillon et laisser refroidir. ➡

4 Préparer la sauce chaud-froid (➤ voir p. 65) avec le bouillon de cuisson. Y ajouter la moitié du bouquet d'estragon pour la parfumer.

5 Choisir un grand plat, étaler une mince couche de sauce sur le fond et mettre ce plat dans le réfrigérateur pour que la sauce prenne. Pour décorer, disposer tout autour du plat quelques feuilles d'estragon.

6 Découper le poulet en huit parts et désosser le haut des cuisses.

7 Tremper les morceaux de poulet un par un dans la sauce refroidie, puis les poser sur une grille placée au-dessus d'une feuille d'aluminium et les mettre 30 min dans le réfrigérateur.

8 Couvrir les morceaux de volaille d'une deuxième, puis d'une troisième couche de sauce chaud-froid, en remettant la grille au frais entre chaque opération. Décorer de quelques feuilles d'estragon après la dernière couche.

9 Disposer avec précaution les morceaux de volaille sur le plat et mettre au réfrigérateur pendant 5 ou 6 h avant de servir.

On peut servir ce plat avec une salade de haricots verts très fins.

Préparation : 2-3 h ■ **Cuisson :** 1 h ■ **Réfrigération :** 5-6 h

Poularde demi-deuil

Pour 8 personnes

- 1 poularde de 2,4 kg
- 200 g de farce mousseline (➤ voir p. 102)
- 1 truffe
- 4 l de fond blanc de volaille (➤ voir p. 53)
- 200 g de riz basmati
- 40 g de beurre
- 5 dl de sauce suprême (➤ voir p. 70)
- sel, poivre

1 Préparer la poularde (➤ voir p. 569) ou demander au boucher de le faire.

2 Saler et poivrer la poularde à l'intérieur, la farcir et la ficeler.

3 Couper la truffe en fines lamelles. Inciser la peau de la poularde sur les cuisses et le long des flancs avec un petit couteau pointu et glisser une lamelle de truffe dans chaque incision.

4 Envelopper la poularde dans une mousseline nouée serré. La mettre dans le fond, porter lentement à ébullition et cuire pendant une heure à tout petits frémissements.

5 Éteindre le feu et laisser au chaud.

6 Prélever 1 litre environ du bouillon de cuisson, le faire bouillir dans une casserole et y mettre à cuire le riz.

7 Égoutter le riz, le réserver dans un plat de service et ajouter le beurre.

8 Préparer la sauce suprême avec le bouillon de cuisson de la poularde et la verser dans une saucière chaude.

9 Égoutter la volaille, la poser sur le plat de service et retirer la mousseline. Servir le riz et la sauce à part.

Préparation : 20 min ■ **Cuisson :** 1 h 30

Poularde au riz sauce suprême

Pour 6-8 personnes

- 1 poularde de 2,2-2,4 kg
- 4 l de fond de volaille
  (➤ voir p. 53)
- 300-400 g de riz
- 50 g de beurre
- 1 l de sauce suprême
  (➤ voir p. 70)
- sel, poivre

1 Préparer la poularde (➤ voir préparation p. 569) ou demander au boucher de le faire, la saler, la poivrer et la ficeler.

2 Chauffer le fond de volaille, y mettre la poularde et porter à ébullition doucement, en écumant. Cuire à feu doux pendant 1 h.

3 Pendant ce temps, cuire le riz à la créole (➤ voir p. 830) en prélevant, pour le liquide de cuisson, du bouillon de la poularde. Saler et poivrer. Quand le riz est cuit, lui ajouter le beurre et bien mélanger.

4 À la fin de la cuisson de la poularde, préparer la sauce suprême avec le bouillon de cuisson.

5 Disposer la poularde dans un plat chaud, la napper d'un peu de sauce et l'entourer de riz. Servir le reste de sauce à part, dans une saucière.

On peut préparer de la même façon un gros poulet de 1,6 à 1,8 kg (cuisson 40 min) ou une poule (cuisson 1 h 30).

Préparation : 10 min ■ **Cuisson :** 1 h environ

Poule au pot à la béarnaise

Pour 6-8 personnes

- 1 poule de 2-2,2 kg
- 200 g de jambon de Bayonne
- 3 oignons
- 3 gousses d'ail
- 1 petit bouquet de persil
- 4 foies de volaille
- 350 g de chair à saucisse fine
- sel, poivre

1 Préparer la poule (➤ voir préparation p. 569) ou demander au boucher de le faire.

2 Couper le jambon de Bayonne en très petits bâtonnets, hacher les oignons, l'ail, le persil, les foies de volaille et mélanger le tout avec la chair à saucisse. Saler, poivrer et travailler la farce jusqu'à ce qu'elle soit bien homogène.

3 En garnir l'intérieur de la poule et recoudre soigneusement les ouvertures au cou et au croupion.

4 Procéder ensuite comme pour la petite marmite

à la parisienne (➤ voir p. 433), avec la même garniture de légumes, et cuire 1 h 15 environ.

⑤ Découper la poule en morceaux et la farce en tranches et les servir avec les légumes.

Préparation : 45 min ■ **Cuisson :** 1 h 15 environ

Poulet à la vapeur aux brocolis

Pour 4 personnes

- 1 carotte
- 1 navet
- 1 courgette
- 1 tranche de jambon fumé
- 40 g de beurre
- 1 c. à soupe d'huile
- 4 blancs de volaille
- 1 oignon
- 2 choux brocolis
- 200 g de lardons
- sel, poivre

① Éplucher la carotte et le navet et les couper en petits dés. Couper également la courgette (ne pas l'éplucher) et le jambon en petits dés.

② Dans une poêle, faire revenir ces ingrédients avec 20 g de beurre et l'huile puis les cuire tout doucement. Quand ils sont cuits, rectifier l'assaisonnement.

③ Placer les blancs de volaille entre 2 feuilles de film alimentaire et, à l'aide d'un couteau large et plat, ou d'un hachoir, bien les aplatir en tapant dessus.

④ Poivrer les blancs, déposer au centre un peu de mélange de légumes, et les rouler sur eux-mêmes en forme de petit cylindre. Les envelopper séparément dans du film alimentaire et les cuire 20 min à la vapeur.

⑤ Éplucher et hacher l'oignon.

⑥ Séparer les bouquets de brocolis et les cuire 5 min dans de l'eau salée.

⑦ Faire revenir dans le reste de beurre les lardons et l'oignon pendant 5 min, puis ajouter les brocolis égouttés. Saler, poivrer et réserver au chaud.

⑧ Sortir les blancs de poulet de leur film et les couper en biais dans la longueur. Les disposer dans le plat et les entourer des brocolis au lard fumé.

Préparation : 25 min ■ **Cuisson :** 15 min environ

Waterzoï de poulet

Pour 4-6 personnes

- 1 poulet de 1,5-1,7 kg
- 1 l de fond de volaille (➤ voir p. 53)
- 5 blancs de poireau
- 2 branches de céleri
- 3 oignons
- 80 g de beurre
- 1 bouquet de persil
- 2 jaunes d'œufs
- 2,5 dl de crème fraîche
- 1 citron
- 6-8 tranches de pain
- sel, poivre

1 Préparer le poulet (➤ voir p. 569). Le plonger dans le fond de volaille. Le cuire 30 min à petits frémissements.

2 Pendant ce temps, éplucher et couper finement les poireaux, le céleri et les oignons. Faire fondre 40 g de beurre dans une cocotte avec 5 branches de persil et cuire les légumes à feu doux 20 min, saler, poivrer.

3 Découper le poulet en 8 morceaux en enlevant le maximum d'os et disposer ceux-ci dans la cocotte sur les légumes. Verser du bouillon de cuisson jusqu'à la hauteur du poulet et cuire encore 30 min.

4 Égoutter les morceaux de poulet.

5 Délayer les jaunes avec la crème, ajouter le jus de citron et verser dans la cocotte. Bien mélanger, sans faire bouillir, pendant 5 min. Goûter et rectifier l'assaisonnement.

6 Remettre les morceaux de poulet et servir dans la cocotte avec, à part, des tartines grillées beurrées.

Préparation : 15 min ■ **Cuisson :** 1 h 10 environ

Poularde, poule, poulet : rôtissage, grillade, cuisson à la poêle

Chapon rôti à la truffe

Pour 8-10 personnes

- 1 chapon de 2,5-3 kg
- 1 truffe fraîche
- 60 g de beurre
- 1 dl de vin blanc
- 0,5 dl de crème fraîche
- sel, poivre

1 Faire préparer le chapon par le boucher mais sans le ficeler. Glisser la truffe à l'intérieur de la volaille, envelopper celle-ci d'une feuille d'aluminium et la laisser ainsi 24 h au réfrigérateur.

2 Préchauffer le four à 230 °C. Retirer la truffe. Malaxer 25 g de beurre avec du sel et du poivre et glisser ce beurre à l'intérieur du chapon.

3 Ficeler le chapon, saler, poivrer et l'enduire de beurre. Le placer dans un plat avec un peu d'eau et l'enfourner.

④ Baisser la température à 180 °C quand le chapon est bien doré et le faire rôtir de 1 h 15 à 1 h 30 en tout (15 min par livre), en le retournant et en l'arrosant plusieurs fois. Ajouter au besoin un peu d'eau.

⑤ Éteindre le four, mettre le chapon dans un autre plat et le laisser en attente dans le four éteint pendant 10 à 15 min, recouvert d'une feuille d'aluminium.

⑥ Verser 2 ou 3 cuillerées de vin blanc dans le plat de cuisson et bien gratter les sucs, puis verser le tout dans une casserole. Ajouter le reste du vin blanc et laisser réduire de moitié.

⑦ Verser la crème et faire réduire d'un tiers environ. Saler et poivrer. Ajouter le jus rejeté par le chapon.

⑧ Râper la truffe dans la sauce ou la couper en tout petits dés et verser dans une saucière bien chaude.

On peut réaliser cette recette de la même façon sans ajouter de truffe.

Préparation : 120 min ■ **Repos :** 24 h
■ **Cuisson :** 1 h 15-1 h 30

Coquelets grillés

Pour 4 personnes

- 2 coquelets de 600 g chacun
- 3 c. à soupe d'huile
- 20 g de beurre
- 1/2 botte de cresson
- sel, poivre

① Faire préparer les coquelets par le boucher.

② Les fendre des deux côtés de la colonne vertébrale, retirer celle-ci ainsi que l'os du bréchet, aplatir chaque moitié et la piquer sur une brochette en passant à travers l'aile et la patte. Huiler, saler et poivrer.

③ Préchauffer le four à 150 °C. Griller d'abord les coquelets pendant 4 min en les retournant plusieurs fois.

④ Disposer les coquelets dans un plat, les beurrer et les mettre au four 25 min environ.

⑤ Laver le cresson, l'éponger.

⑥ Mettre les coquelets sur le plat de service et les entourer de bouquets de cresson.

Préparation : 10 min ■ **Cuisson :** 30 min environ

Coquelets rôtis

Pour 4 personnes

- 2 coquelets de 600 g environ
- 20 g de beurre
- 1/2 botte de cresson
- 3 branches de persil
- 1 brin de thym
- sel, poivre

1 Faire préparer les coquelets par le boucher en gardant les abattis à part.

2 Préchauffer le four à 200 °C.

3 Saler et poivrer les coquelets à l'intérieur et à l'extérieur. Les enduire de beurre. Les disposer dans un plat avec les abattis. Les mettre au four pendant 30 min en les retournant et en les arrosant toutes les 10 min.

4 Pendant ce temps, préparer le cresson, le laver et le sécher.

5 Sortir les coquelets et les garder au chaud dans le plat de service.

6 Verser 2,5 dl d'eau dans le plat de cuisson, ajouter le persil et le thym, bien gratter les sucs de cuisson et faire réduire d'un tiers.

7 Passer le jus et le servir à part.

8 Entourer les coquelets de bouquets de cresson.

On peut aussi rôtir ces coquelets à la broche pendant 40 min.

Préparation : 10 min ■ **Cuisson :** 30 min environ

Cuisses de poulet à l'origan

Pour 4 personnes

- 200 g de panure à la milanaise (➤ voir p. 108)
- 1 c. à soupe d'origan séché
- 4 cuisses de poulet
- 1 c. à soupe d'huile d'olive
- 2 citrons

1 Préchauffer le four à 210 °C.

2 Préparer la panure à la milanaise en y ajoutant l'origan avec le parmesan.

3 Paner les cuisses de poulet.

4 Huiler un plat, y ranger les cuisses et mettre au four pendant 35 min.

5 Servir très chaud avec les quartiers de citron.

Préparation : 20 min ■ **Cuisson :** 35 min environ

Poularde au céleri

Pour 4-6 personnes

- 1 poularde ou 1 poulet de 1,8-2 kg
- 60 g de beurre
- 2 c. à soupe d'huile
- 1,2 kg de céleri-branche
- 2 c. à soupe de persil haché
- sel, poivre

1 Préparer la poularde (➤ voir p. 569) ou demander au boucher de le faire, la saler et la poivrer à l'intérieur. Remettre dedans le foie, le cœur et le gésier et la ficeler.

2 Préchauffer le four à 200 °C.

3 Faire fondre 30 g de beurre avec l'huile dans une cocotte et dorer la poularde de tous les côtés. Retirer celle-ci et jeter le gras.

4 Remettre dans la cocotte 30 g de beurre, puis la poularde, couvrir et cuire 45 min.

5 Pendant ce temps, faire bouillir de l'eau dans une casserole. Effiler les côtes de céleri, les tailler en gros bâtonnets, les plonger 3 min dans l'eau, puis les égoutter. Les ajouter dans la cocotte et cuire encore 15 min.

6 Disposer la poularde dans le plat de service chaud. Égoutter les bâtonnets de céleri et les dresser autour.

7 Passer le jus de cuisson, le faire réduire éventuellement et en napper la poularde. Entourer de la julienne de céleri et parsemer de persil.

Préparation : 10 min ■ **Cuisson :** 1 h environ

Poulet en croûte de sel

Pour 4-6 personnes

- 1 poulet de 1,6-1,8 kg
- 2 brins d'estragon ou 1 brin de thym
- 7 kg de sel de mer gris

1 Préparer le poulet (➤ voir p. 569) ou demander au volailler de le faire.

2 Glisser l'estragon (ou le thym) à l'intérieur.

3 Préchauffer le four à 240 °C.

4 Tapisser une grande cocotte d'une feuille d'aluminium. Verser du sel au fond sur 4 cm d'épaisseur environ. Poser le poulet par-dessus. Ajouter du sel tout autour en tassant bien au fur et à mesure et continuer ainsi jusqu'à ce que le poulet ➔

soit recouvert d'une couche de sel bien compacte de 3 ou 4 cm. Mettre la cocotte au four, sans la couvrir, pendant 1 h 30.

5 Sortir la cocotte du four et la retourner sur une planche en bois. Casser la croûte avec un marteau. Essuyer soigneusement le poulet avec un papier absorbant, puis le déposer dans le plat de service.

Préparation : 15 min ■ **Cuisson :** 1 h 30

Poulet frit Maryland

Pour 4 personnes

- 1 poulet de 1,2 kg environ
- huile de friture
- 3 dl de lait
- 3 c. à soupe de farine
- 2 gousses d'ail
- 1 oignon
- 2 dl de fond blanc de volaille (➤ voir p. 53)
- 4 tranches de bacon
- 1 c. à soupe d'huile
- 4 épis de maïs frais
- sel, poivre

1 Découper le poulet en mettant de côté les abattis et la carcasse.

2 Faire chauffer la friture.

3 Préchauffer le four à 140 °C.

4 Plonger les morceaux de poulet dans le lait froid. Les égoutter, les saler et les poivrer, puis les fariner et les frire à 180 °C.

5 Dès que les morceaux sont dorés, les mettre dans un plat à rôtir et terminer la cuisson au four pendant 12 à 15 min.

6 Éplucher et hacher l'ail et l'oignon.

7 Dans une casserole, verser 2 dl de lait de la marinade et le fond de volaille, ajouter ail, oignon, carcasse et abattis, saler et poivrer. Laisser mijoter 15 min.

8 Pendant ce temps, faire frire les tranches de bacon dans l'huile et les égoutter sur un papier absorbant.

9 Faire griller les épis de maïs (➤ voir p. 752).

10 Garnir le plat de morceaux de poulet, de tranches de bacon et d'épis de maïs. Passer la sauce et la servir à part en saucière.

Préparation : 20 min ■ **Cuisson :** 30 min environ

Poulet grillé au four

Pour 4 personnes

- 4 grosses pommes de terre
- 1 poulet de 1 kg environ
- 30 g de beurre demi-sel
- 100 g de beurre maître d'hôtel (➤ voir p. 39)
- poivre du moulin

1. Préchauffer le four à la chaleur maximale.
2. Laver et brosser les pommes de terre, les sécher, les envelopper dans une feuille d'aluminium et les mettre au four pendant 30 à 40 min. Vérifier leur cuisson en piquant dedans un couteau pointu.
3. Lorsque les pommes de terre sont à moitié cuites, découper les ailes et les cuisses du poulet et les poivrer.
4. Disposer les morceaux de poulet dans un plat. Poser sur chacun d'eux une petite noix de beurre et enfourner. Au bout de 10 à 12 min, quand ils sont dorés, les retourner et les griller 10 min de l'autre côté.
5. Pendant ce temps, préparer le beurre maître d'hôtel.
6. Servir les morceaux de poulet brûlants avec une noix de ce beurre dessus. Couper le dessus des pommes de terre, sans enlever la feuille d'aluminium, et y répartir le reste du beurre.

Préparation : 10 min ■ **Cuisson :** 50 min environ

Poulet rôti

Pour 4 personnes

- 1 poulet de 1,3 kg environ
- 1 c. à soupe d'huile d'arachide
- 20 g de beurre
- sel, poivre

1. Préchauffer le four à 200 °C.
2. Préparer le poulet (➤ voir p. 569), le saler et le poivrer à l'intérieur et le ficeler.
3. Mettre le poulet dans un plat à rôtir, le badigeonner d'huile et ajouter 10 g de beurre environ sur chaque cuisse. Saler, poivrer et mettre au four.
4. Au bout de 10 à 15 min, ajouter un verre d'eau chaude dans le plat. Cuire le poulet pendant 45 min en l'arrosant de temps en temps avec son jus de cuisson. Le retourner à mi-cuisson pour le faire dorer uniformément. ➔

5 Éteindre le four, poser une feuille d'aluminium sur le poulet et le laisser reposer 10 min.

6 Découper le poulet puis recueillir le jus qui en sort et l'ajouter dans le plat de cuisson. Mettre celui-ci sur le feu, ajouter une ou deux cuillerées d'eau, bien gratter les sucs, verser dans une saucière ou en napper les morceaux de poulet.

Préparation : 10 min ■ **Cuisson :** 1 h environ

Yassa de poulet

Pour 4-6 personnes

- 1 poulet de 1,6 kg environ
- 3 citrons verts
- 1/2 piment oiseau
- 3 gros oignons
- 3 c. à soupe d'huile d'arachide
- 300 g de riz à la créole (➤ voir p. 830)
- sel, poivre

1 Préparer le poulet (➤ voir p. 569) et le couper en morceaux.

2 Presser le jus des citrons, hacher le 1/2 piment ainsi que les oignons, les mélanger avec 1 cuillerée d'huile, du sel et du poivre et y mettre le poulet à mariner pendant 2 h.

3 Égoutter les morceaux de poulet et les dorer de tous les côtés sur le gril.

4 Égoutter les oignons.

5 Faire chauffer le reste de l'huile dans une cocotte, y dorer les oignons puis ajouter la marinade et 2 cuillerées à soupe d'eau. Ajouter les morceaux de volaille, couvrir la cocotte et laisser mijoter 25 min.

6 Préparer le riz à la créole.

7 Servir le poulet très chaud, nappé de sauce, et le riz à la créole à part.

Préparation : 15 min ■ **Marinade :**
2 h ■ **Cuisson :** 35 min environ

Poulet sauté ou braisé

Ailes de poulet au curry

Pour 4 personnes

- 50 g de raisins secs
- 0,5 dl de rhum
- 8 ailes de poulet
- 2 c. à soupe de curry
- 1 oignon
- 1 pomme
- 1 c. à soupe de noix de coco en poudre
- 1 dl de lait
- 0,5 dl de crème fraîche
- sel

1 Mettre les raisins secs à tremper 15 min dans le rhum.

2 Préchauffer le four à 200 °C. Saupoudrer les ailes de poulet avec un peu de curry et les mettre dans un plat creux.

3 Hacher l'oignon, râper finement la pomme et les mélanger aux raisins au rhum. Ajouter la noix de coco, le reste de curry, le lait et la crème. Cuire la sauce 8 à 10 min ; elle doit être onctueuse.

4 Verser la sauce sur les ailes, couvrir le plat d'une feuille d'aluminium et mettre au four 15 min. Au milieu de la cuisson, sortir le plat et remuer la sauce.

5 Enlever le plat du four et laisser reposer 5 min à couvert. Servir avec du riz.

Préparation : 15 min ■ **Cuisson :** 35 min environ

Ballottine de poularde en gelée

Pour 18-20 personnes

- 1 poularde de 2,4 kg
- farce de galantine de volaille (➤ voir p. 218)
- 2 carottes
- 3 oignons
- 1 branche de céleri
- 100 g de jambon
- 25 g de beurre
- 1 brin de thym
- 2 dl de vin blanc
- 2 dl de fond de volaille (➤ voir p. 53)

1 Préparer la poularde ainsi que la galantine de volaille (vous pouvez le faire la veille). Quand la poularde est farcie, la refermer et la ficeler. Préchauffer le four à 200 °C.

2 Éplucher les carottes, les oignons et le céleri et les tailler en petits dés ainsi que le jambon. Mettre le beurre à fondre dans une cocotte et faire revenir doucement ces ingrédients, ajouter le thym, saler, poivrer.

3 Ajouter la volaille farcie et la dorer de tous les côtés. Verser le vin et le fond, ajouter le bouquet garni et cuire la ballottine 5 min à découvert, puis la retourner. Couvrir la cocotte et mettre au four 1 h 30. ➡

- 1 bouquet garni
- 0,5 l de gelée de volaille
  (➤ voir p. 60)
- sel, poivre

④ Égoutter la ballottine, la laisser refroidir puis la mettre au réfrigérateur.

⑤ Préparer la gelée et en napper le fond du plat de service, puis mettre celui-ci au réfrigérateur pendant 10 min pour la faire prendre.

⑥ Poser la ballottine sur le plat et la napper de 4 ou 5 couches de gelée, passées au pinceau, en remettant le plat au réfrigérateur entre chaque couche. La garder au réfrigérateur jusqu'au moment de servir.

Préparation : 1 h ◼ **Cuisson :** 1 h 40
◼ **Nappage :** 1 h

Chicken-pie

Pour 4-6 personnes

- 5 œufs
- 1 poulet de 1,5 kg
- 3 échalotes
- 1 oignon
- 150 g de champignons
- 2 c. à soupe de persil haché
- 200 g d'escalope de veau
- 30 g de beurre
- 150 g de bacon en tranches fines
- 1 l de fond de volaille
  (➤ voir p. 53)
- 500 g de pâte feuilletée ou brisée
- sel, poivre

① Faire durcir 4 œufs.

② Découper les cuisses, les blancs et les ailes du poulet cru. Éliminer la carcasse et les abattis (ils serviront pour un fond ou un bouillon).

③ Éplucher et hacher les échalotes et l'oignon, nettoyer et couper finement les champignons. Ajouter du persil, du sel et du poivre et enduire les morceaux de poulet de ce mélange.

④ Préchauffer le four à 190 °C.

⑤ Couper l'escalope en fines tranches, les saler et les poivrer. Beurrer un plat à pie (ou un moule) et le tapisser au fond et sur les côtés avec les tranches d'escalope de veau. Disposer les cuisses de poulet dans le plat, puis les ailes et les blancs et recouvrir avec les tranches de bacon.

⑥ Écaler les œufs durs, couper les jaunes en deux et les ajouter. Verser du fond de volaille jusqu'aux trois quarts de la hauteur du plat.

⑦ Étaler la pâte sur 5 mm d'épaisseur. Découper un couvercle un peu plus grand que le dessus du plat, puis, dans les chutes, une bande égale à la largeur du rebord du plat ; à l'aide d'un pinceau, mouiller cette bande avec de l'eau et la coller sur le rebord. Recouvrir avec le couvercle de pâte et bien souder les bords.

8 Battre le dernier œuf et, avec un pinceau, dorer toute la surface du pie. Avec la pointe d'un couteau, tracer des rayures puis pratiquer une cheminée en insérant au centre un petit carton roulé.

9 Mettre au four pendant 1 h 30.

10 Faire bien réduire le reste de fond et, au moment de servir, en couler 2 ou 3 cuillerées à l'intérieur du pie, par la cheminée. Servir tout de suite.

Préparation : 40 min ■ **Cuisson :** 1 h 30

Coq au vin

Pour 4-6 personnes

- 1 coq ou 1 gros poulet fermier de 2,5 kg
- 24 petits oignons blancs
- 2 gousses d'ail
- 200 g de lardons
- 1 c. à soupe d'huile
- 80 g de beurre
- 1 verre à liqueur de cognac
- 1 l de vin rouge
- 1 bouquet garni
- 200 g de champignons de Paris
- 1 c. à soupe de farine
- 0,5 dl de sang de porc (facultatif)
- sel, poivre

1 Préparer le coq ou le poulet (➤ voir p. 569) et le couper en morceaux.

2 Éplucher les oignons et l'ail, écraser ce dernier.

3 Plonger les lardons dans de l'eau froide, porter à ébullition et cuire 2 min, puis les égoutter.

4 Chauffer 1 cuillerée à soupe d'huile et 40 g de beurre dans une cocotte. Y faire dorer les lardons et les oignons. Les égoutter. Les remplacer par les morceaux de coq ou de poulet. Retourner ceux-ci plusieurs fois jusqu'à ce qu'ils soient légèrement dorés. Les égoutter. Jeter le gras de la cocotte. Y remettre oignons, lardons et coq.

5 Chauffer le cognac, le verser dans la cocotte et flamber. Ajouter le vin rouge, le bouquet garni et l'ail. Porter lentement à ébullition, couvrir et laisser mijoter 40 à 50 min.

6 Pendant ce temps, nettoyer et couper finement les champignons de Paris. Les faire sauter dans 20 g de beurre et les ajouter dans la cocotte. Poursuivre la cuisson pendant 20 min. ➜

7 Préparer un beurre manié (➤ voir p. 39) avec la farine et le reste du beurre. Le délayer, dans un bol, avec un peu de sauce chaude, puis verser peu à peu dans la cocotte en remuant. Cuire encore 5 min, ajouter éventuellement le sang de porc et laisser épaissir 5 min en remuant sans arrêt.

Préparation : 30 min ■ **Cuisson :** 1 h 30 environ

Coquelets à l'estragon

Pour 6 personnes

- 3 coquelets de 500-600 g
- 2 carottes
- 4 échalotes
- 45 g de beurre
- 3 c. à soupe d'huile de maïs
- 1 dl de cognac
- 6 dl de vin blanc
- 1 bouquet d'estragon
- 1,5 dl de crème fraîche épaisse
- sel, poivre

1 Couper les coquelets (➤ voir coquelets grillés p. 575) en deux, les saler et les poivrer.

2 Éplucher les carottes et les échalotes, couper les carottes en morceaux.

3 Chauffer 30 g de beurre et 2 cuillerées à soupe d'huile dans une cocotte. Faire blondir doucement les coquelets en les retournant plusieurs fois. Les retirer, jeter le gras. Rajouter le reste de beurre et d'huile dans la cocotte. Faire revenir les échalotes et les carottes.

4 Remettre les coquelets et arroser avec le cognac. Couvrir, retirer la cocotte du feu et laisser ainsi 3 min.

5 Remettre sur feu vif et verser le vin blanc. Saler, poivrer et laisser mijoter doucement 10 min.

6 Pendant ce temps, hacher l'estragon. En ajouter la moitié dans la cocotte, mélanger et cuire encore 10 min.

7 Égoutter les coquelets, les disposer dans le plat de service et les tenir au chaud.

8 Dégraisser le liquide de cuisson, verser la crème fraîche et la laisser bouillir en remuant pour la faire réduire d'un tiers environ.

9 Rectifier l'assaisonnement. Ajouter le reste de l'estragon et verser dans une saucière bien chaude.

Préparation : 30 min ■ **Cuisson :** 30 min

Côtelettes de volaille Pojarski

Pour 4 personnes

- 50 g de mie de pain
- 1 dl de lait
- 600 g de blancs de poulet
- 1 œuf
- 2 dl de crème fraîche
- 400 g de panure à l'anglaise (➤ voir p. 107)
- 40 g de beurre
- 1 c. à soupe d'huile
- sel, poivre

1 Mettre la mie de pain à tremper avec le lait dans un bol. Couper en dés les blancs de poulet et les hacher au mixeur.

2 Battre l'œuf dans un saladier, presser la mie de pain entre les doigts et l'ajouter, ainsi que le hachis de poulet et la crème. Bien mélanger, saler et poivrer.

3 Préparer la panure à l'anglaise. Partager la farce en 4 parts, façonner chacune d'elles en lui donnant la forme d'une côtelette de 2 ou 3 cm d'épaisseur, puis les paner.

4 Faire chauffer le beurre avec l'huile dans une poêle et cuire les côtelettes 5 min environ, à feu doux, de chaque côté.

5 Les égoutter sur un papier absorbant.

Préparation : 20 min ■ **Cuisson :** 10 min environ

Cuisses de poulet à la polonaise

Pour 4 personnes

- 50 g de beurre
- 500 g de chou rouge
- 2 c. à soupe de vinaigre de vin rouge
- 1 c. à café de graines de cumin
- 1 c. à soupe d'huile d'arachide
- 4 cuisses de poulet
- sel, poivre

1 Faire ramollir 30 g de beurre.

2 Couper le chou en quartiers et retirer les grosses côtes. Le laver, l'émincer en fines lanières et le mettre dans une cocotte. Verser le vinaigre, ajouter le cumin, saler et poivrer.

3 Enduire de beurre ramolli une feuille d'aluminium et l'appliquer sur le dessus du chou, puis poser le couvercle de la cocotte et cuire une heure à feu doux.

4 Faire chauffer le reste de beurre et l'huile dans une poêle, y dorer 10 min les cuisses de poulet, à feu doux, en les retournant plusieurs fois, puis les égoutter.

5 Enlever la feuille d'aluminium de la cocotte et mettre les cuisses dans le chou. Cuire 15 min. Servir très chaud.

Préparation : 20 min ■ **Cuisson :** 1 h 15

Jambonnettes de volaille

Pour 4 personnes

- 240 g de farce de volaille (➤ voir p. 106)
- 8 cuisses de poulet
- 100 g de crépine
- 1 carotte
- 1 oignon
- 1 tomate
- 40 g de beurre
- 1 dl de vin blanc
- 4 dl de fond de volaille (➤ voir p. 53)
- sel, poivre

1 Préparer la farce. Ouvrir chaque cuisse de poulet sur un côté, retirer l'os et garnir avec la farce de volaille, saler et poivrer.

2 Couper la crépine en 8, la tremper dans l'eau, l'égoutter, l'éponger et y rouler les cuisses farcies.

3 Éplucher la carotte et l'oignon et les couper en petits dés. Ébouillanter, peler et épépiner la tomate et la couper aussi en dés. Dans une cocotte, faire fondre 40 g de beurre, y dorer les cuisses de poulet puis ajouter les légumes. Bien mélanger et cuire 5 min environ.

4 Verser le vin blanc et le faire réduire à sec. Verser le fond et cuire, à feu doux et à couvert, 50 min environ.

5 Disposer les cuisses sur le plat de service, passer le jus de cuisson et en napper les morceaux.

Ce plat peut s'accompagner d'une purée de légumes ou d'un légume braisé (carotte, céleri, etc.), de riz ou de purée de pomme de terre.

Préparation : 45 min ■ **Cuisson :** 1 h environ

Poulet aux artichauts

Pour 4-6 personnes

- 1 poulet de 1,3-1,5 kg environ
- 2 bottes de petits oignons nouveaux
- 500 g de petites pommes de terre nouvelles
- 4 fonds d'artichaut surgelés ou en boîte
- 80 g de beurre

1 Préparer le poulet (➤ voir p. 569), le saler et le poivrer à l'intérieur et le ficeler.

2 Éplucher les oignons, gratter les pommes de terre.

3 Couper les fonds d'artichaut.

4 Chauffer 20 g de beurre avec l'huile et faire revenir le poulet de tous les côtés puis l'égoutter.

5 Dorer les oignons et les pommes de terre. Les égoutter et jeter le gras de la cocotte. Remettre dans la cocotte 20 g de beurre, le poulet, les oignons, les pommes de terre et les fonds d'artichaut, saler et poivrer. Couvrir et cuire 40 min,

- 1 c. à soupe d'huile d'olive
- 1 dl de fond de volaille (➤ voir p. 53)
- 0,5 dl de glace de viande (➤ voir p. 56)
- 1/2 citron
- sel, poivre

en remuant de temps en temps les légumes et en retournant le poulet.

6 Disposer le poulet ainsi que sa garniture dans le plat de cuisson chaud.

7 Verser le fond dans la cocotte, bien gratter les sucs, ajouter la glace de viande (ou 1 dl de fond réduit de moitié) et un filet de jus de citron.

8 Bien mélanger puis ajouter 40 g de beurre, en fouettant, et napper le poulet de cette sauce.

Préparation : 30 min ■ **Cuisson :** 45 min environ

Poulet en barbouille

Pour 4-6 personnes

- 1 poulet de 1,3-1,5 kg
- 1 c. à soupe de vinaigre
- 1 dl de sang de porc
- 1 botte de petits oignons
- 250 g de petits champignons de Paris
- 1 gousse d'ail
- 2 c. à soupe d'huile d'arachide
- 150 g de lardons
- 1 c. à soupe de farine
- 5 dl de vin rouge
- 1 bouquet garni
- sel, poivre

1 Préparer le poulet (➤ voir p. 569) et le couper en morceaux, ou demander au boucher de le faire.

2 Mélanger le vinaigre avec le sang.

3 Éplucher les oignons et les champignons (les recouper s'ils sont trop gros). Éplucher et écraser l'ail.

4 Dans une cocotte, chauffer l'huile et y faire revenir les morceaux de poulet pendant 5 min. Les égoutter.

5 Mettre les lardons, les oignons et les champignons dans la cocotte et les faire rissoler pendant 3 ou 4 min en tournant sans arrêt.

6 Remettre les morceaux de poulet, poudrer de farine et bien mélanger pendant 2 ou 3 min.

7 Verser le vin, saler, poivrer, ajouter le bouquet garni et l'ail écrasé. Couvrir et cuire à feu doux 40 min.

8 Délayer le sang avec un peu de sauce et le verser dans la cocotte en remuant, sans laisser bouillir. Rectifier l'assaisonnement. Servir dans la cocotte.

Ce plat peut s'accompagner de pommes de terre vapeur ou de pâtes au beurre.

Préparation : 15 min ■ **Cuisson :** 50 min environ

Poulet basquaise

Pour 4-6 personnes

- 1 poulet de 1,5 kg
- 4 c. à soupe d'huile d'olive
- 4 oignons
- 3 gousses d'ail
- 3 tomates
- 4 poivrons
- 200 g de jambon de Bayonne
- 1/2 piment oiseau ou 1 pointe de piment de Cayenne
- 2 dl de vin blanc sec
- persil plat
- sel, poivre

1 Préparer le poulet (➤ voir préparation p. 569), le couper en morceaux et le faire dorer dans une cocotte avec 2 cuillerées d'huile.

2 Éplucher et hacher les oignons et l'ail. Ébouillanter, peler, épépiner les tomates, les couper en morceaux. Faire griller légèrement les poivrons, les peler et les couper en fines lanières. Couper le jambon en dés.

3 Retirer le poulet de la cocotte, jeter le gras.

4 Verser le reste de l'huile et la chauffer. Ajouter les dés de jambon et l'oignon et les faire revenir en remuant.

5 Ajouter l'ail, les poivrons, la tomate, le piment oiseau et le vin, saler et poivrer. Mélanger et cuire de 10 à 12 min à découvert.

6 Ajouter les morceaux de poulet, mélanger, couvrir la cocotte et cuire de 30 à 40 min. Servir dans la cocotte.

Préparation : 10 min ■ **Cuisson :** 1 h environ

Poulet à la bière

Pour 4-6 personnes

- 1 poulet de 1,3-1,5 kg
- 2 échalotes
- 2 c. à soupe d'huile d'arachide
- 0,5 dl de genièvre
- 4 dl de bière blonde
- 1 dl de crème fraîche
- 1 bouquet garni
- piment de Cayenne
- 250 g de champignons de Paris

1 Préparer le poulet (➤ voir préparation p. 569), le couper en morceaux.

2 Éplucher et hacher les échalotes.

3 Chauffer l'huile dans une cocotte et y faire dorer les morceaux de poulet de tous les côtés. Ajouter les échalotes et les faire blondir.

4 Verser le genièvre et, dès qu'il est chaud, le flamber.

5 Ajouter la bière, la moitié de la crème fraîche, le bouquet garni, du sel et une pointe de piment de Cayenne. Couvrir et laisser mijoter pendant 30 min.

- 1 jaune d'œuf
- 1 c. à soupe de persil ciselé
- sel, poivre

6 Nettoyer et couper les champignons, les ajouter dans la cocotte et cuire encore 15 min environ.

7 Égoutter les morceaux de poulet, les dresser sur le plat de service et les tenir au chaud.

8 Retirer le bouquet garni, ajouter le reste de crème et faire réduire de moitié.

9 Délayer le jaune d'œuf avec un peu de sauce, le verser dans le récipient et fouetter vivement sans faire bouillir. Goûter et rectifier l'assaisonnement

10 Verser la sauce sur les morceaux de poulet et parsemer de persil ciselé.

Préparation : 20 min ■ **Cuisson :** 45 min

Poulet à la bohémienne

Pour 4-6 personnes

- 1 poulet de 1,3-1,5 kg
- 4 poivrons
- 2 tomates
- 1 oignon
- 1 gousse d'ail
- 1/2 bulbe de fenouil
- 3 c. à soupe d'huile
- 1,5 dl de vin blanc
- 1 c. à soupe de paprika
- 1 citron
- sel, poivre

1 Préparer le poulet (➤ voir p. 569), le saler et le poivrer à l'intérieur.

2 Griller, éplucher, épépiner les poivrons et les couper en lanières. Ébouillanter, peler, épépiner les tomates et les couper en tranches épaisses. Peler l'oignon et l'ail, préparer le fenouil, hacher le tout.

3 Faire chauffer 2 cuillerées à soupe d'huile et y dorer le poulet de tous les côtés. Retirer celui-ci et jeter le gras.

4 Verser le reste de l'huile dans la cocotte, remettre le poulet, verser la moitié du vin blanc et le faire réduire de moitié.

5 Ajouter tous les légumes, le paprika, remuer, saler et poivrer, puis couvrir et cuire à feu très doux pendant 30 min. Ajouter alors le reste de vin blanc et continuer la cuisson à découvert pendant 15 min.

6 En fin de cuisson, ajouter un filet de citron.

On peut accompagner ce poulet de riz à l'indienne (➤ voir p. 832).

Préparation : 25 min ■ **Cuisson :** 1 h environ

Poulet chasseur

Pour 4-6 personnes

- 1 poulet de 1,3-1,5 kg
- 2 échalotes
- 80 g de beurre
- 3 c. à soupe d'huile
- 1 dl de vin blanc
- 2,5 dl de sauce tomate (➤ voir p. 86)
- 5 dl de demi-glace (➤ voir p. 52)
- 1 bouquet garni
- 300 g de champignons de Paris
- 5 brins d'estragon
- 5 brins de cerfeuil
- sel, poivre

1. Préparer le poulet (➤ voir p. 569) et le découper en morceaux. Le saler et le poivrer.
2. Éplucher et hacher les échalotes.
3. Chauffer 40 g de beurre et l'huile dans une cocotte et y faire revenir le poulet. L'égoutter et jeter le gras.
4. Mettre les échalotes dans la cocotte et les faire cuire doucement 2 ou 3 min. Ajouter les morceaux de poulet.
5. Verser le vin blanc et le laisser réduire de moitié environ. Ajouter la sauce tomate, la demi-glace et le bouquet garni, bien mélanger, couvrir et cuire à petit feu pendant 45 min.
6. Pendant ce temps, nettoyer les champignons et les couper en lamelles. Mettre 20 g de beurre à fondre dans une poêle et les y faire sauter. Saler, poivrer.
7. Égoutter les champignons et les ajouter dans la cocotte, cuire encore 5 min.
8. Hacher les fines herbes.
9. Goûter et rectifier l'assaisonnement, ajouter le beurre restant et bien mélanger.
10. Verser dans le plat de service et parsemer de fines herbes hachées.

Préparation : 15 min ■ **Cuisson :** 50 min environ

Poulet au citron

Pour 4-6 personnes

- 1 poulet de 1,3-1,5 kg
- 2 citrons
- sel, poivre
- 1 pointe de piment de Cayenne

1. Préparer le poulet (➤ voir p. 569) et le découper en morceaux.
2. Presser les citrons et mélanger le jus avec du sel, du poivre et un soupçon de piment de Cayenne. Faire mariner pendant 1 h au moins les morceaux de volaille dans ce jus.

- 2 c. à soupe d'huile d'olive
- 2 brins de thym
- 1,5 dl de crème fraîche

3 Égoutter les morceaux de poulet, les éponger et les dorer dans une cocotte avec l'huile d'olive.

4 Réduire le feu, parsemer le poulet de thym émietté, couvrir et cuire doucement pendant 30 min. Égoutter les morceaux de poulet et les tenir au chaud, sous une feuille d'aluminium.

5 Verser dans la cocotte la marinade et la crème fraîche. Chauffer en remuant pour faire épaissir cette sauce. Goûter et rectifier l'assaisonnement.

6 Remettre les morceaux de poulet dans la sauce, cuire encore 5 min et servir dans la cocotte.

Préparation : 15 min ■ **Marinade :** 1 h ■ **Cuisson :** 35 min

Poulet à la Clamart

Pour 6 personnes

- 1 poulet de 1,8 kg
- 40 g de beurre
- 1 c. à soupe d'huile d'arachide
- 1 kg de petits pois à la française (➤ voir p. 769)
- sel, poivre

1 Préparer le poulet (➤ voir p. 569) ou demander au boucher de le faire.

2 Préchauffer le four à 200 °C.

3 Faire fondre 20 g de beurre avec l'huile dans une cocotte et dorer le poulet de tous les côtés à feu vif pendant 8 à 10 min. L'égoutter et jeter le gras.

4 Remettre le poulet dans la cocotte avec le reste du beurre et 2 cuillerées d'eau, saler, poivrer et mettre au four 20 min.

5 Pendant ce temps, préparer les petits pois en les cuisant seulement 15 min. Les ajouter dans la cocotte et cuire encore pendant 20 min.

Préparation : 15 min (40 min si petits pois frais)
■ **Cuisson :** 50 min environ

Poulet créole à l'ananas et au rhum

Pour 4-6 personnes

- 1 poulet de 1,3-1,5 kg
- 2 gros oignons
- 1 échalote
- 2 c. à soupe d'huile d'arachide
- 5 cl de rhum
- 1 grande boîte d'ananas au sirop
- 2 citrons
- 1 c. à moka de gingembre en poudre
- 1 pointe de piment de Cayenne
- sel, poivre

1. Préparer le poulet (➤ voir p. 569), le saler et le poivrer à l'intérieur et à l'extérieur et le ficeler.
2. Hacher les oignons et l'échalote.
3. Dans une cocotte, faire chauffer l'huile d'arachide et dorer le poulet de tous les côtés. Ajouter les oignons et l'échalote et les faire fondre autour du poulet.
4. Chauffer le rhum, le verser dans la cocotte et flamber.
5. Verser 3 cuillerées à soupe de sirop d'ananas ainsi que 2 cuillerées à soupe de jus de citron. Saupoudrer de gingembre et de piment de Cayenne et mélanger. Couvrir et cuire pendant 45 min.
6. Couper les tranches d'ananas en dés et les ajouter dans la cocotte. Saler, poivrer et poursuivre la cuisson 10 min.

Un riz à la créole (➤ voir p. 830) pourra accompagner ce poulet.

Préparation : 15 min ■ **Cuisson :** 1 h environ

Poulet à l'estragon

Pour 4-6 personnes

- 0,5 l de fond de volaille du commerce
- 2 bottes d'estragon
- 1 poulet de 1,8 kg
- 1/2 citron
- 30 g de beurre manié (➤ voir p. 39)
- sel, poivre

1. Faire chauffer le fond de volaille, y ajouter 4 branches d'estragon et le laisser cuire très doucement pendant 10 min.
2. Préparer le poulet (➤ voir p. 569) et le frotter avec le 1/2 citron. Glisser 4 branches d'estragon à l'intérieur. Saler et poivrer le poulet, puis le ficeler. Le mettre dans une cocotte et verser le fond.
3. Couvrir, porter à ébullition et cuire doucement pendant 45 à 50 min.
4. Égoutter le poulet et le disposer au chaud sur le plat de service.
5. Préparer le beurre manié.

⑥ Hacher le reste des feuilles d'estragon.

⑦ Faire réduire le jus de cuisson d'un tiers environ, y ajouter le beurre manié en fouettant vivement.

⑧ Goûter et rectifier l'assaisonnement, mettre l'estragon haché, napper le poulet d'un peu de sauce et servir le reste de la sauce à part, dans une saucière.

Préparation : 15 min ■ **Cuisson :** 1 h environ

Poulet en gelée au champagne

Pour 4-6 personnes

- 1 poulet de 1,8 kg
- 1 carotte
- 1 oignon
- 1 petite branche de céleri
- 30 g de beurre
- 1 c. à soupe d'huile
- 1 bouquet garni
- 1 bouteille de champagne
- 1 paquet de gelée en poudre
- sel, poivre

① Préparer le poulet (➤ voir p. 569) ou demander au boucher de le faire. Le saler et le poivrer à l'intérieur.

② Préchauffer le four à 200 °C.

③ Éplucher et couper en dés tous les légumes.

④ Faire fondre le beurre avec l'huile dans une cocotte, y dorer le poulet de tous les côtés.

⑤ Ajouter les légumes et le bouquet garni, saler et poivrer. Couvrir la cocotte et mettre au four pendant 20 min. Retourner le poulet et cuire encore 20 min.

⑥ Sortir la cocotte, y verser la moitié de la bouteille de champagne et continuer la cuisson pendant 10 min.

⑦ Préparer la gelée avec le reste du champagne.

⑧ Égoutter le poulet. Passer le jus de cuisson et l'ajouter à la gelée.

⑨ Laisser refroidir complètement la volaille, puis la découper et disposer les morceaux dans le plat de service.

⑩ Napper de gelée en laissant prendre dans le réfrigérateur entre deux applications.

⑪ Mettre le plat au réfrigérateur jusqu'au moment de servir.

Préparation : 15 min ■ **Cuisson :** 1 h environ
■ **Gélification :** 2 h environ

Poulet aux morilles

Pour 4-6 personnes

- 400 g de morilles fraîches ou 150 g de morilles séchées
- 1 poulet de 1,3-1,5 kg
- 50 g de beurre
- 3 dl de vin blanc fruité
- 7 dl de crème fraîche
- 1 jaune d'œuf
- sel, poivre

1. Nettoyer soigneusement les morilles ou mettre les morilles séchées à tremper.
2. Découper le poulet en morceaux. Saler et poivrer.
3. Faire fondre le beurre dans une cocotte, y mettre les morceaux de poulet et les dorer de 8 à 10 min à feu doux en les retournant souvent.
4. Verser le vin blanc, augmenter un peu le feu et le faire presque entièrement réduire.
5. Égoutter ou éponger bien les morilles, les ajouter dans la cocotte ainsi que la crème fraîche. Mélanger, couvrir et cuire pendant 35 min.
6. Égoutter le poulet et les morilles et les disposer dans le plat de service chaud.
7. Mélanger le jaune d'œuf avec un peu de sauce dans un bol, puis verser dans la cocotte et mélanger sans faire bouillir.
8. Napper le poulet de la sauce.

Préparation : 25 min ■ **Cuisson :** 50 min

Poulet à la niçoise

Pour 4 personnes

- 1 poulet de 1,2 kg
- 20 g de beurre
- 2 c. à soupe d'huile d'olive
- 1 dl de vin blanc
- 1 dl de fondue de tomate (➤ voir p. 797)
- 1 gousse d'ail
- 4 fonds d'artichaut étuvés (➤ voir p. 647)
- 2 courgettes

1. Préparer le poulet (➤ voir p. 569), le découper en morceaux.
2. Faire chauffer le beurre avec 2 cuillerées à soupe d'huile d'olive dans une cocotte et dorer les morceaux de poulet de tous les côtés pendant 8 à 10 min.
3. Saler et poivrer. Couvrir et cuire 15 min à feu doux.
4. Retirer le poulet et jeter l'huile.
5. Verser le vin blanc et la fondue de tomate dans la cocotte, saler et poivrer, mélanger, puis ajouter la gousse d'ail écrasée, y remettre les morceaux de poulet et faire cuire encore de 10 à 12 min.

- 2 c. à soupe d'huile d'olive
- 2 c. à soupe d'olives noires de Nice
- sel, poivre

6 Pendant la cuisson du poulet, préparer les fonds d'artichaut.

7 Éplucher les courgettes, les couper en dés et les faire sauter à la poêle avec 2 cuillerées à soupe d'huile. Ajouter les olives dans la cocotte.

8 Disposer le poulet dans le plat de service, l'entourer d'artichauts et de courgettes et le napper de la sauce.

Préparation : 15 min ■ **Cuisson :** 40 min environ

Poulet à la portugaise

Pour 4 personnes

- 1 poulet de 1,2 kg
- 2 c. à soupe d'huile d'olive
- 20 g de beurre
- 1 oignon
- 8 tomates
- 0,5 dl de vin blanc
- 1 c. à soupe de persil haché
- sel, poivre

1 Préparer le poulet (➤ voir p. 569). Chauffer l'huile et le beurre dans une cocotte, faire revenir l'oignon haché, puis dorer le poulet 8-10 min à feu vif de tous les côtés.

2 Saler et poivrer. Couvrir et cuire pendant 30 min à feu doux.

3 Retirer le poulet et jeter le gras.

4 Ébouillanter, peler, épépiner les tomates et les couper en morceaux.

5 Remettre le poulet dans la cocotte, ajouter les tomates, saler, poivrer et cuire environ 30 min en ne couvrant la cocotte qu'à moitié.

6 Disposer le poulet dans le plat de service.

7 Verser le vin blanc dans la cocotte et déglacer en mélangeant avec une cuillère en bois. Faire réduire la sauce d'un tiers environ et en napper le poulet.

8 Parsemer de persil haché et servir aussitôt.

Préparation : 15 min ■ **Cuisson :** 1 h 10

Poulet aux tomates

Pour 4 personnes

- 1 poulet de 1,2 kg
- 1 oignon
- 20 g de beurre
- 2 c. à soupe d'huile
- 1 dl de vin blanc
- 100 g de coulis de tomates (➤ voir p. 796)
- 1 bouquet garni
- 1 gousse d'ail
- 6 tomates
- 1 c. à soupe de persil haché
- sel, poivre

1 Préparer le poulet (➤ voir p. 569) et le découper en morceaux.

2 Hacher l'oignon. Dans une cocotte, chauffer le beurre avec 1 cuillerée à soupe d'huile et y faire revenir l'oignon. Ajouter les morceaux de poulet, bien mélanger et les faire dorer.

3 Verser le vin blanc, le coulis de tomates, ajouter le bouquet garni et l'ail, saler, poivrer et cuire 30 min environ.

4 Pendant ce temps, couper les tomates en deux, les épépiner. Faire chauffer 1 cuillerée à soupe d'huile dans une poêle et cuire les tomates côté peau pendant 5 min, les retourner, saler et poivrer, cuire 10 min; les retourner à nouveau côté peau et cuire encore 5 min. Hacher le persil.

5 Égoutter les morceaux de poulet, les disposer dans le plat de service avec les tomates poêlées.

6 Passer la sauce, en napper les tomates, parsemer de persil et servir aussitôt.

Préparation : 15 min ■ **Cuisson :** 30-35 min environ

Poulet au vinaigre

Pour 4-6 personnes

- 1 poulet de 1,3 kg-1,5 kg avec son foie
- 50 g de beurre
- 1 c. à soupe d'huile d'arachide
- 1 l de fond de volaille (➤ voir p. 53)
- 1 pointe de piment de Cayenne
- 1 verre de vinaigre

1 Préparer le poulet (➤ voir p. 569) et le découper en morceaux, le faire dorer 10 min avec 20 g de beurre et l'huile dans une cocotte. L'égoutter et jeter le gras.

2 Ajouter le reste du beurre dans la cocotte. Remettre les morceaux de poulet, saler, poivrer, couvrir et cuire doucement pendant 35 min.

3 Chauffer le fond de volaille et le faire réduire de moitié. Ajouter le piment de Cayenne et le vinaigre (en réserver 1 cuillerée) et faire réduire encore d'un tiers.

4 Écraser en purée le foie du poulet et y intégrer

- 20 g de beurre manié
- sel, poivre
- 1 verre de vinaigre
- 20 g de beurre manié
- sel, poivre

la cuillerée de vinaigre. Préparer le beurre manié (➤ voir p. 39). Verser la sauce au vinaigre dans la cocotte, bien remuer et cuire 5 min. Ajouter le beurre manié en mélangeant bien et cuire 1 min sans laisser bouillir.

5 Retirer la cocotte du feu et mettre la purée de foie. Mélanger et servir brûlant.

Préparation : 10 min ■ **Cuisson :** 45 min environ

Poularde, poule, poulet : ragoût

• •

Cari de poulet

Pour 4-6 personnes

- 1 poulet de 1,3-1,5 kg
- 3 oignons
- 1/2 citron
- 2 bananes
- 2 pommes
- 2 tomates
- 2 c. à soupe d'huile
- 3 c. à soupe de curry en poudre
- 2 dl de lait de noix de coco
- 200-300 g de riz
- 1 yaourt
- sel

1 Préparer le poulet (➤ voir p. 569) et le couper en morceaux.

2 Éplucher et hacher les oignons. Presser le jus de citron dans un saladier, ajouter les bananes épluchées et coupées en dés ainsi que les pommes épluchées, coupées en dés et épépinées.

3 Ébouillanter, peler et concasser les tomates.

4 Chauffer l'huile dans une cocotte et y faire revenir les morceaux de poulet avec l'oignon. Saupoudrer d'une cuillerée de curry, mélanger et cuire 5 min en remuant.

5 Égoutter les bananes et les pommes et les ajouter dans la cocotte avec le reste du curry ainsi que les tomates.

6 Verser le lait de coco, mélanger, saler, couvrir la cocotte et cuire à feu doux pendant 35 min environ.

7 Pendant ce temps, faire cuire le riz à la créole (➤ voir p. 830).

8 Retirer les morceaux de poulet, les garder au chaud dans le plat de service.

9 Ajouter le yaourt dans la cocotte, mélanger et cuire de 5 à 10 min pour faire épaissir la sauce. Goûter et rectifier l'assaisonnement et verser sur les morceaux de poulet. Servir le riz à part.

Préparation : 20 min ■ **Cuisson :** 40 min environ

Poularde, poule, poulet : abattis et morceaux

Abattis Babylas

Pour 4-6 personnes

- 1-1,2 kg d'abattis de poulet
- 3 oignons
- 50 g de beurre
- 1 c. à soupe d'huile d'arachide
- 2 dl de fond de volaille du commerce
- 1 bouquet garni
- 300 g de champignons de Paris
- 1,5 dl de crème fraîche
- 2 c. à soupe de moutarde
- 1 c. à soupe de persil
- sel, poivre

1 Saler et poivrer les abattis. Éplucher et hacher les oignons. Dans une sauteuse, dorer les abattis avec 30 g de beurre et l'huile.

2 Ajouter les oignons hachés, remuer et laisser blondir.

3 Verser le fond de volaille, ajouter le bouquet garni, amener à ébullition, couvrir et faire mijoter à feu doux de 25 à 30 min.

4 Pendant ce temps, nettoyer les champignons et les couper finement. Les cuire avec le reste du beurre dans une poêle, puis les égoutter. Les ajouter dans la sauteuse, bien mélanger, saler et poivrer.

5 Verser la crème fraîche et cuire pendant encore 10 min, à découvert.

6 Délayer la moutarde dans un peu de bouillon de cuisson, verser dans la cocotte et bien mélanger.

7 Disposer dans le plat de service et parsemer de persil ciselé.

Préparation : 10 min ■ **Cuisson :** 45 min environ

Abattis bonne femme

Pour 4-6 personnes

- 1-1,2 kg d'abattis de poulet
- 2 bottes de petits oignons nouveaux
- 300 g de petites pommes de terre nouvelles
- 1 gousse d'ail
- 25 g de graisse d'oie (ou de beurre)

1 Saler et poivrer les abattis.

2 Éplucher les oignons, gratter les pommes de terre. Éplucher et écraser la gousse d'ail.

3 Dans une cocotte, chauffer la graisse d'oie, mettre les lardons, les faire rissoler, puis les égoutter.

4 Mettre les oignons dans la graisse, les laisser blondir, puis les égoutter. Faire dorer enfin les abattis. Ajouter l'ail écrasé et bien remuer.

5 Saupoudrer de farine, mélanger et cuire 5 min.

6 Verser le vin blanc et laisser réduire 5 min. Poivrer, saler légèrement.

- 100 g de lardons
- 1 c. à soupe de farine
- 1 dl de vin blanc sec
- 1 bouquet garni
- 3 dl de fond de volaille du commerce ou d'eau
- sel, poivre

7 Ajouter le bouquet garni, les lardons, les petits oignons, les pommes de terre et verser à hauteur l'eau ou le fond de volaille. Amener à ébullition, couvrir, puis cuire à feu doux pendant 30-35 min.

8 Verser dans un plat ou servir dans la cocotte.

Préparation : 30 min ■ **Cuisson :** 50 min environ

Abattis chasseur

Pour 4-6 personnes

- 1-1,2 kg d'abattis de volaille
- 2 échalotes
- 80 g de beurre
- 3 c. à soupe d'huile
- 1 dl de vin blanc
- 2,5 dl de sauce tomate (➤ voir p. 86)
- 5 dl de demi-glace (➤ voir p. 52)
- 1 bouquet garni
- 300 g de champignons de Paris
- 5 brins d'estragon
- 5 brins de cerfeuil
- sel, poivre

1 Saler et poivrer les abattis.

2 Éplucher et hacher les échalotes.

3 Chauffer 40 g de beurre et l'huile dans une cocotte et y faire revenir les abattis. Égoutter ceux-ci et jeter une partie du gras.

4 Mettre les échalotes dans la cocotte et les faire cuire doucement 2 ou 3 min.

5 Remettre les abattis dans la cocotte. Verser le vin blanc, remuer et faire réduire de moitié environ.

6 Ajouter la sauce tomate, la demi-glace et le bouquet garni, bien mélanger, couvrir et cuire à petit feu pendant 45 min.

7 Pendant ce temps, nettoyer les champignons et les couper en lamelles. Mettre 20 g de beurre à fondre dans une poêle et les faire sauter, saler, poivrer.

8 Égoutter les champignons, les ajouter dans la cocotte et cuire encore 5 min. Goûter et rectifier l'assaisonnement, ajouter le beurre restant et bien mélanger.

9 Hacher les fines herbes. Verser dans le plat de service et parsemer des fines herbes hachées.

Préparation : 15 min ■ **Cuisson :** 1 h environ

Fritots de foies de volaille

Pour 4-6 personnes

- 500 g de foies de poulet ou de canard
- 250 g de pâte à frire (➤ voir p. 113)
- 4 échalotes
- 1 gousse d'ail
- 1 petit bouquet de persil
- 25 g de beurre
- 80 g de mie de pain fraîche
- 2 œufs
- 2 c. à soupe de madère
- 2 c. à soupe de crème fraîche
- 1 c. à soupe de farine
- 5 dl de sauce tomate (➤ voir p. 86)
- huile de friture
- sel, poivre

❶ Nettoyer les foies de poulet (enlever tous les filaments) et les réduire en purée au moulin à légumes (grille fine) ou au mixeur.

❷ Préparer la pâte à frire.

❸ Éplucher et hacher les échalotes et la gousse d'ail. Hacher le persil.

❹ Chauffer le beurre dans une poêle et y faire fondre légèrement les échalotes.

❺ Émietter la mie de pain. Battre les œufs dans un bol.

❻ Verser la purée de foie dans une terrine avec l'ail, le persil, les échalotes, la mie de pain, les œufs, le madère, la crème et la farine, du sel et du poivre, en mélangeant bien entre chaque ingrédient. Laisser reposer 1 h au réfrigérateur.

❼ Préparer ou réchauffer la sauce tomate.

❽ Diviser la préparation en petites portions de la taille d'une mandarine, les rouler en boules avec les mains mouillées, les aplatir légèrement et les passer dans la pâte à frire. Les plonger dans de l'huile très chaude (180 °C) pendant 10 min environ.

❾ Servir la sauce tomate à part.

Préparation : 30 min ■ **Repos :** 1 h
■ **Cuisson :** 10 min environ

Gâteau de foies de volaille

Pour 4 personnes

- 1 gousse d'ail
- 1 c. à soupe de persil haché
- 8 gros foies de poulet (de Bresse de préférence)

❶ Hacher l'ail et le persil.

❷ Nettoyer les foies (enlever les filaments) et les réduire en purée au moulin à légumes ou au mixeur.

❸ Préchauffer le four à 150 °C.

❹ Mettre la purée de foie dans une terrine. Ajouter la farine et mélanger.

- 50 g de farine
- 8 œufs
- 2 dl de crème fraîche
- 7 dl de lait
- noix de muscade
- 20 g de beurre
- 3 dl de sauce tomate (➤ voir p. 86)
- sel, poivre

5 Casser 4 œufs, en séparant les blancs des jaunes. Incorporer les jaunes un à un à la purée de foie.

6 Ajouter les autres œufs entiers puis l'ail et le persil, 1 dl de crème et le lait, peu à peu, en mélangeant bien. Saler, poivrer et râper 2 pincées de muscade.

7 Beurrer un moule à charlotte, y verser la préparation et faire cuire au bain-marie pendant 50 min.

8 Pendant ce temps, préparer ou réchauffer la sauce tomate et lui ajouter le reste de la crème.

9 Démouler le gâteau et le napper de sauce. Servir chaud.

Préparation : 20 min ■ **Cuisson :** 50 min

Salpicon chasseur

Pour 4-6 personnes

- 2 dl de sauce chasseur (➤ voir p. 75)
- 200 g de foies de poulet
- 200 g de champignons de Paris ou autres
- 40 g de beurre
- sel, poivre

1 Préparer la sauce chasseur.

2 Nettoyer et couper en dés les foies de volaille et les champignons.

3 Mettre le beurre à fondre dans une poêle et faire sauter ces dés pendant 10 min environ, puis les mélanger avec la sauce chasseur.

Ce salpicon peut se servir dans des barquettes de pâte brisée ou bien dans une croustade (➤ voir p. 183). Il peut également farcir un poulet que l'on fera ensuite simplement rôtir (➤ voir poulet rôti p. 579).

Préparation : 30 min ■ **Cuisson :** 10 min

Vol-au-vent financière

Pour 6 personnes

- 1 kg de pâte feuilletée
  (➤ voir p. 111)
- 4 dl de sauce financière
  (➤ voir p. 80)
- 1 œuf
- 150 g de champignons
  de Paris
- 10 g de beurre
- 300 g de blanc de poulet
  cuit
- 200 g de jambon blanc
- sel, poivre

❶ Préparer la pâte feuilletée (ou employer une pâte du commerce).

❷ Préparer la sauce financière et la garder au chaud.

❸ Diviser la pâte en deux morceaux égaux et abaisser chacun d'eux sur 5 mm d'épaisseur. Préchauffer le four à 240 °C.

❹ Poser un cercle à tarte de 18 cm de diamètre sur chaque morceau de pâte, appuyer fortement et découper ainsi deux disques.

❺ Humidifier la plaque de cuisson. Y déposer l'un des deux disques. Sur l'autre disque, poser un cercle à tarte de 15 cm de diamètre, appuyer et enlever le centre : on obtient une couronne.

❻ Avec un pinceau trempé dans l'eau, humecter les bords du disque entier, puis poser par-dessus la couronne.

❼ Reprendre le rond de pâte retiré et l'étendre au rouleau pour l'affiner. Le découper avec le cercle à tarte de 15 cm. Mouiller le tour du vol-au-vent et poser dessus ce troisième disque, qui sera le couvercle du vol-au-vent.

❽ Avec la pointe d'un petit couteau, tracer la circonférence de ce couvercle (selon le cercle intérieur de 15 cm), en suivant le tracé du « puits » central. Faire des petites entailles sur le pourtour de l'anneau extérieur et rayer le dessus en traçant des losanges.

❾ Battre l'œuf dans un bol et, toujours au pinceau, dorer toute la surface de la croûte, puis mettre au four pendant 15 min.

❿ Pendant ce temps, préparer la garniture. Nettoyer et couper finement les champignons et les faire cuire, doucement, pendant 10 à 15 min dans le beurre, à découvert. Couper le blanc de poulet et le jambon en petits dés, les mélanger puis les ajouter dans la sauce financière. Goûter et rectifier l'assaisonnement.

⓫ Sortir la croûte du four et la poser sur une grille.

Avec un couteau, découper délicatement le couvercle sans le briser et le déposer sur la grille. Retirer la pâte molle de l'intérieur.

⑫ Remplir le vol-au-vent avec la garniture, remettre le couvercle et servir aussitôt.

Le blanc de poulet peut être complété par du ris de veau braisé à blanc (➤ voir p. 517).

Préparation : 1 h ■ **Cuisson :** 15 min environ

LE GIBIER A PLUME

Ces oiseaux étant plutôt rares à l'état sauvage, de nombreux élevages se sont créés pour compenser ce manque : élevages de tir, élevages de repeuplement, élevages pour la vente… On distingue un oiseau sauvage d'un oiseau d'élevage à la longueur des plumes de la queue (plus courtes chez ce dernier parce que usées par la volière) et à l'aspect de la peau (sèche et presque violette chez l'animal sauvage, grasse et jaune chez l'animal captif).

Gibier à plume : préparation

Ce gibier, canard colvert, faisan, pigeon ramier, perdrix – ou perdreau – grise et rouge, est en vente chez les bouchers et les volaillers, sur les marchés et dans les supermarchés uniquement pendant les périodes autorisées de la chasse. Il provient soit de la chasse locale, soit de pays étrangers. Il est souvent congelé (ou l'a été).

Vendu en général plumé et vidé, il se prépare ensuite (flambage, bridage ou ficelage), se coupe et se désosse comme une volaille (➤ voir poulet : préparation p. 569).

Les bécasses et les petits oiseaux (alouettes, grives) ne sont pas commercialisés et ne peuvent donc provenir que d'une chasse personnelle.

La bécasse ne se bride pas, elle se trousse : le long bec pointu traverse les deux cuisses, et les pattes sont relevées et maintenues ensemble. Il est de coutume de lui retirer les yeux et ➜

de ne pas la vider, sauf le gésier. Les intestins, après cuisson, servent éventuellement à tartiner un canapé.

En revanche, les cailles, qui proviennent toutes d'élevages, sont en vente partout toute l'année. Les recettes d'alouettes et de grives qui suivent peuvent être adaptées pour des cailles.

Alouette

Alouettes ou cailles en brochettes

Pour 4 personnes

- 12 alouettes ou 4 cailles
- 60 g de barde de lard
- sel, poivre

1 Saler et poivrer l'intérieur des alouettes (ou des cailles).

2 Ramener les pattes et les ailes le long du corps pour donner aux oiseaux une forme ramassée. Entourer ceux-ci d'une petite barde de lard et les ficeler.

3 Enfiler les oiseaux sur des brochettes et les faire griller soit au barbecue (de 10 à 12 min pour les alouettes, de 12 à 15 min pour les cailles), soit dans un gril vertical (de 8 à 10 min pour les alouettes, de 10 à 12 min pour les cailles), à distance suffisante pour qu'ils cuisent à l'intérieur sans brûler à l'extérieur.

Préparation : 15 min
■ **Cuisson :** entre 8 et 15 min environ

Alouettes ou cailles en croûte

Pour 4 personnes

- 8 alouettes ou 4 cailles
- 20 g de foie gras
- 20 g de truffe
- 60 g de beurre
- 1 pain de mie de 240 g
- 5 cl de madère

Pour 250 g de farce à gratin

- 50 g de lard gras
- 150 g de foies de poulet
- 2 échalotes
- 1 verre à liqueur de cognac
- 1 pincée de thym émietté
- 1 pincée de laurier en poudre
- 20 g de beurre
- sel, poivre

1. Préparer la farce à gratin : couper le lard et les foies en petits dés, éplucher et hacher les échalotes. Mettre le lard à fondre dans une poêle, faire sauter 2 min les dés de foie et ajouter les échalotes, saler, poivrer.
2. Chauffer le cognac, le verser dans la poêle et flamber. Ajouter le thym et le laurier, mélanger.
3. Réduire en purée en passant la préparation dans un moulin à légumes ou au mixeur. Ajouter 20 g de beurre, goûter et rectifier l'assaisonnement.
4. Préchauffer le four à 250 °C.

5. Désosser les oiseaux selon la même technique que le poulet (➤ voir galantine de volaille p. 218). Saler et poivrer.
6. Couper le foie gras et la truffe en quatre. Garnir les oiseaux de farce à gratin (en garder un peu de côté), en glissant dedans un morceau de foie gras et un morceau de truffe. Les refermer et les ficeler.
7. Ranger les oiseaux bien serrés les uns contre les autres dans une cocotte beurrée, les arroser de 20 g de beurre fondu et mettre au four 9 ou 10 min.

8. Évider le pain de mie (➤ voir croûtes de pain de mie p. 185), beurrer l'intérieur et le faire dorer au four pendant 5 min environ, puis le tapisser avec le reste de farce à gratin.
9. Égoutter les oiseaux, les disposer dans la croûte et mettre au four 7 ou 8 min.
10. Pendant ce temps, ajouter le madère au jus rendu par les oiseaux pendant leur cuisson, faire réduire et napper ceux-ci avec la sauce.

Préparation : 1 h ■ **Cuisson :** 20 min environ

Bécasse

Bécasses à la périgourdine

Pour 4 personnes

- 2 bécasses
- 80 g de foie gras
- 100 g de truffe
- 1 pincée de quatre-épices
- 2 c. à soupe d'armagnac
- 40 g de beurre
- 1 dl de fond de gibier (➤ voir p. 54)
- sel, poivre

1 Préchauffer le four à 245 °C. Hacher les intestins des bécasses, couper le foie gras et 20 g de truffe en dés et mélanger ces ingrédients avec du sel, du poivre, le quatre-épices et 1 cuillerée à soupe d'armagnac.

2 Garnir les bécasses de cette farce. Les trousser (➤ voir gibier à plume : préparation p. 603).

3 Faire fondre le beurre dans une cocotte, y dorer les bécasses, saler, poivrer et verser le reste de l'armagnac. Couvrir la cocotte et mettre au four de 15 à 18 min. Retirer les bécasses de la cocotte et les garder au chaud.

4 Couper le reste de truffe en gros dés, les mettre dans la cocotte, verser le fond de gibier et déglacer. Goûter et rectifier l'assaisonnement.

5 Remettre les bécasses dans la cocotte et servir.

bécasses à la crème :
ajouter, après le fond de gibier, 3 cuillerées à soupe d'armagnac, de cognac ou de calvados et 1 dl de crème fraîche, et faire réduire d'un tiers.

Préparation : 30 min ■ **Cuisson :** 20 min environ

Bécasses truffées rôties

Pour 4 personnes

- 160 g de farce de volaille (➤ voir p. 106)
- 30 g de truffe
- 60 g de beurre
- 2 bécasses
- 1 c. à soupe d'armagnac
- 4 croûtons
- sel, poivre

1 Préparer la farce de volaille. Couper 20 g de truffe en petits dés, les faire cuire doucement dans 10 g de beurre pendant 5 min et les ajouter dans la farce.

2 Vider les bécasses (garder les intestins au réfrigérateur dans un bol couvert) et les farcir. Couper en très fines rondelles le reste de la truffe et les glisser sous la peau.

3 Trousser les bécasses (➤ voir préparation p. 603), les saler, les poivrer, les envelopper d'une feuille d'aluminium et les mettre 24 h au réfrigérateur.

④ Préchauffer le four à 250 °C. Beurrer 2 feuilles de papier sulfurisé, poser une bécasse sur chacune d'elles, ficeler la papillote et mettre à cuire au four 18 à 20 min.

⑤ Sortir les oiseaux et les couper en deux dans la longueur. Recueillir le jus contenu dans les papillotes et ajouter l'armagnac.

⑥ Préparer les croûtons (➤ voir p. 822) et les tartiner avec les intestins. Les passer 1 min sous le gril du four, disposer dessus chaque moitié de bécasse et napper avec le jus.

Préparation : 40 min ■ **Réfrigération :** 24 h
■ **Cuisson :** 25 min environ

Caille

· ·

Cailles en casserole

Pour 4 personnes

- 4 cailles
- 1 carotte
- 1 oignon
- 1 petite branche de céleri
- 50 g de beurre
- 1 verre à liqueur de xérès
- 200 g de champignons de Paris ou des bois
- 1 petite boîte de pelures de truffe
- 2 c. à soupe de cognac
- sel, poivre

① Préparer les cailles (➤ voir préparation p. 603) et les ficeler. Préchauffer le four à 250 °C.

② Couper en julienne la carotte, l'oignon et le céleri.

③ Dans une casserole, faire dorer les cailles de tous les côtés avec 40 g de beurre. Les égoutter.

④ Mettre les légumes dans la casserole et les faire fondre 10 min en remuant. Disposer les cailles dans une cocotte, les saler, les poivrer, les recouvrir de la moitié des légumes, ajouter le xérès, couvrir et cuire 10 min au four.

⑤ Pendant ce temps, nettoyer et couper finement les champignons.

⑥ Sortir la cocotte du four. Baisser celui-ci à 210 °C.

⑦ Déficeler les cailles. Les parsemer de champignons et de pelures de truffe. Ajouter le reste de julienne et de beurre, puis le cognac. Couvrir la cocotte. La mettre dans un bain-marie, faire partir l'ébullition sur le feu, puis cuire au four 20 min. Servir brûlant.

Préparation : 15 min ■ **Cuisson :** 30 min

Cailles aux cerises

Pour 4 personnes

- 500 g de griottes
- 125 g de sucre
- 1 c. à soupe de gelée de groseille
- 4 cailles bardées
- 20 g de beurre
- 1 c. à soupe d'huile
- sel, poivre

1. Équeuter et dénoyauter les griottes. Les mettre dans une casserole avec le sucre et 1/2 verre d'eau et les cuire de 8 à 10 min. Ajouter la gelée de groseilles et cuire encore 5 min.
2. Préchauffer le four à 200 °C.
3. Mettre les cailles dans un plat avec le beurre et l'huile, les saler et les poivrer et mettre au four 15 min.
4. Quand les cailles sont cuites, ajouter les cerises et un peu de leur jus dans le plat de cuisson, remettre au four pendant 2 min et servir.

Préparation : 10 min ■ **Cuisson :** 35 min environ

Cailles en chemise

Pour 4 personnes

- 250 g de farce à gratin (➤ voir alouettes en croûte p. 605)
- 4 cailles
- 5 dl de fond de volaille (➤ voir p. 53)
- sel, poivre

1. Préparer la farce à gratin et en garnir les cailles.
2. Ficeler les cailles, les saler et les poivrer. Envelopper chacune d'elles dans une mousseline ou une crépine en nouant bien les bords.
3. Faire bouillir le fond et y plonger les cailles. Les cuire à petits frémissements pendant 20 min.
4. Retirer les cailles, ôter la mousseline ou la crépine et les mettre sur le plat de cuisson chaud.
5. Faire réduire le fond des quatre cinquièmes et en napper les cailles.

Préparation : 30 min ■ **Cuisson :** 20 min

Cailles farcies en gelée

Pour 4 personnes

- 160 g de farce de volaille (➤ voir p. 106)
- 40 g de bloc ou de mousse de foie gras
- 4 cailles
- 4 dl de gelée au madère du commerce
- sel, poivre

1. Préparer la farce en lui ajoutant le foie gras, saler et poivrer.
2. Garnir et ficeler les cailles, puis les envelopper séparément dans une mousseline.
3. Préparer et chauffer la gelée et y faire cuire les cailles pendant 20 à 25 min à petits frémissements, puis les égoutter.
4. Passer la gelée, la laisser un peu refroidir.
5. Ranger les cailles dans une terrine ronde, peu profonde, et les recouvrir de gelée. Mettre dans le réfrigérateur jusqu'au moment de servir.

Préparation : 30 min ■ **Cuisson :** 20-25 min environ

Cailles en feuilles de vigne

Pour 4 personnes

- 4 grandes feuilles de vigne
- 4 cailles
- 40 g de beurre
- 8 bardes de lard très fines
- 1 paquet de pommes chips
- sel, poivre

1. Préchauffer le four à 220 °C. Laver et sécher les feuilles de vigne. (Si elles sont en conserve, les rincer abondamment, les éponger et ôter les pétioles.)
2. Saler et poivrer les cailles, beurrer les poitrines et les cuisses. Appliquer une feuille de vigne sur la poitrine de chaque oiseau et replier les bords par-dessous. Enrouler tout autour 2 bardes de lard.
3. Ficeler les cailles et les envelopper étroitement une par une dans une feuille d'aluminium. Cuire les papillotes 20 min au four (ou les rôtir 15 min à la broche).
4. Passer les chips au four pour les tiédir. Déficeler les cailles et enlever les bardes. Les couper en deux dans le sens de la longueur et les arroser du jus contenu dans la papillote.
5. Servir avec les chips et, éventuellement, avec une salade verte. ➜

cailles rôties :

préparer les cailles de la même façon et les rôtir directement au four, sans les mettre en papillote. Les disposer sur des croûtons (➤ voir p. 822) recouverts de 120 g farce à gratin (➤ voir p. 605), puis les mettre sous le gril pendant 2 à 3 min.

Préparation : 15 min ■ **Cuisson :** 15-20 min

Cailles grillées petit-duc

Pour 4 personnes

- 600 g de pommes Anna (➤ voir p. 779)
- 4 cailles
- 4 gros champignons
- 1 c. à soupe d'huile d'arachide
- 50 g de beurre
- 50 g de chapelure (ou de mie de pain rassis)
- 0,5 dl de fond de gibier (➤ voir p. 54)
- 1 c. à café de madère
- sel, poivre

1 Préparer les pommes Anna.

2 Chauffer le gril du four.

3 Ouvrir les cailles en deux dans le sens de la longueur. Les couvrir d'un film alimentaire et les frapper légèrement avec la lame d'un gros couteau pour les aplatir.

4 Nettoyer les champignons, ne garder que la tête.

5 Huiler les cailles et les champignons et les poser sous le gril brûlant pendant 1 min de chaque côté.

6 Faire fondre 30 g de beurre et en enduire les cailles, puis les passer de chaque côté dans la chapelure (ou la mie de pain émiettée), les mettre dans un plat avec les champignons et cuire 8 min au four.

7 Faire chauffer le fond de gibier, ajouter le madère puis le reste du beurre et mélanger.

8 Démouler les pommes Anna. Disposer dessus les cailles surmontées d'une tête de champignon et arroser avec le jus au madère.

Préparation : 30 min ■ **Cuisson :** 15 min environ

Cailles aux raisins

Pour 4 personnes

- 4 cailles
- 60 g de beurre
- 1,5 dl de vin blanc
- 2 c. à soupe de jus de citron
- 20-25 gros grains de raisin
- 1 c. à soupe d'amandes effilées
- sel, poivre

1. Saler et poivrer les cailles à l'intérieur et les ficeler.
2. Faire chauffer le beurre dans une cocotte, y mettre les cailles et les dorer sur tous les côtés. Ajouter le vin blanc et le jus de citron. Baisser le feu, couvrir, faire mijoter 15 min.
3. Laver et éponger les grains de raisin, les peler et les épépiner. Les ajouter dans la cocotte avec les amandes. Remuer et prolonger la cuisson pendant 10 min.

Préparation : 10 min ■ **Cuisson :** 25 min

Cailles à la romaine

Pour 4 personnes

- 1 botte de petits oignons nouveaux
- 50 g de jambon blanc
- 40 g de beurre
- 2 c. à soupe d'huile d'arachide
- 4 cailles
- 500 g de petits pois surgelés
- 1 pincée de sucre
- sel, poivre

1. Éplucher et hacher une douzaine de petits oignons nouveaux.
2. Couper le jambon en petits dés.
3. Préchauffer le four à 200 °C.
4. Dans une cocotte, faire fondre 20 g de beurre avec l'huile, y dorer les oignons et le jambon. Les égoutter. Faire dorer ensuite les cailles de tous les côtés. Les égoutter.
5. Jeter le gras de la cocotte et remettre le reste du beurre, les oignons et le jambon. Ajouter les petits pois, 1 pincée de sel, 1 pincée de sucre, du poivre, couvrir et laisser mijoter 20 min.
6. Ajouter les cailles, couvrir et cuire au four 20 min.
7. Servir dans le récipient de cuisson.

Préparation : 15 min ■ **Cuisson :** 40 min

Canard sauvage à la bigarade

Pour 4 personnes

- 2 canards sauvages
- marinade instantanée
  (➤ voir p. 58)
- 2,5 dl de sauce bigarade
  (➤ voir p. 73)
- 1 dl de fond de gibier
  (➤ voir p. 54)
- 10 g de beurre
- 1/2 citron
- sel, poivre

1. Préparer les canards sans les ficeler.
2. Confectionner la marinade, y mettre les canards pendant 15 min ; les retourner plusieurs fois.
3. Préchauffer le four à 220 °C. Disposer les canards dans un plat et les rôtir 20 min.
4. Pendant ce temps, préparer la sauce bigarade.
5. Découper les cuisses de canard et les griller 2 min de chaque côté en les arrosant de marinade. Les disposer sur le plat de service chaud, couvertes d'une feuille d'aluminium.
6. Verser le fond dans une casserole et le faire réduire jusqu'à ce qu'il devienne très sirupeux. Ajouter le beurre et le jus de citron.
7. Découper les filets et les ailes de canard et les réchauffer dans cette sauce, les retourner. Disposer tous les morceaux sur le plat de service et les napper de cette sauce. Servir la bigarade à part.

Préparation : 15 min ■ **Marinade :** 15 min
■ **Cuisson :** 30 min

Canard sauvage aux pommes

Pour 4 personnes

- 600 g de pommes
- 1 canard sauvage
  de 1,5 kg
- 50 g de beurre
- 2 c. à soupe de calvados
- 1 dl de vin blanc sec
- 1 dl de crème fraîche
- sel, poivre

1. Préchauffer le four à 220 °C.
2. Éplucher, épépiner et hacher une pomme. Hacher finement le foie et le gésier du canard.
3. Faire fondre 20 g de beurre dans une casserole, ajouter tout le hachis, saler et poivrer. Remuer sur feu vif, puis arroser de calvados et flamber.
4. Garnir le canard de cette farce et le ficeler. Le mettre dans un plat et le cuire au four 40 min environ.
5. Pendant ce temps, peler les pommes et les couper en quartiers en ôtant les pépins. Chauffer le

reste de beurre dans une poêle, y faire sauter les fruits pendant 10 min, puis les poivrer.

6. Égoutter le canard sur le plat de service, le couvrir d'une feuille d'aluminium et le garder au chaud.

7. Enlever la plus grande partie de la graisse de cuisson, verser le vin blanc, déglacer et faire bouillir 2 min. Ajouter la crème et mélanger 2 min sur feu doux. Goûter et rectifier l'assaisonnement.

8. Découper le canard. Ajouter dans la sauce le jus recueilli, redonner un bouillon.

9. Napper le canard de cette sauce et l'entourer des pommes.

Préparation : 25 min ■ **Cuisson :** 45 min

Canard sauvage au porto

Pour 4 personnes

- 1 canard sauvage
- 60 g de beurre
- 3 dl de porto rouge
- sel, poivre

1. Préchauffer le four à 230 °C. Préparer et ficeler le canard, le saler et le poivrer. Le mettre dans un plat et le cuire au four 20 min.

2. Découper les cuisses et garder le reste au chaud sous une feuille d'aluminium. Avec la pointe d'un couteau, faire de petites entailles sur le dessus des cuisses. Mettre à fondre 10 g de beurre et en badigeonner les cuisses. Griller celles-ci 2 ou 3 min de chaque côté.

3. Enlever les filets de la carcasse et les couper en tranches minces. Les disposer sur le plat de service chaud et ajouter les cuisses grillées.

4. Jeter le gras du plat de cuisson, y verser le porto rouge, le faire réduire de moitié.

5. Ajouter le jus du canard rendu pendant son temps de repos et le reste du beurre en parcelles, en fouettant.

6. Verser cette sauce sur les morceaux de canard et servir.

Préparation : 15 min ■ **Cuisson :** 30 min environ

Faisan

Faisan à l'alsacienne

Pour 4 personnes

- 1 poule faisane
- 1 paquet de ciboulette
- 3 petits-suisses
- 40 g de beurre
- 3 dl de vin blanc (riesling de préférence)
- 300 g de girolles
- 1 dl de fond de gibier (➤ voir p. 54)
- 20 g de beurre manié (➤ voir p. 39)
- sel, poivre concassé

① Préparer la poule faisane.

② Hacher la ciboulette, la malaxer avec les petits-suisses, saler et poivrer. Garnir la faisane de cette farce, puis la brider.

③ Chauffer 30 g de beurre dans une cocotte, y faire revenir la faisane de tous les côtés. Verser la moitié du vin, couvrir et laisser cuire 1 h. Retourner la faisane de temps en temps, puis l'égoutter, la poser sur le plat de service et la couvrir d'une feuille d'aluminium.

④ Pendant ce temps, nettoyer les champignons. Les faire sauter dans une poêle avec 10 g de beurre, saler et poivrer. Les égoutter, les garder dans un plat chaud.

⑤ Verser le jus de la poêle dans la cocotte, mélanger, ajouter le fond de gibier et faire réduire de moitié. Verser le reste du vin et laisser réduire d'un tiers environ.

⑥ Préparer le beurre manié et l'incorporer à la sauce en mélangeant.

⑦ Découper la faisane. Ajouter le jus recueilli dans la sauce. En napper les morceaux.

Préparation : 20 min ■ **Cuisson :** 1 h 10 environ

Faisan au champagne et au jus d'orange

Pour 4 personnes

- 1 faisan
- 5 dl de fond de gibier (ou de fond de veau du commerce)
- 1 bouteille de champagne

① Découper les ailes et les cuisses du faisan ou demander au boucher de le faire. Garder à part le cœur, le foie et la carcasse. Couper celle-ci en petits morceaux et les mettre dans une casserole avec le fond de gibier et le champagne, saler et poivrer. Cuire pendant 20 min à petit feu.

② Pendant ce temps, faire fondre le beurre dans une cocotte, y dorer les ailes et les cuisses, saler et

- 40 g de beurre
- 1 c. à soupe de persil haché
- 1 c. à soupe de ciboulette hachée
- 1 c. à soupe de cerfeuil haché
- 1 orange
- sel, poivre

poivrer. Ajouter 3 cuillerées à soupe du bouillon au champagne. Couvrir et cuire 20 min à feu très doux.

❸ Hacher le cœur et le foie. Hacher les fines herbes.

❹ Passer la sauce et la remettre sur le feu. La faire réduire d'un tiers environ. Ajouter le cœur et le foie hachés et cuire encore 10 min.

❺ Égoutter le faisan. Verser le jus de la cocotte dans la sauce. Ajouter les fines herbes hachées et le jus de l'orange. Goûter et rectifier l'assaisonnement. Napper le faisan de cette sauce.

Préparation : 15 min ■ **Cuisson :** 30 min environ

Faisan au chou

Pour 4 personnes

- 1 faisan bardé
- 1 chou vert
- 2 carottes
- 1 morceau de lard de poitrine de 200 g
- 1 bouquet garni
- 1 petit saucisson à cuire
- sel, poivre

❶ Faire préparer et barder le faisan par le boucher.

❷ Préchauffer le four à 220 °C.

❸ Mettre le faisan dans un plat et le faire rôtir 15 min.

❹ Nettoyer le chou, le couper en quartiers, éliminer les grosses feuilles de l'extérieur, enlever les côtes. Plonger le chou 5 min dans de l'eau bouillante salée puis l'égoutter.

❺ Éplucher et couper en morceaux les carottes.

❻ Dans une cocotte, faire chauffer des deux côtés le morceau de lard, puis ajouter le chou, les carottes et le bouquet garni et cuire doucement 20 min. Poivrer et saler légèrement.

❼ Enlever la barde du faisan. Loger celui-ci ainsi que le saucisson au milieu des quartiers de chou, couvrir et cuire 40 min sur feu doux.

❽ Débrider le faisan et le découper. Jeter le bouquet garni.

❾ Détailler le lard en tranches et le saucisson en rondelles. Disposer dans un plat creux et servir aussitôt.

Préparation : 15 min ■ **Cuisson :** 1 h 15

Faisan aux noix

Pour 4 personnes

- 1 poule faisane
- 30 noix fraîches ou 200 g de cerneaux de noix
- 3 oranges
- 600 g de grains de raisin
- 1 tasse de thé très fort
- 40 g de beurre
- 1 petit verre de madère
- sel, poivre

1. Faire préparer et barder la poule faisane.
2. Éplucher éventuellement les noix. Presser le jus des oranges. Passer les grains de raisin au moulin à légumes, puis filtrer le jus obtenu.
3. Faire le thé.
4. Couper le beurre en petits morceaux.
5. Mettre la poule faisane dans une cocotte. Ajouter les noix, le jus de fruits, le thé, le beurre et le madère, du sel et du poivre. Couvrir et cuire à feu doux pendant 30 min.
6. Préchauffer le four à 250 °C. Égoutter la faisane, la débrider et la débarder. La mettre dans un plat à rôtir et la faire colorer 10 min dans le four.
7. Égoutter les noix avec une écumoire. Passer le jus de cuisson et le faire réduire 5 min sur feu vif.
8. Servir le gibier entouré des noix et le jus en saucière.

Préparation : 30 min ■ **Cuisson :** 45 min

Faisan à la normande

Pour 4 personnes

- 60 g de beurre
- 1 c. à soupe d'huile d'arachide
- 1 faisan
- 1 dl de cidre (ou de vin blanc)
- 4 grosses pommes
- 1 dl de crème fraîche
- 1 c. à soupe de calvados
- sel, poivre

1. Chauffer 20 g de beurre avec l'huile dans une cocotte et y faire dorer le faisan à feu vif de tous les côtés, pendant 8 à 10 min ; saler et poivrer.
2. Égoutter le faisan et jeter le gras. Remettre dans la cocotte 20 g de beurre avec le faisan, verser le cidre ou le vin blanc et faire cuire pendant 30 min.
3. Éplucher les pommes, les couper en quartiers, enlever les pépins et les dorer vivement dans le reste du beurre. Les ajouter dans la cocotte et cuire 10 min.
4. Égoutter les pommes et le faisan. Découper celui-ci. Récupérer le jus et le verser dans la cocotte.

5 Ajouter la crème fraîche et le calvados, mélanger et faire bouillir pendant 3 min. Goûter et rectifier l'assaisonnement.

6 Napper le faisan de la sauce, l'entourer des pommes et servir.

Préparation : 10 min ■ **Cuisson :** 50 min environ

• •

Faisan rôti

Pour 4 personnes

- 2 jeunes faisans de 800 g environ
- 3 c. à soupe d'huile d'arachide
- 2 échalotes
- 20 g de beurre
- sel, poivre

1 Saler et poivrer les faisans à l'intérieur et à l'extérieur. Les enduire d'huile en les massant, puis les envelopper dans une feuille d'aluminium et les mettre au réfrigérateur pendant 12 h environ.

2 Les sortir du réfrigérateur 1 h avant de les cuire. Préchauffer le four à 220 °C.

3 Mettre les faisans dans un plat et les faire rôtir au four de 20 à 25 min en les retournant plusieurs fois.

4 Pendant ce temps, éplucher et hacher les échalotes.

5 Sortir le plat du four et y découper les faisans. Disposer les morceaux dans le plat de service et les tenir au chaud, couverts d'une feuille d'aluminium.

6 Mettre les échalotes dans le plat de cuisson et les cuire sur le feu pendant 3 min en les mélangeant bien. Verser un demi-verre d'eau dans le plat et bien gratter les sucs de cuisson.

7 Faire réduire le jus d'un tiers environ et ajouter le beurre, bien mélanger. Rectifier l'assaisonnement.

8 Servir le jus dans une saucière à part.

Préparation : 5 min ■ **Réfrigération :** 12 h
■ **Cuisson :** 30 min environ

Grive

Grives à la bonne femme

Pour 4 personnes

- 4 grives
- 70 g de beurre
- 160 g de lardons
- 80 g de pain
- 1 c. à soupe de cognac
- sel, poivre

1. Saler et poivrer les grives. Faire fondre 30 g de beurre dans une cocotte et dorer les oiseaux de tous les côtés, puis les égoutter.
2. Faire dorer les lardons et les égoutter. Jeter le gras de la cocotte et remettre 20 g de beurre avec les grives et les lardons, couvrir et cuire de 20 à 25 min. Ajouter au besoin 1 ou 2 cuillerées d'eau pendant la cuisson.
3. Tailler le pain en petits dés et dorer ceux-ci dans une poêle avec le beurre restant.
4. Verser le cognac dans la cocotte et mélanger. Ajouter les dés de pain, mélanger à nouveau et servir dans la cocotte.

Préparation : 15 min ■ **Cuisson :** 35 min environ

Grives à la liégeoise

Pour 4 personnes

- 4 grives
- 1 c. à soupe de baies de genièvre
- 30 g de beurre
- 1 verre à liqueur de genièvre
- 2 tranches de pain de mie
- 0,5 dl de fond de gibier (➤ voir p. 54)
- sel, poivre

1. Préparer les grives mais sans les vider. Les saler et les poivrer.
2. Écraser finement les baies de genièvre.
3. Faire chauffer 20 g de beurre dans une cocotte, dorer les grives de chaque côté, verser le genièvre et flamber. Ajouter les baies écrasées, mélanger puis couvrir et cuire doucement de 20 à 25 min.
4. Diviser les tranches de pain de mie en 2 triangles, enlever la croûte. Les beurrer, les toaster et les disposer dans le plat de service.
5. Égoutter les grives et les poser dessus. Verser le fond de gibier dans la cocotte, bien gratter les sucs de cuisson, verser ce jus sur les grives et servir.

Préparation : 15 min ■ **Cuisson :** 25 min environ

Grives à la polenta

Pour 4 personnes

- 80 g de semoule de maïs
- 60 g de beurre
- 45 g de parmesan râpé
- 4 grives
- 1 c. à soupe de vin blanc
- sel, poivre

1 Préparer la polenta : verser 80 g de semoule dans 3 dl d'eau bouillante et cuire 25 min en remuant, puis ajouter 20 g de beurre et 25 g de parmesan.

2 Préchauffer le four à 200 °C. Saler et poivrer les grives. Beurrer un plat à four, y déposer les oiseaux et mettre à rôtir 15 min. Arroser souvent.

3 Déglacer le plat de cuisson avec du vin blanc puis réduire pour obtenir le jus de rôti.

4 Beurrer un plat à rôtir rond et y verser la polenta ; bien l'étaler et, avec le dos d'une cuillère mouillée d'eau, marquer 4 creux. Poudrer de parmesan la surface de la polenta et remettre au four pour faire colorer.

5 Mettre un oiseau dans chaque cavité. Arroser les grives avec le jus de rôti et servir aussitôt.

Préparation : 40 min ■ **Cuisson :** 30 min environ

Perdreau, perdrix

Perdreaux farcis à la gelée

Pour 4 personnes

- 2 perdreaux
- 160 g de farce de volaille (➤ voir p. 106)
- 40 g de bloc ou de mousse de foie gras
- 4 dl de gelée au madère du commerce
- sel, poivre

1 Désosser les perdreaux par le dos, les ouvrir, les saler et les poivrer.

2 Préparer la farce en lui ajoutant le foie gras, saler et poivrer. Garnir les perdreaux de cette farce et les ficeler, puis les envelopper séparément dans une mousseline.

3 Préparer et chauffer la gelée et y faire cuire les perdreaux 35 min à petits frémissements, puis les égoutter. Passer la gelée, la laisser un peu refroidir.

4 Ranger les perdreaux dans une terrine ronde, peu profonde, et les recouvrir de gelée. Mettre au froid jusqu'au moment de servir.

Préparation : 30 min ■ **Cuisson :** 35 min environ

Perdreaux forestière

Pour 4 personnes

- 2 perdreaux
- 2 fines bardes de lard
- 30 g de beurre
- 1 c. à soupe d'huile d'arachide
- 1 verre à liqueur d'eau-de-vie de mirabelle
- 200 g de girolles
- 100 g de trompettes-des-morts ou de girolles
- 1 dl de crème liquide
- sel, poivre

1. Saler et poivrer les perdreaux. Les barder et les ficeler.
2. Chauffer 20 g de beurre avec l'huile dans une cocotte, y mettre les perdreaux et les faire colorer sur toutes les faces.
3. Chauffer la mirabelle, verser dans la cocotte et flamber. Couvrir et laisser mijoter 10 min.
4. Nettoyer les champignons. Les faire sauter dans une poêle avec le beurre restant, saler et poivrer. Ajouter la crème, remuer et laisser mijoter 5 min.
5. Verser les champignons à la crème dans la cocotte avec les perdreaux et faire cuire encore 8 min.
6. Retirer les bardes et égoutter les perdreaux. Les couper en deux et les mettre dans le plat de service chaud. Les entourer des champignons à la crème et servir aussitôt.

Préparation : 20 min ■ **Cuisson :** 25 min

Perdreaux en pistache

Pour 4 personnes

- 2 perdreaux
- 12 gousses d'ail
- 150 de jambon de Bayonne
- 1 c. à soupe de persil
- 50 g de mie de pain
- 1 œuf
- 160 g de barde de lard
- 3 c. à soupe de graisse d'oie
- 2 dl de vin blanc sec
- 2 dl de fond de gibier

1. Préparer les perdreaux en mettant les foies de côté.
2. Éplucher les gousses d'ail.
3. Hacher 100 g de jambon, les foies, le persil et 1 gousse d'ail. Mélanger ces ingrédients dans un saladier avec la mie de pain émiettée et l'œuf, et en farcir les perdreaux.
4. Ficeler les perdreaux, les saler, les poivrer et les barder.
5. Couper le reste du jambon en petits dés.
6. Dans une cocotte, chauffer la graisse d'oie, y faire colorer les perdreaux, puis les retirer lorsqu'ils sont bien dorés.
7. Mettre le jambon cru dans la cocotte et le faire revenir pendant 2 min.

- 1 c. à soupe de concentré de tomate
- 1 bouquet garni
- 1 petit morceau d'écorce d'orange sèche
- sel, poivre

8 Ajouter le vin blanc sec, le fond de gibier (➤ voir p. 54), le concentré de tomate, le bouquet garni et l'écorce d'orange, et cuire 10 min. Retirer l'écorce d'orange.

9 Remettre les perdreaux dans la cocotte et cuire 10 min.

10 Pendant ce temps, plonger les gousses d'ail dans de l'eau bouillante salée, puis les égoutter et les ajouter dans la cocotte. Cuire encore doucement 10 min.

11 Retirer le bouquet garni. Servir les perdreaux dans la cocotte.

Préparation : 20 min ■ **Cuisson :** 35 min

Perdreaux rôtis

Pour 2 personnes

- 60 g de beurre
- 2 jeunes perdreaux
- 2 bardes de lard
- 2 tranches de pain de campagne
- 3 c. à soupe de cognac
- sel, poivre

1 Préchauffer le four à 210 °C.

2 Saler et poivrer 20 g de beurre et en introduire 10 g dans chaque perdreau.

3 Barder les perdreaux, les ficeler, les saler et les poivrer. Les placer dans un petit plat à rôtir et les mettre au four 18 min environ.

4 Éteindre le four et couvrir les perdreaux d'une feuille d'aluminium.

5 Pendant ce temps, tartiner les tranches de pain avec le reste de beurre, les saler, les poivrer et les toaster.

6 Déficeler et débarder les perdreaux. Les poser sur les croûtes de pain dans le plat de service.

7 Verser le cognac dans le plat de cuisson des perdreaux, chauffer en grattant bien les sucs et arroser les perdreaux avec ce jus.

Préparation : 10 min ■ **Cuisson :** 20 min environ

Perdreaux truffés aux artichauts

Pour 4 personnes

- 150 g de foie gras
- 1 petite boîte de pelures de truffe
- 2 perdreaux
- 60 g de beurre
- 4 fonds d'artichaut surgelés ou en boîte
- 200 g de champignons de Paris ou de girolles
- 1 c. à soupe de persil haché
- 2 c. à soupe de cognac
- sel, poivre

1 Dans une assiette, écraser le foie gras avec une fourchette et y mélanger les pelures de truffe. En farcir les perdreaux, puis les ficeler, les saler, les poivrer. Faire fondre 30 g de beurre dans une cocotte et dorer les perdreaux de tous les côtés. Couvrir et cuire 15 min à feu doux.

2 Pendant ce temps, couper les artichauts en fines tranches et les faire cuire à la poêle dans 10 g de beurre pendant 5 min, puis les ajouter dans la cocotte.

3 Nettoyer les champignons, faire fondre 20 g de beurre dans une poêle et les cuire 10 min environ. Les verser dans un légumier, parsemer de persil haché.

4 Chauffer le cognac, le verser dans la cocotte et flamber. Servir les perdreaux dans la cocotte.

Préparation : 15 min ■ **Cuisson :** 30 min

Perdreaux à la vigneronne

Pour 4 personnes

- 2 perdreaux
- 30 g de beurre
- 1 grappe de gros raisin blanc
- 0,5 dl de fond de gibier (➤ voir p. 54)
- 1 c. à soupe de cognac
- sel, poivre

1 Mettre les perdreaux vidés et bridés dans une cocotte avec le beurre fondu, les retourner pour les dorer. Les saler et les poivrer, couvrir puis cuire 20 min à feu très doux. Les égoutter et les débrider.

2 Peler et épépiner les grains de raisin et les mettre dans la cocotte, ajouter le fond de gibier et le cognac. Bien mélanger. Cuire doucement 5 min à couvert

3 Remettre les perdreaux dans la cocotte avec le jus qu'ils auront rendu, laisser réchauffer et servir dans la cocotte.

Préparation : 10 min ■ **Cuisson :** 25 min environ

Perdrix au chou

Pour 4 personnes

- 2 perdrix bardées
- 1 chou vert
- 2 carottes
- 1 morceau de lard de poitrine de 200 g
- 1 bouquet garni
- 1 petit saucisson à cuire
- sel, poivre

1. Faire préparer et barder les perdrix par le boucher.
2. Préchauffer le four à 220 °C. Mettre les perdrix dans un plat et les faire rôtir 15 min.
3. Couper le chou en quartiers, enlever les côtes. Blanchir les feuilles 5 min, les égoutter. Éplucher les carottes et les couper en morceaux.
4. Dans une cocotte, faire chauffer des deux côtés le morceau de lard, puis ajouter le chou, les carottes et le bouquet garni et cuire doucement 20 min. Poivrer et saler légèrement.
5. Enlever la barde des perdrix et loger celles-ci dans le chou. Ajouter le saucisson, couvrir et cuire 40 min sur feu doux.
6. Débrider et découper les perdrix. Jeter le bouquet garni.
7. Détailler le lard en tranches et le saucisson en rondelles. Disposer dans un plat et servir.

Préparation : 15 min ■ **Cuisson :** 1 h 15

Perdrix aux lentilles

Pour 4 personnes

- 200 g de lard
- 3 oignons
- 4 carottes
- 250 g de lentilles vertes
- 30 g de beurre
- 2 perdrix bardées
- 1,5 dl de vin blanc
- 1,5 dl de fond de volaille (➤ voir p. 53)
- 1 bouquet garni
- 1 saucisson de Morteau de 200 g

1. Couper la moitié du lard de poitrine en tranches et le mettre à fondre dans une casserole à feu doux.
2. Éplucher les oignons et les carottes et les couper en rondelles. En mettre la moitié dans la casserole et les mélanger avec le lard. Verser les lentilles et les recouvrir d'eau. Les cuire 15 min à petits frémissements.
3. Couper le reste du lard en dés. Faire fondre le beurre dans une cocotte, mettre les perdrix bardées à revenir avec les lardons, le reste des oignons et des carottes. Ajouter le vin blanc et le fond, le bouquet garni, du sel et du poivre. ➤

Faire mijoter sur feu moyen et à couvert pendant 15 min.

4 Verser les lentilles dans la cocotte, ajouter le saucisson et cuire doucement pendant 25 min.

5 Retirer les perdrix et le saucisson. Passer et mettre les lentilles dans un plat creux chaud.

6 Remettre le fond de cuisson dans la cocotte et le faire réduire d'un tiers environ.

7 Couper les perdrix en deux, le saucisson en rondelles et les poser sur les lentilles. Napper du fond de cuisson.

Préparation : 15 min ■ **Cuisson :** 50 min environ

Salmis de perdreau

Pour 4 personnes

- 2 perdreaux
- 2 bardes de lard
- 2 c. à soupe d'huile
- 3 échalotes
- 4 dl de vin blanc
- 2 c. à soupe de cognac, d'armagnac ou de marc
- 40 g de beurre
- sel, poivre

1 Préchauffer le four à 240 °C. Barder les perdreaux et les huiler. Les disposer dans un plat avec le reste de l'huile et les faire rôtir pendant 10 min, en les retournant à mi-cuisson.

2 Éplucher et hacher les échalotes.

3 Sortir les perdreaux du four, ôter la barde et les couper en quatre en enlevant le maximum d'os de la carcasse. Casser ceux-ci et les mettre dans une casserole avec les échalotes. Saler, poivrer, verser le vin et faire bouillir pendant 10 à 15 min.

4 Passer cette sauce et la remettre dans la casserole. Ajouter l'alcool, donner un bouillon, goûter et rectifier l'assaisonnement.

5 Mettre les morceaux de perdreau dans une cocotte, verser la sauce et faire chauffer pendant 5 min environ à feu doux.

6 Ajouter le beurre en mélangeant bien et servir dans la cocotte.

Préparation : 10 min ■ **Cuisson :** 30 min environ

LE GIBIER A POIL

En Europe, le gibier à poil comprend la venaison (cervidé, sanglier et marcassin) et le petit gibier (lièvre, lapin de garenne…). Le goût et la texture de leur viande varient en fonction de la race, du sexe, de l'âge de l'animal, ainsi que de la nature de son alimentation.

Gibier à poil : préparation

Le gros gibier (cerf, chamois, biche et chevreuil, daim, mouflon, marcassin et sanglier) est commercialisé uniquement pendant les périodes de chasse autorisées. Il vient de France ou de l'étranger et a souvent été congelé. Il se cuisine comme de la viande mais demande souvent une marinade pour l'attendrir.

Le petit gibier (lapin de garenne et lièvre) n'est pas toujours vendu dépouillé. Il faut alors le faire faire.

Biche, chevreuil

Civet de chevreuil

Pour 4 personnes

- 800 g-1 kg d'épaule ou de haut de carré ou de poitrine de chevreuil
- 1 dl de sang de porc
- 1/2 c. à soupe de vinaigre
- 1 l de marinade crue pour gibier
- 60 g de beurre
- 1 c. à soupe d'huile
- 2 c. à soupe de farine
- 1 verre à liqueur de cognac
- 1 l de vin rouge

① Demander au boucher de désosser le chevreuil et de le couper en morceaux de 50 g environ. Mélanger le sang et le vinaigre. Préparer la marinade (➤ voir p. 57) et y mettre les morceaux de chevreuil. Laisser mariner de 24 à 48 h au réfrigérateur.

② Égoutter le chevreuil et essuyer les morceaux avec un papier absorbant. Passer la marinade dans un saladier. Saler et poivrer le chevreuil.

③ Faire fondre 40 g de beurre avec l'huile dans une cocotte et cuire le chevreuil à feu vif 2 ou 3 min en retournant sans arrêt les morceaux. Les égoutter.

④ Jeter le gras de la cocotte, y verser la garniture aromatique de la marinade et la cuire 2 min en mélangeant. Remettre le chevreuil ➜

dans la cocotte, poudrer de farine et cuire 2 ou 3 min en remuant.

❺ Chauffer le cognac, le verser dans la cocotte et flamber. Ajouter le liquide de la marinade et le vin rouge, porter à ébullition, couvrir puis cuire 1 h 30 à feu doux.

❻ Égoutter le chevreuil et le garder au chaud. Passer la sauce.

❼ Délayer le sang dans un bol avec 2 ou 3 cuillerées de sauce puis, hors du feu, verser le contenu du bol et bien mélanger. Ajouter les 20 g de beurre restants dans la sauce, en fouettant. Rectifier l'assaisonnement.

❽ Remettre le chevreuil dans la sauce et servir dans la cocotte.

Préparation : 30 min ■ **Marinade :** 24-48 h
■ **Cuisson :** 1 h 40 environ

Côtelettes de chevreuil à l'orange et aux cornichons

Pour 4 personnes

- 400 g de pommes dauphine (➤ voir p. 780)
- 1/2 orange
- 20 g de cornichons
- 20 g de beurre
- 2 c. à soupe d'huile d'arachide
- 12 côtelettes de chevreuil
- 2 c. à soupe de vinaigre
- 0,5 dl de fond de gibier (➤ voir p. 54)
- 5 c. à soupe de crème fraîche
- sel, poivre

❶ Préparer les pommes dauphine.

❷ Prélever le zeste de l'orange et le plonger 2 min dans de l'eau bouillante. L'égoutter et le tailler en petits bâtonnets. Couper de même les cornichons.

❸ Faire fondre le beurre et l'huile dans une poêle et y cuire les côtelettes 3 ou 4 min de chaque côté, saler, poivrer. Égoutter celles-ci dans le plat de cuisson et jeter le gras.

❹ Verser le vinaigre et le fond dans la poêle, déglacer et cuire 2 ou 3 min.

❺ Ajouter la crème fraîche, le zeste d'orange et les cornichons et cuire encore 2 min à feu vif en mélangeant.

❻ Napper de cette sauce les côtelettes très chaudes. Servir avec les pommes dauphine.

Préparation : 40 min ■ **Cuisson :** 15 min environ

Côtelettes de chevreuil sautées minute

Pour 4 personnes

- 12 côtelettes de chevreuil
- marinade instantanée (➤ voir p. 58)
- 600 g de champignons des bois (girolles ou autres)
- 1 échalote
- 1 petit oignon
- 50 g de beurre
- 1 c. à soupe d'huile d'arachide
- 1 verre à liqueur de cognac
- sel, poivre

1. Mettre les côtelettes dans la marinade pendant 30 min en les retournant plusieurs fois.
2. Pendant ce temps, nettoyer les champignons, hacher l'échalote et l'oignon. Faire fondre 30 g de beurre dans une poêle, y mettre à revenir l'échalote et l'oignon, puis ajouter les champignons et cuire 10-15 min.
3. Égoutter les côtelettes sans les éponger. Dans une autre poêle, faire fondre le reste du beurre avec l'huile et dorer vivement les côtelettes de chaque côté, puis les cuire 3 ou 4 min, en les retournant.
4. Chauffer le cognac, le verser et flamber.
5. Disposer les côtelettes en couronne dans un plat et verser les champignons au centre.

Préparation : 10 min ■ **Marinade :** 30 min
■ **Cuisson :** 30 min environ

Filets de chevreuil d'Anticosti

Pour 4-6 personnes

- 900 g environ de filet de chevreuil
- 0,5 dl d'huile d'olive
- 0,5 dl de gelée de groseilles
- 1 c. à café de Worcestershire sauce
- 60 g de beurre
- sel, poivre

1. Faire préparer le filet de chevreuil en tournedos. Mettre ceux-ci dans un plat, saler, poivrer et arroser d'huile. Les laisser mariner 12 h en les retournant plusieurs fois.
2. Égoutter les tournedos et les griller 3-5 min de chaque côté selon le degré de cuisson désiré. Les mettre dans le plat de cuisson chaud.
3. Faire fondre sur feu doux la gelée de groseilles avec la Worcestershire sauce. Couper le beurre en petits morceaux et l'ajouter en fouettant.
4. Napper les filets de cette sauce.

Préparation : 10 min ■ **Marinade :** 12 h
■ **Cuisson :** 6-10 min

Gigot de chevreuil

Pour 6-8 personnes

- 1 gigot de chevreuil de 2,5-3 kg
- 250 g de lard gras
- 30 g de beurre
- 3 c. à soupe d'huile
- 1 verre à liqueur de cognac
- 1 gousse d'ail
- 0,5 l de vin rouge
- 1 citron
- 1 petit piment oiseau
- 1 kg de purée de marron (➤ voir p. 754)
- 1 c. à soupe de farine
- 1 c. à soupe de moutarde forte
- 2 c. à soupe de gelée de framboises
- sel, poivre

1 Faire préparer le gigot. Couper le lard gras en bâtonnets, faire de petites entailles dans le gigot et y introduire ceux-ci.

2 Dans une cocotte, chauffer le beurre et l'huile, dorer le gigot sur toutes ses faces, l'égoutter et jeter le gras.

3 Chauffer le cognac. Remettre le gigot dans la cocotte, verser le cognac, flamber et laisser cuire 40 min à feu doux.

4 Éplucher l'ail. Ajouter la moitié du vin rouge, le jus de citron, la gousse d'ail, le piment, du sel et du poivre dans la cocotte. Laisser cuire 40 min toujours à couvert et sur feu doux.

5 Pendant ce temps, préparer la purée de marron.

6 Dans un bol, mélanger la farine et la moutarde forte avec un peu de vin rouge, verser dans la cocotte et ajouter le reste du vin. Bien mélanger et cuire encore 30 min.

7 Disposer le gigot dans le plat de service. Passer la sauce, lui ajouter la gelée de framboises et verser dans une saucière. Servir avec la purée de marron.

Préparation : 30 min ■ **Cuisson :** 2 h environ

Selle de chevreuil grand veneur

Pour 4-6 personnes

- 1,2-1,5 kg de selle de chevreuil
- 100 g de lard gras
- 1 verre à liqueur de cognac
- 2 c. à soupe d'huile
- 1 c. à soupe de persil haché
- 3 dl de sauce grand veneur (➤ voir p. 80)

1 Faire préparer la selle. Couper le lard en bâtonnets et le mettre dans un bol, ajouter le cognac, 1 cuillerée d'huile, du persil, du sel et du poivre et laisser mariner 15 min.

2 Avec la pointe d'un couteau, faire de petites entailles dans la selle et y introduire les lardons. Conserver leur marinade. Laisser reposer le temps de préparer la sauce grand veneur. Garder celle-ci au chaud.

3 Faire fondre dans une cocotte 40 g de beurre avec le reste de l'huile, y dorer la selle, saler et

- 80 g de beurre
- 400 g de marrons en boîte ou cuits sous vide
- sel, poivre

poivrer, puis cuire doucement de 20 à 25 min selon le degré de cuisson désiré.

4 Égoutter la selle, la dresser sur le plat de service, la couvrir d'une feuille d'aluminium et la garder au chaud.

5 Verser la marinade des lardons et 2 cuillerées d'eau dans la cocotte, déglacer, puis ajouter les marrons et les cuire 10 min.

6 Disposer les marrons autour de la selle. Napper de 3 ou 4 cuillerées de sauce et servir le reste en saucière.

Préparation : 40 min ■ **Cuisson :** 30-35 min

Selle de chevreuil rôtie à la hongroise

Pour 6 personnes

- 100 g de lard gras
- 1 selle de chevreuil de 1,5 kg
- 1 dl d'huile
- 2 oignons
- 2 branches de céleri
- 1,5 dl de vin rouge
- 1 dl de crème fraîche
- 3 pincées de paprika
- 1 c. à soupe de kirsch
- sel, poivre

1 Préchauffer le four à 220 °C. Tailler le lard en bâtonnets et en piquer la selle (➤ voir gigot de chevreuil page précédente). Badigeonner celle-ci d'huile et la mettre dans un plat allant au four.

2 Éplucher et couper finement les oignons, nettoyer et hacher le céleri et les ajouter autour du chevreuil, saler et poivrer. Mettre dans le four 30 min.

3 Égoutter la selle et la garder au chaud sous une feuille d'aluminium. Verser 2 cuillerées à soupe d'eau chaude et le vin rouge dans le plat. Bien gratter les sucs de cuisson.

4 Sur le feu, faire réduire cette sauce de moitié, puis la passer au mixeur ou au moulin à légumes (grille fine).

5 Verser la sauce dans une casserole, ajouter la crème fraîche et cuire 10 min en remuant. Rectifier l'assaisonnement. Ajouter le paprika et le kirsch, mélanger.

6 Découper la selle en tranches, napper celles-ci de sauce brûlante et servir aussitôt.

Préparation : 15 min ■ **Cuisson :** 45 min environ

Lièvre

Lièvre : préparation

Un lièvre venant d'une chasse personnelle doit être dépouillé et vidé, et son sang, recueilli (ajouter immédiatement 1/2 cuillerée de vinaigre afin de l'empêcher de coaguler). Débarrasser le foie de son fiel. Si le lièvre doit être cuisiné en morceaux, le découper de la même façon qu'un lapin (➤ voir p. 549).

Civet de lièvre

Pour 6-8 personnes

- 1 gros lièvre avec son foie et son sang
- 1/2 c. à soupe de vinaigre
- 3 l de marinade crue pour viande de boucherie et gibier (➤ voir p. 57)
- 8 baies de genièvre
- 2 c. à soupe d'huile d'arachide
- 80 g de beurre
- 70 g de farine
- 2 c. à soupe de cognac
- 1 c. à soupe de persil haché
- sel, poivre

❶ Préparer ou faire préparer le lièvre en recueillant le sang et le foie. Ajouter le vinaigre dans le sang. Nettoyer le foie et le réserver au frais. Découper le lièvre en morceaux (➤ voir p. 549).

❷ Préparer la marinade dans un grand saladier en y ajoutant les baies de genièvre écrasées. Y déposer les morceaux de lièvre. Couvrir le saladier et laisser mariner de 24 à 48 h dans le réfrigérateur.

❸ Égoutter les morceaux de lièvre, les sécher. Égoutter tous les ingrédients de la marinade et récupérer le liquide.

❹ Assaisonner les morceaux de lièvre et, dans une cocotte, les saisir vivement dans l'huile et 65 g de beurre. Les retirer, dégraisser la cocotte, ajouter les légumes de la marinade et les faire revenir.

❺ Remettre les morceaux de lièvre dans la cocotte, saupoudrer de farine et bien enrober les morceaux. Flamber au cognac, ajouter la marinade et porter à ébullition. Cuire à couvert environ 2 h.

❻ Retirer les morceaux et les tenir au chaud. Passer la sauce dans une passoire fine. En verser une petite louche sur le sang et délayer.

❼ Hors du feu, verser la totalité du sang dans la sauce, ajouter une noix de beurre. Vérifier l'as-

saisonnement, remettre les morceaux de lièvre dans la sauce et parsemer de persil.

civet de lièvre à la française :

procéder comme pour le civet de lièvre en y ajoutant 24 petits oignons glacés (➤ voir p. 759), 300 g de champignons sautés et 250 g de petits lardons. Décorer avec 8 croûtons de pain de mie.

Préparation : 45 min ■ **Marinade :** 24-48 h ■ **Cuisson :** 2 h environ

Civet de lièvre au chocolat

Pour 6-8 personnes

- 1 gros lièvre avec son foie et son sang
- 1/2 c. à soupe de vinaigre
- 3 l de marinade crue pour viande de boucherie et gibier
- 4 baies de genièvre
- 2 pincées de macis ou de muscade
- 10 g de gingembre frais
- 50 g de chocolat amer
- 40 g de beurre
- 1 c. à café de jus de citron
- 2 c. à soupe de jus d'orange
- sel, poivre

① Préparer ou faire préparer le lièvre en recueillant le sang et le foie. Ajouter le vinaigre dans le sang. Nettoyer le foie et le réserver au frais. Découper le lièvre en morceaux (➤ voir p. 549).

② Préparer la marinade dans un grand saladier ; y ajouter les baies de genièvre écrasées, le macis ou la muscade et le gingembre. Y déposer les morceaux de lièvre. Couvrir le saladier et laisser mariner de 24 à 48 h au frais.

③ Préchauffer le four à 160 °C. Réunir dans une cocotte le lièvre et la marinade avec sa garniture aromatique. Porter à ébullition, couvrir et laisser cuire à frémissement dans le four environ 2 h.

④ Retirer les morceaux et les tenir au chaud dans une autre cocotte. Passer la sauce dans une passoire fine. Verser une petite louche de sauce sur le sang, délayer.

⑤ Hors du feu, verser la totalité du sang dans la sauce, ajouter le chocolat, le beurre, le jus de citron et le jus d'orange. Mélanger et vérifier l'assaisonnement. Verser cette sauce sur les morceaux de lièvre. Tenir très chaud mais sans bouillir.

Préparation : 45 min ■ **Marinade :** 24 h ■ **Cuisson :** 2 h

Lièvre à la royale façon « ménagère solognote »

Pour 8 personnes

- 1 lièvre
- 1/2 c. à soupe de vinaigre
- 1 c. à café d'huile
- 400 g de crépine
- 2 oignons
- 2 carottes
- 1/4 de branche de céleri
- 5 échalotes
- 8 gousses d'ail
- 3 bouteilles de vin rouge
- 4 baies de genièvre
- 400 g de bardes de lard coupées
- 40 g de beurre
- 1/4 de c. à café de macis ou de muscade
- 2 clous de girofle
- 1 bouquet garni
- 1 c. à soupe d'eau-de-vie
- sel, poivre

1 Faire préparer le lièvre comme pour un civet, en gardant le sang, le foie, le cœur et les poumons. Mélanger le vinaigre avec le sang.

2 Découper le lièvre (➤ voir lapin : préparation p. 549). Hacher ensemble le cœur, le foie et les poumons. Les mettre dans un bol, verser une cuillerée d'huile par-dessus, couvrir et mettre au réfrigérateur.

3 Mettre la crépine à tremper dans de l'eau froide.

4 Éplucher tous les légumes. Tailler en petits cubes les oignons, les carottes et le céleri. Hacher les échalotes. Écraser l'ail.

5 Faire bouillir le vin et le flamber. Le laisser refroidir.

6 Piler les baies de genièvre, en saupoudrer tous les morceaux de lièvre, saler et poivrer. Égoutter la crépine et la couper en morceaux. Envelopper chaque morceau de lièvre dans une barde de lard puis dans un morceau de crépine.

7 Mettre le beurre à fondre dans une cocotte, y faire revenir les morceaux de lièvre puis ajouter tous les légumes, l'ail écrasé, le macis (ou la muscade), les clous de girofle et le bouquet garni. Verser le vin, saler, poivrer. Porter à ébullition, couvrir et cuire à feu doux pendant 6 h.

8 Retirer les morceaux de lièvre. Les désosser entièrement. Les disposer dans un plat de service creux, mettre celui-ci au bain-marie et couvrir d'une feuille d'aluminium.

9 Passer le fond de cuisson en appuyant bien avec une cuillère. Le dégraisser et le remettre dans une casserole.

10 Mettre le hachis d'abats dans un saladier et y verser une louche de sauce, bien mélanger. Ajouter encore une louche en fouettant et reverser le tout dans la sauce. Remuer jusqu'à

ce que l'ébullition reprenne, puis cuire tout doucement 20 min.

⑪ Passer la sauce. En verser une petite louche sur le sang et bien mélanger.

⑫ Hors du feu, ajouter le sang dans la sauce. Goûter et rectifier l'assaisonnement. Ajouter l'eau-de-vie et bien mélanger.

⑬ Napper le lièvre avec la sauce. Ce plat se mange avec une cuillère.

Préparation : 30 min ■ **Cuisson :** 6 h 30 environ

. . . .

Mousse de lièvre aux marrons

Pour 6-8 personnes

- 500 g de chair de lièvre sans os
- 3 blancs d'œufs
- 400 g de marrons en boîte ou surgelés
- 2,5 dl de fond de volaille du commerce
- 5 dl de crème fraîche
- 2,5 dl de sauce Périgueux (➤ voir p. 83)
- sel, poivre blanc

① Hacher très finement la chair de lièvre dénervée.

② Ajouter 9 pincées de sel et une grosse pincée de poivre blanc et mélanger. Incorporer ensuite les blancs d'œufs, un à un, en mélangeant à chaque fois. Passer au tamis ou dans une passoire en appuyant bien avec un pilon.

③ Verser la chair dans une sauteuse et la travailler sur feu doux à la cuillère en bois pour la rendre bien lisse, puis la mettre dans une jatte. Couvrir celle-ci et la garder pendant 2 h au réfrigérateur.

④ Pendant ce temps, faire cuire doucement 10 min les marrons dans une cocotte avec le fond. Les égoutter, en garder 8 entiers, couper les autres en morceaux.

⑤ Remplir un récipient de glaçons. Y poser la jatte et verser peu à peu la crème fraîche et les marrons en morceaux en mélangeant vigoureusement. Remettre la jatte 1 h au réfrigérateur.

⑥ Préparer la sauce Périgueux.

⑦ Préchauffer le four à 200 °C.

⑧ Beurrer 8 moules individuels, y répartir la mousse de lièvre en la tassant un peu, les recouvrir d'une feuille d'aluminium. Les mettre au bain-marie, porter à ébullition sur le feu et mettre au four 25 à 30 min.   ➜

9 Démouler sur le plat de service, napper d'un peu de sauce Périgueux et décorer de 1 marron entier.

Préparation : 1 h ■ **Réfrigération :** 3 h
■ **Cuisson :** 30 min

Pâté de lièvre

Pour 20 personnes environ

- 1 lièvre de 2,6 kg environ
- 240 g de jambon blanc
- 640 g de lard gras
- 200 g de maigre de porc
- 150 g de gorge de porc
- 100 g de trompettes-des-morts
- 4 baies de genièvre
- 1 brin de thym
- 1 feuille de laurier
- 40 g de sel
- 12 g de poivre
- 1 dl de cognac
- 400 g de pâte à foncer (➤ voir p. 110)
- 3 œufs
- 300 g de bardes de lard
- 2,5 dl de gelée au madère du commerce

La veille

1 Faire préparer le lièvre en recueillant le sang et le foie comme pour un civet (➤ voir p. 630). Le désosser (ou le faire désosser entièrement). Garder entiers les filets du râble.

2 Découper le jambon et 240 g de lard gras en lanières. Couper le reste de la chair du lièvre ainsi que 400 g de lard gras, le maigre et la gorge de porc en cubes. Nettoyer les trompettes-des-morts, les sécher. Écraser les baies de genièvre.

3 Mettre le tout dans un grand plat creux, parsemer de thym et de laurier finement émiettés, saler et poivrer, arroser de cognac, bien mélanger et garder au réfrigérateur.

4 Préparer la pâte à foncer, la couvrir et la mettre aussi au réfrigérateur.

Le jour même

5 Trier d'une part les cubes de lièvre et de porc, d'autre part les filets et les lanières de jambon et de lard gras. Hacher les cubes de lièvre et de porc et les mélanger dans une terrine. Ajouter 2 œufs et la marinade, et mélanger jusqu'à ce que la farce soit bien homogène.

6 Préchauffer le four à 190 °C. Abaisser la pâte à foncer, découper un morceau de pâte et en garnir tout l'intérieur du moule. Tapisser celui-ci d'abord de bardes de lard puis d'une fine couche de farce.

7 Disposer une première couche de lanières de jambon et de porc et un filet de lièvre. Recouvrir

avec de la farce. Ajouter une deuxième couche semblable et terminer avec la farce.

8 Couvrir d'une barde de lard puis du second morceau de pâte. Bien souder celui-ci contre les bords de la terrine en appuyant avec les doigts. Découper, au centre, un petit rond de pâte pour faire une cheminée, (pour permettre l'échappement de la vapeur en cours de cuisson) y glisser un petit carton roulé.

9 Battre le dernier œuf et, à l'aide d'un pinceau, dorer toute la surface du pâté. Cuire au four 1 h 30.

10 Laisser refroidir le pâté sans le sortir du moule et le laisser reposer 24 h.

Le lendemain

11 Préparer la gelée au madère et la couler par la cheminée.

12 Mettre le pâté au réfrigérateur 4 ou 5 h. Il est alors prêt à consommer.

Préparation : 2 jours ■ **Repos :** 24 h + 5 h
■ **Cuisson :** 1 h 30

Râble de lièvre à la crème

Pour 4 personnes

- 100 g de lard gras
- 2 râbles de jeunes lièvres de 500 g chacun environ
- 2 c. à soupe d'huile d'olive
- 1 verre à liqueur de cognac
- 1 dl de crème fraîche
- piment de Cayenne
- 1 citron
- sel, poivre

1 Préchauffer le four à 220 °C.

2 Couper le lard en petits bâtonnets. À l'aide d'un petit couteau pointu, piquer les râbles à intervalles réguliers et y glisser les bâtonnets de lard. Les saler et poivrer, les mettre dans un plat à rôtir, les huiler et enfourner pour 40 min. Les arroser 2 ou 3 fois avec un peu d'eau.

3 Sortir les râbles du plat et les tenir au chaud sur le plat de service dans le four éteint.

4 Jeter le gras et verser le cognac dans le plat. Déglacer sur feu vif, puis verser la crème et remuer. Saler, poivrer et ajouter une pincée de cayenne. Faire épaissir en remuant pendant 3 à 4 min sur feu modéré. ➡

⑤ Ajouter le jus de citron, rectifier l'assaisonnement et verser cette sauce sur les râbles. Servir aussitôt.

Préparation : 15 min ■ **Cuisson :** 45 min environ

Sauté de levraut à la niçoise

Pour 4 personnes

- 1 levraut coupé en morceaux
- 1 gousse d'ail
- 1 dl d'huile d'olive
- 2 c. à soupe de cognac
- 3 dl de vin rouge
- 1 bouquet garni
- 10 petits oignons
- 4 chipolatas
- 50 g d'olives noires
- 100 g de girolles
- sel, poivre

❶ Faire couper le levraut en morceaux.

❷ Peler la gousse d'ail et la diviser en deux.

❸ Dans une cocotte, faire chauffer l'huile (en garder 1 cuillerée à soupe). Ajouter les morceaux de levraut et les faire revenir. Saler et poivrer.

❹ Chauffer le cognac, le verser dans la cocotte et flamber. Remuer puis ajouter le vin rouge, l'ail et le bouquet garni. Faire cuire à couvert et à feu doux pendant 40 min.

❺ Éplucher les oignons et les plonger 2 min dans une casserole d'eau bouillante.

❻ Faire rissoler les chipolatas dans une poêle avec le reste d'huile.

❼ Dénoyauter les olives. Nettoyer les girolles.

❽ Mettre dans la cocotte les olives et les oignons. Faire cuire encore 10 min.

❾ Ajouter enfin les chipolatas coupées en deux et les girolles. Faire cuire 10 min environ. Goûter et rectifier l'assaisonnement. Servir dans la cocotte.

Préparation : 20 min ■ **Cuisson :** 1 h 10 environ

Marcassin, sanglier

Civet de marcassin

Pour 4 personnes

- 800 g-1 kg d'épaule, de haut de carré ou de poitrine de marcassin
- 1 dl de sang de porc
- 1/2 c. à soupe de vinaigre
- 1 l de marinade crue pour gibier (➤ voir p. 57)
- 60 g de beurre
- 1 c. à soupe d'huile
- 2 c. à soupe de farine
- 1 verre à liqueur de cognac
- 1 l de vin rouge
- sel, poivre

1 Demander au boucher de désosser le marcassin et de le couper en morceaux de 50 g environ.

2 Mélanger le sang de porc et le vinaigre.

3 Préparer la marinade, y mettre les morceaux de marcassin et les laisser ainsi de 24 à 48 h au réfrigérateur.

4 Égoutter les morceaux de marcassin et les essuyer avec un papier absorbant.

5 Passer la marinade dans un saladier. Saler et poivrer le marcassin.

6 Faire fondre 40 g de beurre avec l'huile dans une cocotte et cuire le marcassin à feu vif pendant 2 ou 3 min en retournant sans arrêt les morceaux. Égoutter ceux-ci et jeter le gras de la cocotte.

7 Verser dans la cocotte la garniture aromatique de la marinade et cuire 2 min en mélangeant.

8 Remettre le marcassin dans la cocotte, saupoudrer de farine et cuire encore 2 ou 3 min en remuant.

9 Chauffer le cognac, le verser dans la cocotte et flamber. Ajouter le liquide de la marinade et le vin rouge, porter à ébullition, couvrir puis cuire à feu doux pendant 1 h 30.

10 Égoutter le marcassin et le garder au chaud.

11 Passer la sauce.

12 Mettre le sang dans un bol, le délayer avec 2 ou 3 cuillerées de sauce puis, hors du feu, verser le contenu du bol dans la sauce et bien mélanger, puis ajouter les 20 g de beurre restants en fouettant.

13 Goûter et rectifier l'assaisonnement. Remettre le marcassin dans la sauce et servir dans la cocotte.

Préparation : 30 min ■ **Marinade :** 24-48 h
■ **Cuisson :** 1 h 40 environ

Côtelettes de marcassin aux poires

Pour 4 personnes

- 5 baies de genièvre
- 2 clous de girofle
- 5 grains de poivre
- 4 c. à soupe d'huile d'arachide
- 1 citron
- 2 c. à soupe de vinaigre de cidre
- 4 côtelettes de marcassin
- 4 poires
- 1 gousse de vanille
- 60 g de beurre
- 1 c. à soupe de rhum
- 1 dl de crème fraîche
- sel, poivre

❶ Écraser le genièvre, les clous de girofle et le poivre, les mélanger dans un plat avec l'huile, le jus de 1/2 citron et le vinaigre. Mettre les côtelettes de marcassin à mariner pendant 1 h, en les retournant plusieurs fois.

❷ Peler les poires, les couper en deux, retirer le cœur et les pépins. Les citronner. Faire bouillir de l'eau avec la gousse de vanille et y cuire doucement les poires pendant 15 min environ, puis les égoutter et les tenir au chaud.

❸ Égoutter les côtelettes de marcassin et les éponger. Faire fondre le beurre dans une poêle, cuire les côtelettes 10 min de chaque côté environ, les égoutter et les disposer sur un plat de service chaud.

❹ Verser le rhum dans la poêle, déglacer, ajouter la crème, mélanger et faire réduire d'un tiers environ. Saler et poivrer.

❺ Ranger les 1/2 poires autour des côtelettes, napper de sauce et servir aussitôt.

Préparation : 15 min ■ **Marinade :** 1 h
■ **Cuisson :** 25 min environ

Cuissot de marcassin à l'aigre-doux

Pour 6-8 personnes

- 12 pruneaux
- 60 g de raisins secs
- 2 carottes
- 2 oignons
- 1 branche de céleri
- 1 cuissot de marcassin de 2,2 kg environ

❶ Mettre à tremper dans de l'eau froide, séparément, les pruneaux et les raisins.

❷ Préchauffer le four à 200 °C.

❸ Éplucher et couper en rondelles carottes, oignons et céleri.

❹ Chauffer l'huile dans une cocotte et y faire dorer le cuissot de marcassin. Ajouter les légumes. Saler et poivrer. Verser le fond de veau, mélanger, couvrir et cuire au four 1 h 30.

- 3 c. à soupe d'huile
- 5 dl de fond de veau du commerce
- 4 c. à soupe de pignons
- 1 c. à soupe de sucre
- 4 morceaux de sucre
- 4 c. à soupe de vinaigre
- 4 dl de fond de gibier (➤ voir p. 54) ou de fond de volaille du commerce
- 24 cerises confites au vinaigre
- 30 g de chocolat noir
- 20 g de beurre manié
- sel, poivre

⑤ Mettre les pignons dans un petit plat et les passer au four pour les faire griller légèrement.

⑥ Égoutter le cuissot et le disposer dans un plat long allant au four. Passer le fond de braisage, en verser quelques cuillerées sur la viande. Poudrer celle-ci de sucre et la mettre au four 10 à 15 min environ jusqu'à ce qu'elle soit bien dorée.

⑦ Pour la sauce, faire fondre les morceaux de sucre avec 2 cuillerées d'eau et laisser caraméliser. Verser le vinaigre et bien mélanger, puis ajouter le fond de braisage et le fond de gibier. Mélanger et laisser bouillir 10 min, puis passer.

⑧ Égoutter les pruneaux et les raisins et les ajouter ainsi que les pignons et les cerises confites. Faire fondre le chocolat noir avec 1 cuillerée d'eau et le délayer dans la sauce.

⑨ Préparer le beurre manié (➤ voir p. 39) et l'ajouter en fouettant. Goûter et rectifier l'assaisonnement. Servir la sauce à part.

Préparation : 30 min ■ **Cuisson :** 1 h 45 environ

Daube de sanglier

Pour 10 personnes

- 200 g de lard gras
- 1 cuissot de jeune sanglier de 3 kg
- 1,5 l de marinade crue pour gibier
- 5 baies de genièvre
- 4 oignons, 5 carottes
- 1/2 bouquet de persil plat
- 2 couennes de porc
- 5 clous de girofle
- 1 dl de cognac
- sel, poivre

① Tailler le lard en languettes et en piquer le cuissot sur toutes les faces.

② Préparer la marinade (➤ voir p. 57) en y ajoutant les baies de genièvre. Y mettre le cuissot et le laisser ainsi pendant 24 h en le retournant plusieurs fois.

③ Préchauffer le four à 170 °C. Hacher le persil.

④ Peler les oignons et les carottes et les couper finement.

⑤ Tapisser le fond d'une cocotte avec les couennes. Ajouter par-dessus les carottes et les oignons.

⑥ Retirer le cuissot de la marinade et le poser dans la cocotte. Filtrer la marinade et la verser. Ajouter les clous de girofle écrasés, le persil et le cognac. Saler et poivrer. Couvrir et mettre au four 5 h environ. ➜

7 Sortir le cuissot de la cocotte et le découper en tranches épaisses. Passer le jus de cuisson. Servir les tranches nappées de jus.

Préparation : 20 min ■ **Marinade :** 24 h ■ **Cuisson :** 5 h

- -

Filet de jeune sanglier rôti

Pour 4 personnes

- 1,2 kg de dos de jeune sanglier
- 20 g de beurre
- 1 c. à soupe d'huile
- 1 gousse d'ail
- 2 baies de genièvre
- 2 branches de persil
- 1 brin de thym
- 1/2 feuille de laurier
- sel, poivre

1 Faire désosser le filet par le boucher, mettre les os à part. Ficeler le rôti. Casser les os.

2 Préchauffer le four à 250 °C.

3 Saler et poivrer le filet et l'enduire de beurre. Mettre l'huile dans un plat à rôtir et, sur le feu, faire dorer le filet de tous les côtés. Ajouter les os et mettre au four pendant 15 min.

4 Éplucher et écraser l'ail. Écraser les baies de genièvre.

5 Égoutter le filet, le disposer sur le plat de service et le garder au chaud sous une feuille d'aluminium.

6 Jeter le gras du plat et remettre celui-ci sur le feu. Verser 4 dl d'eau, ajouter l'ail, les baies de genièvre, le persil, le thym et le laurier, mélanger, bien gratter les sucs de cuisson et faire réduire de moitié.

7 Passer, goûter et rectifier l'assaisonnement. Servir ce jus à part.

Préparation : 15 min ■ **Cuisson :** 20 min environ

Les légumes

Les légumes frais

Riches en minéraux (fer, sodium, soufre, manganèse et iode), en vitamines, ainsi qu'en fibres, les légumes frais sont indispensables à l'équilibre alimentaire. Ils se consomment crus, nature ou assaisonnés, ou cuits, avec ou sans corps gras. Ils servent souvent de garniture à une viande ou un poisson, mais ils constituent aussi des plats complets : farcis, en soupe, en gratin. Les meilleurs procédés de cuisson consistent à les étuver ou à les cuire à la vapeur. Selon le légume, on consomme le fruit (aubergine, tomate), l'inflorescence (artichaut, chou-fleur), la feuille (chou, épinard, laitue), la tige (asperge, poireau), le bulbe (fenouil, oignon), le tubercule (pomme de terre), le germe (soja) ou la racine (carotte, navet).

L'idéal est de manger les légumes frais à la bonne saison et à pleine maturité. Ils se conservent dans un endroit frais (16 °C) ou dans le compartiment du réfrigérateur réservé à cet usage, enveloppés dans un linge ou dans un film alimentaire. On ne les lave qu'au moment de leur utilisation.

Les légumes secs

Ce sont des plantes légumineuses, qui fournissent des graines comestibles contenues dans une gousse. Riches en protéines et en glucides, elles se conservent d'une saison à l'autre et se mangent toujours cuites. On compte parmi les légumes secs toutes sortes de haricots, des pois et des lentilles. En principe, il faut les consommer dans l'année, car ils continuent de sécher en vieillissant. Les légumes secs entrent dans la préparation des spécialités régionales (cassoulet, garbure, potées) ou des mets étrangers (chili con carne, feijoada).

Les champignons

Pauvres en éléments nutritifs et peu caloriques, les champignons sont surtout prisés pour leurs valeurs gustatives. Ils se consomment comme les légumes – en accompagnement ou en plat principal –, mais on les emploie aussi comme aromates et condiments, par exemple pour parfumer des marinades et des sauces. Les champignons comestibles comprennent des espèces cultivées (champignons « de couche » ou de Paris) et de très nombreuses variétés de cueillette (bolets, girolles, trompettes-des-morts…). La morille et la truffe, rares et coûteuses, jouissent d'une renommée gastronomique très ancienne.

La plupart des champignons se dégustent cuits, quelques espèces peuvent être consommées crues, en salade (champignons de Paris). Certains champignons sont toxiques crus, par exemple les morilles.

Ail

Ail en chemise

Pour 4 personnes

- 3 ou 4 têtes d'ail
- 2 dl de bouillon de bœuf (➤ voir p. 48) ou 3 c. à soupe d'huile d'olive ou 100 g de graisse d'oie ou de canard

Séparer toutes les gousses formant la tête d'ail et choisir les plus grosses de façon à en avoir 4 ou 5 par personne. Les laver et les essuyer, ne pas les éplucher. On peut alors :

– soit les plonger 5 min dans de l'eau bouillante, puis les cuire pendant 15 min dans le bouillon frémissant ;

– soit les mettre dans un plat allant au four, les arroser d'huile et les rôtir à 220 °C pendant 15 à 20 min ;

– soit les confire : les couvrir de graisse et les cuire, dans une casserole, à 80 °C pendant 1 h environ ;

– soit les cuire au micro-ondes : les arroser d'huile et cuire 1 min 30 en mode cuisson.

L'ail en chemise accompagne les rôtis d'agneau, de veau, et les volailles.

Préparation : 5 min

■ **Cuisson :** selon le mode de cuisson choisi

Crème d'ail

Pour 4 personnes

- 12 gousses d'ail
- 1 tranche de pain de mie
- 2,5 dl de lait
- 1 c. à soupe de persil haché
- noix de muscade
- sel, poivre

❶ Faire bouillir de l'eau dans une petite casserole. Éplucher les gousses d'ail et les plonger dans l'eau bouillante pendant 1 min, les égoutter et recommencer une deuxième fois.

❷ Écroûter le pain de mie et le couper en morceaux.

❸ Faire chauffer le lait dans une casserole, ajouter les gousses d'ail, le persil et le pain, saler, poivrer et râper un peu de muscade. Faire cuire à feu doux pendant 20 min en mélangeant de temps en temps.

❹ Mixer jusqu'à ce que la crème soit homogène. ➡

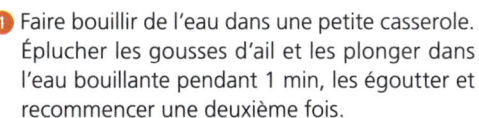

Cette crème d'ail pourra très bien accompagner une volaille rôtie ou grillée, un gigot ou des côtelettes d'agneau grillées.

Préparation : 20 min ◼ **Cuisson :** 20 min

· ·

Purée d'ail

Pour 4 personnes

- 1,5 dl de sauce Béchamel (➤ voir p. 62)
- 12 gousses d'ail
- 20 g de beurre

➊ Préparer la sauce Béchamel.

➋ Faire bouillir de l'eau dans une petite casserole.

➌ Éplucher les gousses d'ail et les y plonger pendant 1 min, les égoutter et recommencer une deuxième fois.

➍ Faire fondre le beurre dans une casserole, y mettre à cuire les gousses d'ail 10 min, à feu très doux.

➎ Égoutter les gousses, les mélanger à la béchamel et mixer.

Cette purée d'ail pourra servir de garniture à de l'agneau grillé ou rôti.

Préparation : 20 min ◼ **Cuisson :** 10 min

Artichauts
· ·

Artichauts : préparation

Avec un couteau bien tranchant, couper les artichauts aux deux tiers de leur hauteur pour éliminer les pointes dures. Les laver.

Casser la queue au ras des feuilles (ne pas la couper) : les parties filandreuses viendront avec la tige. Ficeler les artichauts pour que la pomme reste bien formée pendant la cuisson et les blanchir en les plongeant pendant 5 min dans de l'eau bouillante. Égoutter les artichauts et les rafraîchir sous le robinet. Retirer les petites feuilles centrales et le foin, saler et poivrer.

Artichauts à la bretonne

Pour 4 personnes

- 4 artichauts
- 4 dl de sauce crème
  (➤ voir p. 65)
- sel

1. Préparer les artichauts (➤ voir p. 644).
2. Faire chauffer de l'eau salée dans une casserole et les cuire pendant 25 à 30 min.
3. Pendant ce temps, préparer la sauce crème.
4. Égoutter les artichauts, écarter les feuilles et enlever le foin. Disposer sur le plat de service.
5. Servir la sauce à part.

Préparation : 15 min ■ **Cuisson :** 25-30 min

Artichauts Clamart

Pour 4 personnes

- 1,5 kg de petits pois frais ou 500 g de petits pois surgelés
- 12 petits artichauts nouveaux
- 1/2 citron
- 1 laitue
- 50 g de beurre
- 1 c. à café de sucre
- sel

1. Écosser les petits pois.
2. Laver les artichauts, casser les queues, araser le fond pour en enlever toutes les feuilles. Couper chaque artichaut au tiers de sa hauteur, enlever les petites feuilles du centre et le foin. Les citronner.
3. Laver la laitue et la couper en chiffonnade (petites lanières).
4. Faire fondre 30 g de beurre dans une cocotte et y disposer les artichauts. Couvrir et laisser cuire doucement pendant 15 min.
5. Ajouter les petits pois, la chiffonnade de laitue, du sel, le sucre et 3 cuillerées à soupe d'eau. Cuire tout doucement, toujours à couvert, pendant 20 min.
6. Ajouter le reste du beurre et servir dans la cocotte.

artichauts Crécy :

gratter 3 bottes de petites carottes. Couper chaque carotte en 3 tronçons. Procéder ensuite comme pour les artichauts Clamart en remplaçant les petits pois par les carottes.

Préparation : 30 min ■ **Cuisson :** 35 min environ

Artichauts à la diable

Pour 4 personnes

- 4 artichauts (violets de Provence de préférence)
- 4 gousses d'ail
- 2 c. à soupe de persil haché
- 200 g de mie de pain
- 3 c. à soupe de câpres
- 1,5 cl huile d'olive
- sel, poivre

1 Préparer les artichauts (➤ voir p. 644).

2 Préchauffer le four à 160 °C.

3 Éplucher et hacher les gousses d'ail, laver et hacher le persil. Les mélanger avec la mie de pain émiettée, les câpres, saler et poivrer.

4 Remplir les artichauts de cette farce. Les ranger dans une cocotte, bien serrés les uns contre les autres, verser un filet d'huile d'olive plus 1 dl d'eau, saler et poivrer.

5 Enfourner à couvert pendant 50 min environ. Les arroser souvent.

6 Disposer les artichauts dans le plat de service et arroser du jus de cuisson.

Préparation : 20 min ■ **Cuisson :** 50 min

Artichauts à la vinaigrette

Pour 4 personnes

- 4 artichauts
- 1,5 dl de vinaigrette (➤ voir p. 98)
- 1 c. à café de moutarde forte
- 1 c. à soupe de ciboulette hachée
- sel, poivre

1 Préparer les artichauts (➤ voir p. 644) et les cuire à l'eau bouillante salée pendant 25 à 30 min (10 min à l'autocuiseur).

2 Préparer la vinaigrette en y ajoutant de la moutarde et la ciboulette hachée.

3 Égoutter les artichauts et les laisser tiédir.

4 Dégager le cœur et retirer tout le foin. Les servir avec la vinaigrette à part.

Préparation : 10 min ■ **Cuisson :** 30 min environ

Brouillade de petits violets

Pour 6 personnes

- 30 petits artichauts violets de Provence
- 1 citron
- 4 tomates vertes
- 2 tomates mûres
- 2 gousses d'ail
- 2 petits oignons blancs
- 200 g de petits lardons maigres
- 5 c. à soupe d'huile d'olive
- 1 brin de thym
- 1/2 feuille de laurier
- 10 feuilles de basilic
- sel, poivre

❶ Couper le bout des feuilles de chaque artichaut avec des ciseaux. Extraire le foin avec un couteau à pamplemousse et citronner les artichauts sur toutes les faces.

❷ Laver les tomates et les couper en quartiers. Peler et hacher finement l'ail et les oignons.

❸ Mettre les lardons dans une poêle et les faire rissoler. Les égoutter sur un papier absorbant, les remplacer par les tomates et l'ail. Les faire sauter, saler et poivrer et les égoutter au bout de 5 min.

❹ Mettre dans la poêle les artichauts et les oignons, les arroser d'huile et les faire revenir en remuant, émietter dessus le thym et le laurier.

❺ Au bout de 10 min, ajouter les tomates et les lardons. Couvrir et laisser mijoter pendant 20 min.

❻ Couper grossièrement les feuilles de basilic et en parsemer la brouillade. Cuire encore 10 min.

Cette brouillade accompagne de l'agneau grillé, des escalopes de veau ou des tournedos. Elle se mange aussi froide, en entrée, avec une vinaigrette à l'huile d'olive, au citron, additionnée d'une pointe d'ail et d'estragon.

Préparation : 20 min ■ **Cuisson :** 1 h

Fonds d'artichaut étuvés au beurre

Pour 4 personnes

- 4 fonds d'artichaut surgelés ou en boîte
- 40 g de beurre
- sel, poivre

❶ Décongeler les fonds d'artichaut.

❷ Faire fondre doucement le beurre dans une cocotte, y mettre les fonds, saler et poivrer, les retourner 1 ou 2 fois pour les beurrer de chaque côté.

❸ Couvrir et cuire à feu doux 10 à 12 min pour des fonds surgelés (8 à 10 min pour des fonds en boîte). ➡

On peut ensuite couper les fonds en gros dés et les servir en accompagnement d'une viande ou d'une volaille. Ils peuvent aussi être garnis.

Préparation : 5 min ■ **Cuisson :** 8-12 min

Fonds d'artichaut à la florentine

Pour 4 personnes

- 2,5 dl de sauce Mornay (➤ voir p. 66)
- 800 g d'épinards frais ou 200 g d'épinards surgelés
- 4 fonds d'artichaut surgelés ou en boîte
- 20 g de fromage râpé
- sel, poivre

1. Préparer la sauce Mornay et la garder au chaud.
2. Cuire les épinards au beurre (➤ voir p. 721).
3. Faire étuver les fonds d'artichaut (➤ voir page précédente) et les mettre dans un plat à gratin.
4. Préchauffer le four à 275 °C.
5. Garnir chaque fond avec 1 grosse cuillerée à soupe d'épinards et le napper de sauce Mornay. Parsemer de fromage râpé et faire gratiner au four pendant 5 ou 6 min.

Préparation : 30 min ■ **Cuisson :** 5-6 min

Fonds d'artichaut Soubise

Pour 4 personnes

- 150 g de purée Soubise (➤ voir p. 759)
- 4 fonds d'artichaut surgelés ou en boîte
- 40 g de beurre
- 20 g de parmesan
- sel, poivre

1. Préparer la purée Soubise.
2. Faire étuver les fonds d'artichaut au beurre (➤ voir page précédente).
3. Préchauffer le four à 275 °C.
4. Mettre les artichauts dans un plat à gratin, les garnir de purée Soubise, les poudrer de parmesan et les faire gratiner pendant 5 ou 6 min.

Préparation : 30 min ■ **Cuisson :** 5-6 min

Asperges

Asperges : préparation, cuisson et congélation

Couper les asperges à la même longueur, sur une planche pour ne pas les casser. Les peler de la pointe vers le pied, avec un couteau à asperges économe. Les laver rapidement à grande eau. Les égoutter et les lier en bottes.

Faire bouillir de l'eau salée dans un faitout et les y plonger. Au bout de 15 min, vérifier que les asperges sont cuites en piquant la pointe d'un couteau dans la base de la plus grosse : la lame doit rentrer facilement, sinon prolonger la cuisson encore quelques minutes.

Sortir les asperges et les mettre à égoutter sur un plat garni d'une serviette ou sur la grille d'un plat à asperges.

On peut aussi cuire les asperges à la vapeur dans une casserole spéciale : les têtes, maintenues hors de l'eau, seront plus tendres.

Les asperges se servent chaudes ou tièdes. Cuites à l'eau ou à la vapeur, elles s'accompagnent de différentes sauces chaudes (crème, hollandaise, maltaise ou mousseline) ou froides (mayonnaise, vinaigrette, sauce moutarde ou tartare).

Pointes d'asperge

Couper les pointes et les lier en bottes. Détailler les queues en dés et les cuire 5 min dans de l'eau bouillante salée. Ajouter les pointes, les cuire 7 ou 8 min, les sortir et les rafraîchir.

Congélation d'asperges

Éplucher les asperges et les blanchir de 2 à 4 min, selon leur grosseur, dans une grande quantité d'eau bouillante salée. Les passer sous l'eau froide, les égoutter et bien les éponger. Les emballer par petites quantités dans des sacs à congélation, eux-mêmes enfermés dans des sacs plus grands ou dans des boîtes à congélation. Fermer, étiqueter et congeler. ➜

Pour utiliser ces asperges, les plonger encore gelées dans de l'eau bouillante salée et les laisser terminer leur cuisson pendant 12 à 16 min, selon la grosseur. Elles peuvent être apprêtées comme les asperges fraîches.

Asperges à la flamande

Pour 4 personnes

- 1,6 kg d'asperges
- 2 œufs
- 80 g de beurre
- 1 c. à soupe de persil haché
- sel

1 Préparer et cuire les asperges (➤ voir page précédente).

2 Faire durcir les œufs, les rafraîchir, les écaler et écraser les jaunes.

3 Mettre à fondre le beurre et le mélanger avec les jaunes d'œufs et le persil haché. Saler.

4 Servir les asperges très chaudes et la sauce à part.

Préparation : 20 min ■ **Cuisson :** 10-15 min

Asperges au gratin

Pour 4 personnes

- 1,6 kg d'asperges
- 2,5 dl de sauce Mornay (➤ voir p. 66)
- 20 g de parmesan râpé
- 20 g de beurre
- sel, poivre

1 Préparer et cuire les asperges (➤ voir page précédente).

2 Pendant ce temps, préparer la sauce Mornay.

3 Disposer les asperges dans un plat allant au four, en couches alternées, de manière à présenter les pointes de chaque côté du plat.

4 Recouvrir les pointes de sauce Mornay.

5 Placer une bande de papier sulfurisé sur les parties non saucées.

6 Poudrer de parmesan râpé, saler, poivrer, arroser de beurre fondu et gratiner 3 ou 4 min sous le gril du four, jusqu'à ce que les pointes soient bien dorées.

7 Enlever le papier juste avant de servir.

Préparation : 35 min environ ■ **Cuisson :** 3-4 min

Asperges à la polonaise

Pour 4 personnes

- 1,6 kg d'asperges
- 2 œufs
- 1 c. à soupe de persil haché
- 50 g de beurre
- 50 g de chapelure
- sel, poivre

1 Préparer et cuire les asperges (➤ voir p. 649), puis les égoutter soigneusement.

2 Faire durcir les œufs, les rafraîchir, les écaler et les hacher.

3 Beurrer un plat long et y dresser les asperges par rangées échelonnées, de manière à faire apparaître toutes les pointes.

4 Parsemer le plat avec les œufs durs et le persil hachés. Saler, poivrer.

5 Préparer un beurre noisette (➤ voir p. 40), y ajouter la chapelure et la laisser blondir. En arroser les asperges. Servir aussitôt.

Préparation : 35 min ■ **Cuisson :** 15 min + 5 min

Aubergines

Aubergines : préparation

L'épluchage de l'aubergine n'est pas nécessaire. Pour certaines préparations, il faut la faire dégorger : la couper en tranches, la parsemer de gros sel, la laisser reposer 30 min, puis l'éponger soigneusement dans du papier absorbant.

Pour farcir les aubergines, on peut, selon leur forme et leur grosseur, soit les couper en deux en forme de barquettes et évider les moitiés, soit les décalotter et les creuser pour obtenir une seule calotte plus profonde. Passer alors un couteau à 5 ou 6 mm du bord, tout autour, puis, avec un couteau à pamplemousse, achever de détacher la pulpe du fond. Citronner l'intérieur et la pulpe pour les empêcher de noircir.

Aubergines à la crème

Pour 4 personnes

- 4 aubergines
- 80 g de beurre
- 1,5 dl de sauce crème
  (➤ voir p. 65)
- sel, poivre

❶ Couper les aubergines en rondelles de 5 mm d'épaisseur. Les faire dégorger (➤ voir page précédente), les éponger.

❷ Mettre à fondre le beurre dans une cocotte, y ranger les aubergines, les saler et les poivrer et les cuire tout doucement pendant 15-20 min environ.

❸ Pendant ce temps, préparer la sauce crème.

❹ Mélanger délicatement les aubergines avec la sauce, sans les briser, et les disposer dans le plat de service.

Préparation : 5 min ■ **Dégorgeage :** 30 min
■ **Cuisson :** 15-20 min environ

Aubergines au cumin

Pour 4 personnes

- 2 citrons
- 1 dl d'huile d'olive
- 1 c. à café de graines de coriandre
- 1 c. à dessert de graines de cumin
- 12 grains de poivre blanc
- 1 bouquet garni
- 3 brins de thym
- 4 aubergines
- gros sel

❶ Préparer un court-bouillon avec un demi-litre d'eau, le jus de 1 citron, l'huile d'olive, les graines de coriandre et de cumin, le poivre, le bouquet garni, le thym et 3 pincées de gros sel.

❷ Détailler les aubergines en petits cubes réguliers et les citronner.

❸ Plonger les aubergines dans le court-bouillon, faire bouillir vivement pendant 10 min, puis les égoutter.

❹ Jeter le bouquet garni, filtrer le court-bouillon, le réduire de moitié et rectifier son assaisonnement. En arroser les aubergines et laisser refroidir.

❺ Mettre au réfrigérateur jusqu'au moment de servir.

On peut ajouter au court-bouillon 2 cuillerées à soupe de concentré de tomate.

Préparation : 10 min ■ **Cuisson :** 15 min environ

Aubergines au gratin à la toulousaine

Pour 4 personnes

- 4 aubergines
- 3 dl d'huile d'olive
- 5 tomates
- 2 gousses d'ail
- 50 g de mie de pain rassis
- 1 c. à soupe de persil haché
- sel, poivre

1. Couper les aubergines en tranches épaisses, transversalement ou dans la longueur, et les faire dégorger (➤ voir p. 651).
2. Verser 2 dl d'huile dans une poêle et dorer les tranches d'aubergine en les retournant souvent.
3. Couper les tomates en deux, enlever les pépins, chauffer 0,5 dl d'huile dans une autre poêle et les y faire sauter ; saler, poivrer.
4. Préchauffer le four à 200 °C.
5. Hacher l'ail et le mélanger avec la mie de pain émiettée.
6. Garnir un plat à gratin huilé avec les tomates et les aubergines en les alternant et parsemer largement de mie de pain aillée et de persil haché. Arroser avec le reste de l'huile et enfourner pendant 10 à 15 min pour les gratiner.

Préparation : 15 min ■ **Dégorgeage :** 30 min ■ **Cuisson :** 30 min

Aubergines farcies à la catalane

Pour 4 personnes

- 1 œuf
- 2 gousses d'ail
- 2 oignons
- 1 bouquet de persil
- 2 aubergines
- 1,5 dl d'huile
- 50 g de mie de pain rassis
- sel, poivre

1. Faire durcir l'œuf, le rafraîchir, l'écaler et le hacher.
2. Éplucher et hacher l'ail et les oignons. Hacher le persil.
3. Préchauffer le four à 180 °C.
4. Couper les aubergines en deux pour former des barquettes. Les creuser à 1 cm du bord et retirer la pulpe sans crever la peau. Faire de très fines entailles dans le rebord.
5. Mettre les demi-aubergines dans un plat à four huilé, arroser d'un filet d'huile et cuire au four 10 min.
6. Pendant ce temps, hacher la pulpe retirée et la mélanger avec les hachis d'œuf, d'ail et de persil.

➜

❼ Porter la chaleur du four à 225 °C.

❽ Chauffer 3 cuillerées à soupe d'huile dans une cocotte et y faire fondre l'oignon pendant 10 min puis l'ajouter à la pulpe, saler, poivrer et bien mélanger.

❾ Garnir les demi-aubergines de cette farce.

❿ Émietter la mie de pain, la parsemer sur les aubergines, arroser avec le reste de l'huile et cuire au four pendant 25 à 30 min.

Préparation : 20 min ■ **Cuisson :** 1 h environ

Aubergines farcies à l'italienne

Pour 4 personnes

- 320 g de risotto (➤ voir p. 826)
- 4 aubergines
- 2 gousses d'ail
- 1 c. à soupe de persil haché
- 50 g de chapelure
- 1 dl d'huile d'olive
- sel, poivre

❶ Préchauffer le four à 180 °C.

❷ Couper les aubergines en deux pour former des barquettes. Les creuser à 1 cm du bord et retirer la pulpe sans crever la peau. Faire de très fines entailles dans le rebord.

❸ Mettre les demi-aubergines dans un plat huilé allant au four, saler et poivrer, arroser d'un filet d'huile et enfourner pendant 10 min.

❹ Hacher la pulpe d'aubergine. Éplucher et hacher l'ail. Les ajouter dans le risotto avec le persil haché et bien mélanger. Cuire pendant 5 min.

❺ Porter la chaleur du four à 220 °C.

❻ Garnir les aubergines de cette préparation. Parsemer de chapelure.

❼ Arroser avec le reste d'huile d'olive et gratiner pendant 10 à 15 min.

Préparation : 15 min ■ **Cuisson :** 30 min environ

Aubergines frites

Pour 4 personnes

- 500 g de pâte à frire
  (➤ voir p. 113)
- 4 aubergines
- huile de friture
- sel

① Préparer la pâte à frire, la laisser reposer 30 min.

② Couper les aubergines en rondelles et les faire dégorger (➤ voir p. 651).

③ Essuyer les aubergines et les plonger dans la pâte à frire. Avec une cuillère, dégager chaque rondelle de la pâte et la plonger dans la friture à 180 °C. Retirer les rondelles quand elles sont bien dorées.

④ Égoutter les aubergines sur un papier absorbant. Saler et servir tout de suite.

Préparation : 10 min ■ **Dégorgeage :** 30 min
■ **Cuisson :** 15-20 min

Aubergines « imam bayildi »

Pour 4 personnes

- 200 g de raisins de Corinthe
- un bol de thé
- 4 aubergines longues
- 1/2 citron
- 4 oignons
- 8 tomates
- 1 petit bouquet de persil
- 2 gousses d'ail
- 1,5 dl d'huile d'olive
- 2 brins de thym
- 2 feuilles de laurier
- sel, poivre

① Faire tremper les raisins de Corinthe dans un peu de thé tiède.

② Essuyer les aubergines, sans les peler, les fendre en deux, les évider et inciser la pulpe à 1 cm du bord, en veillant à ne pas percer la peau. Couper la pulpe en petits dés, la mettre dans une jatte avec le jus de citron.

③ Éplucher et hacher les oignons.

④ Ébouillanter, peler, épépiner et concasser les tomates.

⑤ Hacher le persil. Éplucher et écraser l'ail.

⑥ Faire chauffer 4 cuillerées à soupe d'huile d'olive et y mettre à revenir les dés d'aubergine, ajouter ensuite le hachis d'oignon et de persil, puis la pulpe de tomate.

⑦ Saler, poivrer, ajouter 1 brin de thym et 1 feuille de laurier, couvrir et laisser fondre pendant 20 min.

⑧ Ajouter l'ail et les raisins égouttés. Bien mélanger le tout et cuire encore 5 min. ➡

⑨ Retirer le thym et le laurier.

⑩ Préchauffer le four à 160 °C.

⑪ Huiler un plat allant au four. Placer les demi-aubergines évidées dans le plat et les garnir de farce.

⑫ Verser le reste d'huile tout autour et ajouter un peu de thym et de laurier émiettés, enfourner le plat pendant 30 min.

Préparation : 25 min ■ **Cuisson :** 50 min

Aubergines sautées

Pour 4 personnes

- 4 aubergines
- 40 g de farine
- 2 dl d'huile d'olive
- 1 c. à soupe de persil haché
- sel

❶ Couper les aubergines en cubes de 2 cm de côté. Les faire dégorger (➤ voir p. 651).

❷ Étaler la farine dans un torchon propre et bien y rouler les cubes d'aubergine.

❸ Chauffer l'huile d'olive dans une grande poêle, y mettre les aubergines et les faire sauter, en les retournant souvent, pendant 10 à 15 min.

❹ Verser les aubergines dans le plat de service chaud et parsemer de persil.

Préparation : 10 min ■ **Dégorgeage :** 30 min
■ **Cuisson :** 10-15 min

Aubergines soufflées

Pour 4 personnes

- 4 dl de béchamel (➤ voir p. 62)
- 4 aubergines
- 2 œufs
- 40 g de parmesan ou de gruyère râpé

❶ Préparer la sauce Béchamel.

❷ Fendre en deux les aubergines comme pour les farcir (➤ voir p. 651). Les évider et inciser la pulpe à 1 cm du bord, en veillant à ne pas percer la peau.

❸ Préchauffer le four à 200 °C.

❹ Passer la pulpe au moulin à légumes ou au mixeur et la mélanger avec la béchamel.

- noix de muscade
- sel, poivre

5 Casser les œufs et séparer les blancs des jaunes. Monter les blancs en neige bien ferme avec 1 pincée de sel. Ajouter les jaunes au mélange pulpe-béchamel, saler, poivrer et râper de la muscade.

6 Ajouter les blancs en mélangeant délicatement.

7 Remplir les aubergines évidées, les ranger dans un plat à gratin huilé. Poudrer de fromage râpé et enfourner pendant 10 min.

aubergines soufflées à la hongroise :
ajouter 1 oignon haché et fondu au beurre dans la farce et 1 cuillerée de paprika.

Préparation : 30 min ■ **Cuisson :** 10 min

Beignets d'aubergine

Pour 4 personnes

- 150 g de pâte à frire (➤ voir p. 113)
- 4 aubergines
- 0,5 dl d'huile
- 1/2 citron
- 2 c. à soupe de persil haché
- 4 œufs
- 20 g de beurre
- sel, poivre
- huile de friture

1 Préparer la pâte à frire et la laisser reposer 1 h.

2 Couper les aubergines en rondelles. Mélanger l'huile, le jus de citron, 1 cuillerée de persil haché, du sel et du poivre et mettre les aubergines dans cette marinade pendant 1 h.

3 Faire durcir les œufs, les rafraîchir, les écaler, séparer les blancs des jaunes.

4 Égoutter les aubergines et les écraser à la fourchette ou au mixeur avec les jaunes d'œufs durs, le beurre et le reste du persil, saler et poivrer.

5 Bien mélanger et rouler cette préparation en boulettes de la taille d'une mandarine environ.

6 Aplatir les boulettes, les tremper dans la pâte à frire et les plonger dans la friture à 180 °C jusqu'à ce que les beignets soient dorés.

7 Recouvrir le plat de service d'une serviette en papier et y disposer les beignets.

Préparation : 15 min ■ **Marinade :** 1 h
■ **Cuisson :** 10-15 min

Caponata

Pour 4-6 personnes

- 500 g de sauce tomate (➤ voir p. 86)
- 4 aubergines
- 1 dl d'huile d'olive
- 1 oignon
- 100 g de câpres au sel
- 100 g de cœur de céleri
- 1 dl de vinaigre
- 100 g de sucre
- 100 g d'olives vertes dénoyautées
- 2 œufs
- 150 g de calmars sautés (➤ voir p. 307)
- 4 sardines à l'huile
- 2 c. à soupe de persil haché
- sel, poivre

La veille

① Préparer la sauce tomate.

② Laver les aubergines et les couper en dés. Chauffer 5 cuillerées à soupe d'huile dans une poêle et faire sauter les aubergines pendant 10 à 15 min, saler et poivrer. Les égoutter sur un papier absorbant.

③ Éplucher et hacher l'oignon. Le mettre à dorer dans une casserole avec 2 cuillerées à soupe d'huile. Ajouter la sauce tomate et garder sur feu très doux.

④ Rincer les câpres. Éplucher et hacher le céleri. Dans une autre casserole, verser le vinaigre et le sucre. Chauffer doucement, ajouter les câpres, les olives et le céleri. Quand ils sont cuits « al dente », les mettre dans la sauce tomate et cuire encore 10 min.

⑤ Baisser le feu, ajouter les aubergines et cuire encore 15 min en remuant. Mettre 12 h au réfrigérateur.

Le jour même

⑥ Faire durcir les œufs et les hacher, préparer les calmars sautés.

⑦ Servir la caponata couverte d'œufs durs hachés, avec les calmars, les sardines à l'huile égouttées ; parsemer de persil haché.

Préparation : 1 h ■ **Réfrigération :** 12 h au minimum ■ **Cuisson :** 30 min + 20 min environ

Caviar d'aubergine

Pour 4-6 personnes

- 3 aubergines
- 4 œufs

① Préchauffer le four à 200 °C. Enfourner les aubergines entières pendant 15 à 20 min.

② Faire durcir les œufs, puis les rafraîchir et les écaler.

- 2 tomates
- 1 oignon
- 5 dl d'huile d'olive
- sel, poivre

③ Peler et épépiner les tomates, hacher la pulpe.

④ Éplucher et hacher l'oignon.

⑤ Fendre les aubergines en deux, retirer la pulpe et la hacher au couteau.

⑥ Dans un saladier, mélanger la tomate, la pulpe d'aubergine et l'oignon, saler et poivrer. Ajouter l'huile peu à peu, en tournant comme pour une mayonnaise (on peut utiliser un mixeur).

⑦ Mettre dans le réfrigérateur jusqu'au moment de servir. Décorer avec les œufs durs en quartiers.

Préparation : 30-35 min ■ **Cuisson :** 15-20 min

Gratin d'aubergine

Pour 4 personnes

- 4 aubergines
- 1 oignon
- 1 gousse d'ail
- 150-200 g de restes de viande
- 5 branches de persil
- 40 g de beurre
- 2 c. à soupe de concentré de tomate
- 0,5 dl d'huile d'olive
- chapelure
- sel, poivre

① Couper les aubergines en rondelles et les faire dégorger (➤ voir p. 651).

② Pendant ce temps, éplucher et hacher l'oignon et l'ail. Hacher les restes de viande et le persil.

③ Faire fondre 30 g de beurre dans une poêle, y mettre à revenir l'oignon et l'ail. Quand ils sont dorés, ajouter la viande hachée et le persil, mélanger.

④ Verser le concentré de tomate et mélanger encore, saler, poivrer et cuire de 5 à 7 min.

⑤ Chauffer l'huile dans une grande poêle et y faire sauter les aubergines pendant 10 min environ, les saler et les poivrer. Les égoutter sur un papier absorbant.

⑥ Préchauffer le four à 220 °C.

⑦ Beurrer un plat à gratin, mettre au fond une couche d'aubergines, puis une couche de farce et ainsi de suite. Terminer par des aubergines.

⑧ Parsemer de chapelure, faire fondre le reste de beurre et en arroser le tout. Enfourner pendant 30 min.

Préparation : 20 min ■ **Dégorgeage :** 30 min
■ **Cuisson :** 50 min

Moussaka

Pour 4-6 personnes

- 5 aubergines
- 0,5 l d'huile d'olive
- 350 g de sauce tomate (➤ voir p. 86)
- 10 feuilles de menthe
- 10 branches de persil
- 750 g de bœuf haché
- sel, poivre

1. Couper les aubergines en tranches. Verser 3 dl d'huile d'olive dans une poêle et faire frire les aubergines jusqu'à ce qu'elles soient bien dorées.
2. Étaler les aubergines sur du papier absorbant et les laisser s'égoutter ainsi, pendant 12 h, en changeant le papier 2 ou 3 fois.
3. Préparer la sauce tomate et la faire réduire d'un tiers environ.
4. Hacher la menthe et le persil.
5. Dans un saladier, mélanger le bœuf haché, la sauce tomate, la menthe et le persil, le reste de l'huile d'olive (en garder 2 cuillerées), sel et poivre.
6. Préchauffer le four à 180 °C.
7. Huiler un plat ovale allant au four et le remplir de couches alternées de hachis et de tranches d'aubergines en terminant par du hachis.
8. Placer le plat dans un bain-marie, porter à ébullition sur le feu, puis cuire au four pendant 1 h.
9. Éteindre le four et y laisser la moussaka pendant 15 min, porte entrouverte. La démouler et servir.

Préparation : 30 min + 15 min ■ **Repos :** 12 h
■ **Cuisson :** 1 h 15

Papeton d'aubergine

Pour 4-6 personnes

- 0,5 l de fondue de tomate (➤ voir p. 797)
- 2 kg d'aubergines
- 50 g de farine
- 1 dl d'huile d'olive
- 2 gousses d'ail
- 7 œufs

1. Préparer la fondue de tomate.
2. Laver et couper en cubes les aubergines, les poudrer de sel fin et les laisser dégorger 1 h.
3. Laver les aubergines à l'eau froide, les éponger à fond. Les rouler dans un torchon avec la farine.
4. Faire chauffer l'huile dans une cocotte et y mettre à fondre très doucement les cubes d'aubergine. Les saler, les laisser refroidir, puis les passer au mixeur.

- 1 dl de lait
- 1 pointe de piment de Cayenne
- sel, poivre

5 Préchauffer le four à 180 °C.

6 Éplucher et hacher l'ail.

7 Battre les œufs en omelette avec le lait, ajouter l'ail, du sel, du poivre et un soupçon de piment de Cayenne et les mélanger avec la purée d'aubergine.

8 Beurrer un moule à manqué et y verser la préparation. Placer ce moule dans un bain-marie, commencer l'ébullition sur le feu, puis enfourner pendant 1 h.

9 Réchauffer la fondue de tomate.

10 Démouler le papeton sur un plat de service chaud et napper de fondue bouillante.

Préparation : 30 min ■ **Dégorgeage :** 1 h
■ **Cuisson :** 1 h

Rougail d'aubergine

Pour 4-6 personnes

- 3 aubergines
- 1 oignon
- 1 c. à café de gingembre frais haché
- 1/2 piment oiseau
- 1/2 c. à café de sel
- 1/2 citron
- 4 c. à soupe d'huile d'olive

1 Préchauffer le four à 220 °C.

2 Retirer le pédoncule des aubergines et cuire celles-ci au four pendant 20 à 25 min.

3 Pendant ce temps, couper l'oignon en morceaux et le mixer avec le gingembre, le piment oiseau, le sel fin, le jus de citron et l'huile d'olive.

4 Ouvrir les aubergines en deux, les épépiner et, avec une cuillère, retirer la pulpe.

5 Hacher la pulpe et la mélanger à la préparation mixée. Travailler cette pâte jusqu'à ce qu'elle devienne bien fine.

6 Mettre au réfrigérateur jusqu'au moment de servir.

Préparation : 20 min ■ **Cuisson :** 20-25 min

Avocats

Avocats : préparation

Les avocats doivent toujours être choisis mûrs, sans tache sur l'écorce. S'ils sont encore un peu durs, il convient de les envelopper dans un papier journal pour accélérer le mûrissement.

Les laver, les ouvrir en deux, retirer le noyau et y couler immédiatement un jus de citron, bien le répartir sur toute la surface de la chair pour empêcher celle-ci de noircir.

Avocats fraîcheur

Pour 4 personnes

- 1 banane
- 1 citron
- 1 orange
- 100 g de céleri-rave
- 1 œuf
- 1 c. à café de cerfeuil haché
- 2 avocats
- sel, poivre

1. Peler la banane, la couper en rondelles et la citronner.
2. Peler l'orange à vif et la détailler en tranches fines.
3. Éplucher le céleri et le découper en fins bâtonnets.
4. Réunir les fruits et le céleri dans un saladier et mettre 30 min dans le réfrigérateur.
5. Pendant ce temps, faire durcir l'œuf, l'écaler, le hacher et le mélanger avec le cerfeuil.
6. Couper en deux les avocats, retirer le noyau, prélever la pulpe et la détailler en dés.
7. Mélanger les dés d'avocat avec la banane, l'orange et le céleri rafraîchis, saler et poivrer.
8. Disposer cette préparation dans des coupelles, parsemer du hachis d'œuf et de cerfeuil, et servir.

Préparation : 20 min ■ **Réfrigération :** 30 min

Avocats sautés

Pour 4 personnes

- 2 avocats
- 1 citron
- 1 échalote
- 20 g de beurre
- 1 c. à soupe de ciboulette
- sel, poivre

1 Préparer les avocats (➤ voir page précédente).
2 Prélever la pulpe en un seul morceau puis la tailler en lamelles, citronner immédiatement, saler et poivrer.
3 Éplucher et hacher l'échalote.
4 Mettre à fondre le beurre dans une poêle, y faire sauter les avocats pendant 5 min.
5 Ajouter l'échalote, mélanger avec précaution et cuire encore 5 ou 7 min en faisant souvent sauter le tout.
6 Goûter et rectifier l'assaisonnement. Parsemer de ciboulette et servir aussitôt.

Préparation : 10 min ■ **Cuisson :** 10 min environ

Avocats aux tomates et aux crevettes

Pour 4 personnes

- 2 avocats
- 1 citron
- 1 cœur de laitue
- 2 tomates
- 100 g de crevettes décortiquées
- 2 c. à soupe de vinaigre de vin
- 1 c. à soupe de whisky
- 7 c. à soupe d'huile de noisette
- sel, poivre

1 Couper les avocats en deux. Retirer les noyaux, prélever la pulpe et la détailler en dés, puis la citronner.
2 Effeuiller le cœur de laitue.
3 Ébouillanter et peler les tomates, les tailler en dés.
4 Préparer une vinaigrette en mélangeant le vinaigre, le whisky et l'huile, saler et poivrer.
5 Mélanger les dés de tomate et d'avocat avec les crevettes, arroser de vinaigrette et remuer délicatement.
6 Disposer cette préparation dans le saladier, piquer les feuilles de laitue en bordure et servir aussitôt.

Préparation : 30 min

Guacamole

Pour 4 personnes

- 1 petit oignon
- 1/2 botte de coriandre fraîche
- 1 tomate
- 1 citron vert
- 4 avocats
- 1/2 c. à café de tabasco
- sel, poivre

1 Peler et hacher l'oignon.

2 Hacher la coriandre.

3 Ébouillanter la tomate, la peler, l'épépiner et la couper en dés.

4 Presser le citron. Couper les avocats en deux, enlever le noyau, prélever la chair et la mixer avec le jus de citron. Ajouter l'oignon, la coriandre, le tabasco, saler et poivrer.

5 Mélanger les dés de tomate avec la purée d'avocat.

6 Disposer dans le plat de service et garder au réfrigérateur pendant 1 h avant de servir.

Préparation : 15 min ■ **Réfrigération :** 1 h

Bettes

Bettes : préparation et cuisson

Retirer la partie verte des bettes, puis casser les côtes (sans les couper au couteau) pour ôter les filandres. Diviser ces cardes en tronçons de 6 à 8 cm de long et les laver.

Cuire les cardes à l'eau salée avec le jus d'un citron pendant 20 à 25 min.

Laver les parties vertes, les blanchir 5 min à l'eau bouillante, salée ou non, les égoutter, les passer immédiatement sous l'eau froide, les égoutter et les éponger.

Bettes à la béchamel

Pour 4 personnes

- 1 kg de bettes
- 1 citron
- 4 dl de sauce Béchamel (➤ voir p. 62)
- noix de muscade
- 50 g de beurre
- sel, poivre

① Préparer et cuire les cardes de bette (➤ voir page précédente).

② Pendant ce temps, préparer la béchamel en y ajoutant un peu de noix de muscade.

③ Égoutter les bettes. Les mettre dans une sauteuse avec la béchamel. Saler, poivrer et faire mijoter à couvert pendant 5 min.

④ Ajouter 50 g de beurre, mélanger et verser dans le plat de service.

Préparation : 45 min ■ **Cuisson :** 5 min

Bettes au beurre

Pour 4 personnes

- 1 kg de bettes
- 1 citron
- 75 g de beurre
- 2 c. à soupe de persil ciselé
- sel, poivre

① Préparer et cuire les cardes de bette (➤ voir page précédente). Les égoutter.

② Faire fondre le beurre dans une sauteuse, ajouter les cardes et laisser étuver de 15 à 20 min sur feu doux, à couvert. Saler et poivrer. Ajouter 1 ou 2 cuillerées d'eau si c'est nécessaire.

③ Verser les bettes dans le plat de service, les arroser du beurre de cuisson et les parsemer de persil ciselé.

bettes à la provençale :
cuire les bettes au beurre, puis ajouter 4 gousses d'ail finement hachées et 2 cuillerées à soupe de persil ciselé.

Préparation : 45 min ■ **Cuisson :** 15-20 min

Bettes à la crème

Pour 4 personnes

- 1 kg de bettes
- 1 citron
- 25 g de beurre
- 3 dl de crème fraîche
- 1 c. à soupe de persil haché
- sel, poivre

1 Préparer et cuire les cardes de bette (➤ voir p. 664).

2 Égoutter les cardes. Les cuire doucement avec le beurre dans une sauteuse pendant 5 min.

3 Faire chauffer la crème et l'ajouter. Saler et poivrer.

4 Cuire à couvert jusqu'à ce que la crème soit réduite de moitié.

5 Verser dans le plat de service et parsemer de persil.

Préparation : 45 min ■ **Cuisson :** 20-30 min environ

Bettes à l'italienne

Pour 4 personnes

- 1 kg de bettes
- 1 citron
- 4 dl de sauce tomate (➤ voir p. 86)
- 50 g de parmesan râpé
- 1/2 botte de basilic
- sel, poivre

1 Préparer et cuire les cardes de bette (➤ voir p. 664). Les égoutter.

2 Préparer la sauce tomate et lui ajouter le parmesan.

3 Mettre les bettes et la sauce dans une sauteuse, mélanger et laisser mijoter 15 min. Saler et poivrer.

4 Hacher le basilic et en parsemer les bettes.

Préparation : 45 min ■ **Cuisson :** 15 min

Bettes au jus

Pour 4 personnes

- 1 kg de bettes
- 1 citron
- 2 dl de fond brun de veau (➤ voir p. 54)
- 20 g de beurre
- sel, poivre

1 Préparer et cuire les cardes de bette (➤ voir p. 664).

2 Égoutter les bettes. Les mettre dans une sauteuse avec le fond de veau, saler, poivrer et laisser mijoter à couvert pendant 15 min au moins.

3 Ajouter le beurre coupé en petits morceaux.

4 Verser dans le plat de service et arroser avec le jus.

Préparation : 45 min ■ **Cuisson :** 15-20 min

Gratin de bettes

Pour 4 personnes

- 1 kg de bettes
- 1 citron
- 4 dl de sauce crème (➤ voir p. 65)
- 40 g de fromage râpé
- 10 g de beurre
- sel, poivre

1 Préparer les bettes (➤ voir p. 664) en cuisant séparément les cardes et le vert.

2 Pendant ce temps, préparer la sauce crème.

3 Préchauffer le four à 220 °C.

4 Bien presser le vert, puis le hacher grossièrement. Le mélanger avec les cardes, puis avec les trois quarts de la sauce crème.

5 Verser dans un plat à gratin beurré, couvrir avec le reste de la sauce, puis parsemer de fromage râpé.

6 Faire fondre le beurre et en arroser la préparation.

7 Gratiner au four pendant 10 à 15 min.

La sauce crème peut être remplacée par 4 dl de crème fraîche. Procéder de même.

Préparation : 40 min ■ **Cuisson :** 10-15 min environ

Brocolis

Brocolis : préparation et cuisson

Éliminer les feuilles vertes extérieures et la plus grande partie des tiges. Rincer les brocolis sous le robinet avant de les cuire. Ils cuisent très rapidement en 5 à 10 min, dans de l'eau bouillante salée ou à la vapeur.

Quand les brocolis sont petits, ils peuvent être cuits entiers à la vapeur. Les bouquets se détacheront plus facilement ensuite. Sinon, séparer les inflorescences des bouquets réguliers et entailler les tiges en croix pour assurer une cuisson régulière.

On peut accommoder les brocolis tels quels avec une simple vinaigrette.

Brocolis à la crème

Pour 4 personnes

- 1,5 kg de brocolis
- 50 g de beurre
- 2 dl de crème liquide
- sel, poivre

❶ Préparer les brocolis en ne gardant que les bouquets.

❷ Faire bouillir 2 litres d'eau salée, y plonger les brocolis. Cuire 8 min à bonne ébullition : ils doivent être juste tendres.

❸ Égoutter les brocolis, les rafraîchir.

❹ Faire blondir le beurre dans une sauteuse, ajouter les brocolis et les faire étuver 5 min. Verser la crème liquide, poivrer et rajouter éventuellement un peu de sel. Laisser encore mijoter 5 min. Servir très chaud.

Préparation : 15 min ■ **Cuisson :** 15 min environ

Purée de brocoli

Pour 4 personnes

- 1,5 kg de brocolis
- 2 dl de crème fraîche
- 50 g de beurre
- sel, poivre blanc du moulin

❶ Préparer les brocolis (➤ voir page précédente).

❷ Faire bouillir de l'eau salée dans une grande casserole et y plonger les brocolis. Les cuire 5 min.

❸ Égoutter les brocolis et les passer aussitôt au mixeur ou au moulin à légumes.

❹ Verser la crème fraîche dans une petite casserole et la laisser réduire jusqu'à obtenir une consistance onctueuse.

❺ Faire chauffer le beurre dans une autre casserole. Quand il est bien chaud, verser dessus la purée de brocoli et remuer vigoureusement, puis ajouter la crème et bien mélanger, saler et poivrer. Servir très chaud.

Préparation : 10 min ■ **Cuisson :** 10 min

Cardons

Cardons : préparation et cuisson

1. Nettoyer le pied des cardons en supprimant les côtes dures. Défaire les branches tendres, les effiler, les couper en tronçons de 8 cm, les citronner pour éviter le noircissement. Couper le cœur en quatre.
2. Plonger le tout dans une casserole d'eau bouillante salée et citronnée. Porter de nouveau à petite ébullition, couvrir et cuire doucement 1 h à 1 h 20.

Cardons au jus

Pour 4 personnes

- 1 kg de cardons
- 2 dl de fond brun de veau (➤ voir p. 54)
- 20 g de beurre
- 2 c. à soupe de cerfeuil haché
- sel, poivre

1. Préparer et cuire les cardons (➤ voir ci-dessus).
2. Mettre les cardons dans une casserole, verser le fond de veau et faire bouillir doucement 5 à 8 min.
3. Ajouter le beurre, le cerfeuil, saler, poivrer et bien mélanger. Verser dans le plat de service.

Préparation : 1 h 30 ■ **Cuisson :** 5-10 min

Cardons à la moelle

Pour 4 personnes

- 1 kg de cardons
- 2,5 dl de sauce à la moelle (➤ voir p. 82)
- 200 g de moelle
- 1 c. à soupe de persil haché
- sel, poivre

1. Préparer et cuire les cardons (➤ voir ci-dessus).
2. Préparer la sauce à la moelle. Couper la moelle en rondelles. Faire bouillir de l'eau salée et cuire la moelle à petits frémissements 10 min, l'égoutter.
3. Égoutter les cardons, les disposer dans le plat de service.
4. Couper le cœur des cardons en tranches et garnir le plat avec celles-ci et les rondelles de moelle, napper de sauce et parsemer de persil.

Préparation : 15 min ■ **Cuisson :** 1 h 30

Carottes

Carottes : préparation

Les grosses carottes s'épluchent au couteau économe. Les carottes nouvelles ou les petites carottes en bottes se grattent simplement. Couper les deux extrémités des carottes, laver celles-ci sans laisser tremper.

Carottes à la crème

Pour 4 personnes

- 800 g de carottes
- 80 g de beurre
- 2 dl de crème fraîche
- 1 petit bouquet de cerfeuil
- sel, poivre

1 Peler les carottes, les couper en tronçons réguliers.
2 Mettre les carottes dans une cocotte. Saler et poivrer. Verser juste assez d'eau pour les recouvrir, ajouter le beurre coupé en morceaux. Faire cuire sur feu assez vif, à découvert, jusqu'à ce que l'eau soit évaporée.
3 Ajouter la crème fraîche et baisser le feu. Bien remuer et couvrir. Laisser mijoter jusqu'au moment de servir.
4 Hacher le cerfeuil. Verser les carottes avec leur sauce dans le plat de service et parsemer de cerfeuil.

Préparation : 20 min ■ **Cuisson :** 30 min

Carottes glacées

Pour 4 personnes

- 800 g de carottes nouvelles
- 30 g de sucre
- 1 c. à café de sel
- 60 g de beurre

1 Gratter les carottes, les couper en petits tronçons.
2 Étaler les carottes dans une sauteuse sans les faire se chevaucher et les couvrir d'eau froide salée ; poudrer de sucre. Couper le beurre en petits morceaux et l'ajouter.
3 Porter vivement à ébullition, puis réduire le feu, couvrir avec un papier sulfurisé et cuire jusqu'à

ce qu'il ne reste presque plus d'eau. Vérifier la cuisson avec la pointe d'un couteau.

④ Mélanger les carottes très délicatement pour bien les enrober de leur cuisson.

Préparation : 15 min ■ **Cuisson :** 20-30 min

Carottes aux raisins

Pour 4 personnes

- 80 g de raisins secs
- 800 g de carottes nouvelles
- 40 g de beurre
- 1 c. à soupe de marc de Bourgogne
- 1 c. à soupe de persil haché
- sel, poivre

① Mettre les raisins à tremper dans de l'eau tiède.

② Gratter les carottes et les couper en rondelles.

③ Faire fondre le beurre dans une poêle et y mettre les carottes à sauter pendant 5 à 10 min.

④ Ajouter 1 dl d'eau et le marc de Bourgogne, saler et poivrer. Couvrir et cuire 15 min environ.

⑤ Ajouter les raisins secs. Terminer la cuisson à couvert et à feu doux pendant 10 min environ. Vérifier la cuisson avec la pointe d'un couteau.

⑥ Verser dans le plat de service et parsemer de persil.

Préparation : 15 min ■ **Cuisson :** 35 min environ

Carottes Vichy

Pour 4 personnes

- 800 g de carottes nouvelles
- 1 c. à café de sel
- 1 c. à dessert de sucre
- 30 g de beurre
- 2 c. à soupe de persil haché

① Gratter les carottes et les couper en fines rondelles.

② Mettre les carottes dans une sauteuse et les recouvrir d'eau juste à hauteur. Ajouter le sel et le sucre et mélanger. Cuire à feu doux et à couvert jusqu'à ce que toute l'eau ait disparu.

③ Verser les carottes dans le plat de service. Couper le beurre en petits morceaux et le répartir dessus, parsemer de persil.

Préparation : 20 min environ
■ **Cuisson :** 30 min environ

Purée de carotte

Pour 4 personnes

- 1 kg de carottes
- 1 c. à café de sucre
- 70 g de beurre
- sel, poivre

❶ Éplucher les carottes et les couper en morceaux. Faire bouillir de l'eau salée, y mettre les carottes, le sucre et 30 g de beurre et les cuire 15 à 20 min.

❷ Vérifier la cuisson avec la pointe d'un couteau. Égoutter les carottes et les passer au moulin à légumes (grille fine) ou au mixeur et mettre cette purée dans une casserole.

❸ Réchauffer la purée doucement. Y ajouter, si elle est trop épaisse, quelques cuillerées de la cuisson.

❹ Incorporer, au dernier moment, le reste du beurre.

❺ Bien mélanger et verser dans le plat de service.

Préparation : 15 min ■ **Cuisson :** 30 min environ

Céleri-branche

Céleri-branche : préparation

Éliminer les grosses côtes dures de l'extérieur, les branches vertes et les feuilles. Éplucher la base et raccourcir les côtes à 20 cm.

Si le céleri est consommé cru, détacher les côtes les unes des autres, les laver, éliminer les filandres.

S'il doit être cuit, laver le pied raccourci à l'eau fraîche en écartant les côtes ; éliminer les filandres, puis rincer. Le cuire pendant 10 min à l'eau bouillante salée. Égoutter, saler l'intérieur et lier les côtes en bottillons.

Céleri-branche braisé au gras

Pour 4 personnes

- 4 cœurs de céleri-branche
- 150 g de couennes
- 1 carotte
- 1 oignon
- 20 g de beurre
- 1 bouquet garni
- 1 l de fond de volaille (➤ voir p. 53)
- sel, poivre

1. Préparer les céleris (➤ voir page précédente).
2. Disposer les cœurs sur un linge, les ouvrir légèrement, les saler et les poivrer intérieurement. Les ficeler deux par deux.
3. Préchauffer le four à 180 °C.
4. Couper les couennes en petits morceaux. Éplucher et couper finement la carotte et l'oignon.
5. Beurrer une cocotte et tapisser le fond avec les couennes, l'oignon et la carotte, puis les cœurs de céleri et ajouter le bouquet garni.
6. Verser le fond de volaille. Faire partir l'ébullition sur le feu, couvrir et glisser la cocotte 1 h 30 au four.

céleris braisés au maigre :
pour préparer les céleris au maigre, supprimer les couennes de lard et remplacer le fond par de l'eau.

Préparation : 20 min ■ **Cuisson :** 1 h 40 environ

Céleri-branche à la crème

Pour 4 personnes

- 4 cœurs de céleri-branche
- 20 g de beurre
- 2 dl de crème fraîche
- sel, poivre

1. Préparer les céleris (➤ voir page précédente).
2. Disposer les cœurs sur un linge, les ouvrir légèrement, les saler et les poivrer intérieurement. Les ficeler deux par deux.
3. Beurrer la cocotte et y mettre les céleris. Les recouvrir d'eau. Faire partir l'ébullition sur le feu, couvrir et mettre la cocotte au four pendant 1 h 30.
4. Égoutter les céleris et les disposer dans le plat de service. Passer le jus de cuisson et le faire réduire de moitié, ajouter la crème fraîche et faire encore réduire de moitié.
5. Rectifier l'assaisonnement. Napper les céleris de la sauce.

Préparation : 10 min ■ **Cuisson :** 1 h 40 environ

Céleri-branche à la milanaise

Pour 4 personnes

- 1 kg de céleri-branche
- 60 g de beurre
- 80 g de parmesan
- sel, poivre

1. Préparer les céleris (➤ voir p. 672) et les égoutter.
2. Préchauffer le four à 250 °C.
3. Beurrer un plat à gratin avec 20 g de beurre et y disposer la moitié des branches de céleri. Saupoudrer avec la moitié du parmesan. Recouvrir de céleris et parsemer à nouveau de fromage.
4. Faire fondre le reste du beurre et en arroser le dessus du plat. Mettre à gratiner pendant 10 min environ.

Préparation : 10 min environ ■ **Cuisson :** 20 min

Céleri-rave

Céleri-rave : préparation

Éplucher le céleri-rave comme une pomme de terre, le rincer et le citronner. S'il doit être consommé cru, le râper, le citronner pour qu'il ne noircisse pas, puis l'assaisonner selon le goût en rémoulade ou avec une vinaigrette, éventuellement aromatisée. S'il doit être consommé cuit, le couper en morceaux et le faire blanchir en le cuisant 5 min à l'eau bouillante salée et citronnée.

Céleri-rave farci à la paysanne

Pour 4 personnes

- 2 boules de céleri-rave de 300 g chacune
- 2 carottes
- 2 oignons

1. Préparer les céleris et les couper en deux, les cuire à l'eau bouillante salée en les tenant fermes.
2. Préchauffer le four à 200 °C.
3. Évider les demi-céleris en laissant une paroi de 1 cm d'épaisseur. Couper la pulpe retirée en petits dés.

- 60 g de beurre
- 40 g de gruyère râpé
- 0,5 dl de bouillon du commerce
- sel, poivre

④ Éplucher et couper en dés les carottes et les oignons.

⑤ Faire fondre 20 g de beurre dans une casserole et y mettre à cuire doucement les dés de légumes pendant 10 min à couvert, saler et poivrer.

⑥ Garnir les demi-céleris avec ce mélange.

⑦ Beurrer un plat et y ranger les céleris. Les parsemer de gruyère râpé et de noisettes de beurre.

⑧ Verser le bouillon dans le plat et enfourner pendant 10 min.

Préparation : 15 min ■ **Cuisson :** 20 min

Céleri-rave en julienne

Pour 4 personnes

- 800 g de céleri-rave
- 30 g de beurre
- 1 c. à café de sucre
- 5 c. à soupe de fines herbes ciselées
- sel, poivre

① Éplucher et laver les céleris puis les couper en fins bâtonnets.

② Faire fondre le beurre dans une cocotte et y mettre le céleri avec le sucre. Saler et poivrer.

③ Couvrir et laisser étuver 20 min à feu doux. Parsemer des fines herbes ciselées.

Préparation : 20 min ■ **Cuisson :** 20 min

Céleri-rave en rémoulade

Pour 4 personnes

- 1,5 dl de sauce rémoulade
- 400 g de céleri-rave
- 1/2 citron
- 2 c. à soupe de persil haché

① Préparer la sauce rémoulade (➤ voir p. 97).

② Éplucher le céleri-rave, le citronner pour qu'il ne noircisse pas.

③ Râper le céleri sur une râpe à gros trous. Le mélanger avec la sauce rémoulade et parsemer de persil.

Préparation : 15 min

Purée de céleri-rave

Pour 4 personnes

- 800 g de céleri-rave
- 200 g de pommes de terre
- 2 citrons
- 1 dl de lait
- noix de muscade
- 60 g de beurre
- sel, poivre

1 Éplucher les boules de céleri. Les citronner. Les couper en grosses tranches.

2 Peler les pommes de terre.

3 Faire bouillir 3 litres d'eau salée dans une grande marmite avec le jus d'un citron. Ajouter les pommes de terre et le céleri.

4 Faire cuire de 30 à 40 min, jusqu'à ce que les légumes s'écrasent. Pendant ce temps, faire bouillir le lait. Égoutter les légumes et les passer au moulin.

5 Remettre la purée dans une casserole et remuer sur feu doux en ajoutant le lait chaud. Poivrer et saler, râper de la muscade. Incorporer le beurre frais en parcelles et remuer.

Cette purée accompagne bien les rôtis et le gibier.

Préparation : 20 min ■ **Cuisson :** 40 min

Champignons

Bouchées aux champignons

Pour 4 personnes

- 4 bouchées salées
- 600 g de champignons
- 30 g de beurre
- 20 g d'échalote
- 2,5 dl de crème fraîche
- sel, poivre

1 Préparer les bouchées salées (➤ voir p. 172) à partir de 400 g de pâte feuilletée et les cuire.

2 Nettoyer les champignons (morilles, girolles ou champignons de Paris).

3 Faire cuire doucement les champignons avec le beurre et les échalotes hachées dans une cocotte pendant 5 à 10 min.

4 Ajouter la crème fraîche et laisser réduire 5 min.

5 Garnir les bouchées de cette préparation et servir aussitôt.

Préparation : 40 min ■ **Cuisson :** 10 min environ

Cèpes : préparation

Les cèpes ne doivent jamais être lavés car ils sont poreux. Choisir de préférence des cèpes jeunes, donc petits. Les essuyer soigneusement un par un et couper le bout du pied terreux.

S'ils sont moyens ou gros et que les spores sous le chapeau soient vertes, les enlever.

Si le bord des chapeaux est flétri et brun, couper cette partie.

Cèpes à la bordelaise

Pour 4 personnes

- 800 g de cèpes
- 2 échalotes
- 1/2 botte de persil
- 1,3 dl d'huile d'arachide
- 1/2 citron
- 50 g de mie de pain
- sel, poivre

1 Nettoyer les cèpes (➤ voir recette précédente). Les couper en tranches s'ils sont très gros, les couper en deux dans le sens de la hauteur s'ils sont moyens, les laisser entiers s'ils sont petits.

2 Éplucher et hacher les échalotes.

3 Hacher le persil de façon à obtenir 2 cuillerées à soupe de hachis. En mettre une de côté et mélanger l'autre avec les échalotes.

4 Faire chauffer 1 dl d'huile dans une sauteuse et y mettre les cèpes, ajouter le jus de citron, saler et poivrer, puis les cuire, en les remuant, pendant 5 min à couvert et les égoutter sur un papier absorbant.

5 Chauffer le reste d'huile dans une poêle, y mettre les cèpes, saler et poivrer et les faire rissoler vivement pendant 2 ou 3 min avec les échalotes puis ajouter la mie de pain.

6 Égoutter, parsemer du persil haché restant, mélanger et servir très chaud.

Préparation : 30 min ■ **Cuisson :** 10 min environ

Cèpes au gratin

Pour 4 personnes

- 800 g de cèpes
- 2 dl d'huile d'arachide
- 4 échalotes
- 1 bouquet de persil
- 50 g de mie de pain fraîche
- sel, poivre

① Préparer les cèpes (➤ voir p. 677). Séparer les chapeaux des pieds, saler, poivrer.

② Faire chauffer 1 dl d'huile dans une poêle et les y mettre à revenir pendant 5 min en les remuant. Les égoutter sur un papier absorbant.

③ Hacher les pieds des cèpes, les échalotes et le persil et mélanger le tout.

④ Chauffer 0,5 dl d'huile dans une poêle et y faire revenir ce hachis pendant 10 min environ.

⑤ Préchauffer le four à 275 °C.

⑥ Émietter la mie de pain.

⑦ Enduire d'huile un plat à gratin. Y ranger les chapeaux, partie bombée vers le bas, et les garnir du hachis. Parsemer de mie de pain, arroser avec le reste de l'huile et gratiner au four pendant 5 à 10 min.

Préparation : 25 min ■ **Cuisson :** 25 min environ

Cèpes grillés

Pour 4 personnes

- 800 g de petits cèpes
- 2 gousses d'ail
- 3 c. à soupe de persil haché
- 0,5 dl d'huile d'olive
- 1/2 citron
- sel, poivre

① Préparer les cèpes (➤ voir p. 677). Avec un petit couteau, faire de petites entailles sur les chapeaux.

② Éplucher et hacher l'ail. Hacher le persil. Mélanger l'huile d'olive, le jus de citron, l'ail et 2 cuillerées de persil haché. Saler et poivrer.

③ Mettre les cèpes à mariner pendant 50 min environ.

④ Égoutter les cèpes et les passer sur le gril ou sur le barbecue pendant 5 ou 6 min en les retournant. Parsemer de persil.

Préparation : 15 min ■ **Marinade :** 50 min
■ **Cuisson :** 5-6 min

Cèpes à la hongroise

Pour 4 personnes

- 800 g de cèpes
- 1 oignon
- 50 g de beurre
- 1 c. à café de paprika
- 150 g de crème liquide
- 1 c. à soupe de persil haché
- sel, poivre

1 Préparer les cèpes (➤ voir p. 677). Les couper en tranches s'ils sont très gros, les couper en deux dans le sens de la hauteur s'ils sont moyens, les laisser entiers s'ils sont petits.

2 Éplucher et hacher l'oignon. Faire fondre le beurre dans une cocotte, ajouter l'oignon et les cèpes, du sel, du poivre et le paprika, mélanger et cuire doucement pendant 10 min à couvert.

3 Verser la crème fraîche, mélanger et faire réduire à découvert pendant 5 min.

4 Disposer les champignons dans le plat de service chaud et parsemer de persil.

Préparation : 30 min ■ **Cuisson :** 15 min environ

Cèpes marinés

Pour 4-6 personnes

- 800 g de cèpes
- 3 dl d'huile d'olive
- 1/4 de bulbe de fenouil
- 3 gousses d'ail
- 10 branches de persil
- 1 citron non traité
- 0,5 dl de vinaigre de vin
- 1 feuille de laurier
- 2 brins de thym
- sel, poivre

1 Préparer les cèpes (➤ voir p. 677). Les couper en tranches ou en deux selon leur grosseur.

2 Chauffer 1 dl d'huile dans une poêle et les y faire revenir 5 min, saler, poivrer.

3 Égoutter les cèpes sur un papier absorbant, puis les mettre dans une terrine.

4 Nettoyer et hacher le fenouil. Éplucher l'ail et le hacher. Hacher le persil.

5 Prélever du zeste sur le citron et en hacher la valeur de 1 cuillerée à café.

6 Dans une casserole, mélanger 2 dl d'huile d'olive, le vinaigre de vin, le fenouil haché, le zeste de citron haché, la feuille de laurier coupée en quatre, le thym, du sel et du poivre, et faire bouillir 5 min.

7 Passer cette marinade et la verser immédiatement sur les cèpes.

8 Ajouter l'ail et le persil. ➜

Remuer pour bien répartir les aromates.

9 Laisser 24 h au moins au frais avant de servir.

Préparation : 40 min ■ **Marinade :** 24 h

Cèpes à la mode béarnaise

Pour 4 personnes

- 800 g de gros cèpes
- 2 c. à soupe d'huile d'olive
- 5 gousses d'ail
- 50 g de mie de pain
- 2 c. à soupe de persil haché
- sel, poivre

1 Préparer les cèpes (➤ voir p. 677).

2 Préchauffer le four à 220 °C.

3 Enduire les chapeaux d'huile, les mettre dans un plat et les passer 5 ou 6 min au four pour les faire dégorger.

4 Éplucher l'ail. Couper 3 gousses en fins bâtonnets et en piquer les têtes des cèpes.

5 Saler, poivrer les cèpes, les huiler à nouveau et les griller sur le barbecue ou dans un gril vertical pendant 5 min.

6 Hacher les 2 autres gousses d'ail avec la mie de pain et mélanger avec le persil. En parsemer les cèpes grillés et servir aussitôt.

Préparation : 30 min ■ **Cuisson :** 10 min

Cèpes à la provençale

Pour 4 personnes

- 800 g de cèpes
- 2 gousses d'ail
- 1/2 botte de persil haché
- 1,2 dl d'huile d'olive
- 1/2 citron
- sel, poivre

1 Préparer les cèpes (➤ voir p. 677). Les couper en tranches s'ils sont très gros, les couper en deux dans le sens de la hauteur s'ils sont moyens, les laisser entiers s'ils sont petits.

2 Préparer une persillade : éplucher et hacher les gousses d'ail, hacher le persil et mélanger les deux hachis.

3 Faire chauffer 1 dl d'huile dans une sauteuse et y mettre les cèpes, ajouter le jus de citron, saler et poivrer. Les cuire, en les remuant de temps en temps, pendant 5 min à couvert, puis les égoutter sur un papier absorbant.

④ Chauffer 3 cuillerées d'huile dans une poêle, y mettre les cèpes, saler et poivrer et les faire rissoler vivement 5 min.

⑤ Égoutter, parsemer de la persillade, mélanger et servir très chaud.

Préparation : 25 min ■ **Cuisson :** 10 min

Cèpes en terrine

Pour 4 personnes

- 800 g de cèpes
- 4 gousses d'ail
- 4 échalotes
- 1 petit bouquet de persil
- 1 dl d'huile d'olive
- 150 g de fines tranches de lard de poitrine fumé
- sel, poivre

① Préparer les cèpes (➤ voir p. 677). Séparer les chapeaux des pieds.

② Éplucher et hacher l'ail, les échalotes, le persil et les pieds des champignons.

③ Mettre la moitié de l'huile dans une poêle et faire revenir les hachis, saler et poivrer.

④ Chauffer le reste de l'huile dans une cocotte et y cuire les chapeaux à couvert pendant 10 min, saler et poivrer. Les égoutter sur un papier absorbant.

⑤ Préchauffer le four à 200 °C.

⑥ Garnir le fond et le bord d'une terrine avec des tranches de poitrine fumée. Y placer une couche de chapeaux de cèpe, puis le hachis, puis une seconde couche de chapeaux et recouvrir de poitrine fumée.

⑦ Fermer avec le couvercle et mettre la terrine dans le four pendant 50 min.

Préparation : 40 min ■ **Cuisson :** 50 min

Champignons de Paris : préparation

1 Choisir de préférence des champignons bien blancs et fermes. Les lamelles situées sous le chapeau foncent au fur et à mesure du vieillissement des champignons.

2 Couper le bout terreux des pieds, puis laver les champignons plusieurs fois, mais rapidement, à l'eau froide. Les arroser de jus de citron s'ils doivent attendre, pour qu'ils ne noircissent pas.

3 Les champignons sont ensuite accommodés de différentes façons. La « cuisson à blanc » (➤ voir blanc de champignon p. 48) permet d'obtenir un jus parfumé qui sert ensuite pour d'autres préparations.

Champignons à l'anglaise

Pour 4 personnes

- 12 gros champignons de Paris
- 20 g de beurre maître d'hôtel
- 12 tranches de pain de mie rond
- 20 g de beurre
- sel, poivre

1 Nettoyer les champignons (➤ voir ci-dessus) et retirer les pieds. Saler et poivrer les têtes.

2 Préparer le beurre maître d'hôtel (➤ voir p. 39).

3 Préchauffer le four à 200 °C.

4 Garnir la partie creuse des têtes avec un peu de beurre maître d'hôtel.

5 Beurrer les tranches de pain de mie et les faire griller légèrement.

6 Disposer sur chaque tranche de pain un champignon garni. Ranger ces toasts dans un plat à gratin beurré, couvrir d'une feuille d'aluminium et enfourner pendant 12 à 15 min.

Préparation : 15 min ■ **Cuisson :** 12-15 min

Champignons au beurre

Pour 4 personnes

- 800 g de champignons de Paris
- 50 g de beurre
- 2 c. à soupe de persil haché
- sel, poivre

1 Préparer les champignons (➤ voir page précédente) et les couper en petites tranches ou en morceaux. Les saler et les poivrer.

2 Mettre à fondre le beurre dans une poêle et les y faire dorer à feu vif en les remuant souvent. Verser dans le plat de service et parsemer de persil haché.

Préparation : 15 min ■ **Cuisson :** 15 min environ

Champignons à la crème

Pour 4 personnes

- 800 g de champignons de Paris
- 30 g de beurre
- 1/2 citron
- 4 dl de crème fraîche
- 2 c. à soupe de cerfeuil haché
- sel, poivre

1 Préparer les champignons (➤ voir page précédente) et les émincer.

2 Faire fondre le beurre dans une poêle, ajouter les champignons et le jus de citron, saler et poivrer.

3 Cuire sur feu doux pendant 10 min environ et à découvert, en remuant souvent.

4 Lorsque l'eau de végétation s'est évaporée, ajouter la crème fraîche et remuer. Faire cuire encore pendant 5 min pour faire réduire légèrement la crème.

5 Ajouter du cerfeuil haché. Goûter et rectifier l'assaisonnement. Disposer dans un plat chaud et servir aussitôt.

Préparation : 10 min ■ **Cuisson :** 15 min environ

Champignons farcis

Pour 4 personnes

- 12 très gros champignons de Paris
- 2,5 dl de sauce à la duxelles (➤ voir p. 78)
- 80 g de mie de pain
- 3 c. à soupe d'huile d'arachide
- sel, poivre

❶ Préparer les champignons (➤ voir p. 682).

❷ Enlever les pieds et les utiliser pour préparer la sauce à la duxelles. Quand celle-ci est terminée, lui ajouter 20 g de mie de pain émiettée pour l'épaissir.

❸ Préchauffer le four à 180 °C.

❹ Badigeonner d'huile les chapeaux de champignon. Les ranger dans un plat à gratin, côté bombé sur le fond du plat, et les enfourner pendant 5 min.

❺ Sortir le plat. Farcir les têtes de champignon avec la sauce. Parsemer du reste de mie de pain émiettée et arroser avec le reste de l'huile. Faire gratiner pendant 10 min environ.

Préparation : 30 min ■ **Cuisson :** 10 min environ

Champignons à la grecque

Pour 4 personnes

- 1 gros oignon
- 1 gousse d'ail
- 2 tomates
- 1/2 botte de persil
- 500 g de petits champignons de Paris
- 4 c. à soupe d'huile d'olive
- 2 c. à soupe de vin blanc
- 1 bouquet garni
- 12 grains de coriandre
- sel, poivre

❶ Peler et hacher l'oignon et l'ail.

❷ Ébouillanter, peler, épépiner et couper en morceaux les tomates.

❸ Hacher le persil.

❹ Préparer les champignons (➤ voir p. 682) et couper les pieds au ras du chapeau.

❺ Dans une casserole, verser 4 cuillerées d'huile et y faire revenir l'oignon. Quand le hachis est doré, mouiller avec le vin blanc, saler et poivrer.

❻ Ajouter le bouquet garni, la coriandre, l'ail et mélanger. Cuire encore 2 ou 3 min.

❼ Ajouter les champignons et les tomates et faire cuire doucement à découvert pendant 10 min environ. Le liquide rendu par les tomates et les champignons doit réduire peu à peu.

❽ Retirer du feu et laisser tiédir. Retirer le bouquet garni. Goûter et rectifier l'assaisonnement.

9 Verser dans un plat de service et laisser refroidir complètement. Parsemer de persil haché au moment de servir.

Préparation : 20 min ■ **Repos :** 2 h environ
■ **Cuisson :** 20 min environ

• •

Champignons à la poulette

Pour 4 personnes

- 800 g de champignons de Paris
- 40 g de beurre
- 1 citron
- 1 c. à soupe de ciboulette
- 1 dl de sauce poulette (➤ voir p. 89)
- sel, poivre

Laver les champignons, les émincer s'ils sont gros et les faire cuire à blanc (➤ voir blanc de champignon p. 48) avec 40 g de beurre et le jus du citron. Hacher la ciboulette. Préparer la sauce poulette avec le blanc de champignon. La verser sur les champignons cuits et mélanger. Goûter et rectifier l'assaisonnement. Verser dans le plat de service et parsemer de ciboulette.

Préparation : 30 min ■ **Cuisson :** 15 min environ

• •

Crêpes aux champignons

Pour 6-8 personnes

- 300 g de pâte à crêpes
- 3 dl de sauce Béchamel (➤ voir p. 62)
- 400 g de champignons de Paris
- 1 échalote
- 1 gousse d'ail
- 50 g de beurre
- 60 g de fromage râpé
- sel, poivre

1 Préparer la pâte à crêpes (➤ voir p. 111). La laisser reposer.

2 Pendant ce temps, faire la béchamel.

3 Éplucher et hacher l'échalote et l'ail.

4 Préparer les champignons (➤ voir p. 682). Les couper en petits dés.

5 Faire fondre 20 g de beurre dans une poêle et mettre les champignons à cuire avec l'échalore et l'ail, du sel et du poivre, jusqu'à ce que l'eau de végétation soit évaporée. Les mélanger avec la béchamel.

6 Cuire 8 crêpes. Les garnir d'une grosse cuillerée de béchamel aux champignons et les rouler.

7 Préchauffer le four à 200 °C.   ➜

Beurrer un plat à gratin et y ranger les crêpes. Parsemer de fromage râpé.

8 Faire fondre le reste du beurre et en arroser les crêpes. Les passer 5 min au four et servir brûlant.

On peut remplacer la béchamel par 6 cuillerées à soupe de crème fraîche.

Préparation : 30 min ■ **Repos :** 1 h
■ **Cuisson :** 25 min

Salade de champignons et de haricots verts

Pour 4 personnes

- 250 g de champignons de Paris
- 1 c. à soupe de jus de citron
- 200 g de haricots verts
- 1 échalote
- 1 œuf dur
- 3 c. à soupe d'huile d'olive
- 1 c. à soupe de vinaigre d'estragon
- cerfeuil frais
- sel, poivre

1 Nettoyer et émincer finement les champignons. Les citronner.

2 Faire cuire les haricots verts à l'eau bouillante. Les égoutter et laisser tiédir.

3 Peler et hacher l'échalote.

4 Écaler l'œuf dur et le couper en deux. Sortir le jaune et l'émietter dans un bol. Ajouter l'huile et le vinaigre. Saler et poivrer.

5 Réunir les champignons et les haricots verts dans un saladier. Arroser avec la sauce et mélanger. Ajouter en décor le blanc d'œuf haché et le cerfeuil ciselé.

On peut remplacer le cerfeuil par de la coriandre.

Préparation : 20 min ■ **Cuisson :** 8-10 min

Girolles : préparation

Les girolles (et les chanterelles) sont des champignons fragiles et il convient de les nettoyer avec précaution. Les brosser simplement, couper le bout du pied. Si elles sont vraiment très sales, les mettre dans une passoire et les laver ainsi, très vite, sous l'eau du robinet. Puis les déposer sur un papier absorbant, ou un torchon, et les sécher.

Girolles au beurre

Pour 4 personnes

- 800 g de girolles
- 2 échalotes
- 40 g de beurre
- sel, poivre

1. Préparer les girolles (➤ voir page précédente).
2. Éplucher et hacher les échalotes.
3. Mettre à fondre le beurre dans une poêle et faire sauter les girolles vivement pendant 10 à 12 min.
4. Ajouter les échalotes, bien remuer et cuire encore pendant 5 min.
5. Saler et poivrer. Verser dans le plat de service.

Si les girolles sont servies en garniture d'une viande, 500 g suffiront.

Préparation : 15 min ■ **Cuisson :** 15-20 min

Girolles bonne femme

Pour 4 personnes

- 600 g de girolles
- 1 botte de petits oignons
- 125 g de lardons
- 40 g de beurre
- 2,5 dl de vin blanc
- 1 dl de crème fraîche
- 1 c. à soupe de persil haché
- sel, poivre

1. Préparer les girolles (➤ voir page précédente).
2. Éplucher les petits oignons et les couper en deux.
3. Mettre à fondre les lardons dans une poêle, y ajouter les oignons et les faire dorer ensemble. Les égoutter et jeter le gras de la poêle.
4. Remettre les lardons et les oignons dans 40 g de beurre chaud, ajouter les girolles et les faire sauter pendant 5 min.
5. Verser le vin blanc, mélanger et laisser réduire de moitié à feu vif.
6. Ajouter la crème fraîche, mélanger et faire encore réduire pendant 2 ou 3 min. Saler et poivrer.
7. Verser dans le plat de service, parsemer de persil haché et servir aussitôt.

Préparation : 15 min ■ **Cuisson :** 15 min environ

Girolles à la crème

Pour 4 personnes

- 800 g de girolles
- 30 g de beurre
- 2 dl de crème fraîche
- 1 c. à soupe de cerfeuil haché
- sel, poivre

1 Préparer les girolles (➤ voir p. 686).

2 Mettre à fondre le beurre dans une poêle, y ajouter les girolles et les faire sauter pendant 5 à 7 min environ, saler et poivrer.

3 Ajouter la crème fraîche et laisser réduire d'un tiers.

4 Verser dans le plat de service et parsemer de cerfeuil haché.

Préparation : 15 min ■ **Cuisson :** 15 min environ

Morilles : préparation

Morilles fraîches

Couper les pieds au ras des têtes. Plonger celles-ci dans de l'eau froide et les agiter rapidement pour éliminer le sable des alvéoles. Les égoutter et les sécher. Couper les plus grosses en deux ou en quatre.

Leur rareté et leur prix font que ces champignons sont le plus souvent servis en garniture d'une viande, d'une volaille ou d'un gibier (75 g par personne environ).

Morilles séchées

Mettre les morilles séchées dans un bol ou un saladier et les recouvrir largement d'eau. Les laisser se réhydrater pendant 20 à 30 min. Les agiter dans cette eau pour éliminer le sable qui risque d'être encore présent. Puis les égoutter et les sécher.

L'eau de trempage, soigneusement filtrée dans un filtre en papier (pour cafetière), peut ensuite être utilisée pour parfumer une préparation.

Morilles à la crème

Pour 4 personnes

- 300 g de morilles
- 1 échalote
- 20 g de beurre
- 1/2 citron
- 1,5 dl de crème liquide
- 1 c. à soupe de crème fraîche
- 1 c. à soupe de persil haché
- sel, poivre

① Préparer les morilles (➤ voir page précédente).
② Éplucher et hacher l'échalote.
③ Faire fondre le beurre dans une sauteuse, ajouter les morilles, l'échalote, le jus de citron, du sel et du poivre. Bien mélanger et les cuire doucement 5 min à couvert.
④ Faire bouillir la crème liquide et la verser dessus. Continuer la cuisson jusqu'à ce que la sauce ait épaissi. Goûter et rectifier l'assaisonnement.
⑤ Verser les morilles dans le plat de service, ajouter la crème fraîche et le persil et mélanger.

Préparation : 30 min ■ **Cuisson :** 10-15 min

Chayotes

Chayotes à la martiniquaise

Pour 4 personnes

- 4 grosses chayotes
- 100 g de mie de pain
- 1 dl de lait
- 50 g d'oignons nouveaux
- 20 g de beurre
- 3 c. à soupe d'huile d'olive
- 50 g de chapelure
- sel, poivre

① Éplucher les chayotes, en ôter le cœur, les couper en morceaux et les cuire 5 min dans de l'eau bouillante salée. Les presser dans un linge pour les égoutter. Préchauffer le four à 200 °C.
② Dans un saladier, mélanger la mie de pain avec le lait puis ajouter la pulpe de chayote. Écraser le tout avec une fourchette.
③ Peler et émincer finement les oignons. Faire fondre le beurre dans une casserole et les y dorer 5 min puis les ajouter au mélange pain-chayote. Saler, poivrer.
④ Huiler un plat à gratin et y verser la préparation. Lisser le dessus, arroser d'huile, parsemer de chapelure fraîche et glisser au four pendant 10 min environ. Servir bien chaud.

Préparation : 15 min ■ **Cuisson :** 15 min environ

Gratin de chayotes aux foies de volaille

Pour 4 personnes

- 4 belles chayotes
- 1 échalote
- 100 g de foies de volaille
- 40 g de beurre
- 1 c. à soupe d'huile
- noix de muscade
- 2 c. à soupe de crème fraîche
- 100 g de gruyère râpé
- sel, poivre

1 Laver les chayotes et les faire cuire à la vapeur pendant 20 min. Les laisser refroidir.

2 Peler et hacher l'échalote.

3 Nettoyer les foies de volaille et les couper en morceaux réguliers.

4 Chauffer 20 g de beurre et l'huile dans une poêle, y faire revenir l'échalote, ajouter les foies de volaille et les faire sauter vivement pendant 8 min.

5 Saler, poivrer, râper un peu de muscade et ajouter la crème fraîche. Faire réduire 3 ou 4 min pour bien lier. Retirer du feu.

6 Préchauffer le four à 180 °C. Beurrer un plat à gratin.

7 Peler les chayotes, les couper en quatre, puis couper ces quartiers en tranches fines, en conservant l'amande centrale.

8 Ranger une couche de chayotes dans le plat, ajouter les foies de volaille sautés à la crème. Recouvrir avec le reste de chayotes. Saler et râper encore un peu de muscade. Poudrer de gruyère râpé.

9 Faire cuire 20 min au four. Servir dans le plat de cuisson.

Préparation : 30 min ■ **Cuisson :** 35 min environ

Chicorée

Chicorée : préparation

Éliminer les feuilles abîmées ou flétries. Couper le trognon et l'éplucher pour qu'il soit bien net. Séparer les feuilles, les couper en éliminant les grosses côtes. Laver et égoutter.

La chicorée s'accommode le plus souvent en salade mais elle se cuisine également.

Chicorée braisée au jus

Pour 4 personnes

- 4 chicorées
- 1 carotte
- 1 oignon
- 20 g de beurre
- 150 g de couennes de porc
- 1 bouquet garni
- 4 dl de fond blanc de veau ou de volaille (➤ voir p. 49 ou p. 53)
- sel, poivre

1. Préparer les chicorées (➤ voir page précédente).
2. Plonger les chicorées 5 min dans de l'eau bouillante salée. Les rafraîchir, les égoutter et les presser délicatement entre les mains pour extraire l'excédent d'eau.
3. Cuire les chicorées comme les laitues braisées au gras (➤ voir p. 740). Les égoutter, les reconstituer en leur donnant une forme oblongue. Les placer dans le plat de service et maintenir au chaud.
4. Passer au chinois le jus de cuisson et le faire réduire jusqu'à obtention d'une consistance sirupeuse.
5. Vérifier l'assaisonnement. Napper les chicorées avec le jus et servir très chaud.

Préparation : 15 min ■ **Cuisson :** 1 h environ

Purée de chicorée

Pour 4 personnes

- 2 grosses chicorées
- 150 g de couennes de porc
- 1 carotte
- 1 oignon
- 1 bouquet garni
- 5 dl de fond blanc de veau (➤ voir p. 49)
- 200 g de purée de pomme de terre (➤ voir p. 788)
- 0,5 dl de crème fraîche
- 20 g de beurre
- sel, poivre

1. Préparer les chicorées (➤ voir page précédente).
2. Les plonger pendant 5 min dans de l'eau bouillante salée. Les égoutter. Les cuisiner ensuite comme les laitues braisées au gras (➤ voir p. 740).
3. Préparer la purée de pomme de terre.
4. Égoutter les chicorées et les passer au moulin à légumes (grille fine) ou au mixeur.
5. Mettre cette purée dans une casserole à feu doux, avec la crème fraîche. Bien mélanger. Ajouter la purée de pomme de terre et mélanger de nouveau. Goûter et rectifier l'assaisonnement.
6. Retirer la casserole du feu, ajouter le beurre en mélangeant bien, saler et poivrer et verser dans le plat de service.

Préparation : 1 h ■ **Cuisson :** 10 min

Salade de chicorée aux lardons

Pour 4 personnes

- 1 grosse chicorée
- 1 dl de vinaigrette
  (➤ voir p. 98)
- 50 g de croûtons à l'ail
  (➤ voir p. 822)
- 20 g de beurre
- 250-300 g de lardons
- sel, poivre

① Préparer la chicorée (➤ voir p. 690).

② Confectionner la vinaigrette et ajouter quelques gouttes de vinaigre balsamique.

③ Faire les croûtons en les taillant en petits cubes.

④ Dans un saladier, mélanger la chicorée avec la vinaigrette.

⑤ Mettre à fondre le beurre dans une poêle et y dorer les lardons à feu vif, en les retournant sans arrêt.

⑥ Verser le contenu entier de la poêle dans le saladier, ajouter les croûtons, mélanger et servir tout de suite.

Préparation : 20 min ■ **Cuisson :** 5 min environ

Choux de Bruxelles

Choux de Bruxelles : préparation

Choisir des choux de Bruxelles bien verts et bien fermés. Couper le trognon et éliminer les feuilles abîmées. Laver les choux dans de l'eau vinaigrée puis les rincer et les égoutter. Les blanchir en les plongeant 10 min dans de l'eau bouillante salée. Les choux de Bruxelles en conserve ou surgelés se cuisinent comme les choux frais et blanchis.

Choux de Bruxelles à l'anglaise

Pour 4 personnes

- 800 g de choux de Bruxelles
- beurre demi-sel
- sel, poivre

① Préparer les choux de Bruxelles (➤ voir ci-dessus).

② Les plonger 30 min dans une casserole d'eau salée portée à ébullition. Les égoutter, les verser dans le plat de service.

③ Mettre le beurre demi-sel sur la table afin que chacun puisse se servir selon son goût.

choux de Bruxelles sautés :

mettre 40 g de beurre à fondre dans une poêle et y faire rissoler les choux bien égouttés. Parsemer de persil haché.

Préparation : 20 min ■ **Cuisson :** 30 min

Choux de Bruxelles au beurre

Pour 4 personnes

- 800 g de choux de Bruxelles
- 40 g de beurre
- 2 c. à soupe de persil haché
- sel, poivre

1 Préparer les choux de Bruxelles (➤ voir p. 692) et les cuire à l'anglaise (➤ voir recette précédente) pendant 20 min seulement. Les égoutter.

2 Chauffer le beurre dans une sauteuse, y faire revenir les choux, rectifier l'assaisonnement, couvrir et laisser étuver jusqu'à ce que les légumes soient tendres.

3 Verser dans le plat de service et parsemer de persil haché.

choux de Bruxelles à la crème :

ajouter 1 dl de crème fraîche après avoir fait revenir les choux au beurre et continuer la cuisson comme ci-dessus.

Préparation : 20 min ■ **Cuisson :** 30 min

Choux de Bruxelles gratinés

Pour 4 personnes

- 800 g de choux de Bruxelles
- 70 g de beurre
- 80 g de fromage râpé
- sel, poivre

1 Préparer les choux de Bruxelles (➤ voir page précédente) et les cuisiner au beurre (40 g) comme dans la recette précédente. Bien les saler et les poivrer.

2 Préchauffer le four à 275 °C. Beurrer un plat à gratin, y disposer les choux et les parsemer de fromage râpé.

3 Mettre à fondre le reste du beurre et en arroser les choux. Faire gratiner 10 min.

Préparation : 50 min ■ **Cuisson :** 10 min

Choux de Bruxelles en purée

Pour 4 personnes

- 800 g de choux de Bruxelles
- 40 g de beurre
- 300 g de purée de pomme de terre (➤ voir p. 788)
- 1 dl de crème fraîche
- 1 c. à soupe de persil haché
- sel, poivre

1 Préparer les choux de Bruxelles (➤ voir p. 692), puis les cuisiner au beurre (➤ voir p. 693) en prolongeant la cuisson de 5 min environ.
2 Préparer la purée de pomme de terre.
3 Passer les choux de Bruxelles au moulin à légumes et les mettre dans une casserole. Faire dessécher cette purée sur feu doux en remuant sans arrêt.
4 Ajouter la purée de pomme de terre et la crème fraîche et bien mélanger. Saler, poivrer, parsemer de persil et servir très chaud.

Préparation : 25 min ■ **Cuisson :** 35 min environ

Chou chinois

Chou chinois : préparation

Couper le trognon du chou de façon que les feuilles ne se détachent pas. Éliminer les parties abîmées des feuilles. Laver le chou dans plusieurs eaux et l'égoutter.

Chou chinois à la pékinoise

Pour 4 personnes

- 200 g de jambon blanc
- 1 chou chinois
- 1 botte de petits oignons
- 2 c. à soupe d'huile d'olive
- sel

1 Faire couper le jambon en tranches fines par le charcutier.
2 Retirer les feuilles extérieures du chou et tailler le cœur en morceaux de 10 cm.
3 Recouper les tranches de jambon à la même taille.
4 Émincer finement les petits oignons ainsi que 15 cm environ de leur tige.
5 Chauffer l'huile dans une sauteuse, ajouter les morceaux de chou et les faire revenir vivement pendant 2 ou 3 min.

6 Disposer les morceaux de chou, avec les oignons et un peu de sel fin, dans un panier spécial pour la cuisson à la vapeur, et cuire 30 min.

7 Intercaler le jambon et les morceaux de chou, réchauffer, toujours à la vapeur, pendant 4 ou 5 min. Servir le tout ensemble.

Préparation : 15 min ■ **Cuisson :** 40 min environ

Chou chinois à la sichuanaise

Pour 4 personnes

- 1 chou chinois
- 1 gousse d'ail
- 3 c. à soupe d'huile d'arachide
- poivre du Sichuan
- 1 c. à café de marc
- 1 c. à café de sucre
- sel

1 Préparer le chou (➤ voir page précédente) et le tailler en morceaux de 3 cm environ. Plonger ceux-ci 10 min dans de l'eau bouillante salée et les égoutter.

2 Éplucher et hacher l'ail.

3 Faire chauffer l'huile dans une poêle. Y dorer l'ail, ajouter le chou, mélanger puis ajouter un peu de poivre du Sichuan et du sel. Bien remuer et cuire 1 min.

4 Verser le marc et le sucre, et bien remuer 1 min.

5 Rectifier l'assaisonnement et servir très chaud.

Préparation : 15 min ■ **Cuisson :** 2 min environ

Chou-fleur

Chou-fleur : préparation

Retirer toutes les feuilles vertes et couper le trognon. Séparer les bouquets et les faire tremper 10 min environ dans de l'eau vinaigrée. Rincer plusieurs fois, puis les égoutter.

Sauf quand il est utilisé cru pour une salade, le chou-fleur doit toujours être blanchi : plonger les bouquets dans une grande quantité d'eau bouillante salée et les y laisser 2 ou 3 min sans couvrir. Les égoutter.

Chou-fleur aurore

Pour 4 personnes

- 1 chou-fleur
- 4 œufs
- 10 g de beurre
- 2,5 dl de béchamel
  (➤ voir p. 62)
- 1 dl de fondue de tomate
  (➤ voir p. 797)
- 100 g de gruyère râpé
- sel, poivre

1 Préparer le chou-fleur (➤ voir page précédente).

2 Cuire le chou-fleur dans de l'eau bouillante salée pendant 20 min.

3 Égoutter le chou-fleur et le passer au moulin à légumes.

4 Battre les œufs en omelette, saler et poivrer. Ajouter l'omelette à la purée de chou-fleur et bien mélanger.

5 Beurrer un moule à charlotte, y verser la préparation. Mettre le moule dans un bain-marie et cuire pendant 40 min.

6 Pendant ce temps, préparer la sauce Béchamel et lui ajouter la fondue de tomate et le gruyère râpé. Bien mélanger et tenir au chaud.

7 Démouler le pain de chou-fleur et le napper de sauce.

Préparation : 15 min ■ **Cuisson :** 1 h environ

Chou-fleur à la crème

Pour 4 personnes

- 1 chou-fleur
- 4 dl de sauce crème
  (➤ voir p. 65)
- sel

1 Préparer le chou-fleur (➤ voir page précédente).

2 Cuire les bouquets 20 min dans de l'eau bouillante salée.

3 Pendant ce temps, préparer la sauce crème.

4 Égoutter les bouquets, les mettre dans le plat de service en reconstituant la forme du chou-fleur. Napper de sauce.

Préparation : 15 min ■ **Cuisson :** 20 min

Chou-fleur au gratin

Pour 4 personnes

- 1 chou-fleur
- 4 dl de sauce Mornay
  (➤ voir p. 66)
- 40 g de beurre
- 40 g de gruyère râpé
- sel, poivre

① Préparer le chou-fleur (➤ voir p. 695).

② Cuire le chou-fleur à l'eau salée pendant 15 min.

③ Confectionner la sauce Mornay.

④ Préchauffer le four à 275 °C.

⑤ Beurrer un plat à gratin et y disposer les bouquets de chou-fleur. Les napper de sauce Mornay. Parsemer de gruyère râpé, arroser de beurre fondu et faire gratiner une dizaine de minutes.

On peut remplacer le gruyère par du parmesan et en poudrer le plat avant d'y déposer les bouquets de chou-fleur.

Préparation : 15 min ■ **Cuisson :** 25 min environ

Chou-fleur à la polonaise

Pour 4 personnes

- 1 chou-fleur
- 3 œufs
- 10 branches de persil
- 75 g de mie de pain rassis
- 75 g de beurre fondu
- sel

① Préparer le chou-fleur (➤ voir p. 695). Le cuire ensuite 20 min à l'eau bouillante salée.

② Pendant ce temps, faire durcir les œufs. Les rafraîchir, les écaler et les hacher.

③ Hacher le persil.

④ Émietter la mie de pain.

⑤ Égoutter les bouquets de chou-fleur et les disposer dans le plat de service en reconstituant le chou.

⑥ Parsemer d'œufs durs et de persil hachés et garder au chaud.

⑦ Faire fondre le beurre dans une poêle et y faire blondir la mie de pain.

⑧ Verser immédiatement sur le chou-fleur et servir.

Préparation : 15 min ■ **Cuisson :** 35 min environ

Chou-fleur vinaigrette

Pour 4 personnes

- 1 chou-fleur
- 2 œufs
- 3 c. à soupe de vinaigre de vin blanc
- 6 c. à soupe d'huile d'olive
- 5 branches de persil plat
- sel, poivre

1. Préparer le chou-fleur (➤ voir p. 695), puis le cuire pendant 20 min dans de l'eau bouillante salée.
2. Pendant ce temps, faire durcir les œufs.
3. Faire la vinaigrette avec 3 cuillerées à soupe de vinaigre et 6 cuillerées à soupe d'huile d'olive, du sel et du poivre.
4. Hacher le persil.
5. Rafraîchir les œufs, les écaler et les hacher.
6. Égoutter les bouquets de chou-fleur. Les disposer en monticule sur un plat rond. Parsemer d'œufs durs hachés, arroser de vinaigrette, ajouter le persil haché et servir tiède.

Préparation : 20 min ■ **Cuisson :** 25 min

Purée de chou-fleur

Pour 4 personnes

- 1 chou-fleur
- 200 g de pommes de terre bintje
- 2 dl de crème fraîche
- 80 g de beurre
- noix de muscade
- sel

1. Préparer le chou-fleur (➤ voir p. 695).
2. Éplucher les pommes de terre, les laver et les couper en morceaux.
3. Cuire les bouquets de chou-fleur pendant 20 min à l'eau bouillante salée avec les pommes de terre.
4. Égoutter le chou-fleur et les pommes de terre et les passer au moulin à légumes.
5. Mettre la purée dans une casserole, ajouter la crème fraîche en tournant avec une cuillère en bois, puis le beurre.
6. Goûter et rectifier l'assaisonnement. Râper une pointe de muscade. Verser dans le plat et servir bien chaud.

Préparation : 20 min ■ **Cuisson :** 30 min environ

Chou palmiste

Chou palmiste : préparation

Pour un chou palmiste frais, choisir les parties tendres, les laver et les éponger. En conserve, il s'agit des « cœurs de palmier », qu'il faut rincer à l'eau fraîche et éponger.

Chou palmiste en daube

Pour 4 personnes

- 600 g de chou palmiste frais
- 40 g de graisse de porc (ou de beurre)
- 1 c. à soupe de concentré de tomate
- 1 dl de bouillon de volaille du commerce
- sel, poivre

1 Préparer les choux palmistes (➤ voir ci-dessus). Les couper en morceaux de 5 cm environ, les attacher ensemble.

2 Faire fondre la graisse de porc dans une sauteuse et y dorer les bouquets de chou 30 min à feu doux, en les retournant de temps en temps.

3 Préchauffer le four à 250 °C. Ajouter le concentré de tomate puis le bouillon de volaille très concentré et bien mélanger. Faire réduire d'un tiers environ. Saler et poivrer.

4 Verser dans un plat à gratin et passer au four 5 min.

Préparation : 15 min ■ **Cuisson :** 35 min environ

Salade de cœurs de palmier

Pour 4 personnes

- 200 g de moules marinières ou surgelées
- 8 cœurs de palmier
- 5 cornichons
- 4 tomates
- 0,5 dl de vinaigrette
- 4 tranches de bacon
- sel, poivre

1 Préparer les moules (➤ voir p. 283).

2 Égoutter les cœurs de palmier et les couper en tronçons réguliers.

3 Couper les cornichons et les tomates en rondelles.

4 Préparer la vinaigrette avec de la moutarde (➤ voir p. 98).

5 Dans une poêle antiadhésive, faire revenir les tranches de bacon de chaque côté. Les égoutter quand elles sont dorées. ➤

6 Mélanger dans une jatte les cœurs de palmier, les moules, les cornichons et les tomates. Arroser de vinaigrette et remuer.

7 Répartir cette salade dans des assiettes et disposer le bacon rissolé dessus. Donner deux bons tours de poivre du moulin et servir.

Préparation : 20 min ■ **Cuisson :** 3-5 min

Chou rouge

Chou rouge : préparation

Couper le trognon. Retirer les feuilles abîmées. Partager le chou en quatre. Couper le bas du trognon qui apparaît alors. Séparer les feuilles, enlever les grosses côtes blanches. Faire tremper 10 min les feuilles dans de l'eau légèrement vinaigrée, puis les laver 3 ou 4 fois dans des eaux différentes. Rincer et égoutter.

Si le chou doit être consommé cru, séparer les feuilles, les poudrer de gros sel. Au bout de 1 h, les rincer et les sécher.

Chou rouge à la flamande

Pour 4 personnes

- 1 chou rouge
- 40 g de beurre
- 1 c. à soupe de vinaigre
- 4 pommes acidulées
- 1 c. à soupe de cassonade
- sel, poivre

1 Préparer le chou (➤ voir ci-dessus) et l'émincer en lanières.

2 Faire fondre le beurre dans une cocotte, y mettre le chou, saler, poivrer, arroser de vinaigre, couvrir et cuire à petit feu.

3 Éplucher les pommes, les couper en quatre, les épépiner et les tailler en lamelles. Les ajouter dans la cocotte.

4 Au bout de 1 heure de cuisson, poudrer de cassonade, couvrir à nouveau et cuire encore 20 min. Servir dans la cocotte.

Préparation : 10 min ■ **Cuisson :** 1 h 20

Chou rouge à la limousine

Pour 4 personnes

- 1 chou rouge
- 50 g de saindoux
- 5 dl de bouillon de volaille du commerce
- 300 g de marrons en boîte ou sous vide
- sel, poivre

1 Préparer le chou (➤ voir page précédente) et le couper en lanières.

2 Faire fondre le saindoux dans une cocotte. Ajouter le chou, verser le bouillon, saler, poivrer, couvrir et cuire doucement pendant 1 h.

3 Ajouter les marrons et cuire encore 30 min.

Ce chou accompagne très bien un rôti ou des côtes de porc.

Préparation : 15 min ■ **Cuisson :** 1 h 30

Salade de chou rouge

Pour 4 personnes

- 1/2 chou rouge
- 2 dl de vinaigre de vin rouge
- 0,5 dl d'huile de noisette
- sel, poivre

1 Préparer le chou (➤ voir page précédente) et le couper en fines lanières.

2 Faire bouillir le vinaigre de vin et le verser sur le chou, mélanger, couvrir et laisser mariner de 30 min à 1 h.

3 Égoutter le chou et l'assaisonner de sel, de poivre et d'huile de noisette, et bien mélanger.

Préparation : 20 min ■ **Marinade :** 1 h

Chou vert

Chou vert : préparation

Couper le trognon. Retirer les grandes feuilles extérieures du chou, souvent abîmées. Séparer toutes les feuilles. Couper la grosse côte centrale. Laver les feuilles plusieurs fois sans les laisser tremper.

Sauf s'il est consommé cru (dans ce cas, le faire dégorger 1 h dans le sel, puis rincer et sécher), le chou doit toujours être blanchi : le plonger pendant 5-8 min dans une grande quantité d'eau bouillante salée, sans couvrir.

Chou braisé

Pour 4 personnes

- 1 chou vert
- 1 oignon
- 2 carottes
- 10 g de beurre
- 200 g de couennes
- 1 bouquet garni
- 5 dl de bouillon de bœuf du commerce
- 50 g de bardes de lard
- sel, poivre

1. Préparer et blanchir le chou (➤ voir ci-dessus).
2. Éplucher et couper en petits dés les carottes et l'oignon et les faire cuire dans le beurre.
3. Préchauffer le four à 180 °C.
4. Tapisser le fond de la cocotte avec les couennes. Ajouter les dés de carotte et d'oignon, puis le chou. Tasser celui-ci.
5. Ajouter du sel, du poivre et le bouquet garni. Verser le bouillon de bœuf et recouvrir des bardes de lard. Couvrir la cocotte.
6. Porter à ébullition sur le feu, puis glisser la cocotte au four pendant 1 h 30.

Préparation : 20 min ■ **Cuisson :** 1 h 30

Chou farci

Pour 6-8 personnes

- 1 gros chou vert
- 100 g de jambon
- 200 g de lard de poitrine
- 200 g de veau
- 3 oignons
- 3 échalotes
- 40 g de beurre
- 1 tranche de pain
- 3 c. à soupe de lait
- 1 œuf
- 2 fines bardes de lard
- 2 carottes
- 150 g de couennes
- 75 g de lardons
- 5 dl de bouillon gras
  (➤ voir p. 119)
- sel, poivre

① Préparer le chou (➤ voir page précédente) sans séparer les feuilles.

② Blanchir le chou entier 10 min à l'eau bouillante salée. Le rafraîchir, l'égoutter, retirer le trognon.

③ Humidifier un torchon fin (ou une mousseline), en tapisser un très grand saladier et y poser le chou. Ouvrir celui-ci en écartant les grandes feuilles une à une. Retirer les feuilles du cœur et les hacher.

④ Hacher le jambon, le lard et le veau. Peler et hacher 2 oignons et toutes les échalotes. Les faire revenir dans une casserole avec du beurre pendant 3 min, puis ajouter les hachis de viande, bien mélanger et cuire 10 min.

⑤ Émietter le pain dans un bol et l'imbiber de lait. Le mélanger avec l'œuf puis l'ajouter à la farce de viande et bien mélanger. Saler et poivrer.

⑥ Garnir de cette farce le centre du chou, puis rabattre les grandes feuilles pour reformer le légume en emprisonnant les bardes de lard dans les dernières feuilles. Enfermer le chou dans le linge, nouer celui-ci et ficeler le tout.

⑦ Préchauffer le four à 200 °C.

⑧ Éplucher les carottes et l'oignon restant et les couper finement.

⑨ Tapisser la cocotte avec les couennes, les dés de légumes et les lardons. Poser le chou dessus et verser le bouillon gras. Couvrir, porter à ébullition sur le feu, puis placer la cocotte dans le four pendant 1 h 30.

⑩ Égoutter le chou, le déballer, retirer les bardes. Le dresser dans un plat creux et le tenir au chaud.

⑪ Faire réduire de moitié le fond de cuisson et en napper le chou.

Préparation : 40 min ■ **Cuisson :** 1 h 50 environ

Embeurrée de chou

Pour 4 personnes

- 1 petit chou vert frisé
- 100 g de beurre demi-sel
- 1 bouquet de ciboulette
- sel, poivre

1️⃣ Préparer et blanchir le chou (➤ voir p. 702), puis couper les feuilles en lanières régulières.

2️⃣ Mettre à fondre 60 g de beurre dans une cocotte.

3️⃣ Ajouter les lanières de chou et les faire étuver 20 à 30 min en remuant. Saler très légèrement et poivrer.

4️⃣ Ajouter la ciboulette hachée puis le reste de beurre en parcelles. Remuer à la fourchette pour faire fondre et servir aussitôt.

Préparation : 15 min ■ **Cuisson :** 30 min environ

Paupiettes de chou

Pour 4 personnes

- 1 chou vert
- 350 g de farce américaine (➤ voir p. 100) ou de farce de volaille (➤ voir p. 106)
- 0,5 dl de fond blanc de veau (➤ voir p. 49)
- 50 g de beurre
- 1 carotte
- 1 oignon
- sel, poivre

1️⃣ Préparer le chou (➤ voir p. 702).

2️⃣ Confectionner la farce choisie et le fond (décongeler un fond maison ou employer un fond du commerce).

3️⃣ Détacher 8 grandes feuilles du chou, retirer les grosses côtes. Hacher le cœur.

4️⃣ Faire fondre 20 g de beurre dans une casserole et cuire ce hachis doucement pendant 15 min environ, saler, poivrer. Bien mélanger le hachis avec la farce.

5️⃣ Éplucher et couper en petits dés la carotte et l'oignon.

6️⃣ Placer chaque grande feuille de chou dans une louche. Y mettre de la farce, refermer en paupiette et ficeler.

7️⃣ Faire fondre le reste du beurre dans une cocotte. Y dorer 3 min la carotte et l'oignon puis ajouter les paupiettes et les dorer avec précaution de chaque côté.

8️⃣ Verser le fond, couvrir et cuire 1 h 15 à feu doux.

9️⃣ Égoutter les paupiettes, passer le fond de braisage et les en arroser.

Préparation : 1 h ■ **Cuisson :** 1 h 15

Sou-fassum

Pour 6-8 personnes

- 1 gros chou vert
- 4 c. à soupe d'huile d'olive
- 250 g de vert de bette
- 2 grosses tomates
- 250 g de lardons
- 2 oignons
- 100 g de riz
- 1 gousse d'ail
- 750 g de chair à saucisse
- 4 l de bouillon de bœuf (➤ voir p. 48)
- sel, poivre

① Préparer et blanchir le chou (➤ voir p. 702). Détacher les grandes feuilles et les garder.

② Hacher le cœur et le faire cuire dans une casserole, avec 2 cuillerées d'huile d'olive, saler et poivrer. L'égoutter et le mettre dans une assiette.

③ Préparer le vert de bette (➤ voir p. 664). Le faire cuire dans une casserole, à feu doux, avec 2 cuillerées d'huile, saler et poivrer. Le verser dans une assiette.

④ Ébouillanter, peler, épépiner les tomates, les couper en morceaux, les garder dans un bol.

⑤ Mettre à revenir les lardons dans une poêle, pendant 5 min, et les égoutter dans une assiette.

⑥ Éplucher et hacher les oignons et les faire étuver dans la graisse des lardons, puis les réserver.

⑦ Cuire 15 min le riz à l'eau salée, l'égoutter.

⑧ Éplucher la gousse d'ail, la hacher et la mélanger avec la chair à saucisse, saler, poivrer.

⑨ Faire chauffer le bouillon dans un grand faitout (on peut employer un bouillon du commerce).

⑩ Étaler les feuilles de chou sur un torchon fin, ou une mousseline, mouillé et essoré. Déposer le chou haché sur ces feuilles à plat, puis, en couches successives, le hachis de cœur de chou, le vert de bette, les lardons, les oignons, les tomates, le riz et enfin la chair à saucisse.

⑪ Façonner cette composition en grosse boule, puis replier les feuilles en enfermant la farce. Refermer le torchon ou la mousseline et bien ficeler.

⑫ Plonger le sou-fassum dans le bouillon et laisser mijoter 3 h 30. Égoutter le chou, le déballer et le dresser dans un plat rond.

⑬ Faire réduire de moitié 1 litre de bouillon environ et en arroser le sou-fassum. Servir très chaud.

Préparation : 1 h 15-1 h 30 ■ **Cuisson :** 3 h 30

Choucroute

Choucroute : préparation et cuisson

Pour 6-8 personnes

- 2 kg de choucroute
- 2 clous de girofle
- 1 c. à café de poivre en grains
- 1 c. à dessert de baies de genièvre
- 1 bouquet garni
- 2 oignons
- 100 g de graisse d'oie
- 2 gousses d'ail
- 1 verre de vin blanc
- sel

1 Laver la choucroute dans plusieurs eaux jusqu'à ce que la dernière eau soit claire. L'égoutter et bien la presser entre les mains pour l'essorer.

2 Mettre la choucroute dans un torchon et la sécher.

3 La démêler en la soulevant plusieurs fois avec les mains.

4 Préchauffer le four à 190 °C.

5 Laisser infuser les clous de girofle, le poivre, le genièvre et le bouquet garni dans 2 dl d'eau bouillante pendant 5 min, puis filtrer.

6 Hacher les oignons et les faire revenir dans la graisse d'oie dans un faitout.

7 Ajouter la choucroute, l'ail, verser l'infusion et le vin blanc. Couvrir, porter à ébullition sur le feu, puis cuire 1 h 30 au four. La choucroute cuite ainsi est légèrement croquante.

Préparation : 20 min ■ **Cuisson :** 1 h 30

Bigos

Pour 4-6 personnes

- 2 kg de choucroute
- 4 pommes
- 1 citron
- 2 gros oignons
- 600 g de jambon (ou de restes de viande ou volaille)
- 100 g de saindoux
- 8 dl de bouillon de bœuf du commerce
- 30 g de farine

1 Laver la choucroute dans plusieurs eaux jusqu'à ce que la dernière eau soit claire. L'égoutter et bien la presser entre les mains pour l'essorer au maximum.

2 Mettre la choucroute dans un torchon et bien la sécher.

3 Démêler la choucroute avec les mains.

4 La mettre dans un faitout et la couvrir d'eau froide. Porter à ébullition et cuire pendant 5 min.

5 Peler, épépiner et couper en dés les pommes et les arroser de jus de citron.

6 Éplucher et hacher les oignons.

7 Égoutter la choucroute, y ajouter les pommes et les oignons, et mélanger.

8 Couper le jambon (ou la viande) en morceaux.

9 Faire fondre 30 g de saindoux dans une grande cocotte et y mettre une couche de choucroute assez épaisse, puis une couche de morceaux de jambon (ou de viande).

10 Continuer de remplir la cocotte en alternant les couches et en ajoutant un peu de saindoux entre chacune. Terminer par de la choucroute. Verser le bouillon, couvrir et cuire sur feu doux pendant 1 h 30.

11 Préparer un roux blanc (➤ voir p. 60) avec le reste du saindoux et la farine, et le délayer avec du jus de cuisson.

12 Verser le roux sur le bigos et cuire encore 30 min. Servir bien chaud dans la cocotte.

Le bigos s'accompagne aussi de petites saucisses grillées.

Préparation : 30 min ■ **Cuisson :** 2 h

Choucroute à l'alsacienne

Pour 6-8 personnes

- 1,250 kg de pommes de terre
- 2 kg de choucroute cuite (➤ voir page précédente)
- 1 palette de porc moyenne fumée
- 700 g de poitrine fumée
- 6-8 saucisses de Strasbourg

1 Éplucher les pommes de terre.

2 Préparer la choucroute et la cuire 1 h 30 au four.

3 Sortir le faitout, déposer la palette de porc et la poitrine fumée sur la choucroute et enfourner pendant 30 min.

4 Retirer la poitrine fumée et ajouter les pommes de terre. Cuire encore 30 min. Ajouter les saucisses de Strasbourg 5 min avant la fin de la cuisson et remettre la poitrine fumée pour la réchauffer.

5 Dresser la choucroute dans un plat. Couper les viandes en tranches régulières et les disposer dessus. Ajouter les saucisses, entourer avec les pommes de terre.

Préparation : 15 min ■ **Cuisson :** 2 h 30

Salade de choucroute à l'allemande

Pour 4-6 personnes

- 1 kg de choucroute
- 3 oignons
- 0,5 l de bouillon de bœuf du commerce
- 1 c. à soupe d'huile d'arachide
- 4 œufs
- 2 dl de vinaigrette (➤ voir p. 98)
- 1 betterave rouge cuite
- sel, poivre

1. Laver la choucroute, l'égoutter et la presser entre les mains.
2. Éplucher les oignons.
3. Mettre la choucroute dans une casserole, y enfoncer les oignons, saler, poivrer.
4. La recouvrir de bouillon (ou de la même quantité d'eau) et ajouter l'huile. Couvrir et cuire à petit feu pendant 2 h 30, puis égoutter et laisser refroidir.
5. Faire durcir les œufs.
6. Préparer la vinaigrette.
7. Couper la betterave en dés.
8. Retirer les oignons de la choucroute. Bien presser celle-ci pour en extraire le maximum de bouillon, puis l'aérer.
9. Hacher les oignons et les mélanger à la choucroute pressée.
10. Assaisonner de vinaigrette et dresser en dôme dans un plat creux. Garnir de quartiers d'œuf dur et de cubes de betterave cuite.

Préparation : 30 min ■ **Cuisson :** 2 h 30

Concombre

Concombre : préparation

Concombre préparé cru

Peler à demi le concombre avec un couteau économe en laissant une longueur de peau de façon à lui donner un aspect plus joli.

Si le concombre est jeune et fraîchement cueilli, il est inutile de le faire dégorger. Sinon, le couper en fines tranches ou en petits cubes, éliminer les graines. Disposer ces morceaux sur un torchon, les poudrer de sel fin, recouvrir d'un autre tor-

chon (ou replier le torchon, selon la quantité) et laisser ainsi 30 min.

Concombre préparé cuit

Peler les concombres, les ouvrir en deux et retirer les graines. Couper la pulpe en tronçons réguliers et les plonger 2 min dans de l'eau bouillante pour les blanchir, puis les égoutter.

Concombres à la crème

Pour 4 personnes

- 1 gros concombre ou 2 moyens
- 60 g de beurre
- 2,5 dl de crème fraîche
- 2 c. à soupe de persil haché
- sel, poivre

1. Préparer et blanchir les concombres (➤ voir recette précédente). Les détailler en cubes.
2. Faire fondre le beurre dans une casserole et y verser les cubes de concombre. Bien mélanger, saler et poivrer, couvrir et cuire 10 min, tout doucement.
3. Faire chauffer la crème fraîche, l'ajouter aux concombres et cuire encore 10 min à découvert.
4. Verser dans le plat de service et parsemer de persil.

Les concombres à la crème peuvent être servis en apéritif : en mettre une petite quantité sur des toasts de pain grillé, parsemer de fromage râpé et passer sous le gril pendant quelques minutes.

concombres à la Mornay :
cuire les concombres à la crème, les égoutter et les napper de 2 dl de sauce Mornay (➤ voir p. 66).

Préparation : 10 min ■ **Cuisson :** 20 min

Concombres farcis

Pour 4 personnes

- 2 concombres moyens
- 400 g de farce américaine (➤ voir p. 100)
- 5 brins de persil
- 2 carottes
- 1 oignon
- 20 g de beurre
- 3 dl de bouillon de volaille du commerce
- 40 g de beurre manié (➤ voir p. 39)
- sel, poivre

1 Peler les concombres, les ouvrir en deux et retirer les graines en creusant un peu la pulpe.

2 Préparer la farce américaine. Hacher le persil.

3 Éplucher les carottes et l'oignon et les couper en dés.

4 Préchauffer le four à 225 °C. Beurrer un plat allant au four. Recouvrir le fond avec carotte et oignon, et parsemer d'un peu de persil haché. Saler, poivrer. Garnir les demi-concombres de farce et les ranger dans le plat. Verser le bouillon de volaille aux deux tiers de la hauteur.

5 Porter à ébullition sur le feu, puis cuire 35 min au four. Couvrir d'une feuille d'aluminium dès que le dessus de la farce commence à sécher.

6 Dresser les concombres farcis sur le plat de service et tenir au chaud.

7 Passer le jus de cuisson et le faire réduire d'un tiers environ. Préparer le beurre manié et l'incorporer à la réduction en fouettant bien.

8 Verser cette sauce sur les concombres et servir très chaud.

Préparation : 20 min ■ **Cuisson :** 40 min environ

Concombres sautés

Pour 4 personnes

- 2 gros concombres
- 40 g de beurre
- 2 c. à soupe de cerfeuil ou de ciboulette
- 1 c. à café de sucre
- sel, poivre

1 Préparer les concombres (➤ voir p. 708) et les couper en cubes ou en bâtonnets.

2 Mettre à fondre le beurre dans une poêle, y verser les concombres, bien les mélanger avec le beurre, saler, poivrer, sucrer et les faire revenir pendant 10 à 15 min en remuant souvent.

3 Verser les concombres dans un plat de service, parsemer de cerfeuil ou de ciboulette, et mélanger.

Préparation : 10 min ■ **Cuisson :** 10-15 min environ

Salade de concombre au yaourt

Pour 4 personnes

- 2 concombres
- 1 bouquet d'aneth
- 2 yaourts nature
- 1 citron
- sel, poivre

1 Préparer les concombres (➤ voir p. 708), les couper finement.

2 Hacher l'aneth.

3 Mettre les yaourts dans un bol et, avec une fourchette, les mélanger avec le jus de citron. Ajouter l'aneth. Saler et poivrer.

4 Mélanger le concombre avec cette sauce au yaourt.

5 Mettre au réfrigérateur jusqu'au moment de servir.

Préparation : 10 min ■ **Cuisson :** 1 h

Cornichons

Cornichons au vinaigre, à froid

Pour 2 bocaux de 1,5 litre

- 1 kg de cornichons
- 200 g de gros sel
- 2 l de vinaigre blanc
- 2 branches d'estragon
- 125 g de petits oignons blancs
- 2 gousses d'ail
- 2 petites feuilles de laurier
- 2 brins de thym
- 4 clous de girofle
- 1 piment oiseau
- 6 grains de poivre noir
- 10 graines de coriandre

1 Frotter les cornichons avec un torchon de cuisine épais (ou une éponge grattante) pour enlever le duvet piquant, puis les mettre dans une terrine, ajouter le gros sel, bien mélanger et laisser ainsi 24 h.

2 Laver les cornichons à l'eau vinaigrée, les essuyer un par un et les répartir dans les bocaux. Laver les branches d'estragon, les sécher dans un papier absorbant et les ajouter aux cornichons. Éplucher les petits oignons blancs et les gousses d'ail et les ajouter.

3 Mettre les feuilles de laurier émiettées, le thym, les clous de girofle, le petit piment, le poivre noir et les graines de coriandre. Couvrir de vinaigre blanc, boucher les bocaux hermétiquement, les retourner pour bien mélanger et les mettre au frais.

Ces cornichons peuvent se consommer au bout de 5 ou 6 semaines, mais ils deviennent meilleurs avec le temps (jusqu'à un an).

Préparation : 30 min ■ **Dégorgeage :** 24 h

Courges et courgettes

Courges et courgettes : préparation

La courge est le nom générique de divers légumes de la famille des cucurbitacées, parmi lesquels on distingue des courges d'été : courgette (commercialisée maintenant toute l'année), pâtisson ; et différentes variétés de courges d'hiver, à la peau dure et épaisse : potiron (➤ voir p. 789), giraumon, citrouille.

Citrouille, potiron, giraumon

Couper le légume en gros morceaux et enlever la peau. Retirer les pépins et les filaments, laver la chair.

Pâtisson

Couper le pédoncule. On retire la peau suivant le degré de maturité.

Courgette

Couper le pédoncule. Peler les courgettes au couteau économe, entièrement (indispensable pour la purée, à volonté pour les beignets) ou partiellement, en laissant des languettes de peau entre les parties pelées. Pour d'autres préparations, comme les courgettes farcies ou les tajines, il n'est pas nécessaire de les peler.

Courge au gratin

Pour 4 personnes

- 1 kg de courge
- 80 g de beurre
- 60 g de fromage râpé
- sel, poivre

1 Préparer la courge (➤ voir ci-dessus).

2 Plonger les morceaux de courge dans de l'eau bouillante salée 4 ou 5 min, les égoutter et les éponger.

3 Préchauffer le four à 220 °C. Beurrer un plat à gratin et y disposer la courge. Saler, poivrer. Parsemer de fromage râpé.

4 Faire fondre le reste du beurre et arroser le dessus du plat. Mettre au four 20 à 25 min.

Préparation : 15 min ■ **Cuisson :** 20-25 min environ

Courgettes à la créole

Pour 4 personnes

- 800 g de courgettes
- 50 g de saindoux
- sel, poivre

① Couper les courgettes en deux dans le sens de la longueur et ôter les graines. Couper la pulpe en dés.

② Mettre à fondre le saindoux dans une cocotte, y verser les dés de courgette et les faire blondir. Saler, poivrer, couvrir et cuire de 20 à 25 min à feu très doux, en remuant de temps en temps.

③ Quand les dés se défont facilement, les écraser à la fourchette et continuer la cuisson, en remuant, jusqu'à ce que cette marmelade soit devenue dorée.

④ Servir très chaud.

Préparation : 10 min ■ **Cuisson :** 20-25 min environ

Courgettes farcies

Pour 4 personnes

- 2 courgettes de 220-250 g
- 40 g de riz long
- 4 dl de sauce tomate (➤ voir p. 86)
- 100 g de jambon ou 100 g de restes de viande
- 1 oignon
- 1/2 bulbe de fenouil
- 1 gousse d'ail
- 1/2 bouquet de persil
- 30 g de beurre
- sel, poivre

① Couper les courgettes en deux dans le sens de la longueur, les épépiner avec une petite cuillère en les évidant un peu, les plonger dans de l'eau bouillante salée pendant 5 min et les égoutter.

② Faire bouillir de l'eau salée dans une casserole et y cuire le riz pendant 15 min, l'égoutter, le rafraîchir et l'égoutter de nouveau.

③ Préparer ou décongeler la sauce tomate.

④ Hacher le jambon ou le reste de viande. Éplucher et hacher l'oignon, le fenouil et l'ail. Mettre à fondre 20 g de beurre dans une poêle et les y faire cuire 10 min, saler et poivrer. Les mélanger dans un saladier avec le riz et la viande hachée. Hacher le persil, l'ajouter et mélanger de nouveau.

⑤ Préchauffer le four à 185 °C. Garnir en dôme les demi-courgettes avec cette farce. Les ranger côte à côte dans un plat à gratin beurré ➜

[713]

en les serrant un peu les unes contre les autres.
Les napper de la sauce tomate.

6 Porter doucement à ébullition sur le feu, couvrir
d'une feuille d'aluminium et enfourner pendant
10 à 15 min ; arroser fréquemment.

Préparation : 40 min ■ **Cuisson :** 10-15 min

Courgettes à la mentonnaise

Pour 4 personnes

- 2 courgettes
  de 220-250 g
- 1 kg d'épinards frais
  ou 250 g d'épinards
  surgelés
- 1 dl d'huile d'olive
- 40 g de parmesan râpé
- 1 gousse d'ail
- 1 c. à soupe de persil
  haché
- 30 g de chapelure
- sel, poivre

1 Partager les courgettes en deux dans le sens de
la longueur. Inciser la pulpe à 1 cm du bord, et
y pratiquer 7 ou 8 petites entailles.

2 Saler les demi-courgettes et les laisser dégorger
à l'envers sur du papier absorbant pendant 30
à 40 min, puis bien les éponger.

3 Pendant ce temps, préparer les épinards (➤ voir
p. 720) ou les décongeler. Bien les presser, les
hacher. Verser 3 cuillerées à soupe d'huile dans
une casserole et y cuire les épinards pendant
10 min environ en remuant ; les saler, les poivrer
et les égoutter.

4 Dans une poêle, faire dorer les courgettes avec
4 cuillerées à soupe d'huile. Les égoutter. Retirer la pulpe, la hacher et la mélanger avec les
épinards. Ajouter la moitié du parmesan et bien
mélanger.

5 Préchauffer le four à 250 °C. Remplir les demi-
courgettes de farce, les mettre dans un plat à
rôtir huilé. Éplucher et hacher l'ail, mélanger avec
le persil, la chapelure et en parsemer le dessus
des courgettes.

6 Arroser avec le reste de l'huile d'olive et faire
gratiner au four pendant 15 min environ.

Préparation : 30 min ■ **Dégorgeage :** 30-40 min
■ **Cuisson :** 15 min

Purée de courgette

Pour 4 personnes

- 800 g-1 kg de courgettes
- 3 gousses d'ail
- 80 g de beurre
- 1 c. à café de cerfeuil haché
- 1 c. à café de ciboulette hachée
- 1 c. à café de persil haché
- sel, poivre

1 Peler les courgettes, les couper en rondelles, les mettre dans une casserole, les couvrir juste d'eau, saler. Éplucher les gousses d'ail, les ajouter dans la casserole et cuire à couvert 10 min.

2 Égoutter les courgettes et les écraser à la fourchette ou au moulin à légumes.

3 Mettre les courgettes dans une casserole et, éventuellement, faire dessécher la purée sur le feu en tournant sans arrêt, sans la laisser attacher. Ajouter le beurre peu à peu en mélangeant.

4 Verser dans le plat de service et parsemer de fines herbes.

Préparation : 10 min ■ **Cuisson :** 15 min

Salade de courgettes marinées

Pour 4 personnes

- 4-5 petites courgettes à peau fine
- 1 citron non traité
- 1 c. à café de graines de coriandre
- 30 g de sucre semoule
- 4 c. à soupe de vinaigre à l'estragon
- sel, poivre

1 Laver les courgettes et, sans les peler, les couper en rondelles fines.

2 Râper le zeste du citron et le presser.

3 Faire bouillir de l'eau salée dans une casserole et y plonger les rondelles de courgette pendant 2 min, les égoutter et les éponger.

4 Mettre les courgettes dans un plat creux avec les grains de coriandre, du sel, du poivre et le zeste de citron. Arroser de jus de citron.

5 Faire chauffer le sucre dans une petite casserole avec quelques gouttes d'eau. Quand il commence à caraméliser, ajouter le vinaigre et remuer. Verser le mélange sur les courgettes quand il est brûlant. Bien mélanger et laisser mariner 2 h.

6 Garder au réfrigérateur. Servir bien froid.

Préparation : 25 min ■ **Marinade :** 2 h

Cresson

Purée de cresson

Pour 4 personnes

- 4 bottes de cresson
- 60 g de beurre
- sel, poivre
- noix de muscade

1 Laver le cresson, l'égoutter puis l'effeuiller.
2 Faire bouillir de l'eau salée dans une casserole et y plonger le cresson 2 min. L'égoutter, le rincer sous le robinet dans la passoire et le presser entre les doigts pour extraire le maximum d'eau.
3 Passer le cresson au mixeur ou au moulin à légumes (grille fine).
4 Mettre cette purée dans une casserole, la dessécher éventuellement en tournant sans arrêt, sans laisser attacher.
5 Ajouter le beurre peu à peu en mélangeant bien, saler, poivrer et râper un peu de noix de muscade.

Préparation : 15 min ■ **Cuisson :** 5 min environ

Salade de cresson

Pour 4 personnes

- 2 œufs
- 1 botte de cresson
- 1 pomme
- 2 c. à soupe de jus de citron
- 100 g de gouda ou de gruyère
- 0,5 dl de vinaigrette à la moutarde (➤ voir p. 98)
- sel, poivre

1 Faire durcir les œufs.
2 Trier le cresson, en éliminer les grosses tiges et le laver. L'égoutter et bien l'éponger.
3 Éplucher la pomme, la couper en deux, ôter le cœur et les pépins. La citronner et la tailler en tout petits dés.
4 Couper également le fromage en petits dés.
5 Écaler les œufs et les couper en rondelles.
6 Préparer la vinaigrette.
7 Mettre dans un saladier le cresson, les dés de pomme et de fromage. Saler et poivrer. Arroser de vinaigrette et mélanger. Ajouter les rondelles d'œufs durs et servir.

Préparation : 20 min

Crosnes

Crosnes : préparation

Mettre les crosnes dans un torchon de grosse toile avec une poignée de gros sel et les secouer énergiquement pour ôter la pellicule qui les recouvre.

Laver les crosnes et les débarrasser des dernières parcelles de cette peau.

Blanchir les crosnes pendant 5 min dans de l'eau bouillante salée.

Crosnes sautés

Pour 4 personnes

- 600 g de crosnes
- 40 g de beurre
- 2 c. à soupe de persil haché
- sel, poivre

1 Préparer les crosnes (➤ voir ci-dessus), les égoutter et les éponger.

2 Mettre à fondre le beurre dans une poêle et faire sauter les crosnes pendant 10 à 15 min, saler et poivrer.

3 Verser dans le plat de service et parsemer de persil haché.

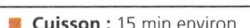

Préparation : 15 min ■ **Cuisson :** 15 min environ

Endives

Endives : préparation

Choisir des endives bien blanches et bien fermées.

Éliminer les premières feuilles souvent abîmées.

Avec un petit couteau, couper le trognon, creuser et enlever un petit cône dans la base.

Ne pas laver les endives, l'eau les rendant amères.

Chiffonnade d'endives à la crème

Pour 4 personnes

- 1 kg d'endives
- 60 g de beurre
- 1/2 c. à café de sucre
- 1 citron
- 2 dl de crème fraîche
- sel, poivre

❶ Préparer les endives (➤ voir p. 717) et les détailler en lanières de 1 cm de large.

❷ Faire fondre le beurre dans une cocotte, mettre les endives et ajouter le sucre, le jus de citron, du sel et du poivre. Couvrir et laisser étuver 30 min à feu doux.

❸ Ajouter la crème et faire chauffer vivement, à découvert, en remuant. Rectifier l'assaisonnement. Servir brûlant.

Préparation : 15 min ■ **Cuisson :** 30 min environ

Endives à l'étuvée

Pour 4 personnes

- 1 kg d'endives
- 30 g de beurre
- 1/2 citron
- 1 c. à soupe de persil haché
- sel

❶ Préparer les endives (➤ voir p. 717).

❷ Les mettre dans une casserole avec le beurre, 1 pincée de sel, le jus de citron et 1 verre d'eau. Porter à ébullition sur feu vif, à couvert, puis baisser et cuire 35 min.

❸ Les égoutter et les disposer sur un plat. Parsemer de persil.

Préparation : 10 min ■ **Cuisson :** 35 min

Endives au fromage

Pour 4 personnes

- 1 kg d'endives
- 30 g de beurre
- 2,5 dl de sauce Béchamel (➤ voir p. 62)
- 60 g de fromage râpé

❶ Préparer les endives et les cuire dans le beurre à l'étuvée (➤ voir recette précédente).

❷ Préparer la sauce Béchamel.

❸ Préchauffer le four à 250 °C. Égoutter les endives, les mettre dans un plat à gratin, les recouvrir de béchamel puis de fromage râpé et enfourner 15 min.

Préparation : 20 min ■ **Cuisson :** 15 min

Endives au jambon

Pour 4 personnes

- 4 endives
- 60 g de beurre
- 5 dl de sauce Béchamel
  (➤ voir p. 62)
- 60 g de fromage râpé
- noix de muscade
- 4 tranches de jambon
  blanc
- sel, poivre

1. Préparer les endives et les cuire à l'étuvée dans 30 g de beurre (➤ voir page précédente).
2. Préparer la sauce Béchamel, la faire réduire un peu pour bien l'épaissir, lui ajouter 30 g de fromage râpé, bien mélanger et râper une bonne pincée de noix de muscade.
3. Préchauffer le four à 275 °C. Beurrer un plat à gratin. Égoutter les endives, enrouler chacune d'elles dans une tranche de jambon, les ranger côte à côte dans le plat. Les napper de béchamel bouillante.
4. Parsemer du reste de fromage râpé et de noisettes de beurre. Mettre au four pendant 15 min environ.

Préparation : 30 min ■ **Cuisson :** 15 min environ

Salade d'endives

Pour 4 personnes

- 3 endives
- 1 citron
- 1 pomme
- 3 c. à soupe d'huile de
  noix
- 1 c. à soupe de cerfeuil
  haché

1. Préparer les endives (➤ voir p. 717) et les couper finement dans un saladier. Les arroser immédiatement de jus de citron.
2. Éplucher la pomme, l'épépiner et la couper en tout petits dés. L'ajouter dans le saladier et bien mélanger pour éviter le noircissement.
3. Préparer une vinaigrette avec 3 cuillerées à soupe d'huile de noix et 1 cuillerée à soupe de jus de citron, la verser sur la salade, mélanger, parsemer de cerfeuil et servir.

À partir de cette salade de base, on peut créer plusieurs variantes, avec notamment : des cerneaux de noix, des bâtonnets de jambon, des cubes de gruyère ou encore des pignons.

Préparation : 10 min

Épinards

Épinards : préparation

1 Enlever les tiges des épinards, couper les plus grosses feuilles en deux, les laver à grande eau et les égoutter.

2 Si les épinards doivent être blanchis : remplir d'eau un faitout, saler, porter à ébullition et y plonger les épinards pendant 8 à 10 min.

3 Pendant ce temps, préparer une bassine d'eau avec des glaçons. Égoutter les épinards, les mettre tout de suite dans cette bassine, bien les mélanger pour les refroidir rapidement (ce qui préserve leur couleur), puis les égoutter et, par poignées, les presser fortement entre les mains pour en extraire le maximum d'eau.

Épinards surgelés

Décongelés, ils s'accommoderont de la même façon que les épinards frais.

Beignets à la florentine

Pour 4-6 personnes

- 500 g de pâte à frire (➤ voir p. 113)
- 1,2 kg d'épinards frais ou 500 g d'épinards surgelés
- 3 dl de béchamel
- 60 g de fromage râpé
- 100 g de farine
- huile de friture
- sel, poivre

1 Préparer la pâte à frire et la laisser reposer.

2 Préparer les épinards et les blanchir ou les décongeler (➤ voir ci-dessus). Les égoutter et les presser entre les mains pour extraire le maximum d'eau.

3 Passer les épinards au mixeur ou au moulin à légumes (grille fine).

4 Mettre cette purée dans une casserole et la faire dessécher doucement en la tournant sur le feu avec la spatule en bois. La garder au chaud.

5 Préparer la sauce Béchamel (➤ voir p. 62) et la mélanger avec la purée d'épinard. Ajouter le fromage râpé et laisser refroidir complètement.

6 Chauffer la friture. Diviser le mélange en boules de la taille d'une mandarine. Rouler celles-ci dans la farine, puis dans de la pâte à frire et les plonger dans la friture à 180 °C jusqu'à ce qu'elles soient bien dorées.

7 Égoutter les beignets sur du papier absorbant, les poudrer de sel et les servir brûlants.

Préparation : 40 min ■ **Cuisson :** 15-20 min

Crêpes gratinées aux épinards

Pour 4 personnes

- 2,5 dl de pâte à crêpes (➤ voir p. 111)
- 400 g d'épinards à la crème (➤ voir ci-dessous)
- 30 g de beurre
- 60 g de fromage râpé

1 Préparer la pâte à crêpes, puis les épinards à la crème.

2 Cuire 12 petites crêpes, les garnir d'une cuillerée d'épinards, les rouler et rabattre les bords au centre.

3 Beurrer un plat à gratin, y disposer les crêpes en mettant la partie rabattue sur le fond du plat. Parsemer de fromage râpé et arroser de beurre fondu.

4 Gratiner 3 à 5 min sous le gril du four. Servir bien chaud.

Préparation : 35 min ■ **Cuisson :** 10 min environ

Épinards au beurre

Pour 4 personnes

- 1,5 kg d'épinards bien frais
- 100 g de beurre
- noix de muscade
- sel, poivre blanc

1 Préparer et blanchir les épinards (➤ voir page ci-contre).

2 Faire chauffer 60 g de beurre dans une sauteuse. Ajouter les épinards, saler, poivrer et râper un peu de muscade. Remuer 2 min sur feu modéré.

3 Mettre 40 g de beurre en parcelles et faire cuire encore 2 min.

épinards à la crème :
ajouter 2,5 dl de crème fraîche à la place des 40 g de beurre, remuer et cuire doucement pendant 5 min. Rectifier l'assaisonnement et servir.

Préparation : 6 min ■ **Cuisson :** 10 min environ

Épinards au gratin

Pour 4 personnes

- 1,2 kg d'épinards
- 4 dl de sauce Béchamel (➤ voir p. 62)
- noix de muscade
- 80 g de fromage râpé
- 20 g de beurre
- sel, poivre

1 Préparer et blanchir les épinards (➤ voir p. 720).
2 Faire la sauce Béchamel, lui ajouter de la muscade râpée et 40 g de fromage râpé.
3 Préchauffer le four à 275 °C. Beurrer légèrement un plat à gratin et y étaler les épinards. Recouvrir ceux-ci de la sauce Béchamel, parsemer du reste de fromage.
4 Arroser de beurre fondu et gratiner au four pendant 10 à 15 min.

Préparation : 30 min ■ **Cuisson :** 10-15 min environ

Pain d'épinards à la romaine

Pour 4 personnes

- 1,2 kg d'épinards frais ou 400 g d'épinards surgelés
- 6 filets d'anchois salés
- 50 g de beurre
- 3 œufs
- 50 g de gruyère ou 30 g de parmesan râpé
- noix de muscade
- 2 dl de sauce tomate (➤ voir p. 86)
- sel, poivre

1 Préparer et blanchir les épinards (➤ voir p. 720). Bien les presser, puis les hacher.
2 Mettre les anchois à dessaler dans un bol d'eau.
3 Préchauffer le four à 200 °C.
4 Faire fondre le beurre et le mélanger avec les épinards.
5 Égoutter les anchois, les couper en très petits dés et les ajouter.
6 Battre les œufs en omelette et les incorporer aux épinards. Ajouter le fromage. Saler, poivrer et râper de la muscade. Goûter et rectifier l'assaisonnement.
7 Verser cette préparation dans un moule beurré et cuire, pendant 45 min, dans le four au bain-marie.
8 Préparer la sauce tomate.
9 Démouler le pain sur un plat de service. Servir la sauce tomate à part.

Préparation : 30 min ■ **Cuisson :** 45 min

Ravioles savoyardes

Pour 4 personnes

- 1,2 kg d'épinards frais ou 500 g d'épinards surgelés
- 1 tomate
- 2 carrés demi-sel
- 50 g de farine
- 2 œufs
- 20 g de beurre
- 1 dl de lait
- 1 dl de crème fraîche
- 100 g de gruyère râpé
- sel, poivre

1. Préparer les épinards et les blanchir (➤ voir p. 720). Les hacher finement.
2. Ébouillanter, peler, épépiner la tomate et couper la pulpe.
3. Dans une terrine, mélanger les carrés demi-sel, la farine et les œufs puis ajouter les épinards et la tomate. Mélanger jusqu'à ce que cette farce soit bien homogène.
4. Faire bouillir de l'eau salée dans une grande casserole.
5. Façonner la farce en boulettes et faire pocher celles-ci 10 min. Les éponger.
6. Préchauffer le four à 180 °C. Beurrer un plat à gratin, y ranger les boulettes.
7. Mélanger le lait et la crème fraîche et poivrer. Verser ce mélange sur les boulettes.
8. Poudrer de gruyère et faire gratiner 15 min au four. Servir dans le plat de cuisson.

Préparation : 20 min ■ **Cuisson :** 25 min

Salade d'épinards

Pour 4 personnes

- 150 g de haddock poché (➤ voir p. 356)
- 2 œufs
- 120 g de jeunes pousses d'épinards ou de tétragones
- 0,5 dl de vinaigrette (➤ voir p. 98)
- 1/2 bouquet d'aneth

1. Préparer le haddock poché.
2. Faire durcir les œufs.
3. Préparer les épinards (➤ voir p. 720) et bien les sécher.
4. Faire la vinaigrette avec de l'huile de noisette et de l'huile d'arachide.
5. Verser les épinards dans le saladier et mélanger. Effeuiller le haddock par-dessus.
6. Écaler les œufs, les couper en quartiers et les disposer sur la salade. Parsemer le haddock de pluches d'aneth.

Préparation : 20 min

Subrics d'épinards

Pour 4 personnes

- 2,5 dl de sauce crème ou de sauce tomate
- 2 dl de béchamel (➤ voir p. 62)
- 800 g d'épinards frais ou 400 g d'épinards surgelés
- 1 œuf entier
- 3 jaunes d'œufs
- 2 c. à soupe de crème
- 30 g de beurre
- 1 c. à soupe d'huile d'arachide
- sel, poivre
- noix de muscade

❶ Préparer la sauce crème (➤ voir p. 65) en lui ajoutant de la muscade râpée, ou faire la sauce tomate (➤ voir p. 86). Garder cette sauce au chaud.

❷ Préparer et blanchir les épinards (➤ voir p. 720). Bien les égoutter et les hacher. Préparer la sauce Béchamel. La mélanger avec les épinards.

❸ Battre l'œuf entier et les jaunes dans un bol et les ajouter à la sauce. Mélanger. Ajouter ensuite la crème épaisse. Saler, poivrer et râper de la muscade. Laisser refroidir complètement.

❹ Mouler cette préparation en boulettes ou en palets. Faire fondre le beurre avec l'huile dans une poêle et dorer les subrics 3 min de chaque côté.

❺ Servir les subrics brûlants, nappés de sauce crème ou de sauce tomate.

Préparation : 30 min ■ **Cuisson :** 6 min

Tarte aux épinards

Pour 4 personnes

- 225 g de pâte brisée (➤ voir p. 109)
- 2,5 dl de sauce Mornay (➤ voir p. 66)
- 40 g de fromage râpé
- 700 g d'épinards frais ou 250 g d'épinards surgelés
- 120 g de beurre

❶ Préparer un fond de tarte avec la pâte brisée et le cuire (➤ voir croustades p. 183).

❷ Confectionner la sauce Mornay, lui ajouter la moitié du fromage râpé, bien mélanger et garder au chaud.

❸ Préparer les épinards et les étuver au beurre (➤ voir p. 721).

❹ Préchauffer le four à 275 °C.

❺ Mettre les épinards dans le fond de tarte, les napper de sauce Mornay, poudrer du fromage restant, arroser de beurre fondu et enfourner pendant 10 min.

Préparation : 40 min ■ **Cuisson :** 10 min

Fenouil

Fenouil : préparation

1. Couper les tiges des fenouils (les garder au congélateur éventuellement pour aromatiser un autre plat). Retirer les parties abîmées du bulbe.

2. Sauf s'il est consommé cru dans une salade, le fenouil doit être blanchi avant d'être cuisiné : le plonger entier 5 min dans de l'eau bouillante salée, puis l'égoutter, le rafraîchir et le sécher.

3. Pour préparer une salade de fenouil, émincer finement les bulbes, les faire dégorger 10 min avec du gros sel, puis les rafraîchir. Le fenouil en salade se sert avec une mayonnaise.

4. On peut aussi ajouter du fenouil aux salades composées, avec tomates, concombres, courgettes, olives, anchois, et aux salades vertes.

Fenouil braisé au gras

Pour 4 personnes

- 4 bulbes de fenouil
- 1 carotte
- 1 oignon
- 150 g de couennes
- 1 bouquet garni
- 5 dl de bouillon de bœuf (➤ voir p. 48) ou de fond de veau (➤ voir p. 49)
- sel, poivre

1. Préparer les bulbes de fenouil (➤ voir ci-dessus). Les diviser en quartiers s'ils sont gros, les laisser entiers s'ils sont petits.

2. Éplucher la carotte et l'oignon et les couper en rondelles.

3. Préchauffer le four à 220 °C.

4. Tapisser le fond d'une cocotte avec les couennes. Ajouter le bouquet garni et les rondelles d'oignon et de carotte. Disposer le fenouil par-dessus.

5. Verser le bouillon de bœuf ou le fond de veau (on peut employer des produits déshydratés).

6. Porter à ébullition sur le feu, couvrir et cuire pendant 40 min au four.

Préparation : 15 min ■ **Cuisson :** 45 min environ

Fenouil au vin blanc

Pour 4 personnes

- 3 bulbes de fenouil
- 1,5 dl de vin blanc sec
- 0,5 dl d'huile d'olive
- 2 brins de thym
- 1 feuille de laurier
- 1 c. à café de graines de coriandre
- 1 citron
- sel, poivre

1 Préparer les fenouils (➤ voir p. 725). Les couper en deux.

2 Verser dans une casserole le vin, l'huile et un petit verre d'eau. Ajouter le thym, le laurier et la coriandre, mélanger. Mettre ensuite les demi-bulbes de fenouil, saler et poivrer. Faire cuire 30 à 40 min à couvert. (10 min au micro-ondes en mode cuisson)

3 Laisser refroidir dans la cuisson, égoutter et arroser de jus de citron.

Préparation : 10 min ■ **Cuisson :** 40 min environ

Ragoût de fenouil à la tomate

Pour 4 personnes

- 1 grosse aubergine
- 500 g de tomates
- 2 oignons
- 3 bulbes de fenouil
- 2 dl d'huile d'olive
- 3 gousses d'ail
- 1 bouquet de persil plat
- 4 anchois à l'huile
- sel, poivre

1 Couper l'aubergine en dés et la faire dégorger (➤ voir p. 651).

2 Ébouillanter les tomates, les peler, les épépiner et les couper en quartiers. Éplucher les oignons et les émincer. Préparer le fenouil (➤ voir page précédente) et le couper en tranches.

3 Faire chauffer l'huile dans une cocotte. Ajouter les oignons et le fenouil, remuer et laisser fondre 10 min. Saler et poivrer.

4 Éponger les dés d'aubergine et les ajouter dans la cocotte avec les tomates et les gousses d'ail pelées, laissées entières. Faire cuire doucement à découvert pendant 30 min en remuant de temps en temps.

5 Hacher le persil et écraser les anchois avec un peu d'huile. Ajouter ce mélange aux légumes et remuer. Faire mijoter encore 5 min.

Préparation : 30 min ■ **Cuisson :** 45 min

Fèves

Fèves : préparation

Les fèves fraîches disponibles sur les marchés au printemps doivent toujours être « dérobées » : après les avoir écossées, retirer la peau blanche qui entoure chaque graine. Elles peuvent alors se manger à la croque-au-sel ou être cuisinées. Dans ce cas, les blanchir d'abord 10 min dans de l'eau bouillante salée.

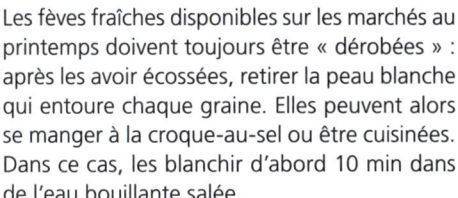

Fèves à la crème

Pour 4 personnes

- 2 kg de fèves fraîches ou 600 g de fèves surgelées
- 40 g de beurre
- 1,5 dl de crème fraîche
- sel, poivre

❶ Préparer et blanchir les fèves (➤ voir ci-dessus).
❷ Mettre à fondre le beurre dans une cocotte et faire sauter les fèves.
❸ Saler et poivrer, puis ajouter la crème fraîche et continuer la cuisson encore quelques minutes. Goûter et rectifier l'assaisonnement.

Préparation : 20 min ■ **Cuisson :** 5 min

Fèves aux lardons

Pour 4 personnes

- 2 kg de fèves fraîches
- 2 oignons moyens
- 40 g de beurre
- 1 c. à soupe d'huile de maïs
- 150 g de lardons
- 3 brins de sarriette fraîche
- sel, poivre

❶ Préparer et blanchir les fèves.
❷ Hacher finement les oignons. Chauffer le beurre et l'huile dans une sauteuse, y faire revenir doucement les oignons, ajouter les lardons et mélanger pendant 2 min.
❸ Ajouter les fèves et la sarriette. Saler et poivrer.
❹ Verser 2 cuillerées à soupe d'eau, mélanger et laisser mijoter doucement 10 min environ jusqu'à ce que les fèves soient bien tendres. Servir très chaud.

Préparation : 25 min ■ **Cuisson :** 15 min

Purée de fèves fraîches

Pour 4 personnes

- 2 kg de fèves fraîches
- 50 g de beurre
- 1 branche de sarriette
- 1 c. à café de sucre
- 1-2 c. à soupe de crème fraîche
- sel, poivre

① Préparer les fèves (➤ voir page précédente).

② Faire fondre le beurre dans une cocotte, ajouter les fèves, la sarriette, 1 pincée de sel, le sucre et 1 dl d'eau et cuire, à couvert, pendant 10 à 15 min.

③ Égoutter et passer au moulin à légumes ou au mixeur.

④ Ajouter la crème fraîche pour allonger la purée et servir bien chaud.

Préparation : 30 min ◼ **Cuisson :** 15 min environ

Graines germées

Graines germées : préparation

Laver rapidement les graines germées (alfalfa, pousses de blé, de soja, de lentilles, de radis, de moutarde, etc.). Les égoutter et les sécher délicatement dans un linge. Elles se préparent en salade mais on peut aussi les cuire rapidement à la vapeur.

Germes de soja au beurre

Pour 4 personnes

- 200 g de germes de soja
- 1 carotte
- 1 courgette
- 40 g de beurre
- 1 c. à soupe de ciboulette hachée
- sel, poivre

① Laver rapidement les germes de soja, puis les plonger 1 min dans de l'eau bouillante salée. Les égoutter.

② Éplucher la carotte et la tailler en bâtonnets, ainsi que la courgette. Les plonger pendant 1 min dans de l'eau bouillante salée. Les égoutter et les rafraîchir.

③ Faire fondre le beurre dans une casserole, y

mettre le soja, la carotte et la courgette, bien les mélanger et cuire 3 min.

4 Saler et poivrer. Goûter et rectifier l'assaisonnement, puis verser dans le plat de service et parsemer de ciboulette.

Préparation : 10 min ▪ **Cuisson :** 3 min

- -

Salade de blé germé

Pour 6 personnes

- 200 g de blé complet
- 2 courgettes à peau fine
- 0,5 dl d'huile d'olive
- 3 c. à soupe de jus de citron
- 4 c. à soupe de raisins secs
- 1 poivron jaune mariné
- sel, poivre

L'avant-veille

1 Mettre les grains de blé dans un plat creux et les laisser tremper, recouverts d'eau, pendant 24 h.

La veille

2 Laver les grains, les remettre dans le plat, sans eau, pendant 24 h. Ils doivent rester un peu humides.

Le jour même

3 Laver les grains germés.

4 Laver et émincer les courgettes. Les arroser d'huile et de jus de citron. Laisser mariner 30 min.

5 Pendant ce temps, faire gonfler les raisins secs à l'eau tiède. Émincer le poivron. Mettre dans un saladier le blé germé, les courgettes avec leur marinade, le poivron et les raisins secs égouttés.

6 Saler et poivrer selon le goût. Bien remuer et servir à température ambiante.

Le blé une fois germé ne se conserve pas et doit être consommé le jour même.

Trempage : 24 h + 24 h ▪ **Préparation :** 30 min ▪ **Marinade :** 30 min

Haricots

Haricots en grains : préparation

Haricots secs

1. Mettre les haricots (haricots blancs, rouges ou flageolets) dans un grand saladier et les recouvrir largement d'eau. Éliminer ceux qui remontent immédiatement à la surface. Les laisser tremper 2 h.

2. Les égoutter. Les mettre dans une grande casserole, recouvrir largement d'eau et porter à ébullition.

3. Écumer, puis ajouter 1 ou 2 oignons piqués d'un clou de girofle, 1 ou 2 carottes épluchées et coupées en petits dés (selon la quantité de haricots), 1 gousse d'ail épluchée et 1 bouquet garni.

4. Cuire à feu doux pendant 1 h 30 à 2 h 30. Saler seulement aux trois quarts de la cuisson. Goûter pour juger du degré de cuisson.

Haricots à écosser frais

1. Écosser les haricots et les mettre dans l'eau. Éliminer tous ceux qui sont tachés, mal formés et qui remontent à la surface. Les laver une deuxième fois mais ne pas les faire tremper.

2. Les cuire ensuite comme les haricots secs pendant 1 h environ. Ils sont cuits lorsqu'ils s'écrasent entre les doigts sans former de grumeaux.

Cassoulet

Pour 8 personnes

- 1 kg de haricots blancs
- 200 g de couennes
- 1 carotte
- 5 gousses d'ail
- 4 oignons
- 1 clou de girofle
- 300 g de lard de poitrine
- 2 bouquets garnis
- 750 g d'échine de porc
- 500 g de poitrine d'agneau désossée
- 100 g de graisse d'oie
- 3 dl de bouillon de bœuf du commerce
- 1 saucisson à l'ail
- 4 portions de confit d'oie ou de canard
- 40 cm de saucisse fraîche pur porc
- chapelure
- gros sel, poivre

1. Faire tremper les haricots (➤ voir p. 730).
2. Couper les couennes en morceaux et les ficeler en paquets.
3. Éplucher la carotte, l'ail et les oignons, puis piquer 1 oignon avec le clou de girofle. Couper la carotte et le lard en morceaux.
4. Mettre les haricots dans une cocotte avec le lard, les couennes, la carotte, l'oignon piqué, 3 gousses d'ail et 1 bouquet garni. Recouvrir d'eau. Cuire 1 h à très faible ébullition et à couvert. Saler à mi-cuisson.
5. Couper l'échine de porc et la poitrine d'agneau en gros morceaux. Mettre à fondre 50 g de graisse d'oie et faire revenir ceux-ci 10 min dans une sauteuse, saler et poivrer.
6. Hacher les 3 oignons restants, écraser 2 gousses d'ail et les ajouter dans la sauteuse avec le 2e bouquet garni. Verser un peu de bouillon puis cuire 40 min à couvert en rajoutant du bouillon de temps en temps.
7. Les haricots étant presque cuits, retirer de la cocotte les légumes de garniture et le bouquet garni, ajouter le porc et l'agneau, le saucisson à l'ail, le confit d'oie ou de canard et la saucisse. Faire mijoter doucement pendant 1 h.
8. Préchauffer le four à 160 °C.
9. Égoutter toutes les viandes. Couper l'agneau, le porc et l'oie en morceaux de même grosseur, les couennes en rectangles, le saucisson en tranches (enlever la peau) et la saucisse en petits tronçons.
10. Tapisser un grand plat creux en terre avec une partie des couennes. Mettre une couche de haricots, puis une couche des différentes viandes et de leur sauce. Recouvrir de haricots et achever de remplir le plat, en alternant et en assaisonnant chaque couche d'un peu de poivre juste moulu. ➡

⑪ Sur la dernière couche de haricots, placer les morceaux de lard et de couennes, ainsi que quelques tranches de saucisson. Poudrer de chapelure, arroser de 50 g de graisse d'oie.

⑫ Faire cuire doucement au four pendant 1 h 30 environ. Lorsqu'une croûte se forme, la casser, l'enfoncer et la laisser se reconstituer.

⑬ Servir le cassoulet dans la terrine où il a cuit.

La qualité des haricots est primordiale pour procurer au cassoulet son goût et son onctuosité.

Préparation : 40 min ■ **Trempage :** 2 h
■ **Cuisson :** 3 h 30 environ

Flageolets à la crème

Pour 4 personnes

- 300 g de flageolets secs ou 1 grande boîte de flageolets
- 1,5 dl de crème liquide
- sel, poivre

❶ Préparer et cuire les flageolets (➤ voir haricots en grains : préparation p. 730). Les égoutter (ou égoutter le contenu de la boîte).

❷ Faire bouillir la crème et la verser sur les flageolets. Bien mélanger et laisser mijoter de 5 à 10 min jusqu'à ce que la crème devienne bien onctueuse.

❸ Goûter et rectifier l'assaisonnement. Verser dans le plat de service.

Trempage : 2 h ■ **Cuisson :** 2 h environ
■ **Préparation :** 10 min environ

Haricots blancs à la bretonne

Pour 4 personnes

- 1,2 kg de haricots non écossés ou 300 g de haricots secs
- 3 oignons
- 2 clous de girofle
- 1 carotte
- 2 gousses d'ail
- 1 bouquet garni
- 2 tomates
- 40 g de beurre
- 0,5 dl de vin blanc
- 1 c. à soupe de concentré de tomate
- 1 c. à soupe de persil haché
- sel, poivre

1. Faire tremper les haricots pendant 2 h, puis les égoutter.
2. Cuire les haricots pendant 1 h 30 avec 2 oignons piqués de clous de girofle, la carotte, 1 gousse d'ail et le bouquet garni.
3. Pendant ce temps, préparer la sauce bretonne : éplucher et hacher 1 oignon et 1 gousse d'ail. Ébouillanter, peler, épépiner les tomates et les tailler en petits cubes. Faire fondre 20 g de beurre dans une casserole et y dorer l'oignon, verser le vin blanc et faire réduire de moitié. Ajouter les tomates, le concentré de tomate, l'ail, puis saler, poivrer, couvrir et cuire 15 min environ.
4. Incorporer les haricots et bien les mélanger avec la sauce. Incorporer le beurre restant, parsemer de persil haché et servir.

Trempage : 2 h ■ **Préparation :** 15 min
■ **Cuisson :** 1 h 30

Haricots blancs au jus

Pour 4 personnes

- 1,2 kg de haricots non écossés ou 300 g de haricots secs
- 2 oignons
- 2 clous de girofle
- 1 carotte
- 1 gousse d'ail
- 1 bouquet garni
- 1 dl de jus de viande
- 40 g de beurre
- 1 c. à soupe de persil

1. Mettre à tremper puis cuire les haricots (➤ voir haricots blancs à la bretonne, ci-dessus).
2. Faire chauffer du jus provenant d'un rôti, d'un gigot ou d'une volaille ou reconstituer 2 dl de fond de veau ou de volaille du commerce, et le laisser réduire de moitié. Saler, poivrer.
3. Égoutter les haricots, y verser le jus, ajouter le beurre et bien mélanger. Parsemer de persil haché.

Trempage : 2 h ■ **Préparation :** 10 min
■ **Cuisson :** 1 h 30

Haricots blancs à la tomate

Pour 4 personnes

- 1,2 kg de haricots à écosser ou 300 g de haricots secs
- 3 gousses d'ail
- 400 g de lard maigre
- 1 bouquet garni
- 2,5 dl de sauce tomate (➤ voir p. 86)
- sel, poivre

① Faire tremper les haricots (➤ voir haricots en grains p. 730).

② Éplucher l'ail.

③ Mettre les haricots dans une cocotte avec le lard, l'ail et le bouquet garni, les recouvrir largement d'eau. Couvrir et cuire pendant 1 h 30 à feu doux, saler seulement à mi-cuisson.

④ Préparer la sauce tomate.

⑤ Égoutter les haricots, ôter le lard et le bouquet garni.

⑥ Remettre les haricots dans la cocotte et ajouter la sauce tomate.

⑦ Couper le lard en dés et l'ajouter aussi.

⑧ Laisser mijoter une dizaine de minutes. Servir bien chaud.

Préparation : 15 min ■ **Trempage :** 2 h
■ **Cuisson :** 1 h 40 environ

Haricots cocos à la crème

Pour 4 personnes

- 600 g de haricots cocos frais écossés
- 2 tomates
- 1,5 dl de crème liquide
- 1 c. à soupe de persil haché
- sel, poivre

① Préparer et cuire les haricots (➤ voir haricots en grains p. 730). Les égoutter.

② Ébouillanter, peler et concasser les tomates.

③ Faire bouillir la crème et la verser sur les haricots. Bien mélanger et laisser mijoter la préparation de 5 à 10 min jusqu'à ce que la sauce devienne onctueuse.

④ Goûter et rectifier l'assaisonnement. Verser dans le plat de service et entourer des tomates concassées. Parsemer de persil haché. Servir aussitôt.

Préparation : 10 min environ
■ **Cuisson :** 1 h environ

Haricots cocos en salade

Pour 4 personnes

- 600 g de haricots cocos frais écossés
- 1 petit oignon
- 1 clou de girofle
- 1 carotte
- 1 gousse d'ail
- 1 bouquet garni
- 1 échalote
- 5 brins de persil
- 1 dl de sauce vinaigrette
- 1 c. à café de vinaigre de xérès

1. Choisir des « paimpolais » ou des « cocos roses » non écossés. Les préparer et les cuire (➤ voir haricots en grains p. 730) avec l'oignon piqué du clou de girofle, la carotte, l'ail et le bouquet garni. Les égoutter et les laisser tiédir.
2. Éplucher et hacher l'échalote et le persil.
3. Préparer la vinaigrette (➤ voir p. 98) et lui ajouter le vinaigre de xérès. La mélanger avec les cocos tièdes, ajouter l'échalote.
4. Verser dans le plat de service et parsemer de persil haché.

Préparation : 15 min ■ **Cuisson :** 1 h environ

Haricots mange-tout au beurre

Pour 4 personnes

- 600 g de haricots mange-tout verts ou jaunes
- 60 g de beurre
- 1 c. à soupe de persil haché
- sel, poivre

1. Effiler les haricots en cassant chaque extrémité et en tirant dessus pour entraîner le fil. Bien les laver, les égoutter.
2. Faire bouillir de l'eau salée dans une grande casserole et y plonger les haricots. Les cuire 20 min à gros bouillons, sans couvrir. Saler à mi-cuisson seulement. Goûter pour juger du degré de cuisson, puis égoutter.
3. Faire fondre le beurre dans une casserole et y ajouter les haricots. Les mélanger délicatement pour ne pas les briser.
4. Dresser dans le plat de service et parsemer de persil haché.

On peut également préparer ces haricots avec une sauce tomate.

Préparation : 15 min ■ **Cuisson :** 20-25 min

Haricots rouges à la bourguignonne

Pour 4-6 personnes

- 1,2 kg de haricots rouges frais ou 300 g de haricots rouges secs
- 0,5 dl de vin rouge de Bourgogne
- 1 carotte
- 1 oignon
- 1 clou de girofle
- 1 bouquet garni
- 150 g de lard de poitrine frais
- 1 c. à soupe d'huile d'arachide
- 20 g de beurre manié (➤ voir p. 39)
- sel, poivre

❶ Faire tremper les haricots (➤ voir p. 730). Les mettre dans une cocotte, verser le vin, ajouter de l'eau jusqu'à ce qu'ils soient bien recouverts et porter à ébullition.

❷ Éplucher la carotte et l'oignon, piquer celui-ci du clou de girofle et ajouter le tout dans la cocotte avec le bouquet garni et le lard. Cuire à feu doux pendant 1 h 30 à 2 h.

❸ Retirer la poitrine, l'oignon et le bouquet garni. Égoutter les haricots et les mettre au chaud ; réserver le jus.

❹ Couper le lard en dés et le faire rissoler doucement avec l'huile dans une poêle. L'égoutter et l'ajouter aux haricots.

❺ Préparer le beurre manié et l'incorporer dans le jus en fouettant, saler, poivrer et verser sur les haricots.

❻ Dresser dans le plat de service.

Trempage : 2 h ■ **Préparation :** 15 min
■ **Cuisson :** 2 h environ

Haricots verts : préparation

Haricots verts frais

Choisir les haricots le plus fins possible, bien fermes, presque cassants. Ils n'ont alors pas de fils. Briser leurs deux extrémités puis les laver à grande eau. Ne pas les laisser tremper. Plus les haricots sont petits, plus ils cuisent rapidement. Les blanchir dans de l'eau bouillante pendant 8 à 12 min ou les cuire à la vapeur (même temps). S'ils doivent ensuite servir pour une autre préparation, les garder assez croquants. Dès qu'ils sont cuits, les égoutter et les passer immédiatement sous le robinet d'eau froide pour arrêter

la cuisson et préserver leur couleur (sinon ils jaunissent un peu).

Haricots verts surgelés

Ils s'utilisent comme les haricots verts frais, mais il est inutile de les faire blanchir. Ils n'ont jamais la même fermeté ni le même goût que des haricots verts frais. Les décongeler simplement s'ils doivent être cuisinés à la poêle.

Congélation

Choisir des haricots verts très frais. Les effiler. Les laver à grande eau. Les plonger 2 min dans de l'eau bouillante salée. Les rafraîchir et les égoutter. Les étaler sur un plateau et les mettre au congélateur 2 ou 3 h. Les enfermer ensuite dans des sacs spéciaux, fermer ceux-ci et les remettre au congélateur.

Haricots verts au beurre

Pour 4-6 personnes

- 600-800 g de haricots verts
- 60 g de beurre
- 2 c. à soupe de fines herbes (facultatif)
- sel, poivre

1. Préparer et cuire les haricots verts (➤ voir préparation précédente). Les égoutter.
2. Faire fondre le beurre dans une casserole, ajouter les haricots et mélanger très délicatement.
3. Vérifier l'assaisonnement et disposer dans le plat de service.

Le goût des haricots verts frais est tellement fin que l'on peut se dispenser d'y ajouter d'autres saveurs.

Préparation : 15 min ■ **Cuisson :** 15 min environ

Haricots verts à la normande

Pour 4 personnes

- 600 g de haricots verts
- 2 dl de crème fraîche épaisse
- 3 c. à soupe de cerfeuil haché
- sel, poivre noir du moulin

1. Préparer et cuire les haricots verts (➤ voir p. 736). Les égoutter et les verser dans une casserole.
2. Ajouter la crème fraîche, saler et poivrer. Faire mijoter de 10 à 12 min à découvert, en remuant de temps en temps pour que la crème réduise.
3. Verser les haricots dans le plat de service, parsemer de cerfeuil et remuer délicatement. Servir aussitôt.

Préparation : 10 min ■ **Cuisson :** 25 min environ

Haricots verts en salade

Pour 4 personnes

- 500 g de haricots verts
- 3 petits oignons nouveaux
- 1,5 dl de vinaigrette
- 1 c. à soupe de persil ciselé
- sel

1. Effiler, cuire et rafraîchir les haricots verts en les gardant un peu fermes (➤ voir préparation p. 736). Les couper en deux.
2. Éplucher les petits oignons, les couper en quatre.
3. Préparer la vinaigrette (➤ voir p. 98). Mélanger délicatement les haricots avec la vinaigrette et les oignons.
4. Dresser dans le plat de service et parsemer de persil ciselé.

Préparation : 15 min ■ **Cuisson :** 8 min

Haricots verts à la tomate

Pour 6 personnes

- 600-800 g de haricots verts
- 4 tomates moyennes assez fermes

1. Effiler les haricots et les couper en deux. Les cuire 2 min à l'eau bouillante, les rafraîchir et les égoutter.
2. Ébouillanter, peler, épépiner les tomates et les couper en morceaux. Éplucher les petits oignons et les couper en deux. Peler l'ail.

- 2 gousses d'ail
- 6 petits oignons blancs
- 2 c. à soupe d'huile d'olive
- 1 brin de thym
- sel, poivre

3 Chauffer l'huile dans une cocotte, y faire colorer légèrement les oignons, en remuant. Mettre les tomates et poursuivre la cuisson pendant 3 min.

4 Ajouter les haricots verts, le thym et l'ail. Saler et poivrer. Mélanger. Couvrir et faire mijoter très doucement pendant 20 à 25 min. Servir dans la cocotte.

Préparation : 15 min ■ **Cuisson :** 30 min environ

Haricots verts vapeur

Pour 4-6 personnes

- 600-800 g de haricots verts
- 60 g de beurre
- sel

1 Effiler les haricots verts, les laver et les mettre dans le panier d'un couscoussier ou d'un auto-cuiseur. Bien saler l'eau.

2 Faire cuire les haricots, les égoutter et les arroser de beurre fondu.

Préparation : 15 min ■ **Cuisson :** 15 min au couscoussier, 5 min à l'autocuiseur

Laitue

Laitue : préparation

Pour une salade, couper le trognon, éliminer les feuilles abîmées (jaunes, trop dures, trop vertes) et séparer les feuilles. Enlever les côtes, recouper les feuilles trop grandes. Plonger la laitue pré-parée dans l'eau et bien la remuer pour enlever éventuellement la terre. L'essorer délicatement. Pour une laitue devant être cuite : couper le trognon au ras des feuilles, éliminer les feuilles abîmées. Remplir l'évier d'eau froide, prendre la laitue par le trognon et la laver en la plongeant à plusieurs reprises dans l'eau, en écartant les feuilles sans les casser. L'égoutter.

Chiffonnade de laitue cuite

Pour 4 personnes

- 1 grosse laitue
- 50 g de beurre
- sel, poivre

1 Préparer la laitue (➤ voir recette précédente) et la couper en lanières.

2 Mettre le beurre à fondre dans une cocotte et y ajouter la laitue, saler, poivrer.

3 Cuire tout doucement, à découvert, jusqu'à ce que l'eau de végétation se soit complètement évaporée. Goûter et rectifier l'assaisonnement.

Préparation : 10 min ■ **Cuisson :** 15-20 min

Laitues braisées au gras

Pour 4 personnes

- 4 laitues
- 1 carotte
- 1 oignon
- 20 g de beurre
- 150 g de couennes de lard
- 1 bouquet garni
- 4 dl de fond blanc de veau (➤ voir p. 49)
- sel

1 Préparer les laitues (➤ voir page précédente). Les plonger 5 min dans de l'eau bouillante salée, les rafraîchir, les presser énergiquement entre les mains pour en extraire le maximum d'eau.

2 Préchauffer le four à 200 °C.

3 Éplucher et émincer la carotte et l'oignon.

4 Beurrer une cocotte, la tapisser de couennes de lard, ajouter la carotte et l'oignon, mettre par-dessus les laitues et le bouquet garni. Verser le fond blanc (ou du bouillon de veau), saler légèrement.

5 Porter à ébullition sur le feu, puis poser un papier sulfurisé sur les laitues, remettre le couvercle de la cocotte et glisser au four pendant 50 min.

6 Égoutter les laitues. Partager chacune d'elles en deux, dans le sens de la longueur, et les disposer dans le plat de service.

Ce plat peut être servi en garniture d'un rôti.

Préparation : 15 min ■ **Cuisson :** 1 h environ

Purée de laitue

Pour 4 personnes

- 6 laitues braisées au gras
- 2,5 dl de sauce Béchamel
- 20 g de beurre
- sel, poivre

1 Préparer les laitues braisées au gras (➤ voir recette précédente).

2 Faire la sauce Béchamel (➤ voir p. 62).

3 Égoutter les laitues et les passer au mixeur ou au moulin à légumes.

4 Mettre à chauffer cette purée et la mélanger avec la béchamel.

5 Rectifier l'assaisonnement, ajouter le beurre et bien mélanger. Servir aussitôt.

Préparation : 15 min ■ **Cuisson :** 1 h 15 environ

Légumes mélangés

Achards de légumes au citron

Pour 1 bocal de 1,5 l

- 2 citrons
- 1 concombre
- 2 poivrons
- 2 carottes
- 100 g de haricots verts
- 100 g de feuilles de chou vert et 100 g de bouquets de chou-fleur
- 250 g de gros sel
- 1/2 oignon
- 20 g de racine de gingembre
- piment de Cayenne
- 5 dl de vinaigre d'alcool blanc
- 1 mesure de safran
- 0,5 dl d'huile d'olive

1 Diviser les citrons en quartiers et retirer les pépins.

2 Éplucher le concombre, les poivrons et les carottes et les couper en fines lamelles de 4 cm de long environ.

3 Laver et couper en petits morceaux les haricots verts et les feuilles de chou. Laver les bouquets de chou-fleur.

4 Faire macérer dans du gros sel tous les légumes et, à part, les citrons.

5 Après 12 h de macération, laver les citrons et les laisser tremper dans de l'eau froide pendant 24 h, en changeant l'eau plusieurs fois.

6 Faire bouillir les citrons jusqu'à ce que les quartiers soient souples. Les égoutter et les sécher.

7 Au bout de 36 h, égoutter et sécher les légumes.

8 Éplucher l'oignon, le hacher, puis le mixer avec le gingembre. Ajouter une pointe de piment de Cayenne, le vinaigre et le safran, puis l'huile d'olive. ➜

9 Mettre dans un bocal les quartiers de citron et les morceaux de légumes et les recouvrir avec l'huile aromatisée. Fermer et conserver au frais jusqu'au moment de consommer.

Préparation : 15 min ■ **Macération :** 36 h

Garbure

Pour 8 personnes

- 1 talon de jambon de Bayonne
- 300 g de haricots blancs secs
- 200 g de fèves
- 500 g de pommes de terre
- 2 carottes
- 2 navets
- 2 échalotes
- 3 gousses d'ail
- 2 blancs de poireau
- 1 branche de céleri
- 1/4 de chou vert
- 2 saucisses de Toulouse
- 3 cuisses de canard confit
- 1 bouquet garni
- 2 l de bouillon de volaille du commerce
- 2 dl de vin blanc sec
- 6-8 tranches de pain de campagne
- 1 c. à soupe de persil haché
- sel, poivre

1 La veille, mettre le jambon à tremper dans de l'eau froide avec les haricots.

2 Plonger le jambon dans de l'eau bouillante pendant 10 min. Écosser et dérober les fèves (➤ voir p. 727).

3 Éplucher les pommes de terre, les carottes et les navets et les couper en petits dés. Peler et hacher les échalotes et 2 gousses d'ail. Émincer finement les blancs de poireau et le céleri. Détailler en lanières les feuilles de chou.

4 Préchauffer le four à 220 °C.

5 Mettre les saucisses et le confit de canard dans un plat à rôtir et les faire dorer au four pendant 15 min. Les égoutter, les dégraisser et les couper en gros morceaux. Les réserver.

6 Dans une marmite, mettre le jambon, les haricots et le bouquet garni. Verser le bouillon de volaille (ou de l'eau) et cuire 45 min.

7 Déglacer le plat à rôtir avec le vin blanc sec, puis verser ce jus dans la marmite.

8 Dans une sauteuse, faire revenir 5 min les échalotes, les carottes, les navets, les poireaux et le céleri avec un peu de graisse de confit.

9 Saler, poivrer puis mettre le tout dans la marmite et laisser mijoter 30 min.

10 Faire blanchir le chou (➤ voir p. 702) et l'ajouter dans la marmite ainsi que les pommes de terre. Laisser mijoter 30 min.

11 Ajouter les fèves fraîches et faire mijoter encore 5 min. Rectifier l'assaisonnement et ôter le bouquet garni.

⑫ Frotter les tranches de pain préalablement grillées avec l'ail et les disposer dans une soupière en porcelaine à feu.

⑬ Découper le talon de jambon en tranches de 1 cm d'épaisseur et les mettre dans la soupière avec les morceaux de saucisse et de confit.

⑭ Verser par-dessus le bouillon très chaud et ses légumes, parsemer de persil haché, porter à ébullition et rectifier l'assaisonnement en donnant quelques tours de moulin à poivre noir. Servir bien chaud.

Trempage : 12 h ■ **Préparation :** 40 min
■ **Cuisson :** 2 h environ

Jardinière de légumes frais

Pour 4 personnes

- 3 carottes
- 2 navets
- 300 g de haricots verts
- 1 kg de petits pois frais
- 1/4 de bouquet de cerfeuil
- 40 g de beurre
- sel, poivre

❶ Peler les carottes et les navets et les couper en bâtonnets.

❷ Effiler les haricots verts et les couper en deux. Écosser les petits pois.

❸ Faire cuire séparément, d'une part les haricots verts et les petits pois à l'eau bouillante salée pendant 7 ou 8 min, d'autre part les carottes et les navets à la vapeur pendant le même temps.

❹ Hacher le cerfeuil.

❺ Mettre tous les légumes égouttés dans une casserole avec le beurre. Réchauffer doucement en mélangeant. Saler et poivrer.

❻ Verser la jardinière dans un légumier, parsemer de cerfeuil et servir.

Préparation : 35 min ■ **Cuisson :** 15 min

Légumes chop suey

Pour 6 personnes

- 4 petites carottes
- 3 petites courgettes
- 3 petits poireaux
- 1 poivron
- 2 c. à soupe d'huile
- 1/2 botte de petits oignons verts
- 150 g de germes de soja
- 1 gousse d'ail
- 2 tomates
- 1 c. à soupe de sauce soja
- 1 c. à café d'huile de sésame
- sel, poivre

❶ Éplucher, laver et tailler en bâtonnets les carottes, les courgettes, les poireaux et le poivron.

❷ Mettre les légumes dans une sauteuse avec 2 cuillerées à soupe d'huile, bien remuer, couvrir et laisser étuver doucement 4 ou 5 min.

❸ Couper les tiges des oignons en bâtonnets.

❹ Ébouillanter les pousses de soja, les rafraîchir, les égoutter.

❺ Éplucher et hacher l'ail.

❻ Ébouillanter, peler et couper en dés les tomates.

❼ Mettre dans la sauteuse les pousses de soja, bien mélanger et cuire 1 min.

❽ Ajouter les tomates, les oignons, l'ail, du poivre, 1 cuillerée à soupe de sauce soja, un peu de sel ainsi que 1 cuillerée à café d'huile de sésame. Mélanger, cuire pendant 1 min et servir.

Préparation : 30 min ▪ **Cuisson :** 8 min environ

Légumes aux haricots blancs

Pour 6 personnes

- 500 g de haricots blancs frais
- 4 cœurs de laitue
- 600 g de petits pois frais
- 2 carottes
- 2 navets
- 3 pommes de terre
- 250 g de haricots verts
- 100 g de beurre
- sel, poivre

❶ Préparer les haricots blancs (➤ voir haricots en grains : préparation p. 720) en les cuisant seulement 15 min.

❷ Pendant ce temps, laver les cœurs de laitue, les éponger et les couper en deux ou en quatre.

❸ Écosser les petits pois. Peler les carottes, les navets et les pommes de terre, les tailler en dés ou en rondelles.

❹ Préparer les haricots verts (➤ voir p. 736).

❺ Préchauffer le four à 180 °C.

❻ Beurrer une cocotte avec la moitié du beurre. Disposer la moitié de la laitue et de chacun des autres légumes. Ajouter 25 g de beurre en parcelles. Finir de remplir la cocotte avec les légumes

en les mélangeant. Ajouter le reste de beurre et 3 cuillerées à soupe d'eau. Saler et poivrer.

7 Couvrir la cocotte, commencer la cuisson sur le feu pendant 10 à 12 min, puis mettre au four pendant 40 min. Servir très chaud.

Préparation : 30 min ■ **Cuisson :** 50 min environ

Macédoine de légumes

Pour 4 personnes

- 250 g de carottes
- 250 g de navets
- 250 g de haricots verts
- 250 g environ de petits pois frais écossés ou 250 g de surgelés
- sel, poivre

1 Éplucher et couper en dés les carottes, les navets, les haricots verts. Écosser ou décongeler les petits pois.

2 Cuire séparément tous les légumes dans de l'eau bouillante salée. Maintenir à gros bouillons sans couvrir. Goûter pour vérifier la cuisson.

3 Égoutter les légumes, les verser dans un légumier, les additionner de beurre pour les consommer chauds.

Chauds, les légumes peuvent accompagner aussi bien une viande qu'un poisson. On peut également les laisser refroidir et les mélanger avec 2,5 dl environ de mayonnaise (➤ voir p. 93).

Préparation : 30 min ■ **Cuisson :** 15 min environ

Piperade

Pour 4-6 personnes

- 75 g de lard
- 800 g d'oignons
- 600 g de poivrons verts
- 8 gousses d'ail
- 150 g de jambon de Bayonne
- 1 bouquet garni
- 1,5 kg de tomates
- 1 c. à café de sucre
- 1 ou 2 pincées de piment d'Espelette
- sel

1 Hacher le lard. Éplucher et couper finement les oignons. Épépiner les poivrons et les couper en long et en quatre. Éplucher et écraser l'ail. Découper en morceaux le jambon pris dans la crosse.

2 Mettre le lard à fondre dans une cocotte, y faire revenir les oignons et les poivrons, ajouter l'ail, le jambon et le bouquet garni et cuire doucement 15 min.

3 Ébouillanter, peler, épépiner et couper les tomates et les mettre dans la cocotte. Sucrer légèrement si elles sont acides. Ajouter le piment d'Espelette.

4 Cuire sur feu vif, en remuant souvent, jusqu'à évaporation de l'eau des tomates. Rectifier l'assaisonnement et servir.

Préparation : 15 min ■ **Cuisson :** 30-40 min

Ragoût de légumes

Pour 6 personnes

- 250 g de petits pois
- 200 g de petites carottes
- 200 g de petits navets
- 12 petits oignons
- 220 g de très petites pommes de terre
- 2 cœurs de laitue
- 250 g de haricots verts très fins
- 3 artichauts
- 1/2 citron
- 1/2 chou-fleur
- 50 g de beurre
- 0,5 l de bouillon de volaille

1 Écosser les petits pois. Éplucher les carottes, les navets, les oignons, les pommes de terre, les laitues, les haricots verts et les laver. Ôter toutes les feuilles des artichauts et ne garder que les fonds, les citronner et les couper en quatre. Séparer les petits bouquets du chou-fleur.

2 Beurrer la cocotte et y verser les carottes, les haricots verts, les fonds d'artichaut. Mouiller à hauteur de bouillon de volaille et porter à ébullition.

3 Après 8 min de cuisson, ajouter les navets, les pommes de terre, les petits pois, le chou-fleur, les petits-oignons et les cœurs de laitue. Saler et poivrer. Prolonger la cuisson pendant 20 min.

4 Hacher la ciboulette et le cerfeuil.

5 Égoutter les légumes et les disposer dans un légumier.

- 10 brins de ciboulette
- 10 brins de cerfeuil
- sel, poivre

6 Faire réduire des trois quarts le fond de cuisson, y ajouter 50 g de beurre en fouettant et verser sur les légumes.

7 Parsemer de ciboulette et de cerfeuil ciselés.

Préparation : 30 min ■ **Cuisson :** 30 min environ

Ratatouille niçoise

Pour 4-6 personnes

- 6 courgettes
- 2 oignons
- 3 poivrons
- 6 tomates
- 3 gousses d'ail
- 6 aubergines
- 1 dl d'huile d'olive
- 1 bouquet garni
- 1 branche de thym
- sel, poivre

1 Couper le pédoncule des courgettes et détailler celles-ci en rondelles, sans les peler.

2 Éplucher les oignons et les émincer.

3 Ouvrir les poivrons et les débarrasser de leur pédoncule et de leurs graines, les couper en lanières.

4 Ébouillanter et peler les tomates, les couper en 6 et les épépiner.

5 Éplucher et écraser les gousses d'ail. Couper en rondelles les aubergines.

6 Chauffer 6 cuillerées à soupe d'huile d'olive dans une cocotte en fonte. Y faire revenir les aubergines, puis mettre les poivrons, les tomates, les oignons et, enfin, les courgettes et l'ail.

7 Ajouter le bouquet garni et le thym, saler, poivrer et cuire 30 min à petit feu.

8 Ajouter enfin 2 cuillerées à soupe d'huile d'olive et prolonger la cuisson plus ou moins longtemps suivant le goût.

9 Retirer le bouquet garni et servir brûlant.

La ratatouille niçoise accompagne des rôtis, des volailles sautées, des poissons braisés ou des omelettes. Elle peut aussi se consommer glacée : la laisser refroidir et la mettre au réfrigérateur.

Préparation : 30 min ■ **Cuisson :** 40 min environ

Salade d'avocats et d'agrumes

Pour 6 personnes

- 2 avocats
- 2 citrons
- 2 oranges
- 1 pamplemousse rose
- 1 pamplemousse blanc
- 1 petit bouquet de menthe
- 8 cl d'huile
- sucre semoule
- 2 c. à soupe de pignons
- 6 feuilles de laitue
- 6 olives noires
- sel, poivre

1 Presser les citrons. Peler les avocats, les couper en deux. Les dénoyauter. Couper la chair en petits dés et les arroser de jus de citron.

2 Peler les oranges et les pamplemousses et séparer la pulpe de la peau qui l'enveloppe.

3 Laver, effeuiller et hacher la menthe. La mettre dans un bol. Verser l'huile par-dessus, poudrer de 1 pincée de sucre, saler et poivrer. Bien mélanger.

4 Mettre l'avocat et la pulpe des fruits dans un grand saladier. Recouvrir de sauce, tourner la salade. La laisser au frais pendant 30 min environ.

5 Faire griller les pignons dans une poêle sans matière grasse.

6 Laver et essorer la laitue. Poser une feuille de laitue sur chaque assiette, disposer la salade dedans, la parsemer de pignons et décorer avec une olive noire.

Préparation : 15 min ■ **Réfrigération :** 30 min

Lentilles

Lentilles : préparation

Laver les lentilles. Il ne faut pas les faire tremper. Les plonger dans une grande quantité d'eau bouillante avec 1 oignon piqué d'un clou de girofle, 1 carotte épluchée, coupée en morceaux, et 1 bouquet garni. Saler les lentilles à la mi-cuisson seulement.

On peut utiliser leur eau de cuisson pour faire un potage.

Lentilles au curcuma

Pour 4 personnes

- 200 g de lentilles brunes
- 1 pincée de curcuma moulu
- 2 piments rouges secs
- 1 c. à café de graines de moutarde
- 1 c. à soupe d'huile d'arachide
- 1 c. à soupe de sucre semoule roux
- 2 yaourts nature
- sel

❶ Trier et laver les lentilles. Verser 2 litres d'eau dans une casserole. Y plonger les lentilles, saler et assaisonner de curcuma. Porter à ébullition et prolonger la cuisson à gros bouillons pendant environ 45 min. Vérifier la cuisson des lentilles, elles doivent être tendres et très cuites.

❷ Pendant ce temps, retirer les pédoncules et les graines des piments et les émietter. Faire éclater les graines de moutarde dans l'huile chaude. Ajouter le piment. Mélanger et prolonger la cuisson quelques instants.

❸ Verser ce mélange dans la casserole, poudrer de sucre et incorporer les yaourts. Ajouter au besoin un peu d'eau chaude et prolonger la cuisson quelques instants.

Préparation : 25 min ■ **Cuisson :** 1 h

Lentilles à la dijonnaise

Pour 4 personnes

- 300 g de lentilles
- 1 oignon
- 1 clou de girofle
- 1 carotte
- 1 gousse d'ail
- 1 bouquet garni
- 100 g de poitrine de porc fraîche
- 2 c. à soupe de moutarde de Dijon
- 20 g de beurre
- sel, poivre

❶ Laver les lentilles.

❷ Éplucher l'oignon et le piquer du clou de girofle. Éplucher la carotte et la couper en morceaux. Peler la gousse d'ail.

❸ Recouvrir les lentilles de 3 fois leur volume d'eau froide et porter à ébullition.

❹ Ajouter les légumes, le bouquet garni et la poitrine de porc. Couvrir et cuire 40 min. Saler à mi-cuisson.

❺ Retirer la poitrine (la garder pour une autre utilisation), le bouquet garni et l'oignon.

❻ Avec une louche, enlever éventuellement un peu de jus (les lentilles doivent juste être couvertes).

❼ Délayer la moutarde avec une cuillerée de ce jus et verser sur les lentilles. Bien mélanger et ajouter le beurre.

❽ Verser dans le plat de service.

Préparation : 15 min ■ **Cuisson :** 40 min environ

Lentilles au jus

Pour 4 personnes

- 300 g de lentilles
- 1 oignon
- 1 clou de girofle
- 1 carotte
- 1 gousse d'ail
- 1 bouquet garni
- 100 g de poitrine de porc fraîche
- 2 dl de sauce demi-glace (➤ voir p. 52)
- 20 g de beurre

1 Préparer les lentilles (➤ voir p. 748) et les cuire comme les lentilles à la dijonnaise (➤ voir p. 749).

2 Réchauffer la demi-glace ou faire réduire de moitié 4 dl de fond brun du commerce. Quand les lentilles sont cuites, les égoutter.

3 Couper la poitrine de porc en petits dés et remettre cette viande avec les lentilles.

4 Ajouter la demi-glace ou le fond réduit, mélanger, chauffer et incorporer enfin le beurre. Servir aussitôt.

Ces lentilles accompagnent bien une viande braisée ou rôtie (blanche de préférence).

Préparation : 10 min ■ **Cuisson :** 45 min environ

Purée de lentilles

Pour 4 personnes

- 400 g de lentilles vertes du Puy
- 1 oignon
- 1 clou de girofle
- 1 petite carotte
- 1 bouquet garni
- 50 g de beurre
- gros sel, poivre

1 Préparer les lentilles.

2 Éplucher l'oignon et le piquer du clou de girofle. Éplucher la carotte et la couper en dés.

3 Mettre les lentilles dans une grande casserole, les couvrir largement d'eau froide, porter à ébullition et écumer.

4 Ajouter du gros sel, du poivre, le bouquet garni, l'oignon et la carotte. Cuire à couvert à petits frémissements pendant 45 min environ.

5 Retirer le bouquet garni et l'oignon. Passer les lentilles au moulin à légumes.

6 Mettre la purée dans une casserole et la chauffer doucement en la travaillant à la cuillère en bois et ajouter le beurre. Servir bien chaud.

Préparation : 15 min ■ **Cuisson :** 45 min environ

Maïs

Maïs : préparation

C'est le maïs doux que l'on emploie en cuisine, le maïs à grains étant essentiellement destiné à l'alimentation animale et à la production des semoules et de la farine.

Choisir des épis aux grains clairs entourés de feuilles vert pâle. Les débarrasser des feuilles pour les cuire à l'eau bouillante salée.

Si les épis doivent être grillés, garder les feuilles, les humecter et bien envelopper les grains dedans, ou encore entourer l'épi d'une feuille d'aluminium.

Maïs en boîte

L'égoutter et le rincer dans la passoire.

Maïs à la béchamel

Pour 4 personnes

- 4 épis de maïs ou 2 boîtes de maïs
- 2,5 dl de lait
- 2 dl de sauce Béchamel
- sel, poivre

❶ Préparer les épis de maïs (➤ voir explications précédentes) en laissant une seule épaisseur de feuilles.

❷ Faire chauffer de l'eau (5 verres environ) et ajouter le lait. Saler, porter à ébullition. Plonger les épis dans le liquide bouillant et les cuire 15 min ou réchauffer dans un peu d'eau le maïs en boîte.

❸ Pendant ce temps, préparer la sauce Béchamel (➤ voir p. 62).

❹ Égoutter le maïs. Ôter les feuilles et égrener les épis. Mélanger les grains avec la sauce Béchamel, goûter et rectifier l'assaisonnement. Servir aussitôt.

Préparation : 5 min ■ **Cuisson :** 15 min

Maïs frais grillé

Pour 4 personnes

- 4 épis de maïs
- 2,5 dl de lait
- 40 g de beurre
- 1 citron
- sel

1 Préparer les épis de maïs comme dans la recette précédente mais en les cuisant 5 min seulement. Égoutter les maïs, les passer sous le robinet et les sécher.

2 Les griller au four ou sur un gril pendant 10 à 12 min en les retournant souvent.

3 Faire fondre le beurre, le mélanger avec le jus de citron et en arroser les épis, ou le servir en saucière.

maïs frais au naturel :
cuire les épis dans le mélange eau-lait pendant 15 min. Les disposer sur le plat de service tapissé d'une serviette et servir le beurre citronné à part.

Préparation : 10 min ■ **Cuisson :** 15 min environ

Maïs en soso aux abattis de poulet

Pour 4 personnes

- 700 g d'abattis de poulet
- 40 g de graisse d'oie
- 2 c. à soupe de concentré de tomate
- 3 c. à soupe de farine de maïs
- 1 oignon
- sel, poivre

1 Détailler les abattis de poulet en morceaux réguliers. Les faire dorer avec la graisse d'oie dans une cocotte.

2 Ajouter 2,5 dl d'eau et le concentré de tomate, saler et poivrer. Cuire à feu doux pendant 20 min environ.

3 Quand les abattis sont bien cuits, les égoutter.

4 Délayer la farine avec le bouillon de cuisson, verser un peu d'eau pour allonger cette bouillie (elle ne doit pas être épaisse).

5 Hacher l'oignon et l'ajouter dans la cocotte.

6 Remettre les abattis et cuire encore tout doucement pendant 15 min.

Préparation : 5 min ■ **Cuisson :** 35 min environ

Marrons

Marrons : préparation

① Avec un petit couteau, fendre l'écorce des marrons dans leur partie la plus bombée.
② Plonger les marrons pendant 10 min dans de l'eau bouillante.
③ Les éplucher quand ils sont chauds en les sortant au fur et à mesure de l'eau avec une écumoire. Mettre les marrons dans du bouillon ou du consommé en ébullition (ils doivent être largement recouverts), ajouter une branche de céleri et cuire de 30 à 40 min, puis les égoutter.
④ On peut également se servir soit de marrons au naturel (souvent en bocaux), soit de marrons cuits sous vide et présentés en barquettes.

Marrons aux oignons

Pour 4 personnes

- 500 g de marrons frais
- 100 g de petits oignons glacés (➤ voir p. 759)
- 20 g de beurre

① Préparer et cuire les marrons (➤ voir explications précédentes).
② Pendant ce temps, préparer les oignons glacés.
③ Égoutter les marrons et faire réduire le liquide de cuisson jusqu'à ce qu'il devienne sirupeux.
④ Ajouter le beurre. Remettre les marrons dans la casserole et bien les enrober de beurre.
⑤ Verser les marrons dans le plat de service et les entourer des oignons glacés.

Préparation : 30 min ■ **Cuisson :** 40 min environ

Purée de marron

Pour 4 personnes

- 500 g de marrons frais (ou en boîte, ou sous vide)
- 2,5 dl de crème liquide
- 50 g de beurre
- sel, poivre

① Préparer et cuire les marrons frais (➤ voir p. 753) ou réchauffer les marrons en conserve.

② Passer les marrons au presse-purée. Mettre la purée obtenue dans une casserole. Saler et poivrer.

③ Faire chauffer la crème et la verser sur cette purée en mélangeant. Ajouter le beurre et bien remuer.

④ Goûter et rectifier l'assaisonnement. Verser dans le plat de service.

Cette purée accompagnera une volaille rôtie ou du gibier.

Préparation : 50 min environ
■ **Cuisson :** 10 min environ

Purée de marron au céleri

Pour 4 personnes

- 400 g de marrons frais
- 200 g de céleri-rave
- 1 pincée de sucre semoule
- 100 g de beurre
- 1 dl de crème fraîche
- 3 dl de lait
- sel, poivre blanc

① Éplucher les marrons, mais sans les cuire. Peler le céleri-rave et le couper en morceaux.

② Mettre les marrons et le céleri dans une casserole, couvrir d'eau, saler, poivrer et ajouter le sucre. Faire cuire à petits bouillons pendant 30 min.

③ Égoutter les marrons et le céleri-rave, les passer au mixeur ou au moulin à légumes.

④ Mettre la purée dans une casserole. Ajouter le beurre par morceaux, bien mélanger, puis verser la crème fraîche et travailler la purée à la spatule pendant 3 ou 4 min sur feu modéré.

⑤ Faire chauffer le lait et le verser peu à peu jusqu'à ce que la consistance devienne bien onctueuse. Rectifier l'assaisonnement et servir très chaud.

Préparation : 1 h ■ **Cuisson :** 35 min environ

Navets

Navets : préparation

Éplucher et laver les navets. Les petits navets jeunes peuvent être simplement brossés et lavés.

Navets à la ciboulette

Pour 4 personnes

- 800 g de navets d'hiver pas trop gros
- 60 g de beurre
- 2 c. à soupe de ciboulette hachée
- sel, poivre

1 Éplucher et laver les navets.

2 Les mettre dans une casserole, les recouvrir d'eau froide et les saler légèrement. Porter à ébullition et les faire cuire 15 min sur feu assez vif.

3 Égoutter les navets et les laisser tiédir. Les couper en petits dés ou en rondelles.

4 Faire chauffer le beurre dans une poêle. Ajouter les navets et mélanger à la spatule.

5 Laisser dorer doucement en remuant de temps en temps. Saler et poivrer. Parsemer de ciboulette et servir aussitôt.

Préparation : 15 min ■ **Cuisson :** 25 min environ

Navets farcis aux champignons

Pour 4 personnes

- 12 navets nouveaux moyens
- 50 g de beurre
- 300 g de champignons de Paris
- 0,5 dl de fond de volaille du commerce
- 30 g de mie de pain
- sel

1 Éplucher, laver et évider les navets.

2 Plonger les navets pendant 8 min dans de l'eau bouillante salée, les égoutter, puis les rafraîchir sous l'eau froide. Les saler légèrement à l'intérieur.

3 Dans une casserole, faire cuire doucement la pulpe retirée avec 20 g de beurre.

4 Pendant ce temps, nettoyer les champignons, les couper en tout petits dés, saler et poivrer et les faire cuire dans 20 g de beurre jusqu'à ce que l'eau de végétation soit évaporée. ➔

Les mélanger avec la pulpe étuvée.

5 Préchauffer le four à 210 °C.

6 Avec une petite cuillère, garnir les navets de la farce.

7 Beurrer un plat à gratin et y ranger les navets. Verser dessus le fond de volaille (ou du bouillon de bœuf), parsemer de mie de pain.

8 Cuire au four jusqu'à ce que les légumes soient tendres : les piquer avec une aiguille pour vérifier la cuisson.

Préparation : 30 min ■ **Cuisson :** 25 min environ

Navets au gratin

Pour 4 personnes

- 600 g de navets
- 60 g de beurre
- 2,5 dl de sauce Mornay
- 20 g de fromage râpé
- sel

1 Préparer les navets (➤ voir page précédente).

2 Les couper en rondelles et les plonger pendant 2 min dans de l'eau bouillante salée. Les égoutter et les rafraîchir.

3 Mettre 40 g de beurre à fondre dans une cocotte, ajouter les navets, saler et faire étuver pendant 20 min à feu doux.

4 Préchauffer le four à 240 °C.

5 Pendant ce temps, préparer la sauce Mornay (➤ voir p. 66).

6 Beurrer largement un plat à gratin, y disposer les navets, égaliser le dessus. Les recouvrir de sauce Mornay, puis poudrer de fromage râpé.

7 Passer le plat au gril jusqu'à ce que le dessus soit bien doré.

Préparation : 30 min ■ **Cuisson :** 25 min environ

Oignons
· ·

Oignons : préparation

Oignons blancs
Les choisir bien brillants.

Oignons rouges et jaunes
Ils doivent être entourés d'une pelure sèche, cassante et sans germe. Pour les éplucher sans pleurer : les mettre pendant 10 min au congélateur ou pendant 1 h au réfrigérateur, ou encore faire couler un petit filet d'eau du robinet et les éplucher sous l'eau.

Petits oignons en botte
Couper les tiges (les garder pour une autre utilisation ; on peut les congeler) et enlever la première peau.

Petits oignons grelots jaunes ou blancs
Les plonger 1 min dans de l'eau bouillante, les éplucher.

Un oignon épluché et coupé ne doit jamais être gardé, car il s'oxyde rapidement et devient alors toxique.

· ·

Conserve d'oignons au vinaigre

Pour 2 bocaux de 500 g

- 1 kg de très petits oignons grelots blancs
- 10 grains de poivre
- 1 c. à soupe de graines de coriandre
- 3,5 dl de vinaigre à l'estragon (➤ voir p. 47)
- sel

1 Mettre une cuillerée à soupe de sel dans une casserole avec 1 litre d'eau. Ajouter les petits oignons sans les peler et laisser mariner pendant 12 h.

2 Égoutter les oignons, les peler et les faire à nouveau tremper 24 h dans 1 litre d'eau salée.

3 Égoutter les oignons et les rincer.

4 Ébouillanter soigneusement 2 bocaux, y répartir le poivre et la coriandre. Ajouter les petits oignons et verser le vinaigre par-dessus.

5 Fermer les bocaux et les tenir dans un endroit frais. Attendre au moins 2 mois avant de les consommer.

Marinade : 12 h + 24 h ■ **Préparation :** 20 min, sur 2 jours ■ **Repos :** 2 mois

Étuvée d'oignons au vin

Pour 4 personnes

- 6 gros oignons jaunes
- 1 c. à soupe d'huile d'olive
- 1,5 dl de vin rouge, blanc ou rosé
- sel, poivre

1 Peler les oignons. Les ranger entiers et en une seule couche dans une cocotte ou une sauteuse assez grande pour les contenir. Arroser d'huile. Saler et poivrer.

2 Préchauffer le four à 170 °C.

3 Faire chauffer la cocotte 5 min sur feu moyen. Ajouter ensuite le vin et porter à ébullition. Verser de l'eau jusqu'à mi-hauteur des oignons et couvrir.

4 Mettre le récipient au four et laisser cuire pendant 1 h 15. Les oignons doivent rester entiers.

5 Sortir le récipient, retirer le couvercle et faire réduire le liquide de cuisson sur feu assez vif jusqu'à consistance sirupeuse.

Préparation : 10 min ■ **Cuisson :** 1 h 30

Oignons farcis

Pour 4 personnes

- 4 très gros oignons blancs
- 160 g de porc ou de veau haché
- 1 c. à soupe de persil haché
- 30 g de beurre
- 2 dl de fond brun de veau (➤ voir p. 54)
- 20 g de parmesan râpé
- sel, poivre

1 Éplucher les oignons sans déchirer la première couche blanche. Les couper transversalement, aux trois quarts de leur hauteur.

2 Les plonger 10 min dans de l'eau bouillante salée, les rafraîchir et les égoutter.

3 Les évider avec précaution en ne gardant tout autour qu'une épaisseur de 2 ou 3 mm.

4 Préchauffer le four à 200 °C.

5 Hacher la pulpe d'oignon et la viande, ajouter le persil et mélanger. Saler et poivrer.

6 Avec une petite cuillère, garnir les oignons de cette farce. Les disposer dans un plat à gratin beurré. Les mouiller avec le fond de veau (ou du bouillon).

7 Porter à légère ébullition sur le feu, à couvert, puis enfourner pendant 30 min.

8 Dix minutes avant la fin de la cuisson, poudrer de parmesan, arroser de beurre fondu et faire gratiner 5 min sous le gril du four. Servir dans le plat de cuisson.

Préparation : 20 min ■ **Cuisson :** 35 min environ

Oignons glacés

Pour 12 oignons glacés (250 g environ)

- 12 petits oignons blancs
- 20 g de beurre
- 1 c. à moka de sucre en poudre
- 1 pincée de sel

1 Éplucher les petits oignons (➤ voir p. 757).
2 Mettre le beurre à fondre dans une petite casserole, y verser les oignons, couvrir d'eau juste à hauteur, ajouter le sel et le sucre.
3 Cuire doucement les oignons de 10 à 15 min en laissant s'évaporer le liquide jusqu'à une consistance sirupeuse. Bien faire rouler les oignons dans ce liquide.
4 Les y laisser encore 5 min pour qu'ils soient dorés et brillants.

Préparation : 15 min ■ **Cuisson :** 20 min environ

Purée Soubise

Pour 1,5 kg environ

- 1 kg d'oignons
- 175 g de beurre
- 1 pincée de sucre
- 150 g de riz rond ou 3 dl de béchamel (➤ voir p. 62)
- sel, poivre

1 Peler les oignons et les couper en rondelles.
2 Les plonger dans une grande casserole d'eau salée. Porter à ébullition, puis les égoutter.
3 Mettre les oignons dans une casserole avec 100 g de beurre, du sel, du poivre et 1 pincée de sucre. Couvrir et laisser étuver doucement de 30 à 40 min.
4 Pendant ce temps, cuire le riz à la créole (➤ voir p. 830) ou préparer une béchamel bien épaisse.
5 Ajouter le riz (ou la béchamel) aux oignons, bien mélanger et prolonger la cuisson pendant 20 min. ➔

6 Goûter et rectifier l'assaisonnement, passer au tamis fin et ajouter 75 g de beurre.

Préparation : 20 min ■ **Cuisson :** 1 h environ

Tarte cauchoise

Pour 4-6 personnes

- 400 g de pâte brisée (➤ voir p. 109)
- 750 g d'oignons
- 80 g de beurre
- 1 œuf
- 2 dl de crème fraîche
- noix de muscade
- 200 g environ de restes de poulet ou de veau froid, ou 200 g de jambon
- sel, poivre

1 Préparer la pâte brisée et la laisser reposer 1 h (ou employer une pâte brisée du commerce).

2 Garnir une tourtière de 28 cm avec cette pâte et cuire à blanc (➤ voir croustades p. 183).

3 Éplucher les oignons et les couper finement. Les faire cuire doucement dans une cocotte avec 50 g de beurre pendant 15 à 20 min.

4 Préchauffer le four à 210 °C.

5 Battre l'œuf avec la crème dans un bol, saler, poivrer et râper un peu de muscade.

6 Verser ce mélange dans une casserole et le faire épaissir sur feu très doux, sans ébullition, puis l'ajouter aux oignons.

7 Couper les restes de viande ou le jambon en tout petits bâtonnets. En garnir le fond de tarte. Verser les oignons dessus. Parsemer de noisettes de beurre et cuire de 15 à 20 min au four.

8 Servir bien chaud.

Préparation : 30 min ■ **Repos de la pâte :** 1 h
■ **Cuisson :** 15-20 min environ

Tarte à l'oignon

Pour 4-6 personnes

- 400 g de pâte à foncer
  (➤ voir p. 110)
- 1 kg de purée Soubise
  (➤ voir p. 849)
- 40 g de chapelure
- 30 g de beurre

1. Préparer la pâte à foncer.
2. Garnir une tourtière de 28 cm de cette pâte et cuire à blanc (➤ voir croustades p. 183). Préparer la purée Soubise.
3. Préchauffer le four à 250 °C.
4. Verser la purée sur le fond de tarte, parsemer de chapelure, puis de petites noisettes de beurre, et faire gratiner 15 min environ.

Préparation : 30 min ■ **Cuisson :** 15 min environ

Oseille

Oseille : préparation

1. Éliminer les feuilles abîmées et retirer les queues dures.
2. Laver et éponger l'oseille.
3. La plonger 1 min dans de l'eau bouillante puis l'égoutter rapidement.
4. La tremper dans un bain d'eau glacée pour préserver sa couleur, sinon elle devient jaune.
   On peut aussi cuire directement l'oseille dans du beurre.

Chiffonnade d'oseille

Pour 4 personnes

- 500 g d'oseille
- 50 g de beurre
- sel

1. Préparer l'oseille (➤ voir explications précédentes) mais sans la blanchir.
2. Tailler les feuilles en chiffonnade : en rouler quelques-unes ensemble, comme un cigare, et les couper finement.
3. Faire fondre le beurre dans une cocotte, sans le faire colorer. ➡

4 Ajouter l'oseille, saler, couvrir partiellement et faire étuver doucement, jusqu'à ce que toute l'eau de végétation se soit évaporée.

La chiffonnade s'utilise telle quelle comme garniture ; on peut aussi la mouiller de crème épaisse et faire réduire.

Préparation : 15 min ■ **Cuisson :** 10-15 min

Purée d'oseille

Pour 4-6 personnes (800 g de purée)

- 50 g de riz
- 1 kg d'oseille
- 2 œufs
- 1 dl de crème fraîche
- 30 g de beurre
- sel, poivre

1 Plonger le riz dans de l'eau bouillante salée et le cuire pendant 20 min.

2 Préparer l'oseille (➤ voir page précédente).

3 Passer le riz et l'oseille ensemble au moulin à légumes.

4 Battre les œufs avec la crème fraîche et ajouter ce mélange à la purée, saler et poivrer. Chauffer doucement en remuant souvent. Ajouter le beurre et bien mélanger.

Préparation : 10 min ■ **Cuisson :** 25 min

Patates douces

Patates douces : préparation

Les patates douces se préparent comme les pommes de terre. Les choisir bien fermes, sans meurtrissures et sans odeur.

Gratin de patates douces aux épices

Pour 4 personnes

- 800 g de patates douces
- 4 œufs
- 2 pincées de piment de Cayenne
- 1/2 c. à café de chili en poudre
- 1 c. à café de cumin
- noix de muscade
- 40 g de beurre
- sel, poivre

1. Laver les patates douces en les brossant. Les faire cuire à la vapeur pendant 20 min.
2. Les égoutter, les laisser tiédir et les peler. Les écraser à la fourchette.
3. Préchauffer le four à 180 °C.
4. Battre les œufs en omelette et les ajouter à la purée de patate douce avec le piment de Cayenne, le chili et le cumin. Saler, poivrer et râper de la muscade.
5. Beurrer un plat à gratin, y verser la préparation. Ajouter le reste de beurre en parcelles et cuire au four pendant 20 min. Servir dans le plat de cuisson.

Préparation : 15 min ■ **Cuisson :** 40 min

Persil

Persil : préparation

Le persil plat est plus parfumé que le persil frisé. Laver rapidement les branches. Détacher les feuilles des queues, bien les sécher dans un papier absorbant.

Quand il doit servir de décoration et de condiment, hacher (ciseler) les feuilles avec un couteau (la moulinette à herbes est à proscrire car elle l'écrase) ou bien mettre les feuilles dans un verre et les hacher avec une paire de ciseaux.

On peut aussi se servir de persil haché surgelé (pour le préparer soi-même, bien éponger le bouquet de persil après l'avoir lavé ; mettre le persil haché dans une boîte de congélation).

Persil frit

Pour 4 personnes

- 40 g de persil frisé
- huile de friture
- sel

1 Chauffer l'huile de friture.
2 Séparer le persil en petits bouquets. Laver et bien éponger ceux-ci, les plonger 5 s dans l'huile à 180 °C.
3 Égoutter les bouquets de persil sur du papier absorbant, les saler et les employer immédiatement.

Préparation : 5 min ■ **Cuisson :** 5 s

Persillade

Pour 100 g

- 50 g de mie de pain
- 40 g de persil
- 2 gousses d'ail
- 1 c. à café d'huile d'olive
- 1 pincée de fleur de thym
- sel, poivre

1 Émietter la mie de pain, hacher le persil, éplucher et hacher l'ail.
2 Mélanger ces ingrédients avec l'huile d'olive et le thym, saler et poivrer.

La persillade s'utilise sur les viandes rôties, les poissons ou les légumes. Elle les parfume et en relève le goût. On l'étale sur la viande 10 min avant la fin de la cuisson.

Préparation : 10 min

Purée de persil

Pour 4 personnes

- 500 g de persil plat
- 1 dl de crème fleurette
- 40 g de beurre
- sel, poivre

1 Effeuiller et laver le persil, le plonger pendant 3 min dans de l'eau bouillante salée.
2 L'égoutter et le passer sous le robinet. Bien le presser entre les mains. Le passer au mixeur avec la crème et le beurre.
3 Chauffer doucement cette purée sur feu doux (ou 2 min au micro-ondes), saler et poivrer.

Préparation : 10 min ■ **Cuisson :** 5 min

Pissenlits
· ·

Pissenlits : préparation

Éliminer toutes les feuilles abîmées, ainsi que les feuilles très vertes et dures. Laver plusieurs fois à grande eau.

Le pissenlit s'accommode le plus souvent en salade, mais il peut aussi être cuit à l'eau bouillante salée.

Poireaux
· ·

Poireaux : préparation

Choisir des poireaux frais, lisses, de couleur tendre et au feuillage dressé. Éliminer les premières feuilles, vert foncé et dures, ainsi que les racines.

Petits poireaux nouveaux

S'ils doivent être utilisés entiers, les fendre 2 ou 3 fois verticalement en partant de la base jusqu'en haut des feuilles. Laver plusieurs fois les poireaux sous le robinet, en écartant les feuilles pour éliminer toute trace de terre. Les lier ensuite en bottes pour les cuire à l'eau bouillante salée.

Gros poireaux

Éliminer les feuilles vertes, garder seulement le blanc. Le fendre et le laver comme des petits poireaux, puis le couper en rondelles ou en bâtonnets, selon la recette.

Le vert peut être utilisé pour un potage : éliminer les parties abîmées, faire tremper les feuilles coupées dans plusieurs eaux avant de les cuire.

Poireaux braisés

Pour 4 personnes

- 1,2 kg de poireaux moyens
- 60 g de beurre
- sel, poivre

1 Préparer les blancs de poireau (➤ voir page précédente) et les détailler en tronçons réguliers.

2 Faire fondre la moitié du beurre dans une cocotte, ajouter les poireaux, saler et poivrer. Verser un demi-verre d'eau, couvrir et cuire 40 min à feu très doux.

3 Égoutter les poireaux et les disposer dans le plat de service. Ajouter le reste du beurre au fond de cuisson et en arroser les poireaux.

Préparation : 15 min ■ **Cuisson :** 40 min

Poireaux au gratin

Pour 4 personnes

- 1,2 kg de poireaux
- 60 g de beurre
- 40 g de parmesan ou de gruyère râpé
- sel, poivre

1 Nettoyer les blancs de poireau (➤ voir page précédente).

2 Les cuire pendant 10 min (ou plus, selon leur grosseur) dans de l'eau bouillante salée, puis les égoutter.

3 Faire fondre 40 g de beurre dans une cocotte, y mettre les poireaux, saler et poivrer et laisser étuver pendant 6 à 8 min.

4 Préchauffer le four à 240 °C.

5 Beurrer un plat à gratin et y disposer les poireaux. Poudrer de fromage râpé et faire gratiner sous le gril.

Préparation : 35 min environ
■ **Cuisson :** 20 min environ

Poireaux vinaigrette

Pour 4 personnes

- 800 g de petits poireaux nouveaux
- 1 échalote
- 1/2 paquet de ciboulette
- 1 dl de vinaigrette (➤ voir p. 98)
- moutarde
- sel, poivre

① Préparer les poireaux (➤ voir p. 765). Les plonger 10 min environ dans de l'eau bouillante salée.
② Pendant ce temps, peler et hacher l'échalote, hacher la ciboulette.
③ Faire la vinaigrette avec un peu de moutarde et y ajouter l'échalote et la ciboulette.
④ Égoutter les poireaux, les passer 10 s sous l'eau froide et les éponger. Les mettre dans un plat creux et les arroser de vinaigrette. Servir tiède.

Préparation : 10 min ■ **Cuisson :** 10 min

Potée aux poireaux

Pour 4-6 personnes

- 1 jambonneau demi-sel
- 300 g de lard de poitrine demi-sel
- 1,2 kg de poireaux
- 80 g d'oignons
- 50 g de beurre
- 3 dl de vin blanc sec
- 3 dl de bouillon de bœuf (➤ voir p. 48)
- 600 g de pommes de terre
- 1 saucisson à cuire
- poivre

① Faire dessaler le jambonneau et le lard de poitrine.
② Préparer les poireaux (➤ voir p. 765). Les couper en petits tronçons de 1 cm de large.
③ Éplucher et émincer les oignons.
④ Mettre le beurre à fondre dans une cocotte et y faire revenir doucement poireaux et oignons.
⑤ Ajouter le vin blanc sec et le bouillon et cuire pendant 15 min. Poivrer légèrement.
⑥ Pendant ce temps, éplucher les pommes de terre, les couper en rondelles. Les ajouter au mélange poireau-oignon. Disposer sur le dessus le saucisson, le jambonneau et le lard. Cuire à feu doux 50 min, en versant un peu de liquide si nécessaire.
⑦ Retirer la charcuterie et brasser pour que les légumes se défassent. Servir la viande découpée sur la potée.

Trempage : 3 h ■ **Préparation :** 30 min
■ **Cuisson :** 1 h 10 environ

Pois

Petits pois : préparation

Petits pois frais

Les écosser, éliminer les grains qui ont un ver. Les laver. Les plonger dans de l'eau bouillante salée et les cuire 8 à 10 min environ. Goûter pour juger du degré de cuisson. Pour avoir 500 g de petits pois en grains, compter 1 kg de petits pois en cosses.

Petits pois surgelés

Ne pas les décongeler. Les plonger tout de suite dans de l'eau bouillante salée. Compter le temps de cuisson (4 ou 5 min) à partir de la reprise de l'ébullition.

Petits pois en boîte

Éviter de les faire bouillir pendant le réchauffage pour ne pas les durcir.

Petits pois à l'anglaise

Pour 4 personnes

- 1,2 kg de petits pois frais ou 600 g de petits pois surgelés
- 40 g de beurre
- sel

1 Écosser les petits pois et les jeter dans de l'eau bouillante salée. Les cuire 12-15 min à découvert jusqu'à ce qu'ils soient tendres.

2 Égoutter les petits pois, les verser dans le plat de service. Servir le beurre à part.

Préparation : 20 min ■ **Cuisson :** 12-15 min

Petits pois à la bonne femme

Pour 4 personnes

- 1,2 kg de petits pois ou 600 g de petits pois surgelés

1 Écosser les petits pois, éplucher les oignons.

2 Dans une cocotte, mettre le beurre à fondre et faire revenir légèrement les oignons nouveaux et les lardons, puis les égoutter.

- 1 botte de petits oignons nouveaux
- 20 g de beurre
- 125 g de lardons
- 1 c. à soupe de farine
- 3 dl de fond blanc de veau (➤ voir p. 54)
- 1 bouquet garni

3 Poudrer de farine le beurre de cuisson et continuer de cuire pendant 1 ou 2 min en remuant avec une cuillère en bois.

4 Verser le fond, mélanger et porter à ébullition. Faire cuire ainsi 5 min, puis ajouter les petits pois et mélanger.

5 Remettre les oignons, les lardons, ajouter le bouquet garni et cuire de 15 à 20 min à couvert.

On peut éventuellement ajouter 1 ou 2 cuillerées à soupe de fines herbes.

Préparation : 30 min ■ **Cuisson :** 40 min environ

Petits pois à la française

Pour 4 personnes

- 1,2 kg de petits pois ou 600 g de petits pois surgelés
- 1 laitue
- 1 botte de petits oignons nouveaux
- 1 bouquet garni
- 1/4 de botte de cerfeuil
- 100 g de beurre
- 2 c. à café de sucre
- sel

1 Écosser les petits pois, éplucher les oignons.

2 Laver la laitue, rouler ensemble quelques feuilles, comme un cigare, et les couper en tronçons assez larges.

3 Mettre ces légumes dans une cocotte avec le bouquet garni, le cerfeuil, 70 g de beurre coupé en petits morceaux, 1 cuillerée à café de sel, le sucre et un demi-verre d'eau froide. Couvrir, porter doucement à ébullition et cuire de 15 à 20 min à petits frémissements.

4 Retirer le bouquet garni, ajouter le reste du beurre et verser dans le plat de service.

Préparation : 15 min (30 min si petits pois frais)
■ **Cuisson :** 15-20 min

Petits pois au jambon à la languedocienne

Pour 4 personnes

- 1,2 kg de petits pois ou 600 g de petits pois surgelés
- 1 oignon
- 125 g de jambon de Bayonne dégraissé
- 30 g de graisse d'oie
- 1 c. à soupe de farine
- 1 c. à café de sucre
- 1 bouquet garni
- sel

1 Écosser les petits pois. Éplucher l'oignon et le couper en quartiers. Couper le jambon en gros dés.

2 Mettre la graisse d'oie à fondre dans une cocotte et y faire revenir l'oignon et le jambon. Ajouter les petits pois et les faire revenir légèrement. Les poudrer de farine et remuer.

3 Verser 3 dl d'eau. Saler et ajouter le sucre et le bouquet garni. Cuire à découvert de 15 à 20 min environ.

4 Retirer le bouquet garni et verser dans le plat de service.

Préparation : 30 min ■ **Cuisson :** 15-20 min environ

Pois chiches au chorizo

Pour 4-6 personnes

- 500 g de pois chiches
- 1 carotte
- 1 oignon
- 2 branches de céleri
- 1 blanc de poireau
- 250 g de poitrine fumée
- 1 bouquet garni
- 4 c. à soupe d'huile d'olive
- 2 dl de fondue de tomate (➤ voir p. 797)
- 400 g de chorizo fort
- sel, poivre

1 Faire tremper les pois chiches pendant 12 h dans de l'eau froide. Les égoutter.

2 Couper en morceaux la carotte, l'oignon, le céleri et le blanc de poireau. Les mettre dans une cocotte, ajouter les pois chiches, la poitrine fumée et le bouquet garni. Couvrir de 2 litres d'eau froide et porter à ébullition.

3 Écumer, saler et poivrer, puis baisser le feu et ajouter l'huile. Cuire doucement 2 ou 3 h.

4 Préparer la fondue de tomate. Ajouter le chorizo dans la cocotte et poursuivre la cuisson 30 min.

5 Ôter le bouquet garni, la poitrine fumée et le chorizo. Égoutter les pois chiches et les mettre dans une casserole avec la fondue de tomate, ajouter le chorizo en rondelles, la poitrine fumée en tranches et faire mijoter 15 min. Servir brûlant.

Trempage : 12 h ■ **Préparation :** 15 min
■ **Cuisson :** 3 h 45 environ

Pois gourmands au beurre d'amande

Pour 4 personnes

- 800 g de pois gourmands
- 50 g de beurre
- 80 g d'amandes effilées
- sel, poivre

1. Effiler les pois gourmands et les plonger dans de l'eau bouillante légèrement salée et cuire pendant 6 min environ. Les goûter pour savoir où en est la cuisson. Les égoutter, les réserver dans une sauteuse et couvrir.
2. Mettre le beurre à fondre dans une petite poêle et ajouter les amandes. Faire blondir celles-ci en les remuant doucement, sur feu modéré pendant 3 min.
3. Verser les amandes et le beurre de cuisson sur les pois gourmands. Remettre sur le feu et remuer délicatement pendant 2 min. Saler et poivrer. Servir aussitôt.

Préparation : 10 min ■ **Cuisson :** 20 min environ

Purée de pois cassés

Pour 6 personnes

- 600 g de pois cassés
- 1 pied de porc
- 1 bouquet garni
- 2 oignons
- 2 clous de girofle
- 20 g de beurre
- 2 c. à soupe de crème fraîche
- sel, poivre

1. Faire tremper les pois cassés pendant 2 h dans de l'eau froide.
2. Égoutter les pois et les mettre dans une grande marmite. Ajouter le pied de porc, le bouquet garni et les oignons pelés piqués chacun d'un clou de girofle. Verser de l'eau à hauteur et porter lentement à ébullition et faire cuire pendant 1 h, sur feu moyen, en remuant de temps en temps ; saler à mi-cuisson.
3. Retirer le pied de porc, le bouquet garni et les oignons. Égoutter les pois au-dessus d'une casserole (garder le jus de cuisson pour une soupe) et les passer au moulin à légumes.
4. Mettre la purée sur feu doux, ajouter d'abord le beurre et le faire fondre en remuant, puis la crème fraîche, saler et poivrer et bien mélanger. La purée doit être bien onctueuse. La verser dans le plat de service. ➜

Le pied de porc, une fois désossé et coupé en morceaux, peut servir pour une autre préparation. On peut le garder au congélateur.

Trempage : 2 h ■ **Préparation :** 10 min
■ **Cuisson :** 1 h

Poivrons

Poivrons : préparation

Choisir des poivrons bien brillants et fermes.
Pour les peler : les passer, entiers, au four à 250 °C jusqu'à ce que leur peau soit bien noire. Celle-ci s'en va alors très facilement.
Couper les poivrons en deux et enlever toutes les graines et les filaments.

Poivronade à l'origan

Pour 4 personnes

- 150 g de lard fumé
- 4 poivrons de couleurs différentes
- 2 oignons
- 2 c. à soupe d'huile d'olive
- 1 c. à café d'origan
- 3 tomates
- sel, poivre

1 Couper le lard en petits dés. Préparer les poivrons (➤ voir recette précédente) et les couper en lanières. Éplucher et émincer les oignons.

2 Chauffer l'huile d'olive dans une cocotte et y faire fondre le lard et les oignons pendant 10 min environ.

3 Ajouter les poivrons, l'origan, saler et poivrer, mélanger et cuire de 10 à 15 min.

4 Ébouillanter les tomates, les peler et les couper en dés. Les ajouter dans la cocotte et cuire sans couvrir jusqu'à ce que l'eau de végétation soit évaporée.

La poivronade peut accompagner un poisson cuit à la vapeur ou une volaille rôtie.

Préparation : 15 min ■ **Cuisson :** 40-45 min

Poivrons farcis

Pour 4-6 personnes

- 250 g de riz au gras
  (➤ voir p. 831)
- 300 g de sauce tomate
  (➤ voir p. 86)
- 15 petits poivrons
- 1/2 botte d'oseille
- 3 tomates
- 3 oignons d'Espagne
- 1 petite branche
  de fenouil
- 2,5 dl d'huile d'olive
- 1 citron
- sel, poivre

1. Préparer le riz au gras et la sauce tomate.
2. Ouvrir 12 poivrons du côté du pédoncule. Les épépiner et les blanchir 5 min dans de l'eau bouillante salée.
3. Mettre les 3 autres poivrons au four puis les peler (➤ voir page précédente).
4. Laver et hacher l'oseille. Ébouillanter, peler et épépiner les tomates, les couper en morceaux. Éplucher et hacher les oignons d'Espagne. Hacher les 3 poivrons pelés et le fenouil.

5. Dans une casserole, chauffer 2 cuillerées à soupe d'huile d'olive et cuire le hachis de légumes pendant 10 à 12 min.
6. Passer le hachis pour éliminer le liquide et le mélanger avec le riz au gras.
7. Saler et poivrer. Garnir les 12 poivrons de cette farce.

8. Huiler une sauteuse et y ranger les poivrons farcis les uns contre les autres. Ajouter le reste de l'huile et le jus de citron dans la sauce tomate et verser dans la sauteuse. Couvrir et cuire 25 min.
9. Disposer les poivrons dans un plat creux avec leur jus de cuisson. Servir chaud, ou laisser refroidir et mettre alors 1 h au réfrigérateur.

Préparation : 30 min ■ **Cuisson :** 40 min environ

Poivrons marinés

Pour 1 bocal de 500 g

- 8 poivrons verts, jaunes et rouges (700 g environ)
- 2,5 dl d'huile d'olive
- 3 gousses d'ail
- piment doux moulu
- 1/2 c. à soupe de vinaigre de xérès
- sel, poivre

1 Préchauffer le four à 220 °C.

2 Huiler la peau des poivrons, les mettre dans un plat et les enfourner pendant 10 min environ jusqu'à ce que leur peau devienne boursouflée.

3 Éplucher et hacher l'ail.

4 Laisser tiédir les poivrons, puis les peler. Les couper en deux, retirer les graines et les filaments, et les tailler en lanières de 2 cm de large environ.

5 Déposer une couche de poivrons au fond du bocal, saler, poivrer, saupoudrer de piment doux et parsemer d'ail. Mettre une autre couche de poivrons et répéter la même opération jusqu'à épuisement des poivrons. Verser l'huile et le vinaigre : ils doivent les recouvrir.

6 Fermer le bocal et le mettre au frais.

Préparation : 30 min

Poivrons à la piémontaise

Pour 4 personnes

- 600 g de risotto à la piémontaise (➤ voir p. 828)
- 4 poivrons
- 40 g de parmesan ou de gruyère râpé
- 60 g de beurre

1 Faire le risotto.

2 Préparer les poivrons (➤ voir p. 772), les tailler en lanières.

3 Préchauffer le four à 230 °C.

4 Beurrer un plat à gratin et y disposer des couches alternées de poivrons et de risotto. Terminer par une couche de poivrons, saupoudrer de fromage râpé.

5 Arroser de beurre fondu et faire gratiner doucement de 15 à 20 min.

Préparation : 30 min ■ **Cuisson :** 15-20 min environ

Salade de poivrons marinés

Pour 4 personnes

- 6 poivrons rouges
- 2 gousses d'ail
- 1 citron
- 6 c. à soupe d'huile d'olive
- 1 c. à café de thym émietté
- 12 filets d'anchois à l'huile
- 12 olives noires
- 1 c. à soupe de persil haché
- sel, poivre

1 Préparer les poivrons et les peler (➤ voir p. 772). Les fendre en deux, retirer les graines et tailler la pulpe en lanières. Les mettre dans un plat creux.

2 Peler et hacher finement l'ail.

3 Presser le jus du citron, le mélanger avec l'huile, l'ail et le thym.

4 Éponger les filets d'anchois et dénoyauter les olives.

5 Arroser les poivrons avec la sauce au citron.

6 Bien mélanger et disposer dans le plat de service. Décorer le dessus avec les filets d'anchois et les olives. Ajouter le persil et laisser reposer au frais pendant au moins 2 h avant de servir.

Cette salade se conserve au frais 2 ou 3 jours.

Préparation : 30 min ■ **Repos :** 2 h au minimum

Pommes de terre

Pommes de terre : préparation

Choisir toujours des pommes de terre bien fermes, sans germes et sans aucune trace de vert. Si elles ne sont pas tout de suite utilisées, les conserver dans un endroit obscur (bien enfermées dans un sac), car la lumière favorise le développement de la solanine verte, amère et indigeste.

Les pommes de terre dites « de consommation courante » (bintje par exemple) sont plutôt réservées aux soupes, aux frites et à la purée, celles « à chair ferme » (BF 15, belle de Fontenay, roseval, par exemple), aux autres apprêts. Les pommes de terre sont disponibles toute l'année, car, ramassées avant maturité, elles sont stockées avec des inhibiteurs chimiques et des ➜

germicides (dont la mention est obligatoire) ; ceux-ci étant toxiques, il faut laver les pommes de terre avant et après épluchage, et éviter de les cuire dans leur peau ; la seule exception concerne les légumes biologiques et les petites pommes de terre nouvelles, dites parfois « grenailles », qui ne se conservent pas.

Éplucher les pommes de terre de « consommation courante » au couteau économe (les résidus de produits sont ainsi éliminés), les couper éventuellement, bien les laver puis les éponger dans un torchon propre.

Les pommes de terre « grenaille » se grattent avec une éponge grattante (neuve). Des pommes de terre épluchées doivent être immédiatement cuisinées sinon elles noircissent. Si on ne s'en sert pas tout de suite, les mettre dans une jatte et les recouvrir d'eau froide.

Aligot

Pour 6 personnes

- 1 kg de pommes de terre bintje
- 500 g de tomme fraîche
- 2 gousses d'ail
- 30 g de beurre
- sel, poivre

1. Éplucher les pommes de terre et les couper en gros morceaux. Les mettre dans une casserole, recouvrir d'eau froide, saler. Porter à ébullition et cuire 20 min (vérifier le degré de cuisson).

2. Pendant ce temps, couper la tomme en lamelles, éplucher et hacher l'ail.

3. Égoutter les pommes de terre et les réduire en purée au moulin à légumes (grille fine).

4. Verser la purée chaude dans une casserole, la mettre au bain-marie et mélanger avec le beurre et l'ail, saler et poivrer.

5. Ajouter peu à peu la tomme en tournant sans arrêt et en attendant chaque fois que l'ajout précédent soit bien amalgamé. Soulever la cuillère en bois de plus en plus haut en mélangeant. Lorsque la pâte est lisse, onctueuse et filante, l'aligot est cuit.

6. Goûter et rectifier l'assaisonnement. Servir bien chaud.

Préparation : 25 min ■ **Cuisson :** 20 min environ

Croquettes de pomme de terre

Pour 4 personnes

- 750 g de pommes de terre de consommation courante
- 40 g de beurre
- 3 jaunes d'œufs
- 1 c. à soupe de farine
- huile de friture
- 400 g de panure à l'anglaise (➤ voir p. 107)
- sel

1. Éplucher et laver les pommes de terre, puis les couper en quartiers. Les mettre dans une casserole, recouvrir d'eau froide, saler. Porter à ébullition et cuire 20 min.
2. Préchauffer le four à 250 °C. Disposer les pommes de terre dans un plat et les dessécher au four jusqu'à ce que leur surface blanchisse.
3. Réduire les pommes de terre en purée au moulin à légumes. Ajouter le beurre, puis incorporer petit à petit les jaunes d'œufs battus et saler. Huiler un plat, étaler la purée dedans et laisser refroidir complètement.
4. Faire chauffer la friture. Rouler la purée en boules avec les mains farinées, puis former un long cylindre étroit et régulier et le débiter en tronçons de 6 ou 7 cm. Arrondir légèrement ces morceaux. Paner et frire 3 min à 180 °C. Égoutter sur du papier absorbant et servir aussitôt.

Préparation : 30 min ◼ **Cuisson :** 30 min environ

Galette de pomme de terre

Pour 4-6 personnes

- 750 g de pommes de terre
- 3 jaunes d'œufs
- 100 g de beurre
- farine
- 1 œuf
- sel

1. Préparer les pommes de terre comme pour les croquettes (➤ voir ci-dessus), mais avec 100 g de beurre.
2. Préchauffer le four à 220 °C.
3. Avec les mains farinées, rouler la purée en boule et aplatir avec la paume de la main. La rassembler à nouveau en boule et recommencer l'opération deux fois.
4. Tapisser de papier sulfurisé une tôle à pâtisserie et aplatir la pâte pour former une galette de 4 cm d'épaisseur ; la rayer avec la pointe d'un couteau, la dorer à l'œuf, et la cuire au four pendant 20 min environ.

Préparation : 30 min ◼ **Cuisson :** 20 min environ

Gnocchis de pomme de terre

Pour 4 personnes

- 600 g de pommes de terre farineuses (de type bintje)
- 70 g de beurre
- 1 œuf
- 1 jaune d'œuf
- 80 g de farine
- noix de muscade
- 40 g de gruyère râpé
- sel, poivre

1. Préparer les pommes de terre et les cuire en papillote (➤ voir p. 786). Les éplucher et les passer au moulin à légumes. Ajouter 30 g de beurre, l'œuf, le jaune et 75 g de farine, saler, poivrer et râper un peu de muscade.
2. Fariner le plan de travail, verser la purée dessus et la séparer en deux portions. Rouler chaque part en un boudin de 2 cm de diamètre environ. Couper les boudins en tronçons de 1 cm de long et les faire rouler entre les mains pour les arrondir. Les cranter avec les dents d'une fourchette en les aplatissant légèrement.
3. Préchauffer le four à 200 °C. Cuire les gnocchis 5 ou 6 min dans de l'eau salée frémissante. Les égoutter.
4. Beurrer un plat à gratin et y disposer les gnocchis. Saupoudrer de fromage râpé et arroser avec le reste du beurre fondu. Enfourner pendant 12 à 15 min. Servir dans le plat de cuisson.

Préparation : 30 min ■ **Cuisson :** 12-15 min

Gratin dauphinois

Pour 4-6 personnes

- 1 kg de pommes de terre à chair ferme
- 2 gousses d'ail
- 80 g de beurre
- 2,5 dl de lait
- 5 dl de crème fraîche
- sel

1. Éplucher les pommes de terre, les couper en fines rondelles.
2. Préchauffer le four à 220 °C. Frotter un plat à gratin avec les gousses d'ail puis le beurrer généreusement. Disposer les pommes de terre en couches régulières.
3. Battre le lait et la crème, ajouter 1 cuillerée à café rase de sel. Verser ce mélange sur les pommes de terre et parsemer de noisettes de beurre. Cuire 50 min au four.

Préparation : 15 min ■ **Cuisson :** 50 min

Pflutters

Pour 4-6 personnes

- 500 g de purée de pomme de terre (➤ voir p. 788)
- 2 œufs
- 75 g de farine
- noix de muscade
- 80 g de beurre
- 20 g de mie de pain rassise
- sel, poivre

1. Préparer la purée de pomme de terre. Y ajouter les œufs un par un, la farine et bien mélanger pour obtenir une pâte assez consistante. Saler, poivrer et râper de la muscade.
2. Avec les mains farinées, façonner cette pâte en boulettes ou en bouchons.
3. Faire bouillir de l'eau dans un faitout et la saler. Y verser les pflutters et les laisser pocher de 8 à 10 min. Les égoutter et les disposer dans un plat beurré.
4. Faire fondre le reste du beurre et y émietter la mie de pain. Quand celle-ci est dorée, la verser sur les pflutters et bien mélanger. Servir très chaud.

Préparation : 40 min environ
■ **Cuisson :** 15 min environ

Pommes Anna

Pour 4 personnes

- 800 g de pommes de terre à chair ferme
- 100 g de beurre
- sel, poivre

1. Préparer les pommes de terre (➤ voir p. 775) en les coupant en fines rondelles (au robot si possible). Les saler et les poivrer.
2. Faire fondre 25 g de beurre dans un moule à tarte antiadhésif de 26 cm de diamètre. Y disposer les pommes de terre en couches circulaires (comme pour une tarte aux pommes). Verser le reste du beurre sur les pommes, puis tasser en appuyant celles-ci avec une écumoire.
3. Couvrir d'une feuille d'aluminium et cuire 5 min sur feu doux, puis mettre au four à 220 °C pendant 25 à 30 min.
4. Avec une écumoire, presser légèrement le dessus de la galette. Laisser reposer au chaud pendant 10 min. Démouler sur le plat de service et servir tout de suite.

Préparation : 15 min ■ **Cuisson :** 30-35 min

Pommes dauphine

Pour 6 personnes

- 750 g de pommes de terre de consommation courante
- 40 g de beurre
- 3 jaunes d'œufs
- 250 g de pâte à choux (➤ voir p. 110)
- noix de muscade
- sel, poivre
- huile de friture

1 Préparer les pommes de terre comme pour les croquettes (➤ voir p. 777).

2 Préparer la pâte à choux en lui ajoutant de la muscade. Puis la mélanger avec les pommes de terre.

3 Faire chauffer la friture.

4 Prendre de la pâte avec une cuillère à dessert, la façonner entre les mains pour lui donner la forme d'une boule. Faire glisser celle-ci dans la friture à 180 °C. Continuer ainsi, cuillerée par cuillerée. Quand les pommes dauphine sont gonflées et dorées, les égoutter, les éponger sur du papier absorbant ; saler et servir très chaud.

Préparation : 40 min ■ **Cuisson :** 15-20 min

Pommes Macaire

Pour 4 personnes

- 600 g de pommes de terre farineuses (type bintje)
- 50 g de beurre
- noix de muscade
- 40 g de farine
- 0,5 dl d'huile d'arachide
- sel, poivre

1 Préparer et cuire les pommes de terre en papillote (➤ voir p. 786).

2 Peler les pommes de terre et les passer au moulin à légumes pendant qu'elles sont chaudes. Ajouter le beurre, saler, poivrer, râper de la muscade et bien mélanger.

3 Tapisser une plaque de papier sulfurisé ; huiler légèrement le papier. Étaler la purée sur 2 cm d'épaisseur environ. Découper des carrés ou des ronds avec un emporte-pièce (ou un verre).

4 Les décoller et les fariner de chaque côté. Faire chauffer l'huile dans une poêle et les y faire dorer légèrement. Les égoutter sur du papier absorbant et les disposer dans le plat de service.

Préparation : 50 min ■ **Cuisson :** 10-12 min

Pommes noisettes

Pour 4 personnes

- 800 g de pommes de terre à chair ferme
- 60 g de beurre
- 3 c. à soupe d'huile d'arachide
- sel, poivre

① Peler les pommes de terre, les laver et les essuyer.

② À l'aide d'une petite cuillère ronde spéciale (cuillère parisienne), prélever des boules de pulpe de pomme de terre, les laver et éponger.

③ Faire chauffer le beurre et l'huile dans une grande poêle en fonte, y verser les pommes noisettes et les faire rissoler en remuant souvent.

④ Éponger les pommes noisettes sur le papier absorbant, saler et poivrer. Verser dans le plat de service.

Préparation : 20 min ■ **Cuisson :** 12-15 min

Pommes sautées sarladaises

Pour 4 personnes

- 800 g de pommes de terre BF 15
- 4 ou 5 gousses d'ail
- 1 bouquet de persil
- 60 g de graisse d'oie
- 1 truffe fraîche (facultatif)

① Éplucher et laver les pommes de terre, puis les couper en rondelles de 5 mm d'épaisseur environ.

② Peler et hacher l'ail. Ciseler le persil.

③ Faire chauffer la graisse d'oie dans une grande poêle à fond épais, y verser les pommes de terre et une demi-cuillerée à soupe d'ail haché. Faire sauter les pommes de terre sur feu assez vif pendant 15 min en les remuant souvent.

④ Mélanger le reste d'ail haché et le persil. L'ajouter dans la poêle et mélanger. Baisser le feu et couvrir. Laisser cuire encore 4 ou 5 min.

⑤ Si l'on dispose d'une truffe fraîche, la peler, l'émincer et l'ajouter sur les pommes de terre en fin de cuisson avec 1 cuillerée à soupe de graisse d'oie. Couvrir et laisser les arômes se mélanger.

Préparation : 20 min ■ **Cuisson :** 20 min environ

Pommes de terre à l'anglaise

Pour 4 personnes

- 1 kg de pommes de terre à chair ferme
- 150 g de beurre
- sel

1 Choisir des pommes de terre de la taille d'un petit œuf. Les éplucher au couteau économe en leur donnant une forme régulière ovale.

2 Mettre les pommes de terre dans une casserole et les recouvrir largement d'eau froide, saler. Porter à ébullition et cuire de 20 à 25 min.

3 Égoutter les pommes de terre et les disposer dans le plat de service. Servir le beurre à part.

Si les pommes de terre doivent attendre, poser le plat, couvert d'une feuille d'aluminium, sur un bain-marie.

pommes de terre vapeur :
préparer les pommes de terre de la même façon. Les cuire pendant 20 à 30 min au couscoussier ou pendant 6 à 8 min dans le panier vapeur de l'autocuiseur.

Préparation : 15 min ■ **Cuisson :** 20-25 min

Pommes de terre boulangère

Pour 4 personnes

- 600 g de pommes de terre à chair ferme
- 300 g d'oignons
- 40 g de beurre
- 2 c. à soupe d'huile d'arachide
- 5 dl environ de bouillon de bœuf du commerce
- sel, poivre

1 Éplucher et laver les pommes de terre, puis les couper en rondelles. Éplucher et couper de même les oignons. Les faire revenir séparément dans 20 g de beurre et 1 cuillerée d'huile pendant 10 min, les saler et les poivrer légèrement.

2 Préchauffer le four à 200 °C.

3 Égoutter les pommes de terre et les oignons. Les disposer par couches alternées dans un plat à gratin, puis les recouvrir de bouillon. Cuire 25 min au four.

4 Baisser le four à 180 °C et cuire encore 20 min.

Préparation : 30 min ■ **Cuisson :** 45 min

Pommes de terre à la crème

Pour 4 personnes

- 600 g de pommes de terre à chair ferme
- 3 dl de crème liquide
- 1 c. à soupe de ciboulette hachée
- sel

1 Préparer et cuire les pommes de terre à l'anglaise (➤ voir page précédente) mais sans les éplucher. Les éplucher ensuite et les couper en rondelles épaisses ou en gros cubes.

2 Verser dans une casserole, ajouter 2,5 dl de crème, saler et poivrer. Faire réduire la crème de moitié environ en tournant les rondelles de pommes de terre avec précaution pour ne pas les casser.

3 Ajouter le reste de la crème juste avant de servir. Goûter et rectifier l'assaisonnement, puis verser dans le plat de service. Parsemer de ciboulette.

Préparation : 15 min ■ **Cuisson :** 15 min environ

Pommes de terre Darphin

Pour 4 personnes

- 800 g de pommes de terre à chair ferme
- 2 c. à soupe d'huile d'arachide
- 30 g de beurre
- sel, poivre

1 Éplucher les pommes de terre, les laver et les râper en pommes paille (➤ voir p. 785). Les éponger dans un torchon, les y étaler, les saler et poivrer.

2 Dans une grande poêle antiadhésive, faire chauffer l'huile et le beurre, ajouter les pommes de terre et les faire sauter pendant 30 s.

3 Les tasser en forme de galette et poursuivre la cuisson à feu modéré ou au four préchauffé à 200 °C. Retourner la galette et laisser colorer la seconde face. Égoutter l'excédent de graisse puis démouler sur le plat de service. Servir très chaud.

Les pommes Darphin peuvent aussi être cuisinées dans des petites poêles à blinis individuelles (200 g de pommes de terre par personne).

Préparation : 15 min ■ **Cuisson :** 30 min environ

Pommes de terre farcies

Pour 4 personnes

- 4 grosses pommes de terre (150 g environ)
- gros sel
- 80 g de restes de viande cuite ou de jambon ou de fromage ou d'oignon
- 1,5 dl de crème fraîche
- 30 g de beurre
- 20 g de chapelure ou de fromage râpé
- sel, poivre

1 Préchauffer le four à 200 °C.

2 Laver, brosser les pommes de terre, les essuyer. Les mettre dans un plat, sur un lit de gros sel, et les enfourner pour 1 h environ.

3 Pendant ce temps, préparer la farce choisie : hacher la viande ou le jambon, ou bien râper le fromage, ou cuire l'oignon haché pendant 5 min dans un peu de beurre. Puis mélanger la viande (ou le jambon ou le fromage râpé ou l'oignon étuvé) avec la crème fraîche, 20 g de beurre, du sel et du poivre, et chauffer doucement.

4 Préchauffer le four à 270 °C.

5 Couper, en longueur, le quart supérieur de chaque pomme de terre. Mettre les chapeaux de côté. Avec une petite cuillère, évider les pommes de terre sans les briser.

6 Passer la pulpe au moulin à légumes grille fine et la mélanger avec la farce. En garnir les pommes de terre évidées, poudrer de chapelure ou de fromage râpé (ou d'un mélange des deux).

7 Arroser du reste de beurre fondu et gratiner au four pendant 15 min environ.

Préparation : 30 min ■ **Cuisson :** 1 h 15 min

Pommes de terre frites ou pont-neuf

Pour 4 personnes

- 1-1,2 kg de pommes de terre
- huile de friture
- sel

1 Éplucher les pommes de terre, les couper en bâtonnets de 1 cm d'épaisseur et de 7 cm de long environ. Les laver dans 2 eaux, les égoutter et bien les éponger.

2 Chauffer l'huile de friture à 180 °C.

3 Plonger les pommes de terre dans cette huile. Quand elles sont bien dorées, les égoutter sur un papier absorbant. Procéder par petites quantités pour qu'elles ne collent pas les unes aux autres dans le bain de friture. Saler et servir immédiatement.

Les pommes de terre peuvent également être frites d'abord à 160 °C pendant 7 à 9 min ; on peut ensuite les égoutter et, juste avant de les servir, les remettre dans le bain de friture à 180 °C pendant 4 ou 5 min pour les dorer.

pommes paille :

couper très finement les pommes de terre (comme des allumettes), soit au couteau, soit au robot et les frire pendant 2 ou 3 min. Les retirer quand elles sont bien dorées.

Préparation : 15 min ■ **Cuisson :** 30 min environ

Pommes de terre à la landaise

Pour 4 personnes

- 800 g de pommes de terre
- 1 gros oignon
- 150 g de jambon de Bayonne
- 60 g de graisse d'oie
- 2 gousses d'ail
- 1/2 bouquet de persil
- sel, poivre

① Éplucher et laver les pommes de terre, les couper en cubes.

② Éplucher et couper l'oignon en dés. Couper en dés le jambon de Bayonne.

③ Faire fondre la graisse d'oie et y faire revenir l'oignon et le jambon. Lorsqu'ils sont bien rissolés, ajouter les pommes de terre et mélanger. Saler légèrement et poivrer. Cuire à couvert en remuant de temps en temps pendant 15 à 20 min.

④ Éplucher et hacher l'ail et le persil et les ajouter au dernier moment.

Préparation : 15 min ■ **Cuisson :** 25 min environ

Pommes de terre au lard

Pour 4 personnes

- 800 g de pommes de terre à chair ferme
- 250 g de lardons fumés
- 3 pincées de thym
- 3 c. à soupe de persil plat haché
- poivre

1 Éplucher et laver les pommes de terre, puis les couper en cubes.

2 Plonger les lardons fumés dans de l'eau froide, porter à ébullition et les cuire pendant 10 min, puis les égoutter.

3 Préchauffer le four à 210 °C.

4 Verser les cubes de pomme de terre dans une cocotte. Mouiller à mi-hauteur avec l'eau de cuisson des lardons, ajouter le thym, poivrer et mélanger. Faire cuire pendant 20 min environ au four.

5 Passer les lardons à la poêle antiadhésive pour les réchauffer et les dorer un peu.

6 Égoutter les pommes de terre, les mettre dans un plat chaud, ajouter les lardons, le persil et mélanger. Servir aussitôt.

Préparation : 15 min ■ **Cuisson :** 35 min

Pommes de terre en papillote

Pour 4 personnes

- 4 grosses pommes de terre de 150 g environ
- 4 c. à café de ciboulette hachée
- 4 c. à soupe de crème fraîche ou 60 g de beurre

1 Préchauffer le four à 200 °C.

2 Laver et brosser les pommes de terre. Les sécher puis les envelopper dans une feuille d'aluminium et les enfourner pendant 1 h.

3 Ouvrir les pommes de terre en deux dans le sens de la largeur, parsemer de ciboulette et les servir ainsi, accompagnées de beurre ou de crème fraîche.

Préparation : 5 min ■ **Cuisson :** 1 h

Pommes de terre en robe des champs

Pour 4 personnes

- 800 g de pommes de terre à chair ferme
- sel

1 Laver les pommes de terre, les mettre dans une casserole et recouvrir largement d'eau froide salée.

2 Porter à ébullition et cuire de 20 à 30 min selon leur grosseur. Vérifier le degré de cuisson en piquant une aiguille dedans.

Servir les pommes de terre telles quelles ou épluchées avec du beurre ou de la crème à part.

Préparation : 5 min ■ **Cuisson :** 20-30 min

Pommes de terre sautées

Pour 4 personnes

- 1 kg de pommes de terre à chair ferme ou 800 g de pommes de terre en cubes surgelées
- 1,5 dl d'huile
- 20 g de beurre
- sel, poivre

1 Éplucher et laver les pommes de terre. Les couper en tranches de 3 mm d'épaisseur ou en cubes. Les laver à grande eau et bien les éponger.

2 Faire chauffer l'huile dans une poêle antiadhésive. Faire sauter les pommes de terre pendant 15 à 20 min en remuant souvent la poêle. Saler et poivrer.

3 Ajouter le beurre en fin de cuisson pour les faire dorer.

4 Égoutter les pommes de terre et les verser dans le plat de service.

pommes de terre sautées au parmesan : préparer les pommes de terre sautées, les disposer sur la plaque du four et saupoudrer avec 200 g de parmesan râpé. Mettre à gratiner sous le gril du four pendant 10 min.

Préparation : 15 min ■ **Cuisson :** 15-20 min

Purée de pomme de terre

Pour 4 personnes (1 kg de purée)

- 800 g de pommes de terre de consommation courante
- 50 g de beurre
- 4 dl de lait
- sel

1. Éplucher les pommes de terre et les couper en morceaux. Les faire cuire soit à l'eau froide salée pendant 20 min à partir de l'ébullition, soit à la vapeur pendant 35 min.
2. Passer les pommes de terre au moulin à légumes, grille fine. Mettre la purée dans une casserole et, à feu doux, ajouter peu à peu le beurre en mélangeant.
3. Pendant ce temps, faire chauffer le lait. Le verser petit à petit en mélangeant toujours. Travailler rapidement pour ne pas rendre la purée trop élastique; elle doit rester légère. Goûter, rectifier l'assaisonnement et servir tout de suite.

purée mousseline :

ajouter peu à peu 100 g de beurre aux pommes de terre moulinées, puis 2 jaunes d'œufs en travaillant la purée sur feu doux. Saler et poudrer de muscade râpée. Hors du feu, ajouter 1 dl de crème fouettée.

Préparation : 10 min ■ **Cuisson :** 25-40 min

Salade de pomme de terre aux œufs de poisson

Pour 4 personnes

- 800 g de petites pommes de terre nouvelles
- 4 c. à soupe de cerfeuil
- 3 c. à soupe de crème liquide
- 1 c. à soupe de vinaigre de xérès

1. Gratter les pommes de terre et les faire cuire à l'eau salée pendant 20 à 25 min.
2. Pendant ce temps, mélanger dans un bol le cerfeuil haché, la crème liquide et le vinaigre. Saler et poivrer.
3. Égoutter et peler les pommes de terre. Les couper en rondelles et les disposer dans un saladier. Napper les pommes de terre de sauce et remuer délicatement.

- 150 g d'œufs de saumon ou de truite
- sel, poivre

④ Répartir cette salade dans des assiettes de service. Ajouter en garniture les œufs de saumon ou de truite et servir aussitôt.

Préparation : 20 min ■ **Cuisson :** 25 min

Potimarron

Gratin de potimarron

Pour 4 personnes

- 800 g de potimarron
- 1 bouquet de ciboulette
- 30 g de beurre
- 30 g de gouda au cumin
- 1 c. à soupe d'huile d'olive
- sel, poivre

① Peler et couper le potimarron en morceaux. Le faire cuire 20 min à l'eau bouillante salée, puis l'égoutter.
② Préchauffer le four à 200 °C.
③ Écraser le potimarron à la fourchette.
④ Hacher la ciboulette. En mélanger la moitié avec le beurre et répartir sur le fond et les bords d'un plat à gratin. Disposer le potimarron dans ce plat et poivrer.
⑤ Émincer finement le gouda et l'étaler par-dessus avec le reste de ciboulette. Arroser d'huile et faire gratiner au four pendant 10 min. Servir dans le plat.

Ce gratin peut accompagner une volaille rôtie.

Préparation : 20 min ■ **Cuisson :** 30 min environ

Potiron

Potiron : préparation

Choisir un petit potiron. Le couper en quatre et retirer l'écorce. Enlever toutes les graines et les filaments.

Confiture de potiron

Pour 4 ou 5 pots de 375 g

- 1,3 kg de potiron (soit 1 kg net)
- 2 citrons non traités
- 1 kg de sucre cristallisé

La veille

1 Éplucher le potiron, retirer les graines et les filaments, puis couper la chair en petits dés.

2 Laver les citrons en les brossant sous l'eau froide. Prélever finement le zeste sans entamer la peau blanche.

3 Hacher le zeste puis couper les fruits en fines tranches. Recueillir le jus qui s'écoule.

4 Mettre la chair de potiron, les citrons, leurs jus, leurs zestes et 2 dl d'eau dans une terrine, en alternant les couches avec le sucre. Couvrir avec un film alimentaire et laisser macérer 12 h.

Le jour même

5 Égoutter les fruits et verser le jus de macération dans la bassine à confiture. Porter à ébullition, écumer et faire cuire à feu vif jusqu'à apparition de bulles rondes à la surface.

6 Ajouter les morceaux de potiron et de citron, faire reprendre l'ébullition, écumer et laisser cuire 10 min, jusqu'à épaississement. Vérifier la cuisson en déposant un peu de confiture dans une assiette froide : elle doit former une goutte bombée et ne pas couler.

7 Remplir les pots et les fermer aussitôt. Les retourner et les laisser ainsi 24 h.

Préparation : 20 min ■ **Macération :** 12 h

Gratin de potiron

Pour 4 personnes

- 800 g de potiron bien mûr
- 200 g d'oignons
- 50 g de beurre
- 1 gousse d'ail
- 50 g de fromage râpé
- 2 c. à soupe d'huile d'olive
- sel, poivre

① Préparer le potiron (➤ voir page précédente). Couper la pulpe en petits morceaux, les plonger 10 min à l'eau bouillante, les rafraîchir sous le robinet et les égoutter.

② Éplucher et émincer les oignons. Faire fondre 40 g de beurre et les y faire cuire doucement de 10 à 12 min.

③ Préchauffer le four à 230 °C.

④ Éplucher l'ail et en frotter l'intérieur d'un plat à gratin, le beurrer et y disposer 1 couche de potiron, puis les oignons et le reste du potiron.

⑤ Parsemer de fromage râpé, arroser d'huile d'olive et faire gratiner pendant 10 à 15 min.

Préparation : 15 min ■ **Cuisson :** 30 min environ

Mousseline de potiron

Pour 4 personnes

- 800 g de potiron
- 2 jaunes d'œufs
- 1,5 dl de crème fraîche
- sel, poivre
- noix de muscade

① Éplucher, couper le potiron en morceaux, retirer les filaments et les graines.

② Cuire le potiron dans de l'eau bouillante salée de 10 à 15 min (ou à la vapeur). Le passer au moulin à légumes grille fine ou au mixeur.

③ Verser la purée de potiron dans une casserole et la remuer pendant 5 à 10 min sur feu doux pour la dessécher.

④ Retirer du feu, ajouter les jaunes d'œufs et bien mélanger.

⑤ Ajouter la crème fraîche, remettre sur feu doux et bien mélanger. Saler et poivrer, râper un peu de muscade. Verser dans le plat de service.

Préparation : 10 min ■ **Cuisson :** 25 min environ

Potiron aux herbes de Provence

Pour 4-6 personnes

- 1 kg de potiron
- 120 g de beurre
- 1 c. à soupe d'herbes de Provence mélangées
- 1 citron
- sel, poivre

1 Préparer le potiron (➤ voir p. 789) et le couper en tranches régulières de 1 cm d'épaisseur.

2 Couper 100 g de beurre en petits morceaux dans une jatte et le travailler à la fourchette pour le réduire en pommade, ajouter les herbes de Provence, du sel et du poivre.

3 Préchauffer le four à 150 °C.

4 Beurrer un plat à gratin, y ranger les tranches de potiron. Les tartiner largement de beurre aux herbes.

5 Enfourner et faire cuire pendant 30 min. Arroser de temps en temps les tranches de potiron avec le beurre fondu au cours de la cuisson. Saler et poivrer, arroser de jus de citron en fin de cuisson. Servir dans le plat.

Préparation : 20 min ■ **Cuisson :** 30 min

Salsifis

Salsifis : préparation

1 Bien laver les salsifis et les laisser tremper 1 h à l'eau froide pour faciliter l'épluchage.

2 Peler les salsifis au couteau économe, les diviser en tronçons de 7 à 8 cm et les plonger au fur et à mesure dans une eau citronnée ou vinaigrée.

3 Cuire les salsifis de 1 h à 1 h 30 dans de l'eau mélangée avec 1 ou 2 cuillerées à soupe de farine, à couvert et à petite ébullition, puis les égoutter et les éponger. Ils sont alors prêts à être cuisinés.

Les salsifis peuvent se conserver éventuellement un jour ou deux dans une jatte remplie d'eau, dans le réfrigérateur. Les salsifis en boîte ou surgelés se cuisinent comme les salsifis frais et cuits.

Beignets de salsifis

Pour 4 personnes

- 800 g de salsifis
  ou 600 g de salsifis
  surgelés ou en conserve
- 250 g de pâte à frire
- 2 c. à soupe de farine
- huile de friture

1. Préparer et cuire les salsifis (➤ voir page précédente).
2. Préparer la pâte à frire (➤ voir p. 113) et la laisser reposer 1 h.
3. Chauffer la friture.
4. Éponger les salsifis, les rouler dans la farine, les tremper dans la pâte à frire et les plonger dans la friture à 160 °C pendant 5 à 10 min jusqu'à ce qu'ils soient bien dorés.
5. Égoutter les beignets sur un papier absorbant et les servir aussitôt.

Trempage : 1 h ■ **Repos :** 1 h ■ **Préparation :** 25 min ■ **Cuisson :** 1 h-1 h 30 + 15 min environ

Gratin de salsifis au fromage

Pour 4 personnes

- 800 g de salsifis
  ou 600 g de salsifis
  surgelés ou en conserve
- 2,5 dl de béchamel
- 40 g de fromage râpé
- 10 g de beurre

1. Préparer et cuire les salsifis (➤ voir page précédente).
2. Préparer la sauce Béchamel (➤ voir p. 62).
3. Mettre les salsifis coupés en tronçons dans un plat à gratin beurré, verser la sauce et bien mélanger.
4. Parsemer le plat de fromage râpé et de noisettes de beurre. Faire gratiner pendant 10 min environ sous le gril du four.

Trempage : 1 h ■ **Préparation :** 20 min
■ **Cuisson :** 1 h-1 h 30 + 10 min

Salsifis à la crème

Pour 4 personnes

- 800 g de salsifis
  ou 600 g de salsifis
  surgelés ou en conserve
- 2 dl de crème fraîche
- sel, poivre

1 Préparer et cuire les salsifis (➤ voir p. 792).

2 Faire bouillir la crème fraîche dans une casserole, y ajouter les salsifis, saler et poivrer et faire réduire 3 min environ sur feu doux. Verser dans le plat de service.

Trempage : 1 h ■ **Préparation :** 15 min
■ **Cuisson :** 1 h-1 h 30 + 10 min

Salsifis au jus

Pour 4 personnes

- 800 g de salsifis
  ou 600 g de salsifis
  surgelés ou en conserve
- 2 dl de jus de viande
- sel, poivre

1 Préparer et cuire les salsifis (➤ voir p. 792).

2 Faire chauffer un reste de jus d'un rôti ou d'un braisé. Sinon, faire réduire de moitié 4 dl de fond de veau.

3 Ajouter les salsifis et faire mijoter pendant 3 ou 4 min. Goûter et rectifier l'assaisonnement. Verser dans le plat de service.

Trempage : 1 h ■ **Préparation :** 15 min
■ **Cuisson :** 1 h-1 h 30 + 5-8 min environ

Salsifis à la polonaise

Pour 4 personnes

- 800 g de salsifis
  ou 600 g de salsifis
  surgelés ou en conserve
- 2 œufs
- 120 g de beurre
- 5-6 brins de persil

1 Préparer et cuire les salsifis (➤ voir p. 792).

2 Faire durcir les œufs. Les rafraîchir, les écaler et les hacher.

3 Faire fondre 20 g de beurre dans une poêle et faire dorer les salsifis, saler et poivrer. Les verser dans le plat de service et les tenir au chaud.

4 Ciseler finement les brins de persil. Faire fondre le reste du beurre dans la même poêle, ajouter

- 40 g de chapelure
- sel, poivre

la chapelure et la laisser blondir, ajouter alors les œufs hachés et le persil ciselé, mélanger et verser sur les salsifis.

Trempage : 1 h ■ **Préparation :** 20 min
■ **Cuisson :** 1 h-1 h 30 + 10 min

Tomates

Tomates : préparation

Choisir des tomates fermes, charnues, luisantes et de couleur uniforme, bien rouges donc mûres. Si elles ne le sont pas, les laisser mûrir dans un endroit chaud.

Tomates cuites

Avant d'être cuisinées, les tomates doivent être plongées 1 min dans de l'eau bouillante puis rafraîchies. Ainsi, elles se pèlent facilement. Les couper en deux et ôter tous les pépins, puis détailler la pulpe en morceaux.

Tomates crues

On peut parfois ne pas les peler. Bien les laver, les essuyer dans un papier absorbant, puis les couper et éliminer les graines.

Confiture de tomates rouges

Pour 1 kg de confiture

- 1,8 kg de tomates bien mûres
- 2 kg de sucre à confiture
- 2 citrons

1 Préparer et ébouillanter les tomates (➤ voir recette précédente). Les couper en petits morceaux et les mettre dans un grand saladier. Verser le sucre, ajouter le jus des citrons, mélanger et laisser macérer pendant 2 h.

2 Verser dans une bassine à confiture et porter doucement à ébullition. Cuire 1 h-1 h 15 à feu doux.

3 Ébouillanter les pots et les remplir de confiture. Les fermer, retourner et laisser ainsi pendant 24 h.   ➜

confiture de tomates vertes :
procéder de la même façon avec des tomates vertes mais en les laissant macérer dans le sucre pendant 24 h.

Préparation : 20 min ■ **Macération :** 2 h
■ **Cuisson :** 1 h-1 h 15

Coulis de tomates

Pour 1 kg de coulis

- 1 kg de tomates
- 1 gros oignon
- 1 gousse d'ail
- 1 échalote
- 20 g de beurre
- 2 c. à soupe d'huile d'olive
- 1 bouquet garni
- sel, poivre

① Préparer les tomates (➤ voir page précédente) et les couper en dés. Peler et hacher finement l'oignon, l'ail et l'échalote.

② Faire chauffer dans une casserole sur feu doux le beurre et l'huile, y faire revenir l'oignon et l'échalote, puis ajouter les dés de tomate. Mélanger, ajouter l'ail, le bouquet garni, saler et poivrer. Laisser mijoter à découvert de 15 à 20 min.

③ Passer en appuyant bien avec le dos d'une cuillère ou un pilon dans la passoire. Goûter et rectifier l'assaisonnement.

Ce coulis peut être préparé en plus grande quantité et on peut le congeler pour en avoir toujours sous la main.

Préparation : 15 min ■ **Cuisson :** 30 min

Fondue de tomate

Pour 250 g
de fondue environ

- 1 kg de tomates
- 1 oignon
- 1 gousse d'ail
- 3 c. à soupe d'huile d'olive
- 1 bouquet garni
- sel, poivre

1. Préparer les tomates (➤ voir p. 795) et les couper en dés.
2. Peler et hacher finement l'oignon et l'ail.
3. Chauffer l'huile, y faire revenir l'oignon, ajouter les tomates, l'ail et le bouquet garni. Cuire doucement en remuant avec une spatule en bois jusqu'à ce que la fondue forme une pâte légère. Goûter et rectifier l'assaisonnement.

Cette fondue faite en plus grande quantité se congèle facilement.

Préparation : 15 min ■ **Cuisson :** 30 min environ

Rougail de tomate

Pour 4 personnes

- 1 gros oignon
- 25 g de gingembre frais
- 4 tomates
- 1/2 citron
- 1 piment rouge
- 1 piment vert
- sel, poivre

1. Éplucher et hacher l'oignon. Peler et râper le gingembre. Préparer les tomates (➤ voir p. 795), les peler et concasser la pulpe. Presser le jus du citron. Laver les piments et les couper en petits morceaux.
2. Mixer le tout avec une demi-cuillerée à café de sel et quelques pincées de poivre, ou passer au moulin à légumes.
3. Verser cette purée dans un bol.

Servir frais pour accompagner un plat de riz garni, du poisson grillé ou des beignets salés.

Préparation : 10 min

Sorbet à la tomate

Pour 2,5 dl de sorbet

- 1 kg de tomates
- 300 g de sucre pour confiture
- 1 verre à liqueur de vodka
- 1 blanc d'œuf
- 50 g de sucre glace

1 Ébouillanter puis peler les tomates, couper leur pulpe, les passer au tamis ou dans une passoire et filtrer le jus (garder la pulpe pour une autre utilisation). Mesurer un quart de litre.

2 Préparer un sirop à froid en mélangeant 1,5 dl d'eau et le sucre. Ajouter le jus de tomate et la vodka, puis verser dans un moule à glace et mettre 1 h dans le congélateur.

3 Battre le blanc d'œuf avec le sucre glace dans un bain-marie, à petits frémissements. Lorsque le sorbet commence à prendre, le fouetter, incorporer le blanc battu et remettre 2 h dans le congélateur.

On sert ce sorbet en accompagnement des fruits et légumes exotiques.

Préparation : 30 min ■ **Congélation :** 3 h

Tian de tomates

Pour 4-6 personnes

- 1 kg de tomates
- 3 c. à soupe de persil plat
- 3 gousses d'ail
- 1 dl d'huile d'olive
- 3 branches de romarin
- sel, poivre

1 Laver et essuyer les tomates. Les couper en tranches épaisses. Hacher le persil. Peler et hacher l'ail.

2 Préchauffer le four à 210 °C.

3 Badigeonner un plat à gratin avec la moitié de l'huile. Placer dans le fond 2 branches de romarin. Ranger les tomates en couches régulières sur le romarin. Saler et poivrer. Ajouter le persil et l'ail. Émietter par-dessus la troisième branche de romarin.

4 Arroser avec le reste d'huile et mettre au four pendant 25 min. Servir très chaud dans le plat de cuisson.

Préparation : 10 min ■ **Cuisson :** 25 min

Tomates farcies : préparation

Pour 4 personnes

- 4 grosses tomates
- 1 c. à soupe d'huile
- sel

1 Choisir des tomates mûres, mais fermes, de forme régulière.

2 Les décalotter du côté du pédoncule et retirer les chapeaux. Avec une petite cuillère, enlever les graines sans percer la peau et presser légèrement la tomate pour éliminer l'eau de végétation. Creuser la pulpe pour pouvoir mettre la farce.

3 Saler légèrement l'intérieur et retourner les tomates sur un linge pendant 10 à 15 min pour qu'elles achèvent de s'égoutter.

4 Préchauffer le four à 240 °C.

5 Huiler un plat à gratin, y ranger les tomates ainsi que les chapeaux et enfourner pour 5 min. Les égoutter à nouveau avant de les remplir de farce.

Préparation : 20 min ■ **Cuisson :** 5 min

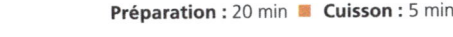

Tomates farcies chaudes à la bonne femme

Pour 4 personnes

- 4 grosses tomates
- 1/2 oignon
- 1/2 gousse d'ail
- 20 g de persil
- 20 g de beurre
- 150 g de chair à saucisse fine
- 20 g de mie de pain fraîche
- chapelure
- 1 c. à soupe d'huile d'arachide
- sel, poivre

1 Préparer les tomates (➤ voir explications précédentes).

2 Éplucher et hacher l'oignon et l'ail, hacher le persil.

3 Faire fondre le beurre dans une casserole et y faire dorer l'oignon. Puis bien le mélanger avec la chair à saucisse, la mie de pain émiettée, le persil, l'ail, du sel et du poivre. Travailler la farce pour la rendre bien homogène.

4 Baisser le four à 220 °C.

5 Avec une petite cuillère, remplir les tomates en formant un dôme. Poudrer de chapelure, arroser d'huile et enfourner pour 30 à 40 min.

6 Remettre les chapeaux en place avant de servir.

Préparation : 20 min environ ■ **Cuisson :** 30-40 min

Tomates farcies chaudes en nid

Pour 4 personnes

- 4 grosses tomates
- 4 œufs
- 15 g de beurre
- sel, poivre

1. Préparer les tomates (➤ voir tomates farcies p. 799).
2. Casser 1 œuf dans chaque tomate, saler et poivrer légèrement, poser par-dessus une petite noix de beurre et cuire 6 min au four préchauffé à 230 °C.
3. Remettre les chapeaux sur les tomates avant de les servir.

Préparation : 20 min ■ **Cuisson :** 6 min

Tomates farcies froides à la crème et à la ciboulette

Pour 4 personnes

- 4 grosses tomates
- 2 gousses d'ail
- 1 botte de ciboulette
- 2 dl de crème fraîche épaisse
- 2 c. à dessert de vinaigre balsamique
- 1 pointe de cayenne

1. Préparer les tomates (➤ voir tomates farcies p. 799) mais sans les cuire au four.
2. Éplucher et hacher l'ail, hacher la ciboulette. Les mélanger avec la crème fraîche et le vinaigre. Saler, poivrer et ajouter un soupçon de cayenne.
3. Farcir les tomates, replacer les chapeaux et mettre 1 h dans le réfrigérateur avant de servir.

Préparation : 25 min ■ **Réfrigération :** 1 h

Tomates farcies froides au thon

Pour 4 personnes

- 100 g de riz pilaf
- 4 grosses tomates
- 1 citron
- 0,5 dl de mayonnaise
- 4 c. à soupe de fines herbes hachées

1. Préparer le riz pilaf (➤ voir p. 833) et le laisser refroidir.
2. Préparer les tomates (➤ voir tomates farcies p. 799).
3. Peler le citron à vif (en enlevant la peau blanche), le couper en tout petits dés en éliminant les pépins.

- 150 g de miettes de thon à l'huile
- 4 olives noires
- 1/2 bouquet de persil
- sel, poivre

4 Faire la mayonnaise (➤ voir p. 93) ou employer une mayonnaise du commerce.

5 Mélanger le riz, les miettes de thon égouttées, la mayonnaise, les fines herbes et les dés de citron. Goûter et rectifier l'assaisonnement.

6 Farcir les tomates, garnir chacune d'une olive noire et mettre 1 h au réfrigérateur avant de servir.

7 Décorer le plat avec des petits bouquets de persil.

Préparation : 30 min ■ **Réfrigération :** 1 h

Tomates à la mozzarella

Pour 4 personnes

- 4-5 tomates
- 200 g de mozzarella
- 1/4 de botte de basilic
- 1 c. à soupe de vinaigre
- 4 c. à dessert d'huile d'olive
- sel, poivre

1 Laver, peler et détailler en rondelles les tomates.

2 Couper la mozzarella en tranches fines. Hacher le basilic.

3 Répartir sur le plat de service les rondelles de tomate en les alternant avec les lamelles de fromage, saler, poivrer et parsemer de basilic. Arroser de quelques gouttes de vinaigre, puis d'un filet d'huile d'olive. Servir à la température ambiante.

Préparation : 15 min

Tomates poêlées

Pour 4 personnes

- 8 tomates
- 2 c. à soupe d'huile d'olive
- 1 c. à soupe de persil haché
- sel, poivre

1 Laver et couper les tomates en deux. Les presser légèrement pour en extraire les pépins.

2 Faire chauffer l'huile dans une poêle et y mettre les tomates côté peau. Les cuire 15 min environ à feu doux en les retournant plusieurs fois.

3 Saler, poivrer, parsemer de persil haché et servir.

Préparation : 5 min ■ **Cuisson :** 15 min environ

Tomates poêlées aux œufs

Pour 4 personnes

- 4 tomates poêlées
- 8 œufs
- sel, poivre

❶ Préparer les tomates poêlées (➤ voir page précédente).

❷ Casser un œuf sur chaque demi-tomate dans la même poêle et cuire le tout jusqu'à ce que le blanc soit bien pris. Saler et poivrer.

Préparation : 5 min ■ **Cuisson :** 15 min

Tomates à la provençale

Pour 4 personnes

- 8 tomates
- 1 c. à moka de sel
- 1 c. à moka de sucre
- 3 c. à soupe d'huile d'olive
- 40 g de persillade (➤ voir p. 764)
- 1 c. à café de marjolaine ou d'origan en poudre
- sel, poivre

❶ Préchauffer le four à 190 °C.

❷ Laver les tomates et les couper en deux. Les presser légèrement pour éliminer les pépins.

❸ Huiler un plat et les y disposer côté peau. Mélanger le sel et le sucre et les répartir sur toutes les tomates.

❹ Préparer la persillade, la mélanger avec l'origan (ou la marjolaine) et la disposer sur le dessus des tomates.

❺ Arroser avec le reste de l'huile d'olive et enfourner pendant 45 min.

La persillade peut être remplacée par 1 gousse d'ail écrasée et mélangée avec la marjolaine.

Préparation : 10 min ■ **Cuisson :** 45 min

Topinambours

Rôti de porc aux topinambours

Pour 4-6 personnes

- 1 kg de topinambours
- 1 kg de rôti de porc environ
- 20 g de beurre
- 1 c. à soupe d'huile d'arachide
- 0,5 dl de vin blanc
- sel, poivre

1 Éplucher les topinambours, les couper en morceaux et les plonger pendant 5 min dans de l'eau bouillante. Les égoutter et les rafraîchir sous le robinet.

2 Dans une cocotte, faire chauffer le beurre avec l'huile et dorer le rôti de porc sur toute sa surface. Couvrir et laisser cuire pendant 20 min à feu doux.

3 Ajouter les topinambours, saler, poivrer et laisser cuire encore 30 min.

4 Disposer le rôti dans le plat de service, l'entourer des topinambours. Verser le vin dans la cocotte, déglacer, faire réduire d'un tiers. Servir ce jus à part.

Préparation : 30 min ■ **Cuisson :** 50 min environ

Topinambours à l'anglaise

Pour 4 personnes

- 1 kg de topinambours
- 60 g de beurre
- 2,5 dl de sauce Béchamel (➤ voir p. 62)
- sel

1 Peler les topinambours et les couper en morceaux. Les plonger 5 min dans de l'eau bouillante salée, puis les égoutter.

2 Faire fondre le beurre dans une cocotte, y mettre les topinambours et les cuire 30 min à feu doux et à couvert.

3 Pendant ce temps, préparer la béchamel. La verser sur les topinambours, bien mélanger et cuire encore doucement 10 min environ.

topinambours à la crème :
remplacer la béchamel par 2,5 dl de crème liquide.

Préparation : 15 min ■ **Cuisson :** 40 min

Truffes

Truffes : préparation

Truffes fraîches

Les brosser sous un filet d'eau, pour éliminer toute trace de terre. Il ne faut pas les laisser tremper. Les peler très finement (garder les pelures). Une truffe enfermée pendant 24 h dans une boîte plastique hermétique avec des œufs leur communique son parfum. Cela permet de faire, par exemple, des œufs brouillés aux truffes en utilisant uniquement des pelures.

Truffes stérilisées

Les égoutter (garder le jus pour une autre utilisation).

Pâtes aux truffes

Pour 4 personnes

- 1 c. à soupe d'huile d'arachide
- 500-600 g de nouilles fraîches (➤ voir p. 807)
- 20 g de truffe fraîche ou en conserve
- 100 g de beurre
- 0,5 dl de crème liquide
- 2 c. à soupe de jus de truffe
- sel, poivre du moulin

❶ Remplir un faitout d'eau, saler, porter à ébullition, ajouter l'huile et y cuire les nouilles « al dente ».

❷ Hacher la truffe. Couper le beurre en morceaux.

❸ Faire bouillir 0,5 dl d'eau avec une pincée de sel, y verser la crème liquide, puis porter de nouveau à ébullition.

❹ Ajouter le beurre en fouettant énergiquement, puis le jus de truffe et la truffe hachée et donner deux bons tours de moulin à poivre. Goûter et rectifier l'assaisonnement.

❺ Égoutter les nouilles.

❻ Remettre les nouilles dans une casserole, ajouter la sauce, bien mélanger et servir immédiatement.

Préparation : 10 min ■ **Cuisson :** 15 min environ

Les pâtes, le riz
et la semoule

Les pâtes alimentaires

Les pâtes fraîches se préparent à partir de farine ou de semoule de blé, et d'œufs. Les pâtes industrielles sont fabriquées avec des semoules de blé dur riches en gluten puis desséchées et passées à la filière pour leur donner des formes commerciales différentes. Elles se classent en quatre grandes familles :
– les pâtes à potage : vermicelle, cheveux d'ange et toutes sortes de petites pâtes aux formes variées ;
– les pâtes à cuire, les plus nombreuses, qui sont rondes (spaghettis), droites et creuses (macaronis), courbes (coquillettes), en papillon, etc. ; elles sont parfois aromatisées avec de l'épinard, de la carotte, des fines herbes, etc. ;
– les pâtes à gratiner ou à cuire au four, par exemple les lasagnes ;
– les pâtes à farcir, dont les plus courantes sont les cannellonis et les raviolis. On les sert, en plat principal ou en accompagnement, avec des sauces variées, souvent à base de tomates, parfois additionnées de jambon, de viande hachée, de fruits de mer, de champignons, etc. Elles se préparent également en salade, en gratin, en timbale. Accompagnées d'une sauce, ou de beurre, et de fromage, elles constituent un plat parfaitement équilibré.

Le riz

Cette céréale énergétique sert de base aux nombreux plats chauds ou froids, salés ou sucrés. Il existe toutes sortes de variétés de riz, que l'on peut classer dans deux grandes familles : les riz à grains longs (dont les grains se détachent bien) et les riz à grains ronds (dont les grains ont tendance à coller et que l'on réserve à certaines préparations crémeuses, potages et surtout aux desserts). La cuisson du riz se pratique à l'eau (à la créole, à l'indienne), à la vapeur, au gras et au lait. Le riz a un grand pouvoir d'absorption et s'imbibe de tous les liquides, selon la cuisson. Le riz est la base de nombreuses préparations, les salades composées, les caris de viande ou de poisson, la paella, le pilaf, le risotto ; il accompagne la blanquette de veau, les brochettes, le mouton, les poissons grillés et le poulet ; il entre également dans la composition d'entremets (gâteaux de riz, puddings, subrics).

La semoule

Aliment à la fois nourrissant et léger, la semoule est obtenue grâce à la mouture d'une céréale, blé dur, riz ou maïs. Elle sert à fabriquer les pâtes alimentaires ainsi qu'à préparer potages, garnitures et plats variés (couscous, gnocchis, tabboulé), et aussi des entremets sucrés (crème, pudding, subric).

Pâtes

. . . .

Pâte à cannellonis, à nouilles, à lasagnes ou à raviolis : préparation

Pour 300 g de pâte

- 200 g de farine
- 2 œufs
- sel

1 Tamiser la farine dans une jatte. Faire une fontaine, y casser les œufs, ajouter une bonne pincée de sel et, avec les doigts ou une cuillère en bois, commencer de mélanger. Ajouter de l'eau et pétrir la pâte jusqu'à ce qu'elle soit ferme et élastique.

2 Rouler la pâte en boule, l'envelopper dans un film alimentaire et la mettre au réfrigérateur pendant 1 h au moins.

3 Fariner le plan de travail et étaler la pâte au rouleau sur une épaisseur de 3 mm environ. La façonner ensuite selon l'utilisation.

Cannellonis

1 Avec une roulette, découper des rectangles de 6 cm de large sur 8 de long et les laisser sécher 1 h.

2 Dans un faitout, faire bouillir de l'eau salée. Y plonger les rectangles de pâte et les cuire 4 min environ.

3 Égoutter, puis les mettre immédiatement dans de l'eau froide.

4 Égoutter de nouveau et les étaler sur un torchon humide.

Nouilles

1 Couper la pâte en larges lanières et passer celles-ci dans la machine à faire les pâtes ou découper les nouilles au couteau.

2 Laisser reposer les nouilles 2 h avant de les cuire (➤ voir pâtes : cuisson p. 808).

Lasagnes

1 Découper des rectangles de 20 cm sur 30 cm environ (ou à la dimension du plat utilisé).

2 Procéder comme pour les cannellonis.

Raviolis (➤ voir p. 815).

Préparation : 10 min ■ **Repos de la pâte :** 1 h

Pâtes : cuisson

1. Plonger les pâtes dans une grande quantité d'eau bouillante (2 litres pour 250 g de pâtes) contenant 1 cuillerée à soupe de sel par litre et, si les pâtes sont fraîches, une cuillerée d'huile d'arachide. Bien les mélanger et faire bouillir en remuant de temps en temps.
2. Goûter les pâtes pour qu'elles ne soient pas trop cuites. Les égoutter dès qu'elles sont « al dente » et les assaisonner aussitôt.
3. Si elles doivent attendre, les rafraîchir, les égoutter, puis les mélanger avec 1 cuillerée à soupe d'huile. Au moment de l'emploi, les plonger 2 min dans de l'eau bouillante, les égoutter à nouveau et les accommoder.
4. Compter entre 50 et 60 g de pâtes par personne.

Cannellonis au fromage et au jambon

Pour 4 personnes

- 3 dl de sauce tomate
- 300 g de pâte à cannellonis ou 12 rectangles du commerce
- 500 g de ricotta ou de fromage blanc égoutté
- 2 œufs
- 1 jaune d'œuf
- 4 c. à soupe de persil
- 5 c. à soupe de parmesan
- noix de muscade
- 25 g de beurre
- 12 tranches de jambon cru
- sel, poivre

1. Confectionner la sauce tomate (➤ voir p. 86).
2. Préparer 12 rectangles de pâte à cannellonis (➤ voir page précédente) ou faire cuire 4 min les carrés du commerce dans de l'eau bouillante salée, puis les égoutter.
3. Dans une terrine, mélanger la ricotta (ou le fromage blanc), les œufs et le jaune, le persil haché et 1 cuillerée à soupe de parmesan. Saler, poivrer et râper de la muscade. Faire fondre le beurre.
4. Préchauffer le four à 100 °C.
5. Poser sur chaque rectangle de pâte une tranche de jambon, puis une portion de farce au fromage. Rouler les cannellonis et les ranger dans un plat beurré.
6. Arroser de beurre fondu, napper de sauce tomate et poudrer du reste de parmesan. Enfourner et cuire pendant 20 min.

Préparation : 45 min ■ **Repos :** 1 h ■
Cuisson : 20 min

Cannellonis à la viande

Pour 4 personnes

- 300 g de pâte
  à cannellonis
  ou 12 rectangles
  du commerce
- 4 dl de sauce bolognaise
- 40 g de mie de pain
- 4 c. à soupe de lait
- 5 branches de persil
- 300 g de restes de
  viande (daube ou rôti)
- 1 œuf
- 60 g de parmesan râpé
- 30 g de beurre
- sel, poivre
- noix de muscade

1. Préparer les rectangles de pâte à cannellonis (➤ voir p. 807) ou faire cuire pendant 4 min les rectangles du commerce dans de l'eau bouillante salée, puis les égoutter.
2. Préparer la sauce bolognaise (➤ voir p. 73).
3. Mettre la mie de pain à tremper dans le lait.
4. Hacher le persil et la viande. Les mélanger avec l'œuf, le parmesan, la mie de pain essorée, du sel, du poivre et de la noix de muscade râpée.
5. Préchauffer le four à 275 °C.
6. Garnir les rectangles de pâte avec la farce à la viande puis les rouler.
7. Beurrer un plat à gratin et y disposer les cannellonis. Napper de sauce bolognaise et parsemer de noisettes de beurre. Enfourner et cuire 20 min.

On peut éventuellement déposer quelques cuillerées de sauce Béchamel sur la sauce bolognaise avant de mettre le plat au four.

Préparation : 45 min ■ **Repos :** 1 h
■ **Cuisson :** 20 min

Gratin de lasagnes

Pour 4 personnes

- 450 g de pâte à lasagnes (➤ voir p. 807) ou de lasagnes du commerce
- 5 dl de sauce bolognaise (➤ voir p. 73)
- 150 g de parmesan râpé
- 2 œufs
- 200 g de mozzarella
- 60 g de beurre
- sel, poivre

1 Préparer la pâte à lasagnes et façonner les lasagnes.

2 Pendant le repos de la pâte, préparer la sauce bolognaise et lui ajouter 100 g de parmesan.

3 Faire durcir les œufs, les rafraîchir, les écaler et les couper en rondelles. Couper la mozzarella en tranches.

4 Préchauffer le four à 180 °C. Beurrer un plat à gratin. Tapisser le fond d'une couche de lasagnes. Napper d'une couche de sauce. Ajouter ensuite des rondelles d'œufs durs et quelques lamelles de mozzarella. Remplir le plat en alternant les couches et terminer par des lasagnes.

5 Arroser de beurre fondu et poudrer avec le reste de parmesan. Faire gratiner 15 min. Servir aussitôt.

Préparation : 45 min ■ **Repos :** 1 h
■ **Cuisson :** 15 min

Lasagnes à la sauce bolognaise

Pour 4-6 personnes

- 450 g de pâte à lasagnes (➤ voir p. 807) ou 450 g de lasagnes du commerce
- 4 dl de sauce bolognaise (➤ voir p. 73)
- 3 dl de sauce blanche (➤ voir p. 63)
- 150 g de parmesan râpé
- sel, poivre
- noix de muscade

1 Préparer la pâte à lasagnes et façonner les lasagnes.

2 Pendant le repos de la pâte, préparer la sauce bolognaise et la sauce blanche. Râper de la noix de muscade dans la sauce blanche.

3 Préchauffer le four à 250 °C. Beurrer un plat à gratin, napper le fond d'un peu de sauce bolognaise, puis alterner les couches de lasagnes, de sauce blanche et de sauce bolognaise, en terminant par deux couches bien épaisses de l'une et l'autre sauces.

4 Cuire 30 min au four. Servir avec beaucoup de parmesan fraîchement râpé à part.

Préparation : 45 min ■ **Repos :** 1 h
■ **Cuisson :** 30 min

Macaronis à la calabraise

Pour 4 personnes

- 800 g de tomates
- 0,5 dl d'huile d'olive
- 100 g d'olives noires dénoyautées
- 2 c. à soupe de câpres
- 300-350 g de macaronis
- 3 c. à soupe de basilic haché
- sel, poivre

1. Couper en deux les tomates et les presser légèrement pour éliminer leur eau de végétation.
2. Les disposer côté peau dans un plat à gratin, saler et poivrer, et les arroser de 4 cuillerées d'huile.
3. Mettre les tomates au four à 180 °C jusqu'à ce qu'elles soient presque rôties, mais pas tout à fait cuites. En milieu de cuisson, ajouter les olives et les câpres.
4. Pendant ce temps, faire cuire les macaronis (➤ voir p. 808), puis les égoutter.
5. Verser dans le plat de service et garnir avec les tomates. Parsemer d'un peu de basilic, arroser avec le reste d'huile et servir très chaud.

Préparation : 10 min ■ **Cuisson :** 20 min environ

Nouilles à l'alsacienne

Pour 4 personnes

- 550 g de pâte à nouilles (➤ voir p. 807)
- 80 g de beurre
- poivre du moulin

1. Préparer la pâte à nouilles, façonner les nouilles et les laisser sécher. En mettre de côté une bonne poignée et les fariner légèrement.
2. Faire bouillir dans une casserole 3 litres d'eau légèrement salée, y plonger les autres nouilles à pleine ébullition. Dès que les bouillons reprennent, retirer la casserole du feu et laisser pocher 6 min.
3. Faire chauffer 25 g de beurre dans une poêle. Lorsqu'il commence à mousser, ajouter la poignée de nouilles réservée et les faire rissoler sur feu vif 5 min environ.
4. Égoutter les nouilles cuites à l'eau, les verser dans un plat creux très chaud et ajouter le reste de beurre en parcelles. Remuer pour le faire fondre, puis ajouter les nouilles rissolées au beurre. Poivrer et servir.

Préparation : 1 h ■ **Cuisson :** 8 min environ

Nouilles au fromage

Pour 4 personnes

- 250 g de pâtes ou de nouilles
- 50 g de beurre
- 100 g de gruyère râpé
- 25 g de parmesan
- sel, poivre
- noix de muscade (facultatif)

❶ Cuire les nouilles (➤ voir p. 808).

❷ Couper le beurre en petits morceaux dans le plat de service et mettre ce plat sur un bain-marie pour faire fondre le beurre (ou le passer au micro-ondes). Y râper éventuellement un peu de muscade, mélanger.

❸ Égoutter les nouilles et les verser dans le plat. Mélanger avec le beurre.

❹ Ajouter les fromages, mélanger à nouveau. Servir aussitôt.

Préparation : 5 min ■ **Cuisson :** 10-12 min

Nouilles au jus

Pour 4 personnes

- 250 g de nouilles
- 1 verre de jus de viande restant ou 2 dl de fond de veau
- 70 g de beurre

❶ Cuire les nouilles (➤ voir p. 808).

❷ Chauffer le jus de viande (ou faire réduire le fond de moitié) et l'ajouter dans les nouilles égouttées en même temps que le beurre. Servir bien chaud.

Préparation : 5 min ■ **Cuisson :** 10-12 min

Nouilles aux noix

Pour 4 personnes

- 50 g de cerneaux de noix
- 50 g de pignons de pin
- 2 gousses d'ail
- 1/2 bouquet de persil plat
- 1,5 dl d'huile d'olive

❶ Allumer le gril du four.

❷ Plonger les cerneaux dans de l'eau bouillante, les y laisser 1 min, puis les égoutter et retirer la peau qui les recouvre.

❸ Mettre les pignons dans un plat et les faire griller pendant 5 min en les remuant de temps en temps.

❹ Envelopper les noix et les pignons dans un torchon et les écraser avec un rouleau à pâtisserie.

- 400 g de nouilles fraîches
- sel, poivre

5 Peler et hacher les gousses d'ail. Laver, éponger et hacher finement le persil.

6 Faire chauffer la moitié de l'huile dans une poêle et y mettre à revenir l'ail et le persil pendant 3 ou 4 min en remuant.

7 Ajouter les noix et les pignons et les faire dorer en mélangeant bien pendant 2 min.

8 Retirer la poêle du feu et verser alors le reste d'huile d'olive avec 1 dl d'eau. Fouetter pour bien mélanger. Rectifier l'assaisonnement et garder la sauce au chaud.

9 Cuire les nouilles à l'eau bouillante (➤ voir pâtes : cuisson p. 808). Les égoutter, les verser dans le plat de service et les mélanger avec la sauce.

Préparation : 15 min ■ **Cuisson :** 20 min environ

Pâtes fraîches au basilic

Pour 4 personnes

- 1 bouquet de basilic
- 2 gousses d'ail
- 80 g de parmesan
- 2 dl de crème liquide
- 400 g de pâtes fraîches

1 Laver le basilic, l'éponger, l'effeuiller. Hacher grossièrement les feuilles. Peler et hacher l'ail.

2 Dans le plat de service, mélanger l'ail, le basilic, le parmesan et la crème liquide.

3 Cuire les pâtes fraîches (➤ voir pâtes : cuisson p. 808). Les égoutter, les verser dans le plat de service et mélanger.

4 Reverser le tout dans la casserole, remettre sur le feu et mélanger de nouveau pendant 2 min.

5 Verser dans le plat de service et servir immédiatement.

Préparation : 10 min ■ **Cuisson :** 15 min environ

Pâtes fraîches au foie gras

Pour 4 personnes

- 400 g de pâtes fraîches
- 1 dl de crème liquide
- thym
- noix de muscade
- sel, poivre du moulin
- 100-120 g de bloc de foie gras de canard ou d'oie

1 Faire cuire les pâtes (➤ voir pâtes : cuisson p. 808). Les égoutter et les verser dans une casserole.

2 Ajouter la crème liquide, remuer et faire chauffer doucement. Donner 2 bons tours de moulin à poivre, ajouter un peu de thym et râper un peu de muscade.

3 Couper le foie gras en morceaux, l'ajouter dans les pâtes et bien mélanger pendant 1 ou 2 min. Verser dans le plat de service.

Préparation : 2 min ◼ **Cuisson :** 15 min environ

Pâtes fraîches aux fruits de mer

Pour 6 personnes

- 1 l de coques
- 1 l de moules
- 400 g de tagliatelles vertes
- 18 grosses crevettes roses
- 50 g de beurre
- 2,5 dl de crème fleurette
- 40 g de parmesan
- sel, poivre

1 Faire ouvrir les coques et les moules séparément, dans 2 casseroles, sur feu vif. Jeter celles qui ne se sont pas ouvertes. Décoquiller les autres.

2 Filtrer et réserver l'eau des coques. La faire réduire dans une petite casserole à 5 cuillerées à soupe.

3 Cuire les tagliatelles dans une grande quantité d'eau légèrement salée à gros bouillons jusqu'à ce qu'elles soient « al dente ».

4 Pendant ce temps, décortiquer les crevettes et les couper en deux.

5 Égoutter les pâtes et les verser dans une casserole avec le beurre en parcelles. Mélanger sur feu doux pour qu'il fonde.

6 Ajouter la crème et le parmesan, remuer, saler et poivrer. Incorporer ensuite coques, moules et crevettes.

7 Mélanger en ajoutant l'eau de cuisson des coques. Poivrer. Servir aussitôt.

Préparation : 20 min ◼ **Cuisson :** 20 min

Raviolis : préparation et cuisson

1. Préparer la pâte à raviolis (➤ voir p. 807) et l'abaisser en deux grands rectangles de même dimension, épais de 1,5 mm.
2. À l'aide d'une poche à douille, disposer des petits tas égaux de farce sur l'une des abaisses, en rangées, tous les 4 cm environ.
3. Humecter la pâte au pinceau entre les tas de farce.
4. Placer la seconde abaisse de pâte sur la première et presser entre les petits tas de farce pour souder les deux abaisses. Découper les raviolis à la roulette et les laisser sécher 4 h au frais.
5. Cuire les raviolis de 8 à 10 min dans de l'eau bouillante salée, puis les accommoder.

Raviolis aux artichauts

Pour 4 personnes

- 400 g de farine
- 5 œufs
- 3 petits artichauts violets
- 1 citron
- 1/2 oignon
- 1 gousse d'ail
- 3 c. à soupe d'huile d'olive
- 1 c. à soupe de persil
- 1 c. à café de marjolaine
- 20 g de parmesan
- 150 g de ricotta
- sel, poivre

1. Confectionner la pâte à raviolis avec la farine et 4 œufs (➤ voir p. 807).
2. Nettoyer les artichauts, ôter les feuilles les plus dures. Les mettre dans de l'eau citronnée et les couper en tranches fines.
3. Éplucher et hacher l'oignon et l'ail. Chauffer l'huile dans une casserole, ajouter le hachis d'oignon et d'ail, puis les artichauts et les cuire 10-15 min en ajoutant au besoin un peu d'eau.
4. Ciseler les artichauts et les mélanger avec le persil haché, la marjolaine, le parmesan, 1 œuf et la ricotta. Saler, poivrer et bien mélanger.
5. Garnir les raviolis de cette farce (➤ voir ci-dessus).
6. Laisser sécher les raviolis et les cuire de 8 à 10 min dans de l'eau bouillante salée.

Préparation : 1 h ■ **Séchage :** 4 h
■ **Cuisson :** 8-10 min

Raviolis aux épinards

Pour 4 personnes

- 400 g de farine
- 4 œufs
- 100 g d'épinards surgelés
- 1 oignon
- 100 g de restes de bœuf
- 100 g de jambon blanc
- 100 g de veau
- 0,5 dl d'huile
- thym, laurier
- 1 verre de bouillon de bœuf ou de vin blanc
- 30 g de beurre
- 50 g de parmesan
- sel, poivre

1. Préparer la pâte à raviolis (➤ voir p. 807) avec 400 g de farine et 4 œufs et la mettre à sécher.
2. Cuire à l'eau les épinards, les égoutter et les hacher.
3. Hacher l'oignon. Hacher finement les restes de bœuf, le jambon et le veau.
4. Faire revenir l'oignon dans l'huile, ajouter les viandes, un peu de thym et de laurier émiettés, saler et poivrer. Mouiller avec le bouillon de bœuf ou le vin blanc et mettre à cuire doucement pendant 5 min. Incorporer alors les épinards.
5. Confectionner des raviolis avec cette farce (➤ voir page précédente) et les cuire dans de l'eau bouillante salée pendant 8 à 10 min.
6. Égoutter les raviolis. Les arroser de beurre fondu et servir avec le parmesan râpé à part.

Les raviolis peuvent également être servis avec de la sauce tomate.

Préparation : 1 h environ ■ **Séchage :** 4 h
■ **Cuisson :** 10 min

Raviolis à la viande

Pour 4 personnes

- 400 g de farine
- 4 œufs
- 450 g de restes de braisé de bœuf avec les légumes et la sauce
- 50 g de parmesan râpé
- sel

1. Préparer la pâte à raviolis avec 400 g de farine et 4 œufs (➤ voir p. 807) et la mettre à sécher. Faire réchauffer doucement le braisé.
2. Filtrer la sauce et la mettre à part.
3. Hacher finement la viande et les légumes.
4. Faire des raviolis avec cette farce (➤ voir page précédente) et les cuire dans de l'eau bouillante salée pendant 8 à 10 min.
5. Réchauffer la sauce du braisé.
6. Égoutter les raviolis et les mettre dans le plat de

service chauffé. Les arroser de sauce et servir avec du parmesan râpé à part.

raviolis à la sauce tomate :

procéder de même, préparer la sauce tomate (➤ voir p. 86) et en napper les raviolis.

Préparation : 1 h environ ■ **Séchage :** 4 h
■ **Cuisson :** 10 min

• •

Salade à la carbonara

Pour 4 personnes

- 125 g de macaronis
- 1 c. à soupe d'huile d'olive
- 1,5 dl de mayonnaise (➤ voir p. 93)
- 1/2 c. à café de paprika
- 1 citron
- 100 g de mimolette
- 1/2 branche de céleri
- 1 laitue
- 1/2 oignon
- 50 g de noisettes concassées
- 2 c. à soupe de noisettes entières

1 Faire cuire les macaronis (➤ voir pâtes : cuisson p. 808). Les égoutter, les mettre dans une terrine, y verser l'huile d'olive et laisser refroidir.

2 Préparer la mayonnaise bien ferme avec 2 cuillerées à café de moutarde, le paprika et le jus de citron.

3 Couper la mimolette en petits bâtonnets. Laver et hacher le céleri. Nettoyer, laver la laitue et choisir les plus belles feuilles (garder le reste pour une autre utilisation). Couper l'oignon en rondelles.

4 Mélanger la mayonnaise aux macaronis refroidis. Ajouter les noisettes concassées, la mimolette et le céleri haché et bien mélanger.

5 Disposer quelques feuilles de laitue dans un grand plat et y déposer la salade. Décorer avec les rondelles d'oignon et les noisettes entières.

Préparation : 15 min ■ **Cuisson :** 10 min environ

Spaghettis à l'amatriciana

Pour 4 personnes

- 800 g de tomates
- 200 g de pancetta ou de lardons
- 0,5 dl d'huile d'olive
- 1 piment oiseau
- 1 dl de vin blanc
- 250 g de spaghettis
- 100 g de pecorino romano ou de tomme de brebis
- sel, poivre

1 Ébouillanter, peler, épépiner les tomates et les concasser. Couper la pancetta en petits dés.

2 Faire chauffer l'huile dans une sauteuse et y mettre à dorer la pancetta (ou les lardons) avec le piment.

3 Verser le vin blanc, bien mélanger, le laisser réduire de moitié, puis ajouter les tomates. Cuire jusqu'à ce que leur eau soit complètement évaporée en les remuant de temps en temps.

4 Pendant ce temps, cuire les spaghettis « al dente » (➤ voir pâtes : cuisson p. 808).

5 Râper le pecorino romano (ou la tomme de brebis).

6 Égoutter les spaghettis et les verser dans la sauteuse. Remuer et saupoudrer de fromage râpé.

7 Servir très chaud.

Préparation : 10 min ■ **Cuisson :** 30 min environ

Spaghettis à la bolognaise

Pour 4 personnes

- 5 dl de sauce bolognaise (➤ voir p. 73)
- 250 g de spaghettis
- 50 g de parmesan râpé
- sel

1 Préparer la sauce bolognaise.

2 Cuire les spaghettis « al dente » (➤ voir pâtes : cuisson p. 808).

3 Verser les trois quarts de la sauce dans le plat de service.

4 Égoutter les spaghettis et les mélanger avec la sauce.

5 Verser le reste de sauce par-dessus les spaghettis et parsemer d'un peu de parmesan râpé. Servir le reste du fromage à part.

Préparation : 40 min ■ **Cuisson :** 10-12 min

Spaghettis à la botarga

Pour 4 personnes

- 250 g de spaghettis
- 1 piment oiseau
- 2 gousses d'ail
- 0,5 dl d'huile d'olive
- 100 g de poutargue
- 2 c. à soupe de crème fraîche
- 1 c. à soupe de persil haché
- 1/2 citron
- sel

1. Cuire les spaghettis « al dente » (➤ voir pâtes : cuisson p. 808).
2. Couper le piment en petits morceaux, éplucher et couper en quatre les gousses d'ail.
3. Faire chauffer l'huile dans une poêle et y faire dorer le piment et l'ail. Égoutter les spaghettis et les verser dans la poêle. Bien mélanger.
4. Émietter la poutargue et la mélanger avec la crème fraîche, le persil haché et le jus de citron.
5. Verser les spaghettis brûlants dans le plat de service, ajouter la poutargue, bien mélanger et servir bien chaud.

Préparation : 15 min ■ **Cuisson :** 10-12 min

Spaghettis à la carbonara

Pour 4 personnes

- 400 g de spaghettis
- 1 oignon
- 30 g de beurre
- 200 g de lardons fumés
- 1/2 verre de vin blanc
- 1 œuf
- 2 jaunes d'œufs
- 75 g de parmesan râpé
- sel, poivre

1. Faire cuire les spaghettis « al dente » (➤ voir pâtes : cuisson p. 808). Mettre le plat de service à tiédir sur un bain-marie.
2. Éplucher et hacher l'oignon. Faire fondre le beurre dans une poêle et y mettre à revenir l'oignon avec les lardons. Ajouter le vin blanc et cuire 2 ou 3 min. Verser dans le plat de service.
3. Battre l'œuf et les jaunes d'œufs ensemble, saler et poivrer, ajouter le parmesan et 2 cuillerées d'eau de cuisson des pâtes.
4. Égoutter les spaghettis et les verser dans le plat de service. Mélanger avec les lardons.
5. Verser immédiatement dessus les œufs au parmesan, mélanger et servir très chaud.

Préparation : 15 min ■ **Cuisson :** 12-15 min

Spaghettis aux olives noires

Pour 4 personnes

- 2 oranges non traitées
- 1 gros oignon
- 2 c. à soupe d'huile d'olive
- 100 g d'olives noires dénoyautées
- 250 g de spaghettis
- sel, poivre

1 Prélever et tailler en fines languettes le zeste des oranges. Les faire bouillir 2 min dans une petite casserole d'eau. Les égoutter.

2 Peler et émincer l'oignon. Faire chauffer l'huile dans une casserole. Y cuire l'oignon doucement pendant 5 min.

3 Retirer du feu. Ajouter les olives et les zestes d'orange et mélanger. Garder la sauce au chaud.

4 Cuire les spaghettis pendant 10 min (➤ voir pâtes : cuisson p. 808).

5 Égoutter les spaghettis et les verser dans un plat creux très chaud. Ajouter la sauce et bien mélanger.

Préparation : 10 min ■ **Cuisson :** 15 min environ

Spätzles au beurre noisette

Pour 6 personnes

- 500 g de farine
- 1 c. à café de sel fin
- 5 œufs
- 2 c. à soupe de crème fraîche
- 100 g de beurre
- poivre
- noix de muscade

1 Faire bouillir de l'eau salée dans un faitout.

2 Tamiser la farine dans une jatte et y faire une fontaine. Y mettre le sel, poivrer et râper un peu de muscade. Puis ajouter les œufs un à un en mélangeant à chaque fois, et enfin la crème jusqu'à ce que la pâte soit bien homogène.

3 Prélever la pâte avec une petite cuillère. Avec une autre cuillère, lui donner une forme de boule et la faire glisser dans l'eau bouillante. Laisser pocher les Spätzles jusqu'à ce qu'ils remontent à la surface. Les égoutter, les éponger sur du papier absorbant et les mettre dans le plat de service.

4 Faire un beurre noisette (➤ voir p. 40) et le verser sur les Spätzles.

Préparation : 10 min ■ **Cuisson :** 20 min environ

Tagliatelles aux pleurotes

Pour 4 personnes

- 300 g de tagliatelles
- huile d'olive
- 400 g de pleurotes
- 2 gousses d'ail
- 10 feuilles d'estragon
- sel, poivre

1. Faire cuire les tagliatelles 8 min dans une grande quantité d'eau légèrement salée avec 1 cuillerée à soupe d'huile, puis les égoutter.
2. Pendant ce temps, nettoyer les pleurotes et les émincer. Peler et hacher l'ail.
3. Faire chauffer 3 cuillerées à soupe d'huile dans une grande poêle. Ajouter l'ail et remuer à la spatule pendant 2 min. Ajouter les pleurotes et faire sauter 7 ou 8 min.
4. Ajouter les tagliatelles et l'estragon ciselé. Mélanger délicatement, baisser le feu et laisser chauffer 3 min. Poivrer. Répartir dans des assiettes chaudes et servir aussitôt.

Préparation : 10 min ■ **Cuisson :** 15 min

Timbale de pâtes à la bolognaise

Pour 4 personnes

- 4 dl de sauce bolognaise (➤ voir p. 73)
- 250 g de coquillettes
- 250 g de champignons de Paris
- 1 gousse d'ail
- 1 échalote
- 1 c. à soupe de persil
- 100 g de jambon
- 50 g de beurre
- 40 g de parmesan râpé
- sel, poivre

1. Préparer la sauce bolognaise.
2. Cuire les coquillettes (➤ voir pâtes : cuisson p. 808), les garder au chaud.
3. Éplucher les champignons et les émincer. Éplucher l'ail et l'échalote et les hacher ainsi que le persil. Couper le jambon en dés. Faire fondre 40 g de beurre dans une casserole, y faire revenir échalote, ail et persil, ajouter les champignons et faire sauter 10 min environ.
4. Ajouter le jambon et cuire encore 5 min. Mélanger avec les coquillettes puis avec la sauce bolognaise.
5. Verser la timbale dans un plat à gratin beurré, poudrer de parmesan et faire gratiner 5 min sous le gril du four.

Préparation : 30 min ■ **Cuisson :** 20 min environ

Pain

. . . .

Club-sandwich au poulet

Pour 2 personnes

- 1 œuf
- 6 tranches de pain de mie
- 2 c. à soupe de mayonnaise
- 4 feuilles de laitue
- 1 tomate
- 100 g de blanc de poulet
- ketchup ou fines herbes hachées

1 Faire durcir l'œuf.

2 Écroûter les tranches d'un grand pain de mie et les griller légèrement.

3 Tartiner les tranches de pain de mayonnaise. Placer sur quatre d'entre elles une feuille de laitue, 2 rondelles de tomate, des lamelles de blanc de poulet et des rondelles d'œuf dur.

4 Napper à nouveau de mayonnaise additionnée de ketchup ou de fines herbes ciselées et superposer les toasts garnis deux par deux. Couvrir avec le dernier toast.

Préparation : 15 min

. . . .

Croûtons

Pour 50 g de croûtons

- 70 g de pain de mie ou de baguette ou de pain de campagne
- 1 c. à soupe d'huile
- 10 g de beurre

1 Couper le pain en tranches et ôter la croûte. Le recouper éventuellement en triangles. (On peut aussi couper le pain en cubes ou en petits dés.)

2 Faire griller le pain légèrement au grille-pain ou sous le gril du four.

3 Chauffer l'huile et le beurre dans une poêle et dorer les tranches de pain des deux côtés. Les égoutter sur un papier absorbant.

croûtons à l'ail :
procéder de la même façon en frottant le pain avec une gousse d'ail après l'avoir grillé.

Préparation : 5 min ■ **Cuisson :** 5 min

Pan-bagnat

Pour 4 personnes

- 2 œufs durs
- 2 tomates
- 1 petit oignon
- 1/2 poivron
- 4 petits pains ronds
- 2 gousses d'ail
- 4 c. à café de vinaigre
- 4 c. à soupe d'huile d'olive
- 8 olives noires dénoyautées
- 4 filets d'anchois à l'huile

1. Faire durcir les œufs. Les rafraîchir, les écaler et les couper en rondelles. Couper les tomates et l'oignon en rondelles et le poivron en lanières.
2. Fendre en deux et ouvrir les pains sans séparer les deux moitiés. Retirer le tiers de la mie.
3. Frotter les deux moitiés avec l'ail. Arroser d'un peu de vinaigre et d'huile d'olive.
4. Garnir chaque pain avec des rondelles de tomate, d'oignon et d'œuf dur, le poivron et les olives. Ajouter 1 filet d'anchois. Mouiller avec le reste de l'huile d'olive et refermer.
5. Garder 1 ou 2 h au réfrigérateur avant de servir.

Préparation : 15 min ■ **Réfrigération :** 1-2 h

Petits pains aux lardons

Pour 500 g de pain

- 350 g environ de pâte à pain (➤ voir p. 113)
- 150 g de lardons fumés

1. Préparer la pâte à pain et la pétrir.
2. Griller les lardons dans une poêle en les retournant souvent pendant 5 min. Puis les ajouter à la pâte et laisser fermenter 2 h dans un endroit chaud.
3. Façonner avec la pâte des petits pains de 50 g environ. Laisser de nouveau lever 2 h.
4. Badigeonner les petits pains d'un peu d'eau (cela les rendra brillants à la cuisson).
5. Cuire les petits pains au four préchauffé à 200-220 °C jusqu'à ce qu'ils deviennent dorés et croustillants. Les sortir du four et les laisser refroidir.

Préparation : 2 h 30 ■ **Cuisson :** 15 min
■ **Repos :** 2 h

Riz

Riz : préparation

Sauf s'il est précuit ou prétraité, le riz doit toujours être bien lavé avant d'être cuit.

Le mettre dans une passoire et le rincer sous le robinet en remuant en même temps.

On emploie toujours du riz long en cuisine, le riz rond étant, sauf recettes particulières de risotto, destiné à la pâtisserie.

Selon l'origine du riz, les temps de cuisson varient.

Jambalaya de poulet

Pour 4 personnes

- 1 poulet de 1,2 kg
- 3 l de bouillon
  ou de fond de volaille
  du commerce
- 250 g de riz long
- 300 g de jambon
  de Bayonne
  ou de montagne
- 50 g de beurre
- 1 pointe de piment
  de Cayenne
- sel, poivre

❶ Préparer le poulet (➤ voir p. 569) ou demander au boucher de le faire.

❷ Chauffer le bouillon ou le fond et y mettre à cuire le poulet pendant 50 min. Puis l'égoutter et le laisser refroidir.

❸ Laver le riz et le cuire à la créole (➤ voir p. 849) avec le bouillon du poulet.

❹ Dépouiller le poulet et le désosser entièrement. Couper la chair en dés et la garder au chaud.

❺ Couper le jambon en petits dés et le faire sauter doucement dans une poêle avec le beurre pendant 10 min.

❻ Quand le jambon est cuit, ajouter les dés de poulet, 1 pointe de piment de Cayenne, du sel et du poivre (le mélange doit être bien relevé).

❼ Ajouter le riz, bien mélanger le tout et servir brûlant.

Préparation : 20 min ■ **Cuisson :** 1 h environ

Paella

Pour 8 personnes

- 1 poulet de 1,5 kg
- 350 g de praires
- 350 g de coques
- 16 moules d'Espagne
- 2,5 dl d'huile d'olive
- 16 langoustines
- 400 g de calmars
- 2 oignons
- 2 poivrons
- 6 tomates
- 1 dose de safran
- 2 gousses d'ail
- 250 g de haricots verts
- 500 g de petits pois frais ou 250 g de petits pois surgelés
- 400 g de riz long
- 1 pincée de piment de Cayenne
- sel, poivre

❶ Découper le poulet en 8 morceaux. Laver, brosser les praires, les coques, les moules.

❷ Dans une paellera (ou une cocotte ou un faitout plat) faire chauffer l'huile d'olive et y dorer les langoustines, les retirer et les réserver.

❸ Mettre les morceaux de poulet et les faire revenir. Ajouter les calmars détaillés en lanières puis les oignons hachés, les poivrons taillés en lanières également et les tomates épépinées et coupées en petits cubes.

❹ Saupoudrer le tout de safran, ajouter l'ail écrasé, les haricots verts coupés en tronçons et les petits pois. Cuire ce ragoût à feu doux environ 15 min.

❺ Mesurer le volume du riz et faire bouillir une quantité d'eau égale à 2 fois ce volume.

❻ Ajouter le riz dans le ragoût, mélanger puis mettre les praires, les coques et les moules. Verser l'eau bouillante, saler et pimenter d'une pincée de cayenne. Porter le tout à ébullition, couvrir et cuire 25 min dans un four préchauffé à 220 °C.

❼ Retirer le plat du four et y disposer les langoustines. Laisser reposer 10 min avant de servir.

Préparation : 50 min ■ **Cuisson :** 40 min

Petites timbales à la piémontaise

Pour 4 personnes

- 450 g de risotto à la piémontaise
- 40 g de langue écarlate ou de jambon
- 20 g de truffe blanche

❶ Préparer le risotto à la piémontaise (➤ voir p. 828).

❷ Préchauffer le four à 200 °C. Beurrer des moules à dariole (ou des ramequins de 1 dl).

❸ Couper la langue écarlate (ou le jambon) en dés et les mettre au fond des moules.

❹ Détailler la truffe en petits bâtonnets et la mélanger au risotto. ➔

5 Verser le risotto dans les moules et faire cuire au four pendant 10 à 15 min. Laisser reposer 5 min avant de démouler.

Préparation : 30 min ■ **Cuisson :** 15 min environ

Risotto

**Pour 4 personnes
(600 g de risotto)**

- 200 g de riz long ou rond
- 2,5-3 dl de bouillon
- 1 oignon
- 4 c. à soupe d'huile d'olive
- 1 bouquet garni
- sel

1 Mesurer le volume de riz et mesurer 2 fois son volume de bouillon ; faire chauffer celui-ci.

2 Éplucher et hacher l'oignon et le faire revenir dans l'huile 2 ou 3 min, puis y verser le riz et bien mélanger.

3 Quand les grains sont devenus transparents, ajouter le bouillon. Remuer avec une cuillère en bois jusqu'à ce que le riz ait commencé à absorber le bouillon, puis rectifier l'assaisonnement et ajouter le bouquet garni. Couvrir et cuire de 16 à 18 min (le riz doit être « fondant ») ; ne plus remuer.

4 Ajouter ensuite les divers ingrédients prévus dans la recette, sans écraser les grains de riz.

Préparation : 5 min ■ **Cuisson :** 20 min environ

Risotto à l'italienne

**Pour 4 personnes
(700 g de risotto)**

- 200 g de riz long ou rond
- 2,5-3 dl de bouillon
- 1 oignon
- 4 c. à soupe d'huile d'olive
- 1 bouquet garni

1 Mesurer le volume de riz, puis mesurer 2 fois son volume de bouillon et faire chauffer ce dernier.

2 Éplucher et hacher l'oignon et le mettre à revenir dans l'huile pendant 2 ou 3 min. Verser le riz et bien mélanger.

3 Quand les grains sont devenus transparents, ajouter le bouillon. Remuer avec une cuillère en bois jusqu'à ce que le riz ait commencé à

- 40 g de beurre
- 90 g de parmesan ou de gruyère râpé
- sel
- 40 g de beurre
- 90 g de parmesan ou de gruyère râpé
- sel

absorber le bouillon, puis rectifier l'assaisonnement et ajouter le bouquet garni. Couvrir et cuire de 16 à 18 min (le riz doit être fondant) ; ne plus remuer.

4 En fin de cuisson, incorporer au risotto le beurre et 60 g de fromage râpé. Servir le reste du fromage à part.

risotto à la milanaise :
procéder comme pour le risotto à l'italienne en ajoutant 1 mesure de safran en même temps que le fromage râpé.

Préparation : 5 min ■ **Cuisson :** 20 min environ

Risotto à la marinara

Pour 6 personnes

- 1 l de moules
- 300 g de palourdes
- 3 c. à soupe d'huile d'olive
- 200 g de calmars
- 150 g de crevettes décortiquées
- 1 oignon
- 1 gousse d'ail
- 1,5 dl de vin blanc
- 300-350 g de riz rond
- 3 dl de bouillon de bœuf
- 30 g de beurre
- 30 g de parmesan râpé
- 2 c. à soupe de persil haché
- sel

1 Nettoyer les moules et les palourdes. Les faire ouvrir dans une cocotte sur feu vif avec 1 cuillerée d'huile. Les garder au chaud.

2 Nettoyer et couper en petits morceaux les calmars. Couper en quatre les crevettes.

3 Éplucher et hacher l'oignon et l'ail et en faire dorer la moitié dans une poêle avec 1 cuillerée d'huile.

4 Ajouter les calmars et les crevettes, et cuire sur feu vif jusqu'à ce qu'ils ne rendent plus d'eau.

5 Égoutter les coquillages, filtrer et ajouter l'eau qu'ils ont rejetée dans la poêle avec 0,5 dl de vin blanc. Garder au chaud.

6 Dans une autre casserole, faire revenir doucement dans 1 cuillerée d'huile le reste d'oignon et d'ail. Ajouter le riz et bien remuer à la cuillère en bois pour qu'il s'imprègne de gras.

7 Mouiller en deux fois avec le reste de vin blanc. Quand celui-ci est complètement absorbé, verser 1 louche de bouillon, laisser évaporer, puis en ajouter une autre et recommencer jusqu'à ce que le bouillon soit épuisé. ➡

8 Au bout de 10 min, mouiller avec le liquide de cuisson des coquillages.

9 Après 18 min, le riz sera juste « al dente ». Le retirer du feu et le mélanger avec le beurre et le parmesan, ajouter les fruits de mer, le persil haché et mélanger délicatement.

Préparation : 30 min ■ **Cuisson :** 25 min environ

Risotto à la piémontaise

Pour 4 personnes (850 g de risotto)

- 200 g de riz long ou rond
- 2,5-3 dl de bouillon
- 1 oignon
- 4 c. à soupe d'huile d'olive
- 1 bouquet garni
- 150 g de jambon
- 40 g de beurre
- 90 g de parmesan râpé
- sel

1 Mesurer le volume de 200 g de riz, puis mesurer 2 fois son volume de bouillon et le faire chauffer.

2 Éplucher et hacher l'oignon et le mettre à revenir 2 ou 3 min dans l'huile. Verser le riz et bien mélanger.

3 Quand les grains sont devenus transparents, ajouter le bouillon. Remuer avec une cuillère en bois jusqu'à ce que le riz ait commencé à absorber le bouillon, puis rectifier l'assaisonnement et ajouter le bouquet garni. Couvrir et cuire de 16 à 18 min (le riz doit être fondant) ; ne plus remuer.

4 Pendant ce temps, couper le jambon en dés.

5 En fin de cuisson, incorporer au risotto le beurre, 60 g de fromage râpé et les dés de jambon. Servir brûlant avec le reste du fromage à part.

Préparation : 10 min ■ **Cuisson :** 20 min environ

Risotto de printemps

Pour 4 personnes

- 600 g de risotto
- 500 g de petits pois

1 Préparer le risotto (➤ voir p. 826) et le garder au chaud.

2 Écosser les petits pois et les cuire à l'eau bouillante salée pendant 10 min. Les égoutter.

ou 250 g de petits pois surgelés

- 2 petits artichauts violets
- 1 gousse d'ail
- 100 g de champignons
- 1/2 citron
- 1 c. à soupe de persil haché
- 2 cuillerées d'huile
- 1/2 botte d'oignons nouveaux
- 1 petite botte d'asperges vertes
- 60 g de beurre
- 30 g de parmesan râpé
- sel, poivre

③ Préparer les artichauts (➤ voir p. 644), couper le haut des feuilles. Éplucher et hacher l'ail. Nettoyer les champignons, les couper en morceaux, arroser du jus de citron, saler et poivrer. Hacher le persil.

④ Cuire, dans une cuillerée d'huile, les artichauts avec l'ail et d'autre part, dans une autre cuillerée d'huile, les champignons ; leur ajouter du persil haché.

⑤ Nettoyer les petits oignons et le vert des tiges et les plonger 5 min dans de l'eau bouillante salée.

⑥ Nettoyer les asperges et les cuire 10 min dans de l'eau bouillante salée.

⑦ Faire fondre 20 g de beurre dans une poêle, ajouter les asperges et remuer pour les enrober de beurre. Les garder au chaud.

⑧ Réchauffer tous les légumes ensemble, à l'exception des asperges, les ajouter au risotto et mélanger.

⑨ Ajouter le parmesan et le reste de beurre et bien remuer.

⑩ Servir le risotto décoré avec les pointes d'asperge.

Préparation : 40 min ■ **Cuisson :** 40 min environ

Riz au blanc

Pour 4 personnes

- 200 g de riz long ou basmati ou thaï
- 50 g de beurre
- sel

① Laver et égoutter le riz. Le recouvrir largement d'eau froide (3 fois le volume du riz). Saler (compter 10 g de sel par litre d'eau) et cuire 18 min (12 min pour du riz basmati ou thaï) à couvert et à petits frémissements.

② Égoutter, rafraîchir sous l'eau froide, égoutter de nouveau et mettre dans une casserole.

③ Ajouter le beurre en parcelles et mélanger doucement. Couvrir et faire réchauffer.

Préparation : 2 min ■ **Cuisson :** 12-18 min

Riz cantonais

Pour 4 personnes

- 200 g de riz long
- 100 g de jambon cru ou de saucisse chinoise
- 4 œufs
- 2 c. à soupe de ciboule hachée
- 0,5 dl d'huile d'arachide
- sel, poivre

1 Cuire le riz à la créole (➤ voir recette suivante).

2 Couper le jambon ou la saucisse en petits dés.

3 Battre les œufs en omelette, saler, poivrer.

4 Faire chauffer 2 cuillerées d'huile dans une poêle et cuire l'omelette (➤ voir p. 260), puis la couper en petits morceaux.

5 Verser le reste de l'huile dans la poêle, la chauffer et y faire sauter rapidement le riz. Ajouter les dés de jambon ou de saucisse, les morceaux d'omelette et la ciboule, mélanger délicatement, goûter et rectifier l'assaisonnement, et disposer dans le plat de service.

Préparation : 30 min ■ **Cuisson :** 15 min environ

Riz à la créole

Pour 4 personnes

- 200 g de riz long, basmati ou thaï
- sel

1 Laver plusieurs fois le riz et le mettre dans une casserole. Saler et recouvrir de 3 fois son volume d'eau.

2 Cuire à gros bouillons et à découvert.

3 Quand le niveau de l'eau ne dépasse plus les grains, couvrir et maintenir à tout petit feu, jusqu'à ce que le riz soit parfaitement sec.

Préparation : 2 min ■ **Cuisson :** 12-18 min

Riz au curry

Pour 4 personnes

- 200 g de riz long ou basmati
- 1 oignon
- 0,5 dl d'huile
- 1 c. à soupe de curry
- 1 bouquet garni
- 40 g de beurre
- sel

① Préchauffer le four à 200 °C.

② Mesurer le riz dans un verre. Puis mesurer une fois et demie son volume d'eau, verser celle-ci dans une casserole, saler et porter à ébullition.

③ Éplucher et hacher l'oignon.

④ Chauffer l'huile dans une sauteuse, faire blondir l'oignon, ajouter le curry. Verser le riz et bien remuer pour l'enrober d'huile.

⑤ Verser doucement l'eau bouillante, ajouter le bouquet garni. Rétablir l'ébullition, couvrir et mettre la sauteuse au four pour 17 min si c'est du riz long (11 min pour le riz basmati).

⑥ Sortir la sauteuse, parsemer de noisettes de beurre, mélanger à la fourchette pour bien égrener le riz et verser dans le plat de service.

Préparation : 15 min ■ **Cuisson :** 11-17 min

Riz au gras

Pour 4 personnes

- 200 g de riz long
- 30 g de beurre
- 3 dl environ de bouillon de bœuf ou de volaille
- sel

① Mesurer le volume du riz. Le verser dans de l'eau bouillante salée, l'y laisser 5 min.

② Égoutter le riz et le rafraîchir sous l'eau froide.

③ Préchauffer le four à 220 °C.

④ Chauffer le beurre dans une casserole, y verser le riz et bien remuer, puis le recouvrir de deux fois son volume de bouillon. Porter à ébullition, couvrir et cuire 15 min dans le four préchauffé.

Préparation : 2 min ■ **Cuisson :** 18 min

Riz à l'indienne ou à l'orientale

Pour 4 personnes

- 200 g de riz long, basmati ou thaï
- sel

1. Rincer le riz et le verser dans de l'eau bouillante salée (compter 9 g de sel par litre). Le cuire 18 min (12 min pour du riz basmati, 11 min pour du thaï), en remuant trois ou quatre fois. L'égoutter et le rincer abondamment à l'eau froide.
2. Préchauffer le four à 100 °C.
3. Placer une serviette dans une passoire, y verser le riz, replier les bords de la serviette pour bien l'enfermer, puis le sécher 15 min dans le four.

Préparation : 5 min ■ **Cuisson :** 11-18 min ■ **Séchage :** 15 min

Riz au paprika

Pour 4 personnes

- 200 g de riz long ou basmati
- 1 oignon
- 0,5 dl d'huile
- 1 c. à soupe de paprika
- 1 bouquet garni
- 40 g de beurre
- sel

1. Préchauffer le four à 200 °C.
2. Mesurer le riz dans un verre. Puis mesurer une fois et demie son volume d'eau et verser celle-ci dans une casserole, saler et porter à ébullition.
3. Éplucher et hacher l'oignon. Chauffer l'huile dans une casserole, faire blondir l'oignon, ajouter le paprika. Mettre aussitôt le riz et bien remuer pour l'enrober d'huile.
4. Verser l'eau bouillante, ajouter le bouquet garni. Porter à ébullition, couvrir et mettre la casserole au four pour 17 min si c'est du riz long (11 min pour le riz basmati).
5. Sortir la casserole, parsemer de noisettes de beurre, mélanger à la fourchette pour bien égrener le riz et verser dans le plat de service.

Préparation : 15 min ■ **Cuisson :** 11-17 min

Riz pilaf

**Pour 4 personnes
(400 g environ)**

- 200 g de riz long
- 80 g de beurre
- 1 oignon
- 1 bouquet garni
- sel

1. Mesurer le riz et mesurer une fois et demie son volume d'eau. Saler l'eau et la porter à ébullition.
2. Préchauffer le four à 200 °C.
3. Éplucher et hacher l'oignon et le faire dorer doucement dans 40 g de beurre. Mettre le riz non lavé, le mélanger pour bien l'envelopper de beurre et cuire 1 ou 2 min en remuant.
4. Verser doucement l'eau bouillante, ajouter le bouquet garni. Poser sur le riz un papier sulfurisé. Couvrir et mettre la casserole au four pour 16-17 min.
5. Sortir la casserole et laisser gonfler 15 min.
6. Ajouter le reste du beurre, mélanger délicatement avec une fourchette pour bien égrener le riz. Verser dans le plat de service.

Préparation : 5 min + 15 min ■ **Cuisson :** 16-17 min

Semoule

Semoule pour couscous : cuisson

1. Emplir la marmite d'un couscoussier aux deux tiers d'eau ou de bouillon et chauffer à feu vif.
2. Lorsque le liquide arrive à ébullition, poser la partie supérieure, le keskès, contenant la semoule, entourer d'un linge mouillé la jonction des deux récipients pour éviter toute perte de vapeur, et couvrir.
3. Au bout de 30 min environ, sortir la semoule, l'étaler dans un grand plat rond à rebord, la manipuler avec les mains huilées pour casser les grumeaux.
4. Remettre la graine à cuire et renouveler l'opération à deux reprises, sans oublier de travailler la semoule à chaque fois. ➜

⑤ C'est au cours de la deuxième et de la troisième cuisson qu'intervient la « garniture » du couscous : légumes ou viandes dans la marmite, raisins secs mêlés à la graine.

⑥ Après la troisième cuisson, disposer des petits dés de beurre sur la semoule et servir.

Attereaux à la piémontaise

Pour 4 personnes

- 400 g de polenta à la piémontaise (➤ voir p. 836)
- 400 g de panure à l'anglaise (➤ voir p. 107)
- huile de friture
- persil frit (➤ voir p. 764)

① Préparer la polenta, l'étaler sur un plat huilé et la laisser refroidir.

② Chauffer l'huile de friture.

③ Découper la semoule en carrés de 4 cm de côté, enfiler ceux-ci sur des brochettes et les paner à l'anglaise.

④ Frire les carrés de semoule dans l'huile à 180 °C.

⑤ Égoutter et dresser dans un plat avec du persil frit.

Préparation : 30 min ■ **Cuisson :** 5-10 min

Couscous aux légumes

Pour 4 personnes

- 50 g de pois chiches
- 500 g de semoule
- 150 g de fèves fraîches
- 1 oignon
- 2 navets
- 2 carottes
- 2 tomates
- 2 fonds d'artichaut en boîte ou surgelés
- 2 courgettes
- quatre-épices ou ras al-hanout
- 100 g de beurre

① Faire tremper les pois chiches pendant 24 h.

② Procéder à la première cuisson de la semoule (➤ voir p. 833).

③ Écosser et dérober les fèves. Éplucher et couper finement l'oignon. Éplucher et couper en morceaux les navets et les carottes. Couper les tomates et les courgettes en rondelles. Couper les fonds d'artichauts en dés.

④ Placer ces légumes dans le couscoussier et les saler. Couvrir aux deux tiers d'eau ou de bouillon de légumes avant de poser le keskès et commencer les cuissons du couscous.

⑤ Égoutter les légumes et les mettre dans un plat.

⑥ Mélanger la semoule avec le beurre et la mettre dans un autre plat.

- sel, poivre noir
- 100 g de beurre
- quatre-épices
  ou ras al-hanout
- sel, poivre noir

7 Vérifier l'assaisonnement du bouillon et le relever avec du poivre noir ou des épices diverses (quatre-épices ou ras al-hanout).

Préparation : 2 h ■ **Trempage :** 24 h
■ **Cuisson :** 1 h 30 environ

Gnocchis à la romaine

Pour 4 personnes

- 0,5 l de lait
- 125 g de semoule
- 1 jaune d'œuf
- 1 œuf
- 60 g de gruyère
  ou de parmesan râpé
- 60 g de beurre
- sel, poivre
- noix de muscade

1 Faire bouillir le lait et y verser la semoule en pluie. Bien mélanger, saler, poivrer et râper de la muscade. Cuire pendant 15 à 20 min jusqu'à ce que la semoule forme une bouillie lisse et très épaisse.

2 Retirer la casserole du feu, ajouter le jaune d'œuf et l'œuf entier et mélanger.

3 Tapisser une plaque de papier sulfurisé et mouiller celui-ci légèrement.

4 Étaler régulièrement la pâte obtenue sur 1 cm d'épaisseur et la laisser refroidir.

5 Quand la pâte est bien froide, la découper avec un emporte-pièce (ou un verre) en disques de 5 cm environ de diamètre.

6 Préchauffer le four à 220 °C.

7 Beurrer un plat à gratin, y disposer les gnocchis, les poudrer largement de parmesan ou de gruyère râpé, les arroser de beurre fondu et les faire gratiner pendant 10 à 12 min.

Préparation : 20 min ■ **Repos :** 1 h environ
■ **Cuisson :** 10-12 min

Polenta à la piémontaise

**Pour 4 personnes
(1,5 kg de polenta)**

- 250 g de semoule de maïs
- 100 g de beurre
- 120 g de parmesan râpé
- sel

1 Faire bouillir 1 litre d'eau salée. Verser la semoule en pluie. Bien mélanger et cuire de 25 à 30 min, en remuant sans arrêt avec une cuillère en bois.

2 Ajouter 50 g de beurre et 75 g de parmesan râpé et bien mélanger.

3 Tapisser une plaque de papier sulfurisé, humidifier celui-ci avec un peu d'eau et y verser la polenta en l'étalant en une couche régulière de 2 cm environ. La laisser refroidir complètement.

4 Détailler la polenta en carrés ou en losanges et les faire dorer à la poêle dans 30 g de beurre.

5 Disposer la polenta dans un plat, la poudrer du reste de parmesan râpé.

6 Faire fondre le reste du beurre et, quand il est blond, en arroser la polenta.

Préparation : 45 min ■ **Cuisson :** 5 min environ

Tabboulé à la menthe

Pour 4 personnes

- 250 g de grosse semoule pour couscous ou de boulghour
- 500 g de tomates
- 250 g d'oignons
- menthe fraîche
- persil plat
- 6 c. à soupe d'huile d'olive
- 3 citrons
- 8 petits oignons blancs
- sel, poivre

1 Verser le couscous dans un saladier. L'arroser doucement avec 2 dl d'eau bouillante. Réserver.

2 Laver les tomates et les couper en dés. Peler et hacher les oignons. Ciseler 4 cuillerées à soupe de menthe et autant de persil. Ajouter tous ces légumes au couscous. Saler et poivrer. Mélanger.

3 Verser l'huile, ajouter le jus des citrons. Mélanger et laisser reposer au frais 3 h en remuant 4 ou 5 fois.

4 Au moment de servir, peler les petits oignons et les couper en quartiers. Les ajouter sur le tabboulé avec des feuilles de menthe.

Préparation : 30 min (3 h à l'avance)

Les desserts
et les entremets

Les desserts sans fruits — 839

Les desserts aux fruits — 879

Abricots	879	Groseilles	925
Airelles	884	Kakis	927
Amandes	884	Mangues	928
Ananas	886	Marrons	929
Bananes	891	Melon	933
Cassis	894	Mûres	934
Cerises	896	Myrtilles	935
Citrons	902	Noisettes	936
Clémentines et mandarines	906	Noix de coco	936
Coings	908	Oranges	937
Figues	909	Pamplemousses	940
Fraises	910	Pêches	941
Framboises	915	Poires	946
Fruits mélangés	917	Pommes	952
Fruits exotiques mélangés	923	Prunes	956
Fruits de la Passion	925	Raisins	960
		Rhubarbe	961

Dessert ou entremets ?

Le dessert est le dernier plat d'un repas. C'est un terme générique qui englobe théoriquement le fromage, les préparations sucrées (entremets et pâtisseries) et les fruits crus. Aujourd'hui, les mots entremets et dessert tendent à se confondre. Dans le langage courant, les entremets sont des plats sucrés chauds : beignets, crêpes, fruits flambés, omelettes sucrées et soufflées ; ou froids : bavarois, blancs-mangers, charlottes, compotes, crèmes, desserts au riz ou à la semoule, meringues, îles flottantes, œufs à la neige, puddings ; ou encore glacés : mousses, coupes glacées, fruits givrés, glaces aux fruits, parfaits, sorbets, vacherins.

Réussir un dessert ne demande pas nécessairement toutes les connaissances et le talent d'un grand pâtissier. Mais il convient d'être vigilant sur le choix des ingrédients qui doivent être de bonne qualité et d'une fraîcheur irréprochable. Pour les plus fragiles d'entre eux, comme la crème fraîche, il est préférable d'acheter les quantités nécessaires au dernier moment. En revanche, le riz et la semoule peuvent se conserver dans des récipients hermétiques, à l'abri de la chaleur et de l'humidité.

Cette partie concerne uniquement les desserts variés ne nécessitant pas la présence d'une pâte. Les pâtisseries – gâteaux, tartes, biscuits, viennoiseries, etc. – sont présentées dans le chapitre suivant (➤ voir p. 965).

Pour une commodité d'utilisation, tous les entremets à base de fruits ont été classés dans l'ordre alphabétique de ces fruits (➤ voir P. 879). Ainsi à « cerise », on pourra trouver près de 15 recettes pour les préparer en crêpes, en beignets, en compote, en confiture, en clafoutis… Faire l'inventaire des fruits de saison est une bonne façon de renouveler ses desserts. Il est intéressant de congeler certains fruits, tels quels, en compote ou en coulis pour les sauces ou les sorbets. Les fruits rouges se congèlent sur plateau, enrobés de sucre. Pour les autres (cerises, abricots, pêches, prunes, mangues, etc.), il faut, selon le cas, les équeuter, les éplucher, les dénoyauter ou les couper en morceaux.

Les confitures

Pour faire de bonnes confitures, il faut des fruits sains et mûrs. Le sucre est le facteur essentiel de la conservation. En principe, on utilise un poids égal de sucre et de fruits ; la proportion de sucre peut varier légèrement, mais si elle est trop réduite, ou si le sucre ne cuit pas suffisamment, la confiture risque de fermenter. Pour la cuisson, il est préférable d'employer des ustensiles en cuivre ou en acier inoxydable.

LES DESSERTS SANS FRUITS

Bavarois, blancs-mangers, charlottes terminent très agréablement un repas. Les crèmes sont généralement employées pour accompagner certains desserts : c'est le cas de la crème pâtissière, de la crème Chantilly, du sabayon… Mais il existe des crèmes qui peuvent être servies seules, telles l'île flottante ou la crème au chocolat. Toutes ces crèmes ont été regroupées ici, car elles sont préparées suivant les mêmes principes.

Bavarois au chocolat et à la vanille

Pour 4-6 personnes

- 2 feuilles de gélatine
- 500 g de crème anglaise (➤ voir p. 846)
- 200 g de crème fouettée (➤ voir p. 850)
- 70 g de chocolat noir
- 2 c. à café de vanille liquide

1. Préparer la crème bavaroise (➤ voir ci-dessous). La partager en deux portions égales.
2. Faire fondre le chocolat au bain-marie ou au micro-ondes et l'ajouter dans l'une des deux parts. Mélanger l'autre avec la vanille liquide.
3. Verser la crème bavaroise au chocolat dans un moule à manqué de 22 cm et mettre au réfrigérateur pour 30 min.
4. Recouvrir avec la crème à la vanille et mettre au réfrigérateur pour 3 ou 4 h.
5. Pour démouler le bavarois, passer le fond du moule dans de l'eau chaude. Renverser la coupe ou le compotier de service par-dessus et retourner rapidement le tout.

Préparation : 40 min ■ **Réfrigération :** 3-4 h

Bavarois à la crème

Pour 4-6 personnes (700 g environ)

- 2 feuilles de gélatine
- 500 g de crème anglaise
- 200 g de crème fouettée

1. Commencer la préparation de la crème bavaroise en mettant les feuilles de gélatine dans un bol d'eau. Les rincer et les égoutter dans un saladier et mettre celui-ci sur un autre saladier rempli de glaçons. ➔

2 Préparer la crème anglaise (➤ voir p. 846). La passer dans le saladier où se trouve la gélatine et bien mélanger jusqu'à ce qu'elle épaississe.

3 Préparer la crème fouettée (➤ voir p. 850) et l'incorporer délicatement à la crème anglaise épaissie. Verser la préparation dans un moule à manqué de 22 cm et mettre celui-ci 3 h au moins au réfrigérateur.

4 Pour démouler le bavarois, passer le fond du moule dans de l'eau chaude. Renverser le plat de service par-dessus et retourner rapidement le tout.

Préparation : 30 min ■ **Réfrigération :** 3 h au minimum

Blanc-manger

Pour 4-6 personnes

- 4 dl de lait d'amande (➤ voir p. 885)
- 8 feuilles de gélatine
- 150 g de sucre
- 60 g de crème fouettée (➤ voir p. 850)
- 2 branches de menthe

1 Préparer le lait d'amande.

2 Mettre les feuilles de gélatine à tremper dans de l'eau froide pendant 10 min. Les essorer.

3 Faire tiédir le lait d'amande. En verser une louche dans un bol, ajouter les feuilles de gélatine et bien mélanger. Verser le contenu du bol dans le lait d'amande et remuer. Ajouter le sucre et mélanger jusqu'à ce qu'il soit fondu.

4 Verser cette préparation dans un saladier et la laisser refroidir.

5 Faire la crème fouettée et l'incorporer délicatement à la préparation refroidie. Verser dans un moule à charlotte de 18 cm environ et mettre au réfrigérateur pour 4 ou 5 h.

6 Démouler sur le plat de service. Décorer avec les feuilles de menthe.

Le blanc-manger peut aussi être servi dans des ramequins individuels.

Préparation : 40 min ■ **Réfrigération :** 4-5 h

Bombe glacée : préparation

**Pour 6-8 personnes
(1,5 kg d'appareil
à bombe)**

- 100 g de sucre
- 4 jaunes d'œufs
- 200 g de crème fouettée
  (➤ voir p. 850)
- 1 l de glace

Préparer l'appareil à bombe :

1 Dans une casserole, faire fondre doucement le sucre avec 1 dl d'eau. Lorsque le sirop bouillonne, le retirer du feu et le laisser tiédir.

2 Mettre les jaunes d'œufs dans un saladier sur un bain-marie. Verser le sirop doucement dessus et bien mélanger avec un fouet. Retirer du feu et battre jusqu'à ce que le mélange soit complètement froid.

3 Préparer la crème fouettée et l'incorporer délicatement. Ajouter le parfum choisi.

Chemiser le moule de glace :

4 Placer le moule à bombe pendant 1 h au congélateur pour qu'il soit très froid et en sortir la glace choisie pour le chemisage, afin qu'elle s'assouplisse. L'étaler très régulièrement sur le fond et la paroi du moule avec une spatule. Bien lisser.

5 Mettre le moule pendant 1 h dans le congélateur.

6 Verser l'appareil à bombe au centre du moule et mettre au congélateur pour 5 ou 6 h.

Démouler la bombe :

7 Passer rapidement le moule sous l'eau chaude et le retourner sur le plat de service.

Préparation : 15 min ■ **Réfrigération :** 7 h

Bombe glacée Chateaubriand

Pour 6-8 personnes

- 1 l de sorbet à l'abricot du commerce
- 50 g d'abricots confits
- 0,5 dl de kirsch
- 400 g d'appareil à bombe (➤ voir p. 841)
- 1 gousse de vanille
- 2 dl de crème liquide
- 50 g de praliné

1. Mettre le sorbet au réfrigérateur pour qu'il s'assouplisse.
2. Couper les abricots en dés et les faire macérer dans le kirsch.
3. Préparer l'appareil à bombe en ajoutant la gousse de vanille fendue et grattée dans le sirop, puis les dés d'abricot et le kirsch.
4. Chemiser le moule à bombe (➤ voir page précédente) avec le sorbet à l'abricot. Verser l'appareil à bombe au centre et mettre au congélateur pour 5 ou 6 h.
5. Fouetter la crème liquide, lui ajouter le praliné et la mettre dans une poche à douille.
6. Démouler la bombe (➤ voir page précédente) et la décorer de crème fouettée.

Préparation : 45 min ■ **Congélation :** 5-6 h

Bottereaux

Pour 40 bottereaux

- 700 g de pâte à brioche (➤ voir p. 966)
- sucre glace
- huile de friture

1. Préparer la pâte à brioche et la laisser reposer pendant 1 h 30.
2. Quand elle a doublé de volume, l'aplatir avec la main et la mettre au réfrigérateur pendant 1 h.
3. Étaler la pâte au rouleau sur 5 mm d'épaisseur.
4. Chauffer l'huile de friture.
5. Découper à l'emporte-pièce des losanges, des triangles ou des cercles et les plonger dans l'huile à 180 °C.
6. Quand les bottereaux sont bien dorés, les retirer avec une écumoire, les égoutter sur du papier absorbant et les poudrer de sucre glace.

Préparation : 15 min ■ **Repos :** 2 h 30
■ **Cuisson :** 5 min

Bugnes lyonnaises

Pour 25 bugnes

- 50 g de beurre
- 2 œufs
- 250 g de farine
- 30 g de sucre
- 1 verre à liqueur de rhum, d'eau-de-vie ou de fleur d'oranger
- huile de friture
- sucre glace
- sel

1. Faire ramollir le beurre. Battre les œufs en omelette.
2. Dans une jatte, verser la farine tamisée et y creuser une fontaine. Y mettre le beurre ramolli, le sucre, 1 grosse pincée de sel, les œufs battus et le rhum (ou l'eau-de-vie ou l'eau de fleur d'oranger). Bien mélanger et pétrir longuement, puis former une boule et laisser reposer 3 h au frais. Faire chauffer l'huile.
3. Étaler la pâte sur une épaisseur de 5 mm. La détailler en bandelettes de 10 cm de long sur 4 cm de large. Avec un couteau, pratiquer au centre de chacune une fente de 5 cm. Y passer l'une des extrémités de la pâte : on obtient ainsi une sorte de nœud.
4. Plonger les bugnes dans l'huile à 180 °C en les retournant une fois, les retirer avec une écumoire et les égoutter sur du papier absorbant.
5. Disposer sur le plat de service, poudrer de sucre glace.

Préparation : 30 min ■ **Repos :** 3 h
■ **Cuisson :** 15 min

Café liégeois

Pour 4 personnes

- 4 boules de glace au café (➤ voir p. 857)
- 2 tasses de café froid très fort
- 200 g de crème Chantilly (➤ voir p. 849)
- 24 grains de café au chocolat ou du vermicelle en chocolat

1. Préparer la glace au café (on peut également employer une glace du commerce).
2. Préparer la chantilly et la couler dans une poche à douille cannelée.
3. Mixer les boules de glace et le café quelques secondes ou les fouetter à la main dans un saladier jusqu'à ce que glace et café forment une crème homogène.
4. Verser cette crème dans de grands verres. Couronner de crème Chantilly. Décorer avec les grains de café ou le vermicelle en chocolat.

Préparation : 30 min

Cassate italienne

Pour 8 personnes

- 1 l de glace à la vanille (➤ voir p. 859)
- 60 g d'amandes effilées
- 60 g de fruits confits coupés en dés
- 1 verre à liqueur de kirsch
- 400 g d'appareil à bombe (➤ voir p. 841)

1 Préparer la glace à la vanille ou sortir celle du commerce du congélateur 1 h avant.

2 Griller rapidement et à sec les amandes dans une poêle : elles doivent être juste blondes.

3 Mettre les fruits confits à macérer dans le kirsch.

4 Préparer l'appareil à bombe en y ajoutant les amandes et les fruits confits.

5 Chemiser un moule à charlotte de 18 cm de diamètre avec la glace à la vanille.

6 Verser l'appareil à bombe au centre et mettre pendant 4 h au congélateur.

7 Démouler la cassate en passant le moule sous l'eau chaude et en le retournant sur le plat de service.

Préparation : 30 min ■ **Cuisson :** 15 min
■ **Congélation :** 4 h

Charlotte au chocolat

Pour 6-8 personnes

- 800 g de bavarois à la crème (➤ voir p. 839)
- 330 g de chocolat noir
- 400 g de crème anglaise (➤ voir p. 846)
- 300 g de biscuits à la cuillère
- 120 g de sucre semoule
- 1 dl d'eau
- 1 dl de rhum ou de Grand Marnier

1 Préparer le bavarois à la crème.

2 Faire fondre doucement 300 g de chocolat au bain-marie ou au micro-ondes et l'incorporer à la crème bavaroise en mélangeant. Laisser refroidir.

3 Préparer la crème anglaise et la garder au frais.

4 Faire bouillir l'eau et le sucre semoule. Laisser tiédir avant d'ajouter le rhum ou le Grand Marnier.

5 Imbiber un à un les biscuits à la cuillère avec ce sirop. Tapisser de ces biscuits le fond et les côtés d'un moule à charlotte de 22 cm de diamètre.

6 Verser avec précaution la crème au chocolat à l'intérieur du moule et mettre au réfrigérateur pendant 4 h.

7 Démouler la charlotte en passant le moule rapidement sous l'eau chaude avant de le retourner sur un plat.

8 Avec un couteau économe, découper des copeaux dans le chocolat noir restant et en parsemer le dessus de la charlotte. Servir la crème anglaise à part.

Préparation : 40 min ■ **Réfrigération :** 4 h
■ **Cuisson :** 20 min

Christmas pudding

Pour 12 personnes environ

- 500 g de graisse de rognon de bœuf
- 125 g d'écorces d'orange confites
- 125 g de cerises confites
- 125 g d'amandes mondées
- 2 citrons
- 500 g de raisins secs
- 500 g de raisins de Smyrne
- 250 g de raisins de Corinthe
- 500 g de chapelure
- 125 g de farine
- 25 g de quatre-épices
- 25 g de cannelle
- 1/2 noix de muscade râpée
- 3 dl de lait
- 7 ou 8 œufs
- 6 cl de rhum

1 Couper la graisse de rognon de bœuf en petits morceaux.

2 Hacher les écorces d'orange et les cerises confites, les amandes et le zeste des citrons et les mélanger dans une terrine avec tous les raisins, la chapelure, la farine et toutes les épices. Ajouter le lait.

3 Battre les œufs séparément et, au fur et à mesure, les ajouter en mélangeant à chaque fois. Verser le rhum et le jus des 2 citrons.

4 Pétrir avec soin pour obtenir une pâte homogène.

5 Envelopper cette pâte dans un linge fariné, en lui donnant la forme d'une boule. Bien la refermer avec une ficelle de cuisine et faire cuire à l'eau bouillante pendant 4 h environ. (Ou bien graisser légèrement une terrine ronde, y mettre la pâte et obturer le couvercle avec du papier sulfurisé. Ficeler pour que la terrine ne s'ouvre pas et la mettre dans une cocotte avec de l'eau jusqu'à mi-hauteur. Cuire pendant 4 h).

6 Conserver le pudding dans son linge ou sa terrine pendant 3 semaines au moins dans un endroit frais.

7 Au moment de le servir, le faire réchauffer 2 h au bain-marie, puis le démouler, l'arroser de rhum et le servir flambant, orné d'une branche de houx.

Ce pudding se sert également avec un « rhum butter » : 250 g de sucre glace mélangés et battus avec 125 g de beurre jusqu'à ce que le mélange soit crémeux et blanc. ➜

Ajouter alors, cuillère par cuillère, un verre de rhum. Cette sauce se sert très froide sur le Christmas pudding flambant.

Préparation : 3 semaines à l'avance ■ **Cuisson :** 4 h ■ Réchauffage : 2 h

Crème anglaise

Pour 6 personnes
(1,3 kg de crème)

- 1 l de lait
- 1 gousse de vanille
- 6 jaunes d'œufs
- 150 g de sucre semoule

1 Verser le lait dans une casserole. Fendre la gousse de vanille et l'ajouter. Porter lentement à ébullition, retirer du feu et laisser infuser pendant 3 min.

2 Mettre les jaunes d'œufs dans une terrine. Verser le sucre et travailler le mélange avec une spatule jusqu'à ce qu'il devienne mousseux, lisse et homogène.

3 Retirer la gousse de vanille du lait et verser celui-ci peu à peu sur le mélange sucre-jaunes d'œufs en mélangeant vigoureusement.

4 Remettre le mélange dans la casserole et faire épaissir sur feu très doux en remuant sans arrêt avec une cuillère en bois. Ne pas laisser bouillir. La crème est cuite lorsque la mousse qui s'est formée en surface a disparu et que le mélange nappe la cuillère.

5 Verser la crème dans un récipient froid.

La crème anglaise peut être parfumée avec de l'extrait de café, avec un zeste d'orange ou de citron râpé et infusé dans le lait, ou avec 1 ou 2 cuillerées à soupe de caramel versées dans le lait bouillant. Si la crème fait des grumeaux, la transvaser dans une jatte et la fouetter vigoureusement.

Préparation : 10 min ■ **Cuisson :** 15 min

Crème au beurre

Pour 500 g de crème

- 250 g de beurre
- 2 œufs
- 2 jaunes d'œufs
- 1 pincée de sel
- 140 g de sucre semoule
- parfum au choix : vanille, chocolat, café, etc.

1. Faire ramollir le beurre et, avec une fourchette, le travailler jusqu'à obtenir une pommade.

2. Mettre les œufs et les jaunes d'œufs dans une jatte. Ajouter une pincée de sel et les battre légèrement.

3. Préparer le sirop : mettre le sucre dans une casserole et ajouter 5 cl d'eau. Laisser fondre sur feu doux en remuant la casserole d'avant en arrière pour égaliser la chaleur.

4. Lorsque le sirop est limpide et un peu épaissi, laisser bouillir 2 ou 3 min jusqu'au « petit boulé » : mouiller les doigts d'eau froide et prendre un peu de sirop entre le pouce et l'index, puis tremper de nouveau les doigts dans l'eau glacée : il doit se former une petite perle plate.

5. Verser lentement le sirop bouillant sur les œufs battus en mélangeant constamment au fouet électrique jusqu'à ce que cet appareil refroidisse. Ajouter le beurre en continuant de fouetter.

6. Lorsque la crème est brillante et ferme, ajouter le parfum choisi : 1 cuillerée à soupe de vanille liquide ou d'extrait de café, 2 cuillerées à soupe de cacao non sucré, même quantité de praliné, d'alcool ou de liqueur (rhum, kirsch, Cointreau, etc.). Bien mélanger.

La crème au beurre s'utilise aussitôt ; si on l'emploie plus tard, on peut la conserver au réfrigérateur dans un récipient bien couvert.

Préparation : 25 min ■ **Cuisson :** 5 min

Crème brûlée

Pour 4 personnes

- 1 gousse de vanille
- 4 jaunes d'œufs
- 130 g de sucre semoule
- 2 dl de lait
- 2,5 dl de crème fraîche
- 1 c. à soupe de liqueur à l'orange

1. Fendre la gousse de vanille en deux et récupérer les graines.
2. Préchauffer le four à 150 °C.
3. Verser les jaunes d'œufs dans un saladier, ajouter 100 g de sucre et fouetter.
4. Ajouter les graines de vanille, puis le lait. Fouetter encore pour homogénéiser, puis incorporer en battant la crème fraîche et la liqueur.
5. Répartir la crème dans des plats à œufs en porcelaine à feu.
6. Mettre au four et faire cuire 30 min.
7. Laisser refroidir complètement et mettre au frais pendant au moins 30 min.
8. Poudrer le dessus avec le reste de sucre et passer sous le gril du four pour caraméliser le dessus. Servir tiède ou froid.

Préparation : 20 min ■ **Cuisson :** 30 min
■ **Repos :** 30 min

Crème au caramel

Pour 4-6 personnes

- 75 g de caramel (➤ voir p. 1054)
- 5 dl de lait
- 100 g de sucre
- 2 œufs
- 4 jaunes

1. Préparer le caramel et faire chauffer le lait avec le sucre en même temps. Verser le caramel dans le lait chaud.
2. Préchauffer le four à 200 °C.
3. Battre les œufs et les jaunes d'œufs, ajouter le lait chaud en fouettant.
4. Verser cette préparation dans un moule à soufflé et cuire 30 min au four et au bain-marie.

Préparation : 20 min ■ **Cuisson :** 30 min

Crème Chantilly

Pour 500 g de crème

- 5 dl de crème liquide
- 30 g de sucre semoule

1 Mettre la crème liquide et un saladier au réfrigérateur pendant 2 h. Ils doivent être à la même température.

2 Verser la crème dans le saladier. La battre énergiquement au fouet à main ou au fouet électrique à vitesse moyenne.

3 Ajouter le sucre, en le versant en pluie, lorsque la crème est encore neigeuse mais qu'elle commence déjà à monter. Arrêter de la travailler dès qu'elle est ferme. Au-delà, elle se déferait et se transformerait en beurre.

Réfrigération : 2 h ■ **Préparation :** 10 min

Crème Chiboust

Pour 500 g de crème

- 2 feuilles de gélatine
- 500 g de crème pâtissière (➤ voir p. 852)
- 3 blancs d'œufs
- 30 g de sucre
- 1 pincée de sel

1 Mettre la gélatine à tremper dans de l'eau froide. Préparer la crème pâtissière.

2 Battre les blancs en neige avec 1 pincée de sel en leur ajoutant le sucre petit à petit.

3 Égoutter la gélatine, la presser et l'ajouter, en remuant bien, dans la crème pâtissière chaude. Ajouter la moitié des blancs en neige dans la crème pâtissière puis reverser le tout sur le reste des blancs et mélanger délicatement en soulevant pour aérer la crème.

La crème Chiboust sert à fourrer des choux ou des éclairs.

Préparation : 25 min ■ **Cuisson :** 10 min

Crème au chocolat

Pour 4-6 personnes (900 g de crème)

- 1 dl de crème liquide
- 4 dl de lait
- 1/2 gousse de vanille
- 5 jaunes d'œufs
- 80 g de sucre
- 200 g de chocolat noir

1. Verser la crème liquide et le lait dans une casserole, ajouter la gousse de vanille fendue et porter à ébullition. Retirer du feu et laisser infuser 3 min.
2. Travailler les jaunes d'œufs et le sucre jusqu'à obtenir un mélange lisse et homogène.
3. Ôter la gousse de vanille du lait et verser celui-ci peu à peu sur le mélange aux œufs en fouettant.
4. Reverser la crème dans la casserole et la faire épaissir sur feu doux tout en remuant, sans laisser bouillir. La verser dans un récipient froid.
5. Mettre à fondre le chocolat au bain-marie ou au micro-ondes.
6. Verser la crème anglaise dessus, bien mélanger et garder au réfrigérateur jusqu'au moment de servir.

Préparation : 15 min ■ **Cuisson :** 10 min
■ **Réfrigération :** 1 h au minimum

Crème fouettée

Pour 250 g de crème

- 2 dl de crème liquide
- 0,5 dl de lait

1. Mettre 2 h au réfrigérateur la crème, le lait et un saladier. Ils doivent tous être à la même température.
2. Verser la crème et le lait dans le saladier et fouetter énergiquement au fouet à main ou au fouet électrique à vitesse moyenne. Arrêter de fouetter dès que la crème est ferme, sinon elle se transforme en beurre.
3. Garder la crème au réfrigérateur jusqu'à son emploi.

Préparation : 5 min ■ **Réfrigération :** 2 h avant

Crème frangipane

Pour 1,5 kg de crème

- 50 g de beurre
- 1 l de lait
- 1 sachet de sucre vanillé
- 2 œufs entiers
- 3 jaunes d'œufs
- 150 g de sucre semoule
- 125 g de farine
- 120 g d'amandes en poudre
- sel

① Faire ramollir le beurre. Chauffer le lait dans une casserole avec le sucre vanillé.

② Battre les œufs entiers avec les jaunes dans une terrine. Ajouter 110 g de sucre et une pincée de sel. Fouetter jusqu'à ce que le mélange blanchisse.

③ Incorporer la farine en mélangeant, puis verser le lait bouillant sans cesser de remuer.

④ Verser cette crème dans une casserole et faire cuire sur feu doux jusqu'au premier bouillon. Retirer du feu.

⑤ Ajouter le beurre ramolli et les amandes en poudre et bien mélanger. Poudrer la crème encore chaude avec le reste de sucre semoule pour éviter la formation d'une peau pendant qu'elle refroidit.

Préparation : 10 min ■ **Cuisson :** 15 min environ

Crème ganache

Pour 500 g de crème environ

- 3 dl de crème fraîche
- 250 g de chocolat noir

① Verser la crème fraîche dans une casserole à fond épais et la faire chauffer.

② Casser le chocolat en très petits morceaux et le faire fondre au bain-marie ou au micro-ondes.

③ Verser la crème bien chaude, peu à peu, sur le chocolat en mélangeant soigneusement avec une spatule.

④ Transvaser dans un saladier et mettre au frais.

La crème ganache sert à fourrer, napper ou glacer un gâteau.

Préparation : 10 min

Crème pâtissière

Pour 4-6 personnes (800 g de crème)

- 0,5 l de lait
- parfum au choix : vanille, café, caramel, liqueur, etc.
- 3-4 jaunes d'œufs
- 100 g de sucre
- 50 g de farine
- 50 g de beurre

1. Faire chauffer le lait en y ajoutant le parfum choisi.
2. Battre les jaunes d'œufs et le sucre jusqu'à ce que le mélange blanchisse.
3. Ajouter peu à peu la farine tamisée. Verser le lait bouillant, tout doucement, sans cesser de remuer.
4. Transvaser cette préparation dans une casserole et cuire à feu doux, sans cesser de remuer jusqu'au premier bouillon.
5. Retirer la casserole du feu et reverser son contenu dans un saladier. Ajouter alors le beurre par petits morceaux, en fouettant vivement.
6. Mettre la crème au réfrigérateur jusqu'au moment de servir.

crème pâtissière au chocolat :
râper une tablette de chocolat (100 g) et l'ajouter en fin de cuisson.

Préparation : 15 min ■ **Cuisson :** 10 min

Crème renversée

Pour 4-6 personnes (500 g de crème)

- 70 g de caramel (➤ voir p. 1054)
- 5 dl de lait
- 1 gousse de vanille
- 2 œufs
- 4 jaunes d'œufs
- 125 g de sucre

1. Préparer le caramel et le verser dans un moule ou dans des ramequins individuels. Incliner le moule pour bien répartir le caramel sur les parois.
2. Faire chauffer le lait avec la gousse de vanille.
3. Préparer une crème anglaise (➤ voir p. 846) avec les jaunes d'œufs et les œufs battus avec le sucre, et le lait. La verser dans le (ou les) moule(s).
4. Préchauffer le four à 160 °C.
5. Placer le moule dans un bain-marie et enfourner pour 35 à 40 min. La crème est cuite lorsque le centre, quand on le touche avec un doigt, résiste légèrement. Sortir du four et laisser refroidir.

6 Mettre au réfrigérateur jusqu'au moment de servir.

7 Démouler la crème en décollant légèrement les bords avec un couteau et en la retournant sur le plat de service.

Préparation : 20 min ■ **Cuisson :** 35-40 min

• •

Crêpes des chartreux

Pour 6 crêpes

- 500 g de pâte à crêpes sucrée (➤ voir p. 968)
- 50 g de beurre ramolli
- 50 g de sucre semoule
- 3 meringues
- 5 cl de chartreuse verte
- 1 orange non traitée
- 6 macarons
- 5 cl de cognac
- 1 c. à soupe d'huile d'arachide
- sucre glace

1 Préparer la pâte à crêpes et la laisser reposer 2 h. Sortir alors le beurre du réfrigérateur pour qu'il ramollisse.

2 Mettre le beurre dans une terrine et le travailler avec une fourchette pour le mettre en pommade. Ajouter le sucre et mélanger.

3 Émietter les meringues entre les doigts au-dessus de la terrine. Ajouter la chartreuse verte. Râper le zeste d'orange au-dessus de la préparation et mélanger.

4 Hacher finement les macarons et les ajouter ainsi que le cognac. Bien mélanger.

5 Avec un pinceau, huiler la poêle et y cuire les crêpes (➤ voir crêpes au sucre page suivante).

6 Tartiner les crêpes de la garniture et les plier en quatre.

7 Disposer sur des assiettes chaudes, poudrer de sucre glace et servir aussitôt.

Préparation : 35 min ■ **Repos :** 2 h
■ **Cuisson :** 20 min

Crêpes au sucre

Pour 10 crêpes

- sucre semoule
- 800 g de pâte à crêpes sucrée (➤ voir p. 968)
- 2 c. à soupe d'huile d'arachide

1 Préparer la pâte à crêpes et la laisser reposer 2 h.

2 Mettre l'huile dans un bol. Faire chauffer une poêle à revêtement antiadhésif et la graisser avec le pinceau trempé dans l'huile.

3 Placer le plat de service sur une casserole d'eau frémissante.

4 Remplir une petite louche de pâte et la verser dans la poêle. Incliner la poêle dans tous les sens pour bien répartir la pâte.

5 Remettre sur le feu. Quand la pâte est mate, la décoller des bords avec une spatule et retourner la crêpe. Faire cuire l'autre face pendant 1 min environ : la crêpe doit devenir blonde. La faire glisser sur le plat de service et poudrer de sucre.

6 Continuer ainsi jusqu'à utilisation de toute la pâte.

Préparation : 15 min ■ **Repos :** 2 h
■ **Cuisson :** 30 min

Crêpes Suzette

Pour 6 crêpes

- 2 mandarines
- 500 g de pâte à crêpes sucrée (➤ voir p. 968)
- 2 c. à soupe de curaçao
- 2 c. à soupe d'huile d'arachide
- 50 g de beurre
- 50 g de sucre
- 5 cl de Grand Marnier

1 Râper le zeste d'une mandarine et presser le jus des deux fruits.

2 Préparer la pâte à crêpes en y ajoutant la moitié du jus de mandarine, 1 cuillerée de curaçao et 1 cuillerée d'huile d'arachide. Laisser reposer 2 h.

3 Couper le beurre en petits morceaux dans une terrine et le malaxer avec le reste du jus de mandarine et de curaçao, le zeste râpé et le sucre semoule.

4 Mettre 1 cuillerée à soupe d'huile dans un bol. Faire chauffer une poêle à revêtement antiadhésif et la graisser avec un pinceau trempé dans l'huile.

5 Placer le plat de service sur une casserole d'eau frémissante.

⑥ Remplir une petite louche de pâte et la verser dans la poêle. Incliner la poêle dans tous les sens pour bien répartir la pâte. Les crêpes doivent être plutôt fines.

⑦ Déposer une cuillerée de beurre parfumé sur chaque crêpe. Plier les crêpes en quatre et les mettre dans le plat.

⑧ Faire chauffer le Grand Marnier, le verser sur les crêpes et flamber. Servir immédiatement.

Préparation : 30 min ■ **Repos :** 2 h
■ **Cuisson :** 30 min environ

- -

Far breton

Pour 6-8 personnes

- 1 bol de thé léger tiède
- 125 g de raisins de Corinthe
- 400 g de pruneaux
- 4 œufs
- 250 g de farine
- 1 pincée de sel
- 20 g de sucre semoule
- 4 dl de lait
- sucre glace

① Préparer le thé et y faire gonfler les raisins de Corinthe et les pruneaux pendant 1 h environ, puis les égoutter.

② Dénoyauter les pruneaux.

③ Préchauffer le four à 200 °C.

④ Battre les œufs en omelette.

⑤ Mettre la farine dans un grand saladier, ajouter le sel et le sucre semoule puis verser les œufs battus, le lait et mélanger. Ajouter enfin les raisins et les pruneaux et tourner jusqu'à ce que la pâte soit homogène.

⑥ Beurrer un moule de 24 cm de diamètre, y verser la pâte, enfourner et cuire 1 h : le dessus du far doit être brun. Poudrer de sucre glace.

Préparation : 1 h + 15 min ■ **Cuisson :** 1 h

Flaugnarde

Pour 6-8 personnes

- 8 pruneaux
- 1 dl de rhum
- 100 g de raisins secs
- 4 abricots secs
- 4 œufs
- 100 g de sucre semoule
- 100 g de farine
- 1 pincée de sel
- 1 l de lait
- 40 g de beurre

1 Dénoyauter les pruneaux et les mettre à macérer dans le rhum avec les raisins et les abricots coupés en petits morceaux pendant 3 h au minimum et si possible 12 h. Préchauffer le four à 220 °C.

2 Battre les œufs entiers et le sucre dans une terrine jusqu'à ce que le mélange soit bien mousseux.

3 Ajouter peu à peu la farine avec le sel, en mélangeant bien. Délayer avec le lait, toujours en remuant. Ajouter les fruits macérés et le rhum.

4 Beurrer un plat à gratin de 24 cm de long et y verser la pâte, parsemer le dessus de noisettes de beurre. Enfourner et cuire 30 min. Servir tiède.

Préparation : 20 min ■ **Macération :** 3-12 h
■ **Cuisson :** 30 min

Gâteau de riz au caramel

Pour 4-6 personnes

- 400 g de riz au lait
  (➤ voir p. 871)
- 3 œufs
- 175 g de sucre semoule
- 1 pincée de sel

Pour le caramel

- 100 g de sucre
- 1/2 citron

1 Préparer le riz au lait.

2 Casser les œufs en séparant les blancs et les jaunes. Retirer la gousse de vanille du riz au lait et y ajouter le sucre et les jaunes d'œufs en mélangeant.

3 Fouetter les blancs d'œufs en neige très ferme avec le sel, puis les incorporer peu à peu au riz. Préchauffer le four à 200 °C.

4 Faire un caramel (➤ voir p. 1054) en mélangeant le sucre, le jus de citron et une cuillerée à soupe d'eau dans une grande casserole. En verser aussitôt la moitié dans un moule à charlotte de 20 cm de diamètre, en faisant pivoter le récipient pour répartir le caramel uniformément sur le fond et les bords. Réserver l'autre moitié.

5 Verser le riz dans le moule en le tassant bien et placer celui-ci au bain-marie. Démarrer l'ébullition sur le feu, puis enfourner et cuire 45 min.

6 Laisser refroidir et démouler sur le plat de service. Diluer le caramel avec un peu d'eau chaude et en napper le gâteau de riz.

Préparation : 30 min ■ **Cuisson :** 45 min

Glace au café

Pour 1 litre de glace

- 3 c. à soupe de café soluble
- 5 dl de lait frais entier
- 6 jaunes d'œufs
- 200 g de sucre semoule
- 20 g de crème Chantilly (➤ voir p. 849)

1 Diluer le café dans le lait. Porter à ébullition. Filtrer.

2 Préparer une crème anglaise (➤ voir p. 846) avec le lait aromatisé au café, les jaunes d'œufs et le sucre. La verser dans un saladier, placer celui-ci sur un récipient rempli de glaçons. Laisser refroidir.

3 Faire la crème Chantilly et l'incorporer à la crème anglaise en la soulevant délicatement.

4 Mettre à glacer dans la sorbetière.

Préparation : 15 min ■ **Cuisson :** 20 min environ

Glace au caramel

Pour 1 litre de glace

- 400 g de sucre semoule
- 5 dl de lait frais entier
- 1 dl de crème liquide
- 6 jaunes d'œufs

1 Préparer un caramel avec 200 g de sucre (➤ voir p. 1054).

2 Faire chauffer le lait. Verser la crème liquide dans le caramel, mélanger et incorporer dans le lait bouillant.

3 Préparer une crème anglaise avec le lait au caramel, les jaunes d'œufs et le reste du sucre (➤ voir p. 846). La verser dans un saladier et placer celui-ci sur un autre récipient rempli de glaçons.

4 Laisser refroidir. Mettre à glacer dans la sorbetière.

Préparation : 25 min

Glace au chocolat

Pour 1 litre de glace

- 150 g de chocolat noir
- 0,5 l de lait
- 4 jaunes d'œufs
- 100 g de sucre semoule

1 Râper le chocolat, lui ajouter un demi-verre d'eau et le faire fondre au bain-marie ou au micro-ondes.

2 Chauffer le lait, y ajouter le chocolat et bien mélanger. Préparer une crème anglaise avec le lait, les jaunes d'œufs et le sucre (➤ voir p. 846). La verser dans un saladier et placer celui-ci sur un récipient rempli de glaçons.

3 Laisser refroidir et mettre dans la sorbetière.

Préparation : 20 min

Glace plombières

Pour 1 litre de glace

- 200 g de fruits confits
- 0,5 dl de rhum
- 6,5 dl de crème liquide
- 100 g de poudre d'amande
- 1-2 gouttes d'extrait d'amande
- 7 dl de lait
- 100 g de sucre semoule
- 4 jaunes d'œufs

1 Mettre les fruits confits à macérer dans le rhum.

2 Chauffer la crème liquide.

3 Mélanger la poudre d'amande (et, éventuellement, 2 gouttes d'extrait d'amande amère) avec le lait. Ajouter alors la crème et bien mélanger.

4 Passer cette préparation au tamis ou dans une passoire en pressant au maximum pour extraire le lait d'amande.

5 Confectionner une crème anglaise (➤ voir p. 846) avec le lait d'amande, le sucre et les jaunes d'œufs.

6 Verser cette crème dans un saladier posé sur un récipient rempli de glaçons pour la faire refroidir.

7 Ajouter les fruits confits macérés et bien mélanger.

8 Mettre dans la sorbetière.

Préparation : 25 min

Glace à la vanille

Pour 1 litre de glace

- 1,5 dl de lait frais entier
- 5 dl de crème fraîche
- 1 gousse de vanille fendue et grattée
- 7 jaunes d'œufs
- 150 g de sucre semoule

1 Faire bouillir le lait et la crème fraîche ensemble avec la gousse de vanille ouverte. Laisser infuser 30 min hors du feu, puis passer.

2 Préparer une crème anglaise avec ce mélange, les jaunes d'œufs et le sucre (➤ voir p. 846).

3 Verser cette crème dans un saladier et placer celui-ci sur un autre récipient rempli de glaçons, pour refroidir plus rapidement.

4 Mettre à glacer en sorbetière.

Pour renforcer le parfum de cette glace, on peut laisser infuser la gousse de vanille une nuit entière dans le réfrigérateur.

Préparation : 15 min

Halva de semoule

Pour 4-6 personnes

- 150 g de beurre
- 175 g de semoule de blé fine
- 75 g de raisins secs
- 30 g d'amandes effilées
- 2 pincées de poudre de cardamome
- 100 g de sucre
- noix de coco râpée

1 Mettre le beurre à fondre à feu doux dans une poêle à revêtement antiadhésif. Augmenter un peu le feu, verser la semoule en pluie dans la poêle et la faire frire pendant 10 min en remuant sans arrêt avec une cuillère en bois.

2 Baisser le feu et ajouter les raisins secs, la moitié des amandes et une bonne pincée de cardamome. Mélanger le tout, puis verser 1,5 dl d'eau, mélanger de nouveau et faire cuire à feu doux jusqu'à ce que toute l'eau soit absorbée.

3 Ajouter le sucre et poursuivre la cuisson en remuant jusqu'à ce qu'il soit dissous.

4 Remplir 6 bols avec cette préparation, parsemer le dessus du reste des amandes, d'une petite pincée de cardamome en poudre et de noix de coco râpée. Servir bien chaud.

Les raisins secs peuvent être remplacés par d'autres fruits séchés, des pistaches, des noisettes, etc.

Préparation : 30 min ■ **Cuisson :** 20 min

Île flottante

Pour 6-8 personnes

- 8 dl de lait
- 1 gousse de vanille
- 8 œufs
- 1 pincée de sel
- 290 g de sucre
- 100 g de caramel
  (➤ voir p. 1054)

1 Faire bouillir le lait avec la gousse de vanille.

2 Casser les œufs en séparant les blancs et les jaunes.

3 Préchauffer le four à 180 °C.

4 Monter les blancs en neige ferme avec 1 pincée de sel, en ajoutant peu à peu 40 g de sucre.

5 Verser cette préparation dans un moule à savarin de 22 cm de diamètre. Placer celui-ci dans un bain-marie et cuire au four pendant 30 min, jusqu'à ce que le dessus commence à blondir. Laisser refroidir complètement.

6 Préparer une crème anglaise (➤ voir p. 846) avec le lait vanillé, les jaunes d'œufs et le reste du sucre (250 g).

7 Verser cette crème dans une coupe (plus large que le moule à savarin) et la mettre au réfrigérateur pour qu'elle refroidisse complètement.

8 Démouler la couronne de blancs d'œufs et la poser sur la crème anglaise.

9 Préparer le caramel et le couler bouillant sur les blancs.

10 Mettre au réfrigérateur jusqu'au moment de servir.

Préparation : 25 min ■ **Cuisson :** 30 min

Marquise au chocolat

Pour 4-6 personnes

- 120 g de beurre
- 3 œufs
- 200 g de chocolat noir
- 80 g de sucre glace
- 1 pincée de sel

1. Faire ramollir le beurre.
2. Séparer les blancs et les jaunes d'œufs.
3. Casser le chocolat en petits morceaux et le mettre à fondre au bain-marie ou au micro-ondes. Ajouter le beurre et mélanger, puis incorporer les jaunes d'œufs et le sucre glace en fouettant vivement.
4. Monter les blancs d'œufs en neige très ferme, avec 1 pincée de sel, et les ajouter délicatement à la préparation au chocolat.
5. Verser dans un moule à manqué (ou à charlotte). Mettre 12 h dans le réfrigérateur avant de servir.

Préparation : 20 min ■ **Cuisson :** 3-4 min
■ **Réfrigération :** 12 h au minimum

Matafans bisontins

Pour 5 crêpes

- 50 g de farine
- 1,5 dl de lait
- 1 œuf
- 2 jaunes d'œufs
- 50 g de sucre
- 1 pincée de sel
- 1 c. à café d'huile d'arachide
- 2 cl de kirsch
- 20 g de beurre

1. Verser la farine dans un saladier et creuser une fontaine, ajouter le lait, l'œuf entier et les jaunes d'œufs, le sucre semoule, le sel et l'huile. Bien mélanger puis ajouter le kirsch. Laisser reposer la pâte pendant 1 h environ.
2. Faire chauffer le beurre dans une poêle à revêtement antiadhésif. Verser un peu de pâte, bien la répartir dans la poêle, cuire la crêpe d'un côté, la retourner et dorer l'autre côté.

Préparation : 10 min ■ **Repos :** 1 h
■ **Cuisson :** 10 min

Mousse au chocolat au lait

Pour 4-6 personnes

- 30 g de beurre
- 3 œufs
- 1 pincée de sel
- 200 g de chocolat au lait

1 Faire ramollir le beurre.

2 Casser les œufs et séparer les blancs et les jaunes. Monter les blancs en neige bien ferme avec une pincée de sel.

3 Couper le chocolat en morceaux et le faire fondre au bain-marie ou au micro-ondes.

4 Hors du feu, ajouter le beurre puis les jaunes d'œufs lorsque le mélange est très lisse. Incorporer peu à peu les blancs en neige, en tournant délicatement et toujours dans le même sens pour ne pas les casser.

5 Verser dans le plat de service et mettre au réfrigérateur pour 3 h au moins.

Préparation : 15 min ■ **Réfrigération :** 3 h

Œufs au lait

Pour 4-6 personnes

- 1 l de lait
- 125 g de sucre
- 1 gousse de vanille
- 4 œufs

1 Faire bouillir le lait avec le sucre et la gousse de vanille fendue et grattée.

2 Battre les œufs en omelette dans un saladier.

3 Préchauffer le four à 200 °C.

4 Ôter la gousse de vanille et ajouter peu à peu le lait bouillant, en remuant sans arrêt.

5 Verser dans un plat allant au four ou dans des ramequins. Placer dans un bain-marie, enfourner et cuire pendant 40 min. Vérifier la cuisson en enfonçant la lame d'un couteau : elle doit ressortir propre.

6 Laisser refroidir et garder au réfrigérateur.

Préparation : 20 min ■ **Cuisson :** 40 min

Œufs à la neige

Pour 6-8 personnes

- 8 dl de lait
- 1 gousse de vanille
- 8 œufs
- 1 pincée de sel
- 290 g de sucre
- 100 g de caramel (➤ voir p. 1054)

1. Faire bouillir le lait avec la gousse de vanille.
2. Séparer les blancs et les jaunes des œufs. Monter les blancs en neige ferme avec 1 pincée de sel en ajoutant peu à peu 40 g de sucre.
3. Avec une cuillère à soupe, prélever une portion de blanc d'œuf et la faire tomber dans le lait bouillant. La cuire 2 min en la retournant avec une écumoire et l'égoutter sur une serviette. Procéder cuillerée par cuillerée jusqu'à ce que tous les blancs soient cuits.
4. Préparer une crème anglaise (➤ voir p. 846) avec le lait vanillé, les jaunes d'œufs et le reste du sucre (250 g). La verser dans une coupe et la mettre au réfrigérateur.
5. Préparer le caramel.
6. Poser les blancs cuits sur la crème et verser dessus le caramel chaud en mince filet. Mettre au réfrigérateur jusqu'au moment de servir.

Préparation : 30 min ■ **Cuisson :** 10 min

Omelette flambée

Pour 4 personnes

- 8 œufs
- 60 g de sucre
- 1 pincée de sel
- 10 g de beurre
- 1,5 dl de rhum

1. Battre les œufs avec 40 g de sucre et une petite pincée de sel.
2. Faire fondre le beurre dans une poêle et cuire l'omelette (➤ voir p. 260) en la gardant très moelleuse. Rouler celle-ci dans le plat de service, la poudrer de sucre.
3. Faire chauffer le rhum et flamber au moment de servir.

On peut remplacer le rhum par de l'armagnac, du calvados, du cognac, du whisky ou un alcool de fruit.

Préparation : 5 min ■ **Cuisson :** 10-12 min

Omelette norvégienne

Pour 6 personnes

- 1 l de glace à la vanille
  (➤ voir p. 859)
- 500 g de pâte à génoise
  (➤ voir p. 970)
- 300 g de meringue
  française (➤ voir p. 972)
- 260 g de sucre
- 2 dl d'eau
- 2 dl de Grand Marnier
- sucre glace

1. Faire la glace à la vanille, ou prendre une glace du commerce, et la mettre au congélateur.
2. Préchauffer le four à 200 °C.
3. Préparer la pâte à génoise. L'introduire dans une poche à douille unie de 1 cm de diamètre.
4. Tapisser une plaque à pâtisserie de papier sulfurisé et y déposer la pâte en lui donnant une forme ovale (celle d'une omelette). Enfourner et cuire pendant 15 min. Vérifier la cuisson avec la pointe du couteau, puis laisser refroidir.
5. Augmenter la température du four à 250 °C.
6. Préparer la meringue et la mettre dans une poche à douille cannelée de 1 cm de diamètre.
7. Préparer le sirop en faisant bouillir le sucre et l'eau. Le laisser refroidir et ajouter 1 dl de Grand Marnier.
8. Mettre le biscuit sur un plat ovale pouvant aller au four et l'imbiber de sirop au Grand Marnier à l'aide d'un pinceau.
9. Démouler la glace à la vanille et la répartir sur le fond de biscuit.
10. Recouvrir entièrement la glace et le biscuit avec la moitié de la meringue et bien lisser le dessus avec une spatule métallique. Tracer des entrelacs sur le dessus de l'omelette avec le reste de la meringue. Poudrer de sucre glace.
11. Mettre le plat dans le four chaud pour dorer la meringue.
12. Au dernier moment, faire chauffer le reste du Grand Marnier (1 dl) dans une petite casserole, le verser sur l'omelette et flamber.

Préparation : 1 h 30 ■ **Cuisson :** 15-20 min

Oreillettes de Montpellier

Pour 25 oreillettes

- 1 zeste d'orange non traitée
- 250 g de farine
- 75 g de beurre
- 2 œufs
- 1 c. à dessert de sucre
- 1 verre à liqueur de rhum
- 3 c. à soupe de lait
- huile de friture
- sucre glace

1. Râper le zeste d'orange.
2. Mettre la farine dans un saladier, ajouter le beurre fondu, les œufs, le sucre, le rhum, le lait et le zeste, en mélangeant après chaque ingrédient.
3. Pétrir avec soin pour obtenir une pâte homogène et élastique, la rouler en boule, l'envelopper dans du film alimentaire et la laisser reposer 2 h.
4. Chauffer la friture.
5. Étaler la pâte sur 2 mm d'épaisseur environ et la découper en rectangles de 5 cm sur 8 cm avec une roulette à pâtisserie. Entailler l'intérieur de chaque rectangle de deux coups de roulette.
6. Jeter les morceaux de pâte dans l'huile à 180 °C par petites quantités : les oreillettes gonflent aussitôt et dorent rapidement. Égoutter, éponger sur du papier absorbant et poudrer de sucre glace.
7. Dresser les oreillettes dans une corbeille garnie d'une serviette blanche.

Préparation : 15 min ■ **Repos :** 2 h
■ **Cuisson :** 15-20 min

Pain perdu brioché

Pour 4-6 personnes

- 0,5 l de lait
- 100 g de sucre
- 1/2 gousse de vanille
- 250 g de brioche rassise
- 2 œufs, 100 g de beurre
- sucre glace
- cannelle en poudre

1. Faire chauffer le lait avec 80 g de sucre et la gousse de vanille ouverte. Porter à ébullition, puis laisser infuser et refroidir.
2. Couper la brioche en tranches assez épaisses.
3. Battre les œufs en omelette avec le reste du sucre (20 g).
4. Plonger rapidement chaque tranche de brioche dans le lait refroidi, puis les passer dans les œufs battus. ➡

⑤ Chauffer le beurre dans une grande poêle. Faire rissoler toutes les tranches de brioche de chaque côté jusqu'à ce qu'elles soient bien dorées.

⑥ Dresser sur le plat de service et poudrer de sucre glace et de cannelle.

Préparation : 20 min ■ **Cuisson :** 5 min

Parfait glacé au café

Pour 6 personnes

- 8 cl d'eau
- 200 g de sucre semoule
- 8 jaunes d'œufs
- 1 c. à café de café lyophilisé
- 5 cl d'extrait de café
- 300 g de crème fouettée (➤ voir p. 850)

① Mélanger l'eau et le sucre semoule et faire cuire jusqu'au petit boulé à 118 °C (une goutte de ce sirop plongée dans de l'eau froide doit former une boule molle).

② Mettre les jaunes d'œufs dans un saladier et verser dessus le sirop bouillant, petit à petit, en fouettant. Continuer à fouetter jusqu'à ce que le mélange ait refroidi.

③ Délayer le café lyophilisé dans une cuillerée à soupe d'eau chaude et l'ajouter aux jaunes d'œufs ainsi que l'extrait de café, mélanger.

④ Préparer la crème fouettée et l'incorporer à la crème au café en mélangeant doucement.

⑤ Verser dans un moule à parfait (ou dans un moule à charlotte ou à soufflé de 16 cm de diamètre) et mettre pendant 6 h dans le congélateur.

⑥ Démouler en passant le moule sous l'eau chaude avant de le retourner sur le plat de service.

parfait au chocolat :
ajouter aux jaunes d'œufs battus 200 g de chocolat à croquer fondu au bain-marie ou au micro-ondes.

parfait au praliné :
ajouter aux jaunes d'œufs battus 150 g de praliné en poudre.

Préparation : 30 min ■ **Congélation :** 6 h

Pets-de-nonne

Pour 30 pets-de-nonne

- 300 g de pâte à choux sucrée (➤ voir p. 967)
- huile de friture
- sucre glace

1. Préparer la pâte à choux sucrée.
2. Faire chauffer l'huile de friture à 170-180 °C.
3. Avec une cuillère à café, prendre un peu de pâte et la plonger dans la friture. Mettre ainsi une dizaine de cuillerées, les tourner pour qu'elles dorent bien. Au bout de 2 ou 3 min de cuisson, les retirer avec l'écumoire et les égoutter sur du papier absorbant. Continuer ainsi jusqu'à ce qu'il n'y ait plus de pâte.
4. Déposer les pets-de-nonne sur un plat de service et les poudrer de sucre glace avant de les servir.

choux amandines en beignets :
ajouter 50 g d'amandes effilées dans la pâte à choux. Servir les choux amandines tièdes avec un coulis de fruits.

Préparation : 15 min ■ **Cuisson :** 25-30 min

Pudding au pain à la française
Pour 6-8 personnes

- thé léger
- 50 g de raisins secs
- 125 g de marmelade d'abricots
- 14 tranches de pain brioché rassis
- 4 dl de lait, 4 œufs
- 100 g de sucre
- 60 g de fruits confits
- 6 cl de rhum
- 4 poires au sirop
- 3 dl de coulis de cassis (➤ voir p. 894)

1. Préparer le thé, y mettre les raisins à gonfler.
2. Tamiser la marmelade d'abricots.
3. Égoutter les raisins secs.
4. Couper les tranches de pain brioché en petits cubes dans un grand saladier.
5. Faire tiédir le lait.
6. Battre les œufs avec le sucre semoule, verser sur le pain et mélanger.
7. Ajouter le lait, les raisins secs, les fruits confits coupés en dés, le rhum, 1 pincée de sel et la marmelade d'abricots. Mélanger.
8. Égoutter les poires au sirop et les couper en lamelles.
9. Préchauffer le four à 200 °C.
10. Beurrer un moule à pudding de 18 cm de diamètre (ou un moule à manqué de 22 cm) ➡

et y verser la moitié de la pâte. Répartir par-dessus les lamelles de poire, et recouvrir avec le reste de la pâte. Secouer doucement le moule sur le plan de travail pour homogénéi-ser l'appareil.

⑪ Mettre le pudding dans un plat au bain-marie. Porter d'abord à ébullition sur le feu, puis cuire au four pendant 1 h.

⑫ Préparer le coulis de cassis.

⑬ Passer le fond du moule quelques instants dans de l'eau froide, puis démouler le pudding dans un plat rond et servir avec le coulis de cassis.

Préparation : 15 min ■ **Cuisson :** 1 h

Pudding au riz
Pour 6-8 personnes

- 250 g de riz rond
- 1 l de lait
- 150 g de sucre semoule
- 1/2 gousse de vanille
- 1 pincée de sel
- 50 g de beurre
- 8 œufs
- chapelure fine

① Préchauffer le four à 220 °C.

② Laver le riz et le plonger 3 min dans de l'eau bouillante salée pour le blanchir.

③ Faire chauffer le lait en y ajoutant le sucre semoule, la 1/2 gousse de vanille et 1 pincée de sel.

④ Égoutter le riz et le mettre dans une casserole allant au four, puis ajouter le lait chaud et le beurre, remuer et porter doucement à ébullition.

⑤ Couvrir, mettre la casserole dans le four et cuire pendant 25 à 30 min.

⑥ Séparer les blancs et les jaunes d'œufs. Battre les blancs en neige très ferme.

⑦ Sortir du four la casserole contenant le riz et y ajouter les jaunes d'œufs, un à un, en mélan-geant doucement, puis incorporer les blancs en neige.

⑧ Régler la température du four à 180 °C.

⑨ Beurrer un moule de 22 cm de diamètre, le pou-drer de chapelure et y verser la préparation. Mettre le moule au bain-marie, enfourner et cuire de 30 à 35 min.

Ce pudding peut s'accompagner d'une crème anglaise (➤ voir p. 846) ou d'un coulis de fruits.

pudding de riz au chocolat :
ajouter dans le riz au lait, à sa sortie du four, 100 g de chocolat noir râpé et bien le mélanger jusqu'à ce qu'il fonde à la chaleur du riz.

Préparation : 30 min ■ **Cuisson :** 45 min-1 h 05

Pudding à la semoule
Pour 6-8 personnes

- 1 l de lait
- 125 g de sucre
- 100 g de beurre
- 1 pincée de sel
- 250 g de semoule fine
- 6 jaunes d'œufs
- 4 blancs d'œufs
- 3 cl de liqueur à l'orange
- 1 c. à soupe de semoule pour le moule

❶ Faire bouillir le lait avec le sucre, 100 g de beurre et 1 grosse pincée de sel, puis verser la semoule en pluie. Mélanger avec une cuillère en bois et cuire 25 min à feu très doux. Laisser tiédir.

❷ Préchauffer le four à 200 °C.

❸ Casser les œufs en séparant les jaunes et les blancs. Monter 4 blancs en neige très ferme avec 1 pincée de sel.

❹ Verser les jaunes d'œufs et la liqueur à l'orange dans la semoule tiède. Mélanger bien, puis ajouter les blancs d'œufs et mélanger de nouveau avec précaution.

❺ Beurrer un moule à savarin, le poudrer de semoule et y verser la pâte. Le mettre dans un bain-marie et cuire au four pendant 30 min : le pudding doit être légèrement élastique au toucher.

❻ Laisser reposer le pudding environ 30 min avant de le démouler.

Une crème anglaise (➤ voir p. 846) parfumée à l'orange accompagnera très bien ce pudding.

Préparation : 30 min ■ **Cuisson :** 55 min
■ **Repos :** 30 min

Riz à l'impératrice

Pour 4-6 personnes

- 125 g de fruits confits coupés en dés
- 7 cl de rhum
- 1 l de lait
- 1 gousse de vanille
- 1 pincée de sel
- 25 g de beurre
- 250 g de riz rond
- 150 g de sucre semoule
- 1 feuille de gélatine
- 500 g de crème anglaise (➤ voir p. 846)
- 250 g de crème Chantilly (➤ voir p. 849)
- 1 sachet de sucre vanillé
- 3 cerises confites

1 Mettre les fruits confits à macérer dans 5 cl de rhum.

2 Chauffer le lait dans une casserole, avec la vanille, le sel et le beurre.

3 Dans une autre casserole, faire bouillir 1 litre d'eau. Verser le riz en pluie dans l'eau bouillante, le cuire 2 min, puis l'égoutter et le remettre dans le lait bouillant. Baisser le feu et cuire doucement pendant 20 min environ jusqu'à ce que le riz s'écrase.

4 Ajouter le sucre et faire cuire encore 5 min. Incorporer les fruits confits et le rhum de macération, bien mélanger et retirer du feu. Laisser refroidir.

5 Mettre la gélatine à tremper dans un peu d'eau froide.

6 Préparer la crème anglaise et, en fin de cuisson, lui ajouter la gélatine essorée et le reste du rhum. Passer la crème au tamis fin et la laisser refroidir.

7 Préparer la crème Chantilly avec le sucre vanillé.

8 Mélanger le riz et la crème anglaise quand ils sont froids. Ajouter la chantilly en tournant doucement.

9 Verser le tout dans un moule à savarin de 22 cm de diamètre et mettre au réfrigérateur pendant 3 ou 4 h.

10 Pour démouler : tremper le moule quelques secondes dans un plat rempli d'eau bouillante et le retourner sur le plat de service.

11 Décorer avec les cerises confites coupées en deux.

Préparation : 1 h ■ **Cuisson :** 25 min
■ **Réfrigération :** 3-4 h

Riz au lait

Pour 4-6 personnes (1,2 kg environ)

- 9 dl de lait
- 1 gousse de vanille ou 1 pincée de cannelle en poudre
- 70 g de sucre
- 1 pincée de sel
- 200 g de riz rond
- 50 g de beurre
- 2-3 jaunes d'œufs

1 Chauffer le lait avec la vanille ou la cannelle, le sucre et 1 pincée de sel. Faire bouillir 1 litre d'eau.

2 Laver le riz et le jeter dans l'eau bouillante. L'égoutter au bout de 2 min et le verser dans le lait bouillant.

3 Baisser le feu et laisser cuire le riz à couvert, très doucement, pendant 30 à 40 min.

4 Ajouter le beurre et les jaunes d'œufs un à un et bien mélanger.

Ce riz au lait peut être servi tiède ou froid avec une crème anglaise, un coulis de framboises ou une compote de pommes.

Préparation : 15 min ■ **Cuisson :** 30-40 min

Sabayon

Pour 4-6 personnes

- 6 jaunes d'œufs
- 150 g de sucre
- 2,5 dl de vin blanc ou de champagne
- 1 zeste de citron non traité

1 Faire chauffer de l'eau dans une casserole.

2 Dans une autre casserole, mélanger ensemble les jaunes d'œufs, le sucre et le vin ou le champagne et le zeste de citron.

3 Poser cette casserole sur la casserole d'eau frémissante et battre vivement le mélange jaunes-sucre-vin jusqu'à ce qu'il mousse et double de volume.

4 Fouetter encore 30 s, retirer le zeste et servir tout de suite.

Le sabayon peut être présenté dans des coupes, avec des gâteaux secs ou des fruits frais.

Préparation : 15 min ■ **Cuisson :** 2-3 min

Scotch pudding

Pour 6-8 personnes

- 200 g de beurre
- 3 dl de lait
- 500 g de mie de pain
- 125 g de sucre semoule
- 375 g de raisins secs (de Corinthe, de Málaga et de Smyrne)
- 175 g de fruits confits en dés
- 4 œufs
- 6 cl de rhum

① Faire ramollir le beurre au bain-marie ou au four à micro-ondes.

② Chauffer le lait.

③ Émietter la mie de pain dans un saladier et verser le lait. Ajouter le beurre, le sucre, les raisins secs et les fruits confits, en mélangeant à chaque fois. Mettre ensuite les œufs entiers un par un et le rhum. Tourner jusqu'à ce que la pâte soit bien homogène.

④ Préchauffer le four à 200 °C.

⑤ Beurrer un moule de 22 cm de diamètre et y verser la pâte. Mettre le moule dans un bain-marie et enfourner pendant 1 h.

Un sabayon (➤ voir recette précédente) parfumé avec 5 cl de rhum peut être servi avec ce pudding, ou une crème anglaise (➤ voir p. 846), parfumée avec 3 cl de madère.

Préparation : 30 min ■ **Cuisson :** 1 h

Semoule au lait

Pour 4-6 personnes (1,5 kg environ)

- 1 l de lait
- 150 g de sucre
- 1 pincée de sel
- 1 gousse de vanille
- 250 g de semoule
- 75-100 g de beurre

① Préchauffer le four à 180 °C.

② Faire chauffer le lait avec le sucre, le sel et la gousse de vanille ouverte. Quand il bout, verser la semoule en pluie, tourner, puis ajouter le beurre et bien mélanger.

③ Étaler la semoule dans un plat à gratin, la recouvrir d'une feuille d'aluminium ou de papier sulfurisé beurrée et cuire pendant 30 min.

On peut ajouter des raisins secs, des fruits confits coupés en dés, des abricots ou des pruneaux secs macérés auparavant dans un bol de thé.

Préparation : 10 min ■ **Cuisson :** 30 min

Sorbet au calvados

Pour 0,5 litre de sorbet

- 200 g de sucre semoule
- 3 dl d'eau
- 1 gousse de vanille
- 1 citron
- 1 pincée de cannelle
- 3 blancs d'œufs
- 4-5 verres à liqueur de calvados vieux

1. Faire dissoudre le sucre semoule dans l'eau. Ajouter la gousse de vanille fendue en deux. Porter à ébullition, sans la maintenir trop longtemps, pour obtenir un sirop léger.
2. Retirer du feu, ôter la vanille. Ajouter le jus du citron et la cannelle et bien mélanger.
3. Battre les blancs d'œufs en neige ferme avec une pincée de sel et les ajouter délicatement au sirop. Verser le tout dans la sorbetière.
4. Lorsque le sirop commence à prendre, ajouter 4 ou 5 verres à liqueur de calvados vieux.
5. Battre au fouet quelques secondes et remettre à glacer.

Préparation : 40 min environ

Sorbet au chocolat

Pour 1 litre de sorbet

- 250 g de chocolat noir
- 6 dl d'eau
- 220 g de sucre semoule

1. Râper le chocolat.
2. Faire bouillir l'eau et le sucre jusqu'à obtenir un sirop léger. Y ajouter le chocolat et bien mélanger jusqu'à ce qu'il soit fondu.
3. Porter le mélange de nouveau à ébullition. Le verser dans un saladier, laisser refroidir, puis mettre dans la sorbetière.

Ce sorbet peut s'accompagner d'une crème anglaise tiède ou être présenté dans des coupes avec un sorbet à la menthe et au café.

Préparation : 10 min

Sorbet au thé

Pour 1 litre de sorbet

- 2 c. à soupe de thé
- 6 dl d'eau
- 400 g de sucre semoule
- 3 citrons

1. Préparer le thé avec 6 dl d'eau, le filtrer.
2. Verser le thé dans une casserole, le réchauffer doucement sans le laisser bouillir et y ajouter le sucre semoule et le jus des citrons.
3. Bien mélanger, laisser refroidir et mettre dans la sorbetière.

Préparation : 15 min

Soufflé ambassadrice

Pour 6-8 personnes

- 80 g d'amandes effilées
- 3 cl de rhum
- 8 macarons
- 800 g de crème pâtissière (➤ voir p. 852)
- 1 c. à café de vanille liquide
- 12 blancs d'œufs
- 10 g de beurre

1. Faire macérer les amandes dans le rhum pendant 15 min.
2. Hacher les macarons au couteau.
3. Préparer la crème pâtissière en lui ajoutant la vanille liquide, les macarons écrasés et les amandes avec le rhum de macération. Mélanger délicatement.
4. Préchauffer le four à 200 °C.
5. Battre les blancs en neige très ferme et les incorporer à la crème.
6. Beurrer un moule à soufflé, y verser la préparation et enfourner. Au bout de 5 min, baisser le four à 180 °C et cuire encore 25 min.

Préparation : 40 min ■ **Cuisson :** 30 min

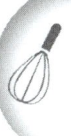

Soufflé au chocolat

Pour 6 personnes

- 200 g de chocolat noir
- 6 œufs
- 40 g de fécule de maïs
- 120 g de sucre semoule
- 1 sachet de sucre vanillé
- 15 g de beurre
- sucre glace

1. Casser le chocolat en morceaux, le mettre dans une casserole à fond épais avec 1 cuillerée à soupe d'eau et le faire fondre au bain-marie ou au micro-ondes.
2. Casser les œufs en séparant les blancs des jaunes. Tamiser la fécule et la mélanger avec 60 g de sucre semoule.
3. Incorporer au chocolat fondu les jaunes d'œufs deux par deux, puis le sucre vanillé et enfin le mélange de fécule et de sucre.
4. Préchauffer le four à 220 °C.
5. Battre les blancs d'œufs en neige très ferme. Leur ajouter 50 g de sucre semoule. Incorporer les blancs en neige à la préparation au chocolat en soulevant la masse sans trop la battre.

6. Beurrer un moule à soufflé de 16 cm de diamètre et le poudrer avec 10 g de sucre. Verser la préparation dans le moule et enfourner de 25 à 30 min. Sortir le soufflé du four, poudrer de sucre glace et servir.

Préparation : 30 min ■ **Cuisson :** 30 min environ

Soufflé au Grand Marnier

Pour 6 personnes

- 2,5 dl de lait
- 70 g de sucre
- 70 g de beurre
- 50 g de farine
- 1 sachet de sucre vanillé
- 3 œufs
- 1 verre à liqueur de Grand Marnier

1. Chauffer le lait avec 40 g de sucre.
2. Faire fondre le beurre dans une grande casserole. Quand il commence à mousser, mettre la farine. Bien mélanger et ajouter 1 sachet de sucre vanillé, puis verser le lait bouillant et sucré d'un seul coup. Porter à ébullition, puis baisser le feu et faire cuire 8 min en remuant pour dessécher la pâte.
3. Casser les œufs en séparant les blancs des jaunes.
4. Hors du feu, incorporer les jaunes ainsi que le Grand Marnier. Préchauffer le four à 200 °C. ➡

5️⃣ Battre les blancs en neige et les ajouter en soulevant la pâte délicatement.

6️⃣ Beurrer et poudrer de sucre un moule à soufflé de 18 cm de diamètre et y verser la pâte. Faire cuire pendant 20 min. Servir immédiatement.

Préparation : 15 min ◼ **Cuisson :** 30 min environ

Subrics d'entremets de riz

Pour 4-6 personnes

- 100 g de fruits confits coupés en dés
- 5 cl de Grand Marnier
- 500 g de riz au lait (➤ voir p. 871)
- 100 g de beurre
- 150 g de gelée de groseilles ou de framboises, ou de marmelade d'abricots

1️⃣ Mettre à macérer les fruits confits dans le Grand Marnier.

2️⃣ Préparer le riz au lait. Le mélanger avec les fruits confits.

3️⃣ Faire fondre 50 g de beurre dans une casserole.

4️⃣ Mettre une feuille de papier sulfurisé sur une plaque. Avec une spatule, étaler le riz aux fruits confits sur une épaisseur de 4 à 6 mm. Le badigeonner de beurre avec un pinceau, puis mettre au réfrigérateur pendant 30 min.

5️⃣ Détailler le riz aux fruits confits en disques ou en carrés, avec un emporte-pièce ou un couteau.

6️⃣ Chauffer le reste du beurre dans une poêle à revêtement antiadhésif et y faire dorer les subrics des deux côtés.

7️⃣ Au fur et à mesure, dresser les subrics sur le plat de service et les garnir d'une cuillerée de gelée ou de marmelade.

subrics de semoule :
procéder de la même façon en remplaçant le riz au lait par de la semoule au lait (➤ voir p. 872), avec ou sans fruits confits.

Préparation : 30 min ◼ **Cuisson :** 10 min

Tapioca au lait

Pour 4-6 personnes

- 1 l de lait
- 1 pincée de sel
- 20 g de sucre
- 1 gousse de vanille ou 1/2 c. à café d'eau de fleur d'oranger
- 80 g de tapioca

1. Faire bouillir le lait avec 1 pincée de sel, le sucre et la vanille ou l'eau de fleur d'oranger.
2. Verser le tapioca en pluie, mélanger et cuire 10 min en remuant régulièrement avec une cuillère en bois.
3. Retirer la gousse de vanille. Servir cette crème chaude ou complètement refroidie.

On peut ajouter à ce tapioca des raisins secs ou des fruits confits.

Préparation : 10 min ■ **Cuisson :** 10 min

Tiramisu

Pour 6-8 personnes

- 2 dl de café très fort
- 8 œufs
- 160 g de sucre semoule
- 5 dl d'eau
- 1 kg de mascarpone
- 250 g de biscuits à la cuillère
- 8 cl de marsala
- cacao non sucré

1. Préparer le café.
2. Casser les œufs en séparant les blancs et les jaunes.
3. Mélanger le sucre et l'eau et faire fondre sur feu doux. Lorsque le sirop est limpide, laisser bouillir 2 ou 3 min jusqu'au petit boulé (une goutte de sirop plongée dans l'eau froide doit former une boule molle).

4. Verser le sirop sur les blancs en fouettant sans arrêt jusqu'à complet refroidissement.
5. Mettre le mascarpone dans un saladier et le mélanger avec les jaunes d'œufs, puis ajouter les blancs au sucre.

6. Tremper la moitié des biscuits à la cuillère dans le café, les disposer dans un plat à gratin et les arroser de marsala. Recouvrir avec la moitié de la crème au mascarpone. Remettre une autre couche de biscuits imbibés de café et le restant de la crème.
7. Placer le plat au réfrigérateur pendant 2 h au moins.
8. Poudrer de cacao avant de servir.

Préparation : 30 min ■ **Réfrigération :** 2 h

Vacherin glacé

Pour 6-8 personnes

- 1 l de glace à la vanille
  (➤ voir p. 859)
- 300 g de meringue
  française (➤ voir p. 972)
- 200 g de crème Chantilly
  (➤ voir p. 849)

Pour la décoration

- 250 g de fraises
- 300 g de framboises

1. Préparer la glace à la vanille (on peut aussi employer une glace du commerce).
2. Préchauffer le four à 120 °C.
3. Préparer la meringue, la verser dans une poche à douille de 1 cm.
4. Sur une plaque (ou deux) recouverte de papier sulfurisé, dresser en spirale 2 coques de 20 cm de diamètre et 16 coques de 8 cm de long et 3 cm de large.
5. Mettre au four 1 h à 120 °C, puis cuire encore 3 h à 100 °C. Laisser refroidir complètement.
6. Poser le premier disque de meringue dans un cercle de 22 cm de diamètre et de 6 cm de hauteur et le recouvrir avec toute la glace à la vanille. Poser par-dessus le second disque de meringue et mettre au congélateur pendant 2 h.
7. Préparer la crème Chantilly et l'introduire dans une poche à douille cannelée.
8. Sortir le vacherin et attendre 3 à 5 min.
9. Retirer le cercle. Déposer une couronne de crème Chantilly sur les bords du vacherin et y coller les coques de meringue. Tracer une couronne de rosaces de chantilly sur le dessus et remettre au congélateur pendant 30 min.
10. Laver rapidement les fraises et les égoutter. Trier les framboises. Garnir le centre du vacherin avec ces fruits au moment de servir.

Ce dessert peut être préparé avec une autre glace ou un autre sorbet et décoré avec des copeaux de chocolat ou des fruits confits.

Préparation : 1 h ■ **Congélation :** 2 h 30
■ **Cuisson :** 1 h + 3 h

LES DESSERTS AUX FRUITS

Il faut toujours choisir des fruits à maturité, surtout les fruits à noyau. Ce conseil est également valable si l'on fait des confitures. Bien lire les ardoises qui précisent la catégorie et la provenance, et tenir compte de la variété conseillée dans la recette. Quant aux agrumes, les acheter non traités quand on doit utiliser les zestes. Enfin, on trouve dans le commerce toutes sortes de fruits surgelés d'excellente qualité.

Abricots

Abricots Bourdaloue

Pour 6-8 personnes

- 600 g de semoule au lait (➤ voir p. 872)
- 500 g d'abricots frais (ou au sirop) dont 8 gros
- 700 g de sucre
- 5 cl de kirsch
- 1 gousse de vanille
- 2 macarons

❶ Préparer la semoule au lait. En verser les deux tiers dans un plat à gratin de 24 cm.

❷ Dénoyauter les abricots. Mettre de côté 8 gros fruits soigneusement ouverts en deux. Couper les autres en morceaux et les passer au mixeur ou au moulin à légumes.

❸ Mélanger 2 dl d'eau avec 50 g de sucre, faire chauffer pour bien dissoudre le sucre, ajouter la purée d'abricot et laisser bouillir 5 min en remuant avec une cuillère en bois.

❹ Passer cette purée au tamis (ou dans une passoire fine), ajouter le kirsch et garder cette sauce au chaud.

❺ Préchauffer le four à 230 °C.

❻ Verser 0,5 litre d'eau dans une casserole, y ajouter la gousse de vanille ouverte en deux et le reste du sucre (en réserver 1 cuillerée à soupe), faire bouillir puis baisser le feu.

❼ Mettre les moitiés d'abricots réservés à pocher 10 min dans ce sirop. Les égoutter et les éponger. (Garder le sirop pour une autre utilisation.)

❽ Hacher les macarons au couteau.

❾ Disposer les demi-abricots sur la surface de la semoule, les recouvrir avec le reste de la semoule au lait et parsemer de brisures de macarons écrasés et de sucre. Mettre au four pendant 7 à 10 min. ➜

10 Servir la sauce à l'abricot séparément.

Ce dessert Bourdaloue peut également être réalisé avec des poires ou des pêches, ou encore des bananes. On peut aussi utiliser des fruits au sirop.

Préparation : 40 min ■ **Cuisson :** 7-10 min

Abricots confits à l'eau-de-vie

Pour 1 bocal de 1,5 litre

- 1 kg d'abricots
- 500 g de sucre
- 7 dl d'eau-de-vie
- 1 gousse de vanille

1 Laver et dénoyauter les abricots. Faire bouillir de l'eau dans une casserole et les y plonger pendant 5 min. Les égoutter.

2 Dans la casserole, mélanger 1 litre d'eau avec le sucre et porter à ébullition. Plonger les abricots dans le sirop bouillant pendant 2 min puis verser le tout dans un saladier. Laisser macérer pendant 2 jours.

3 Égoutter les abricots et les mettre dans le bocal. Les recouvrir d'eau-de-vie et compléter avec le sirop. Ajouter la gousse de vanille. Fermer le bocal et le retourner une ou deux fois pour que le mélange se fasse.

4 Garder un mois au frais et au sec, à l'abri de la lumière, avant de consommer.

Préparation : 10 min ■ **Macération :** 2 jours

Abricots au sirop

Pour 1 bocal de 1,5 litre

- 1 kg d'abricots
- 500 g de sucre semoule

1 Laver et dénoyauter les abricots et les mettre dans un saladier.

2 Dans une casserole, verser 1 litre d'eau et le sucre, et porter à ébullition. Recouvrir les abricots avec ce sirop. Laisser macérer pendant 3 h.

3 Égoutter les abricots et les ranger dans le bocal.

Faire bouillir le sirop pendant 1 ou 2 min et le verser sur les abricots. Boucher aussitôt le bocal.

④ Stériliser le bocal en le plongeant dans une marmite d'eau bouillante pendant 10 min.

Préparation : 30 min ■ **Macération :** 3 h
■ **Cuisson :** 15-20 min

• •

Charlotte aux abricots

Pour 6-8 personnes

- 100 g de fruits confits en dés
- 100 g de raisins secs
- 1 dl de rhum
- 140 g de sucre
- 2 feuilles de gélatine
- 1 grande boîte d'abricots au sirop
- 1 citron
- 36 biscuits à la cuillère

① Mettre les fruits confits et les raisins à macérer dans 0,6 dl de rhum.

② Dans une casserole, verser 40 g de sucre dans 1 dl d'eau, porter à ébullition. Laisser le sirop tiédir hors du feu et ajouter le reste du rhum.

③ Faire tremper les feuilles de gélatine dans de l'eau froide.

④ Égoutter les abricots (recueillir le sirop) et les mixer ou les passer au presse-purée.

⑤ Ajouter le jus de citron, le sirop d'abricot et le reste du sucre. Mettre 3 cuillerées de cette purée dans un bol, y mélanger la gélatine essorée puis verser le tout dans le reste de purée et bien mélanger de nouveau.

⑥ Égoutter les raisins et les fruits confits.

⑦ Tremper les biscuits un par un dans le sirop au rhum et en tapisser le fond d'un moule carré de 22 cm de côté. Étaler par-dessus une couche de fruits confits et de raisins secs, une couche de purée d'abricot et une couche de biscuits imbibés. Continuer en alternant les couches et terminer par des biscuits.

⑧ Mettre la charlotte au réfrigérateur pendant 24 h.

⑨ Démouler la charlotte et la napper du reste de purée d'abricot.

Préparation : 30 min ■ **Réfrigération :** 24 h

Compote d'abricots

Pour 4-6 personnes

- 700 g d'abricots
- 75 g de sucre semoule
- 3 feuilles de gélatine
- 2 cl d'eau-de-vie
  d'abricot

1 Laver et dénoyauter les abricots et les passer au mixeur ou au moulin à légumes. Ajouter le sucre à cette purée et mélanger.

2 Faire tremper la gélatine, puis l'égoutter. Mettre le quart de la purée d'abricot dans une casserole, ajouter l'eau-de-vie d'abricot et la gélatine essorée et chauffer doucement en mélangeant pour faire fondre la gélatine.

3 Verser cette préparation dans le restant de purée d'abricot en fouettant vigoureusement. Mettre au réfrigérateur jusqu'au moment de servir.

Préparation : 10 min ■ **Cuisson :** 2 min

Confiture d'abricots

Pour 1 kg de confiture

- 600 g d'abricots
- 6 amandes d'abricot
- 450 g de sucre semoule
- 1 citron
- 1 gousse de vanille

1 Laver et dénoyauter les abricots. Casser 6 noyaux, sortir les amandes. Mettre les abricots dans une terrine, poudrer de sucre, ajouter le jus de citron et laisser macérer 24 h.

2 Égoutter les abricots dans une passoire placée sur la bassine à confiture. Ajouter, dans le sirop écoulé, la gousse de vanille ouverte en deux et les amandes d'abricot. Cuire ce sirop à feu doux pendant 5 min environ.

3 Ajouter les abricots, baisser encore le feu et cuire pendant 20 min.

4 Mettre la confiture d'abricots dans des pots ébouillantés, les fermer immédiatement et les laisser retournés pendant 24 h.

Préparation : 1 h ■ **Macération :** 24 h
■ **Cuisson :** 30 min environ

Coulis d'abricots

Pour 5 dl de coulis

- 700 g d'abricots
- 50 g de sucre
- 1 citron

Laver et dénoyauter les abricots. Les mixer, ajouter le sucre et le jus de citron.

Préparation : 15 min

Pannequets aux abricots

Pour 4 personnes

- 350 g de pâte à crêpes sucrée
- 150 g de crème pâtissière (➤ voir p. 852)
- 2 c. à soupe de rhum
- 8 abricots au sirop
- 50 g d'amandes effilées
- 10 g de beurre
- 20 g de sucre

1. Préparer la pâte à crêpes (➤ voir p. 968) et la laisser reposer 1 h.
2. Confectionner la crème pâtissière en lui ajoutant le rhum.
3. Égoutter les abricots, les couper en dés et les mettre dans la crème avec les amandes.
4. Beurrer un plat à gratin. Préchauffer le four à 250 °C.
5. Cuire 8 crêpes.
6. Garnir ces crêpes de la crème. Les rouler et les disposer dans le plat, poudrer de sucre et enfourner pendant 8 à 10 min. Servir brûlant.

Préparation : 1 h ■ **Repos :** 1 h
■ **Cuisson :** 10 min

Sorbet à l'abricot

Pour 1 litre de sorbet

- 1,2 kg d'abricots
- 200 g de sucre
- 2 citrons

1. Laver et dénoyauter les abricots. Les passer au mixeur.
2. Ajouter le sucre, le jus de citron et 3 dl d'eau, bien mélanger et mettre dans la sorbetière.

Préparation : 10 min

Airelles

Compote d'airelles

Pour 8-10 personnes

- 1 kg d'airelles
- 1/2 citron
- 500 g de sucre semoule
- 20 dl d'eau

1. Égrapper et laver les airelles.
2. Râper le zeste de citron.
3. Mélanger le sucre semoule, le zeste et l'eau et faire bouillir pendant 5 min.
4. Verser les airelles et les cuire pendant 10 min à feu vif. Les égoutter dans un compotier.
5. Faire réduire le sirop d'un tiers environ et le verser sur les fruits.
6. Mettre pendant 1 h au moins au réfrigérateur.

Préparation : 15 min ■ **Cuisson :** 15 min
■ **Réfrigération :** 1 h

Amandes

Amandes mondées

Pour 100 g d'amandes

- 100 g d'amandes sèches

1. Faire bouillir de l'eau dans une casserole.
2. Mettre les amandes dans une passoire, plonger celle-ci dans la casserole, puis retirer du feu.
3. Dès que la peau des amandes cède sous le doigt, en égoutter quelques-unes, les éplucher aussitôt, les plonger dans de l'eau froide. Faire de même avec le reste des amandes. Les égoutter et les éponger.
4. Étaler les amandes sur la plaque du four et les faire sécher à feu très doux dans le four jusqu'au début de coloration.
5. Conserver les amandes dans une boîte hermétique ou un bocal bien clos, à l'abri de la lumière.

Préparation : 15-20 min

Crêpes aux amandes

Pour 6 personnes

- 1 kg de pâte à crêpes sucrée (➤ voir p. 968)
- 500 g de crème pâtissière (➤ voir p. 852)
- 75 g de poudre d'amande
- 3 cl de rhum
- sucre glace

1 Préparer la pâte à crêpes et la laisser reposer 1 h.
2 Confectionner la crème pâtissière en y ajoutant la poudre d'amande et le rhum. Bien mélanger.
3 Préchauffer le four à 250 °C.
4 Faire 12 crêpes, les garnir au fur et à mesure de crème pâtissière à l'amande et les rouler.
5 Disposer dans un plat à gratin beurré, poudrer de sucre glace et dorer au four pendant 5 min.
6 Servir immédiatement.

Préparation : 30 min ■ **Repos :** 1 h
■ **Cuisson :** 30 min

Lait d'amande

Pour 0,5 litre de lait d'amande

- 100 g de sucre semoule
- 170 g de poudre d'amande
- 1 c. à soupe de kirsch
- 1 goutte d'essence d'amande amère

1 Faire bouillir 2,5 dl d'eau avec le sucre, puis retirer la casserole du feu. Y ajouter la poudre d'amande et le kirsch, en mélangeant bien.
2 Passer cette préparation au mixeur. Poser une passoire sur une terrine et filtrer.
3 Laisser reposer le lait d'amande pendant 12 h au moins au réfrigérateur.
4 Juste avant l'utilisation, ajouter l'essence d'amande amère et bien mélanger.

Préparation : 10 min
■ **Réfrigération :** 12 h au moins

Ananas

Ananas Condé

Pour 4-6 personnes

- 800 g de riz au lait
  (➤ voir p. 871)
- 1 ananas
- 5 cl de kirsch
- 30 g de sucre
- 20 g de cerises confites
- 25 g d'angélique confite

1 Préparer le riz au lait et le verser dans un moule à savarin de 22 cm de diamètre. Le mettre au réfrigérateur pendant 3 ou 4 h.

2 Éplucher l'ananas, en couper 8 tranches, évider leur centre et les mettre à macérer pendant 30 min dans le kirsch avec le sucre.

3 Démouler le riz en trempant le moule 5 s dans de l'eau bouillante et le retourner sur le plat de service. Disposer les tranches d'ananas au centre.

4 Décorer avec les cerises confites et l'angélique taillée en losanges.

Préparation : 40 min ■ **Réfrigération :** 3-4 h
■ **Macération :** 30 min

Ananas confit

Pour 20 tranches environ

- 1 gros ananas
- sucre semoule

1 Couper le haut et la base de l'ananas et l'éplucher avec un couteau-scie. Le détailler en tranches de 1 cm d'épaisseur. Enlever le centre de chaque tranche.

2 Peser ces tranches, les mettre dans une casserole en Inox avec 3,5 dl d'eau pour 500 g de fruit et les cuire à feu modéré pendant 12 min, jusqu'à ce qu'elles soient tendres. Les sortir de l'eau et les déposer sur une grille pour qu'elles égouttent pendant 1 h au moins. Garder le jus de cuisson.

3 Peser ce jus, ajouter 180 g de sucre par 3 dl de jus. Mélanger et faire cuire à feu modéré, en remuant jusqu'à l'ébullition. Le sucre doit être dissous.

4 Poser les tranches d'ananas les unes à côté des autres dans un grand plat. Verser dessus le sirop

bouillant. Couvrir avec une feuille de papier sulfurisé : les fruits doivent bien baigner dans le liquide. Laisser ainsi macérer pendant 24 h.

5 Le lendemain, sortir les tranches d'ananas du sirop avec une écumoire et les mettre à égoutter sur une grille posée sur un plat creux.

6 Verser dans un verre gradué le sirop contenu dans le plat de macération et celui recueilli sous les tranches d'ananas. Mesurer la quantité de sirop et ajouter 60 g de sucre pour 3 dl de sirop. Faire bouillir.

7 Remettre les ananas dans le plat et arroser avec le sirop bouillant. Couvrir et laisser macérer encore 24 h.

8 Les 6 jours suivants, répéter exactement la même opération. Le 8e jour, ajouter 90 g de sucre pour 3 dl de sirop, faire de même et laisser reposer 48 h.

9 Le 10e jour, recommencer l'opération et faire macérer pendant 4 jours.

10 Le 14e jour, égoutter les tranches sur la grille et les mettre alors à sécher dans un endroit chaud et sec (35 °C au maximum) pendant 3 jours.

11 L'ananas confit est prêt quand il ne colle plus aux doigts. Le conserver dans une boîte hermétique en couches séparées par du papier sulfurisé.

Préparation : 15 jours ■ **Macération :** 14 jours

Ananas glacé à la bavaroise

Pour 6 personnes

- 500 g de bavarois à la crème (➤ voir p. 839)
- 1 gros ananas
- 1 dl de rhum blanc
- 70 g de noix de coco râpée

1 Préparer la crème bavaroise et la mettre en réserve au réfrigérateur.

2 Couper l'ananas à 1,5 cm au-dessous de la couronne et conserver celle-ci. Retirer la pulpe en en laissant une épaisseur de 1 cm environ à l'intérieur de l'écorce. En couper 200 g en petits dés et les faire macérer pendant 1 h dans 0,5 dl de rhum. ➔

3 Passer le reste de la pulpe (150 g environ) au moulin à légumes ou au robot et la mettre à macérer dans le reste du rhum.

4 Mélanger la pulpe et les dés d'ananas avec la crème bavaroise. Ajouter ensuite la noix de coco râpée. Verser le mélange dans l'écorce de l'ananas.

5 Mettre à glacer le tout au réfrigérateur pendant 2 h environ. Replacer le chapeau sur l'ananas au moment de servir.

Préparation : 45 min ■ **Macération :** 1 h
■ **Réfrigération :** 2 h

Ananas glacé à la créole

Pour 4-6 personnes

- 1 ananas
- 200 g de fruits confits coupés en dés
- 5 cl de rhum
- 1 l de sorbet ananas-vodka (➤ voir p. 890)
- glace pilée

1 Couper le haut de l'ananas et le conserver au frais pour que les feuilles ne se fanent pas.

2 Faire macérer les fruits confits dans le rhum.

3 Évider l'ananas et mettre l'écorce dans le congélateur.

4 Préparer le sorbet à l'ananas ou sortir du congélateur celui acheté dans le commerce.

5 Égoutter les fruits confits.

6 Mettre une couche de sorbet au fond de l'ananas. Ajouter ensuite un peu de fruits confits, une couche de glace, puis des fruits confits et ainsi de suite jusqu'en haut de l'ananas. Replacer le chapeau et mettre l'ananas au congélateur.

7 Sortir l'ananas 1 h avant de le servir et le dresser alors dans une coupe, sur de la glace pilée.

Préparation : 35 min

Ananas en surprise

Pour 4-6 personnes

- 1 ananas
- 100 g de sucre semoule
- 5 cl de rhum
- 950 g de crème pâtissière (➤ voir p. 852)
- 1 dl de crème fraîche
- 6-8 fraises

① Couper l'ananas en deux dans le sens de la hauteur et l'évider en veillant à ne pas percer l'écorce. Garder quelques lamelles de pulpe pour la décoration. Détailler la pulpe en petits dés et la mettre à macérer avec le sucre et le rhum pendant 2 h environ.

② Préparer la crème pâtissière en gardant de côté 3 blancs d'œufs.

③ Égoutter les dés d'ananas et ajouter leur jus de macération à la crème. Mélanger et mettre au réfrigérateur pendant 2 h.

④ Battre les blancs en neige très ferme. Les mélanger peu à peu et délicatement à la crème pâtissière, puis ajouter les dés d'ananas et la crème fraîche.

⑤ Laver rapidement les fraises.

⑥ Remplir largement chaque moitié d'ananas de cette préparation. Décorer avec les lamelles d'ananas et les fraises et mettre dans le réfrigérateur jusqu'au moment de servir.

Préparation : 40 min ■ **Macération :** 2 h
■ **Réfrigération :** 2 h

Coupes Jamaïque

Pour 6 personnes

- 160 g de raisins secs
- 1 dl de rhum
- 1 ananas frais ou 1 grande boîte d'ananas en dés
- 0,5 l de glace au café du commerce

① Rincer les raisins et les faire macérer 1 h dans le rhum. Mettre 6 coupes au réfrigérateur.

② Couper la pulpe d'ananas en dés (ou égoutter l'ananas en conserve). Répartir les dés dans les coupes et recouvrir de glace au café. Égoutter les raisins et les disposer sur le dessus.

③ Garder au réfrigérateur jusqu'au moment de servir.

Préparation : 10 min ■ **Macération :** 1 h

Pannequets à la créole

Pour 4 personnes

- 350 g de pâte à crêpes sucrée (➤ voir p. 968)
- 150 g de crème pâtissière (➤ voir p. 852)
- 2 c. à soupe de rhum
- 4 tranches d'ananas au sirop
- 10 g de beurre
- 20 g de sucre

① Préparer la pâte à crêpes et la laisser reposer.

② Pendant ce temps, confectionner la crème pâtissière en lui ajoutant le rhum.

③ Égoutter les tranches d'ananas, les couper en petits dés et les mélanger à la crème.

④ Beurrer un plat à gratin. Préchauffer le four à 250 °C.

⑤ Faire les crêpes. Les garnir de la crème aux dés d'ananas. Les rouler et les disposer dans le plat, poudrer de sucre et enfourner pendant 8 à 10 min. Servir brûlant.

Préparation : 1 h ■ **Cuisson :** 10 min environ

Sorbet ananas-vodka

Pour 8 personnes (1 litre environ)

- 2 ananas
- 300 g de sucre semoule
- 1 ou 2 citrons
- 1 blanc d'œuf
- 1 dl de vodka

① Éplucher les ananas, les couper en quatre et retirer la partie centrale. Couper la pulpe en cubes.

② Verser le sucre dans une casserole, ajouter 3 dl d'eau et faire bouillir 10 min. Ajouter les cubes d'ananas et les cuire 20 min à feu doux en les retournant dans le sirop. Les égoutter et réserver ce sirop.

③ Mixer l'ananas pour obtenir 9 dl de purée. Ajouter à cette purée 3 cuillerées à soupe de jus de citron et le blanc d'œuf légèrement battu. Verser la préparation dans une sorbetière et faire congeler.

④ Lorsque le sorbet est bien pris, le battre pour le rendre mousseux. Le répartir dans des coupes de service et les mettre dans le congélateur.

⑤ Au moment de servir, arroser chaque coupe avec 2 cuillerées à soupe de vodka bien glacée.

Préparation : 20 min ■ **Cuisson :** 30 min

Bananes

Banana split

Pour 4 personnes

- 200 g de meringue française (➤ voir p. 972) ou 8 meringues du commerce
- 1 citron
- 4 bananes
- 4 dl de coulis de fraises (➤ voir p. 912)
- 300 g de crème Chantilly (➤ voir p. 849)
- 0,5 l de glace à la vanille (➤ voir p. 859) ou de glace du commerce
- 50 g d'amandes effilées

① Préparer la meringue la veille si l'on n'emploie pas des meringues du commerce.

② Préchauffer le four à 120 °C. Mettre la meringue dans une poche à douille cannelée n(?10. Déposer des rosaces groupées trois par trois sur une plaque recouverte de papier sulfurisé. Former ainsi 8 meringues. Mettre au four 1 h à 120 °C, puis 3 h à 90-100 °C.

③ Presser le citron en recueillant le jus dans un saladier. Éplucher les bananes, les couper en deux dans le sens de la longueur et les mettre dans le jus de citron pour les empêcher de noircir.

④ Préparer le coulis de fraises et la crème Chantilly. Mettre celle-ci dans une poche à douille cannelée.

⑤ Placer 2 demi-bananes dans chaque coupe, déposer entre elles 2 boules de glace à la vanille et 1 meringue de chaque côté. Arroser de coulis de fraises, parsemer d'amandes effilées. Décorer avec la crème Chantilly.

Préparation : 40 min ■ **Cuisson :** 4 h

Bananes Beauharnais

Pour 6 personnes

- 6 bananes
- 10 g de beurre
- 30 g de sucre
- 4 c. à soupe de rhum blanc
- 100 g de macarons
- 1,5 dl de crème fraîche

① Préchauffer le four à 220 °C. Beurrer un plat à gratin. Éplucher les bananes et les disposer dans le plat. Les poudrer de sucre et les arroser avec le rhum. Enfourner pendant 6 à 8 min.

② Émietter les macarons.

③ Arroser les bananes de crème, parsemer avec les macarons et remettre au four pendant 3 ou 4 min pour glacer le dessus. Servir immédiatement.

Préparation : 15 min ■ **Cuisson :** 10-12 min

Bananes à la créole

Pour 4 personnes

- 4 bananes
- 2 oranges
- 40 g de raisins secs
- 30 g de beurre
- 40 g de sucre semoule
- 1 sachet de sucre vanillé
- 1 dl de rhum

1. Éplucher les bananes et les couper en deux dans le sens de la longueur. Presser les oranges.
2. Rincer rapidement les raisins secs sans les faire tremper.
3. Mettre le plat de service à chauffer au four ou au four à micro-ondes.
4. Mettre le beurre à fondre dans une poêle à revêtement antiadhésif, y déposer les bananes et les faire dorer. Ajouter le sucre, le sucre vanillé, le jus d'orange et les raisins secs. Lorsque l'ébullition se produit, verser la moitié du rhum. Laisser mijoter 2 ou 3 min.
5. Ajouter les bananes et leur sauce dans le plat de service bien chaud. Faire chauffer le reste de rhum dans une petite casserole, en arroser les bananes et flamber. Servir immédiatement.

Préparation : 10 min ■ **Cuisson :** 15 min

Bananes flambées

Pour 4 personnes

- 4 bananes
- 30 g de beurre
- 40 g de sucre semoule
- 1 dl de rhum
- 4 c. à soupe de crème fraîche

1. Éplucher les bananes et les couper en deux dans le sens de la longueur. Mettre le plat de service à chauffer au four ou au four à micro-ondes.
2. Mettre le beurre à fondre dans une poêle à revêtement antiadhésif, y déposer les bananes et les faire dorer. Ajouter le sucre et la moitié du rhum. Cuire les bananes 10 min environ en les retournant. Les disposer dans le plat de service bien chaud.
3. Faire chauffer le reste de rhum dans une petite casserole, en arroser les bananes et flamber.
4. Servir la crème fraîche à part.

Préparation : 10 min ■ **Cuisson :** 10 min

Beignets de bananes

Pour 4 personnes

- 500 g de pâte à beignets
  (➤ voir p. 108)
- 4 bananes
- 5 cl de rhum
- huile de friture
- 50 g de sucre cristallisé
- 1 pincée de cannelle

1 Préparer la pâte à beignets et la laisser reposer.

2 Éplucher les bananes, les couper en deux dans le sens de la longueur et les faire macérer pendant 1 h dans le rhum.

3 Chauffer la friture.

4 Piquer les bananes sur une pique à long manche, les tourner dans la pâte, les plonger dans la friture. Les retirer quand elles sont dorées et les poudrer du sucre mélangé avec la cannelle.

Préparation : 20 min ■ **Macération :** 1 h
■ **Repos de la pâte :** 1 h ■ **Cuisson :** 15 min environ

Soufflé aux bananes

Pour 6-8 personnes

- 2 dl de lait
- 1 gousse de vanille
- 70 g de sucre semoule
- 50 g de beurre
- 1 citron
- 8 bananes bien mûres
- 20 g de farine tamisée
- 4 jaunes d'œufs
- 5 cl de kirsch ou de rhum
  (facultatif)
- 6 blancs d'œufs
- 1 pincée de sel

1 Faire bouillir le lait avec la gousse de vanille (coupée en deux dans la longueur et grattée) et 60 g de sucre. Retirer du feu et laisser infuser jusqu'à complet refroidissement.

2 Faire ramollir 40 g de beurre.

3 Presser le citron. Éplucher les bananes et les citronner pour les empêcher de noircir. Les passer au mixeur ou au moulin à légumes (grille la plus fine).

4 Mettre la farine dans une casserole et y verser peu à peu le lait bouilli, en mélangeant bien. Cuire pendant 2 min en fouettant, retirer du feu, puis ajouter la purée de banane, les jaunes d'œufs et le beurre ramolli.

5 Parfumer éventuellement au kirsch ou au rhum.

6 Préchauffer le four à 200 °C.

7 Battre les blancs en neige très ferme avec une pincée de sel et les ajouter à la crème, en tournant toujours dans le même sens pour ne pas les casser. ➡

8 Beurrer et poudrer de sucre un moule à soufflé de 20 cm de diamètre, y verser la préparation et mettre au four pendant 30 min.

Préparation : 40 min ■ **Cuisson :** 30 min

Cassis

Charlotte glacée au cassis

Pour 4-6 personnes

- 0,5 dl de sirop de cassis
- 24 biscuits à la cuillère
- 0,5 l de sorbet au cassis du commerce
- 150 g de cassis frais ou au sirop
- 500 g de crème anglaise (➤ voir p. 846)

1 Diluer le sirop de cassis avec un demi-verre d'eau. Y tremper les biscuits à la cuillère et en garnir le fond et les parois d'un moule à charlotte de 18 cm.

2 Mettre une première couche de sorbet au fond du moule, parsemer de grains de cassis, recouvrir d'une couche de biscuits imbibés et continuer ainsi.

3 Tasser et mettre dans le congélateur pendant au moins 2 h.

4 Pendant ce temps, préparer la crème anglaise et la mettre au réfrigérateur.

5 Démouler la charlotte au dernier moment. Servir la crème anglaise à part.

Préparation : 20 min ■ **Congélation :** 2 h

Coulis de cassis

Pour 0,5 litre de coulis

- 500 g de cassis frais ou surgelé
- 50 g de sucre

1 Égrener et laver le cassis.

2 Le mixer ou le passer au moulin à légumes puis dans une passoire pour éliminer les pépins.

3 Mélanger avec le sucre.

Préparation : 15 min

Sauce au cassis

Pour 2,5 dl de sauce

- 50 g de sucre
- 250 g de cassis frais ou surgelés
- 1 citron

1. Dans une casserole, faire fondre le sucre avec 1 verre d'eau et porter à ébullition.
2. Laver le cassis, puis le mixer.
3. Passer la purée obtenue en appuyant bien avec un pilon ou le dos d'une cuillère. Mélanger le sirop et la purée de fruit, en ajoutant le jus de citron.
4. Mettre au réfrigérateur jusqu'au moment de servir.

Préparation : 15 min

Sorbet au cassis

Pour 1 litre de sorbet

- 400 g de cassis
- 250 g de sucre
- 1/2 citron

1. Laver le cassis et le mettre dans une casserole. Cuire à feu doux pendant 5 à 7 min en écrasant les grains avec une fourchette.
2. Passer cette purée au moulin à légumes puis dans une passoire.
3. Mélanger le sucre avec 4 dl d'eau dans une casserole, porter à ébullition et cuire pendant 5 min.
4. Retirer du feu. Ajouter le jus de citron. Laisser tiédir puis mélanger avec la purée de cassis.
5. Mettre dans la sorbetière et faire prendre.

Préparation : 20 min

Cerises

Beignets de cerises

Pour 30 beignets

- 400 g de pâte à beignets (➤ voir p. 108)
- 300 g de cerises à chair ferme
- 100 g de sucre cristallisé
- 1 pincée de cannelle en poudre
- huile de friture

1 Préparer la pâte à beignets et la laisser reposer 1 h.

2 Chauffer l'huile de friture.

3 Laver les cerises sans les équeuter et les sécher soigneusement.

4 Dans une assiette, mélanger le sucre et la cannelle.

5 Prendre chaque cerise par la queue et la plonger dans la pâte à beignets, puis la lâcher dans le bain de friture à 175 °C. Laisser frire les beignets jusqu'à ce qu'ils soient dorés. Les retirer au fur et à mesure avec une écumoire.

6 Égoutter les beignets sur du papier absorbant puis les passer dans le mélange sucre-cannelle et les servir bien chauds.

Préparation : 20 min ■ **Repos de la pâte :** 1 h
■ **Cuisson :** 15 min

Bordure de riz à la Montmorency

Pour 4-6 personnes

- 150 g de riz rond
- 4 dl de lait
- 1 gousse de vanille
- 300 g de crème pâtissière (➤ voir p. 852)
- 3 c. à soupe de kirsch
- 3 macarons
- 300 g de cerises au sirop
- 20 g de beurre

1 Préparer le riz au lait (➤ voir p. 871) avec le lait et la vanille. Le verser dans un moule à savarin de 18 cm, bien tasser.

2 Préparer la crème pâtissière, y ajouter le kirsch.

3 Émietter les macarons.

4 Préchauffer le four à 275 °C. Égoutter les cerises.

5 Démouler la bordure de riz et en garnir le centre avec des couches alternées de crème pâtissière et de cerises. Terminer par un dôme de cerises.

6 Parsemer avec les macarons. Arroser de beurre fondu et mettre 10 min environ dans le four.

Servir avec un coulis de cassis, de fraises ou de cerises.

Préparation : 40 min ■ **Cuisson :** 10 min

Cerises à l'eau-de-vie

Pour 1 bocal de 2,5 litres

- 1 kg de cerises griottes ou Montmorency
- 1,5 dl d'eau
- 250 g de sucre semoule
- 1 l d'eau-de-vie à 45°

1 Ébouillanter le bocal.

2 Laver les cerises, les sécher, couper la moitié de leur queue et les percer avec une aiguille du côté opposé à la queue. Les ranger dans le bocal.

3 Dans une casserole, verser 1,5 dl d'eau et le sucre, faire bouillir jusqu'à ce que le sirop se colore très légèrement. Retirer du feu, ajouter l'alcool et verser sur les cerises.

4 Fermer le bocal, le mettre dans un endroit frais, à l'abri de la lumière. Attendre 3 mois avant de déguster ces cerises à l'eau-de-vie.

Préparation : 30 min ■ **Cuisson :** 2-3 min

Cerises flambées

Pour 4-6 personnes

- 600 g de cerises
- 2 dl d'eau
- 260 g de sucre
- 2 ou 3 c. à soupe de gelée de groseilles
- 5 cl de marc de Bourgogne

1 Équeuter et dénoyauter les cerises.

2 Préparer un sirop avec 2 dl d'eau et le sucre. Quand il bout, y plonger les cerises, baisser le feu et les cuire pendant 10 min environ.

3 Ajouter la gelée de groseilles et laisser réduire encore 5 ou 6 min à feu doux.

4 Verser les cerises dans le plat de service. Faire chauffer le marc dans une petite casserole, en arroser les cerises, flamber et servir immédiatement.

Préparation : 30 min ■ **Cuisson :** 15 min

Cerises au vinaigre à l'allemande

Pour 1 bocal de 2,5 litres

- 1,5 kg de cerises
- 1 l de vinaigre de vin
- 200 g de cassonade ou de sucre
- 3 clous de girofle
- 1 bâton de cannelle
- noix de muscade

1 Équeuter les cerises, les laver délicatement, les éponger et les dénoyauter. Ébouillanter le bocal, y ranger les fruits.

2 Mélanger le vinaigre et la cassonade (ou le sucre), les clous de girofle, la cannelle et râper un peu de noix de muscade. Faire bouillir le tout, puis laisser refroidir.

3 Recouvrir les cerises de cette préparation, fermer hermétiquement le bocal et le ranger à l'abri de la lumière. Attendre 2 mois avant de consommer.

Préparation : 40 min

Clafoutis

Pour 4 personnes

- 300 g de cerises noires
- 50 g de sucre semoule
- 10 g de beurre
- 100 g de farine
- 1 pincée de sel
- 2 œufs
- 2 dl de lait
- sucre glace

1 Laver et équeuter les cerises. Les mettre dans un saladier, les poudrer avec la moitié du sucre, remuer pour répartir le sucre et laisser macérer 30 min au moins.

2 Préchauffer le four à 180 °C. Beurrer une tourtière ou un moule en porcelaine à feu de 24 cm.

3 Tamiser la farine dans une terrine, ajouter le sel et le reste du sucre.

4 Battre les œufs en omelette, les ajouter et bien mélanger, puis verser le lait et mélanger à nouveau.

5 Disposer les cerises dans la tourtière et les recouvrir de cette préparation. Enfourner et cuire 35 à 40 min.

6 Laisser tiédir et poudrer de sucre glace. Servir froid dans le moule.

clafoutis aux mirabelles :
remplacer les cerises par des mirabelles et mettre 0,3 dl d'eau-de-vie de mirabelle dans la pâte.

Préparation : 15 min ■ **Repos :** 30 min
■ **Cuisson :** 35-40 min

Compote de cerises

Pour 4 personnes

- 600 g de cerises
- 150 g de sucre semoule
- 1 dl d'eau
- 1 verre à liqueur de kirsch

1. Rincer, équeuter et dénoyauter les cerises.
2. Verser 1 dl d'eau avec le sucre semoule dans une casserole et faire cuire pendant 10 à 12 min.
3. Mettre les cerises dans ce sirop et laisser cuire très doucement pendant 8 min environ.
4. Égoutter les fruits et les déposer dans un compotier.
5. Ajouter le kirsch dans le sirop et mélanger. Verser sur les cerises et laisser refroidir. Mettre au réfrigérateur jusqu'au moment de servir.

Préparation : 30 min ■ **Cuisson :** 8-10 min

Confiture de cerises

Pour 1 kg de confiture

- 500 g de cerises dénoyautées
- 450 g de sucre à confiture
- 1 citron

1. Mettre les cerises dans une jatte, les poudrer de sucre, ajouter le jus de citron, mélanger et laisser macérer 24 h.
2. Placer une passoire sur la bassine à confiture ou une casserole, y verser le contenu de la jatte et attendre de 15 à 20 min.
3. Ébouillanter les pots.
4. Faire cuire le sirop recueilli en le remuant. Plonger les fruits dans ce sirop, porter à ébullition et cuire pendant 10 à 15 min en remuant. Bien écumer en fin de cuisson.
5. Verser immédiatement dans les pots, les boucher et les ranger à l'envers jusqu'au lendemain.

Préparation : 1 h ■ **Macération :** 24 h
■ **Cuisson :** 15-20 min environ

Coupes glacées aux griottes

Pour 6 personnes

- 24 cerises griottes à l'eau-de-vie
- 5 cl de kirsch
- 0,5 l de sorbet à la cerise du commerce
- 0,5 l de glace plombières du commerce
- 300 g de crème Chantilly (➤ voir p. 849)
- 80 g de marmelade d'abricots du commerce
- vermicelles de chocolat

1 Faire macérer les griottes dénoyautées dans le kirsch pendant 1 h.
2 Placer 6 coupes à glace au réfrigérateur pendant le même temps ou au congélateur pendant 10 min. Sortir le sorbet à la cerise et la glace plombières du congélateur.
3 Préparer la crème Chantilly.
4 Répartir la marmelade d'abricots dans le fond des coupes. Ajouter 2 boules de sorbet à la cerise et 1 boule ou une quenelle de glace plombières. Disposer les griottes par-dessus.
5 Décorer avec la crème Chantilly et parsemer de vermicelles de chocolat.

Préparation : 30 min ■ **Macération :** 1 h

Crêpes aux cerises

Pour 4-6 personnes

- 650 g de pâte à crêpes sucrée (➤ voir p. 968)
- 400 g de cerises fraîches ou 300 g de cerises au sirop
- 3 c. à soupe d'huile d'arachide
- 200 g de confiture d'oranges
- 30 g de sucre semoule

1 Préparer la pâte à crêpes et la laisser reposer 1 h.
2 Équeuter et dénoyauter les cerises fraîches ou égoutter les cerises au sirop. Les couper en deux et les ajouter à la pâte.
3 Cuire les crêpes (➤ voir crêpes au sucre p. 866) et les napper d'une fine couche de confiture d'oranges.
4 Préchauffer le four à 250 °C.
5 Rouler les crêpes et les disposer dans un plat à gratin beurré, les poudrer de sucre semoule et les passer 5 min au four.

Préparation : 30 min ■ **Repos :** 1 h
■ **Cuisson :** 15-20 min

Flan de cerises à la danoise

Pour 6-8 personnes

- 300 g de pâte brisée
  (➤ voir p. 109)
- 250 g de bigarreaux
- 195 g de sucre
- 1 c. à café de cannelle
  en poudre
- 125 g de beurre
- 125 g de poudre
  d'amande
- 2 œufs
- 100 g de fondant
  (➤ voir p. 1055)
- 2 cl de rhum

① Préparer la pâte brisée et la laisser reposer 2 h au frais.

② Laver et dénoyauter les bigarreaux, les mettre dans une grande jatte avec 70 g de sucre et la cannelle en poudre, mélanger et laisser macérer pendant 1 h environ.

③ Beurrer une tourtière de 24 cm de diamètre. Abaisser la pâte sur 2 mm d'épaisseur, en garnir la tourtière.

④ Égoutter les cerises en gardant le jus.

⑤ Faire ramollir le beurre.

⑥ Préchauffer le four à 210 °C.

⑦ Mettre la poudre d'amande dans un grand saladier avec 125 g de sucre.

⑧ Battre les œufs en omelette, les verser dans le saladier puis ajouter le beurre ramolli, le jus des cerises et travailler la pâte jusqu'à ce qu'elle soit homogène.

⑨ Déposer les cerises au fond de la tourtière et les recouvrir avec cette préparation.

⑩ Mettre la tourtière au four et cuire pendant 10 min à 210 °C, puis baisser la température du four à 190 °C et cuire encore de 30 à 35 min.

⑪ Faire ramollir le fondant et le mélanger avec le rhum.

⑫ Sortir le flan du four et le laisser refroidir. Napper de glaçage au fondant en le répartissant bien avec une spatule.

Préparation : 30 min ■ **Repos :** 2 h
■ **Macération :** 1 h ■ **Cuisson :** 40-45 min

Soupe aux cerises

Pour 4 personnes

- 600 g de cerises
- 50 g de beurre
- 1 c. à soupe de farine
- 2 dl de vin rouge
- 2 dl de kirsch
- 2 c. à soupe de sucre semoule
- 4 tranches de pain de mie

1. Laver les cerises, les éponger, les dénoyauter en récupérant le jus.
2. Faire fondre 25 g de beurre dans une casserole. Ajouter la farine et remuer pendant 2 min.
3. Verser 7,5 dl d'eau tiède en fouettant, ajouter le vin rouge et le kirsch. Lorsque ce mélange est homogène, ajouter les cerises et poudrer de sucre. Laisser chauffer quelques minutes sur feu doux.
4. Beurrer les tranches de pain, les faire dorer, puis les tailler en petits croûtons. Répartir ceux-ci dans des assiettes creuses et verser la soupe dessus.

Préparation : 10 min ■ **Cuisson :** 15 min environ

Citrons

Confiture de citrons

Pour 1 kg de confiture

- 500 g de citrons non traités
- 600 g de sucre

1. Ébouillanter les pots.
2. Laver les citrons et prélever le zeste du tiers d'entre eux. Plonger ces zestes 2 min dans de l'eau bouillante, puis les rafraîchir à l'eau froide et les tailler en fins bâtonnets.
3. Couper en tranches épaisses deux tiers des citrons, presser les autres pour en extraire le jus. Mettre dans une bassine le jus et les tranches de citron, porter à ébullition, laisser bouillir 5 min en remuant.
4. Ajouter les trois quarts de la julienne de zeste, le sucre et 6 dl d'eau. Remuer et cuire 20 min à petit feu.
5. Ajouter le reste des zestes, mélanger et cuire encore 3 min à feu doux.
6. Mettre la confiture en pots, fermer ceux-ci tout de suite et ranger à l'envers jusqu'au lendemain.

Préparation : 20 min ■ **Cuisson :** 25 min environ

Crème au citron

Pour 500 g de crème

- 3 citrons non traités
- 165 g de beurre
- 2 œufs
- 135 g de sucre semoule

1. Râper le zeste des citrons.
2. Presser les fruits et passer le jus.
3. Couper le beurre en petits morceaux.
4. Mettre des glaçons dans une bassine.
5. Préparer une casserole d'eau pour un bain-marie. Dans un saladier placé sur le bain-marie, mélanger les œufs, le sucre, le jus et les zestes de citron et cuire 10 min. Arrêter juste avant l'ébullition.
6. Passer la préparation dans une jatte et mettre celle-ci immédiatement sur les glaçons. Tourner la crème jusqu'à ce qu'elle soit tiède.
7. Retirer la crème des glaçons et ajouter le beurre en mélangeant avec un fouet ou au mixeur jusqu'à ce qu'elle soit homogène. La garder au réfrigérateur.

Préparation : 20 min environ

Flan meringué au citron

Pour 4-6 personnes

- 300 g de pâte sablée (➤ voir p. 973)
- 50 g de beurre
- 2 citrons non traités
- 3 œufs
- 2,5 dl de lait
- 40 g de farine
- 175 g de sucre
- 1 pincée de sel

1. Préparer la pâte sablée et la laisser reposer pendant 1 h au frais.
2. Préchauffer le four à 190 °C. Beurrer un moule à tarte de 24 cm. Étaler la pâte et en garnir le moule.
3. Enfourner et cuire 3 ou 4 min.
4. Râper le zeste des citrons et presser l'un de ces fruits. Ébouillanter les zestes pendant 2 min, les égoutter et les couper en fines lamelles.
5. Séparer les blancs et les jaunes des œufs. Chauffer 2 dl de lait. Faire fondre le reste du beurre.
6. Mélanger la farine et 100 g de sucre et délayer d'abord avec le lait froid, puis ajouter le lait bouillant, le beurre fondu, les jaunes d'œufs un à un et le zeste. Faire épaissir 15 min sur feu doux, en remuant sans arrêt. ➜

7 Hors du feu, ajouter le jus de citron, mélanger et laisser tiédir.

8 Garnir le fond de pâte de cette préparation.

9 Monter la chaleur du four à 240 °C.

10 Battre les blancs en neige avec le reste du sucre et 1 pincée de sel, les verser sur la crème et lisser avec une spatule. Cuire au four 3 ou 4 min pour faire dorer.

11 Laisser refroidir avant de servir.

Préparation : 45 min ■ **Repos :** 1 h
■ **Cuisson :** 10 min

Lemon curd

Pour 3 pots de 500 g

- 400 g de beurre fin
- 6 gros citrons non traités
- 8 œufs
- 1 kg de sucre semoule

1 Couper le beurre en petits morceaux.

2 Râper le zeste des citrons et les presser.

3 Casser et battre les œufs dans une grande jatte et placer celle-ci au bain-marie sur le feu. Ajouter le beurre, les zestes, le jus de citron et le sucre. Laisser fondre en battant doucement.

4 Retirer les zestes et continuer à faire cuire au bain-marie pendant 30 min environ jusqu'à ce que la pâte épaississe.

5 Ébouillanter les bocaux, y répartir le mélange. Fermer chaque bocal et le poser à l'envers pendant 24 h. Conserver au frais. Ce beurre de citron doit être consommé dans les 3 mois.

Préparation : 10 min ■ **Cuisson :** 40 min environ

Mousse au citron

Pour 6 personnes

- 3 œufs
- 3 citrons non traités
- 150 g de sucre semoule
- 1 c. à soupe de fécule de maïs
- 20 g de beurre

1. Casser les œufs et séparer les blancs des jaunes.
2. Laver les citrons, râper finement le zeste de deux d'entre eux mais les presser tous les trois.
3. Mettre les jaunes d'œufs dans une casserole avec le sucre, la fécule et 2 dl d'eau.
4. Faire chauffer sur feu doux, ajouter le jus et les zestes de citron et cuire doucement jusqu'à ce que le mélange épaississe et nappe la cuillère.
5. Retirer du feu et ajouter le beurre en fouettant. Laisser refroidir.
6. Battre les blancs en neige ferme et les incorporer en tournant délicatement.
7. Verser la mousse au citron dans des coupes. Mettre au réfrigérateur jusqu'au moment de servir.

Préparation : 20 min (24 h à l'avance)
■ **Cuisson :** 10 min environ

Sorbet au citron

Pour 1 litre de sorbet

- 250 g de sucre
- 6 citrons
- 250 g de lait en poudre

1. Faire bouillir 2,5 dl d'eau avec le sucre, puis laisser refroidir.
2. Ajouter le jus des citrons et la poudre de lait. Bien mélanger et mettre en sorbetière pour faire prendre.

sorbet à la mandarine :
procéder de la même façon avec 17 mandarines et la même quantité de sucre et de lait en poudre.

sorbet à l'orange :
procéder de la même façon avec 4 oranges.

Préparation : 45 min ■ **Congélation :** 3 h 30 au moins

Soufflé au citron

Pour 6 personnes

- 6 citrons non traités
- 3 dl de lait
- 40 g de farine
- 110 g de beurre
- 110 g de sucre semoule
- 6 blancs d'œufs
- 5 jaunes d'œufs

1 Râper le zeste de 4 citrons pour en obtenir l'équivalent de 2 cuillerées à soupe. Presser le jus des 2 autres citrons.

2 Faire chauffer le lait, tamiser la farine.

3 Dans une casserole, travailler 100 g de beurre en pommade avec une fourchette. Ajouter 60 g de sucre semoule et la farine tamisée, puis verser le lait bouillant en mélangeant vigoureusement. Porter à ébullition pendant 1 min en continuant de remuer et faire dessécher le mélange comme une pâte à choux.

4 Préchauffer le four à 200 °C.

5 Monter les blancs en neige ferme en y ajoutant au fur et à mesure 40 g de sucre semoule.

6 Hors du feu, ajouter à la pâte : le jus des 2 citrons, les 5 jaunes d'œufs puis les blancs montés en neige et le zeste de citron, en mélangeant bien entre chaque ingrédient ajouté.

7 Beurrer et sucrer 6 petits moules à soufflé, y répartir la pâte et cuire 40 min au bain-marie dans le four.

Préparation : 40 min ■ **Cuisson :** 40 min

Clémentines et mandarines

Clémentines à l'alcool

Pour 1 bocal de 2 litres

- 750 g de clémentines confites (➤ voir p. 907)
- 7,5 dl d'eau-de-vie

1 Ébouillanter le bocal et l'essuyer.

2 Couper les clémentines confites en quatre et les mettre dans le bocal. Les recouvrir avec l'eau-de-vie.

3 Fermer le bocal et le garder 15 jours à l'abri de la lumière avant de déguster les clémentines.

Préparation : 5 min ■ **Repos :** 15 jours

Clémentines confites

**Pour 1 kg de
clémentines confites**

- 600 g de clémentines
  non traitées
- 600 g de sucre

1 Faire bouillir de l'eau dans une grande casserole. Laver les clémentines et les plonger dans l'eau bouillante pendant 30 s, les égoutter.

2 Faire bouillir 1,2 dl d'eau avec le sucre, ajouter les clémentines et cuire 1 min. Retirer la casserole du feu et laisser macérer pendant 12 h.

3 Le lendemain, remettre la casserole sur le feu, faire bouillir 1 min puis laisser macérer à nouveau pendant 12 h. Répéter cette opération 4 jours de suite.

4 Le 6ᵉ jour, couper une clémentine en deux pour vérifier si le confisage a pénétré jusqu'au centre du fruit. Celui-ci ne doit pas être encore cru, mais brillant et sirupeux, sinon recommencer l'opération encore une fois.

5 Faire égoutter les clémentines confites dans une passoire pour éliminer l'excès de sirop qui les enrobe. Laissez-les sécher un peu avant de les ranger ensuite sur un plat ou dans une boîte hermétique.

Préparation : 6-7 jours à l'avance

Mandarines givrées

Pour 8 personnes

- 8 mandarines
- 120 g de sucre

1 Décalotter les mandarines en les coupant avec un couteau-scie, puis les évider complètement avec une cuillère à bord tranchant, sans percer les écorces. Garder les écorces et les chapeaux au congélateur.

2 Mettre la pulpe dans une passoire et bien la presser avec une spatule ou un pilon.

3 Avec le jus recueilli et le sucre, préparer un sorbet à la mandarine (➤ voir p. 905). ➡

4 Mettre le sorbet dans une poche à douille cannelée et en garnir les écorces en débordant en hauteur.

5 Couvrir les mandarines de leur chapeau, puis les remettre au congélateur jusqu'au moment de servir.

citrons givrés :
procéder de la même façon avec 8 citrons et la même quantité de sucre.

Préparation : 30 min

Coings

Coings au four

Pour 4 personnes

- 4 coings bien mûrs
- 1 dl de crème fraîche
- 195 g de sucre semoule
- 10 g de beurre
- 1 dl de nectar d'abricot

1 Préchauffer le four à 220 °C.

2 Peler les coings et les évider au vide-pomme, sans les transpercer.

3 Mélanger la crème fraîche avec 65 g de sucre et en remplir les coings.

4 Poudrer les fruits avec le restant de sucre, les disposer dans un plat à gratin beurré et cuire 30 min environ en arrosant régulièrement les coings avec leur jus et le nectar d'abricot. Servir chaud.

Préparation : 15 min ■ **Cuisson :** 30-35 min

Gelée de coings

Pour 1 kg de gelée de coings

- 1,5 kg de coings bien mûrs

La veille

1 Peler et couper les coings en tranches. Les mettre dans une casserole avec 5 dl d'eau et le poivre. Porter à ébullition et laisser mijoter 45 min jusqu'à ce que les fruits soient très tendres.

- 5 grains de poivre
- sucre semoule
- jus de citron

2 Ébouillanter un torchon, l'essorer et le mettre au fond d'une passoire placée sur un saladier. Y verser la pulpe de coing et laisser égoutter pendant 12 h au moins.

Le jour même

3 Ébouillanter les pots.

4 Jeter la pulpe. Mesurer la quantité de jus de coing qui s'est écoulée et la verser dans la bassine à confiture en ajoutant 350 g de sucre et 1 cuillerée à soupe de jus de citron par demi-litre. Mélanger et chauffer sur feu doux jusqu'à ce que le sirop soit homogène.

5 Porter à ébullition et maintenir celle-ci 10 min, sans remuer. Écumer plusieurs fois : il ne doit rester aucune impureté.

6 Remplir les pots et les fermer, les retourner pendant 24 h.

Préparation : 20 min ■ **Repos :** 12 h
■ **Cuisson :** 1 h

Figues

• •

Compote de figues sèches

Pour 4-6 personnes

- 300 g de figues sèches
- 1 citron non traité
- 300 g de sucre
- 3 dl de vin rouge

1 Faire tremper les figues sèches dans un récipient d'eau froide, pendant 3 ou 4 h, jusqu'à ce qu'elles soient bien réhydratées.

2 Râper le zeste du citron. Mettre le sucre dans une casserole, ajouter le vin et le zeste et faire bouillir.

3 Égoutter les figues, les plonger dans le sirop et les cuire doucement pendant 20 à 30 min. Servir cette compote tiède.

Une glace à la vanille accompagnera très bien cette compote.

Préparation : 10 min ■ **Macération :** 3-4 h
■ **Cuisson :** 20-30 min

Figues sèches aux amandes

Pour 6 personnes

- 2 c. à café de thé (earl grey)
- 6 figues sèches
- 200 g de poudre d'amande
- 100 g de miel
- 5 g de graines de fenouil
- 10 g de beurre

① Faire bouillir 7,5 dl d'eau et y faire infuser le thé pendant 3 ou 4 min.

② Passer le thé dans une terrine. Y plonger les figues et laisser tremper jusqu'à ce que le thé soit complètement froid.

③ Mélanger dans un autre récipient la poudre d'amande, le miel et les graines de fenouil.

④ Lorsque les figues sont bien gonflées, les fendre en traçant une croix sur le dessus, avec un couteau très aiguisé, de façon à les ouvrir très largement. Agrandir un peu cette ouverture avec les doigts.

⑤ Préchauffer le four à 200 °C.

⑥ Farcir chaque figue, à l'aide d'une cuillère, avec le mélange graines de fenouil-poudre d'amande-miel.

⑦ Beurrer un plat et enfourner pour 10 min. Servir tout de suite.

Préparation : 30 min ■ **Cuisson :** 10 min

Fraises

Charlotte aux fraises

Pour 6-8 personnes

- 1 kg de fraises
- 6 feuilles de gélatine
- 60 g de sucre
- 7,5 dl de crème liquide
- 250 g de biscuits à la cuillère

① Laver les fraises, les équeuter et les laisser égoutter sur un papier absorbant. Mettre les feuilles de gélatine à tremper dans un peu d'eau.

② Réserver quelques fraises (les plus belles) pour la décoration. Mixer toutes les autres ou les écraser au moulin à légumes. Passer ensuite la purée au chinois ou dans une passoire pour avoir une pulpe bien fine.

③ Égoutter et essorer les feuilles de gélatine.

④ Faire chauffer légèrement le quart de la pulpe de fraise avec le sucre, puis ajouter la gélatine

et mélanger. Incorporer ensuite le restant de la pulpe et bien mélanger. Ajouter la crème liquide et mélanger à nouveau.

5 Tapisser le fond et les parois d'un moule à charlotte de 16 cm de diamètre avec les biscuits à la cuillère, puis verser la mousse de fraise. Recouvrir d'une couche de biscuits et conserver au réfrigérateur pendant 4 h.

6 Tremper rapidement le moule dans de l'eau bien chaude pour démouler la charlotte sur le plat de service. Décorer le dessus avec les fraises réservées.

Préparation : 35 min ■ **Réfrigération :** 4 h

Confiture de fraises

Pour 1,5 kg de confiture

- 1 kg de fraises bien mûres
- 1 kg de sucre pour confiture
- 1 citron

1 Laver et équeuter les fraises. Les mettre dans une terrine, les poudrer de sucre et mélanger. Laisser macérer 12 h.

2 Verser les fraises dans la bassine à confiture avec le jus du citron et mélanger. Porter à ébullition et cuire 5 min. Retirer les fraises avec une écumoire et les déposer dans un saladier.

3 Ébouillanter les pots. Faire bouillir le sirop pendant 5 min pour le réduire. Remettre les fraises dedans pendant 5 min. Recommencer cette opération 2 fois et bien enlever l'écume en fin de cuisson.

4 Remplir les pots et les fermer tout de suite. Les retourner et les laisser ainsi 24 h.

Préparation : 20 min ■ **Macération :** 12 h
■ **Cuisson :** 20 min

Coulis de fraises

Pour 0,5 litre de coulis

- 750 g de fraises
- 80 g de sucre
- 1 citron

1. Laver et équeuter les fraises. Les passer au mixeur ou au presse-purée puis dans une passoire en pressant bien dessus avec une cuillère.
2. Mélanger la purée de fraise avec le sucre et le jus de citron. Garder au réfrigérateur.

coulis de framboises :
procéder de même avec 750 g de framboises (ne pas les laver) et des quantités de sucre et de citron similaires.

Préparation : 20 min

Fraises Ginette

Pour 4 personnes

- 7,5 dl de sorbet au citron ou sorbet du commerce (➤ voir p. 905)
- 500 g de fraises
- 100 g de sucre semoule
- 1 dl de curaçao
- 1 verre de champagne
- 80 g de violettes en sucre candi
- 100 g d'écorce d'orange confite
- 2 dl de crème fleurette
- 1 paquet de sucre vanillé

1. Préparer le sorbet au citron. Placer quatre coupes vides au congélateur.
2. Laver et équeuter les fraises. Les mettre dans un saladier, couper en deux les plus grosses, poudrer de 40 g de sucre, verser le curaçao et le champagne et bien remuer. Laisser macérer le tout 30 min.
3. Avec un rouleau à pâtisserie, piler 60 g de violettes en sucre candi. Tailler l'écorce d'orange confite en petits dés ou en lamelles fines.
4. Fouetter la crème avec le reste du sucre (60 g) et le sucre vanillé. Égoutter les fraises. Filtrer leur sirop dans une passoire avec une mousseline.
5. Étaler le sorbet au citron au fond des coupes froides. Ajouter les fraises par-dessus, puis les écorces d'orange et les violettes concassées.
6. Arroser avec le sirop, déposer des noisettes de crème fouettée. Décorer avec le reste des violettes.

Préparation : 20 min ■ **Macération :** 30 min

Fraises à la maltaise

Pour 6 personnes

- 600 g de fraises gariguettes
- 3 oranges maltaises
- 70 g de sucre
- 3 cl de Cointreau
- glace pilée

1. Laver et équeuter les fraises.
2. Couper les oranges en deux et les évider avec un petit couteau-scie ou une cuillère à pamplemousse. Mettre la pulpe dans un saladier.
3. Découper une petite rondelle d'écorce sous les demi-oranges, pour leur donner une assise stable, puis les mettre dans le réfrigérateur.
4. Écraser la pulpe au mixeur ou au moulin à légumes et passer le jus. Y ajouter le sucre et le Cointreau. En arroser les fraises et les mettre au réfrigérateur.
5. Au moment de servir, remplir les demi-oranges de fraises. Répartir de la glace pilée dans les coupes et y caler les fruits. Servir aussitôt.

Préparation : 15 min

Fraises à la menthe

Pour 6 personnes

- 1 kg de fraises
- 250 g de sucre semoule
- 5 dl de vin blanc sec
- 20 feuilles de menthe fraîche

1. Laver et équeuter les fraises. Les couper en deux si elles sont grosses. Les mettre dans un compotier en verre avec le sucre. Remuer et verser le vin. Mélanger et ajouter 10 feuilles de menthe.
2. Laisser macérer 4 h dans le réfrigérateur.
3. Au moment de servir, retirer les feuilles de menthe flétries et les remplacer par des feuilles fraîches et verser dans des assiettes creuses ou dans un bol à punch.

Préparation : 20 min ■ **Macération :** 4 h

Mousse à la fraise

Pour 4 personnes

- 600 g de fraises
- 160 g de sucre semoule
- 1 c. à café de liqueur de fraise
- 4 blancs d'œufs
- 1/2 citron

1 Laver et équeuter les fraises. En passer 400 g au mixeur. Mélanger cette purée avec 150 g de sucre et ajouter la liqueur de fraise.

2 Fouetter en neige ferme les blancs d'œufs avec le sucre restant et les ajouter délicatement à la purée de fraise. Répartir cette mousse dans les coupes de service. Mettre au frais.

3 Réduire le reste des fraises (200 g) en purée liquide en y ajoutant 2 ou 3 cuillerées à soupe d'eau et le jus de citron. Arroser chaque coupe avec ce coulis.

Préparation : 15 min ■ **Repos :** 1 h

Sorbet à la fraise

Pour 1 litre de sorbet

- 500 g de fraises
- 250 g de sucre semoule
- 2 citrons
- 2 oranges

1 Laver et équeuter les fraises. Les mixer.

2 Faire bouillir 2 dl d'eau avec le sucre pendant 5 min.

3 Laisser refroidir et mélanger avec la purée de fraise, le jus des citrons et des oranges.

4 Mettre dans la sorbetière et placer au congélateur.

Préparation : 15 min

Soufflé aux fraises

Pour 6-8 personnes

- 350 g de crème pâtissière (➤ voir p. 852)
- 300 g de fraises

1 Préparer la crème pâtissière.

2 Laver, équeuter les fraises, les passer au mixeur ou au presse-purée et les mélanger avec la crème pâtissière.

3 Battre les blancs en neige très ferme avec le sel.

- 12 blancs d'œufs
- 2 pincées de sel
- 10 g de beurre
- 10 g de sucre

Puis, peu à peu et en tournant très délicatement, les ajouter à la crème pâtissière aux fraises.

4 Préchauffer le four à 200 °C.

5 Beurrer et poudrer de sucre un moule à soufflé de 18 cm de diamètre. Enfourner pour 5 min à 200 °C.

6 Baisser le four à 180 °C et cuire encore pendant 20 min.

soufflé aux framboises :
le préparer de la même façon. Ne pas laver les framboises.

Préparation : 30 min ■ **Cuisson :** 25 min

Framboises

Confiture de framboises

Pour 1,5 kg de confiture

- 1 kg de framboise
- 800 g de sucre semoule
- le jus d'un petit citron

1 Trier les framboises, sans les rincer.

2 Mettre les framboises dans la bassine à confiture avec le sucre et le jus de citron, et mélanger le tout très délicatement.

3 Porter doucement à ébullition et écumer avec soin. Continuer la cuisson à feu vif, en remuant avec une cuillère en bois, pendant une dizaine de minutes.

4 Mettre dans les pots, les fermer, les retourner et laisser ainsi pendant 24 h.

confiture de framboises à la groseille :
faire fondre 600 g de sucre avec 400 g de gelée de groseilles dans la bassine à confiture et porter doucement à ébullition. Jeter les framboises dans ce sirop et les faire cuire de la même manière.

Préparation : 5 min ■ **Cuisson :** 10-15 min

Fontainebleau à la framboise

Pour 4 personnes

- 4 c. à soupe de crème fraîche
- 4 petits pots de fontainebleau en mousseline
- 500 g de framboises
- sucre semoule

1 Fouetter vivement la crème fraîche bien froide.

2 Déballer les pots de fontainebleau et les disposer dans les assiettes de service. Les entourer de framboises fraîches.

3 Déposer sur le dessus 1 cuillerée à soupe de crème fraîche et poudrer de sucre à volonté.

Les framboises peuvent être mélangées avec des fraises des bois ou on peut aussi servir en même temps un pot de confiture de fruits rouges.

Préparation : 10 min

Sorbet à la framboise

Pour 1 litre de sorbet

- 1 kg de framboises
- 250 g de sucre semoule

1 Trier les framboises, les mettre dans une passoire et les écraser avec un pilon ou une cuillère en bois (les petits grains doivent rester dans la passoire).

2 Ajouter le sucre, bien mélanger et passer dans la sorbetière.

Préparation : 15 min

Fruits mélangés

Bavarois à la créole

Pour 4-6 personnes

- 3 bananes
- 1 dl de rhum
- 700 g de bavarois à la crème (➤ voir p. 839)
- 1 c. à dessert d'huile d'arachide
- 150 g de crème Chantilly (➤ voir p. 849)
- 2 tranches d'ananas au sirop
- 20 g de pistaches

❶ Éplucher les bananes, les couper en rondelles et les mettre à macérer dans le rhum.

❷ Préparer la crème bavaroise.

❸ Avec un pinceau, badigeonner d'huile un moule à manqué. Y verser une couche de crème bavaroise, recouvrir avec des rondelles de banane, puis remettre une couche de crème et ainsi de suite en terminant par de la crème. Mettre au réfrigérateur pendant 5 à 6 h.

❹ Préparer la crème Chantilly.

❺ Égoutter et couper l'ananas en petits morceaux.

❻ Pour démouler le bavarois, passer le fond du moule dans de l'eau chaude. Démouler sur le plat de service. Répartir sur le dessus les morceaux d'ananas.

❼ Mettre la crème Chantilly dans une poche à douille et en décorer le bavarois (ou la répartir en petites boules avec une petite cuillère). Parsemer de pistaches concassées.

Préparation : 1 h ■ **Réfrigération :** 5-6 h

Bavarois aux fruits

Pour 6-8 personnes

- 600 g de bavarois à la crème (➤ voir p. 839)
- 3 feuilles de gélatine
- 1/2 citron
- 5 dl de purée de fruits surgelée
- 2 c. à soupe de noix de coco râpée
- sucre glace

❶ Décongeler la purée de fruits (abricot, ananas, cassis, fraise, framboise, etc.).

❷ Préparer la crème bavaroise.

❸ Faire tremper les feuilles de gélatine 15 min à l'eau froide puis les égoutter.

❹ Ajouter le jus de citron dans la purée de fruits et faire tiédir le quart de celle-ci, ajouter la gélatine bien essorée, mélanger puis verser dans le reste de la purée de fruits et remélanger.

❺ Ajouter cette préparation à la crème bavaroise, ➡

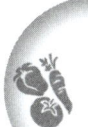

mélanger, verser dans un moule à manqué de 22 cm ou dans un moule à charlotte de 18 cm et mettre au réfrigérateur pendant 6 à 8 h.

6 Démouler le bavarois sur un plat rond après l'avoir trempé quelques instants dans de l'eau chaude.

7 Passer rapidement au four chaud (200 °C) la noix de coco râpée pour la griller légèrement et en parsemer le bavarois. Poudrer de sucre glace.

Préparation : 1 h ■ **Réfrigération :** 6-8 h

Bordure de semoule aux fruits

Pour 4-6 personnes

- 1,5 kg de semoule au lait (➤ voir p. 872)
- 100 g de fruits confits
- 500 g de crème anglaise (➤ voir p. 846) ou de de fruit surgelé
- 1 grande boîte d'ananas ou de pêches ou d'un mélange de fruits au sirop

1 Préparer la semoule au lait. Lui ajouter les fruits confits coupés en dés.

2 Verser le tout dans un moule à savarin de 23 cm de diamètre et cuire au four à 180 °C pendant 30 min.

3 Pendant ce temps, préparer la crème anglaise ou décongeler le coulis choisi.

4 Démouler la semoule. Égoutter les fruits au sirop, les recouper en dés et les verser au centre de la bordure. Napper de crème anglaise ou de coulis et servir.

Préparation : 15 min ■ **Cuisson :** 30 min

Compote du vieux vigneron

Pour 6-8 personnes

- 350 g de pommes un peu acidulées
- 250 g de sucre
- 2,5 dl de vin rouge
- 1 clou de girofle
- 1 pincée de cannelle

1 Éplucher les pommes, les couper en quartiers, les épépiner et les mettre dans une casserole avec 100 g de sucre. Couvrir et cuire à petit feu jusqu'à ce que les fruits commencent à fondre.

2 Faire bouillir le reste du sucre (150 g) avec le vin rouge, le clou de girofle et la cannelle.

3 Peler les poires et les pêches. Couper les poires

- 250 g de poires
- 250 g de pêches
- 20 g de beurre
- 90 g de grains de raisin frais

en quatre et les épépiner. Couper les pêches en deux et les dénoyauter. Récupérer le jus et le mettre avec les fruits coupés dans le sirop bouillant. Faire cuire 15 min.

4. Ajouter le beurre dans la compote de pommes et verser celle-ci dans un compotier. Égoutter pêches et poires avec une écumoire et les disposer sur la compote de pommes.

5. Jeter les grains de raisin dans le sirop bouillant, les y laisser 3 min, puis les égoutter et les ajouter aux autres fruits.

6. Retirer le clou de girofle du sirop et faire réduire celui-ci jusqu'à ce qu'il épaississe. Napper la compote de ce sirop. Laisser refroidir complètement à température ambiante.

Préparation : 40 min ■ **Cuisson :** 15 min

Confiture aux quatre fruits

Pour 4 kg de confiture environ

- 500 g de fraises
- 500 g de cerises acides
- 500 g de groseilles
- 500 g de framboises
- 1,7 kg de sucre à confiture

1. Laver et équeuter les fraises. Équeuter et dénoyauter les cerises, égrener les groseilles.

2. Verser 5 dl d'eau dans une bassine à confiture et ajouter le sucre. Faire chauffer sur feu moyen en remuant de temps en temps. Laisser le sirop se concentrer jusqu'à ce que quelques gouttes versées dans de l'eau forment une boule molle.

3. Mettre les cerises dans le sirop. Laisser cuire sur feu vif pendant 20 min.

4. Ajouter les fraises, compter 15 min.

5. Ajouter les groseilles et les framboises, compter 5 min.

6. Ébouillanter les bocaux, les retourner sur un torchon propre. Écumer la confiture et la verser dans les bocaux. Fermer ceux-ci immédiatement et les retourner pendant 24 h.

Préparation : 20 min ■ **Cuisson :** 45 min

Coulis de fruits frais

Pour 1 litre de coulis

- 1 kg de fruits mélangés : abricots, fraises, framboises, pêches, groseilles, etc.
- 200 g de sucre
- 2 citrons

1 Préparer tous les fruits (lavage pour certains, équeutage, dénoyautage pour d'autres).

2 Couper éventuellement les fruits en morceaux et les passer au mixeur avec le sucre semoule et le jus des citrons.

Ce coulis peut être fait avec un seul fruit ou un mélange de deux, trois ou plus de fruits, ce qui permet d'utiliser des fruits de saison quand leur prix est bas. On peut le congeler dans des pots en plastique et le garder pour l'hiver.

Préparation : 15 min

Coupes de crème Hawaii

Pour 4 personnes

- 2,5 dl de lait d'amande (➤ voir p. 885)
- 200 g de fraises
- 4 tranches d'ananas en boîte
- 100 g de de framboise (➤ voir p. 912)
- 100 g de crème Chantilly (➤ voir p. 849)

1 Préparer le lait d'amande et le mettre dans le réfrigérateur.

2 Laver, essuyer et équeuter les fraises, les couper en deux si elles sont grosses.

3 Égoutter l'ananas et couper les tranches en petits morceaux.

4 Préparer le coulis de framboises (on peut utiliser un coulis surgelé).

5 Préparer la crème Chantilly et la mettre dans une poche à douille.

6 Garnir des coupes de fraises et de dés d'ananas, napper de lait d'amande et de coulis de framboises. Décorer d'un dôme de crème Chantilly dressé à la poche à douille. Servir très frais.

Préparation : 30 min

Diplomate aux fruits confits

Pour 6-8 personnes

- 230 g de fruits confits
- 80 g de raisins secs
- 1 dl de rhum
- 1 pain brioché de 500 g
- 40 g de beurre
- 200 g de sucre semoule
- 1 sachet de sucre vanillé
- 2,5 dl de lait
- 6 œufs

1 Hacher les fruits confits, après en avoir réservé quelques-uns pour le décor, les mettre à macérer dans le rhum avec les raisins secs pendant 1 h.

2 Préchauffer le four à 150 °C.

3 Couper le pain brioché en tranches de 2 cm d'épaisseur. Enlever la croûte, beurrer les tranches des deux côtés et les faire dorer légèrement sous le gril du four, en les retournant.

4 Égoutter les raisins et les fruits confits. Garder le rhum.

5 Beurrer un moule à charlotte de 22 cm de diamètre et le poudrer de sucre. Répartir d'abord une couche de toasts dans le fond et la recouvrir de fruits macérés. Mettre une autre couche de toasts, puis une couche de fruits et continuer jusqu'à ce que le moule soit plein.

6 Mélanger dans une grande jatte le sucre semoule et le sucre vanillé avec le lait.

7 Battre les œufs à la fourchette et les ajouter ainsi que le rhum de macération dans la jatte.

8 Verser peu à peu cette préparation dans le moule pour laisser au pain le temps d'absorber le liquide.

9 Mettre le moule dans un bain-marie et enfourner pendant 1 h.

10 Laisser refroidir complètement. Démouler le diplomate sur le plat de service. Décorer avec les fruits confits réservés.

11 Mettre au réfrigérateur jusqu'au moment de servir.

Préparation : 35 min ■ **Macération :** 1 h
■ **Cuisson :** 1 h

Fruits rafraîchis au kirsch et au marasquin

Pour 6-8 personnes

- 2 citrons
- 6 pêches
- 2 pommes
- 2 poires
- 3 bananes
- 6 abricots
- 150 g de fraises
- 150 g de framboises
- 3 c. à soupe de sucre semoule
- 2 dl de kirsch
- 2 dl de marasquin
- 24 amandes fraîches
- 5-10 feuilles de menthe

1 Presser les citrons et mettre le jus dans un saladier. Éplucher les pêches, les pommes et les poires, les détailler en petites lamelles. Peler les bananes et les couper en rondelles. Couper les abricots en morceaux.

2 Mettre tous ces fruits dans le saladier au fur et à mesure et mélanger pour les empêcher de noircir. Ajouter 100 g de fraises et 100 g de framboises puis le sucre. Arroser avec le kirsch et le marasquin. Mélanger avec précaution. Laisser macérer 1 h au réfrigérateur.

3 Pendant ce temps, décortiquer les amandes et les couper en deux.

4 Verser la salade de fruits dans une grande coupe. Décorer avec le reste des framboises et des fraises, les amandes et les feuilles de menthe.

Préparation : 20 min ■ **Macération :** 1 h

Melon en surprise à la parisienne

Pour 4-6 personnes

- 1 melon de 2 kg environ
- 100 g d'abricots ou de pêches
- 50 g de prunes
- 50 g de grains de raisin
- 100 g de fraises
- 100 g de framboises
- 100 g de sucre semoule
- 7 cl de liqueur de pêche
- glace pilée

1 Décalotter largement le melon du côté du pédoncule. Retirer les graines et les filaments, puis l'évider avec une cuillère, en veillant à ne pas abîmer l'écorce. Couper la pulpe en dés et mettre ceux-ci dans un saladier.

2 Couper les abricots, ou les pêches, en cubes (si ce sont des pêches, enlever la peau d'abord), dénoyauter les prunes. Les mettre dans le saladier avec le melon.

3 Ajouter tous les autres fruits. Poudrer de sucre, verser la liqueur de pêche et mélanger avec délicatesse pour ne pas écraser les framboises.

4 Remplir l'écorce du melon avec tous les fruits, le recouvrir de sa calotte et le mettre dans le réfrigérateur pendant 2 h.

5 Étaler de la glace pilée dans une coupe pour y caler le melon et servir.

Préparation : 30 min ■ **Réfrigération :** 2 h

Salade de poires et de pêches aux framboises

Pour 4-6 personnes

- 4 poires
- 4 pêches
- 1 citron
- 3 c. à soupe de sucre
- 200 g de framboises

1 Éplucher les poires et les pêches, couper leur pulpe en dés et la mettre dans un saladier avec le jus de citron. Mélanger et poudrer de sucre.

2 Ajouter les framboises par-dessus et mettre au réfrigérateur pendant 3 h au moins.

3 Mélanger très délicatement au moment de servir.

Préparation : 10 min ■ **Réfrigération :** 3 h

Fruits exotiques mélangés

Meringue de fruits exotiques à la vanille

Pour 8 personnes

- 200 g de crème pâtissière (➤ voir p. 852)
- 250 g de crème Chantilly (➤ voir p. 849)
- 1 mangue bien mûre
- 1 kiwi, 1 petit ananas
- 8 fruits de la Passion
- 1/4 de grenade
- 1 gousse de vanille
- 90 g de meringue

1 Préparer la crème pâtissière et la crème Chantilly et les mettre au réfrigérateur.

2 Éplucher la mangue, le kiwi et l'ananas, les couper en lanières et les mettre dans un saladier, ajouter la chair des fruits de la Passion et les graines de grenade.

3 Fendre et gratter la gousse de vanille au-dessus du saladier, ajouter la crème pâtissière, mélanger, puis incorporer la chantilly. Préchauffer le four à 150 °C.

4 Préparer la meringue française (➤ voir p. 972), la mettre dans une poche à douille unie. Répartir la crème de fruits dans des assiettes creuses allant au four. Puis déposer sur les trois quarts de la surface de chaque assiette des boules de meringue bien serrées. ➜

5 Mettre les assiettes au four pendant 8 à 10 min pour dorer la meringue et servir aussitôt.

Préparation : 45 min ◼ **Cuisson :** 8-10 min

Salade exotique au citron vert

Pour 6 personnes

- 4 citrons verts
- 1 ananas (ou 1 boîte d'ananas en morceaux au naturel)
- 3 mangues
- 3 bananes
- 4 c. à soupe de sucre cristallisé

1 Presser les citrons, mettre le jus dans un saladier. Peler les fruits, puis les couper : l'ananas en dés, les mangues en lamelles, les bananes en rondelles.

2 Mettre tous ces fruits dans le jus de citron, les mélanger puis les égoutter et les remettre dans le saladier. Poudrer de sucre et mettre au frais pendant 3 h.

3 Au moment de servir, remettre 1 cuillerée de jus de citron et mélanger.

Préparation : 15 min ◼ **Réfrigération :** 3 h

Sorbet aux fruits exotiques

Pour 1 litre de sorbet

- 1 ananas
- 2 mangues
- 1 banane
- 1 citron
- sucre semoule
- 1 sachet de sucre vanille
- 1 pincée de cannelle en poudre

1 Peler l'ananas, le couper en quatre, retirer le cœur et détailler la pulpe en dés en recueillant le jus. Couper les mangues en deux, les dénoyauter et lever la pulpe avec une cuillère à café. Peler la banane et la couper en rondelles.

2 Passer tous ces fruits au mixeur avec le jus du citron et mesurer la préparation obtenue.

3 Ajouter 75 g de sucre semoule par quart de litre de purée de fruits. Mélanger au fouet, puis incorporer le sucre vanillé et la cannelle. Mettre en sorbetière.

Préparation : 15 min

Fruits de la Passion

Coulis de fruits de la Passion

Pour 0,5 litre de coulis

- 800 g de fruits de la Passion
- 1 jus de citron
- 50 g de sucre

1 Éplucher les fruits de la Passion, les couper en petits morceaux, les passer au moulin à légumes puis dans une passoire fine.

2 Ajouter 3 cuillerées d'eau, le jus du citron et le sucre, et bien mélanger.

3 Garder au réfrigérateur.

Préparation : 15 min

Sorbet au fruit de la Passion

Pour 1 litre de sorbet

- 800 g de fruits de la Passion
- 300 g de sucre
- 1/2 citron

1 Peler les fruits de la Passion, passer la pulpe au moulin à légumes, puis dans une passoire fine.

2 Faire bouillir 2,5 dl d'eau avec le sucre. Ajouter ce sirop à la purée de fruits de la Passion avec quelques gouttes de jus de citron, bien mélanger et mettre en sorbetière.

Préparation : 15 min

Groseilles

Gelée de groseilles

Pour 2 kg de gelée environ

- 1,5 kg de groseilles
- 1 kg de sucre à confiture

1 Ébouillanter les bocaux.

2 Laver les groseilles, les égrapper, les égoutter et les mettre dans une bassine à confiture. Ajouter 1 dl d'eau et faire chauffer sur feu moyen. Laisser éclater les groseilles pour en extraire le jus et en même temps presser les baies avec le dos de l'écumoire. Porter à ébullition. ➜

③ Ajouter le sucre et bien mélanger. Laisser bouillir 3 min environ, puis retirer du feu.

④ Tapisser une passoire d'un torchon fin et propre. Y verser le contenu de la bassine et laisser égoutter 30 min.

⑤ Prendre dans chaque main une extrémité du torchon en écartant un peu les bras de façon à former une sorte de sac et tordre le torchon pour faire sortir le maximum de jus.

⑥ Mettre la gelée en pots, fermer ceux-ci immédiatement et ranger à l'envers jusqu'à complet refroidissement.

gelée de framboises :
employer la même quantité de fruits et de sucre.

Préparation : 10 min ■ **Cuisson :** 6 min environ

Groseilles panachées aux framboises

Pour 4 personnes

- 500 g de groseilles rouges et blanches
- 250 g de framboises
- 150 g de sucre semoule
- 2 dl de crème fraîche

① Laver et égrapper les groseilles, les mettre dans un saladier.

② Mettre les framboises dans une casserole, les faire chauffer sur feu doux et les écraser avec le dos d'une cuillère. Lorsque l'ébullition est atteinte, retirer du feu.

③ Filtrer la pulpe des framboises à travers une passoire fine en pressant soigneusement. Ajouter le sucre dans le jus recueilli. Napper les groseilles de ce sirop alors qu'il est encore tiède. Mettre le saladier dans le réfrigérateur.

④ Quelques instants avant de servir, fouetter la crème fraîche très froide. Répartir les groseilles au jus de framboise dans des coupes en verre, napper de crème fouettée et servir aussitôt.

Si l'on utilise des groseilles surgelées, prévoir 1 h de décongélation à température ambiante.

Préparation : 15 min (2 h à l'avance)
■ **Cuisson :** 6-7 min

Sorbet à la groseille

Pour 1 litre de sorbet

- 1 kg de groseilles
- 250 g de sucre semoule

1. Trier et laver les groseilles.
2. Mettre les groseilles dans une passoire et les écraser avec un pilon ou une cuillère en bois (les petits grains doivent rester dans la passoire).
3. Ajouter le sucre, bien mélanger et passer dans la sorbetière.

Préparation : 15 min

Kakis

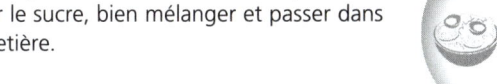

Kakis glacés à la créole

Pour 4 personnes

- 4 beaux kakis mûrs à point
- 4 c. à café de rhum
- 2 grosses boules de glace à la vanille
- 1 dl de crème fraîche
- 20 g de sucre glace
- 4 cerises confites

1. Laver les kakis et les essuyer. Les décalotter du côté du pédoncule. Retirer la pulpe avec une petite cuillère en veillant à ne pas percer la peau.
2. Verser quelques gouttes de rhum dans chaque fruit évidé et laisser macérer au frais pendant 1 h.
3. Mélanger la pulpe des kakis avec la glace à la vanille. Garnir les fruits vidés avec ce mélange et les mettre dans le congélateur.
4. Quelques minutes avant de servir, fouetter la crème avec le sucre glace en chantilly très ferme.
5. Garnir les fruits glacés avec la crème et ajouter les cerises confites en décor.

Préparation : 15 min ■ **Macération :** 1 h
■ **Congélation :** 1 h

Mangues

Compote de mangues

Pour 4 personnes

- 2 citrons non traités
- 2 kg de mangues
- 50 g de sucre semoule
- 2 pincées de cannelle

1 Râper le zeste d'un citron et presser le jus des deux fruits.

2 Couper les mangues en deux, ôter le noyau, prélever la chair avec une petite cuillère et la mettre dans une casserole. Ajouter le jus des citrons, le zeste, le sucre et la cannelle, recouvrir d'eau. Porter à ébullition, écumer, baisser le feu et cuire 30 min environ.

3 Verser la compote dans une coupe, la laisser refroidir et la mettre pendant 1 h au moins au réfrigérateur avant de la servir.

Préparation : 15 min ■ **Cuisson :** 30 min
■ **Réfrigération :** 1 h

Sorbet à la mangue

Pour 1 litre de sorbet

- 1,2 kg de mangues bien mûres
- 1 citron
- 150 g de sucre semoule

1 Éplucher, dénoyauter les mangues, les couper en morceaux.

2 Mixer les mangues ou les passer au presse-purée.

3 Presser le citron, l'ajouter dans la purée avec le sucre. Mettre en sorbetière.

Préparation : 10 min

Marrons

Compote de marrons

Pour 4-6 personnes

- 700 g de marrons ou 500 g de marrons en boîte ou sous vide
- 2 gousses de vanille
- 700 g de sucre

1 Préparer les marrons : inciser la partie la plus bombée et plonger les marrons dans de l'eau bouillante pendant 10 min, puis les égoutter.

2 Fendre les gousses de vanille, les gratter et les mettre dans une casserole avec 7 dl d'eau et le sucre. Faire bouillir. Plonger les marrons dans ce sirop à la vanille et les cuire doucement pendant 45 min environ (30 min pour des marrons en boîte ou sous vide).

3 Verser les marrons et le sirop dans un compotier, laisser refroidir et mettre au réfrigérateur pendant 1 h avant de servir.

Préparation : 10-45 min ■ **Cuisson :** 40-55 min
■ **Réfrigération :** 1 h

Confiture de marrons

Pour 1 kg de confiture

- 750 g de marrons
- sucre semoule
- 2 gousses de vanille

1 Préparer les marrons (➤ voir recette précédente). Les mettre dans une casserole, les recouvrir d'eau froide et les cuire 40 min.

2 Ébouillanter les bocaux.

3 Égoutter les marrons, les passer au presse-purée.

4 Peser la purée obtenue et lui ajouter le même poids de sucre. Mettre le tout dans une bassine, ajouter 1 dl d'eau et la vanille. Chauffer sur feu moyen, en remuant sans arrêt. La confiture est cuite lorsqu'elle est translucide.

5 Retirer la confiture du feu et ôter les gousses de vanille. Mettre en pots et les fermer tout de suite.

Préparation : 45 min ■ **Cuisson :** 1 h environ

Mont-blanc

Pour 4-6 personnes

- 200 g de meringue française (➤ voir p. 972)
- 80 g de beurre
- 300 g de pâte de marron
- 400 g de crème de marron
- 5 cl de rhum
- 400 g de crème Chantilly (➤ voir p. 849)
- débris de marrons glacés

1. Préchauffer le four à 120 °C.
2. Préparer la meringue et la mettre dans une poche à douille de 1 cm de diamètre.
3. Recouvrir une plaque à pâtisserie d'une feuille de papier sulfurisé et former une couronne de meringue de 24 cm de diamètre constituée de plusieurs anneaux concentriques (de 6 cm de largeur environ) pour faire un fond. Mettre à cuire pendant 45 min à 120 °C, puis 2 h à 100 °C.
4. Faire ramollir le beurre au bain-marie ou au four à micro-ondes pour le mettre en pommade. Ajouter la pâte de marron et bien malaxer. Quand ce mélange est homogène, ajouter la crème de marron puis le rhum et mélanger de nouveau.
5. Mettre cette crème dans une poche munie d'une douille à petits trous et disposer des vermicelles de crème de marron sur le fond de meringue.
6. Préparer la crème Chantilly. La mettre dans une poche munie d'une douille cannelée et disposer des petites rosaces sur les vermicelles de crème de marron. Parsemer chaque rosace de débris de marrons glacés.

Préparation : 1 h ■ **Cuisson :** 2 h 45

Pudding Nesselrode

Pour 6-8 personnes

- 70 g d'écorces d'orange et de cerises confites
- 5 cl de malaga
- 60 g de raisins de Corinthe et de Smyrne
- 500 g de crème anglaise (➤ voir p. 846)

1. Couper les écorces d'orange et les cerises confites en petits dés, et les mettre à macérer 1 h dans le malaga.
2. Faire gonfler les raisins dans de l'eau tiède.
3. Préparer la crème anglaise, puis la mélanger avec la purée de marron.
4. Confectionner la crème fouettée et lui ajouter le marasquin.

- 125 g de purée de marron en boîte
- 500 g de crème fouettée (➤ voir p. 850)
- 7 cl de marasquin
- 12 marrons glacés

5 Mélanger la crème au marron, les fruits confits, les raisins et la crème fouettée.

6 Verser cette composition dans un moule à charlotte de 18 cm de diamètre. Recouvrir avec un film alimentaire et mettre le moule pendant 1 h dans le congélateur.

7 Démouler sur le plat de service après avoir passé le moule rapidement sous l'eau chaude et décorer d'une couronne de marrons glacés.

Préparation : 1 h ■ **Congélation :** 1 h

Soufflé au marron

Pour 4-6 personnes

- 300 g de crème pâtissière (➤ voir p. 852)
- 4 c. à soupe de purée de marron sucrée et vanillée
- 5 blancs d'œufs
- 1 pincée de sel
- 70 g de miettes de marrons glacés
- 10 g de beurre
- 1 c. à soupe de farine

1 Préparer la crème pâtissière et lui ajouter la purée de marron, bien mélanger.

2 Préchauffer le four à 190 °C.

3 Battre les blancs d'œufs en neige avec le sel. En incorporer le quart à la crème pâtissière aux marrons. Ajouter ensuite la moitié des miettes de marrons glacés. Incorporer enfin le reste des blancs en mélangeant délicatement.

4 Beurrer et fariner un moule à soufflé de 18 cm de diamètre et y verser la préparation. Lisser la surface et saupoudrer avec l'autre moitié de miettes de marrons glacés.

5 Enfourner le moule, réduire immédiatement la température à 170 °C et cuire pendant 20 à 25 min.

Préparation : 20 min ■ **Cuisson :** 20-25 min

Vacherin au marron

Pour 6-8 personnes

- 1 l de glace à la vanille (➤ voir p. 859)
- 150 g de pâte de marron
- 150 g de purée de marron
- 700 g de pâte à succès (➤ voir p. 975)
- sucre glace
- 8 beaux marrons glacés

La veille

① Préparer la glace à la vanille et, avant de la mettre à glacer et quand elle en est encore au stade de crème anglaise cuite, lui ajouter la pâte et la purée de marron. Laisser refroidir et mettre en sorbetière.

② Préparer la pâte à succès, la mettre dans une poche munie d'une douille de 1,5 cm de diamètre. Préchauffer le four à 160 °C.

③ Recouvrir une plaque d'une feuille de papier sulfurisé. Y déposer 2 disques de pâte à succès de 22 cm de diamètre en commençant par le centre et en traçant une spirale.

④ Mettre au four pendant 30 min à 160 °C, puis baisser la température à 140 °C et cuire encore 1 h. Si le four n'est pas assez grand, faire cuire les deux disques séparément. Les laisser refroidir complètement.

⑤ Pour décoller les disques du papier, poser celui-ci sur un torchon mouillé étalé sur le plan de travail. Garder ces disques à température ambiante, couverts d'un torchon.

Le jour même

⑥ Sortir la glace du congélateur 1 h avant de servir afin qu'elle soit assez souple. Avec une spatule, la déposer sur le premier cercle en une couche épaisse. Poser par-dessus le second disque.

⑦ Poudrer de sucre glace et décorer avec les marrons glacés.

Préparation : 20 min (24 h à l'avance)

■ **Cuisson :** 1 h 30

Melon

Confiture de melon

Pour 1 kg de confiture

- 700 g de pulpe de melon
- 450 g de sucre

1 Couper le melon en deux, retirer les graines et extraire la pulpe. Détailler celle-ci en petits morceaux et les mettre dans une terrine. Ajouter le sucre et mélanger. Laisser macérer dans un endroit frais pendant 3 ou 4 h.
2 Ébouillanter les pots.
3 Verser le melon et son jus de macération dans la bassine à confiture et cuire environ 15 min en tournant sans arrêt.
4 Mettre la confiture en pots et fermer immédiatement.

Préparation : 15 min ■ **Macération :** 3-4 h
■ **Cuisson :** 15 min environ

Coulis de melon

Pour 5 dl de coulis

- 1 melon de 1 kg environ
- 50 g de sucre

1 Couper le melon, ôter les graines et les filaments et prélever toute la pulpe avec une cuillère.
2 Mixer la pulpe, ajouter le sucre.
3 Mettre au réfrigérateur ou congeler.

Préparation : 10 min

Melon frappé

Pour 6 personnes

- 6 melons
- 1 l de sorbet au melon du commerce
- 2 dl de porto
- glace pilée

1 Décalotter largement les melons du côté du pédoncule. Retirer les graines et les filaments, puis extraire délicatement la pulpe avec une cuillère parisienne en faisant des petites billes. Les mettre dans une grande jatte. Ajouter le porto et laisser macérer pendant 2 h au réfrigérateur. →

② Mettre les écorces et les chapeaux des melons au congélateur pendant la même durée.

③ Remplir les écorces vides de couches alternées de sorbet et de billes de melon. Arroser avec le porto de la macération. Remettre les calottes en place.

④ Présenter les melons dans des coupes individuelles garnies de glace pilée et servir tout de suite.

Préparation : 10 min
■ **Macération et réfrigération :** 2 h

Mûres

• •

Confiture de mûres

Pour 1 kg de confiture

- 500 g de mûres
- 1/2 citron
- 450 g de sucre environ

① Trier, laver et équeuter les mûres. Les peser, les mettre dans un saladier avec un demi-verre d'eau et les laisser tremper ainsi 12 h au moins.

② Ébouillanter les bocaux.

③ Verser dans la bassine les fruits avec leur eau, ajouter le jus de citron, porter à ébullition et cuire 10 min à petit feu. Ajouter alors le sucre (900 g par kilo de fruits), porter de nouveau à ébullition, écumer et cuire 15 min, en remuant de temps en temps.

④ Mettre en bocaux et fermer immédiatement.

Préparation : 10 min ■ **Repos :** 12 h
■ **Cuisson :** 25 min environ

Coulis de mûres

Pour 5 dl de coulis

- 500 g de mûres
- 50 g de sucre
- 1/2 citron

1 Trier les mûres, les laver, les équeuter et les écraser dans une passoire placée au-dessus d'un saladier. Bien appuyer pour en extraire tout le jus.

2 Mélanger avec le sucre et le jus de citron.

3 Mettre au réfrigérateur ou congeler.

Préparation : 15 min

Myrtilles

Confiture de myrtilles

Pour 3,5 kg de confiture

- 2 kg de myrtilles
- 2 kg de sucre semoule

1 Trier les myrtilles en les choisissant très mûres. Les broyer au mixeur juste quelques instants (en procédant en plusieurs fois).

2 Verser la purée obtenue dans une bassine à confiture et porter à ébullition. Ajouter le sucre et remuer. Faire bouillir à nouveau et maintenir l'ébullition pendant 5 à 7 min.

3 Mettre en pots ébouillantés, couvrir, les retourner et laisser ainsi pendant 24 h.

Préparation : 5 min ■ **Cuisson :** 8-10 min

Noisettes

Noisettine

Pour 6 personnes

- 130 g de noisettes
- 8 blancs d'œufs
- 160 g de sucre semoule
- 40 g de farine
- 110 g de beurre
- sucre glace

1 Préchauffer le four à 250 °C.

2 Concasser grossièrement les noisettes avec le rouleau à pâtisserie. Les mettre sur une tôle et les passer 3 ou 4 min à four chaud pour les faire griller.

3 Mélanger dans une jatte les blancs d'œufs non battus et le sucre. Ajouter ensuite les noisettes, puis la farine tamisée et bien mélanger.

4 Faire fondre 100 g de beurre, l'ajouter à la préparation aux noisettes et mélanger jusqu'à ce qu'il soit bien absorbé.

5 Baisser le four à 200 °C.

6 Beurrer un petit moule à manqué, y verser la pâte et faire cuire pendant 30 min.

7 Sortir le gâteau du four, le laisser tiédir, démouler et poudrer de sucre glace.

Préparation : 20 min ■ **Cuisson :** 35 min

Noix de coco

Soufflé à la noix de coco

Pour 4 personnes

- 100 g de noix de coco râpée
- 7 dl de lait
- 125 g de riz
- 100 g de sucre
- 60 g de beurre
- 4 œufs
- 2 pincées de sel
- noix de muscade

1 Mettre la noix de coco râpée et le lait dans une casserole. Porter à ébullition en mélangeant et laisser cuire pendant 10 min.

2 Tapisser une passoire avec une mousseline, la poser sur une casserole et filtrer le mélange, en pressant fortement pour recueillir le maximum de liquide.

3 Mettre cette casserole sur le feu, porter à ébullition, ajouter le riz et le sucre, les mélanger, baisser le feu et cuire 20 min à petits bouillons jusqu'à ce que le liquide soit évaporé. Ajouter 50 g de beurre et mélanger.

④ Préchauffer le four à 200 °C.

⑤ Casser les œufs en séparant les blancs des jaunes. Ajouter les jaunes, un à un, au mélange précédent en remuant bien. Saler et assaisonner d'une pointe de noix de muscade râpée.

⑥ Monter les blancs en neige ferme avec 1 pincée de sel et les incorporer délicatement.

⑦ Beurrer un moule à soufflé de 16 cm de diamètre et y verser la pâte. Enfourner pour 5 min à 200 °C puis baisser à 180 °C et cuire encore 15 min sans ouvrir la porte. Servir aussitôt.

Préparation : 30 min ■ **Cuisson :** 20 min

Oranges

Confiture d'oranges

Pour 2,5 kg de confiture

- 1,5 kg d'oranges non traitées
- 2 citrons non traités
- 1,2 kg de sucre cristallisé

① Laver les oranges et les citrons. Lever le zeste d'un des citrons et celui de quatre oranges, et les hacher. Retirer l'écorce blanche de ces fruits.

② Couper tous les fruits en deux. Ôter la membrane blanche centrale et les pépins, les enfermer dans un nouet de mousseline et mettre celui-ci dans une jatte avec 1 verre d'eau.

③ Couper en rondelles fines tous les demi-fruits (avec ou sans écorce), les mettre dans une grande bassine avec les zestes hachés et verser 3 dl d'eau. Laisser tremper ainsi pendant 24 h, en retournant les fruits deux ou trois fois.

④ Mettre les fruits avec leur eau dans la bassine à confiture, y ajouter le nouet de mousseline et son eau, couvrir et porter à ébullition.

⑤ Découvrir la bassine et cuire 30 min à petits bouillons.

⑥ Ébouillanter les bocaux.

⑦ Ajouter le sucre dans la bassine, porter de nouveau à ébullition, puis réduire le feu pour rétablir une ébullition douce, en remuant. ➜

8 Écumer et poursuivre la cuisson 30 min.
9 Mettre la confiture en bocaux, les fermer immédiatement et les tenir retournés pendant 24 h.

Préparation : 20 min ■ **Macération :** 24 h
■ **Cuisson :** 1 h

Marmelade d'oranges

Pour 1,5 kg de marmelade

- 8 grosses oranges non traitées
- 1 citron non traité
- sucre cristallisé

1 Éplucher les oranges et le citron, séparer les quartiers en ôtant soigneusement les filaments blancs. Retirer complètement la partie blanche et couper la moitié des écorces en lamelles très fines.

2 Peser les fruits et les écorces taillées, puis les verser dans une terrine et ajouter un poids d'eau égal à celui des agrumes. Laisser tremper 24 h.

3 Égoutter les fruits, les peser puis les remettre dans la bassine à confiture avec un poids égal de sucre, porter à ébullition et faire cuire pendant 15 à 30 min, jusqu'à ce qu'ils s'écrasent facilement.

4 Ébouillanter les bocaux, les remplir de la confiture et les fermer hermétiquement.

Préparation : 30 min ■ **Macération :** 24 h
■ **Cuisson :** 15-30 min

Oranges givrées

Pour 8 personnes

- 8 oranges
- 120 g de sucre
- 20 g de lait en poudre

1 Décalotter les oranges en les coupant avec un couteau-scie, puis les évider complètement avec une cuillère à bord tranchant, sans percer les écorces. Garder les écorces et les chapeaux au congélateur.

2 Mettre la pulpe dans une passoire et bien la presser en appuyant dessus avec un pilon.

3 Avec le jus recueilli, le sucre et le lait en poudre, préparer un sorbet à l'orange (➤ voir p. 954).

4 Mettre le sorbet dans une poche à douille cannelée et en garnir les écorces en débordant en hauteur. Couvrir chacune des oranges avec son chapeau, puis les remettre au congélateur jusqu'au moment de servir.

Préparation : 30 min

Soufflé à l'orange

Pour 6 personnes

- 6 grosses oranges non traitées
- 3 œufs
- 60 g de sucre semoule
- 2 c. à soupe rases de fécule de maïs
- 5 cl de Grand Marnier
- 1 pincée de sel

1 Découper une calotte dans chaque orange, enlever également une petite rondelle en dessous pour que les fruits aient une bonne assise.

2 Évider les oranges avec une cuillère à pamplemousse, en veillant à ne pas abîmer l'écorce. Presser la chair dans une petite passoire et filtrer le jus recueilli.

3 Casser les œufs en séparant les jaunes et les blancs. Dans une jatte, fouetter les jaunes avec le sucre et la fécule de maïs, puis délayer avec le jus d'orange.

4 Verser ce mélange dans une casserole et chauffer à feu doux en tournant sans arrêt avec une cuillère en bois. Retirer du feu dès que le mélange a épaissi. Ajouter le Grand Marnier et laisser refroidir. ➜

5 Préchauffer le four à 220 °C.

6 Battre les blancs en neige ferme avec 1 pincée de sel et les ajouter délicatement à la crème d'orange.

7 Répartir cette mousse dans les écorces. Ranger celles-ci dans un plat allant au four et faire cuire pendant 30 min. Servir chaud.

Préparation : 45 min ■ **Cuisson :** 30 min

Pamplemousses

Pamplemousses caramélisés

Pour 4 personnes

- 2 pamplemousses
- 2 c. à soupe de sucre brun
- 4 cerises confites

1 Couper chaque pamplemousse en deux dans l'épaisseur. Détacher chaque demi-quartier de l'écorce à l'aide d'un couteau à pamplemousse, mais sans les sortir (cela facilitera ensuite la dégustation).

2 Poudrer les demi-pamplemousses de sucre et les passer 1 min sous le gril du four très chaud.

3 Placer une cerise au centre de chaque demi-fruit et servir aussitôt.

Préparation : 10 min ■ **Cuisson :** 1 min

Pamplemousses glacés

Pour 4 personnes

- 4 pamplemousses
- 125 g de sucre

1 Décalotter les pamplemousses, les évider avec une cuillère à bord tranchant en veillant à ne pas percer l'écorce.

2 Séparer la pulpe des membranes blanches et la mettre dans une passoire. Bien appuyer avec une cuillère en bois pour en extraire tout le jus. Mettre les calottes et les écorces vides au congélateur.

3 Mélanger le jus avec le sucre et mettre en sorbetière. Quand la glace a commencé à prendre,

tout en étant encore souple, en garnir les écorces de pamplemousses glacées. Poser les calottes sur les fruits et remettre ceux-ci dans le congélateur pendant 2 h.

4 Retirer les pamplemousses 40 min avant de servir et les placer dans le réfrigérateur.

Préparation : 30 min ▪ **Congélation :** 2 h

Pêches

• •

Compote de pêches

Pour 4-6 personnes

- 1 kg de pêches
- 300 g de sucre semoule
- 1 gousse de vanille

1 Faire bouillir de l'eau, y plonger les pêches, les éplucher, les couper en deux, les dénoyauter. Recouper chaque moitié en 4 morceaux.

2 Mettre le sucre dans une casserole avec 1 dl d'eau. Ouvrir la gousse de vanille, gratter l'intérieur au-dessus de la casserole puis l'y ajouter. Faire bouillir pendant 10 min environ.

3 Plonger les pêches dans ce sirop et les cuire pendant 6 à 8 min. Verser dans un saladier et laisser refroidir.

4 Servir tiède ou bien frais (2 h au réfrigérateur).

Préparation : 15 min ▪ **Cuisson :** 15 min environ

Coulis de pêches

Pour 0,5 litre de coulis

- 500 g de pêches
- 50 g de sucre

1. Ébouillanter les pêches, les plonger rapidement dans l'eau froide, les éplucher et les dénoyauter. Passer les pêches au mixeur ou au moulin à légumes.
2. Mélanger la purée obtenue avec le sucre. Mettre au réfrigérateur ou congeler.

Préparation : 15 min

Pêches à la bordelaise

Pour 4 personnes

- 4 pêches
- 70 g de sucre
- 3 dl de vin de Bordeaux
- 8 morceaux de sucre
- 1 bâton de cannelle

1. Faire bouillir de l'eau dans une casserole, y plonger les pêches pendant 30 s, puis les passer sous l'eau froide.
2. Peler les pêches, les ouvrir en deux, les dénoyauter et les mettre dans un saladier. Les poudrer de sucre et les laisser macérer 1 h.
3. Verser le vin dans une autre casserole avec les morceaux de sucre et de la cannelle et le faire bouillir. Puis laisser cuire les pêches 10 à 12 min dans ce sirop, à feu doux.
4. Égoutter les pêches et les disposer dans une coupe en verre. Faire réduire le sirop de cuisson jusqu'à ce qu'il nappe bien la cuillère et le verser sur les pêches. Laisser refroidir.

Préparation : 30 min ■ **Macération :** 1 h
■ **Cuisson :** 20 min environ

Pêches dame blanche

Pour 4 personnes

- 0,5 l de glace à la vanille
  (➤ voir p. 859)
- 4 tranches d'ananas
- 1 c. à soupe de kirsch
- 1 c. à soupe de
  marasquin
- 2 grosses pêches
- 2,5 dl d'eau
- 250 g de sucre semoule
- 1/2 gousse de vanille
- 200 g de crème Chantilly
  (➤ voir p. 849)

1 Préparer la glace à la vanille.

2 Mettre les tranches d'ananas à macérer 1 h dans un plat creux avec le kirsch et le marasquin.

3 Plonger les pêches 30 s dans l'eau bouillante et les passer immédiatement sous l'eau froide. Les éplucher sans les couper.

4 Faire bouillir 2,5 dl d'eau avec le sucre et la demi-gousse de vanille fendue en deux. Plonger les pêches entières pendant 10 min environ dans ce sirop, à petite ébullition, en les retournant de temps en temps, puis les égoutter, les couper en deux et les dénoyauter.

5 Préparer la crème Chantilly, la mettre dans une poche à douille cannelée de 1 cm de diamètre.

6 Garnir le fond de 4 coupes avec de la glace à la vanille, recouvrir d'une tranche d'ananas, puis d'une demi-pêche. Couronner chaque pêche de chantilly et entourer les tranches d'ananas d'un turban de crème.

Préparation : 45 min ■ **Macération :** 1 h

Pêches à l'impératrice

Pour 4-6 personnes

- 375 g de sucre
- 1 gousse de vanille
- 6 pêches
- 800 g de riz au lait
- 3 c. à soupe de kirsch
- 2 c. à soupe de
  marasquin
- 150 g d'abricots
- 100 g de macarons

1 Préparer les pêches pochées. Pour cela, faire bouillir 7,5 dl d'eau, le sucre et la gousse de vanille fendue et grattée. Y plonger les pêches pendant 10 à 15 min, puis les sortir du sirop, les éplucher, les couper en deux et les dénoyauter. Les mettre de côté.

2 Préparer le riz au lait (➤ voir p. 871) en y ajoutant le kirsch et le marasquin.

3 Couper les abricots en morceaux et les passer au mixeur ou au moulin à légumes.

4 Hacher les macarons au couteau. ➡

⑤ Préchauffer le four à 180 °C.

⑥ Mettre au fond d'un moule de 24 cm de diamètre une couche de riz au lait. Recouvrir avec les demi-pêches pochées, puis déposer une autre couche de riz, plus fine, par-dessus. Napper avec la purée d'abricot. Parsemer avec les macarons émiettés.

⑦ Mettre le moule 5 min au four en veillant à ne pas laisser gratiner la surface. Servir immédiatement.

Préparation : 40 min ■ **Cuisson :** 20 min

Pêches Melba

Pour 4 personnes

- 0,5 l de glace à la vanille (➤ voir p. 859)
- 500 g de framboises
- 4 pêches blanches
- 500 g de sucre
- 1 gousse de vanille

① Préparer éventuellement la glace à la vanille ou employer une glace du commerce.

② Écraser les framboises au mixeur ou au moulin à légumes.

③ Plonger les pêches dans de l'eau bouillante pendant 30 s, puis les passer immédiatement sous l'eau froide et les éplucher.

④ Faire bouillir pendant 5 min 1 litre d'eau avec le sucre et la gousse de vanille ouverte et grattée. Y plonger les pêches pendant 7 ou 8 min en les retournant. Les égoutter et les laisser refroidir complètement.

⑤ Couper les pêches en deux et les dénoyauter.

⑥ Répartir la glace au fond d'une grande coupe ou dans chaque coupe individuelle. Disposer les pêches dessus et les napper de purée de framboise.

poires Melba :

procéder de la même façon en utilisant des poires à la place des pêches.

Préparation : 30 min ■ **Cuisson :** 12-13 min

Sauce aux pêches crues

Pour 0,5 litre de sauce

- 500 g de pêches
- 1/2 citron
- 150 g de sucre
- 3 c. à soupe de kirsch ou de liqueur de fruit (facultatif)

1 Ébouillanter les pêches pendant 30 s, les rafraîchir, les peler et les dénoyauter.

2 Mixer les pêches ou les passer au presse-purée, ajouter le jus de citron, puis le sucre semoule et, éventuellement, le kirsch (ou la liqueur de fruit).

3 Garder au frais ou congeler.

Préparation : 15 min

Sauce aux pêches cuites

Pour 0,5 litre de sauce

- 500 g de pêches
- 1/2 citron
- 150 g de sucre semoule
- 3 c. à soupe de liqueur de fruit au choix

1 Ébouillanter les pêches pendant 30 s, les rafraîchir, les peler et les dénoyauter. Mixer ou passer au presse-purée, puis ajouter le jus de citron.

2 Verser la purée obtenue dans une casserole, ajouter le sucre semoule et cuire de 7 à 8 min à feu vif, en remuant.

3 Laisser tiédir et parfumer à volonté d'une liqueur de fruit.

Préparation : 15 min ■ **Cuisson :** 7-8 min

Poires

Charlotte aux poires

Pour 6-8 personnes

- 500 g de sucre semoule
- 1,5 kg de poires
- 8 feuilles de gélatine
- 500 g de crème anglaise (➤ voir p. 846)
- 5 cl d'eau-de-vie de poire
- 50 g de crème Chantilly (➤ voir p. 849)
- 24 biscuits à la cuillère

1 Dans une casserole, verser 1 litre d'eau, ajouter le sucre semoule et porter à ébullition. Peler les poires et les pocher entières dans ce sirop pendant 10 à 15 min. Vérifier la cuisson avec la pointe d'un couteau.

2 Couper 2 de ces poires en deux, enlever les pépins et passer les fruits au mixeur ou au moulin à légumes. Mettre cette purée de côté.

3 Faire tremper les feuilles de gélatine dans de l'eau froide.

4 Préparer la crème anglaise.

5 Égoutter la gélatine et, hors du feu, l'ajouter à la crème. Laisser la crème refroidir, puis lui ajouter la purée de poire et l'eau-de-vie.

6 Monter la crème Chantilly et la mélanger avec la crème parfumée aux poires.

7 Couper les autres poires cuites au sirop en tranches moyennes, enlever les pépins. Garder quelques tranches pour la décoration.

8 Tapisser un moule à charlotte de 20 cm de diamètre avec les biscuits à la cuillère. Verser une couche de crème, ajouter par-dessus une couche de tranches de poire. Puis remettre une couche de crème et ainsi de suite jusqu'à ce que le moule soit rempli. Terminer avec une couche de biscuits.

9 Recouvrir le moule d'un film alimentaire et le mettre au réfrigérateur pendant environ 6 à 8 h.

10 Passer rapidement le moule sous l'eau chaude pour démouler la charlotte sur le plat de service. Décorer le dessus avec le reste des poires coupées.

Préparation : 1 h ■ **Cuisson :** 30 min
■ **Réfrigération :** 6-8 h

Compote de poires à la bière

Pour 4-6 personnes

- 500 g de poires
- 5 dl de bière
- 50 g d'orange confite
- 50 g de citron confit
- 100 g de sucre
- 100 g de raisins de Corinthe
- 1 c. à soupe de cannelle en poudre

① Peler les poires, les couper en cubes d'environ 2 cm de côté, enlever les pépins. Mettre les cubes de poire au fur et à mesure dans une casserole et les recouvrir de bière.

② Couper l'orange et le citron confits en tout petits morceaux. Les ajouter dans la casserole de fruits avec le sucre, les raisins secs, la cannelle et cuire 20 min sur feu très doux, en remuant régulièrement.

③ Laisser refroidir à température ambiante, puis répartir dans des coupes individuelles ou verser dans un compotier.

Préparation : 10 min ■ **Cuisson :** 20 min

Compote poires-pommes caramélisées

Pour 4-6 personnes

- 400 g de pommes
- 400 g de poires
- 150 g de sucre
- 1 bâton de cannelle

① Éplucher les poires et les pommes, les couper en morceaux, enlever les pépins.

② Préparer deux sirops en mettant dans 2 casseroles différentes 75 g de sucre et 0,5 dl d'eau et la moitié du bâton de cannelle. Faire bouillir, puis plonger les pommes dans une casserole et les poires dans l'autre. Les cuire pendant 10 à 15 min, les égoutter dans un compotier. Mettre celui-ci dans le réfrigérateur.

③ Mélanger les deux sirops de cuisson et faire réduire jusqu'à ce que le sucre commence à blondir.

④ Verser le sucre encore bouillant sur les fruits rafraîchis et laisser prendre au frais mais hors du réfrigérateur, puis servir.

Préparation : 15 min ■ **Cuisson :** 15 min environ

Délicieux surprise

Pour 4-6 personnes

- 1 grosse brioche mousseline (➤ voir p. 995)
- 1 orange non traitée
- 1 c. à soupe de crème fraîche
- 1 c. à soupe de lait
- 130 g de chocolat
- 20 g de beurre
- 1 dl de rhum
- 1 citron
- 3 poires (comice ou beurré-hardy)
- 200 g de crème Chantilly (➤ voir p. 849)

1 Préparer une grosse brioche rectangulaire ou prendre une brioche du commerce. Râper le zeste de l'orange.

2 Faire chauffer la crème fraîche avec le lait. Couper le chocolat en petits morceaux et le faire fondre au bain-marie ou au micro-ondes. Faire fondre aussi le beurre.

3 Mélanger tous ces ingrédients et ajouter le zeste d'orange. Garder au chaud au bain-marie.

4 Couper la brioche en 6 tranches bien épaisses, les disposer dans un plat rectangulaire et, avec un pinceau, les imbiber de rhum.

5 Presser le jus de citron dans un saladier. Peler et épépiner les poires, les couper en lamelles et les passer rapidement dans le jus de citron pour les empêcher de noircir. Les disposer ensuite sur les tranches de brioche.

6 Monter la crème Chantilly. La mettre dans une poche à grosse douille cannelée et poser des dômes de crème sur chaque tranche.

7 Napper de sauce au chocolat-orange chaude. Servir immédiatement.

Préparation : 30 min ■ **Cuisson :** 5 min

Flaugnarde aux poires

Pour 4-6 personnes

- 800 g de poires
- 1 verre à liqueur d'eau-de-vie de poire
- 4 œufs
- 100 g de sucre
- 100 g de farine
- 1 pincée de sel

1 Éplucher les poires, les couper en deux, enlever les pépins. Les couper en lamelles et les mettre dans un saladier avec l'eau-de-vie de poire. (Elles doivent macérer 3 h au minimum, 12 h si possible.) Préchauffer le four à 220 °C.

2 Dans une terrine, battre, au fouet électrique ou à la main, les œufs entiers et le sucre jusqu'à ce que le mélange soit bien mousseux. Incorporer peu à peu la farine avec une pincée de sel, en

- 1,5 l de lait
- 40 g de beurre

mélangeant bien. Verser ensuite le lait, toujours en remuant.

❸ Ajouter les fruits macérés et l'eau-de-vie. Beurrer largement un grand plat à gratin de 24 cm de long, y verser la pâte, parsemer le dessus de quelques noisettes de beurre et enfourner pour 30 min.

❹ Servir la flaugnarde tiède dans le plat de cuisson avec, éventuellement, de la confiture.

Préparation : 20 min ■ **Macération :** 3 à 12 h
■ **Cuisson :** 30 min

Gratin de poires aux amandes

Pour 4 personnes

- 12 poires passe-crassane
- 1 citron
- 50 g de beurre
- 50 g de sucre roux
- 1 dl de vin blanc
- 0,5 dl de liqueur de fraise
- 80 g d'amandes effilées

❶ Éplucher les poires, les couper en deux, enlever les pépins. Les citronner en les frottant avec un demi-citron sur chaque côté.

❷ Préchauffer le four à 220 °C.

❸ Beurrer un plat à gratin, y ranger les poires les unes contre les autres, côté plat vers le fond. Presser les demi-citrons et arroser les poires de leur jus.

❹ Dans un bol, mélanger le sucre, le vin blanc et la liqueur de fraise. Verser ce liquide sur les poires, les parsemer de noisettes de beurre et d'amandes effilées. Enfourner pour 25 min.

❺ Servir ce gratin chaud, tiède ou froid.

Ce dessert peut être aussi accompagné d'une crème anglaise (➤ voir p. 846) ou d'une crème au chocolat (➤ voir p. 850).

Préparation : 15 min ■ **Cuisson :** 25 min

Marmelade de poires et d'airelles

Pour 1,2 kg de marmelade

- 400 g de poires
- 80 g d'abricots secs
- 30 g de noix
- 340 g d'airelles
- 160 g de raisins de Corinthe
- 120 g de jus d'orange
- 165 g de sucre
- 1 c. à café de cannelle en poudre
- 1 c. à soupe de Grand Marnier

1 Peler, épépiner et couper les poires en cubes. Couper également les abricots en cubes. Hacher les noix. Trier les airelles.

2 Dans une casserole, mettre les poires, les abricots, les airelles, les raisins secs, le jus d'orange, le sucre semoule et la cannelle, porter à ébullition et laisser cuire pendant 6 min à feu moyen, sans oublier de remuer de temps en temps avec une cuillère en bois.

3 Ajouter les noix et le Grand Marnier et prolonger la cuisson de 3 à 4 min. Retirer du feu et verser dans un saladier. Laisser refroidir.

Préparation : 30 min ■ **Cuisson :** 10 min

Poires Belle-Hélène

Pour 6 personnes

- 1 l de glace à la vanille (➤ voir p. 859)
- 250 g de sucre semoule
- 6 poires williams
- 125 g de chocolat noir
- 6 dl de crème fraîche

1 Préparer la glace à la vanille ou employer une glace du commerce.

2 Faire bouillir 0,5 litre d'eau avec le sucre. Peler les poires en les laissant entières et en gardant leurs queues, et les plonger dans le sirop pendant 20 à 30 min. Lorsqu'elles sont bien tendres, les égoutter et les mettre sur une assiette au réfrigérateur.

3 Faire bouillir 0,5 dl d'eau. Casser le chocolat en morceaux, le hacher et le mettre dans une casserole sur feu doux. Verser l'eau bouillante dessus en mélangeant pour le faire fondre, et ajouter la crème fraîche.

4 Mettre de la glace au fond de chaque coupe, ajouter une poire par-dessus et napper de sauce au chocolat bien chaude. Servir aussitôt.

Préparation : 45 min ■ **Cuisson :** 20-30 min

Poires pochées au vin rouge

Pour 4 personnes

- 1 citron non traité
- 1 bouteille de vin rouge
- 200 g de sucre semoule
- 1/2 bâton de cannelle
- noix de muscade
- 8 petites poires
  ou 4 grosses

1 Couper le citron en fines rondelles. Verser le vin rouge dans une casserole en acier inoxydable. Ajouter le citron, le sucre et la cannelle. Râper généreusement de la muscade (3 pincées environ). Porter lentement à ébullition.

2 Pendant ce temps, peler les poires. Les laisser entières si elles sont petites, en conservant les queues. Sinon, les couper en deux ou en quatre et retirer les pépins.

3 Mettre les poires dans le sirop bouillant, couvrir et faire bouillonner très doucement. Cuire ainsi 30 à 40 min en retournant les fruits à mi-cuisson. Piquer les poires à cœur avec une aiguille pour voir si elles sont bien tendres. Les égoutter et les disposer sur un plat.

4 Retirer le citron et la cannelle. Faire réduire le sirop jusqu'à ce qu'il nappe la cuillère. Le verser alors sur les poires.

5 Laisser reposer et mettre au réfrigérateur jusqu'au moment de servir.

Préparation : 10 min ■ **Cuisson :** 1 h environ

Sorbet à la poire

Pour 1 litre de sorbet

- 1,2 kg de poires
- 500 g de sucre
- 2 citrons
- 1 gousse de vanille
- 1 sachet de sucre vanillé

1 Éplucher les poires, les couper en morceaux et enlever les pépins.

2 Faire bouillir 1 litre d'eau avec le sucre semoule, le jus de citron et la gousse de vanille ouverte et grattée. Verser ce sirop sur les poires et laisser macérer 12 h.

3 Ôter la vanille et mixer les poires et leur jus, ajouter le sucre vanillé, et l'alcool si l'on veut un sorbet plus corsé. Mettre en sorbetière.

Préparation : 30 min ■ **Macération :** 12 h

Pommes

Beignets de pommes

Pour 20 beignets

- 400 g de pâte à beignets
  (➤ voir p. 108)
- 4 pommes starking
  ou reine des reinettes
- 90 g de sucre semoule
- 1 c. à café de cannelle
  en poudre
- huile de friture

❶ Préparer la pâte à beignets, la laisser reposer 1 h.

❷ Éplucher les pommes sans les couper. Avec un vide-pomme, ôter le cœur, puis les couper en tranches égales, assez épaisses.

❸ Faire chauffer l'huile à 175 °C.

❹ Mélanger la moitié du sucre avec la cannelle dans une assiette. Poser chaque rondelle de pomme sur ce sucre, en appuyant pour qu'il y adhère bien des deux côtés.

❺ Piquer chaque rondelle sur une longue fourchette, la tremper dans la pâte à beignets, et la plonger ensuite dans la friture chaude. Avec une écumoire, retourner les beignets pour qu'ils dorent bien de tous les côtés, les sortir de la friture et les déposer sur du papier absorbant.

❻ Disposer les beignets sur le plat de service, les poudrer de sucre et servir immédiatement.

Préparation : 30 min ■ **Repos :** 1 h
■ **Cuisson :** 20 min

Compote de pommes

Pour 4-6 personnes

- 1 dl d'eau
- 150 g de sucre
- 2 gousses de vanille
  ou 3 bâtons de cannelle
- 1 citron
- 800 g de pommes

❶ Dans une casserole, mélanger l'eau, le sucre et les gousses de vanille (fendues et grattées) ou les bâtons de cannelle. Porter à ébullition.

❷ Presser le jus de citron dans un saladier. Peler les pommes, les couper en quartiers, les épépiner. Les déposer dans le saladier et remuer pour bien les citronner.

❸ Plonger les pommes dans le sirop bouillant et cuire de 15 à 20 min. Elles doivent être cuites mais pas écrasées. Servir la compote tiède ou froide.

Préparation : 10 min ■ **Cuisson :** 15-20 min

Flamusse aux pommes

Pour 4-6 personnes

- 60 g de farine
- 75 g de sucre semoule
- 1 pincée de sel
- 3 œufs
- 0,5 l de lait
- 10 g de beurre
- 3 ou 4 pommes reinettes
- sucre glace

1 Mettre la farine dans un saladier avec le sucre semoule et le sel. Battre les œufs en omelette, les ajouter et bien mélanger à la spatule en bois pour obtenir une pâte aussi lisse que possible. Verser peu à peu le lait et continuer de mélanger.

2 Préchauffer le four à 180 °C. Beurrer une tourtière de 22 cm. Peler et couper les pommes en tranches fines, enlever les pépins. Les disposer en couronne dans la tourtière en les faisant se chevaucher. Verser la pâte par-dessus et mettre au four pendant 45 min.

3 Démouler la flamusse quand elle est tiède et la poudrer de sucre glace. Servir tiède ou froid.

Préparation : 15 min ■ **Cuisson :** 45 min

Gratin de pommes aux fruits secs

Pour 4 personnes

- 4 figues sèches
- 30 g de pistaches
- 50 g de raisins secs
- 7 cl de rhum
- 1 citron
- 3 pommes
- 40 g de chapelure
- 10 g de beurre
- 1/2 c. à café de cannelle en poudre
- 40 g de poudre d'amande

1 Hacher grossièrement les figues et les pistaches, les mettre dans une jatte avec les raisins et le rhum et laisser macérer pendant 1 h.

2 Presser le jus du citron et le verser dans une autre jatte. Peler les pommes, enlever les pépins et les râper dans cette jatte en mélangeant au fur et à mesure avec le jus de citron pour les empêcher de noircir.

3 Préchauffer le four à 200 °C. Réunir le contenu des deux jattes, ajouter la chapelure et mélanger.

4 Beurrer 4 plats à œufs en porcelaine, y répartir les fruits, poudrer avec la cannelle et la poudre d'amande. Enfourner et faire gratiner pendant 10 min. Servir tiède ou froid.

Préparation : 15 min ■ **Macération :** 1 h
■ **Cuisson :** 10 min

Marmelade de pommes

Pour 1 kg de marmelade

- 1 kg de pommes reinettes
- 1 citron
- 500 g de sucre semoule
- 1 gousse de vanille

1 Laver les pommes, ne pas les éplucher. Retirer les queues, les cœurs et les pépins à l'aide d'un vide-pomme. Presser le jus d'un demi-citron dans une casserole.

2 Râper les pommes au-dessus de cette casserole en mélangeant avec le jus de citron au fur et à mesure. Ajouter en même temps le sucre petit à petit.

3 Ajouter la gousse de vanille fendue et grattée. Cuire doucement pendant 1 h environ en remuant de temps en temps.

4 Ébouillanter les pots.

5 Ajoutez le jus du deuxième demi-citron à la fin de la cuisson. Bien mélanger. Mettre en pots, les fermer immédiatement, les laisser retournés pendant 24 h.

marmelade de poires :
procéder de la même façon en remplaçant les pommes par des poires.

Préparation : 30 min ■ **Cuisson :** 1 h

Pommes bonne femme

Pour 4 personnes

- 4 grosses pommes à pulpe ferme
- 50 g de beurre
- 40 g de sucre semoule

1 Préchauffer le four à 220 °C.

2 Couper les pommes circulairement, à mi-hauteur. Les évider puis les disposer dans un plat à gratin beurré.

3 Malaxer le reste du beurre avec le sucre semoule et en garnir le creux de chaque pomme. Verser un demi-verre d'eau dans le plat.

4 Cuire au four pendant 35 à 40 min. Servir dans le plat de cuisson.

Préparation : 10 min ■ **Cuisson :** 35-40 min

Pudding aux pommes

Pour 6-8 personnes

- 225 g de graisse
  de rognon de bœuf
- 400 g de farine
- 100 g de sucre semoule
- 7 g de sel
- 1 zeste de citron
  non traité
- 500 g de pommes
  (reine des reinettes)
- cannelle en poudre
- 10 g de beurre

1 Hacher finement la graisse de rognon. Puis la mélanger, au robot ou dans un saladier avec une cuillère en bois, avec la farine, 30 g de sucre semoule, le sel et 1 dl d'eau en travaillant bien jusqu'à ce que la pâte soit homogène.

2 Étaler la pâte sur 8 mm d'épaisseur.

3 Hacher le zeste du citron. Éplucher, épépiner et couper les pommes en lamelles, les mélanger avec le reste du sucre, le zeste et la cannelle.

4 Beurrer un bol à pudding de 1 litre, ou un moule à charlotte, ou un moule en Pyrex de 18 à 20 cm de diamètre et de 10 cm de hauteur. Y disposer la moitié de la pâte, ajouter les pommes et recouvrir avec le reste de la pâte. Bien souder les bords en les pinçant entre les doigts. Envelopper le bol dans un linge et le fermer avec une ficelle.

5 Placer le pudding dans une casserole d'eau bouillante et le cuire pendant 2 h à feu doux.

Préparation : 30 min ■ **Cuisson :** 2 h

Sorbet à la pomme

Pour 1 litre de sorbet

- 1 kg de pommes acides
- 2,5 dl de jus de pomme
- 25 g de sucre semoule
- 1/2 citron
- noix de muscade

1 Laver, couper les pommes sans les éplucher, ôter les pépins. Mettre les fruits avec le jus de pomme et le sucre dans une casserole. Cuire 15 à 20 min.

2 Mixer les pommes ou les passer au moulin à légumes. Ajouter le jus de citron à cette purée et y râper un tout petit peu de noix de muscade.

3 Laisser refroidir et mettre en sorbetière.

Préparation : 15 min ■ **Cuisson :** 15-20 min

Soufflé à la pomme

Pour 6-8 personnes

- 8 grosses pommes
- 50 g de beurre
- 300 g de sucre semoule
- 1 dl de cognac
- 5 blancs d'œufs
- 50 g de sucre glace

1 Couper les pommes en deux, retirer le cœur, puis évider à moitié les demi-pommes. Dans une casserole, faire fondre environ 45 g de beurre, ajouter la pulpe de pomme et cuire pendant 5 min à couvert sans remuer. Ajouter alors 200 g de sucre et faire dessécher cette purée en remuant pour la réduire.

2 Préchauffer le four à 230 °C. Arroser l'intérieur des demi-fruits avec la moitié du cognac. Ajouter l'autre moitié à la purée et bien mélanger.

3 Fouetter les blancs d'œufs en neige ferme et, avec une spatule en bois, les incorporer à la purée de pomme, en soulevant délicatement.

4 Disposer les demi-fruits dans un plat beurré allant au four. Les remplir de purée de pomme avec une petite cuillère, puis les poudrer de sucre glace et les faire gratiner de 10 à 12 min au four.

5 Préparer un caramel avec le reste de sucre (➤ voir p. 1054), ajouter 0,7 dl d'eau chaude, en remuant avec une cuillère en bois pour déglacer et rendre le mélange sirupeux. Napper les pommes de cette sauce ou la servir en saucière.

Préparation : 45 min ■ **Cuisson :** 15-17 min

Prunes

Compote de mirabelles

Pour 4-6 personnes

- 1 kg de mirabelles
- 200 g de sucre
- 2,5 dl de crème fraîche

1 Laver les mirabelles. Avec un petit couteau, les dénoyauter sans les séparer en deux.

2 Dans une casserole, faire bouillir 0,8 dl d'eau avec le sucre. Quand ce sirop bouillonne, y verser les mirabelles et les laisser cuire 8 min.

- 1 verre à liqueur de kirsch ou d'eau-de-vie de mirabelle

3 Sortir les fruits et les mettre dans un compotier. Ajouter l'alcool choisi dans le sirop resté dans la casserole, verser sur les fruits et laisser refroidir.

4 Servir la crème fraîche à part.

Préparation : 20 min ■ **Cuisson :** 8 min environ

Compote de pruneaux

Pour 4-6 personnes

- 3 dl de thé léger tiède
- 500 g de pruneaux secs ou frais
- 1 dl de vin blanc ou rouge
- 80 g de sucre cristallisé
- 1 citron
- 1 sachet de sucre vanillé

1 Préparer le thé et y mettre les pruneaux secs à tremper pendant 4 à 5 h. (Inutile de faire tremper les pruneaux frais.)

2 Dénoyauter les pruneaux et les mettre dans une casserole avec le vin, le sucre cristallisé, le jus de citron et le sucre vanillé. Porter à ébullition et faire cuire 40 min environ.

3 Servir cette compote tiède ou froide.

On peut ne pas dénoyauter les pruneaux, dans ce cas, augmenter la quantité de vin (1,5 dl).

Préparation : 10 min ■ **Macération :** 4-5 h
■ **Cuisson :** 40 min

Confiture de quetsches

Pour 1 kg de confiture

- 600 g de quetsches
- 2 dl d'eau
- 500 g de sucre à confiture
- 1 bâton de cannelle

1 Laver et dénoyauter les quetsches.

2 Dans la bassine à confiture, mettre 2 dl d'eau, le sucre et le bâton de cannelle. Chauffer sur feu moyen. Quand le sirop devient clair et transparent, augmenter un peu le feu puis faire cuire jusqu'à ce qu'il bouillonne. Ajouter alors les quetsches.

3 Porter de nouveau à ébullition sur feu moyen. Cuire pendant 20 min après la reprise de l'ébullition en écumant régulièrement.

4 Ébouillanter les pots.

➜

⑤ Retirer le bâton de cannelle. Prélever quelques gouttes du liquide et les verser sur une assiette froide : si elles se figent immédiatement, la confiture est cuite.

⑥ Mettre aussitôt la confiture en pots, les fermer et les retourner pendant 24 h.

Préparation : 40 min ■ **Cuisson :** 40 min

Diplomate aux pruneaux

Pour 4-6 personnes

- 1 bol de thé léger
- 200 g de pruneaux d'Agen
- 500 g de crème pâtissière (➤ voir p. 852)
- 50 g de sucre semoule
- 2 verres à liqueur de rhum ou de kirsch
- 28 biscuits à la cuillère
- 500 g de crème anglaise (➤ voir p. 846)

La veille

① Faire le thé et y mettre les pruneaux entiers à macérer pendant toute la nuit.

Le jour même

② Préparer la crème pâtissière.

③ Verser les pruneaux et le thé dans une grande casserole, ajouter le sucre et cuire doucement pendant 15 min. Laisser refroidir.

④ Égoutter les pruneaux et les dénoyauter. Verser le sirop dans une assiette creuse et y ajouter 1 verre à liqueur de rhum ou de kirsch.

⑤ Tremper un par un les biscuits à la cuillère dans ce sirop et en garnir le fond d'un moule à charlotte de 18 cm de diamètre. Verser d'abord un peu de crème pâtissière, puis disposer une couche de pruneaux puis une couche de biscuits, et continuer ainsi jusqu'à ce que le moule soit rempli, en terminant par des biscuits.

⑥ Recouvrir le diplomate d'un film alimentaire et le mettre au réfrigérateur pendant 6 h.

⑦ Préparer la crème anglaise en y ajoutant le reste du rhum (ou du kirsch) et la mettre aussi au frais.

⑧ Démouler le diplomate et le servir nappé de crème anglaise.

Macération : 12 h ■ **Préparation :** 40 min
■ **Réfrigération :** 6 h

Marmelade de prunes

Pour 1 kg de marmelade

- 800 g de prunes
- 500 g de sucre cristallisé

1. Laver et dénoyauter les prunes. Les mettre dans la bassine à confiture avec le sucre et 0,7 dl d'eau.
2. Mélanger, porter à ébullition et cuire 20 min en remuant. Écumer.
3. Ébouillanter les pots, y verser la marmelade et boucher aussitôt. Retourner les pots et laisser refroidir.

Préparation : 15 min ■ **Cuisson :** 25 min environ

Marmelade de pruneaux

Pour 1 kg environ de marmelade

- 80 g de raisins secs
- 500 g de pruneaux secs
- 2 petites oranges non traitées
- 1 citron non traité
- 1 l d'eau
- 50 g de sucre
- 1/4 de c. à café de clou de girofle en poudre
- 1/2 c. à café de cannelle en poudre
- 1/4 de c. à café de gingembre moulu
- 80 g de noix décortiquées

1. Mettre les raisins et les pruneaux à tremper, dans deux récipients différents, pendant 12 h.
2. Égoutter et dénoyauter les pruneaux. Ôter les pédoncules des oranges et du citron, couper les fruits en tranches fines et les hacher grossièrement après élimination des pépins.
3. Mettre les pruneaux, l'eau et le hachis d'orange et de citron dans une casserole ou dans une bassine à confiture. Laisser cuire pendant 10 min à feu doux.
4. Ajouter les raisins égouttés, le sucre, la poudre de clou de girofle et de cannelle ainsi que le gingembre. Mélanger et prolonger la cuisson 10 à 15 min jusqu'à ce que la marmelade ait épaissi.
5. Ébouillanter les pots.
6. Hacher les noix et les ajouter à la marmelade. Mélanger bien.
7. Mettre en pots immédiatement, les boucher aussitôt, les retourner et les laisser refroidir pendant 24 h.

Macération : 12 h ■ **Préparation :** 30 min
■ **Cuisson :** 20-25 min

Reines-claudes à l'eau-de-vie

Pour 2 bocaux de 1,5 litre

- 1 kg de reines-claudes
- 250 g de sucre
- 1 l d'eau-de-vie de fruit

❶ Laver soigneusement les reines-claudes, les sécher et les piquer en trois ou quatre endroits avec une grosse aiguille.

❷ Dans une bassine à confiture, préparer un sirop avec le sucre et 0,5 dl d'eau, porter à ébullition et maintenir celle-ci pendant 2 min.

❸ Plonger les reines-claudes dans ce sirop et mélanger pour qu'elles s'enrobent régulièrement de sirop. Les sortir du sirop avec une écumoire et les mettre dans les bocaux.

❹ Laisser refroidir complètement, puis verser l'eau-de-vie de fruit dans les bocaux.

❺ Boucher les bocaux. Laisser reposer 3 mois au moins avant de consommer.

Préparation : 20 min ■ **Cuisson :** 5 min environ
■ **Repos :** 3 mois minimum

Raisins

Crème de raisin

Pour 4-6 personnes

- 1 l de jus de raisin rouge ou blanc
- 100 g de cerneaux de noix
- 50 g de fécule de maïs
- 1 c. à café de caramel liquide
- 1 c. à café de cannelle en poudre

❶ Verser le jus de raisin dans une casserole, le faire bouillir puis baisser le feu et laisser réduire, à feu très doux, jusqu'à ce qu'il ne reste plus que 7,5 dl du liquide.

❷ Hacher grossièrement les cerneaux de noix.

❸ Délayer la fécule de maïs dans 1 dl d'eau froide et la verser dans le jus bouillant, en battant rapidement avec un fouet ou une cuillère en bois. Puis, toujours sur le feu, ajouter le caramel, la cannelle et la moitié des noix.

❹ Retirer du feu, laisser tiédir et verser dans des verres à pied ou dans des coupes.

5 Saupoudrer avec le reste des noix et mettre 2 ou 3 h au réfrigérateur avant de servir.

Préparation : 15 min ■ **Cuisson :** 25 min
■ **Réfrigération :** 2-3 h

Rhubarbe

Compote de rhubarbe

Pour 4-6 personnes

- 1 kg de rhubarbe
- 250 g de sucre

1 Effiler les tiges de rhubarbe et les couper en tronçons de 4 à 5 cm de long. Les mettre dans un saladier, poudrer de sucre et bien mélanger. Laisser macérer pendant 3 h.
2 Verser le contenu du saladier dans une casserole, porter à ébullition, baisser le feu et cuire 25 min environ en mélangeant régulièrement.

Préparation : 15 min ■ **Cuisson :** 25 min environ
■ **Macération :** 3 h

Confiture de rhubarbe

Pour 1 kg de confiture

- 500 g de rhubarbe
- 400 g de sucre

1 Effiler soigneusement les tiges de rhubarbe puis les couper en gros dés. Verser le sucre dans la bassine à confiture, ajouter 0,5 dl d'eau environ. Porter à ébullition et maintenir celle-ci pendant 8 min.
2 Ajouter la rhubarbe et la cuire 10 min en écumant.
3 Verser la confiture dans les pots ébouillantés et les boucher aussitôt. Les retourner pendant 24 h.

Préparation : 10 min ■ **Cuisson :** 18-20 min

Coulis de rhubarbe

Pour 5 dl de coulis

- 500 g de rhubarbe
- 80 g de sucre semoule
- 1 citron

1 Effiler soigneusement la rhubarbe et la couper en tronçons. La mettre dans une casserole avec le sucre et 3 cuillerées à soupe d'eau. Cuire 30 min à feu doux.

2 Mixer immédiatement. Ajouter le jus de citron et, éventuellement, un peu d'eau.

Préparation : 10 min ■ **Cuisson :** 30 min

Rhubarbe à la fraise

Pour 6-8 personnes

- 1 kg de rhubarbe
- 250 g de sucre
- 300 g de fraises bien mûres
- 0,75 l de glace à la vanille du commerce (facultatif)
- 6-8 madeleines (facultatif)

1 Effiler et couper la rhubarbe en tronçons de 4 ou 5 cm. Les mettre dans un saladier, saupoudrer de sucre et mélanger. Laisser macérer pendant 3 h en remuant de temps en temps avec une spatule.

2 Verser le contenu du saladier dans une casserole et cuire pendant 20 à 30 min à feu doux.

3 Laver, équeuter et couper en deux les fraises. Les ajouter dans la casserole et cuire juste 5 min. Verser dans un compotier et laisser refroidir.

4 Servir nature dans des coupelles, ou avec une boule de glace à la vanille et des petites madeleines chaudes (➤ voir p. 981). Dans ce cas, les préparer pendant la cuisson de la rhubarbe.

Préparation : 30 min ■ **Macération :** 3 h
■ **Cuisson :** 35 min environ

Les pâtisseries

Quelques conseils

On appelle pâtisserie l'ensemble des préparations sucrées ou salées nécessitant la présence d'une pâte comme support ou comme enveloppe et généralement cuites au four. Ce chapitre ne traite que des desserts, c'est-à-dire des gâteaux, tartes, biscuits, viennoiseries et petits-fours.

Les recettes de pâtes de pâtisserie ont été regroupées en début de chapitre, car elles sont utiles dans de nombreux desserts. Les pâtes qui conviennent à la fois aux préparations salées ou sucrées – telles la pâte brisée, la pâte à foncer, la pâte à beignets, la pâte feuilletée – sont présentées en début d'ouvrage au chapitre des préparations de base (➤ voir p. 108). Certaines pâtes peuvent être préparées à l'avance et peuvent même être congelées, ce qui permet de les faire en grande quantité ; c'est le cas de la pâte feuilletée ou de la pâte brisée. Les pâtes à génoise, à biscuit par exemple, se conservent au congélateur une fois cuites, enveloppées dans du film alimentaire. Pour utiliser une pâte brisée congelée, il faut la laisser décongeler lentement au réfrigérateur avant de l'abaisser, sans la retravailler, car elle perdrait sa texture fondante.

La préparation de nombreuses pâtisseries peut être facilitée par des appareils électriques et des robots multifonctions.

Pour réussir la pâtisserie, il est essentiel d'observer exactement les techniques, de bien choisir les ingrédients, de les peser avec précision, et de respecter la température et le temps de cuisson. Pour toutes pâtes, la cuisson a une importance capitale. Le four doit être chauffé à l'avance afin d'atteindre la température souhaitée au moment de l'enfournement. Bien connaître son four détermine en grande partie la réussite d'une préparation, c'est pourquoi il est conseillé de consulter le mode d'emploi du fabricant. Bien que les appareils soient de plus en plus perfectionnés, il peut y avoir une différence de 20 à 30 % entre la température affichée du thermostat et la température réelle.

Enfin, on peut gagner un temps considérable en utilisant certaines préparations vendues toutes prêtes dans le commerce, telles les pâtes surgelées en pâtons ou en abaisses, essentiellement pour les pâtes feuilletée et brisée. (Choisir de préférence des pâtes pur beurre, plus savoureuses.) Le fondant, la poudre à flan se trouvent aisément…

Dans les magasins de produits exotiques, on peut également acheter des poudres pour pâtes à beignets toutes prêtes, qu'il suffit de réhydrater au moment de l'emploi.

Pâtes de pâtisserie

Pâte à baba

Pour 600 g de pâte environ

- 15 g de levure de boulanger
- 125 g de beurre
- 225 g de farine
- 3 œufs
- 25 g de sucre semoule
- sel

1 Délayer la levure dans un bol avec 2 cuillerées à soupe d'eau tiède et la laisser reposer 10 min.

2 Couper le beurre en petits morceaux et le laisser ramollir à température ambiante.

3 Tamiser ensemble la farine et 3 pincées de sel au-dessus d'une terrine. Faire un puits.

4 Battre les œufs dans une jatte, les verser dans le puits, ajouter la levure délayée et le sucre. Mélanger le tout à la main jusqu'à ce que la pâte soit bien homogène. La pétrir en la soulevant du bout des doigts pour éliminer tous les grumeaux qui pourraient rester.

5 Lorsque la pâte est lisse et élastique, déposer les morceaux de beurre dessus et couvrir la terrine avec un torchon humide. Placer la terrine dans un endroit chaud pendant 45 min à 1 h : elle doit doubler de volume.

6 Avec les mains, incorporer alors le beurre jusqu'à ce que la pâte soit homogène. Elle est alors moulée et prête à cuire.

On peut ajouter dans cette pâte des raisins secs : faire tremper 75 g de raisins secs dans 1 dl de rhum. Les égoutter et les ajouter après le repos de la pâte en même temps que le beurre.

Préparation : 30 min ■ **Repos :** 45 min-1 h

Pâte à biscuit

Pour 500 g de pâte environ

- 60 g de beurre
- 4 œufs
- 125 g de sucre semoule
- 100 g de farine
- 1/2 c. à café de levure

❶ Faire fondre le beurre.

❷ Casser les œufs en séparant les blancs des jaunes. Dans une terrine, battre les blancs en neige en leur incorporant petit à petit 50 g de sucre.

❸ Dans une autre terrine, battre les jaunes avec le reste du sucre jusqu'à ce qu'ils blanchissent et moussent.

❹ Ajouter peu à peu la moitié de la farine, le beurre fondu, la levure, les blancs d'œufs puis le reste de la farine en mélangeant bien. La pâte est alors prête à être étalée, garnie puis cuite.

Préparation : 20 min

Pâte à brioche

Pour 500 g de pâte

- 150 g de beurre à température ambiante
- 5 g de levure de boulanger
- 1 c. à soupe de lait
- 190 g de farine
- 20 g de sucre semoule
- 3 œufs entiers
- sel

❶ Sortir le beurre du réfrigérateur et le couper en petits morceaux.

❷ Émietter la levure dans un bol, ajouter 1 cuillerée à soupe de lait et mélanger.

❸ Tamiser la farine dans un saladier, ajouter le sucre, 1 cuillerée à café de sel, la levure et mélanger. Ajouter ensuite les œufs, en les incorporant totalement à chaque fois.

❹ Quand la pâte se détache bien des bords du saladier, ajouter le beurre et continuer à malaxer jusqu'à ce qu'elle se détache de nouveau.

❺ Rassembler la pâte en boule, la déposer dans une terrine, recouvrir d'un film alimentaire et la mettre dans un endroit chaud (22 °C) pendant 3 h environ : elle doit doubler de volume.

❻ Sortir la pâte de la terrine, la mettre sur le plan de travail et l'écraser avec le poing pour lui redonner son volume initial. Puis remettre la pâte dans la terrine, couvrir à nouveau et la laisser au chaud

pendant 1 h au moins. Elle doit encore doubler de volume.

7 Écraser à nouveau la pâte avec le poing. Elle est prête à être étalée ou façonnée selon la recette. Après cette étape, elle devra encore reposer et doubler de volume.

Cette pâte peut être préparée dans un robot ménager à l'aide du crochet à pâte.

Préparation : 20 min ■ **Repos :** 4 h au moins

Pâte à choux sucrée

Pour 500 g de pâte

- 1 dl de lait frais entier
- 4 g (1 petite c. à café) de sel fin
- 1 c. à café de sucre semoule
- 75 g de beurre
- 100 g de farine
- 3 œufs

1 Dans une casserole, verser 0,8 dl d'eau et le lait. Ajouter le sel, le sucre et le beurre. Porter à ébullition en remuant sans arrêt avec une spatule.

2 Ajouter toute la farine en une seule fois. Tourner énergiquement jusqu'à ce que la pâte soit lisse et homogène. Lorsqu'elle se détache des parois et du fond de la casserole, continuer de la remuer pendant 2 à 3 min, afin de la dessécher un peu.

3 Mettre la pâte dans un saladier et ajouter un œuf. Incorporer celui-ci totalement. Ajouter les suivants de la même façon.

4 Continuer de travailler la pâte en la soulevant de temps en temps : elle est prête quand elle retombe en formant un ruban.

5 Mettre la pâte dans une poche à douille pour la disposer ensuite selon la forme souhaitée.

Préparation : 20 min

Pâte à crêpes sucrée

Pour 500 g de pâte

- 2 œufs entiers
- 10 g de beurre
- 100 g de farine
- 1/2 c. à café de sel fin
- 2,5 dl de lait frais entier
- 1 c. à soupe de Grand Marnier ou d'une autre liqueur (facultatif)
- 1/2 gousse de vanille (facultatif)

1 Battre les œufs en omelette dans un bol. Faire fondre le beurre dans une casserole.

2 Tamiser la farine dans un saladier, ajouter le sel, mélanger, puis ajouter les œufs, délayer avec le lait et 2 ou 3 cuillerées d'eau. Ajouter alors le beurre fondu et, éventuellement, la liqueur, en mélangeant bien. Laisser reposer 2 h au moins à température ambiante (20 °C).

3 Au moment de l'emploi, allonger la pâte avec 1 cuillerée à soupe d'eau.

Vous pouvez ajouter de la vanille dans cette pâte : fendez la gousse, grattez les graines et mettez-les dans la farine.

Préparation : 10 min ■ **Repos :** 2 h au moins

Pâte à croissants

Pour 500 g de pâte

- 140 g de beurre à température
- 5 g de levure de boulanger
- 210 g de farine type 45
- 1 c. à café de sel
- 2 c. à soupe de sucre semoule
- 1 c. à café de lait entier en poudre

1 Faire fondre 15 g de beurre dans une petite casserole. Émietter la levure dans un bol et la délayer avec 5 ou 6 cuillerées à soupe d'eau.

2 Tamiser la farine dans un saladier et y ajouter le sel, le sucre, éventuellement le lait en poudre, le beurre fondu et la levure délayée. Travailler la pâte à la main, de l'extérieur vers l'intérieur jusqu'à ce qu'elle soit homogène. Si elle est trop ferme, y ajouter un peu d'eau.

3 Couvrir le saladier d'un film alimentaire, le mettre entre 1 h et 1 h 30 dans un endroit chaud (22 °C) ; la pâte doit doubler de volume.

4 Sortir la pâte du saladier et l'écraser avec le poing pour chasser le gaz carbonique produit par la fermentation. Elle reprend alors son volume initial. Recouvrir le saladier d'un film alimentaire et le mettre au réfrigérateur 1 h

environ pour que la pâte double de volume à nouveau.

❺ Écraser la pâte une seconde fois puis mettre 30 min au congélateur.

❻ Ramollir le reste du beurre en le travaillant dans un saladier à l'aide d'une spatule.

❼ Sortir la pâte du congélateur et l'étaler au rouleau à pâtisserie en un rectangle trois fois plus long que large. Les angles doivent être bien droits.

❽ Étaler avec les doigts la moitié du beurre sur les deux tiers inférieurs de la pâte et donner le premier tour dans le sens de la longueur : replier la pâte en trois comme pour former une enveloppe rectangulaire.

❾ Faire tourner le rectangle de pâte d'un quart de tour sur le plan de travail et lui donner le deuxième tour en le repliant de nouveau en trois. Le mettre 30 min au congélateur, puis 1 h au réfrigérateur.

❿ Recommencer la même opération de tourage avec le reste du beurre.

⓫ Remettre la pâte 30 min au congélateur, puis 1 h au réfrigérateur. Elle est alors prête à être utilisée.

Préparation : 30 min ■ **Repos :** 5 h au moins
■ **Congélation :** 1 h 30

● ●

Pâte à fond à la noix

Pour 500 g de pâte

- 50 g de beurre
- 3 œufs entiers
- 3 blancs d'œufs
- 125 g de noix
- 125 g de sucre semoule
- 70 g de fécule de maïs

❶ Couper le beurre en morceaux et le travailler avec une spatule pour le ramollir.

❷ Séparer les blancs des jaunes d'œufs. Rassembler tous les blancs et les monter en neige ferme avec une pincée de sel.

❸ Dans un robot, broyer les noix. Ajouter les jaunes d'œufs et bien mélanger. ➔

④ Ajouter successivement le sucre, le beurre et la fécule en mélangeant bien.

⑤ Incorporer, très délicatement, les blancs en neige, peu à peu, en tournant toujours dans le même sens pour ne pas les casser. La pâte est alors prête à être façonnée et cuite.

Les noix peuvent être remplacées par des noisettes.

Préparation : 15 min

Pâte à fond perlé

Pour 500 g de pâte environ

- 175 g de poudre d'amande
- 175 g de sucre
- 6 blancs d'œufs
- 1 pincée de sel

① Mélanger la poudre d'amande et le sucre.

② Battre les blancs en neige bien ferme avec le sel. Les ajouter très délicatement au mélange amande-sucre.

③ Mettre la pâte dans une poche à douille. Elle est alors prête à être façonnée.

Préparation : 10 min

Pâte à génoise

Pour 500 g de pâte

- 140 g de farine
- 40 g de beurre
- 4 œufs entiers
- 140 g de sucre semoule

① Tamiser la farine dans un saladier.

② Faire fondre le beurre dans une petite casserole, en le gardant mousseux.

③ Préparer une casserole d'eau bouillante pour un bain-marie.

④ Casser les œufs dans un saladier pouvant supporter la cuisson et y mélanger le sucre.

⑤ Mettre le saladier dans le bain-marie juste frémissant, commencer à fouetter et continuer jusqu'à ce que le mélange ait épaissi et nappe bien la cuillère.

⑥ Retirer le saladier du bain-marie et continuer de

fouetter au fouet à main ou au fouet électrique jusqu'à complet refroidissement.

7 Verser la moitié de la farine en pluie et l'incorporer en soulevant la pâte avec une spatule. Ajouter alors le beurre fondu tiède et mélanger délicatement.

8 Verser enfin le reste de la farine et l'incorporer en soulevant bien la pâte avec une spatule pour lui garder sa légèreté. Elle est alors prête à être façonnée.

Préparation : 30 min

Pâte à manqué

Pour 500 g de pâte

- 100 g de farine
- 70 g de beurre
- 4 œufs entiers
- 140 g de sucre semoule
- 1/2 sachet de sucre vanillé
- 1 c. à soupe de rhum (facultatif)
- 2 pincées de sel

1 Tamiser la farine dans un saladier.

2 Faire fondre le beurre dans une petite casserole, sans le laisser colorer.

3 Séparer les blancs et les jaunes des œufs. Ajouter le sucre semoule et le sucre vanillé dans les jaunes et fouetter vigoureusement jusqu'à ce que le mélange blanchisse et mousse.

4 Verser la farine en pluie, puis le beurre fondu et éventuellement le rhum en mélangeant bien jusqu'à ce que la pâte soit homogène.

5 Battre les blancs en neige très ferme avec le sel, puis les ajouter délicatement à la pâte en tournant toujours dans le même sens pour ne pas les casser.

Vous pouvez aromatiser éventuellement la pâte avec 50 g de poudre d'amande ou de noisette, ou 50 g de noisette pilée ou de raisins secs, de fruits confits, de grains d'anis ou encore 2 cuillerées à soupe d'une liqueur ou d'un alcool.

Préparation : 15 min

Pâte à meringue française

**Pour 500 g
de meringue**

- 5 blancs d'œufs
- 1 pincée de sel
- 340 g de sucre semoule
- 1 c. à café d'extrait
  naturel de vanille

❶ Casser les œufs un par un en séparant soigneusement les blancs et les jaunes. Mettre les jaunes à part et les réserver pour une autre utilisation. Veiller à ce qu'il ne reste aucune trace de jaune dans les blancs : ils ne monteraient pas bien.

❷ Au fouet électrique (ou à main), monter les blancs en neige avec 1 pincée de sel en leur incorporant petit à petit la moitié du sucre. Bien passer le fouet dans tout le saladier en formant des huit de façon à rabattre au centre les blancs non encore fouettés.

❸ Quand les blancs ont doublé de volume, verser la vanille et l'autre moitié du sucre. Continuer à fouetter jusqu'à ce que les blancs deviennent très fermes, lisses et brillants. La masse doit tenir solidement sur les branches du fouet.

❹ Mettre la meringue dans une poche munie d'une douille lisse. Elle est alors prête à être façonnée selon la forme souhaitée.

Préparation : 20 min

Pâte à meringue italienne

**Pour 500 g
de meringue**

- 8,5 cl d'eau
- 5 blancs d'œufs
- 280 g de sucre semoule

❶ Verser l'eau dans une casserole, y ajouter le sucre et faire bouillir, en nettoyant régulièrement les parois du récipient avec un pinceau mouillé. Cuire ce sirop jusqu'au « grand boulé » (126-130 °C). Pour en juger, plonger une cuillère en bois dans le sirop, faire tomber une goutte dans un bol d'eau froide et la prendre entre les doigts : elle doit être dure. Ou bien, plonger une écumoire dans le sirop et souffler dessus : des flocons neigeux doivent s'en envoler.

❷ Dans un saladier et avec un fouet électrique (ou

à main), monter les blancs d'œufs en neige, en « bec d'oiseau », c'est-à-dire pas trop fermes.

❸ Verser peu à peu le sirop sur les blancs en réglant l'appareil sur vitesse moyenne (ou en fouettant moins énergiquement). Fouetter jusqu'à léger refroidissement.

❹ Mettre la meringue dans une poche munie d'une douille lisse. Elle est alors prête à être façonnée selon la forme souhaitée.

Préparation : 20 min

Pâte sablée

Pour 500 g de pâte

- 125 g de beurre
- 125 g de sucre semoule
- 1 gousse de vanille
- 250 g de farine
- 1 œuf entier

❶ Sortir le beurre du réfrigérateur pour qu'il soit à la température ambiante. Mettre le sucre dans un bol. Ouvrir la gousse de vanille en deux et gratter les graines. Les mélanger avec le sucre.

❷ Tamiser la farine directement au-dessus du plan de travail et faire une fontaine. Couper le beurre en petits morceaux, le mettre dans la fontaine et le travailler du bout des doigts avec la farine jusqu'à ce que la préparation soit sableuse et qu'il ne reste plus de morceaux de beurre.

❸ Rassembler le sablage obtenu et y refaire un puits. Y casser l'œuf, verser le sucre et mélanger du bout des doigts tous les ingrédients, mais sans trop les malaxer.

❹ Écraser la pâte sous la paume de la main, en poussant devant, pour la rendre bien homogène. La rouler en boule, l'aplatir légèrement entre les mains et l'envelopper dans du film alimentaire.

❺ Laisser reposer la pâte 1 h au moins au réfrigérateur (4 °C). Elle est alors prête à être étalée et façonnée.

Préparation : 15 min ■ **Repos :** 1 h

Pâte à savarin

Pour 500 g de pâte

- 1/4 de zeste de citron
- 60 g de beurre à température ambiante
- 15 g de levure de boulanger
- 160 g de farine type 45
- 1/2 c. à café d'extrait naturel de vanille
- 1 c. à soupe de miel d'acacia
- 1 c. à café de sel fin
- 5 œufs

1 Hacher finement le zeste de citron.

2 Couper le beurre en tout petits morceaux.

3 Émietter la levure dans un saladier et y ajouter la farine, la vanille, le miel, le sel, le zeste de citron et un œuf.

4 Mélanger avec une cuillère en bois, puis ajouter les autres œufs un à un. Travailler la pâte jusqu'à ce qu'elle se détache des parois du saladier.

5 Ajouter le beurre et travailler encore jusqu'à ce que la pâte se détache à nouveau et soit élastique, lisse et brillante. Arrêter de la malaxer lorsqu'elle est homogène et la laisser lever pendant 30 min à température ambiante.

6 La pâte est alors prête pour garnir un moule. Lorsque cela sera fait, la laisser encore lever jusqu'à ce qu'elle atteigne les bords.
(Pour faire cette pâte à l'aide d'un robot ménager, employer le crochet à pâte. Mettre la farine, le miel, le zeste et 3 œufs dans le bol. Faire tourner l'appareil en position vitesse moyenne jusqu'à ce que la pâte se détache des parois du bol, ajouter les autres œufs l'un après l'autre, attendre de nouveau que la pâte se détache, puis incorporer le beurre en tout petits morceaux. Arrêter l'appareil quand la pâte se détache bien des parois).

Préparation : 20 min ■ **Repos :** 30 min

Pâte à succès

Pour 500 g de pâte

- 85 g de poudre d'amande (ou de noisette)
- 85 g de sucre glace
- 6 blancs d'œufs
- 160 g de sucre semoule
- brisures d'amandes (facultatif)

❶ Mélanger la poudre d'amande (ou de noisette) et le sucre glace et les tamiser.

❷ Monter les blancs en neige avec un peu de sucre semoule. Lorsqu'ils ont bien gonflé, ajouter en une seule fois le reste du sucre et mélanger. Arrêter de fouetter. Ajouter peu à peu, et avec précaution, le mélange sucre-poudre d'amande dans les blancs montés, et éventuellement quelques brisures d'amandes.

❸ Mettre la pâte dans une poche à douille. Elle est alors prête à être façonnée.

Préparation : 15 min

Pâte sucrée

Pour 500 g de pâte

- 125 g de beurre à température ambiante
- 210 g de farine
- 85 g de sucre glace
- 1 œuf entier
- 1/2 gousse de vanille
- 25 g de poudre d'amande
- 4 g (1 petite c. à café) de sel fin

❶ Sortir le beurre du réfrigérateur.

❷ Tamiser séparément la farine et le sucre glace dans 2 saladiers. Casser l'œuf dans un bol. Ouvrir la demi-gousse de vanille en deux, gratter les graines au-dessus du sucre glace, mélanger. Couper le beurre en petits morceaux, le mettre dans une terrine et bien le malaxer avec une cuillère en bois pour l'assouplir.

❸ Ajouter successivement le sucre glace, la poudre d'amande, le sel, l'œuf et, enfin, la farine, en tournant chaque fois jusqu'à ce que le nouvel ingrédient soit bien incorporé.

❹ Rassembler la pâte en boule et l'aplatir entre les mains. L'envelopper dans du film alimentaire et la laisser reposer 2 h au réfrigérateur. Elle est alors prête à être étalée et façonnée.

Préparation : 15 min ■ **Repos :** 2 h

Biscuits, gâteaux secs et petits-fours secs

Allumettes glacées

Pour 20 allumettes

- 200 g de pâte feuilletée
  (➤ voir p. 111)
- 250 g de glace royale
  (➤ voir p. 1056)

❶ Préparer la pâte feuilletée et la laisser reposer au frais (on peut également employer une pâte du commerce).

❷ Confectionner la glace royale.

❸ Préchauffer le four à 200 °C.

❹ Étaler la pâte feuilletée sur une épaisseur de 4 mm. Découper des bandes de pâte de 8 cm de large.

❺ Passer dessus une légère couche de glace royale, avec un pinceau ou une petite palette.

❻ Détailler les bandes de pâte en tronçons de 2,5 à 3 cm de large et les ranger sur une plaque à pâtisserie recouverte de papier sulfurisé.

❼ Mettre la plaque au four pendant 10 min environ, jusqu'à ce que le dessus des allumettes soit de couleur crème. Servir chaud.

Préparation : 50 min ■ **Cuisson :** 10 min

Bâtonnets glacés à la vanille

Pour 15 bâtonnets

- 85 g de poudre
  d'amande
- 85 g de sucre
- 1 sachet de sucre vanillé
- 1 blanc d'œuf
- 250 g de glace royale
  (➤ voir p. 1056)
- 1 c. à café de vanille
  liquide

❶ Mélanger la poudre d'amande, le sucre et le sucre vanillé dans un saladier. Ajouter le blanc d'œuf et remuer jusqu'à ce que la pâte soit liée.

❷ Préparer la glace royale en y ajoutant la vanille liquide.

❸ Préchauffer le four à 160 °C.

❹ Fariner légèrement le plan de travail et étaler la pâte au rouleau sur 1 cm d'épaisseur. Recouvrir cette abaisse d'une couche de glace royale. La détailler en languettes de 2 cm de large sur 10 cm de long.

❺ Beurrer et fariner une plaque à pâtisserie, et y disposer les bâtonnets. Faire cuire pendant 10 min.

Préparation : 20 min ■ **Cuisson :** 10 min

Biscuits au citron

Pour 40 biscuits

- 175 g de farine
- 1 citron non traité
- 80 g de beurre
- 150 g de sucre semoule
- 1 œuf
- 100-150 g de lemon curd
  (➤ voir p. 904)
  ou 1 pot du commerce

1 Préchauffer le four à 180 °C.

2 Garnir une plaque à pâtisserie de papier sulfurisé.

3 Tamiser la farine. Râper le zeste du citron.

4 Travailler le beurre en pommade dans une terrine puis ajouter le sucre et continuer de malaxer.

5 Lorsque le mélange est blanc et homogène, incorporer l'œuf entier et le zeste de citron râpé. Ajouter progressivement la farine sans cesser de remuer puis en pétrissant à la main.

6 Étaler la pâte au rouleau sur 8 mm d'épaisseur. Y découper des cœurs ou des losanges à l'emporte-pièce. Les ranger sur la plaque et faire cuire pendant 10 min.

7 Décoller les biscuits, les mettre sur une grille et les laisser refroidir. En tartiner la moitié avec du lemon curd. Les coller deux par deux et les servir aussitôt.

Préparation : 25 min ■ **Cuisson :** 10 min

Cigarettes russes

Pour 25-30 cigarettes

- 100 g de beurre
- 4 blancs d'œufs
- 1 pincée de sel
- 90 g de farine
- 160 g de sucre semoule
- 1 sachet de sucre vanillé

1 Tapisser une plaque à pâtisserie de papier sulfurisé.

2 Préchauffer le four à 180 °C.

3 Faire fondre le beurre au bain-marie.

4 Fouetter les blancs en neige très ferme avec le sel.

5 Dans une terrine, mélanger la farine, le sucre semoule, le sucre vanillé et le beurre fondu. Y incorporer délicatement les blancs en neige.

6 Étendre cette pâte en couche très fine sur la plaque et la découper en disques minces de 8 cm de diamètre. Cuire ceux-ci 10 min au four : ils doivent tout juste blondir. ➔

7 Décoller les disques et les rouler aussitôt sur eux-mêmes. Les laisser refroidir complètement et les conserver dans une boîte hermétique.

Préparation : 30 min ■ **Cuisson :** 10 min

Cookies au chocolat

Pour 30 cookies

- 110 g de beurre
- 175 g de chocolat noir
  ou de pépites
  de chocolat noir
- 110 g de sucre brun
- 100 g de sucre semoule
- 1 œuf
- 1/2 c. à café de vanille
  liquide
- 225 g de farine
- 1/2 c. à café de levure
  chimique
- 1 pincée de sel

1 Préchauffer le four à 170 °C.

2 Faire ramollir le beurre.

3 Râper le chocolat sur une râpe à gros trous ou le hacher au couteau (ou utiliser les pépites).

4 Battre le beurre dans une terrine avec les deux sucres, jusqu'à ce que le mélange devienne jaune pâle et mousseux. Ajouter l'œuf entier, la vanille liquide et mélanger.

5 Tamiser la farine avec la levure et le sel. Verser ce mélange peu à peu en pluie dans la terrine, en travaillant bien avec une spatule en bois pour éviter la formation de grumeaux. Puis incorporer à la pâte le chocolat râpé (ou les pépites de chocolat noir).

6 Disposer des petits tas de pâte bien espacés sur la plaque préalablement recouverte de papier sulfurisé avec une cuillère à soupe trempée chaque fois dans un bol d'eau chaude. Les aplatir avec le dos de la cuillère de façon à former des disques de 10 cm de diamètre environ.

7 Enfourner et cuire pendant 8 à 10 min. Les cookies doivent être croustillants à l'intérieur.

8 Sortir les cookies du four, les poser sur une grille. Servir tiède ou froid.

Préparation : 20 min ■ **Cuisson :** 8-10 min par fournée

Croquets de Bar-sur-Aube

Pour 35 croquets

- 250 g de sucre semoule
- 1/2 sachet de sucre vanillé
- 125 g d'amandes en poudre
- 4 blancs d'œufs
- 135 g de farine tamisée

1 Mélanger dans une terrine le sucre semoule, le sucre vanillé et les amandes en poudre, puis ajouter les blancs d'œufs, un par un, et peu à peu la farine.

2 Préchauffer le four à 180 °C. Déposer la pâte sur le plan de travail et l'étaler au rouleau sur une épaisseur de 1 cm. La découper en languettes et disposer celles-ci sur la plaque recouverte de papier sulfurisé.

3 Enfourner pendant 10 min. Décoller les croquets à chaud avec une spatule métallique et les laisser refroidir sur la plaque. Les ranger ensuite dans une boîte hermétique.

Les croquets peuvent être servis avec une crème anglaise (➤ voir p. 846).

Préparation : 15 min ■ **Cuisson :** 10 min

Galettes bretonnes

Pour 30-35 galettes

- 130 g de beurre
- 135 g de sucre
- 2 g de sel
- 1 œuf
- 230 g de farine
- 7 g de levure chimique

1 Faire ramollir le beurre, puis le mélanger avec le sucre et le sel. Ajouter ensuite l'œuf et malaxer quelques minutes avec une cuillère en bois. Verser la farine et la levure et pétrir jusqu'à ce que la pâte soit homogène.

2 Mettre la pâte en boule, l'envelopper dans un film alimentaire et la laisser reposer 1 h au frais.

3 Couper la pâte en quatre morceaux. Façonner chacun d'eux en un boudin de 3 cm de diamètre, puis couper celui-ci en tranches de 1 cm d'épaisseur. Déposer ces disques sur une plaque recouverte de papier sulfurisé et remettre 1 h au frais.

4 Cuire les galettes à 200 °C pendant 10 min. Une fois refroidies, les mettre dans une boîte hermétique.

Préparation : 10 min ■ **Repos :** 2 h
■ **Cuisson :** 10 min

Langues-de-chat

Pour 45 langues-de-chat

- 125 g de beurre
- 1 sachet de sucre vanillé
- 75-100 g de sucre semoule
- 2 œufs
- 125 g de farine

1 Couper le beurre en morceaux et le travailler pour le mettre en pommade très lisse.

2 Ajouter le sucre vanillé et le sucre semoule et bien mélanger. Puis ajouter les œufs, un par un. Tamiser la farine, la verser en pluie et l'incorporer avec un fouet.

3 Préchauffer le four à 200 °C. Mettre une feuille de papier sulfurisé sur la plaque à pâtisserie.

4 Glisser la pâte dans une poche à douille unie n° 6 et déposer de petites languettes de pâte de 5 cm de long, espacées les unes des autres de 2 cm.

5 Enfourner pour 4 ou 5 min. Continuer de cuire les langues-de-chat par fournées, car elles ne tiennent pas sur une seule plaque à pâtisserie.

6 Quand les langues-de-chat sont complètement refroidies, les conserver dans une boîte hermétique.

Préparation : 20 min
■ **Cuisson :** 4-5 min par fournée

Macarons

Pour 10-12 macarons environ

- 240 g de sucre glace
- 150 g de poudre d'amande
- 3 blancs d'œufs

1 Dans une terrine, mélanger le sucre glace et la poudre d'amande. Monter les blancs d'œufs en neige. Y incorporer délicatement le mélange sucre-amande. La pâte doit être un peu coulante.

2 Préchauffer le four à 250 °C. Tapisser une plaque à pâtisserie avec du papier sulfurisé.

3 Mettre la pâte dans une poche à douille. Disposer des petits tas de pâte sur la plaque. Aplatir chaque tas avec un pinceau humecté d'eau.

4 Laisser reposer 15 min environ puis enfourner pour 10 à 12 min en laissant la porte du four entrouverte.

5 Sortir la tôle et verser un petit verre d'eau froide entre la tôle et le papier pour que les macarons se décollent facilement. Les disposer sur une grille et les laisser refroidir.

On peut parfumer ces macarons en ajoutant 20 g de cacao en poudre dans le sucre glace (macarons au chocolat) ou une demi-cuillerée à café d'extrait de café (macarons au café) ou de vanille liquide (macarons à la vanille). On peut également les garnir de crème ganache (150 g ➤ voir p. 851) ou de crème au beurre au café (150 g ➤ voir p. 847) ou de crème au beurre nature (150 g ➤ voir p. 847).

Préparation : 30 min ■ **Repos :** 15 min
■ **Cuisson :** 10-12 min

Madeleines

Pour 36 madeleines

- 2 citrons non traités
- 200 g de beurre
- 4 œufs
- 200 g de sucre semoule
- 225 g de farine

1 Râper le zeste des deux citrons. Faire fondre 180 g de beurre. Casser les œufs dans une terrine et y ajouter le sucre puis fouetter jusqu'à ce que le mélange soit blanc. Ajouter le zeste de citron, puis la farine et le beurre fondu en mélangeant bien entre chaque ajout d'ingrédient.

2 Laisser cette pâte reposer au frais pendant 1 h.

3 Préchauffer le four à 190 °C. Beurrer 3 plaques à madeleines d'une douzaine d'alvéoles chacune, y verser la pâte en ne remplissant ces alvéoles qu'aux deux tiers. Faire cuire au four 10 à 12 min.

4 Démouler les madeleines à la sortie du four et les laisser refroidir sur une grille. On peut aussi les déguster tièdes. Elles se conservent quelques jours dans une boîte hermétique.

Préparation : 25 min ■ **Repos :** 1 h
■ **Cuisson :** 10-12 min environ

Pains de Nantes

Pour 10 pains

- 1 citron ou 1 orange non traités
- 200 g de beurre
- 200 g de sucre
- 2 pincées de sel
- 1 c. à café de levure chimique
- 4 œufs
- 250 g de farine
- 30 g d'amandes effilées
- 300 g de fondant
- 4 cl de marasquin
- 200 g de nappage abricot
- sucre en grains rose

1 Râper le zeste du citron ou de l'orange. Couper le beurre en petits morceaux et le faire ramollir à température ambiante.

2 Ajouter le sucre semoule, le sel, la levure et le zeste râpé et travailler jusqu'à ce que le mélange forme une crème. Incorporer alors les œufs entiers et la farine tamisée et bien mélanger.

3 Préchauffer le four à 190 °C.

4 Beurrer et parsemer d'amandes des moules à tartelette, les garnir de cette pâte et cuire 20 min au four.

5 Préparer le fondant (➤ voir p. 1055) et le diluer avec le marasquin.

6 Démouler les pains sur une grille. Avec un pinceau, les enduire d'un peu de nappage abricot, puis les napper de fondant parfumé au marasquin. Poudrer de sucre en grains rose.

Préparation : 20 min ■ **Cuisson :** 20 min

Palets de dames

Pour 25 palets

- 80 g de raisins de Corinthe
- 8 cl de rhum
- 125 g de beurre
- 125 g de sucre semoule
- 2 œufs
- 150 g de farine
- 1 pincée de sel

1 Laver les raisins de Corinthe et les mettre à macérer dans le rhum pendant 1 h environ. Préchauffer le four à 200 °C.

2 Faire ramollir le beurre et le fouetter dans une terrine avec le sucre semoule, puis ajouter les œufs, un par un, et bien mélanger. Verser ensuite la farine, les raisins avec le rhum et 1 pincée de sel. Bien malaxer entre chaque ingrédient ajouté.

3 Sur la plaque à pâtisserie recouverte de papier sulfurisé, déposer avec une petite cuillère des petits tas de pâte bien séparés les uns des autres. Enfourner et cuire pendant 10 min.

④ Faire refroidir les palets sur une grille. Les conserver dans une boîte hermétique.

Préparation : 15 min ■ **Macération :** 1 h
■ **Cuisson :** 10 min

Palmiers

Pour 20 palmiers

- 500 g de pâte feuilletée (➤ voir p. 111)
- sucre glace

① Préparer la pâte feuilletée selon la recette en la poudrant de sucre glace aux deux derniers tours. La laisser reposer 1 h dans le réfrigérateur.

② Préchauffer le four à 240 °C.

③ Étaler la pâte en un rectangle de 1 cm d'épaisseur et la poudrer de sucre glace.

④ Rabattre chaque côté vers le centre, dans le sens de la longueur une première fois puis une seconde fois pour obtenir une sorte de boudin.

⑤ Couper ce boudin en tranches de 1 cm d'épaisseur, puis déposer celles-ci sur une plaque recouverte de papier sulfurisé, en les espaçant pour qu'elles ne collent pas les unes aux autres, car la pâte va s'étaler à la cuisson.

⑥ Cuire les palmiers 10 min au four, en les retournant à mi-cuisson pour qu'ils dorent sur les deux faces.

⑦ Laisser refroidir les palmiers et les conserver dans une boîte hermétique pour qu'ils ne ramollissent pas.

Préparation : 40 min ■ **Repos :** 1 h
■ **Cuisson :** 10 min

Rochers congolais

Pour 20 rochers environ

- 300 g de sucre semoule
- 1 pincée de sel
- 5 blancs d'œufs
- 250 g de noix de coco râpée
- 1 c. à café de vanille en poudre
- 30 g de beurre

1 Placer une terrine au bain-marie dans une casserole d'eau sur le feu, y verser le sucre, le sel et les blancs d'œufs.

2 Fouetter régulièrement jusqu'à ce que le sucre soit fondu et le mélange, chaud. Verser la noix de coco râpée et la vanille et remuer. Retirer du feu.

3 Préchauffer le four à 250 °C. Tapisser une plaque à pâtisserie de papier sulfurisé.

4 Avec une petite cuillère, y disposer des petites pyramides de pâte, à intervalles réguliers, pas trop rapprochées. Faire cuire pendant 10 min environ.

5 Sortir les congolais du four, les laisser refroidir avant de les décoller.

Préparation : 20 min ■ **Cuisson :** 10 min

Sablés de Milan

Pour 50 sablés environ

- 500 g de pâte sucrée (➤ voir p. 975)
- 1 c. à café de cognac ou de rhum
- 1 œuf

1 Préparer la pâte sucrée en y ajoutant 1 cuillerée à café de cognac (ou de rhum) et la laisser reposer 2 h au frais.

2 Préchauffer le four à 200 °C. Tapisser la plaque de papier sulfurisé.

3 Étaler la pâte sur 5 mm d'épaisseur et la découper avec un emporte-pièce rond ou ovale. Disposer les gâteaux sur la plaque.

4 Avec un pinceau, badigeonner les sablés à l'œuf battu et les rayer avec une fourchette. Cuire 15 min au four.

5 Démouler les sablés sur une grille. Les ranger dans une boîte hermétique.

Préparation : 15 min ■ **Repos :** 2 h
■ **Cuisson :** 15 min

Tuiles aux amandes

Pour 25 tuiles

- 75 g de beurre
- 75 g de farine
- 100 g de sucre semoule
- 1/2 sachet de sucre vanillé
- 2 œufs
- 1 pincée de sel
- 75 g d'amandes effilées
- huile d'arachide

❶ Préchauffer le four à 200 °C.

❷ Faire fondre le beurre, tamiser la farine. Mélanger dans une jatte, avec une cuillère en bois, le sucre semoule, le sucre vanillé, la farine tamisée, les œufs, en les ajoutant un à un, et une petite pincée de sel. Puis incorporer le beurre fondu et les amandes effilées en les mélangeant doucement afin de ne pas les briser.

❸ Tapisser la plaque de papier sulfurisé. Avec une petite cuillère, disposer des petits tas de pâte bien distants les uns des autres et les étaler légèrement avec le dos d'une fourchette mouillée à l'eau froide. Faire cuire pendant 4 min environ.

❹ Huiler généreusement le rouleau à pâtisserie. Puis décoller délicatement chaque tuile avec une palette métallique et la placer tout de suite à cheval sur le rouleau. Dès qu'elle est froide, l'enlever du rouleau et la mettre dans une boîte hermétique.

Il vaut mieux faire cuire les tuiles par petites fournées pour faciliter l'opération de moulage sur le rouleau, car elles sont très fragiles.

Préparation : 20 min ■ **Cuisson :** 4 min par fournée

Visitandines

Pour 40 visitandines

- 4 blancs d'œufs
- 40 g de farine
- 200 g de beurre
- 125 g de sucre
- 125 g de poudre d'amande

❶ Mettre 3 blancs d'œufs dans un bol, 1 blanc dans un autre et les laisser au réfrigérateur pendant une bonne heure afin qu'ils soient bien froids.

❷ Tamiser la farine.

❸ Faire fondre 185 g de beurre doucement au bain-marie.

❹ Battre en neige très ferme le blanc seul et le remettre au frais. ➜

5 Préchauffer le four à 220 °C.

6 Dans une terrine, mélanger le sucre semoule et la poudre d'amande. Ajouter la farine, puis incorporer peu à peu les 3 blancs, en travaillant bien le mélange, et enfin le beurre fondu, à peine tiède. Ajouter ensuite le blanc battu en neige.

7 Beurrer des petits moules à barquette et y déposer la préparation en petites masses, à l'aide d'une poche munie d'une grosse douille lisse. Enfourner pour 8 à 10 min. Les gâteaux doivent être dorés à l'extérieur et moelleux à l'intérieur.

8 Démouler les gâteaux quand ils sont tièdes. Pour le faire avec plus de facilité, taper légèrement le moule sur la table avant de le retourner.

Préparation : 20 min ■ **Réfrigération :** 1 h
■ **Cuisson :** 8-10 min

Gâteaux, tartes, tartelettes et viennoiseries

Amandines à la duchesse

Pour 8 tartelettes

- 300 g de pâte sucrée (➤ voir p. 975)
- 400 g de crème frangipane (➤ voir p. 851)
- 10 cl de kirsch
- 10 g de beurre
- 300 g de groseilles au sirop
- 100 g de gelée de groseilles

1 Préparer la pâte sucrée et la laisser reposer au frais pendant 2 h.

2 Préparer la crème frangipane en y ajoutant le kirsch.

3 Préchauffer le four à 200 °C.

4 Étaler la pâte sur 3 mm d'épaisseur. Découper 8 disques de pâte avec un emporte-pièce ou avec un moule à tartelette. Déposer les disques dans des petits moules beurrés. Piquer le fond avec une fourchette.

5 Égoutter les groseilles au sirop. En réserver quelques-unes pour la décoration. Répartir les autres dans les moules. Puis, avec une cuillère, les recouvrir de crème frangipane.

6 Mettre les amandines au four pendant 20 min. Les laisser refroidir complètement avant de les démouler délicatement.

⑦ Dans une petite casserole, faire tiédir la gelée de groseilles. Avec un pinceau, en badigeonner les amandines.

⑧ Décorer le dessus des gâteaux avec quelques groseilles au sirop et conserver au frais jusqu'au moment de servir.

amandines aux cerises :

procéder de la même façon en remplaçant les groseilles par 300 g de cerises confites.

Préparation : 40 min ■ **Repos :** 2 h
■ **Cuisson :** 20 min

Apple pie

Pour 6-8 personnes

- 300 g de pâte à foncer (➤ voir p. 110)
- 40 g de farine
- 30 g de cassonade
- 1 pincée de vanille en poudre
- 1/2 c. à café de cannelle en poudre
- 1 pincée de noix de muscade râpée
- 800 g de pommes reinettes
- 1 citron
- 1 œuf battu

① Préparer la pâte à foncer et la laisser reposer 1 h dans le réfrigérateur.

② Diviser la pâte en deux pâtons inégaux. Les étaler sur une épaisseur de 2 mm. Disposer le plus grand pâton dans un moule à tarte en porcelaine de 22 cm de diamètre.

③ Dans un saladier, mélanger la farine, la cassonade, la vanille, la cannelle et la noix de muscade. Répartir la moitié de ce mélange sur la pâte.

④ Préchauffer le four à 200 °C.

⑤ Peler les pommes, enlever le centre, les couper en quartiers, puis en fines tranches. Les disposer en couronne dans le moule en formant un dôme au milieu. Arroser de jus de citron, puis poudrer du reste du mélange farine-cassonade aux épices.

⑥ Recouvrir le tout avec le second disque de pâte. Avec un pinceau, bien souder les bords avec l'œuf battu.

⑦ Pratiquer une cheminée en enfonçant un petit rouleau de papier au centre.

⑧ Dorer le couvercle à l'œuf. Enfourner pour 10 min.

⑨ Badigeonner à nouveau d'œuf battu et cuire encore pendant 40 min. ➜

L'apple pie se sert nature et encore tiède ou accompagné de crème fraîche, d'un coulis de mûres ou même d'une boule de glace à la vanille.

Préparation : 40 min ■ **Repos :** 1 h
■ **Cuisson :** 50 min

Baba au rhum

Pour 6 personnes

- 500 g de pâte à baba
  (➤ voir p. 965)
- 150 g de sucre semoule
- 4 dl de vin blanc
- 5 g de fécule de maïs
- 1 dl de rhum
- 1 jaune d'œuf
- 3 dl de crème Chantilly
  (➤ voir p. 849)

1 Préparer la pâte à baba et la laisser reposer 1 h.

2 Préchauffer le four à 180 °C. Beurrer un moule à savarin, y verser la pâte. Laisser reposer encore 15 min, puis enfourner et cuire pendant 30 min.

3 Environ 15 min avant la fin de la cuisson, faire dissoudre le sucre avec le vin blanc dans une casserole sur feu doux. Délayer la fécule dans le rhum, l'ajouter au sirop et bien mélanger.

4 Battre le jaune d'œuf à la fourchette dans un bol, y verser 2 cuillerées de sirop l'une après l'autre, bien battre et reverser dans le sirop chaud en fouettant. Retirer la casserole du feu.

5 Sortir le baba du four et le démouler sur une grille posée sur un plat creux. L'arroser aussitôt avec la sauce au rhum en laissant à la pâte le temps de l'absorber.

6 Recommencer cette opération en reprenant le sirop égoutté dans le plat jusqu'à ce qu'il n'y en ait plus.

7 Pendant que le baba s'imbibe, préparer la crème Chantilly. La disposer au centre du baba. Servir froid.

Préparation : 20 min
■ **Repos de la pâte :** 1 h + 15 min
■ **Cuisson :** 30 min

Barquettes aux abricots

Pour 10 barquettes

- 300 g de pâte brisée (➤ voir p. 109)
- 20 g de beurre
- 1 c. à soupe de sucre semoule
- 1 boîte d'abricots au sirop ou 300 g d'abricots frais
- 5 c. à soupe de marmelade d'abricots
- 60 g d'amandes effilées

❶ Préparer la pâte brisée et la laisser reposer pendant 1 h au frais.

❷ Préchauffer le four à 200 °C.

❸ Étaler la pâte sur 3 ou 4 mm et la découper avec un emporte-pièce ovale cannelé. Foncer les moules à barquette beurrés, en piquer le fond, puis le poudrer d'une pincée de sucre semoule.

❹ Dénoyauter les abricots (ou égoutter les abricots au sirop) et les couper en quatre. Ranger les quartiers en longueur dans les barquettes, peau en dessous. Cuire 20 min au four.

❺ Démouler les barquettes et les laisser refroidir sur une grille.

❻ Allonger la marmelade avec 2 cuillerées à soupe d'eau, la passer au tamis ou dans une passoire et en napper chaque barquette. Décorer avec des amandes effilées.

Préparation : 30 min ■ **Repos :** 1 h
■ **Cuisson :** 20 min

Barquettes aux framboises

Pour 10 barquettes

- 300 g de pâte brisée (➤ voir p. 109)
- 150 g de crème pâtissière (➤ voir p. 852)
- 25 g de beurre
- 200 g de framboises
- 5 c. à soupe de gelée de groseilles (ou de framboises)
- 25 g de beurre pour les moules

❶ Préparer la pâte brisée et la laisser reposer 1 h au frais.

❷ Confectionner la crème pâtissière et la mettre au réfrigérateur.

❸ Étaler la pâte sur environ 3 mm d'épaisseur. En découper 10 morceaux avec un moule ou un emporte-pièce. Déposer ces morceaux dans des moules à barquette beurrés. Piquer le fond avec une fourchette. Les laisser reposer pendant 1 h.

❹ Préchauffer le four à 180 °C, enfourner les moules et cuire pendant 15 min.

❺ Démouler les barquettes et les laisser refroidir. ➜

❻ Avec une petite cuillère, mettre au fond de chacune d'elles un peu de crème pâtissière. Trier les framboises et les répartir sur le dessus.

❼ Dans une petite casserole, faire tiédir la gelée de groseilles (ou de framboises) et, avec un pinceau, en napper délicatement les framboises.

Préparation : 40 min ■ **Repos :** 1 h + 1 h environ
■ **Cuisson :** 15 min

Barquettes aux marrons

Pour 10 barquettes

- 300 g de pâte sucrée (➤ voir p. 975)
- 25 g de beurre
- 100 g de fondant au café (➤ voir p. 1055)
- 100 g de glaçage au chocolat (➤ voir p. 1047)
- 400 g de crème de marron

❶ Préparer la pâte sucrée et la laisser reposer 2 h au frais.

❷ Étaler la pâte sur 3 ou 4 mm, puis, avec un emporte-pièce cannelé ou l'un des moules, découper 10 morceaux de pâte ovales.

❸ Beurrer les moules à barquette et y déposer les morceaux de pâte. Piquer le fond avec une fourchette et laisser reposer encore pendant 1 h.

❹ Préchauffer le four à 180 °C et enfourner pour 15 min.

❺ Préparer le fondant et le glaçage.

❻ Démouler les barquettes quand elles sont froides et, avec une cuillère, les garnir généreusement de crème de marron de façon à former une sorte de dôme. Lisser avec une spatule.

❼ Recouvrir, dans le sens de la longueur, l'une des moitiés de chaque barquette de glaçage au café et l'autre de glaçage au chocolat.

❽ Mettre le reste de la crème de marron dans une poche à douille et tracer une ligne sur le dessus. Servir frais.

Préparation : 1 h ■ **Repos :** 2 h + 1 h
■ **Cuisson :** 15 min

Biscuit aux amandes

Pour 8-10 personnes

- 14 jaunes d'œufs
- 400 g de sucre semoule
- 15 g de sucre vanillé
- 1 c. à soupe d'eau de fleur d'oranger
- 185 g de farine
- 185 g de fécule de maïs
- 200 g de poudre d'amande
- 1 goutte d'essence d'amande amère
- 3 blancs d'œufs
- 25 g de beurre
- 150 g de confiture de framboises
- 100 g de fondant à la vanille (➤ voir p. 1055)
- 2 c. à soupe de nappage abricot
- 30 g d'amandes hachées

1. Mélanger les jaunes d'œufs, 300 g de sucre semoule, le sucre vanillé et l'eau de fleur d'oranger. Fouetter ce mélange jusqu'à ce qu'il blanchisse.

2. Tamiser la farine et la fécule ensemble, et les ajouter. Bien mélanger. Incorporer ensuite la poudre d'amande et l'essence d'amande amère.

3. Monter les blancs d'œufs en neige avec le restant de sucre. Les incorporer délicatement à la première préparation.

4. Préchauffer le four à 180 °C. Beurrer un moule à biscuit de 28 cm de diamètre et de 4 ou 5 cm de hauteur, puis le poudrer de sucre semoule et y verser la pâte.

5. Enfourner pour 40 min. Vérifier la cuisson avec la lame d'un couteau : elle doit ressortir sèche. Démouler le biscuit sur une grille et le laisser refroidir complètement.

6. Couper le biscuit en 3 disques d'épaisseur égale. Avec une spatule, garnir le premier de confiture de framboises, poser le deuxième par-dessus, étaler de nouveau de la confiture, puis recouvrir avec le troisième.

7. Préparer le fondant à la vanille.

8. Avec un pinceau, passer le nappage abricot sur le dessus et le tour du gâteau.

9. Glacer le dessus avec du fondant parfumé à la vanille et garnir d'amandes hachées.

Préparation : 25 min ■ **Cuisson :** 40 min

Biscuit mousseline à l'orange

Pour 4-6 personnes

- 80 g de farine
- 4 œufs
- 110 g de sucre
- 15 g de beurre
- 30 g de sucre glace
- 1 dl de sirop d'orange
- 300 g de marmelade d'oranges
- 180 g de fondant (➤ voir p. 1055)
- 2 cl de curaçao
- 50 g d'écorce d'orange confite ou 1 orange fraîche

1 Tamiser la farine. Séparer les blancs et les jaunes des œufs. Battre les blancs en neige en leur ajoutant peu à peu 50 g de sucre.

2 Dans une terrine, battre les jaunes d'œufs avec le reste de sucre jusqu'à ce que le mélange blanchisse. L'ajouter peu à peu aux blancs montés en neige et mélanger doucement. Verser ensuite la farine en pluie et l'incorporer de la même façon.

3 Préchauffer le four à 180 °C. Beurrer au pinceau un moule à charlotte de 20 cm de diamètre puis le poudrer de sucre glace. Verser la pâte dans le moule : elle ne doit le remplir qu'aux deux tiers.

4 Enfourner pendant 40 min. Vérifier la cuisson avec la lame d'un couteau : elle doit ressortir propre.

5 Démouler le biscuit sur une grille et le laisser tiédir. Le couper en 2 disques d'égale épaisseur.

6 Allonger le sirop d'orange avec 0,5 dl d'eau. Imbiber le premier disque d'un peu de sirop d'orange puis l'enduire d'une bonne couche de marmelade d'oranges.

7 Recouvrir avec le second disque. Imbiber légèrement à nouveau. Mélanger le fondant avec le curaçao et en recouvrir la surface du gâteau.

8 Décorer de motifs en écorce d'orange confite ou de tranches d'orange fraîche.

Préparation : 40 min ■ **Cuisson :** 40 min

Biscuit roulé

Pour 4-6 personnes

- 450 g de pâte à biscuit (➤ voir p. 966)
- 15 g de beurre
- 100 g de sucre
- 1 c. à café de rhum
- 125 g d'amandes effilées
- 6 c. à soupe de marmelade d'abricots ou de gelée de framboises
- 2 c. à soupe de nappage abricot

① Préparer la pâte à biscuit. Préchauffer le four à 180 °C. Faire fondre le beurre sans le cuire. Tapisser la plaque du four de papier sulfurisé et, avec un pinceau, le badigeonner de beurre fondu.

② Étaler régulièrement la pâte sur 1 cm d'épaisseur avec une spatule métallique. Enfourner pour 10 min : le dessus du biscuit doit juste blondir.

③ Mélanger le sucre avec 1 dl d'eau, faire bouillir et ajouter le rhum.

④ Griller légèrement les amandes au four à 180 °C.

⑤ Déposer le gâteau sur un torchon et, avec un pinceau, l'imbiber de sirop. Avec une spatule, le recouvrir de marmelade d'abricots ou de gelée de framboises.

⑥ Rouler le biscuit en s'aidant du torchon pour ne pas le casser. Trancher les deux extrémités en biais. Au pinceau, passer le nappage abricot sur tout le biscuit. Parsemer d'amandes.

Préparation : 25 min ■ **Cuisson :** 10 min

Biscuit de Savoie

Pour 8 personnes

- 7 œufs
- 500 g de sucre
- 1 sachet de sucre vanillé
- 185 g de farine tamisée
- 185 g de fécule de maïs
- 10 g beurre
- 1 c. à soupe de fécule pour le moule
- 1 pincée de sel

① Casser les œufs en séparant les blancs et les jaunes. Préchauffer le four à 170 °C.

② Dans une terrine, mettre le sucre semoule, le sucre vanillé et les jaunes d'œufs puis mélanger jusqu'à ce que la préparation soit bien lisse et blanchisse.

③ Battre les blancs en neige très ferme avec une pincée de sel. Les incorporer au mélange précédent, avec la farine et la fécule, et continuer de tourner toujours dans le même sens pour ne pas casser les blancs et jusqu'à ce que la pâte devienne homogène. ➜

4 Beurrer un moule à biscuit de Savoie ou un moule à génoise de 28 cm de diamètre, puis le poudrer de fécule. Y verser la pâte : le moule ne doit être rempli qu'aux deux tiers.

5 Enfourner et faire cuire pendant 45 min. Vérifier la cuisson avec la lame d'un couteau : elle doit ressortir propre. Démouler sur un plat de service à la sortie du four. Servir froid.

Préparation : 25 min ■ **Cuisson :** 45 min

Bouchées à l'abricot

Pour 20 bouchées

- 210 g de beurre fondu
- 1,5 dl de rhum
- 250 g de sucre semoule
- 8 œufs
- 200 g de farine
- 1/2 sachet de levure chimique
- 30 g d'amandes effilées
- 10 c. à soupe de marmelade d'abricots
- 20 cerises confites

1 Préchauffer le four à 180 °C.

2 Faire fondre 200 g de beurre et ajouter 1 dl de rhum.

3 Dans un saladier, mettre le sucre semoule et les œufs et fouetter jusqu'à ce que le mélange blanchisse. Ajouter la farine tamisée, la levure et le beurre fondu et parfumé au rhum.

4 Remplir, mais aux trois quarts seulement, des petits moules ronds ou ovales beurrés avec cette pâte. Mettre au four pendant 20 min. Démouler les bouchées sur une grille et les laisser refroidir.

5 Faire dorer les amandes effilées dans le four.

6 Mélanger 5 cuillerées de marmelade d'abricots avec la moitié du rhum restant. Couper chaque bouchée en deux, dans le sens de l'épaisseur. Garnir une moitié avec cette marmelade au rhum et poser l'autre par-dessus.

7 Faire réduire le reste de la marmelade d'abricots, ajouter le reste du rhum et recouvrir le dessus et le tour des bouchées.

8 Garnir avec les amandes et poser une cerise confite sur le dessus de chaque bouchée.

Préparation : 30 min ■ **Cuisson :** 20 min

Brioche aux fruits

Pour 4-6 personnes

- 400 g de pâte à brioche (➤ voir p. 966)
- 150 g de crème frangipane (➤ voir p. 851)
- 300 g de fruits de saison (abricots, pêches, poires, prunes)
- 5 cl d'eau-de-vie de poire ou de prune
- 50 g de sucre
- 1/2 citron
- 1 œuf
- sucre glace

1. Préparer la pâte à brioche. Confectionner la crème frangipane et la mettre au réfrigérateur.
2. Laver les fruits choisis, les éplucher si nécessaire et les couper en gros dés. Les mettre à macérer dans l'eau-de-vie avec le sucre et le jus d'un demi-citron.
3. Beurrer un moule rond à bord peu élevé de 22 cm de diamètre. Préchauffer le four à 200 °C.
4. Prendre les trois quarts de la pâte, étaler ce morceau au rouleau et en garnir le moule, comme pour une tarte. Verser la crème frangipane dans le fond. Égoutter les fruits et les ajouter par-dessus.
5. Étaler l'autre morceau de pâte et le poser par-dessus en soudant bien les bords. Laisser lever pendant 1 h à température ambiante.
6. Battre l'œuf dans un bol et dorer tout le dessus de la brioche à l'aide d'un pinceau. Mettre au four pendant 15 min à 200 °C, puis continuer la cuisson à 180 °C pendant 30 min.
7. Retirer du four, poudrer de sucre glace et servir bien chaud.

Préparation : 1 h ■ **Repos :** 1 h
■ **Cuisson :** 45 min

Brioche mousseline

Pour un moule à charlotte de 14 cm de diamètre

- 700 g de pâte à brioche (➤ voir p. 966)
- 15 g de beurre
- 1 jaune d'œuf

1. Préparer la pâte à brioche.
2. Découper un rond de papier sulfurisé à la dimension du fond du moule et, pour tapisser les parois, une bande de papier qui dépassera de 6 à 8 cm en hauteur. Beurrer le papier et le mettre en place dans le moule.
3. Écraser la pâte pour qu'elle s'affaisse, la ramasser en boule et la déposer dans le moule. Faire encore lever pendant 2 h. ➜

④ Préchauffer le four à 210 °C.

⑤ Badigeonner le dessus de la pâte avec 1 jaune d'œuf. Enfourner à 210 °C et faire cuire 30 min. Réduire la chaleur à 180 °C et poursuivre la cuisson pendant 10 à 15 min.

⑥ Avant de démouler, enfoncer une aiguille à brider au centre : elle doit ressortir sèche. En aucun cas, il ne faut ouvrir la porte du four avant les 10 dernières minutes de cuisson.

⑦ Démouler la brioche, retirer le papier et laisser refroidir sur une grille.

Préparation : 30 min ■ **Repos de la pâte :** 2 h
■ **Cuisson :** 40-45 min

Brioche parisienne

Pour 4 personnes

- 300 g de pâte à brioche (➤ voir p. 966)
- 15 g de beurre
- 1 œuf

① Préparer la pâte à brioche. La diviser en 2 boules : l'une de 250 g pour le corps de la brioche, l'autre de 50 g pour la tête. Rouler la grosse boule, avec les mains farinées, pour qu'elle soit bien ronde.

② Beurrer un moule à brioche d'un demi-litre et déposer la boule dedans. Rouler de la même façon avec la petite boule en lui donnant une forme de poire.

③ Avec les doigts, creuser un peu le haut de la grosse boule pour pouvoir y enfoncer la petite et appuyer légèrement pour la faire tenir. Laisser lever la pâte à température ambiante pendant 1 h 30 : elle va doubler de volume.

④ Préchauffer le four à 200 °C.

⑤ Mouiller les lames d'une paire de ciseaux et faire de petites incisions dans la grosse boule, en partant du bord vers la tête.

⑥ Battre l'œuf et dorer la brioche avec un pinceau.

⑦ Mettre au four 10 min à 200 °C, puis baisser la température à 180 °C et continuer la cuisson 20 min environ. Démouler la brioche encore tiède.

brioche polonaise :

couper horizontalement la brioche en 5 tranches. Mélanger 100 g de fruits confits coupés en dés et macérés dans 3 cl de kirsch avec 300 g de crème pâtissière (➤ voir p. 852). Tartiner chaque tranche d'une épaisse couche de crème aux fruits. Reconstituer la brioche et recouvrir avec 200 g de meringue française (➤ voir p. 972) et 50 g d'amandes effilées et dorées au four pendant 5 min.

Préparation : 25 min ■ **Repos :** 1 h 30
■ **Cuisson :** 30 min

Brioche aux pralines

Pour 4-6 personnes

- 400 g de pâte à brioche (➤ voir p. 966)
- 130 g de pralines roses

1. Préparer la pâte à brioche.
2. Casser grossièrement 100 g de pralines et broyer le reste soit au robot, soit en les mettant dans un torchon plié en deux et en les écrasant avec le rouleau à pâtisserie. Ajouter les 100 g de pralines concassées à la pâte et la laisser lever pendant 3 h.
3. Pétrir rapidement la boule et la rouler sur le reste des pralines pour les répartir sur toute sa surface. Déposer cette boule pralinée sur une plaque recouverte de papier sulfurisé et mettre à lever pendant 1 h.

4. Préchauffer le four à 230 °C. Enfourner la plaque pour 15 min, puis baisser la température à 180 °C et poursuivre la cuisson 30 min. Démouler la brioche et la servir tiède.

brioche de Saint-Genix :

procéder de la même façon en mélangeant à la pâte 130 g de pralines de Saint-Genix entières (ces pralines sont très rouges). Cuire la brioche dans un moule ou sur la plaque à pâtisserie.

Préparation : 30 min ■ **Repos :** 3 + 1 h
■ **Cuisson :** 45 min

Bûche aux marrons

Pour 8 personnes

- 125 g de chocolat noir
- 125 g de beurre
- 500 g de purée de marron
- 125 g de sucre glace

1 Mettre le chocolat cassé en morceaux dans une casserole sur feu très doux. Ajouter 2 cuillerées à soupe d'eau et laisser ramollir.

2 Par ailleurs, travailler le beurre à la spatule. Verser la purée de marron dans une jatte et la travailler à la fourchette pour éliminer le moindre grumeau.

3 Incorporer le beurre et le chocolat à la purée de marron avec la moitié du sucre glace. Mélanger bien pour homogénéiser.

4 Verser cette pâte par cuillerées sur une double feuille d'aluminium. La façonner en forme de pain allongé bien épais et la rouler. Mettre au réfrigérateur pendant au moins 24 h.

5 Lorsque le rouleau est bien ferme, ôter les feuilles d'aluminium et placer la bûche sur un plat long. Couper les deux bouts en biseau. Strier le dessus à la fourchette et poudrer avec le reste de sucre glace. Mettre au réfrigérateur jusqu'au moment de servir.

La pâte peut être parfumée avec un peu de rhum. Pour gagner du temps, on peut aussi faire raffermir la bûche pendant 2 h dans le congélateur.

Préparation : 25 min (24 h à l'avance)

Buns

Pour 15-20 buns

- 12 g de levure de boulanger
- 3 dl de lait
- 1 œuf
- 2 pincées de sel fin
- 1/2 citron non traité
- 100 g de beurre

1 Émietter la levure dans un bol et la délayer avec un peu de lait tiède. Battre l'œuf avec le sel. Râper le zeste du citron, le mettre dans une terrine avec 2,5 dl de lait, 75 g de beurre ramolli, 50 g de sucre et les raisins secs. Bien mélanger, ajouter l'œuf battu, puis la levure, et incorporer la farine. Travailler pour obtenir une pâte élastique et la laisser reposer 5 h pour qu'elle double de volume.

- 60 g de sucre
- 75 g de raisins secs
- 300 g de farine

② Diviser la pâte en boules de la taille d'une mandarine. Beurrer une grande boîte métallique, y mettre les boules de pâte, les badigeonner du reste de beurre fondu, fermer et laisser gonfler 5 h. (On peut aussi disposer les boules sur une plaque de four et mettre celle-ci dans un placard à l'abri des courants d'air.)

③ Préchauffer le four à 200 °C. Mettre les buns sur une plaque recouverte d'un papier sulfurisé et les cuire 20 min au four.

④ Quelques minutes avant de les sortir, mélanger le reste de lait avec 1 cuillerée à soupe de sucre et en badigeonner les buns.

Préparation : 15 min ■ **Repos :** 10 h
■ **Cuisson :** 20 min

Cake aux raisins et aux fruits confits

**Pour 8 personnes
(ou 1 moule à cake
de 24 cm)**

- 100 g de raisins de Corinthe
- 100 g de fruits confits coupés en dés
- 1 verre à liqueur de rhum
- 175 g de beurre
- 125 g de sucre
- 3 œufs
- 270 g de farine
- 1/2 paquet de levure chimique
- 10 g de beurre
- 1 pincée de sel

① Laver les raisins. Les faire macérer dans le rhum avec les fruits confits.

② Travailler le beurre en pommade dans une terrine. Ajouter le sucre semoule petit à petit ainsi qu'une pincée de sel. Travailler le mélange jusqu'à ce qu'il soit onctueux. Incorporer les œufs entiers l'un après l'autre. Verser ensuite 250 g de farine d'un seul coup.

③ Égoutter les fruits confits et les raisins secs, les rouler dans 2 cuillerées à soupe environ de farine (ainsi farinés, ils ne tomberont pas au fond du moule), puis les ajouter dans la pâte ainsi que le rhum de macération. Incorporer la levure et bien mélanger tous les ingrédients.

④ Préchauffer le four à 210 °C.

⑤ Beurrer un papier sulfurisé, en tapisser l'intérieur du moule et y verser la pâte : elle doit le remplir aux deux tiers seulement.

⑥ Faire cuire dans le four à 210 °C pendant 10 min, puis réduire la température à 150 °C et laisser cuire encore pendant 35 min. ➜

7 Démouler à la sortie du four et laisser refroidir sur une grille.

cake au miel et aux cerises confites :
procéder de la même façon en diminuant la quantité de sucre à 100 g et en ajoutant 2 cuillerées à soupe de miel liquide. Remplacer les raisins et les fruits confits par 125 g de cerises confites. Décorer le cake avec des bâtonnets d'angélique.

Préparation : 25 min ■ **Cuisson :** 45 min

Chaussons aux pommes

Pour 10-12 petits chaussons

- 500 g de pâte feuilletée (➤ voir p. 111)
- 1 citron
- 5 pommes reinettes
- 150 g de sucre
- 2 dl de crème fraîche épaisse
- 30 g de beurre
- 1 œuf

1 Préparer la pâte feuilletée selon la recette (on peut aussi employer une pâte du commerce).

2 Presser le jus de citron. Peler les pommes en enlevant tous les pépins, les couper en petits dés et les mélanger tout de suite avec un peu de jus de citron pour éviter qu'elles ne noircissent. Les égoutter et les mélanger, dans une jatte, avec le sucre et la crème fraîche.

3 Couper le beurre en petits morceaux.

4 Préchauffer le four à 250 °C.

5 Étaler la pâte feuilletée sur 3 mm d'épaisseur. Découper 10 à 12 cercles de 12 cm de diamètre. Battre l'œuf dans un bol et badigeonner le pourtour des cercles à l'aide d'un pinceau.

6 Déposer avec une cuillère les dés de pomme et le beurre sur une moitié de chaque disque. Replier l'autre moitié sur celle qui est garnie.

7 Dorer le dessus avec le reste de l'œuf. Laisser sécher puis, avec la pointe d'un couteau, tracer des croisillons en prenant soin de ne pas percer le chausson.

8 Enfourner et cuire pendant 10 min à 250 °C, puis continuer la cuisson à 200 °C pendant 25 à 30 min. Servir tiède.

chaussons aux pommes et aux pruneaux :
procéder de la même façon en employant 250 g de pruneaux réhydratés et dénoyautés, 50 g de raisins de Corinthe préalablement trempés dans du rhum ainsi que 4 pommes coupées en dés.

Préparation : 1 h ■ **Cuisson :** 35-40 min

Choux au café

Pour 12 choux

- 350 g de pâte à choux sucrée (➤ voir p. 967)
- 800 g de crème pâtissière (➤ voir p. 852)
- 10 c. à café d'extrait de café soluble
- 200 g de fondant (➤ voir p. 1055)
- 30 g de sucre
- 2 c. à soupe d'eau

1 Préparer la pâte à choux. Préchauffer le four à 180 °C. Verser la pâte dans une poche munie d'une grosse douille cannelée (n° 14) et déposer sur la plaque recouverte de papier sulfurisé 12 petits tas bien ronds.

2 Glisser la plaque au four pour 20 min en entrouvrant un peu la porte du four au bout de 5 min de cuisson.

3 Préparer la crème pâtissière et la parfumer avec 6 cuillerées à café d'extrait de café soluble.

4 Chauffer d'une part le fondant au bain-marie ou au micro-ondes et y ajouter 4 cuillerées à café d'extrait de café et, d'autre part, 2 cuillerées à soupe d'eau et le sucre pour faire un sirop. Verser ce sirop sur le fondant, peu à peu, en tournant avec une cuillère en bois.

5 Mettre la crème pâtissière dans une poche munie d'une douille lisse moyenne (n° 7) et garnir les choux de crème en enfonçant la douille par-dessous.

6 Tremper la partie supérieure de chaque chou dans le fondant, enlever l'excès avec le doigt. Poser sur une grille et laisser refroidir.

choux à la crème Chiboust au café :
remplacer la crème pâtissière par la même quantité de crème Chiboust (➤ voir p. 849), parfumée avec la même quantité d'extrait de café soluble.

Préparation : 40 min ■ **Cuisson :** 20 min

Choux à la crème Chantilly

**Pour 10 choux
en forme de cygne**

- 300 g de pâte à choux
  sucrée (➤ voir p. 967)
- 500 g de crème Chantilly
  (➤ voir p. 849)
- sucre glace

❶ Préparer la pâte à choux. Préchauffer le four à 180 °C. Verser la pâte à choux dans une poche munie d'une douille lisse de 15 mm de diamètre.

❷ Déposer sur la plaque, recouverte de papier sulfurisé, 10 choux ovales de 8 cm de long sur 5 cm de large (ils formeront les corps des cygnes).

❸ Retirer la douille et la remplacer par une douille de 4 ou 5 mm de diamètre. Faire avec la pâte 10 contours en forme de « S », sur 5 ou 6 cm de hauteur (ils serviront à faire les cous des cygnes).

❹ Mettre les choux au four pendant 18 à 20 min et les « S » pendant 10 à 12 min. Puis les laisser refroidir dans le four, porte ouverte.

❺ Préparer la crème Chantilly, la mettre au réfrigérateur.

❻ Avec un petit couteau-scie, couper la partie supérieure de chaque chou. Puis recouper ce couvercle en deux dans le sens de la longueur (ces morceaux deviendront les ailes des cygnes).

❼ Verser la crème Chantilly dans une poche munie d'une grosse douille cannelée et garnir chaque chou en formant un dôme.

❽ Enfoncer un « S » à l'une des extrémités des choux et piquer les ailes dans la crème. Poudrer largement de sucre glace.

Préparation : 30 min ■ **Cuisson :** 20 min environ

Conversations

Pour 8 conversations

- 400 g de pâte feuilletée (➤ voir p. 111)
- 200 g de crème frangipane (➤ voir p. 851)
- 2 blancs d'œufs
- 250 g de sucre glace

1. Préparer la pâte feuilletée selon la recette (on peut aussi employer une pâte du commerce).
2. Confectionner la crème frangipane.
3. Partager la pâte feuilletée en deux portions. Étaler un morceau au rouleau sur une épaisseur de 3 mm. Avec un emporte-pièce, découper 8 cercles. Faire la même chose avec le deuxième morceau de pâte.
4. Beurrer 8 moules à tartelette et y disposer les premiers ronds de pâte. Les garnir de crème frangipane jusqu'à 5 mm du bord, en l'étalant régulièrement avec le dos d'une petite cuillère.
5. Avec un pinceau, humecter les bords des 8 autres ronds de pâte feuilletée et les placer au-dessus de la crème, en les soudant bien.
6. Battre les blancs d'œufs en neige molle en y incorporant peu à peu le sucre glace. Avec une spatule, étaler ce mélange sur toute la surface des conversations.
7. Préchauffer le four à 180-190 °C.
8. Faire une boule avec les chutes de pâte, l'étaler sur 2 mm d'épaisseur et découper 16 bandelettes de 6 à 8 mm de large.
9. Disposer les bandelettes en losanges sur le glaçage en les entrelaçant. Laisser reposer les gâteaux pendant 15 min.
10. Enfourner et cuire pendant 30 min. Servir froid.

Préparation : 1 h ■ **Repos :** 15 min
■ **Cuisson :** 30 min

Cramique

Pour 6 personnes

- un bol de thé
- 100 g de raisins de Corinthe
- 100 g de beurre
- 20 g de levure de boulanger
- 2 dl de lait frais
- 500 g de farine
- 3 œufs
- 1 pincée de sel

1 Préparer le thé et et y mettre les raisins à tremper.

2 Couper le beurre en tout petits morceaux.

3 Émietter la levure dans un saladier, verser un peu de lait tiède et mélanger. Ajouter de la farine petit à petit en tournant avec une cuillère en bois jusqu'à ce que la pâte soit molle. Mettre le reste de la farine sur le plan de travail et creuser une fontaine. Y mettre le levain. Casser 2 œufs, les battre en omelette avec le sel et les ajouter ainsi que le reste du lait.

4 Pétrir la pâte à la main jusqu'à ce qu'elle devienne élastique. Incorporer le beurre. Continuer à pétrir. Égoutter les raisins et les ajouter. Malaxer encore un peu la pâte pour bien les intégrer.

5 Préchauffer le four à 200 °C.

6 Façonner la pâte en une sorte de boudin. Le poser sur la plaque recouverte de papier sulfurisé. Casser et battre le dernier œuf et dorer au pinceau. Laisser lever 1 h à température ambiante.

7 Enfourner le cramique à 200 °C pendant 10 min, puis baisser la température du four à 180 °C et cuire encore 30 min. Démouler et laisser refroidir.

Servir avec une compote de fruits, une crème au chocolat ou une glace aux fruits.

Préparation : 25 min ■ **Repos :** 1 h
■ **Cuisson :** 40 min

Croissants

Pour 8 croissants

- 400 g de pâte à croissants (➤ voir p. 968)
- 1 jaune d'œuf

1 Préparer la pâte à croissants. L'abaisser sur une épaisseur de 6 mm. Découper des triangles de 14 cm de base sur 16 cm de côté. Rouler chaque triangle sur lui-même en partant de la base vers le sommet.

2 Déposer les croissants sur la plaque recouverte de papier sulfurisé.

3 Délayer le jaune d'œuf avec un petit peu d'eau et dorer les croissants à l'aide d'un pinceau. Les laisser reposer pendant 1 h : ils vont doubler de volume.

4 Préchauffer le four à 220 °C.

5 Dorer de nouveau les croissants et les enfourner. Au bout de 5 min, baisser la température du four à 190 °C et continuer la cuisson encore 10 min.

Préparation : 25 min ■ **Repos :** 1 h
■ **Cuisson :** 15 min

Croissants alsaciens

Pour 8 croissants

- 400 g de pâte à croissants (➤ voir p. 968)
- 70 g de sucre semoule
- 20 g de sucre cristallisé
- 70 g de poudre de noix
- 70 g de poudre d'amande .
- 70 g de poudre de noisette
- 6 cl d'eau ou de kirsch
- 150 g de sucre glace

1 Préparer la pâte à croissants.

2 Dans une casserole, faire bouillir 0,5 dl d'eau et le sucre semoule. Retirer du feu. Puis ajouter le sucre cristallisé et les poudres de noix, d'amande et de noisette, bien mélanger.

3 Étaler la pâte à croissants sur une épaisseur de 6 mm. Découper 8 triangles de 14 cm de base sur 16 cm de côté. Avec une cuillère, déposer la garniture à la base de chaque triangle et rouler.

4 Disposer les croissants sur une plaque recouverte de papier sulfurisé et les laisser reposer encore 1 h.

5 Préchauffer le four à 220 °C.

6 Enfourner les croissants puis, au bout de 5 min, baisser la température du four à 190 °C et cuire encore 10 min.

7 Préparer le glaçage en mélangeant le kirsch ou l'eau et le sucre glace et, avec une petite cuillère, le répartir sur les croissants. Laisser refroidir.

Préparation : 50 min ■ **Repos :** 1 h
■ **Cuisson :** 15 min

Croissants aux amandes

Pour 6 croissants

- 250 g de crème frangipane (➤ voir p. 851)
- 375 g de sucre
- 70 g de poudre d'amande
- 1 c. à café d'eau de fleur d'oranger
- 6 croissants rassis
- 50 g d'amandes effilées
- sucre glace

1 Préparer la crème frangipane et la garder en réserve au réfrigérateur.

2 Faire bouillir 2,5 dl d'eau avec le sucre dans une casserole. Retirer du feu et ajouter la poudre d'amande et l'eau de fleur d'oranger.

3 Préchauffer le four à 180 °C.

4 Couper les croissants rassis en deux, dans le sens de la longueur, et les tremper dans le sirop. Avec une cuillère, garnir de crème frangipane l'intérieur et le dessus des croissants. Reconstituer chacun d'eux, étaler sur le dessus un peu de frangipane et parsemer d'amandes effilées.

5 Mettre les croissants sur une plaque tapissée de papier sulfurisé et glisser au four pendant 10 à 12 min. Poudrer de sucre glace.

Préparation : 20 min ■ **Cuisson :** 10-12 min

Délice au citron

Pour 6-8 personnes

- 100 g de fruits confits
- 100 g de beurre
- 2 citrons non traités
- 250 g de farine
- 1 sachet de levure chimique
- 4 œufs
- 200 g de sucre
- 350 g de crème au beurre (➤ voir p. 847)
- sucre glace

1 Préchauffer le four à 190 °C.

2 Couper les fruits confits en tout petits dés. Faire fondre doucement le beurre au bain-marie. Râper le zeste d'un citron et en presser le jus.

3 Dans une jatte, mélanger la farine et la levure, puis ajouter le beurre fondu, les œufs, le sucre semoule, le zeste et le jus du citron puis les fruits confits. Quand la pâte est bien lisse, la verser dans un moule à manqué de 25 cm de diamètre et mettre au four pendant 40 min.

4 Préparer la crème au beurre en y incorporant le zeste et le jus du deuxième citron.

5 Vérifier la cuisson du gâteau avec la lame d'un couteau (elle doit ressortir propre). Démouler celui-ci sur une grille et le laisser refroidir complètement.

6 Découper le gâteau en trois disques. Avec une spatule métallique, recouvrir deux de ces disques d'une bonne couche de crème. Puis les poser l'un sur l'autre et mettre par-dessus le dernier disque.

7 Poudrer de sucre glace et conserver au frais, mais pas au réfrigérateur.

Servir avec des framboises fraîches ou un coulis de framboises.

Préparation : 40 min ■ **Cuisson :** 40 min

Délices aux fraises

Pour 6 délices

- 250 g de pâte sablée (➤ voir p. 973)
- 300 g de fraises
- 60 g de sucre semoule
- 140 g de beurre
- 6 feuilles de menthe fraîche

1 Préparer la pâte sablée, la laisser reposer 1 h au frais.

2 Laver rapidement les fraises et les équeuter. En mettre la moitié dans un saladier avec le sucre et les laisser macérer pendant environ 1 h.

3 Mettre l'autre moitié à égoutter sur du papier absorbant.

4 Préchauffer le four à 190 °C.

5 Étaler la pâte sablée sur 3 mm d'épaisseur et, avec un emporte-pièce, découper 6 disques de pâte. Les disposer dans les moules à tartelette beurrés. Piquer le fond de chacun d'eux avec une fourchette.

6 Découper 6 morceaux de papier sulfurisé, les placer sur le fond avec quelques haricots secs pour éviter que la pâte ne boursoufle pendant la cuisson. Enfourner les moules et cuire pendant 10 min.

7 Mettre le reste du beurre dans un saladier et, avec un fouet ou une fourchette, le travailler pour le ramollir.

8 Égoutter les fraises macérées, les passer au presse-purée et les ajouter au beurre. Mélanger jusqu'à ce que cette crème soit bien homogène. ➜

⑨ Quand les tartelettes sont froides, les démouler délicatement et, avec une cuillère, répartir la crème à la fraise dans chacune d'elles.

⑩ Déposer les fraises fraîches par-dessus et décorer avec quelques feuilles de menthe.

Préparation : 30 min ■ **Macération :** 1 h
■ **Repos :** 1 h ■ **Cuisson :** 15 min

· ·

Délices aux noix

Pour 6 délices

- 250 g de pâte sucrée (➤ voir p. 975)
- 250 g de crème frangipane (➤ voir p. 851)
- 350 g de crème au beurre au café (➤ voir p. 847)
- 10 g de beurre
- 100 g de cerneaux de noix
- 250 g de fondant (➤ voir p. 1055)
- 2 c. à soupe d'extrait de café
- 8 cerneaux de noix

❶ Préparer la pâte sucrée, la laisser reposer 1 h.

❷ Préparer la crème frangipane et la crème au beurre au café. Les mettre au réfrigérateur.

❸ Préchauffer le four à 190 °C.

❹ Étaler la pâte sur 2 mm d'épaisseur. Avec un moule à tartelette, découper 6 ronds. Beurrer les 6 moules et y mettre les disques de pâte. Piquer le fond avec une fourchette et répartir dessus la crème frangipane. Enfourner pour 15 min.

❺ Hacher les cerneaux de noix et les mélanger avec la crème au beurre.

❻ Démouler les tartelettes quand elles sont froides. Avec une petite cuillère, les garnir d'un dôme de crème au beurre parfumée, lisser le dessus avec une spatule. Puis les garder au réfrigérateur pendant 1 h.

❼ Dans une casserole, faire tiédir le fondant au bain-marie ou au four à micro-ondes, y ajouter l'extrait de café et 2 cuillerées à soupe d'eau chaude.

❽ Piquer le fond de chaque délice sur une fourchette et plonger les dômes de crème dans le fondant jusqu'à la pâte. Égaliser la surface à l'aide d'une spatule métallique.

❾ Décorer chaque délice avec un cerneau de noix et mettre au frais jusqu'au moment de servir.

Préparation : 45 min ■ **Repos :** 1 h + 1 h
■ **Cuisson :** 15 min

Forêt-noire

Pour 6-8 personnes

- 700 g de pâte à biscuit (➤ voir p. 966)
- 45 g de cacao en poudre
- 10 g de beurre
- 10 g de farine
- 200 g de sucre semoule
- 1 dl de kirsch
- 800 g de crème Chantilly (➤ voir p. 849)
- 2 sachets de sucre vanillé
- 60 cerises à l'eau-de-vie
- 250 g de chocolat amer râpé en copeaux épais

1 Préparer la pâte à biscuit en ajoutant le cacao en même temps que la farine.

2 Préchauffer le four à 180 °C.

3 Beurrer un moule de 22 cm de diamètre, le fariner, puis le secouer pour éliminer l'excédent de farine. Y mettre la pâte et enfourner pour 35 à 40 min. Vérifier la cuisson avec la lame d'un couteau. Démouler et laisser refroidir.

4 Couper le biscuit, avec un couteau-scie, en 3 disques égaux.

5 Faire bouillir 3,5 dl d'eau avec le sucre et le kirsch. Garder ce sirop de côté.

6 Préparer la crème Chantilly en y ajoutant le sucre vanillé.

7 Imbiber le premier disque de biscuit avec le sirop au kirsch puis le recouvrir de crème Chantilly et y enfoncer entre 25 et 30 cerises à l'eau-de-vie.

8 Faire la même chose avec le deuxième disque, et le poser sur le premier.

9 Imbiber le troisième disque de sirop et le poser par-dessus.

10 Recouvrir le gâteau de crème Chantilly. Décorer de copeaux de chocolat et mettre au réfrigérateur pendant 2 ou 3 h.

Préparation : 40 min ■ **Réfrigération :** 2-3 h
■ **Cuisson :** 35-40 min

Fouace

Pour 4-6 personnes

- 1,5 dl de lait
- 15 g de levure de boulanger
- 500 g de farine tamisée
- 100 g de beurre
- 4 œufs
- 1 pincée de sel
- 3 cl de rhum, de cognac ou d'eau de fleur d'oranger
- 50 g de sucre
- 200 g de fruits confits coupés en dés
- 1 œuf

1 Préparer le levain : faire tiédir le lait, y délayer la levure de boulanger. Dans une terrine, le mélanger avec 125 g de farine et éventuellement un peu de lait ou d'eau pour former une pâte plutôt molle.

2 Laisser cette pâte lever environ 1 h 30, jusqu'à ce qu'elle ait doublé de volume.

3 Faire ramollir le beurre, battre les œufs en omelette. Mettre le reste de la farine en fontaine, sur le plan de travail ou dans une terrine. Verser au centre 1 grosse pincée de sel, le beurre ramolli, le rhum (ou le cognac ou l'eau de fleur d'oranger), le sucre et les œufs battus. Travailler ce mélange en y ajoutant un peu de lait ou d'eau pour obtenir une pâte souple, puis y incorporer le levain en pétrissant et enfin les fruits confits.

4 Travailler encore la pâte pour la rendre élastique, la rouler en boule, inciser le dessus en croix avec la pointe d'un couteau et laisser lever (elle doit doubler de volume).

5 Préchauffer le four à 210 °C.

6 Aplatir la pâte avec la paume de la main. Former la fouace en boule, en pain ou en couronne, et la déposer sur la plaque recouverte de papier sulfurisé.

7 Dorer à l'œuf battu et la cuire 10 min à 210 °C puis 30 min à 180 °C. Laisser refroidir.

Préparation : 30 min ■ **Repos :** 1 h 30 + 1 h 30
■ **Cuisson :** 40 min

Gâteau au chocolat

Pour 6-8 personnes

- 3 œufs
- 125 g de sucre
- 125 g de beurre
- 1 pincée de sel
- 150 g de chocolat à cuire
- 3 c. à soupe de lait
- 1 c. à dessert de café soluble (facultatif)
- 125 g de farine
- 2 c. à soupe de sucre
- 1 c. à soupe de vinaigre de vin
- cerneaux de noix
- glaçage au chocolat (➤ voir p. 1047)

❶ Casser les œufs en séparant les blancs et les jaunes. Ajouter le sucre dans les jaunes et fouetter jusqu'à ce qu'ils blanchissent.

❷ Couper le beurre en petits morceaux pour qu'il ramollisse et le mettre dans une autre terrine.

❸ Battre les blancs en neige ferme avec 1 pincée de sel.

❹ Casser le chocolat en petits morceaux, ajouter le lait et faire fondre dans une casserole au bain-marie ou au four à micro-ondes. Unifier le mélange quand le chocolat est fondu.

❺ Préchauffer le four à 190 °C.

❻ Faire juste tiédir la terrine où se trouve le beurre en la mettant 2 min au four. Puis y ajouter le chocolat chaud (et éventuellement le café soluble), mélanger, puis verser la préparation jaunes d'œufs-sucre en remuant bien.

❼ Tamiser la farine et l'ajouter en pluie, puis incorporer les blancs en neige.

❽ Beurrer un moule de 25 cm de diamètre, y verser la pâte et enfourner pendant 45 min.

❾ Préparer la décoration : dans une casserole, mettre le sucre, 1 cuillerée à soupe d'eau et le vinaigre et faire caraméliser. Mettre chaque cerneau de noix sur une fourchette, le tremper dans le caramel et le déposer sur une assiette huilée.

❿ Laisser refroidir le gâteau dans son moule, puis le démouler sur une grille, au-dessus d'un plat.

⓫ Avec une spatule métallique, étaler le glaçage au chocolat sur le dessus et sur le tour du gâteau en lissant bien. Décorer avec les noix et mettre au frais.

Préparation : 30 min ■ **Cuisson :** 45 min

Gâteau fourré aux cerises

Pour 6 personnes

- 500 g de cerises
- 2 dl de crème fraîche épaisse
- 150 g de sucre semoule
- 5 œufs
- 250 g de farine
- 1 sachet de levure chimique
- 2-3 c. à soupe de kirsch
- 1 dl de lait
- 1 pincée de sel
- 25 g de beurre

1 Laver les cerises, les éponger, les équeuter et les dénoyauter.

2 Mélanger dans une jatte la crème fraîche et le sucre.

3 Casser 3 œufs et séparer les blancs des jaunes. Mettre les jaunes dans une terrine, ajouter les deux autres œufs et mélanger en ajoutant la crème. Incorporer peu à peu la farine et la levure en mélangeant soigneusement.

4 Lorsque la pâte est homogène, ajouter le kirsch puis le lait, par petites quantités, pour la détendre.

5 Préchauffer le four à 200 °C.

6 Fouetter les trois blancs en neige ferme avec 1 pincée de sel et les incorporer délicatement à la pâte.

7 Beurrer un moule à manqué de 24 cm de diamètre. Verser le tiers de la pâte dans le moule. Ajouter la moitié des cerises. Les recouvrir avec le tiers de la pâte, puis ajouter le reste des cerises et de la pâte.

8 Enfourner pour 45 à 50 min. Laisser tiédir le gâteau hors du four, puis le démouler sur une grille. Servir froid.

Préparation : 30 min ■ **Cuisson :** 45-50 min environ

Gâteau fraisier

Pour 6 personnes

- 250 g de crème au beurre (➤ voir p. 847)
- 0,5 dl de kirsch
- 50 g de crème pâtissière (➤ voir p. 852)
- 30 g de sucre semoule

1 Préparer la crème au beurre en lui ajoutant 1 cuillerée à soupe de kirsch, puis la crème pâtissière. Fouetter la crème au beurre ; lui ajouter la crème pâtissière.

2 Mélanger le sucre semoule, 1 dl d'eau et le reste du kirsch. Couper la génoise horizontalement en deux et, avec un pinceau, imbiber chaque abaisse avec le sirop au kirsch.

- 1 génoise de 22 cm de diamètre achetée dans le commerce
- 500 g de fraises
- sucre glace

3 Laver et équeuter les fraises. Mettre de côté la plus belle. Poser une abaisse de génoise dans un plat, face coupée dessus. Étaler avec une spatule un peu de crème. Y ranger les fraises, debout, serrées les unes contre les autres. Les recouvrir d'une épaisse couche de crème en faisant pénétrer celle-ci dans les interstices, mais sans masquer les fraises du pourtour.

4 Poser la seconde abaisse de génoise imbibée, face coupée dessous, et appuyer légèrement pour la fixer. Poudrer de sucre glace, placer au centre la belle fraise et garder au réfrigérateur jusqu'au moment de servir.

Pour décorer le dessus du gâteau, on peut confectionner une crème Chantilly (➤ voir p. 849) ou le glacer au fondant (➤ voir p. 1055).

Préparation : 30 min ■ **Cuisson :** 15 min environ

Gâteau au fromage blanc

Pour 6-8 personnes

- 500 g de fromage blanc en faisselle
- 150 g d'abricots secs
- 5 dl de vin blanc
- 1/2 c. à café de cannelle en poudre
- 1 citron non traité
- 150 g de beurre
- 350 g de farine
- 200 g de sucre
- 1 pincée de sel
- 1 sachet de levure chimique
- 5 jaunes d'œufs
- 1 sachet de sucre vanillé

1 Verser le fromage blanc dans une passoire recouverte d'une mousseline et le laisser égoutter 2 h.

2 Mettre les abricots à tremper dans 4 dl de vin blanc avec la cannelle en poudre. Râper le zeste du citron. Faire ramollir le beurre.

3 Verser la farine dans une jatte ou sur le plan de travail et creuser une fontaine. Y mettre 160 g de sucre, 1 pincée de sel, la levure, le zeste du citron, le beurre ainsi que 2 jaunes d'œufs. Bien mélanger et pétrir jusqu'à ce que la pâte soit homogène en ajoutant le reste de vin blanc pour l'assouplir. Couper la boule de pâte en deux.

4 Beurrer un moule à manqué de 28 cm de diamètre. Étaler chaque morceau sur 3 mm d'épaisseur de façon à avoir deux disques de ce format. Garnir le moule avec l'un des deux disques.

5 Préchauffer le four à 160 °C.

6 Égoutter les abricots et les hacher. ➡

❼ Verser le fromage blanc dans une grande jatte, ajouter le sucre vanillé et le reste du sucre semoule, les abricots hachés et 3 jaunes d'œufs et bien mélanger tout cela, puis verser dans le moule et lisser le dessus avec une spatule en bois.

❽ Humecter avec un peu d'eau le tour du deuxième disque avec un pinceau et le placer sur le mélange au fromage blanc. Bien souder les bords. Enfourner pour 40 min.

❾ Démouler le gâteau quand il est tiède et le mettre au réfrigérateur une fois refroidi.

Préparation : 40 min ■ **Repos :** 2 h
■ **Cuisson :** 40 min

Gâteau à la mandarine

Pour 6-8 personnes

- 300 g de pâte à foncer (➤ voir p. 110)
- 3 c. à soupe de marmelade d'abricots
- 4 morceaux d'écorces de mandarine confites
- 125 g d'amandes mondées
- 4 œufs
- 125 g de sucre semoule
- 3 gouttes de vanille liquide
- 2 gouttes d'essence d'amande amère
- 150 g de marmelade de mandarines
- 3-4 mandarines
- amandes effilées
- 3 c. à soupe de nappage abricot

❶ Préparer la pâte à foncer et la laisser reposer 1 h.

❷ Tamiser la marmelade d'abricots. Couper en morceaux les écorces de mandarine.

❸ Dans un mortier ou au robot, piler les amandes, en y incorporant les œufs, un par un.

❹ Ajouter les écorces de mandarine, le sucre, la vanille liquide, l'essence d'amande amère et la marmelade d'abricots tamisée. Mélanger bien le tout.

❺ Préchauffer le four à 200 °C.

❻ Abaisser la pâte sur 3 mm d'épaisseur et en garnir un moule à tarte beurré de 24 cm de diamètre. Sur le fond, étaler la marmelade de mandarines. Verser ensuite la préparation aux amandes. Lisser bien le dessus.

❼ Enfourner et cuire pendant 25 min. Sortir le gâteau et laisser refroidir.

❽ Éplucher les mandarines. Passer les amandes effilées quelques minutes au four pour les blondir.

❾ Chauffer le nappage abricot. À l'aide d'un

- feuilles de menthe fraîche
- feuilles de menthe fraîche

pinceau, l'étaler légèrement sur le dessus du gâteau.

⑩ Disposer en rond les quartiers de mandarine et les recouvrir de nappage. Parsemer d'amandes effilées et piquer les feuilles de menthe. Servir frais.

Préparation : 30 min ■ **Repos :** 1 h
■ **Cuisson :** 25 min

Gâteau manqué au citron

Pour 6-8 personnes

- 1 citron non traité
- 100 g de cédrat confit ou d'écorces de citron confites
- 600 g de pâte à manqué (➤ voir p. 971)
- 70 g de glace royale (➤ voir p. 1056)
- 50 g de cédrat confit

❶ Plonger le zeste du citron pendant 2 min dans de l'eau bouillante, le passer sous l'eau froide, l'éponger et le tailler en fines lamelles. Couper le cédrat ou les écorces de citron en dés.

❷ Préparer la pâte à manqué en ajoutant, juste avant les blancs en neige, le cédrat (ou le citron) confit et le zeste.

❸ Préchauffer le four à 200 °C.

❹ Beurrer un moule à manqué de 22 cm de diamètre. Verser la pâte, enfourner et cuire d'abord à 200 °C pendant 15 min puis à 180 °C pendant 25 à 30 min, en vérifiant la cuisson avec un couteau.

❺ Attendre que le gâteau soit tiède pour le démouler, puis le laisser refroidir complètement.

❻ Préparer la glace royale. En recouvrir le gâteau froid à l'aide d'une spatule et le décorer avec le cédrat confit.

Préparation : 30 min ■ **Cuisson :** 40-45 min

Gâteau moka

Pour 6-8 personnes

- 650 g de pâte à génoise (➤ voir p. 970)
- 60 g de poudre de noisette
- 600 g de crème au beurre (➤ voir p. 847)
- 1 c. à café d'essence de café
- 130 g de sucre
- 6 cl de rhum
- 150 g de noisettes
- grains de chocolat au café

1 Préparer la pâte à génoise en lui ajoutant la poudre de noisette.

2 Préchauffer le four à 180 °C. Beurrer un moule à manqué de 20 cm de diamètre, y verser la pâte et glisser au four pour 35 min.

3 Démouler le biscuit sur une plaque, le laisser refroidir complètement, puis le couvrir avec un torchon propre et le mettre 1 h au réfrigérateur.

4 Préparer la crème au beurre en la parfumant avec l'essence de café.

5 Préparer le sirop en faisant bouillir ensemble le sucre et 1 litre d'eau. Le laisser refroidir et ajouter le rhum.

6 Mettre les noisettes sur la plaque et les passer 5 min au four pour les griller.

7 Découper le biscuit en trois disques. Diviser la crème au beurre en cinq parts.

8 Avec un pinceau, imbiber le premier disque de sirop au rhum puis, avec une spatule, le recouvrir d'un cinquième de la crème et parsemer du quart des noisettes hachées sur le dessus.

9 Poser le deuxième disque par-dessus et faire de même. Répéter la même opération avec le troisième.

10 Toujours avec la spatule, enrober le pourtour du gâteau de crème et y coller le reste des noisettes.

11 Mettre le reste de la crème dans une poche à douille cannelée et dessiner des rosaces sur le gâteau. Au centre de chacune d'elles, poser un grain de chocolat au café.

12 Mettre le moka au réfrigérateur pendant 2 h au moins avant de le servir.

Préparation : 40 min ■ **Réfrigération :** 1 h + 2 h
■ **Cuisson :** 40 min

Gâteau Montmorency

Pour 4-6 personnes

- 400 g de cerises au sirop
- 350 g de pâte à génoise (➤ voir p. 970)
- 200 g de fondant (➤ voir p. 1055)
- 1 verre à liqueur de kirsch
- 2-3 gouttes de colorant rouge
- 12 cerises confites
- morceaux d'angélique

① Préchauffer le four à 200 °C. Laver, égoutter et dénoyauter les cerises. Préparer la pâte à génoise en y ajoutant les cerises. Bien mélanger.

② Beurrer un moule à génoise de 20 cm de diamètre, y verser la pâte et enfourner pour 30 min. Démouler sur une grille et laisser refroidir.

③ Dans une casserole, faire tiédir le fondant à feu doux en le remuant. Ajouter le kirsch et 2 ou 3 gouttes de colorant rouge et mélanger. À l'aide d'une spatule, recouvrir le gâteau de cette préparation en lissant bien et le décorer de cerises confites et de quelques morceaux d'angélique.

Ce biscuit peut aussi être coupé en deux abaisses, imbibées de kirsch et fourrées de crème au beurre (➤ voir p. 847) additionnée de cerises à l'eau-de-vie.

Préparation : 40 min ■ **Cuisson :** 30 min

Gâteau au yaourt

Pour 4-6 personnes

- 3 œufs
- 300 g de sucre
- 1 orange non traitée (ou 1 citron)
- 1,5 dl d'huile
- 1 yaourt nature
- 250 g de farine
- 1 sachet de levure chimique
- 1 pincée de sel
- 1 citron

① Préchauffer le four à 180 °C.

② Casser les œufs en séparant les blancs des jaunes. Dans un saladier, mélanger les jaunes avec 200 g de sucre semoule et fouetter jusqu'à ce qu'ils blanchissent et deviennent mousseux.

③ Râper le zeste de l'orange (ou du citron). L'ajouter à la préparation avec l'huile et le yaourt en remuant bien. Tamiser la farine et la levure, dans une passoire, au-dessus d'un saladier. Ajouter la farine et la levure à la pâte et travailler jusqu'à ce qu'elle soit bien homogène.

④ Battre les blancs en neige ferme avec une pincée de sel. Les ajouter délicatement à la pâte, en les soulevant pour ne pas les casser. ➜

⑤ Beurrer un moule de 24 cm de diamètre, y verser la pâte et enfourner pour 25 min.

⑥ Verser 2,5 dl d'eau dans une casserole et ajouter le jus de citron ainsi que le reste du sucre. Faire bouillir 15 min environ. Laisser refroidir et en imbiber le gâteau.

Préparation : 30 min ■ **Cuisson :** 25 min + 15 min

Gaufres au sucre

Pour 5 gaufres

- 5 cl de crème liquide
- 2 dl de lait frais entier
- 3 g de sel fin
- 75 g de farine
- 30 g de beurre
- 3 œufs entiers
- 0,5 cl d'eau de fleur d'oranger
- huile pour le moule
- sucre glace

① Dans une casserole, faire bouillir la crème et la moitié du lait. Laisser refroidir.

② Dans une autre casserole, porter à ébullition le reste du lait avec le sel, ajouter la farine en pluie et le beurre. Bien mélanger. Faire cuire et dessécher 2 ou 3 min en remuant avec une spatule, comme pour une pâte à choux (➤ voir p. 967).

③ Verser ce mélange dans une terrine, incorporer les œufs, un par un, puis la crème et le lait bouillis, et enfin l'eau de fleur d'oranger. Laisser reposer 1 h au moins.

④ Graisser le moule à gaufre avec un pinceau trempé dans l'huile et le faire chauffer.

⑤ Verser une petite louche de pâte dans une moitié du gaufrier ouvert, de façon à la remplir mais sans déborder. Fermer le gaufrier puis le retourner pour que la pâte se répartisse également dans les deux parties du moule. Faire cuire 2 ou 3 min.

⑥ Ouvrir le gaufrier, démouler la gaufre et la poudrer généreusement de sucre glace.

Préparation : 15 min ■ **Repos :** 1 h
■ **Cuisson :** 10 min

Grenoblois aux noix

Pour 8 personnes

- 250 g de noix décortiquées
- 5 œufs
- 270 g de sucre semoule
- 2 c. à soupe de rhum
- 100 g de fécule de maïs
- 40 g de beurre
- 10 cerneaux de noix entiers

❶ Hacher les noix très finement.

❷ Casser les œufs et séparer les blancs des jaunes. Verser les jaunes dans une terrine, ajouter 250 g de sucre et travailler le mélange jusqu'à ce qu'il soit mousseux. Ajouter le rhum.

❸ Battre les blancs en neige très ferme avec 1 pincée de sel, puis les incorporer à cette préparation. Ajouter en mélangeant bien les noix hachées, puis la fécule de maïs.

❹ Préchauffer le four à 190 °C.

❺ Beurrer largement un moule à manqué de 25 cm de diamètre. Beurrer également un rond de papier sulfurisé du même diamètre et le placer au fond du moule. Y verser la pâte et enfourner pour 50 min. Laisser tiédir le gâteau et le démouler sur une grille.

❻ Dans une casserole, mettre le reste de sucre et 1 cuillerée à soupe d'eau et faire bouillir. Y tremper les cerneaux de noix et les coller sur le dessus du gâteau. Servir froid.

On peut napper ce grenoblois d'un glaçage au café, réalisé avec 150 g de sucre glace délayé avec 1 cuillerée à soupe d'eau et 2 cuillerées à soupe d'extrait de café. Placer les cerneaux de noix sur le glaçage encore mou.

Préparation : 25 min ■ **Cuisson :** 50 min

Kouglof

Pour 2 kouglofs

- 145 g de raisins secs
- 6 cl de rhum
- 365 g de farine
- 30 g de levure de boulanger
- 1,6 dl de lait
- 3 pincées de sel
- 75 g de sucre semoule
- 2 jaunes d'œufs
- 115 g de beurre
- 40 g d'amandes entières mondées
- sucre glace

La veille

❶ Mettre les raisins à tremper dans le rhum.

Le jour même

❷ Préparer le levain en mélangeant 115 g de farine avec 5 g de levure et 8 cl de lait dans un saladier. Bien malaxer. Couvrir le saladier d'un torchon mouillé et le mettre 4 ou 5 h au réfrigérateur jusqu'à ce que de petites bulles apparaissent à la surface du levain.

❸ Délayer 25 g de levure dans 8 cl de lait. Mettre le levain, le reste de la farine, le sel, le sucre, les jaunes d'œufs et la levure délayée dans un grand saladier. Bien mélanger jusqu'à ce que la pâte se détache de la paroi du saladier.

❹ Ajouter 85 g de beurre en petits morceaux et continuer de travailler la pâte jusqu'à ce qu'elle se détache à nouveau de la paroi.

❺ Égoutter et ajouter les raisins macérés. Les mélanger puis couvrir le récipient avec un torchon et laisser reposer la pâte pendant 2 h environ à température ambiante, jusqu'à ce qu'elle double de volume.

❻ Beurrer les deux moules à kouglof et déposer une amande en bas de chaque cannelure.

❼ Mettre la pâte sur le plan de travail fariné et la diviser en deux parts égales. Écraser chaque morceau avec la paume de la main pour lui redonner sa forme initiale. Faire deux boules en rabattant les bords vers le centre. Rouler chaque boule sur le plan de travail en la travaillant avec la paume en un mouvement circulaire.

❽ Fariner les doigts et prendre chaque boule dans les mains, enfoncer les pouces au centre, étirer un peu la pâte et la mettre dans le moule. La laisser encore lever à température ambiante pendant 1 h 30 environ : si l'endroit est sec, couvrir le récipient d'un torchon humide.

❾ Préchauffer le four à 200 °C et enfourner les deux kouglofs pendant 35 à 40 min.

❿ Démouler les kouglofs sur une grille et les badigeonner de beurre fondu afin qu'ils sèchent moins vite. Laisser refroidir, poudrer légèrement de sucre glace et servir.

Ces gâteaux peuvent être conservés quelque temps en les enveloppant dans un film alimentaire.

Préparation : 40 min
■ **Réfrigération du levain :** 4-5 h
■ **Repos :** 2 h + 1 h 30 ■ **Cuisson :** 35-40 min

Muffins

Pour 18 muffins

- 3 dl de lait
- 1 œuf
- 2 pincées de sel
- 250 g de farine de froment
- 1 paquet de levure chimique
- 60 g de sucre semoule
- 100 g de beurre ramolli

❶ Faire tiédir le lait. Casser l'œuf et séparer le blanc et le jaune. Monter le blanc en neige avec 1 pincée de sel. Mettre la farine, la levure et le sel dans une terrine et y creuser une fontaine. Y verser le jaune et le lait, et mélanger.

❷ Rouler la pâte en boule, la recouvrir d'un torchon et la laisser reposer 2 h dans un endroit tiède.

❸ Préchauffer le four à 220 °C.

❹ Incorporer le sucre et le beurre ramolli à la pâte, puis ajouter le blanc en neige (délicatement pour ne pas le casser).

❺ Beurrer 18 petits moules ronds et les remplir de pâte à mi-hauteur. Faire cuire pendant 5 min puis baisser la température à 200 °C et laisser les muffins dans le four encore une dizaine de minutes jusqu'à ce qu'ils soient bien dorés.

❻ Sortir les muffins, recouvrir la plaque du four d'une feuille de papier sulfurisé et les démouler dessus. Les remettre au four pendant 10 à 12 min pour les faire dorer de l'autre côté.

Préparation : 25 min ■ **Repos :** 2 h
■ **Cuisson :** 30 min

Orangine

Pour 6-8 personnes

- 250 g de crème pâtissière (➤ voir p. 852)
- 1,8 dl de curaçao
- 650 g de pâte à génoise (➤ voir p. 970)
- 300 g de crème Chantilly (➤ voir p. 849)
- 120 g de sucre vanillé
- 200 g de fondant (➤ voir p. 1055)
- morceaux d'écorces d'orange confites
- morceaux d'angélique

1 Préparer la crème pâtissière en lui ajoutant 0,5 dl de curaçao.

2 Préchauffer le four à 200 °C.

3 Préparer la pâte à génoise.

4 Beurrer un moule de 26 cm de diamètre, y verser la pâte, enfourner et cuire pendant 45 min.

5 Préparer la crème Chantilly avec du sucre vanillé à la place du sucre semoule puis y ajouter délicatement la crème pâtissière aromatisée au curaçao. Réserver au réfrigérateur pendant 1 h.

6 Faire bouillir 1 dl d'eau avec 120 g de sucre vanillé et 1 dl de curaçao. Par ailleurs, mélanger le fondant avec le reste de curaçao.

7 Couper le biscuit en 3 disques égaux. Avec un pinceau, imbiber le premier de sirop aromatisé au curaçao, puis le recouvrir de crème pâtissière à la chantilly.

8 Poser le deuxième disque par-dessus et répéter la même opération. Poser ensuite le troisième et, avec une spatule, étaler soigneusement le fondant au curaçao en lissant bien.

9 Décorer le gâteau avec des morceaux d'écorces d'orange confites et d'angélique. Servir frais.

Préparation : 30 min ■ **Repos :** 1 h
■ **Cuisson :** 45 min

Pain d'épice

Pour 6 personnes

- 1 dl de lait
- 200 g de miel très parfumé
- 80 g de sucre semoule
- 2 jaunes d'œufs

1 Verser le lait, le miel et le sucre dans une petite casserole. Faire chauffer sur feu doux en remuant.

2 Battre les jaunes d'œufs dans un bol et y mélanger la moitié du lait au miel. Ajouter le bicarbonate de soude puis le reste du lait au miel et bien mélanger.

3 Préchauffer le four à 180 °C.

- 1 c. à café de bicarbonate de soude
- 300 g de farine
- 1 ou 2 citrons
- 100 g de fruits confits hachés
- 1 c. à café de cannelle en poudre
- 20 g de beurre
- sel

4 Tamiser la farine dans une terrine. Y ajouter, peu à peu et en alternant les ingrédients, la préparation précédente ainsi que 2 cuillerées à soupe de jus de citron, les fruits confits et la cannelle. Fouetter cette pâte pendant 10 min environ.

5 Beurrer un moule à cake et le tapisser de papier sulfurisé. Y verser la pâte et faire cuire 1 h au four.

6 Démouler et laisser refroidir sur une grille. Attendre au moins 24 h avant de consommer.

Préparation : 20 min (24 h à l'avance)
◼ **Cuisson :** 1 h

Pain de Gênes

Pour 6 personnes

- 150 g de beurre
- 150 g de sucre semoule
- 100 g de poudre d'amande
- 3 œufs
- 100 g de farine
- 1 pincée de sel
- 1 verre à liqueur de Grand Marnier

1 Mettre 120 g de beurre dans une terrine, ajouter le sucre et bien mélanger en pommade puis incorporer la poudre d'amande.

2 Ajouter les œufs un par un en mélangeant à chaque fois, puis la farine, 1 pincée de sel et le Grand Marnier. Travailler la pâte jusqu'à ce qu'elle soit bien homogène.

3 Préchauffer le four à 180 °C.

4 Beurrer un moule à pain de Gênes. Découper un rond de papier sulfurisé au format du moule, le beurrer et le placer dans le moule côté beurré dessus. Verser la pâte et cuire pendant 40 min.

5 Démouler sur une grille et retirer délicatement le papier. Laisser refroidir.

Préparation : 20 min ◼ **Cuisson :** 40 min

Pains au lait

Pour 10 petits pains

- 100 g de levain à pain
- 1,25 dl de lait
- 75 g de beurre
- 250 g de farine
- 1 pincée de sel
- 10 g de sucre semoule
- 1 œuf

① Préparer le levain (➤ voir p. 113).

② Faire tiédir le lait. Mettre à ramollir le beurre.

③ Tamiser la farine sur le plan de travail, y creuser une fontaine et y verser le sel, le sucre semoule et le beurre ramolli. Mélanger puis ajouter le lait tiède. Pétrir la pâte, puis lui ajouter le levain. Bien incorporer celui-ci, puis rassembler la pâte en boule, la couvrir d'un torchon et la laisser lever 12 h dans un endroit tiède.

④ Préchauffer le four à 220 °C.

⑤ Tapisser une plaque de papier sulfurisé. Diviser la pâte en une dizaine de boules de 50 g environ, les rouler rapidement entre les mains pour leur donner la forme d'un petit pain et les déposer sur la plaque. Avec la pointe d'un couteau, tracer une croix sur le dessus.

⑥ Battre l'œuf et, au pinceau, dorer les petits pains. Enfourner pour 45 min.

Préparation : 15 min ■ **Repos :** 12 h
■ **Cuisson :** 45 min

Pains aux raisins

Pour 12 pains

- 15 g de levure de boulanger
- 1 dl de lait
- 530 g de farine
- 100 g de raisins de Corinthe
- 150 g de beurre
- 30 g de sucre semoule
- 4 œufs
- 6 pincées de sel fin
- sucre en grains

① Préparer le levain. Pour cela, délayer la levure de boulanger avec 0,6 dl de lait et 30 g de farine et bien mélanger. Poudrer avec 30 g de farine et laisser lever 30 min dans un endroit tiède.

② Mettre les raisins dans un bol d'eau tiède et les laisser gonfler.

③ Faire ramollir le beurre. Tamiser la farine restante dans une terrine, ajouter le levain, puis le sucre, 3 œufs et le sel. Pétrir pendant 5 min en frappant la pâte sur la table pour la rendre élastique.

④ Ajouter le reste du lait (0,4 dl) et mélanger bien. Incorporer ensuite le beurre ramolli à la pâte, puis

les raisins de Corinthe égouttés. Pétrir encore un peu et laisser reposer 1 h dans un endroit tiède.

5 Partager la pâte en 12 morceaux, les façonner en fins boudins, les enrouler en spirale et laisser lever 30 min sur la plaque recouverte de papier sulfurisé.

6 Préchauffer le four à 210 °C. Battre le dernier œuf avec une fourchette.

7 Dorer les pains à l'œuf, les poudrer de sucre en grains, et les cuire pendant 20 min. Servir tiède ou froid.

Préparation : 30 min ■ **Repos :** 30 min + 1 h 30 ■ **Cuisson :** 20 min

Pithiviers

Pour 6-8 personnes

- 500 g de pâte feuilletée (➤ voir p. 111)
- 400 g de crème frangipane (➤ voir p. 851)
- 1 œuf

1 Préparer la pâte feuilletée.

2 Confectionner la crème frangipane.

3 Couper la pâte feuilletée en 2 portions. Étaler la première au rouleau et y découper un disque de 20 cm de diamètre. Le garnir de crème frangipane, en laissant tout autour une marge de 1,5 cm.

4 Préchauffer le four à 250 °C.

5 Abaisser le reste de pâte feuilletée de façon à obtenir un disque d'un diamètre identique au premier. Badigeonner le tour du premier disque avec un pinceau trempé dans l'eau. Poser le deuxième sur la crème et bien souder les bords.

6 Avec la pointe d'un couteau, festonner le tour du pithiviers en faisant de petites incisions et le dorer à l'œuf. Tracer des motifs en losanges ou en rosaces sur le dessus, toujours avec la pointe du couteau.

7 Enfourner et cuire pendant 45 min. Servir tiède ou froid.

Préparation : 1 h environ ■ **Repos :** 2 h ■ **Cuisson :** 45 min

Profiteroles au chocolat

Pour 30 profiteroles

- 350 g de pâte à choux sucrée (➤ voir p. 967)
- 1 œuf
- 200 g de chocolat à croquer
- 1 dl de crème fraîche
- 400 g de crème Chantilly (➤ voir p. 849)
- 75 g de sucre semoule
- 1 sachet de sucre vanillé

1 Préparer la pâte à choux.

2 Préchauffer le four à 200 °C.

3 Mettre la pâte à choux dans une poche à douille à embout lisse et disposer 30 boules de pâte de la taille d'une noix sur une plaque recouverte de papier sulfurisé.

4 Casser l'œuf, le battre et dorer chaque boule à l'aide d'un pinceau. Enfourner pour 15 min, en entrouvrant la porte du four au bout de 5 min.

5 Hacher finement le chocolat. Faire bouillir la crème fraîche, la verser immédiatement sur le chocolat et fouetter.

6 Préparer la crème Chantilly en y ajoutant peu à peu le sucre semoule et le sucre vanillé. La verser dans une poche munie d'une douille n° 7. Percer le fond des choux et les remplir de crème.

7 Disposer les profiteroles dans une coupe et les servir avec la sauce au chocolat chaude.

Préparation : 40 min ■ **Cuisson :** 15 min

Progrès au café

Pour 6-8 personnes

- 400 g de pâte à succès (➤ voir p. 975)
- 150 g d'amandes effilées
- 20 g de café soluble
- 600 g de crème au beurre (➤ voir p. 847)
- sucre glace

1 Préparer la pâte à succès.

2 Préchauffer le four à 130 °C. Beurrer 2 plaques à pâtisserie, poser dessus 3 assiettes de 23 cm de diamètre, poudrer les plaques de farine, puis enlever les assiettes : 3 disques sont ainsi délimités.

3 Verser la pâte dans une poche à douille n° 8 et recouvrir les 3 disques dessinés en traçant une spirale à partir du centre vers le bord.

4 Mettre au four pendant 45 min environ. Laisser refroidir les disques sur une grille.

5 Dans le four encore chaud, dorer les amandes.

6 Diluer le café soluble dans une cuillerée à soupe d'eau bouillante.

7 Préparer la crème au beurre en la parfumant avec le café. En mettre un quart de côté. Diviser le reste en trois parties.

8 Avec une spatule, recouvrir le premier disque de crème, ajouter le deuxième par-dessus et le recouvrir de crème. Faire de même avec le troisième puis garnir le tour du gâteau avec le quart de crème restant.

9 Décorer le dessus avec les amandes effilées. Mettre pendant 1 h au réfrigérateur.

10 Dans du papier épais, découper des bandes de 1 cm de large et de 25 cm de long. Les poser sur le gâteau en les espaçant les unes des autres de 2 cm, mais sans appuyer. Poudrer de sucre glace, retirer les bandes et remettre pour 1 h au réfrigérateur.

Préparation : 45 min ■ **Cuisson :** 45 min
■ **Réfrigération :** 2 h

Quatre-quarts

Pour 6-8 personnes

- 3 œufs
- le même poids que celui des 3 œufs de beurre, de sucre semoule et de farine
- 2 pincées de sel
- 0,5 dl de rhum ou de cognac
- 10 g de beurre
- 1 c. à soupe de farine

1 Peser les œufs et prendre le même poids de sucre semoule, de beurre et de farine.

2 Tamiser la farine. Casser les œufs en séparant les blancs des jaunes. Faire fondre le beurre. Fouetter les blancs en neige très ferme avec 1 pincée de sel.

3 Préchauffer le four à 200 °C.

4 Dans une jatte, mélanger les jaunes d'œufs, le sucre semoule et 1 pincée de sel et fouetter jusqu'à ce que le mélange blanchisse.

5 Ajouter, en mélangeant bien, le beurre, puis la farine et enfin le rhum ou le cognac.

6 Incorporer les blancs montés, délicatement, en tournant toujours dans le même sens, avec une cuillère en bois, pour ne pas les casser. ➜

7 Beurrer et fariner un moule de 22 cm de diamètre. Y verser la pâte et cuire 15 min à 200 °C. Baisser la température du four à 180 °C et cuire encore 25 min.

8 Démouler le quatre-quarts quelques minutes après sa sortie du four, quand il est tiède.

Préparation : 15 min ■ **Cuisson :** 40 min

Sachertorte

Pour 6-8 personnes

- 200 g de chocolat amer
- 125 g de beurre
- 8 jaunes d'œufs
- 10 blancs d'œufs
- 1 pincée de sel
- 140 g de sucre semoule légèrement vanillé
- 125 g de farine tamisée
- 350 g de glaçage au chocolat (➤ voir p. 1047)
- 8 c. à soupe de nappage à l'abricot

1 Préchauffer le four à 180 °C. Garnir deux moules de 26 cm de diamètre de papier sulfurisé beurré.

2 Couper le chocolat amer en petits morceaux et le faire fondre au bain-marie ou au four à micro-ondes. Mettre à fondre le beurre dans une petite casserole. Avec une cuillère en bois ou un fouet, mélanger les jaunes d'œufs, y ajouter le beurre et le chocolat fondus.

3 Fouetter les blancs en neige ferme avec le sel, puis verser le sucre, en continuant de battre avec le fouet jusqu'à ce que la mousse forme des pics entre les branches du fouet.

4 Ajouter d'abord un tiers des blancs en neige dans le mélange œufs-beurre-chocolat, puis, peu à peu, le reste. Verser la farine en pluie et continuer de mélanger jusqu'à ce que la pâte soit homogène.

5 Verser la pâte dans les moules. Mettre 45 min au four : les gâteaux doivent être bien gonflés et secs.

6 Préparer le glaçage.

7 Démouler les gâteaux sur une grille et les laisser refroidir. Avec un pinceau, recouvrir la surface d'un des gâteaux de nappage à l'abricot. Poser le second gâteau par-dessus. Avec une spatule, répartir le glaçage au chocolat sur toute la surface et les côtés.

8 Mettre le sachertorte sur le plat de service puis

au réfrigérateur pour 3 h afin que le glaçage durcisse. Le sortir une demi-heure avant de servir.

Préparation : 35 min ■ **Cuisson :** 45 min
■ **Réfrigération :** 3 h

Saint-Honoré à la chantilly

Pour 6-8 personnes

- 250 g de pâte brisée (➤ voir p. 109)
- 250 g de pâte à choux sucrée (➤ voir p. 967)
- 125 g de sucre semoule
- 500 g de crème Chantilly (➤ voir p. 849)
- violettes en sucre

1 Préparer la pâte brisée et la pâte à choux. Étaler la pâte brisée sur 4 mm d'épaisseur.

2 Découper un disque de 22 cm et le poser sur une plaque tapissée de papier sulfurisé humide.

3 Préchauffer le four à 200 °C.

4 Faire glisser la pâte à choux dans une poche à douille lisse n° 9 ou 10 et déposer une première couronne à 1 cm des bords de la pâte brisée, puis une autre à l'intérieur à 5 cm environ de la première. À côté du disque, déposer sur la tôle le reste de la pâte à choux en petites boules de la taille d'une noix. Enfourner pour 25 min.

5 Dans une casserole, mettre le sucre et 2 dl d'eau et préparer un caramel (➤ voir p. 1054). Le retirer du feu quand il est blond doré. Piquer les petits choux sur une aiguille à brider et les y plonger un par un. Les coller au fur et à mesure sur la couronne de pâte à choux, bien serrés. Laisser refroidir.

6 Monter la crème Chantilly, la mettre dans une poche à douille cannelée et remplir le centre du gâteau. Parsemer de violettes en sucre.

7 Mettre au réfrigérateur jusqu'au moment de servir. Un saint-honoré ne doit jamais attendre longtemps.

Préparation : 30 min ■ **Repos :** 1 h
■ **Cuisson :** 25 min

Savarin à la crème pâtissière

Pour 4-6 personnes

- 400 g de pâte à savarin (➤ voir p. 974)
- 10 g de beurre
- 700 g de crème pâtissière (➤ voir p. 852)
- 1 gousse de vanille
- 250 g de sucre
- 5 dl d'eau

❶ Préparer la pâte à savarin. Beurrer un moule à savarin de 20 à 22 cm de diamètre, y verser la pâte et la laisser reposer 30 min dans un endroit tiède.

❷ Préchauffer le four à 200 °C. Enfourner pour 20 à 25 min.

❸ Démouler sur une grille et laisser refroidir.

❹ Préparer la crème pâtissière et la mettre au réfrigérateur.

❺ Ouvrir et gratter la gousse de vanille. Dans une casserole, faire bouillir 5 dl d'eau avec le sucre, ajouter la vanille. Sortir la casserole du feu. Quand le sirop est tiède, en imbiber le savarin avec une cuillère.

❻ Garnir le centre du gâteau de crème pâtissière et mettre au réfrigérateur jusqu'au moment de servir.

Préparation : 25 min ■ **Repos :** 30 min
■ **Cuisson :** 20-25 min

Savarin aux fruits rouges et à la chantilly

Pour 4-6 personnes

- 400 g de pâte à savarin (➤ voir p. 974)
- 250 g de sucre
- 1 gousse de vanille
- 1,5 dl de rhum
- 250 g de crème Chantilly (➤ voir p. 849)
- 250 g de framboises
- 125 g de groseilles
- 2,5 dl de coulis de fraises (➤ voir p. 912)

❶ Préparer un savarin comme dans la recette précédente et l'imbiber du même sirop. Puis l'arroser de rhum.

❷ Préparer la crème Chantilly.

❸ Préparer tous les fruits, faire le coulis de fraises.

❹ Mélanger très délicatement les framboises et les groseilles avec la chantilly et en garnir le centre du savarin. Arroser avec le coulis de fraises et mettre au réfrigérateur jusqu'au moment de servir.

Préparation : 25 min ■ **Repos :** 30 min
■ **Cuisson :** 20-25 min

Tarte aux abricots

Pour 4-6 personnes

- 250 g de pâte feuilletée (➤ voir p. 111)
- 20 g de beurre
- 20 g de sucre semoule
- 180 g de crème frangipane (➤ voir p. 851)
- 900 g d'abricots
- 4 c. à soupe de marmelade ou de nappage d'abricot

1 Préparer la pâte feuilletée ou employer une pâte du commerce. L'étaler au rouleau sur une épaisseur de 2 mm puis la mettre au réfrigérateur pendant 30 min.

2 Beurrer et poudrer de sucre un moule de 22 cm de diamètre et y déposer la pâte. Couper les bords au rouleau en passant celui-ci sur le moule et en appuyant très fort. Bien fixer ceux-ci en les pinçant tout autour avec le pouce et l'index. Piquer le fond avec une fourchette et mettre au réfrigérateur pendant 30 min.

3 Pendant ce temps, préparer la crème frangipane.

4 Préchauffer le four à 185 °C. Recouvrir le fond de tarte d'un disque de papier sulfurisé de 23 cm de diamètre, frangé sur les bords, ajouter des noyaux d'abricots (ou des légumes secs) et faire cuire pendant 12 min.

5 Ôter le papier et les noyaux et remettre au four pendant 5 min.

6 Étaler la crème frangipane sur la pâte. Couper les abricots en deux, retirer les noyaux. Disposer les fruits en rosace, peau en dessous, en les faisant se chevaucher.

7 Poudrer de sucre et parsemer de noisettes de beurre. Enfourner pour 22 à 25 min : les fruits doivent caraméliser.

8 Sortir la tarte du four et la laisser refroidir un peu.

9 Avec un pinceau, la napper de marmelade (ou de nappage) d'abricots. Déguster tiède.

tarte aux pêches :
procéder de la même façon en remplaçant les abricots par des pêches.

Préparation : 40 min ■ **Repos :** 1 h
■ **Cuisson :** 40 min environ

Tarte au chocolat

Pour 4-6 personnes

- 175 g de pâte sucrée
  (➤ voir p. 975)
- 250 g de crème ganache
  (➤ voir p. 851)

❶ Préparer la pâte sucrée et la laisser reposer 2 h.

❷ Préchauffer le four à 170 °C.

❸ Étaler la pâte sur une épaisseur de 2 mm environ. En garnir un moule de 22 cm de diamètre. Piquer le fond à la fourchette. Puis le couvrir d'un papier sulfurisé, y disposer des noyaux d'abricots ou des légumes secs et enfourner pour 12 min.

❹ Retirer le papier et les noyaux et continuer la cuisson pendant 8 à 10 min. Sortir le fond de tarte du four et le laisser refroidir.

❺ Préparer la crème ganache. La mettre dans une poche à douille et en remplir le fond de tarte. Bien lisser le dessus avec une spatule métallique.

❻ Mettre au réfrigérateur jusqu'au moment de servir.

Préparation : 15 min ■ **Repos :** 2 h 30 environ
■ **Cuisson :** 25 min environ

Tarte au citron

Pour 4-6 personnes

- 400 g de pâte brisée
  (➤ voir p. 109)
- 3 citrons non traités
- 80 g de beurre
- 3 œufs
- 250 g de sucre semoule

❶ Préparer la pâte brisée et la laisser reposer 1 h au frais. L'étaler sur 3 mm d'épaisseur environ et en garnir un moule de 22 cm de diamètre.

❷ Râper le zeste des citrons et presser les fruits.

❸ Faire fondre le beurre dans une petite casserole ou au micro-ondes.

❹ Préchauffer le four à 220 °C.

❺ Dans une terrine, mélanger les œufs, le sucre et les fouetter pendant 2 min pour bien les amalgamer.

❻ Ajouter le beurre fondu, le jus et enfin le zeste de citron. Fouetter vigoureusement tous ces ingrédients.

7 Verser la préparation sur le fond de tarte et enfourner pour 35 min.

8 Démouler la tarte et la laisser refroidir sur une grille.

tarte à l'orange :
la préparation se fait de la même façon avec 3 fruits également.

tarte à la mandarine :
on la prépare comme ci-dessus mais avec 7 fruits.

Préparation : 25 min ■ **Repos :** 1 h
■ **Cuisson :** 35 min

Tarte aux fraises

Pour 6 personnes

- 300 g de pâte sablée (➤ voir p. 973)
- 800 g de fraises
- 30 g de sucre semoule
- sel fin

1 Préparer la pâte sablée et la laisser reposer 1 h au frais. Préchauffer le four à 200 °C.

2 Laver rapidement et équeuter les fraises. En prélever une douzaine (150 g environ) et faire un coulis en les mixant avec le sucre.

3 Étaler la pâte et en garnir un moule beurré de 26 cm de diamètre. Piquer le fond à la fourchette, le garnir d'un rond de papier sulfurisé et de légumes secs et enfourner pour 10 min.

4 Pendant ce temps, faire tiédir doucement le coulis de fraises. Sortir le fond de tarte du four et le garnir avec les fraises fraîches. Napper avec le coulis tiède et servir.

Avant de cuire le fond de tarte, on peut le napper de 200 g de crème frangipane (➤ voir p. 851). Disposer ensuite les fraises fraîches et napper de coulis.

Préparation : 10 min ■ **Repos :** 1 h
■ **Cuisson :** 10 min

Tarte aux framboises

Pour 6-8 personnes

- 300 g de pâte feuilletée
  (➤ voir p. 111)
- 300 g de crème
  pâtissière (➤ voir p. 852)
- 6 c. à soupe de gelée
  de groseilles ou de
  framboises
- 500 g de framboises

❶ Préparer la pâte feuilletée.

❷ Confectionner la crème pâtissière et la laisser refroidir.

❸ Préchauffer le four à 200 °C. Étaler la pâte sur 3 ou 4 mm d'épaisseur, en garnir un moule beurré de 24 cm de diamètre, piquer le fond à la fourchette en plusieurs endroits et le garnir avec un papier sulfurisé recouvert de légumes secs.

❹ Baisser la température du four à 180 °C et enfourner pour 25 min.

❺ Faire fondre à feu doux la gelée de framboises ou de groseilles. Recouvrir le fond de tarte refroidi avec la crème pâtissière, répartir les framboises par-dessus et les napper au pinceau avec la gelée. Mettre au réfrigérateur jusqu'au moment de servir.

Préparation : 30 min ■ **Cuisson :** 25 min

Tarte au fromage blanc

Pour 4-6 personnes

- 250 g de pâte brisée
  (➤ voir p. 109)
- 500 g de fromage blanc
  bien égoutté
- 50 g de sucre semoule
- 50 g de farine
- 5 dl de crème fraîche
- 2 œufs

❶ Préparer la pâte brisée et la laisser reposer 1 h au frais.

❷ Préchauffer le four à 200 °C. Abaisser la pâte sur une épaisseur de 2 mm et en garnir un moule à tarte beurré de 18 cm de diamètre puis le garder au réfrigérateur pendant 30 min.

❸ Préchauffer le four à 180 °C.

❹ Dans une terrine, mélanger le fromage blanc, le sucre, la farine, la crème fraîche et les œufs battus.

❺ Verser cette préparation dans le moule, enfourner et cuire pendant environ 45 min. Servir froid.

Préparation : 10 min ■ **Repos :** 1 h 30
■ **Cuisson :** 45 min

Tarte aux kiwis

Pour 4-6 personnes

- 250 g de pâte brisée
  (➤ voir p. 109)
- 2 jaunes d'œufs
- 80 g de sucre semoule
- 1 c. à café de farine
- 2 dl de lait
- 1 c. à soupe de gelée
  de groseilles
- 5-6 kiwis

① Préparer la pâte brisée.

② Préchauffer le four à 200 °C. Étaler la pâte sur 3 mm d'épaisseur environ et en garnir un moule à tarte beurré de 26 cm de diamètre. Piquer le fond à la fourchette, le garnir d'un papier sulfurisé et de légumes secs et l'enfourner pour 20 min.

③ Pendant ce temps, mélanger dans une casserole les jaunes d'œufs, le sucre semoule, la farine et le lait. Faire cuire à feu doux en remuant jusqu'à ce que la crème nappe la cuillère. Hors du feu, ajouter la gelée de groseilles.

④ Sortir le fond de tarte du four, le laisser tiédir, puis y verser la crème.

⑤ Peler les kiwis et les couper en fines rondelles. Les disposer en cercles concentriques sur la crème en les faisant se chevaucher légèrement. Mettre au réfrigérateur jusqu'au moment de servir.

Préparation : 25 min ■ **Cuisson :** 20 min

Tarte aux myrtilles

Pour 4-6 personnes

- 350 g de pâte brisée
  (➤ voir p. 109)
- 10 g de beurre
- 1 c. à soupe de farine
- 400 g de myrtilles
  (ou de bleuets)
- 60 g de sucre semoule
- 10 g de sucre glace

① Préparer la pâte brisée.

② Beurrer et fariner un moule à tarte de 26 cm de diamètre. Abaisser la pâte sur une épaisseur de 3 mm. Disposer le disque dans le moule. Piquer le fond avec une fourchette. Préchauffer le four à 220 °C.

③ Trier les myrtilles. Les poudrer de sucre, bien mélanger et les répartir sur la pâte. Baisser la température du four à 200 °C et faire cuire pendant 30 min.

④ Laisser refroidir avant de démouler sur le plat de service. Poudrer de sucre glace. ➜

tarte aux bleuets :
dans certaines régions du Canada, à la place des myrtilles, on utilise des baies sauvages appelées bleuets. La tarte aux bleuets est traditionnellement décorée de noisettes de crème Chantilly.

Préparation : 30 min ■ **Cuisson :** 30 min

Tarte aux noix de pécan

Pour 4-6 personnes

- 300 g de pâte brisée (➤ voir p. 109)
- 100 g de noix de pécan décortiquées
- 80 g de beurre
- 3 œufs
- 40 g de vergeoise
- 1 c. à moka de vanille en poudre
- 1 pincée de sel

❶ Préparer la pâte brisée. Couper toutes les noix en deux dans le sens de la longueur.

❷ Préchauffer le four à 200 °C. Étaler la pâte sur 3 mm d'épaisseur environ et en garnir un moule beurré de 24 cm de diamètre.

❸ Faire fondre le beurre. Dans une terrine, battre les œufs, la vergeoise, la vanille et le sel. Ajouter le beurre fondu. Verser dans le fond de tarte.

❹ Disposer par-dessus les noix de pécan et enfourner pour 20 à 30 min. Laisser refroidir avant de servir.

Préparation : 30 min ■ **Cuisson :** 20-30 min

Tarte aux poires Bourdaloue

Pour 6-8 personnes

- 300 g de pâte brisée (➤ voir p. 109)
- 280 g de crème frangipane (➤ voir p. 851)
- 10-12 demi-poires au sirop (selon la taille)
- 4 c. à soupe de nappage à l'abricot

❶ Préparer la pâte brisée et la laisser reposer 1 h au frais.

❷ Faire la crème frangipane et la garder au frais. Égoutter les poires.

❸ Préchauffer le four à 190 °C. Étaler la pâte sur 2 mm d'épaisseur et la poser soigneusement dans un moule à tarte beurré de 26 cm de diamètre en faisant, avec le pouce et l'index, une petite crête sur les bords.

❹ Verser la crème frangipane à mi-hauteur et la

lisser avec une spatule. Couper les poires en tranches de 2 mm d'épaisseur et les disposer en couronne par-dessus. Enfourner pendant 30 min.

5 Lorsqu'elle est tiède, démouler la tarte sur une grille.

6 Avec un pinceau, passer le nappage à l'abricot.

Préparation : 40 min ■ **Repos :** 1 h
■ **Cuisson :** 30 min

Tarte aux pommes flambée

Pour 6 personnes

- 350 g de pâte brisée (➤ voir p. 109)
- 1 kg de pommes reinettes
- 40 g de beurre
- 150 g de sucre cristallisé ou de sucre roux
- 2 c. à café de cannelle
- 1,2 dl de whisky

1 Préparer la pâte brisée et la laisser reposer 1 h au frais.

2 Préchauffer le four à 200 °C. Étaler la pâte sur une épaisseur de 3 mm environ. En garnir un moule beurré de 26 cm de diamètre et piquer le fond.

3 Découper un rond de papier sulfurisé du même format, le poser au fond du moule, garnir de noyaux d'abricots ou de haricots secs et enfourner pour 20 min.

4 Pendant ce temps, éplucher les pommes, retirer le cœur et les pépins, les couper en 8. Faire fondre le beurre dans une poêle et les y mettre à dorer.

5 Ajouter 125 g de sucre, saupoudrer d'une cuillerée à café de cannelle et ajouter 2 cuillerées à soupe de whisky. Mélanger avec précaution, couvrir et cuire doucement pendant 10 min.

6 Verser les pommes sur le fond de tarte cuit et bien les étaler. Mélanger le reste du sucre et de la cannelle dans un bol et en saupoudrer la tarte. Garder au chaud jusqu'au moment de servir.

7 Faire chauffer le reste du whisky dans une petite casserole ou au micro-ondes, le verser sur les pommes et flamber. Servir aussitôt.

Préparation : 30 min ■ **Repos :** 1 h
■ **Cuisson :** 35 min environ

Tarte aux pommes rapide

Pour 4 personnes

- 400 g de pâte brisée du commerce
- 4 grosses pommes goldens
- 50 g de sucre

1 Préchauffer le four à 220 °C. Étaler la pâte et en garnir un moule beurré de 22 cm de diamètre.

2 Éplucher les pommes, enlever les pépins, les couper en quartiers et les mettre dans un saladier. Les saupoudrer de sucre et bien mélanger.

3 Ranger les pommes sur le fond de tarte et enfourner pour 25 à 30 min. Servir tiède ou froid.

Préparation : 10 min ■ **Cuisson :** 25-30 min

Tarte au raisin frais

Pour 6-8 personnes

- 500 g de pâte sablée (➤ voir p. 973)
- 500 g de raisin blanc
- 3 œufs
- 100 g de sucre semoule
- 2,5 dl de crème fraîche
- 2,5 dl de lait
- 1 dl de kirsch
- sucre glace

1 Préparer la pâte sablée. Laver et égrener le raisin.

2 Préchauffer le four à 200 °C. Étaler la pâte sur 3 mm d'épaisseur et en garnir un moule beurré de 24 cm de diamètre. Piquer le fond à la fourchette. Ranger les grains de raisin par-dessus en les serrant bien les uns contre les autres et enfourner pour 10 min.

3 Dans une terrine, mélanger les œufs et le sucre puis, quand la préparation blanchit, ajouter la crème fraîche. Bien battre au fouet et verser peu à peu le lait, puis le kirsch.

4 Sortir la tarte du four, y verser la crème et cuire encore 30 min.

5 Laisser refroidir, démouler et poudrer de sucre glace.

Préparation : 40 min ■ **Cuisson :** 40 min

Tarte suisse au vin

Pour 6-8 personnes

- 500 g de pâte à foncer (➤ voir p. 110)
- 15 g de fécule de maïs
- 220 g de sucre semoule
- 1 bonne pincée de cannelle
- 1,5 dl de vin blanc
- 20 g de sucre glace
- 20 g de beurre

1 Préparer la pâte à foncer et la laisser reposer 1 h au frais.

2 Préchauffer le four à 240 °C. Abaisser la pâte au rouleau sur une épaisseur de 4 mm. Beurrer un moule à tarte de 22 cm de diamètre et le garnir avec la pâte.

3 Mélanger la fécule avec le sucre et la cannelle et en recouvrir le fond de pâte. Verser le vin blanc, enfourner et cuire pendant 20 min.

4 Sortir la tarte, la poudrer de sucre glace, parsemer de noisettes de beurre et poursuivre encore la cuisson 15 min. Servir tiède.

Préparation : 30 min ■ **Repos :** 1 h
■ **Cuisson :** 35 min

Tarte Tatin

Pour 6 personnes

- 250 g de pâte brisée (➤ voir p. 109)
- 120 g de sucre
- 50 g de beurre
- 1,3 kg de pommes reines des reinettes
- 2,5 dl de crème fraîche

1 Préparer la pâte brisée et la laisser reposer 1 h.

2 Mettre 100 g de sucre dans une casserole avec 3 cuillerées à soupe d'eau et faire un caramel (➤ voir p. 1054). Y ajouter le beurre et mélanger. Verser ce caramel dans une tourtière de 18 à 20 cm de diamètre.

3 Préchauffer le four à 200 °C.

4 Éplucher les pommes. Les couper en deux, enlever le centre et détailler chaque moitié en trois. Ranger les pommes dans le moule en les serrant bien. Enfourner pour 40 à 45 min.

5 Étaler la pâte brisée en un disque du même format que le moule. Le mettre au réfrigérateur pendant 30 min.

6 Sortir la tourtière et laisser refroidir les fruits.

7 Poser le fond de pâte sur les pommes en rentrant bien le bord à l'intérieur. Remettre la tarte au four pour 30 à 35 min. ➡

❽ Sortir la tarte et la laisser tiédir.

❾ Poser alors le plat de service sur le moule et retourner l'ensemble. Servir la tarte tiède, accompagnée de crème fraîche.

Préparation : 30 min ■ **Repos :** 1 h + 30 min
■ **Cuisson :** 1 h 15 environ

Tourte au sirop d'érable

Pour 4 personnes

- 300 g de pâte brisée (➤ voir p. 109)
- 1 dl de sirop d'érable
- 3 c. à café de fécule de maïs
- 50 g de beurre
- 50 g d'amandes hachées

❶ Préparer la pâte brisée, la laisser reposer 1 h au frais.

❷ Délayer le sirop d'érable avec un peu d'eau et le faire bouillir 5 min. Ajouter la fécule délayée dans de l'eau froide, puis le beurre. Mélanger puis laisser refroidir. Préchauffer le four à 220 °C.

❸ Abaisser la moitié de la pâte brisée et en garnir une tourtière beurrée de 18 cm de diamètre.

❹ Verser la préparation sur le fond de tarte. Garnir avec les amandes hachées. Abaisser assez finement le reste de la pâte, poser ce disque par-dessus, pincer le tour avec les doigts pour souder les bords et pratiquer une cheminée en insérant un petit rouleau de papier au milieu de ce couvercle.

❺ Cuire au four pendant 30 à 35 min. Servir froid.

Préparation : 10 min ■ **Repos :** 1 h
■ **Cuisson :** 40 min environ

Petits-fours frais

Carrés au chocolat et aux noix

Pour 20 carrés

- 230 g de chocolat noir
- 80 g de cerneaux de noix
- 50 g de beurre
- 0,8 dl de crème liquide
- 180 g de sucre semoule
- 2 œufs
- 100 g de farine
- 1 sachet de sucre vanillé

1 Préchauffer le four à 240 °C. Faire fondre 150 g de chocolat au bain-marie ou au four à micro-ondes.

2 Hacher les noix. Faire ramollir le beurre.

3 Préparer une crème ganache : hacher le reste du chocolat, faire bouillir la crème et la verser dessus en fouettant sans arrêt.

4 Mélanger dans une terrine le sucre et les œufs, travailler au fouet jusqu'à ce que le mélange blanchisse, puis ajouter le beurre ramolli, la farine, le sucre vanillé, le chocolat fondu et les noix hachées, en amalgamant bien chaque ingrédient à chaque fois.

5 Beurrer un moule rectangulaire de 30 ° 20 cm. Y verser la pâte et faire cuire pendant 20 min.

6 Laisser refroidir le gâteau, puis le recouvrir d'une couche de crème ganache de 5 mm d'épaisseur environ. Attendre de nouveau qu'il soit froid, puis le découper en petits carrés.

Préparation : 45 min ■ **Cuisson :** 20 min

Duchesses

Pour 20 duchesses

- 4 blancs d'œufs
- 70 g de poudre d'amande
- 70 g de sucre semoule
- 30 g de farine
- 60 g de beurre
- 30 g d'amandes effilées
- 140 g de praliné

1 Préchauffer le four à 220 °C.

2 Battre les blancs d'œufs en neige très ferme avec une pincée de sel.

3 Mélanger, dans une grande terrine, la poudre d'amande, le sucre semoule et la farine. Ajouter les blancs en neige à la préparation en tournant doucement, toujours dans le même sens, pour ne pas les casser.

4 Ajouter 30 g de beurre fondu, bien mélanger et verser cette pâte dans une poche à douille n° 7. ➡

⑤ Tapisser 2 plaques à pâtisserie de papier sulfurisé et disposer des petits tas de pâte. Parsemer d'amandes effilées. Faire cuire pendant 4 ou 5 min. Détacher les rondelles de pâte avec une spatule.

⑥ Faire fondre le reste du beurre (30 g) et le mélanger avec le praliné. Avec une petite cuillère, garnir un côté d'une duchesse et en poser une autre tout de suite dessus.

⑦ Réunir les duchesses deux par deux et les mettre au frais, mais pas au réfrigérateur, jusqu'au moment de servir.

Préparation : 20 min ■ **Cuisson :** 4-5 min

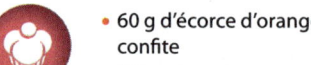

Maltais

Pour 30 maltais

- 60 g d'écorce d'orange confite
- 100 g de sucre semoule
- 100 g de poudre d'amande
- 3 c. à soupe de rhum
- 2-3 c. à soupe de jus d'orange (facultatif)
- 100 g de fondant blanc (➤ voir p. 1055)
- 2 gouttes de colorant carmin
- angélique confite

❶ Hacher finement l'écorce d'orange confite. Mélanger le sucre semoule et la poudre d'amande dans une terrine, ajouter le rhum, l'écorce d'orange hachée et un peu de jus d'orange si la pâte est trop sèche.

❷ Étaler cette pâte délicatement (elle est très fragile) sur le plan de travail légèrement fariné, sur 5 mm d'épaisseur environ. Puis la détailler, avec un emporte-pièce, en disques de 3 cm de diamètre. Les mettre sur un plat et les laisser sécher pendant 12 h.

❸ Faire fondre doucement le fondant au bain-marie ou au four à micro-ondes, puis le partager en deux. Colorer une moitié avec le carmin.

❹ Glacer soigneusement une moitié des disques en étalant le fondant rose dessus avec une cuillère à café. Faire de même pour l'autre moitié avec le fondant blanc.

❺ Tailler l'angélique confite en losanges très allongés, faire des petites étoiles et les poser sur chaque maltais.

❻ Mettre au frais jusqu'au moment de servir.

Préparation : 30 min ■ **Séchage de la pâte :** 12 h

Petits-fours grecs au miel

Pour 25-30 petits-fours

- 1/2 orange non traitée
- 125 g de sucre semoule
- 1 dl d'huile d'arachide
- 0,5 dl de cognac
- 250 g de farine
- 10 g de levure chimique
- 1/2 citron
- 100 g de miel
- 1/2 bâton de cannelle
- 25-30 cerneaux de noix
- cannelle en poudre

❶ Préchauffer le four à 180 °C.

❷ Râper le zeste et presser le jus de la demi-orange. Mettre le tout dans une terrine. Ajouter 75 g de sucre, l'huile, le cognac, la farine, la levure et bien mélanger le tout à l'aide d'une spatule en bois jusqu'à ce que la préparation soit souple et homogène.

❸ Faire des petites croquettes de pâte en forme de pruneau en les façonnant avec les mains farinées.

❹ Creuser deux entailles sur le dessus de chaque croquette et les disposer sur la plaque à pâtisserie recouverte de papier sulfurisé. Enfourner pour 20 min puis laisser refroidir.

❺ Dans une casserole, mélanger le jus du demi-citron avec le miel, le reste du sucre, le bâton de cannelle et 1 dl d'eau. Porter à ébullition et cuire pendant 10 min.

❻ Retirer le bâton de cannelle. Tremper les petits-fours dans ce sirop et les disposer sur un plat.

❼ Décorer chacun avec les cerneaux de noix et poudrer de cannelle.

Préparation : 1 h ■ **Cuisson :** 40 min

Petits-fours Souvarov

Pour 25-30 petits-fours

- 500 g de pâte sablée (➤ voir p. 973)
- 150 g de marmelade d'abricots
- sucre glace

❶ Préparer la pâte sablée et la laisser reposer 1 h au frais.

❷ Préchauffer le four à 200 °C.

❸ Abaisser la pâte sur 4 mm d'épaisseur et la détailler à l'emporte-pièce rond ou ovale et cannelé. Disposer ces galettes sur une plaque à pâtisserie recouverte de papier sulfurisé et les cuire pendant 15 min.

❹ Laisser refroidir les sablés. Puis les tartiner de ➤

marmelade d'abricots avec une petite cuillère et les réunir deux par deux.

5 Poudrer le dessus de chaque petit-four de sucre glace.

Préparation : 30 min ■ **Repos :** 1 h
■ **Cuisson :** 15 min

Plaisirs au café

Pour 20 plaisirs

- 20 petits macarons au café (➤ voir p. 980)
- 100 g de crème au beurre au café (➤ voir p. 847)
- 100 g de chocolat blanc
- 2 c. à café de café lyophilisé
- 1 dl de crème fraîche
- 20 demi-cerneaux de noix

1 Préparer 20 petits macarons au café, ou les acheter chez le pâtissier.

2 Préparer la crème au beurre au café et la mettre dans une poche à douille n° 10.

3 Mettre les macarons sur les alvéoles de boîtes à œufs vides. Déposer une noix de crème au beurre au café sur chacun d'eux. Mettre ensuite les boîtes à œufs au congélateur pendant 1 h ou 2 h au réfrigérateur.

4 Hacher finement le chocolat blanc avec un couteau.

5 Mettre le café lyophilisé dans un grand bol. Faire bouillir la crème fraîche et la verser sur le café, mélanger, puis ajouter le chocolat en mélangeant toujours. Si la préparation n'est pas suffisamment liquide, ajouter 1 cuillerée à café d'eau chaude.

6 Piquer chaque plaisir sur la pointe d'un couteau, le tremper dans le mélange au café et le retourner sur son support. Poser un demi-cerneau de noix dessus.

7 Mettre les plaisirs au réfrigérateur jusqu'au moment de servir.

Préparation : 1 h 30 ■ **Cuisson :** 10 min
■ **Repos :** 2 h

Les bonbons, le chocolat et les confiseries

Bonbons

Caramels au café

Pour 50-60 caramels

- 250 g de sucre semoule
- 100 g de crème fraîche
- 2 c. à soupe d'extrait de café
- 12 gouttes de jus de citron
- huile d'arachide

① Dans une casserole, mélanger le sucre semoule, la crème fraîche, l'extrait de café et une douzaine de gouttes de jus de citron. Chauffer en remuant à la cuillère en bois jusqu'à ce que le caramel devienne d'une couleur ambre foncé.

② Poser un cercle à tarte de 22 cm sur un papier sulfurisé, l'huiler légèrement. Y verser le caramel et laisser tiédir.

③ Retirer le cercle et découper le caramel en carrés. Les envelopper de film alimentaire et les ranger dans une boîte.

caramels au chocolat :
procéder de la même façon avec 250 g de sucre semoule, 100 g de crème fraîche, 50 g de miel et 50 g de cacao en poudre.

Préparation : 10 min ▪ **Cuisson :** 10-12 min

Caramels mous au beurre

Pour 50-60 caramels

- 250 g de sucre semoule
- 1 dl de lait
- 80 g de miel
- 1 gousse de vanille
- 150 g de beurre
- huile d'arachide

① Dans une casserole, mélanger le sucre, le lait, le miel et la gousse de vanille fendue en deux et grattée. Porter doucement à ébullition en remuant. Ajouter peu à peu le beurre à feu doux et continuer la cuisson en remuant jusqu'à ce que la préparation devienne blond foncé.

② Poser un cercle à tarte de 22 cm sur un papier sulfurisé, légèrement huilé. Y verser le caramel et laisser refroidir.

③ Retirer le cercle et découper le caramel en carrés, envelopper de film alimentaire et ranger dans une boîte.

Préparation : 10 min ▪ **Cuisson :** 10-12 min

Chocolat

Glaçage au chocolat

Pour 300 g environ de glaçage

- 60 g de beurre
- 100 g de sucre glace
- 125 g de chocolat noir

① Faire ramollir le beurre coupé en petits morceaux.
② Tamiser le sucre glace.
③ Faire fondre le chocolat au bain-marie, en tournant avec une cuillère en bois.
④ Ajouter le sucre glace en pluie, puis le beurre. Continuer à remuer jusqu'à ce que la préparation soit homogène. Ajouter alors peu à peu 5 cuillerées à soupe d'eau froide.
⑤ Ce glaçage s'utilise à peine tiède pour napper des gâteaux.

Préparation : 10 min ■ **Cuisson :** 5 min environ

Sauce au chocolat

Pour 2,5 dl de sauce

- 100 g de chocolat noir
- 1 dl de lait
- 20 g de beurre
- 20 g de sucre
- 1 c. à soupe de crème fraîche

① Couper le chocolat en petits morceaux. Le faire fondre avec le lait et le beurre dans une casserole posée sur un bain-marie.
② Lorsque le mélange est bien lisse, ajouter le sucre et la crème fraîche.
③ Mettre la casserole sur le feu, porter à ébullition en remuant et retirer aussitôt.
④ Verser dans la saucière.

Préparation : 5 min ■ **Cuisson :** 10 min environ

Truffes au chocolat

Pour 20 truffes environ

- 300 g de chocolat noir
- 1 c. à soupe de lait
- 100 g de beurre
- 2 jaunes d'œufs
- 0,5 dl de crème fraîche
- 125 g de sucre glace
- 1 c. à soupe d'un alcool (facultatif)
- 250 g de cacao amer

1 Mettre une jatte sur un bain-marie et y casser le chocolat en petits morceaux. Verser le lait et mélanger jusqu'à ce que le chocolat soit bien fondu et lisse.

2 Ajouter le beurre en petits morceaux, petit à petit pour bien l'incorporer.

3 Mettre les jaunes d'œufs un par un, la crème fraîche et le sucre glace. On peut éventuellement ajouter un parfum : rhum, cognac, Grand Marnier ou un autre alcool. Fouetter la pâte pendant 5 min.

4 Étaler la pâte sur une plaque recouverte de papier sulfurisé sur une épaisseur de 2 cm environ et la mettre au réfrigérateur pendant 2 h.

5 Étaler le cacao dans un grand plat ou sur une plaque. Découper le contenu de la plaque en petits carrés. Plonger les mains dans le cacao en poudre, prendre un carré, le rouler rapidement pour former une boule et le reposer aussitôt dans le cacao. Agir vite pour ne pas ramollir les truffes.

6 Quand les truffes sont toutes façonnées, les retirer du cacao et les mettre dans une coupe. Les garder dans un endroit frais (mais pas au réfrigérateur) jusqu'à la dégustation.

7 Récupérer le cacao et le remettre dans une boîte pour une autre utilisation.

Chaque truffe peut être présentée dans une caissette en papier plissé.

Préparation : 30 min ■ **Cuisson :** 3 min environ
■ **Repos :** 2 h

Confiseries

Cerises déguisées dites « marquises »

Pour 50 cerises

- 50 cerises à l'eau-de-vie
- 375 g de fondant
  (➤ voir p. 1055)
- 3 c. à soupe de kirsch
- 3 gouttes de colorant
  rouge
- sucre glace

1. Égoutter les cerises à l'eau-de-vie (avec leur queue) et les éponger dans un papier absorbant.
2. Faire fondre le fondant dans une petite casserole avec le kirsch en mélangeant à la spatule en bois. Quand il est fluide, le retirer du feu et ajouter le colorant rouge en remuant vivement.
3. Poudrer légèrement un plat de sucre glace. Prendre les cerises par la queue et les plonger dans le fondant, laisser l'excédent s'écouler dans la casserole. Déposer les cerises sur le plat et les laisser sécher.
4. Disposer les cerises dans des caissettes en papier.

Le fondant peut aussi s'employer sans coloration, ou on peut en colorer seulement la moitié, pour obtenir 25 cerises roses et 25 cerises blanches.

Préparation : 30 min

Dattes fourrées

Pour 20 dattes

- 20 grosses dattes
- 150 g de pâte d'amande verte
- 125 g de sucre
- huile d'arachide

1. Ouvrir les dattes avec un petit couteau, sans les couper en deux, retirer le noyau.
2. Couper la pâte d'amande en 20 morceaux égaux et les façonner en forme d'olive en les roulant entre les paumes des mains. Loger chaque morceau à l'intérieur d'une datte. Avec la pointe d'un couteau, y faire quelques rayures.
3. Dans une casserole, faire fondre le sucre avec 3 cuillerées à soupe d'eau. Porter à ébullition et cuire jusqu'au « grand cassé ». Pour en juger, faire tomber une goutte du sirop dans un petit bol d'eau froide, elle doit devenir dure et cassante.
4. Piquer chaque datte fourrée sur une aiguille à brider (ou une fourchette à fondue ➔

ou la pointe d'un couteau), la tremper dans le sucre cuit, puis la déposer dans un plat huilé.

5 Présenter ensuite les dattes dans des caissettes en papier.

Préparation : 40 min

Écorces d'orange confites

Pour 400 g d'écorces confites

- 6 oranges non traitées à peau épaisse
- 1 l d'eau
- 500 g de sucre
- 1 dl de jus d'orange

1 Faire bouillir de l'eau dans une casserole. Couper les deux extrémités des oranges. Inciser la peau en quatre endroits avec un petit couteau et la prélever en quatre quarts réguliers.

2 Plonger ceux-ci dans l'eau bouillante pendant 1 min, les égoutter dans une passoire et les rincer sous le robinet.

3 Faire bouillir de l'eau dans une autre casserole et recommencer l'opération. Égoutter les écorces sur un papier absorbant.

4 Dans une grande casserole, verser 1 litre d'eau, ajouter le sucre et le jus d'orange, faire bouillir.

5 Ajouter les écorces d'orange, couvrir et cuire à feu doux pendant 1 h 30. Laisser refroidir les écorces dans le sirop.

6 Égoutter les écorces dans une passoire puis sur un papier absorbant et les laisser sécher un moment avant de les ranger dans une boîte hermétique et dans un endroit frais.

Préparation : 2 h ■ **Cuisson :** 1 h 30

Massepains

Pour 24 massepains

- 500 g de pâte d'amande
- 1 c. à café d'eau de fleur d'oranger
- 1 c. à café de vanille liquide
- 2-3 gouttes d'extrait d'amande amère
- 250 g de glace royale (➤ voir p. 1056)
- sucre glace

1 Mélanger la pâte d'amande avec l'eau de fleur d'oranger, la vanille et l'extrait d'amande amère.

2 Préchauffer le four à 120 °C.

3 Préparer la glace royale.

4 Saupoudrer le plan de travail de sucre glace et étaler la pâte d'amande sur 1 cm d'épaisseur. Avec un pinceau, la recouvrir d'une pellicule de 1 mm environ de glace royale.

5 Avec un emporte-pièce, découper dans la pâte des motifs différents, carrés, ronds, etc. Ranger les massepains sur une plaque à pâtisserie recouverte d'une feuille de papier sulfurisé et les laisser sécher au four pendant 5 ou 6 min.

On peut choisir des pâtes d'amande de différentes couleurs.

Préparation : 15 min ■ **Cuisson :** 5-6 min

Pâte d'amande

Pour 500 g de pâte

- 500 g de sucre semoule
- 50 g de glucose (à acheter en pharmacie)
- 250 g de poudre d'amande
- 5 gouttes de colorant
- sucre glace

1 Faire cuire le sucre et le glucose dans 1,5 dl d'eau, jusqu'au « petit boulé » (une goutte de sirop plongée dans de l'eau froide doit former une boule molle).

2 Retirer la casserole du feu, verser la poudre d'amande et mélanger énergiquement avec une cuillère en bois jusqu'à ce que la préparation soit granuleuse. Ajouter le colorant. Laisser refroidir.

3 Saupoudrer le plan de travail de sucre glace. Travailler la pâte à la main par petites quantités, jusqu'à ce qu'elle devienne souple.

4 Façonner la pâte en formes différentes. Commencer toujours par former un petit boudin de 3 à 4 cm de diamètre et le couper en tronçons de même dimension. ➜

Rouler chaque morceau en une boule entre les paumes des mains et lui donner la forme d'une cerise, d'une fraise ou d'autre chose.

Préparation : 25 min ■ **Cuisson :** 15 min

Pâte de coings

Pour 40-50 carrés de pâte

- 1 kg de coings
- 600-700 g de sucre semoule
- 2 citrons non traités
- huile d'arachide
- sucre cristallisé

❶ Laver et éplucher les coings, les couper en morceaux de 2 à 3 cm après en avoir retiré le cœur et les pépins.

❷ Mettre les coings dans une casserole ou dans la bassine à confiture, ajouter 2 dl d'eau et le zeste des deux citrons. Faire cuire à feu doux jusqu'à ce que les fruits soient réduits en purée.

❸ Peser cette purée et ajouter 500 g de sucre pour 500 g de purée. Mélanger et remettre à cuire pendant 5 ou 6 min en écumant de temps en temps. Pour vérifier la cuisson, prélever une petite cuillerée de pâte et la verser sur une assiette froide. Si elle n'est pas suffisamment ferme, encore un peu coulante, prolonger la cuisson pendant 1 ou 2 min.

❹ Verser la pâte sur une plaque à rebord ou sur un plat recouvert de papier sulfurisé huilé sur une épaisseur de 1,5 à 2 cm et la laisser durcir pendant 3 ou 4 h dans un endroit frais (mais pas au réfrigérateur).

❺ Découper ensuite des carrés de pâte de 2 cm de côté environ et les rouler dans le sucre cristallisé.

❻ Ranger les carrés de pâte de coings dans une boîte hermétique où ils se conserveront pendant 5 à 8 jours.

Préparation : 40 min ■ **Cuisson :** 25 min environ
■ **Repos :** 3-4 h

Pruneaux déguisés

Pour 40 pruneaux

- 40 pruneaux d'Agen demi-secs
- 300 g de pâte d'amande (➤ voir p. 1051)

❶ Préparer la pâte d'amande en variant les couleurs ou utiliser une pâte d'amande du commerce.
❷ Procéder ensuite comme pour les dattes fourrées (➤ voir p. 1049).

Préparation : 40 min

Quartiers d'orange glacés

Pour 200 g de quartiers

- 2 oranges
- 250 g de sucre
- sucre glace

❶ Préchauffer le four à 250 °C.
❷ Peler les oranges et retirer soigneusement tous les filaments blancs, sans entamer la pellicule qui entoure les quartiers. Séparer ceux-ci, les mettre dans un plat et les faire sécher de 10 à 15 min à l'entrée du four.
❸ Mettre le sucre dans une casserole avec 0,5 litre d'eau et faire un sirop cuit au « grand cassé » (une goutte de sirop plongée dans l'eau froide devient dure et cassante).
❹ Saupoudrer le plan de travail de sucre glace. Piquer les quartiers d'orange séchés avec une aiguille, les plonger dans le sirop, mélanger puis les égoutter et les déposer sur le sucre glace.
❺ Quand les quartiers d'orange ont complètement refroidi, les mettre dans des caissettes en papier.

Préparation : 30 min

Sucre
• •

Caramel : technique et utilisation

Pour 100 g de caramel

- 100 g de sucre en morceaux ou semoule
- 2 c. à soupe d'eau
- jus de citron ou vinaigre d'alcool blanc

❶ Choisir une petite casserole en acier inoxydable.

❷ Faire fondre doucement le sucre avec l'eau à feu très doux.

❸ Quand il est fondu, augmenter un peu le feu en surveillant la cuisson. Ne pas remuer, mais incliner de temps en temps la casserole pour unifier la couleur et répartir la chaleur.

❹ Le caramel clair s'obtient à une température d'environ 150 à 160 °C. Verser une cuillerée de sirop sur une assiette blanche : le sirop doit avoir la couleur du miel pâle.

❺ Pour que le caramel reste liquide plus longtemps, ajouter une demi-cuillerée à café de vinaigre ou un filet de citron pour 100 g de sucre.

❻ Lorsqu'il est couleur acajou, ajouter une petite quantité d'eau froide avec précaution pour stopper la cuisson : une partie du sirop se solidifie aussitôt ; on peut alors l'employer comme parfum en le faisant à nouveau fondre doucement sur le feu.

Pour caraméliser un moule

❶ Si le moule peut aller sur le feu, y verser 80 g de sucre en morceaux mouillé d'eau (pour un moule à flan de 22 cm), poser sur feu moyen et surveiller la cuisson.

❷ Dès qu'il a pris la couleur désirée, le retirer du feu et incliner le moule pour que le caramel le recouvre complètement. Laisser refroidir le moule retourné pour éviter la formation d'un dépôt. (Si le moule ne peut pas aller sur le feu, faire chauffer le sucre dans une petite casserole et en même temps placer le moule vide dans le four chaud pour que le caramel ne se fige pas lorsqu'il sera prêt. Verser dans le moule et incliner celui-ci pour bien répartir le caramel.)

Pour glacer des fruits au caramel
(fraises, cerises, grains de raisin)

Compter 1 morceau de sucre n° 3 par fruit. Embrocher les fruits sur des bâtonnets pointus et les plonger un par un dans le caramel clair.

Pour caraméliser des choux

Employer un caramel clair au vinaigre (1 morceau de sucre n° 3 par chou). Tremper les choux un par un et faire refroidir sur une grille.

Préparation : 2 min ■ **Cuisson :** 8-12 min

Fondant

Pour 500 g de fondant ① Dans une casserole, faire chauffer le sucre, le glucose et l'eau. Laisser bouillir le sirop jusqu'au « petit boulé » (une goutte de sirop plongée dans de l'eau froide doit former une boule molle).

- 450 g de sucre en morceaux
- 20 g de glucose (à acheter en pharmacie)
- 2 c. à soupe d'eau
- huile d'arachide

② Huiler le plan de travail. Verser le sirop et le laisser tiédir. Le travailler avec une spatule en le ramassant plusieurs fois sur lui-même jusqu'à ce qu'il devienne lisse et blanc.

③ Mettre le fondant dans une boîte hermétique ou un bol couvert d'un film alimentaire et le garder au réfrigérateur.

Le fondant se trouve tout prêt dans les épiceries fines. Pour le réchauffer : le mettre dans un saladier au bain-marie. Lui ajouter le parfum ou le colorant choisi et mélanger quand il est liquide.

Préparation : 10 min ■ **Cuisson :** 5 min

Glace royale

Pour 250 g de glace royale

- 225 g de sucre glace
- 1/2 citron
- 1 blanc d'œuf

1 Verser le sucre glace dans une terrine, ajouter quelques gouttes de jus de citron et le blanc d'œuf, et remuer jusqu'à ce que le mélange soit bien homogène et assez consistant pour s'étaler sans couler.

2 Étaler aussitôt ce glaçage sur le gâteau.

La glace royale ne peut se faire qu'en grande quantité, mais on peut garder ce qui n'est pas consommé dans le haut du réfrigérateur 10 à 12 jours au maximum, dans un bol recouvert d'un film alimentaire.

Préparation : 5 min

Sucre de cannelle

Pour 30 g de sucre environ

- 1 bâton de cannelle
- 3 c. à soupe de sucre semoule

1 Hacher le bâton de cannelle avec 1 cuillerée de sucre puis piler le tout au mixeur ou dans un mortier avec une deuxième cuillerée de sucre semoule.

2 Passer dans une passoire très fine.

3 Piler de nouveau, avec 1 cuillerée de sucre, la cannelle qui n'a pas traversé le tamis.

Préparation : 10 min

Sucre vanillé

Pour 250 g de sucre

- 4 gousses de vanille
- 250 g de sucre semoule

1 Ouvrir et gratter l'intérieur des gousses de vanille et ajouter le tout dans le sucre.

2 Mettre ce sucre dans un bocal, bien secouer pour mélanger et fermer hermétiquement.

Préparation : 5 min

Cuisine rapide

60 recettes pour des repas rapides, sains et savoureux au quotidien

Plats savoureux et rapides, c'est possible !

Qui n'est pas un soir rentré à la maison, fatigué après une journée difficile, avec cette question qui tourne vite au casse-tête : « mais que vais-je faire à manger ce soir ? »… L'heure tourne et vous êtes à court d'idées pour rassasier votre famille. La tentation est grande de faire réchauffer à la va-vite un plat surgelé ou de grignoter une pizza. Pourtant, se mettre aux fourneaux n'est pas forcément synonyme de longues heures dans la cuisine, de vaisselle accumulée dans l'évier, de fastidieuses préparations et de temps de cuisson interminables. Ce cahier est là pour vous en convaincre et pour vous aider à réaliser au quotidien des recettes rapides et à moindre coût, équilibrées, simples, originales et composées à partir de produits que nous avons tous dans la cuisine. **En adoptant ces recettes, vous pourrez composer vos dîners pendant au moins un mois sans avoir à chercher des idées.**

Voici les « basiques » qui vous seront nécessaires. Il suffira de les compléter par quelques produits frais, en fonction de la saison et de vos choix.

Dans votre réfrigérateur

- Beurre.
- Lait.
- Crème fraîche liquide et crème fraîche épaisse.
- Fromage blanc et yaourt nature.
- Œufs de poule et œufs de caille.
- Un choix de trois ou quatre fromages (emmental, comté, reblochon, chèvre, bleu, parmesan) qui viendront enrichir une salade ou un gratin.
- Tofu.
- Jambon blanc et jambon cru, en tranches, mais aussi en dés, très pratiques pour les quiches et gratins. Pensez aussi à demander à votre charcutier (ou au rayon charcuterie de votre supermarché) des talons de jambon, souvent de bonne qualité et bien moins onéreux que le jambon à la coupe : idéal pour tailler des petits dés pour une salade ou une tarte.
- Pâtes à tarte préétalées : brisée, feuilletée ou sablée (préférez des pâtes « pur beurre ») et feuilles de brik (ou pâte à filo) pour réaliser des feuilletés légers.
- Légumes de saison.
- Salade fraîche ou en sachet.
- Quelques herbes fraîches (persil, ciboulette, menthe, basilic ou coriandre).
- Moutarde.
- Ail, oignons et échalotes.

Dans votre congélateur

- **Légumes en portions non cuisinés** : brocolis, carottes, champignons émincés, chou-fleur, courgettes, épinards, haricots verts, petits pois, poireaux, julienne de légumes et quelques purées de légumes.
- **Filets de poisson** (cabillaud, flétan, colin…), **crevettes décortiquées.**
- **Steaks hachés** : vous pourrez les enrichir en quelques minutes avec épices, herbes et condiments, ou en faire, en un rien de temps, un chili con carne ou un hachis Parmentier.
- **Côtes de porc.**
- **Blancs de poulet.**
- **Glaces et sorbets.**
- **Purées, coulis ou mélanges de fruits surgelés** (rhubarbe, framboises…).
- **Herbes coupées** (persil, ciboulette, menthe, basilic ou coriandre).

Dans votre placard

- **Riz, pâtes, semoule, polenta, blé dur précuit, quinoa.**
- **Lentilles vertes et lentilles corail.**
- **Pommes de terre.**
- **Conserves de légumes** (tomates pelées ou concassées, haricots rouges, maïs en grains, pois chiches…).
- **Conserves de poisson** (thon, sardines, crevettes décortiquées…).
- **Bouillon de volaille en cubes et en poudre** (parfois plus pratique à doser).
- **Bouillon de légumes en cubes et en poudre.**
- **Tapenade, câpres, olives noires.**
- **Sauce soja.**
- **Assaisonnements** : sel, poivre, une huile neutre (d'arachide, de soja ou de tournesol) ; huile d'olive ; huile de noix ou de noisette ; vinaigre de vin ; vinaigre balsamique.
- **Épices en poudre** : curry, cumin, curcuma, gingembre…
- **Fruits de saison** : pensez aux agrumes (oranges, citrons et pomelos), qui se conservent très bien plusieurs jours à température ambiante ou dans le bac à légumes de votre réfrigérateur. De même, les kiwis achetés encore fermes peuvent mûrir tout doucement dons un compotier. Placés au réfrigérateur, ils se conserveront jusqu'à trois semaines sans perdre leurs vitamines.
- **Fruits secs entiers et en poudre** (amandes, noisettes, raisins secs, noix…).
- **Graines de sésame et pignons de pin.**
- **Compotes** (de rhubarbe, de pomme).
- **Lait de coco.**
- **Sucre semoule et sucre vanillé.**
- **Vanille liquide.**
- **Chocolat à pâtisser.**
- **Crème de marron.**
- **Miel.**
- **Pain d'épice.**

Améliorez votre « logistique » et mangez équilibré

Avec un minimum d'organisation, la préparation de vos repas deviendra un jeu d'enfant : cuisinez votre gratin et laissez-le dorer tranquillement au four pendant que vous épluchez une batavia ou donnez le bain aux enfants. Commencez par composer votre salade de fruits et laissez-la reposer au réfrigérateur jusqu'au moment du dessert… Pensez à utiliser l'autocuiseur, le four à micro-ondes, le cuit-vapeur, la poêle et même le wok. Tous ces ustensiles permettent de cuire une soupe ou une purée en un clin d'œil, de préparer une compote express ou de faire sauter un mélange de légumes.

À midi, les membres de la famille ont souvent déjeuné sur le pouce. Il est donc important, le soir, de rétablir un peu l'équilibre. Voici le rappel de quelques principes : pensez à intégrer dans vos repas une viande, un poisson ou un plat à base d'œufs, ainsi qu'un laitage ou du fromage (sources de protéines), du pain ou des féculents (pâtes, riz, légumes secs, pommes de terre…) pour leur apport en glucides ou sucres lents, sans oublier un peu de matières grasses, et surtout des fruits et légumes, riches en vitamines et micro-nutriments indispensables à notre santé. Cela ne vous empêche nullement de vous faire plaisir avec un gratin un peu riche ou un dessert au chocolat, si vous avez servi auparavant une soupe de légumes ou un poisson grillé.

Petits « trucs » qui transforment un plat

Voici quelques petites astuces qui apporteront une touche d'originalité, réveilleront vos papilles et feront de vos repas des moments de détente et de plaisir partagé.

• Parsemez quelques fruits secs sur un gratin ou un mélange de légumes.

• Saupoudrez votre salade de graines de sésame légèrement dorées.

• Ciselez de la coriandre fraîche sur un filet de poisson ou versez un filet d'huile de sésame à la sortie du four.

• Ajoutez quelques gouttes de sauce soja à votre vinaigrette…

Bananes

Bananes gratinées au jambon

Pour 4 personnes

- 4 bananes
- 150 g de jambon blanc
- 20 g de beurre
- 50 g de lardons
- 3 c. à soupe de moutarde de Dijon
- 2 c. à soupe de fromage blanc
- 4 c. à soupe de crème liquide
- 50 g de gruyère râpé
- sel, poivre

1 Préchauffez le four à 180 °C.

2 Épluchez les bananes, puis coupez-les en rondelles. Coupez le jambon en dés ou en lamelles.

3 Beurrez un plat à four et déposez les rondelles de banane, le jambon et les lardons.

4 Dans un bol, mélangez la moutarde avec le fromage blanc et la crème. Salez et poivrez. Versez ce mélange dans le plat et saupoudrez de gruyère. Enfournez pour 20 min environ.

Servez ce gratin avec une salade verte et du riz.

Préparation : 15 min ■ **Cuisson :** 20 min

Tarte à la banane et à la rhubarbe

Pour 4 personnes

- 2 bananes
- 400 g de compote de rhubarbe
- 1 pâte brisée préétalée
- 1 citron
- 2 c. à soupe de poudre d'amande

1 Préchauffez le four à 180 °C. Versez la compote dans une casserole. Faites-la dessécher sur feu doux pendant 5 min environ. Égouttez.

2 Garnissez un moule à tarte avec la pâte brisée. Recouvrez de légumes secs et faites cuire à blanc pendant 10 min.

3 Pendant ce temps, épluchez les bananes, coupez-les en rondelles et arrosez-les de jus de citron.

4 Saupoudrez le fond de tarte de poudre d'amande, puis recouvrez de compote. Disposez les rondelles de banane par-dessus et enfournez pour 15 à 20 min.

tarte onctueuse à la banane et à la rhubarbe :
avant d'enfourner, versez sur les bananes 2 œufs battus avec 3 cuillerées à soupe de crème fraîche.

Préparation : 15 min ■ **Cuisson :** 30 min

Blé et quinoa

Poêlée de quinoa aux légumes

Pour 4 personnes

- 180 g de quinoa
- 2 aubergines
- 1/2 boîte de tomates concassées (200 g net)
- 2 oignons
- 1 gousse d'ail
- 2 c. à soupe d'huile d'olive
- sel, poivre

❶ Rincez le quinoa, déposez-le dans une casserole et ajoutez 2 fois son volume d'eau. Salez, portez à ébullition, puis laissez cuire 15 min à feu doux.

❷ Pendant ce temps, épluchez les aubergines et coupez-les en dés. Pelez les oignons et l'ail, puis émincez-les. Dans une poêle, faites revenir les oignons dans l'huile chaude. Ajoutez les dés d'aubergine, les tomates concassées, puis l'ail. Laissez mijoter 20 min. Poivrez.

❸ Incorporez le quinoa égoutté, mélangez et servez.

gratin de quinoa aux légumes :
ajoutez 1 ou 2 œufs battus à la poêlée, versez dans un plat à four huilé. Parsemez de fromage râpé et faites gratiner quelques minutes.

Préparation : 10 min ■ **Cuisson :** 35 min

Salade de blé et d'agrumes

Pour 4 personnes

- 150 g de blé précuit
- 1 avocat
- 1 citron
- 1 pomelo
- 1 c. à soupe de fromage blanc
- 2 c. à soupe d'huile d'olive
- quelques feuilles de coriandre fraîche
- sel, poivre

❶ Faites cuire le blé à l'eau bouillante salée pendant 10 min. Égouttez.

❷ Pelez l'avocat et coupez la chair en dés. Déposez-les dans un saladier et arrosez-les avec la moitié du jus de citron. Pelez le pomelo à vif et détachez les segments. Ajoutez le blé et les segments de pomelo dans le saladier.

❸ Préparez la vinaigrette. Dans un bol, mélangez le reste de jus de citron avec du sel et du poivre. Ajoutez le fromage blanc et émulsionnez avec l'huile d'olive.

❹ Versez dans le saladier, mélangez et parsemez de coriandre ciselée. Servez aussitôt.

Préparation : 10 min ■ **Cuisson :** 10 min

Brocolis, chou, chou-fleur

Gratin de chou-fleur et de brocoli

Pour 4 personnes

- 500 g de bouquets de chou-fleur
- 500 g de bouquets de brocolis
- 20 g de beurre
- 2 œufs
- 25 cl de crème liquide
- 4 c. à soupe de poudre d'amande
- 50 g d'emmental râpé
- sel, poivre

① Plongez le chou-fleur et le brocoli dans de l'eau bouillante salée et laissez cuire 10 min. Égouttez.
② Préchauffez le four à 210 °C.
③ Beurrez un plat à four et disposez-y les légumes.
④ Cassez les œufs dans un bol et battez-les en omelette avec la crème et la poudre d'amande.
⑤ Salez et poivrez. Versez dans le plat, saupoudrez d'emmental râpé et enfournez pour 15 min.

Ce gratin accompagne parfaitement des escalopes de dinde poêlées.

Préparation : 10 min ◼ **Cuisson :** 25 min

Salade de chou chinois au maïs

Pour 4 personnes

- 1/2 chou chinois (environ 500 g)
- 2 carottes
- 1 petite boîte de maïs en grains (140 g net)
- quelques feuilles de mâche
- 1 c. à soupe de graines de sésame
- 1 c. à soupe de vinaigre de vin
- 3 c. à soupe d'huile d'arachide
- sel, poivre

① Ôtez les feuilles extérieures du chou chinois, lavez-le et détaillez-le en fines lanières. Pelez et lavez les carottes, séchez-les bien et râpez-les.
② Rincez et égouttez le maïs. Triez les feuilles de mâche, lavez-les et essorez-les. Faites légèrement griller les graines de sésame à sec. Réservez.
③ Préparez la vinaigrette. Versez du sel et du poivre dans un saladier. Délayez avec le vinaigre, puis émulsionnez avec l'huile. Ajoutez les lanières de chou, la mâche, les carottes et le maïs. Mélangez, parsemez de graines de sésame et servez aussitôt.

Servez cette salade avec des petits flans au jambon (➤ voir p. 1073)

Pour une vinaigrette plus parfumée, remplacez 1 cuillerée d'huile d'arachide par de l'huile de sésame.

Préparation : 15 min

Carottes

* *

Potage de carottes et potiron au cumin

Pour 4 personnes

- 500 g de carottes
- 500 g de potiron
- 1 pomme de terre bintje
- 1 c. à soupe d'huile d'olive
- 1 orange
- 1 cube de bouillon de volaille
- 2 c. à café de cumin en poudre
- sel, poivre

❶ Pelez les carottes, le potiron et la pomme de terre, lavez-les et coupez-les en morceaux.

❷ Faites chauffer l'huile dans un autocuiseur et faites revenir les légumes pendant 2 min en remuant.

❸ Pressez l'orange, versez le jus dans l'autocuiseur et ajoutez 1 litre d'eau, le cube de bouillon émietté et le cumin. Salez et poivrez.

❹ Fermez l'autocuiseur et laissez cuire environ 15 min après la mise en rotation de la soupape. Mixez et servez bien chaud.

potage de carottes et potiron au curry : remplacez le cumin par du curry en poudre.

Préparation : 10 min ■ **Cuisson :** 20 min environ

* *

Poêlée de carottes et de champignons

Pour 4 personnes

- 500 g de carottes
- 2 c. à soupe d'huile d'olive
- 30 g de beurre
- 1 échalote
- 450 g de champignons surgelés émincés
- 1 gousse d'ail
- 2 c. à soupe de crème fraîche
- persil plat
- sel, poivre

❶ Pelez les carottes, lavez-les, coupez-les en rondelles, puis plongez-les 5 min dans une casserole d'eau bouillante salée. Égouttez.

❷ Mettez à chauffer l'huile et le beurre dans une poêle et faites suer l'échalote pelée et émincée. Ajoutez les champignons et laissez cuire 5 min à feu assez vif. Salez et poivrez.

❸ Incorporez ensuite les carottes et l'ail pelé et haché, puis poursuivez la cuisson pendant 5 min. Ajoutez la crème fraîche, mélangez et parsemez de persil ciselé avant de servir.

Cette poêlée peut accompagner des filets de rouget poêlés à l'huile d'olive.

Préparation : 10 min ■ **Cuisson :** 15 min

Chocolat

• •

Délices de chocolat au marron

Pour 4 personnes

- 70 g de chocolat noir
- 40 g de beurre mou
- 100 g de crème de marron
- 1 c. à soupe de crème liquide
- 2 œufs
- sel

❶ Faites fondre le chocolat au bain-marie. Ajoutez le beurre et lissez la préparation. Incorporez la crème de marron, puis la crème liquide.

❷ Préchauffez le four à 160-170 °C.

❸ Cassez les œufs en séparant les blancs des jaunes. Battez les blancs en neige ferme avec une pincée de sel. Ajoutez les jaunes au mélange chocolat/marron. Mélangez bien, puis incorporez les blancs en neige.

❹ Versez la préparation dans des moules individuels beurrés. Faites cuire au four 10 min environ. L'intérieur des délices doit rester un peu liquide.

Préparation : 25 min ■ **Cuisson :** 10 min

• •

Muffins double chocolat

Pour 12 muffins

- 50 g de chocolat noir
- 50 g de beurre mou
- 100 g de sucre semoule
- 2 œufs
- 10 cl de lait
- 200 g de farine
- 1 pincée de sel
- 2 c. à café rases de levure chimique
- 50 g de pépites de chocolat

❶ Faites fondre le chocolat noir au bain-marie.

❷ Dans un saladier, fouettez le beurre avec le sucre jusqu'à ce que le mélange blanchisse. Incorporez progressivement les œufs, le lait préalablement tiédi et le chocolat fondu.

❸ Préchauffez le four à 180 °C.

❹ Dans une terrine, mélangez la farine avec le sel et la levure. Incorporez peu à peu ce mélange à la préparation au chocolat. Ajoutez les pépites de chocolat.

❺ Versez la pâte dans un moule à muffins en silicone (type Flexipan). Faites cuire au four pendant 10 à 15 min. Servez les muffins tièdes.

Proposez ces muffins avec une boule de glace à la vanille ou une salade de fruits.

Préparation : 20 min ■ **Cuisson :** 10-15 min

Courgettes

- -

Velouté de courgette à la menthe et à la feta

Pour 4 personnes

- 3 courgettes
- 2 pommes de terre bintje
- 150 g de feta
- 25 feuilles de menthe
- sel, poivre

1 Ôtez les extrémités des courgettes, lavez-les et coupez-les en tronçons. Pelez les pommes de terre, lavez-les et coupez-les en deux.

2 Déposez les légumes dans un autocuiseur. Recouvrez d'environ 1 litre d'eau. Ajoutez la moitié de la feta et des feuilles de menthe. Salez et poivrez. Fermez l'autocuiseur et comptez 10 min de cuisson après la rotation de la soupape.

3 Mixez le tout, parsemez du reste de feta émiettée et de menthe ciselée et servez aussitôt.

velouté de courgette au chèvre et aux olives : remplacez la feta par une bûche de chèvre et ajoutez quelques olives noires coupées en dés.

Préparation : 10 min ■ **Cuisson :** 10 min

- -

Minute de courgette à la provençale

Pour 4 personnes

- 4 courgettes
- 1 bulbe de fenouil
- 3 tomates
- 2 gousses d'ail
- 2 branches de thym
- 1 c. à soupe de bouillon de volaille en poudre
- 3 c. à soupe d'huile d'olive
- sel, poivre

1 Ôtez les extrémités des courgettes, lavez-les et coupez-les en rondelles.

2 Ôtez la base du fenouil, lavez-le et émincez-le. Ébouillantez les tomates 1 min, pelez-les, épépinez-les et coupez la pulpe en morceaux.

3 Déposez tous les légumes dans un plat allant au four à micro-ondes. Ajoutez l'ail pelé et écrasé, le thym émietté, le bouillon en poudre. Salez et poivrez. Versez l'huile d'olive, couvrez et faites cuire pendant 15 à 18 min au four à micro-ondes à puissance maximale (850 W). Remuez à mi-cuisson.

Ce plat express accompagne parfaitement un rôti de bœuf ou un poisson au four.

Préparation : 10 min ■ **Cuisson :** 15-18 min

Endives

Gratin d'endives et de brocolis

Pour 4 personnes

- 4 endives
- 50 cl de lait
- 500 g de brocolis
- 1 noix de beurre
- 1 c. à soupe d'huile
- 1 oignon
- 4 c. à soupe d'amandes effilées
- 40 g de roquefort
- 2 c. à soupe de fromage blanc
- sel, poivre

① Déposez les endives coupées en deux dans une casserole. Ajoutez le lait, recouvrez d'eau et faites cuire 10 min. Lavez les bouquets de brocolis et plongez-les 5 min dans de l'eau bouillante salée. Égouttez les légumes et placez-les dans un plat à four beurré.

② Faites chauffer l'huile dans une poêle et faites suer l'oignon pelé et émincé avec les amandes effilées puis répartissez ce mélange sur les légumes.

③ Préchauffez le four à 210 °C.

④ Émiettez le roquefort, mélangez-le avec le fromage blanc et répartissez dans le plat. Salez, poivrez et enfournez pour 20 min.

Avec ce gratin, proposez des cuisses de poulet rôties.

Préparation : 15 min ■ **Cuisson :** 35 min

Endives braisées aux zestes d'agrumes

Pour 4 personnes

- 8 endives
- 2 c. à soupe d'huile d'olive
- 1 échalote
- 1 orange non traitée
- 1 citron non traité
- sel, poivre

① Ôtez le pied des endives, puis détaillez-les en lanières. Faites chauffer l'huile dans une poêle, ajoutez l'échalote pelée et émincée, puis les endives. Salez et poivrez. Laissez cuire 5 min à feu moyen en remuant.

② Lavez l'orange et le citron et prélevez le zeste à l'aide d'un économe pour en obtenir 4 cuillerées à café. Hachez-le et répartissez sur les endives. Ajoutez le jus d'un demi-citron et d'une demi-orange. Laissez mijoter 15 min en remuant de temps à autre. Servez bien chaud.

Proposez avec ces endives des filets de cabillaud cuits à la vapeur ou poêlés à l'huile d'olive.
Si vous craignez l'amertume de l'endive, ajoutez 1 cuillerée à café de sucre ou de confiture d'oignons.

Préparation : 10 min ■ **Cuisson :** 20 min

Haricots verts

Poêlée de haricots verts et de brocolis

Pour 4 personnes

- 500 g de haricots verts surgelés
- 500 g de brocolis surgelés
- 1 c. à soupe d'huile d'olive
- 30 g de beurre
- 1 oignon
- 1 gousse d'ail
- 2 c. à soupe d'amandes effilées
- 2 c. à soupe de noisettes concassées
- sel, poivre

❶ Faites cuire les haricots à l'eau bouillante salée pendant 3 min. Ajoutez les brocolis et poursuivez la cuisson 5 min. Égouttez.

❷ Faites chauffer l'huile et le beurre dans une poêle et faites suer l'oignon pelé et émincé pendant 2 min. Ajoutez les légumes, puis l'ail pelé et haché. Salez et poivrez. Laissez cuire 5 min à feu moyen en remuant.

❸ Faites légèrement griller les amandes et les noisettes à sec dans une poêle bien chaude. Parsemez-en les légumes juste avant de servir.

Vous pouvez aussi ajouter un zeste de citron râpé en fin de cuisson.
Servez cette poêlée avec un assortiment de jambons (braisé, fumé…).

Préparation : 15 min ■ **Cuisson :** 20 min environ

Velouté de haricots verts

Pour 4 personnes

- 250 g de haricots verts surgelés
- 200 g de pommes de terre bintje
- 1 poireau
- 1 gousse d'ail
- 3 branches de thym
- 1 petite tranche de poitrine fumée
- 3 c. à soupe de crème fraîche
- persil plat
- sel, poivre

❶ Épluchez les pommes de terre et le poireau, lavez-les et coupez-les en morceaux.

❷ Déposez-les dans l'autocuiseur, ajoutez la gousse d'ail pelée, puis couvrez d'eau.

❸ Salez et poivrez. Ajoutez le thym et portez à ébullition. Lorsque le mélange bout, plongez-y les haricots verts et la poitrine fumée. Fermez l'autocuiseur et laissez cuire 10 min à partir de la rotation de la soupape.

❹ Ôtez le thym et la poitrine fumée, puis mixez le tout. Liez avec la crème, parsemez de persil ciselé et servez.

Accompagnez ce velouté d'une quiche et d'une salade d'endives.

Préparation : 15 min ■ **Cuisson :** 15 min environ

Jambon

Croustillants de jambon aux épinards

Pour 4 personnes

- 50 g d'épinards frais
- 150 g de jambon blanc
- quelques pluches de persil plat
- 3 c. à soupe d'huile d'olive
- 1 échalote
- 2 c. à soupe de crème liquide
- 4 feuilles de brik (ou pâte à filo)
- poivre

1 Lavez les épinards, essorez-les et mixez-les avec le jambon et le persil. Faites chauffer 1 cuillerée à soupe d'huile dans une poêle et faites dorer l'échalote émincée. Ajoutez le hachis de jambon et d'épinards, poivrez, incorporez la crème et laissez cuire 2 min.

2 Préchauffez le four à 210 °C.

3 Badigeonnez les feuilles de brik du reste d'huile à l'aide d'un pinceau. Repliez-les en deux, puis répartissez un peu de farce au centre. Refermez en triangles ou en rouleaux. Enfournez pour 15 min jusqu'à ce que les croustillants soient dorés et servez.

Accompagnez ces croustillants d'une feuille de chêne à l'huile de noisette ou d'épinards à la crème.

Préparation : 10 min ■ **Cuisson :** 20 min environ

Gratin de courgettes au jambon

Pour 4 personnes

- 4 tranches de jambon
- 1 tablette de bouillon de volaille
- 4 courgettes fraîches ou 700 g de courgettes surgelées
- 2 c. à soupe d'huile d'olive
- 2 échalotes
- 1 citron (facultatif)
- 1 gousse d'ail
- quelques brins de persil
- 40 g de fromage râpé
- sel, poivre

1 Portez une grande quantité d'eau à ébullition. Ajoutez la tablette de bouillon, plongez les courgettes coupées en rondelles et laissez cuire 3 min après la reprise de l'ébullition. Égouttez.

2 Préchauffez le four à 240 °C.

3 Versez 1 cuillerée à soupe d'huile dans une poêle et faites revenir les échalotes pelées et émincées. Ajoutez le jambon en lamelles et éventuellement le jus de citron. Salez et poivrez. Laissez cuire 2 à 3 min à feu moyen.

4 Huilez un plat à four et déposez-y les courgettes. Répartissez le jambon, l'ail et le persil hachés, saupoudrez de fromage râpé. Faites gratiner au four 5 min environ.

Préparation : 10 min ■ **Cuisson :** 15 min environ

Salade de jambon au fenouil

Pour 4 personnes

- 1 tranche de jambon cuit
- 1 tranche de jambon cru
- 1/2 citron
- 1 c. à café de moutarde
- 2 c. à soupe d'huile de noisette
- 1 c. à soupe d'huile de tournesol
- 4 œufs de caille
- 2 bulbes de fenouil
- 50 g de mimolette vieille
- quelques noisettes
- sel, poivre

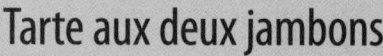

❶ Préparez la vinaigrette. Dans un saladier, mélangez le jus de citron avec du sel et du poivre. Ajoutez la moutarde, puis les deux huiles.

❷ Faites durcir les œufs de caille 4 min à l'eau bouillante. Épluchez et lavez les fenouils, puis émincez-les et déposez-les dans le saladier.

❸ Ajoutez le jambon coupé en lanières, les œufs écalés, la mimolette coupée en dés et les noisettes. Versez la vinaigrette, mélangez et servez aussitôt.

Si vous n'aimez pas le croquant du fenouil, faites-le blanchir quelques minutes à l'eau bouillante.

Vous pouvez le remplacer par quelques feuilles de laitue ou de batavia et la mimolette par du cheddar ou du comté.

Préparation : 15 min ■ **Cuisson :** 4 min

Tarte aux deux jambons

Pour 4 personnes

- 150 g de jambon blanc
- 100 g de jambon cru
- 1 pâte feuilletée préétalée
- 4 œufs
- 1 yaourt brassé
- 2 c. à soupe de crème liquide
- 100 g de gruyère ou de gorgonzola
- poivre

❶ Foncez un moule à tarte avec la pâte feuilletée.

❷ Préchauffez le four à 180 °C.

❸ Cassez les œufs dans une terrine. Battez-les à la fourchette, puis incorporez le yaourt et la crème, le jambon coupé en lamelles, le gruyère râpé ou le gorgonzola émietté. Poivrez. Répartissez ce mélange sur le fond de tarte et enfournez pour 25 à 30 min.

tarte au jambon et à la moutarde :
Badigeonnez le fond de tarte de moutarde avant de déposer la préparation à base de jambon.

Préparation : 10 min ■ **Cuisson :** 25-30 min

Kiwis

• •

Sabayon de kiwis

Pour 4 personnes

- 5 kiwis
- quelques framboises
- 3 jaunes d'œufs
- 80 g de sucre semoule
- 1 sachet de sucre vanillé
- 12 cl de vin blanc moelleux ou liquoreux

1 Pelez les kiwis, coupez-les en rondelles et disposez-les avec les framboises dans des petits plats individuels.

2 Dans un saladier, battez les jaunes d'œufs au fouet à main (ou électrique) avec le sucre et le sucre vanillé jusqu'à ce que le mélange blanchisse. Allumez le gril du four.

3 Versez le mélange d'œufs et de sucre dans une casserole. Faites chauffer et continuez à battre à feu très doux ou au bain-marie en incorporant progressivement le vin, jusqu'à ce que le sabayon mousse et épaississe. Retirez du feu et versez sur les fruits.

4 Faites dorer les petits sabayons au four pendant quelques instants. Servez aussitôt.

Au lieu de passer le sabayon au four, placez-le au réfrigérateur jusqu'au moment du dessert et servez frais.

Préparation : 10 min ■ **Cuisson :** 10 min

• •

Salade de kiwis aux agrumes

Pour 4 personnes

- 3 kiwis
- 1 orange
- 1 pomelo
- 1 citron
- 2 c. à soupe de miel liquide
- 1 c. à soupe d'amandes effilées
- quelques feuilles de menthe fraîche

1 Pelez les kiwis et coupez-les en tranches fines. Pelez l'orange et le pomelo à vif, détachez les segments.

2 Coupez le citron en deux et pressez-le pour en recueillir le jus. Versez-le dans un bol et mélangez avec le miel.

3 Déposez les fruits dans un saladier, arrosez avec le mélange de miel et de jus de citron. Gardez au frais jusqu'au moment de servir.

4 Faites griller les amandes quelques instants à sec dans une poêle bien chaude. Au moment de servir, parsemez-en la salade de fruits et décorez avec les feuilles de menthe.

Préparation : 15 min ■ **Cuisson :** quelques secondes

Lentilles

Lentilles aux épices indiennes

Pour 4 personnes

- 180 g de lentilles corail
- 2 carottes
- 2 c. à soupe d'huile d'arachide
- 1 oignon
- 2 c. à café de gingembre en poudre
- 2 c. à café de curcuma
- 1 c. à café de cumin en poudre
- 2 c. à soupe de crème fraîche (facultatif)
- 3 brins de coriandre
- sel, poivre

1 Pelez les carottes, lavez-les, puis râpez-les.

2 Faites chauffer l'huile dans une sauteuse, puis faites suer l'oignon pelé et émincé. Saupoudrez de gingembre, de curcuma et de cumin et laissez cuire à feu assez vif pendant 2 min en remuant.

3 Ajoutez les carottes râpées et les lentilles, mélangez et versez environ 60 cl d'eau. Portez à ébullition, poivrez, baissez le feu et laissez mijoter pendant 12 à 15 min. Salez et incorporez la crème fraîche. Versez dans un plat, parsemez de coriandre ciselée et servez aussitôt.

Pour un menu indien, proposez avec ces lentilles une omelette et des naans (petits pains).

Préparation : 10 min ■ **Cuisson :** 15 min

Salade de lentilles et de carottes

Pour 4 personnes

- 200 g de lentilles vertes cuites (tièdes)
- 2 carottes
- quelques feuilles de salade verte
- 4 œufs de caille
- 1 c. à soupe de vinaigre de vin
- 1 c. à soupe d'huile de noix
- 2 c. à soupe d'huile d'arachide
- 20 cerneaux de noix
- quelques brins de persil
- sel, poivre

1 Pelez et lavez les carottes, puis râpez-les. Lavez les feuilles de salade et essorez-les.

2 Faites durcir les œufs de caille 4 min dans l'eau bouillante, puis écalez-les.

3 Préparez la vinaigrette. Versez le vinaigre dans un saladier. Salez et poivrez. Mélangez bien, puis émulsionnez avec les deux huiles.

4 Ajoutez les lentilles, les carottes et les feuilles de salade ciselées. Parsemez de noix et de persil, mélangez et servez aussitôt.

Pour faire de cette salade un plat unique, accompagnez-la de tranches de jambon blanc ou fumé ou ajoutez du jambon coupé en dés directement dans le saladier.

Préparation : 15 min ■ **Cuisson :** 4 min

Œufs

Œufs en cocotte sur fondue de poireaux

Pour 4 personnes

- 4 œufs
- 2 blancs de poireau
- 20 g de beurre
- 2 c. à soupe d'huile d'olive
- 4 c. à soupe de crème liquide
- sel, poivre

1. Préchauffez le four à 210 °C.
2. Lavez et émincez les blancs de poireau.
3. Faites chauffer le beurre et l'huile dans une poêle, puis saisissez les poireaux pendant 3 à 5 min en remuant. Salez et poivrez. Laissez mijoter à feu doux pendant 5 min. Incorporez 2 cuillerées à soupe de crème.
4. Beurrez 4 ramequins et tapissez le fond de fondue de poireaux. Cassez un œuf dans chaque ramequin, puis répartissez-y le reste de crème. Salez et poivrez. Enfournez pour 10 min environ, le temps que l'œuf soit « pris ». Servez bien chaud.

œufs en cocotte à la compotée d'oignons : remplacez les blancs de poireau par 2 oignons finement émincés.

Préparation : 5 min ■ **Cuisson :** 20 min

Petits flans au jambon

Pour 4 personnes

- 4 œufs
- 10 cl de lait
- 10 cl de crème liquide
- 100 g de jambon blanc
- 40 g de gruyère ou de parmesan râpé
- 20 g de beurre
- sel, poivre

1. Préchauffez le four à 190-200 °C.
2. Cassez les œufs dans un saladier et battez-les en omelette. Incorporez le lait et la crème, puis le jambon coupé en lamelles. Ajoutez le fromage râpé. Salez et poivrez. Mélangez.
3. Répartissez la préparation dans des ramequins beurrés et faites cuire au four, de préférence au bain-marie, pendant 15 min environ.

petits flans au poisson : remplacez le jambon par un filet de truite ou de saumon fumé en lanières et ajoutez un brin d'aneth.

Préparation : 5 min ■ **Cuisson :** 15 min

Oranges

Oranges en papillote

Pour 4 personnes

- 4 oranges de table
- 1 orange à jus
- 1 citron
- 1 c. à café de vanille liquide
- 30 g de sucre semoule
- 1 petite mangue

❶ Coupez l'orange à jus et le citron en deux, pressez-les et versez leur jus dans une casserole. Ajoutez la vanille et le sucre. Portez à ébullition, puis laissez réduire à feu doux pendant 5 min.

❷ Préchauffez le four à 180 °C.

❸ Épluchez les oranges de table à vif et détachez les segments. Pelez la mangue et coupez-la en morceaux.

❹ Répartissez les fruits sur 4 carrés de papier sulfurisé et arrosez avec le jus réduit. Refermez les papillotes et enfournez pour 15 min. Servez bien chaud.

papillotes d'orange épicées :
remplacez la vanille par une pincée de gingembre en poudre.

Préparation : 10 min ■ **Cuisson :** 20 min

Salade d'oranges et de fenouil

Pour 4 personnes

- 2 oranges
- 1/2 fenouil
- 1 poignée de roquette
- 1 c. à soupe de jus de citron
- 2 c. à soupe d'huile d'olive
- 1 c. à soupe d'huile de soja
- 12 olives noires dénoyautées
- sel, poivre

❶ Pelez les oranges à vif et détachez les segments. Ôtez la base, les tiges et les feuilles extérieures du fenouil, lavez-le et émincez-le finement. Lavez et essorez la roquette.

❷ Préparez la vinaigrette. Dans un saladier, mélangez le jus de citron avec du sel et du poivre, puis émulsionnez avec les deux huiles.

❸ Déposez la roquette, les segments d'orange et le fenouil émincé dans le saladier, puis parsemez d'olives. Mélangez et servez.

salade marine d'oranges et de fenouil :
ajoutez quelques lanières de truite fumée.

Préparation : 15 min

Pâtes

Pâtes aux aubergines

Pour 4 personnes

- 200 g de pâtes sèches (macaronis, papillons…)
- 2 aubergines
- 1/2 boîte de tomates concassées (200 g net)
- 1 gousse d'ail
- 3 c. à café de bouillon de volaille en poudre
- 3 c. à soupe d'huile d'olive
- sel, poivre

① Épluchez les aubergines et coupez-les en dés. Déposez-les avec les tomates dans un plat allant au four à micro-ondes. Ajoutez la gousse d'ail pelée et émincée, le bouillon en poudre et 2 cuillerées à soupe d'huile. Salez et poivrez. Couvrez, puis faites cuire au four micro-ondes à puissance maximale (850 W) pendant 12 à 15 min en remuant à mi-cuisson.

② Pendant ce temps, faites cuire les pâtes « al dente » dans un grand volume d'eau bouillante salée. Égouttez-les, puis incorporez les aubergines à la tomate. Mélangez, ajoutez un filet d'huile et servez aussitôt.

gratin de pâtes aux aubergines : parsemez les pâtes aux aubergines de rondelles de mozzarella et faites gratiner 10 min à four chaud.

Préparation : 10 min ■ **Cuisson :** 20 min

Tagliatelles aux petits pois et au jambon

Pour 4 personnes

- 300 g de tagliatelles fraîches
- 150 g de petits pois surgelés
- 1 oignon
- 2 c. à soupe d'huile d'olive
- 150 g de jambon de Parme (ou autre jambon cru)
- 15 cl de crème liquide
- 80 g de parmesan
- sel, poivre

① Faites cuire les petits pois 5 min à l'eau bouillante salée, puis égouttez-les.

② Faites suer l'oignon émincé dans une poêle avec l'huile. Ajoutez les petits pois, le jambon coupé en lanières, puis la crème. Salez et poivrez. Poursuivez la cuisson à feu doux pendant 3 à 5 min en remuant.

③ Pendant ce temps, faites cuire les tagliatelles « al dente » dans un grand volume d'eau bouillante salée. Égouttez-les et versez-les dans un plat. Nappez avec la sauce aux petits pois. Parsemez de copeaux de parmesan et servez aussitôt.

Préparation : 10 min ■ **Cuisson :** 15 min

Petits pois

. . . .

Flans de petits pois au curry

Pour 4 personnes

- 200 g de petits pois surgelés
- 4 asperges vertes
- 2 œufs
- 10 cl de lait
- 10 cl de crème liquide
- 1 c. à café de curry
- 50 g de jambon fumé (facultatif)
- 1 noisette de beurre
- sel, poivre

1 Plongez les petits pois et les asperges dans de l'eau bouillante salée et laissez cuire 5 min après la reprise de l'ébullition. Égouttez. Coupez les asperges en petits morceaux et réservez-les.

2 Mixez les petits pois avec les œufs, le lait, la crème et le curry. Salez et poivrez. Incorporez les asperges et le jambon coupé en lanières. Versez dans des ramequins beurrés et faites cuire 6 ou 7 min au four à micro-ondes à puissance moyenne (puissance 7 pour 850 W) ou 25 min au four traditionnel à 160 °C.

Préparation : 15 min ■ **Cuisson :** 10 min

. . . .

Soupe asiatique aux petits pois

Pour 4 personnes

- 200 g de petits pois surgelés
- 1 tablette de bouillon de volaille
- 1 c. à café de curry
- 40 cl de lait de coco
- 50 g de vermicelles de riz ou de soja
- 1 petite boîte de germes de soja (90 g net)
- quelques brins de coriandre fraîche
- sel, poivre

1 Émiettez la tablette de bouillon de volaille dans une casserole. Ajoutez le curry, le lait de coco et 70 cl d'eau. Salez et poivrez. Faites chauffer.

2 Lorsque le mélange bout, plongez les petits pois, réduisez le feu, puis laissez mijoter 5 min.

3 Pendant ce temps, déposez les vermicelles de riz dans un saladier et arrosez-les d'eau bouillante. Laissez reposer 5 min, puis égouttez-les, coupez-les en morceaux et incorporez-les au bouillon.

4 Rincez les germes de soja, égouttez-les, ajoutez-les dans la casserole. Laissez mijoter 5 min. Versez la soupe dans des bols et parsemez de coriandre ciselée.

soupe asiatique aux petits pois et au tofu : faites de cette soupe un plat complet en ajoutant des cubes de tofu, des petits épis de maïs ou des crevettes.

Préparation : 10 min ■ **Cuisson :** 15 min

Poireaux

Fondue de poireaux au cidre

Pour 4 personnes

- 1 kg de poireaux
- 2 petites échalotes
- 40 g de beurre
- 2 c. à soupe d'huile d'olive
- 1 c. à café de grainesde coriandre
- 20 cl de cidre
- 2 c. à soupe de crème fraîche
- sel, poivre

① Épluchez les poireaux, lavez-les, puis émincez-les. Pelez et émincez les échalotes.

② Mettez à chauffer le beurre et l'huile dans une sauteuse, puis faites suer les échalotes et les poireaux pendant 5 min en remuant. Salez et poivrez. Ajoutez les graines de coriandre écrasées, le cidre et laissez mijoter 20 min environ.

③ Incorporez la crème et servez aussitôt.

Cette fondue pourra accompagner un pavé de saumon grillé ou des blancs de poulet cuits en papillote.

Préparation : 10 min ■ **Cuisson :** 25 min environ

Gratin de poireaux au cumin

Pour 4 personnes

- 600 g de poireaux
- 1 oignon
- 2 c. à soupe d'huile d'olive
- 2 c. à café de cumin en poudre
- 500 g de pommes de terre à chair ferme
- 20 cl de lait
- 20 g de beurre
- 50 g de comté râpé
- sel, poivre

① Épluchez les poireaux, lavez-les puis émincez-les. Épluchez l'oignon et émincez-le finement.

② Faites chauffer l'huile dans une poêle et ajoutez l'oignon et les poireaux. Parsemez la moitié du cumin. Salez et poivrez. Laissez cuire 10 min en remuant de temps en temps.

③ Pendant ce temps, pelez les pommes de terre, lavez-les et coupez-les en rondelles. Déposez-les dans une casserole, ajoutez le lait et le reste de cumin, puis couvrez d'eau. Salez et poivrez. Laissez cuire 10 min environ. Préchauffez le four à 210 °C.

④ Beurrez un plat et mettez-y une couche de poireaux, puis une couche de pommes de terre égouttées. Recouvrez de comté et faites gratiner environ 10 min.

Préparation : 15 min ■ **Cuisson :** 30 min environ

Poisson (conserve)

Briks de sardines

Pour 4 personnes

- 4 feuilles de brik
- 2 boîtes de sardines à l'huile (8 sardines)
- 2 c. à café de câpres
- 2 petites tomates

❶ Préchauffez le four à 190-200 °C.

❷ Égouttez les sardines en réservant l'huile, retirez l'arête centrale, puis écrasez la chair à la fourchette.

❸ Ajoutez les câpres et les tomates épépinées et coupées en petits dés. Mélangez bien le tout.

❹ Badigeonnez les feuilles de brik avec un peu d'huile des sardines. Repliez les feuilles en deux, puis déposez un peu de farce au centre.

❺ Refermez en formant des rouleaux, puis enfournez pour 15 min environ jusqu'à ce qu'ils soient bien dorés.

briks de sardines aux olives :
ajoutez à la farce des olives noires coupées en dés.

Préparation : 10 min ■ **Cuisson :** 15 min environ

Salade de thon aux pois chiches

Pour 4 personnes

- 250 g de thon au naturel
- 2 petites aubergines
- 4 c. à soupe d'huile d'olive
- 6 tomates cerises
- 1 c. à soupe de vinaigre de xérès
- 1 c. à café de moutarde
- 1 gousse d'ail
- 1 boîte de pois chiches (250 g net)
- quelques olives noires
- sel, poivre

❶ Allumez le gril du four. Lavez les aubergines, détaillez-les en fines lamelles et arrosez-les avec 2 cuillerées à soupe d'huile d'olive. Faites-les griller au four pendant 8 à 10 min en les retournant à mi-cuisson. Lavez les tomates cerises et coupez-les en deux.

❷ Versez le vinaigre dans un saladier. Délayez avec la moutarde. Salez et poivrez. Ajoutez le reste d'huile, puis l'ail pelé et haché. Incorporez le thon émietté, les pois chiches égouttés, les tomates et les aubergines. Ajoutez les olives, mélangez et servez aussitôt.

Cette salade se transforme en un savoureux plat unique si vous ajoutez quelques dés de mozzarella et une poignée de roquette.

Préparation : 15 min ■ **Cuisson :** 10 min

Poisson (filets)

Espadon braisé au curry

Pour 4 personnes

- 4 tranches d'espadon
- 2 c. à café de curry en poudre
- 1 citron
- 4 c. à soupe d'huile d'olive
- 2 poireaux
- 1 échalote
- sel, poivre

❶ Salez et poivrez les tranches d'espadon, saupoudrez-les de curry et arrosez-les de jus de citron et de 2 cuillerées à soupe d'huile. Laissez mariner.

❷ Préchauffez le four à 210 °C. Épluchez les poireaux et émincez-les. Pelez l'échalote et émincez-la. Chauffez 2 cuillerées à soupe d'huile dans une poêle et faites suer l'échalote et les poireaux pendant 15 min à feu doux en ajoutant un peu d'eau si nécessaire.

❸ Versez les poireaux dans un plat huilé. Salez et poivrez. Déposez les tranches de poisson par-dessus. Enfournez pour 10 min environ (ou faites cuire 15 min dans un cuit-vapeur).

Vous pouvez aussi réaliser cette recette avec des filets de poisson blanc (rascasse, cabillaud…).

Préparation : 10 min ■ **Cuisson :** 25 min environ

Papillotes de poisson aux crevettes

Pour 4 personnes

- 4 filets de poisson blanc (cabillaud, merlan…)
- 400 g de julienne de légumes surgelée
- 3 c. à soupe d'huile d'olive
- 1 c. à soupe de crème fraîche
- 120 g de crevettes décortiquées
- 2 c. à café de graines de coriandre
- sel, poivre

❶ Dans une poêle, faites revenir la julienne de légumes avec 1 cuillerée à soupe d'huile chaude pendant 5 min sur feu moyen. Salez et poivrez. Incorporez la crème.

❷ Préchauffez le four à 210 °C.

❸ Découpez 4 carrés dans du papier sulfurisé et déposez un lit de julienne de légumes sur chacun. Ajoutez un filet de poisson. Parsemez de crevettes et de graines de coriandre écrasées. Salez et poivrez. Versez le reste d'huile. Fermez les papillotes. Déposez-les dans un plat et enfournez pour 10 min.

Servez ces papillotes parfumées avec du riz sauvage ou du riz basmati.

Préparation : 15 min ■ **Cuisson :** 15 min

Pommes

• •

Bruschettas aux pommes et au chèvre rôti

Pour 4 personnes

- 2 pommes (type elstar, golden, royal gala)
- 20 g de beurre
- 4 tranches de pain de campagne
- 2 crottins de chèvre mi-secs
- 2 c. à soupe de miel liquide
- 2 c. à soupe de pignons de pin
- sel, poivre

❶ Préchauffez le four à 240 °C.

❷ Pelez les pommes et coupez-les en lamelles. Faites fondre le beurre dans une poêle et faites revenir les pommes pendant 3 à 4 min, jusqu'à ce qu'elles soient dorées.

❸ Sur chaque tranche de pain, disposez les pommes poêlées et un demi-crottin. Salez et poivrez. Arrosez de miel, saupoudrez de pignons de pin et enfournez pour 5 min environ. Servez aussitôt.

Avec ces bruschettas, proposez une salade de mâche aux pignons de pin ou aux pistaches hachées légèrement grillés à sec dans une poêle.

Préparation : 5 min ■ **Cuisson :** 10 min

• •

Compote express de pommes et de poires

Pour 4 personnes

- 500 g de pommes (type canada, elstar)
- 400 g de poires
- 1 orange
- 30 g de beurre salé
- 1 bâton de cannelle
- 1 à 2 c. à soupe de miel liquide

❶ Pelez les pommes et les poires, épépinez-les et coupez-les en morceaux.

❷ Déposez-les dans un plat. Lavez l'orange et prélevez 4 bandes de zeste à l'aide d'un couteau Économe. Répartissez sur les fruits, ajoutez le beurre coupé en morceaux et la cannelle. Couvrez, puis laissez cuire 5 min au four à micro-ondes, à puissance maximale.

❸ Incorporez le miel, puis poursuivez la cuisson 5 min. Ôtez les zestes et écrasez les fruits grossièrement à la fourchette. Laissez tiédir avant de servir.

compote express de fruits de saison : remplacez une partie des poires par des morceaux de coing ou des rondelles de banane.

Préparation : 10 min ■ **Cuisson :** 10 min

Gâteau moelleux aux pommes

Pour 4 personnes

- 2 belles pommes (type elstar, reinette)
- 2 c. à soupe de raisins secs
- 2 c. à soupe de calvados (facultatif)
- 150 g de pain de mie
- 35 cl de lait
- 2 œufs
- 1 sachet de sucre vanillé
- 40 g de sucre semoule
- 2 c. à café de levure chimique
- 30 g de beurre

❶ Faites tremper les raisins secs dans le calvados. Ôtez la croûte du pain, déposez la mie dans un bol mixeur et arrosez avec le lait. Laissez le pain s'imbiber.

❷ Pendant ce temps, pelez les pommes et coupez-les en dés.

❸ Dans le bol mixeur, ajoutez les œufs, le sucre vanillé, le sucre semoule et la levure. Mixez le tout, puis incorporez les pommes et les raisins égouttés.

❹ Versez la préparation dans un plat beurré et faites cuire au four à micro-ondes à puissance maximale (850 W) pendant 10 min. Servez tiède ou froid.

moelleux gratiné aux poires :
remplacez une pomme par une poire et le calvados par une 1 cuillerée à café de zeste de citron. Passez le gâteau 5 min sous le gril du four.

Préparation : 10 min ■ **Cuisson :** 10 min

Poêlée de pommes à l'asiatique

Pour 4 personnes

- 3 pommes (type reinette, belle de Boskoop, golden)
- 1 concombre
- 1 oignon
- 30 g de beurre
- 1 c. à café de curcuma ou de cumin en poudre
- 10 cl de lait de coco
- 400 g de crevettes cuites décortiquées
- sel, poivre

❶ Pelez les pommes et le concombre et détaillez-les en dés. Épluchez l'oignon et émincez-le.

❷ Faites fondre le beurre dans une poêle et faites suer l'oignon. Ajoutez les dés de pomme et de concombre, puis le curcuma. Salez et poivrez. Laissez cuire à feu moyen pendant 5 min en remuant de temps en temps.

❸ Versez le lait de coco et ajoutez les crevettes, baissez le feu, puis laissez mijoter 10 min.

poêlée de pommes au poisson :
remplacez les crevettes par 100 g de truite ou de saumon fumé que vous incorporerez 5 min avant la fin de la cuisson.

Préparation : 10 min ■ **Cuisson :** 15 min

Pommes de terre

Purée de pomme de terre et de fenouil

Pour 4 personnes

- 700 g de pommes de terre
- 2 bulbes de fenouil
- 3 branches de thym
- 2 gousses d'ail
- 40 g de beurre
- 2 c. à soupe d'huile d'olive
- une dizaine d'olives noires
- sel, poivre

① Pelez les pommes de terre, lavez-les, déposez-les dans un autocuiseur. Épluchez et lavez les bulbes de fenouil et coupez-les en quatre. Ajoutez-les dans l'autocuiseur avec le thym et les gousses d'ail pelées. Recouvrez d'eau froide, salez, fermez l'autocuiseur et faites chauffer. Comptez 10 min de cuisson à partir de la rotation de la soupape.

② Égouttez pommes de terre et fenouil, ôtez le thym, puis passez-les au moulin à légumes. Incorporez le beurre fondu, l'huile et les olives coupées en dés. Salez et poivrez. Servez bien chaud.

Servez cette purée avec des côtes d'agneau grillées.

Préparation : 20 min ■ **Cuisson :** 10 min

Tian de pommes de terre et de tomates

Pour 4 personnes

- 800 g de pommes de terre
- 600 g de tomates
- 4 oignons
- 2 gousses d'ail
- 5 c. à soupe d'huile d'olive
- 4 branches de thym
- 1 feuille de laurier
- sel, poivre

① Préchauffez le four à 180 °C.

② Pelez les pommes de terre et lavez-les. Coupez les pommes de terre et les tomates en fines rondelles. Épluchez les oignons et l'ail, puis émincez-les.

③ Huilez un plat à four avec 2 cuillérées à soupe d'huile d'olive et alternez les couches de pommes de terre, de tomates et d'oignons en salant et poivrant à chaque fois. Ajoutez l'ail, le thym, le laurier et versez le reste d'huile. Enfournez pour 30 à 35 min.

Servi avec une salade verte, ce tian accompagnera une viande grillée.

tian de légumes moelleux :
ajoutez 20 cl de bouillon de volaille dans le plat.

Préparation : 15 min ■ **Cuisson :** 30-35 min

Porc

Côtes de porc à la moutarde et à la bière

Pour 4 personnes

- 4 côtes de porc
- 4 c. à soupe de moutarde
- 1 branche de thym
- 2 feuilles de laurier
- 1 oignon
- 1 gousse d'ail
- 20 cl de bière blonde
- sel, poivre

1. Préchauffez le four à 210 °C.
2. Badigeonnez les côtes de porc de moutarde et déposez-les dans un plat. Salez et poivrez. Saupoudrez de thym émietté, ajoutez le laurier et parsemez d'oignon et d'ail pelés et émincés.
3. Enfournez et laissez cuire 5 min. Lorsque la viande commence à dorer, versez la bière, puis poursuivez la cuisson pendant 15 à 20 min en arrosant de temps en temps la viande avec le jus de cuisson.

Servez ces côtes de porc avec un gratin dauphinois ou des purées de céleri et de marron (surgelées).

Préparation : 5 min ■ **Cuisson :** 20-25 min

Wok de porc au lait de coco

Pour 4 personnes

- 500 g de porc (filet, épaule)
- 2 oignons
- 2 gousses d'ail
- 2 c. à soupe d'huile d'arachide
- 2 c. à café de curry
- 1 pincée de piment en poudre
- 1 c. à café de gingembre en poudre
- 20 cl de lait de coco
- 1 yaourt brassé ou 12 cl de crème liquide
- sel, poivre

1. Épluchez les oignons et les gousses d'ail, puis émincez-les. Détaillez la viande en lamelles.
2. Faites chauffer l'huile dans un wok ou une poêle et saisissez les oignons et les lamelles de porc à feu vif jusqu'à ce que la viande soit bien dorée. Saupoudrez de curry, de piment et de gingembre, puis ajoutez l'ail. Mélangez.
3. Incorporez le lait de coco et le yaourt. Salez et poivrez. Laissez mijoter à feu doux pendant 15 min. Servez bien chaud.

En accompagnement, proposez des nouilles de riz ou du chou chinois émincé et sauté pendant quelques minutes à feu vif que vous napperez de la sauce.

Préparation : 10 min ■ **Cuisson :** 20 min environ

Poulet

Papillotes de poulet à la moutarde

Pour 4 personnes

- 4 blancs de poulet
- 4 c. à soupe de moutarde
- 3 c. à soupe de crème fraîche
- 2 branches de thym
- 3 brins de persil plat
- 1 c. à café de baies roses
- 2 c. à soupe d'huile d'olive
- sel, poivre

① Préchauffez le four à 180 °C. Découpez 4 carrés dans une feuille d'aluminium ou dans du papier sulfurisé. Déposez un blanc de poulet sur chaque carré.

② Dans un bol, mélangez la moutarde, la crème et le thym émietté. Salez et poivrez. Badigeonnez chaque blanc de volaille de cette préparation. Saupoudrez de persil ciselé et de baies roses et versez un filet d'huile.

③ Fermez les papillotes, déposez-les dans un plat et enfournez pour 20 à 25 min.

Préparation : 10 min ■ **Cuisson :** 20-25 min

Salade méditerranéenne au poulet et aux champignons

Pour 4 personnes

- 300 g de blancs de poulet
- 250 g de champignons de Paris
- 4 c. à soupe d'huile d'olive
- 2 c. à soupe de pignons de pin
- 1 c. à soupe de vinaigre balsamique
- 150 g de roquette
- 1 citron
- 1 c. à soupe de raisins secs
- sel, poivre

① Faites suer les champignons émincés pendant 5 min dans une poêle avec 1 cuillerée à soupe d'huile d'olive. Réservez. Dans une autre poêle, faites griller les pignons de pin à sec. Réservez.

② Versez le vinaigre dans un saladier. Salez et poivrez. Mélangez, puis incorporez 2 cuillerées à soupe d'huile d'olive. Lavez et essorez la roquette, puis déposez-la dans le saladier.

③ Découpez les blancs de poulet en lanières, arrosez-les de jus de citron et faites-les dorer dans une poêle avec 1 cuillerée à soupe d'huile. Mettez-les dans le saladier et ajoutez les champignons. Parsemez de pignons de pin grillés et de raisins secs, mélangez et servez aussitôt.

Préparation : 20 min ■ **Cuisson :** 10 min

Riz

Risotto aux fèves et aux asperges

Pour 4 personnes

- 200 g de riz pour risotto (arborio, carnaroli)
- 8 asperges vertes surgelées
- 100 g de fèves pelées surgelées
- 1 cube de bouillon de volaille
- 2 c. à soupe d'huile d'olive
- 60 g de beurre
- 1 oignon
- 10 cl de vin blanc
- 40 g de parmesan
- sel, poivre

1 Plongez les asperges et les fèves 5 min dans de l'eau bouillante salée. Égouttez.

2 Faites dissoudre le cube de bouillon dans 75 cl d'eau bouillante.

3 Mettez à chauffer l'huile et 30 g de beurre dans une sauteuse et faites revenir l'oignon pelé et émincé. Ajoutez le riz et laissez dorer 2 min en remuant. Versez le vin. Lorsqu'il est totalement évaporé, ajoutez le bouillon frémissant louche par louche. Salez si besoin, poivrez. Laissez cuire 15 min.

4 Ajoutez les asperges et les fèves et poursuivez la cuisson 5 min. Incorporez le reste de beurre en petits morceaux, puis parsemez de parmesan. Servez.

Préparation : 10 min ■ **Cuisson :** 25 min

Riz à l'indienne aux fruits secs

Pour 4 personnes

- 240 g de riz
- 2 c. à soupe d'huile d'arachide
- 2 oignons
- 2 c. à café de curcuma en poudre
- 40 cl de lait de coco
- 15 noix de cajou
- 7 c. à soupe rases d'amandes effilées ou de pistaches non salées
- 3 c. à soupe rases de raisins secs
- sel, poivre

1 Faites chauffer l'huile dans une grande poêle et faites suer les oignons émincés avec le curcuma.

2 Ajoutez le riz et faites-le cuire pendant 2 min à feu moyen en remuant. Incorporez le lait de coco, versez 30 cl d'eau frémissante, puis portez à ébullition. Salez, poivrez, baissez le feu et laissez mijoter 15 à 20 min jusqu'à ce que le riz soit cuit (ajoutez un peu d'eau frémissante en cours de cuisson s'il attache).

3 Faites dorer les noix de cajou et les amandes dans une poêle anti-adhésive. Lorsque le riz est presque cuit, incorporez les raisins secs et laissez mijoter 2 min. Parsemez de noix de cajou et d'amandes et servez.

Préparation : 10 min ■ **Cuisson :** 20 min

Salade verte

Mesclun à la poire et au pain d'épice

Pour 4 personnes

- 150 g de mesclun
- 1 poire, 1 citron
- 1 c. à soupe de vinaigre de xérès
- 2 c. à soupe d'huile d'olive
- 1 c. à soupe d'huile d'arachide
- 1 tranche de pain d'épice
- 50 g de roquefort
- sel, poivre

1 Lavez le mesclun et essorez-le. Pelez la poire et coupez-la en lamelles. Arrosez avec le jus de citron.

2 Préparez la vinaigrette. Versez le vinaigre dans un saladier. Salez et poivrez. Émulsionnez avec les deux huiles.

3 Toastez légèrement le pain d'épice et détaillez-le en petits carrés.

4 Déposez le mesclun dans le saladier, ajoutez le roquefort coupé en dés, les lamelles de poire et les carrés de pain d'épice. Versez la vinaigrette. Mélangez bien et servez aussitôt.

Préparation : 10 min ■ **Cuisson :** quelques secondes

Salade de mâche à la betterave

Pour 4 personnes

- 100 g de mâche
- 1 betterave crue ou cuite
- 1 pomme
- 1 c. à soupe de vinaigre de cidre
- 2 c. à soupe d'huile d'arachide
- 1 c. à soupe d'huile de noisette
- 1 c. à soupe de pignons de pin
- 1 c. à soupe de graines de sésame
- une dizaine de noisettes
- sel, poivre

1 Lavez la mâche et essorez-la. Épluchez la betterave crue et râpez-la. Si vous utilisez de la betterave cuite, coupez-la en dés. Épluchez la pomme, évidez le cœur et coupez-la en lamelles.

2 Préparez la vinaigrette. Versez le vinaigre dans un saladier. Salez et poivrez. Émulsionnez avec l'huile d'arachide et l'huile de noisette.

3 Faites légèrement dorer les pignons et les graines de sésame à sec dans une poêle bien chaude.

4 Déposez la mâche, la pomme et la betterave dans le saladier. Parsemez de noisettes, de pignons et de graines de sésame, mélangez et servez aussitôt.

salade de mâche sauce minceur :
Remplacez l'huile d'arachide par 2 c. à soupe de fromage blanc ou de crème fraîche allégée.

Préparation : 10 min ■ **Cuisson :** quelques secondes

Semoule

Palets de polenta au potiron

Pour 4 personnes

- 160 g de polenta précuite
- 35 cl de lait
- 250 g de chair de potiron
- 20 g de beurre
- 80 g de tomme ou de fromage à raclette
- sel, poivre

❶ Préchauffez le four à 210 °C.

❷ Faites chauffer 30 cl d'eau avec le lait dans une casserole. Salez. Dès que le mélange bout, versez la polenta en pluie et laissez cuire pendant 5 min en remuant sans cesse. Versez sur une planche ou dans un plat et laissez tiédir.

❸ Coupez le potiron en cubes, déposez-les dans le panier vapeur de l'autocuiseur et faites cuire 5 min. Écrasez à la fourchette. Salez et poivrez.

❹ Beurrez un plat à four. À l'aide d'un cercle ou d'un verre retourné, découpez des palets de polenta et déposez-les dans le plat. Parsemez de lamelles de fromage, disposez la purée de potiron et terminez par des lamelles de fromage. Enfournez pour 10 min.

Préparation : 15 min ■ **Cuisson :** 20 min

Tabboulé sucré aux fruits frais

Pour 4 personnes

- 150 g de semoule
- 1 orange
- 1 citron
- 2 c. à soupe de miel liquide
- 1 c. à soupe d'huile d'olive
- 1 pomme
- 1 poire
- 1 kiwi
- quelques feuilles de menthe fraîche

❶ Versez la semoule dans un saladier. Pressez l'orange et le citron et recueillez le jus dans un bol. Ajoutez le miel et l'huile d'olive, puis versez sur la semoule. Mélangez longuement à la fourchette.

❷ Pelez la pomme, la poire et le kiwi et découpez-les en petits dés. Incorporez-les à la semoule, mélangez et laissez au réfrigérateur au moins 30 min.

❸ Avant de servir, mélangez le tabboulé et décorez-le avec les feuilles de menthe.

Variez les fruits selon les saisons (mangue, kaki...). Proposez en accompagnement un coulis de fruits choisi en fonction des fruits frais qui composent ce tabboulé.

Préparation : 15 min ■ **Réfrigération :** 30 min

Steak haché

Chili con carne express

Pour 4 personnes

- 500 g de steak haché
- 2 oignons
- 2 gousses d'ail
- 2 c. à soupe d'huile d'olive
- 1 boîte de haricots rouges (280 g net)
- 1 boîte de tomates pelées (280 g net)
- 1 petite boîte de maïs (140 g net)
- 1 c. à café de cumin
- 1 c. à café de chili

❶ Épluchez les oignons et les gousses d'ail et émincez-les. Faites chauffer l'huile dans une grande poêle, puis faites suer les oignons. Ajoutez la viande hachée et faites cuire à feu assez vif pendant 5 min en remuant souvent.

❷ Incorporez les haricots rouges, les tomates et le maïs égouttés et mélangez.

❸ Saupoudrez de cumin et de chili. Salez, poivrez et laissez mijoter à feu doux pendant 20 min.

Une simple salade verte sera un partenaire idéal de ce plat unique.

Vous pouvez remplacer le maïs par 150 g de riz blanc cuit que vous ajouterez en fin de cuisson.

Préparation : 10 min ■ **Cuisson :** 25 min

Steaks hachés maison

Pour 4 personnes

- 400 g de steak haché
- 1 c. à soupe de mie de pain
- 3 c. à soupe de lait
- 2 c. à soupe d'huile d'olive
- 1 oignon
- 1 gousse d'ail
- quelques pluches de persil plat ou de coriandre
- 1 œuf
- sel, poivre

❶ Faites tremper la mie de pain dans le lait. Mettez à chauffer 1 cuillerée à soupe d'huile dans une poêle et faites suer l'oignon pelé et émincé pendant 2 min.

❷ Mettez l'oignon dans un bol mixeur avec l'ail pelé et le persil (ou la coriandre). Mixez, puis ajoutez la viande hachée, l'œuf et la mie de pain égouttée et pressée. Salez et poivrez. Mixez ou mélangez à la fourchette. Divisez la viande en 4 portions et formez des steaks.

❸ Faites chauffer le reste d'huile dans la poêle et faites cuire les steaks à feu moyen 3 à 4 min de chaque côté. Servez aussitôt.

Servez ces steaks avec des tagliatelles accompagnées de brocolis, de crème fraîche et de parmesan.

Préparation : 10 min ■ **Cuisson :** 6 à 8 min

Tofu

Poêlée de tofu à la sauce soja

Pour 4 personnes

- 200 g de tofu
- 400 g de haricots verts surgelés
- 3 c. à soupe d'huile d'arachide
- 2 oignons
- 2 gousses d'ail
- 2 c. à café de gingembre en poudre
- 400 g de pousses de soja fraîches ou en conserve
- 2 c. à soupe de sauce soja
- sel, poivre

1. Plongez les haricots verts dans de l'eau bouillante salée et faites cuire 5 à 7 min après la reprise de l'ébullition. Égouttez.

2. Faites chauffer 1 cuillerée à soupe d'huile dans une poêle et faites suer les oignons et l'ail pelés et émincés. Ajoutez les haricots verts, le tofu coupé en dés et le gingembre. Laissez cuire 5 min sur feu moyen.

3. Versez le reste d'huile dans une autre poêle et faites sauter les pousses de soja rincées et égouttées pendant 5 min. Salez et poivrez. Ajoutez la sauce soja, puis les haricots et le tofu. Poursuivez la cuisson 2 min. Servez aussitôt.

Préparation : 10 min ■ **Cuisson :** 20 min environ

Tarte au tofu et aux légumes

Pour 4 personnes

- 125 g de tofu
- 200 g de légumes surgelés (haricots verts, fèves, carottes ou petits pois)
- 3 œufs
- 5 cl de lait de soja ou de vache
- 5 c. à soupe de crème fraîche
- 80 g d'emmental râpé
- 1 pâte brisée préétalée
- sel, poivre

1. Plongez les légumes surgelés dans de l'eau bouillante salée et laissez cuire 5 min. Égouttez.

2. Préchauffez le four à 180 °C.

3. Battez les œufs avec le lait et la crème, puis ajoutez le tofu émietté et l'emmental râpé. Salez et poivrez.

4. Foncez un moule à tarte avec la pâte brisée. Répartissez les légumes dessus, puis versez la préparation aux œufs et enfournez pour 30 min.

Servez avec une salade d'endives aux noix.

tarte au tofu et au reblochon :
remplacez l'emmental par des lamelles de reblochon.

Préparation : 10 min ■ **Cuisson :** 35 min

Tomates

Mille-feuilles de tomates à la menthe

Pour 4 personnes

- 4 belles tomates
- 80 g de feta
- 3 c. à soupe de vinaigre balsamique
- 3 c. à soupe d'huile d'olive
- 20 feuilles de menthe fraîche
- poivre

❶ Lavez les tomates, puis coupez-les en rondelles assez épaisses. Détaillez la feta en fines lamelles.

❷ Versez une demi-cuillerée à soupe de vinaigre balsamique dans chaque assiette, poivrez et ajoutez une demi-cuillerée à soupe d'huile d'olive.

❸ Placez sur l'assaisonnement une rondelle de tomate, recouvrez de quelques lamelles de feta, puis d'une feuille de menthe. Poursuivez avec une rondelle de tomate et continuez à alterner les ingrédients en terminant par une feuille de menthe. Poivrez, arrosez les millefeuilles d'un filet de vinaigre et d'huile d'olive. Gardez au frais jusqu'au moment de servir.

mille-feuilles de tomates au basilic : remplacez la menthe par du basilic.

Préparation : 10 min

Tarte à la tomate

Pour 4 personnes

- 5 tomates
- 1 pâte feuilletée ou brisée préétalée
- 2 à 3 c. à soupe de tapenade
- 80 g d'emmental ou comté
- 1 c. à soupe de graines de pavot
- sel, poivre

❶ Préchauffez le four à 210 °C.

❷ Lavez les tomates, épépinez-les et coupez-les en rondelles assez fines. Foncez un moule avec la pâte à tarte.

❸ Badigeonnez le fond de tarte de tapenade et disposez les rondelles de tomate par-dessus. Salez modérément et poivrez. Recouvrez de lamelles de fromage.

❹ Saupoudrez de graines de pavot, enfournez et laissez cuire 25 min environ.

Pour accompagner cette tarte parfumée, préparez une salade de brocolis, de dés de jambon, de grains de maïs et de cerneaux de noix.

Préparation : 10 min ■ **Cuisson :** 25 min environ

CAPACITÉS ET CONTENANCES

	Capacités	Poids
1 c. à café	0,5 cl	5 g (café, sel, sucre, tapioca), 3 g (fécule)
1 c. à dessert	1 cl	
1 c. à soupe	1,5 cl	5 g (fromage râpé), 8 g (cacao, café, chapelure), 12 g (farine, riz, semoule, crème fraîche), 15 g (sucre en poudre, beurre)
1 tasse à moka	de 8 à 9 cl	
1 tasse à café	1 dl	
1 tasse à thé	de 1,2 à 1,5 dl	
1 tasse à déjeuner	de 2 à 2,5 dl	
1 bol	3,5 dl	225 g de farine, 320 g de sucre en poudre, 300 g de riz, 260 g de cacao
1 assiette à soupe	de 2,5 à 3 dl	
1 verre à liqueur	de 2,5 à 3 cl	
1 verre à madère	de 5 à 6 cl	
1 verre à bordeaux	de 1 à 1,5 dl	
1 grand verre	2,5 dl	150 g de farine, 220 g de sucre en poudre, 200 g de riz, 190 g de semoule, 170 g de cacao
1 verre à moutarde	1,5 dl	100 g de farine, 140 g de sucre en poudre, 110 g de semoule, 120 g de cacao, 120 g de raisins secs

TABLE DES ÉQUIVALENCE FRANCE-CANADA

Poids		Capacités	
55 g	2 onces	2,5 dl	1 tasse
100 g	3 onces	5 dl	2 tasses
150 g	5 onces	7,5 dl	3 tasses
200 g	7 onces	1 l	4 tasses
250 g	9 onces		
500 g	17 onces		
750 g	26 onces		
1 kg	35 onces		

Pour faciliter la mesure des capacités, une tasse équivaut ici à 2,5 dl (en réalité, 1 tasse = 8 onces = 2,3 dl)

Ces équivalences permettent de calculer, à quelques grammes près, le poids (en réalité, 1 once = 28 g)

TABLEAU INDICATIF DE CUISSON

Thermostat	Température	Chaleur
1	60 °C	
2	80 °C	
3	100 °C	à peine tiède
4	120 °C	tiède
5	150 °C	douce
6	180 °C	modérée
7	210 °C	moyenne
8	240 °C	chaude
9	270 °C	très chaude
10	300 °C	vive

Ces indications sont valables pour un four électrique traditionnel. Pour les fours à gaz ou électriques à chaleur tournante, se reporter à la notice du fabricant.

Cet index recense toutes les recettes de l'ouvrage. Il permet une recherche à partir du nom de recette (p. ex. **kouglof**), de produit (p. ex. veau) ou de préparation (p. ex. sauce).
Les recettes rapides sont distinguées par .

INDEX DES RECETTES

INDEX DES RECETTES

INDEX DES RECETTES

INDEX DES RECETTES

Imprimé en Italie par La Tipografica Varese S.p.A., Varese
Dépôt légal : septembre 2011
307715/03 - 11024128 - août 2013

Oie : braisage

Confit d'oie à la landaise

Pour 4-6 personnes

- 1 kg de confit d'oie en bocal
- 2 kg de petits pois frais (ou 1 kg de petits pois surgelés)
- 1 botte de petits oignons
- 45 g de jambon de Bayonne
- 1 c. à soupe de farine
- 1 c. à café de sucre
- 1 bouquet de cerfeuil
- poivre

1. Ouvrir le bocal et le mettre dans un bain-marie.
2. Écosser éventuellement les petits pois.
3. Éplucher les oignons et tailler en dés le jambon.
4. Chauffer dans une cocotte 1 bonne cuillerée de graisse du confit. Y faire revenir les oignons et les dés de jambon pendant 5 min, puis ajouter les petits pois, poudrer immédiatement de farine et bien remuer.
5. Verser 1,5 dl d'eau, poivrer et ajouter le sucre (pas de sel, à cause du jambon). Ajouter le bouquet de cerfeuil, couvrir et cuire pendant 30 min.
6. Égoutter légèrement les morceaux de confit, les mettre dans la cocotte et prolonger la cuisson jusqu'à ce que les petits pois soient tendres.

Préparation : 30 min ■ **Cuisson :** 35-40 min

Cous d'oie farcis

Pour 4 personnes

- 2 cous d'oie
- 1 c. à soupe de gros sel
- 200 g de foie gras frais
- 200 g de chair à saucisse fine
- 2 œufs
- 1 petite boîte de pelures de truffe
- 0,5 dl d'armagnac
- 1 kg de graisse d'oie
- sel, poivre
- quatre-épices

1. Désosser complètement les cous d'oie en laissant adhérer une bonne partie de la peau de la poitrine.
2. Retourner les peaux, les saler au gros sel et les garder au frais pendant 12 h.
3. Couper le foie gras en dés. Hacher grossièrement la chair désossée et la mélanger avec la chair à saucisse et les œufs.
4. Ajouter le foie gras, les pelures de truffe et l'armagnac. Saler, poivrer et ajouter 1 pincée de quatre-épices.
5. Farcir les cous de ce mélange, puis nouer les extrémités de la peau.
6. Faire fondre 500 g de graisse d'oie dans une cocotte et y mettre les cous à cuire 1 h, comme pour un confit (➤ voir confit de canard p. 541).

LES TOURS DE MAIN

Dégraisser un bouillon

1 Passer le bouillon dans une passoire tapissée d'une mousseline. Faire refroidir le liquide recueilli puis le mettre dans le réfrigérateur.

2 Une fois que la graisse s'est figée à la surface, la retirer à l'aide d'une cuillère ou d'une écumoire.

Déglacer

1 Après avoir retiré tous les éléments cuits, verser le liquide de déglaçage prévu (crème, bouillon, vin, etc.) sur les sucs colorés et caramélisés au fond du récipient de cuisson posé sur le feu. Décoller les sucs, à la spatule, pour les délayer dans le liquide.

2 Continuer la cuisson pendant 3 ou 4 min, tout en remuant, pour faire réduire la préparation. Rectifier l'assaisonnement. On peut éventuellement passer cette sauce au tamis.

Préparer une sauce Béchamel

voir recette p.62

1 Faire fondre le beurre sur feu doux dans une casserole à fond épais et ajouter toute la farine. Tourner vivement pour obtenir un mélange lisse. C'est le roux.

2 Faire cuire le roux, toujours sur feu doux, en remuant bien pour éviter qu'il n'attache au fond de la casserole. Il ne doit pas se colorer.

3 Retirer la casserole du feu et verser le lait froid d'un seul coup en fouettant pour empêcher la formation de grumeaux. (On peut aussi faire la démarche inverse : ajouter le lait très chaud sur le roux refroidi. Cette méthode est préférable quand on prépare la sauce en grande quantité.)

4 Remettre à chauffer sur feu doux et en tournant jusqu'à la reprise de l'ébullition. Laisser cuire sans bouillir 2 ou 3 min. Assaisonner de sel, de poivre et, selon le goût, de noix de muscade râpée. Après cuisson, passer la sauce dans un chinois (facultatif)

Préparer une sauce béarnaise
voir recette p. 90

1 Mettre dans une casserole à fond épais les échalotes hachées et une partie de l'estragon et du cerfeuil, ajouter le vinaigre à l'estragon, le vin blanc, saler et poivrer. Chauffer sur feu doux et faire réduire des deux tiers. Hors du feu, filtrer (facultatif) et laisser refroidir.

2 Ajouter les jaunes d'œufs et un peu d'eau dans la réduction refroidie et battre énergiquement. Placer la casserole dans un bain-marie, sur feu doux.

3 Incorporer le beurre ramolli, petit à petit, en fouettant.

4 Quand la sauce arrive à une consistance crémeuse, ajouter le reste de l'estragon et du cerfeuil. Goûter et rectifier l'assaisonnement.

Préparer une pâte brisée

voir recette p. 109

1 Tamiser la farine, ajouter une pincée de sel, le beurre ramolli et coupé en morceaux et l'œuf battu. Effriter ce mélange du bout des doigts.

2 Ajouter ensuite de l'eau très froide et travailler la pâte le plus vite possible. La rassembler en boule, même s'il reste des parcelles de beurre mal incorporées. L'envelopper dans une feuille d'aluminium et la laisser reposer 1 h dans le réfrigérateur.

3 Remettre la pâte sur le plan de travail fariné et l'étaler avec la paume de la main pour écraser les morceaux de beurre restés entiers.

4 Fariner le rouleau à pâtisserie et abaisser la pâte selon l'épaisseur désirée.

Nettoyer des coquilles Saint-Jacques

1 Poser la coquille, partie bombée vers le bas, en tenant la charnière opposée à soi. Introduire la lame d'un couteau fort entre les deux valves. Chercher le muscle interne et le sectionner en glissant la lame le long du couvercle.

2 Ouvrir la coquille. La passer délicatement sous l'eau pour en éliminer le sable. Décoller la noix à l'aide d'une cuillère.

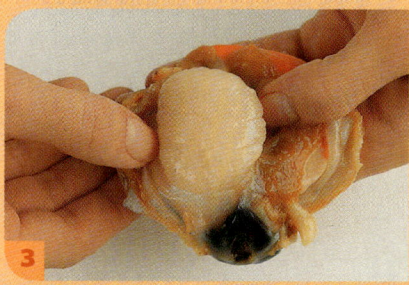

3 Retirer d'une pression des pouces le muscle interne ainsi que la membrane, les barbes et la poche noirâtre.

4 Couper la ventouse du corail. Laisser la coquille dégorger quelques minutes dans l'eau froide.

Ébarber un poisson

Avec de bons ciseaux, couper les nageoires latérales et la nageoire ventrale, ainsi que les barbes, au ras du poisson. Ébarber la nageoire dorsale à contresens. Écourter la queue.

Écailler un poisson

Gratter vigoureusement le poisson en passant l'écailleur (ou un simple couteau) de la queue vers la tête. Rincer plusieurs fois le poisson sous l'eau froide.

Vider un poisson

1 Si le poisson est de petite taille, il faut le vider par les ouïes. Introduire l'index dans l'opercule et tirer doucement d'abord les branchies, puis les viscères.

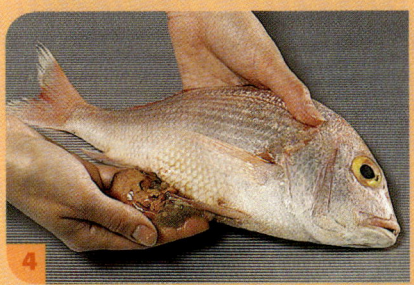

2 Le poisson de taille moyenne, ou gros, doit être vidé par le ventre. Inciser sur quelques centimètres, écarter les bords de l'ouverture et retirer les viscères.

Farcir un gros poisson

1 En maintenant le poisson par le ventre, pratiquer avec un couteau une incision allant de la tête à la nageoire caudale.

2 Écarter la peau et détacher l'arête centrale. La sectionner au niveau de la tête et de la queue, puis la retirer.

3 Vider le poisson (➤ voir p. 291) l'écailler et le laver, puis l'éponger.

4 Saler et poivrer l'intérieur du poisson. Y déposer la farce, bien la tasser. Maintenir fermé en ficelant le poisson en plusieurs endroits.

Découper un gigot cuit

1 Maintenir le gigot par le manche, la noix (partie la plus bombée) vers le haut. Inciser la souris à l'aide d'un tranchelard (ou d'un couteau à longue et fine lame) en tournant autour de l'os. La dégager et la réserver.

2 Placer le gigot sur la noix et détailler la sous-noix en tranches fines, parallèlement à l'os.

3 Inciser sans excès de chaque côté du fémur à l'aide d'un couteau éminceur. Dégager légèrement le fémur de façon à trancher la noix plus facilement.

4 Retourner le gigot. Trancher finement la noix perpendiculairement à l'os. On peut aussi trancher d'abord la noix, après avoir dégagé la souris.

Farcir une volaille

1 Poser la volaille sur le dos, en tenant les pattes à gauche. À l'aide d'une aiguille à brider et de ficelle, traverser de part en part à la jointure des pilons et des gras de cuisse. Tirer en gardant un peu de ficelle pour nouer.

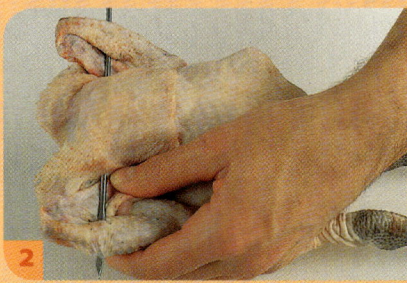

2 Retourner la volaille, pattes toujours à gauche. Rabattre la peau du cou sur le dos. Traverser l'aileron, puis cette peau en passant sous la colonne vertébrale. Piquer dans l'autre aileron, tirer et nouer la première bride.

3 Garnir la volaille de farce en glissant celle-ci à la main, par le croupion. Laisser un peu d'espace car la farce gonfle en cuisant.

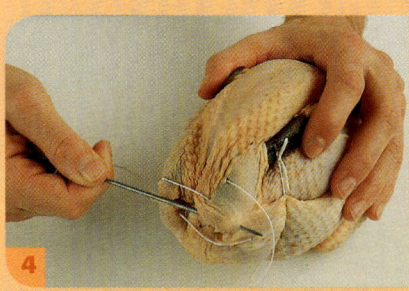

4 Refermer l'ouverture và points réguliers pour empêcher la farce de s'échapper. Puis terminer le bridage.

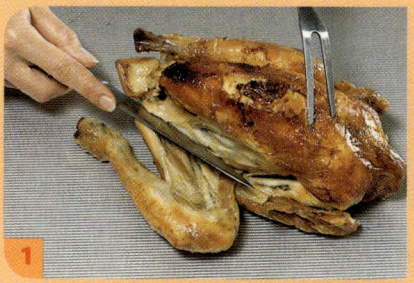

Découper un poulet cuit

1 Maintenir le poulet avec une four-chette. À l'aide d'un couteau bien aiguisé, inciser la peau et la chair entre la cuisse et le blanc, puis tran-cher l'articulation.

2 Séparer le haut de cuisse du pilon.

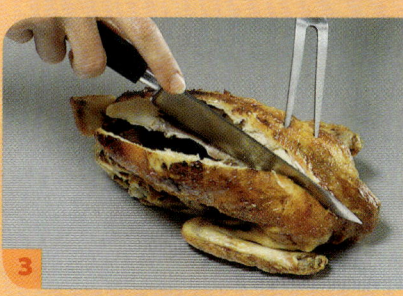

3 Dégager le blanc le long du bré-chet, puis trancher l'articulation de l'aile.

4 Couper le blanc en deux.

Tourner un fond d'artichaut

1 Après avoir arraché la queue de l'artichaut, égaliser le fond pour en enlever toutes les feuilles. Citronner.

2 Couper les feuilles aux deux tiers de la hauteur, jusque au-dessus du foin. Rogner le pourtour.

3 Dégager le cœur et retirer soigneusement le foin à l'aide d'un petit couteau.

Ciseler des herbes

Tenir les herbes d'une main et les couper avec un couteau bien aiguisé; le côté tranchant de la lame doit toujours être légèrement incliné vers l'extérieur.

Préparer une brunoise de carotte

1 Après les avoir épluchées et lavées, couper les carottes dans la longueur en tranches de 1 à 2 mm d'épaisseur. Les superposer et les détailler en bâtonnets très minces.

2 Réunir les bâtonnets et les découper en dés minuscules. Employer la brunoise aussitôt ou la conserver quelques instants dans un linge humide.

Préparer une julienne de poireau

1 Couper les blancs de poireau en tronçons de 5 à 10 cm, puis les fendre dans la longueur.

2 Poser les lamelles obtenues à plat et les détailler en minces filaments. La julienne se prépare avec un ou plusieurs légumes, mais aussi avec d'autres ingrédients : blanc de poulet, champignons, cornichons, jambon, poivron, etc.

Préparer une crème anglaise

voir recette p. 846

1 Verser le lait dans une casserole, ajouter la gousse de vanille fendue et grattée. Porter lentement à ébullition. Retirer du feu et laisser infuser 3 min.

2 Mettre les jaunes d'œufs dans une jatte, ajouter le sucre et fouetter pour faire mousser le mélange.

3 Ôter la gousse de vanille du lait. Verser celui-ci peu à peu sur les jaunes battus, tout en mélangeant.

4 Verser la préparation dans la casserole et mettre sur feu doux pour la faire épaissir. Ne pas laisser bouillir. La crème est prête quand le mélange nappe la cuillère.

Préparer une crème Chantilly

voir recette p. 849

1 Mettre la crème liquide et un saladier dans le réfrigérateur pendant 2 h. Verser la crème dans le saladier.

2 La battre avec un fouet électrique à vitesse moyenne (ou employer un fouet à main).

3 Quand la crème commence à monter, ajouter le sucre semoule et continuer de battre.

4 Arrêter de travailler la crème dès qu'elle est ferme et forme un bec au bout du fouet.

Préparer un caramel
voir recette p. 1063

1 Choisir une casserole à fond épais. Faire fondre les morceaux de sucre avec l'eau à feu très doux. Ne pas remuer mais incliner la casserole de temps en temps pour unifier la couleur et répartir la chaleur.

2 Vérifier la couleur du caramel en versant une cuillerée de sirop sur une assiette blanche. Le caramel blond clair ainsi obtenu sert aux décorations.

3 Ajouter une demi-cuillerée à café de vinaigre d'alcool ou de jus de citron pour que le caramel reste liquide plus longtemps.

4 Continuer de cuire à feu doux. Lorsque le caramel devient brun, stopper la cuisson en ajoutant un peu d'eau froide et retirer la casserole du feu. Le caramel brun sert à aromatiser toutes sortes de préparations.